film:6

Über den Autor:

Georg Seeßlen, geboren 1948. Freier Autor und Dozent. Texte u.a. für *Die Zeit*, *Der Spiegel*, *Frankfurter Rundschau*, *taz*, *Konkret*, *epd Film*. Mitautor bzw. Mitherausgeber der Bände über Quentin Tarantino, Joel & Ethan Coen, Alfred Hitchcock, Bruce Willis, David Fincher, Jim Jarmusch und Robert De Niro in der Reihe *film:*. Autor des Bandes über Drew Barrymore in der Reihe *Stars!*. Zahlreiche weitere Bücher zum Film und zur populären Kultur. Lebt in Kaufbeuren.

Georg Seeßlen

Martin Scorsese

BERTZ

Bibliografische Information Der Deutschen Bibliothek
Die Deutsche Bibliothek verzeichnet diese Publikation in der
Deutschen Nationalbibliografie; detaillierte bibliografische Daten
sind im Internet über <http://dnb.ddb.de> abrufbar.

Lektorat:
Dieter Bertz, Maurice Lahde

Redaktionelle Mitarbeit:
Stefanie Büther, Tobias Eichinger, Karoline Harthun, Wiltrud Hembus, Katja Hettich, Nicola Hochkeppel, Arne Höcker, Dietmar Kammerer, André Mumot, Philipp Sperrle

Bildsequenzen:
Katrin Fischer, Anne Wizorek, Karoline Harthun, Dieter Bertz

Fotonachweis:
Umschlag: vorne: Prints aus BRINGING OUT THE DEAD (oben), CAPE FEAR; hinten: Filmmuseum Berlin – Deutsche Kinemathek; *Innenteil Pressefotos:* Filmbildfundus Robert Fischer (23), Filmmuseum Berlin – Deutsche Kinemathek (19), *Zitty*-Archiv (10); Storyboards S. 7, 18: Martin Scorsese; alle anderen Abbildungen sind digitale Prints: Bertz Verlag / die jeweiligen Copyright-Inhaber

Ein herzliches Dankeschön an:
Frank Arnold, Joachim Düring (*tip*), Herbert Klemens (Filmbildfundus Robert Fischer), Peter Latta (Filmmuseum Berlin – Deutsche Kinemathek), Thomas Meder, Helmut Merker, Edita Noth (*Zitty*), Milan Pavlovic, Frank Schnelle, Bodo Traber und Sven Berndt (*Splatting Image*), Sven von Reden (*StadtRevue Köln*),
Sascha Westphal, Uwe Wiedleroither
und das *Videodrom*-Team.

Wrangelstr. 67, 10997 Berlin
Druck und Bindung: druckhaus köthen, Köthen
Printed in Germany
ISBN 3-929470-72-1

Inhalt

Hölle und Gnadenort

Im Lauf der Zeit

Das Kino ist, neben vielem anderen, eine Frage der Zeit. Es steht in seiner Zeit und will darüber hinaus, und, mehr noch, dahinter zurück. Aber verstanden wird es dennoch auf zwei ganz unterschiedliche Weisen, als zeitloser Bildersturm und als geradezu grausam in der Zeit stehendes Medium, bei dem man in der Tat nur dem Tod bei der Arbeit zusehen kann. Ich male nicht, was ich sehe, hat Edvard Munch gesagt, ich male, was ich *sah*. Genauso malt das Kino, wie Walter Benjamins *Angelus Novus*, einer Vergangenheit zugewandt, die in Trümmer fällt, und doch in eine andere, ungewisse Zukunft hinein. Weil das Kino vor allem von Gesichtern, Körpern, Ideen und Gesten handelt und diese nur im Verfall selber wahrzunehmen sind, ist es zugleich eine Kunst der Trauer und eine der Hoffnung, eine Kunst der Erinnerung und eine der Transzendenz. Es will ganz da sein und erzählt doch immer zugleich am meisten vom Abwesenden. Die großen Künstler und Künstlerinnen des Kinos schaffen Bewegungsbilder, die von dem handeln, was in ihnen zugleich gegenwärtig ist und nicht. Und weil das Kino immer zugleich das Allernächste und das Fernste, die Biografie und die Methode meint, gibt es auch zu seiner Beschreibung keine ideale Einstellung – nur die Bewegung, die, wie im normalen Kino-Erleben, das Bild zu greifen versuchen kann, das schon verschwunden ist.

Es ist die Zeit, die wir im Kino spüren, als Glück und Schmerz, während uns der Raum, die Person, der Blick, die Form so unendlich verfügbar erscheinen. Ich erinnere mich an mein allererstes großes Kinogefühl: die Angst davor, dass der Film zu Ende gehen muss. Und was jedes Bild in Bewegung, jeder einzelne Film zeigt, das wiederholt sich in der Kinogeschichte, in der Beziehung der Bewegungsbilder zueinander. Filmautorinnen und -autoren bewegen sich anders in der Geschichte ihres Mediums als sich, beispielsweise, Literaten oder Malerinnen bewegen. Man steht hier nicht auf den Schultern von Riesen, man ist stets allein in unendlich suggestivem Gelände, in dem die Riesen selber versinken. Es gibt weder die Verlässlichkeit der Tradition noch die der Revolte; das Bewegungsbild muss immer wieder neu erschaffen werden.

Deswegen gibt es nicht nur ein Kino der Generationen, sondern auch einen Generationen-Kinoblick, eine Generationen-Art, ins Kino zu gehen, über das Kino zu sprechen, vom Kino zu träumen. Martin Scorsese, zum Beispiel, gehört einer Generation von Filmemachern an, die einen ganz neuen Blick auf das Kino entwickelten: der ersten Generation von Filmemachern in den USA, die den Kopf schon voll Kino (und Fernsehen) hatten, als sie mit dem Filmemachen begannen. Hollywood hatte vordem von Meistern gelebt, die von fern und von anderen Seiten gekommen waren, und die alles, was sie konnten – und sie konnten eine Menge! –, entweder von persönlichen Vorbildern ge-

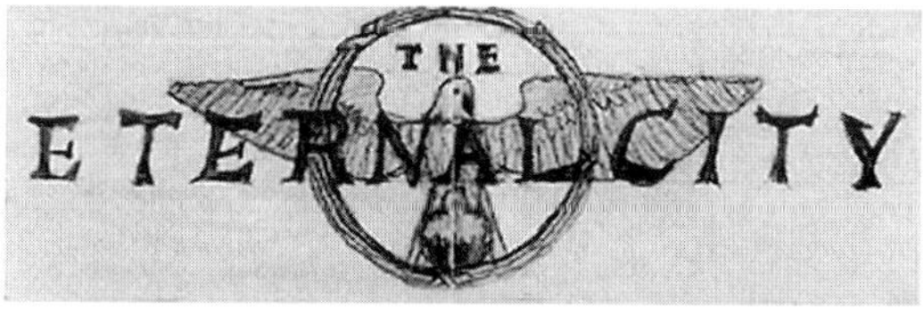

Ein Unterrichtsraum der New Yorker Film School in THE FRESHMAN (1992; R: Andrew Bergman): Porträts von Brian De Palma und Martin Scorsese zieren die Wände

lernt hatten oder selber entwickelten. Von Menschen, die vielleicht *für* das Kino lebten, aber nicht *in* ihm.

Das System der Meister in Handwerks-Hollywood wurde nicht abgeschafft, und schon gar nicht gab es, wie vielleicht in einigen Teilen Europas, eine Revolte dagegen. Es verschwand vielmehr einfach, so wie eines Tages der Western verschwand, so wie eine Musikrichtung verschwindet. Zum einen, weil mit einer Produktionsweise irgendwann alles produziert, alles gesagt ist, zum anderen, weil der gefräßige Markt etwas Neues verlangt.

Dennoch gab es wohl, wie Peter Biskind meint, in den 13 Jahren zwischen BONNIE AND CLYDE (1967; R: Arthur Penn) und HEAVEN'S GATE (1980; R: Michael Cimino) auch in Hollywood so etwas wie einen Aufstand der Söhne gegen die Väter, gegen Amerika, gegen das etablierte System, aber es war weniger eine Revolte gegen die patriarchalischen Ikonen als eher ein Aufstand gegen die liberalen, gegen die verletzten und die verschwindenden und verschwundenen Väter. Niemand revoltierte gegen John Ford oder Howard Hawks! Gerade deshalb konnte sich das Neue Hollywood nie eindeutig politisch definieren, und es konnte sich nicht eindeutig als intellektuelle oder artistische Revolte verstehen. Im New Hollywood freilich ein Kino des Vatermordes zu sehen, wie es Biskind tut, scheint mir doch eher der Versuch, einen Hollywood-Mythos auf die Geschichte des Mediums anzuwenden. Viel eher scheint es, als hätten sich gerade die Vertreter des Neuen Hollywood ihre Väter erfunden und die Meister entdeckt, sie wie nie zuvor in der Geschichte des amerikanischen Films gewürdigt. Und so wie Steven Spielberg eine ganze Kino-Mythologie um den verschwundenen und, so oder so, wiederentdeckten Vater aufbaute, mit der er zum erfolgreichsten Filmemacher aller Zeiten wurde, so zeigte ein Regisseur wie Martin Scorsese mehr als nur Respekt vor dem Erbe der Väter – selbst dort, wo er die lange Tradition der Vater-Sohn-Tragödie in der amerikanischen Kinematografie aufnahm. Alles in allem handelt es sich bei dem Siegeszug der neuen Generation in Hollywood wohl um eine der sanftesten und skrupulösesten artistischen Machtwechsel in der Geschichte der ästhetischen Produktion. Und selbst diese sanfte Revolution musste in furchtbarer Restauration enden.

Das Fiasko von Michael Ciminos schönem Spätwestern HEAVEN'S GATE im Jahr 1980 an der Kasse und bei der Kritik war schließlich das Signal, die Jungen nicht mehr nach Belieben walten zu lassen. Die Macht der Produzenten und des Kapitals war ziemlich schnell wiederhergestellt, aber das System der Meister konnte nicht restauriert werden. So wie es keinen neuen John Ford, keinen neuen Howard Hawks, keinen neuen Frank Capra geben konnte, so konnte es keine Genres mehr geben, jene verlässlichen Formen des Geschichtenerzählens, die paradoxerweise eine solche Freiheit des Erzählens in Bildern ermöglicht hatten. Der Regisseur als Meister indes konnte nur in diesem System der verlässlichen Genres existieren, mit seinem Verschwinden musste er sich in den Autor und in die Konventionsmaschine teilen. Neben den Studios und an ihrer Stelle entstanden neue Produktionszusammenhänge, neue Bilder-Kosmen, wie die um Steven Spielberg oder um George Lucas, Maschinerien einer neuen Mythologie.

Der Beginn des Neuen Hollywoods war noch voller utopischer Ideen. Drüben in Frankreich musste Jean-Luc Godard fordern, nicht politische Filme zu drehen, sondern politisch Filme zu machen – und es gibt bis heute verflixt wenig Menschen, die überhaupt verstanden haben, was er damit meinte. Die große Zeit des amerikanischen Kinos war definitiv vorüber und »alle guten Filme schon gedreht«, wie Peter Bogdanovich sagte. Aber »jeder half jedem«, erinnert sich Francis Ford Coppola, »wir waren alle Freunde«. Das mag ein wenig nach nostalgischer Verklärung klingen, aber offensichtlich wussten die jüngeren Filmemacher der Prä-Blockbuster-Ära, dass sie nur in einer Form der horizontalen Vernetzung in der Ruinenlandschaft von Hollywood reüssieren konnten. Im Übrigen legte schon diese vernetzte Arbeitsweise das »Intertextuelle« nahe, das dann die nächste Generation so exzessiv pflegen sollte, wo insbesondere jeder fantastische Film Anspielungen und Zitate auf die Arbeit der anderen enthielt und es Mode wurde, sich gegenseitig in den Filmen zu »grüßen«.

Die Filmemacher des New Hollywood gehörten zur ersten Generation, die in der Bilderwelt der populären Kultur aufgewachsen waren. Es ging für sie schon nicht mehr um das Entdecken, nicht um Pilgerfahrten an wenige Orte, an denen die Schätze der Filmgeschichte zu besichtigen waren, sondern im Gegenteil darum, im Strom der Bilder, welche nicht mehr linear, nicht mehr als geschichtlicher Diskurs mit Schwerpunkten und Ordnungen aufgenommen werden konnten, nicht unterzugehen. Die Trennung zwischen dem Künstlerischen und dem »Trivialen«, die für das Kino sowieso immer schon ausgesprochen prekär sein musste, hatte bei ihnen nicht die geringste Chance. Und man wuchs eher mit einem Bewusstsein des Seriellen als mit einem Bewusstsein des linear Innovativen auf – deshalb ist es kein Zufall, dass sich so viele der jungen Filmemacher später als ausgesprochen konservativ erwiesen. Der Weg aus dem klassischen Kino der Hollywoodstars führte für viele junge amerikanische Filmemacher direkt in die Postmoderne, ohne den Umweg über das moderne Kino. Man stand nicht in einer Tradition, wie einst die Meister in Hollywood, sondern man fraß sich durch eine dicke Mauer der Bilder, um zum Paradies des Filmemachens zu gelangen. Das Intertextuelle ersetzte in gewisser Weise den Meta-Text des Genres und war viel weniger eine intellektuelle Methode als direkter Reflex der Arbeits- und Lebensbedingungen. Die Mythen des klassischen Erzählkinos verschwanden nicht einfach, sie begannen nur, sich aus der verpflichtenden Mitte zum peripheren Spielmaterial zu entwickeln. Der Pakt der Einheit von Ikonografie, Erzählung und Ideologie war aufgekündigt.

Die Biografien aller dieser jungen Filmemacher ähneln einander auf frappante Weise: Es sind Kinder zerfallender weißer Mittelstandsfamilien, die oft wegen kleiner körperlicher Gebrechen, längerer Krankheiten oder, wie Spielberg, wegen extremer Unsportlichkeit aus den härteren Straßenspielen der Gleichaltrigen ausgeschlossen waren, Kinder, die es von früh auf gelernt haben, sich in einer Fantasiewelt der populären Kultur Entschädigung und Erfahrung zu holen. Scorsese mit seinem eher proletarischen Hintergrund bildet dabei zumindest insoweit keine Ausnahme, als auch er sich immerhin die *cheap thrills* des Kinos als Fluchtpunkt leistete. Das Meta-Thema all dieser Filmemacher musste das Leben in der populären Kultur werden; sie konnten nicht mehr nur Geschichten erzählen mit den Mitteln ihres Mediums, sondern sie erzählten auch vom Leben in den Kinogeschichten. Für sie waren die Bilder – das Fernsehen, die Comics und schließlich das Kino – die einzig akzeptable Wirklichkeit, und was sie schufen, waren schließlich Filme, die weder den Mythos noch die Wirklichkeit abbildeten, sondern vor allem andere Filme; sie mussten sich der Wirklichkeit und dem Leben durch das Kino nähern.

Ein Kino der (verfehlten) Erlösung

Martin Scorsese, längst als einer der bedeutendsten zeitgenössischen Filmemacher der USA anerkannt, hat mit seinen Filmen voller Straßengewalt und voller religiöser Symbole gleichwohl immer wieder für Kontroversen gesorgt. Man hat ihm Gewaltverherrlichung vorgeworfen, man hat ihn, bei THE LAST TEMPTATION OF CHRIST (1988), zugleich der Blasphemie und der Verkitschung bezichtigt, und einige seiner Bewunderer haben ihm gelegentlich vorgehalten, sich von seinen Wurzeln zu entfernen, wenn er statt der wuchtigen Straßenfilme, der religiösen Gangsterfilme aus seiner Heimat, dem *Little Italy* genannten Teil Manhattans, sich an einem *Musical Noir* (NEW YORK, NEW YORK; 1977), an einer Komödie (AFTER HOURS; 1985) oder an einem Kostümfilm (THE AGE OF INNOCENCE; 1993) versuchte. Und man war eher skeptisch gegenüber einem scheinbar so untypisch kontemplativen und gewaltfreien Werk wie KUNDUN (1997).

Gewiss gibt es, wie bei jedem Künstler, auch bei Scorsese neben den Meisterstücken die Nebenwerke. Aber auch in diesen verfolgt er, radikal wie sonst kaum einer, sein Thema: das Verschwinden der Gnade in der Welt der Menschen. Wie in jedem einzelnen Film von Martin Scorsese, so herrscht auch in seiner Werkgeschichte das Prinzip des Selbstwiderspruchs. »Ein guter Regisseur macht nur *einen* Film, und zwar mit unerbittlicher Ehrlichkeit«, hat Scorsese gesagt, und doch hat er auch immer wieder versuchen müssen, der Falle des *einen* Films zu entgehen, und er ist damit besser gefahren, als es die Bewunderer dieses *einen* Scorsese-Films wahrhaben wollen: Martin Scorsese hat bislang noch keinen »Scorsese-Film« gedreht, so wie Ingmar Bergman gelegentlich einen »Ingmar-Bergman-Film« oder Federico Fellini einen »Fellini-Film« drehte. Die Besessenheit, die man ihm so gern und gewiss nicht zu Unrecht unterstellt, hat nie dazu geführt, Selbstzweifel und Selbstwiderspruch auszuschließen.

Martin Scorseses Filme handeln von sehr unterschiedlichen Menschen und von sehr unterschiedlichen Situationen, von Straßengangstern in MEAN STREETS (1973), von der Gewalt eines Vietnam-Veteranen in TAXI DRIVER (1976), vom Aufstieg und Fall eines Berufsboxers in RAGING BULL (1980), von einem Yuppie, der eine abenteuerliche Nacht in einer merkwürdigen Boheme verbringt, in AFTER HOURS, von einem alten und einem jungen Spieler in THE COLOR OF MONEY (1986), von der Upper Class im New York des vorigen Jahrhunderts in THE AGE OF INNOCENCE, von einem überforderten Rettungssanitäter im New York der Crack-Ära in BRINGING OUT THE DEAD (1999), von den blutigen Straßenkämpfen in der Zeit der *draft riots* in New York um 1863 in GANGS OF NEW YORK (2002). Aber allen seinen Figuren, wo und wann sie auch leben, ist gemeinsam, dass ihre Bewegung absurd ist: Sie wollen nach oben, und dazu ist ihnen mehr oder weniger jedes Mittel recht, sie betrügen und morden wie die bürgerlichen Gangster in GOODFELLAS (1990) oder erstarren in ihren Formen wie die grausamen Bürger in THE AGE OF INNOCENCE, sie manipulieren das Gesetz wie der Anwalt in CAPE FEAR (1991), sie verraten Ideale, Freunde, Familie wie beinahe jeder Scorsese-Held, und selbst sein Erlöser in THE LAST TEMPTATION OF CHRIST ist einer, der sich gerade dann untreu werden muss, wenn er leben will. Aber dieser Weg nach oben ist nicht nur, das kennen wir aus dem Leben und von der Leinwand, von Schuld bestimmt, sondern er ist auch von vornherein aussichtslos. Denn wie sich Scorseses Helden auch bewegen, sie stecken in einem geschlossenen sozialen System, aus dem sie nicht herauskönnen. Die verzweifelte Suche nach der Identität darin führt immer dazu, sie noch nachhaltiger zu verlieren. Der Versuch, das System zu verlassen, endet wie in MEAN STREETS mit Gewalt, oder er endet in vollständiger Tautologie: Der Ort, an den man gelangen kann, sieht genau so aus wie der Ort, aus dem man geflohen ist, wie in RAGING BULL oder in THE COLOR OF MONEY, wo obendrein die Spielstätten diese Situation wiederholen: der Billardtisch, auf dem die Kugeln in rasender Bewegung sind und trotzdem das vorgegebene Areal nicht anders verlassen können als durch das Versenken, und der Boxring, die heftigste Verbindung von Dynamik und Eingesperrtsein, den man nur als Sieger oder als Geschlagener verlassen kann (und wo auch der Sieger einer ist, der geschlagen wird).

Eingesperrt sind die Scorsese-Helden in ihren Klassen, in ihren Vierteln, in ihren Rollen, in ihren Regeln. Die Gewalt entsteht aus einer Bewegung ohne Ausweg: die scharfe, tödliche Gewalt der Waffen oder die stumpfe, rohe Gewalt der Fäuste, die heftige Gewalt der verwundenden Worte und Blicke, die sanfte Gewalt der Impertinenz oder die tückische Gewalt der Beharrung. Oft entlädt sie sich in kurzen, heftigen Schüben, und Scorsese zeigt sie so erschreckend, hässlich und dumm, wie sie ist. In keinem seiner Filme bringt Gewalt einen Menschen wirklich weiter, in keinem seiner Filme ist ein Leben ohne Gewalt vorstellbar. Diese Welt trägt die Verdammnis schon in sich, und wie Martin Scorsese die Farbe Rot als visuelles Leitmotiv für diese Situation von Überlebenskampf und Eingeschlossensein verwendet, wie er seine Figuren immer wieder in vollständiger Isolation, aber nie wirklich für sich zeigt, so sehen wir darin die Vision der Hölle, näher an Sartre als an Bosch vielleicht: Die Hölle, das sind die anderen.

So gibt es nie den Triumph des einfachen Gefühls in Martin Scorseses Welt; die Ehre und die Loyalität, die Liebe und die Treue zu sich selbst, sie kommen einander immer unrettbar in die Quere. Seine Helden sind so weit entfernt vom amerikanischen Traum, wie sie in ihm gefangen sind, und sie sind doch insofern durch und durch Amerikaner, als es ihnen unmöglich scheint, einen Verlust zu verarbeiten. Die Helden seiner Filme von MEAN STREETS bis THE COLOR OF MONEY bezeichnete Scorsese selbst als »Charaktere, die zu dickköpfig sind, um eine Niederlage zu akzeptieren, die ihre schmerzlichen Seiten umklammern, um dann irgendwie einen Weg zur Erlösung zu finden«. Die materielle Seite dieser Erlösung ist der Tod oder, was vielleicht nur ein anderes Bild dafür ist, das Schließen eines Lebenskreises. Aber nur wenigen seiner Charaktere gönnt Scorsese diesen Tod – und uns darin das vielleicht bittere, aber doch mythisch harmonische Ende. Dass sie weiterleben nach der Situation, in der die gewohnten Kinohelden der Tod ereilt hätte, weiterleben sogar nachdem sie, wie der *Taxi Driver*, alles darauf angelegt haben zu sterben, das ist indes nicht nur Strafe in Martin Scorseses Filmen. Es öffnet auch, noch einmal, die Pforten zwischen dem Kino und dem Leben. Scorsese »erwählt« seine Figuren und entlässt sie wieder. Der Kinoheld verabschiedet sich nicht und uns nicht. Er kann uns jederzeit, wer weiß wo, wieder begegnen. Er verschwindet, wie er gekommen ist, aus einer Menge von Menschen, aus der er durch den merkwürdigen Willen einer Kamera oder eines Autors oder einer Institution namens Kino oder eines bizarren Gottes für eine Zeit auserwählt wurde.

Was die Menschen in den Filmen von Martin Scorsese gründlich verloren haben, ist der Glaube an den Mythos des Westens, an die *moving frontier*, an die Läuterung durch die Bewegung in das gelobte Land hinein, an einen sozusagen unendlichen Vorrat an Land und Freiheit. Sie wollen ins gelobte Land und gelangen doch immer nur in die Wüste. Sie leben in einem perfekten System aus mafioser, religiöser und ästhetischer Struktur. Weiter geht es nicht mehr. Es gibt in diesen Filmen nicht die Grunderfahrung des amerikanischen Kinos: die Weite. Scorseses Filme funktionieren eher vertikal denn horizontal, und es ist die *street*, der urbane Lebensraum, nicht die *road*, das Versprechen der Freiheit, die den Lebensweg seiner Figuren bestimmt. Die Erlösung kann daher nicht außen, sondern nur im Inneren, nicht in die Zukunft hinein, sondern nur gegen die eigene Vergangenheit gesucht werden. Es ist nie der Versuch, ein neues Ziel zu definieren, sondern immer Ausdruck ungelöster, unlösbarer Widersprüche. Das macht die nervöse Gegenwärtigkeit seiner Figuren aus, vor allem bei den intensivsten Darstellern, Harvey Keitel, Nick Nolte, Daniel Day-Lewis und, vor allem, Robert De Niro, die in jedem Moment ihre existenzielle Krise, ihre Nähe zum Tod, ihr Verlangen nach Gnade spüren lassen.

So versuchen Scorseses Helden sich selbst zu erlösen in einer Tat, die ihr Dilemma zusammenfasst; sie selber sind es, die sich ihre eigene Transzendenz schaffen, die sich reinwaschen, sich opfern, Gericht halten wollen. Es sind religiöse Travestien, vergebliche Versuche von Imitation und Erhöhung, die seine Figuren bestimmen: David Carradine als oppositioneller Arbeiterführer, der in BOXCAR BERTHA (1972) in der Christus-Haltung an das Holz eines Güterwagens genagelt wird, Robert De Niro, der ein Blutgericht für die Unschuld der kindlichen Hure in TAXI DRIVER hält oder sich buchstäblich zu Tode taufen lässt in CAPE FEAR. Spuren des Erlösers finden sich noch bei Nick Nolte als dem egomanen Maler in LIFE LESSONS, Scorseses Beitrag zu den NEW YORK STORIES (1989), auf dessen Körper sich die Farbe wie zu den Blutmalen verteilt und der die Leinwand wie ein sich Opfernder bekämpft. Immer »benutzen« Scorseses Geschöpfe den christlichen Text voll zornigem, sinnlichem Widerspruch: »Dreh' dich nicht um, sonst erstarrst du zu einer Säule aus Scheiße«, meint sarkastisch die Heldin von ALICE DOESN'T LIVE HERE ANYMORE (1974), als sie mit ihrem Sohn den Ort ihres kleinbürgerlichen Unheils verlässt.

Kino und Kirche – beides, so Scorsese, habe ihn immer gleichermaßen bestimmt. »Irgendwie hatte ich das Gefühl, dass beides zusammengehörte«. Seine Kindheit, wegen seines asthmatischen Leidens ein wenig behüteter als die der anderen Kids seiner Umgebung, war beherrscht von diesen beiden Eindrücken. Zwei Räume, zugleich sakral und leidenschaftlich, zugleich über- und unmenschlich, groß und offen noch für die kleinste und beladenste Seele und beengt und beengend in ihrer Abgeschlossenheit. So wird sein Kino eines, das nicht nur in diesen sakralen Raum zurückstrebt, sondern ihn selber noch einmal schafft.

Scorsese ist einer der letzten Regisseure, deren mediale Kindheit, deren Wahrnehmungssozialisation noch mehr vom Kino als vom Fernsehen bestimmt wurde, aber auch jemand, der schon die Krise des Mediums spüren musste. So sind seine Filme immer auch Versuche über das Kino im Stadium seines Selbstverlustes. Aber es ist nicht jene sanfte oder manchmal nicht gar so sanfte Wehmut wie etwa bei Peter Bogdanovich und nicht die Askese eines Monte Hellman, sondern eine präzise Untersuchung des Filmbildes selbst: ein Kampf mit den Bildern.

Daher funktionieren Scorseses Filme nicht nur nach dem Prinzip von Gottesdiensten, in einem gleichsam liturgischen Ablauf, mit Gebet, Chor, Bußpredigt, Wandlung (manchmal ähneln sie auch dem Ablauf einer Beichte); sie schaffen auch, in unterschiedlicher Deutlichkeit, kathedralenhafte Räume, eine sakrale Stimmung: Während sie ihre Erlösung verfehlen müssen, erfahren Scorseses Helden doch den Augenblick der Erhabenheit, jenen Moment der größten Konzentration, in dem sich die unsterbliche Seele zu spüren meint.

Dabei ergibt sich das auch ästhetische Paradox, das in Scorseses Filmen Weite nur selten im Draußen erfahren wird, sondern eher in solchen Innenräumen, die eine Erhabenheit ausdrücken, die von sich selbst nichts weiß. Ein wenig wie von Feininger gemalte Kathedralen wirken die Billardsaloons in THE COLOR OF MONEY. Der Computer-Arbeitsplatz in AFTER HOURS ist ein gigantischer Tempel der unsichtbaren Technologie. Die bürgerlichen Häuser in GOODFELLAS, MIRROR, MIRROR (1986) oder CAPE FEAR sind verzweifelte Parodien sakraler Bauten, zwischen Offenbarung und Enthüllung, so groß wie der Ballsaal in THE LAST WALTZ (1978) oder auch der leere Theaterraum in CAPE FEAR, wo sich De Niro zum ersten Mal Juliette Lewis nähert, um die Einsamkeit, das Ausgeliefertsein so deutlich zu machen wie den Widerspruch zwischen der Lebenspraxis und der Bestimmung des Menschen. So bekommt der – berühmte und ein wenig kaputtzitierte – Ausspruch von Harvey Keitel in MEAN STREETS auch eine zweite Bedeutung: »Du zahlst deine Sünden nicht in der Kirche. Du zahlst auf der Straße. Du zahlst zu Hause. Der Rest ist Scheiße, was sonst.« Die Straße selber ist, je genauer wir Scorseses Filme ansehen, eine Kirche geworden. Für Martin Scorseses Helden führt der Weg immer auf die Straße und in die Familie, aber er führt *durch* die Kirche.

Scorsese hat seine eigene Lebenswelt in der Jugendzeit, die Gegend an der Bowery, wie eine Hölle erlebt, durch die es schwer war, unberührt zu gehen, aber die Überlebenstaktik der Bewohner war es, nicht zu genau hinzuschauen, die Gewalt und das Elend zu übersehen. Eine weltliche Lösung gab es in keiner Weise, die Polizei hatte hier nichts auszurichten, und auch für »Helden« war dies gewiss nicht der richtige Ort. Die Menschen, die sich hier »Respekt« zu verschaffen wussten, taten es nicht durch den einzelnen konkreten Akt, sondern in einem Geflecht der Abhängigkeiten, der Bedrohungen, der geheimen Verabredungen; und der Gangster und der Priester, die beiden respektiertesten Männer in Little Italy, ähnelten sich zumindest darin, dass sie ihr Wissen von diesem höllischen Ort nicht nach außen trugen. Nur ein Heiliger könnte hier Gnade vermitteln, einer, der beide Kräfte des Lebens in Little Italy zu transzendieren verstünde, die Mafia und die Kirche – und es ist in Scorseses Filmen zu sehen, welche Spuren die Vermischung von beidem, von Riten

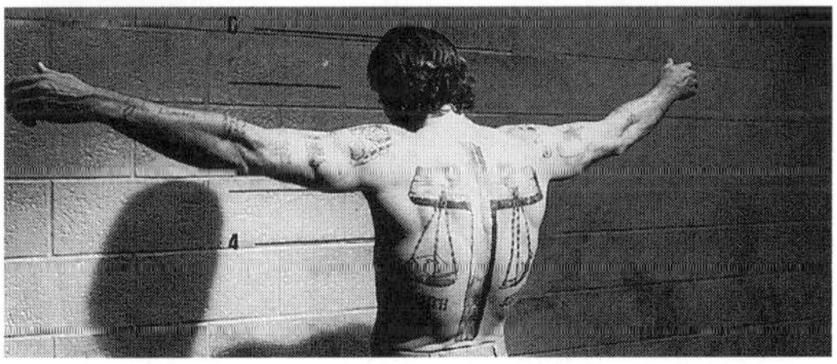

Kino, Kirche, Travestien:
WHO'S THAT KNOCKING AT MY DOOR?, BOXCAR BERTHA, MEAN STREETS, CAPE FEAR (linke Spalte);
IL MIO VIAGGIO IN ITALIA, RAGING BULL, THE LAST TEMPTATION OF CHRIST, GANGS OF NEW YORK

der Religion und des Verbrechens, in den menschlichen Seelen hinterlässt. Allerorten ist in Scorseses Filmen das Heilige zu ahnen, es ist in den Figuren, aber es wird nie eine Person (genau genommen wohl nicht einmal im Messias selber). Die Heiligung misslingt, und übrig bleiben »seltsame Heilige«, die sich selber so wenig verstehen, wie sie von ihrer Umwelt verstanden werden.

So gibt es stets die beiden Perspektiven in Scorseses Filmen, die des Menschen im Überlebenskampf, der direkt seinen Gegner, sein Werkzeug, seinen Weg anstarrt und nicht aus den Augen lassen darf, und die des Suchens nach der Erlösung, den Blick, der tiefer und hinaus gehen will. Diesen Blick verlieren Scorseses Helden mit ihrer zunehmenden Verbürgerlichung, schließlich zeichnet er das Böse viel eher aus als das Gute. Aber was sind das Gute und das Böse? Martin Scorsese hat vorgeschlagen, in dem bösen Max Cady, der sich in CAPE FEAR an seinem Rechtsanwalt rächen will, das unterdrückte Gewissen des bürgerlichen Mannes zu sehen. Was klingen mag wie eine arg platte Version von »Salzstangenpsychologie« hat in diesem Kosmos seine konsequente Bedeutung: Kein Mensch ist hier vollkommen und ganz, jeder kann nur im anderen das Abgespaltene und Verlorene seiner selbst suchen. Die Hölle, wie gesagt, sind die anderen. Jeder Film von Scorsese bezeichnet zugleich eine Station des Aufstieges und eine des seelischen Verlustes. Die Gewalt, mit der ein sozialer Status, die Abgeschlossenheit eines Systems verteidigt wird, ist größer als die Gewalt des eigentlichen Überlebenskampfes. Insofern hat der Regisseur gewiss recht, wenn er sagt, THE AGE OF INNOCENCE sei sein bis dahin gewalttätigster Film. Er handelt davon, wie gesellschaftliche Regeln Menschen zerbrechen. Und zwar auf eine äußerlich unmerkliche Art; sie leben als »normale« Menschen weiter, wie der *Taxi Driver* als Medienheld, der Protagonist von CASINO (1995) als kleiner Gambler, Paul Newman in THE COLOR OF MONEY als Mann, der sich auf seiner Bühne zurückmeldet, der Verräter von GOODFELLAS mit neuer Identität. Mitten unter uns. Wir würden es ihnen nicht ansehen, dass sie gescheiterte Götter, gestrandete Propheten sind. Selbst der »Retter« in BRINGING OUT THE DEAD, selbst der jugendliche Rebell und Anführer in GANGS OF NEW YORK überleben angesichts der Absurditäten ihrer Taten: Der eine kann nur den Mörder retten, der andere steht gegen eine Terrorherrschaft auf, während sich die andere, größere Gewalt an diesem Kampf nur stärkt.

In MEAN STREETS und TAXI DRIVER sind Scorseses Helden wie vom Himmel gefallene Engel, die sich nichts sehnlicher wünschen als die große Reinigung, eine Art jüngstes Gericht. Dass eines Tages »ein großer Regen kommt« und »all den Dreck von den Straßen wäscht«, hofft Travis Bickle, und am Ende von MEAN STREETS ist das Fluchtauto gegen einen Hydranten gefahren, der eine reinigende Fontäne über die Straße schickt. Religion und Gewalt scheinen in eins zu fallen in Scorseses durch den Schnitt so ungemein intensivierter Bildsprache. Der selbsternannte Erlöser aus TAXI DRIVER bereitet sich auf seinen Rachefeldzug vor, indem er die Hand über das Feuer hält und sich den Schädel rasiert. »Alles Dinge«, sagt Scorsese, »die bei den Marines in Vietnam üblich waren. Aber gleichzeitig ist es auch wie bei jemandem, der sich auf den Tod vorbereitet, wie ein Kirchenritual.«

Das Mittelstück seiner Arbeiten ist oft von einem seltsamen Ineinander von Gewalt und Kreativität geprägt; wir sehen Menschen zu, die auf dem Weg nach oben ihre Menschlichkeit verlieren und an einen Punkt des Lebens gelangen, wo sie ihren eigenen Untergang beschleunigen, so als fänden sie es an der Zeit, den Gerichtstag zu erleben. Sie suchen gleichsam die Konfrontation mit dem verdrängten Gewissen. »Ich bin Gottes einsamster Mann«, hatte noch der Held von TAXI DRIVER gesagt; Max Cady in CAPE FEAR ist der Überzeugung, dass Gott tot ist und er selber an seine Stelle treten muss: *Vengeance is mine* ist auf seinen Körper tätowiert. Mit GOODFELLAS beginnt Scorsese, das Böse in seiner materiellen Banalität zu zeigen. In einer Art der negativen Dialektik wendet er das Prinzip der Entzauberung auch auf die Legenden seiner Figuren an: Die gefallenen Engel sind die Opfer ihrer Einbildung vom gefallenen Engel geworden. Das Ungeheure in seinen späteren Filmen ist, dass wir Figuren zusehen, wie sie vollkommen leer werden, und dass sie uns gerade in diesem Prozess faszinieren wie Tom Cruise in THE COLOR

OF MONEY oder Daniel Day-Lewis in THE AGE OF INNOCENCE.

Nichts ist deprimierender als die Happy Ends in Scorseses Filmen, die fast immer von der verfehlten Erlösung handeln. Ist es wirklich das Glück, das Ellen Burstyn mit dem netten, aber hoffnungslos stationären Mann findet in ALICE DOESN'T LIVE HERE ANYMORE? Sehen wir nicht an Robert De Niros Gesicht in TAXI DRIVER, dass es für ihn nicht die Rettung sein kann, für seine Gewalt zum Volkshelden erhoben zu werden? Denunziert nicht das Ende von GOODFELLAS, wo der Held, mit einer neuen bürgerlichen Identität ausgestattet, den Machtkampf in der Mafia als Verräter überlebt, noch den letzten Glauben an ein »Gesetz der Straße«? Ist nicht Paul Newmans Ruf »Ich bin wieder da!« in der letzten Einstellung von THE COLOR OF MONEY ein furchtbarer Hohn? Immer hat sich nur ein Kreis geschlossen; die Ausweglosigkeit zeigt sich auf höherem Niveau.

Aber noch etwas anderes ist dabei geschehen: Schicht für Schicht haben die Filme die Verkleidung des Menschen in seinem Gruppenzwang, seiner Gewalt, seinem Überlebenswillen, seinem Verrat, seiner Großmäuligkeit, seiner Getto- oder Klassenkultur abgetragen. In einer Art seelischer Nacktheit stehen die Figuren vor uns, und wir ahnen: Der Augenblick der Gnade findet nicht auf der Leinwand, sondern, wenn überhaupt, zwischen unseren Blicken und ihnen statt; der Film stellt keine Erlösung dar, aber das Kino ist zu einem Gnadenort geworden.

Worum es in Scorseses Filmen geht, ist, ganz anders als bei einigen seiner Epigonen, keineswegs die Übertragung christlicher Mytheme auf das Leben in der sündigen Stadt; es geht vielmehr um die schmerzhafte Suche nach einem Punkt, an dem sich das Menschliche und das Göttliche (das Kino und die Kirche) berühren. So wie AFTER HOURS in vielem eine satirische Umkehrung der Scorsese-Kosmologie ist (jemand steigt ab, jemand verlässt seinen angestammten Raum, der Film schließt den Kreis ganz buchstäblich und topografisch diesmal in der anderen Richtung), so ist auch sein Christus-Film die Umkehrung seiner *street movies*. Deren Helden können nicht göttlich werden, nicht einmal im Angesicht ihres Opfers, und andersherum kann sein Christus nicht wirklich menschlich werden, auch nicht in dem Augenblick, in dem wir uns diese Verbindung am ehesten vorstellen: in der Liebe.

CASINO beschreibt, noch einmal und radikaler als zuvor, die Götterdämmerung in Scorseses Welt; der Abschluss vielleicht eines langen Abschieds: MEAN STREETS, das bedeutete das Territorium, den Kampf um jeden Meter Besitz und Macht; GOODFELLAS, das bedeutete das soziale System, das »Stammesritual« (Scorsese), und CASINO, das ist der geheiligte Raum, die religiöse Idee, die paradoxerweise um die größtmögliche Idee des Materialismus, um das Geld aufgebaut ist. All das ist verfehlt worden: Das Menschliche und das Göttliche, das Kino und die Kirche haben sich nicht berührt. Der Kreis schließt sich erneut: Der Gott von Scorseses Helden ist das Geld. Und die Brüche, die sie in sich fühlten, sind zur Erzählweise des Films selbst geworden. Es ist, als sei nun auch das Kino als Kirche zerstört, die letzte Zuflucht. Und diese Zerstörung kann nichts anderes als die Gnade der Schönheit produzieren.

Film und Confessio

Es gibt Filme, die wie Balladen, wie Märchen, wie Bildungsromane funktionieren. Andere haben die Form von mathematischen Gleichungen, chemischen Formeln oder philosophischen Essays. Die Filme von Martin Scorsese ähneln am ehesten Konfessionen. Es sind die Erklärungen jener Sünden, die, wie es im Beichtstuhl gelegentlich der Fall ist, keineswegs alle selbst begangen worden sein müssen, sie überschreiten auch das Geträumte, Gedachte und Fantasierte; das Bewusstsein der Sünde, deren man sich in einer zum Teil ritualisierten, zum Teil wilden Form entledigen muss, ist etwas anderes als das Bewusstsein von Schuld. Möglicherweise kann man sehr weit entfernt sein von Gottesvorstellungen oder theologischen Konstruktionen des Universums, und dennoch, als Filmemacher zum Beispiel, sehr katholisch, oder, sagen wir, sehr calvinistisch sein. Martin Scorsese ist ein italo-amerikanischer, katholischer Autor und Regisseur (ein wenig so, wie

Little Italy in MEAN STREETS

Pier Paolo Pasolini ein homosexueller, katholischer, marxistischer Autor und Filmemacher war). Das ist einerseits ein Klischee, das es der Kritik nur allzu leicht macht, ganz andere, ja konträre Impulse in seinen Arbeiten zu übersehen. Zum anderen ist es aber auch eine Fährte, die zu verfolgen sich lohnt und die an einige unerwartete Orte führen mag. Denn die Straßen von Little Italy in New York sind so wenig eindeutige Räume wie katholische Kirchen es sind; sie sind widersprüchlich, voller Geheimnisse, gnadenvoller und tückischer Verkleidungen.

Wohl für niemanden, sieht man einmal von François Truffaut oder, vielleicht auf eine völlig neue Art, von Quentin Tarantino ab, war oder ist das Kino so sehr alternatives, vielleicht sogar eigentliches Leben wie für Martin Scorsese. »Ich liebe den Film«, erklärt er einfach, »er ist mein Leben.« Auch das beschreibt zugleich die künstlerische Passion und die Erfahrung der Straßen von Little Italy, wo das Sein und das Sprechen, das Leben und sein Ausdruck keinen Unterschied machen. Hier leben Menschen, die nie wirklich »Bürger« geworden sind (weder Bourgeois noch Citoyen), die nahtlos die neue und die alte Anarchie verbinden und für die das, was die Bürger Verbrechen nennen, und die Religion eine seltsame ästhetische Einheit bilden. Little Italy ist ein Bereich *vor* dem Prozess der Zivilisierung und Amerikanisierung des Kapitalismus (es ist, um den Vergleich noch einmal aufzunehmen, ein wenig das, was die archaisch bäuerliche Welt für Pasolini war). Was immer Martin Scorsese (mit der Kamera) beginnt, es wird Teil seiner umfänglichen cineastischen Confessio, Bekenntnis und Beichte, zugleich aber auch die Revolte darin, zugleich Biografie und Anklage, und je weiter sich der Regisseur von den *mean streets* und seinen heiligen Kriminellen entfernt, desto schwieriger scheint es, ihm zu folgen, ganz so, als erwarteten wir von diesem Regisseur, in jedem seiner Filme sich erneut zu offenbaren und zu opfern. Natürlich enthalten auch jene Filme, die nicht auf der geraden Verbindungslinie zwischen MEAN STREETS und GANGS OF NEW YORK liegen, Elemente von Scorseses Confessio, aber so wenig sie darin aufgehen, so wenig lassen sich auch die anderen Filme aufs Autobiografische beschränken.

Was Scorsese beschreibt, mag so etwas wie ein innerer Realismus sein; weder ist das erste Ziel seiner cineastischen Methode eine möglichst genaue Wiedergabe objektiver »Wirklichkeit«, noch ist es seine Intention, seine Charaktere zu »erklären«. Stattdessen geht es vor allem darum, die Empfindung der Figuren möglichst direkt auf die Leinwand zu bringen. Zuweilen geht dies ganz buchstäblich in die Technik über, etwa wenn der Regisseur Harvey Keitel direkt mit der neben ihm agierenden Kamera verbindet, die jede seiner Bewegungen in die eigene Bewegung überträgt. So entsteht ganz konsequent eine Art zweites Leben des Kinos, in dem es nicht um »Darstellung« geht, sondern um eine vielleicht paradoxe Form des gelebten Mythos. Das Opfer, vom grausamen Tod des Gewerkschafters in BOXCAR BERTHA, der am Holz des Güterwagens gekreuzigt wird, bis zur Kreuzigung Jesu in THE LAST TEMPTATION OF CHRIST, ist nicht das erlösende Zentrum der Legende, Objekt der Erzählung, sondern Subjekt eines *revivre*, einer Art des cineastischen »Nachlebens«. Wo Paul Schrader möglicherweise die

Gnade sucht, eine, wenn auch nicht theologisierbare Form der Transzendenz, da entwickelt Scorsese, fundamentaler und genauer, eine neue Form des Mit-Leids im Kino. Und vielleicht ist es unter anderem dies, was Scorsese im Unterschied zu seinem einstigen Mitarbeiter dazu befähigt, die »katholische« Sicht seiner Filme mit einer analytischen Schärfe, gar materialistischen Durchdringung der Beziehungen von Macht und Ökonomie zu verknüpfen.

Gewiss ist Martin Scorsese so wenig als »marxistischer« Filmemacher zu gewinnen (auch wenn wir in diesem Zusammenhang, sehr amerikanisch, »Marxismus« nicht als ideologische Gewissheit, sondern als soziologische Methode verstehen, in deren Zentrum Klassenherrschaft und ökonomische Ausbeutung stehen) wie als »katholischer«; und doch wird man wohl seiner Arbeit kaum gerecht, ohne die Spannung zwischen Confessio und Analyse, zwischen Passion und Revolte, zwischen Mit-Leid und Anklage zu ertragen, die so gut wie nie eine eindeutige Lösung anbietet. Diese Spannung macht recht eigentlich Scorseses ästhetische Dynamik aus; er ist beeinflusst ebenso von »strengen« Filmemachern wie Robert Bresson, von »Realisten« wie Roberto Rossellini und von heftigen amerikanischen Sensualisten wie Nicholas Ray oder Samuel Fuller. Er ist zu unruhig für den »transzendentalen Stil«, zu demütig für den Realismus. So wird Scorsese, ein Glücksfall, zu einem Filmemacher, der prädestiniert scheint für die Strenge von Stil und Thema und der zugleich seiner eigenen Strenge immer widerspricht. Wir erkennen Martin Scorsese in jedem seiner Filme sofort, und wir sind doch zugleich von jedem seiner Filme überrascht.

Von Little Italy nach Hollywood

Die biografische Legende von Martin Scorsese ist so perfekt, dass sie eigentlich selbst funktioniert wie ein etwas vereinfachter Scorsese-Film. Er wuchs in Little Italy auf, wo die Sizilianer gegen die Neapolitaner kämpften, die Italiener gegen die Iren und die Juden sowieso, wo die Mafia und die katholische Kirche die geistliche und die weltliche Herrschaftsform bildeten. Man lebt auf der *via vecchia*, dem Weg aus der und in die Vergangenheit, der das Lebensgefühl bestimmt. Die Menschen hier waren nicht mehr Italiener und noch keine Amerikaner. Was sich reibt zwischen dem Leben der abgeschlossenen *via vecchia* und dem heftigen Kapitalismus Amerikas erzeugt Gewalt und Selbstzerstörung. Zur Schule ging man an Leuten vorbei, die sich in den Straßengraben gesoffen oder sich gegenseitig den Schädel eingeschlagen hatten. Es war eine Situation zugleich des Ein- wie des Ausgeschlossenseins, und Scorsese war sich bewusst, dass diese Situation nicht nur aus der Scheidung der Zeiten und Kulturen entstand, sondern auch politisch bedingt war: »Die meisten Einwanderer vegetierten am Rande des Existenzminimums, wenige Straßen weiter aber präsentierte sich unvorstellbarer Luxus und Reichtum. Diese Gesellschaft, das begriff ich, war geteilt in zwei Klassen. Ich gehörte zur unteren, diese Erfahrung werde ich nicht vergessen.«

Little Italy ist nicht nur eine »Wiederholung« der barbarischen Gesellschaft des italienischen Südens, und die *via vecchia* ist nicht nur eine Form von Nostalgie der nicht vollständig adaptierten Immigranten, sondern diese Gesellschaft in der Gesellschaft ist auch Produkt des barbarischen amerikanischen Kapitalismus. So ist sie zugleich ein »vergessener« Teil dieser »freien« Gesellschaft und eine Metapher für ihr Funktionieren. Innen und Außen sind daher von vornherein in einem besonderen, dialektischen Verhältnis befangen; die eigene Identifikation ist zwiespältig, nicht nur, weil man zugleich auf der *via vecchia* und in den neuen *mean streets* lebt, sondern auch, weil dieser Widerspruch kein Bewusstsein entwickeln und immer nur als Schicksal akzeptiert werden kann. Little Italy ist zugleich Widerspruch und Bild im Fleisch der amerikanischen Gesellschaft, und mehr noch als für andere Getto-Gemeinden gilt: Man kann das Getto verlassen, aber man kann das Getto in sich selbst nicht loswerden. Es ist ein Nukleus, der der Idee von Amerika zu widersprechen scheint und doch seine Wahrheit enthüllt: *The big country* ist ein Traum, und das Land der unbegrenzten Möglichkeiten ist zusammengesetzt aus lauter sozialen Gefängnissen.

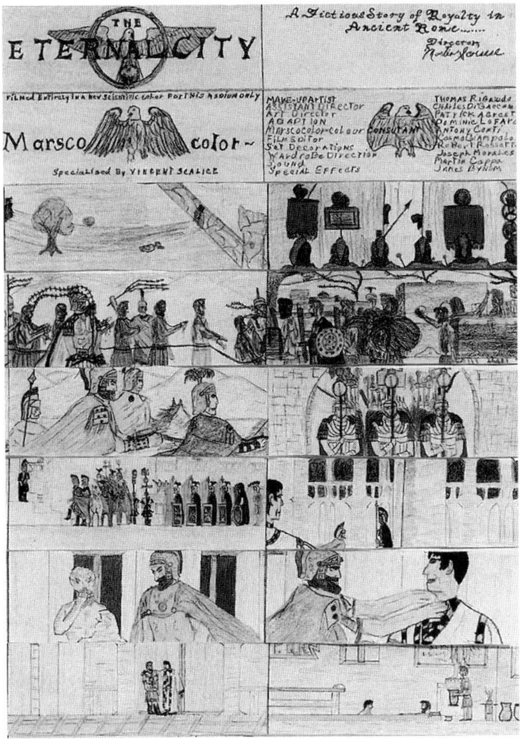

Ein »MarSco«-Storyboard des jungen Martin Scorsese

Das Aufwachsen in Little Italy bedeutete nicht nur, gleichsam in der seltsamen, unheiligen Allianz von organisiertem Verbrechen, Straßengewalt und katholischer Kirche zu leben, sondern auch fernab jedes »nationalen Projektes«: »Hier kümmerte man sich nicht um die Regierung, um Politiker oder um die Polizei: Wir hatten das Gefühl, das unsere Art zu leben die einzig richtige sei.« Aus dieser Perspektive beschreibt Scorsese ein Amerika, das ohne seine nationalen Legenden als ineinander fließende, miteinander verfeindete, aber auch korrespondierende (ethnische) Quartiere funktioniert. Das Thema der Ungleichzeitigkeit des Gleichzeitigen wird auf diese Weise zu einem natürlichen Motiv in Scorseses Werk.

Martin Scorsese wurde als Sohn der zweiten Generation italienischer Einwanderer – die Eltern arbeiteten beide in der Textilindustrie – am 17. November 1942 in Flushing / Long Island geboren; acht Jahre später zog die Familie in die Lower East Side von New York, zurück nach Little Italy: ein Abstieg noch einmal, und zugleich eine Rückkehr. Der Vater lebte in einer zweiten Hölle, der Dampfhölle des maschinellen Stoffbügelns, und es ist, als hätte sich die Atemnot des Vaters auf magische Weise auf den Sohn übertragen (und als wäre es diese Atemnot gewesen, die die beiden gemeinsam an den Ort der Reinheit und der Weite getrieben hätte: ins Kino). Martin war wegen seiner Asthmaanfälle von den rauen Spielen der Straßenkinder zwar ausgeschlossen; aber dennoch waren Gewalt und Kriminalität für ihn stets präsent. Er sah sie vielleicht mit einem Blick, den es in seinen Filmen später immer wieder geben würde, dem Blick vom Fenster hinab auf die Straße, mit jener Mischung aus Anteilnahme und Distanz, Mitleid und Grauen, der in sich bereits den Ansatz einer eigenen, bildhaften »Theologie« trägt. Der Film selbst wurde nicht nur zum transzendentalen Raum der Erlösung, sondern auch zu einer Methode, zu sehen, was dem Blick entzogen ist. Und das Kino muss autobiografisch bleiben für einen Regisseur, der bekennt, dass ihn diese Welt von Little Italy, in der er aufgewachsen ist, »noch heute krank macht«.

Schon sehr früh begeisterte er sich für das Kino mehr als nur für ein Traumreich der Flucht. Er bastelte kleine Bühnen und entwarf Kostüme für imaginäre Werke, kleine Pop-up-Sets für Pappfiguren, seine »MarSco«-Produktionen. Es ist das Kino, das er in diesen Modellen, gleichsam dreidimensionalen Darstellungen von Storyboards, imitiert, aber in seinem bescheidenen Glanz offenbaren sie auch eine Verwandtschaft mit einer anderen Kunstform, dem Bühnenbild der Oper. (Und die grandiose Eröffnungsszene aus THE AGE OF INNOCENCE ist vielleicht neben vielem anderen auch eine liebevolle Erinnerung an diese Bühnen, auf denen das Kind seine Träume inszenierte.)

Martin Scorsese besuchte die katholische Old St. Patrick's School von Manhattan und war schließlich entschlossen, Priester zu werden. Nach dem Schulabschluss ging er wirklich ins Priesterseminar, doch »da warfen sie mich nach einem Jahr wieder raus, weil ich während des Gebets Unfug gemacht hatte. Aber gläubig blieb ich.« (In anderen Interviews dagegen berichtet er, seine Noten seien zu schlecht gewesen – lassen wir es also dahingestellt, wie sich Scorseses Wege vom klerikalen Nachwuchs trennten.)

Dabei ist Scorsese keineswegs in einer besonders strenggläubigen Familie aufgewachsen. Seine Eltern schätzten die Präsenz der Kirche und der Priester als informelles Ordnungsprinzip, aber ihr persönliches Leben wurde davon nicht allzu sehr beeinflusst. »*Ich* war derjenige, der den Katholizismus ernst nahm«, meinte er später. Und so ist sein Katholizismus auch stets ein ästhetischer, abstrakter und keineswegs eine lastende Erbschaft (wie der Calvinismus von Paul Schrader), von der man sich vor allem befreien muss. Es ist, wenn man so will, ein negativer, analytischer Katholizismus, ein Katholizismus der Form für die Grundfragen nach Schuld, Opfer und Erlösung, und nicht einer des Inhalts. Scorseses Katholizismus ist eher für Fragen verantwortlich als für Antworten.

Aber was Scorsese womöglich mehr geprägt hat als die direkte Erfahrung der Gewalt in den Straßen, das eigentümliche Ineinander von Verbrechen und Religion, ist die heillose Verstrickung in die Schuld: Little Italy ist eine Art apokalyptischer Endpunkt der Geschichte; die alten Kämpfe, die historischen Widersprüche brechen noch einmal – in Form blutiger und trivialer Straßengewalt – auf. Die barbarische Vor-Moderne arrangiert sich mit der Moderne, und mehr noch als im modernen Italien mit seiner Mafia drängt hier alles auch auf Öffentlichkeit. Auf Glamour und Kino, zum Beispiel. Die Generation seiner Großeltern brachte die Struktur des Dorfes in die Großstadt, die Herrschaft der Dons und das Misstrauen gegen alles, was von außerhalb der geschlossenen Gemeinschaft der Nachbarschaft und der eigenen Gemeinde kommt. Selbst das Essen wird zu einem Ritual der fundamentalistischen Konstruktion von Identität, und wie es mehr ist als eine kleine Geste der Zärtlichkeit, wenn der Regisseur an das Ende seines Dokumentarfilms über seine Eltern, ITALIANAMERICAN (1974), das Rezept seiner Mutter für Spaghettisauce setzt, so gibt es genügend Hinweise in seinen Spielfilmen auf das Essen als Konstruktion oder als Verlust der kulturellen Identität, vom trostlosen Gemampfe des *Raging Bull* bis zur düsteren Vesper der Mafiabosse in CASINO.

Und doch ist das Amerikanische nicht vollständig ausgeblendet, es mischt sich mit dem Italienischen zu komplizierten, widersprüchlichen Beziehungen und Personen voll innerer Unruhe. Hier wird aus der geschichtlichen die individuelle Schuld, hier weiß die individuelle Tragödie zu wenig davon, wie sehr sie historische Farce ist. »In Little Italy aufzuwachsen heißt mehr als nur an aufregenden Dingen teilzunehmen, und nicht alles davon macht Spaß. Es ist ein Getto, das Vorurteile züchtet. Ich erinnere mich noch, wie ich fünf war und mein Bruder zwölf. Wir gingen eines Tages die Straße hinunter, plötzlich sahen wir eine große Schar Menschen. Sie standen alle um einen Mann, dessen Kopf blutete. Meine Mutter schaute kurz hin, drehte sich dann zu mir und sagte: ›Oh, er ist nur ein Jude.‹ Das ist eine meiner frühesten Erinnerungen.« Später wird das Thema des alltäglichen Rassismus an den Rändern von Scorseses Filmen immer wieder aufscheinen; in den Filmen gibt es den zweiten, schuldbewussten Blick auf die Menschen mit den blutenden Köpfen, auf die verachteten Anderen.

Martin Scorseses Vater, so erinnert er sich, war ein Kinofanatiker, und er nahm den Sohn beständig mit: wahlloses, melodramatisches Suchen nach dem heiligen Ort des Vergessens. Vielleicht war es der Ort, an dem sich Amerika erst ereignete, jenseits der *via vecchia*, nur hier gab es das gelobte Land (vor allem im Western) und Erklärungen dafür, warum man es nicht erreichte. Mit zwölf, so heißt es, war Martin nicht nur kinosüchtig, sondern auch Alkoholiker; die Gefahr, vollends in die Kriminalität oder eine selbstzerstörerische Lebensweise abzurutschen, für die es auf der Straße so viele Beispiele gab, war wohl sehr hoch. Scorseses erste Ambition, Priester zu werden, war womöglich nicht nur ein Versuch, sich zu retten, sondern vor allem Ausdruck einer frühen Erfahrung: Im Getto gab es nur eine Figur, die halbwegs so viel Respekt genoss wie der Gangster, und das war der katholische Priester. Möglicherweise standen beide auch in einer mehr als nur oberflächlichen Beziehung zueinander. Es waren Menschen, deren Blick sich erhoben hatte über jene Straße, die sie doch nie verlassen würden. Ein

Teil ihrer Welt zu sein, und zugleich über sie hinauszuwachsen – das ist die Sehnsucht aller Scorsese-Helden. Sie erfüllt sich, immer nur für den Augenblick der Kreation, im Filmemacher. Und im Amoklauf seiner Protagonisten.

Später tauschte Martin Scorsese das Priesterseminar gegen die Filmabteilung der University of New York, seine Filme werden zum Medium der Selbstbefragung, der Confessio, der Zeremonie (des Blutes, zum Beispiel). Sie alle haben Ähnlichkeit mit Gottesdiensten, Exerzitien, finsteren Gebeten.

Für Martin Scorsese definierte sich Leben in der Beziehung zum magischen Ort Little Italy, in Bewegungen von Dortbleiben, Fortgehen und Wiederkehren. Selbst seine emotionalen Beziehungen richteten sich in diesem Mythos ein. 1965 heiratete er eine Frau jüdisch-irischer Herkunft. »Das war eine Art von Rebellion. Bis dahin war ich mit einem sizilianischen Mädchen zusammen, das sich mit meinen Eltern sehr gut verstand. Ich heiratete 1965 in der Saint Patrick's Cathedral, wurde drei Jahre später wieder geschieden und trat wenig später aus der Kirche aus. Ich hatte Probleme mit der Todsünde, bestimmten sexuellen Dingen, aber was mich wirklich raustrieb, war die Predigt eines Pfarrers in Los Angeles, der sagte, der Vietnamkrieg sei ein heiliger Krieg.« Es ist die Politik, die Scorsese aus dem Mythos treibt, und auf ihn zurück; so setzt er die Beziehungen zwischen Religion, Politik, Sexualität und Kunst in eine neue Bewegung, und nichts wäre verkehrter, als in Scorseses Arbeiten gerade die politische Dimension zu vergessen, auch wenn diese nie Programm und Diskurs wird wie bei einigen seiner europäischen Zeitgenossen.

Little Italy ist Hölle und Gnadenort in einem, schon als Form ein Ort ausgesprochener Reinheit. »Es gibt keine Bäume in Manhattan«, sagt Teresa in MEAN STREETS, aber die Straßen tragen Namen wie Mulberry Street (wie in Erinnerung an den Maulbeerbaum des Kinderliedes, um den man nur tanzen konnte) oder Spring Street, die einerseits ihre Anwohner in ihren schäbigen, lichtlosen Mietskasernen zu verhöhnen scheinen, andererseits aber die vollständige Ersetzung der »Natur« durch das Zeichen belegen, was die Grundlage der Gangsterkultur ebenso wie, wenn auch ganz anders, der kirchlichen Kultur bildet.

Scorsese belegte an der New York University zunächst das Fach Englisch, kam aber sehr schnell in Kontakt mit der Filmklasse der School of Arts, die der Universität angegliedert ist. Er traf dort mit anderen Studenten zusammen, die später selbst ihren Beitrag zur Entwicklung des neuen Hollywoodfilms leisten sollten, so etwa mit Jim McBride, der mit DAVID HOLZMAN'S DIARY (1968) einen wichtigen Ansatz zur Kinoreflexion dieser Jahre lieferte. McBride war zusammen mit Lewis Teague (der sich dann eher in der Roger-Corman-Tradition weiter entwickelte) in Scorseses Klasse, und ein Jahr darauf kam Michael Wadleigh dazu, der spätere Regisseur von WOODSTOCK (1970), der dann als Kameramann bei DAVID HOLZMAN'S DIARY und WHO'S THAT KNOCKING AT MY DOOR? (1968) arbeiten sollte. McBride erinnert sich an die Lehrsituation: »Wir hatten keine Filmregisseure an der Schule, die uns unterrichteten. Das waren alles Leute, die das Kino liebten, sehr gut über Filme, Filmgeschichte sprechen konnten. Ihre Namen sind zwar in der Filmgeschichte verloren gegangen, aber es waren gute Leute. Einer von ihnen, Martys Mentor, hieß Haig Manoogian« (Scorsese hat ihm RAGING BULL gewidmet).

Scorsese arbeitete an verschiedenen studentischen Filmprojekten mit; seine erste eigene Arbeit (zusammen mit Robert Siegel) muss, nach den Worten eben dieses Professors Manoogian (dessen Name in der Filmgeschichte ganz so verloren nun auch nicht ist), noch sehr traditionell in der Kameraarbeit und im Aufbau gewesen sein: INESITA (1963), das Porträt einer Flamenco-Tänzerin, gilt als verschollen. »The film was just another one of those films ...«, sagte Manoogian. (Später erinnerte sich Scorsese, dass im Schnittrhythmus von INESITA schon einiges von NEW YORK, NEW YORK vorweggenommen war.)

Just another one of those films – das konnte man gewiss nicht von den nächsten beiden Kurzfilmen sagen, die Scorsese an der NYU inszenierte, WHAT'S A NICE GIRL LIKE YOU DOING IN A PLACE LIKE THIS? (1963) und IT'S NOT JUST YOU, MURRAY! (1965), der seinen Weg nach einigen Auszeichnungen auch als Vorfilm in die Kinos fand. Nach dem Studium von 1962 bis 1964 ließ sich Scorsese für ein Jahr beurlauben, um praktische Erfahrungen mit der Filmarbeit zu sammeln. Er arbeitete als Beleuchter, dann als Cutter beim Fernsehen, gelegentlich als Schauspieler und schließlich, nach seinem Studienabschluss 1967, als Schnittberater bei Produktionen wie WOODSTOCK oder MEDICINE BALL CARAVAN (1971), wo die Woodstock-Generation nicht als Hollywood-Mythos erscheint, sondern ihre inneren und äußeren Konflikte zeigen darf. Der durchaus widerborstige Film des Cinéma-vérité-Vertreters François Reichenbach zeigt eine Reise von 150 Hippies in Bussen, auf Motorrädern und mit einer mobilen Musikbühne (auf der unter anderem B.B. King und Alice Cooper auftreten), die im Jahr 1970 von San Francisco zu einem Trip durch die USA aufbrechen. Ein dritter Musikfilm, an dessen Schnitt Scorsese mitarbeitete, war die Elvis-Presley-Dokumentation ELVIS ON TOUR (1972; R: Pierre Adidge, Robert Abel). Im Verlauf seiner Karriere war die Montage stets mehr als seine »liebste Sorge« (wie es Jean-Luc Godard in Bezug auf die eigene Arbeit einmal ausdrückte). Bis 1970 arbeitete Scorsese aber auch weiterhin an der Universität, gab Lektionen in Filmgeschichte und Kritik und betreute studentische Filmprojekte.

Mit einem solchen Hintergrund war es wohl durchaus naheliegend, dass Scorsese ein zugleich reflektierter und sehr »autobiografischer« Künstler wurde, wenngleich es sich dabei eher um eine *magische Biografie* handelt als um eine reale, die Wiedergabe einer mythischen Bewegung aus einer sozialen und psychischen Malaise, die ihrerseits Widersprüche und Verluste produziert. So wird Scorsese mehr noch als zum kathartischen Autobiografen zum großen Mythopoeten der amerikanischen Kultur nach dem Verlust der großen Träume und nach den großen Sündenfällen (dann also meinethalben doch wieder: der John Ford der Post-Vietnam-Generation). Es ist die Zeit der großen Ernüchterung in der amerikanischen Gesellschaft, in die Scorseses Arbeiten der ersten Dekade fallen. In diesen Filmen gibt es recht eigentlich keine Zukunft; sie schildern Zustände, in denen sich die Verdammnis umso sicherer einstellt, je mehr nach der Erlösung gesucht wird, und die in demselben Maß zur Zerstörung führen, wie sich ihre Helden zu befreien versuchen. Aber wie in allen mythischen Entwürfen, so liegt auch in Scorseses Filmen

Regisseur Michael Wadleigh, Martin Scorsese und Thelma Schoonmaker während der Dreharbeiten zu WOODSTOCK

die »Lösung« in sich selbst, in der schmerzhaften Schönheit der Reflexion. Die Filme geben keine Antworten auf die Widersprüche dieser magischen und politischen Biografie, dieser stets neu formulierten Metapher von der Gefangenschaft des Menschen – die Filme *sind* eine Antwort.

Der filmische Kosmos von Martin Scorsese bildet sich also aus einem System der Beziehungen zwischen sehr persönlichen und zugleich sehr kalkuliert-ästhetischen Elementen, insbesondere aus der Verknüpfung des amerikanischen Kinos und der europäischen Moderne. Darin wiederholte sich vielleicht, nun unter umgekehrten Vorzeichen, der Konflikt zwischen der *via vecchia* in Little Italy und der Idee Amerika, die die Familie Scorsese und ihr kulturelles Umfeld prägte. Unter der Vorherrschaft des europäischen Kunst- und Kopfkinos drohte die zweite Identität, die Film- und Fernsehwelt der Kindheit, verschüttet zu werden. »Auf der Filmhochschule brachten sie uns bei, dass wir nur Ingmar Bergman gelten lassen durften. Für mich ist Bergman gut, aber er ist nicht der einzige. Ich entdeckte, dass ich die meisten Filme mochte, von denen die Vertreter der Autorentheorie in Frankreich sprachen. Und ich fand schließlich heraus, dass es nicht notwendig war, alle Filme zu verdammen, die man als Kind bewundert hatte.« Die zweite Identität, die der Kino-Mythen und der populären Kultur, musste sich nun also gegen eine dritte, die des europäischen Films und des cineastischen Modernismus, behaupten. Letztlich setzte dies beim späteren Filmemacher Martin Scorsese eine endlose Kette der kulturellen Fluchtbewegungen und Wiederentdeckungen in Gang: Familie, *via vecchia*, die soziale Realität in Little Italy, das Kino der Kindheit (die allamerikanische Fantasie der *popular culture*), die Filmhochschule, das europäische Kino der Analyse und Reflexion – und von dort an alles auch wieder zurück (freilich mit einem anderen, sich von Durchlauf zu Durchlauf weiter bildenden Bewusstsein). Nicht die Kette selbst ist Martin Scorseses großer künstlerischer Befreiungsakt, sondern eben die Tatsache, dass er die einzelnen Glieder zueinander in einem offenen Dialog belässt und dass keines dieser Elemente die anderen dominiert.

Zwischen Transzendenz und Genauigkeit: Der katholische Materialist

Zu Beginn seiner cineastischen Entwicklung ist Martin Scorsese nicht so sehr von einem ausgeprägten Stilwillen als vielmehr von der Definition seiner Themen bestimmt. WHO'S THAT KNOCKING AT MY DOOR? ist noch sehr deutlich vom europäischen Autorenfilm inspiriert, BOXCAR BERTHA weist die Spuren der Corman-Schule auf (auch wenn Scorsese schon sehr eigenwillig mit diesen Vorgaben umzugehen versteht), MEAN STREETS ist beinahe wütendes *Cinéma direct*; ALICE DOESN'T LIVE HERE ANYMORE eine Übung in klassischer Erzählweise (wenn auch auf Scorsese-Manier gebrochen), und TAXI DRIVER zeigt Scorsese als den Regisseur, der die unglaublich seltene Gabe besitzt, direkte Heftigkeit, Narration und Reflexion auf allen Ebenen der Filmgestaltung miteinander zu verbinden. Zum einheitlichen »Werk« werden diese Filme freilich erst im Rückblick, gesehen aus der Perspektive der speziellen Mythopoetik und der magischen Autobiografie.

Mit diesen Filmen indes hatte Scorsese das Feld für seine Entwicklung abgesteckt; es gab nun wohl so etwas wie einen Scorsese-Stil, der sich als Segen und zugleich als Fluch für die weitere Arbeit des Regisseurs auswirken sollte. Als Segen, weil er es ihm ermöglichte, seine Motive immer intensiver, unter immer neuen Aspekten zu behandeln, als ein Fluch, weil er sich gelegentlich auch als Gefängnis erwies, und die Kritik und das Publikum es Scorsese nur ungern verziehen, wenn er sich allzu sehr von seinem Zentrum entfernte. Aber gerade in den Filmen dieses »anderen« Scorsese, den Komödien, Thriller oder Kostümfilmen, gibt es auch intensive Reflexionen, Diskurse über die Hauptlinie der magischen Biografie; es sind nicht so sehr »Abstecher« des Künstlers Scorsese als vielmehr Spiegelungen, Grenzüberschreitungen.

Scorsese schreibt seine magische Biografie in seinen Filmen ohne Eitelkeit, mit einer ständig gesteigerten Genauigkeit, mit immer neuen Versuchen der Konkretion wie der Spiegelung. So sind die »Nebenwerke« stets auch Ansätze, den ästhetischen und mythischen Fallen zu entgehen; Scorseses Filme, auch das macht sie politischer, als sie auf den ersten Blick erscheinen mögen, sind seinen Figuren immer um ein weniges voraus. In all seine Zärtlichkeit, seine Faszination, sein Erschrecken ist stets der Vorschlag zur Analyse eingefügt.

Scorseses Kino ist weder naturalistisch noch rhetorisch. Seine kinetische Poesie entwickelt sich aus fundamentalen philosophischen und ästhetischen Diskursen. Die Frage ist: Was ist das Leben? (Und zugleich: Was repräsentiert das Leben auf der Leinwand?) Wenn Martin Scorseses Helden sich selbst zu erschaffen versuchen in einem Prozess, in dem sie zugleich etwas »werden« wollen und etwas verlieren, so gelingt ihnen weder die vollständige Umwandlung von Leben in Mythos noch die Konstruktion der Biografie auf den Augenblick der Erlösung oder der Erkenntnis hin. Die Nervosität, die unterdrückte Wut von Scorseses Helden entstammt ganz offensichtlich einer ganz und gar konkreten (un-katholischen) Angst davor, nicht genug gelebt zu haben, auf ein unweigerliches Ende hin zu leben, wo es keine zweite Chance gibt. Ellen Burstyn in ALICE DOESN'T LIVE HERE ANYMORE drückt diese Wut über die verlorenen Jahre ihrer glücklosen Ehe so heftig aus, wie die Scorsese-Gangster in ihrer Gewalt den Widerspruch ihrer Befreiung ausdrücken, die sie in nur umso perfektere Systeme der Gefangenschaft getrieben hat, goldene, elende Gefangenschaft wie in CASINO. Der Verlust an Leben aber treibt den Menschen umso heftiger in die Enttäuschung, so wie Alice durch ihren Hunger nach den verlorenen Genüssen, den nicht gemachten Erfahrungen in neue Beziehungsfallen getrieben wird. Das Zentrum von Martin Scorseses Arbeit ist die Tragödie, nicht das Melodrama.

So wie Scorsese hat das Kino den Gangster noch nie gesehen; er hüllt ihn weder in den Mythos, noch dämonisiert er ihn, er versteht ihn, ohne ihm zu verzeihen. Über die Filme hinweg verfolgt man seinen Weg von den Straßen von Little Italy nach Las Vegas, von der Getto-Gewalt zur Glamour-Repräsentanz. Aber von dort sieht auch wiederum der Anfang ganz anders aus: Nicht die Verwandlung in eine mythische Gestalt, sondern der Weg in eine schuldhafte Kleinbürgerlichkeit nimmt hier ihren Ausgang, und schon bei MEAN STREETS hat Scorsese das Viertel und seine Unterwelt als »schäbige Brutstätte miesen Kleinbürgertums« beschrieben. Der Gangster und der Kleinbürger, das sind bei Scorsese keineswegs Antipoden, es sind vielmehr zwei Erscheinungsformen ein und desselben Charakters. Dieses Kino konstruiert die Ausnahme, um die Regel zu sezieren.

Jemand will jemand werden. Davon handeln alle Filme von Martin Scorsese. Und wir verfolgen diesen Prozess der Wandlung, das Jemand-Werden und all den Schmerz und die Gewalt, die das hervorbringt, mit einer sonderbaren Mischung aus Verständnis und Entsetzen. Wir gönnen es Typen wie Jake La Motta aus RAGING BULL, Rupert Pupkin aus THE KING OF COMEDY oder Sam »Ace« Rothstein aus CASINO, dass sie jemand werden – das ist schließlich ihre einzig mögliche Erlösung. Aber wir sehen auch immer, zu welchen Monstren sie sich dabei verwandeln, wie gewalttätig und dumm sie werden (oder besser: bleiben), wie sie sich verraten müssen. Und auch diese Konstruktion ist zugleich ein Element der magischen Autobiografie und führt in die Mythologie der populären Kultur. Jerry Lewis alias Sidney Pythias ist in THE DELICATE DELINQUENT (Dümmer als die Polizei erlaubt; 1957; R: Don McGuire) wahrlich der einsamste Mensch der Welt, und er erklärt dem freundlichen Polizisten in wahrhaft philosophischer Manier, wer er sei: »Ein absolutes Nichts, und das ist das Schlimmste, was es gibt. Ich war nie was Besonderes. Ich habe versucht, schlecht zu sein, und war gut. Ich habe versucht gut zu sein, und war dumm. Von mir selbst weiß ich nur zwei wichtige Sachen. Erstens: Ich bin nichts. Zweitens: Ich will etwas werden.« Scorsese-Helden revoltieren in diesen Sätzen und sind ihre Erfüllung (und das mag erklären, wie in Scorseses Arbeiten das Komische nie wirklich zum Lachen sein mag und das Dramatische nie ohne einen Hauch des Komischen auskommt; es ist das, was die amerikanischen Komiker immer, zugleich erfolgreich und vergebens, einforderten, jemand zu sein, aus der Verurteilung zum Nichts-Sein). Seine Filme sind selten wirklich komisch (und am wenigsten diejenigen, die durch ihre Darsteller oder ihren Plot dazu prädestiniert scheinen), aber zu verstehen sind sie auch nicht ohne den eigentümlichen Humor ihres Schöpfers, einen Humor, der zugleich sehr zärtlich zu seinen Figuren sein kann und ein kaltes, schwarzes Gelächter aus dem Nichts evoziert.

Worauf Scorseses Figuren hinauswollen, das ist die »große Show«, die eigene Verwandlung in ein Blendwerk. Keiner von Scorseses Helden tut irgendetwas, das einen sozialen Sinn ergibt, keiner (auch sein Christus nicht) schafft es, sein Ich in einen anderen Dienst zu stellen als in den der Blendung. Die anderen – das sind Publikum und Spiegel, und die Passion des einzelnen führt nirgendwo zu einer gesellschaftlichen Veränderung. Es ist ein Leben »vor der Revolution«, von dem Talleyrand gesagt hat, dass der, der es nicht kenne, »nichts weiß von der Süße des Lebens.« Denn nur vor der Revolution gibt es den Menschen, der sich, möglicherweise, nach ihr sehnt wie nach dem jüngsten Gericht. Und Bernardo Bertolucci, der in PRIMA DELLA RIVOLUZIONE (Vor der Revolution; 1964) dieses Zitat an den Anfang gestellt hat, widerspricht, vermutlich in Scorseses Sinn: »Wer vor der Revolution lebt, der kennt die Lebensangst.« »Für mich«, sagt sein Held, der Bürgersohn Fabrizio, »ist immer vor der Revolution.« Das könnten, wenngleich in so ganz anderen Lebensumständen, auch die Helden von Martin Scorsese sagen.

Das ergibt indes auch die faszinierende Bewegung der Filme: Während die Figuren immer mehr die Wirklichkeit vor ihren Augen verlieren, wird

Jemand will jemand werden: Charlie in MEAN STREETS, Alice in ALICE DOESN'T LIVE HERE ANYMORE, Travis Bickle in TAXI DRIVER (linke Spalte); Jimmy Doyle und Francine Evans in NEW YORK, NEW YORK, Jake La Motta in RAGING BULL, Rupert Pupkin in THE KING OF COMEDY, ...

sie beim Zuschauen immer deutlicher. Dabei ist es fast gleichgültig, ob man diese Wandlung als Künstler, als Sportler, als Gangster oder – um es blasphemisch zu formulieren – als Gott unternimmt; auch der Gangster ist ein Meister der Blendung, und im Künstler steckt, nicht immer so verdreht wie in Rupert Pupkin, auch der Gewalttäter.

Daher ist die Liebe nur zu verfehlen; der Weg der männlichen Helden geht stets von der wirklichen zur virtuellen Frau, aus der unerträglichen Realität einer »Beziehung« zur Unerträglichkeit eines Traumes, der doch immer wieder Albtraum werden muss. So verlässt Jake La Motta seine Frau, als er seinem Traum vom Aufstieg näher gekommen ist, um der platinblonden, 15jährigen Kindfrau zu verfallen, die nie wirklich real für ihn wird. Dem eigenen Bild von der Frau fallen die Helden von TAXI DRIVER bis CASINO anheim, aber sie sind nicht Opfer einer Täuschung, sondern ihrer eigenen, desperaten Erfindung der Frau. So wie sie sich, indem sie »jemand werden«, vermeintlich zu den eigenen Schöpfern werden, so glauben Scor-

... Eddie Felson und Vincent Lauria in THE COLOR OF MONEY, Jesus in THE LAST TEMPTATION OF CHRIST, Lionel Dobie in LIFE LESSONS (linke Spalte); Henry Hill in GOODFELLAS, Sam »Ace« Rothstein in CASINO, Amsterdam Vallon in GANGS OF NEW YORK

seses Helden auch, die Frau nach ihrem Bild zu erschaffen. (Und womöglich erweist sich der Scorsesesche Jesus Christus auf diese Weise noch ein mal als sonderbarer Gegenentwurf: Er ist vielleicht der einzige Mann in Scorseses Welt, der *nicht* Gott sein will.)

Es ist eher das Glück der Familie, das die Scorsese-Helden suchen und verfehlen, als das der Liebe; sie sehen in den Frauen immer auch die Mütter, den Fokus der Familie. Glück, das ist in dem Schwarzweißfilm RAGING BULL am ehesten die kleine Sequenz farbiger Familienfilme in der Mitte (und zugleich natürlich die genaueste Kritik) – ganz buchstäblich: eine Projektion; für den Jesus aus THE LAST TEMPTATION OF CHRIST ist es viel weniger die Liebe einer Frau, die ihm zur Versuchung wird, als die Aussicht auf ein Familienleben, und was der Held von CASINO von seiner Frau erwartet, von der er weiß, dass sie ihn nicht wirklich liebt, ist die *Darstellung* des familiären Glücks. Es scheint, als seien die Scorsese-Helden geradezu davon besessen, Karriere und Geld zu machen, um etwas Widersinniges zu erreichen: das Getto (Little Italy) zu verlassen und außerhalb davon eine »ideale« Familie zu rekonstruieren. So bleibt auch die Verwandlung des Gangsters in den Kleinbürger in allen Belangen widersprüchlich. Es ist die Gewalt und die Schuld, die diese beständige Transformation als blutigen Mehrwert produziert, es ist aber auch das Leiden der Frauen, das nicht für einen Augenblick dadurch gemildert wird, dass es früher oder später auf den Mann zurückfällt.

Mehrfach verfehlt der Scorsese-Held die Frau, um sein (magisches) Begehren auf das weibliche Kind zu lenken; in TAXI DRIVER verliebt sich Travis Bickle in eine Frau, die aber seine Welt nicht wirklich akzeptieren kann, sein Objekt wird dann die jugendliche Hure; in RAGING BULL verlässt der Held, wie gehabt, die Frau für die 15-jährige. Es ist diese Rekonstruktion von »Unschuld« im patriarchalen Mythos, die die eigentliche Schuld in der Tragödie definiert. Scorsese ist vielleicht auch insofern ein katholischer Filmemacher, als er das Innere des religiösen Körpers, das Innere des religiös geformten und unterdrückten Begehrens, nach außen kehrt.

Diese seltsame, unerlöste Bewegung hat nicht nur erotisch-soziale Komponenten; es ist stets auch eine Bewegung von der Rationalität zum Mythos, die sich dann in AFTER HOURS so chaotisch komisch wiederholen wird. Scorseses Helden, die sich immer mehr in den Spiegelungen ihrer eigenen »Schöpfung« verlieren, demontieren, indem sie leben, den eigenen Mythos; sie scheitern an ihrem Begehren, sie scheitern auf dem Weg von der Mutter zur Frau.

Auch die Liebe hat eine lange Geschichte in Scorseses Filmen; sie entwickelt sich von Film zu Film, ja die Filme sind immer neue Ansätze von Suche und Konstruktion (und skeptischer Dekonstruktion). Es beginnt mit Studien der Liebesunfähigkeit schon in einem sehr frühen Stadium: J.R. in WHO'S THAT KNOCKING AT MY DOOR? kann kein Mädchen lieben, weil es für ihn nur die erstrebenswerte Reinheit der Jungfrau Maria und die Verworfenheit von Huren gibt, nichts dazwischen und nichts darüber hinaus.

Es mag wohl trivial klingen zu konstatieren, Martin Scorseses Filme handelten von der Liebe, der Gewalt und der Ökonomie. Wovon sonst sollten Filme handeln? Aber sie tun es auf eine besondere Weise, sie beschreiben den Zusammenhang anhand zweier sehr verschiedener »Texte«, dem Text der katholischen Mythologie (nicht der Theologie, sondern der in den Alltag diffundierten Zeichen und Erzählungen) und dem Text der materialistischen Analyse (nicht der marxistischen »Erzählung« der Welt, wohl aber ihrer dialektischen Beschreibung). Es ist, als würde ein Materialist im Mythos wüten und ein Mythopoet die spirituelle Wahrheit im Materiellen suchen.

Was aber ist ein »katholischer Film« – und mehr noch: Was mag es bedeuten, katholische Filme in einer puritanisch geprägten Filmwelt und vermutlich nicht anders denn als »Ketzer« zu drehen? Gewiss besteht diese Beziehung auf mehreren Ebenen, zum einen auf der Ebene des Liturgischen, der »Inszenierung« der Transzendenz, zum anderen in der Mythologie, der Erzählung von Sünde, Schuld, Opfer und Erlösung. Aber all dies bietet nur die Folie für eine tiefere Konstruktion der Wirklichkeit. Während der Weg zur Erlösung für den Calvinisten nur in der personalen Beziehung des Einzelnen zur Göttlichkeit zu finden ist, für den Puritaner aber über den Pakt Gottes mit der Gemeinde (jenem »auserwählten Volk«, als das sich die amerikanische Mitte noch immer sehen möchte, in einem »Gelobten Land«, in »God's own country»), so führt der katholische Weg nur durch die Kirche. Sie ist Organisation von Macht und Zeichen und zugleich der sakrale Raum. Dieser Raum steht im Zentrum der Scorsese-Filme, auch wenn er hier und dort nur als durchaus blasphemische Abbildung zu erkennen ist. Das Göttliche also ist an einen Ort gebunden (mehr noch als an die Tat und mehr noch als an das Wort), und dieser Ort beschreibt auch direkt und topografisch die Grenzen zwischen dem Göttlichen, dem Menschen und der Welt. Anders als der Westernheld und der calvinistisch-existenzialistische Held Schraders ist daher der Scorsese-Held räumlich definiert, er ist damit beschäftigt, seine »Kirche« zu finden oder zu errichten. Dass Gott in der Kirche auch zu finden sei, dass er dort »gegenwärtig« sei, ist freilich nur die Mainstream-Vorstellung; am Rande zum Ketzertum – etwa im Jansenismus –

geht es gerade um seine Verborgenheit, ja um seine Abwesenheit. Und die Kirche, oder was sich an ihre Stelle errichten mag, ist nun eher der Ort, an dem die Abwesenheit Gottes am reinsten und am schmerzhaftesten zu erfahren ist. Das Leben des Menschen ist dabei geprägt vom Ruf des Menschen nach Gott, der nie erhört werden kann, und zugleich ist dieses Leben ein »Schauspiel vor dem Angesicht Gottes«. So wird die religiöse Dimension der Scorsese-Helden deutlich: Es sind Menschen, die sich eine Kirche schaffen, in der sie vergeblich nach Gott rufen, und auf die Straße zurückkehren, um ihr Leben als »Schauspiel vor dem Angesicht Gottes« zu führen. Ganz direkt gibt Scorsese dieses Schauspiel in dem vor, was ich die »transzendentale Einstellung« der Kamera nennen möchte, eine paradoxe Perspektive aus der Höhe eines abwesenden Gottes.

So wie sich Scorseses Menschen in unauflösbaren Beziehungsfallen bewegen, so bewegen sie sich auch in einem unauflösbaren Dreieck von Ich, Welt und Gott. In ihren Kirchen erkennen diese Menschen vor allem, dass die Bewegung zu Gott, die Bewegung zu sich selbst und die Bewegung zur Welt (zu den anderen) einander widersprechen. Das, unter anderem, führt dazu, dass sie sich in Akten grotesker Selbstüberschätzung Elemente des Göttlichen und Elemente der Welt einzuverleiben versuchen. So wie sie ihre eigenen Kirchen errichten, so schwanken Scorseses Menschen, ob sie, statt ihr Leben als das Schauspiel im Angesicht Gottes zu inszenieren, selbst das Göttliche imitieren (am deutlichsten sicher in der Figur des negativen Erlösers in CAPE FEAR) oder ob sie sich als solitäre Repräsentanten der Welt verstehen wollen, wie zum Beispiel Rupert Pupkin, der sich seine eigene Welt schafft. Alle Menschen in Scorseses Filmen entweihen ihre Kirchen, von Charlie in MEAN STREETS bis zu den irischen Katholiken, die in GANGS OF NEW YORK für ihre Religion sterben, aber ihren Glauben verraten, wenn sie, zum Beispiel, die »Schwarzen« aus ihren Kirchen prügeln.

Die Realität ist daher weder eine objektive materielle Gegebenheit, noch ist sie die Heimat des Mythos. Sie wird weder in der Art vorgefunden, dass man sich ihr durch bloße Anpassung anverwandeln könnte, wie es Scorseses Helden immer wieder – vergeblich – versuchen, noch ist sie die pure Herausforderung, die den existenzialistischen Helden hervorbringt. Weil dieser Held zugleich mit sich selbst, mit der Welt und mit Gott zerworfen ist, ist er auch zu keiner radikalen Geste fähig. Die Tragödie des Scorsese-Helden ist seine strukturelle Unfähigkeit zur Revolte.

Über alledem aber steht, dass diese Situation des Menschen nicht allein seiner »ursprünglichen« Zerworfenheit geschuldet ist, sondern in höherem Maße noch von ihm selbst produziert wird, als die Dynamik der Macht und als Struktur der familiären Organisation. Daher wiederholt sich der theologische Widerspruch auf der Ebene der Emotionen, im Dreieck Familie, Liebe und Gesellschaft oder, anders ausgedrückt, im Dreieck von Moral, Begehren und Ökonomie. Die Erlösung muss auch hier, anders als im puritanischen Mythos des Mainstream, stets verfehlt werden, weil stets das eine dem anderen widerspricht. So führt gerade der katholisch-ketzerische Ansatz, ganz ähnlich wie etwa bei Robert Bresson, zur radikalen Gesellschaftsanalyse. Gerade weil sich der Mensch bei Scorsese für den Blick eines verborgenen Gottes inszeniert (für den er »jemand werden« will), ist er seinen materiellen Lebensbedingungen so ausgeliefert. Und gerade weil er die Liebe, die er nicht finden kann, vor den Augen der Welt zu inszenieren trachtet, erfährt er ihr Scheitern auch als soziale Produktion.

Wenn man Scorseses Filme also nur als Versuche über religiöse und mythische Grundlagen sieht, als Auseinandersetzungen mit dem Problem von Realismus und jenem »transzendentalen Stil«, über den Paul Schrader so intensiv nachgedacht hat, so übersieht man dabei vielleicht den kritischen Materialisten, den Meister einer Entzauberung, der immer auf die materiellen Bedingungen des Mythos sieht. Scorseses Musikfilm THE LAST WALTZ beginnt mit einer langen, beinahe peinigenden Kamerafahrt über die schmutzigen Straßen des Großstadtgettos, aus der die meisten Mitglieder der Gruppe stammen. Und als Kontrapunkt dazu gibt es das Bild eines Paares in einem leeren Ballsaal, das versunken zu den Klängen von *The Last Waltz* tanzt. Genauer, vermute ich, kann man den Ausgangspunkt der ästhetischen und philosophischen Erfahrung in den Filmen von Martin Scorsese kaum beschreiben als in dieser Gegenüberstellung des Realen und des Ästhetischen, des Lebens und der Kunst. Nicht als plane Konfrontation geschieht dies, sondern in der Form eines endlos umeinander geflochtenen Bandes oder als dialektische Untersuchung. In beiden Bildern gibt es den Schmerz der Einsamkeit und die Sehnsucht nach dem Glück, wenngleich vielleicht zueinander spiegelverkehrt. Die Kunst ist keine Lösung für das Leben, und das Leben ist keine Lösung für die Kunst (wie uns, beinahe ein wenig überdeutlich, LIFE LESSONS zeigt). Aber das eine kann immer nur im anderen zu sich selbst gelangen.

Im Zentrum des sakralen Raumes freilich steht das Geheimnis der Frau, der Mythos des Weibes, das zugleich Mutter und Mädchen ist. Die jungfräuliche Mutter ist nur in diesem sakralen Raum denkbar, außerhalb der Kirche zerfällt der Mythos wieder, und der Mann ist zu einer ewigen Suche verdammt, der Frau als Objekt der Begierde und als Subjekt eines eigenen, entheiligten Lebens zu begegnen, die Frau zu verfehlen, die wahrhaft nur als dieses im sakralen Raum gehütete Geheimnis sein darf.

Freilich ist die Sexualisierung des Mythos schon seine Entheiligung: Maria ist deswegen als unberührte Frau Mutter geworden, weil sie den Sohn Gottes geboren hat, der nicht durch den Penis eines Mannes gezeugt wurde, auch nicht, wie etwa im Zeus-Mythos der griechischen Götterwelt, durch den Super-Mann mit dem Super-Penis, der sein maßloses Begehren nach der Menschenfrau in unendlichen Maskierungen zu verbergen vermag. Der Marien-Mythos der »unbefleckten Empfängnis« also macht deutlich, dass Gott kein »Mann« ist: Seine Liebe ist weder phallisch bestimmt noch aus dem Egoismus der göttlichen Gene erzeugt. Das Erlösende dieses Mythos indes setzt den »katholischen« Mann und die »katholische« Frau unter einen enormen psychischen und moralischen Druck. Und dies umso mehr, als die Sexualisierung des Mythos auch als »Politik« betrieben wird. In der Aufspaltung des Mythos im wirklichen Leben in die Mutter (deren »Beflecktheit« Gegenstand der Verdrängung sein muss) und in das Mädchen, das erst durch das »Sakrament« der Ehe berührt werden darf, entsteht als dritte Variante die Frau, die als sexuelles Bild zugleich begehrt und verachtet wird – *broads*, wie J.R. in WHO'S THAT KNOCKING AT MY DOOR? sie nennt. Der außerhalb des sakralen Raumes in seine Einzelteile zerfallene Mythos der Frau ist nicht mehr zusammenzusetzen, und bis zu seinem Christus-Film, den man auch als Versuch werten kann, den lastenden Mythos zu überwinden (und in der Liebe zur Frau also so etwas wie die Erlösung des Erlösers zu erproben), sind die Männer in Martin Scorseses Filmen unfähig, eine Frau als ganze Person zu erkennen.

Das Unberührte, die Mutter, das Objekt der Begierde – alles bleibt in unlösbarem Widerspruch, und Scorseses Männer müssen die Frauen immer zugleich ersehnen und sie hassen oder fürchten für das, was in ihnen abwesend sein muss. So gibt es neben den Projektionen und Inszenierungen – oft bitten die Scorsese-Helden die Frauen, direkt oder indirekt, für sie eine »Rolle« zu spielen – immer auch wieder die Imitation des sakralen (männlichen) Raumes und des »Geheimnisses« der Frau darin, zum Beispiel im Stripteasetanz in der Kneipe in MEAN STREETS, in denen die Frauen ihr Geheimnis so sehr zu offenbaren scheinen, wie sie – für den Scorsese-Helden – unberührbar bleiben.

Neben der Konstruktion der Welt und ihrer Wahrnehmung gibt es in Martin Scorseses Filmen also auch die »katholische« Konstruktion der Sexualität. Eine Falle, auch dies. Und es gehört zu der Genauigkeit, mit der Scorsese seine Menschen beschreibt, dass alle, Männer wie Frauen, dabei stets sowohl Täter und Opfer, Nutznießer und Unterdrückte sind. Das »Katholische« ist dabei Modell und Struktur zugleich, Bild und Bedingung für die Abwesenheit der Liebe. Wie sie die Frau »konstruieren« in ihrem Blick, so versuchen Scorseses männliche Charaktere immer wieder, auch zur »Göttlichkeit« der Liebe zurückzufinden. Sie »spielen«, als Gewalttäter wie der *Taxi Driver* oder als Künstler, Gott, um das Geheimnis der Frau zu bewahren. Und so beginnt die immer neue Frage nach dem Verlust der Gnade. Die Suche nach der Schuld des Subjekts und der Verdammung der Welt. ❑

What's a Nice Girl like You Doing in a Place like This? (1963)

Der neunminütige Film entstand bei einem Workshop und zeigt vor allem die Experimentierlust der Beteiligten. Es sei, so Scorsese, »ein Horrorfilm, der sich als Komödie herausstellt. Er kommentierte nicht nur das Alltagsleben in jenen Jahren um 1963, sondern parodierte auch all die Filmstile, von denen wir als Studenten lernten«. Der Film ist offensichtlich auch beeinflusst von der Film-Satire THE CRITIC (1963; R: Ernest Pintoff), bei dem ein Off-Kommentator (Mel Brooks) auf eine Flut von Bildern reagiert. Die Stimme dieses »Kritikers« versucht, sich einen Reim darauf zu machen, dann werden immer abwegigere Interpretationen bemüht, und schließlich kommt sie zu dem Schluss, dass es sich um nichts anderes handeln könne als um *garbage*. Scorseses Film geht auch formal ähnlich vor: Eine Abfolge von Standfotos, Zitaten und kurzen Spielszenen wird von einem ununterbrochenen Off-Monolog begleitet; als roter Faden dient die Besessenheit eines gewissen Algernon von einem Bild, das ein Boot auf einem See zeigt, oder vielmehr, auf dem, mit jeder Einstellung changierend, mal ein Boot mit Insasse, mal ein leeres Boot, mal ein über dem Wasser schwebender »Insasse«, mal nur die Seelandschaft zu sehen ist. Scorsese betrachtet diese Konstruktion als »reine Paranoia«. (Der Name des Protagonisten ist übrigens ein Tribut an den Horrorschriftsteller Algernon Blackwood, auf dessen Short Story der Film basiert).

Zu Beginn zeigen in rascher Abfolge hintereinander geschnittene Fotos eine New Yorker Slum-Gegend und schließlich den schäbigen Wohnraum des Helden, während der Off-Erzähler diese Umgebung als »nice« bezeichnet. Scorsese scheint hier vor allem das Misstrauen gegenüber Bildern und ihrer Wahrnehmung schüren zu wollen. Was das Bild zeigt, widerspricht diametral dem, was der Protagonist zu empfinden behauptet. Wo aber steckt der Ursprung der Lüge? Ein neuer Prozess des »Lesens« von Kinobildern ist in Gang gesetzt.

Algernon (Zeph Michaelis), den seine Freunde Harry nennen, ist ein Schriftsteller. Die »Freunde« werden im Film vertreten durch einen »Gangster« im Anzug und mit dunkler Sonnenbrille (Fred Sica), auf den Scorsese immer dann schneidet, wenn Harry »even my friends say ...« sagt, und der

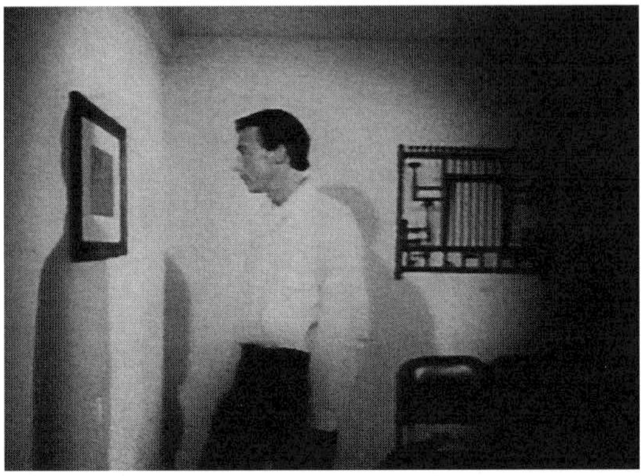

Hier beginnt die Passion des Scorsese-Helden: Algernon (Zeph Michaelis) in WHAT'S A NICE GIRL LIKE YOU ...

dessen letzten Satz – gleichsam als *running gag* – im Wortlaut wiederholt.

Als Harry das Bild mit dem Boot erworben hat, kann er offenkundig an nichts anderes mehr denken, er muss es immer wieder zwanghaft fixieren. Er kann bald weder essen noch schlafen und schon gar nicht mehr schreiben, obwohl er erkennt: »The picture is nothing to look at.« Der »Gangster« bestätigt: »You know, Harry, the picture is nothing to look at.«

Algernon gibt, um sich von seiner Obsession zu befreien, eine Party, auf der er ein Mädchen (Mimi Stark) kennen lernt, dessen Liebe, so scheint es, ihn offensichtlich von seiner Besessenheit befreit. Algernon heiratet sie. Man bereitet sich auf ein gutes Leben als Künstler vor: Er wird seine Erlebnisse niederschreiben, und sie wird malen. Wasser ist ihr bevorzugtes Motiv. Aber gerade diese Bilder treiben Algernon wieder in seine Obsession. Er sucht eine Psychiaterin (Sarah Braveman) auf, die ihn ermahnt: »If you really want help, you must help yourself ... it's all in the mind, boy.« Während der »Gangster« diese Sätze wiederholt, wird Harry zuletzt buchstäblich auf eines der Bilder versetzt – auf dem offenen Meer treibend, ruft er seinen Freund um Hilfe und zitiert die Worte seiner Psychiaterin: »Life is fraught with peril.« Der Gangster nimmt die Sonnenbrille ab und bestätigt resigniert: »Life is fraught with peril.«

Natürlich erscheint Scorseses Film zunächst einmal als ein experimentelles Spiel – ein Spiel, das die autobiografischen und die metaphorischen Elemente kräftig übermalt. So könnte man zunächst WHAT'S A NICE GIRL LIKE YOU DOING IN A PLACE LIKE THIS? gleichsam als Befreiung von der Befreiung ansehen, als ein groteskes Spiel mit allem, was seinerzeit den Konventionen des amerikanischen Erzählfilms widersprach. Zugleich experimentiert Scorsese schon heftig mit der Vermischung narrativer und dokumentarischer Elemente (etwa in der Montage der schmutzigen Häuseransichten, der Mülltonnen und Feuerleitern, der zum Trocknen aus dem Fenster gehängten Wäsche).

Auf einer zweiten Ebene aber eröffnet WHAT'S A NICE GIRL auch die Scorseseschen Lebensfragen. Hier beginnt die Passion seiner Helden, die den Weg zur Frau verfehlen müssen, weil sie von ihren eigenen Obsessionen beherrscht werden, hier beginnt das Spiel zwischen dem Leben und der Kunst, der Bruch, den das Symbol im Fluss des »realen« Lebens bewirkt. Und vor allem beginnt hier die Frage nach der Wahrheit eines inneren und eines äußeren Bildes, die sich zueinander nicht kompatibel verhalten, hier beginnt die Geschichte des filmischen Ich in den Scorsese-Filmen, das sich gerade an den Bruchstellen zwischen beiden Bildern bewegt. ❑

It's Not Just You, Murray! (1965)

Ein Mann namens Murray (Ira Rubin) sitzt in einem schicken Büro und zeigt dem Zuschauer seine schönen, teuren Besitztümer, seine Kleider und schließlich, in der nächsten Einstellung, seinen Wagen an einer Straßenecke: »See this tie? 20 Dollars! See these shoes? 50 Dollars! See this suit? 200 Dollars! See this car? 5000 Dollars!« Und er erklärt, dass er dies alles seinem Freund aus Kindertagen, Joe (Sam DeFazio), zu verdanken hat. So beginnt der Flashback zu ihren gemeinsamen Erlebnissen: Bei einer Alkoholschmuggel-Aktion hat Joe ihn an die Polizei verraten. Danach redet Joe ihm ein, er solle stets die Kontrolle über sich wahren und noch die größte Demütigung durch andere hinnehmen: Eines Tages werde er den Schuldigen für all dies treffen. Murray hört auf diesen Rat und zerschlägt sein eigenes Spiegelbild. Im Krankenhaus begegnet er seiner späteren Frau (Andrea Martin), einer Krankenschwester, die in Wirklichkeit in Joe verliebt ist. Mit Murrays Karriere aber geht es nun bergauf: Er inszeniert das erfolgreiche Musical *Love Is a Gazelle*, anschließend lässt er sich von Joe zu immer gefährlicheren kriminellen Geschäften überreden. Auch nachdem er seinetwegen vor Gericht gelandet ist, will Murray nicht von seiner Begeisterung für seinen Freund – und für das Leben, das er ihm zu verdanken glaubt – lassen: »We are very happy people. We've got everything that we want«, sagt er in die Kamera. Dann gesellen sich er, Joe, seine Mutter (Catherine Scorsese) und seine Frau zu einer tanzenden Zirkusgruppe. Ein Mann erscheint und schießt ein Foto von der Szene, das Bild friert ein.

Der 15minütige Film ist ein offenkundig stark von italienischen Vorbildern beeinflusster Versuch Scorseses, sehr direkt auf seine Umgebung zu reagieren. »These are the kind of people I grew up with«, erklärte er seine Helden, als er IT'S NOT JUST YOU, MURRAY! vor der Filmklasse der New York University vorführte. Die Herumhänger Joe und Murray sind ein Reflex auf die Kindertage des Regisseurs, die Evokation des Huckleberry-Finn-und-Tom-Sawyer-Motivs und natürlich ein erster Entwurf der Beziehung von Charlie und Johnny Boy in MEAN STREETS. Wie ein Nouvelle-Vague-Film spielt er mit Formen der Genres, insbesondere Gangsterfilm und Musical, in das Finale ist eine Hommage/Parodie auf Federico Fellinis 8 1/2 (1963), den Scorsese sehr bewunderte, eingeflossen.

Wie viele seiner frühen Arbeiten lässt sich auch IT'S NOT JUST YOU, MURRAY! als ein noch unge-

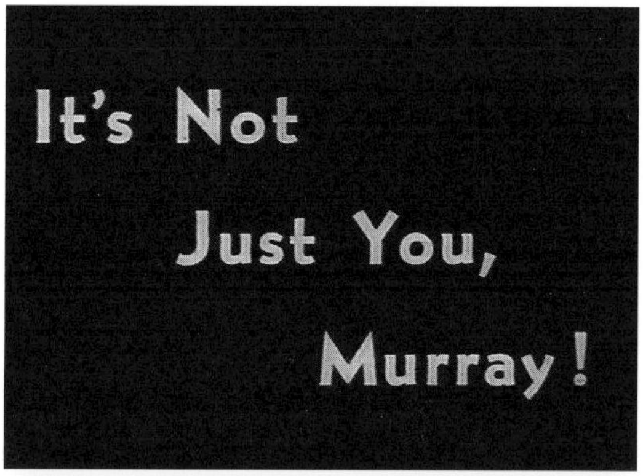

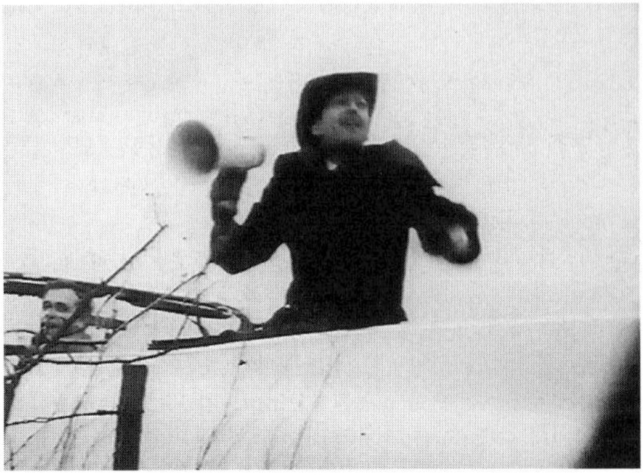

Referenzen an klassische Gangsterfilme und an Fellini: IT'S NOT JUST YOU, MURRAY!

formtes, aber verdichtetes Modell eines bestimmten Elements in der Entwicklung der Motivik bei Scorsese betrachten. Murray ist ein Mensch in einem Traum; er hält sich für glücklich. Aber da ist sein Freund Joe, oder jedenfalls hält er ihn für seinen Freund. In Wirklichkeit betrügt Joe ihn, beutet ihn aus, hat ein Verhältnis mit seiner Frau (jedenfalls scheint dies mehr als wahrscheinlich) und zieht ihn schließlich in kriminelle Verstrickungen, aus denen er nicht mehr herauskommt. Aber ist Joe wirklich ein »anderer«? Scorsese löst in diesem Film die Spannung noch einmal sehr »europäisch« auf, in dem Bild des Zirkustanzes, das wie ein Kommentar dazu wirkt, dass Murrays Leben nichts als eine Illusion ist. Aber wessen Illusion? Ist Murray ein Geschöpf von Joe? In der Beziehung zwischen den beiden geht es jedenfalls um mehr als um Freundschaft und Verrat; es ist in diesem Paar ein tiefes Problem der Identität angelegt. Wir sehen die Frau im Blick beider, und umgekehrt, so scheint es, ist es die Frau, die die »Spaltung« des Helden in sein tristes Ich und sein strahlendes Ideal bewirkt. Die einzige Hoffnung für den Inhaftierten ist schließlich die Mutter, die ihn besucht, ihn liebt, ihn durch das Gitter füttert (nachdem sie ihm früher geraten hat, immer zuerst ans Essen zu denken). Aber natürlich kann die Mutter, auch beim jungen Scorsese, keine »Lösung« sein. Wenn WHAT'S A NICE GIRL LIKE YOU DOING IN A PLACE LIKE THIS? ein Film über Paranoia ist, dann ist IT'S NOT JUST YOU, MURRAY! (der Titel selbst klingt wie eine jener mütterlichen Ermahnungen, der Ich-Bezogenheit Grenzen zu setzen) ein Film über Schizophrenie.

Der Film war von Scorsese gedacht als eine Mischung aus den Warner-Brothers-Filmen der 30er Jahre, Raoul Walshs THE ROARING TWENTIES (Die wilden Zwanziger; 1939) vor allem, aus Geschichten aus dem Freundeskreis, der Nachbarschaft und dem eigenen Erleben und aus Stilmomenten von Federico Fellini, der ihn »damals besonders beeinflusst hatte«. Wie Scorseses nächste Arbeit, THE BIG SHAVE, gleichsam das mythisch-ikonografische Urbild seiner Filme ist, das Bild, aus dem sich alles andere herausdifferenziert, so ist IT'S NOT JUST YOU, MURRAY! das Modell für die Mixtur eines Scorsese-Films: die Referenz an eine Epoche, einen Stil, ein Genre des klassischen Hollywoodfilms; die Wiedergabe konkreter (ja gelegentlich sogar lächerlich konkretistischer) Einzelheiten aus der eigenen Biografie (zu der später die Analyse hinzutreten wird); und schließlich, als dritte Ebene, die Auseinandersetzung mit einem Autor oder mit einem Prinzip der Autorenschaft. Die Elemente des Scorsese-Films sind hier also rudimentär schon verknüpft: amerikanische Mythologie/Ikonografie, magische Autobiografie, »europäische« Reflexion. ❑

The Big Shave (1967)

THE BIG SHAVE, fünf Minuten lang, ist wohl zunächst einmal ein surrealer Angriff auf eine amerikanische Ikone der Männlichkeit und nimmt zugleich zwei der bedeutendsten Metaphern in Scorseses späteren Spielfilmen vorweg, Spiegel und Blut. Zu den Klängen eines beschwingten Schlagers aus den 30er Jahren betritt ein junger Mann (Peter Bernuth) ein weißes Badezimmer, wäscht sich das Gesicht, zieht sein Hemd aus, holt Pinsel und Rasierzeug aus einem Badeschränkchen, reibt sich mit Rasierschaum ein und beginnt mit der Rasur. Er achtet dabei nicht darauf, dass er sich umso mehr verletzt, je eifriger er seiner Tätigkeit nachgeht. Bald ist sein ganzes Gesicht blutüberströmt. Zuletzt trennt er sich offenbar die Halsschlagader durch, das Blut fließt seinen Hals hinab über seinen Körper und ins Waschbecken, auf dem er am Ende vorsichtig die Rasierklinge ablegt. Einen »kurzen amerikanischen Alptraum« hat Scorsese diesen Film genannt.

Das Rasieren ist ein Akt zugleich der Männlichkeit und der Gefährdung (wir kennen unzählige komische oder dramatische Barbierszenen aus Western und Gangsterfilmen, in denen es mehr oder weniger listige Konstruktionen gibt, wie einer mit seiner Hilflosigkeit in dieser Lage fertig wird oder sie gar für sich ausnutzt), und es ist ein Akt der Zivilisierung. Man weist seine Männlichkeit aus und trennt sich zugleich und freiwillig von einem ihrer allzu »barbarischen« Zeichen. Aber THE BIG SHAVE zeigt zugleich die vollständige Entfremdung, ein Lacansches »Phantasma«, das zur Verteidigung des »Ich« gegen die Zumutungen der Welt und der Selbstwidersprüche im Spiegelbild ein »Anderes« bildet und abbildet: Da er nicht zu bemerken scheint, was ihm geschieht, sich gleichwohl dabei sieht, kann der Protagonist nur als einer gesehen werden, der mit seinem Spiegelbild nicht identisch ist. Er ist ihm beinahe noch radikaler fremd, als das Spiegelbild dem *Taxi Driver* fremd sein wird, der es als offensiven Dialogpartner missversteht, fremder auch als dem fetten Jake La Motta in RAGING BULL, der seinem Spiegelbild einen »fremden« Monolog hält.

In dem Film spuken unklar und rudimentär, über einem kleinen cineastischen Scherz sozusagen, neben dem Blut und dem Spiegel schon allerlei Scorsese-Motive:
– die schiere, bewusstlose Konsequenz, mit der ein Gewaltritual durchgeführt wird;
– die Nähe des bürgerlichen Alltags zur Grausamkeit, die Normalität, die alles hinnimmt;

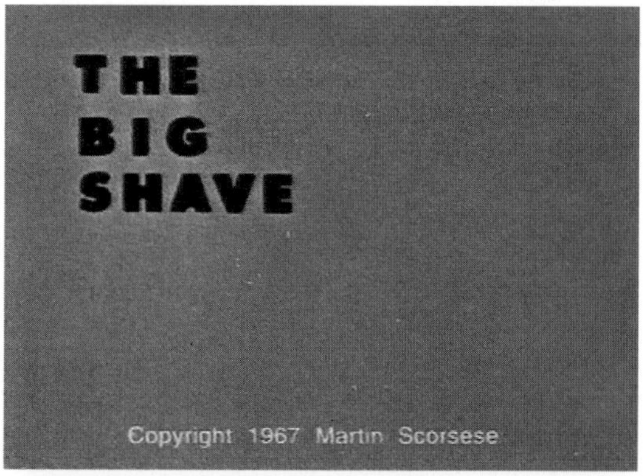

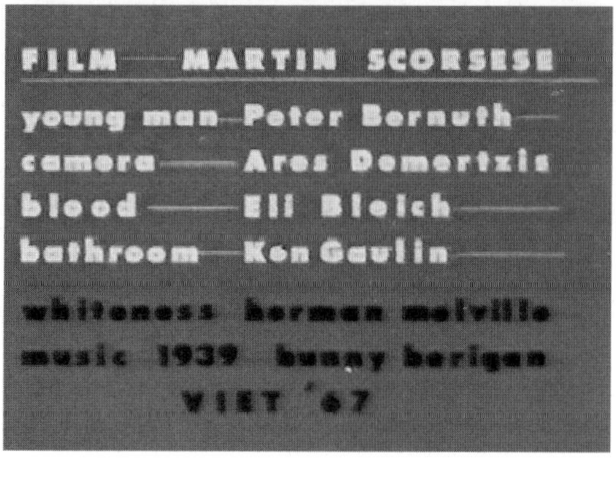

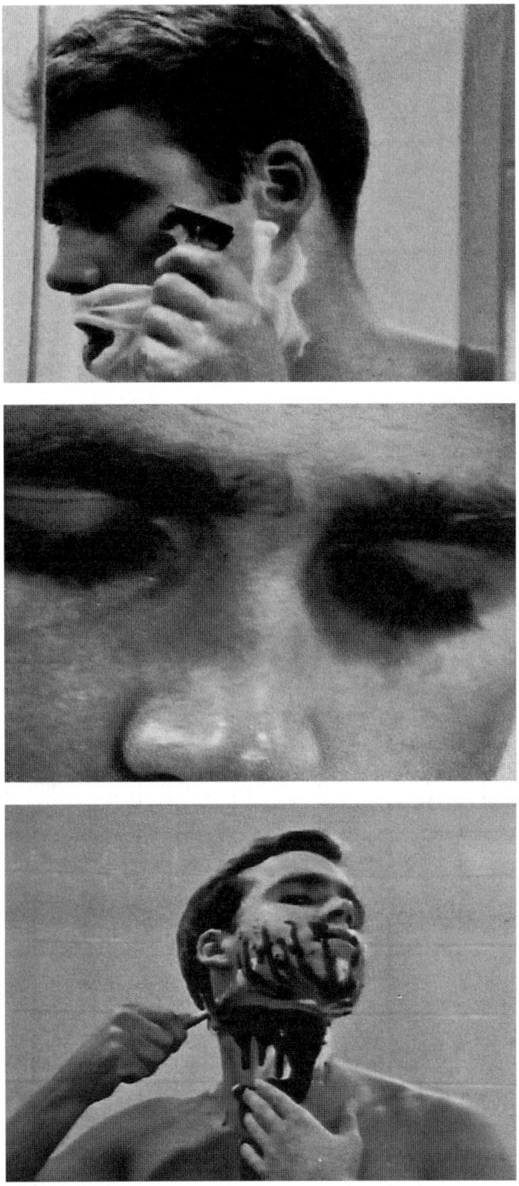

Das Ur-Bild aller Scorsese-Bilder: THE BIG SHAVE

– das Ritual einer »Säuberung«, das nur in einem Blutbad enden kann;
– das Opfer;
– die Bewegung von der Biografie zur Allegorie (ein »normaler« Vorgang transformiert sich in ein bizarres Sinnbild);
– die Auflösung der gewohnten Zeit.

Und noch eine andere Spur zu seinen späteren Werken gibt es: Das Weiß dieses Films, erklärt er in den *credits*, stamme von Herman Melville. Aber was ist dieses Melville-Weiß? Nein, es ist gewiss nicht das runzlige, zernarbte Weiß des Wals, es ist das Weiß der Blendung, das Weiß über dem endlosen Ozean, das Weiß der Endlosigkeit selber.

Im Blut, so scheint es, hebt sich der Widerspruch zwischen dem Menschen und seinem Spiegelbild auf – genauer gesagt: Der Widerspruch wird buchstäblich »ertränkt«. So ist THE BIG SHAVE gewiss und durchaus bewusst eine vorweggenommene Parodie auf die christlichen Obsessionen in Scorseses Arbeit, ein *flash forward* in der Entwicklung seiner Motive. Es ist, vielleicht, auch eben der Traum, aus dem am Beginn von MEAN STREETS Charlie erwacht, bevor er erschreckt zum Spiegel tritt und sich an sein Kinn fasst.

THE BIG SHAVE mag also so etwas wie das Ur-Bild aller Scorsese-Bilder sein (so wie IT'S NOT JUST YOU, MURRAY! ein Modell seiner cineastischen Methoden im Rohzustand sein mag), ein Bild der Selbstbefragung/Selbstzerstörung, das, sich fortzeugend, ein ästhetisches, mythopoetisches, politisch-religiöses System schafft, in dem anders und neu über die Welt zu sprechen ist. Der Mann, der in den Spiegel blickt, einsam im Weiß ringsumher, und der sich verletzt, deformiert, opfert und der verblutet.

Der Film ist, im wahrsten Sinne, eine Momentaufnahme, und ein Bild, dem der Regisseur im Nachhinein den überdeutlichen Hinweis darauf entzogen hat, was es (auch) abbildet: den Krieg Amerikas in Vietnam. In der ursprünglichen Konzeption hatte Scorsese vorgesehen, das Bild des sich zu Tode rasierenden jungen Mannes mit Wochenschau-Material aus Vietnam etwa im Verhältnis 1:1 gegenzuschneiden. Aber dann wurde ihm klar: »Der Film fasst auch ohne dies zusammen, wie ich dem Krieg gegenüber empfand.« ❑

Who's That Knocking at My Door? (1968)

Martin Scorseses erster »richtiger« Spielfilm ist noch sehr stark von europäischen Vorbildern, vor allem von Filmen der Nouvelle Vague geprägt. Der Filmemacher will hier noch im klassischen Sinne wahrer Autor sein, nicht nur den gesamten technisch-ästhetischen Bereich kontrollieren, sondern auch eine mit sich selbst vollkommen identische künstlerische Aussage formulieren. Er will einen Text schreiben, in den ihm der Leser so wenig hereinreden soll, dass er ihn lieber selber deformiert, um ihn vor dem Zugriff des anderen zu schützen. Seine »avantgardistische« Sprunghaftigkeit hat indes auch mit den reichlich schwierigen Produktionsumständen zu tun. Der Film entstand als ein Puzzle, teils auf 16mm, teils auf 35mm gedreht, mit drei verschiedenen Kameramännern, unter Aufnahme immer neuer Kredite und mit einem abschließenden Budget von 40.000 Dollar. Gedreht wurde immer dann, wenn wieder ein wenig Geld aufgetrieben werden konnte. An so etwas wie Kontinuität konnte unter diesen Umständen nicht gedacht werden, so dass das »fertige« Produkt den Eindruck einer merkwürdigen, surrealen Ortlosigkeit macht: »Der Film«, so Scorsese, »ist über so lange Zeit hinweg gedreht worden, dass es keine Verbindungen mehr zwischen den Szenen gibt. Man hat keine Vorstellungen davon, wo sich die Figuren gerade befinden«.

Zunächst enstand 1965 eine 58 Minuten lange Version unter dem Titel BRING ON THE DANCING GIRLS, die beim Festival der New York University ein Misserfolg wurde. Zwei Jahre später entstand eine neue Fassung, nun I CALL FIRST betitelt, die vom ursprünglichen Film nur noch sehr wenig Material enthielt und auf dem Filmfestival von Chicago ermutigend positiv aufgenommen wurde. 1968 wurde eine dritte Fassung fertiggestellt. Nun hatte Scorsese auf Wunsch eines neuen, auf Softpornos spezialisierten Verleihers eine »Sex-Szene« eingefügt, ansonsten hielt sich die dritte Version weitgehend an die zweite Fassung. Diese Szene wurde mit Harvey Keitel in Amsterdam gedreht und dann von Scorsese in die immer noch von einem puritanischen Zensursystem beherrschte USA geschmuggelt. Dennoch ist aus diesen Aufnahmen nicht einfach ein kommerziell kalkuliertes Anhängsel geworden; Scorsese legte sie als eine Traumsequenz an, die auf das »Versagen« seines Helden in der Wirklichkeit seiner Beziehung verweist.

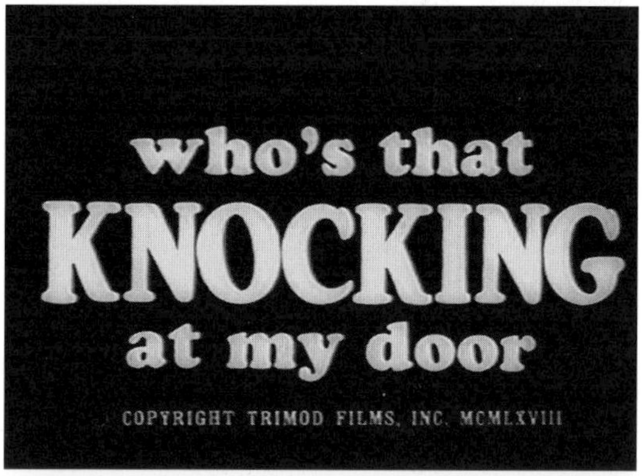

Religiöse Ur-Bilder: Liebe und Gewalt

Die Voraussetzung für das Geschehen ist denkbar einfach: »Ich versuchte«, berichtet Scorsese, »einen guten, katholisch erzogenen Jungen mit einem Mädchen zu konfrontieren, in dem er zugleich die Heilige und die Hure sehen will.« Und ebenso einfach ließe sich die Story wiedergeben: Der 18jährige J.R. (Harvey Keitel) kommt aus Little Italy. Zusammen mit seinen Freunden Joey (Lennard Kuras) und Sally Gaga (Michael Scala) hängt er, ohne Job und ohne große Pläne für die Zukunft, in den Straßen und Kneipen herum. Ein Fixpunkt ist der *Neighborhood Friendship Club* – eine sehr ironische Bezeichnung für ein heruntergekommenes Loch –, wo man Karten spielt. Eines Tages nimmt er die Fähre nach Manhattan, wo er auf ein Mädchen (Zina Bethune) trifft, in das er sich verliebt. Sie ist so anders als die Frauen, die er in seiner Umgebung kennt, die Heiligen und die Huren: ein *uptown girl*. J.R. sieht in ihr die perfekte mythische Antwort auf seine inneren Widersprüche. Er idealisiert diese Frau so heftig, dass die Beziehung scheitern muss.

Der Film beginnt mit einer Montage von Bildern einer Madonnenfigur und einer Mutter, die einen Teig zubereitet, ihn ausbäckt und das Brot an vier Kinder verteilt. Was wir dabei hören, ist ein merkwürdiges, stampfendes Geräusch wie von einer Maschine. Der harte Schnitt in die Gegenwart zeigt die drei Helden in einem Straßenkampf. Schon hier ist der religiöse Diskurs eröffnet, die Mutter und die Madonna sind einander gegenübergestellt, so wie die Szene des Brotausteilens an eine biblische Geste erinnert. Und dagegen steht der Straßenkampf, bei dem einer der Kontrahenten, bevor es zum Kampf geht, ein Kreuz küsst.

So etwas wie zwei Ur-Bilder werden hier gezeigt: zum einen die mütterliche Geborgenheit, die mit dem Brot zugleich die Inhalte der Religion und der Tradition weitergibt, und dann der gleichsam ewige Kampf im Zeichen der religiösen Identität, Liebe und Gewalt im Zeichen der gleichen Religion. Und von der Szene des Straßenkampfes schneidet Scorsese auf einen Metzger, der auf Fleisch hackt, ein Bild, das die Gewalt auf der Straße kommentiert (nämlich als ein auch materiell geprägtes Ritual) und dabei gleichsam die Synthese der beiden vorherigen Sequenzen ist: Nahrung und Gewalt, Ritus und Ökonomie. Und schließlich wiederholt der Metzger, der das Fleisch zerschneidet, das Bild der Mutter, die das Brot schneidet, auf einer anderen Ebene. Von Anfang an ist klar, dass dieses Brot immer auch das Fleisch ist, wie es in der Abendmahlszene beschrieben ist. Der Schnitt ins Fleisch, im Straßenkampf und im Metzgerladen, ist Ergebnis und zugleich innerer Widerspruch der religiösen Inauguration. Das, was die Mutter weitergegeben hat, in der Wohnung in Little Italy und in ihrer Wärme, ist nicht nur der Geist der Liebe, sondern zugleich auch der Geist der Gewalt.

J.R. und Joey gehen an dem Metzgerladen vorbei zu Joeys *Pleasure Club*, wo sie Sally Gaga treffen, der mit einem weiteren Jungen Poker spielt. Sally schuldet Joey Geld, und weil dieser nicht dulden will, dass sein Geld verspielt wird, fährt er wütend in das Spiel und schlägt Sally. Sally entschuldigt sich, aber Joey wirft nur zornig ein, Absolution könne er vom Priester erwarten, aber nicht von ihm. Damit trennt Joey, was vorher vereint war, das Gesetz der Straße und das Gesetz der Kirche, Geld und Ritus. Danach träumt/erinnert J.R. seine erste Begegnung mit dem hübschen blonden Mädchen auf der Fähre nach Staten Island. Die beiden sitzen auf den Holzbänken des Warteraums. Die Zusammenhänge werden noch deutlicher: Das Mädchen, sie erhält nie einen Namen in diesem Film, liest eine Zeitschrift und wischt sich gelegentlich mit dem Taschentuch das Gesicht. J.R. hat ein Paket bei sich – er hat seine Mutter besucht, wie er erzählt, und das Paket enthält jenes Brot, jene Erbschaft, jene Verpflichtung, die er von ihr in der ersten Szene erhalten hat. Er betrachtet fasziniert das Bild von John Wayne auf dem Magazin. Was ihn vor allem irritiert, ist, dass es sich nicht um ein amerikanisches Magazin handelt. Damit beginnt ihre erste, offensichtlich recht oberflächliche Unterhaltung – es geht darum, dass man französische und italienische Zeitschriften übersetzen sollte. Aber während die beiden in dem scheinbar belanglosen Gespräch einander näher kommen, bis sich das Mädchen daran erinnert,

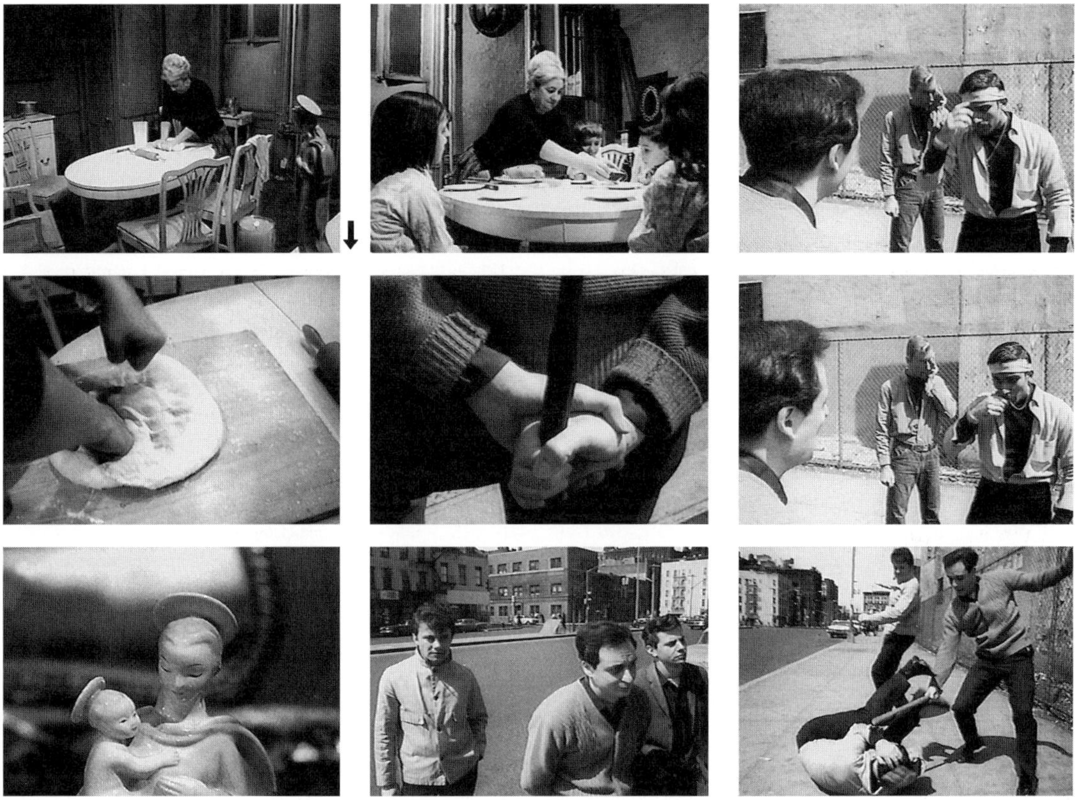

Liebe und Gewalt im Zeichen der gleichen Religion: WHO'S THAT KNOCKING AT MY DOOR?

den Film, von dem das Magazin handelt und von dem J.R. so bewundernd erzählt, tatsächlich selbst gesehen zu haben – John Fords THE SEARCHERS (Der schwarze Falke; 1956) –, haben sie auch einen Diskurs über das Eigene und das Fremde geführt. Es ist vielleicht nicht unbedeutend zu sehen, wie diese Erinnerungsarbeit vonstatten geht. Dass Jeffrey Hunter vor ein paar Jahren Christus gespielt hat (in Nicholas Rays KING OF KINGS / König der Könige; 1961), weckt die Erinnerung ebenso wenig wie das Erzählen der Szene, in der Natalie Wood John Wayne zur Flucht mahnt, und völlig unbekannt erscheint dem Mädchen die Sequenz, in der Häuptling Scar und Ethan sich abwechselnd in Englisch und in Comanche unterhalten. Doch schließlich fällt ihr die Szene ein, in der Jeffrey Hunter mit den Indianern um Decken handelt und erst zu spät bemerkt, dass er sich eine indianische Braut eingehandelt hat, mit der er im Folgenden nicht recht etwas anzufangen weiß. Nicht die Identifikation mit der gesuchten und »geretteten« Frau, mit Debbie Edwards also, sondern die mit der »eingehandelten«, zurückgewiesenen fremden Frau, die sich im Übrigen später für ihren Mann opfern wird, löst bei dem Mädchen die Erinnerung aus und ermöglicht die Annäherung. »I'm not used admitting that I like Westerns«, sagt sie, und J.R. antwortet: »Oh, why not? Everybody should like Westerns, solves everybody's problems, if they like Westerns.« Nicht nur eine Annäherung über eine Projektionsfläche, das Kino, hat da stattgefunden, sondern auch eine Annäherung an die eigene Kultur auf dem Umweg über den Blickwinkel der anderen, der europäischen Kultur. (Insofern beschreibt dieses Gespräch auch Scorseses eigenen Weg zum Kino.) Die beiden bewegen und begegnen sich also in einem Kino-Mythos, und der handelt von nichts anderem als der bedrohlichen und bedrohten Beziehung und der Fremdheit zwischen Mann und Frau, der Fremdheit von Debbie in der Kultur der Comanches (und der Fremdheit, die die Männer, die nach ihr suchen, in sich und ihr gegenüber empfinden), und von der Fremdheit, die die Comanche-Frau mit dem bezeichnenden Namen »Look« in der Gemeinschaft der weißen Männer erfährt. Natürlich löst gerade dieser Western niemandes Probleme, aber er bringt eben dies am besten zum Ausdruck: dass man fremd im eigenen Land bleiben muss, weil alle »Heimat« auf Schuld gebaut ist.

Warum hasst Ethan Edwards die Frau, die bei den Indianern gelebt hat (und die, so ist zu vermuten, mit dem Häuptling Scar geschlafen hat) so inbrünstig, dass er, statt sie zu befreien, eigentlich im Sinn hat, sie zu erschießen? J.R. nimmt die Stelle von Martin Pawley ein, der Debbie retten will (weil er die Schwester in ihr sieht), und der gleichwohl (als halber Indianer und somit Spiegelung der Entführten) die reine Frau Laurie (Vera Miles) liebt, die sich ihm jungfräulich bewahrt. Tatsächlich ist J.R. nicht nur einer, der das gespaltene Frauenbild seiner Religion verinnerlicht hat (die Heilige und die Hure), sondern der auch selber gespalten ist, Martin Pawley und Ethan Edwards (die, möglicherweise, nicht nur Kontrahenten, sondern auch Ausformungen der selben Mythologie sind) in einer Person. Und J.R. ist insofern Martin Scorsese, als er seine Gespaltenheit, seine Verzweiflung nicht anders ausdrücken kann als in Kino-Bildern.

J.R.s Erinnerung wird jäh unterbrochen von Joey, der sich darüber beschwert, dass ihm schon seit zehn Minuten niemand mehr zuhöre. Er wirft J.R. und Sally vor, dass er sich nirgendwo mehr blicken lassen könne, weil die beiden überall Schulden machten. J.R.s Gedanken – und mit ihnen die Kamera – schweifen wieder zu dem Mädchen und der Fährüberfahrt, er erzählt ihr schwärmerisch von seinen Freunden und dass sie alle große John-Wayne-Fans seien. Schnitt zurück in den Club: Joey will in einen Vorort fahren, zu einem »neuen Mädchen«, aber J.R. hat keine Lust. Schnitt: J.R. weicht der Frage des Mädchens aus, was er »gerade so macht«, behauptet aber, er sei früher im Bankwesen tätig gewesen. Schnitt: Die drei Freunde knöpfen ihre Mäntel zu, Joey schließt seinen Club, dann wird die Tür des Wagens zugeschlagen. Vordergründig wirken diese Bewegungen hektisch und aggressiv, aber zugleich beschreiben sie als Rituale des Schließens auch die Gefängnisse der Protagonisten. Während der Fahrt dreht sich die Unterhaltung wieder um Frauen. J.R. meint zu Joey: »I'd like to see you get a girl without paying five dollars for her.« Ein Streit entbrennt, Joey wirft J.R. vor, nur noch an sein Mädchen zu denken.

J.R., Joey und Sally fahren mit einem Garagenaufzug (er erzeugt ein Geräusch, das Assoziationen an das Maschinengeräusch in der Eingangsszene weckt). In einem Flashback sehen wir wieder J.R. und das Mädchen auf einem Dach, und diesmal sprechen sie über Lee Marvins Rolle in THE MAN WHO SHOT LIBERTY VALANCE (Der Mann, der Liberty Valance erschoss; 1962; R: John Ford). Wieder zurück im Aufzug, ein kurzer Einschub, wir sehen Sally, wie er eine Frau küsst. Später wird sie entdecken, dass ihr 40 Dollar gestohlen worden sind, und in einem Flashback sehen wir, dass es Sally selbst war, der das Geld während der Umarmung genommen hat. Schließlich gibt ihr Sally Geld für die Heimfahrt mit dem Taxi: Es sind fünf Dollar. Der Diskurs von Geld und Sexualität ist also noch vertrackter, als J.R. vielleicht meint; die bezahlte Frau ist immer auch die bestohlene, und in diesem Spiel ist der Mann allemal der größere Betrüger.

Wieder J.R. und das Mädchen auf dem Dach, ihr erster Kuss, dazu hören wir im Off *I've Had It* von den Bellnotes. Schnitt: Die Freunde im Auto. Man einigt sich, nicht ins Village zu gehen, sondern in den Club: Jene unsichtbare Mauer, die alle Scorsese-Helden daran hindert, ihr soziales und topografisches Gefängnis zu verlassen, wird überdeutlich. Wieder gibt es Bilder des Einschließens: Wir sehen Detailaufnahmen der sich elektrisch schließenden Wagenfenster, zweimal hintereinander, dann ein drittes Mal in einer Parallelmontage

Begegnung in einem Kino-Mythos: J.R. (Harvey Keitel) und das Mädchen (Zina Bethune)

mit der Clubtür, die verschlossen und verriegelt wird (das Geräusch des Zuschlagens hören wir dabei gleich zweimal).

Ein erneuter Flashback: Das Mädchen und J.R. sind im Schlafzimmer der Wohnung ihrer Mutter (Catherine Scorsese). Die Szene wird beherrscht von einem Kreuz an der Wand, und wieder sehen wir eine Madonnen-Statue (und erneut überträgt diese Statue etwas vom Mythos der Heiligen Jungfrau/Mutter auf die wirkliche Frau, die überdies in ihrer blonden Reinheit wie die Erfüllung der religiösen Obsession der weiblichen Unschuld erscheinen muss). Sie streicheln und umarmen sich, aber J.R. kann nicht mit ihr schlafen. »I love you, but ...«, zögert er. »What is it?«, fragt das Mädchen. Wir sehen die Madonnenstatue als Antwort. Er kann es nicht wirklich erklären: »Just not now ... old fashioned ... call it anything you want ... I love you first ... as you ... to me ... if you love me you'll understand what I mean.«

In den folgenden Szenen – J.R. und seine Freunde kommen auf eine Party – erinnert er sich immer wieder an seine Liebesgeschichte. In der Party-Sequenz sehen wir, dass J.R. an sich keineswegs ein gehemmter Mensch ist, er amüsiert sich verdammt gut. Aber der Spaß eskaliert auch schnell: Einer der Gäste spielt mit einer Pistole herum, dann hält er Sally Gaga fest und droht ihm mit der Waffe, als wolle er ihn erschießen. Diese Szene drehte Scorsese in Zeitlupe. Der Soundtrack dazu ist *El Watusi*, ein Hit der Zeit, in der der Film spielt, der mehrfach wiederholt wird, und der anzeigt, in welchem Stammesritual man sich befindet. Ein Tanz des Lebens und des Todes: Die Zeitlupe und die endlose Wiederholung des Songs machen erneut deutlich, wie sehr sich die Protagonisten in einer Falle befinden, die nun – im Gegensatz zu den vorherigen Sequenzen – auch als eine Falle in der Zeit gedeutet ist. Die Party-Szenen sind überdies in 360-Grad-Bewegungen der Kamera aufgenommen: Wir sind mittendrin (so wie wir in RAGING BULL mitten im Ring sein werden), fühlen den Schwindel der Trunkenheit und finden, wie die Protagonisten, keinen Ausweg mehr. Wenn sich schließlich ein Schuss löst, der eine Flasche auf dem Tisch trifft, dann können wir dieses phallische Spiel (einschließlich der »Entladung« am falschen Objekt) leicht assoziieren mit der Unfähigkeit des Helden zur Liebe mit diesem Mädchen. Es folgt eine Reihe von Stills aus Hawks' RIO BRAVO (1959), zum Geräusch der Waffen sehen wir Bilder von John Wayne und Dean Martin, und, sozusagen als Kontrast, aus SCARAMOUCHE (Scaramouche, der galante Marquis; 1952; R: George Sidney), zwei Filme, die sich, wie wir sehen, J.R. und das Mädchen im Doppelprogramm anschauen: so als könne der »elegante Kavalier« eine Antwort sein auf die Probleme der puritanischen Western-Männer, die in diesem Film ganz buchstäblich ihre Verkrüppelungen zeigen, Bilder der richtigen, »phallischen« Männer und ihrer symbolischen Bewaffnung. J.R. und das Mädchen verlassen das Kino mit einem Disput über den Unterschied zwischen *broads* und *girls*, während Junior Walkers *Shotgun* zu hören ist. Es ist die Waffe, die zugleich Ausdruck und Widerspruch des Begehrens ist.

J.R. bezeichnet Angie Dickinson in RIO BRAVO als »broad«, und das Mädchen möchte wissen, was er damit meint. »There are girls, and then there are broads.« Er versucht erneut, seine katholische Obsession zu beschreiben, den Unterschied zwischen der Frau, mit der man schläft, und der Frau, die bewahrt wird. Und wieder bemerken wir, dass J.R. dafür eigentlich keine Worte hat, nur Bilder, dass er Verständnis für etwas verlangt, das er selbst nicht begreift. »You don't mean that«, meint das Mädchen entgeistert. Aber dass J.R. dies sehr wohl meint, hat die kurz vorher (nach J.R.s erster Erwähnung der *broads*) eingefügte Szene gezeigt, in der er mit ein paar Prostituierten zu sehen ist. An deren Ende lässt er ein Paket Karten über den nackten Körper einer Frau fallen. Dieses erneute Ejakulationsbild definiert nun auch Sallys Spiel neu. Das Spiel um das Geld, die Beute, meint auch das Spiel um den Körper der Frau, den man damit bezahlen kann. Dass dabei *The End* von den Doors zu hören ist, macht nicht nur die Eingeschlossenheit auch dieser Szenerie deutlich (bei der es sich übrigens um das erwähnte Zugeständnis an den Softporno-Verleiher handelt), sondern führt auch auf den verborgenen ödipalen Gehalt der Hemmung. Der Song handelt, wie wir wissen, von einem Jungen, der seinen Vater ermorden und mit seiner Mutter schlafen will, und zugleich vom Ende der Welt, denn der Held dieses Songs reißt gerade mit seiner aggressiven Erfüllung des Mythos den Schleier fort – er entweiht, mehr noch als Vater und Mutter, den Mythos selbst, oder, anders gesagt, er schreibt ihn mit Blut noch einmal.

»The End« aber meint wohl auch das Ende einer möglichen Beziehung. Beinahe alles, was sich J.R. und das Mädchen sagen konnten, versuchten sie in Bildern aus dem Kino auszudrücken. Es hätte also ein enormer Fortschritt sein müssen, wenn sie den geheiligten Raum des Kinos (aus dem J.R. seine moralischen und mythischen Vorstellungen wie aus einer Kirche bezieht) gemeinsam betreten. Und sie hätten wirklich wie ein Paar das Kino verlassen können, doch stattdessen hat sich hier die Trennung vollzogen. J.R. hat dem Mädchen im Raum des Kinos so unbedingt etwas zeigen wollen, wovon er nicht sprechen kann, wie später auch der *Taxi Driver* der Frau im Porno-Kino etwas zeigen wollen wird, was er nicht sagen kann, und auch hier wird das Kino zum Ort der Trennung werden.

Vergebliche Fluchten

J.R., Joey und ein dritter Mann, dessen Namen wir nicht kennen, fahren mit dem Auto hinaus aus der Stadt. Aber alles, was ihnen einfällt, ist, sich in eine Bar zu setzen: Die vermeintliche Flucht ins »Freie« scheint mit der Wiederholung der Rituale, die sich auch in der Stadt durchführen lassen, zu enden. »I want to show you something beauti-

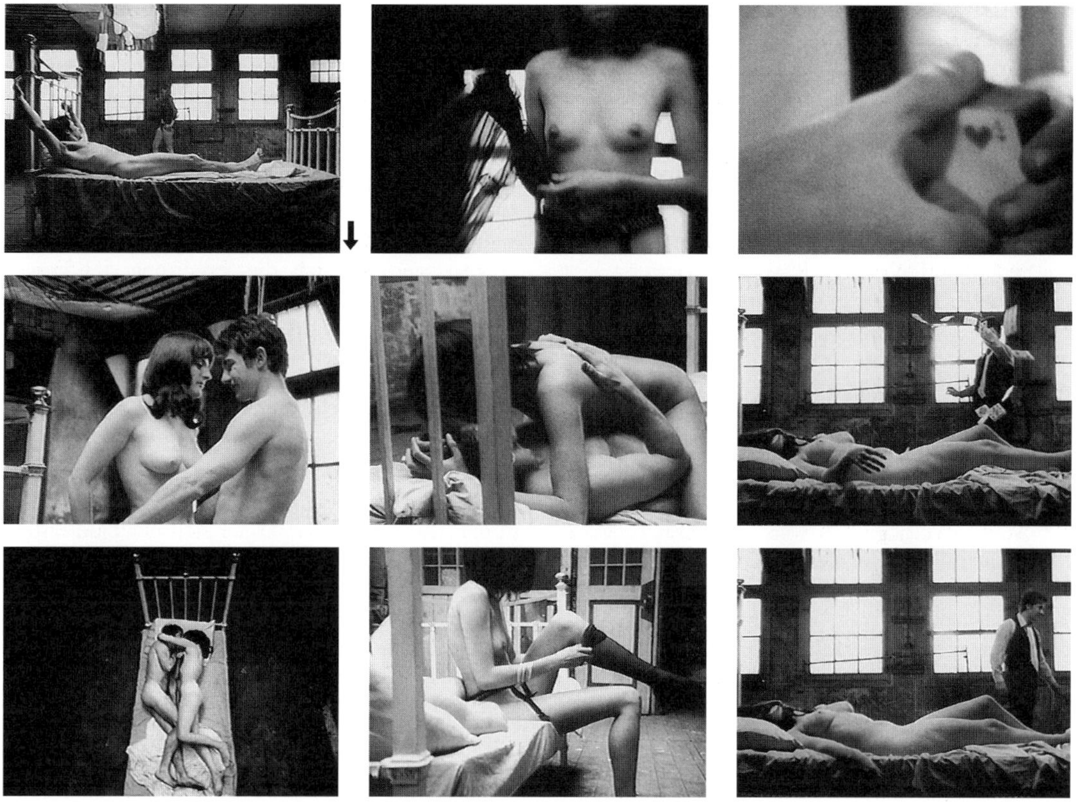

The End: Das Ende einer möglichen Beziehung

ful«, sagt der andere Mann, und zuerst denken die beiden nur an eine Frau: »Okay, what's her name.« Aber der Mann führt die beiden auf einen Berg. Joey weigert sich schließlich weiterzugehen. Doch weil man seine Männlichkeit in Frage stellt (»Don't let this fag scare us, come on«, sagt J.R.), macht er weiter, trotz seiner Angst vor Schlangen. Die Angst davor, als homosexuell zu gelten, ist also noch größer als die Angst vor dem phallischen Symboltier. Oben angelangt, kann Joey nicht sehen, was so schön an diesem Ort sein soll: »I don't understand.« Versteht J.R.? Er blickt versunken in den Sonnenuntergang, für einmal hat er über seine Grenzen gesehen, und vielleicht in den Tod.

Wieder sehen wir J.R. und das Mädchen, nun in der Wohnung von J.R.s Mutter. Das Mädchen entzündet eine Kerze und stellt sie auf den Tisch. Was sie mit der »heiligen« Kerze bezwecke, will er wissen, er kann diese Geste nur als Blasphemie ansehen, es ist nun wieder an ihm, nicht zu verstehen. Das Mädchen erzählt, sie sei von ihrem früheren Freund vergewaltigt worden, einem Jungen, der sich vordem noch freundlich und nett verhalten habe. So wie die Frau nur Heilige oder Hure sein kann, so kann der Mann nur Gentleman oder Barbar sein. »Don't ask me to be lonely«, heißt es in dem Song, der während der Erinnerung an die Vergewaltigung zu hören ist, wobei sich der Sound zuerst verdoppelt, dann verdreifacht. Dazwischen ein Blickwechsel zwischen J.R. und dem Mädchen, eine erneute Übertragung: Auch in dieser Liebe ist nur Gewalt. »With you it'll be the first time«, sagt das Mädchen, aber für J.R. ist diese emotionale Beziehung unmöglich. »How can I believe that story? It just doesn't make any sense.« Das Mädchen verlässt ihn, und wieder sehen wir die Tür, die zugeworfen wird: zweimal hintereinander. Und wenn wir den Knall ein drittes Mal hören, sehen wir noch einmal die Vergewaltigung in einem *eingefrorenen* Bild.

Die drei Freunde gehen in eine Bar und bestellen Scotch und Wasser. J.R. scheint wieder gelöst, er ist wieder er selbst in dieser männlichen Begleitung. Im Song heißt es: »Don't you want to love me, too?« Szenen der Vergewaltigung, die Schreie des Mädchens verfolgen J.R. auch jetzt. Wir sehen das Bild eines Vorgangs, an den J.R. nicht zu glauben vorgab. Die Einsamkeit des Mädchens und die Einsamkeit J.R.s könnten kaum unterschiedlicher sein. Tatsächlich scheint J.R. nur glücklich in seiner Männerwelt, und es wäre durchaus möglich, dass seine religiöse Obsession nichts anderes ist als ein Tarn-Mythos für seine Unfähigkeit, sich der Frau zu nähern. Aber die Begegnung mit dem Mädchen hat auch eine Lücke in seinem Leben hinterlassen: Wenn wir ihn allein sehen, betrunken, streckt er die linke Hand nach dem Mädchen aus, das nur in den dazwischengeschnittenen Bildern gegenwärtig ist, und küsst sie innig. Er ist zärtlich nun, aber wohl nur für einen Traum.

Eine weitere Party findet statt, zwei »richtige Bräute«, die Sally »besorgt« hat, haben sich mit zwei männlichen Gästen zurückgezogen, und J.R. kann es kaum erwarten, an die Reihe zu kommen. Im Streit, wer der nächste sein darf, stürmen die Kumpanen das Schlafzimmer, und schließlich vertreiben sie die Mädchen wieder, als wollten sie eigentlich sowieso nur unter sich sein. Es ist, als solle das Gespenst der Weiblichkeit endgültig aus J.R.s Leben vertrieben werden. Doch J.R. besucht das Mädchen noch einmal, und kurz sieht es so aus, als seien sie wieder versöhnt: Sie küssen sich und gestehen, einander vermisst zu haben. Doch als er ihr erklärt, er wolle ihr »verzeihen« und sie »trotzdem« (»anyway«) heiraten, weist sie dies entschieden zurück, und er fällt ganz in seine barbarische Rolle zurück: »Who do you think you are, the Virgin Mary or something? Who else is going to marry you, you whore!« Sie schickt ihn fort: »Go home« – und von beidem steckt in dieser Geste etwas: von der Geste, mit der Debbie Ethan fortschicken, und von der Geste, mit der Martin Pawley Look nach Hause schicken will. Dieselbe Geste mit demselben Wort hat das Mädchen schon einmal vollführt, damals, als sich die beiden zum ersten Mal trafen. Nur da war es als spielerisches Film-Zitat gedacht. So schließt sich nicht nur noch einmal ein Kreis zwischen dem Kino und dem Leben, sondern auch die Erfahrung des Eingeschlossenseins. Und J.R. bringt diese Geste nicht fertig, mit der John Wayne seinen Tötungsimpuls bezwingt (indem er das Gewehr von Debbie auf einen sie verfolgenden Indianer richtet, so wie der *Taxi Driver* seine Waffe von der Frau auf ihren Verfolger richtet). »You want me to crawl back to you«, meint er, was sein Männlichkeitsideal ebenso beschreibt (der »aufrechte« Mann mit der Waffe und der »kriechende«, der sich der Frau unterwirft), wie es an die Angst vor der Schlange erinnert: die Schlange, das selbstständige phallische Tier, das sich verbergen kann, aber auch das Tier, das die Sünde bringt. Für ihn ist nun auch sie, die ihn in ihr Zimmer gelassen hat, eine *broad*.

J.R. sucht Trost in einer Kirche. Es ist, als erfülle er den Wunsch des Mädchens: »Go home.« Er will beichten. Aber wäre nicht der Wunsch zu beichten das paradoxe Eingeständnis, sich eben doch einer Sünde schuldig gemacht zu haben, der Sünde, die ihm gerade seine religiöse Obsession vorschrieb? Es folgt eine Montage aus Bildern seines Lebens, Bilder der Liebe, der Sexualität, der Mutter, des stigmatisierten Heilands. J.R. verwandelt sich selbst in ein solches religiöses Bild. Blut tropft aus seinem Mund, als er die Füße des Gekreuzigten küsst. Dann, während die Kirchenglocken läuten, küsst er das Mädchen; eine Hochzeit, die nie stattfindet. Immer stärker konzentriert sich dieser Strom visueller Assoziationen auf die Wundmale (die »vaginale« Öffnung am Körper des Mannes, seine Heiligung). Während dieser Montage läuft der Song *Who's That Knocking at My Door?*, eine Art Gospel-Pop von The Genies. Die Szene, in der die Mutter das Brot verteilt, wird wiederholt, ebenso die Vergewaltigungssequenz. Ein Wirbel der Bedeutungen und Beziehungen ist entstanden, das Psychische und das Religiöse umkreisen einander, ohne sich vollständig zu erklären. Das letzte Bild zeigt eine verlassene Straße, auf der sich J.R. gerade von seinem Freund Joey verabschiedet, und während die Kamera sich entfernt, verschwinden die beiden in der Dunkelheit. »I love you so«, läuft der Soundtrack weiter. Nein, das ist vermutlich kein Hohn, nur eine traurige Wahrheit.

Die christliche Mythe in der Methodik Franz Kafkas

WHO'S THAT KNOCKING AT MY DOOR? lässt keine klare Chronologie mehr zu; J.R. hat jegliches Zeitgefühl verloren, reale und geträumte Sequenzen sind nicht eindeutig voneinander zu unterscheiden. Und jene Territorialität, die der Film selbst verloren hat, lässt sich nur noch in den zitierten Western rekonstruieren. Wie Staffetten ziehen sich Bedeutungswechsel zwischen Kino, Story und Musik durch den Film; von Fords THE SEARCHERS etwa geht es zu der gleichnamigen Gruppe, die (neben Mitch Ryder und Junior Walker) eine der musikalischen Leitlinien vorgibt. Unlösbar ist der Widerspruch zwischen der Suche und dem Eingeschlossensein.

Aber wie ist J.R.s *search* strukturiert? Schon dass im Zentrum dieser kleinen Reise die Fahrt auf einer Fähre steht, weist wohl genügend auf die Situation des Übergangs. Die Ur-Sache der Reise liegt bei der Mutter: Sie hat ihn mit einer Besorgung zur Großmutter am anderen Ufer geschickt (beinahe ein Märchen-Motiv). Auf der Reise zwischen der Mutter und der Großmutter trifft der Held auf die dritte, die zukünftige Frau. Der »Transfer« geht in Richtung Vergangenheit. Und Vergangenheit ist die Geschichte der Suche nach der Frau auch schon, als der Film beginnt; Scorsese erzählt sie in Rückblenden, in Erinnerungs- und Traumschüben, die immer wieder durch die Brüche in J.R.s Männerwelt ausgelöst werden, während umgekehrt die Brüche in der Liebesgeschichte besonders heftige Versuche auslösen, sich in der Welt seiner Freunde zu beweisen und die Rituale von Spaß und Aggression zu genießen. Gegenwart und Vergangenheit, die Liebesgeschichte und die Männerrituale, Traum und Wirklichkeit wechseln einander ab, ohne sich wirklich zu berühren. Die Liebesgeschichte scheitert schließlich nicht nur, weil J.R. seine Religion und seine Kino-Mythologie auf seine Wirklichkeit überträgt, sondern auch, weil er unfähig ist, die Männergesellschaft zu verlassen. Nur einmal, als er den Berg erklimmt (ein nicht weniger biblisches Bild als das der Schlange), scheint es, als wäre es möglich, aus dem Teufelskreis auszubrechen, einen anderen Blick zu entwickeln. (Und die Hoffnung auf den Berg als Ort der Erleuchtung bleibt dem Scorsese-Helden erhalten: In MEAN STREETS wird, sozusagen als Fortsetzung, Charlie zu Teresa sagen, dass er Berge mag und die Sonne hasst. Die Sonne, die in WHO'S THAT KNOCKING untergegangen ist, die Sonne, von der Kapitän Ahab sagt, er würde selbst sie angreifen, wenn sie ihm etwas zuleide getan hätte.) Aber wie so viele der »Schein-Heiligen« (Scorsese) in den Filmen dieses Regisseurs nutzt auch J.R. diese Chance nicht. Dennoch ist diese Szene von eminenter Bedeutung nicht nur für die Dämonologie Scorseses; sie macht jede »melodramatische« Deutung der Geschichte unmöglich.

Die Grunderfahrung der Helden von WHO'S THAT KNOCKING AT MY DOOR? ist die Enge, verbunden mit der Unfähigkeit, das Weite zu suchen, auch wenn es sich anbietet. Die Verständnislosigkeit von J.R.s Freund gegenüber der Weite der Landschaft wird sich in MEAN STREETS wiederholen in der Verständnislosigkeit von Johnny Boy, der schon eine Straße vom eigenen Viertel entfernt nicht mehr weiß, was er da soll. Am Ende hat der Film – in der Kirche – einen Ort der höchsten Klaustrophobie und zugleich der inneren Entgrenzung gefunden. Für einen ekstatischen Augenblick hebt sich der Widerspruch zwischen den beiden Erfahrungswelten des Films auf, verspricht Lösungen und zerfällt sogleich wieder.

Nicht nur die Songs fungieren in diesem Film als beständige Kommentare und Antithesen, selbst die Namen der Interpreten scheinen nach ihrer »sprechenden« Wirkung ausgewählt, von Ray Barretto über Mitch Ryder and The Detroit Wheels, Junior Walker und The Searchers als Metaphern der Bewegung bis hin schließlich zu den Doors, deren Name nicht nur den Titel selbst wieder aufnimmt, sondern auch zu einer zentralen Metapher des Films eine mögliche Erklärung bietet: Immer wieder schließen sich Türen. Und am Ende steht die Frage des Titels und des gleichnamigen Songs: Wer klopft denn da an meine Tür? Zumindest eine naheliegende Antwort ist, dass J.R. an die Türe der Kirche (des Himmels) klopft, um Einlass, Gericht, Buße und Vergebung zu finden. (Wir verstehen Charlie aus MEAN STREETS vielleicht ein wenig besser, wenn wir ihn als J.R. erkennen, der vergeblich an diese Tür geklopft hat.) Dann aber ist die erzählerische Autorität des Films niemand anderes als der »Besitzer« der Kirche selber, und das ist nicht der Priester, sondern Gott selbst. Da wir diesen »transzendentalen Blick« eines offensichtlich entfernten und bis zu einem gewissen Grad gleichgültigen Gottes kennen, scheint diese mögliche Deutung nicht allzu weit hergeholt. Dann aber erscheint uns der Name des Helden, J.R., als nur leichte Verdeckung von Jr. als *junior* (ein linguistisches Spiel, das im übrigen bei »J.R.« aus *Dallas*, dem ältesten Sohn und Firmenerben, nur allzu einleuchtend erscheint), dem Sohn, dem die schwere Bürde des Gottessohnes übertragen wird (zumal ja auch eine Allusion zu der gebräuchlichen Abkürzung J.C. nicht fern ist). So wäre also J.R. – auf einer von vielen Bedeutungsebenen, die der Film zulässt – Gottes Sohn, der sich im Blick des Vaters gebannt weiß, ohne den Blick erwidern zu können, ohne sich vergewissern zu können, ob es diesen Blick überhaupt gibt. WHO'S THAT KNOCKING AT MY DOOR? ließe sich daher, und erneut gibt der Titel selbst einen Hinweis, als erster jener Versuche Scorseses verstehen, die christliche Mythe in der Methodik Franz Kafkas darzustellen.

J.R.s Visionen in der Kirche widersprechen einander und lassen sich nicht festhalten; die Bilder sind in einem wahrhaften Stakkato-Rhythmus der Leiden geschnitten: die Wundmale, die Kreuzabnahme, die Szenen der (erträumten) Vergewaltigung und seiner eigenen Küsse, jene Szene vom Anfang wiederholt sich, die Frau, die Brot bäckt in einem Zimmer voller religiöser Symbole, bricht das Brot und verteilt es an die Kinder, und das Ganze verdichtet sich im Sound des an ein Kirchenlied gemahnenden Pop-Songs *Who's That Knocking at My Door?* Auch sie könnte diese Frage stellen, an den Sohn, der aus dem mütterlichen Raum entflohen ist und vergeblich in ihn zurückzugelangen versucht. Nicht zuletzt aber wurde auch an die verschlossenen Türen des Helden selber angeklopft, vergeblich auch dies. Er muss verschlossen bleiben.

So ist dieses Anklopfen an die (Himmels-)Pforte schon vergebens durch den Verrat, den der katholische Mann in seiner eigenen Weltvorstellung begangen hat. Der Verrat ist nicht nur das individuelle Problem von Scorseses Helden, er ist die Dynamik des Systems selber. Und damit wird schon in diesem Film klar, dass Scorseses Weg keineswegs der eines »katholischen Filmemachers« sein wird, sondern der eines Ketzers, und dass die Rechtgläubigen erst gegen seinen Jesus-Film so vehement protestierten, ist insofern ein Missverständnis: Sein ganzes Werk ist, vom Standpunkt der Orthodoxie gesehen, blasphemisch. Es revoltiert von innen aus dem Mythos und gegen die Absurdität seiner Erfüllung: J.R. wird unter den Augen eines abwesenden Vaters/Gottes einer Situation ausgesetzt, in der es gar keinen anderen Ausweg als den Verrat gibt. Wenn er die Frau akzeptiert, verrät er den Mythos, den Vater und die Männergesellschaft, wenn er die Männergesellschaft akzeptiert, verrät er die Liebe und die Mutter, wenn er die Religion akzeptiert, verrät er das Leben. Obwohl J.R. vollkommen Herr seiner Entscheidungen ist, an jedem Punkt des Films anders »Ja« oder »Nein« sagen könnte, als er es tut, ist sein Urteil schon gesprochen: Er ist ein »geborener« Verräter, und die ganze Welt wird ihm zum Widerhall seines Verrats. Jedesmal, wenn sich die Türen in diesem Film schließen, und sie tun es mit vernehmlichem Geräusch, mag man dies auch empfinden wie Schläge gegen den Schädel.

Eine Welt aus geschlossenen Räumen

J.R. sieht wie alle Scorsese-Helden in der Begegnung mit der Frau (die nicht seinem katholischen Umkreis angehört, nicht seiner Religion, nicht seinem Lebensstil) eine Chance zur Neubestimmung, die er dann doch verfehlen wird. Er ändert sich, als das Mädchen von *uptown* in sein Leben tritt (so wie Betsy in das Leben des *Taxi*

Stakkato des Leidens

Drivers tritt); aber er scheitert in dieser Beziehung, weil ihn sein katholisches System nicht die Jungfrau vergessen lässt – und weil sie, die gestanden hat, dass sie Western mag, aber in ihren scheinbar so einfachen Wertvorstellungen nicht leben, also weder als »Look« noch als »Feathers« in die Männerwelt gelangen kann, und die als Opfer einer Vergewaltigung den Mythos der Unschuld durch eine Verdoppelung zerstört – eine gewalttätige »Erfüllung«, die Liebe nicht als Unterwerfung missversteht. Aber an ihr zerbricht auch J.R.s »einfache« Weltsicht. Es war für ihn klar, dass er mit seinen Freunden herumhängen, ins Kino gehen, ein bisschen Geld verdienen wird, dass er irgendwann ein italienisches Mädchen heiratet, eine Jungfrau, und mit ihr eine Familie gründen wird. Nun wird nichts mehr so einfach sein für den ersten der Scorsese-Helden, die einen Ausbruch aus ihrer Welt nicht schaffen, aber auch nicht vollständig zurückkehren können in sie.

Scorsese folgt seinen Figuren, als sei er einer von ihnen; er verzichtet auf die Panoramen, die Establishing Shots. Wie John Cassavetes, den er bewunderte, von dem er sich entfernen musste, sieht er die Gruppe von innen und erst durch sie die Welt. Die Musik ist die Musik der Zeit, nicht die Highlights, sondern der Fluss der Sounds und Melodien. In ihr steckt Aufregung, Lust vielleicht, auch Aggression, aber kein Weg. Nie kristallisiert sich der Song heraus, der zu einer Leitmelodie im wahrsten Sinne des Wortes werden kann, zu einer musikalischen Utopie, die den Ausweg zeigt (so wie es die Musik im Western zu tun vermag). Sie begleitet den Weg der Helden als böse Variation eines griechischen Chores, die Stimme von Schicksal und Verdammnis.

Aber wie in der Musik in WHO'S THAT KNOCKING AT MY DOOR? und später in MEAN STREETS Rock 'n' Roll und Oper nebeneinander stehen, so stehen hier auch die Bilder von (italienischer) Familie und (amerikanischer) Straße gegeneinander. Man sieht die Frau Brot backen (es ist tatsächlich Scorseses Mutter, wie um jeden Zweifel am autobiografischen Bezug zu zerstreuen) und den Kindern zu essen geben, aber gleich dagegen den brutalen Straßenkampf; man sieht eine Madonna, und dann einen der Kämpfer, der sein Kruzifix an der Kette küsst. Es sind Parallelaufnahmen, die weder eine dialektische Lösung finden (eine Lösung, die zwar außerhalb des Kinos liegen mag, nichtsdestoweniger aber als konkrete politische Geste zu haben wäre), noch eine mythische (das eine, das sich im andern auflöst). Diese Montage weist in ihrer Form bereits auf das Unauflösbare des Widerspruchs, den sie beschreibt: Eine Einstellung folgt der anderen ebenso wie sie ihr widerspricht. Sie verhalten sich wie die »doppelte Identität« der Scorsese-Helden, italienisch und amerikanisch zu sein, als Italiener fremd in den USA, als Amerikaner fremd in Little Italy. Und sie scheinen zugleich auch die Auseinandersetzung zu beschreiben, die Scorseses Arbeit in filmhistorischer Sicht bestimmen wird, eine Montage, die in sich ambivalent bleibt, so als wäre sie ebenso im Sinne von Eisenstein zu verstehen wie im Sinne von John Ford.

Das ist die Welt, in der J.R. und seine Freunde leben. Was die italienische und die amerikanische »Identität« miteinander verbindet, ist die Gewalt; sie ist nicht das Gegenteil der geschlossenen Systeme von Familie, Klasse und Kultur, sondern alledem eingeschrieben. So verurteilen die Bilder der Gewalt die Bilder der Familien und erklären sie sich zugleich als deren Folge. Eine Welt, die nicht nur nach außen abgeschottet ist, sondern sich auch nach innen in immer neue geschlossene Räume zusammenzieht. Immer wieder sehen wir Türen und Fenster, die geschlossen werden, Menschen, die sich zurückziehen. Als drei von ihnen ihren »kleinen Ausflug« zu einem Ort im Staat New York machen, ist es wiederum, als wären sie in eine völlig fremde Welt geraten. Sie wissen nicht, was sie hier tun sollen; als sie den Berg erklimmen, fluchen sie nur, als müssten sie ihre Unsicherheit überspielen. Nur J.R. ist einen Augenblick fasziniert von dem Anblick, der Größe, von dem anderen Leben, das möglich ist.

Der Widerspruch, in dem sich die Menschen hier befinden, ist auch einer der Zeit. Während sie sich in ihrer Innenwelt sozusagen rasend schnell um sich selbst drehen, müssen sie die Verlangsamung fürchten, die ihnen die fremde Außenwelt aufzwingt. Langsam auch ergibt sich im Wartesaal von Staten Island das Gespräch J.R.s mit dem *uptown girl*; es beginnt, als sie seine Blicke damit beantwortet, dass sie ihn fragt, ob er ihre Zeitschrift lesen wolle. Auch da setzt sich das Spiel zwischen dem Fremden und dem Eigenen fort: Der Blick, der hinaus will, kehrt zurück an einen Ursprung, und zugleich zum Verlust, zu THE SEARCHERS, diesem großartigen Bild von der vergeblichen Suche des Amerikaners nach seiner Identität in dem wilden, geschändeten Land, nach der Verbindung zwischen der eigenen und der fremden Frau, die sich ideologisch und mythisch festigen wird in den Verbindungen zwischen den *girls* und den *broads*.

Während der Beichte J.R.s erklingt der Song *Who's That Knocking at My Door?*. Die Madonna und die Mutter sind wieder da. Da klopft ein anderes Leben an das von Little Italy, aber zugleich klopft auch J.R. an die Himmelstür, und es wird ihm nicht aufgemacht. Und immer wieder wird die Mutter an das Zimmer klopfen, in dem sie als Madonna schon ist, und verhindern, dass J.R. die Liebe und die Frau findet: Dies ist die erste jener Versuchungen, die wir in Scorseses Filmen bis zur letzten verfolgen werden. Stärker als das äußere ist das innere Getto des Mythos. Verlassen kann man das Getto nicht. »See You Tomorrow« ist der letzte Satz des Films. ❑

Street Scenes (1970)

Der Film, eine Kollektiv-Arbeit, ist eine Dokumentation über Auseinandersetzungen um den Krieg in Südostasien: eine Demonstration gegen die amerikanische Invasion in Kambodscha. Befürworter und Gegner äußern ihre Meinungen. Die Stimmung wird aggressiver. Bauarbeiter, *hard hats* und *hard heads*, die eine amerikanische Fahne schwenken und studentische Antikriegsdemonstranten verprügeln einander, Antikriegsmärsche, schließlich kommen die Filmemacher, die von einem Interviewten einmal als »communist scum« beschimpft werden, in den Presseraum des Weißen Hauses. Ein Protestmarsch wird mit Tränengas bekämpft. Am Ende sieht man eine Diskussion zwischen den Filmemachern in einem Hotelzimmer (diese Sequenz hat Scorsese inszeniert, während er ansonsten für die Post Production verantwortlich zeichnete). Neben Scorsese ist auch der Journalist Jay Cooks von der *Time* beteiligt (der später auch eine Reihe von Drehbüchern schrieb).

STREET SCENES zeigt eine Gesellschaft im Krieg, und er funktioniert am ehesten wie eine Kriegsreportage: schnelle, fragmentierte, gewalttätige Bilder von Gruppen, die hasserfüllt aufeinanderprallen, sich besinnungslos anbrüllen – ein »Kampfspiel ohne Schiedsrichter«, wie es in der Kritik der *Time* hieß. Zwar zeigt der Film gewiss Sympathie für die Studenten, aber er gibt ihnen keine Stimme, ja – ganz im Sinne Scorseses – scheint er gar ein Versuch über Sprachlosigkeit. Daneben präsentiert STREET SCENES die andere Seite eher als Karikaturen: ignorante, hartleibige und hartherzige Taxifahrer und Briefträger, die ihre Verstörung hinter patriotischen Sprüchen verbergen. 1970 mochte dies gewiss als bösartige Denunziation eines politischen Gegners erscheinen, andererseits enthalten diese Porträts schon den Nukleus zu Scorseses späteren proletarischen Helden, von TAXI DRIVER bis RAGING BULL. Am Ende kritisieren die Filmemacher ihre eigene Arbeit:

Harvey Keitel und Scorsese in STREET SCENES

»We can't reach the working people«, heißt es da, und machen in dieser Geste der Selbstreflexion das Dilemma deutlich, in dem sie stecken, und aus dem Scorsese sich befreien wird: durch die Überwindung der intellektuellen Distanz in der Konstruktion eines neuen filmischen Subjekts, das stets beides zugleich enthält, das andere und das eigene. ❑

Boxcar Bertha (1972)

Scorseses erster »kommerzieller« Film geht auf die Autobiografie *Sister of the Road* von Bertha Thompson zurück, die sie Dr. Ben L. Reitman erzählte. Joyce H. Corrington und John William Corrington übertrugen den Stoff in ein Drehbuch, das außer den Hauptcharakteren nur noch wenig mit dem ursprünglichen Material zu tun hatte. Scorsese musste einem Buch seinen Widerstand entgegensetzen, das zu ungefähr gleichen Teilen aus einer linken, naiv antikapitalistischen Legende und aus purer *exploitation* bestand – für den Produzenten Roger Corman, der sich, was Martin Scorsese betrifft, ein weiteres Mal als »Entdecker« fühlen durfte, war dies, nebenbei bemerkt, nie ein sonderlicher Widerspruch. Die »Depressionsfilme« der 60er und frühen 70er Jahre waren, *exploitation* hin oder her, fast immer auch kritische Kommentare zur Gegenwart. Die Ära des Präsidenten Hoover (1929-1933) ist für die amerikanische Gesellschaft eine Epoche der Entscheidung: Das freie Spiel der Kräfte hat einen barbarischen Kapitalismus hervorgebracht, die Freiheit hat sich in ihr Gegenteil verkehrt, und eine moderne Ausbeutergesellschaft ist entstanden, in der ein Menschenleben nicht viel wert ist. Bertha Thompson hatte in den 30er Jahren, nachdem sie früh den Vater verlor, gemeinsam mit dem Gewerkschafter »Big« Bill Shelley gegen die allmächtige und ausbeuterische Eisenbahngesellschaft gekämpft, immer an der Grenze zwischen politischer Aktivität, dem Leben der *dust bowl refugees* (jener Armee der Heimat- und Arbeitslosen, die in den Jahren der Depression von Texas und Oklahoma aus bis zum »gelobten Land« Kalifornien flohen) und der kriminellen Karriere der ländlichen Gangster. Die Eisenbahngesellschaft und ihre Machthaber bedienten sich für ihre Zwecke der korrupten Polizei, die den Gewerkschafter wie einen Verbrecher jagte, nachdem er sich als ernsthafte Störung der Geschäfte erwiesen hat.

Der Film zeigt, wie »Big« Bill, Bertha und ihre Freunde systematisch in die Kriminalität getrieben werden, und Bill, der am Anfang noch allein auf Agitation setzt, schließlich auch die Waffe in die Hand nimmt, um sich zu retten. Er beginnt, die Erlebnisse niederzuschreiben, um wenigstens auf diese Weise die andere Perspektive, die Geschichte der Ausgebeuteten zu dokumentieren, als man gedungene Mörder auf ihn ansetzt. Von der historischen Legende über den Outlaw-Western bis zur blutigen Passion: Am Ende sehen wir »Big« Bill gekreuzigt an einem Güterwagen. Aber sein schwarzer Freund Von Morton übernimmt die Aufgabe der Rache und tötet seinerseits die Killer in einem unbarmherzigen Showdown. Dieser letzte Teil der Story enthielt so viel *exploitation* und Roger-Corman-Effekte, dass Autoren wie Marie Katheryn Connelly den »eigentlichen« Scorsese

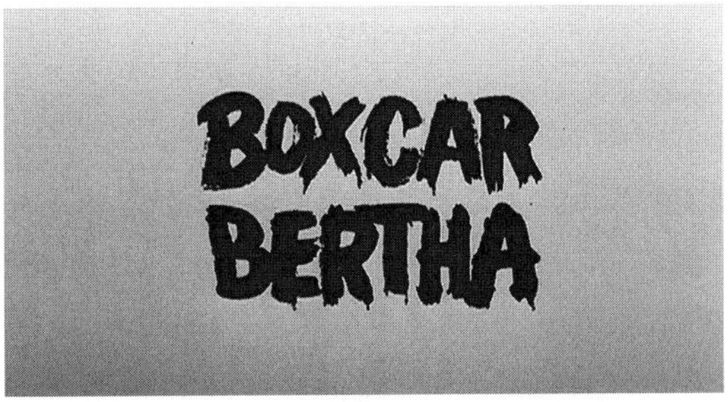

erst mit seinem nächsten Film, MEAN STREETS, beginnen lassen.

Allerdings: Was wir schon spüren können in BOXCAR BERTHA, ist die Wut des Regisseurs, mit der er von der Revolte und ihren Grenzen spricht; sein Film ist auch eine Erprobung cineastischer Mittel und Vorbilder, die Suche nach einem eigenen Weg.

Ein System der Widersprüche

Die Inszenierung, sagt Truffaut, ist die Kritik des Drehbuches, und die Montage ist die Kritik der Inszenierung. Scorsese hat sich in diesem Film mit einer beinahe berserkerhaften Kraft auf den Schnitt gestürzt; er zerstört mit Bedacht jeden balladesken Rhythmus und schafft einen Bildwechsel, der an das Pulsieren eines offenen Herzen erinnert. Wir sehen in BOXCAR BERTHA unter anderem einem cineastischen Selbstbehauptungsversuch zu. Schon zu Beginn ist ein heftiger Verstoß gegen die Erzählkonvention Hollywoods zu erleben; wir kommen in den Film über eine extreme Nahaufnahme des Gesichts von Bertha (Barbara Hershey), nur ihre Augen und die Nase sind zu sehen, und ein wenig vom strähnigen Haar, als sie, sehnsuchtsvoll, skeptisch, angespannt in den Himmel schaut. Ein paar Mal muss sie die Augen schließen. Dann sehen wir das Flugzeug landen, dem ihre Aufmerksamkeit gilt. Die rasche Überblendung zeigt uns schon, dass es hier nichts zu träumen gibt; die Montage der beiden Einstellungen, Intimität und Ferne, bildet keine Bewegung von Flucht und Aufbruch, sondern schon so etwas wie einen geschlossenen Raum. Dass es da oben so etwas wie Freiheit geben könnte, empfinden wir so wenig, wie dass es unten auf der Erde sicherer wäre. Kurz sehen wir, wiederum in einer Nahaufnahme, den Kopf des Piloten, dann startet das Flugzeug durch; Bertha – nun ist ihr ganzer Kopf zu sehen – sieht ihm nach. Naheinstellung: Sie hebt den Rock und kratzt sich am Bein. Erst dann sehen wir ihren ganzen Körper und den jungen Mann, der neben ihr sitzt und auf der Mundharmonika die Melodie spielt, die uns bislang begleitet hat.

Naheinstellung: Hammerschläge auf Bolzen. Die Kamera fährt zurück: Gleisarbeiter. Naheinstellung: Ein Bolzen, der in die Schwelle geschlagen wird. Naheinstellung: Erneut kratzt Berthas Hand ihr Bein unter dem hochgezogenen Rock. Eine Geste der Nervosität wird zu einem erotischen Signal. Wieder die drei Gleisarbeiter; einer von ihnen, Bill (David Carradine), mit bloßem Oberkörper, hat eine versonnene Pause eingelegt und sieht in Berthas Richtung. Einer der anderen fordert ihn auf, weiterzumachen und sich lieber um die Bolzen zu kümmern, und Bill murrt: »Steck dir die Bolzen in'n Arsch.« Schon hier hat er mit seiner Arbeit gebrochen. Und träumt.

Eine Aufnahme aus dem Flugzeug über die endlosen Wälder und Felder, die es mit chemischen Substanzen zu besprühen gilt. Der junge Schwarze Von Morton (Bernie Casey; in der deutschen Fassung Sam) bricht sein Spiel ab, er klopft sein Instrument, ist wohl zu viel Spucke drin. Im Hintergrund sehen wir einen Mann an einem noblen Wagen. »Shit«, sagt Bertha, die den Himmel weiter beobachtet, »er kommt runter.« Und Morton, der Mechaniker ihres Vaters, ermahnt sie, nicht zu fluchen; ihr alter Herr habe das nicht gern.

Etwas stimmt wohl mit der Maschine nicht. Jack will mit der alten Kiste nicht mehr fliegen, aber der Grundbesitzer droht ihm: Dann könne er gleich seine Sachen packen. So startet er wieder, trotz der Mahnung seiner Tochter Bertha, sich lieber nicht mehr in die Maschine zu setzen. Bertha stellt sich neben den Grundbesitzer und fragt ihn: »Sagen Sie, wie kann der denn so glänzen?« Eine kurze Überblendung auf die blankpolierte Oberfläche des Luxusautos; der Himmel ist in der Spiegelung zu ahnen (eine Scorsese-Spiegel-Einstellung, wie wir ihr später immer wieder, intensiver und genauer, begegnen werden). »Was?«, antwortet der Mann ruppig, und dann stürzt die Maschine auch schon ab. Mit einem kleinen Jump Cut und einem kurzen Standbild zeigt Scorsese die Explosion. Was zunächst wirkt wie ein sparsamer Effekt, eine frühe Scorsesesche »Aufrauung« des filmischen Materials, erweist sich bei genauerem Hinsehen auch als heftige Verneinung des melodramatischen Potenzials dieser Sequenz.

Bill läuft herzu und klagt den Besitzer an. Als dieser Bertha, die wütend auf ihn einschlägt, verächtlich zu Boden stößt, stürzt er sich auf ihn. Von Morton hält den schwarzen Chauffeur auf, der seinem Vorgesetzen zu Hilfe kommen will – im Rauch des brennenden Wracks prügeln sich die Männer, während Bertha zu ihrem toten Vater kriecht und sich über ihn beugt. Jetzt, unvermittelt und ohne dramatische Auflösung, folgt der Vorspann.

Was wurde hier erzählt? Die Vorgeschichte einer klassischen Outlaw-Legende: das erlittene Unrecht, die furchtbare Machtlosigkeit gegen den Ausbeuterwillen. Und doch mehr als das. Dass das Erwachen des erotischen Begehrens und die Opferung des Vaters in eine einzige Sequenz zusammengefasst sind, gibt dem ganzen Geschehen eine ungeheure Ambivalenz. Wie so oft bei Scorsese – und anders als in der mythischen Erzählweise des gewohnten Genrekinos – behandelt der Film nicht den Menschen in der Geschichte, sondern den Menschen *als* Geschichte. Schon jetzt, bevor die eigentliche Handlung überhaupt begonnen hat, steht das Leben gegen die Legende. Auf ebenso subtile wie konsequente Weise hat der Film hier schon wieder jenen Widerspruch eröffnet, auf den wir bei IT'S NOT JUST YOU, MURRAY! so derb gestoßen wurden, den Widerspruch zwischen dem inneren und dem äußeren Gehalt der Bilder. Es ist nicht so, dass Bertha in einer einzigen Szene den Vater verliert und die Liebe erlebt, vielmehr wird sich beides als Widerspruch durch ihr ganzes Leben ziehen, und nie wird sich, anders als im klassischen Western-Mythos, das eine als Heilung des anderen erweisen.

Scorseses Helden haben stets einen Lebensentwurf, eine Forderung an das Leben, und darin, nicht allein durch die Provokationen der Gesellschaft, scheitern sie; ihre Passion ist nie allein auf den planen Widerspruch zwischen Ich und Welt zurückzuführen, sondern stets auch auf die innere Biografie. Dass in der Inszenierung dieser Eingangssequenz so viel Spiegelung, so viel Abwesenheit aufgehoben ist, widerspricht bereits hier der möglichen Lösung. Der Tod des Vaters macht die Liebe zugleich möglich und unmöglich. Und damit beginnt nicht nur die Liebesgeschichte von BOXCAR BERTHA, damit beginnt die Liebesgeschichte in den Scorsese-Filmen.

Der Rauch des Unglücks hat sich wie Nebel über die Landschaft verbreitet. Ein Mensch – es ist Bertha – läuft auf uns zu, wir hören die Geräusche einer Dampflokomotive, dann sehen wir Räder und Pleuelstangen abwechselnd mit Berthas Beinen, bis sich beide Bilder zusammenfinden: Bertha springt nach mehreren vergeblichen Anläufen auf einen Güterwagen. Auch diese Aktion löst Scorsese in eine Reihe von disparaten Schnitten auf. Die Kamera ist, so scheint es, überall, über dem Zug, unter dem Zug und schließlich auf Berthas Höhe. So sehen wir diesen Vorgang analytisch und begreifen ihn als ein überaus schwieriges Unterfangen. (Keineswegs ist sozusagen über Nacht die Heldin als symbiotisches Phantom der unerfüllten Rache entstanden.) Mit einem Bildwechsel wird es draußen dämmrig, und so bleibt es ein paar Sekunden, in denen wir mit Bertha atemlos hinausschauen aus dem fahrenden Güterwagen. Was es zu sehen gegeben hätte, ist verschwunden.

Gleise und Räder, eine Mundharmonika-Melodie dazu, Dokumentaraufnahmen, in kreisförmigen Einblendungen werden die Schauspieler und ihre Rollen vorgestellt. Die Legende, die Geschichte und das einzelne Leben in einem Bildersystem der Widersprüche. Das Elend der Depressionszeit, in der Bertha umhergetrieben wird. Stories, die im Bild nach ihrem Bezug zur History suchen. Die Eingangssequenzen sind so konsequent und stimmig, dass sie ein Versprechen abgeben, das der Film dann doch nicht einlösen kann.

Denn nun muss er sich für eine Geschichte entscheiden, und Szenen zeigen, die wir sehen *müssen*, um den im Ganzen dann eben doch konventionellen Plot zu verstehen. Das Widersprüchliche freilich begleitet uns. Bertha kommt zu einer Versammlung, auf der »Big« Bill Shelley eine Rede hält; er wird fotografiert, Polizisten kommen hinzu, wir sehen die schweren Knüppel in ihren Händen, sehr nah. »Es gab jede Menge Schiebereien hier. Aber jetzt werden wir mal zurückschieben«, ruft Bill seinen Zuhörern zu. Und so stürzen sie sich auf die »verdammten McIvers«, McIver I (Victor Argo) und McIver II (David R. Osterhout), die schwerbewaffneten Privatwachen des Eisenbahnbosses Sartoris

»Big« Bill (David Carradine) und Bertha (Barbara Hershey) in BOXCAR BERTHA

(John Carradine), lebende Zeichen seiner ungerechten Macht. Und während sich die Arbeiter mit den McIvers und den Polizisten prügeln, laufen Bill und Bertha in die andere Richtung davon und springen wiederum auf einen Güterwagen auf, als hätten sie die »historische Szene« nur angezettelt, um ungestört miteinander schlafen zu können. In Wahrheit leben sie nur ihren Konflikt zwischen der Legende und dem Leben weiter aus (und schon in dieser Szene mögen wir ahnen, was Barbara Hershey dazu bewogen hat, Scorsese *Die letzte Versuchung Jesu Christi* von Nikos Kazantzakis zu lesen zu geben: schon hier geht es um die Notwendigkeit des Verrats, den das Leben an der Legende begehen muss, um den Bruch zwischen dem Anspruch des Lebens und dem Anspruch des Mythos).

Mit der Naheinstellung auf den Knopf an Berthas Bluse beginnt die Liebesszene, die ein bisschen so wirkt, als wäre sie, wie die des vorherigen Films, ein Zugeständnis an Produzentenwünsche. Tatsächlich ist dies ja schon ein sonderbares Verständnis von politischer Solidarität, sich im Augenblick, wo es ernst wird, aus dem Staub und ins Heu zu machen! »Big« Bill und Bertha scheinen sich jedenfalls nichts daraus zu machen (und gerade Bills spätere politische Skrupel erscheinen dadurch ein klein wenig auch wie eine Form des Schuldeingeständnisses). Wie die Figuren, so scheint auch der Film selbst den Diskurs von Geschichte, Legende und Leben, den er so brillant eröffnete, nicht mehr recht zu verstehen.

Wie um sich aus der Falle einer so konventionellen Szene zu befreien, schneidet Scorsese wieder extreme Detailaufnahmen ein: Berthas sich schließende Augen, die Zähne in einem lächelnden Mund; und dann verwendet er wieder nur

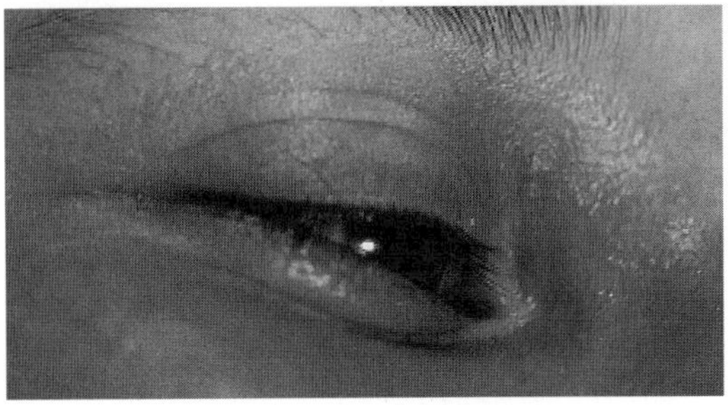
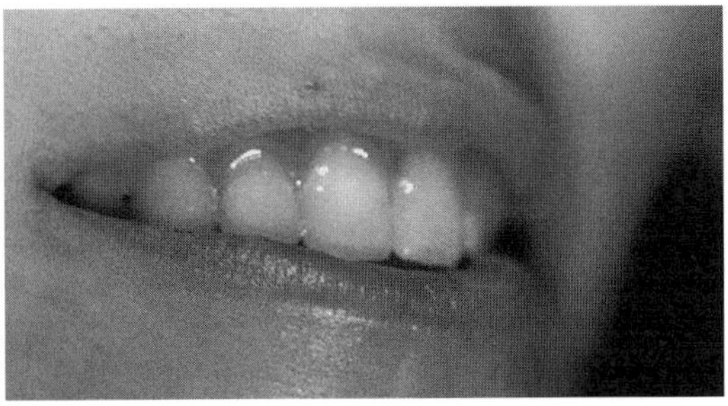

Freiheit, möglicherweise: Bill und Bertha im Güterwagen

übereinandergeblendete Standbilder, um das Glück der beiden im Güterwagen zu illustrieren. Freiheit, möglicherweise. Bestimmt ein Versprechen. Wir sehen einen Bahnarbeiter, der den Rangierzug dirigiert, Wagen kuppeln aneinander, und von dem Ruck erwacht die selig schlafende, nackte Bertha. Sie ist allein in dem Waggon mit dem Heu, sie sieht hinaus, schnell zieht sie sich an und findet in ihrem Schuh einen Geldschein. Da muss sie lachen. Und wieder rollen die Räder, und die Züge fahren durchs Land. Wenn es in diesem Leben etwas Romantisches gibt, dann steckt es allenfalls in der Hillbilly-Musik, die die Bilder begleitet, aber etwa für die Schönheit der Landschaft haben wir zu diesem Zeitpunkt so wenig Blicke übrig wie Bertha selbst.

In einem Lager von Wanderarbeitern, einem der *Hoovervilles* jener Tage, macht Bertha bei einem Würfelspiel mit und gewinnt; sie möchte sich mit dem Spieler Rake Brown (Barry Primus) unterhalten, aber der schweigt hartnäckig. Erst als sie ihn wegen seines Anzugs aufzieht, reagiert er ungehalten, und prompt erkennen die anderen an seiner Sprache, dass er nicht zu ihnen gehört (er ist ein »Yankee«, was nach Ansicht der anderen gleichbedeutend ist mit »Jude«). Und er wird davongejagt. Bertha geht mit ihm. In einem Hotel trifft sich Rake mit zwei Geschäftsmännern zum Kartenspiel. Als diese dahinterkommen, dass Rake sie betrügen will, zieht einer von ihnen wutentbrannt eine Waffe. Bertha erschießt den Mann, und die beiden müssen fliehen. Gemeinsam erreichen sie einen Güterzug, in dem sich auch Bill und seine Leute auf die Reise gemacht haben, nachdem Schergen der Eisenbahngesellschaft ihr Lager niedergebrannt haben. Rake verliert seine Karten, und Bertha steckt Bill das Herzass in die Tasche seines Hemdes.

Bill und seine Freunde werden von den »Wachhunden« der Eisenbahngesellschaft verfolgt, den Brüdern McIver. Der Zug wird von Polizisten erwartet; »Big« Bill kann Bertha gerade noch rechtzeitig hinausschubsen, bevor sich die Polizisten auf die Hobos stürzen. Auch Rake, der mit den anderen eigentlich nichts zu tun haben will, wird festgenommen. Sie kommen ins Gefängnis. Der Sheriff sieht, wie Bill und Morton, der zufällig in der gleichen Zelle sitzt, sich begrüßen, und der »Bolschewik und Niggerfreund« wird brutal in der Zelle zusammengeschlagen. Als es daraufhin zu einem Aufstand kommt, richten die Gehilfen des Sheriffs in der Zelle ein furchtbares Blutbad an und erschießen fast alle Hobos. Bill, Rake und Morton überleben und arbeiten nun als Kettensträflinge, und wieder schwingen sie die Hacken. Der Wächter verbietet es ihnen sogar, bei der Arbeit zu singen.

Bertha kommt mit dem Auto vorbeigefahren, täuscht eine Panne vor, becirct den Wächter und lockt ihn von den Gefangenen weg, um ihn dann mit einem Revolver zu bedrohen. Die Sträflinge fliehen mit ihr. Schon haben wir uns an eine konventionelle Action-Dramaturgie gewöhnt, da durchbricht Scorsese den Fluss der Bilder doch wieder mit einer fantastischen Einstellung, die ganz bildhaft einen neuerlichen Bruch signalisiert: Die Kamera fährt lange Reihen aufgestapelter Schwellen entlang, und in jedem der durch die Stapel gebildeten Gänge sieht man einige Häftlinge in gestreifter Kleidung auf der Flucht.

Bei der Verfolgung stürzt das Auto des Sheriffs in den Fluss. Eher widerwillig macht Bill nun auch bei einem Eisenbahnraub mit, schließlich kapern sie die Lokomotive und fahren mit der Beute davon. Bill, Bertha, Morton und Rake bilden eine Outlaw-Gang, die Schlagzeilen macht.

Doch Bill will kein Krimineller sein; er möchte sein Ideal des sozialistischen Kämpfers erfüllen. Daher beschließt er, das erbeutete Geld der Gewerkschaft zu überlassen. Als seine einstigen Weggefährten es ablehnen, sich an unrechtem Gut zu bereichern, bleibt der Gruppe nichts anderes, als zur »Selbsthilfe« überzugehen; sie zwingen die Kassierer, mehr Geld in die Lohntüten zu geben, überfallen die Züge, um Spenden für die Armen und für die Streikkasse zu erpressen; schließlich überfallen sie sogar die Polizei. Bertha treibt ein Spiel mit den beiden McIvers, sie lässt sie »strafexerzieren«, aufstehen und setzen. Auch das missbilligt Bill.

Beinahe folgerichtig gelangen die Outlaws wider Willen schließlich ins Zentrum des Spinnennetzes: Die Nachricht von ihnen ist bis in Sartoris' Büro gedrungen, der nun endlich Bill Shelley aus dem Weg geräumt haben will. (Über seinem Schreibtisch ein Vexierbild: George Washington.) Schließlich überfallen sie sogar einen Empfang bei Sartoris und rauben seine Gäste aus. Doch bei dem einige Tage später folgenden Versuch, ihn, vielleicht den Urheber des Bösen, in seinem Privatzug zu entführen, geraten sie in eine Falle. Rake wird erschossen, Bill und Morton werden gefangen genommen, Bertha gelingt die Flucht. Dabei gibt es wieder eine Scorsese-Szene, die vom Auseinanderbrechen der Handlungen und der Empfindungen erzählt: Der Verfolger mit dem Gewehr späht unter den Güterwagen hindurch und sieht Berthas Beine, aber nachdem ein Zug entgegengekommen ist, sind sie plötzlich fort, Bertha hat sich an einen Wagen geklammert. Voller Zorn schießt der Polizist auf ein Blechfass und wirft sein Gewehr fort. Dann lässt er sich das Wasser, das aus dem Einschussloch sprudelt, über den Kopf laufen.

Während sie umherirrt, wird Bill in einem Straflager wieder gefoltert und geprügelt. Bertha geht an einem Kino vorbei: H.G. Wells' THE MAN WHO COULD WORK MIRACLES (Der Mann, der die Welt verändern wollte; 1936; R: Lothar Mendes) wird dort angekündigt, und, auf einem viel kleineren Plakat: DESERT GUNS (1936; R: Charles Hutchison). THE MAN WHO COULD WORK MIRACLES erzählt von einem kleinen Angestellten, der von Außerirdischen dazu erwählt wurde, die Naturgesetze außer Kraft zu setzen. Seine Fähigkeiten, die unter dem Einfluss seiner neu erwachten Machtlust dazu führen, dass die Erde zum Stillstand kommt, erweisen sich als so apokalyptisch, dass wiederum nur ein Eingreifen »himmlischer« Mächte das Schlimmste verhindern kann. Der Scorsese-Widerspruch von Mythos und Leben spiegelt sich hier von der anderen Seite: Da zeigt einer, welch schreckliche Folgen es hat, wenn man seiner übermenschlichen Aufgabe bedingungslos folgt. Und ob wir durch ein Wunder eine Lösung erwarten dürfen, ist durchaus die Frage, die sich Scorseses Film zu diesem Zeitpunkt stellt.

Jedenfalls steht Bertha gebannt vor dem Filmplakat, als sie angesprochen wird, eine Frau bietet ihr an, sie unterzubringen. Zuerst will Bertha entsetzt fliehen, als sie merkt, dass sie in einem Bordell gelandet ist, aber dann nimmt sie es hin. Schließlich findet sie mit Mortons Hilfe wieder zu Bill, der unterdessen aus dem Gefängnis ausgebrochen ist und sich nun zurückgezogen hat, um seine

Geschichte niederzuschreiben. Doch schon kurz darauf wird er in seinem Versteck aufgestöbert, brutal zusammengeschlagen und schließlich an einem jener Eisenbahnwaggons »gekreuzigt«, in denen er sein unstetes Leben verbracht hat. Und über ihn nageln sie, wie das INRI-Schild bei dem anderen Gekreuzigten, das Herzass aus seiner Tasche. Nun aber nimmt Morton mit einer Pumpgun grausame Rache, er erschießt alle Beteiligten an dem Mord, die unter der Wucht der Geschosse meterweit durch die Luft fliegen.

So oft wir uns im Übrigen in der Welt der italienischen, irischen und jüdischen Einwanderer und der Kulturen ihrer Nachkommen bewegen, so selten gibt es afroamerikanische Helden in Scorseses Filmen. Sie scheinen, wie Von Morton, außerhalb der geschlossenen Welten, von vornherein »freier« zu sein. Die schwarze Kultur ist für die Scorsese-Helden ein Reich des unerfüllbaren Begehrens; so wie Charlie in MEAN STREETS sich nicht an die schwarze Hure herantraut, scheinen die (erotischen) Verlockungen eher indirekt durch die Musik als durch das Bild allgegenwärtig in den Straßen.

Die furiosen Gewaltszenen am Ende von BOXCAR BERTHA sind sehr schmerzhaft, nichts Erlösendes geht von ihnen aus. Der Zug mit Bill als Gekreuzigtem fährt langsam davon, durch seine geöffneten Türen sehen wir das Land. Zum letzten Mal läuft Bertha hinter einem Güterzug her. (Und wieder gibt es die Einstellungsfolge von unten und oben, die wir vom Beginn her kennen: Da schließt sich ein Kreis.) Wir sehen aus dem rollenden Wagen hinab auf Bertha, die Hand des gekreuzigten Bill zeigt im Bild nach links, während Bertha ruft: »Nicht mitnehmen! Lasst ihn hier!«

Diese Einstellung erlaubt viele Assoziationen. Sie erinnert an die Hand von Kapitän Ahab, der, an den weißen Wal gefesselt, mit ihm untergeht, und seinen Matrosen im Tode winkt, ihm zu folgen (die Eisenbahn, dieses stählerne Ungeheuer, war Bills Leben und ist nun sein Tod). Es ist aber auch der Leichnam Jesu, den die Engel »mit sich fortnehmen«, und die deutende Hand des Propheten in die Zukunft. Wir sehen Bertha zurückbleiben, sie verschwindet, wie alle Protagonisten von Scorsese-Filmen verschwinden, in einem Bild, von dem nicht zu sagen ist, ob es mehr an Verzweiflung oder mehr an Hoffnung enthält.

Bis zum Christus-Film ist dies das letzte Mal, dass der Scorsese-Held am Ende den Tod findet, groß und verzweifelt wie in den Filmen, die zur gleichen Zeit entstanden, wie Arthur Penns BONNIE AND CLYDE von 1967 oder Roger Cormans BLOODY MAMA aus dem Jahr 1970 (in dem Robert De Niro eine seiner ersten bedeutenden Rollen spielte). Und doch widerspricht auch BOXCAR BERTHA der romantisch depressiven Stimmung dieser Filme, denen er an der Oberfläche gleicht (die Frau, die den Mann zum Verbrechen anstiftet, die Ikonografie der korrupten und brutalen Gesetzesmänner, das ländliche Post-Western-Amerika und die nomadische Lebensweise). Scorsese bricht immer wieder den planen Mythos des grandiosen (BONNIE AND CLYDE) oder grotesken (BLOODY MAMA) Scheiterns. Und die »Kreuzigung« von Bill ist zugleich christlicher Widerschein und Protest; weder ist sie ein willig auf sich genommenes Opfer, noch steht sie an einem erlösenden Ende. Es gibt gewiss kein »Es ist vollbracht« darin. Vielmehr ist die Szene ihrerseits Auslöser eines neuen Blutbades, einer Art »Reinigung« durch die Gewalt, an deren Ende kein Frieden stehen kann. So ist auf der zweiten Ebene des Films die Mythologie des Opfers verworfen. Die Kreuzigung hat keinen Frieden gebracht, war keineswegs das letzte Menschenopfer, sie ist eine mehrfache Lüge. Die Täter haben in diesem grausamen symbolischen Akt ebenso gelogen wie das Opfer.

Ein System des Todes

Scorsese hat nie wieder Gewalt so pathetisch und nah gezeigt wie in diesem Film. Auf das Opfer folgt hier gleichsam direkt das jüngste Gericht. Wie eine blutige Naturgewalt bricht sie in diese Welt (und Von Mortons dabei scheinbar unbewegtes Gesicht unterstreicht dies). Bill ist, wie andere Scorsese-Helden, einer, der das Opfer sucht und zugleich vor ihm flüchtet. Gleich nach der Liebesnacht ist er verschwunden, ebenso, nachdem er seine politische Rede gehalten hat. Aber diese seine Kunst des Verschwindens nutzt ihm nichts.

Der Umstand, dass der böse Tycoon von John Carradine, dem Vater von David Carradine, dargestellt wird, legt eine weitere Interpretationsmöglichkeit nahe (die bei der Vorliebe Scorseses für solche personalen Projektionen ganz gewiss nicht als beliebig abgetan werden kann). Es ist möglich, dass dieser »Big« Bill auch so etwas wie ein Abtrünniger ist, ein Sohn, der gegen den Vater revoltiert – und damit erhält die Christus-Analogie in der »Kreuzigungssequenz« eine weitere Dimension: Wieder ist es der Vater, der den Sohn zum Opfer verurteilt. Damit nicht genug: Der Opfertod folgt dem Entschluss Bills, ein Vermächtnis niederzuschreiben. (Die »politische« Kritik hat, nebenbei bemerkt, Scorsese vorgeworfen, er interessiere sich nicht dafür, *was* Bill schreibt, also nicht dafür, wie die Aktion Text und Idee wird, jene Form des literarisierbaren Bewusstseins, das in der europäischen Kultur als Ideal des Politischen angesehen wird. Viel wichtiger aber ist, *dass* Bill schreibt: Er schreibt damit auch, in doppeltem Sinne, sein Todesurteil.)

Dass der Unternehmer der alttestamentarische, grausame Gott und der mythische Arbeiter sein leidender Sohn ist, der sich gegen ihn auflehnen muss, um einen neuen Pakt (ein neues Testament) zu schließen, ist ein verbreitetes Mythem im amerikanischen Western. Der Kapitalismus, den Scorsese in BOXCAR BERTHA beschreibt, ist nicht so sehr die Karikatur eines in der Zeit der Depression wild wuchernden Systems hemmungsloser Ausbeutung und ungebremster Verelendung, sondern vor allem ein System des Todes. Wann immer wir die Vertreter des Kapitals und ihre Handlanger sehen, sind sie darauf aus, jemanden direkt oder indirekt zu töten, und selbst noch die Bordellbetreiberin (die Mutter im Reich des Kapitalismus von unten, die gegen den Vater im Kapitalismus von oben steht, der auch den Staat und seine Instanzen an sich gezogen hat), an die Bertha gerät, ist vom Hauch des Todes umweht.

Auf den ersten Blick also mag BOXCAR BERTHA auch so etwas sein wie eine »Lösung« der ausweglosen Situation, die Scorsese in WHO'S THAT KNOCKING AT MY DOOR? beschrieben hat, und diese Lösung wäre einerseits der parteiische Kampf, der im vollständigen Opfer sein tragisches, aber sinnvolles Zentrum findet, andererseits die pragmatische Aufhebung der psychotischen Trennung von *girl* und

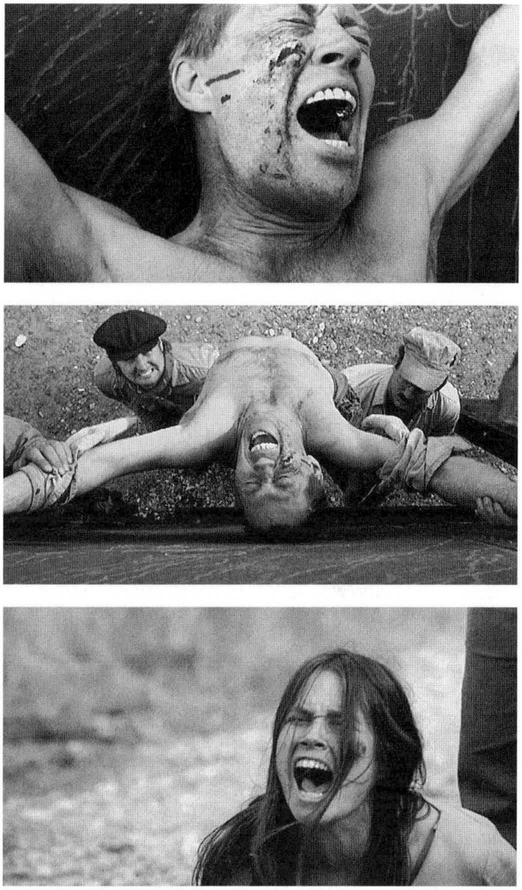

Auf das Opfer …

broad. Auf der religiösen Ebene freilich ist die Situation nicht weniger ausweglos als vordem. In BOXCAR BERTHA schildert Scorsese die Welt der Armen als eine emotional und erotisch erfüllte; Liebe und Freundschaft sind hier immerhin möglich. Allerdings führen die Wege Berthas, Bills, Rakes und Mortons von der Opposition in die Kriminalität immer wieder in Situationen, in denen sie sich mit dem Bösen infizieren. Auch sie werden Teil des Todessystems, die vielen Zeichen eines schönen und glücklichen Lebens, die es in der ersten Phase als kleine Verheißungen gegeben hat, verschwinden mit ihren Überfällen. Und sie verschwinden, auf

... folgt das jüngste Gericht: ...

der Ebene der filmischen Präsentation, je mehr wir die Protagonisten als Subjekt wahrnehmen, je mehr wir nicht ihre Legende, sondern in ihrer Perspektive ein Leben sehen, das den Regeln der Legende nicht einmal in der romantischen Negation entspricht. Was Scorsese in BOXCAR BERTHA also unternimmt – wieweit es gelingen konnte, mag eine andere Frage sein – ist der Versuch, durch einen besonders in der Montage bewusst unreinen und rauen Stil den Mythos auf seine Brüche hin zu befragen.

Scorsese beginnt früh – viel früher, als es in der üblichen Genre-Mythologie vom Outlaw der Fall zu sein pflegt – mit der Demontage seines Helden. Wir beginnen spätestens an ihm zu zweifeln, als er die Zuhörer seiner flammenden Rede gegen die Polizisten und Eisenbahnleute aufhetzt, nur um zusammen mit Bertha zu entkommen. Er sei gar kein solcher »straight shooter«, sagt er einmal, und das ist, offensichtlich in sexueller wie in politischer Hinsicht, durchaus wahr. So sehr er sich den Regeln des Genres verpflichtet, so sehr die Kapitalisten in düsteren und die Armen in zarten Farben gemalt sind, so sehr weigert sich Scorsese indes, aus Bill einen Helden zu machen. Er ist stattdessen vor allem eines der Bilder, an denen sich Bertha orientiert, die vom Vater / Mörder des Vaters / Vater des Hel-

… Von Morton nimmt Rache

den / Mörder des Helden auf ihn zugeht, dessen größte und einzige wirklich »straighte« Tat es ist, Bertha immer wieder zu beschützen.

So vergessen wir nicht, dass es Berthas Film ist und nicht der von »Big« Bill. Sein Auftauchen und sein Verschwinden folgen der Legende des Volkshelden (der immer da ist, wenn die Armen ihn brauchen, und immer verschwindet, wenn die Macht ihre Gewalt mobilisiert) und demontieren sie zugleich, denn Bill verschwindet gleichsam an den falschen Stellen.

Bill ist auch in seiner Handlungsweise kein *shooter*; während die Gewalt überall zu sein scheint, gibt es in dem ganzen Film keine Szene, in der Bill selber gewalttätig wird. Während Rake erschossen wird, »reinigt« sich Morton durch seine blutige Tat am Ende. Die Gewalt ist förmlich übertragen auf die Angehörigen der Minderheiten, deren Kampf – anders vielleicht als der der Weißen Bill und Bertha hier erst beginnen muss; Bill und Berthas Drama ist mehr familiär und mythisch, das von Rake und Morton mehr sozial und historisch. Durch seine Beziehung zur Gewalt ist Bill letztlich dazu verurteilt, nicht der Held werden zu können, der vielleicht erwartet wird, er ist nicht der Revolutionär, er ist der Märtyrer der sozialen Gerechtigkeit.

Auch was die Gestaltung anbelangt, zeugt dieser »kommerzielle« Film davon, wie Scorsese nach einem Weg sucht, Professionalität und ästhetischen Eigensinn miteinander zu verknüpfen. Ohne die Erfahrungen mit dem Schnitt von BOXCAR BERTHA, sagt Scorsese, hätte er MEAN STREETS nicht machen können. Ganz gewiss ist dies noch kein Meisterwerk; die Schnittfolgen wirken gelegentlich wirklich ein wenig bemüht experimentell, sie sind nicht immer durch den Gehalt einer Szene gedeckt, und die Blickfolge von Detail zu Detail, um ein Ganzes als Beziehungsgefüge zu offenbaren, ist hier und dort etwas mechanisch, gelegentlich auch manieristisch eingesetzt. Und doch lässt BOXCAR BERTHA erahnen, dass hier ein Filmemacher am Werk ist, der nicht gewillt ist, die Traditionen des amerikanischen Actionfilms bedenkenlos zu übernehmen. Anders als lakonische Reduktion (etwa bei Monte Hellman) oder Nostalgie (wie bei Peter Bogdanovich) ist Scorseses Vorgehen dabei von vornherein anstrengend und »intellektuell«, er widerspricht in seiner Arbeit den Kompositions- und Montageprinzipien des Hollywoodfilms ganz vehement: Nicht in der Subversion, sondern in der Konfrontation wird sich das Schicksal dieses Filmemachers erfüllen.

Beginn einer Emanzipationsgeschichte

BOXCAR BERTHA lebt nicht, wie die anderen Filme, vom biografischen Erleben, sondern vom Versuch, die Legende zu illustrieren (und zu de-illustrieren). Es ist, sagt Tullio Kezich, »ein Comic Strip, vollgestopft mit allen typischen Ingredienzien des Amerika an der Wende der 30er Jahre; die Vagabunden, die Agitatoren, die die Kapitalisten aufschrecken, die Kettensträflinge, die Gangster als unbewusste Guerilla-Kämpfer des Proletariats«. Aber BOXCAR BERTHA ist auch einer von Scorseses Filmen mit einer starken Frauen-Figur, Barbara Hershey ist auch eine Prophetie von Ellen Burstyn in ALICE DOESN'T LIVE HERE ANYMORE und von Michelle Pfeiffer in THE AGE OF INNOCENCE. Nach dem Tod ihres Vaters wird Bertha zunächst Komplizin eines Falschspielers, Freundin eines Schwarzen und Gehilfin eines »roten« Gewerkschafters (sie bricht gleichsam ein Tabu nach dem anderen) und bringt dabei erneut den Mythos von der Hure und der Heiligen in Bewegung.

Und schließlich ist BOXCAR BERTHA ein Film über die absurde soziale Konstruktion von Räumen: Alle seine Helden betreten und leben in Räumen, die nicht die ihren sind: Berthas Vater, der den »Luftraum« als sein Medium hat (nichts dabei gehört ihm, und nichts kann ihn tragen: der Landbesitzer schickt ihn in seinem eigenen Raum in den Tod). Der Spieler, der als Nordstaatler im Süden untergetaucht ist und unerkannt bleiben will. Noch deutlicher sind die Güterwaggons als eigener und fremder Raum geschildert – die Tramps und Wanderarbeiter sind in ihnen zu Hause, aber besitzen sie nicht, mehr noch: Sie sind definitiv in fremdem und gefährlichem Territorium. Dass sie hier leben, spielen, reden, sogar sich lieben, und dass sie zugleich immer ungeheure Mühe haben, auf die fahrenden Waggons aufzuspringen, dass sie immer wieder vertrieben und schließlich mit dem Tod bedroht werden, sind zwei Seiten der gleichen, merkwürdigen Heimat. Einmal betritt Bertha eine Kneipe, in der nur Afroamerikaner verkehren: eine weiße Frau im Raum der schwarzen Männer – die spannungsvolle Szene löst sich zwar in der Wiedersehensfreude zwischen ihr und Morton auf, aber die ganz eigene Dialektik von Durchlässigkeit und Abgrenzung in den sozialen (und erotischen) Räumen, ein Hauptthema späterer Scorsese-Filme, wird uns weiter begleiten.

So ist Bertha beständig am Rande eines »verbotenen« Raums der Männer, in den sie sich Schritt für Schritt vorarbeitet. Der Luftraum des Vaters bleibt ihr noch verschlossen, in der Welt der Güterwaggons ist sie, immerhin, geduldet; in Mortons Kneipe tritt sie schon wie eine Offenbarung, in die Gefangenschaft der *chain gang* schließlich kommt sie als Befreierin. Und auf der anderen Seite muss sie den ihr zugewiesenen Raum des Weiblichen, die Familie oder das Bordell, verlassen, um ihre Emanzipationsgeschichte zu schreiben. ❑

Mean Streets (1973)

Dieser Film«, sagt Scorsese, »hat eigentlich keine Handlung. Er besteht ganz aus den Menschen und ihren Geschichten, ihren Beziehungen, ihren enormen Leidenschaften. Ich habe ihn nach der Struktur der berühmten Sozialdramen der Warner Bros. aus den 30er Jahren aufgebaut.« Tatsächlich setzt Scorsese wie diese Genre-Filme der Krisenzeit die Charakterisierung vor das Drama. Die Tragödie, die in diesen harten Amerika-Bildern unausweichlich schien, ergab sich damals und ergibt sich in MEAN STREETS direkt aus dem Zusammentreffen der Charaktere mit dem Milieu. Es gab nicht den Weg und das Ziel, sieht man von der Metapher des *rise and fall* einmal ab, sondern viel eher den Ort, seine Faszination und seinen Schrecken, einen sozialen Ort, der voller Möglichkeiten und voller Tücken steckte. Scorseses Filme, hat Lorenzo Pellizarri viel später geschrieben, seien immer »Reisen ins Innere«. Auch darin erklärt sich diese Wahlverwandtschaft von MEAN STREETS mit den Milieu-Filmen von Warner: Nicht um den panoramatischen Blick in die Welt konnte es gehen, sondern darum, genauer auf sich selbst, in die eigenen Windungen und Wunden zu blicken. Aber die Warner-Dramen handelten von einem heftigen Akt der Modernisierung, einem neuen Lebenstempo in der Stadt. Wenn sie auch nicht gerade optimistisch waren, so zeichneten sie sich doch durch eine Art grimmiger Entschlossenheit aus, den neuen Herausforderungen, der neuen Unordnung nicht auszuweichen. Bei Scorsese dagegen geht es mehr um einen Ort der finsteren Beharrung, um eine Empfindung zugleich von Schnelligkeit und Verzögerung. Es ist, als entwickle Scorsese die Situation der Warner-Dramen in einer anderen Richtung, so wie die Stufen einer Treppe zwar materiell gleich bleiben, aber eine andere subjektive Bedeutung haben, je nachdem, ob man sie auf dem Weg nach oben oder nach unten betritt. MEAN STREETS erzählt von Menschen, die rückwärts die Treppe hinuntergehen, während sie noch glauben, nach vorn und oben zu gelangen.

Der Film erscheint noch sehr spontan, weniger perfektionistisch als spätere Scorsese-Filme. Er wurde für 300.000 Dollar und in 27 Tagen gedreht. Nur die Außenaufnahmen entstanden in New York (wobei Scorseses Verwandte und Bekannte ebenso als »Berater« fungierten, wie sie kleine Rollen übernahmen), während die anderen Aufnahmen in Los Angeles stattfinden mussten, um (aus Gründen gewerkschaftlicher Auflagen) Geld zu sparen. Aber in seiner inneren Struktur erreicht der Film bereits ein Höchstmaß an Komplexität: Fragmente aus dem Leben von Getto-Menschen, die mit einer kühnen Virtuosität verknüpft und in Beziehung gesetzt sind. Ein Plot, der, erzählte man ihn linear nach, dem Film unrecht tun müsste: Vielleicht ist es die Geschichte

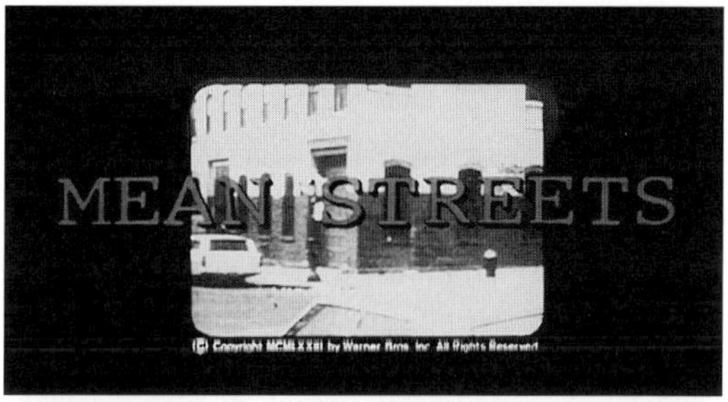

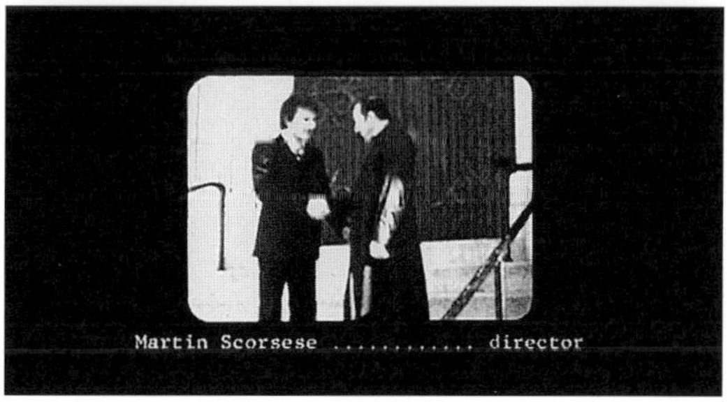

Die ersten Auftritte von Tony (links), Michael (rechts), Johnny Boy …

eines Mannes, der in Little Italys *gangland* Karriere hätte machen können, wenn es da nicht einen verrückten Freund gäbe, den er als Strafe Gottes für seine Sünden akzeptiert, und eine an Epilepsie leidende Freundin, die der lokale Don als unpassend erachtet. Oder es ist die Geschichte eines Versuches, erwachsen zu werden in einer Welt, in der die Regeln (die der Gangster und die der Religion) über das Subjekt dominieren. Ebenso gut kann es sich um die Geschichte eines Lebens handeln, das nur um den Verrat zentriert sein kann, und die einer Flucht, die nicht gelingen will. All das, und viel mehr.

Zweiter Versuch zur Story: MEAN STREETS berichtet aus dem Leben von vier jungen Männern aus Little Italy, Tony (David Proval), Michael (Richard Romanus), Charlie (Harvey Keitel) und Johnny Boy (Robert De Niro), Leute auf dem Sprung zu einer kleinen oder großen Karriere im Bereich des Viertels, in dem die *wiseguys* das Sagen haben, die Dons wie Charlies Onkel Giovanni (Cesare Danova), für den er arbeitet. Johnny Boy schuldet Michael eine Menge Geld und zahlt es nicht zurück. Charlie hält trotzdem zu ihm. Zur gleichen Zeit bekommt er Probleme mit seinem Onkel, wegen seiner Geliebten Teresa, Johnnys Cousine, von der er sich ebenfalls nicht trennen will, obwohl es Don Giovanni verlangt. Als Johnny Boy schließlich sogar Michael bedroht, bleibt ihm, Charlie und Teresa nur noch die Flucht. Und diese Flucht misslingt.

Alle vier dieser jungen Männer am Anfang ihrer Karriere in Little Italy sehen wir zu Beginn in einem jeweils für sie typischen Konflikt, einer fatalen Zusammenfassung ihrer bisherigen Biografie in ihrem Viertel: Tony, der Besitzer der Bar, in der man sich zu treffen pflegt, wirft einen Fixer aus seinem Etablissement, das er sauber halten will, jedenfalls in dieser Hinsicht. Michael, der Schieber, Hehler und Geldverleiher, hat sich selber mit billigem japanischem Schrott übers Ohr hauen lassen, den er für deutsche Linsen hielt. Johnny Boy sprengt einen Briefkasten in die Luft und amüsiert sich über das Chaos, das er damit anrichtet. Und Charlie setzt sich in der Kirche einem eigenartigen Ritual aus: Er steckt seine Finger in die Flammen einer Kerze. Danach trifft er sich mit Michael in Tonys Kneipe, der von Johnny geliehenes Geld zurückfordert. Aber der wiederum hat alles verspielt. Michael setzt eine letzte Frist, Charlie will auf Johnny einwirken, dass er sein Versprechen auch einhalte. Gereiztheit liegt in der Luft; das alles hat sich so oder ähnlich wohl schon des Öfteren zugetragen. Die Dinge haben sich, so scheint es, schon ein wenig festgefressen. Man erprobt aneinander auch, und vielleicht zu oft, seine Rollen in Little Italy. Denn Freundschaft, das ist nur die eine Seite. Die andere sind die Regeln, an die man sich zu halten hat. Teresa bekommt eine solche Einführungsszene nicht, ja sie erscheint, gegen alle

... und Charlie in MEAN STREETS

dramaturgischen Gepflogenheiten, lange Zeit überhaupt nicht auf der Leinwand. Und als wir ihr endlich begegnen, da muss sie sich förmlich das Bild erobern: Es ist eine Männerwelt, in der sie nicht nur wegen des Aufhebens, das sie unwillkürlich von sich macht, marginalisiert ist.

MEAN STREETS entwickelt die Verbindung von Fiktion und Dokumentation in diesen Anfangsszenen weiter, die wir aus Scorseses frühen Arbeiten kennen. Der Regisseur geht nun schon sehr viel disziplinierter mit dem dokumentarischen und dem fiktiven Material um als noch in WHO'S THAT KNOCKING AT MY DOOR?. Anders als dort unterstreicht er den dokumentarischen Blick auf die exotischen und schmutzigen Aspekte der Stadt nicht mehr, anders als dort lässt er Szenen nicht endlos ausspielen. Und vor allem verändert er nicht mehr den einmal angeschlagenen Ton, düpiert unsere Teilhabe nicht mehr mit bewusst gesetzten Stilbrüchen. MEAN STREETS mag in mehrerer Hinsicht der erste »wirkliche« Scorsese-Film sein, ein Film, in dem nicht mehr gesucht und experimentiert wird, ein Film, der vollkommen bei sich selbst ist.

So bleiben die dokumentarischen Elemente in der Fiktion erhalten und hindern den Film daran, einen neuerlichen Mythos zu errichten über das kleine Gangstertum in Little Italy oder über die Außenseiter, die New Hollywood so liebte. Obwohl sie nicht wirklich »erklärt« werden, vermeinen wir, die Protagonisten nach dieser Einführung schon sehr genau zu kennen. Weniger als Ergebnis eines psychologischen (oder soziologischen) Realismus als durch eine enorme cineastische Intimität. Unser »Kennen«, das ist kein objektives Wissen über die Figuren, sondern unsere Nähe zu ihnen und ihrer Welt. Je näher wir sie ansehen (zum

Beispiel, indem wir den Film ein ums andere Mal anschauen), desto vertrauter und rätselhafter zugleich sind sie uns. Man mag dabei an einen Satz von Franz Kafka denken, den wir über eine Reihe von Scorseses folgenden Arbeiten stellen könnten: »Richtiges Auffassen einer Sache und Missverstehen der gleichen Sache schließen einander nicht vollständig aus.« Es ist die handelnde Person bei Scorsese, die unter diesem Motto zu verstehen ist, aber ebenso gilt es für die Einstellung der Kamera zu den Sachverhalten, und als letztes bestimmt es den Blick beim Zuschauen.

Denn von Anfang an wissen wir, dass da etwas nicht stimmt. Da sind individuelle Menschen, und da ist eine Struktur, die sich ausdrückt in Ritualen und Gesten der Abhängigkeit. Das sollte miteinander übereinstimmen, mehr oder weniger. Es tut das aber nicht. So ist schon dieser »enzyklopädische« Einstieg, die scheinbar sachliche Vorstellung der Protagonisten, unter das Zeichen des Widerspruchs gestellt: Bislang sind es eher kleine Schiebereien, die die vier jungen Männer zuwege bringen. Sie üben ihre Rollen und Funktionen in *gangland* eher unbeholfen ein, aber sie stecken schon im Netz von Abhängigkeit und Respekt. Tony führt die Bar, in der sich die Großen und mehr noch die Kleinen in der Unterwelt treffen, Michael macht Geschäfte mit Geldverleih zu riesigen Zinsen. Diese beiden verkörpern den Ort und das Medium in der informellen Struktur der Unterwelt. Das sind zwei, die vermutlich »kleine Fische« bleiben werden, aber das System aufrechterhalten. Sie repräsentieren die Ordnung von Little Italy, Ort und Fluss. Stabile Elemente der mafiosen *cosca*. Charlie ist der nur wenig älter gewordene J.R. aus WHO'S THAT KNOCKING AT MY DOOR?; mit der immer noch (scheinbar) einfachen Weltsicht, allerdings ist sie unter dem Druck des Lebens in seiner Straße flexibler und zugleich widersprüchlicher geworden. Er arbeitet als Eintreiber und kann darauf hoffen, von seinem Onkel die Führung eines Restaurants übertragen zu bekommen. Der Weg nach oben scheint vorgezeichnet. Alles andere wäre eine Enttäuschung, könnte sogar eine gefährliche Krise bedeuten. Charlie ist dazu ausersehen, die prekäre Schnittstelle zwischen *gangland* und Bürgertum zu überwachen, und sowohl in seinem scheinbar so kontrollierten Temperament als auch in seiner äußerlichen Erscheinung scheint er genau der Richtige dafür. Nur Johnny Boy bekommt nichts auf die Reihe; er lebt davon, sich Geld zu leihen und es nie zurückzuzahlen. Er ist ein wenig die Fortsetzung Joes aus IT'S NOT JUST YOU, MURRAY!, freilich nicht mehr so zielgerichtet in seiner vampirischen Bösartigkeit. Beinahe ist man geneigt, ihm sein Verhalten als »Verrücktheit« durchgehen zu lassen. (Zumal es dafür sogar so etwas wie eine rationale Erklärung gibt: Der Knüppel eines Polizisten habe ihm das Gehirn lädiert, erfahren wir einmal.) Aber nur beinahe. Johnny Boy ist die andere, die irrationale, die anarchische Seite des kleinen Gangstertums. Es macht ihm Spaß, das System zu stören, sogar sein eigenes. Das kann nicht gut gehen. Sein Weg nach unten scheint nicht weniger vorgezeichnet als der seines Freundes Charlie nach oben.

Schließlich gibt es noch Charlies Beziehung zu Teresa (Amy Robinson), die ihn bedrängt, eine gemeinsame Wohnung zu beziehen, eine bürgerliche Verortung, wenn man so will, mehr noch: ein Bekenntnis zu ihrer Beziehung. Aber Onkel Giovanni bedeutet Charlie, dass sie nicht zu ihm passe, sowenig wie Johnny der richtige Freund für ihn sei. Doch beide gehören zu den Fesseln seiner Kindheit. Johnny Boy, der Unruhestifter, ist eigentlich der Kerl, der diese Kindheit nicht verlassen will. So besehen ist dies alles auch ein Bild von sozialen und seelischen Wandlungsprozessen (und ihrem Verfehlen), die das kleine Gangstertum in den Straßen von Little Italy nur als Beispiel benötigen.

Charlie hat den halben Weg dieser Wandlung schon hinter sich – jedenfalls ist er weiter damit gekommen als J.R. Im Gegensatz zu seinen Freunden, und vor allem natürlich zu Johnny, ähnelt seine Erscheinung schon der eines Bürgers, eines Buchhalters mit Anzug und Krawatte, eines Mannes, der weiß, dass die äußere Wirkung alles ist (und dass man dabei automatisch lernt, wie wichtig es ist, sich »nicht schmutzig zu machen«, wie wir in mehreren Szenen sehen, in denen sich Charlie manisch zu reinigen versucht). Aber vielleicht hat sich dieser Vorgang der Verbürgerlichung zu früh abgespielt, Charlie ist so sehr in seinen Loyalitäts- und Anpassungsbestrebungen aufgegangen, dass er keine wirkliche Persönlichkeit entwickelt hat; er gibt nach allen Seiten nach, und wird, fatal für das Leben in der Unterwelt, zu einem Zögerer. »Charlie macht einen Fehler«, sagt Scorsese, »er wartet zu lange. Jeder kann Druck auf ihn ausüben, und er sagt nur: ›All right, all right.‹ Er läuft schnurstracks ins Desaster. Als ich mit Mardik zusammen das Drehbuch schrieb, war es wie eine Allegorie auf das, was mir beim Versuch, Filme zu drehen, passiert ist. Wir schrieben Szenarios über uns selbst und versuchten, sie zu realisieren.«

Die Gangster-Künstler also, die ihr eigenes Ding machen wollen, aber von allen Seiten Beschränkungen erfahren, an unsichtbare Grenzen gelangen, sind nicht nur Abbildungen sehr realer Lebensformen Little Italys und amerikanische Archetypen, sie sind auch Stationen des Künstlers auf dem Weg in sein Inneres, zwischen Anpassung, Rebellion, Kontrolle und Niederlage. Aber die Bewegungen der vier bedingen einander nicht nur, sie kreuzen sich nicht nur dramatisch, sie sind vor allem problematisch für das System (und daher werden es nicht die dramatischen Figuren sein, die den Showdown bedingen, sondern das System selbst). Nicht nur Charlie (der zögernde Verräter) und Johnny (der selbstzerstörerische Rebell), auch die beiden anderen sind Facetten der Biografie des Künstlers, Aspekte auch, die er überwinden muss.

Vielleicht hat das Zögern von Charlie auch noch einen weiteren Grund, einen ebenso simplen wie mythischen: Das Lokal, das er für seinen Onkel führen soll, liegt außerhalb von Little Italy, im »Künstlerviertel« Greenwich Village (noch einmal: es ist der Weg, den der Künstler Scorsese selber zurückzulegen hat). Um seiner Rolle gerecht zu werden, muss Charlie also auf jeden Fall den inneren Kreis seiner Heimat / seiner Identität verlassen, und all das, was ihn im Verlauf des Films ausmacht, nicht nur seine Freundschaft mit Johnny und die Liebe zu Teresa, ebenso seine religiösen und rassistischen Restriktionen (letztere treten bei einer scheiternden Liaison mit einer schwarzen Sängerin zutage), sein Schwanken zwischen den Fronten und die Widersprüche seiner Selbstidentifikation, all das scheint vor allem insgeheime Verzögerung eines unausweichlichen Prozesses von Gewinn und Verlust zu sein, des Erwachsenwerdens in einer Welt, die eine sehr eigene Auffassung

Rituale: Spiel mit dem Feuer

vom Erwachsensein hat; es ist eine innere Auflehnung dagegen, diesen Ort zu verlassen, und der Beginn einer langen filmischen Reise ins Herz der Dunkelheit, in dem vor allem der Verrat wartet. Charlie ist der paradigmatische Held, der mythische Ur-Held, gesehen im Modell des Helden des amerikanischen Gangsterfilms, den, zwischen James Cagney und Humphrey Bogart, eben nicht nur das Milieu prägt, sondern auch seine merkwürdige Unfähigkeit zum Erwachsenwerden. Den Paradigmenwechsel freilich, den beinahe alle Scorsese-Filme gegenüber ihren selbst gewählten Vorläufern vornehmen, macht nicht nur die Aufsplitterung dieses Helden in verschiedene Möglichkeiten aus, sondern auch der Umstand, dass es für den Prozess keine Lösung gibt, weder im Sinne einer Rettung des Helden noch im Sinne eines bedeutsamen Todes.

Den Scorsese-Verrat zu begehen, ein anderer zu werden in einer anderen Welt als der, der man entstammt, das ist das Schicksal, dem der »Held« von MEAN STREETS noch einmal (wahrhaftig zum letzten Mal) entgeht. Wenn Charlie behauptet: »Die Nachbarschaft und die Freunde, das ist alles, was für mich zählt«, dann beschreibt er, wie sehr diese Grenzen seiner Welt auch in ihm selbst sind, wie er sie projiziert (und zugleich ist es auch wieder eine Lüge, denn die Nachbarschaft und die Freunde sind keine Einheit, sie widersprechen sich von vornherein auch in sich selbst: diese seltsame Heimat trägt den Verrat und den Verlust schon in sich). Umso sarkastischer muss dann das Ende wirken, in dem ihn gerade sein Zögern in eine Situation gebracht hat, wo er aus Little Italy fliehen muss, und wo er eben dies nicht mehr schaffen kann.

Eine Metapher vom Heimatort, den man verlassen muss, die Geste des Opfers des jugendlichen Rebellen, die New Hollywood so liebte, zum neuen Mythos machte und verkommen ließ – sie ist hier zugleich noch einmal beschworen, gebrochen, denunziert. Sofern New Hollywood die Botschaft von einer Jugend verkündete, die nur am Kreuz des erwachsenen, korrupten Amerika enden konnte, war MEAN STREETS der letzte mögliche New-Hollywood-Film (auch wenn er natürlich mit Hollywood beinahe nichts zu tun hatte) und der erste, der die magische Grenze zum Erwachsenwerden (der Protagonisten, der Kunst und des Künstlers) überschritt. Und gerade das machte ihn schon bei der ersten flüchtigen Begegnung für viele zu so viel mehr als zu einer hitzigen Momentaufnahme von Little Italy.

Ein Ort der finsteren Beharrung

Dabei beginnt alles – dritter Versuch, sich dem »Inhalt« von MEAN STREETS zu nähern – mit einer beinahe unerträglich intimen Konzentration auf einen Menschen. Dunkelheit; nichts ist zu sehen; wir hören Charlies Stimme: »You don't make up for your sins in church; you do it in the street, you do it at home. The rest is bullshit and you know it.« Was auch immer geschehen mag (und die Struktur der nächsten Sequenzen scheint dem nur vorläufig zu widersprechen): Wir sind gleichsam aus Charlies Kopf in den Film gekommen, und es wird, vor allem, ein Film zugleich über und von Charlie sein, den wir sehen. Er ist ein filmisches Subjekt, das zugleich Objekt ist; er erzählt und wird erzählt gleichermaßen.

Der Film stößt uns in Charlies Albtraum, aus dem er aufschreckt, ohne wirklich aus ihm erwachen zu können. So sieht er in einen verwaschenen Spiegel, ein fremdes Wesen sieht ihn an; dann lässt er sich wieder aufs Bett sinken (Scorsese lässt es in jener leichten Zeitlupe geschehen, die er immer wieder verwendet, um seine Figuren in die Welt zu bringen – auch Travis Bickle in TAXI DRIVER wird auf diese Weise eingeführt), und dazu setzt die Musik ein: Die Ronettes singen *Be My Baby* von Phil Spector und Jeff Barry. Wir haben damit eine Zeitbestimmung (das Lied war 1963 ein Hit), aber zugleich setzt der Song einen Kreisel von Empfindungen in Gang. Er beschreibt eine Form des Wünschens: Charlie sehnt sich nach der Frau, aber er ist auch das Objekt eines erträumten Begehrens, zugleich ein Mann und ein Kind – im Refrain wird ja noch präzisiert: »Be my *little* Baby«.

»Der Beginn von Martin Scorseses MEAN STREETS ist die faszinierendste Verbindung von Film und Rock, die man sich vorstellen kann: ein Fiebertraum, in dem Bilder und Musik einander durchdringen und jeweils die Bedeutung des anderen hervorheben«, schreibt Howard Hampton und bemerkt, der Song führe in eine »Utopie des Begehrens (wo man sich nur etwas zu wünschen braucht, um es auch zu bekommen)«, er vergisst dabei aber vielleicht zu erwähnen, dass im gleichen Augenblick der Wunsch auch verschwindet und nebelhaft wird. Jedenfalls drückt das Lied all das Wünschen aus, das Charlie nicht erfüllt werden wird, weil es, anders als im Lied, in seiner Welt gar nicht vorhanden ist; es setzt ihn und uns aber von vornherein unter Druck, es ist ein Schrei nach Erlösung und Liebe, in dem schon das eigene Scheitern sein Echo findet. Es ist ein Wünschen ohne wirklichen Inhalt, ja ohne wirkliches Subjekt. Es ist sozusagen

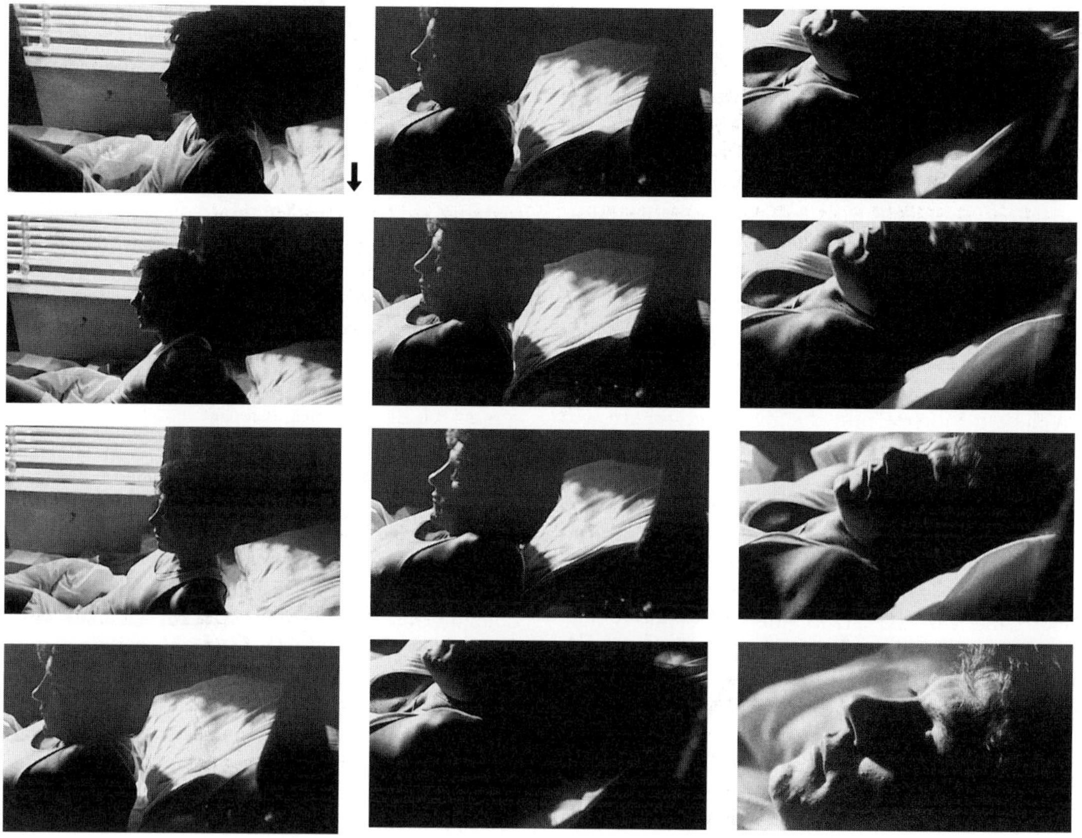

Der überlappende Dreier-Schnitt zu Beginn von MEAN STEETS

ein Wunsch nach dem Gewünscht-Werden, Charlies paradoxe Sehnsucht, das Kind im Blick der begehrten, kindlichen Frau zu sein. Auch auf der zweiten Ebene also löst sich die Konstruktion des filmischen Subjekts, des ICH des Films, im selben Maße auf wie es sich bildet.

Um sich Charlie zu nähern, der sich schon dadurch zu einer anderen »Hauptfigur« entwickeln muss, benutzt Scorsese jenen »überlappenden« Dreier-Schnitt, den er von François Truffauts TIREZ SUR LE PIANISTE (Schießen Sie auf den Pianisten; 1960) übernommen hat, und den er, nach eigenem Bekunden, in jedem seiner Filme einmal einsetzt, ohne genau zu wissen, warum. Bei abnehmender Distanz zeigt uns Scorsese dreimal hintereinander, wie Charlies Kopf auf das Kissen sinkt. Es ist Näherung und Entfernung zugleich in dieser Montage, ein Zugriff des Films auf einen Menschen, der zugleich empfindlich gestört ist. Auch unser Bild von ihm ist von Anfang an nicht kohärent, wir brechen förmlich in diese Intimität ein und zersplittern selbst dabei. Dass wir diesen Charlie nicht mehr zu einer Person zusammenfügen können, die sich obendrein als autonomes Subjekt in der Handlung bewahren wird, das ist schon in dieser Annäherung klar, lange bevor auch die Story die schwere Aufgabe mit übernimmt, einen Charakter zu brechen.

Straßenlärm draußen. Charlie geht zum Spiegel, das Kreuz ist der einzige Wandschmuck auf der anderen Seite seines Zimmers. Lange sieht er sein Spiegelbild an. (Die Szene wird sich in Scorseses Filmen wiederholen.) Man könnte diese Einstellung, besonders wenn man an zahllose andere Spiegel-Szenen aus der Filmgeschichte denkt, zunächst als Ausdruck einer gespaltenen Persönlichkeit sehen, und Scorseses Helden und ihre Entwicklung als Bilder fortschreitender Schizophrenie. Sie beschreibt indes weniger das Thema des Films als vielmehr seine Methode. Scorseses Helden erleben Augenblicke des Außer-sich-Seins, sie empfinden sich als nicht-identisch, sind dabei aber weder der eine noch der andere. Und nach der Drei als magischer Zahl in der Kompositionslehre in diesem Film ist nun die Zwei hervorgetreten, das Prinzip der Verdoppelung und Wiederholung.

Von der Straße her sind Polizeisirenen und Verkehrslärm zu hören. Die Geste, mit der sich Charlie am Anfang ans Kinn greift, wie um zu prüfen, ob er noch lebt, wiederholt sich später in der Toilette des Restaurants. Und wieder fährt er sich dabei mit der Hand übers Gesicht. Solche Gesten durchziehen als Leitmotive den Film, haben aber nicht das Geringste mit einer Charakterisierung im Sinne des psychologischen Realismus zu tun.

Ein Schmalfilmprojektor, wir folgen dem Lichtstrahl. Auf der Leinwand ist nun nur das kleinere Bild des Home-Movie-Formats zu sehen. »Be My Little Baby« singt die Girl Group weiter zu den Amateurfilmaufnahmen, die sich anschließen und die dem Songtext eine weitere Bedeutung geben: Es geht um die Geburt und die Initiation der Taufe. Wir sehen Charlie mit Freunden auf einem Tauffest (wenn man den Film am Schneidetisch sieht, kann man die Schrift am Anfang entziffern: *Scorsese baptism*), wir sehen, wie Charlie dem Priester vor dem Kirchenportal die Hand schüttelt. Eine Geste des Dankes, ein Pakt vielleicht. Diese schwarz-weißen Home-Movie-Bilder zeigen Charlie und seine Freunde in einem Zustand der Reinheit, Charlie bei der Taufzeremonie, wie er mit dem Priester spricht, wie er und ein Mädchen Kuchen essen. Eine Art Glück. Bei der Zufahrt auf eine lichtergeschmückte Kirche verschmilzt das Format des Schmalfilms mit der Kinoleinwand (eine sehr raffinierte Bewegung: Was erscheint wie eine Kamerafahrt *im* Film, ist in Wahrheit eine Fahrt *auf den* Film), und aus dem erinnernden Traum der Home Movies ist der »eigentliche« Film geworden: Wir sehen das Fest von San Gennaro oder Sankt Januarius, dem Heiligen Siziliens, einem Märtyrer, der das Land mit seinem Blut begründete. Dann setzt sich die dokumentarische »Erinnerung« (aufgenommen mit »versteckter Kamera«) direkt in der Charakterisierung der Gegenwart und der Protagonisten in der Fiktion fort: die Toilette in Tonys Bar; ein Fixer setzt sich eine Spritze, während draußen der Lärm des Straßenfestes verklingt. Tony kommt dazu, packt den Mann und schmeißt ihn hinaus: »Nicht bei mir.« Er ist sauer, dass sein Aufpasser seinen Job nicht richtig erledigt hat. Danach sehen wir für den Rest des Films Tony mit einem Streckverband am kleinen Finger; er muss sich bei diesem sehr gewöhnlichen Gewaltakt den Finger gebrochen haben (und einmal mehr ist diese Verletzung auch als Zeichen zu verstehen: sie ist zugleich eine Form der symbolischen Kastration und eine Inauguration). Und wie später bei Michael weist diese scheinbar unbedeutende Verletzung auch darauf hin, wie wenig perfekt die Protagonisten ihre Rollen zu spielen wissen. In jeder ihrer einführenden Aktionen, in ihren »Auftritts-Arien«, zeigen sie zugleich ihre Defekte. *Tony* heißt es in der Unterschrift, und wir müssen diese Szene, wie die folgenden, also als »Vorstellung« eines der Helden verstehen: ein Mann, der versucht, seinen Laden clean zu halten, und der sich doch genau dabei immer wieder selbst verletzen wird.

Michael, der Geldverleiher und Hehler, versucht einem Kunden »deutsche Linsen« zu verhökern, aber der erkennt, dass es nur »japanische Adapter« sind, die Michael da angedreht worden sind. Bei diesem in einem Auto abgewickelten Geschäft ist gar nicht klar, wer da eigentlich wen betrügt, oder es zumindest probiert. Auch dies eine ausgesprochen mehrdeutige Angelegenheit: nicht nur der Unterschied zwischen Wertarbeit und Ramsch, sondern auch der Unterschied zwischen der Schärfung und der Unterwerfung des Blicks. Auch Michael wird vorgestellt als einer, der seiner Aufgabe in *gangland* nicht ganz gewachsen ist. Michaels Name erscheint in genau jenem Moment, als er mit einem vergleichsweise törichten

Vom Zustand der Reinheit zum Fest von San Gennaro

Blick ins Leere darauf reagiert, dass er hereingelegt wurde. Später werden wir ihn noch mehrmals als einen betrogenen Betrüger sehen, als jemanden, der sich sogar von ein paar Schuljungen austricksen lässt.

Johnny Boy sprengt einen Briefkasten in die Luft. Er ist der verrückte Rebell, der sich nicht an die Regeln hält, der Gewalt aus Spaß anwendet (und nicht, wie der *Pate* später erklären wird, als ein Mittel, das nur eingesetzt wird, wenn es unbedingt notwendig ist). Aber vielleicht noch bedeutender sind seine schlaksigen, unbeholfenen Bewegungen dabei. Er verkörpert in *gangland* das große Kind, den anarchischen Zerstörungstrieb, der früher oder später zur Katastrophe führen muss. Aber nicht einmal darin ist er perfekt genug, um seinen wüsten Aktionen wenigstens die Eleganz zu geben, die die Protagonisten in den Warner-Filmen der 30er Jahre aufzuweisen hatten. Er taugt gewiss nicht zum »anarchistischen Tänzer«, wie man die Gangster-Helden auch genannt hat.

Scorsese hat uns Helden mit Defekten vorgestellt, mehr noch, eine Welt der Defekte – und eine Semiologie der Defekte (denn mit nichts, am wenigsten mit ihrer Sprache, können die Protagonisten so gut »sprechen« wie mit ihren Defekten).

Warum aber richtet sich Johnnys Aggression ausgerechnet gegen einen Briefkasten? Weil das hinreichend kindisch und sinnlos ist? Vielleicht. Aber es ist auch ein Ort, an dem Botschaften gesammelt werden, Botschaften, die nach draußen gehen. Wie alle anderen, so spricht auch Johnny Boy in mehrfacher Hinsicht von seinem Defekt; seine symbolische Handlung richtet sich schon gegen Kommunikation an sich, gegen Wege nach draußen oder *messages* von dort.

Dann kehren wir zu Charlie zurück, der in eine Kirche geht; vor dem Altar bekreuzigt er sich und hält Zwiesprache. Nachdem wir ihm auf seinem Gang zum Altar von hinten gefolgt sind, senkt sich nun – eine durchaus »blasphemische« Einstellung – der Blick der Kamera gleichsam von der Höhe des Altars auf ihn herab. Der Klang einer Polizeisirene verbindet die beiden Szenen, verbindet auch Charlie und Johnny Boy und verweist dabei schon auf ihr Ende, so wie die Montage die vier so nachhaltig miteinander verbunden hat, wie sie in ihren Charakteren unterschieden wurden. Charlie ist einer, wir sehen es an seiner Kleidung, der alle Regeln beherzigen will, vernünftig und angepasst, allerdings auch einer, der, offenkundig mit wenig Erfolg, seinen inneren Frieden sucht. Die große Gleichung von Little Italy, von der Martin Scorsese so oft spricht: Gangstertum und Religion.

Die vier jungen Männer präsentieren nicht nur sehr unterschiedliche Charaktere, sondern auch die vier Grundimpulse des Gangsters: die Kommunikation, das Geschäft, die anarchische Gewalt und die Tradition des Respekts. Dass sie ohne einen katastrophalen Bruch nicht mehr zusammengebracht werden können, auch davon handelt Scorseses Film. Und MEAN STREETS ist damit, nach Momentaufnahme, filmischer Übermalung und Autobiografie noch ein viertes: ein Modell der zerbrochenen amerikanischen Gesellschaft, die ihre Söhne verliert.

»Herr, ich bin nicht würdig, dein Fleisch zu essen. Ich bin nicht würdig, dass ich dein Blut trinke« – innere und äußere Stimme interferieren miteinander: Charlie spricht mit seinem Gott. Doch ein Blickwechsel zwischen dem Kreuz und Charlie, dann beginnt ein anderes Selbstgespräch, aus dem wir erfahren, dass Charlie seinen Gott nicht in der Kirche sucht: »Der Priester gibt mir die übliche Buße auf, klar? Zehn *Ave Maria* und zehn *Vater Unser* und zehn Sonstwas. Und du weißt, nächste Woche komm' ich wieder her, und er gibt mir zehn weitere *Ave Maria* und zehn weitere *Vater Unser* auf. Ich denke, du weißt, was ich von diesem Quatsch halte. Diese Dinge bedeuten mir nichts, das sind nichts als Worte. Das mag ja gut sein für die anderen, aber bei mir zieht das nicht. Ich meine, wenn ich etwas falsch mache, will ich auf meine Art dafür bezahlen. Es sind meine eigenen Sünden, und ich will dafür meine eigene Buße tun. – Ja, und alles ist beschissen, bis auf die Qual, stimmt's? Die Höllenqualen, eine Streichholzflamme, millionenmal verstärkt, unendlich; aber mit der Unendlichkeit spielt man nicht rum.« Zu diesen Worten aus dem Off sieht man Charlie vor dem Altar. Nachdem er sich bekreuzigt hat, steckt er den Finger in die Flamme der Kerze und zuckt schließlich zurück. »Die Qual und die Hölle hat zwei Seiten. Die eine kannst du mit den Händen anfassen. Du kannst sie in deinem Herzen fühlen.« Zornig, skeptisch, verzweifelt sieht Charlie noch einmal zum Kreuz empor, dann wechselt der Film an einen Ort, der zumindest phänotypisch durchaus Ähnlichkeiten mit der Hölle hat, Tonys Kneipe, in düsterem Rot ausgeleuchtet, »und deine Seele, die geistige Seite. Du weißt, die schlimmste der beiden Seiten ist die geistige«. Langsam fährt unterdessen die Kamera die lange Theke entlang. Musik setzt wieder ein: *Tell Me* von den Rolling Stones: Etwas ist da schon verloren gegangen und will wieder gewonnen werden: »Tell me you're coming back to me.« In steter Wiederkehr zieht es Charlie hierher. In Zeitlupe fährt die Kamera die Bar entlang, dann ein kurzer Blick auf das Bild einer nackten Frau; ebenso kurz ist die mittlere Körperpartie einer Striptease-Tänzerin zu sehen, das Johlen der Männer zu hören; wieder in Zeitlupe begrüßen sich die Männer, Tony legt seinen Arm um Charlie, eine der zärtlichsten Szenen des Films. Und Charlie bewegt sich tänzelnd auf die Bühne zu, wo eine weiße und eine schwarze Tänzerin agieren. Er zieht seine Jacke aus und tanzt mit der Schwarzen. Tony winkt ihm zu und ermuntert ihn. Dann sitzt Charlie unter seinen Freunden und spielt mit der Flamme des Streichholzes; ein

»Trick vom Priester« sei das. Sie betrachten wieder die schwarze Tänzerin, die Kamera fährt auf Charlie zu, der ihr versonnen zusieht, während wir ein weiteres Selbstgespräch hören: »Weißt du was? Sie sieht einfach fantastisch aus [...]« – »Aber sie ist schwarz.« – »Du siehst das ganz klar, stimmt's?« – »Was soll's, der Unterschied ist gar nicht so groß, oder?« – »Oder doch?«

Es ist eine Sprache der Abtastungen, der Berührungen, sehr körperlich, die im Little Italy von MEAN STREETS gesprochen wird. Sie setzt ein und bricht ab nicht nach den Regeln einer diskursiven Logik, sondern nach Regeln der Berührungen. Sie ist gestisch, definiert stets Nähe oder Ferne, stellt Berührung oder Verletzung dar. Und sie hat keine Grenze zu anderen Formen von Ausdruck und Selbstausdruck. Michael bringt Charlie zwei Stangen Marlboro, Schmuggel- oder Diebesgut. Das alltägliche Geschäft. Michael wartet auf Johnny Boy, dass der seine Schulden begleiche, und während des Gesprächs bricht hinter ihnen unvermutet eine Schlägerei aus, die Charlie schnell schlichtet. Das zeigt uns schon, dass er so etwas kann: Ordnung herstellen, den Regeln zur Gültigkeit verhelfen.

Wie später in GOODFELLAS und CASINO (vielleicht noch nicht ganz so kalt und genau) charakterisiert Scorsese in dieser Exposition die dynamische Struktur des Gangstertums: Kämpfe um die Rangordnung, Versuche, einander zu verpflichten, Gegenleistungen und Programmierung von »Respekt« schaffen ein Netz gegenseitiger Abhängigkeiten (»Honorable men go with honorable men«, sagt Onkel Giovanni zu Charlie, um ihn vor dem Umgang mit Johnny zu warnen), das durchwirkt ist von blitzartig eingesetzter, brutaler Gewalt. In diesem Netz kann Charlie offensichtlich seine Position finden, Johnny Boy dagegen nicht. »Werd' erwachsen!«, verlangt Charlie von ihm, aber genau das scheint es zu sein, was er zu verweigern entschlossen ist. Wir sind in einem offenkundig zugleich perfekt und chaotisch funktionierenden Geflecht von Macht, Gewalt und Abhängigkeit, und in einem Geflecht von Verantwortung und Liebe. Sowie die handelnden Figuren mit den Untertiteln namentlich vorgestellt wurden, hat ein Spiel begonnen, wir sehen die Spieler und erahnen bald den Spielplan und die Regeln.

Charlie nimmt Johnny Boy als seine Strafe an

Das Problem also ist die Beziehung von Charlie zu Johnny, und Scorsese hat sie schon entwickelt, bevor wir die beiden gemeinsam gesehen haben. Michael meint, er verstehe nicht, warum Charlie sich mit einer solche Niete abgebe. »Familienangelegenheit. Ich kann's nicht erklären. Er ist in Ordnung.« Kurz nachdem Michael gegangen ist, erscheint auch Johnny Boy in der Kneipe; er gibt an der Garderobe erst einmal statt Mantel und Hut seine Hose ab, schäkert mit zwei Frauen, die ihn begleiten, und veranstaltet überhaupt einen furchtbaren Wirbel. Charlie sieht seinem Treiben zu: »Okay, in Ordnung, vielen Dank, Herr. Vielen Dank, dass du mir die Augen öffnest. Du sprichst von Buße und schickst mir das durch die Tür. Na schön, halten wir die Regeln ein, oder nicht. Oder etwa nicht?« (Genauer heißt es im Original: »Well, we play by Your rules, don't we?«) Und wieder schaltet Scorsese hier in die Zeitlupe, als wollte Charlie sich in einer Form der Entrücktheit auf diese eigentlich höchst alberne Szene einlassen.

Die Regeln von *gangland* und die spirituellen Regeln, denen sich Charlie gleichermaßen unterwerfen will, sind sich in die Quere gekommen, während Charlie – und wieder ist er zugleich Subjekt und Objekt der Erzählung – beides gleichsam in eine persönliche Prüfung zusammenzubringen versucht. Was im *gangland* Regelverletzung ist, wird in diesem Fall als die Erfüllung der höheren *rules*, nach denen gespielt wird, gedeutet (oder missdeutet). So hat Michael – den Regeln entsprechend – 3000 Dollar auch an Johnny verliehen, und die will er nun zurück, das ist auch eine Frage des Prinzips; jemand wie Michael kann sich nicht von jemandem wie Johnny verarschen lassen. Und so muss er auch Charlie drohen, denn der hat sich für seinen Freund verbürgt, einen Freund, den er nach ganz anderen Regeln akzeptiert, nach den spirituellen Regeln, die Johnny Boy nicht bloß als Freund aus Kindertagen, sondern ebenso auch als Medium von Charlies Buße vorsehen. Es gibt nur einen Ausweg: Charlie muss Johnny Boy als seine Prüfung, seine Strafe, als so etwas wie seinen Judas annehmen. Damit beginnt eine Passion, nichts anderes.

Dass Charlie sich in einem Zweikampf mit »seinem« Gott befindet, oder, anders herum, in seinem Leben ein Gottesurteil provozieren will, ist seit der Szene in der Kirche klar. Viel weniger klar ist, ob sich Charlie von seinem Gott versucht sehen darf oder ob er vielmehr seinen Gott versuchen will. Immer wieder zieht es ihn dazu, sich dem Feuer auszusetzen. Den halbverrückten Schnorrer Johnny Boy nimmt er als Ausdruck dieses Duells an, ein lebendes Feuer: *Jumpin' Jack Flash* von den Stones begleitet diese Entscheidung. Johnny selbst ist dieser springende Blitz (»Where is Flash?«, fragt später jemand, der sich nach ihm erkundigt). Johnny stellt Charlie und Tony die Frauen vor, die er aus dem Village, vom Café Bizarre abgeschleppt hat, Heather Weintraub heißt die eine (alle lachen, in der Szene und wohl auch am Set: Sandy Weintraub ist zu dieser Zeit Martin Scorseses Frau).

Es sind diese zwei Dinge, die Charlie charakterisieren, das Spiel mit dem Feuer (vor dem er beständig und vergeblich gewarnt wird) und seine Besessenheit von der Religion mit der Erwartung des Fegefeuers und der Hölle. Und als drittes ist Charlie auf der Suche nach der Frau, und am Anfang sehen wir beständig, wie seine Sehnsucht auf das Verbot trifft; zuerst ist es die schwarze, dann die jüdische Frau, vor allem aber die »epileptische« Teresa, eine Frau der unkontrollierten Emotionen vielleicht, die ihm von äußeren und inneren Instanzen seiner Welt verboten werden. Daher hat Scorsese Gewalt, Geld, Religion und Sexualität so direkt miteinander verbunden. Das »Falsche«, was Charlie tun kann, das ist uns mittlerweile ziemlich deutlich, ist nicht das Böse, was man im *gangland* von Little Italy so tut, um seinen Lebensunterhalt zu bestreiten und seinen Spaß zu haben, dieses Falsche ist vielmehr offensichtlich ein verbotenes Begehren, die Sehnsucht nach der »verbotenen Frau«.

Charlies Suche nach der rechten Buße für seine Sünde grenzt an Masochismus. Er erscheint uns recht deutlich als einer, der bestraft werden will, und es zugleich nicht will. Er sucht seine Passion, ohne zu bemerken, dass er bereits in ihr steckt (ein »sonderbarer Heiliger«, einmal mehr). Und um dies gleich zu Beginn zu verdeutlichen, schneidet Scorsese, wie wir gesehen hatten, direkt von Charlies Idee von den beiden Seiten der Qual, der physischen und der spirituellen, auf Tonys Bar; und dann, beim spirituellen Aspekt, auf die schwarze Tänzerin Diane.

Musikalische Diskurse

Charlie und seine Freunde wollen beim Pool-Hallen-Besitzer Joey (George Memmoli) das fällige Geld eintreiben, doch der weigert sich: »We're not paying 'cos this guy's a fuckin' mook« (damit ist Johnny Boy gemeint), und während wir *Please Mr. Postman* von den Marvelettes hören, entwickelt sich eine Schlägerei. Zum zweiten Mal also taucht dabei die Vorstellung vom Brief auf, diesmal in seiner Negation: Sehnsüchtig wird in diesem Song ein Brief erwartet, der aber gar nicht kommen kann, vielleicht, weil Johnny Boy den entsprechenden Postkasten zerstört hat. Jedenfalls ist da entschieden eine Botschaft falsch oder gar nicht angekommen. Die Gewalt, die sich nun entlädt, ist nur einerseits die kontrollierte, rationale Gewalt des *gangland*. Andererseits sehen wir nur allzu deutlich, wie sie sich von ihrem Anlass entfernt, unkontrollierbar auch für Charlie. Selbst für ihn gibt es keine Grenze der Rohheit. Die Handkamera führt uns so hautnah an das Geschehen, dass wir ebenso schwer den Überblick behalten wie die Protagonisten. Die Szene der Schlägerei beschreibt Jerome Charyn in ihrem Timing so: »In MEAN STREETS zettelte Scorsese eine lange, ritualisierte Schlägerei in einem Billardsalon an, die herzzerreißend und witzig zugleich war, weil die Gegner wie Vettern waren, die nicht wussten, wie sie einen Kampf beenden sollten. Es war, als wären die *Keystone Cops* ohne ihre Baumwollknüppel in Little Italy eingedrungen und müssten mit Billardstöcken aufeinander einschlagen, bis der Kamera der Film ausging.« Die Szene wurde im Übrigen so auf den Rhythmus von *Please Mr. Postman* geschnitten, dass sich das paradoxe Empfinden einer zugleich hässlich trivialen und musikalisch-tänzerischen Szene ergibt. Sie erzählt vor allem von der Unmöglichkeit, ein Ende zu finden, und ist in sich selbst so unlösbar dramatisch und grotesk zugleich, dass es auch beim Zuschauen keine eindeutige moralische Haltung mehr geben kann.

Es gibt also, wie Scorsese sagt, keine »durchgehende« Dramaturgie in diesem Film, keine Möglichkeit für die Figuren, sich zu entwickeln, andere Optionen zu wählen. Es ist eine Zustandsbeschreibung, ein Kreisen im Milieu. Es gibt Wege, die offensichtlich nach oben, und andere, die nach unten führen. Nur Charlies Weg führt zugleich nach oben und nach unten; er will hinauf in der Hierarchie der Gangster und zugleich hinauf durch die Gnade Gottes, und er wird hinuntergezogen durch Teresa, die Frau mit Gefühlen, und durch Johnny Boy, ihren Cousin, der immer verrückter wird, so als wolle er irgendwann den letzten Schlag gegen sich selbst provozieren; der sich gleichsam zu handeln weigert, der sich vom anderen tragen lässt; selbst die Flucht, die er provoziert, lässt er dann Charlie ausführen.

MEAN STREETS handelt vom Widerspruch, vom Gefangensein im Zwischendrin. Der Film entwickelt sein Thema, wenn man so will, »am Leitfaden« der Musik und spiegelt es in ihrem Gebrauch: das Amerikanische und das Italienische, das Weiße und das Schwarze, das Männliche und das Weibliche, das Alte und das Neue. Wenn tatsächlich mit MEAN STREETS der erste Film entstand, der Rhythmus und Lebensgefühl nicht Hollywood-Traditionen, sondern der Rockmusik entnimmt, so ist der Beginn mit den Girl Groups und der (schwarzen) Teenager-Stimme auch die Beschreibung eines Ausgangspunktes: Die hohen, leicht hysterischen, lebenshungrigen Stimmen der Girl Groups und die schmalzigen, melancholischen, fatalistischen Stimmen der italienischen Sänger geben den Rahmen nicht nur für den kulturgeschichtlichen Status des Übergangs von Scorseses Figuren (und ihre Zerrissenheit zwischen den Kulturen), sondern auch für die Spannung von Sexualität und Gewalt. Es ist die Zeit vor den Beatles, und die »Musik des Begehrens« ist auf eine eigentümliche Weise weiblich besetzt: die Crystals, die Ronettes, Martha and the Vandellas. Eigentliche Rock-Musik bildet erst den dritten musikalischen Diskurs nach zwei sehr verschiedenen Arten des verführerischen Begehrens – die kindliche der Girl Groups und die schmalzige des Kindmannes im italienischen Lied, die nun einer autonomen musikalischen Politik des Ergreifens Platz machen. Auf die Geste des Wünschens folgt die des Nehmens – und des Opfers. Rock-Musik in diesem Zusammenhang kündet vom Verlust der Unschuld. Erst ganz am Ende hat

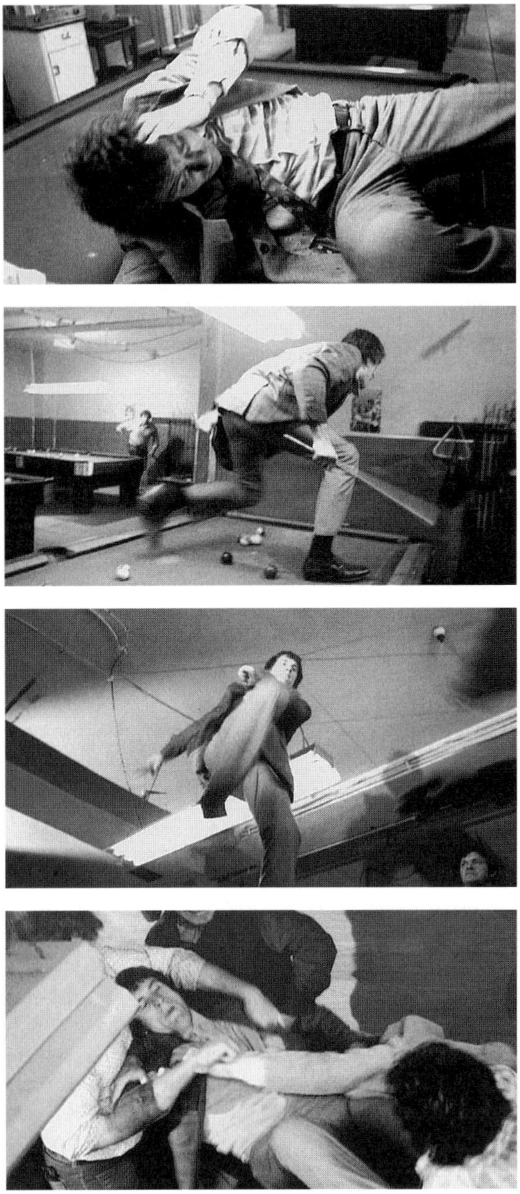

Dramatisch und grotesk zugleich: Die Schlägerei im Billardsalon

diese Musik die Herrschaft angetreten, als Charlie, Johnny und Teresa versuchen, Little Italy zu verlassen, in einer Stimmung aus Angst und Euphorie. Und am Ende dieses Endes, als die Flucht gescheitert ist, hören wir die Stimme eines Mannes, der die Gäste bei einem italienischen Musikabend verabschiedet; bis zum nächsten Mal, der Kreis schließt sich wieder.

Immer signalisieren die Songs etwas, was in den Bildern (noch) verborgen ist (sie sind also alles andere denn cineastische Vorahnungen des Videoclips): So wie jede Figur durch einen Song vorgestellt wird, so deuten sich auch bestimmte Beziehungen durch die Songs und Songtexte: Die zwischen Johnny Boy und *Jumpin' Jack Flash* stellt dabei einmal mehr die schrillste und sarkastischste Form dar – nebenbei gesagt: auch ein musik-historisches *foreshadowing*. Und als Charlie mit der schwarzen Sängerin Diane ein Rendezvous ausmacht, hören wir im Off die Zeile »Please come back to me« (wie um die Vergeblichkeit dieses Rendezvous, das keines wird, vorwegzunehmen, oder die andere Stimme im erotischen Dreieck hören zu lassen), und immer wenn bei Charlie ein Song mit dem Wort »Love« zu hören ist, wissen wir, dass er von nichts weiter entfernt ist als von der Liebe (so wie er mit der betrunkenen Frau auf der Party für den Heimkehrer aus Vietnam tanzt, und man dabei die Zeile »I'll never part from you and your loving ways« [aus dem Song *Pledging My Love*] hört). Als Charlie Teresa mitteilt, dass er nicht mehr mit ihr zusammen sein könne, hören wir *It's in His Kiss*, und in dem Lied heißt es: »If you want to know, if he loves you, so it's in his kiss«. *Rubber Biscuits* von The Chips begleitet Charlie in den Zustand der Sturzbetrunkenheit. Und als die drei mit dem Auto die Flucht antreten, gibt es den Song *Mickey's Monkey*. Der pure Hohn!

Und mit dem Song *Be My Baby* sind wir in die Home Movies eingestiegen, die am Anfang Charlies Herkunft und seine Wünsche illustrieren; Home Movies sind bei Scorsese, wie später auch in RAGING BULL oder CASINO, stets die Darstellung des Traumes. (Und ITALIANAMERICAN ist gleichsam eine Art in doppeltem Sinn bewusst gemachtes Home Movie.) Home Movies sind die audiovisuellen Märchen, die die Protagonisten über sich selbst erzählen, und die sie sich selbst erzählen. Und ganz ähnlich bezeichnen auch die Lieder eine Unschuld, eine Kindheit, die Charlie und seinesgleichen nie gehabt haben. Wenn Veronica Bennett mit dieser brüchigen, gefährdeten und unschuldigen Teenagerstimme »I'll make you so proud of me« singt, stellt sie das Fundamentale des amerikanischen Traums aus, das Glück, das man nur durch den anderen erfahren kann, und das doch auf verzweifelte Weise selbstbezogen und einsam ist.

Die Regeln dominieren das Subjekt

Im letzten Drittel des Films verknüpfen sich die Ereignisse zu einer dramatischen Aktion (oder vielleicht doch nur einer Parodie darauf). Die Schulden wachsen Johnny Boy über den Kopf, sein Leben, das vor allem aus der Flucht vor Gläubigern besteht, entwickelt sich unaufhaltsam auf die Katastrophe hin, die vor allem Charlies Katastrophe wird. Johnny wird in die Enge getrieben; er drängt Charlie, bei dessen Onkel um Hilfe zu bitten, und erpresst ihn sogar mit der Drohung, dem Onkel von Charlies Beziehung zu Teresa zu erzählen, die ganz und gar nicht standesgemäß und für eine Karriere in der Familie nicht förderlich ist. Ausgerechnet seinem Gläubiger Michael erklärt Johnny das System seines Lebens, grinsend, als wisse er nicht, dass es auf eine Katastrophe hinauslaufen muss: »Weißt du, ich pump' mir Geld in der ganzen Nachbarschaft [...], links und rechts, und nie zahle ich zurück, so krieg' ich von niemandem mehr Geld, klar? Also wer bleibt noch zum Anpumpen? Nur du. Der einzige Wichser, der mir Geld pumpt, und ich muss es dir nicht zurückzahlen, klar?« Als Johnny dann Michael auch noch mit vorgehaltener Waffe bedroht und ihn vor den Gästen in Tonys Bar niedermacht, hat er eigentlich sein Todesurteil unterschrieben, er hat alle Regeln von Little Italy gebrochen und ist nun, wie Scorsese sagt, »der einzige Außenseiter in dieser Gruppe von Außenseitern«. So lädt Charlie Johnny und Teresa in den Wagen des Barkeepers, um Little Italy schnellstens zu verlassen. Sie rasen in Richtung Brooklyn Bridge, aber Michael ist ihnen bereits auf den Fersen, und mit ihm im Auto ist ein Killer, der auch aus dem fahrenden Wagen noch genau sein Ziel trifft. Diesen Killer spielt Martin Scorsese.

Dass diese Flucht gar nicht gelingen kann, dass es für die Helden keinen Weg aus dem Getto gibt, drückt Johnny Boy in seinen Worten aus: »Wohin fährst du? Wir kennen uns doch in Brooklyn gar nicht aus!« Dabei ist er es, der die Situation, wenn nicht bewusst, so doch gezielt hervorgerufen hat, das Prinzip der Destruktion, das er verkörpert, macht auch vor seinem Freund und Opfer Charlie nicht halt. Er hat ihm durch seine Erpressung ebenso wie durch seine Gewalttätigkeit jeden Rückweg verbaut. Nein, »Freundschaft« ist es ganz bestimmt nicht, was Charlie und Johnny verbindet, nicht einmal in einer besonders neurotischen Form. Es ist eine Beziehung, die man nur religiös deuten kann.

Ähnlich wie die Songs funktionieren in MEAN STREETS auch die zitierten Filme als Kommentar und Spiegelung der Helden und ihrer Situation. Da ist, einmal mehr, THE SEARCHERS (Der schwarze Falke; 1956; R: John Ford). Wir sehen die Szene, in der sich Martin Pawley (Jeffrey Hunter) und Charlie McCorry (Ken Curtis) um die »reine« Frau (Vera Miles) prügeln, und wir mögen ahnen, dass der Konflikt und die Abhängigkeit zwischen Charlie und Johnny noch einen tieferen Grund haben. Denn Charlies Liebe zu Teresa und seine merkwürdige Loyalität zu Johnny bilden ja nie eine »reine« Dreiheit (so wie es bei Bill, Bertha und Von Morton in BOXCAR BERTHA noch zu empfinden war), die Linie von JULES ET JIM (1961; R: François Truffaut) zu BUTCH CASSIDY AND THE SUNDANCE KID (Zwei Banditen; 1968; R: George Roy Hill) und ihrer »gesetzlosen« Dreierbeziehungen wird hier in ein Niemandsland fortgesetzt. Johnny Boy ist zwar der »Außenseiter in der Gruppe der Außenseiter«, aber er hat so wenig das Zeug zum romantischen Outlaw wie Charlie zum *wiseguy*. Und wenn es um Teresa geht, erinnert sich Johnny auf tückische Weise der Regeln. Auch Freundschaft und Liebe sind in MEAN STREETS kontradiktorische Empfindungen. Johnnys Liebe zu seiner Cousine Teresa bleibt unausgesprochen, und unausgesprochen bleibt zwischen den beiden Männern, was diese Liebe bedeuten mag.

Wie alle Scorsese-Helden suchen auch die von MEAN STREETS die Antwort in den Bildern, zum Beispiel im Kino. So also tragen Charlie und Johnny, bevor sie ihre Flucht antreten, noch ihr letztes Geld ins Kino, um Vincent Price in THE TOMB OF LIGEIA (Das Grab der Lygeia) zu sehen, einen der Poe-Filme von Roger Corman (der 1965 in England entstand und somit sehr genau ins »Zeit-Bild« passt). Das mag als kleine Hommage an einen Lehrmeister des Kinos gelten, aber der Plot dieses Films ist auch sehr deutliches Abbild der Situation von Charlie: Auch er ist, wie die Titelheldin des Films, ein Begrabener und klaustrophober Charakter.

Zudem sehen wir in dieser Szene Plakate zu THE MAN WITH THE X-RAY EYES (Der Mann mit den Röntgenaugen; 1963), Cormans filmischem Essay über das Zuviel-Sehen und die sich daran anschließende Blindheit. Dann ist Werbung für John Cassavetes' HUSBANDS (1970) zu sehen, und schließlich das Plakat zu John Boormans POINT BLANK (1967). Natürlich ist dies vor allem eine freundliche Verbeugung Scorseses vor Lehrmeistern und Künstlern. Doch wenn man alle diese Filme zusammennimmt, hat man auch Thema und Stil von MEAN STREETS näherungsweise beschrieben (und widersteht möglicherweise noch leichter der Versuchung, ihn als »realistischen« Film misszuverstehen). Zudem funktionieren alle diese Hinweise auch als Zeichen des imaginären *flash forward*, beschreiben schon, was mit den Helden geschehen wird. Und möglicherweise gibt uns Scorsese mit diesen Hinweisen auch Möglichkeiten einer zweiten und dritten »Lektüre« an die Hand: Überraschenderweise handeln ja alle diese Filme vom Verschwinden, vom Verrat der Frau und vom männlichen Impuls, sie zu bestrafen, zu betrügen oder zum Verschwinden zu bringen. Je genauer man MEAN STREETS ansieht, desto mehr wird es vor allem ein Film über Charlies Suche nach der Frau.

»Wir erleben«, schreibt Alexander Horwath, »die Bastard-Geburt von New Hollywood aus dem Geist des amerikanischen Kunstfilms, des Cormanschen Schundfilms und des ›Außenseiterfilms‹ in New York.« Es ist durchaus bemerkenswert, dass die amerikanische Kritik dagegen viel eher »das Europäische« in Scorseses Film sieht. »Ein neuer Buñuel, in Verdi getränkt«, bemerkt etwa Pauline Kael. Tatsächlich ähneln eine Reihe von Sequenzen dem Ablauf einer Oper: Arien, Rezitative, Einsätze des Chors. Schon in der Einführung werden die Hauptfiguren vorgestellt wie in der Oper; jede hat ihren charakteristischen Auftritt, eine Methode, die Scorsese in vielen Filmen wiederholte und variierte. Die italienische Oper ist darüber hinaus noch zweimal präsent, als musikalisches Zitat, das aus den Türen und Fenstern der italienischen Einwanderer-Wohnungen schallt, und als Möglichkeit einer melodramatischen Überhöhung des Geschehens. Aber auch dies ist nur als »verworfene« Möglichkeit gegenwärtig.

In MEAN STREETS geht es um mehr als um die Flucht des Helden, die so kläglich scheitert wie seine Passion. Wir müssen Schritt um Schritt auch die innere Falschheit dabei erkennen; wie die Beziehung Charlies zu den Frauen von einer doppelten Falschheit ist (und längst können wir ihn nicht mehr als so »unschuldig« neurotisch ansehen wie den Helden von WHO'S THAT KNOCKING AT MY DOOR?), so ist auch die Annahme des Opfers in Form von Johnny Boy doppelt falsch. Charlie hat sich des »Verrückten« angenommen – eines »Verrückten«, der zwar lauter »verrückte« Dinge tut, dabei aber viel mehr als Charlie »Autor« seines Lebens bleibt. Aber vielleicht hat Charlie auch nur zu deutlich gesehen, dass Johnny Boy nicht die Fehler begeht, die ihn selbst treiben: »Charlie«, so Scorsese, »lernt am Ende etwas über sich selbst, was Johnny Boy schon von Anfang an erkannt hat. Besonders, als er ihn mit seiner Cousine Teresa zusammen sieht, und sie streiten, sagt er: ›Hey, du hast nichts für mich getan‹: Er weiß nämlich, dass Charlie, auch wenn er anderen Leuten hilft, das nur für sich selbst tut. Er ist wie ein Pharisäer.« Mehr noch: Er versucht sich durch Menschen zu heiligen, die diese Rolle gar nicht annehmen wollen. Teresa ist zu vernünftig, und Johnny Boy zu unvernünftig dazu, ihm ist, auf Charlies Weise jedenfalls, nicht zu helfen.

Das Pharisäerhafte indes charakterisiert Charlie nicht nur als Privatperson, sondern auch als Vertreter der neuen Generation in Little Italy. Sein Onkel Giovanni (der stets von Opernklängen oder italienischen Liedern begleitet auftritt und seine wichtigen Geschäftsgespräche auf italienisch führt), ist Vertreter der *via vecchia*, der alten Art des Lebens, die sich im neuen Land nicht nur erhalten, sondern geradezu noch einmal konzentriert hat. Charlie hingegen ist ein modernisierter Gangster, dem das Englisch natürlicher und vertrauter ist, so wie er sich auch eher in der Pop-Musik gespiegelt sieht. Die Modernisierung (die zugleich, zumindest was die Religion anbelangt, eine fundamentale Rückkehr bedeutet – eine der typischen Scorsese-Klammern) scheitert indes; MEAN STREETS handelt auch von der Macht der alten Kräfte, die, vielleicht, in CASINO phänotypisch abgelöst werden, aber auch in einem oberflächlich modernisierten Las Vegas ihr eigentliches Machtzentrum in den Hinterzimmern von Little Italy haben.

So beschreibt schließlich MEAN STREETS auch den Aufstieg von Michael, den wir zunächst eher als Versager kennen lernen, dessen Beharrungsvermögen und striktes Einhalten der Regeln aber auf die Dauer die Kräfte der *via vecchia* für ihn arbeiten lassen. Und so ist es am Ende tatsächlich er, über den man sich so oft lustig gemacht hat, der die Flüchtenden »wie Affen behandelt«, der sich von Johnny Boy eben nicht zum Affen machen lässt.

Die Falle, die MEAN STREETS beschreibt, ist also nicht nur eine soziale (eine Falle der Zeichen), nicht nur eine topografische (die Falle des Raums), sondern auch eine historische (die Falle der Zeit). Es gibt für die junge Generation in Little Italy keinen anderen Weg als den zurück, den Weg der Anpassung an die *via vecchia*. Die Überlebensstrategie ist die (moralische) Versteinerung; versteinert wie Onkel Giovanni wird jeder werden müssen, der es in Little Italy zu etwas bringen will. Weder die offene Rebellion von Johnny Boy noch der Versuch Charlies, mit seinen Widersprüchen zu leben, wird auf Dauer toleriert. So problematisch Charlies Loyalität zu Johnny und Teresa in sich auch sein mag, sie ist sein einziges Mittel gegen die Versteinerung – schon in seinen mal so tänzerischen, eleganten, dann aber auch wieder steifen und überkontrollierten Bewegungen erkennen wir, dass die Versteinerung in ihm schon begonnen hat. Seine Revolte dagegen ist nichts anderes als die Inszenierung eines Selbstbetrugs. Und sie wird nicht geduldet.

Charlie, so scheint es, nimmt zweifach das Angebot von Opfer und Gnade an (und nimmt es doch nicht an): Er erkennt in Johnny Boy die *penance* (die Buße), die ihm Gott auferlegt habe, und er macht in der Heiligen Teresa die Jungfrau zur Hure, um dann nicht von ihr zu lassen (wie es noch J.R. getan hätte). Aber diese doppelte Annahme der Gnade ist nur *eine* Lesart der Geschichte. Eine andere ist, dass Charlie sich die beiden abhängig macht, sie gleichsam für sich erfindet, um seiner Flucht, um seinem Leben Sinn zu geben, um den letzten Schritt in das erwachsene Leben und Sterben nicht tun zu müssen. Sie, denen die Opferrolle eingeschrieben ist, die verdammt und erlöst zugleich sind, will der Realist, der zum Überleben Verdammte, ihr Heiliges entreißen (und darin ist er gewiss ein Abbild des Künstlers – und ein Vorgriff auf den Judas von THE LAST TEMPTATION OF CHRIST, den Scorsese gewiss nicht unbedacht wieder von Harvey Keitel spielen lassen wird). Der schwarzen Frau, die er begehrt, entsagt er vielleicht also einerseits nur, weil es in seiner Kultur nicht opportun wäre, die Grenzen der Rassen und Kulturen zu überschreiten. Sie ist andrerseits auch sein Todesengel: Am Ende begegnet er ihr, blutüberströmt, noch einmal; er sieht sie von vorn (und endgültig unerreichbar) in einer Bar sitzen. Immer sucht dieser Charlie beides, den materiellen Vorteil und die Erlösung, und immer muss er dabei beides verfehlen. Charlie versucht daher auch beständig, mit dem Himmel zu »verhandeln«, er möchte mit dieser Instanz zu einem *agreement* kommen, das es nicht gibt. So gibt es einen weiteren Schlüssel für das dramaturgische Geflecht, nämlich die *rules*. Sie funktionieren wie der Chor im griechischen Theater, niemand kann sich über sie hinwegsetzen, auch der Mächtigste nicht. Aber sie sind nicht mehr – auch das ein Paradigmenwechsel – so eindeutig wie es das Schicksal wäre. Vielmehr befinden sich die *rules* (die Regeln von Geschäft, Liebe, Gewalt und Religion) in einem permanenten Austausch, und wer dem anderen das Einhalten der Regeln abverlangt, und sei's der Mensch seinem Gott, der beginnt schon damit, in ihnen zu betrü-

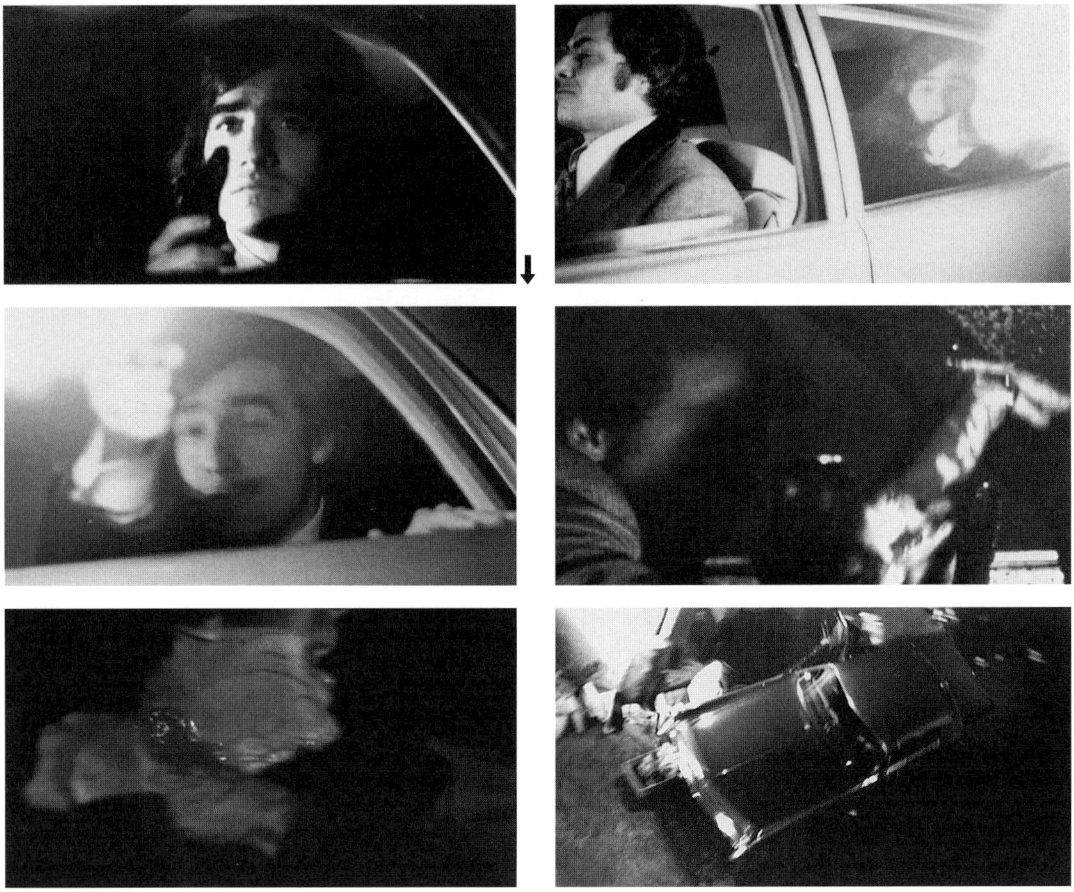

Der von Scorsese selbst gespielte Killer ...

gen. Die *rules* sind, weil sie bedeutender sind als die Person, für jeden Menschen, den an der Spitze wie den ganz unten, zur Falle geworden.

Johnny hat schon einmal von so einer Falle berichtet, als er erzählte, wie er das Geld verspielt hat, das er nun eigentlich zurückzahlen soll. Als man rief, die Bullen kämen, und alle vom Spiel davonliefen, wollte er das Geld nehmen und abhauen, aber er kam nicht weiter als bis in den Hof: »Ich lauf' raus in den Hof, und ich kenn' nichts, hm, ich find' nicht raus, ich sitz' in der Falle, die ist so groß, ich muss also wieder rein, und als ich wieder drin bin, sagt dieser Kerl, 's ist 'n falscher Alarm.« Daher ist Johnny gezwungen, wieder ins Spiel einzusteigen, und natürlich verliert er nun alles. Diese Episode erzählt natürlich nicht nur von Johnny Boys absurdem Leben *on the edge* und ist auch nicht nur allein Entschuldigung für seine Unfähigkeit, seine Schulden zu begleichen, vielmehr enthält sie zugleich ein Abbild der Situation in Little Italy: die Beziehung von Innen- und Außenwelt, die Unmöglichkeit, das Spiel wirklich zu gewinnen, die Regeln außer Kraft zu setzen.

Scorsese hat sich immer darüber gewundert, dass viele Zuschauer fest davon überzeugt waren, dass zumindest Johnny Boy am Ende tot ist (wenn

... beendet die Flucht aus Little Italy

nicht alle drei Flüchtenden), obwohl seine Bilder sehr eindeutig das Gegenteil beweisen. »Sie sind es nicht«, betont Scorsese. »Tatsächlich müssen sie weitermachen. Das ist das Schlimmste.« So ist ihre Tragödie nicht, geopfert zu werden, sondern die Grenze des Gettos nicht überschreiten zu können. All das steckt als Prophezeiung ja schon in Johnny Boys Erzählung, und vielleicht verhält sich Johnny zu Charlie auch ein wenig wie ein Prophet, der alles gesehen hat, was es zu sehen gibt, und auf dessen Mahnungen – die nicht nur gesprochen, sondern auch gelebt, »getanzt« sind – niemand zu hören im Stande ist. Auch seine Mahnung, man kenne sich ja dort drüben am Zufluchtsort nicht aus, gehört in die Reihe der Gleichnisse vom Getto und heiligen Land, das man nicht verlassen darf. Und gewiss steckt in dieser Szene schon, wie in allen anderen Scorsese-Filmen, auch eine Reflexion über die Funktion des Filmemachers: Er will seine Figuren »erledigen«, und sie werden ihn überleben, wenngleich er sie – filmisch: höchstselbst – verwundet hat.

Charlie ist drauf und dran, »die schäbige Brutstätte miesen Kleinbürgertums« (Scorsese) in Richtung auf die nächste Station der Verbürgerlichung (und Perfektion) des Verbrechens zu verlassen, so wie es später die Helden von GOODFELLAS und CASINO tun werden. Damit verbunden wäre eine Transponierung des Regelwerks, zu dem er (noch) nicht fähig ist. Scorseses Gangster scheitern, anders als die Gangster in den Warner-Filmen, nicht an Resten von Beziehungen, Freundschaften oder Liebe, nicht an ihren Defekten, sondern an jener Art von *rules*, gegen die niemand gewinnen kann.

Eine Geschichte des Ausgeschlossenwerdens

In einer weiteren Vierheit können wir die Vernetzungen im Little Italy von MEAN STREETS bezeichnen: Verwandtschaft, Freundschaft, Loyalität und Liebe. Charlies Onkel Giovanni ist im Viertel der Boss (und gleichzeitig der einzige, der es nicht mehr nötig hat, selbst dort zu wohnen: er verhält sich zu dieser geschlossenen Welt beinahe schon wie ein Gott); für ihn treibt Charlie Gelder aus dunklen Geschäften ein. Giovanni bietet ihm schließlich ein Lokal zur Pacht an, übernommen von einem Besitzer, der die Abgaben an die Mafia nicht mehr zahlen kann oder will – einen höchst sündhaften Übergang würde dies wohl bedeuten. Charlie bereitet sich schon auf seine neue Rolle vor; er ist vorsichtig und kontrolliert, weiß, wem er Respekt schuldet, und wie man es vermeidet, die Ordnung seiner Straße zu stören. Er kauft sich teure Kleidung und lässt sich in seine Hemden sein Monogramm sticken. Die Zeichen seiner neuen Macht eilen ihm ebenso voraus wie die Klänge seines Niedergangs.

Teresa ist keineswegs eine Heilige; sie ist nicht einmal besonders »gut«. Auch sie kann nicht wirklich über die Begrenzung von Little Italy hinaus blicken. Auch sie kann, obwohl scheinbar so pragmatisch, nicht den Höllenkreis des begrenzten Bewusstseins verlassen, und auch ihre Flucht muss daher scheitern. Möglicherweise hätte gerade mit ihr die Verbindung von Karriere und kleinem Familienglück – das »Erwachsenwerden« – gelingen können. Aber um welchen Preis? Charlie fühlt sich von Teresa wohl immer auch ein wenig bedroht; er scheint beinahe Angst zu haben, sie zu nahe an sich herankommen zu lassen; so beginnt er in ihrer Nähe mit den Armen zu rudern, schattenhafte Gesten auszuführen, die ihm Raum verschaffen. Er ist ihr immer näher, wenn es eine gewisse räumliche Distanz gibt, während sie umgekehrt immer erst in großer körperlicher Nähe ihn wirklich anzunehmen scheint. Er solle sie nicht ansehen, verlangt sie, als sie nackt im Zimmer ist, erst als sie bei ihm ist, ist diese Furcht vor seinem Blick geschwunden.

Teresa wird Charlie zum Problem. Man sieht ihn nicht gerne mit der Epileptikerin, die »nicht bei Verstand« ist, wie Giovanni sagt. Aber umgekehrt ist gerade durch den Aufstieg die Beziehung nicht mehr wirklich zu verheimlichen. Charlie möchte sich von Teresa trennen, vorläufig vielleicht, doch er kann es so wenig, wie er sich von Johnny Boy lossagen kann. Er ist einer, der nicht gut sein, sich zum Bösen aber nicht bekennen kann.

Darin sieht Charlie womöglich jenes andere, die Sühne, das »Gute« – einen »falschen Heiligen« nennt Scorsese selbst die Figur, bei dem nie zu unterscheiden ist, ob er von der Sendung getrieben ist, den anderen zu helfen, oder ob er sie ausbeutet, so wie die Gesellschaft der Außenseiter in sich funktioniert wie eine grimmige Spiegelung des Bürgertums, mit all ihrer Korruption, ihrer Bigotterie und ihrem Rassismus. Dieser falsche Heilige in Little Italy hat eine kleine »falsche« Heilige Familie adoptiert, er ist besessen von den Defekten von Teresa und Johnny Boy, die aber ihrerseits »falsch« sind. Gleich zweimal vergleicht er sich direkt oder indirekt mit dem Heiligen Franz von Assisi. Als Teresa ihm vorhält, er solle, statt sich um Johnny Boy zu kümmern, sich erst einmal selbst helfen, gibt er zurück: »Blödsinn, Teresa, das ist ganz falsch. Franz von Assisi hat's gehabt. Der wusste Bescheid.«

Charlie ist hin und her gerissen zwischen dem Wunsch, als Gangster aufzusteigen und als Heiliger seinen einseitig geschlossenen Deal mit Gott zu gewinnen. Aber zur gleichen Zeit hat er sich schon in den bigotten Kleinbürger verwandelt, der in *gangland* wahrhaft das Sagen haben wird. So ist es nicht verwunderlich, dass er sich nicht einmal traut, mit der schwarzen Tänzerin auszugehen, aus Furcht, jemand könne ihn mit ihr sehen. Und von einer anderen Frau sagt Tony, sie müsse wohl eine

Jüdin sein, weil sie »jeden Tag einen anderen Kerl« habe. Dass es am Ende Scorsese selbst ist, der seine Figuren verfolgt und nicht aus dem Getto entkommen lässt, scheint im Nachhinein eine kalkulierte, böse Pointe (auch wenn wir wissen, dass es eher eine spontane Reaktion war, die Scorsese den Platz des Schauspielers einnehmen ließ, der eigentlich für die Rolle vorgesehen war). Harvey Keitel ist in diesem Film überdeutlich das Alter Ego des Regisseurs, der im Off-Kommentar seine Stimme mit der Keitels mischt. So ergibt sich schließlich die absurde Situation, dass da jemand mehr oder weniger auf sich selber schießt (und diese Übertragung ist zumindest im amerikanischen Original so deutlich, dass man weder von einem *inside joke* noch von einer Zufälligkeit sprechen kann).

So also flüchten die drei und werden schließlich gestellt; ihre Reise endet an einem Hydranten, der einen Wasserstrahl über die Straße schickt. Diese Szene gehört zugleich direkt zu den Protagonisten wie zur Komposition (der Gegensatz Feuer und Wasser einerseits, Wiederkehr und – groteske – Erfüllung der Taufe vom Anfang andererseits) und ist ein Zitat aus vielen Cop- und Gangster-Movies. Dass die Szene noch untermalt ist von einem schrägen Stück italienischer Folklore (es ist, als würde irgendwo eine Sagra – ein Volksfest – abgehalten, eben das Fest von San Gennaro), ist zunächst ein sarkastischer Kommentar und eine weitere Bestätigung des Gefangenseins der Protagonisten im unendlichen Kreisen, die immer wieder da hinkommen, wo sie angefangen haben. Während in den konventionellen Filmen über italienische Gangster – am eindrucksvollsten wohl in Francis Ford Coppolas GODFATHER-Trilogie (Der Pate I-III; 1972-90) – in der Regel das große Fest als karnevaleske Maskerade eines Gewaltverbrechens genutzt wird, so scheint es hier umgekehrt: Das Fest färbt mit seiner karnevalesken Stimmung auf die Gewalt ab.

Blut und Wasser fließen in diesem Finale. Aber die Kamera bleibt nicht bei den Flüchtenden, stattdessen sehen wir eine andere »Flut«; Bilder, Erinnerungen, schnell aneinander geschnitten: Tony, der sich die Hände wäscht (vorher hat sich Charlie, während der Don den Mord befahl, die Hände

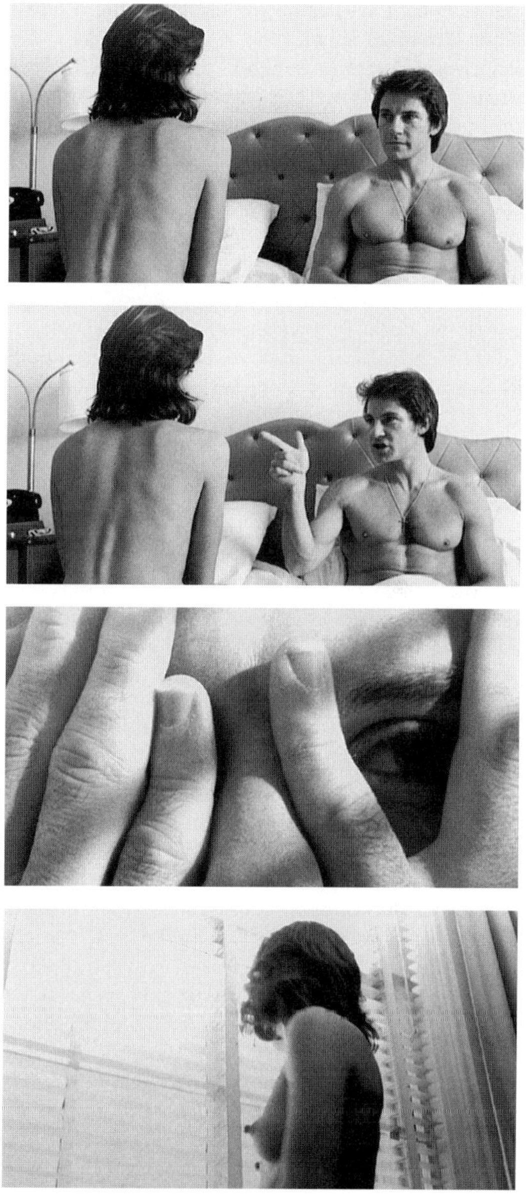

Teresa wird Charlie zum Problem

gewaschen), Charlies Onkel Giovanni beim Fernsehen, darin zu sehen eine verwundete Frau, die aus einem Autowrack geholt wird (so wie eben zuvor Teresa), Diane, die schwarze Striptease-Tänzerin, die allein in der Bar sitzt und sich eine Zigarette anzündet. Genauer besehen sind alle diese Einzelteile der Erinnerungsmontage Bilder, die eine Geschichte des Ausgeschlossenwerdens reflektieren. In der letzten Einstellung schließlich zieht eine Frau die Jalousien vor das Fenster. Die an grimmigen Pointen nicht eben arme Erzählung endet mit der allergrimmigsten: Charlie kann sein Getto nicht verlassen, aber vor seinen Augen schließen sich die Fenster (die Augen, die Geschlechter) seiner Welt.

Nachdem sie die drei mit Schüssen am Verlassen von Little Italy gehindert haben, lehnen sich Michael und seine Freunde, wie nach getaner Arbeit, in ihrem Wagen zurück. Johnny Boy hält sich den blutenden Hals und torkelt über die Straße. Charlie ist auf den Knien und starrt vor sich hin, eine Polizeisirene ist zu hören, wie in der ersten Szene des Films: MEAN STREETS endet in einer Spiegelung des Beginns.

Das Fest von San Gennaro geht weiter, als sei nichts geschehen. »There's no place like home« ist zu hören, wie ein höhnischer Fetzen aus THE WIZARD OF OZ (Der Zauberer von Oz; 1939; R: Victor Fleming), der den Ausbruchsversuch nicht nur als vergeblichen Versuch der drei Kinder von Little Italy erscheinen lässt, über die Regenbogenbrücke zu entkommen, sondern auch als Prozess einer Desillusionierung: Der Zauber ist nur ein Schwindel. Er fliegt auf, wenn man sich auf seine eigenen Fähigkeiten besinnt. Nur geht es in MEAN STREETS nicht um das illusionäre Bild eines anderen, sondern um das illusionäre Selbstbild. Spätestens an diesem Punkt auch wird die Zweischneidigkeit von Dorothys Satz deutlich, den man auf zweierlei Art übersetzen kann: Es gibt keinen Ort, der so ist wie Zuhause. Oder: Es gibt keinen solchen Ort Zuhause. Und es wiederholt sich die Aussage aus THE SEARCHERS: »Go Home.« Diese Aufforderung mag selbst das Kreisförmige der Erzählung von MEAN STREETS und vielleicht vieler anderer Scorsese-Filme definieren: Es geht um einen Menschen, der hinaus will (nach der »ewigen« Struktur des Mythos: hinaus auf die Suche nach sich selbst), und der doch immer wieder »heim«-geschickt wird, weil er sich nicht hat lösen können von der seltsamen Ambivalenz zwischen Geborgenheit und Grausamkeit, die diesen Ort *home* charakterisiert. In einer im Off zu hörenden Fernsehshow heißt es »Thank you, thank you«, »Buona Notte« ruft jemand fröhlich, und Applaus brandet auf. Im Bild dazu die Frau, die die Jalousie herunterlässt: Schließt sie den »transzendentalen Blick« auf das Geschehen? Eine ganze Welt schüttet Hohn und Gleichgültigkeit über die verlorenen Kinder, die weder den Ausbruch noch den Aufbruch *intra muros* geschafft haben.

Exkurs: Das mafiose Rhizom

Wohl genauer als je ein Film zuvor beschreibt Scorsese in MEAN STREETS nicht nur Wesen, sondern auch Struktur der verorteten Mafia. Die über die Jahrhunderte gewachsene Struktur dieses zugleich organisierten und doch nicht organisierten Verbrechens zeichnet sich durch eine bilaterale Beziehung zwischen dem Capo und seinen Männern aus, die in vollständiger Abhängigkeit von ihrem Padrone arbeiten, zugleich aber voneinander unabhängig sind, ja oft nicht einmal etwas voneinander wissen. Und diese Struktur setzt sich von der obersten zu den unteren Gliederungen fort, so dass die Gesellschaft von einem Netz der Kriminalität und der Abhängigkeit durchzogen ist, von dem aber nur sehr wenige Menschen wissen können, eine Organisation, die gewissermaßen von sich selber nichts weiß, denn Querverbindungen auf der jeweils gleichen Ebene bleiben auf das Nötigste, etwa für einsatzfähige Kleingruppen, beschränkt. Viel wichtiger indes ist die Abhängigkeit der einzelnen, die nicht einmal unbedingt wirklich kriminelle Taten begehen müssen, wohl aber als Teil der Vernetzung sowohl Boten- und Kurierdienste leisten, als auch die Deckung der eigentlichen Aktionen sichern. Mafia ist also mehr noch als eine Verschwörung des geheimen Wissens eine Verschwörung des Nicht-Wissens.

Diese Organisation, die *cosca* (die Verkettung des mafiosen Klans, die im Übrigen durchaus Verwandtschaften mit der Organisation des katholischen Klerus aufweist), beruht darauf, dass sich alle ihre Mitglieder stets nur jeweils einem Menschen verpflichtet fühlen, während sie ansonsten von der wahren Organisation ihrer Handlungen nichts wissen und sich mittels des »Respekts« nicht nur Wohlwollen und Schweigen auf der jeweils gleichen Ebene verschaffen, sondern auch die Distanz. Die ebenso absurde wie effektive Situation, in der mafiose Menschen nebeneinander und sogar miteinander arbeiten, ohne zu wissen (oder wissen zu wollen), dass der andere ebenfalls der Struktur der *cosca* angehört, lässt die Mafia als Zustand tatsächlich umso mehr verschwinden, je näher man sie ansieht. Diese Struktur kennt (neben dem Verrat oder dem *Undercover*-Agenten) zwei primäre Gefahren: Zum einen die Verbindung zwischen zwei untergeordneten Verzweigungen, die entweder zu einem erhöhten Risiko des Bruchs der *omertà*, des mafiosen Schweigegesetzes, oder aber zu einer Verschwörung gegen die absolute Macht des Paten führen kann. (Sobald eine Gruppe von *cosca*-»Mitgliedern« die Mafia-Zugehörigkeit wechselseitig erkannt hat, tendiert sie dazu, zu einer Verschwörung in der Verschwörung zu werden. Daher schwebt nicht nur der Pate, dessen Macht jüngere oder konkurrierende Männer erben wollen, in Gefahr, ermordet zu werden, sondern auch einfache Mitglieder der *cosca*, die den Aufbau des Rhizoms zu stören in der Lage sind.)

Zum anderen die Verbindung des Mafioso mit der Frau, die sich nicht vollständig unter das Mafia-Gesetz gegeben hat (weil sie nicht gleichsam von Geburt an Mitglied der »Familie« war). In MEAN STREETS verstößt der junge Held gegen alle Gebote, er hat einen Freund, der nicht im Rhizom steht, und den er nicht zu ihrem Teil machen kann, und er liebt eine Frau, die aus verschiedenen Gründen als untauglich für die Familie angesehen wird.

Man kann diese Struktur des mafiosen Rhizoms im Übrigen durchaus neben der organisatorischen auch einer semiotischen Untersuchung unterziehen. Dann geht es neben dem Inhalt von »Wissen« auch um seine Form. Mitglieder einer *cosca* mögen einander erkennen an der Art ihrer Sprache, ihrer Gestik, ihrer Kleidung. Aber zur selben Zeit gebietet ihnen dieses Erkennen auch das Schweigen. So ist diese Gangster-Kommunikation nicht so sehr eine »Geheimsprache« als vielmehr ein System von Verstehen und Nichtverstehen. Und gerade dadurch ist es möglich – ganz anders als bei »Verschwörern« oder bei einer Streetgang –, dass Mitglieder einer *cosca* sich ohne Probleme gegenseitig umbringen, wenn einer von ihnen ein »Problem« wird. Ihre semiotische Beziehung geht nie so tief, dass man davon sprechen könnte, sie würden einander »verstehen«. So wird dieses Verstehen zum größten Problem im mafiosen Leben – und zum größten Problem der Scorsese-Helden. Wenn man deren Kommunikationsformen genauer betrachtet, bilden sie sich stets aus einer Konkurrenzsituation zwischen *cosca*-Rhizom und Streetgang-Loyalität. Gerade darin steckt auch das ungeheure filmische Potenzial: Zwei Kommunikationssysteme, die beide auf verschiedene Weise vom linearen Code der Sprache absehen, um sie in einen bildhaften Code zu übersetzen, bestimmen einen Konflikt, für den es sozusagen unendlich viele dramatische Wendungen, aber keine endgültige Lösung gibt.

Um in die *cosca* oder in deren übergeordnete Struktur, den *partito* (die Verknüpfung des kriminellen mit dem legalen, politischen Teil) zu gelangen, bedarf es stets der Bewährungen, der Proben und der Initiationen. Ganz offensichtlich ist Charlie in dieser Probe, und seine Geschichte ist (unter anderem) die einer verpatzten Initiation. Die zwei Charaktere, die es in Scorseses Filmen (übrigens nicht nur in den Little Italy- und Gangsterfilmen) immer wieder gibt, sind jene, die in den *partito* aufsteigen wollen, und jene, die es nicht tun wie Johnny Boy (oder auch der *Raging Bull*). Nur in der *cosca* zu bleiben lässt dem Menschen immerhin noch die Würde der Freiheit, der Aufstieg in den *partito* dagegen ist stets mit dem Verlust der Persona verbunden. Es ist die Kunst, vollkommen leer zu werden, der endgültige Sündenfall.

Das Leben in der *cosca* und das Streben nach dem *partito* allein kann indes eine Biografie nicht bestimmen. So wie es die »Familie« für den Mafioso nur in einem doppelten Sinne geben kann (wenngleich es, wie wir es etwa in GOODFELLAS sehen werden, auch Rituale gibt, in denen das eine mit dem anderen synchronisiert wird), so gibt es auch

»Freundschaft« in doppeltem Sinne, nämlich als System der Abhängigkeit und der Korruption (»die Freunde der Freunde«) und als Lebenspraxis in jener kleinsten Gruppe, die Scorsese immer wieder zeigt, in der die Männer einander zwar sehr nahe zu sein scheinen (auf eine gelegentlich geradezu kindische, aber auch auf eine erotische Art) und beständig zusammen sind, aber dennoch nicht alles voneinander wissen. So bilden sich Streetgang-Loyalität und *cosca*-Misstrauen aneinander aus. Daher kann man in jedem Freund seinen potenziellen Mörder sehen, und jede kleinste Geste, jedes Wort, ja, jeder Tonfall kann den Umschlag von der *gang* zur *cosca* bedeuten, vom Freund zum Verräter, vom Kumpel zum Mörder. Diese *Good-Fellas* sind zugleich Freunde, Konkurrenten, Komplizen und Kontrolleure; die grausige Ambivalenz in ihren Beziehungen ist Teil der mafiosen Ordnung (und Teil von Scorseses Gesellschaftsbeschreibung).

Das Drama ist indes nicht auf eine abgeschlossene Gesellschaft mit eigenen Strukturen beschränkt, sondern basiert im Gegenteil gerade auf dem gleichzeitigen Leben der Helden in zwei Kulturen, in der alten Kultur Italiens und in der neuen Amerikas, die sich aneinander sowohl zu ungeahnter Effizienz aufschaukeln, wie sie sich widersprechen können. Sie leben, so Ranieri Polese, in »einer italienischen, von den Vorfahren übermittelten, entfernten, aber niemals ganz ausgelöschten Identität, und einer amerikanischen, die ein immer währendes begehrtes Objekt bleibt, und niemals ganz realisiert werden kann.« Und Scorsese sagt: »Charlie benutzt andere Menschen und denkt, er hilft ihnen; aber indem er das glaubt, ruiniert er nicht nur sie, sondern auch sich selbst.« Ganz ähnlich wird es Jake LaMotta in RAGING BULL ergehen: Während sein Bruder Joey die Gesetze durchaus zu befolgen weiß, kommen Jake immer wieder seine individuellen, anarchischen Impulse, aber auch sein schierer Egoismus in die Quere. Auch er möchte »andere Menschen benutzen«, aber dazu hat er nicht das Zeug; er ist nicht einmal intelligent genug, um sich sinnvoll benutzen zu lassen.

Die mafiose und die religiöse Struktur des Lebens sind einander zugleich verwandt und widersprechen einander. (Und so wenig man *cosca*-Mitglied sein muss, um in der mafiosen Struktur zu denken, so wenig muss man Kirchenmitglied sein, um in der religiösen Struktur zu denken.) Für Scorseses Gangster (die immer auch furchtbare Bürger sind) gibt es nur wenige, aber umso rigidere Regeln zu befolgen. Durch die *cosca* ist es möglich, dass zwei Seiten, zwei grundlegende Impulse des Gangsters, die Scorsese in immer neuen Varianten zeigt, einander nicht von vornherein den Garaus machen, nämlich seine spießbürgerliche Seite und die Seite des nervösen Gewalttäters (der Gewalt eben nicht nur im Dienst seiner Sache, im Dienst seiner Ziele benötigt, sondern auch für sich selbst), dass die Seite der bizarren Ordnung und die Seite des bizarren Chaos einander gar vorwärtstreiben können.

Das Leben des Gangsters unterscheidet sich nicht sehr von dem des Bürgers; nur durch die Struktur der *cosca* und an den Orten wie der Bar, die er ganz für sich requiriert hat, ist er diesem widersprüchlich, ansonsten gleicht er ihm: »Die meisten Menschen verstehen nicht, dass Gangster nicht einfach herumlaufen und ständig Leute umbringen. Wie andere Leute auch, will ein Gangster Geld machen. Das ist ganz klar die Hauptsache ... Jeder macht 'ne Menge Geld, gelegentlich allerdings tanzt mal jemand aus der Reihe. Und den muss man dann schließlich loswerden. Das gehört zum Job dazu.« Auch dies ist durchaus »bürgerlich« gedacht, nur dass das »Loswerden« physischer vor sich geht, als es etwa in THE AGE OF INNOCENCE mit den unbotmäßigen Menschen geschieht. So macht der Gangster in Scorseses Betrachtung noch einmal einen Paradigmenwechsel durch, ist nicht mehr Gegenüber des Bürgers, auch nicht mehr sein klammheimlicher Verbündeter, sein Traum und Albtraum, sondern als erneute Vermischung von Subjekt und Objekt, etwas, in dem Beobachtung und Identität miteinander verschwimmen. Die einzige Tragödie dieses Gangsters ist es, dass er wirklich nie etwas anderes als ein Bürger werden kann. ❑

Italianamerican (1974)

ITALIANAMERICAN gehört mit MEAN STREETS und TAXI DRIVER zu einer Trilogie, die Scorsese *Streets of New York* betitelt hat, und verbindet die beiden anderen Filme miteinander. Der eigenwillige Dokumentarfilm entstand im Zusammenhang 1976 ausgestrahlten TV-Serie über das Leben der Einwanderer unter dem Titel *Storm of Strangers*. Überdies bildet ITALIANAMERICAN mit AMERICAN BOY eine weitere Einheit, die der Regisseur wiederum *The Album of Martin Scorsese* genannt hat. Und schließlich kann man, wie Jean-Philippe Domecq das getan hat, den Dokumentarfilm als »Vorwort« zu allen anderen Filmen von Martin Scorsese interpretieren, zumindest zu seinen New-York- und Little-Italy-Filmen.

Es ist ein Dokumentarfilm, für den der Regisseur ein paar Stunden lang seine Eltern befragt und beobachtet hat, die Geschichten aus der Familie und vom Leben in Little Italy erzählen. Dazugeschnitten sind Dokumentaraufnahmen und Fotografien aus dem Familienalbum der Scorseses, Straßenszenen an Markttagen, Arbeitsfotos, Reminiszenzen an Sizilien. Den äußeren Rahmen der Erzählungen bilden Vorbereitung und Durchführung eines Abendessens mit Catherine Scorseses berühmter Spaghetti-Sauce mit Fleischklößchen, deren Rezept zuletzt im Abspann zu lesen ist (1996 erschien dann auch das fällige Buch dazu, nämlich Catherine Scorseses *Italianamerican. The Scorsese Family Cookbook*).

All das erscheint sehr spontan und fragmentarisch, doch Scorseses genaue Beobachtung und die dramaturgische Montage machen aus dem Familienfilm nicht nur ein epochales Gemälde, sondern auch eine Studie der inneren Verfasstheit einer italoamerikanischen Familie, die Scorsese mit einer Mischung aus Sympathie und Distanz einfängt. Zuneigung und Frotzelei, Fürsorge und Verletzung sind hier immer nahe beieinander.

Das Kochen, der Körper, die Straße: So fließt die Vergangenheit durch die Menschen, schon bevor sie sich die Arbeit der Erinnerung machen. Das *foreshadowing* ist hier nicht bloß ästhetische Methode, sondern die Erfahrung eines Lebens in mehreren Sprachen, auf italienisch und amerikanisch, in Körpergesten und Sprechweisen. Was auf den ersten Blick ein Porträt der Familie des Regisseurs und ein Erinnerungsalbum für die ersten drei Generationen der Einwanderer ist, das erweist sich bei genauerem Hinsehen auch als manchmal dramatischer, oft auch hoch komi-

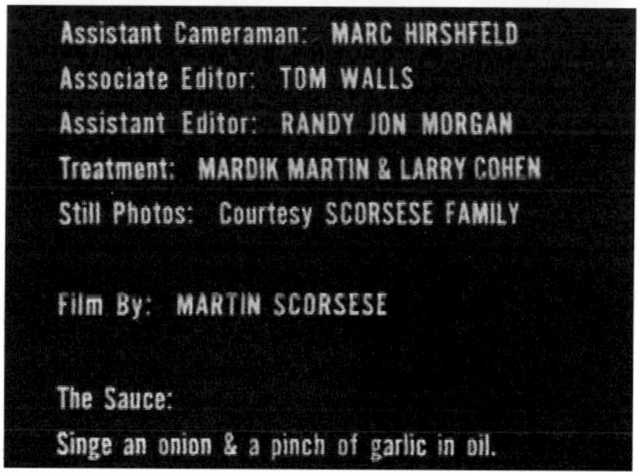

ITALIANAMERICAN

scher Essay über das Erzählen und das Bildermachen.

Zu Beginn sehen wir Martin Scorsese und einen Assistenten in der Wohnung der Eltern die Aufnahmen vorbereiten. Dann spricht Scorsese seine Mutter auf die Sauce an, und die Kamera folgt Catherine in die Küche. Wir wechseln nun zwischen Küche und Wohnzimmer hin und her, und während Catherine die Essensvorbereitungen kommentiert, beginnt Charlie mit kurzen Erinnerungen an seine Kindheit: wie man am Sabbat ins Judenviertel ging, um dort für fünf Cent die Gaslaternen anzündete, weil das den strenggläubigen Einwanderern verboten war, und wie man das verdiente Geld in billigen Restaurants ausgab – das bevorzugte Freizeitvergnügen in einer noch nicht von den Medien geprägten Welt. Und dann kam das Radio: Das erste hatte die Form einer Kirche.

Währenddessen bemerken wir, ganz nebenbei und doch mit spürbarer Energie, eine bestimmte Spannung zwischen Küche und Wohnzimmer im Hause Scorsese, zwischen Männerwelt und Frauenwelt, die immer wieder, mal heftiger und mal ironischer, aufscheinen wird. Noch bevor sich Catherine und Charlie Scorsese vor der Kamera zur gemeinsamen Erinnerung zurechtrücken, beginnen sie schon einen kleinen Kampf auszutragen; oberflächlich geht es darum, wie man sich für den Film natürlich benimmt, über das Kochen in Theorie und Praxis, über Männer, die es angeblich besser können, und Frauen, die es immer tun müssen. Dann beschwert sie sich darüber, wie oft sie beisammen säßen und schwiegen, und beinahe bricht da etwas Schreckliches auf, die Unfähigkeit eines alten Ehepaares zur Kommunikation: »Was gibt's nach 40 Jahren noch zu reden?«, fragt er grinsend. Für diesen Film sind es die Erinnerungen, die Vergangenheit, die gemeinsamen Bilder und die gemeinsamen Erzählungen, die dann aber eben immer doch nicht so gemeinsam sind, wie man erhoffen mochte. Wir sehen Fotos von der Hochzeit, der wachsenden Familie, einem Weihnachtsabend. Dokumente eines stetig geführten Lebens. Dokumente einer Leidensgeschichte?

Nach 39 Jahren Ehe beschlossen Catherine und Charlie, ihre Hochzeitsreise nachzuholen – nach

Italien. Stolz präsentieren sie ihre Fotos: Mailand, »unser erstes Abendessen«, Venedig (wieder ein Essen), Rom (ein weiteres Essen) und schließlich Palermo, wo sie eine 80-jährige Tante besuchten. Weitere Bilder zeigen den »Platz der Scham« in Palermo, der wegen der Statue einer nackten Frau so heißt, den schiefen Turm von Pisa, die Mumie eines Mönchs: »Wir haben alles und jedes fotografiert.« Ein Gondoliere, der die Familie in Venedig durch die Kanäle gerudert hat. »Ein wunderschönes Land« (das sich freilich in den präsentierten Fotografien eher verbirgt als ausstellt: als fehle dort etwas zwischen den intimen Familienfotos und den Attraktionen für die Touristen), aber Charlie beklagt die Arbeitslosigkeit: »No industry«. Und Catherine hakt sofort ein: Darum eben haben die Italiener ihre Heimat verlassen. Und nun erst verstehen wir ein wenig, wie die Bilder, die man sich gemacht hat bei der Reise in Heimat und Vergangenheit, mehr noch als Dokument und Erinnerung als Stützen einer eigenen Erzählung vom Fortgehen und Ankommen dienen und darum mindestens so viel Blindheit wie Blick enthalten. Nicht einmal die Zuordnung der einzelnen familiären Essensszenen scheinen einer näheren Nachprüfung standzuhalten. Die Verknüpfung von Innenraum und Außenwelt bleibt auch bei dieser Reise in die Vergangenheit höchst vage.«

Der Vater erzählt von der Straße in New York, in der er früher lebte. Zuerst waren hier nur Iren, dann kamen die Italiener, und dann jüdische Geschäfte. Die Zeiten überlagern sich in den Bildern; Schwarzweiß und Farbe, alt und neu; die *via vecchia* führt durch die Geschichte, und die besteht aus einer Art ständigem Verschwinden und Übermalen. Über die Jahre gab es in der Straße immer weniger Händler und spielende Kinder, viele sind in den Jahren der Depression fortgezogen und haben die Geschäfte zugemacht. »Die Kinder haben alle geklaut«, erinnern sich beide, und sicher nehmen sie sich selbst dabei nicht aus. Es waren »Kindereien«, aber manchmal wohl auch eine Überlebensnotwendigkeit. Alle Kinder mussten arbeiten; ein Bruder von Catherine war Botenjunge für 14 Dollar pro Woche. Und erst, als die meisten der neun Kinder Arbeit gefunden hatten, konnte sich ihre Familie einen Weihnachtsbaum leisten. Mit Geschenken sah es schlecht aus, und die älteren Kinder quälten die jüngeren, indem sie ihnen Zitronen und Holzstücke in die für den Weihnachtsmann aufgehängten Socken versteckten. Nein, die Grausamkeit der Welt war in den Familien der Eltern nicht ausgeschlossen. Sie fanden sich indes immer wieder in den gemeinsamen Ritualen. So waren, erzählt Charlie, die eigentlichen weihnachtlichen Attraktionen der gemeinsame Besuch der Mitternachtsmesse und das große Familienessen. »Unsere Eltern waren aus einer anderen Welt. Für sie zählte nur, dass wir zu essen hatten. Uns zur Schule zu schicken, dazu fehlte ihnen das Geld.« Wir sehen in alten Aufnahmen die Massen der Einwanderer, die Angst und den Mut der Verzweiflung in den Augen. Das sizilianische Dorf setzte sich in den Straßen von New York fort, nur fehlt das Land, die Zeit. »Auf dieses Viertel lasse ich nichts kommen«, erklärt der Vater, während wir Aufnahmen von Wäscheleinen über Häuserschluchten sehen. Nebenan war Chinatown, aber dort traute sich niemand hin, dort gab es Bandenkriege. Das habe es bei ihnen doch auch gegeben, sagt die Mutter lachend. Von den Iren, beharrt er, seien sie ebenso abgelehnt worden. Zwischen Charlie und Catherine kocht die Spannung wieder hoch: Offensichtlich ist sie nicht einverstanden mit dem Chauvinismus, der sich in seiner Privatmythologie ausdrückt. In ITALIANAMERICAN sehen wir auch der Fabrikation eines Weltbildes zu, das »die anderen« vor allem aus Furcht ablehnt, nicht zuletzt aus der Projektion der eigenen Ablehnung. Hier hat sich immer wieder, von Viertel zu Viertel, von Generation zu Generation wiederholt, was GANGS OF NEW YORK beschreibt. Und in diesem Scorseseschen »Ur-Film« fungieren auch die Eltern als *unreliable narrators*, leidende und handelnde Subjekte einer Erzählung von Enge und Leere, Einschluss und Ausschluss. Ein »Italianamerican« zu sein, das ist einerseits eine kollektive Geschichte von Vertreibung und Wagemut, andererseits eine Identifikation im Blick der anderen, und nicht zuletzt ist es so etwas wie eine Fiktionalisierung. Und es ist eine Ideologie, die sich ihre Gewaltbilder schafft. Im eigenen Viertel, erzählt der Vater nun, hätten alle Türen immer offengestanden, man sei von einer Woh-

Martin Scorseses Eltern Charles und Catherine

nung zur anderen gegangen, das Viertel sei wie ein großes Haus, eine große Familie gewesen. Aber Catherine Scorsese ist noch empört, ganz sicher nicht zum ersten Mal, über den merkwürdigen Rassismus ihres Mannes. Wütend geht sie in die Küche, um sich um ihre Sauce zu kümmern. Der Sohn folgt ihr mit seiner Kamera, eine sehr offensichtliche Geste, oder nicht? Ihr Mann hätte nicht so abfällig über die Iren sprechen sollen. »Wir waren es, die sich hier niedergelassen haben. Die waren zuerst hier.« Die Einwanderergesellschaft produziert die Gewalt und die Ordnungen der Viertel und der Gangs, aber immer auch produziert sie Schuld und Angst. Das Auseinanderbrechen der gemeinsamen Erzählung, die Zersplitterung der Bilder. Erst als die Erzählung in den Innenraum zurückgekehrt ist, legt sich die Spannung wieder. Man hat sich mittlerweile zum Essen um den Tisch versammelt.

Die große Erzählung der Immigration setzt sich aus unzähligen höchst individuellen Passionsgeschichten zusammen. Charlies Vater kam aus Sizilien; nach dem Tod seiner Mutter und der erneuten Heirat seines Vaters hatte er es in der Familie nicht mehr ausgehalten. Er fand Unterschlupf bei einem Bauern. Mit 19 sollte er dann eine von dessen Töchtern heiraten, da ist er lieber nach Amerika gegangen. Dort heiratete er dann mit 21, im Jahre 1901. Während des Ersten Weltkrieges arbeitete er als Schiffsmechaniker im Rumpf der großen Dampfer, und diese Arbeit muss so schwer und schmutzig gewesen sein, dass man die Arbeiter wochenlang nicht herausließ, aus Furcht, sie könnten flüchten. Später versuchte er immer wieder, sich den großen amerikanischen Traum von der Selbstständigkeit zu erfüllen. Immer wieder versuchte er sich als Obst- und Gemüsehändler, und immer wieder ging er pleite. »Aber er gab nicht auf.«

Charlies Mutter war eine starke und strenge Frau. (Bestätigt die Fotografie diese Erinnerung?) Streit, erinnert sich der Vater, ging sie nicht aus dem Weg. »Was es zu sagen gab, das sagte sie. Und Widerspruch gab es nicht.« Als Immigrantin kam sie auf einem kleinen Schiff, das einen Monat unterwegs war. »Sie wäre dabei beinahe gestorben«. Ist das eine Erklärung für die Härte der Frauen und den bizarren Opfermut der Männer?

Man hatte, wie sich beide erinnern, nur Betten und Stühle in den kleinen, überfüllten Wohnungen, hölzerne Böden ohne Teppiche: »Früher hat man nicht gejammert.« Das ist die andere Seite der Mythologie der Immigration. »Mein Vater war Gerüstbauer«, erzählt Catherine. »Wo immer es Arbeit gab, da gingen sie hin.« In die anderen Städte, für 45 Dollar die Woche. Einmal kam er ohne Bart nach Hause, und die neun Kinder erkannten ihn nicht. Er liebte solche Späße.

In den Wohnungen wurde damals Wein gemacht. »Nachts rochen wir diesen Wein, wenn die Gärung begann.« Schon beginnt wieder ein kleiner Streit zwischen den Eheleuten, über das fachgerechte Auspressen der Trauben, darüber, welche Familie den besseren Wein gemacht hat.

Catherines Vater wusste nicht, wer seine Mutter war. Er wuchs bei einer anderen Familie in Sizilien auf. Catherines Mutter sah ihn in Uniform am Balkon vorbereiten – und 22 Tage später waren sie verheiratet. Doch er ging nach Amerika, und die Mutter blieb mit Catherines damals sechs Monate alter Schwester zurück. Sie fürchtete das neue Land, sie fürchtete vor allem die Überfahrt. Bis er schrieb: »Wenn du nicht nach Amerika kommst, verlasse ich dich!« Und trotzdem musste die Mutter noch mit einem Trick zur Überfahrt gebracht werden: Der Bruder hatte versprochen, die Fahrt mit ihr zu unternehmen, verließ aber das Schiff im letzten Augenblick wieder. Je genauer wir in den Massen der Einwanderer die Einzelnen sehen, desto mehr drehen sich die Geschichten um Momente der größten Einsamkeit.

Catherines elfköpfige Familie musste sich eine Wohnung mit der Familie des Onkels teilen, es waren insgesamt 14 Personen. Der Vater wurde bei seiner Arbeit oft verletzt, und die Mutter musste die Familie mit Näharbeiten ernähren, während

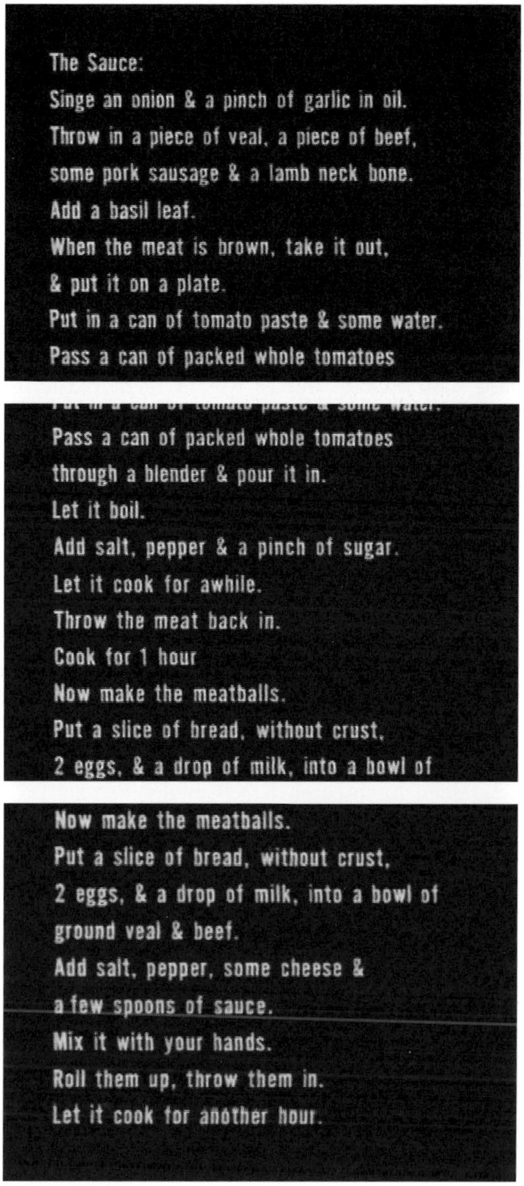
The Sauce:
Singe an onion & a pinch of garlic in oil.
Throw in a piece of veal, a piece of beef,
some pork sausage & a lamb neck bone.
Add a basil leaf.
When the meat is brown, take it out,
& put it on a plate.
Put in a can of tomato paste & some water.
Pass a can of packed whole tomatoes
Pass a can of packed whole tomatoes
through a blender & pour it in.
Let it boil.
Add salt, pepper & a pinch of sugar.
Let it cook for awhile.
Throw the meat back in.
Cook for 1 hour
Now make the meatballs.
Put a slice of bread, without crust,
2 eggs, & a drop of milk, into a bowl of
Now make the meatballs.
Put a slice of bread, without crust,
2 eggs, & a drop of milk, into a bowl of
ground veal & beef.
Add salt, pepper, some cheese &
a few spoons of sauce.
Mix it with your hands.
Roll them up, throw them in.
Let it cook for another hour.

ITALIANAMERICAN

sie die Kinder betreute und gleichzeitig mit ihren Fertigkeiten vertraut machte. Das Foto zeigt eine strenge und stolze Frau, es ist sehr schwer, sich ihre panische Angst vor dem Schiff vorzustellen, ebenso jene Geschichte, die Catherine nun von ihr erzählt: Als sie noch in Italien lebte, wurde sie eines Nachts von ihrem weinenden Baby aus dem Schlaf geweckt, und sie gab ihm die Brust. Da gewahrte sie am Fußende des Bettes einen Mann »in Silber«, der von ihr verlangte, sie mit irgendetwas zu schlagen. Dann werde sie reich. Doch sie hatte Angst und drückte nur das Kind an sich. Der gespenstische Mann wiederholte seine Aufforderung, und als die Mutter wieder nicht reagierte, verschwand er. Als später das Haus verkauft wurde, fanden die neuen Besitzer auf dem Grundstück einen vergrabenen Silberschatz. »Das ist sicher kein Märchen. So hat's meine Mutter erzählt.« »Früher waren hier alle große Geschichtenerzähler«, relativiert der Vater. »Man hatte ja weder Radio noch Fernsehen.« Da kamen Leute ins Haus, die Geschichten erzählten, »wahre Geschichten, die unglaublich klangen.«

Dann folgt noch eine Geschichte um ein Bild von Catherines Vaters in jener Uniform, in der er seine Frau kennengelernt hatte. Nach einer Wohnungsrenovierung wurde es nicht mehr aufgehängt, was einen furchtbaren Krach in der Familie provozierte. Der Gekränkte wollte das Bild in Stücke reißen. Aber bis zum heutigen Tag hält es die Familie in Ehren. Es geht darum, Bilder und Geschichten zu retten, weil es Bilder und Geschichten waren, die die Menschen zu Zeiten gerettet haben.

Die Integration vollzog sich in diesen Bildern und Erzählungen, nicht in der Sprache der neuen Heimat. Catherine Scorseses Vater hat nie Englisch gelernt. So musste ihre Schwester Mary mit ihm zur Einwanderungsbehörde, um zu dolmetschen. Die Beamtin fragte erstaunt, wie lange er denn schon in den USA lebe. Seit 30 Jahren? Und er spreche noch kein Wort Englisch? »Das ist ja schrecklich.« Und als Mary das dem Vater übersetzte, antwortete er mit einem höchst unanständigen amerikanischen Fluch: »Go, … yourself«. (Die Auslassung stammt von Catherine Scorsese.) Später bekam er dann aber doch noch seine Staatsbürgerurkunde.

Die Familie zog mit 200 Dollar nach Staten Island und schien dort eine Zeit von unerwartetem Glück und Ruhe zu finden. In dem Blick auf den kleinen Bungalow inmitten von Bäumen erahnen wir eine Parallele zur »Reminiszenz« an das Hausboot von CAPE FEAR. Nach dem Tod des Vaters wurde der Bungalow abgerissen, wir ahnen, was das für einen Verlust bedeutet haben mag, den Verlust einer Mitte. »Wir hatten einmal einen Feigenbaum«, erinnert sich Catherine, den die Mutter nicht mochte. Der Vater stürzte von der Leiter, als er den Baum im Winter einpacken wollte. Im Jahr darauf wurde die Mutter krank und starb. »Und die Feigenbäume blühten nie wieder, als hätte sie sie mitgenommen.« Ein Leben in mehreren Erzählwelten ist das gewesen; die *via vecchia* ist auch ein durchgängiger Traumpfad. Das alte Erzählen hat die alte Armut, vielleicht sogar die alte Ordnung überlebt. Hier geht das Bild von Catherine Scorsese über in ein Schwarzweißfoto, eine Reminiszenz. Über diese Verwandlung könnten wir intensiv nachdenken, zum Beispiel eine innere Verwandtschaft von Feigenbäumen und Filmen betreffend. Aber schon sehen wir wieder die gegenwärtige Catherine Scorsese in Farbe, die nun befindet: »Das ist genug für heute.« Es ist genug für den Film ITALIANAMERICAN, der, vielleicht, die Frage nach der »Identität« neu gestellt hat. Sie rückt die Möbel wieder an ihre angestammten Plätze, sie wird putzen, staubsaugen, die alte Ordnung wieder herstellen. Dabei erinnert sie sich wieder an den Vater und seinen unanständigen Fluch. Schließlich bemerkt sie, dass die Kamera noch läuft. »Filmt er immer noch? Na warte, ich bringe ihn um.«

Und am Ende erfahren wir, wie gehabt, noch das Rezept für Catherine Scorseses Sauce. Es ist keine Geschichte und kein Bild entstanden in ITALIANAMERICAN. Aber eine Unzahl von Bildern und Geschichten, von Sprachen, die sich immer wieder trennen und begegnen. ❑

Alice Doesn't Live Here Anymore (1975)

Zwischen MEAN STREETS und dem ihm eher verwandten TAXI DRIVER versuchte Scorsese sich mit ALICE DOESN'T LIVE HERE ANYMORE erneut an einer Filmproduktion in den Strukturen des Mainstream. Der Film entstand (mit einem gegenüber der vorigen Produktion um das Dreifache gestiegenen Budget) nach einem Buch von Robert Getchell, mit dem Scorsese vorher noch nicht gearbeitet und der einen eher hollywoodorientierten, sentimentalen Stoff im Sinn gehabt hatte. Ein *woman's film* mit einem paradigmatischen Plot: Eine junge Frau lebt mit Mann und Sohn ein unerfülltes und unterdrücktes Leben. Nach dem plötzlichen Tod des Mannes macht sie sich auf, um ihren Traum aus Mädchentagen zu erfüllen und als Country-Sängerin in Monterey Karriere zu machen. Zusammen mit dem Sohn reist sie durch das Land, muss in verschiedenen Jobs arbeiten, lernt verschiedene Männer kennen, am Ende wohl auch den vorläufig richtigen. Für ihn verzichtet sie auf ihre Karriereträume oder hebt sie wenigstens in kleinem Maßstab in einem neuerlichen mehr oder weniger bürgerlichen Glück auf.

Das Ganze steckt so voller modellhafter Situationen und Beziehungen, dass man nicht anders kann, als in der Geschichte dieser Frau jenseits der 30 die Geschichte *der* Frau jenseits der 30 in der Jimmy-Carter-Ära zu sehen. Erzählt mit einer Haltung zwischen der New-Hollywood-Melancholie der gescheiterten Revolte und der trotzigen Selbstbehauptung einer Zeit, in der die Emanzipation die Mühen der Ebene durchlaufen musste, hätte das Projekt einen Parallelmythos über die Aufhebung der Revolte in der bürgerlichen Alltäglichkeit abgeben können. Wie man so sagt: den richtigen Film zur richtigen Zeit. Daraus wurde nichts, obwohl insbesondere in der deutschen Kritik immer wieder Scorseses Film mit seinem Stoff verwechselt wurde, und ausgerechnet die Kritiker, die ihn zuvor der Gewalttätigkeit und der Blasphemie ziehen, eine »totale Verbrüderung mit dem Kommerz« sahen, wie ein katholischer Filmkritiker, der im *film-dienst* beinahe hasserfüllt auf den katholischen Filmemacher reagiert: »Die Reise der verwitweten Alice, die mit ihrem kleinen Sohn loszieht, um ihrem Kindheitstraum gemäß Sängerin zu werden, dient als Vorwand, dem Publikum mit billigen Witzeleien einige Lacher zu entlocken. Die Personen sind Klischees von Klischees. Zum Schluss verflüchtigt sich der Emanzipationsdrang der Heldin wie Parfum. An der Seite eines neuen Mannes wird sie ihre Mutterrolle weiterspielen; denn allein die Anpassung an die bestehende Ordnung – so die reaktionäre Moral – verheißt dauerhaftes Glück.« Wie falsch kann die Einschätzung eines Films erscheinen, ohne das unbehagliche Gefühl zu erzeugen, der Film selbst

könnte an diesem ungenauen Blick doch nicht ganz unschuldig sein?

Martin Scorsese wollte mit dem Stoff einen »realistischen Film über eine Frau« drehen, der »trotzdem Spaß machen« sollte. Was das heißen mag, wenn ein Mann einen »realistischen Film« über eine Frau drehen will, konnte nur in einem Kampf mit dieser Vorlage bestimmt werden, aus der man ziemlich leicht einen Mainstream-Feelgood-Mythos hätte machen können. Scorsese dagegen setzte darauf, den Stoff durch Improvisation am Set und seine mittlerweile souverän gehandhabten Mittel der »Aufrauung« zu verändern. Und am Ende gehört auch dieser Film, der von der Kritik im Gegensatz zu MEAN STREETS und TAXI DRIVER, also den »Männerfilmen«, zwischen denen er entstand, so verhalten aufgenommen wurde, zu den Versuchen, einen Paradigmenwechsel vorzunehmen, im Genre und zugleich in der eigenen Arbeit.

Scorsese entwickelt das Geschehen nicht als Kino-Geschichte, sondern aus einem Kino-Traum heraus. ALICE DOESN'T LIVE HERE ANYMORE entsteht aus einer Geste der Verneinung, des Widerspruchs. Der Regisseur lässt den Film in einer betont künstlichen Welt beginnen, als Reminiszenz an die von ihm nicht übermäßig geschätzten Filme von Douglas Sirk etwa, um ihn dann in einem ganz anderen, realistischeren Ton fortzusetzen, nachdem er die Traumwelt der Heldin verlassen und ihre raue Wirklichkeit betreten hat. Es ist die Erinnerung an ein anderes, buntes Kino der Gefühle: »In der Anfangssequenz, die Alice als kleines Mädchen zeigt«, berichtet Scorsese, »versuchen wir eine Kombination aus DUEL IN THE SUN und GONE WITH THE WIND im Stile von William Cameron Menzies' INVADERS FROM MARS. Wir malten einen roten Sonnenuntergang, der die ganze Bühne zu 180 Grad umschloss, und machten dieses kleine Mädchen wie Dorothy in THE WIZARD OF OZ zurecht, stellten sie vor diesen unglaublichen Prospekt und ließen sie *You'll never Know* singen. In gewisser Hinsicht sind die Songs, die Alice singt, von den alten Betty-Grable-Filmen inspiriert.« Was der Bezug zu diesen Filmen herstellt, sind zwei imaginäre Stories, zwei Lesarten für das Kommende: das von den Erwachsenen allein gelassene und ihnen zutiefst misstrauende Kind (WIZARD OF OZ / Der Zauberer von Oz; 1939; R: Victor Fleming und INVADERS FROM MARS / Invasion vom Mars; 1953, wo dem kleinen Helden die Eltern plötzlich als grausame Fremdlinge gegenüberstehen), und die Frau, die liebt und verliert, ja tötet, was sie liebt (GONE WITH THE WIND / Vom Winde verweht; 1939; R: Victor Fleming und DUEL IN THE SUN / Duell in der Sonne; 1946; R: King Vidor). Und noch etwas scheint alle diese Referenzfilme miteinander zu verknüpfen, nämlich dass sie die Krisen ihrer Genres, die Krisen bestimmter Erzählweisen ausdrücken.

Und wieder, wie schon bei BOXCAR BERTHA, wagt sich der Regisseur dafür aus »seinem« Territorium hinaus, wieder geht er von der Stadt aufs Land, in den mythischen Raum der puritanischen *Americana*. So entstand ein nicht unproblematischer Versuch, sich und den Studioleuten zu beweisen, dass er nach dem harten Männerfilm MEAN STREETS auch mit Schauspielerinnen arbeiten könne. Als ginge es darum, gleich auf mehreren Ebenen die Kino-Geschichten von der anderen Seite her anzusehen. Es war ein Kampf gegen Strukturen von Bild und Erzählung, dem Martin Scorsese sich selber ausgesetzt hatte und den er vollständig nicht gewinnen konnte. Der fertige Film, ein Kompromissprodukt, wurde seinen Vorstellungen nicht gerecht: »Mit dem Ergebnis war ich nur teilweise zufrieden, da wir eigentlich einen Dreieinhalb-Stunden-Film gedreht hatten und ihn dann auf weniger als zwei Stunden kürzen mussten.«

Eine magische Reise in die Normalität

ALICE DOESN'T LIVE HERE ANYMORE enthält noch mehr Kino als die anderen Arbeiten: Im Prolog träumt man mit der Heldin von einer Karriere wie Alice Faye; der Film beginnt mit dem grell hervorgehobenen alten Zeichen von Warner Brothers. Die Credits laufen über einen Satin-Stoff, mit Briefschrift, wie sie in den *woman's films* der 40er Jahre benutzt wurde, während Alice Fayes Song *You'll never Know how much I Miss You* aus HELLO, FRISCO, HELLO (1943; R: H.

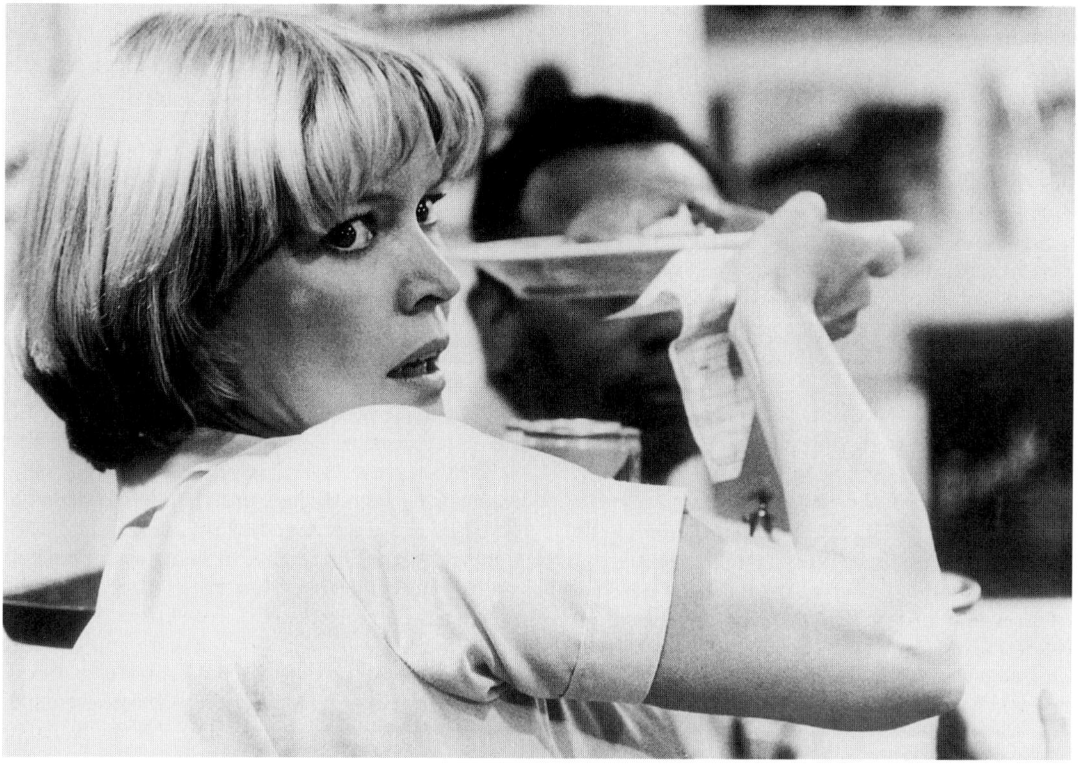

Zwischen Flucht und Gefangenschaft: Ellen Burstyn in ALICE DOESN'T LIVE HERE ANYMORE

Bruce Humberstone) zu hören ist. Doch wie in MEAN STREETS der Song *Please Mr. Postman* als Hinweis auf die verfehlte Adressierung einer Botschaft wirkt, so fungiert hier bereits der Filmtitel selbst über einer scheinbar disparaten Einstellung ganz ähnlich; er erinnert an eine Notiz für den Briefträger, eine unrichtige Adresse betreffend: ein Brief, der keinen Empfänger mehr antrifft. Und diese Einstellung auf die Frauenhandschrift auf blauem Stoff gibt zugleich die Perspektive des Films und die für uns Zuschauer vor: Es ist die Suchbewegung einer Frau, die ihr Heim aufgegeben oder verloren hat. Und wir sind in der Situation von jemandem, der – möglicherweise – eine Botschaft zu überbringen hat, die Heldin aber nicht erreicht, weil sie beständig unterwegs ist. Sie hat keine feste Adresse, kein Heim, und wir sind immer ein paar Schritte hinter ihr, kommen gleichsam auch immer diese paar Schritte zu spät, um ihr zu helfen. Daher fühlen wir uns atemlos und ein wenig mitschuldig. Wir sind Teil der Suche *von* Alice, und Teil der Suche *nach* Alice: Absender, Empfänger und Überbringer eines Briefes (der die »Erzählung« dieses Films beinhaltet). Und als Drittes steckt auch etwas von einer melancholischen Ironie in diesem Titel: Unsere Recherche wird immer ins Leere führen, wird abprallen an dieser schlichten Aussage: Alice lebt nicht mehr hier. Oder heißt es doch auch: Alice *lebt* hier nicht mehr? So wie wir Dorothys Satz aus THE WIZARD OF OZ »There is no place like home« auf so widersprüchliche Weise interpretieren konnten, so auch diesen: Als Beschreibung einer Flucht- und Befreiungsbewegung der Heldin und als Beschreibung ihrer Gefangenschaft. Sie muss, wo immer sie stehen bleibt, wie im biblisch verbotenen Blick zurück, ihr Leben verlieren, das Nicht-mehr-Leben abwechselnd als räumliche und als zeitliche Bedrohung erfahren. Wir sehen in diesem Film so oft in den Rückspiegel des Autos; viel schwerer ist der Blick nach vorn. Das Amerika der Mythologie, der *Americana*, aber auch das von New Hollywood, das Amerika der Weite und der Versprechungen, das liegt immer schon hinter Alice. Als ein Ort, der nicht bewohnbar war.

Während das Titellied ausklingt, sehen wir Alice, ein kleines Mädchen, das mit einer Puppe die Straße von Monterey entlanggeht. Sie singt Alice Fayes Song weiter, und sie behauptet kess, sie sei besser als diese. *Sweetness* und Gewalt sind schon in ihrem Kommentar vereint: »I could do it better, and if anybody doesn't like it they can blow it out their ass.« Hätte Dorothy so etwas gesagt? Vielleicht ahnten wir etwas davon in Judy Garlands Gesicht. Diese bittere Vulgarität der Heldin, die sie durch ihre Lebensgeschichte begleiten wird und über die sich ihr Sohn später so häufig beklagt, ist also nicht ausschließlich Folge ihrer deprimierenden Lebensumstände. Sie ist schon da, bevor es die entsprechenden Erfahrungen gibt. Freilich werden wir das bald vergessen haben, so sehr scheint ihre zumindest verbale Bosheit vollständig passender Ausdruck von Ödnis und Enttäuschung. Aber wenn wir uns an diese Eingangssequenz erinnern (die in der ursprünglichen Version des Films stärker in den Vordergrund gerückt war), können wir nicht so einfach unterscheiden, ob es da um eine Person geht, die mit ihren Worten der Welt etwas heimzuzahlen versucht, oder ob es umgekehrt darum geht, wie die Welt einer Person ihre Worte heimzahlt. Diese »böse Sprache« von Alice jedenfalls ist anders in diese Person eingeschrieben, als es nach den Regeln des psychologischen Realismus der Fall wäre. So kommt Alice durch den Vorgarten in ihr Haus, wo ihre Mutter wartet. Als Wiederkehr des amerikanischen (Film-)Mädchens und als ihr Dementi.

Die Gewalt, mit der die männlichen Scorsese-Helden auf ihre Umwelt reagieren, mit der sie ihr tiefes Misstrauen gegenüber den anderen ausagieren, gehört auch zu Alices Wesensmerkmalen: Sie ist von Beginn an gefangen in diesem Widerspruch, der Welt ihre Zärtlichkeit in der Musik zu geben und zugleich eine Bosheit, die keine Versöhnung erkennen lässt.

Der Name der Heldin ist also doppelt codiert: Sie ist fremd wie das Mädchen im Wunderland (und wie diese Alice hat sie nur ihre Frechheit, sich gegen die mannigfachen Zumutungen zur Wehr zu setzen), und sie verfehlt die ideale Matrix der erfolgreichen Sängerin mit dem Namen Alice – erfüllt aber die merkwürdig schmerzhafte Botschaft von deren Song, und erscheint von Anfang an in einem verzweifelten Kampf mit diesen anderen Alices. Dann sehen wir die junge Alice in teuren Studiobauten, die an die großen Musicals der Zeit erinnern. Sie träumt von und in Monterey, Kalifornien, einem Fluchtpunkt der populären Musik. Und dann ist mit einem Schnitt der Traum vorbei, und wir befinden uns in Soccorro, New Mexico, 27 Jahre später, und das kleine Mädchen ist eine Frau geworden, die ihr Glück nicht gefunden hat. Mit 19 Jahren hat sie geheiratet, heute ist sie 32, Hausfrau und Mutter, und hat alle Hoffnungen auf das große Glück verloren. Alice, von Ellen Burstyn gespielt, lebt mit ihrem zu cholerischen Ausbrüchen neigenden Mann, einem Coca-Cola-Fahrer, von dem sie tückischerweise auch den Nachnahmen »Hyatt« hat annehmen müssen, und mit ihrem quengeligen, altklugen Sohn von elf Jahren ein eher bescheidenes Leben. Der Übergang ist einmal ausgesprochen sarkastisch, wie bei einer hängengebliebenen Platte wiederholt sich das Wort »now« aus dem Song und schwillt dabei zu einem vielstimmigen Chor an, dann wird die Stimme von Alice Faye durch den Glam-Rock von Mott the Hoople abgelöst. Wieder macht die Musik den Zeitsprung deutlich, und wieder geht der Gebrauch, den Scorsese davon macht, weit darüber hinaus.

Wie und warum Alice ihren großen Traum, als Sängerin Karriere zu machen, aufgegeben und stattdessen Don Hyatt (Billy Green Bush) geheiratet hat, erfahren wir nicht. Sie selbst wird im Verlaufe des Films immer wieder versuchen, zu einer Antwort anzusetzen. Eine Ehe wie tausend andere auch. Sie verlangt eine Aufmerksamkeit, eine Zuwendung von ihm, die er ihr nicht geben kann; während sie selbst das Essen ohne Begeisterung verschlingt, möchte sie von ihm eine Bestätigung

Jeder ist dem anderen ein Fremder: Don Hyatt (Billy Green Bush), Alice und Tommy (Alfred Lutter)

für ihre kulinarischen Bemühungen. Dass sie außen nicht findet, was sie selber nicht in sich hat, daran leidet diese Alice mindestens ebenso wie an der grausamen Gleichgültigkeit ihrer Umwelt. Kurz zuvor war doch dieses Leben, wie Alice und ihre Familie es führen, noch ein Ideal im Hollywoodfilm, und kurz darauf sollte es wieder eines werden. Hinter Alices Unzufriedenheit steckt mehr als das übliche psychologische Problem eines *woman's film*, sie hat tiefere Ursachen als die kleinbürgerliche, provinzielle Beschränkung, die zu den Ausbruchsfantasien von New Hollywood führte.

Wieder werden die Verhältnisse umso komplizierter, je genauer man sie sich besieht. Was auf den ersten Blick nichts als eine sarkastische Beschreibung einer gewöhnlich unglücklichen Ehe erscheint, mit den entsprechend verteilten Rollen, kehrt sich zur direkten Fortsetzung ihres Verhaltens aus dem Mädchen-Traum am Beginn: Denn es ist nicht der Mann allein, der ihr Unglück bedeutet, sie versucht vergeblich, von ihm Signale gegen dieses innere Unglück zu erhalten, das nicht das seine ist. Sie will ein Gespräch mit ihm beginnen, aber beantwortet selber alle Fragen mit tiefer gestellter Stimme. Und da ist noch der kleine Sohn, der beiden so fremd erscheint wie diese sich untereinander. Diese drei Menschen, die da am Esstisch versammelt sind, dem unverwüstlichen Symbol der Familien-Einheit, scheinen ganz einfach nichts miteinander zu tun zu haben. Jeder ist dem anderen ein Fremder. Und auch die »lauten« Zeichen, der hässliche Kunstdruck einer Landschaft, die altmodischen Porzellanteller auf der Anrichte, das schwere Holz der Einrichtung, diese grauenhafte Begegnung von Weite und Enge, Geschichte und Gegenwart, sie sprechen von der verfehlten Konstruktion eines »Zuhause«.

Auch Tommy (Alfred Lutter) scheint nichts anderes im Sinn zu haben, als diese »Installation« zu stören; er spielt seine Musik laut, er schneidet Grimassen, er tauscht Salz und Zucker aus, und weil er weiß, dass seine Mutter keinen Zucker benutzt, ist dieser Streich direkt gegen den Vater gerichtet, der vermutlich nicht zufällig Don heißt. Während also Alice den Mann überfordert, indem sie von ihm verlangt, was er nicht geben kann, eine

Emotionalität, die sie selber beständig zerstört, hat ihr Sohn – später wird sich das immer wiederholen – ihre eigenen verborgenen aggressiven Impulse gegen den Vater gerichtet, ohne dafür ein rechtes Ziel zu finden. Don zündet sich dann, auch das eine sehr gewöhnliche Szene, eine Zigarette an, statt mit seiner Frau zu sprechen. Alice wendet sich ab und beginnt zu weinen. Dann kommt Don zu ihr und umarmt sie. Ein wirklich schlechter Kerl ist er ja nicht.

Natürlich können wir diese Sequenz der fehlenden und dann herbeimanipulierten emotionalen Zuwendung auch im sexuellen Sinne deuten. Don ist an seiner Frau nicht sonderlich interessiert, was an seiner eigenen emotionalen Deprivation ebenso liegen mag wie an der manipulativen Selbstbezogenheit Alices. Sie hätte gern, sagt sie einmal, einen Mann wie Robert Redford kennengelernt. Geheiratet hat sie jemanden, der in allem, selbst in Äußerlichkeiten, das genaue Gegenteil ist. Auch da müssen wir schon wieder zweifeln, auf wessen Seite der größere Liebesverrat begangen wurde.

Nicht etwa, dass wir Zuneigung zu dem Kerl in Alices Haus fassen könnten. Dieser *Don* spielt sich in der Tat als ihr Herr auf (und erinnert doch als »Hiatus« [Hyatt] an den Riss, der durch das Leben seiner Frau geht.) Don beklagt sich über ihre Qualitäten als Ehefrau und Mutter, wir erleben ihn als denkbar unsympathischen Kerl. Zugleich aber ist er auch »unschuldiger« Ausdruck des verfehlten Lebensentwurfes der Heldin. Er ist ganz einfach der »falsche Mann«, ohne dass es für Alice den »richtigen« anders denn in der Traumwelt gebe. Und dennoch wird selbst diese traumhafte kleine Untreue grausam konsequent bestraft (oder erfüllt): Alice macht gerade mit ihrer Freundin Scherze darüber, was für ein Mann doch Redford sei, als das Telefon klingelt und sie die Nachricht vom Tod ihres Mannes erhält.

Das löst einen ungeheuren Widerstreit der Gefühle aus, Alice verspürt Schuldgefühle und ist erleichtert, sie fühlt Einsamkeit und Befreiung. Und Don hat für den Fall seines Todes nicht an seine Familie gedacht. Er lebte und starb im *Now*. Und das war das einzige, was er ihr gab, diese kleine Sicherheit des Da-Seins. Doch als der Mann plötzlich verunglückt, auf der Autobahn inmitten zerbrochener Colaflaschen verblutet, ist selbst diese kleine Sicherheit verloren; Alice macht sich, nachdem die Beerdigung ironischerweise ihr letztes Geld verschlungen hat, von der trostlosen Provinz-Existenz von Soccorro auf nach Monterey, ihrer Heimatstadt, eine magische Reise aus den *Heartlands* zur Küste, um wieder als Sängerin Fuß zu fassen, zurück und vorwärts zugleich. Auch diese Topografie schon erzählt vom Verfehlen des Zieles. Nach dem Tod des Mannes will sie nach Monterey zurückkehren: Die erste Etappe der Reise ist denn auch Phoenix, Arizona, und es gibt kaum einen größeren Unterschied zwischen der Fantasie, aus der Asche neu zu erstehen, und der schäbigen Wirklichkeit dieses Ortes. Die nächste Station ist Tucson. Dass ihr hier (scheinbar) neues, bescheidenes Glück in Form eines durchaus nicht klischeefreien Kris-Kristofferson-Cowboys begegnet, ist wohl auch topografisch folgerichtig. Alice bleibt sozusagen im Herzen in der Wüste stecken.

Sie fährt also, den nervenden Sohn Tommy im Gefolge, als Handicap und einzigen Verbündeten, durch den Südwesten des Landes, nächtigt in heruntergekommenen Motels und sucht sich Gelegenheitsjobs. Alice schlägt sich durch, sie leidet, und sie ist tapfer. Sie landet in Albuquerque in New Mexico, wo sie, nach einigen Absagen, schließlich der ältere Besitzer einer Bar eher aus Mitleid denn aus Begeisterung als Sängerin auftreten lässt. Wieder erreicht sie, wie in einer der Eingangsszenen mit Don, die Zuwendung des Mannes nur durch Tränen. Sie will als Sängerin ernst genommen werden und wird doch immer wieder nur als Sexobjekt oder als Kind angesehen. Nun gerät sie auch an einen Mann, Ben Eberhart (Harvey Keitel), der sie mit einer Art von charmanter Hartnäckigkeit herumkriegt. Die große Liebe ist das für sie wohl auch nicht, aber sie fühlt sich in seinen Augen »jemand werden«, sie braucht diese Anerkennung und die kleine Geborgenheit. Schon ist sie wieder bereit, den großen Traum für ein kleines Glück aufzugeben. Sie will als Erfolg sehen, was nichts als Illusion ist. Aber plötzlich erscheint Bens schwangere Ehefrau, ein jämmerliches, geschundenes Abbild ihrer selbst, eine Kindfrau ohne Hoff-

Nichts als Illusion: Alices kurzes Glück mit Ben (Harvey Keitel)

nung. Verzweifelt bittet sie, ihr den Mann nicht zu nehmen. Und als Ben dazu kommt, bedrängt er sie mit plötzlicher, für Alice vollkommen unerwarteter Gewalt – die sich dann auch gegen Alice selbst richtet.

Diese Gewalt ist durchaus mörderisch; Ben schreit: »Alice, I'm gonna cut you!«, und er schüttelt sich die Hände, wie wenn er sie sich schmutzig gemacht hätte. Scorsese dreht diese Szene in einem strengeren dokumentarischen Stil als in diesem Film gewohnt; die Handkamera zieht uns in das Geschehen mit ein, so wie wir später in den Kämpfen des RAGING BULL mit einbezogen sind.

Wieder flüchtet Alice, und diesmal kommt sie gerade einmal nach Tucson in Arizona. An einen Job als Sängerin ist hier schon überhaupt nicht mehr zu denken, und so beginnt sie als Kellnerin in dem Fast-Food-Restaurant *Mel and Ruby's Café*, das von dem rauen Mel (Vic Tayback) geführt wird, und wo sie von den Spottreden ihrer Kollegin Flo (Diane Ladd) und den tatschenden Händen der männlichen Kundschaft gepeinigt wird. Erst allmählich erkennt sie in ihrer Kollegin einen warmherzigen Menschen mit einem Schicksal, das dem ihren nicht so unähnlich ist. Flo ist es auch, die Alice mit der harten Form des amerikanischen Traums konfrontiert, mit der Idee, dass jene Besessenheit, die möglicherweise auch den Künstler Martin Scorsese umtreibt, zum Ziel führt, wenn man sie nur konsequent genug durchhält: »Also, du musst erst einmal wissen, was du willst. Dann musst du dahinter kommen. Und wenn du das rausgefunden hast, dann spring mit beiden Füßen rein und scher dich den Teufel um die anderen.« Natürlich ist nicht nur Flo selbst ein lebendes Dementi ihrer Aussage, auch die Konstruktion des ganzen Films widerspricht dieser Vorstellung vom unerschütterlichen Glauben an die eigene Person, an Idee und Kunst. Und so besehen ist ALICE DOESN'T LIVE HERE ANYMORE keineswegs vor allem ein Flirt Scorseses mit traditionelleren Formen des amerikanischen Erzählkinos, sondern vor allem Teil der magischen Autobiografie; in Alice steckt, so wie in *Madame Bovary* auch der Autor Flaubert steckt, eben auch der Künstler Martin Scorsese, der die Grenzen der künstlerischen Besessenheit am Leben selbst aufdeckt.

Auch Alice ist ein Scorsese-Held, ein Abbild Scorseses also. Aber gleichzeitig ist sie auch die Frau, die die Möglichkeiten des Scorsese-Kosmos erprobt, die Männerrollen, denen der Film misstraut. Die erste Konstruktion der Frau in der Scorsese-Welt, die über das hinausgeht, was die Frauen in den Blicken seiner Männerfiguren verschwinden lässt oder sie ins Traumhafte erhöht. Alices Stärke ist nicht die Erfüllung einer Dramaturgie der Emanzipation, und ebenso wenig die einer traditionellen Opferrolle. Wenn wir etwas verstanden haben nach diesem Film, so ist es, dieses weibliche Gegenüber der bislang so männlich dominierten Scorsese-Welt als Person zu akzeptieren, und das heißt bei diesem Regisseur: als Widerspruch. Alice mag nicht stark genug sein, ihren großen Traum zu erfüllen (vielleicht war er ja wirklich immer nur Vorwand und Flucht), sie mag nicht stark genug sein, um ohne Mann leben zu können (auch hier ist der Dialog noch präziser: »I don't know how to live without a man«, bekennt sie Flo). Aber sie ist stark genug, um im Blick des Mannes nicht zu verschwinden. Vielleicht so können wir ihren furchtsamen Trotz, ihre »bösen Worte«, noch einmal besser verstehen. Emanzipation ist hier etwas, was (auch beim Zusehen) durch einen Prozess zwischen Blick und Bild geschieht – weder also geht es in dem Film um das Bild einer Emanzipation noch um einen emanzipierten Blick auf ein exemplarisches Scheitern. Worum es geht, liegt genau dazwischen. Es ist die Geschichte eines Blicks, der gewahr wird, dass sich das Erblickte weigert, zu verschwinden oder sich vollkommen anzuformen. (Wo Teresa aus MEAN STREETS ihren »epileptischen Anfall« bekommen musste, weil sie Gefühle hat, dort hält Alice stand.) Wenn man akzeptiert, wie sehr es in diesem Film um den Blick geht, gerät man nicht mehr in Gefahr, ihn als Psychogramm oder als Parabel misszuverstehen. Und natürlich ist es vorderhand einmal der Blick von Martin Scorsese. So bekennt er später, der Film sei auch ein Versuch der Selbsttherapie gewesen, erst danach habe er es gelernt, mit Frauen in einem Raum zu sitzen, ohne sich zu fürchten. Es ist das Eindringen – gespiegelt in der Figur des kleinen Sohnes – in den Raum des Weiblichen, der Scorseses Figuren vordem so gründlich misslang. Und die Erkenntnis ist gewissermaßen eine filmische Sensation: Alice Hyatt ist ein normaler Mensch.

Auch darin steckt ein veritabler Paradigmenwechsel. So wie Alice das Subjekt des Films wird, tendieren die Männer dazu, zu Phantasmen ihres Blicks zu werden. Auch was das Verschwinden anbelangt, ist nun die Reihe an ihnen. Das männliche Subjekt konstruiert seine »Normalität« gerade durch die außergewöhnliche Tat einerseits, durch das weibliche Phantasma andererseits. Das weibliche Subjekt hingegen hat, selbst in vielen *woman's films*, nur das zum Inhalt, was sie zum Außergewöhnlichen macht. Das Leiden, die Neurose, die Pose, vielleicht auch das Talent. Das Melodrama zwingt sie zum gewaltigen Ausdruck ihrer Gefühle, und zur Empfindung, dass jeder emotionale Ausdruck zugleich ein moralischer ist. Man kann es vielleicht noch drastischer formulieren: Um in der Geschichte der populären Mythologie zum filmischen Subjekt zu werden, muss die Frau melodramatisch sein. Indem sie melodramatisch wird, verwirkt sie aber nicht nur ihr Recht auf Normalität, sondern auch darauf, zugleich Subjekt der Geschichte zu werden (wie der Westerner, der mit seinem Revolver zugleich seine Biografie und die Geschichte seines Landes schreibt).

Die erzählerische Geste von ALICE DOESN'T LIVE HERE ANYMORE revoltiert also nicht nur gegen den Mädchen-Traum, sondern auch gegen das Melodrama. Und dieser Geste entspricht sowohl die Entheiligung der Titelfigur als auch ihre Konstruktion als Subjekt. Wie alle Scorsese-Helden will auch Alice »jemand werden«, aber das ist für sie zugleich ein fundamentaleres und ein »normaleres« Ziel als für die männlichen Helden in Scorsese-Country.

Wenn Alice ein sehr strenges Subjekt in diesem Film ist und es daher nur sehr wenige Szenen gibt, in denen sie nicht im Zentrum steht oder ihr Blick nicht den unseren leitet, so sorgt ihr Sohn für die Ausnahme. Denn auch er ist unterwegs, jemand zu werden, ein Subjekt. Daher findet auch Tommy einen Platz, in dem er sich zu entwickeln versucht. Zwei sehr unterschiedliche Menschen sind es, die ihn aus der »Glocke« seiner Mutter herausführen. In einer Gitarrenschule lernt er das Mädchen Audrey (Jodie Foster) kennen, das ihm die Regeln eines Herumtreiber-Lebens nahe bringt. Und in dem Farmer David (Kris Kristofferson), den seine Mutter im Diner kennen gelernt hat und dessen starken Armen sie sich dann doch anvertrauen mag, nicht zuletzt, weil auch Tommy ihn akzeptieren kann, nachdem David ihn mit auf die Farm genommen hat, zeichnet sich so etwas wie ein anderes Vater-Bild ab. David zeigt ihm, wie man eine Kuh melkt, und er hilft ihm, sein Gitarrenspiel zu entwickeln; er zeigt sich überhaupt, zuerst einmal, »interessiert«. Aber zugleich verschärft er die Widersprüche zwischen alltäglicher Geborgenheit und künstlerischer Freiheit, die sich überdies noch in der »Klemme« zwischen Audrey und David zeigt. (Steckt in dieser merkwürdigen Konstellation nicht schon der Keim der Widersprüche von künstlerischer und emotionaler Beziehung, die dann das Paar in NEW YORK, NEW YORK so dramatisch umtreiben wird?)

Es ist wohl kein Zufall, dass in dieser Situation Alices emotionaler Zusammenbruch im Diner stattfindet. Als sie den Wünschen der vielen Gäste und ihren Ansinnen einmal nicht gerecht werden kann, beginnt sie, hysterisch zu lachen, und für einen Augenblick findet sie eine andere Beziehung zu ihren Kolleginnen, Vera (Valerie Curtin) und Flo, und in der nächsten Sequenz sitzen Alice und Flo in der Sonne und sind einander nahe. Als könnte Alice hier vielleicht doch noch einen Platz finden. Flo, zum Beispiel, gibt ihr Hinweise darauf, wie man es anstellt, von den Gästen mehr Trinkgeld zu bekommen, ohne sich etwas zu vergeben. (Man knöpft noch einen Knopf an der Bluse weiter auf.) Die Berechnung im Umgang mit den Männern (und mit der Welt), die Alice – vielleicht – unbewusst und skrupulös anwendet, in der Regel, in-

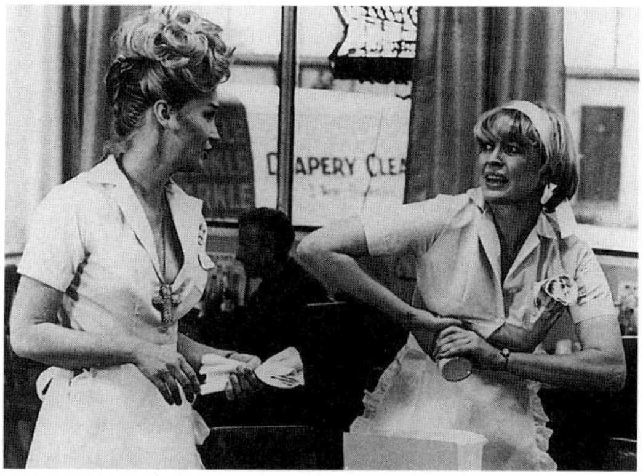

Ein Abbild ihrer verborgenen Möglichkeiten: Alice und ihre Kollegin Flo (Diane Ladd)

dem sie sich als Opfer zu erkennen gibt, ist bei Flo rationalisierte Absicht. Auch in ihr begegnet Alice einem Abbild ihrer verborgenen Möglichkeiten.

David, das ist ein Ideal, schon beinahe an der Grenze zur Karikatur. Männlich, freundlich, hilfsbereit und nicht besitzergreifend, selbstsicher und nicht arrogant. Doch sich einzupassen will nicht gelingen. Während Tommy mit Audrey Gitarrensaiten in einem Musikladen stiehlt, macht David Alice auf die Unmöglichkeit ihres Entwurfes aufmerksam. Sie erzählt ihm, dass sie davon träumt, als Sängerin Karriere zu machen. David fragt sie, ob sie »ein Heim« will oder Sängerin werden, und Alice antwortet: »Beides.« Aber beides geht nicht, sagt David. Als wäre damit alles gesagt.

Wir spüren recht deutlich, dass Alice und Tommy hier »angekommen« sind – oder erneut »verloren«, wie man es nimmt. Doch das alles geht nicht so schnell, auch David muss erst lernen, Alice und Tommy mehr zu akzeptieren als in seiner scheinbar so »souveränen« Art. An Tommys Geburtstag fühlt David sich von einem seiner Ausbrüche provoziert und schlägt den Jungen. Wieder, so scheint es, wird das Kind zum Ausdruck der unterdrückten und widerspruchsvollen Gefühle der Mutter. Die Beziehung der drei erinnert deutlich an die Beziehung von Charlie, Johnny und Teresa in MEAN STREETS. Diesmal steht die Heldin in der Entscheidung zwischen dem »bürgerlichen« Glück und der moralisch-mythischen

An der Grenze zur Karikatur: Kris Kristofferson als Farmer David

Herausforderung; das geht nicht zusammen. David wirft Alice vor, sich nicht entscheiden zu können. »You're wrong«, erwidert sie, »I just made it up.« (Ein ausgesprochen zwiespältiger Satz, einer von vielen: Er spricht davon, dass die Entscheidung, die Alice zu treffen meint, ebenso eine Erfindung ist: eine Lüge.) So beschließt Alice, auch mit David zu brechen. Auf der Heimfahrt wiederum fühlt auch sie sich durch Tommys Sprüche provoziert und wirft ihn gar aus dem Wagen. Tommy und Audrey betrinken sich. Kaum im Motel, bereut Alice ihren Zornausbruch und sucht nach ihrem Sohn, aber der bleibt erst einmal verschwunden. Sie findet ihn schließlich auf der Polizeistation wieder. Das ist nur einerseits eine ziemlich realistische Situation. Es beschreibt andererseits innere Wege der Identifikation. Ständiges Verlieren und Wiedergewinnen und Wiederverlieren.

Alices ganze Verzweiflung bricht in einem Gespräch mit Flo hervor: Sie hat all das Geld für die Reise nach Monterey für Tommys Geburtstagsgeschenk ausgegeben (wie sie vordem ihr ganzes Geld für das Begräbnis des Mannes hat ausgeben müssen), und sie kann in Wahrheit nicht ohne einen Mann leben. Es ist nicht, dass sie nicht ohne Liebe leben könnte (die Liebe ist ja, auf die absonderlichste Weise, beständig um sie und in ihr), nein, sie kann nicht ohne Mann leben. Das Modell der Beziehung und der Abhängigkeit ist mächtiger als die Sehnsucht, die Sehnsucht danach, sich als Künstler als ein »jemand« zu erweisen, mächtiger aber auch als die transzendentale Kraft der Liebe, die ideell aus jedem Schlamassel helfen würde (ohne es wirklich zu tun). In diesem Moment verstehen wir, dass es auch in diesem Scorsese-Film die Liebe nicht gibt. Nicht in der Wirklichkeit, nicht in der Vorstellungskraft seiner Helden. (Und wieder werden wir auf den grausamsten aller Scorsese-Filme, THE AGE OF INNOCENCE, vorbereitet, jenen Film in Scorseses Arbeit, in dem die Liebe zugleich am nächsten ist und am radikalsten verfehlt wird.) Dennoch scheint Alice entschlossen, ihr eigenes Leben zu führen. David kommt, als die beiden ihre Arbeit im *Diner* wieder aufgenommen haben, und bittet Alice, mit ihr auf seiner Ranch zu leben. Noch aber sträubt sie sich: Sie will nichts tun, was ihre Karriere als Sängerin unmöglich machen würde. Zornig, aber entschlossen bietet David ihr an, sie und Tommy nach Monterey zu fahren, wenn das ihr Wille ist. Die beiden umarmen sich, während die Gäste des Diners der Szene Beifall spenden.

Das Happy End ist mehrfach gebrochen; es wird nicht nur mit dem Ende der Träume und dem Ende der Freiheit bestraft. Und nicht nur hat das Angebot seiner Erfüllung den Traum zerstört. So sehen wir die Mutter und ihren Sohn am Ende eng umschlungen eine Straße entlanggehen. Alice erklärt Tommy, dass sie sich entschlossen habe, mit David hier zu bleiben, schließlich könne man ja überall Sängerin sein. Tommy meint, dass auch er David gern habe, und dass es überhaupt ihre Idee und nicht seine gewesen sei, nach Monterey zu gehen. Als die beiden weitergehen, sehen wir ein Gebäude mit dem Schriftzug *Monterey*. Reines familiäres Glück, nun? Da sagt der Junge: »Mom, ich kriege keine Luft«, und mit einem Schlag verzeihen wir ihm nicht nur seine nervtötende Altklugheit, sondern wissen auch, dass wir gerade nicht den Beginn eines großen Glücks miterleben, und dass wir einer Befreiungsgeschichte in einer Befreiungsgeschichte begegnen. Umgekehrt ist Alices Leben die Geschichte eines endlosen weiblichen Leidens unter den Männern, und ihre endgültige Emanzipation könnte in nichts anderem bestehen als darin, sich auch von diesem »Mann«, ihrem Sohn, zu befreien. Oder es wäre die Erkenntnis, wie sehr sie nicht nur Unterdrückte, sondern auch Teil der Unterdrückung war.

Scorsese zeigt hier gleichsam ein inneres Getto, den geschlossenen Kreis des Frau-Seins in der (amerikanischen) Gesellschaft, den die Heldin so wenig wirklich verlassen kann, wie die Helden zuvor und danach ihre Gettos, wie Charlie, Johnny und Teresa ihre Welt in MEAN STREETS verlassen konnten. Die Freiheit, die sich Bertha genommen hat, wird lange keine Frau mehr in einem Scorsese-Film ergreifen. Alice ist gefangen in einem Kreis, der freilich eher an die Zeit als an den Raum gebunden ist; sie ist aus äußeren und inneren Kräften heraus gezwungen, immer wieder dieselben Fehler zu begehen.

Die Struktur des Traums aus weiblicher Perspektive

ALICE DOESN'T LIVE HERE ANYMORE beschreibt überdies eine Kette der Ersetzungen. Alice versucht, die Lücke in ihrem Leben zu füllen, jene Lücke, die schon Don nicht füllen konnte. (Und Flo ist nichts als die »Ersetzung« jener Freundin Bea, die Alice zurückgelassen hat; ganze Dialogteile wiederholen sich im Gespräch mit ihr.) So wie Ben all das Furchtbare an ihrem Mann zusammenfasst, die Lüge, den Betrug, die Gewalt, so fasst David die positiven Möglichkeiten zusammen. Doch selbst die Synthese, die auf These und Antithese folgt, ist noch entfernt von einer »Lösung«. Zum ersten Mal gibt es nun eine »Sprache« zwischen den Liebenden, auch und gerade dort, wo sie schmerzen kann, aber Alice, so ist zu vermuten, benutzt wieder die emotionale Erpressung als Mittel, ihre Bedürfnisse durchzusetzen. David scheint nachzugeben, aber vielleicht ist dieses Nachgeben auch schon der erste Schritt dazu, dass auch er wieder zum Verstummen gebracht wird. Am Ende begnügt sich Alice mit dem Traum von ihrem eigenständigen Leben und wird sich wieder einrichten. So wie das Getto der Straße Charlie und Teresa und Johnny nicht losgelassen hat, so lässt das Getto Familie David und Alice und Tommy nicht los.

Wenn es die Macht der Männer – im Text der populären Mythologie – ist, die Frau in ihrem Blick auf besondere Weise zum Verschwinden zu bringen, so ist es die der Frauen, die Männer zum Verstummen zu bringen. Die furchtbarste aller denkbaren Möglichkeiten von Alices Geschichte ist es, dass sie den Kreis wieder schließt, nicht nur den Kreis eines Lebens, das nicht weiß, wie man ohne Männer lebt, sondern den Kreis einer wechselseitigen Produktion: Wird sie aus David einen neuen Don machen, und dieser aus der neuen wieder die alte Alice?

Tommy – das ist nicht nur der (geliebte) »Klotz am Bein« der Frau, die ewige Fortschreibung des Kampfes zwischen Mann und Frau, sondern auch das Prinzip der Rationalität in Alices Leben, eine Art Jiminy Grille der Skepsis, der die Wege eines Menschen begleitet, welcher zum Selbstbetrug neigt. Tommy steht immer wieder dagegen, wenn Alice sich in ihren Kindheitsträumen verlieren oder sich von der Gesellschaft vereinnahmen lassen will. Er ist zugleich innerer Widerspruch und »Motor« ihres Lebens, der Stachel des Realitätsprinzips in einer Lebensreise, die nur von einem Traum zum anderen führt.

Aber zugleich hat Tommy auch eine eigene Geschichte. So erlebt er seine erste Beziehung zu dem frechen Madchen, das von Jodie Foster gespielt wird (die dann in TAXI DRIVER ihre große Scorsese-Rolle hat). »Eigentlich heiße ich Doris«, sagt sie, »aber Audrey gefällt mir besser«. (es ist wahrlich schwer, dabei nicht an die Unterschiede zwischen Doris Day und Audrey Hepburn zu denken) – und in mehrerer Hinsicht ist sie eine seltsame Vor-Studie zu der jungen Hure im nächsten Scorsese-Film: Ihre Mutter arbeitet als Prostituierte, was sie nicht im mindesten entsetzt; sie zeigt dem Jungen, wie man klaut und wie man säuft. Ihr letzter Gruß, eine Mae-West-Parodie, heißt im Original »Bye Boys!« und wird, vergröbernd, in der deutschen Synchronisation zu »Auf bald, ihr Säcke.«

So wie Tommy die Störung einer Struktur ist, die Don, Ben und David als eine Drei-Einheit der Männlichkeit erscheinen lässt, so ist Audrey/Doris die Störung der Struktur, in der Alice und ihr Film die Weiblichkeit konstruieren, nämlich als Prinzip der Ähnlichkeit. Der Film insgesamt arbeitet in einem dreifachen Bezugssystem, jeweils mit entscheidenden Störungen versehen: Da ist zum einen der Märchenfilm, der WIZARD OF OZ, und die dazugehörige Musik. Auch Alice begegnet drei Männern, drei Begleitern auf ihrer Suche nach dem Wesen ihres Schicksals, so wie Dorothy den feigen Löwen, die Vogelscheuche und den Blechmann als Begleiter hatte. (Und erinnern wir uns recht: Eine große Hilfe konnten die drei ihr nicht sein, solange sie selbst so unerlöst waren.) Da ist das Sozialmärchen (das sich wohl das Studio ausbedungen hatte), eine Reminiszenz an die *woman's films* mit ihren Aschenputtel-Träumen und Erlösungshoffnungen. Und da ist als drittes der Scorsese eigene Realismus, der den Zuschauer in die Lage versetzt, immer ein wenig hinter die Mythen und Inszenierungen der Figuren zu sehen, und der mit beinahe unerbittlicher Genauigkeit materielle Details von Arbeit und körperlichem Leid festhält. Das gibt weniger eine Einheit als eine Bewegung.

Alices Problem als Sängerin ist nicht so sehr, dass sie zu wenig Talent oder zu wenig Persönlichkeit hätte (freilich hat sie wohl wahrhaft nichts von dem, was einen Star ausmacht), es ist ihre hoffnungslose Bindung an die Welt der 40er Jahre, ihr Anachronismus, ihr endloser Traum vom WIZARD OF OZ. Sie möchte wohl immer wieder das kleine Mädchen aus der Eingangssequenz werden, das die Bewunderung der Menschen auf sich zieht und dabei zugleich unberührt und entrückt bleibt. Das konstituiert vermutlich auch die Beziehung zu dem Farmer David, der wie sie nicht wirklich den Anschluss an die Gegenwart sucht und findet. Ihr Aufbruch ist ja nichts anderes als ein Versuch der Rückkehr. Alices Weg vom Traum zur Wirklichkeit findet zwischen dem »There is NO place like home« zum »There IS no place like home« statt.

Darin unterscheidet sich die Heldin von den männlichen Protagonisten in den Scorsese-Filmen: Auch die träumen von einem Leben nach dem Modell großer Vorbilder, sie zitieren Kino-Helden wie John Wayne oder Marlon Brando und gefallen sich in deren Posen. Und wenn sie scheitern, merken sie zumeist nicht einmal, wie sehr sie ihre (imaginären) Vorbilder verfehlt haben. Alice dagegen definiert sich beständig, indem sie schon erklärt, dass sie solche Vorbilder nicht erreicht. Einmal erklärt sie sich selbst, dass sie ganz definitiv nicht Peggy Lee ist. Und ein andermal antwortet sie, als ihr Sohn im Motel-Zimmer nach ihrem Klopfen fragt, wer da sei, mit einem beinahe übertriebenen Sarkasmus in der Stimme: »Diana Ross«.

ALICE DOESN'T LIVE HERE ANYMORE ist in mehrerlei Hinsicht eine negative Spiegelung aller Scorsese-Filme vordem und einiger danach. Er zeigt, dass die Struktur des Traumes sich ziemlich radikal verändert, wenn sie aus weiblicher Perspektive gesehen wird. (Und doch ist er nur Teil einer endlosen Kreisbewegung; denn so wie Alices Sohn der Scorsese-Held in einer Frauengeschichte ist, so sind die Frauen in anderen Filmen wiederum Mütter, Geliebte, Töchter neuer Scorsese-Helden: Werden nicht die Männer von den Frauen geboren, geschaffen, erzogen, erfunden, die unter ihnen zu leiden haben?) Die Verhältnisse von Wollen und Können sind gründlich verschoben, der Impuls, »jemand zu werden«, der alle Scorsese-Helden beseelt, ist für Alice nicht zu verwirklichen. Ihr Sohn ist ein anderer Johnny Boy, ein Mensch, der, ohne es vielleicht zu wissen und zu wollen, einem anderen zum Hinderungsgrund für das Verlassen des Gettos wird.

Während die männlichen Helden den Aufbruch sozusagen territorial nicht schaffen (und wenn doch: um welchen Preis!), sie ihr Getto-Gelände oder ihre »Arena« nicht verlassen können, trägt Alice ihr Gefängnis sozusagen immer mit sich herum; egal, wohin sie kommt, sie ist nie entkommen. In jeder Einstellung zeigt Scorsese, wie begrenzt ihr Bewegungsradius ist. Sie reist von einem

»Jemand will jemand werden« aus weiblicher Perspektive: Alice auf der Bühne

Gefängnis zum anderen. Sie ist nicht durch die Spiegel-Metapher, sondern durch den Traum definiert, und durch die Sprache. Wie männliche Helden im Spiegel das andere in sich sehen, so spricht Alice mit sich selbst, aber auch mit abwesenden Menschen, selbst mit dem toten Ehemann.

Auch Alice untersteht, wie Charlie (der die Strafe für die Sünden auf der Straße und daheim akzeptiert) und Travis Bickle (der nach der »großen Reinigung« verlangt), einem Motto: »Dreh dich nicht um, sonst erstarrst du zu einer Säule aus Scheiße«, sagt sie am Anfang in drastischer Verdrehung des biblischen Bildes. (Die Verschiebung vom Salz zur Scheiße hat sicher nicht nur mit dem Selbstwertgefühl der Heldin zu tun). Die Straße und das »Zuhause«, das ist eine der grundlegenden Kompositionen in den Scorsese-Filmen (und bei genauerem Hinsehen ist die Strafe, die man »zu Hause« erhält, stets die härtere). Die Idee der Helden – der bürgerlichen Gangster – ist es, eine Balance zwischen dem Leben auf der Straße und dem Leben zu Hause zu finden, und diese Idee erweist sich stets als Schimäre, weil das eine die dialektische Abbildung des anderen ist: Den Traum von Familienglück und Geborgenheit verfehlt Alice ebenso wie Charlie und später die Helden von RAGING BULL oder CASINO – ein Traum, der nur in ein paar lächerlichen Bildern existiert.

Dass man für seine Sünden auf der Straße bezahlt, ist uns so geläufig, dass sehr häufig die Textzeile alleine zitiert wird; es ist die alte Vorstellung, dass man »draußen« zahlen muss. Dagegen scheint nur auf den ersten Blick die Sühne »zu Hause« eine melodramatische Umkehrung; in Wahrheit ist sie auch eine genealogische Umkehrung. Denn in dieser Wendung ist das »Bezahlen«

an den Ursprungsort zurückgespiegelt, und schon in diesem Satz liegt daher die kreisförmige Konstruktion der Scorsese-Welt und zugleich ihre Ausweglosigkeit; weder nach außen noch nach innen ist dieser Schuld zu entkommen. »Alles andere ist Bullshit« heißt dann nur noch, dass es für die Hölle kein transzendentales Bild mehr braucht; sie ist das Leben selbst. Genauer, ohne den schützenden Mantel des Mythos, sehen wir in ALICE DOESN'T LIVE HERE ANYMORE, wie das ist, wenn ein Mensch für seine Sünden auf der Straße und zu Hause bezahlen muss.

Tommy ist für Alice nicht nur der erste und zugleich letzte Mann, der sie unterdrückt und bestimmt, und den sie zu unterdrücken und zu bestimmen versucht, er ist auch die Stimme der Vernunft in ihrer Wanderschaft. So bringt Tommy Alice auch immer wieder auf die Erde zurück, verhindert, dass sie vollends in einer Traumwelt versinkt. Aber man kann, wie Frieda Grafe das getan hat, den Film auch noch einmal herumdrehen und ihn aus der Perspektive Tommys sehen, der dann sozusagen in seiner Mutter/Sohn-Geschichte zugleich der allerletzte und der allererste der Scorsese-Helden wäre. Er ist auf dem Sprung, die lange Symbiose mit der Mutter zugunsten der Straße (der zweiten Geburt) zu verlassen. Tommy ist in dem Alter, in dem Scorsese-Helden oft ihre fatale Karriere beginnen, in dem Jake La Motta zu boxen beginnt, der Held von GOODFELLAS seine Karriere in der Mafia startet und zum ersten Mal ins Gefängnis geht, das Alter, in dem Jesus in THE LAST TEMPTATION OF CHRIST zu predigen beginnt. Dann ist also Tommy der, der schon über das Schicksal seiner Mutter hinauszuwachsen beginnt, der kleine Gangster/Filmemacher/Messias. Er kennt genau die Schwächen der Mutter und kitzelt sie erbarmungslos, so scheint es, hervor. (Ist nicht der Künstler, neben vielem anderen, oft definiert als der, der die Mutter – oder die, die den Vater – nie verlassen kann? Und treffen sich Tommy und Alice nicht am ehesten statt in ihren alltäglichen Kämpfen und Komplizenschaften in ihrer Vorstellung von Musik?) Aber Tommy weiß auch, dass er selber Produkt und Opfer dieser Schwächen der Mutter ist. Die Mutter nicht verlassen und lebenslang gegen sie zu rebellieren ist eins. (Und vielleicht ist ALICE so sehr ein erster Versuch, mit der Mutter Frieden zu schließen, wie der Christus-Film einer sein wird, den Kampf mit dem Vater zu beenden.)

Alice projiziert beides auf ihren Sohn, die Sehnsucht nach dem »richtigen« Mann, und ihre Verletztheit durch Männer, und zugleich wiederholt sie in ihrer Fürsorglichkeit etwas von dem Terror, den sie selbst erfahren hat. Die Beziehung zwischen dem Sohn und der Mutter, die vielleicht viel bedeutender ist als das, was Alice an »großem« Schicksal zustößt, ist in sich vollkommen widersprüchlich; es ist zugleich ein Kampf um Liebe und einer um Macht. Wie bei den Männern in den Bars in Scorseses Männer- und Gangsterfilmen, so ist auch zwischen Mutter und Sohn hier nicht auszumachen, wann und wie spielerische, fast zärtliche Neckerei in manifeste Gewalt umschlägt. Einmal bespritzen und bekleckern sich die beiden noch in einem lustvollen, fast frivolen Spiel, bald darauf sind sie auch schon bei wirklicher seelischer Verletzung angelangt.

Die Erstaufführung von ALICE DOESN'T LIVE HERE ANYMORE fand in einer Situation statt, in der das »feministische« Potenzial neuer Filme aus Hollywood diskutiert wurde. Aber unter solch einem moralisch diskursiven Blick musste der Film eher zwiespältig erscheinen: »Dieser Film«, schreibt James Monaco, »zeigte uns eine Frau, die nicht fähig war, selbst zu überleben, nachdem man ihr die kreatürlichen Annehmlichkeiten eines Haushaltes genommen hatte, und die sich am Ende glücklich wieder in die Rolle einer hilfreichen Gattin begibt. Warum an sich intelligente Kritiker ALICE in irgendeiner Weise als feministisch ansehen konnten, ist schwer zu beurteilen, außer dass vielleicht die Situation sich so drastisch verschlechtert hatte, dass jeder Film, in dem einer Frau eine zentrale Rolle eingeräumt wurde, unabhängig von seiner politischen Haltung, schon als Fortschritt gelten musste.« Freilich: Die Unfähigkeit, selbst zu überleben, zeichnet in Scorseses Filmen nicht nur die Frauen aus; alle seine Helden bleiben abhängig von ihrer Umwelt. In ihnen allen wirkt das Prinzip des Fehlenden, der beständig ersetzt wird, der Vater oder Bruder. ❑

Taxi Driver (1976)

So wie ALICE von der Kritik innerhalb der klei nen Welle neuer »Frauenfilme« aus Hollywood rezipiert wurde, so sahen Kritik und Publikum TAXI DRIVER als Teil einer *neo noir*-Welle, zu der etwa Filme gehörten wie Arthur Penns NIGHT MOVES (Die heiße Spur; 1975), Robert Altmans Chandler-Variation THE LONG GOODBYE (Der Tod kennt keine Wiederkehr; 1973), Peter Yates' desillusionierter Gangsterfilm THE FRIENDS OF EDDIE COYLE (Die Freunde von Eddie Coyle; 1973) oder Roman Polanskis Detektivfilm CHINATOWN (1974), der sich, nebenbei, in seiner Spannung zwischen »marxistischen« und psychoanalytischen Lesarten so kreativ zerrissen zeigt wie Scorseses Filme zwischen sozialer Genauigkeit und katholischem Mythos. All diese Filme, wenngleich näher an ihren Genres als Scorseses und Schraders Arbeit, waren sehr direkte Antworten auf die Krisensituation der amerikanischen Gesellschaft in diesen Jahren. Sie hatten die narrativen und thematischen Exaltationen der ersten Welle der »experimentellen«, stark europäisch beeinflussten Filme des New Hollywood hinter sich gelassen und griffen Traditionen der *hard boiled novel*, der *pulp fiction* und des Genrekinos wieder auf, um sie als dunkle, pessimistische Gleichnisse fortzuführen. So wurde TAXI DRIVER Teil dessen, was die amerikanische Filmkritik als den »pessimistischen Modernismus« zu Beginn der 70er Jahre bezeichnete, eine Rückkehr des jungen Kinos zu den amerikanischen Wurzeln und zugleich der Abschied von der euphorischen Aufbruchstimmung zuvor.

Aber selbst noch in diesem Umfeld ist TAXI DRIVER eine Außenseiterproduktion, eine radikalere Geste. Der Film führt, zumindest im Herzen, Scorsese und Schrader wieder an ihre Ursprünge in der New Yorker Filmszene zurück, die ihre Identität immer auch gegen Hollywood bewahrt. Auch hier entfaltet sich ein Hintergrund, der Scorsese von den Exponenten der Westküste, von Spielberg und Lucas etwa, entscheidend trennt: »Man sollte [...] nicht vergessen«, schreibt Jonathan Rosenbaum, »dass TAXI DRIVER in New York entstand und Scorsese sich laufend viele Filme ansieht, von denen die meisten seiner Kollegen in Hollywood noch nie gehört haben.« Tatsächlich ist der Film einer der gelungensten Versuche eines Dialogs zwischen amerikanischen und europäischen Einflüssen, nicht nur was den kinematografischen Aspekt anbelangt. »Bevor ich mich hinsetzte, um TAXI DRIVER zu schreiben«, so Paul Schrader, »las ich nochmals Sartres *Der Ekel*, weil ich das Skript als einen Versuch ansah, den europäischen existentialistischen Helden – das heißt den Mann aus *Der Fremde*, *Aufzeichnungen aus dem Kellerloch*, PICKPOCKET [1959; R: Robert Bresson], LE FEU FOLLET [Das Irrlicht; 1963; R: Louis Malle] und UN CONDAMNE A MORT S'EST ECHAPPE [Ein zum

Tode Verurteilter ist entflohen; 1956; R: Robert Bresson] – in einen amerikanischen Kontext zu stellen. Wenn man das tut, entdeckt man, dass er immer unwissender wird, unwissend in Bezug auf sein eigentliches Problem.«

Diesen Zwiespalt zwischen Idee und Tat, Problem und Bewusstsein bei der Übertragung europäischer Denkweisen in einen amerikanischen Kontext verschärfte das Drehbuch durch die Anlehnung an einen realen Fall. Paul Schrader schrieb das Buch, indem er die Tagebücher des gescheiterten Attentäters Arthur Bremer benutzte. Während Schrader aus dem dokumentarischen Material so etwas wie eine Praxis für seine Ideen zum »transzendentalen Stil« gesucht haben mochte, reicherte Scorsese seine Inszenierung mit allerlei deutlichen und weniger deutlichen cineastischen Hinweisen an. Der »transzendentale Realismus« des Films wurde geboren aus dem Geist des Dokumentarismus, des amerikanischen Experimentalfilms, des europäischen Autorenfilms und des Genrekinos aus Hollywood. Insofern ist TAXI DRIVER auch eine Art Kunst-*exploitation movie*, das zahlreiche Elemente aus anderen Filmen zitiert und verarbeitet:

– Die Rückwärtsfahrt die Treppe hinunter ist, wie Manny Farber gezeigt hat, ein eindeutiger Verweis auf Hitchcocks FRENZY (1972).
– Elemente aus den Filmen von Mike Snow sind zu sehen (etwa der lange Zoom aus WAVELENGTH; 1967).
– Immer wieder zitiert Scorsese Fritz Langs architektonischen Expressionismus.
– »Als De Niro auf sein Glas mit dem Alka Seltzer starrt, gibt es ein kurzes Zoom aufs perlende Wasser, womit Godards schnellem Philosophieren (in DEUX OU TROIS CHOSES QUE JE SAIS D'ELLE / Zwei oder drei Dinge, die ich von ihr weiß; 1967) eine weitere Aufnahme hinzugefügt wird« (Manny Farber).
– Als »Antonioni-Pirouette« hat Pauline Kael die Szene charakterisiert, in der die Kamera von De Niro an einem Münzfernsprecher weg- und auf eine leere Eingangshalle hinschwenkt.
– Scorsese und Schrader geben selbst weitere Hinweise auch im Dialog, etwa wenn sie De Niro einige Zeilen sprechen lassen, die wörtlich aus Robert Bressons LE JOURNAL D'UN CURE DE CAMPAGNE (Tagebuch eines Landpfarrers; 1951) stammen. Bressons »distanzierten Realismus« (Scorsese) zitieren auch immer wieder Aufnahmen, die ihre innere Dramaturgie nicht aus dem Ablauf der äußeren Handlung entwickeln.
– Auf der anderen Seite aber ist auch sehr deutlich die innere Textur von John Fords mythopoetischem Meisterwerk THE SEARCHERS (Der schwarze Falke; 1956) zu erkennen.

Gottes einsamster Mann

Am Anfang sieht man, wie das gelbe Taxi des Helden sich durch die Stadt bewegt wie eine unterdrückte Kraft. Rauch steigt überall auf, undefinierbare Lichter füllen das Bild, die Menschen bewegen sich in Zeitlupe. Überblendung zu einem Paar von Augen, das sich langsam bewegt (eine Einstellung, die möglicherweise auf Bernardo Bertoluccis IL CONFORMISTA / Der große Irrtum; 1970 zurückgehen mag, wie manche Kritiker bemerken, die gleichwohl in diesem Zusammenhang eine ganz eigene Bedeutung erhält.)

Travis Bickle (Robert De Niro) ist ein Vietnam-Veteran, der als *cabbie* um die 42nd Street unterwegs ist, in einer Welt der heruntergekommenen Wohnhäuser, der Prostitution und der Straßengewalt, der Pornokinos und Stundenhotels. Tags wohnt Travis allein in einem nicht weniger heruntergekommenen Zimmer, nachts fährt er durch die Stadt, weil er sowieso nicht schlafen kann. Die Stadt in diesem Film ist kaum real – sie scheint von den Schattenspielen des *film noir* geprägt, ein innerer Ort der Unruhe. Der ideale Ort zum Einsamsein.

Denn genau darum geht es in TAXI DRIVER zuallererst: um Einsamkeit. Eine Einsamkeit, für deren Ursachen sich sehr unterschiedliche, teils sogar widersprüchliche »Erklärungen« finden lassen. Da ist zum einen die Einsamkeit des Vietnam-Veteranen und *marine*, der nach dem Krieg keinen wirklichen Platz zum Leben mehr findet, der, wir kennen das aus so vielen »Heimkehrerfilmen«, nicht mehr wirklich in seiner Heimat ankommt, in der sich Korruption, Verwahrlosung

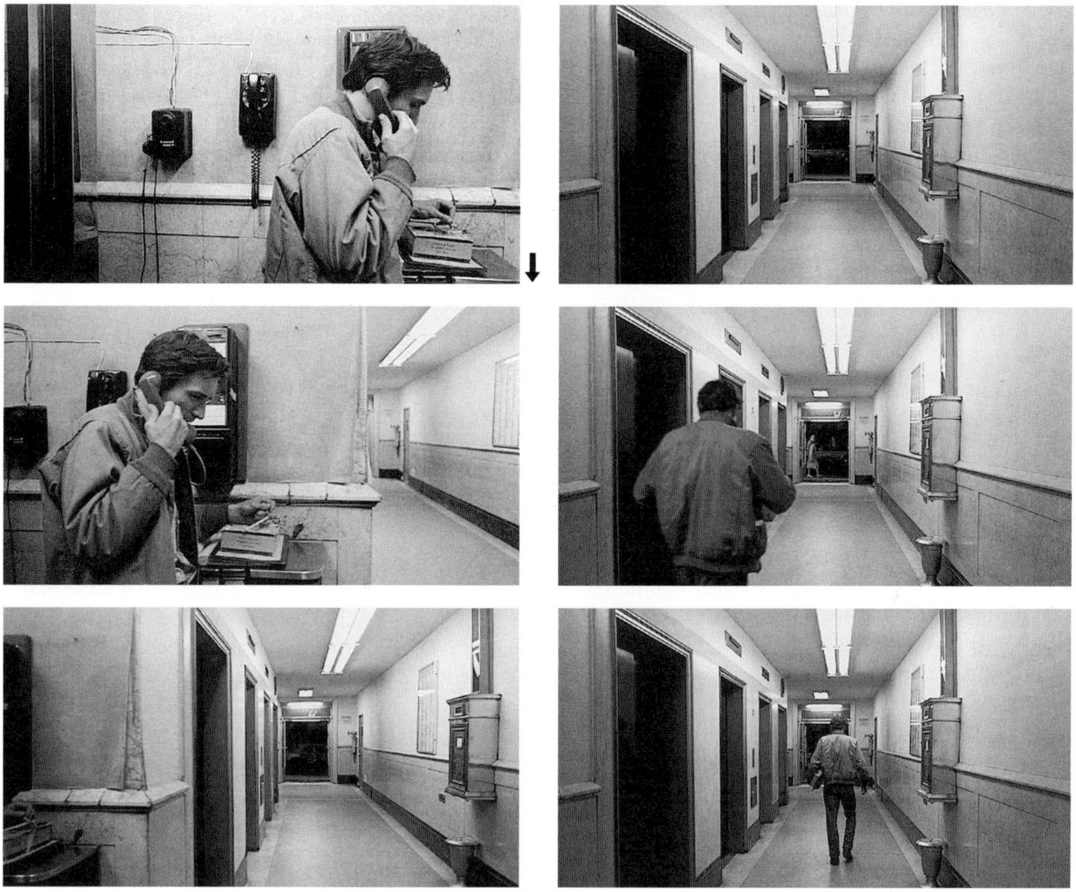

Die »Antonioni-Pirouette«: Robert De Niro als »God's lonely man«

und Verbrechen in wenigen Jahren so explosiv verbreitet haben, als habe der nicht verstandene Krieg in Asien auch hier seine Opfer gefordert. Eine andere Erklärung scheint nur auf den ersten Blick trivialer: Travis Bickle ist kein New Yorker. Er stammt aus dem mittleren Westen und hat sich in die urbane Kultur und Lebensform nie wirklich einfühlen können. Er ist, wenn man so will, ein Sohn des »alten« Amerika, der nicht einmal dann »richtig« reagiert, wenn die New Yorker ihm mit – wenn auch wohl nicht allzu tief reichender – Freundlichkeit begegnen, wie etwa seine Kollegen vom Taxiunternehmen.

Beides zusammen, ein zeitliches und ein räumliches Moment der Entfremdung, macht Travis Bickles seltsame Passion deutbar als eine Kette von »kulturellen Missverständnissen«. Was mit dem Missverständnis der Alltagskommunikation beginnt (Travis möchte *sprechen*, und er kann es nicht, die anderen wollen mit ihm *reden*, und das kann er auch nicht), führt über das Missverständnis der Liebe (Travis scheint die Regeln des *dating* nicht zu kennen) zum Missverständnis des Tötens, durch das er schließlich als Held für eine Tat gefeiert wird, die eigentlich nichts anderes als ein Verbrechen ist.

Aber natürlich hat die Einsamkeit dieses Mannes noch ganz andere Gründe; es ist unter anderem eine Gotteseinsamkeit (als »god's lonely man« bezeichnet sich Travis selbst in seinem Tagebuch), also eine Form der empfundenen »negativen Theologie«, die sich in einem vollkommenen Paradox äußert. Es ist eine sehr distinkte Welt, in der man zugleich »Gottes Mensch« und »einsamer Mann« sein kann, jene jansenistische Welt, in der man von Bresson zu Hitchcock gelangen kann, und in der die Einsamkeit immer zugleich als schrecklichster Fluch und größte Gnade empfunden werden muss.

Wir sehen Travis, wie er in einem Büro seine Lizenz einfordert. Auch das kostet ihn, obwohl es sich doch um einen durchaus alltäglichen Vorgang handelt, enorme Überwindung. Er fühlt sich sichtlich unwohl beim formalen Umgang mit anderen Menschen. Er sei bereit, sagt er, immer und überall zu arbeiten, dieser schlaflose Mann Gottes; dann hören wir, mit dem Bild des Wagens, der durch die schmutzigen Straßen der Stadt fährt, seine Stimme, die aus einem Tagebuch liest, und die von dem »großen Regen« spricht, der den Schmutz von der Straße waschen soll.

Noch so ein Widerspruch. Dieser ermattete Mann, der immer unsicher bleibt, wenn es gilt, etwas auszudrücken oder wenigstens eine Verständigungsbasis zu finden, soll ein Tagebuch führen, das möglicherweise alles andere als »gesundes Selbstvertrauen«, aber doch einen Grad an poetischer Reflexion enthält, das voller literarischer und biblischer Bezüge steckt? Nein, als »ganze Person« können wir Travis Bickle schon mit dieser – im Übrigen wieder sehr »Scorseseschen« –Teilung von Bild und Stimme nicht mehr begreifen. Wenn wir es uns leicht machen wollen, können wir diesen *Taxi Driver* wahlweise als einen von seiner Umwelt zurückweichenden, von der kranken Welt angeekelten, oder umgekehrt als selber unheilbar kranken Menschen ansehen, der den Schrecken seiner Umwelt wie ein Schwamm aufsaugt, statt ihm als Person zu begegnen. Eine der »menschlichen Zeitbomben« dieser Nachkriegszeit jedenfalls, das wissen wir schon jetzt, ist dieser Travis Bickle allemal.

Bickles soziale Kontakte, so scheint es, beschränken sich auf kurze Zusammentreffen mit seinen Kollegen, und nicht einmal deren Spaß an Geschichten und Prahlereien kann er teilen. Er grinst nur unverbindlich. Er fährt die Nutten und Gangster, die Zuhälter und Kaputten zu den übelsten Orten der Stadt; morgens reinigt er seine Hintersitze von dem Dreck, den sie hinterlassen haben. In der Scorsese-Geschichte vom Niemand, der ein Jemand werden will, ist er am Anfang des Films vermutlich der »Niemandste«: »In den Augen seiner Kunden«, meint der Drehbuchautor Paul Schrader, »ist er nur ein Teil des Autos, ein gefühlloses Objekt wie das Steuerrad, die Aschenbecher oder die Scheinwerfer.«

Wie andere Scorsese-Filme beginnt also auch dieser mit einer »sachlichen« Erklärung eines kommerziellen Beziehungssystems. Wie später in CASINO beispielsweise erfahren wir zugleich etwas von der politischen Ökonomie eines Lebens und von seiner Metaphysik. Travis fährt durch die Stadt; seine Stimme kommt aus dem Off: »10. Mai. Endlich hat es geregnet. Dreck und Abfälle wurden von den Bürgersteigen gespült. Ich arbeite bis zur Erschöpfung. Sechs Tage in der Woche. Von abends sechs bis morgens sechs. Oft hänge ich noch zwei Stunden dran. Manchmal arbeite ich auch an sieben Tagen. Das ist ein verdammter Schlauch. Aber es hält mich in Trab. Pro Woche verdiene ich zwischen 300 und 350. Wenn ich die Uhr abstelle, schaff' ich noch mehr. Wenn es dunkel wird, taucht das Gesindel auf: Huren, Betrüger, Amateurnutten, Sodomiten, Trinen, Schwuchteln, Drogensüchtige, Fixer, kaputte Syphkranke. Ich hoffe, eines Tages wird ein großer Regen diesen ganzen Abschaum von der Straße spülen.« Travis Bickle ist der negative Erlöser, der Suchende nach der großen Reinigung: »Some day a real rain will come and wash all this scum off the streets«, lautet der Satz, prägnanter und düsterer, im Original. »Ich fahr' überall hin. Ich bring' die Leute in die Bronx, nach Brooklyn oder Harlem. Das lässt mich kalt. Das macht mir überhaupt nichts aus. Manche Kollegen denken da anders. Die fahren nicht mal 'nen Nigger. Das macht mir überhaupt nichts aus.«

Darin steckt ein erster Hinweis auf den Rassismus, der übrigens in den ersten Drehbuchfassungen noch sehr viel stärker ausgeprägt war (zunächst sollte sich Travis' mörderischer Hass ausschließlich gegen Afroamerikaner richten, was, neben dem Hinweis auf den aktuellen Rassismus in der Stadt, auch die Bezüge zu Albert Camus' *Der Fremde* und, vor allem, THE SEARCHERS noch deutlicher hätte werden lassen). Travis fühlt sich als ein Fremder in einem fremden Land, er hasst gerade die Menschen, die hier »zu Hause« sind, und so, wie er »unter ihnen« lebt, kann er sie doch nicht als Menschen akzeptieren. Er ist zur gleichen Zeit der »ergebene Diener« des Systems und dessen erbitterter Feind. Demut und Revolte sind in ihm von Anfang an so heftig ausgeprägt, dass wir nur an eine der »Christus-Gestalten« denken können, die zwischen Blasphemie und Sehnsucht nach Erlösung in so vielen amerikanischen Filmen dieser Zeit spuken.

Dass Travis sich einen großen Regen wünscht, der alles davonschwemmen würde, hat nicht nur mit seiner Sehnsucht nach Reinigung und Erlösung zu tun. Es ist vielleicht auch ein ganz direkter Wunsch nach einer Form der Kühlung. Eine Art von Hitze ist überall. Er, der aus Vietnam in die dreckige Stadt zurückgekehrt ist, leidet an Kopfschmerzen und versucht sich später wieder durch eigenes Training gegen den Schmutz der Welt zu stählen. Er fügt sich Schmerzen zu, als würde er sich noch einmal auf einen Krieg vorbereiten müssen, rüstet sich mit Waffen aus. Vordem waren Pillen und Alkohol seine Begleiter. Die Krankheit dieses Mannes ist auch sehr real. Er ist, mit einem Wort, verwundet, und niemand kümmert sich um diese Verwundung.

Travis sieht eine Frau, ganz in Weiß gekleidet, engelhaft und rein genug, und begehrt sie auf Anhieb. Betsy (Cybill Shepherd) arbeitet als Wahlhelferin für den Präsidentschaftskandidaten Charles Palantine (Leonard Harris). So glaubt er (wie J.R. in WHO'S THAT KNOCKING) die »andere« Frau gefunden zu haben. Sie ist wie aus einer anderen Welt, ohne die rauhe Obszönität der Menschen, die Travis gewöhnt ist, aber dennoch fest im Leben. Es ist schwer zu sagen, ob Travis da in eine Person verliebt ist, oder ob er ein Bild von »Gesellschaft« gefunden hat, zu dem er sich hingezogen fühlt. Jedenfalls kann er einen Augenblick fast charmant sein, in all seiner Insistenz.

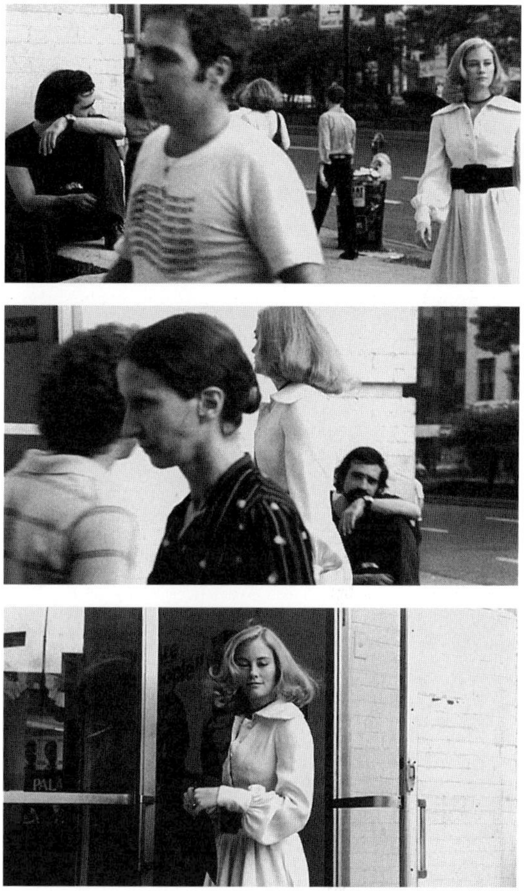

Engelhaft und rein: Betsys erster Auftritt (Cybill Shepherd, im Hintergrund Martin Scorsese)

Zuerst beobachtet er sie aus seinem Wagen heraus. Ihr Kollege jagt ihn davon. So fängt das an. Die anderen *cabbies*, mit denen er sich in der Belmore Cafeteria trifft, unterhalten sich über ihre sexuellen Erfahrungen. Einer fragt Travis, ob er eine Waffe brauche. Travis lehnt ab – noch. Er taucht in Betsys Büro auf und überredet sie, mit ihm einen Kaffee zu trinken. Er fühle, so sagt er, eine »Beziehung« zwischen ihnen. Hier, und auch kurz darauf im Café, ist es die pure Unverschämtheit seines Auftretens, die Betsy fasziniert, auch eine Art sozialer Neugier vielleicht, und so willigt

Der Bruch im Blick: Travis sucht ein Objekt für eine Tat

sie in eine weitere Verabredung ein. Sie wollen ins Kino gehen.

Unterdessen fährt Travis wieder sein Taxi. Er hat Palantine, den Präsidentschaftskandidaten, als Fahrgast. Der fragt, volkstümlich jovial, so wie man Taxifahrern als Politiker begegnet, danach, welche Dinge im Land geändert werden müssten, was ihn am meisten störe. Und Travis antwortet: »Jemand sollte schnell diese Stadt ausmisten, weil das hier ein Haufen Scheiße ist, die Stadt ist voller Dreck und Abschaum.« Volkes Stimme, wie populistische Politiker sie nur allzu gerne hören. Und die sie doch immer fürchten müssen. Vielleicht hat Palantine ja das Monster in Travis geweckt.

In Greenwich Village steigt die junge blonde Iris (Jodie Foster) ein und bittet ihn, sie nur »raus hier« zu fahren. Bevor er starten kann, taucht ihr Zuhälter Matthew (Harvey Keitel) auf, und zerrt sie aus dem Wagen. Travis registriert das noch so, als sei es Teil des alltäglichen Elends, für das er sich nur den großen Regen wünschen kann. Aber schon beginnt, das ist nicht zu übersehen, etwas mit seinem Blick zu geschehen. Etwas will anders werden.

Es gibt dazu an anderer Stelle eine komplementäre Szene. Travis, kaputt und breit, wie es scheint, sitzt zu Hause vor dem Fernsehapparat. Es ist wirklich »glotzen«, was er da macht. Mit dem Fuß drückt er den Apparat hin und her, und einmal treibt er das Spiel zu weit, und der Apparat fällt herunter und ist kaputt. »Damn«, flucht Travis, und in seinem Blick sehen wir einen ganz ähnlichen Bruch. Er wird sich seiner Einsamkeit und seiner Ausgeschlossenheit wieder besonders bewusst, er sucht ein Objekt für eine Tat.

Travis führt Betsy zu einem der Kinos am *Times Square*, in dem er Stammkunde ist, aber als sie merkt, dass er sie in einen Pornofilm geschleppt hat, läuft sie davon und will nie wieder etwas mit ihm zu tun haben. »Das ist wohl ein Scherz«, empört sie sich, und Travis weiß nicht so recht, was er falsch gemacht hat: Er geht immer in solche Filme, das tut hier jeder. Es ist, als habe er sie durch diesen Akt auch vom Engel zur Hure machen wollen (so wie er später versuchen wird, die Hure zur Madonna zu machen), und es ist gewiss nicht zufällig, dass er diese Entweihung vornimmt, *nachdem* er der anderen, der Kind-Frau begegnet ist. Seine Versuche, das Missverständnis wieder gutzumachen – kann man nicht in ein *anderes* Kino, oder *irgendwohin* gehen? – scheitern. Betsy verschwindet in einem Taxi und lässt Travis allein auf der Straße zurück. Vielleicht weiß Travis wirklich nicht, dass es auch andere Arten von Filmen gibt, wie etliche Kritiker vermuten (tatsächlich ist das Pornokino wohl zu so etwas wie einer Art emotionaler Ruhestätte des Schlaflosen geworden – ein Umstand, der im Übrigen einen sehr direkten Bezug zum wirklichen Leben des Drehbuchautors

Paul Schrader hatte); aber es gibt genügend Bezüge zu anderen Filmen in TAXI DRIVER, um diesen Aspekt des gewöhnlichen kulturellen Missverständnisses eher in den Hintergrund zu verbannen. Der *Taxi Driver* sieht durchaus, dass es andere Filme gibt. Aber was hätten diese zu einem Date beigetragen? So ist zum Beispiel gleich am Anfang eine Ankündigung zu THE TEXAS CHAIN SAW MASSACRE (Blutgericht in Texas; 1974; R: Tobe Hooper) zu sehen. Hätte Travis Bickle Betsy etwa in *diesen* Film mitnehmen sollen, der vielleicht etwas anderes, sogar Wahreres über ihn selbst gesagt hätte? Vielleicht aber war, noch eine Möglichkeit, dieser Pornofilm auch so etwas wie eine Nagelprobe für die reine Frau, ein Vorzeigen nicht nur seines Begehrens, sondern auch seiner Verletzung. Dafür gab es, noch bevor er Betsy kennen lernte, eine scheinbar nebensächliche, doch sehr genaue Szene: Travis macht der Frau am Süßigkeitenstand des Kinos bei einem seiner Besuche so aufdringlich Avancen, dass sie drauf und dran ist, den Geschäftsführer zu holen. Schließlich lässt er ab und fragt nach einer bestimmten Sorte von *candy*. Und sie antwortet: »What you see is what we got.« Travis sucht etwas, was nicht im Angebot ist, daher kann er es auch nicht bekommen. Doch die Situation wird noch einmal mehrdeutiger, weil man die Frau unter einer weiblichen Statuette sieht, die wiederum ein anderes Frauen-Bild anbietet. Travis Bickle fragt nach der Frau und erhält eine verwirrende Zahl von Antworten.

Am nächsten Tag ruft Travis Betsy an, um sich zu entschuldigen und um ein neues Treffen zu bitten. Sie lehnt brüsk ab. Er erscheint an ihrem Arbeitsplatz und beschimpft sie, nicht nur als »cold and distant«, sondern schließlich auch – wir kennen dies aus der Scorsese-Welt – als »cunt«. Beides zusammen erst beschreibt seinen Schmerz; das weibliche Geschlecht, das ihm kalt und entfernt bleiben muss. Beinahe schlägt er Tom (Albert Brooks), den Mitarbeiter und guten Freund von Betsy, mit einem der Karateschläge, die er im Krieg gelernt hat. Noch bleibt seine Gewalt unterdrückt. Jedenfalls hat er Betsy nun verloren, und mit ihr alle Hoffnungen darauf, Anerkennung zu finden. Noch tiefer versinkt Travis Bickle in sich selbst.

Travis will den Engel zur Hure ...

Dann hat er einen Passagier (Martin Scorsese), der erklärt, er werde seine untreue Frau mit einer Magnum erschießen. Die heimliche Verwandlung des *Taxi Driver* wird dadurch noch forciert. Da oben, sagt der Mann, wohne »ein Nigger«, während er die Silhouette seiner Frau in einem Fenster beobachtet. »Did you ever see what it can do to a woman's pussy, cabbie?«, fragt der Mann. Natürlich hat Travis das nicht gesehen, aber er ist ganz offensichtlich von dieser seltsamen sexuellen Fantasie fasziniert, in der ja nur einerseits eine Tötungs- und Verstümmelungsfantasie steckt, die zum anderen aber davon spricht, dass die Waffe

... und die Hure (Jodie Foster als Iris) zur Madonna machen

(und wofür sie stehen mag) die Frau als Geschlechtswesen erst definiert. Paul Schrader sagt zu der Szene: »Der Witz war, dass der Mann im Rücksitz wohl nie jemanden töten würde, auch wenn er davon träumte. Aber der andere Mann würde es tun.« (Dies auch ein Kommentar auf den Regisseur, auf den Künstler, der seine unterdrückte Aggression zugleich zügelt und auf andere Menschen zu übertragen vermag. Schrader erinnert sich, dass John Milius Scorsese zunächst dazu überreden wollte, Schrader die Rolle spielen zu lassen: »Das hätte ich nicht getan, aber Marty fragte auch nicht.«)

Schließlich erzählt Travis seinem Kollegen Wizard (Peter Boyle) von den »bad ideas«, die ihn umtreiben. Wizard beruhigt ihn, er bietet die in seiner Kultur adäquaten Mittel an: »Get drunk ... get laid«, und er verdammt ihn zugleich: »Relax, Killer. You're going to be alright.«

Auf einer seiner Fahrten sieht er für einen raschen Moment Iris wieder; ihre Blicke treffen sich kurz, und sie erkennen einander wieder. In seinem Tagebuch notiert er: »Loneliness has followed my whole life ... There's no escape ... Then suddenly there is a change.«

Travis beginnt mit einer Phase der »purification«: »The abuse has gone on far too long. No more pills, bad food, destroyers of my body.« So verbringt er seine freie Zeit damit, seinen Körper mit eiserner Disziplin in Form zu bringen. Er besorgt sich Waffen bei »Easy Andy« (Steven Prince) – der Film schneidet genau auf dem Wort »change« auf den Waffenhändler. (»Easy Andy« wird als ein »travelling salesman« bezeichnet, was ihn unter anderem auch mit Iris verbindet, die sich selbst als »Easy« vorstellt. Sex und Waffen sind leicht zu haben in dieser Welt, und leicht ist es auch, das eine durch das andere zu ersetzen.) Travis hortet sie, um die Kraft, die er sich antrainiert, einzusetzen. Und er trainiert am Schießstand. Wieder setzt er einen kulturellen Code um, wie er ihn gelernt hat; Travis wiederholt seine Ausbildung zum Kampf. Es ist nur noch der Feind, den er finden muss. »You looking at me?«, provoziert er einen virtuellen Gegner, der nur aus seinem Spiegelbild entstehen kann.

Schon auf der Ebene der Narration also gibt es genügend Elemente des *foreshadowing,* die uns die Verwandlung eines einsamen und zurückgewiesenen, aber auch deutlich »kranken« Mannes in einen Mörder anzeigen. Nun hat Travis von seinem Kollegen Wizard den Spitznamen »Killer«. So einen Spitznamen bekommen in der Regel die leichten Gewinner-Typen, die »Kanonen« im Sport, im Bett, in der Karriere. Wie so einer sieht Travis nun weiß Gott nicht aus. So verhöhnt ihn der Name zugleich und beschreibt ihn genau. Dann kommt er, in Armeejacke und bewaffnet, zu einer Wahlveranstaltung; er will Palantine ermorden, den Mann, der Betsy auf eine eigene Weise »besitzt«. Möglicherweise will er mit seiner Tat auch ein politisches Signal setzen. Paradoxerweise indes richtet sich Travis' Aggression gegen jenen Politiker, dessen populistische Botschaften er nur noch einmal reduziert: »We are the people« verkündet dieser Kandidat, der sich so gut zu verkaufen versteht, und verkündet selbst dessen Name (Palantine als Abwandlung des Paladins und des Palasts, und als Bezeichnung eines Mannes, der – *to palter* – sein Spiel treibt). Palantine mag durchaus so etwas wie ein Versucher sein, einer, der mit den Seelen und Meinungen der Menschen spielt. Für nichts anderes als für dieses »We are the people« vermeint Travis einzutreten, wenn er das populistische Verständnis von Demokratie einfach mit der Waffe ausagiert. Aber als er sich mit einem Geheimagenten in ein Gespräch verwickelt, zieht er sich zurück. Noch ist er vernünftig genug, sich nicht selbst zu gefährden. Noch ist auch seine Verwandlung nicht perfekt. Doch mehr und mehr verrennt Travis sich in seinen »Auftrag«; er wird zum Kämpfer in der Stadt, der nur auf den richtigen Anlass wartet.

Wo die »Krankheit«, die tödliche Kränkung dieses Mannes begonnen hat, können wir nur ahnen. Es ist so sehr die Kränkung in Vietnam wie die Zurückweisung durch die Frau, so wie es die Unwissenheit des Scorsese-Helden ist, der als Medium der Selbstidentifikation nichts anderes als den Spiegel zur Verfügung hat. Vor dem Spiegel steht Travis mit der Waffe und erklärt sich: »Here's a man who would not take it anymore.« Da ist er wieder, der Scorsese-Held, der jemand sein will. Kurz darauf schießt Bickle einen jungen schwarzen Ladendieb nieder, als er in einem Mini-Markt beim Einkaufen ist. Zuvor hat Bernard Herrmann sein Motiv aus PSYCHO (1960; R: Alfred Hitchcock) zitiert, mit dem er dort den wahnsinnigen Mörder Norman Bates charakterisierte. Wir wissen also nicht nur vorher, dass Travis nun einen Mord begehen wird, sondern auch, dass schon diese scheinbar noch gerechtfertigte Tat die eines Wahnsinnigen ist.

Getarnt mit dunkler Sonnenbrille beobachtet Bickle wieder eine Wahlveranstaltung von Palantine, doch er wird von einem Polizisten verscheucht. Dann gerät er bei einer neuerlichen nächtlichen Fahrt durch die schäbigsten Viertel wieder an die Kindprostituierte Iris. Sie glaubt zuerst, er wolle Sex, und verweist ihn an ihren Zuhälter, und Matthew, »Sport« genannt, beschreibt in großen Worten die Fähigkeiten seiner Hure: »She can make your cock *so* hard ...« Aber als er in ihrem Zimmer ist und sie ihn fragt, wie er es haben möchte, will Travis nur wissen, ob es ihr gut geht, und er lädt sie für den nächsten Morgen zum Frühstück ein. Und beim gemeinsamen Frühstück versucht er sie zu überreden, Matthew zu verlassen und nach Hause zurückzukehren (so wie er schon bei der gemeinsamen Fahrt im Taxi gemeint hat: »This is nothing for a person to do. You should be home with your parents«). Doch als sie sich bei Matthew beschwert, überredet dieser sie schnell dazu, zu bleiben. Auch ein seltsamer Kunde hat Recht und bringt Geld.

Bickle hat sein Schicksal gefunden. Er steckt ein Messer in seinen Stiefel und hinterlässt in einen Umschlag Geld für Iris. »My whole life is pointed in one direction. There never has been any choice in my life«, sagt er aus dem *Off*. Wie wir es von dem rauen Stil und aus den früheren Filmen gewohnt sind, ist dies eine der Lügen der Scorsese-Menschen, die sie für sich selbst erfinden. Denn genau davon hat er so viel wie nichts und niemand auf der Welt: Freiheit. Travis ist nachgerade zu jener Freiheit verurteilt, von der der Existentialismus sagt, der Mensch sei nicht für sie geboren. Der *Taxi Driver* ist nur einerseits der Mensch, der nach der Erlösung aus seinem Gefängnis sucht, vielleicht durch die Liebe eines anderen Menschen, vielleicht durch die befreiende Tat. Er ist andererseits auch ein freier Mensch auf der Suche nach Determination.

Wieder versucht Travis, der sich nun einen Irokesenschnitt zugelegt hat, Palantine nahe zu kommen, doch einer der Agenten bemerkt, wie er sich nach vorne drängt und die Innentasche seiner Jacke greift, und Travis kann dem Zugriff der Bewacher nur mit knapper Not entfliehen. Bemerkenswert ist dabei nicht nur diese zweite Verwandlung – der Weg vom Zivilisten über den militärischen Kämpfer zum »Wilden« (aber auch: zum »wahren Amerikaner«) – sondern gerade auch der Umstand, dass er sich auf diese Weise nicht verbergen kann. Innerhalb kürzester Zeit wird Travis Bickle daher vom möglichen politischen Attentäter zum Vertreter einer Selbstjustiz, der der schweigenden Mehrheit mit seiner Waffe aus dem Herzen spricht: Bickle flieht aus der Menge und kommt ins Village, wo er zuerst »Sport«, dann den Portier und einen Kunden niederschießt. Sie verwunden auch ihn, bevor er sie endgültig töten kann. Er blutet aus dem Hals, als er sich die Pistole unters Kinn setzt, aber die Pistole ist leer. In einer langen Bewegung zieht sich die Kamera von der Szene in Iris' Zimmer zurück, die Treppen hinunter und auf die Straße. Bemerkenswerterweise entgeht der versuchte Selbstmord den meisten Autoren, die sich an einer Inhaltsangabe und Interpretation von TAXI DRIVER versuchen. Er bringt in der Tat die Verhältnisse noch einmal durcheinander.

Die Kamera schwenkt nun über Bickles Zimmer. Zeitungsnotizen mit Aufmachern wie *Taxi Driver Battles Gangster*, ein Brief von Iris' Eltern, in dem sie ihm ihren Dank aussprechen. Wieder sitzt Travis mit seinen Kollegen zusammen. Betsy ist sein nächster Fahrgast. Sie fragt ihn, wie es ihm geht. Ihre soziale Neugier ist zum zweiten Mal entfacht – und offenbart diesmal nur zu genau, dass an ihr nichts »Unschuldiges« ist. »It was nothing«, sagt Travis, »Papers always blow these things up.« Er setzt sie an ihrer Wohnung ab und weigert sich, ihr Geld anzunehmen. Dann fährt er schnell davon, durch die Stadt, in der Rauch und Lichter und Gewalt wie ehedem das Bild bestimmen. Aber alles deutet darauf hin, dass die Mordtaten dieses Mannes noch nicht an ihrem Ende sind: Wieder ist das Norman-Bates-Motiv zu hören, wieder sieht sich Travis im Spiegel (nämlich im Rückspiegel seines Wagens), und wieder ist es, als würde er dazu sagen: »You talkin' to me?«

Ein exemplarisches Scheitern

TAXI DRIVER teilt mit seinem Vorbild THE SEARCHERS auch ein verbreitetes Missverständnis in der Kritik, die die Haltung seines Helden mit der Haltung seiner Autoren verwechselt. So wie THE SEARCHERS kein rassistischer Film, sondern ein Film über einen tragischen Rassisten ist, so ist TAXI DRIVER gewiss kein Selbstjustiz-Film, sondern ein Film über einen Mann, der die Selbstjustiz auf eher zufällige Weise als Erfüllung seines existenziellen Dramas benutzt. Es ist ein endloser tragischer Umweg zum Selbstmord, den Travis Bickle zu gehen gezwungen ist. Jene Lesart des Films, die etwa Manny Farber und Patricia Patterson in *Film Comment* vorschlagen, nämlich den Film als schwarze Romantisierung eines rassistischen, sexistischen und gewalttätigen Waffenfetischisten zu sehen, greift daher wohl viel zu kurz. Es gehört von seinen frühen Filmen an zur Inszenierungskunst Scorseses, die Gegenwärtigkeit des Helden auf der Leinwand nicht mit seiner inneren Glaubwürdigkeit in eins zu setzen. Wie bei so vielen anderen Scorsese-Helden sehen wir auch hier einem Menschen beim Lügen zu. Travis Bickle indes lebt in einem Wahn, und wir sehen (wenn wir wollen), dass seine Tagebucheintragungen nicht wirklich in seiner Person gedeckt sind. Sie verhalten sich so, wie sich die Off-Kommentare in Scorseses früheren Filmen zur visuellen Erscheinung der Personen und Dinge verhielten. So ist auch die Einsamkeit vielleicht nur teilweise empfunden, zum Teil vielleicht auch eine Pose. »Die Einsamkeit ist mir mein ganzes Leben lang gefolgt, in Bars und Autos, auf den Gehsteigen, überall. Es gibt keinen Ausweg.« Wir können das glauben und auch Scorseses autobiografische Geste: »I've had the feelings he has, and those feelings have to be explored, taken out and examined.« Aber die extreme Heimatlosigkeit des Helden und seiner Erzählung täuscht nicht darüber hinweg, dass ihre andere Seite purer Narzissmus ist. Der tragische Held bricht sich immer wieder an einer überraschend cleveren Form von Opportunismus; Travis Bickle hat den romantisch-existentialistischen Selbstmörder ebenso in sich wie den tumben Mann der Tat, der seine Chancen zu ergreifen sucht (so erfolglos wie später der *Raging Bull*). Es steckt nicht nur Sartre, sondern auch ein Dostojewskij-Held in ihm, wenn vielleicht auch noch nicht so deutlich wie in den Protagonisten der späteren Scorsese-Filme.

Travis atmet zwischen *overreacher* und *underachiever*. Die Mitte verfehlt er vor allem, weil sie nicht existiert. Seine Sehnsucht nach Sauberkeit ist nicht nur im Blick auf den Schmutz in seinem Zimmer relativiert und durch die semiotische Uneindeutigkeit seiner Verwandlung, sondern auch in seiner Faszination für die Welt, in der er sich bewegt. Es ist keineswegs der Erlöser, auch nicht der Rächer, den er in sich zum Vorschein bringt. Wir sehen nicht einen Menschen, der seine Rolle in einer Gesellschaft findet, sondern wir sehen, wie ein Mensch *glaubt*, eine Rolle in ihr zu finden, wie er dabei von der Wirklichkeit unentwegt dementiert wird, und wie dann doch die Gesellschaft (und möglicherweise ein Teil von uns als Zuschauer) auf diese Konstruktion hereinfällt. Die Szene im Pornokino straft den Helden so sehr Lügen wie seine schnellen Wechsel der möglichen Mordopfer; so als wäre es letztlich gleichgültig, wen er sich als Opfer suchte. Die Tat allein ist die Erlösung (und ist es nicht).

Es ist diese Gewalt Ausfluss einer menschlichen Tragödie, die beides zugleich ist, ein durch und durch einzelnes Schicksal und ein exemplarisches Scheitern an der Lebensfeindlichkeit der Städte. Doch Scorseses Kritik hat weder den Realismus noch eine amerikanische Form des Neorealismus zum Ziel. Bei seinem Erscheinen 1976 erregte der Film wegen seiner drastischen Gewaltszenen Aufsehen, doch ist er alles andere als realistisch. »Als wir den Film auf den Straßen drehten«, so Scorsese, »unter den Nutten, Zuhältern und Rauschgiftsüchtigen, sahen wir Dinge, die wir nie in den Film hätten einbringen können. Die Wirklichkeit ist noch viel schlimmer, als wir sie uns vorstellten. Abgesehen davon ist der Stil nicht realistisch. Er ist sehr, sehr unrealistisch. Wie bei MEAN STREETS. Unter der Oberfläche ist es häufig eine Fantasie, eine Arbeit der Imagination.«

Für den Drehbuchautor Paul Schrader war der Film auch eine Bewältigung eines schmerzlichen Teils seiner Biografie: »1973 hatte ich eine besonders harte Zeit, lebte mehr oder weniger in meinem Auto in Los Angeles, fuhr die ganze Nacht herum, trank eine Menge, ging in Pornokinos, weil die die ganze Nacht offen waren, und haute mich irgendwo hin während des Tages. Dann, endlich, ging ich mit heftigen Schmerzen zu einer Erste-Hilfe-Station und fand heraus, dass ich ein Magengeschwür hatte. Als ich im Krankenhaus war und mit der Schwester sprach, merkte ich, dass ich zwei oder drei Wochen mit keinem Menschen geredet hatte. Da schlug es bei mir ein, die Vorstellung, dass ich wie ein Taxifahrer war, in der Stadt herumirrend in diesem metallenen Sarg, offensichtlich mitten unter den Menschen, aber absolut, total allein.«

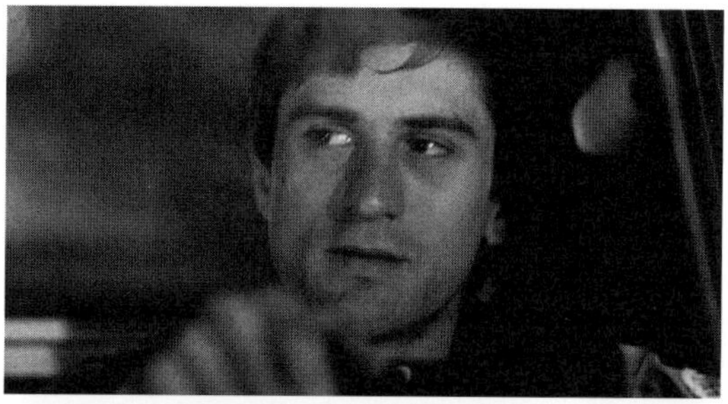

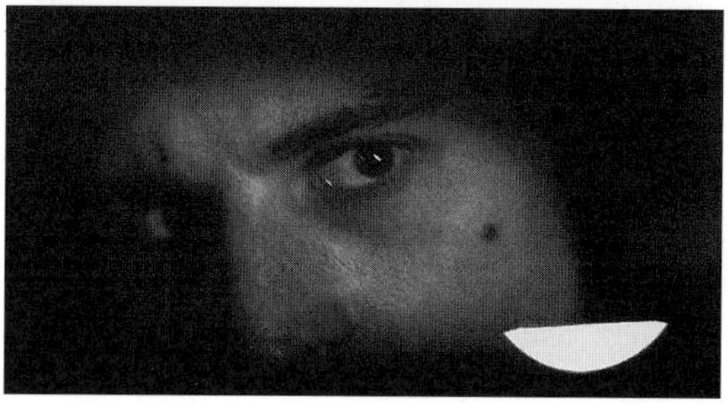

Alles deutet darauf hin, dass das Morden noch nicht zu Ende ist

Vielleicht also kämpfen da zwei biografische Impulse in einer einzigen Figur, ein Impuls von Scorsese, sich selbst zu verstehen (einschließlich eines Aspektes der Selbstentlarvung), und ein Impuls von Schrader, sich selbst zu retten (einschließlich eines Verwandlungs- und Wiedergeburtsmythos). »Ich glaube«, sagt Thelma Schoonmaker, »diesen Film hielt Marty eher für einen von Paul Schrader, weil dessen Drehbuch so stark war.« Das vereinfacht die Beziehung in dieser Arbeit zwar ein wenig, dennoch lohnt es sich, diese Aussage zu verfolgen.

Von Charlie zu Travis Bickle

Travis Bickle ist ein protestantischer Charakter, der nicht auf die Sühne, das Mitleben hinauswill, sondern auf die Reinheit. Charlie in MEAN STREETS ist beinahe von einem Überschwang der Gefühle bestimmt, Travis dagegen von der Unfähigkeit, Gefühle zuzulassen. Seine Sühne ist von anderer Art: Er ist der, der die Stadt als Hölle angenommen hat. Er nimmt alle Aufträge an, die seine Kollegen ablehnen, er fährt zu den schlimmsten Zeiten, er weist keinen Kunden zurück. So setzt er sich zwar ein wenig dem Schmerz der Welt aus wie Charlie, wenn er seine Hand über die Kerzenflamme hält, aber nichts daran wird zur Selbstprüfung. Die schlechten Erfahrungen, die er sucht, scheinen ihm vor allem dazu zu dienen, die Welt, »wie sie ist«, noch radikaler zu verdammen. Er ist, mehrfach, vom »Schmutz« der Stadt angezogen, angesichts dessen er sich nach Reinigung sehnt.

Travis hat auch in seiner inneren Anlage einen Scorsese- und einen Schrader-Aspekt. »Ich neige dazu«, sagt Schrader, »Geschichten zu schreiben, in denen die Hauptrolle wie ein Blitzableiter funktioniert. Und ich baue eine enorme Menge elektrischer Energie über 75 Minuten in ihm auf. Schließlich kann er nichts anderes mehr tun, er muss explodieren, weil er so belastet ist.« Aber Travis ist nicht nur »Blitzableiter«, sondern mehr noch kristallines Bild alltäglicher Erfahrungen von Zurückweisung, Isolation, Kränkung. Er wird nicht Bild – auch wenn er sich durch seine auch äußerliche Verwandlung darum bemüht – sondern zerspringt in tausend Bilder.

Travis ist der Vietnamheimkehrer, der sich immer wieder in Ritualen selbst kasteit; er versucht sich selbst abzutöten, bevor er zur Tat schreitet (er macht, wenn man so will, die »Erschaffung« des soldatischen, amerikanischen Mannes, die wir in Filmen wie Stanley Kubricks FULL METAL JACKET [1987] verfolgen können, noch einmal als blutige Farce durch), während umgekehrt Charlie sich in den Situationen, in denen er seine Hand den Flammen aussetzt, eher zu spüren versucht. So zündet Travis die Schuhcremedose an – ein Versuch, die bösen Geister zu vertreiben, die er in Vietnam kennengelernt hat – und hält schließlich die Hand in das Feuer eines Gasbrenners. So formuliert er auch durch seine Taten, hierin Echo des Regisseurs, die radikale und doch religiöse Absage an die katholische Kirche als moralische Instanz. »Die Kirche«, so Scorsese später in einem Interview zu KUNDUN, »hat zum Vietnamkrieg geschwiegen. Das werde ich nie vergessen.« Sie begleitet Charlies Weg in das Verbrechen ebenso wie Travis' Weg in die Psychose. Aber zugleich ist diese Feuertaufe ein Versuch, sich zu sammeln. In Travis' Zimmer hängt ein Schild mit der Aufschrift »Eines Tages werde ich mich organisieren.« Das ist eine der vielen Doppeldeutigkeiten in seiner Welt, es kann meinen, dass er sich mit anderen zusammenschließen wird (vielleicht für den Bürgerkrieg, der nicht stattfinden kann, weil der Krieg die Gesellschaft schon im innersten zerstört hat), und zum anderen, dass er seinen chaotischen Gefühlen Form und Ziel geben wird: »Von heute ab totale Organisation«, bekennt er schließlich: »Nichts mehr, was meinen Körper kaputtmacht.« Von der Seele kann nicht die Rede sein.

Charlie nimmt Johnny Boy in MEAN STREETS als göttliche Offenbarung und Herausforderung an. Darin sieht er die Anwesenheit seines Gottes, der sehr direkt und persönlich mit ihm in Kontakt steht. Travis ist von Gott so radikal verlassen, dass er sich spalten muss, sogar inmitten des Massakers, so wie andere Scorsese-Figuren; »Sprichst du mit mir? Was glotzt du so?«, heißt es in der deutschen Fassung, während er mit der Waffe vor dem Spiegel trainiert und sich an einen imaginären Gegner wendet. (Während Scorsese und De Niro die Szene vollkommen in ihrer Ambivalenz belassen – eine Wahnvorstellung ebenso wie ein Prozess der Bewusstseinsspaltung, eine Einübung ebenso wie ein Erschrecken – so finden sich in den zahllosen Kopien und Variationen der Szene, etwa in Kathryn Bigelows BLUE STEEL [1990], meist sehr eindeutige Hinweise auf den Charakter des Wahnsinns.) Wie Dostojewskijs *Idiot* verfällt Travis zugleich seinem Wahn und »organisiert« ihn (unter anderem als moralische Frage an seine Gesellschaft). Die Szene, die De Niro improvisierend in der Situation erfand, wurde von Scorsese geduldig aus-inszeniert, der dabei ganz buchstäblich De Niro zu Füßen lag. Travis erfindet sich gewissermaßen ein Gegenüber, das er durch seine Waffe definiert. Wer aber ist *er*, der ihn (nicht) anspricht? Zweifellos ist Travis Bickle ein Mann auf der Suche nach einem Feind, nach einer Ur-Sache für seine Verzweiflung, wie Ethan Edwards aus THE SEARCHERS und Kapitän Ahab aus *Moby Dick*. Da dieser Feind aber nicht wirklich existiert, greift er entweder, wie Kapitän Ahab, ein Symbol an, als wäre es eine Wirklichkeit, oder er greift einen Mann an, der sein eigenes Spiegelbild ist, wie der Häuptling Scar für Ethan. Gleichgültig, mit wie viel Absicht dies geschah, setzt sich daher (spätestens) durch diese Szene ein religiöser Diskurs in Gang, der weit über den von MEAN STREETS hinausgeht. Dort nämlich sehen wir einem Menschen zu, der religiöse Probleme zu bewältigen versucht; TAXI DRIVER dagegen stellt sich *als Film* religiöse Probleme, und zwar in dem Maße mehr, in dem sich der Protagonist ihnen zu entziehen versucht.

Es gibt in der Entwicklung des Films genügend Hinweise darauf, wie ähnlich sich Travis und der Zuhälter Sport eigentlich sind, und überdies ist es wahrscheinlich kein Zufall, dass sie beide in ihrem Outfit am Ende Western zitieren. Sowohl Sport als auch der Hausmeister sprechen von Travis als »the cowboy«. Dabei hat eher Sport die Kleidung eines Outlaw, während sich Travis in den Indianer, in den (»edlen«) Wilden verwandelt. Travis und Sport, das sind noch einmal Kain und Abel in der amerikanischen Wüste, die zum Garten werden sollte und zur Hölle geworden ist. THE SEARCHERS ist dabei möglicherweise noch einmal aus dem Blickwinkel von Scar erzählt – auch er ein Fremder im eigenen Land. Die Rollen von Harvey Keitel und Robert De Niro haben sich dabei gegenüber MEAN STREETS nur scheinbar vertauscht. Wieder hat ja Keitel, wenn auch mit Gewalt, seinen Platz in der Gesellschaft definiert und gefunden, und wieder ist dies dem von Robert De Niro verkörperten Charakter versagt geblieben. Keitel extemporiert in seiner kleinen Rolle als Zuhälter das, was aus Charlie im schlimmsten Fall geworden sein kann; seine seltsame Verkleidung, die langen Haare, der Hut, die Halskette und das Unterhemd ergeben einen semantischen Brei, eine raffinierte

Die Erschaffung des soldatischen Mannes als Farce

Unklarheit und einen eigenen Mythos: das Proletarische und das Ausgeflippte in einer Person; der Hippie (der schon in dieser Erscheinung dem Vietnam-Veteranen als Feind erscheinen muss). Aber zugleich ist er auch einer der Gangster in den MEAN STREETS, die es dann doch nicht sehr weit gebracht haben und die das Getto nie verlassen werden. Charlie, der seine große Chance verpasst hat, der seine bürgerlichen Träume nicht erfüllt hat, aber seinen Platz in den *Mean Streets* dennoch gefunden hat. Eine seltsame Figur ist dieser Zuhälter auf jeden Fall. »In seiner ersten Szene in TAXI DRIVER«, schreibt Gerhard Midding, »sprudelt ein ganzer Katarakt von Naturalismen aus ihm hervor: das stete Tänzeln, die ausholenden Armbewegungen, der ständig wandernde Blick, der abrupt wechselnde Rhythmus und Tonfall seiner Stimme, das laszive Spiel mit dem Taschentuch.« Auch sein Tod hat etwas erhebend Sinnloses an sich. – Hat also Johnny Boy Charlie am Ende doch umgebracht, einfach, indem er seinen Wahn auf die Spitze getrieben hat?

Indem sich Travis (der Grenzüberschreitende, wie die sprachliche Anmutung – *traverser/traverse*

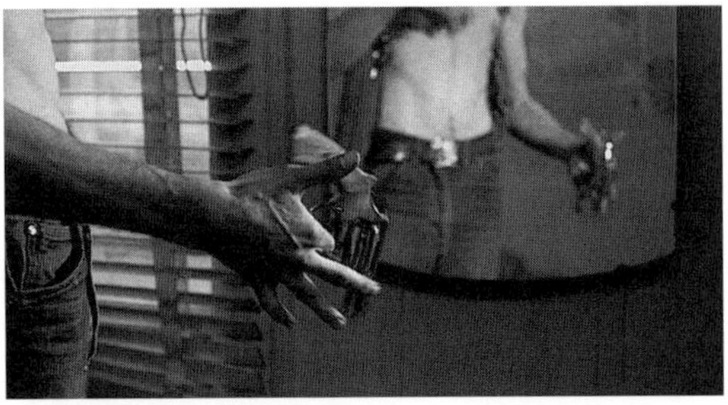

Der Feind entsteht aus dem eigenen Spiegelbild: »You talkin' to me?«

– des Namens andeutet) vom Cowboy in den Indianer verwandelt, ändert sich seine Funktion in der Western-Vision des Landes zwischen Hölle und gelobtem Land. So wird der Irokese (Mohawk) zur Rache des geschändeten Landes an den Kolonisatoren. Die Verwandlung des Travis freilich hat noch einen ganz anderen Aspekt. Nach seinem Scheitern bei den Versuchen, sich der Frau zu nähern, hat er, ganz eindeutig, seinen Penis durch die Waffe ersetzt. (Das ist eine Obsession, auf die Scorsese nicht nur in seinen Filmen, sondern immer wieder auch in seinen Ausführungen zurückkehrt, so dass wir uns dabei wohl kaum einer psychologischen Überinterpretation schuldig machen.) Ein Hinweis liegt darin, dass Travis bei Andy eine 45er Magnum verlangt, dieselbe Waffe also, von der sein sinistrer Fahrgast gesagt hatte, was sie mit dem weiblichen Geschlecht machen könne, sei etwas, was dem Penis versagt ist. »Die Waffe«, sagt Michael Bliss, »übernimmt die Rolle des Penis, und Gewalt übernimmt die Rolle von Zärtlichkeit und Kommunikation. Offene Aggression ist also gezeigt als die Reaktion von Menschen, die nicht nur unfähig sind, menschliche Nähe zu erzeugen, sondern sie auch bei anderen nicht ertragen. So richtet Travis auch den Colt, den Andy ihm zeigt, aus dem Fenster in Richtung eines Liebespaares auf einer Parkbank.« Und mit der Waffe straft er nicht so sehr den Zuhälter Sport, er drängt sich vielmehr in seine Beziehung zur Frau, er setzt sich gewissermaßen an seine Stelle. Mehrfach sehen wir Travis, wie er die imaginäre oder reale Waffe auf ein liebendes Paar richtet. Am Ende richtet er die imaginäre Waffe, in einer symbolischen Wiederholung des Selbstmordversuchs, auf den eigenen Kopf, dreimal imitiert er das Abdrücken, einmal für jeden Mann, den er erschossen hat, und gleichzeitig für jede Frau, die ihn zurückgewiesen hat. Die Geste also beschreibt nicht nur die innere Bereitschaft, nach seiner »existenziellen« Tat Selbstmord zu begehen, es ist die konsequente Fortsetzung des Abtötens der Begierde, die mit seiner »Organisation« begonnen hat.

Es gibt für Travis keinen wirklichen Grund, Sport zu töten, schon gar nicht wäre es notwendig, um Iris zu befreien. Das Problem, einen bestimmten Raum zu verlassen, ist, wie für die Helden von MEAN STREETS, gar nicht allein durch die Gewalt-Beziehungen bestimmt. Dieser Mord geht tiefer: Travis will zunächst den »Vater« ermorden, jenen Politiker, der verspricht, die Welt für ihn zu bereiten, der dieses Versprechen bricht, und schließlich den Schlüssel liefert: »We are the people.« Der Souverän sind wir, also muss die Handlung vom »Sohn« selber kommen, gegen den schrecklichen Sündenfall (auch, vielleicht, gegen das inzestuöse Verhältnis dieses Vaters mit den Töchtern). Die Aggression wendet sich dann vom Vater auf den »Bruder« (jenen Bruder der sich arrangiert hat, wie stets die Brüder in Scorseses Filmen, wie der Bruder des *Raging Bull*).

Der eigentliche Gegner der mythischen amerikanischen tragischen Helden ist Gott selbst, der den Menschen aus dem eigenen Spiegelbild anspricht. Travis verkleidet seine Mission gleichsam als göttlichen Auftrag, er fühlt sich als Auserwählter, und er ist in Wahrheit doch eine eher diabolische als messianische Gestalt. Ihm bleibt nur, die Schöpfung selbst anzugreifen. (Was, wenn der Teufel gar nicht weiß, dass er Vertreter und Erfüller des Bösen ist? Und hat sich nicht auch Charles Manson, zu dem es von Travis Bickle gewiss Spuren gibt, als Jesus und Satan zugleich gesehen?) Die »negative Theologie« jedenfalls spukt in diesem Film auf mehreren Ebenen, als Reflexion seiner Entstehungszeit und als mythische Tiefenstruktur. Travis hat so viel göttliche wie höllische Zeichen an sich; was, zum Beispiel, in MEAN STREETS noch in miteinander verklammerten Einstellungen am Beginn des Films in Beziehung gesetzt wurde, das Erlösende und das Aggressive in einem religiösen Mythos, das ist in der Gestalt des Travis Bickle zusammengezogen. Indem er sich aus dem Kreis des Bösen befreien will, setzt er ihn immer nur fort. So bietet er Iris Geld an, damit sie die Stadt und ihre Sünden verlassen kann, aber wäre dieses Geld nicht nur ein weiterer Beweis für ihre Käuflichkeit (eine Art Ablass-Kauf) – und ist nicht dieses Geld, das er ihr anbietet, erworben aus den sündhaften Reisen durch die Stadt des Todes? Durch sein Angebot verdammt er nicht nur Iris, sondern auch sich selbst, so wie er die Liebe verdammt hat, als er Betsy in das Pornokino führte. Je mehr Charlie »da bleiben« will, desto heftiger drängt es ihn hinaus; je mehr Travis ausbrechen will aus seinen Kreisen in der Stadt, desto mehr wird er hineingezogen.

Travis ist jemand, der Menschen dorthin bringt, wo sie hinwollen, und zugleich ist er auch so etwas wie ein schwarzer Engel, ein Begleiter der Menschen auf ihren finstersten Wegen. Er fährt sie in die Hölle, in der er zu Hause ist. Er kennt hier jeden Ort in der Welt der ewigen Verdammnis, aber sie bleibt ihm auch fremd. Er mag sich hier also ein wenig fühlen, wie er sich in Vietnam gefühlt hat. So ist Travis, der Grenzüberschreitende, auch ein umgekehrter Luzifer. Ist Charlie ein gefallener Engel, verdammt, auf der Welt das Böse zu suchen, um das Gute zu schaffen, so ist Travis der Teufel, der aus seiner Hölle an die Oberfläche der Welt gelangen will, der das Gute sucht, und doch nur weiter das Böse bringt.

Der Tod ist allgegenwärtig in TAXI DRIVER. Zum einen ist das Taxi von Travis Bickle ein »gläserner Sarg«, er transportiert Menschen, die dem Tod geweiht sind. Travis muss, wie er in seinem Tagebuch notiert, beständig seinen Rücksitz reinigen, und manchmal ist es Blut, das er abwaschen muss. Die Reinigung und das Blut werden seine Obsession. Er, der Fuhrmann des Todes in den Acheron von New York, bringt dagegen das *reinigende* Blut; er ist so gespalten wie der Westerner im Niemandsland. Er hasst das Leben der Nacht und ist doch fasziniert davon. Travis ist süchtig nach dem Blick. Deshalb sind seine Nächte im Pornokino nicht nur verzweifelter Abstieg, Gewöhnung an die Nischen seiner Höllenwelt, sondern auch die direkte Fortsetzung seines starrenden Blicks auf die Straßen und – immer wieder – in seinen Rückspiegel. Die Begegnung mit Iris fasst diese furchtbare Passivität, dieses negative Staunen des Helden, zusammen: Iris flüchtet in sein Taxi und bittet ihn, nur schnell loszufahren, um aus der Reichweite ihres Zuhälters zu gelangen. Aber Travis hält inne, als müsse er, wie in einem klassischen *slowburn*, erst einmal sehen, was der Schurke des Spiels so zu treiben in der Lage ist. Er sieht zu, wie Sport Iris aus dem Wagen holt, ohne einzugreifen. Er sieht die Szene wie in einem Film, er kann weder agieren, noch kann er seinen Blick wenden. Auch da sieht der Film TAXI DRIVER den Film MEAN STREETS gewissermaßen von der anderen Seite her. Die Unfähigkeit der Figuren, ihre Hölle zu verlassen, lag in MEAN STREETS in erster Linie in der Struktur des Lebens in diesen Straßen. In TAXI DRIVER sehen wir die Unfähigkeit, diese Hölle zu verlassen, als Wesenszug des Protagonisten, der sehr viel mit der Verwandlung des Blicks vom Staunen zum Starren zu tun hat. Wenn Travis zu Hause ist, kann er nur fernsehen.

Zuletzt gibt es wie für Charlie auch für Travis einen unterschwelligen Rassismus in seinem unterdrückten Zorn. Immer wieder richtet sich sein Sexualneid auf den »schwarzen Mann«, und selbst noch in seinem schwarzen *cabbie*-Kollegen, gegen den er keine offene Aggression zeigt, sieht er den Feind – auch dieser nennt ihn »Killer« und macht die Geste des imaginären Schießens, die immer wieder in dem Film auftaucht. Dass er als erstes auf einen Schwarzen schießt, ist nur folgerichtig. Wenn Travis über dem Körper des jungen Schwarzen steht und die Waffe auf den Bewegungslosen richtet, hat dies auch deutliche sexuelle Konnotation. Selbst auf den Toten deutet er mit der Waffe

Semantischer Brei: Harvey Keitel als »Sport«

am ausgestreckten Arm. Charlies Verwirrung gegenüber seinen Beziehungen zu Männern und zur schwarzen Frau ist in ein Bild gespiegelt, das verbotenste aller Begierden. Bei Travis dagegen diffundiert es, alle Welt wird zum Teil des schwarzen Mannes.

Im Spannungsfeld zwischen Schrader und Scorsese

TAXI DRIVER bringt, wie so oft bei Scorsese, auf heftigste Weise das Motiv der Isolation mit dem der Gewalt zusammen. Die Geschichte von Travis ist auch in Beziehung auf seine soziale Haltung zwiespältig; einerseits erleben wir einen, der seine eigene Isolation akzeptieren will, der sie ritualisiert und überhöht, wenn er sich selbst als »Gottes einsamsten Mann« bezeichnet. Andererseits ist seine Geschichte aber auch eine von fehlgeschlagenen Kommunikationsversuchen. Einmal versucht er mit einem Kollegen zu sprechen, über ein paar Dinge, die ihm durch den Kopf gehen, und der Versuch geht grotesk schief. Und natürlich muss auch die Beziehung zu Betsy schiefgehen, von der er glaubt, dass sie vom Schmutz der Stadt noch nicht verdorben ist. Auf einer Meta-Ebene versteht er sich mit der Nutte, die nicht gerettet werden will, und mit dem Präsidentschaftskandidaten, den er eines Tages im Taxi fährt.

Wie alle anderen Scorsese-Helden versucht Travis seiner Isolation und seiner Gefangenschaft dadurch zu entgehen, dass er seine Handlungen auf eine höhere, symbolische Ebene verlagert: Er gibt nicht den typischen Selbstjustizler der Filme dieser Jahre ab (auch wenn das bei manchen Kritikerinnen und Kritikern so ankommen mochte), ist gewiss kein Seelenverwandter des Charles Bronson aus Michael Winners DEATH WISH (Ein Mann sieht rot; 1974), von keinen äußeren Umständen vermeintlich gezwungen, selber zur Gewalt zu greifen, und er ist keiner, der eine persönliche Rache sucht. Vielmehr verwandelt er sich selbst erst in eine Gestalt, die »jemand sein« wird, ein seltsames semiotisches Gemisch: ein Wilder mit nacktem Oberkörper, ein Soldat, ein Irokese (aber auch: seine Abbildung im anarchistischen Punk). Das Ziel seiner Gewalt ist keineswegs klar definiert. Der schwarze Ladendieb, der Präsidentschaftskandidat, der Zuhälter – sie haben nicht viel gemeinsam auf den ersten Blick, und auf den zweiten nur etwas Furchtbares, nämlich dass sie Travis Bickle eigentlich gar nichts angehen, dass keiner von ihnen ihn selbst in irgendeiner Weise bedroht.

Zunächst erscheint es beinahe willkürlich, dass Travis am Ende neben dem Zuhälter noch zwei weitere Personen erschießt. Jeder Mord trägt die symbolische Strafe (und Kompensation) für eine sexuelle Handlung, Sünde und Begehren zugleich für Travis in sich. Dem Portier schießt er zuerst die Finger weg, er kastriert ihn förmlich, und wenn man sich an die Szene erinnert, in der ihr Kollege Tom Betsy ein mehr oder weniger frivoles Spiel mit seinen drei Fingern vorgespielt hat, überträgt er damit auch die Strafe für Betsys Verhalten auf sein Opfer. Sport wird in den Bauch geschossen, und Travis bemerkt: »You can suck on this.« Iris' Zuhälter hatte ihm vorher eine Fellatio versprochen (»You can come in her mouth«), die die Prostituierte auch – vergeblich – ausführen wollte.

Die Szene des finalen Massakers zeigt vielleicht am deutlichsten die enorme innere Spannung zwischen den Autoren Paul Schrader und Martin Scorsese. Für Schrader wäre diese Szene ein wirkliches, heroisch-fatalistisches Ende gewesen, Martin Scorsese aber denkt immer noch eine Umdrehung weiter. Er gönnt seinen Figuren diesen Abgang in den eigenen Mythos nicht. Daher inszeniert er gerade diese Szene ebenso hautnah wie anti-mythisch. »Paul sah es als eine Art ehrenhaften Samurai-Tod – deshalb will sich De Niro umbringen –, und er meinte, wenn er die Szene inszeniert hätte, hätte es literweise Blut überall an den Wänden gegeben, ein eher surrealistischer Effekt. Ich wollte eine *Daily News*-Situation, wie man sie täglich liest: ›Einzelgänger tötet drei Menschen, um junges Mädchen zu retten.‹«

Schrader erklärte seine Figur anhand seines Scripts zu THE YAKUZA (1975; R: Sydney Pollack): »Wenn ein Japaner am Ende ist, macht er das Fenster zu und erschießt sich. Wenn ein Amerikaner am Ende ist, macht er das Fenster auf und erschießt irgendjemand anderen.« Es ist eine Übertragung des existentialistischen Helden – und hier ist natürlich *Der Fremde* von Albert Camus am deutlichsten zu spüren – auf das amerikanische Leben. »Travis«, so Schrader, »ist nicht klug genug, um sein eigenes Problem zu erkennen. Er hätte sich selbst töten sollen anstelle dieser anderen Menschen.« Damit entsteht ein neues Modell des Scorsese/Schrader/De-Niro-Helden: Da ist einer in die Hölle geraten. Und er hat nicht die geistigen Fähigkeiten, sie zu verstehen. Er hat nicht die spirituellen Fähigkeiten, sie zu ertragen. Er hat nicht die emotionalen Fähigkeiten, ihr mehr Menschlichkeit abzuverlangen. Er hat nicht die sozialen Fähigkeiten, eine Revolte zu organisieren. Und er hat, trotz seiner angestrengten Übungen, auch nicht die körperlichen Fähigkeiten, sie zu verlassen.

TAXI DRIVER ist also der heftigste Dialog zwischen Scorsese und Schrader (ein Dialog, der sich wesentlich sanfter in BRINGING OUT THE DEAD fortsetzen wird). Dieser Dialog ist auch eine Auseinandersetzung um das filmische Subjekt, die Auseinandersetzung eines Drehbuchautors und späteren Regisseurs, der sich auf die Suche nach einer Reinheit der Perspektive begeben hat, mit einem Regisseur, der von seinen ersten Kurzfilmen an versucht hat, dem Misstrauen gegenüber der Einheit von Subjekt und Perspektive Ausdruck zu verleihen, und sei es um den Preis eines vollständigen Verlustes der Reinheit. Schrader schrieb eine Szene zwischen Jodie Foster und Harvey Keitel, die er zunächst wieder eliminieren wollte: Die beiden finden sich in einem Tanz (und wir ahnen: es ist doch noch etwas anderes als Gewalt und Ausbeutung in dieser Beziehung). Schrader wollte die Szene zunächst weglassen, weil sie die Grundperspektive des Films störe. Nach seiner Ansicht war der ganze Film aus der Perspektive des *Taxi Drivers* erzählt (die Inszenierung von Martin Scorsese, könnte man behaupten, ist da keineswegs so eindeutig), nur diese Szene widerspreche der Wahrnehmung von Travis Bickle vollkommen: Weder etwas Zärtliches noch etwas Künstlerisch-Ästhetisches konnte sich in dessen Vorstellung zwischen dem Barbaren und dem entführten Mädchen abspielen. Offenkundig weil Harvey Keitel ein wenig mehr Stoff benötigte, um seine Rolle zu entwickeln, blieb die Szene im Script und im Film, und Schrader und Scorsese nannten sie ihre »Scar«-Szene. Tatsächlich gibt es in THE SEARCHERS keine Szene zwischen Debbie und dem Häuptling Scar, was die Verhältnisse noch einmal komplizierter gemacht hätte und das Ende, wie Schrader sagt, »bittersüß – so wie auch bei TAXI DRIVER.« Die Beziehung zwischen Scar und Debbie also bleibt bei Ford im Dunkel (sie bleibt, genauer gesagt, der Imagination der Zuschauer und der *Searchers* selbst überlassen); in TAXI DRIVER ahnen wir immerhin, dass sie sich keineswegs auf ein Prinzip von Abhängigkeit und Gewalt reduzieren lässt. (Schraders HARDCORE, 1979 gibt als eine mögliche Erklärung die Flucht des Mädchens aus der beengenden Welt von Familie und provinzieller Bigotterie, aber auch er macht deutlich, dass damit dieser Verlust des Mädchens für die bürgerliche Familie ebenso wenig zu Ende erklärt ist, wie die physische Befreiung schon eine Lösung aus dieser tiefen Verdammnis sein kann.) Die Szene ist in der Tat von ungeheurer Suggestivkraft: Harvey Keitel alias Sport tanzt sanft mit Iris und erklärt ihr, wie sehr er sie liebt, wie sehr er sie braucht. Sport und Iris, das sind durchaus Charaktere, die sich auch aus ALICE DOESN'T LIVE HERE ANYMORE fortsetzen lassen: Iris, die das Leben auf der Straße der familiären Geborgenheit vorzieht, welche sich als Schimäre erwiesen hat, und Sport, der die Frauen nur benutzen kann (so wie Travis sie nur *sehen* kann).

Ethan, Ahab und Travis

Bedeutend ist für die Struktur der Figur und ihrer Geschichte auch der Einfluss von Robert Bresson auf Schrader, zu verfolgen etwa bis in die (später würde man sagen: hyperrealistische) Aufmerksamkeit für das alltägliche Detail, oder die Form des Tagebuchs (aus LE JOURNAL D'UN CURE DE CAMPAGNE). Direkte Beziehungen zu PICKPOCKET gibt es etwa in der Szene, in der Travis vor dem Spiegel seine Waffen probiert, sein seltsames Frühstück aus Milch, Brot und Apricot Brandy verweist erneut auf LE JOURNAL D'UN CURE DE CAMPAGNE. Noch deutlicher aber ist auch in diesem Film die Struktur des Western-Mythos, die John Ford in THE SEARCHERS befragt hat. Wieder geht es um die Suche nach dem verlorenen Mädchen, das von den »Wilden« entführt wurde, und wieder ist der Impuls, sie zu retten mit einer vollkommen verrückten Vision des Bösen und Fremden verbunden. Betsy ist die mit der weißen Zivilisation verbundene Frau, die die Erlösung nur verspricht, wenn sich der Mann seiner Wildheit entledigt. Easy Andy ist die Figur des bösen Wanderers zwischen den Welten, der »Waffenhändler«, der immer wieder den Krieg zwischen den Indianern und den Weißen ermöglicht. Travis' Kollegen sind jene Raubeine, die sich an das Leben an der Grenze gewöhnt haben, ohne vollständig Teil der *frontier* zu werden, die Travis immer überschreitet. Und Travis ist selbst der einsame Reiter, der nie wieder auf »seine« Seite der Grenze wird zurückkehren können. Bei Scorsese ist aus der *moving frontier* des Western eine *inner frontier* geworden; die Grenze zwischen der Zivilisation und der Wildnis bewegt sich in der Person selber. Durch die Vorgabe von THE SEARCHERS, zu der sich beide, Paul Schrader wie Martin Scorsese, gerne bekannt haben, schimmert schließlich als weiteres und anderes Vor-Bild das von Kapitän Ahab und seiner absurden Jagd auf den Weißen Wal. Die Relektüre der eigenen Arbeit, vor allem von WHO'S THAT KNOCKING AT MY DOOR? und MEAN STREETS, steht also einer dreifachen Relektüre der Mythengeschichte gegenüber: Bresson »liest« Ford, der Melville »liest«.

Natürlich ist De Niro als Travis Bickle eine »Parodie« auf John Wayne als Ethan Edwards in THE SEARCHERS (auch wenn es bei der Heftigkeit des Geschehens immer schwer fällt, das Parodistische in TAXI DRIVER zu genießen); aber zugleich ist er seine Fortsetzung und Modernisierung. Was Ethan treibt, der geschlagen und einsam aus dem Bürgerkrieg kommt, ist der Hass auf das Wilde und Sensualistische der Indianer (auf ihre »Ganzheit«, wenn man so will, die der weiße amerikanische Mann vielleicht nicht allein durch den Bürgerkrieg verloren hat), und Travis Bickle, nicht minder einsam und geschlagen, kehrt aus einem Krieg zurück in die Welt, die nicht mehr seine Heimat sein kann, sehnt sich nach der Reinheit und Säuberung gegen den »Schmutz der Straße«, dessen Teil er gleichwohl nicht weniger ist als Ethan ein Teil jener Wildnis und jener Wilden, die er hasst und vernichten will. Keitel als Sport ist auch insofern dem Scar des John-Ford-Films verwandt, als er die »Sprache« seiner scheinbar zivilisierteren, jedenfalls puritanischen Widersacher spricht und gleichwohl die Faszination des Fremden behält. So ist sein seltsames Outfit noch einmal erklärt: Er ist tatsächlich Abkömmling einer fremden Kultur, nein, einer Kultur der Fremdheit, die nicht nur bezeichnet ist als die Korruption der Gegenwart, sondern die in eine mythische Vergangenheit reicht, an eine vorchristliche Kultur der Riten und Sinne.

Jodie Foster alias Iris verhält sich auch insofern wie Natalie Wood alias Debbie, als sie nicht weiß, ob sie gerettet werden will oder nicht. An ihrem Ende wird sie, zurückgekehrt in die Zivilisation der Ihren, dort vermutlich nicht weniger fremd sein als unter den Indianern (weshalb Schrader in HARDCORE gleich eine Spaltung der Rolle in eine heimkehrende und eine nicht heimkehrende Debbie vornimmt), und wie Ethan Edwards am Ende einsam von dannen zieht und noch weniger wissen kann, wohin, so ist auch das Schicksal des *Taxi Drivers*. Die Idee, einen Menschen auf diese Weise »retten« zu können, ist nicht weniger bösartig und gefährlich als die Idee des Kapitän Ahab, das Böse in der Gestalt eines Wals bezwingen zu können (und vielleicht: wieder »ganz« zu werden, nach den Zerstörungen, die der Wal ihm an Körper und Seele zugefügt hat). Die »Verwandlung« von Travis Bickle in einen Killer ist daher vielleicht etwas mehr als eine bloße »Korrektur« des Kino-Mythos vom einsamen Rächer, so wie Robert B. Ray das meint, wenn er behauptet, das Publikum habe lange Zeit auf der Seite von Travis gestanden, bis zu jener Einstellung, in der die Kamera seinen veränderten Körper abtastet, sein Schulterhalfter, seinen Irokesenschnitt. Aber diese Verwandlung ist schon viel früher angelegt, und sie beschreibt auch eine Variation des Motivs in *Moby Dick* (und John Hustons Film-Version) und THE SEARCHERS: Der Jäger wird dem Gejagten, der Missionar den Missionierten immer ähnlicher, und am Ende gibt es weder Sieg noch Niederlage, sondern die vollständige Verschmelzung. Die Gewalt, die von Travis ausgeht, wird auf diese Weise nicht nur zur »Bestrafung« des Zuschauers, der so lange ihrer Entstehung zugestimmt hat und nun erkennen muss, dass das Objekt der Identifikation vollkommen verrückt ist (zumindest aus seiner bürgerlichen Identität getreten, ohne, wie in so vielen anderen Rache-Filmen, in eine andere, die alte soldatische Identität zurückzufallen oder nach getaner »Arbeit« in den Kreis des bürgerlichen Lebens zurückzutreten); vielmehr geht es um einen Prozess der Rebarbarisierung, von dem wir ahnen, dass er uns allen geschehen kann, wenn wir uns nicht genauer und anders beobachten, als Travis das tut.

Wenn Travis nämlich, wie Schrader und Scorsese betonen, eine amerikanische Variante des existentialistischen Helden ist, dann ist sein größtes Problem die Freiheit. Der Mensch, so lautet der existentialistische Leitspruch, ist zu einer Freiheit verurteilt, für die er nicht geboren ist. Das »Verrückte« des Helden kann also nur Maske sein, eine Maske, die der Trägheit des Helden von Albert Camus' *Der Fremde* ähnelt – lange Zeit sehen wir (was wir vom Ende her dann leicht wieder vergessen) in Travis Bickle einen Mann, der im Gegen-

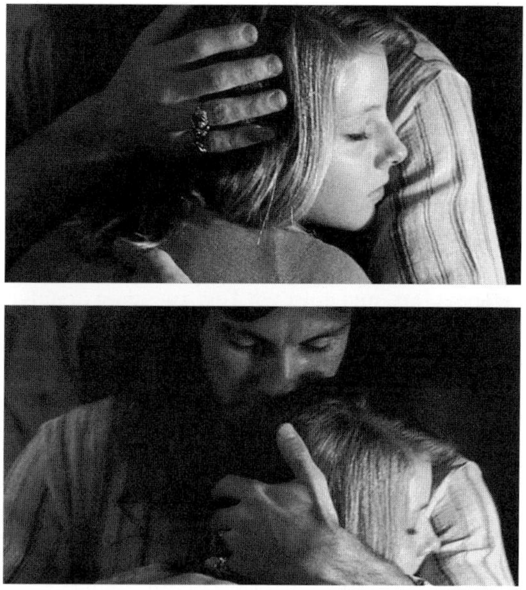

Die »Scar«-Szene

satz zu seinen Worten vor allem durch Trägheit gekennzeichnet ist, und dessen Gewalt ganz ähnlich irrational hervorbricht (und Ausdruck einer *leeren* Freiheit ist) wie bei dem *Fremden*.

Wenn das Taxi der »gläserne Sarg« in den Straßen der Großstadt ist, dann ist es zugleich auch eine Fortsetzung des Pferdes für den Westerner, das ihn, wie Travis es ausdrückt, überallhin trägt. Die Gegenden, in die Travis sein Taxi fährt, ähneln dem »unzivilisierten« Westen, in dem es keine Garantie für die Rechte und Menschlichkeit gibt. Was hat dieser Mensch hier verloren? Aber in diese Welt der Barbarei und der erotischen Suggestion kommt Travis ja keineswegs von außen; er lebt nicht nur in ihr, er ist ihr auch – nicht anders als Ethan Edwards, nicht anders als Ahab – verfallen.

Wie Ethan Edwards ist auch Travis Bickle in seinen Handlungen zugleich ein Verbrecher und ein Heiliger (eine Mischung aus Charles Manson und dem heiligen Paulus nennt Scorsese ihn); er ist einer, der helfen will, und er ist einer, der töten will. In ihm schlägt das Gute in das Böse um, und das Böse entsteht nicht zuletzt, indem sich der Held seinem eigenen Text unterwirft, seinem Mythos, der ihn zugleich beschützt – so wie seine Tagebucheintragungen stets zugleich seine Befindlichkeit und seine Wahrnehmung wiedergeben und eine Strategie, seine destruktiven Impulse hinter »religiösen«, moralischen und melodramatischen Formeln zu verbergen und sich immer wieder klarzumachen, er könne nicht anders, er sei erwählt, er erlebe die große Wendung. Das »Journal« ist ein Text zwischen den beiden Seiten dieses Menschen, es ist ein Text zwischen diesem Menschen und seinem Gott, und es ist ein Text zwischen dem Ich und der Welt (also immer zugleich Frage und Rechtfertigung, und immer zugleich Festschreibung und Fortschreibung). Dass ein solcher Körper einem Text folgt, erscheint vollkommen irrational. Es ist erst die filmische Bewegung selbst, die beides wieder zusammenbringt.

Am Ende wird Travis zum Star der Medien, die Eltern des Mädchens bedanken sich bei ihm, und die Wahlhelferin nähert sich ihm wieder – nun, da er ein Held ist. Travis fährt wieder Taxi, das Unternehmen der Erlösung ist vollkommen gescheitert, weder die Welt noch Travis Bickle selber sind wirklich gereinigt aus dem Blutbad hervorgegangen. Daher verschwindet er wieder, als Taxi-Fahrer, so wie er gekommen ist. Und auch da wiederholt er sehr direkt den Schluss von THE SEARCHERS, in dem John Wayne das Mädchen nach Hause zu seiner Familie bringen, die Schwelle ins Innere des Hauses aber nicht mehr überschreiten konnte. Auch Travis findet wie Ethan kein neues Zuhause. »What Makes a Man Do Wander?«, fragen die Sons of the Pioneers in ihrem Lied am Anfang von THE SEARCHERS, und der Film gibt eine Antwort. Und auch TAXI DRIVER versucht eine Antwort zu finden auf die Frage nach den Ursachen der gewalttätigen Unruhe im Helden. Was lässt ihn durch die Hölle fahren?

Von Iris zu Niki

Nichts »stimmt« in diesem Film; alles zerfällt in eine merkwürdige Dualität, jede einzelne Figur hat diese Ambiguität. Die kindliche Hure ist nur einerseits Opfer ihres Zuhälters, der geilen Brutalität der Freier, der Struktur der Unterwelt. Eine Rettung ist eigentlich nicht in Sicht: Zurückzukommen zu ihren Eltern, in die amerikanische Provinz, ist keine Lösung. Sie ist andrerseits in ihrem Leben ganz bei sich selbst – und Jodie Foster spielt viel weniger eine Art der professionalisierten *Lolita* als vielmehr die Professionalisierung selbst. Wie Michael Dempsey schreibt: »Einer der Höhepunkte des Films ist die Frühstücksszene mit Iris und Travis, in der er sie zu überreden versucht, in ihr Heimatstädtchen in der Provinz zurückzukehren. Aber sie will davon nichts hören: Ohio sei langweilig, und ihre Eltern würden sie hassen. Diese Motivation klingt so abgedroschen, dass sie wie eine Parodie auf die üblichen ›Erklärungen‹ wirkt, die der Film ansonsten zu negieren versucht. Aber sie hilft, zu der Schlussfolgerung zu kommen, dass Travis recht hat. Das Leben im provinziellen Amerika mag dumpf und erdrückend sein (die monotone Stimme von Iris' Vater bestätigt dies am Ende des Films), aber zumindest ist es nicht hoffnungslos oder riskant. Jodie Foster verleiht ihrer Rolle etwas erschreckend Altkluges, und der Film spielt mit der Möglichkeit, dass Iris ihre Existenz als Dirne tatsächlich lieber ist.«

Gerade diesen Aspekt vertieft Paul Schrader in HARDCORE, in dem er die Geschichte von der Kindhure, die aus dem Milieu befreit und zu ihren Eltern zurückgebracht werden muss, noch einmal erzählt. Da geht es um ein junges Mädchen aus bigottem, bürgerlichem Haus, das eines Tages vom Jugendlager verschwindet. Der Vater, der gottesfürchtige Möbelfabrikant Van Dorn (George C. Scott), macht sich auf die Suche, steigt diesmal selber in die Unterwelt, und die Spur führt in die kalifornische Prostitutions- und Pornoszene. Mit Hilfe von Niki (Season Hubley), einer jungen Hure, der er versprochen hat, beim Aussteigen behilflich zu sein, findet er sie, »rettet« sie, die ihm einen »Neuanfang« verspricht – wir sind da nicht so sicher – und vergisst Niki, lässt sie trotz seiner Versprechungen im Milieu zurück. (Noch deutlicher zeigt sich hier auch das Schimärische der Reinigung durch Gewalt. Seine Explosion der Selbstgerechtigkeit hat ihn nicht einmal schuldfähig gemacht.)

Tatsächlich geht es in TAXI DRIVER nicht nur um die Gewalt und den Schmutz, um die Rachefantasie eines zerstörten Menschen, sondern auch um eine sehr klar gegliederte Darstellung der Versuche eines Mannes, einen Weg zur Frau zu finden – einen Weg, der von vornherein, und nicht allein durch die Erfahrung des Krieges, versperrt scheint. Dreimal weisen ihn die Frauen zurück, in den drei unterschiedlichsten Segmenten: Das Mädchen im Candy-Stand des Pornokinos (auch hier versucht er es sehr direkt, er verlangt »Jujubes, they last longer«) akzeptiert ihn so wenig wie die reine weiße Frau Betsy (die er in seinem Tagebuch als »Engel« bezeichnet), und schließlich akzeptiert ihn auch Iris (der »gefallene Engel«) nicht (allenfalls als Kunden). Das Missverständnis ist da fast geometrisch: Wo sein Körper gemeint ist, antwortet Travis mit seiner Seele, und wo seine Empfindung gemeint sein könnte, antwortet er mit Signalen des Körperlichen. Das, noch einmal, macht seine protestantische Passion aus, dass er zwischen dem Körper, dem Text und der Seele keine Einheit finden kann, dass er gewissermaßen auf drei Instrumenten gleichzeitig falsch spielt. Er folgt der Frau auf dem Weg nach unten, bis zum Kind hin, bis zur Verworfenheit, und wird nicht angenommen. Wie so häufig bei Scorsese verhalten sich die drei Frauen in Travis Bickles Leben dialektisch zueinander: Die reine weiße Frau (die »Heilige«) wird der reinen Verworfenen im Zentrum der höllischen Lust (der *broad*) gegenübergestellt, und die junge Hure Iris ist die Synthese, eine Frau, die zugleich Endpunkt der Verworfenheit und Höhepunkt der Reinheit, die heilige Hure ist. Nur ihr also wäre zumindest als Schauspiel der Augenblick der Gnade gegönnt, und dass sie Travis gerade dieses Schauspiel verweigert, ist der größte Hohn, der für ihn in seiner Geschichte liegt. Während er Betsy den tiefen Fall prophezeit, nachdem sie seinen Erwartungen nicht entsprochen hat (»You'll burn in hell«), will Iris offensichtlich einen Weg nach oben nicht annehmen, und so kann er ihr schließlich gar nicht mehr zugestehen, sich selber zu artikulieren. So ist ihre Rettung und die umgekehrte Taufe durch das Blut nichts anderes als die Verwandlung der Hure in die Jungfrau. Die Frau, die er sich nun erkoren hat, hat mit ihm weder eine sexuelle noch eine emotionale Beziehung, sie ist reines Bild.

Erschreckend altklug: Iris in der Frühstücksszene

Dreimal also wurde Travis zurückgewiesen, wenn auch mit sehr unterschiedlichen Motiven und in sehr unterschiedlichen Formen. Travis' Bluttat ist demnach vor allem Ausdruck seiner verzweifelten Niederlage bei dem Versuch, von der Frau erlöst zu werden. So vertauscht er die Rollen und macht sich mit den Zeichen und mit den Mitteln, die ihm zur Verfügung stehen, selber zum Erlöser der Frau.

Tat und Text

Die Kamera verlässt den Tatort, nicht indem sie den Mythos bestätigt und zusammenfasst, nicht mit der großen Geste und nicht mit dem Blick auf den Helden, sondern in der Perspektive eines Kriminalreport-Zeichners, fort nach oben in die Grundrissperspektive. TAXI DRIVER ist schließlich auch ein Film über die Art, wie Politik gemacht wird, den Rummel um den Aufbau des Präsidentschaftskandidaten, und es ist ein Film über Medien. In den Kreisen, die er beschreibt, ist nicht mehr auszumachen, wer wen am meisten betrügt oder ausbeutet, aber es ist klar, dass die Hölle, in der sich der *Taxi Driver* und die anderen bewegen, nicht allein aus dem Off, weder von Gott noch von der Gesellschaft herleiten lässt, sie ist tief im Innern von ihnen allen. Und alles, was darüber hinausführen soll, die Liebe, die Ökonomie, die Politik und die Gewalt, führt nur tiefer in die Verdammung.

Auch darin ist TAXI DRIVER vielleicht der Film, der Scorsese am nächsten zum *film noir* bringt, nicht allein durch die Musik von Bernard Herrmann (dessen letzte Arbeit dies war), sondern auch durch die expressive Überhöhung der Stadt und die Reflexion eines Krieges, der in den Seelen der Menschen nicht verarbeitet war und der sich deshalb auf den Straßen dieses steinernen Urwaldes fortzusetzen verdammt ist. Er zitiert und übermalt Vorbilder, die Bürgerfrau und die *femme fatale*, widerspricht aber der nihilistischen Schönheit des *film noir*. TAXI DRIVER versucht einen Prozess der inneren Aufklärung sowohl des *film noir* als auch des von Paul Schrader beschriebenen und später (wie in AMERICAN GIGOLO/ Ein Mann für gewisse Stunden; 1980) kreierten »transzendentalen Stils«. Er treibt das Geschehen und seine Fragen über jenen »Augenblick der Gnade« hinaus, in dem sich der größte Schmerz und das größte Entzücken begegnen. Er schlägt Transzendenz als Möglichkeit vor, aber er sieht keine reine Lösung darin. Das Ende von TAXI DRIVER ist eine furchtbare Ernüchterung.

Paul Schrader meinte einmal, er habe für TAXI DRIVER ein sehr protestantisches Script geschrieben, »kalt und isoliert«, und Martin Scorsese habe daraus einen sehr katholischen Film gemacht. Der Widerspruch indes wird durch die Metastruktur des Films aufgehoben, in der jeder Aspekt einen Doppelcharakter erhält. So auch die Musik, die einerseits wie eine traditionelle Filmmusik funktioniert (und dies scheinbar mehr, als es sonst in Martin Scorseses Filmen der Fall zu sein pflegt), und die andrerseits erneut auf das Filmhafte der »Dokumentation« verweist. Für beide, für Schrader wie für Scorsese, ist es wichtig zu zeigen, dass es sich bei TAXI DRIVER nicht um ein Abbild der Wirklichkeit, sondern um einen surrealen Traum handelt, (und in kaum einem Scorsese-Film treffen die beiden oppositionellen Impulse von Dokumentation und Künstlichkeit so permanent und heftig aufeinander). Sogar innerhalb einzelner Sequenzen trifft die Authentizität eines Dokumentarfilms mit dem Artifiziellen aufeinander.

Das »Protestantische« an TAXI DRIVER entfaltet sich indes auf einer noch ganz anderen, vielleicht unerwarteten Ebene. Während alle Scorsese-Helden vor- und zumeist auch nachher ihre Passion erleben, vor allem indem sie Bilder produzieren, indem sie sich in Bildern, Gesten und Ritualen erkennen, versucht Travis sich über seine Handlungen Rechenschaft abzulegen, er versucht, sich selber in einem *Text* zu erklären. Das geht weit über das bei Scorsese gewohnte Element der Off-Narration hinaus – und so präzise etwa der Held von GOODFELLAS seine Lebensgeschichte beschreibt, so genau die Charaktere von CASINO ihre Funktion zu charakterisieren wissen, sie versuchen doch nicht, was Travis unternimmt: seinem Leben einen Text zu geben. Die Erzählstruktur wird dadurch eher noch komplexer denn einfacher, denn nun sind wir nicht allein mit dem Widerspruch zwischen der äußeren Kommunikation der Erzählung und dem tatsächlichen Geschehen konfrontiert, sondern obendrein mit dem Widerspruch zwischen Identifikation und Selbstidentifikation des Helden. Der Held schreibt seine Geschichte schon als Lüge, aber diese Lüge ist nicht mehr so offensichtlich wie, sagen wir, in IT'S NOT JUST YOU, MURRAY!, sondern beinahe verborgen in einem Geflecht der Mythen und Emotionen. Travis Bickle schreibt den Text seines Lebens in seinem Tagebuch fest, und dieser Text ist offenkundig so »falsch« wie es der Text der Erzählung von Humbert Humbert in Vladimir Nabokovs *Lolita* ist. Er produziert gewissermaßen selbst den Mythos, in dem er lebt, und um damit erfolgreich zu sein, muss er auch andere symbolische Interaktion, andere Gespräche ausblenden. Wenn er von sich behauptet, Gottes einsamster Mann zu sein, beschreibt er sich zum einen als Opfer (und, möglicherweise, als »Auserwählten«), er beschreibt andererseits aber auch eine Strategie der Selbstidentifikation: Er lässt niemanden in diese Dualität hinein. Seine symbiotische Zwiesprache mit Gott, und sei sie so negativ definiert wie sie »geschrieben« ist, bedeutet schon jene Absage an die Welt, die dem Calvinisten die Wirklichkeit selbst zum Feind machen muss. Travis Bickle ist der schreckliche Christ, der, mit einem abwesenden Gott allein gelassen, nur immer wieder den Kreuzzug unternehmen kann, in dem er hofft, »erhört« zu werden (und doch nur profane Gier zu befriedigen hat). Dass er gar nicht so einsam sein müsste, wie er sich fühlt, wenn er nicht diese Einsamkeit bis zu einem gewissen Grade auch wollte, dafür haben wir genügend Hinweise. Die Welt hat ihn nicht ausgestoßen, *er* hat die Welt ausgestoßen, und seine Inszenierungen, vor allem die Beziehungen zu den Frauen, laufen förmlich darauf hinaus, dass es keine wirkliche Berührung gibt. (Auch darin, nebenbei, bildet sich in dem Täter Travis der Künstler ab.) Wie viel Traum in dieser Inszenierung steckt, lässt sich nur ahnen (und gar: wie viel Traum im Traum).

All das freilich widerspricht keineswegs der Tatsache, dass TAXI DRIVER neben vielem anderen auch ein sehr genaues Zeitbild ist. Und einmal mehr schloss sich die Schere zwischen der virtuellen und der realen Öffentlichkeit und Krankheit in den USA: Am 30. März 1981 schoss John W. Hinckley Jr. auf den amerikanischen Präsidenten und seine Begleiter; 14 Mal hatte der später als schizophren erklärte Attentäter zuvor TAXI DRIVER gesehen, den Film, in dem der Held mit der Waffe den »Schmutz« von der Straße zu wischen versuchte. Aber – Schizophrenie hin oder her – wie konnte ausgerechnet der Super-Saubermann der Nation, Ronald Reagan, zum Objekt solcher Mordlust werden? War er einem Palantine oder etwa gar der Figur des Zuhälters, die im Film Harvey Keitel spielt, und war das »jugendliche Amerika« etwa mit der Prostituierten in dessen Händen zu vergleichen? Oder wiederholte Hinckley nur Travis' bizarres Missverständnis, gleichsam seine eigene politische Nutzanwendung zu ermorden, weil sie ihn entheiligen musste? Wie dem auch sei: Hinckley korrigierte sehr anschaulich die Vorstellung von Scorseses Film als rechtem *law & order*-Pamphlet. Hinckley war in Jodie Foster verliebt, wie er beteuerte (ein mehrfach verbotenes Objekt der Begierde), und bestürmte sie mit Briefen und dem Wunsch, sie zu sehen. Wie Travis Bickle seinen politisch-moralischen Impuls sexualisieren musste, um seine Passion zu erfüllen, so musste wohl Hinckley umgekehrt seine sexuelle Passion politisieren, um sie wenigstens symbolisch zu erfüllen. Wie Travis Bickle wollte er das Schauspiel seiner reinigenden Gewalt im Übrigen ursprünglich auch selber nicht überleben. Aber Ronald Reagan überlebte nicht nur das Attentat, sondern ging gar, zumindest politisch, gestärkt daraus hervor: Er zeigte öffentlich seine Wunden, und er leitete kurz darauf mit seiner berühmten Rede das große *Star Wars*-Programm in die Wege, eine neuerliche seltsame Schleife von popkultureller Fiktion und politischer Wirklichkeit.

Dem Leben einen Text geben: Travis schreibt Tagebuch

So war auf höchster Ebene schließlich die Kritik aus TAXI DRIVER in die Anmaßung der *Star Wars* auch auf solchem Nebenweg übergegangen. Aber zugleich hatte Ronald Reagan auch Züge von Darth Vader angenommen (so berichten es jedenfalls die amerikanischen Pop-Psychohistoriker), dem verderbenden, dunklen Vater, der sich auf die andere, die böse Seite der Macht begeben hatte, mit seinen Kampfsternen und seinem Imperium, der nicht wenig Ähnlichkeit mit einem faschistischen Führer hat.

Seltsame Übertragungen, auf den ersten Blick! Ist denn etwa der »Zuhälter« eine schizophrene Abspaltung des dunklen Vaters? Dann wäre es in der Tat kein Wunder, wenn der verlorene Sohn den einen als Ersatz für den anderen töten könnte. Und vielleicht: den einen, weil er sich der Gerechtigkeit zu nahe fühlt, und den anderen, weil er sich zu weit von ihr entfernt hat, keiner von ihnen leidend unter der schrecklichen Dazwischenheit eines Travis Bickle.

Travis bezeichnet sich als »Gottes einsamsten Mann« und liefert damit den Schlüssel zum Verständnis der Paul-Schrader-Ebene des Films. Denn er bezeichnet ein unauflösbares Paradoxon: Wie kann jemand ein Mann Gottes und zugleich einsam sein? Nur wenn es Gott, zumindest als Gott der Liebe, nicht gibt. Aber dann wäre auch diese Einsamkeit obsolet. So kann nur ein Gott gemeint sind, der den Menschen zugleich verdammt und sich ihm verweigert. Für Scorsese ist Travis »eine Figur des Alten Testaments: um gerecht und wahrhaftig zu sein, muss er den Zorn Gottes anrufen.« Er ist, um das Prinzip des Selbstwiderspruchs weiter zu treiben, eine Figur des Alten Testaments, die es unternimmt, als verfehlter Entwurf des Erlösers die Erneuerung des Paktes unmöglich zu machen.

Diese »Gotteseinsamkeit« zwingt Travis Bickle, seinen eigenen moralischen Code zu finden, ja mehr noch, seinen eigenen (religiösen) Mythos zu begründen, in dem er für sich (allein) die beiden Aspekte dieses Mythos, die Erlösung und Rettung und die Strafe und Verdammnis, miteinander in Beziehung setzt. Was ihn von anderen Menschen trennt, lässt sich möglicherweise halbwegs rational und psychologisch-realistisch erklären: Seine Erfahrungen im Krieg in Vietnam mögen ihn von seinen Mitmenschen entfremdet haben, und seine offenkundigen Schwierigkeiten in der Begegnung mit Frauen forcieren sein tiefes Misstrauen, hysterisieren sein unerwidertes Verlangen. Travis will ein amerikanischer Archetyp werden, der Mann mit der Waffe auf *search and destroy*-Mission.

So gibt es also am Ende für die Einsamkeit dieses Charakters drei Erklärungen, eine psychosoziale, eine existentialistische und eine religiöse. Die psychosoziale ist, vergleichsweise, einfach: Travis ist ein Mann, der die Welt verloren hat, der in seiner Isolation die soziale Kontrolle über seine »bad ideas« und seine destruktiven Impulse verloren hat. Er ist also, kurz gesagt, jemand, der aus sozialer Ausgrenzung heraus nach innen, in ein beständig sich auf bestimmte Ziele reduzierendes paranoides System flüchtet. So wäre TAXI DRIVER eine beklemmende realistische Studie über einen Soziopathen. In der existentialistischen Lesart ist die Einsamkeit Travis Ausdruck seiner schmerzhaften Freiheit. Er muss die (mörderische) Tat wählen, um diese Freiheit zu erfüllen, und es bleibt ihm nichts anderes übrig, als darin auch die Absurdität zu erfahren. Die Isolation ist dann nicht etwa die Krankheit, sondern vielmehr der Normalzustand: Die Hölle, das sind die anderen. Als religiöse Gestalt, als Engel oder Dämon oder beides in einem, ist die Isolation noch einmal anders bestimmt. Sie ist nun weder Krankheit noch schreckliches Bewusstsein, sie ist Teil der Mission: Travis ist seiner Welt nicht fremd *geworden*, er ist als Fremder in sie gekommen. Ein Engel oder Dämon, der die Sprache Gottes und die Sprache der Menschen nicht mehr zueinander bringen kann.

Aber schließlich kann man Travis auch als einen vollkommen leeren Charakter sehen, seine Fremdheit noch einmal neu bestimmen (so wie wir ihn mit der Erfahrung von THE KING OF COMEDY deuten können), als einen Menschen, der nichts anderes tut, als zurückzugeben, was in ihn gespiegelt wird. Eine Maske, die zum Spiegel wird. Er lebt nur in den Medien; was er über Sexualität weiß, weiß er aus dem Pornokino, was er über Gefühle weiß, weiß er aus Soap Operas im Fernsehen, was er über seine Welt weiß, weiß er aus Zeitungsüberschriften. So wird noch einmal auch sein Tagebuch anders deutbar, nicht als Versuch allein, seiner Handlung ein Bewusstsein, einen Text zu verleihen, sondern auch als Aneinanderreihung furchtbarer Klischees. Sind nicht die Worte, die Travis benutzt, so häufig eine Nummer zu groß für diesen Charakter, und führen sie nicht selbst ins Paradox: Hat der Text die Tat oder die Tat den Text generiert? ❑

New York, New York (1977)

Meine frühesten Erinnerungen an die 40er Jahre«, sagt Scorsese, »sind meine Onkels in Uniform. Und die großen Musicals in knalligem Technicolor und mit künstlichen Dekorationen. Wenn ich an meine Familie denke, denke ich an diese Filme, und wenn ich an die Filme denke, denke ich an meine Familie. Vielleicht war ich so in diesen Filmen verwurzelt, dass ich zurückgehen und diese Welt wiedererschaffen musste, die halb Schwindel und halb Wirklichkeit ist. In meiner Vorstellung ist dies das Bild jener Periode.«

Wieder einmal also steckt im Zentrum eines Abbildungsvorgangs Konstruktion und Rekonstruktion der Familie. Und wieder geht es um den Kampf zwischen dem Bild und dem Blick. Denn schon im Vorspann, der über einer gemalten New-York-Kulisse zu sehen ist, erklärt Scorsese seinem Material gewissermaßen den Krieg: Während die anderen Titel alle in freundlichem Rosa gehalten sind, ist der Name des Regisseurs in flammendem Rot geschrieben. (Und ganz ähnlich aggressiv wird sich sein Held zu seiner Umgebung verhalten, ganz ähnlich wird seine Musik der vorherrschenden Musikrichtung widersprechen.) NEW YORK, NEW YORK begegnet dem Schwindel mit einer heftigen Dosis Wirklichkeit, und der Wirklichkeit mit einer heftigen Dosis Schwindel.

Der Traum vom *major chord*

Scorsese erprobt die Wiedererschaffung dieser Welt seiner »uniformierten Onkels« an der Geschichte von zwei Künstlern, die sich bei Kriegsende begegnen. (Der Trubel, der sich da ergibt, weiß, so scheint's, selbst nicht, ob er den heimkehrenden Soldaten gilt oder die neuen Sorgen übertönen soll). Der Tenorsaxophonist Jimmy Doyle (Robert De Niro) und die Sängerin Francine Evans (Liza Minnelli), die bei der Truppenbetreuung gearbeitet hat und nun eine eigene Karriere aufbauen will, lernen sich beim Friedensfest am *V.J.-(victory in Japan)Day* im *Moonlit Terrace Club* kennen, wo Tommy Dorseys Orchester alte Hits wie *Pennsylvania 6-5000* spielt.

Doch zunächst sehen wir wieder eine Scorsese-Einführung, zehn Minuten so brillantes, »manieristisches« Kino, dass dem keine »Durchführung«, kein Plot gerecht werden kann. Als Erstes sehen wir, zu den Klängen eines militärischen Hornsignals, einen Mann seine Uniform ausziehen und sie von einem Balkon auf die Straße werfen. Mitten im Konfetti-Regen segelt das Hemd auf die Straße. Dann verändert sich die Musik zu Swing, Schatten vorbeieilender Menschen fallen auf das Kleidungsstück. Auf eine Zeitung mit der roten Überschrift *Japs give up* treten zunächst ein Paar Herrenschuhe, ziemlich elegant, weiß und braun,

dann, ebenso heftig, ein paar rote Damenschuhe. Dann wieder die Herrenschuhe: Jemand ist da zurückgekommen, hat seinen Weg nicht gefunden. Die Kamera fährt die geschniegelten weißen Hosen hinauf zu einem Hemd, das man dann vielleicht doch nicht erwartet hätte: Es ist blau, zeigt die Skyline der Stadt und den Schriftzug *New York City* (und wiederholt das grafische Motiv vom Vorspann). Dann erreicht die Kamera das Gesicht von Jimmy Doyle, der sich gerade einen Kaugummi zwischen die Zähne schiebt und sich die Hände reibt, frech und unsicher, forschend um sich spähend. Nun verschwindet er erst einmal in der Menge, die Kamera fährt über die jubelnden Menschen, und schließlich fängt sie ihn wieder ein, fährt dennoch zurück, und verliert ihn wieder, so als sei er ihr noch nicht wichtig genug, auch wenn sie zuerst einmal auf sein auch in dieser Menge durchaus auffälliges Äußeres hereingefallen war. Aber immer wieder taucht dieses blaue Hemd auf, während die Kamera über den drängenden, fröhlichen Massen die Straße entlang fährt, vorbei an Neonreklamen, die noch einmal den Namenszug *New York* verkünden. Schließlich endet die Bewegung an einem roten Neonpfeil, der direkt auf Jimmy zu zeigen scheint, als der stehenbleibt und nun mit einem Mal die Richtung ändert, so als sei ihm ein Weg gewiesen worden. Er entfernt sich jetzt vom Strom der jubelnden Menge – Abblende zur Dunkelheit.

Verlieren und wiederfinden – wenn wir uns in diesem Wirrwarr auf etwas verlassen können, dann bestimmt nicht auf das Bild. Eher schon auf die Musik: Aus der Dunkelheit erscheint die Posaune von Tommy Dorsey, der *Moonlight Serenade* intoniert, dann der Schlagzeuger, das Licht geht wieder an, die Kamera fährt – jetzt in der ebenso überfüllten *dance hall* – wieder über die Menge, Zivilisten und Soldaten, weiße Marineuniformen und braune Infanteristen. Das alles erscheint wie die zufällige Dokumentation einer Situation, wie sie an diesem Tag wohl an vielen Orten zu finden wäre, wenn auch nicht so gewaltig, wie es der Radio-Ansager verkündet hat: »The greatest party ever«.

Jimmy stürmt mit seinen braunweißen Schuhen und seinem schrillen Hawaii-Hemd wie absichtslos und zugleich getrieben durch die Friedensfeier. Ein Mädchen schaut ihm nach, beinahe hätte er es übersehen, doch schon kommt Jimmy zurück, um sie ziemlich unverschämt anzumachen. Dazwischen gibt es wieder Einstellungen auf die Swing-Band und auf die Tanzenden, unter denen eine Hakenkreuz-Fahne gewirbelt wird. Wie der erste Flirtversuch ausgeht, sehen wir gar nicht mehr, denn Jimmy Doyle kniet schon neben einer anderen Frau. Diesmal versucht er es wohl mit einer anderen Masche. Schließlich erkennt er einen alten Kumpel auf der Tanzfläche, der vor Glück die Umstehenden mit einer Champagnerflasche bespritzt. Auch die Kamera bewegt sich auf dieser größten aller Partys mit einer Mischung aus berauschter Neugier und Hektik, aber immer wieder sieht sie zu den Musikern hin, von den Bläsern und ihren Posen fasziniert. Und da findet sie schöne und künstliche Bilder, eine Visualisierung des Akustischen und Musikalisierung des Optischen, wie es dem Musical angemessen ist. Aber sehr lange verweilen kann sie bei diesen Bildern nicht.

Jimmy begrüßt ein paar weitere Kumpel. Ein anderer Mann spritzt ebenfalls mit einer Champagnerflasche, daraus ergibt sich beinahe eine Schlägerei. Man sieht auf dieser großen Party schon, dass das Ende des Krieges noch lange keinen sozialen Frieden bedingt. Die Siegesfeier der herausgeputzten und glücklichen Soldaten produziert auch schon wieder überall Spannungen. Jimmy bewegt sich tänzelnd über das Parkett, immer noch schaut er sich nach einem neuen Opfer um; der Kerl braucht einfach eine Frau, und schließlich trifft sein Blick auf Francine, die auf einer kleinen Empore über der Tanzfläche sitzt. Sogleich versucht er, auch sie zu umgarnen, um ihre Telefonnummer zu erhalten, damit man bei Gelegenheit ein sehr tiefes und wichtiges Gespräch fortsetzen könne, das sie einmal bei einer Party geführt hätten. Nach ein bisschen Geplänkel erklärt er: »Als ich hier rein kam und Sie hier sitzen sah, wusste ich, dass ich für irgendwas gekämpft hatte in diesem Krieg.« Doch auch Francine lässt Jimmy erst einmal abblitzen, das ist nun auch wirklich die bescheuertste Art der Anmache, nur noch übertroffen von Jimmy Doyles bescheuerten Klamot-

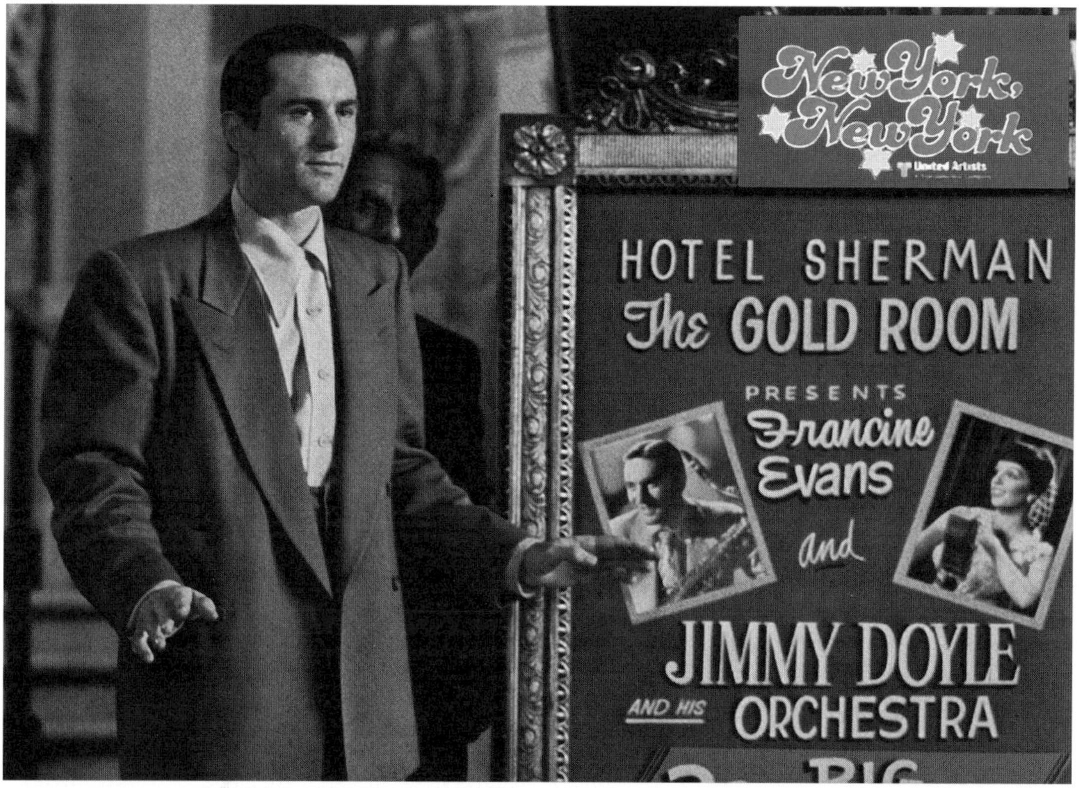

Halb Schwindel und halb Wirklichkeit: NEW YORK, NEW YORK

ten. Und es ist peinlich. Die ungeheure Zähigkeit dieser »Werbung« überträgt sich auf den Zuschauer: So darf einfach keine Liebesgeschichte anfangen. Und der Zähigkeit ist kein Ende. Immer wieder bittet sie ihn zu gehen (»Go away« – die John-Ford- und WHO'S THAT KNOCKING-Phrase!), aber seine Attitüde wird immer unverschämter, es ist nahezu bedrohlich (und der Robert De Niro aus CAPE FEAR erinnert am Anfang gewiss nicht nur äußerlich an eine endlich ins Bösartige umgekippte Version dieses Jimmy Doyle). Wenn er nur ein bisschen von einem Gentleman an sich hätte, sagt sie, würde er gehen. »Do I look like a gentleman in this shirt and these pants?«, fragt er zurück. Er spricht uns damit aus dem Herzen, wie im Übrigen all diese ersten Szenen auf den ersten Blick einer Dramaturgie der Überdeutlichkeit zu folgen scheinen. Nach ein paar weiteren Versuchen scheint er bereit, aufzugeben: »Vielleicht beim nächsten Krieg.« Dann kommt ein anderer Mann hinzu, den sie auch nicht recht einordnen kann, der ihr aber zuerst einmal wie eine Erlösung erscheint. Schon scheint der aufdringliche Kerl verschwunden, und schon scheint Francine es ein wenig zu bedauern, da ist er auch schon wieder da: »Don't ever change, Francine«, ruft »Arnold«, der andere Mann, zum Abschied, »you're beautiful.« Und als Francine sich umdreht, steht Jimmy wieder vor ihr und sagt leise: »Don't ever change, Francine, you're beautiful.« Das Netteste, was er sagen kann, ist geklaut, aber das Geklaute ist vielleicht zum ersten Mal nett. Hat Doyle nun kapiert, dass er es nicht mit »einer Frau«, sondern mit einer Person zu tun hat? Francine jedenfalls ist nun sichtlich verwirrt (wenn das Verwirrte nicht schon zu ihrer Schönheit gehört), die Band spielt weiter. Als ein weiteres Paar vorbeitanzt, eine ihrer Kolleginnen, die offensichtlich genau den richtigen Mann getroffen hat, bemerkt man, dass sie wirklich einsam ist. Jimmy Doyle durchstreift noch immer den Saal, als sein Blick wieder auf Francine trifft, die noch immer allein an ihrem Tisch sitzt. Sein Kumpel verspricht ihm, ihn mit der Freundin seines eigenen Dates bekannt zu machen (und bekommt dafür Jimmys Zimmerschlüssel, damit er sich mit dieser zum Schäferstündchen zurückziehen kann), und das ist ausgerechnet Francine. Er hat bei ihr doch schon alles versucht, erklärt Jimmy. Nun, nachdem sie »formally introduced« sind, kann sie nichts mehr dagegen sagen, dass Jimmy sich neben sie setzt und seine Annäherungsversuche erneut und in aller Direktheit aufnimmt. Ihr bleibt nichts anderes übrig, als die Flucht zu ergreifen.

20 Minuten hat dieses verkorkste, aufgeregte und ein bisschen trostlose, aber auch sehr komische Spiel der vergeblichen Werbung gedauert, das wäre schon für eine glücklichere *boy meets girl*-Variante ziemlich viel gewesen. Das Musical wird nicht nur durch die sehr eigenwillige Mischung von Elementen des Künstlichen und des Realistischen, nicht nur durch den beharrlich diesseitigen Einsatz der Musik, sondern auch durch diesen Bruch mit den Zeit-Regeln des Genres, ja der Hollywood-Klassik überhaupt, gleichsam im Keim erstickt. Durch diesen Einstieg erscheint uns überdies Scorseses Zitat der klassischen Musical-Überblendungen zum »Fließen« der Zeit, die er mehrfach verwendet, als ein inneres, nicht als äußeres Merkmal des Films. Der Sog, den er mit Überblendungen erzeugt, die aus den Klassikern des Genres stammen könnten, führt nicht ins musikalische Traumreich, sondern in die Wirklichkeit.

Jimmy kann nicht in sein Zimmer zurück, in dem sich sein Freund mit Francines Freundin vergnügt. Wie er da nun vom Treppenhaus in den Hof schaut, ist er wirklich verdammt einsam, und alle Schatten sprechen von seiner Einsamkeit, die radikaler ist als die von Baxter in THE APARTMENT (Das Appartement; 1960; R: Billy Wilder). Von oben herab beobachtet Jimmy ein Paar, das auf dem Hof für sich selbst tanzt: Fred Astaire und Ginger Rogers, keine »passende Musik« ist dazu zu hören, nur die Geräusche der vorbeifahrenden Züge, deren Fenster ihre Lichter auf die Erde werfen, und ein paar geisterhafte Töne, vielleicht, auf einem Klavier. Es wird Morgen. Francine taucht in Jimmys Hotel auf, um nach ihrer Freundin zu sehen, sie macht sich da so ihre Gedanken, und dabei trifft sie in der Lobby wieder auf Jimmy. Er gibt vor, sie nicht zu erkennen, während er den Hinkenden mimt, und sie entdeckt, dass er sich unter falschem Namen eingetragen hat, weil er die Rechnung nicht bezahlen kann. Zuerst durchkreuzt sie alle seine Pläne, indem sie sein Spiel nicht mitspielt. Doch dann wird sie zur Komplizin bei seiner Flucht, er gibt sie als seine Schwester aus, spielt den versehrten Veteranen. »Go home«, schreit er sie an. Da sind gleich viele Film-Bilder da, von armseligen, kaputten Farmerfamilien auf dem Land, die ihre unglücklichen Kinder an die vampirische Stadt verlieren, Familien, denen der Krieg nur noch den Rest gegeben hat.

Der Portier ist verwirrt von den vielen Stücken, die ihm da präsentiert werden, von der Lautstärke, die die anderen Gäste stören könnte, von den »patriotischen« Gefühlsfallen. Aber eigentlich will auch er Jimmy Doyle widerstehen, so wie Francine ihm widerstanden hat.

Sie holt die Koffer aus dem Zimmer, während man ihn aus dem Hotel wirft. Jimmy Doyle drängt sich zu ihr in ein Taxi und befiehlt eine Fahrt nach Brooklyn, Flatbush Avenue. Dort soll er vorspielen. Der Übergang von der Lobby-Szene in die Taxi-Einstellung ist auf eine typische Musical-Weise vonstatten gegangen; man hat den Raum, man hat die Wirklichkeit kurzerhand ausgeschlossen. Jimmy erzählt Francine von seinem Traum, als Musiker zu reüssieren, vom Glück, den *major chord* zu treffen (Musik, Frauen und Geld). Durch sie könnte aus Nummer drei, dem Sex, die Nummer eins (vielleicht die Liebe) werden, aber bei der Neuordnung der Elemente des *major chord* kommen sie schon heftig durcheinander. Gemeinsam gelangen sie zu dem Jazzclub, wo Jimmy vorspielen soll. Aber der Manager mag den neuen, harten Bebop-Sound nicht, den Jimmy spielt, nervös, unstet und direkt, ganz bestimmt weitab von

Working slave: Jimmy begleitet Francine auf dem Saxophon

jedem vorstellbaren *major chord*. Noch einmal rettet Francine die Szene, indem sie ein Lied anstimmt, zu dem Jimmy sie begleitet. Das, so scheint es dem Manager, hat schon eher den kommerziellen Appeal, den er sich wünscht. In dem Lied und seiner Inszenierung aber hat sich das Verhältnis der beiden umgekehrt, nun geht es nicht mehr um den Macho, der sich die unschuldige Frau erobert, nun ist sie es, die ihn unterwirft, und ironischerweise singt sie dabei auch noch vom *working slave*, der der andere zu sein habe. Was ihnen als Menschen nicht gelungen ist, das klappt nun auf der Ebene der Kunst, sie werden als »boy/girl-act« engagiert.

Das wäre die Chance für eine gemeinsame Karriere, man sieht die beiden durch die verschiedenen Bars tanzen, Jimmy kommt offensichtlich nie aus seinem Hawaii-Hemd heraus. Die Umarmungen der beiden werden inniger. Jimmy nimmt auch den Kaugummi aus dem Mund. Wieder zitiert hier Scorsese eine traditionelle Einstellungsserie des Musicals (nur dass er sie mit einigen realistischen, beinahe trivialen Impulsen perforiert). Die Welt wird zur Kulisse, zum Zeichen der Liebe, die Montage zum Takt, das Lichtermeer vom Times Square setzt sich bis in die Spiegelungen im Champagnerglas fort. Aber das Tanzen durch Raum und Zeit, das das Genre so liebt, hat ein abruptes Ende. Francine bekommt noch am Abend ein besseres Angebot – ihr Agent Tony Harwell (Lionel Stander) hat ihr eine Stelle als Sängerin in der Band von Frankie Harte verschafft (Georgie Auld stellt ihn dar, der auch Robert De Niro für diesen Film das Saxophon-Spiel mitsamt den richtigen Bewe-

Die Welt wird zur Kulisse, zum Zeichen der Liebe

gungen beibrachte und der selbst die Soli spielt, die wir von Doyle hören). Schon am nächsten Morgen beginnt die Tournee. Beim ersten Engagement taucht sie also nicht auf und lässt ihm durch Tony mitteilen, dass sie bei Hartes Band engagiert ist. Jimmy, der schon völlig verliebt in sie ist, folgt ihr und taucht nach langer Suche in dem *Supper Club* auf, wo sie auftritt. Er erklärt ihr seine Liebe und geht mit der Band auf Tournee; er bekommt den Job als Tenorsaxophonist, er passt sich ein in den Bigband-Sound, den er eigentlich überwinden wollte, er macht sich, nicht nur künstlerisch, kleiner, um nur in Francines Nähe zu sein.

Als die Geschäfte schlechter gehen, versucht Jimmy der Musik durch moderne Bebop-Arrangements neuen Schwung zu geben. Ohne Erfolg. Der eigentliche Star, die Entdeckung der Saison ist Francine, ihretwegen sind die Konzertsäle voll. Als Jimmy Doyle ein Gedicht liest, das Francine über ihn geschrieben hat, ist er so gerührt, dass er sie sogleich zum Friedensrichter schleppt: Noch während der Tournee heiraten sie. Harte verlässt die Gruppe, und Jimmy wird der neue Bandleader. Doch die Gruppe hat den großen Erfolg auch weiterhin vor allem Francine zu verdanken. Zwischen ihr und Jimmy wachsen die Spannungen, emotional und künstlerisch. Als sie schwanger wird, kehrt Francine nach New York zurück, um sich und das Kind zu schonen. Das ist ein harter Schlag für Jimmy und für die Band; von Konzert zu Konzert kommen weniger Zuschauer, das Publikum hängt an dem alten Sound und verlangt nach einer Musik der »heilen Welt«, und es verlangt nach Francine. Die nimmt unterdessen unter der Ägide von Tony Harwell eine erste Schallplatte auf, und ein Plattenboss sieht in ihr die kommende Attraktion und baut sie zum Star auf. Da haben sich das alte Idiom und die neue Technik gegen Jimmy Doyle verbunden.

Jimmy erleidet inzwischen ökonomisch Schiffbruch, die neue Sängerin Bernice (Mary Kay Place) erweist sich als Fehlbesetzung, und er zerstreitet sich mit seinen Musikern. Bernice ist auch sonst nicht die Richtige; Scorseses Aufnahme von den beiden im Motelzimmer erscheint Marie Katheryn Connelly »wie ein Bild von Edward Hopper« (der wiederum von seinen Gemälden gesagt hat, sie seien wie von einer Kamera aufgenommen, die sich dort befindet, wo eigentlich keine Kamera sein sollte). Jimmy muss die Band an den Pianisten Paul Wilson (Barry Primus) übergeben und kehrt ebenfalls nach New York zurück, wo Francine unterdessen an ihrer Karriere arbeitet. Er spielt in kleinen Bars im *Harlem Club* mit seinem Freund Cecil Powell (Clarence Clemons) den neuen Jazz, nimmt Drogen und treibt sich herum; sein Misserfolg und ihre große Karriere nebeneinander sind für ihn nicht akzeptabel. Eines Tages kommt Francine mit einem Manager der Plattenfirma in den Club, der ihm mitteilt, er habe Francine für eine Tour vorgesehen. Jimmy tut nichts, um sie davon abzuhalten, und sie verlässt, ein bisschen betrunken und sehr aufgebracht, die Szene, Jimmy läuft ihr nach, und es entspinnt sich ein böser Streit. Besonders empört ist Francine über die Worte ihres Mannes: »Did I tell you to have that goddamn baby?«

Nach der Geburt ihres Sohnes trennen sich die beiden. Im Krankenhaus müssen sie erkennen, dass ihre Beziehung zu Ende ist. Jimmy verlässt Francine, ohne seinen Sohn, der seinen Namen trägt, gesehen zu haben. Francine wird in Hollywood zum großen Star, im Konzert, auf Platte und im Film. *Happy Endings* heißt ironischerweise ihr großer Erfolgsfilm (aus dem die ursprüngliche Fassung von NEW YORK, NEW YORK einen Ausschnitt enthielt, in dem Francine als armes Mädchen gezeigt wird, das von Erfolg, Reichtum und Ruhm träumt, und von der Liebe des Produzenten, ein Traum, der dann auch Wirklichkeit wird). Jimmy sieht sich den Film an, zusammen mit einer Wochenschau, in der von Francine Evans' triumphaler Rückkehr in die USA berichtet wird. Auch Jimmy Doyle ist jetzt ein Star, die Zeiten haben sich geändert, wir sehen das auch in Scorseses Bildern, in denen der Bruch zwischen dem Realistischen und dem Künstlichen weniger brutal scheint. Nun, sechs Jahre später, begegnen sich die beiden wieder; er ist, nach hartem Kampf, immerhin ein bekannter Plattenkünstler, und wieder könnten die beiden, nun »auf gleicher Höhe«, zueinander finden. Mit dem Titel *New York, New York*, an dem er so lange gearbeitet hat, hat Jimmy den Durchbruch für seine Musik errungen und leitet einen erfolgreichen Jazzclub, den – was sonst – *Major Chord*. Bei der Broadway-Premiere ihres Auftritts singt sie sein Lied, und er sieht ihr zu. Aber da ist auch Paul, der Pianist, treusorgender Liebhaber, Freund und Beschützer. Jimmys Kommentar zu ihrer Version ist bezeichnend: »It's another way of doing it, but it works.« Das Lied ist noch einmal Mittel der Begegnung, eine gegenseitige Liebeserklärung, und zugleich ist es zum Dokument ihrer Trennung geworden. Das mögliche *happy ending* bleibt aus; Francine entscheidet sich für die Karriere, die mit Jimmy nie gelingen könnte. Jimmy sieht für einen kurzen Moment seinen Sohn, dann verabredet er sich mit ihr zum Essen. Wir sehen, wie sie sich für das Rendezvous mit dem Ex-Mann herrichtet, und plötzlich, im letzten Moment, entscheidet sie sich dagegen. Jimmy wartet vergebens, und als er sich eingestehen muss, dass Francine nicht kommen wird, geht er davon und verschwindet, wie er gekommen ist. Es ist vielleicht, so wie das Lied die Trennung in der Liebeserklärung war, nun eine Liebeserklärung in Form einer Trennung. Und vielleicht ist das doch, obwohl die Bilder der doppelten, sprachlosen Einsamkeit am Ende von NEW YORK, NEW YORK so schmerzhaft sind, so etwas wie ein *happy ending*.

Szenen einer Ehe

Der Film ist eine seltsame Begegnung von Glamour und Realismus, er ist, wie Scorsese selber einmal gesagt hat, ein *musical noir* (in einem anderen Interview meinte er allerdings, es handele sich um »kein Musical, sondern um einen Film mit Musik«); er spielt gänzlich in einer Kulissenwelt, doch diese Kulissen sind weniger die von heute als die aus der Zeit der späten 40er und frühen 50er Jahre; nicht nur die Dekorationen, sondern auch die Dekorations*technik* ist ein Zitat. Eine realistische Darstellung der Elemente von Fiktion, sozusagen.

Und sicher ist die Liebes- und Trennungsgeschichte oder die Geschichte zweier Künstler, die sich verstehen und einander abstoßen, auf eine geradezu impertinente Art realistisch (wenn auch nicht so exzessiv wie im Eingangsteil, gibt Scorsese auch später den Auseinandersetzungen der beiden ihre eigene Zeit, nichts kann sich da symbolisch abkürzen oder überhöhen). Dass die Liebesgeschichte und die Geschichte zweier Künstler, die auf sehr verschiedene Weise ihre Arbeit mit ihrem Leben füllen, so eng miteinander verbunden sind und doch nicht ineinander aufgehen, das müssen wir aushalten in diesem Film, der eigentlich von nichts anderem handelt als davon, dass es die Harmonie des *major chord* nicht gibt.

Auf einer weiteren Ebene handelt der Film freilich auch von einem Verlust in der amerikanischen Kultur, und so ist NEW YORK, NEW YORK mehr ein Film über den Krieg, als es zunächst scheint. Er handelt von der Umsetzung dieses Verlustes in Musik. »Die Bigbands«, sagt Doyle, »das war mein Leben. Dann, als ich bereit war, kam der Krieg. Und nun, da er vorbei ist, ist es auch mit den Bigbands vorbei. Es ist schon lustig. Ich habe immer von den Bigbands geträumt, aber jetzt vermisse ich sie nicht einmal mehr. Das ist nicht mehr meine Musik.« Buchstäblich geht es da nicht nur um die Beschleunigung und die »Wildheit« des Neuen, sondern um das Ende des Gleichklangs, ja, das Ende der Illusion vom *major chord* sogar noch in der ästhetischen Produktion selber. An seiner Stelle bleiben der Bruch, das Verklingen, die *blue note*. Was Francine und Jimmy, klammheimlich, wenn man so will, noch verhandeln, ist die Zukunft der Musik, die Zukunft der populären Kultur, die Zukunft des amerikanischen Selbstverständnisses. Dabei wäre es viel zu einfach zu behaupten, Francine verkörpere dabei die Position des Mainstream und Jimmy die der wilden und rebellischen Szene. Francines Gesang ist – natürlich, es ist ja schließlich der von Liza Minnelli – voller Kraft und voller Gefühl, auch voller Eigensinn. Es ist die Stimme einer neuen amerikanischen Frau (wie neu, haben wir an der Sängerin Bernice gesehen, die das Material darbietet, als wäre nichts geschehen). Das Neue an Jimmys Musik ist vor allem die Technik. Natürlich drückt sich jeder von ihnen durch seine Musik vollkommen aus, und trotz ihrer gegenseitigen Bewunderung als Künstler muss einem dabei gleich klar sein: Diese beiden Menschen können nicht miteinander leben. Aber sie drücken nicht nur etwas anderes aus, sie drücken es auf andere Weise aus. Francine ist mitten in ihrer Musik, Jimmy zwingt sie aus sich heraus.

Das Gefühl und die Tat werden nie passend. Francine hat ihre Gefühle in ein Gedicht gepackt, und als er es liest, ist Jimmy so gerührt, dass er nur handeln kann. »Come on. Get your shoes and coat on«, sagt er, bevor er mit ihr zum Friedensrichter fährt. Doch bevor die improvisierte »Zeremonie« der Eheschließung stattfinden kann, zieht Francine ihn verstört zur Seite: »You mean that was it? Your proposal? ›Come on. Get your shoes and coat on?‹« – »What's the matter with that?«, fragt er zurück. Er versteht wirklich nichts. »Well, I just thought it would be different«, antwortet sie, und Jimmy gibt zurück: »It is different!« Wie recht sie doch beide haben, und wie gut wir den Filmemacher verstehen, der behauptet: »I love them both.« Scorsese liebt zwei Menschen, denen er nicht helfen kann. Im Augenblick bleibt Jimmy nichts anderes, als seinen Selbstmord anzubieten. Es ist fraglich, ob sich hier nicht die Impertinenz der Eingangsszene erfüllt, aber ebenso zeigt sich hier auch Jimmys ganze Verletzlichkeit. Zwei Menschen, die sich ganz nahe sind, die es auch und vielleicht noch mehr sein wollen, erklären sich ihre Liebe, indem sie einander kränken. Und das wird sich fortsetzen: Wenn sie einander brauchen, stoßen sie sich voneinander ab, und was sie tun müssen, um ihre Liebe zu bewahren, ist immer genau das, was die Liebe zerstört. Francine will für das Baby nach New York zurückkehren, um die Einheit der jungen Familie zu bewahren, und Jimmy will nicht die Einheit mit ihr in der Band verlieren. Jimmy macht, auch das ist wie eine Kette, die sich durch den Film zieht, immer falsche Rechnungen auf (einmal will er sein Saxophon gegen die Wand schmeißen, oder auch nicht, denn »if I don't have this, I'm no good for you or anyone«, ein andermal macht er das Kind für die Trennung verantwortlich); Francine ist dann immer fassungslos, denn sie sieht seine Aggressivität ebenso wie seine Hilflosigkeit darin. Aber umgekehrt müssen wir Jimmy auch wieder recht geben, wenn er ihrer Beteuerung, sie könne den Schmerz seiner Niederlage (den Verlust der Band) verstehen, zurückweist. Denn für Francine verstärkt sich ja in der Doppelung von privater Existenz und Kunst ihre »Weiblichkeit«, die auch in der Niederlage nicht in Frage steht; für Jimmy Doyle, den Scorsese-Helden, steht seine »Männlichkeit« unentwegt auf dem Spiel (weshalb er sein Saxophon so sehr braucht wie der Scorsese-Gangster seine Knarre). Aber das ist nicht nur eine Frage des Innenlebens, es ist auch eine Konstruktion von außen her. Auch dadurch verstärkt sich der Eindruck, in dieser Liebeskampf-Geschichte habe jeder zugleich recht und unrecht, und die ansteigende ohnmächtige Trauer um das Verfehlen dieses Paares entsteht auch dadurch, dass die beiden, von einigen Ausbrüchen abgesehen, immer wieder versuchen, fair miteinander umzugehen, um sich dann nur um so furchtbarer zu verletzen. Was die Realität des Geschlechterkampfes angeht, so kann sich hier Martin Scorsese mühelos mit Ingmar Bergman messen, nur dass bei ihm sich die *Szenen einer Ehe* nicht in der rituellen Intimität, sondern immer wieder in aller Öffentlichkeit abspielen, Kunst, Gesellschaft und Personen miteinander verknüpfend, wie in der wirklich schmerzhaften Szene, in der Francine im *Harlem Club* einen Plattenvertrag mit Tony und Artie Kirks (Lenny Gaines), dem Label-Manager, unterschreibt, was Jimmy sehr kränkt. Nachdem die beiden gegangen sind, kommt sie an die Bühne, wo Jimmy gerade eine langsame Version von *Just You, Just Me* spielt. Er sieht sie an, und sie missversteht seinen Blick und will auf die Bühne, um mit ihm ein Duett zu singen, so wie früher, doch als sie die Bühne erreicht, ändert er abrupt das Tempo, spielt ein fast bösartig aggressives Stück. Francine schreitet wie benommen zurück, dann tanzt sie mit einem Mann, mit irgendeinem Mann, und verlässt mit diesem kurz darauf den Club. Rasend vor Zorn und Eifersucht geht nun Jimmy von der Bühne und läuft hinter den beiden her. Als er sich hinter das Steuer seines Wagens geklemmt hat, bemerkt er, dass Francine sich auf dem Rücksitz versteckt. Was sich anschließt, ist ein weiterer schmerzhafter Versuch der beiden, ihre Gefühle

Eigensinn: Jimmy und Francine auf der Bühne

in Worte zu fassen. Ein Streit, der sich so sehr in die Länge zieht, wie er keinen wirklichen Sinn ergibt. Und es sind die bösen, die gekränkten Empfindungen diesmal, die immer noch furchtbarer klingen, wenn man sie in Sprache bringt. Francine und Jimmy erschrecken in diesen Szenen nicht immer nur vor dem anderen, sie erschrecken auch jeweils vor sich selbst.

Ein Anti-Musical

Wieder geht es hier auch um die Konstruktion einer geschlossenen Welt und um das Prinzip des Selbstwiderspruchs. Das Musical als Hintergrund für eine »wahre« Beziehungsgeschichte, das konnte nur Scorsese einfallen; ein größerer Bruch und eine größere »Reichweite« des Kinos ist kaum vorstellbar. Und doch bedingt beides einander auch wieder unentrinnbar: »Das Leben der

Musiker fasziniert mich. Sie gehören einer Subkultur an wie die Italiener in MEAN STREETS oder auch der *Taxi Driver*. Sie leben ein eigenes isoliertes Leben, bewegen sich auf einer eigenen Wellenlänge und sprechen ihre eigene Sprache.« Da wir zugleich in und außerhalb ihrer Welt sind, kann aus NEW YORK, NEW YORK nicht wirklich ein Musical werden, das den Unterschied von Realität und Traum im Namen der Musik aufhebt. Die Musik *macht* hier den Unterschied. Scorsese zeigt die Produktion dieser Transzendenz einmal mehr materiell und materialistisch. Die Kunst, die Emotion, die Karriere, oder anders gesagt, die Musik, die Liebe und das Geld – die Seiten dieses Dreiecks werden immer länger. Und es ist keine Lösung, sich »für etwas zu entscheiden«. Daher bleiben für den *major chord* in Wahrheit nur wenige Augenblicke der Gnade. Und NEW YORK, NEW YORK wird zwar kein Musical, erzählt aber von raren Augenblicken der reinen Musikalität.

So gibt es auch nicht jene Dialektik zwischen der Narration und der »Nummer«, dem Auftritt, auf den alles hinauswill und der alles auflöst, wie im Musical als Genre; die Musik wird hier vor allem im Zustand ihrer Entstehung gezeigt. Auch Liza Minnelli hat nicht die großen, pompösen Auftritte, die wir erwartet haben; öfter sehen wir sie im Aufnahmestudio, bei der Probe (nur am Ende, als das schon wieder Distanz und Trauer bedeutet, sehen wir wirklich die Produktion von Glamour bei ihrem Auftritt im *Starlight Terrace*.) Was uns NEW YORK, NEW YORK verweigert, ist diese fatale Konstruktion der Kompensation: Dass die Kunst für das Leben entschädige, dass sie das materielle Leben rechtfertige, oder umgekehrt, dass die Liebe für das Scheitern der Kunst und gar für das ökonomische Scheitern entschädige – all das kommt nicht nur nicht vor. Scorseses Bilder schließen es aus.

Und Scorsese baut nicht den Traum, sondern seine Gebautheit. Mit immerhin acht Millionen Dollar Produktionskosten (statt der ursprünglich veranschlagten sechs Millionen) ließ Scorsese in den MGM-Studios ein Kulissen-New-York nachbauen, das sich so wunderbar auf seine »Zeichen« hin lesen lässt wie später das von THE AGE OF INNOCENCE. Freilich musste der Regisseur eine ganze Stunde aus dem fertigen Werk kürzen, was der Erzählstruktur nicht nur einen leicht sprunghaften Rhythmus verleiht, sondern auch die Figuren selber etwas eindimensional macht. Der *major chord* musste so noch einmal verfehlt werden.

Kein anderer Scorsese-Film dokumentiert so sehr das Gebrochene in der »kristallinen« Form des Kinos. So werden Nebenaspekte bedeutsam – etwa die »gespenstische« (*Variety*) Ähnlichkeit Liza Minnellis mit ihrer Mutter Judy Garland in diesem Film, die noch einmal einen Aspekt der Übermalung kreiert: »Reinkarnation ist wirklich das einzige Wort dafür.« Auf dem Set im MGM-Studio benutzte Liza Minnelli die gleiche Garderobe wie ihre Mutter. Die Elemente der Übermalung aber gehen weiter: Ein Teil des Teams von CABARET (1972; R: Bob Fosse) kommt ebenso zum Einsatz wie neue Songs von John Kander und Fred Ebb, darunter das titelgebende Stück, neben der Musik von Ralph Burns, der in den 40er Jahren die Arrangements für die Woody Herman Big Band schrieb. Oder die Dekors und Farben, die an die Illustrationen von Norman Rockwell in der *Saturday Evening Post* ebenso erinnern wie an die schwelgerischen Fotografien von *Better Homes and Gardens*, eine Innenansicht des amerikanischen Traums, an dessen Rändern sich die beiden Protagonisten bewegen, ohne in das Zentrum voranzukommen – als könnte sich der Künstler nur immer erheben über das, was ihm versagt bleibt. NEW YORK, NEW YORK beschreibt die heftigste Suche nach der im *major chord* symbolisierten Harmonie – und gehört zu Scorseses disharmonischsten Filmen.

Das Musical beschreibt nicht nur eine mythische Lösung alltäglicher oder auch historischer Fragen, es bildet in sich selbst die »Produktion« des Mythos ab. Aus einem Problem wird ein Ritus, aus der Gewöhnlichkeit und Privatheit des Konflikts wird die kollektive Emphase. In der musikalischen Nummer kehren wir aus einem rationalistischen in einen symbiotischen Zustand zurück, der in seiner stets einfachen Melodieführung und seiner Interaktion zwischen dem einzelnen Sänger oder der Sängerin und der (allumfassenden) Orchesterpräsenz eine Art Urvertrauen zurückgewinnt: Das singende und tanzende Ich verschmilzt mit der in

Ein Anti-Musical: Glamour gibt es nur am Ende

musikalische Bewegung geratenen Welt. Der Beginn des Gesangs und des Tanzes im Musical (einer der vielen Unterschiede zur Oper) zeigt noch das einzelne, fragende, klagende, ungetröstete Individuum, dann setzt, nach und nach, »die Welt« in allen ihren Facetten ein und verwandelt sich in Musik und Tanz, und wird darin ein riesiger Meta-Körper, bei dem es zunehmend gleichgültig ist, woher die einzelnen Elemente stammen (und es ist daher kein bisschen verwunderlich, dass plötzlich ein unsichtbares Orchester spielt: dieses Spiel des unsichtbaren Orchesters *ist* im Gegenteil die positive Antwort der – mütterlichen – Welt auf den Ruf des einsamen Kindes).

Wenn Scorsese in NEW YORK, NEW YORK dieses erlösende Element des Musicals nicht nur verweigert, sondern sogar radikal und offensichtlich konterkariert – tatsächlich also, wenn es je eines gegeben hat, das Anti-Musical schafft – dann ist seine Verletzung der Publikumserwartungen vielleicht tatsächlich so schwerwiegend, wie es Kenneth von Gunden beschreibt: »Es ist eine Hochzeit ohne Braut, ein Begräbnis ohne Leichnam, oder, noch bedeutender, eine Kirche ohne Gott.«

Während das »klassische« Musical in die Spielhandlung in der Regel mehr oder weniger passend Musiknummern integriert, die die Beziehungen der Figuren ausdrücken und überhöhen – oder einfach nur zum Job der Figuren gehören (im Revuefilm) oder in einen Traum führen, dreht sich bei Scorsese das Verhältnis eher um: Während sich die Handlung gerade in den musikalischen Nummern vorantreibt, sind die »narrativen« Elemente, streng choreografierte Rituale, und die Dialoge sind am ehesten musikalischen Stücken zu vergleichen, Monologe als Soli, Dialoge als Duette, und darin wiederum gibt es Themen, Variationen, Refrains und Soli. Die Musikalität der Welt, der Person, der Gesellschaft und der Musik selber sind radikal auseinander gebrochen.

Diese Behandlung der Genre-Konstruktion schmerzt mehr, als man beim Ansehen zunächst gewahr werden mag (und sie wird in ihrer luziden Struktur erst in der langen Fassung als kompositorisches Element wirklich deutlich). Im »klassischen« Film-Musical beginnen Musik und Tanz in einer Situation des emotionalen *overflow*; man drückt, zum Beispiel, in einem Lied aus, was man in prosaischen Worten nicht mehr sagen kann – unter anderem vielleicht, weil es auch innere oder äußere Zensur nicht passieren würde. Oder man überschreitet, in einer Situation höchster, meist freudiger Erregung, soziale und gelegentlich gar physikalische Grenzen (wie Fred Astaire, wenn er vor Glück buchstäblich die Wände hochgeht). Gesang und Tanz also ist im Musical das *Andere*, der utopische Raum, das Glück, der Traum.

In Scorseses Spiegelung nun erhält dieser utopische Raum sozusagen seinen materialistischen Rekurs. Er sieht die Metaphysik des musikalischen Traums ebenso »materiell« an wie die Religion in THE LAST TEMPTATION OF CHRIST oder KUNDUN. Leben und Traum sind nicht mehr auf die genregemäße, »ordentliche« Weise getrennt. Einerseits sehen wir also Menschen dabei zu, wie sie diesen utopischen Raum des Glücks (oder wenigstens der Harmonie) *produzieren* – für sich selbst und für andere – und schon in der Produktion ihre eigene Entfremdung mitproduzieren. Und andererseits sehen wir Menschen, denen es nicht recht gelingen mag, überhaupt aus dem Traum herauszugelangen. Leben und Traum gehen nicht mehr »ineinander über«, sondern sind heftig und materiell miteinander verzahnt. Anders als die Protagonisten eines echten Musicals sind Scorseses Helden nicht Teil des musikalischen Traumes, den sie produzieren. Statt der Erlösung (die ihnen immer wieder versprochen scheint) erleben sie die Musik »nur« als Beruf – so wie der Filmregisseur. Und schließlich, zum Dritten, sehen wir Menschen zu, die diesen Raum *zerstören*. Leben und Traum greifen dabei so ineinander, dass wir uns weder im Traum verlieren noch in der Wirklichkeit (des Films) »finden« könnten.

Die *Americana* im Zustand ihrer Zersetzung

Die Beziehung zwischen Robert De Niro und Liza Minnelli hat gewiss viele Facetten. Sex gehört, so scheint es, merkwürdigerweise nicht unbedingt dazu. Das legt eine andere Spur: Könnten die beiden nicht die Fortsetzung der Beziehung von Alice und ihrem Sohn sein, im ewigen Kampf um Alltag und Musik? Eine Liebesgeschichte endet in NEW YORK, NEW YORK außerhalb ihrer selbst, mit dem Lied, zu dem er die Musik und sie den Text geschrieben hat (und beides wird, vermutlich, in endlosen Versionen die populäre Kultur durchziehen, ohne sich wirklich zu treffen). Aber einmal mehr verweigert Scorsese ein solches mythisches Ende: Das reale Ende des Films (zumindest in seiner ursprünglichen Fassung) erscheint stattdessen mit der Begegnung Jimmys mit dem Sohn abrupt und »unbefriedigend« (*Variety*), ein merkwürdiges Zusammentreffen der Familie, das nichts erklärt. Ironisch gibt es stattdessen den Film im Film namens *Happy Endings*, was ja vielleicht ein Widerspruch in sich ist: Nur im Kino kann ein Ende glücklich sein, im wirklichen Leben ist das Ende kategorisch unglücklich. Und natürlich wollte Scorsese auch in NEW YORK, NEW YORK den Unterschied zwischen dem Kino und dem Leben untersuchen.

Jimmy Doyle scheint zunächst eine sanftere Ausgabe des Scorsese-Helden zu sein, aber wie Travis ist er ein Besessener. Wo dieser sich an das Taxi als sein Medium klammert, ist Doyle von der Musik besessen, und so wie Travis den Penis durch die Waffe ersetzt hat, hat ihn Jimmy Doyle durch das Saxophon, ein phallisches Instrument, mit dem er die Frau umtanzt, ersetzt. Es ist sein »Heiligtum«. »Do you want me to smash this thing against the building? Is that what you want me to do?« meint er in einem Streit, mit einer deutlichen Anspielung nicht nur auf die künstlerische Kastration, die er befürchtet. Sein Spiel ist nicht nur »här-

Grenzüberschreitung: Jimmy Doyle spielt »schwarze« Musik

ter« und moderner als der sanfte Swing, der den Mainstream bestimmt, Jimmy lässt durch das Saxophon auch ganz direkt seine Wut aus sich heraus.

Beide Männer verlangen nach einer Aufmerksamkeit, die sie durch ihre Person allein nicht erhalten. Es sind gleichsam Exhibitionisten, die in der Öffentlichkeit ihren symbolischen Penis als aggressive Waffe einsetzen. Und beide haben Erfolg dabei, weil sie von einem »Publikum« akzeptiert werden, dass die wahre Natur ihres Spiels nicht erkennt.

Doyle ist einer jener Scorsese-Helden, die etwas werden, eine Grenze überschreiten müssen, doch es ist diesmal nicht so sehr die Grenze zum Ruhm als vielmehr die Grenzen zu »seiner« Musik, die eine schwarze Musik ist und die ihn aus diesem Grunde beständig zugleich anzieht und ausgrenzt (ein wenig so, wie es das Komische für Rupert Pupkin in THE KING OF COMEDY sein wird). Und dabei erinnern wir uns auch an Charlies schmerzliche Sehnsucht in MEAN STREETS, der die schwarze Frau begehrt und sich ihr doch nicht zu nähern vermag.

Die optischen Eindrücke sind so stark betont, dass sie nie eine Unterscheidung zwischen Alltäglichkeit und Traumhaftigkeit zulassen. Es ist die ungeheuer genaue Choreografie der Eingangssequenz, in der Scorsese diese Beziehung definiert als Realität in einer Traum-Inszenierung. Jimmy, gerade aus der Armee entlassen, zeigt sich in seinem so bunten Outfit fast übertrieben zivil. Er will eine Grenze überschreiten, etwas klar machen. So kommt er in den Ballsaal, offensichtlich auf der Suche nach einem Flirt, aber eben auch auf der

Suche nach dieser Grenze in seiner Welt. Francine dagegen hat ihre Uniform noch nicht abgelegt. Schon diese Semiologie der Kleidung gibt ihrer Beziehung etwas Ambivalentes, das sie nie verlassen wird. Der vollkommen de-uniformierte Mann trifft auf die uniformierte Frau, die viel heftiger »No« sagt, als die Frauen zuvor (um genau zu sein: Wir haben bei den vorherigen Versuchen das »No« gar nicht mitbekommen). Sie knöpft sich, als er schon verschwunden scheint, erleichtert die Uniformjacke auf, und da erscheint er schon wieder, in beinahe demselben Auftritt und mit beinahe denselben Worten. Und gleich kommt er ihr körperlich näher. Sie sieht, offenkundig enerviert von seiner Aufdringlichkeit und in Erwartung der Erlösung, auf ihre Uhr, und ihre großen Augen suchen einen Mann, jeden Mann, der sie von dem Scheusal in dem furchtbaren Hemd befreien könnte.

Bis in dieses – scheinbar – so nebensächliche Detail also ist NEW YORK, NEW YORK ein Film der Negationen, der Umkehrungen. Und um den Eindruck der diegetischen Geschlossenheit gar nicht erst aufkommen zu lassen, greift Scorsese überdies zu einem Trick, der ihm in manchen Kritiken als »plump« angelastet wurde, und der doch nur einfach ist: Während der gesamten Handlung, die sich ja über etliche Jahre erstreckt, wird viel Taxi gefahren. Aber es ist immer der gleiche Wagen und immer der gleiche Fahrer, der die Protagonisten bewegt.

Scorsese zitiert sozusagen die *Americana* einer *Saturday Evening Post* und ihres Malers Norman Rockwell im Zustand ihrer Zersetzung; die Farben sind klar und die Menschen (noch) gesund, Scorsese gibt den Farben einen inneren Glanz, wie er selten im Kino zu sehen ist. Aber die Harmonien stimmen schon nicht mehr; schon De Niros Hemd am Anfang ist Störung und Verstörung zugleich in einer Welt, die ansonsten noch an ihren Traum glaubt. Und wenn sich diese initiale Geschmacklosigkeit auch nicht wiederholen wird, so scheint es doch während des ganzen Films kaum einen Menschen zu geben, der es schafft, sich »angemessen« oder »dezent« zu kleiden, zu verhalten, auszudrücken.

Das gibt nun indes die Spannung zwischen den beiden auch im Weiteren vor; sie löst sich nur in einem größeren Rahmen, niemals, wenn sie allein sind. Und zwei Dinge passieren gleichzeitig: Sie verlieben sich ineinander (in der Aufhebung durch die anderen), und sie entfremden sich in ihren unterschiedlichen Musikauffassungen. Beider musikalische Darbietungen sind konkurrierende Selbstdarstellungen. Auch die Hochzeit ist zugleich ein Akt des Werbens und der Gewalt; Jimmy schleppt Francine gegen deren wachsenden Widerstand vor den Friedensrichter zur Heirat. Es ist nichts anderes als eine Wiederholung der Szenen, in denen Jimmy und Francine im Orchester vergeblich versucht haben, miteinander musikalisch zu harmonieren. Erneut also wiederholt und überholt hier nicht die musikalische Nummer die Narration, sondern umgekehrt, die Narration erscheint als untaugliches Mittel, den Konflikt in der musikalischen Nummer zu reparieren. Dass Musik, Tanz und Narration in einer völlig anderen Beziehung zueinander stehen als gewohnt, zeigt sich überdies etwa in der Traumsequenz, die Jimmy in seiner neuen Verliebtheit imaginiert: Ein weißgekleidetes Paar tanzt in einem finsteren Hinterhof, so leicht (wie das Paar in THE LAST WALTZ), und es gibt – in einem Musical! – keine Musik dazu zu hören, sondern nur die Geräusche vorbeifahrender Hochbahnzüge.

»Gegen Schluss des Films, wenn Jimmy Francines Broadway-Premiere zusieht, übertrumpfen die farbensatt leuchtenden Tableaux eines 50er-Jahre-Musicals jene schwarzweißen Vorkriegs-Kinoerinnerungen«, schreiben Lackschewitz und Höhs. »Die Traumfabrik der Vorkriegs-Depression verblasst vor der neuen Üppigkeit der Nachkriegs-Restauration. Doch Jimmy ist im Halbdunkel einer Durchschnittskarriere zurückgeblieben, ist von diesem letzten Musical-Glanz so nostalgisch verzaubert und zugleich distanziert wie der Zuschauer von diesem NEW YORK, NEW YORK.« Und wir verlassen zwei Verlierer dieser Umwandlung, die sich vielleicht verlassen müssen, damit ihnen das Bewusstsein des Verlustes erspart bleibt.

Es ist insofern die Fortsetzung all jener Träume der Scorsese-Helden von einer glücklichen Beziehung, die sich nicht in einer direkten Begegnung, in direktem Gespräch mit der Frau realisieren kann (wieder wird der Mann sprachlos vor der Frau, er

Die Disharmonie beginnt mit der Kleidung

kann nicht einmal richtig mit seinem Instrument zu ihr sprechen, dem Saxophon), sondern nur im Traum, im Bild, das man sich davon macht: Jimmy Doyle sieht Francine im Kino, in dem Film *Happy Endings*, so wie andere Scorsese-Helden so vergeblich versuchten, das Glück in die Bilder und Home Movies zu bannen. Doyle spricht davon, was er sich erträumt, den *major chord*, die Harmonie der Töne und Elemente Karriere, Kunst, Frau. Wie alle Scorsese-Helden vorher und nachher scheitert er bei der Suche nach diesem Akkord.

Das System der Selbstwidersprüche in der Anlage des Plots geht weiter in der Darstellung ihrer Trennung, die gerade zum Zeitpunkt der mythischen Komplettierung der Familie durch das Kind geschieht. So begegnen sie sich also wieder, er ist nicht nur erfolgreicher Musiker, sondern auch Nachtclubbesitzer (eine wiederkehrende Metapher bei Scorsese) und sie der Hollywood-Musical-Star, der mit seiner Szene gar nicht mehr harmonisieren kann. Wieder ist es er, der einen neuen Anfang zu einer Beziehung sucht. So findet ein letztes Duett, das gar kein musikalisches Pendant mehr hat, in der Garderobe statt, das nur noch die Melancholie der Verfehlung erkennen lässt.

Die Summe der Widersprüche ergibt am Ende ein Musical, das von der Unfähigkeit von Harmonie und Zusammenspiel handelt (»schwärzer« also kann wohl kein Musical sein, träumt doch dieses Genre von einer traumhaften Harmonie, die sich in Tanz und Musik schon ausdrückt, bevor die Liebenden sich ihrer Beziehung bewusst werden). Es wird umso wahrer, je künstlicher es ist; die Welt, einschließlich der Straßen von New York, die in MEAN STREETS noch so direkt wiedergegeben waren, sind erkennbare Studiobauten – und die beiden Helden passen sich dem an, indem sie auch ihren langen, verzweifelten Ehe- und Künstlerstreit als ein choreografiertes Spiel durchführen. Daher gibt es auch keine Außenwelt; die Welt von Musik, Musical und Film, der Tourneebetrieb und die Welt der Nachtclubs sind eine so geschlossene Welt wie das Getto von Little Italy. Wir ahnen in NEW YORK, NEW YORK von den Folgen des Weltkrieges, von der Hexenjagd des McCarthyimus nur soviel, wie sich in der Musik ausdrücken lässt, und gerade darin wird ihre bleierne Schwere deutlich: Die Aufgabe der Musik ist es, die Isolation und die Resignation zu verbergen. Dabei möchte sie sie doch überwinden!

Damit beginnt auch der Prozess der Auseinandersetzung zwischen Leben und Kunst, der sich für Martin Scorsese so wenig einer wirklichen »Lösung« unterziehen lässt wie die Verwandlung; die Welt ist ein System der Gettos. Schließlich ist der Film, wie beinahe alle seine Arbeiten, ein Stück »experimenteller Biografie«: Der Film, so Scorsese, »handelt von zwei ineinander verliebten Menschen, die beide kreativ sind. Das war die Idee: zu sehen, ob diese Ehe gutgehen würde, weil wir nicht wussten, ob unsere eigenen Ehen gutgingen. So fingen wir einfach an – schrieben um, improvisierten, improvisierten, improvisierten, bis schließlich 20 Wochen Drehzeit vorbei waren und wir so etwas wie einen Film hatten.«

All dem dient auch die innere Konstruktion des Films: Der erste Teil »gehört« eindeutig Robert De Niro, der zweite Teil ebenso eindeutig Liza Minnelli, doch der dritte Teil gehört sozusagen niemandem mehr. Er zeigt, wie beide ihren Ort verloren haben. Der Bruch deutet sich in einem jener Scorsese/De-Niro-Dialogsätze an, die bereits die Selbstverdammung des Helden in sich haben: »You don't say goodbye to me. I say goodbye to you. In no way, shape or form, do you say goodbye to me« (und dies in der von dem Veteranen Boris Leven [THE SOUND OF MUSIC / Meine Lieder, meine Träume; 1965; R: Robert Wise] gestalteten Kulisse eines Waldes). Während De Niro am Anfang durch eine Neonreklame aus der Menge hervorgehoben wird, muss Liza Minnelli am Beginn »ihres« Teils diese Erhöhung bis zu einem gewissen Grad selber bewerkstelligen: Wir sehen sie im Studio, wie sie *But the World Goes Round* aufnimmt; lange bleibt die Kamera in der Distanz einer Totalen, bis eine sehr langsame Fahrt hin zu ihr beginnt, die in der Großaufnahme endet, als sich auch das Licht ändert. Sie wird durch das Spotlight hervorgehoben. Dann steigt ihre Stimme zum Diskant; die Welt scheint auch hier für einen Augenblick ausgeblendet (wie für alle Menschen bei Scorsese, die in ihrer Kunst einmal ganz für sich sind). Aber sehr schnell ist auch sie von der Wirklichkeit eingeholt.

Auch NEW YORK, NEW YORK ist ein Werk der Übermalung; der Song gleichen Namens stammt aus dem Gene-Kelly-Musical ON THE TOWN (Heut' gehn wir bummeln / Das ist New York) aus dem Jahr 1949, ein heftiger Widerspruch des (Schauspiel-)Stils gegen die Konventionen des Genres. So wie der Film von einer Liebesgeschichte handelt, die nicht zustande kommt (die sich permanent selbst zerstört), so ist der Film die Bewegung zu einem Genre, das nicht zustande kommt, ein Genre, das in vollständiger Extroversion besteht, während gerade De Niro beständig in sich hinein zu horchen scheint. Andrerseits gibt es ganz direkte visuelle Hinweise auf das Scheitern der Mythen: Francine und Jimmy küssen sich zum ersten Mal im Regen. Und am Ende sehen wir Jimmys Füße im Regen. No Singing, no Dancing.

Ein ansehnlicher Erfolg an den Kinokassen wollte sich, was vielleicht nun nicht mehr gar so unverständlich ist, nicht einstellen. Scorsese kam mit seinem Film vielleicht ein wenig zur falschen Zeit; tatsächlich meinte Jean-Luc Godard, sein Misserfolg rühre daher, dass man ihn als Produkt der Nostalgiewelle zu vermarkten versucht habe. Aber Scorsese wird dem Film später auch selbst durchaus kritisch gegenüberstehen: »Ich habe [...] nicht das Werkzeug gehabt, um das zu machen, was ich heute mache, Improvisationsmethoden, Methoden, um Drehbücher umzuschreiben. Ich wusste nicht, wie das geht, und NEW YORK, NEW YORK kann man das ansehen.« ❑

The Last Waltz (1978)

The Last Waltz war der Titel des legendären Abschiedskonzerts von The Band (Rick Danko, Levon Helm, Garth Hudson, Richard Manuel, Robbie Robertson) am Thanksgiving Day 1976 im *Winterland* von San Francisco (wo ihre Karriere 1969 mit dem ersten großen Auftritt begonnen hatte), mit einer Reihe von Gästen wie Eric Clapton, Neil Diamond, Joni Mitchell, Neil Young, Emmylou Harris, Dr. John, Muddy Waters, Ronnie Hawkins, The Staples, Paul Butterfield, Van Morrison, Ron Wood, Ringo Starr und natürlich Bob Dylan.

Was The Band auszeichnete, ist nicht unbedingt ihre musikalische Originalität oder ihr Eigensinn, sondern die einzigartige Fähigkeit der Verschmelzung; The Band bestanden sozusagen zugleich aus Musikern und Musikhistorikern, und sie trafen stets die »Seele« der amerikanischen populären Musik, die ja einer veritablen Volksmusik näher steht als irgendetwas anderem. The Band spielten den Soundtrack für den Straßenfilm der 70er Jahre. Für Scorsese repräsentiert diese Gruppe gewiss so etwas wie eine Verknüpfung von *street credibility* und Kunst, Direktheit und Reflexion – etwas, was er immer auch in seinen Filmen zusammenzubringen versuchte. Es ist vor allem eine retrospektive, beinahe akademische Rockgruppe – was nicht dem Umstand widerspricht, dass sie auf ihrem langsamen, mühevollen Weg von den Hinterhof-Schuppen ins *Winterland* auch eine der authentischsten Rockgruppen sind, ja diese Authentizität im Grunde der Inhalt ihrer Musik ist – weshalb der Abschied von ihnen auch so etwas wie die Verabschiedung eines Konzepts des Authentischen im Rock gewesen sein mochte. In ihren schlechtesten Momenten klingen sie tatsächlich so, wie es Howard Hampton zu ihrem Song *The Weight* schreibt, nämlich »wie eine anthropologische Vorlesung über die neue Stammeskultur«. Aber in ihren besten Momenten gelangen sie zu den Urgründen der amerikanischen Mythologie, zu den Jungs, die von zu Hause abhauen, um die Freiheit auf dem großen Fluss zu suchen.

Die letzte demokratische Band

Der Film dokumentiert einen typischen Scorsese-Zugriff auf eine »authentische« Situation: Die Aufnahmen zu der Film-Dokumentation wurden minutiös vorausgeplant; ein 300seitiger Drehplan listete jede Textzeile und jeden Griffwechsel auf der Gitarre auf. Für Improvisationen war also in dieser Inszenierung zunächst einmal gar kein Platz. Das Publikum kommt, ganz im Gegensatz zum WOODSTOCK-Film (1970; R: Michael Wadleigh), an dem Martin Scorsese als Cutter und Berater beteiligt war, hier praktisch nicht vor: So

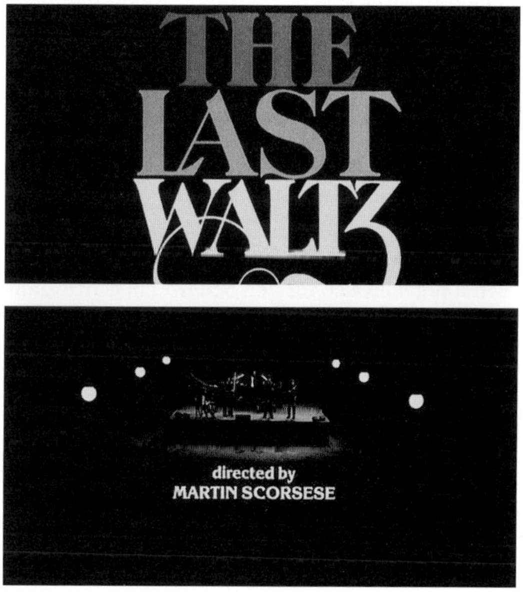

gesehen bildet auch dieser Film, wie andere Arbeiten des Regisseurs, einen geschlossenen Raum ab; die Bühne ist für diese Musiker wie die Straße, wie der Ring in RAGING BULL, wie die Architekturen in THE AGE OF INNOCENCE. Der Weg nach außen, oder der Weg von den Menschen zur Kunst, muss erst jeweils gefunden werden. »Von selbst« – wie in einem europäischen »Genie«-Film – ergibt er sich nicht. Stattdessen beobachtet Scorsese sehr genau die Musiker bei der Arbeit; er verfolgt, wie sich zwischen ihnen musikalische Ideen entwickeln und wie sie von einem zum anderen weitergegeben werden, wie Musik vor allem auch ein körperlicher Vorgang ist, die richtige Bewegung an der richtigen Stelle (und wie sie, im Falle von Bob Dylans Auftritt, auch danebengehen kann).

Auch hier ist, im Verhältnis zu anderen Arbeiten im Genre Konzertfilm, einiges anders herum, aufgeraut: Scorsese beginnt mit dem letzten Lied, der Zugabe, und er zeigt die Musiker von hinten, von der Seite und immer wieder (in der typischen Scorsese-Einstellung) von oben. Wie bei vielen anderen seiner Filme gibt es eine Kette von Anfängen und Enden; immer noch einen Anfang nach dem Anfang, immer noch ein Ende nach dem Ende. Seine Inszenierungsweise führt dabei nicht zu einer Idolisierung der Musiker, sondern im Gegenteil zu ihrer Vermenschlichung, und nicht zuletzt sehen wir auf dieser Bühne Menschen zu, die alt geworden sind. Wieder ist die Zeit ein heimlicher Hauptdarsteller eines Scorsese-Films.

THE LAST WALTZ komprimiert das sechsstündige Konzert mit 37 Nummern auf 117 Minuten. Scorsese nahm das Ereignis mit einigen der besten Kameraleute auf, die er finden konnte, darunter Michael Chapman, Laszlo Kovacs und Vilmos Zsigmond, und ließ sich für den Schnitt ein ganzes Jahr Zeit. Das Ergebnis ist einer der genauesten und entspanntesten Rock-Filme; es gibt keine visuellen Abschweifungen, keine Überhöhungen, nur die exakte Wiedergabe der Mischung aus Entspanntheit und Präsenz bei diesem Konzert, das ganz ohne äußeren Druck, ohne Beweislast vonstatten geht. Nur ganz gelegentlich kommt das Ganze der Inszenierung ins Bild; stattdessen sehen wir oft Aufnahmen von den einzelnen Musikern der Band und von Zweier-Kommunikationen. Auch dies verhindert die Überhöhung und erhöht den Anteil der »Erzählung« in der Inszenierung. Gleichwohl ist Scorseses Inszenierung alles andere als dokumentarisch oder gar analytisch, was immer wieder auch zu eher kritischen Betrachtungen geführt hat: »So wird«, schreibt Hans Günther Pflaum, »der Sound der Gruppe visuell degradiert zur Untermalung des Gesangs, und von der Spieltechnik – etwa des Leadgitarristen Robertson – bekommt man nur akustisch einen Eindruck. Da die Musik oft aus dem Nichts heraus zu entstehen scheint, wird sie mythologisiert. Selbst die Kommunikation der Blicke täuscht (was man an vielen Rezensionen beobachten konnte); in aller Regel gelten die Blicke nämlich nicht den Musikern untereinander, sondern dem Mann an der elektrischen Verstärker-Anlage und seinen offenkundigen Schwierigkeiten, den Vorstellungen der Musiker nachzukommen. Scorsese hält es nicht für erforderlich, auf diese technische Dimension auch nur mit einer konkret informierenden Einstellung einzugehen.«

Was hätte uns eine solche »konkret informierende Einstellung« zu sagen gehabt? Es wäre vielleicht die Wiederholung des europäischen Missverständnisses, dass man einem Genie zuerst beim genialen Konzentrieren zusieht und dann auf die Hände des Virtuosen starrt. Es dominieren lange, ruhige Großaufnahmen, die gerade bei den musikalischen Soli dennoch auch die »Technik« vermitteln (wenn auch eben nicht in jenen mittlerweile kanonisierten Einstellungen auf die »virtuos« sich bewegenden Hände auf Saiten oder Tasten, sondern eher im Sinne der Beziehung von Körper und Bewegungsmelodien, besonders bei Levon Helm, der die Kunst beherrscht, zur gleichen Zeit das Schlagzeug zu bedienen und den Leadgesang zu übernehmen), und zugleich können wir die Konzentration auf den Gesichtern der Musiker, ihre Kommunikation verfolgen, die sich auf den Schnittrhythmus überträgt. Dazwischen geschnitten sind nur Interviews mit den fünf Mitgliedern, in denen es um die Geschichte und die Geschichten geht, die The Band formten, allesamt Geschichten von der großen Anstrengung von Menschen, die mit schlechten Karten begonnen haben und die jemand geworden sind durch die Musik. Wie Scorsese selbst, so bearbeiten auch die Mitglieder der Band

Die letzte demokratische Rockband

in ihrer Kunst die raue Wirklichkeit einer Vergangenheit.

Sparsam setzt Scorsese diese Interviews ein, die er selber führt und die nicht mehr als ein paar Anekdoten und gutgelaunte Statements zum Vorschein bringen. Aber nicht der Informationswert, sondern (wie in anderen Filmen Scorseses) der biografische Augenblick, das beiläufig präsentierte Selbstporträt ist gemeint: »Ein kleiner Mann mit großer Nase, schwarzem Vollbart, ernsthafter Miene und weicher Stimme« (Axel Winterstein) lässt Leute sprechen, die man aus seinen Filmen zu kennen glaubt ... Und doch gibt es gerade hier die Momente der Wahrheit, etwa wenn sich drei von ihnen zu einer spontanen Session finden und einer, man weiß nicht, ob es mehr witzig oder mehr melancholisch oder einfach nur sachlich gemeint ist, sagt: »Es klingt einfach nicht mehr wie früher.«

Dass Scorsese gerade The Band auserkoren hat, mag auch damit zusammenhängen, dass sie zugleich aus musikalischen Handwerkern und Biografisten bestehen; jeder, auch (und gerade) der Schlagzeuger Levon Helm, ist zugleich Instrumentalist und Sänger, jeder funktioniert ein bisschen wie ein Scorsese-Film, in einer Mischung aus Selbstoffenbarung und Genrebewusstsein. Bob Dylan &

The Band, das bedeutete immer auch ein Gegenüber (eine Gleichung, die, anders als bei Neil Young & Crazy Horse, nie ganz aufging).

The Band waren, nicht trotz, sondern gerade wegen des Nukleus Robbie Robertson, (der eigentlich Jaime mit Vornamen heißt), der sein (für den Pop-Kosmos vielleicht eher durchschnittliches) Charisma nie zu tyrannischen oder allzu narzisstischen Zielen missbrauchte, die letzte und konsequenteste »demokratische« Band des Rock. In der Band hatte niemand »seine Rolle«; jeder konnte vom unterstützenden zum solistischen Teil der Gruppe werden, keiner musste den bandeigenen Clown oder Philosophen spielen. Und gewiss bedeutete diese Band-Demokratie auch eine Begrenzung der Exaltation (und damit wieder einen Scorsese-Kreis): Es geht immer um Ausbruchsversuche und zugleich um die Kraft der allgemeinen Suche. In dem letzten Konzert der Band zeichnet sich etwas von der Transformation von Pop ab: Hier sind sie noch Gastgeber, bieten musikalische Dialoge für verschiedene Gäste. Dass die Bandmitglieder mit *Music from Big Pink* (nach der Zusammenarbeit mit Bob Dylan) ein Album veröffentlicht hatten, das als erste »Post-Psychedelia-Platte« verstanden wurde, macht im Übrigen ihre Arbeit noch einmal Scorsese-kompatibel; sie richten sich hier gegen die pathetische Aufbruchstimmung der Woodstock-Generation und wenden sich den Wurzeln des Blues und des Rock 'n' Roll zu. Ihre Idee war es nicht mehr, durch die Musik zum »Abheben« zu verführen, sondern im Gegenteil gerade das Topografische, das Motiv von Ort und Reise spürbar werden zu lassen. »Das Entscheidende ist es, die treffende Atmosphäre zu schaffen. Bevor ein Wort gesagt ist, soll man schon den Ort spüren können. Allein durch die Musik«, sagt Robbie Robertson. Das ist eine Aussage, die in der richtigen Umwandlung auch für Scorseses Filme zutrifft.

Nicht immer, so scheint es, sprechen alle Musiker zur gleichen Zeit vom gleichen Ort. Wenn The Band gut waren, dann entstand aus einer kompakten musikalischen Gruppenarbeit ohne Führung exakt jene Atmosphäre, die einen amerikanischen Ort, eine amerikanische Legende genauer beschreiben konnte als viele Worte. Wenn sie nicht so gut waren, dienten sie irgendjemandem dazu, seine eigene Geschichte zu erzählen. Zwei Jahrzehnte später nennt man das Karaoke und lässt es in den scheußlichsten Lokalen der Großstädte stattfinden. Und gleichzeitig gab es auch hier, retrospektiv, einen Rest der Gemeinsamkeit, des *Potlatch*. Nicht ihre Einzigartigkeit zelebriert diese Band an diesem Tag, sondern ihre ästhetische Vernetzung, eine gemeinsame Arbeit an dem, was Robertson selbst die »amerikanische Mythologie« nennt. Vermutlich hat die amerikanische Revolution in Pop an diesem Tag zugleich ihre Würde verteidigt und ihr Scheitern eingestanden; es war Entertainment, so brutal wie Entertainment immer in Scorseses Filmen ist, und es war zugleich etwas anderes. Eine Passion.

Die Inszenierung des Konzertes selbst hat so viel mit den Scorsese-Filmen gemeinsam, wie sie mit der Kultur einer Zeit zu tun hat. Es mag daher hilfreich sein, die demokratisch-ästhetische Struktur dieses Films als Aktion und Reaktion zu betrachten, um zu verstehen, dass Scorseses Filme etwas damit zu tun haben, wie man auf Erinnerungen reagiert.

Es gibt zwar den Scorseseschen transzendentalen Shot in THE LAST WALTZ – wir sehen ihn gleich am Anfang –, aber niemals die Einstellung der Anbetung, der Unterwerfung. Es ist in jeder Einstellung klar, dass The Band für ein demokratisches Gruppengefühl stehen, ohne dass daraus nun wieder Ideologie entstehen müsste. Scorsese arbeitet sich förmlich an dieses Konzept heran; er muss gleichsam mit seinem Konzept der »Auserwählung« kämpfen. Und nicht zuletzt kämpft er auch mit den Erscheinungen des Weiblichen in dieser *Huckleberry Finn*-Welt. Erst erscheint Carly Simon nur als Schatten, aber darin auf expressionistische Weise stärker als alle Männer in ihrer Performance, als wäre sie selbst ein Teil der Transzendenz; dann tritt das weibliche Element in der schwarzen Chorsängerin ikonografisch, wiederum hervorgehoben, noch einmal als Bedeutung heraus. So wie Scorsese die Männer in Beziehung setzt, so muss er (noch) die Frauen isolieren. Das demokratische Prinzip der Band hat noch kein Äquivalent in einer brüderlich/schwesterlichen Musik gefunden, man kann wohl sagen, der »letzte Walzer«

handele auf einer seiner Subtext-Ebenen davon, dass die Sehnsucht des Mannes nach Freiheit und Gleichberechtigung daran scheitert, dass er die Frau darin nicht anders als dräuende und erlösende Figur erleben kann, nicht aber als gleichberechtigte Partnerin. Die schwarze Frau erst bringt den ekstatischen, nicht unterdrückenden Ton in das Konzert mit den Staples, die ein eigener Mythos, ein besonderes popkulturelles Transformationsinstrument zwischen schwarzer und weißer Lebensform in der Dissidenz waren. Pop war die Ausdrucksform des Protestes, und Pop war zugleich die Nivellierung.

Das wird noch einmal viel genauer und komplizierter, wenn die Mitglieder der Band – *the last waltz* – von ihren Geschichten mit den Frauen erzählen, noch im alten Macho-Diskurs, bis dann Carly Simon auftritt: welch eine seltsame und fremde Geste, mit der sie dem Mann über die Wange streift. THE LAST WALTZ erzählt in der vielleicht nur scheinbar so wenig naheliegenden Form eines Konzertfilmes noch einmal von der Fremdheit zwischen Mann und Frau, in der Popkultur, in der Kunst, in der Musik; und im Leben sowieso.

Es liegt also nahe, dass Scorsese in diesem Film nicht nur etwas über die Musik und über die Kultur einer Pop-Ära mitteilen wollte, sondern auch über Strukturen der Kommunikation. Sehr hart schneidet er die Interviewpassagen an die Musikstücke, so als wäre das eine genau dem anderen anteilig, aber auch, als schneide sich das buchstäblich gegenseitig ins Fleisch.

Das letzte Konzert der Band also ist ganz und gar nicht darauf ausgerichtet, zu zeigen, was die Band kann, sondern darauf, ihr demokratisches Prinzip noch einmal zu zelebrieren, im Bewusstsein, dass gerade diese Epoche zu Ende ist. Scorsese ist ein Regisseur, der dieses würdevolle Abschiednehmen dokumentiert und gleichzeitig mehr von dem geschehen lässt, was der europäische Geschmack als Zugeständnis (oder gar als Korruption) bezeichnen würde. Noch einmal beschreibt das Konzert auch eine Reise. »Der großartige Ziehvater dieser Gruppe, Ronnie Hawkins«, schreibt Teja Schwaner, »singt *Who Do You Love*, Paul Butterfield macht mit seinem Mundharmonika-

Mean streets in THE LAST WALTZ

spiel den *Mystery Train* zu einem Erlebnis, das ins Mark geht, Dr. John sorgt für New Orleans Voodoo, die Staples für mitreißenden Gospel, Muddy Waters singt den Blues, Joni Mitchell, Neil Young und Eric Clapton zeigen sich von besten Seiten. Bob Dylan, der ohne die Band auch nicht das wäre, was er ist, erweist seine Reverenz, Neil Diamond sorgt für den Pop-Exkurs, Emmylou Harris für den Country-Schmelz. Nur Ringo Starr und Ron Wood scheinen nicht so recht zu diesem all-amerikanischen Treffen zu passen: Sie sind zu sehr Ausländer bei der musikalischen Session.« So sind die Musiker mehr als die Musik bedeutend, ein Abschied nicht nur von einer Band, sondern von einer Epoche, von einer Kindheit, die die »Huckleberry Finns der Rockmusik«, wie man The Band mehr oder weniger liebevoll genannt hat, repräsentierten. Die kurzen Auftritte der Beat-Poeten Michael McClure und Lawrence Ferlinghetti verzahnen den Rock mit der Literatur, geben noch einmal einer anderen Generation das Wort und schlagen eine Brücke: The Band stehen nicht nur in der Geschichte der Rockmusik, sondern in einer umfassenderen Geschichte der amerikanischen Kunst.

So ist es kein Wunder, dass Bob Dylans *Forever Young* nicht nur zu einem der musikalischen Höhepunkte wird, sondern auch Scorseses Schnitt-Fantasie in Rage bringt. Während die Kamera bei den Gesangspassagen an den Sänger fährt, schneidet Scorsese die instrumentalen Passagen, als gelte es, einen Kampf zu inszenieren. Und ein wenig gekämpft wird hier tatsächlich: Dylan droht gleichsam das Konzept zu sprengen; das Individuum und das Kollektiv, die spontane Äußerung und die Inszenierung ringen miteinander.

Es ist nur zu klar: Hier geht es um mehr als um den Abschied von einer Band, hier geht es um den Abschied einer Generation und einer Kultur. Und wie sich alle zu Dylans *I Shall Be Released* finden, haben wir auch das Gefühl, dem letzten Abendmahl der Rockmusik zuzusehen. Und gleich darauf spricht Robbie von den Opfern: Buddy Holly, Hank Williams, Janis Joplin, Elvis ... »Es ist eine unmögliche Art zu leben.« Und wie er die Augen niederschlägt, wissen wir, dass es keine andere gibt. Dann spielen sie eine bizarre Volksmelodie, einen italienischen Walzer, die Bühne weicht zurück, und wir sehen aus einem definitiv leeren Raum vor der Bühne, das Lied ist verklungen, Orgelklänge kommen von irgendwoher, während der Abspann läuft, *Greensleeves*, Stimmen sind dazwischen zu hören, wie in einer der Straßenszenen der frühen Scorsese-Filme.

Und noch einmal wiederholt sich hier das Motiv des Verlassens, des Verrats, wenn man so will; The Band gehen von der Bühne, so wie Charlie Little Italy verlassen wollte, wie Jesus seine Legende wird verlassen wollen. Oder anders herum: The Band, das waren die Burschen, die das Getto verlassen wollten, für eine Zeit, und die nach dem letzten Walzer zurückkehren werden, wie Scorsese in einer langen Kamerafahrt hinein in die Gettostraßen zeigt, die dem verzauberten Beginn eines tanzenden Paares folgt. Nicht nur The Band treten mit diesem Film ab, nicht nur eine Generation von Musik, sondern ein Mythos der sozialen und ästhetischen Konstruktion von Pop.

Und zunächst mag es als purer Zufall erscheinen, dass das Abschiedskonzert in den Kulissen einer *Traviata*-Opernaufführung stattfand (»ein eigenartig Viscontischer Dekor, mir gefiel das sehr« – so Scorsese, der in Wahrheit das Bühnenbild der San Francisco Opera ins *Winterland* hatte expedieren lassen), und dass der Film erst bei dem italienisch angehauchten Schmalz des Titelsongs zu einem inszenatorischen Höhenflug ansetzt, stellt noch einmal die Gleichung her: Der Rock hat die Qualität von Oper und das Pathos einer Schnulze. Aber auch: Wir wissen, dass wir von Vergangenheit hören; auch die Zeit, die Epoche ist ein Raum, aus dem es kein Entkommen gibt.

Der Film endet mit jener langen »Abschieds«-Kamerafahrt, einer großen Entfernung von den Musikern, die immer distanzierter und kleiner werden, bis sie verschwunden sind, eine Bewegung, die an den Schluss von Michelangelo Antonionis PROFESSIONE: REPORTER (Beruf: Reporter; 1975) erinnert. Und für Scorsese in seinem »viscontischen Dekor« eine »seltsame Wahrheit« beinhaltet.

THE LAST WALTZ ist trotz der offensichtlichen Gegenwart des Regisseurs in seinem Werk ein Musterbeispiel für einen respektvollen Musikfilm, der nie versucht, das eigene Medium über die Musik zu setzen. In zwei Stunden gibt es eine einzige Überblendung, ansonsten baut Scorsese das Bild geradezu didaktisch auf: Totale auf das Ensemble, Halbtotale auf einzelne Solistengruppen, amerikanische Einstellung auf einen Musiker und sein Instrument, Großaufnahme der manuellen Bedienung der Instrumente. Auf diese Weise wird THE LAST WALTZ auch zu einer Dokumentation über das, was Musik an Arbeit enthält; und wieder ist auch hier die Scorsese-Dialektik von Mythos und Material zu spüren: der »ganze« Klang und die Interaktion der Musiker setzten sich aus genau beobachteten Details, aus musikalischer Arbeit, aus künstlerischen Entscheidungen und aus der Beziehung von Ensemble und Solisten zusammen, und am Ende ist, das ist zu sehen wie zu hören, diese Musik doch etwas anderes als die Summe dieser so »spartanisch« wiedergegebenen Einzelheiten. Der Film »widersteht« der Musik; so wie er sich nicht dazu verleiten lässt, die Musiker mit seinen Mitteln in den Rock-Himmel zu erheben und die Kommunikation zwischen Musikern und Publikum als ekstatisches Ereignis zu feiern, so schneidet er auch nicht im Rhythmus der Musik, vielmehr lässt er

»May you always be courageous, stand upright and be strong«: Dylan, Robbie Robertson und Van Morrison

zwei Rhythmen sich überlagern (die sich in gelegentlichen Akzenten wie zu einem melodischen Satz zusammenfinden). Film und Musik – das ist gleichsam nur die umgekehrte Vorgehensweise vom Einsatz der Musik in Scorseses Spielfilmen – begegnen einander, aber sie lösen sich nicht ineinander auf.

Im Grunde erzählt Scorsese auch in diesem Film seine Geschichte von den Menschen, die aus den Slums kommen, die »jemand werden« und die sich am Ende verlieren müssen; ihren letzten Walzer zu inszenieren, gelingt ihm in jedem Film: Immer sehen wir Menschen zu, wie sie ihren letzten Walzer tanzen, oder sie sehen, wie Jimmy Doyle in NEW YORK, NEW YORK, fasziniert und entrückt anderen zu, die es für sie tun. So beginnt Scorsese den Konzertfilm auch mit einer Fahrt in die *mean streets*, aus denen die Musiker (zumindest zum Teil) kommen; und dass das Abschiedskonzert im selben Ballsaal stattfindet, in dem vor 16 Jahren auch das erste stattfand, kommt Scorsese sehr entgegen. Der Kreis der Orte schließt sich wie später um den *Raging Bull* oder Newland Archer in THE AGE OF INNOCENCE. Auch in seinen Interviews sucht der Regisseur immer wieder diese Motivation der Bewegung der Jungs aus den Gettos, wie sie in ihrem Medium von einem Niemand zu einem Jemand werden, und zeigt dann die Musik zugleich auf eine scheinbar analytische Weise (wir wissen so genau, wie The Band funktionieren, wie wir später in CASINO wissen werden, wie die Geldwäsche hinter den Kulissen funktioniert: auf ihre Weise als persönliche Kommunikation). Wie The Band funktionieren, das korrespondiert mit zwei anderen Zuständen, und das ist das Scorsese-Dreieck in allen seinen Filmen: wie The Band nicht funktionieren, und wie The Band mehr als funktionieren.

Tatsächlich hat Scorsese auch hier (wie in dem ungleich einfacheren ITALIANAMERICAN) viel weniger wie ein Dokumentarist gearbeitet denn wie ein Spielfilmregisseur. Er schrieb für die Verfilmung des Konzertes ein veritables Drehbuch, an das sich von den Musikern bis zu den Technikern alle halten mussten, und die einzelnen Auftritte waren bis ins Detail geprobt (zwölf Stunden, so erinnert sich Emmylou Harris, habe sie allein für ihren Drei-Minuten-Auftritt in dem Film geprobt). So wurde auch aus diesem Film eines jener merkwürdigen Dokumente in der Scorsese-Welt, die so direkt wie möglich und so technisch wie nötig wiedergeben, was passiert, wenn Kunst und Wirklichkeit aufeinander prallen.

Von Jimmy Doyle zu Robbie Robertson

Die dominante Figur sowohl im Konzertgeschehen selbst als auch in den Backstage-Szenen und den Erinnerungen der Mitglieder ist Robbie Robertson. Nicht als Held, nicht als Zentrum, sondern als einer, der, wie alle Scorsese-Protagonisten, wie zufällig und sogar gegen Widerstände »erwählt« wird. Er mag zum einen als ein verkapptes Selbstportrait des Regisseurs gelten, zunächst steht er aber in scheinbarem Kontrast zu Jimmy Doyle. Seine Musik ist nicht *outstanding*, er ist als Musiker eher eine Figur der Integration als des individuellen Ausbruchs. Was er erzählt, sind Episoden, die in jeder anderen Band auch geschehen könnten, keine Metapher des Außenseiters. Aber er ist ganz und gar identisch mit diesem und mit anderen Scorsese-Künstlern (wie dem Nick Nolte aus LIFE LESSONS), als er erstaunt und fremd seinem eigenen Status gegenübersteht, von beidem gleich weit entfernt, von seinem Glanz und von seiner Gewöhnlichkeit.

So wie ITALIANAMERICAN ein Seitenstück zu MEAN STREETS sein mag, AMERICAN BOY ein Seitenstück zu TAXI DRIVER, so funktioniert THE LAST WALTZ auch als Seitenstück zu NEW YORK, NEW YORK. Scorsese sucht in diesen dokumentarischen cineastischen Fußnoten die »richtigen Menschen« zu seinen Erzählungen. Ihm steht vielleicht Bob Dylan als einer gegenüber, dessen Kunst so viel mehr Destruktives aufweist, und tatsächlich hat man ja den Eindruck, er würde hier einen harmonischen Folksong wie *Baby Let Me Follow You Down* eher massakrieren als zelebrieren. Er spielt schließlich nicht nur falsch, er spielt *gemein* falsch. Also richtig. Daher verhält sich in den *mean streets* der Musik Dylan zu Robertson in etwa so wie De Niro zu Harvey Keitel. Robertson erklärt die Musik (die Kunst) als einen »gefährlichen Weg«, einen Weg, auf dem es leicht ist, zu sterben. Dylan ist diesen Weg schon über das Ende hinaus gegangen. Und wenn wir Scorseses biografische Äußerungen hinzuziehen, ist die Analogie zwischen den Gefühlen des Musikers und denen des Regisseurs zu dieser Zeit sehr verwandt. Scorsese möchte Robertson sein, aber es steckt zu viel Dylan in ihm.

So ist THE LAST WALTZ möglicherweise also nicht nur der Abschied einer Band, nicht nur der Abschied von einer Epoche des Rock 'n' Roll, nicht nur der Abschied von einem geträumten Zustand der »ewigen Jugend«, nicht nur der Abschied von einer Idee des Authentischen im Pop, sondern auch ein Abschied vom Scorsese-Helden. Und tatsächlich wird ihn Scorsese nie mehr in der »mythischen« Einheit von faszinierenden und abstoßenden Zügen zeigen wie vordem; seine nächsten Filme zersetzen und analysieren ihn mehr, und sie werden ihm nicht einmal mehr den seltsamen Erfolg durch das Missverständnis gönnen. ❑

American Boy. A Profile of Steven Prince (1978)

Der kurze Dokumentarfilm entstand zwar erst 1978, wurde jedoch von Scorsese so sehr als Seitenstück zu TAXI DRIVER (1976) verstanden wie ITALIANAMERICAN zu MEAN STREETS. Die Idee entwickelte sich schon während der Dreharbeiten zu TAXI DRIVER, als an den Abenden Steven Prince im Hotel der Crew seine Geschichten erzählte. Wie in STREET SCENES und ITALIANAMERICAN ist auch hier der Prozess des Filmemachens jederzeit sichtbar und »dramaturgisch« miteinbezogen. Die Gruppe der Filmemacher, Michael Chapman, George Memmoli, Mardik Martin und Scorseses damalige Frau Julia Cameron, agieren selbst auch als »Darsteller«. Sie haben sich im Wohnzimmer versammelt, um den Geschichten von Prince zuzuhören. Sein Monolog ist mit seinen Home Movies gegengeschnitten. So ergeben sich erneut die Realitätsebenen, drei Formen des »Authentischen«, die einander zugleich kommentieren und widersprechen: die Authentizität der wirklichen Bilder (die gleichwohl, wie immer solche Filme aus dem eigenen Leben, nur die schöne Oberfläche zeigen wollen), die Authentizität der Erzählung (die gleichwohl auch der Konstruktion einer eigenen Legende entspricht) und die Authentizität der Situation, in der beides in einen Kommunikationsvorgang gebracht wird (und die gleichwohl schon davon zeugt, wie das alles »Film« werden soll). Kaum ein Film Scorseses zeigt so klar das »prismatische« Prinzip und die Dekonstruktion des filmischen Subjekts als *unreliable narrator*.

Es geht um Steven Prince, der in TAXI DRIVER den Waffenverkäufer gespielt hatte und der nun vor der Kamera von seinem Leben als Rekrut, als Drogenabhängiger, schließlich als Tourmanager von Neil Diamond, aber auch von seiner Besessenheit von Waffen und von seinen Erfahrungen der Gewalt erzählt. Prince ist ein Überlebenskünstler, einerseits. Selbst die gewalttätigen Aspekte behandelt er mit Humor, so die Geschichte, wie er als Tankwart bei einem Überfall einen Mann erschossen hat oder wie er von Agenten des Drogendezernats gejagt wurde. Am Ende geht es um die Erfahrung, dass sein Vater im Sterben liegt, was ihn offensichtlich nicht wirklich rührt, was er aber dennoch emotional bearbeitet. Noch einmal greift eine andere Wirklichkeit in das Geschehen, »transzendental« im doppelten Sinne, als etwas, was von außerhalb der filmischen Darstellung in diese eingreift, und als Erfahrung eines unauflösbaren Widerspruchs zum Leben selbst. Damit wird auch die Struktur der Erinnerung aufgelöst; die Gegenwart ist doppelt vorhanden: einmal als Gegenwart der Filmemacher, einmal aber auch als direkte biografische Präsenz. Wie in ITALIANAMERICAN beginnt der Film mit der Frage, ob die Kamera läuft, die Martin Scorsese selbst beantwortet. Und wie so viele Filme von Scorsese wird auch dieser durch den Einsatz der Home Movies, der von Steven Princes Eltern gedrehten Amateuraufnahmen, strukturiert, die direkt in die Welt der Träume der Protagonisten führen und die so grausam den Widerspruch zwischen den Entwürfen und Hoffnungen und der Wirklichkeit einerseits, der Legende und dem unbarmherzigen Vergehen der Zeit andererseits bezeugen.

Zum anderen ist aber dieser Steven Prince auch Matrix und Spiegel für so viele Scorsese-Figuren, und Scorseses Film lässt beide Möglichkeiten zu: die, dass Prince durch seine Person und seine Erzählung die Kamera »verführt«, und die, dass er sich einem peinigenden Ritual ausgesetzt sieht, das auch der Stärkste nicht unbeschadet übersteht. Steven Prince und Martin Scorsese befinden sich in einem Whirlpool; Prince ist offensichtlich von dem heißen Bad ebenso wie von seiner *confessio* angestrengt bis an die Schmerzgrenze. Er stöhnt. »I'm guilty«, sagt er. Und aus dem Off antwortet die Stimme (des Regisseurs): »We are all guilty.«

Steven Prince mit Robert De Niro in TAXI DRIVER

Damit ist der seltsame religiöse Prolog (Taufe oder Reinigung) abrupt beendet, und eine weitere Einleitung folgt: Während die Filmemacher (wie schon in STREET SCENES) über Material und Methoden diskutieren, sehen wir im Home Movie ein krabbelndes Baby, das sich schließlich zu ersten Gehversuchen aufrichtet und läuft. Nun kommt Prince ins Haus von George Memmoli (am 13. Januar 1977, wie uns ein Insert mitteilt) und beginnt mit ihm eine freundschaftliche Rauferei. Dann, so scheint es, entdeckt er den anwesenden Regisseur und faucht ihn wütend an: »You! Scorsese!« All diese Szenen beschreiben nichts als Kämpfe – Kämpfe zwischen einem Regisseur und seinem Objekt, Kämpfe ums Leben, Kämpfe aber auch zwischen dem Bild und dem Blick.

Vielleicht ist dies die Struktur der Scorsese-Filme: Jemand will sich schuldig bekennen, und der transzendentale Blick (des Regisseurs/des toten Vaters) antwortet (wenig tröstlich) mit einer Verallgemeinerung der Schuld (und der Verdammnis). So kann es nicht anders geschehen, als dass die Figuren etwas von ihrer Schuld und etwas von ihrem Zorn an den Regisseur zurückgeben. Scorsese – das unter anderem macht seine Größe aus – hält diesem Vorgang stand.

Scorsese, der Filmemacher aus Little Italy mit der unstillbaren Neugier auf all die Segmente der amerikanischen Gesellschaften, aus denen er als Kind ausgeschlossen war, sieht hier in das jüdische Milieu (so ist auch der anfängliche Mini-Dialog durchaus als religiöse Debatte zu verstehen), und so führen Spuren von AMERICAN BOY auch zum Ace Rothstein aus CASINO. Vielleicht aber könnte AMERICAN BOY auch als Vorspann zu (beinahe) jedem Scorsese-Film eingesetzt werden, da er Struktur und Absicht des Kommenden auf mehr oder weniger perfekte Weise zugleich enthält und erklärt. ❑

Raging Bull (1980)

Es gibt kaum ein Genre im amerikanischen Film, das so radikale Stimmungswechsel erlebte wie der Boxerfilm. Er begann als Aufstiegstraum par excellence, bewegte sich zur tragischen Farce, zur dunklen Gesellschaftskritik, und fühlte sich als Durchhaltemärchen neu geboren. Dass der Weg der Profiboxer meistens aus den Straßen der Gettos zum Ruhm und oft genug auf diese Straßen zurückführte, oder an womöglich noch schlimmere Orte, das zeigte das Kino in den 30er Jahren, als es den Gangster und seine Welt als mythischen Stoff entdeckt hatte. Mittlerweile war auch den gutgläubigsten Leuten innerhalb und außerhalb des Rings klar geworden, dass es bei diesem Sport neben der Schinderei und der Show vor allem darauf ankommt, wer im Hintergrund die Dollarscheine bewegt und die Fäden zieht. Wenn überhaupt, dann waren Helden im Genre jetzt die Kerle, die an einem bestimmten Punkt das abgekartete Spiel nicht mehr mitmachten. Boxer waren *tough guys*, arme Jungs aus den Slums mit großen Träumen, die sich von Managern mit Nadelstreifenanzügen und dicken Zigarren ausbeuten ließen, an der Liebe zu schönen Frauen zerbrachen und blitzrasch vom Augenblick des größten Triumphs in tiefste Einsamkeit fielen. Die Rechnung für die Männer im Ring war denkbar einfach: Wie viel man auch austeilen kann, man muss immer noch mehr einstecken. Egal wie hoch man steigt, am Ende fällt man doch nur um so tiefer. Und die Männer im Hintergrund streichen den Gewinn ein.

Und immer wieder erzählt das amerikanische Kino von dem jungen Boxer, der aus der Verstrickung seines Sports mit den illegalen Machenschaften der Gangster aussteigen will. Für seinen Anflug von Moral muss der Boxer auf der Leinwand beinahe noch mehr büßen als für seinen Größenwahn. Aber eine andere Chance hat er nicht. »Was ist besser?«, fragt Paul Newman als Rocky Graziano in Robert Wises Film SOMEBODY UP THERE LIKES ME (Die Hölle ist in mir; 1956), »Stehlen? Verhungern? Oder Boxen?« Rhetorische Frage. Boxer kämpfen immer um ihr Leben, sonst taugen sie nicht als Filmhelden. Sie haben Mütter, die ins Armenhaus kommen, Schwestern, die eine lebenswichtige Operation benötigen, eine Frau, die sich nichts sehnlicher wünscht, als einmal im eigenen Heim zu wohnen. Und sie besitzen nichts als ihre unbändige Wut.

Dabei erscheint der Boxkampf in seiner Dramaturgie wie für das Kino geschaffen. Auf eine lange Vorbereitungsphase folgt die explosive Aktion im Ring; Schlag und Gegenschlag folgen einander wie Schuss und Gegenschuss; der erlösende Gong zum Rundenende erlaubt den Schnitt von der Aktion zum Privatleben des Helden. Wie im Showdown des Western gibt es auch im Boxkampf nichts, was die letzte Entscheidung aufhalten kann.

Vielleicht wird man angezählt, vielleicht erkennt man mitten im Kampf, dass es besser ist, der Korruption und der Erpressung zu widerstehen und gegen die Interessen der Männer in den Nadelstreifenanzügen fair zu kämpfen, vielleicht verlässt die geliebte Frau gerade in diesem Moment weinend das Stadion – der Augenblick der Wahrheit kommt in jedem Fall.

Im Boxring bekommt die Fantasie von Kameraleuten Flügel; sie schnallen sich Rollschuhe unter die Füße wie James Wong Howe und lassen sich zwischen den Seilen herumwirbeln, oder sie verwandeln sich in virtuelle Mitkämpfer wie in Jerzy Skolimowskis WALKOWER (1965). In Scorseses RAGING BULL sehen wir nicht nur, wie das Gesicht eines Boxers in ein blutendes, verquollenes Stück Fleisch verwandelt wird, wir Zuschauer sind sogar selbst Ziel der härtesten Schläge. (Der Sound-Designer Frank Warner hat die Körpertreffer aus den Geräuschen von Gewehrschüssen und zerbrechenden Melonen zusammengesetzt – später zerstörte er übrigens seine Soundmixtur, damit sie nicht in unbefugte Hände fallen konnte.) Und wenn wir es vielleicht auch nicht fühlen, dann hören wir doch, wie ein Treffer auf den eigenen Schädel wirkt. Da geht mit jedem Schlag etwas kaputt, was nie wieder zu reparieren ist.

Jeder Boxkampf ist auch ein Opferritual vor der fanatischen Menge; noch etwas anderes wird da besiegt als der mehr oder weniger gleichwertige Gegner, etwas, was tief in dem Kämpfer selber, und vielleicht in seinen Bewunderern steckt. Von *Kid Galahad* (1937 von Humphrey Bogart verkörpert) bis *Rocky* (alias, natürlich, Sylvester Stallone), von Muhammad Ali bis Leon Isaac – die echten und die imitierten Boxer auf der Leinwand prügeln und lassen sich prügeln für unsere Sünden.

In den 60er Jahren schien es, als habe der Boxerfilm alles gesagt, alle seine kleinen und großen Momente der Wahrheit verbraucht. Während uns Phil Karlsons Remake von KID GALAHAD (Harte Fäuste, heiße Liebe; 1962) allen Ernstes Elvis Presley als harten Faustkämpfer verkaufen wollte, wurde das Boxen zu einer afroamerikanischen Angelegenheit. Jedenfalls was die Geschehnisse *im* Ring anbelangte. Und für die schwarzen Boxer, die in aller Regel die Geschichte vom Aufstieg aus dem Getto, vom dramatischen Entscheidungskampf und vom tiefen Sturz in atemberaubendem Tempo durchlebten, interessierte sich alle Welt, nur Hollywood nicht. Muhammad Ali gab dem Boxsport zwar viel von seinem verlorenen Glanz wieder, er brachte den Stil und die Show in den Ring zurück, aber er schaffte irgendwie nicht – jedenfalls nicht zu seiner großen Zeit – die Transformation zum Kino-Mythos. Als er schließlich doch seinen Film bekam (THE GREATEST [Ich bin der Größte; 1977; R: Tom Gries, Monte Hellman]), wurde der beinahe so matt wie die JOE LOUIS STORY (1953; R: Robert Gordon). Vor lauter Eifer, es dem weißen Mainstream-Publikum recht zu machen, verrieten diese Filme ihre schwarzen Helden. Von ein paar simplen B-Filmen oder unabhängig produzierten Dokumentationen abgesehen, haben es schwarze Boxer auf der Leinwand bis zu Michael Manns ALI (2001) nicht zu mehr als zum zweiten Mann gebracht. Und auch als mit Sylvester Stallones ROCKY-Filmen (1976-90) eine überraschende Renaissance des Boxerfilms einsetzte, blieb das Genre vor allem weiß.

Im Kino ist jeder Boxer ein Verlierer. Da hat keiner die Chance, sich, wie Max Schmeling, ins wohlgeordnete Privatleben zurückzuziehen. Die meisten Boxer im Kino werden halb totgeschlagen wie Mickey Rourke in HOMEBOY (1988; R: Michael Seresin) oder fette, langweilige Ekelpakete wie Robert De Niro in RAGING BULL. Und selbst ein Gewinner wie Rocky muss immer wieder in den Ring, obwohl er eigentlich schon nicht mehr kann, um sich gegen immer monströsere Gegner zu schinden. Der Boxer ist einer von uns, einer, der für einen kurzen Moment den Traum vom großen Aufstieg verwirklicht und der uns gleich darauf demonstriert, wie vergeblich dieser Traum ist.

Gute Boxerfilme können böse sozialkritische Miniaturen sein. Bilder von einer Gesellschaft, die den Aufstieg nur um den Preis der Selbstzerstörung gewährt. Buchstäbliche Verkörperungen kapitalistischer Lebensumstände. Als John Garfield in BODY AND SOUL (Jagd nach Millionen; 1947; R: Robert Rossen) seiner Mutter eröffnet, er wolle Profiboxer werden, meint diese bitter, dann könne er sich doch gleich einen Revolver nehmen und sich erschießen. Und noch bitterer antwortet er:

»Man braucht Geld, um sich einen Revolver kaufen zu können, Ma.«

Schlechte Boxerfilme triefen in der Regel vor Ideologie. Jeder Gegner, den Rocky auf die Bretter schickt, ist eine Angstvision des weißen Mittelstandes, vom Afroamerikaner bis zur russischen Kampfmaschine. Rocky kommt zwar auch, wie beinahe jeder Boxer im Kino, aus den Straßen der Slums, aus der Straßenkultur einer ethnischen Minderheit, aber er macht eine furchtbare Transformation durch. Er verwandelt sich in den ersten boxenden Kleinbürger der Filmgeschichte. (Und darin, aber nur darin, ist er dem *Raging Bull* verwandt.) Deshalb bleibt ihm vielleicht der ganz tiefe Fall erspart, aber wir glauben ihm kein Wort, nicht einen einzigen Schlag, den kleinsten Schweißtropfen nicht. In einer ziemlich unübersichtlichen Welt sehnen wir uns ausgerechnet beim Boxen, im wirklichen Ring oder auf der Leinwand, nach einer seltsamen Tugend: nach Ehrlichkeit.

So liegt es auf der Hand, dass Martin Scorsese weder innerhalb des Genres arbeiten konnte noch in direkter Konfrontation; der Mythos des Boxers wird weder zelebriert noch demontiert, weder fortgesetzt noch beendet. Er wird zum Bild. »Boxerfilme«, sagt Robert De Niro, »haben mich immer gelangweilt. Außer einem: BODY AND SOUL von Robert Rossen.« In diesem dem Film noir am meisten verpflichteten Film des Genres erlebt der Boxer Charlie (John Garfield), der aus den Slums zu Reichtum und Ruhm gekommen ist, in Rückblenden noch einmal sein Leben, während er auf seinen letzten Kampf wartet, den er verlieren soll, um die Wetten zu manipulieren. Der Film handelt von einem langen moralischen und menschlichen Abstieg, der sich am Ende, als sich Charlie gegen sein Schicksal zur Wehr setzt und seine Ehre im Ring wiedergewinnt, in eine Erlösung verwandelt. Durch seine Kehrtwendung erobert sich Charlie auch Peggy (Lilli Palmer) zurück, die ihn einst zum Profiboxsport gedrängt hat und nun an ihm zu verzweifeln droht.

Es scheint deutlich, dass auch eine »Relektüre« dieses Films in RAGING BULL steckt, der zwar die mythische Struktur von Entweihung / Opfer / Erlösung beibehält, sie aber zugleich abstrahiert und ihre inhärente Absurdität offenbart. Scorsese bricht diese Struktur auf, nicht nur, indem er die »Erlösung« als lächerlichen, brutalen Akt zeigt (Jake La Motta wird halb tot geschlagen, aber er geht nicht zu Boden), sondern auch, indem er allzu einfache Erklärungen eliminiert. So ist in der ersten Drehbuchfassung noch jene Episode aus La Mottas Karriere enthalten, die zeigt, wie ein Gegner im Ring ums Leben kommt und dadurch La Motta zeitlebens unterdrückte Schuldgefühle beschert. Scorsese benötigt solche Eindeutigkeit nicht. Durch den Verzicht auf diesen *subplot* verschiebt sich diese Schuld von einer rein psychologisch-biografischen zu einer allgemeinen, zur allegorischen (oder, um es mit Paul Schraders Worten zu bezeichnen: zu einer transzendentalen) Schuld. Scorsese wehrt sich also nicht nur gegen die Mythologie des Genres (Aufstieg / Fall / Erlösung), sondern auch gegen den »psychologischen Realismus«.

Aber es sind auch viele Themen des Boxerfilms als Genre wieder aufgenommen: In REQUIEM FOR A HEAVYWEIGHT (Die Faust im Gesicht; 1962; R: Ralph Nelson) etwa spielt Anthony Quinn einen Boxer, der am Ende nach einer schweren Niederlage zum Clown in einem Catcher-Zirkus herabsinkt. Was jedoch in diesem Film die bloße Metapher des Abstieges eines einstigen Großen in einem erbarmungslosen Geschäft ist, das wird bei Scorsese zu einer zweiten Chance der Erkenntnis. Für den Helden und mehr noch für uns.

Jake in Black & White

Wenn ich manchmal in der Nacht wach liege und zurückdenke«, schrieb der Boxer Jake La Motta in seiner 1970 erschienenen Autobiografie *Raging Bull*, »sehe ich mich selbst wie in einem alten Schwarzweißfilm. Warum es schwarzweiß ist, weiß ich nicht, aber es ist immer in schwarzweiß. Auch kein guter Film nebenbei, sprunghaft, ohne Atem, ein paar schlecht ausgeleuchtete Szenen, manche davon haben keinen Anfang und manche kein Ende.« Zehn Jahre später hat Martin Scorsese Jake La Mottas Film gedreht.

Die Idee kam diesmal indes von Robert De Niro, der Scorsese schon um 1974 auf den Stoff aufmerksam machte. »Wir haben sofort dasselbe gespürt. Die Tragik dieses Mannes. Er gehört zu den klassischen Kämpfern – im Ring und im Leben. Er hat Spiele gewonnen und verloren, er hat Macht und Liebe gewonnen und verloren.« Der Zeitpunkt für die Produktion war allerdings denkbar ungünstig: NEW YORK, NEW YORK hatte sich als ökonomisches Fiasko erwiesen; Scorsese selbst schien an einem persönlichen und beruflichen Tiefpunkt angelangt, und die realistischen und pessimistischen Versuche des New-Hollywood-Films waren von einer Welle restaurativer Produktionen der Traumfabrik abgelöst – im Genre des Boxerfilms nicht zuletzt durch den enormen Erfolg von ROCKY (1976; R: John G. Avildsen), der seinem Helden ein so herzergreifendes wie martialisches Happy End gönnte. »Früher«, meinte Scorsese zu diesem Zeitpunkt in einem Interview, »hatte es beides nebeneinander gegeben: die Filme mit dem *happy ending* und die realistischeren Filme, wie ich sie mache. Heute sieht es so aus, als könne eine bestimmte Art von Filmen gar nicht mehr entstehen.«

Aber RAGING BULL sollte, er musste entstehen. So warf sich Scorsese geradezu »kamikazehaft« auf das Projekt, von dem er glaubte, es müsse wohl oder übel das Ende seiner Karriere bedeuten. Er entschloss sich, den Film in Schwarzweiß zu drehen, nicht nur, um das Kolorit der Wochenschauen aus den 40er Jahren einzufangen, sondern auch, um sich radikal von den zu dieser Zeit modischen Boxerfilmen abzusetzen. Es entstanden in diesen Jahren unter anderem ROCKY II (1979; R: Sylvester Stallone), THE CHAMP (1979; R: Franco Zeffirelli) und THE MAIN EVENT (Was, du willst nicht?; 1979; R: Howard Zieff), Metaphern der Restauration allesamt, wenn auch in verschiedener Weise, und für die neue Produktion war es eine erste Aufgabe, schon in der visuellen Gestaltung eine klare Linie zu ziehen. »Wir wollten ein völlig anderes Erscheinungsbild«, erklärte Scorsese. Er beauftragte Mardik Martin mit dem Verfassen eines ersten Scripts, doch diese erste Fassung gefiel weder dem Regisseur noch De Niro, und so machte sich Paul Schrader an eine zweite, überarbeitete Fassung. Es entstand ein Film, in dem der Dialog zwischen Scorsese und Schrader fortgesetzt wurde, wenngleich im Zeichen einer realistischen Biografie.

De Niro wie Scorsese (der zuvor nie einen Boxkampf angesehen hatte) sind alles andere als Aficionados des Boxsports geworden: »Eine perverse Angelegenheit. Ich kapiere es nach wie vor nicht, dass man sich für Geld kaputtschlagen lässt.« Daher haben sich die Autoren auch an einer Figur abgearbeitet, die nie ein Idol geworden ist, die nie Sympathien auf sich gezogen hat, wie es dann mit ihrem großen Gegner, »Sugar« Ray Robinson, geschah. Jake La Motta war ein »Bastard im Ring«, einer, der dem Publikum eher das Animalische als das Elegante seines Sports lieferte. Sein Kampfstil, der seine zerstörte Psyche wiedergibt, ist alles andere als attraktiv: Er lässt sich verprügeln, bis er am Ende des Kampfes den überraschten oder ermüdeten Gegner mit schnellen, aber wenig präzisen Schlägen förmlich kaputt schlägt. Boxen ist für ihn keine Kunst, sondern ein Ventil seiner aufgestauten, nie verstandenen Wut; es gibt keinen Unterschied zwischen dem Leben im Ring und dem außerhalb. Das Scheitern ist ihm eingeboren, sein Weg ist die Selbstzerstörung. Weil er zu kleine Hände hat, kann er nie Schwergewichtler, nie der wirklich beste werden, so frisst er sich in Krisenzeiten voll, statt zu trainieren, verzehrt sich in Eifersucht und verliert alle seine Freunde. Auch der Niedergang im Showbusiness ist authentisch; Jake La Motta hat zum Beispiel, neben dem um so vieles populäreren O.J. Simpson, eine kleine Rolle in Michael Winners FIREPOWER (1979) gespielt, und kaum einer hat Notiz davon genommen.

1941 in der Bronx: Die Zeiten sind schlecht, die Mafia bestimmt das Leben auf den Straßen und im Boxgeschäft. Zuerst einmal geht es nur darum, Frau und Kind durchzubringen, deshalb steigt Jake La Motta unter der Ägide seines erfahrenen und besonnenen Bruders Joey (Joe Pesci) in den Ring. *That's entertainment*, das bedeutet zuerst einmal: die Fäuste der Gegner im Gesicht und das Johlen der Zuschauer, die sich nur allzu gern von der Gewalt im Ring zu eigenen Prügeleien anstiften lassen. Jake La Motta befreit das Tierische in sich und seinen Zuschauern; er kennt, so scheint es, nur diesen einen Impuls: zu schlagen, was in seine Reichweite kommt. Und er schlägt zu, aber der Gegner rettet den Punktvorsprung über

Keine Kunst, sondern ein Ventil: Robert De Niro als Jake La Motta

die Runden; man muss, so lernt La Motta zuerst, schneller und fester zuschlagen. Und man muss das Spiel der Promoter mitspielen.

Kaum beginnt die Karriere, die nicht allein gegen die sportlichen Gegner, sondern auch nur im Gestrüpp von Korruption und Abhängigkeit zu erreichen ist, da trennt sich La Motta von seiner Frau, um die 15jährige, platinblonde Kindfrau Vickie (Cathy Moriarty) zu heiraten, die er nie wirklich wird erreichen können. Er steigt innerhalb weniger Jahre zum Weltmeister auf, ein Titel, den er mehr durch Gewalt und durch die Fähigkeit, sich selbst zu quälen, erringt als durch wirkliches boxerisches Talent. Sein Privatleben verwandelt sich zur gleichen Zeit in eine Hölle; er verfolgt alle mit Argwohn und Eifersucht, und als er wieder einmal bei einem Eifersuchtsanfall seine Frau bedrängt, schleudert sie ihm entgegen, sie habe es mit allen getrieben, auch mit seinem Bruder. Jake glaubt dieser Behauptung, weil sie so perfekt in sein Weltbild passt, und nachdem er seinen Bruder verprügelt hat, hat er auch seinen letzten Freund und seinen letzten Halt verloren. Und nur zwei Jahre nach seinem Triumph verliert er auch seinen Titel wieder, gegen seinen einstigen Herausforderer Robinson. Nun beginnt ein langer, peinigender Niedergang; er spürt nicht mehr diese verzehrende, gewalttätige Leidenschaft zum Ausbruch, er ist nicht mehr das Gettokid, das alles dafür tun würde, die Bronx zu verlassen. Weil er an sich selber zweifelt, zweifelt er vor allem an der Liebe seiner Frau. Auch sie verlässt ihn. Jake La Motta, kaputt und aufgeschwemmt, ist Boss und bester Kunde einer Nachtbar in Miami; nach einem Verfahren wegen Verführung Minderjähriger wird er verurteilt und ins Gefängnis geworfen.

Aber was ist das für ein Boxer? Einer, der vor allem stets das Bild füllt, noch bei scheinbar leichten Gegnern nur mit Mühe und unter allem Einsatz seines Zorns siegen kann, der zu massig ist für einen wirklichen Kämpfer, einer, der viel aushalten kann, der weiß, dass er das aushalten muss, denn er ist nicht in der Lage, zugleich zu kämpfen und zu denken, einer, der immer wieder verschaukelt wird, einer, der immer ein paarmal in die Knie geht und dann doch noch gewinnt, weil seine Wut ihn wieder auf die Beine bringt, einer, der den Gegner nicht besiegen, sondern vernichten will. Jerome Charyn beschreibt den Charakter auf folgende Weise: »De Niro sah aus wie ein hungriger Dickschädel, der sich in den Meeren der Bronx verirrt hatte. Er war abgrundtief und herrlich dumm. Es war eine Verkörperung von Jake La Motta, wie ein Mime ihn verstand. Jener scheue, in sich gekehrte Mann Robert De Niro trat Zeit und Raum in den Hintern in seinem Porträt von Jake La Motta. Die Leinwand schrumpfte um ihn herum, als könnte diesen Bullen von einem Mann nichts aufhalten. Es war eines jener eigenartigen Beispiele von Besessenheit, wie bei Brando in ON THE WATERFRONT [Die Faust im Nacken; 1954; R: Elia Kazan] oder bei Meryl Streep in SOPHIE'S CHOICE [Sophies Entscheidung; 1982; R: Alan J. Pakula], wo der Darsteller beziehungsweise die Darstellerin sich eine neue Haut geschaffen haben. Es tritt eine Art Halluzination ein, die wenig mit ›Schauspielen‹ zu tun hat, und wir müssen De Niro von unserem Privatmond aus zusehen.«

Nahaufnahmen

Der Anfang: In einem verräucherten Stadion sehen wir in einen Boxring, in dem eine vermummte Gestalt in (»Leoparden«-)Mantel und Kapuze Boxschläge ausführt und durch den Ring tanzt. Die Musik, die wir hören, beinahe ein Walzer, das Intermezzo aus Pietro Mascagnis *Cavalleria Rusticana*, erhöht den Eindruck des Tänzerischen und des Elegischen, wie die Zeitlupe, in der wir die Bewegungen des Boxers sehen, und vermittelt doch weiter Distanz. Nicht mit weit ausholenden Schlägen nach vorn trainiert dieser Boxer, sondern mit den Armen eng am Körper, so als schlage er mehr in sich selbst hinein als auf einen Gegner. Dann springt er auf der Stelle auf und ab; gelegentlich erahnen wir von weit hinten Licht aufblitzen, Türen, die sich öffnen, oder Flashlights. Dann kommt die Gestalt am äußersten linken Bildrand auf uns zu, bleibt stehen, beginnt wieder, auf der Stelle zu springen, und geht schließlich wieder zurück in die äußerste Ecke, wo sie hergekommen ist. Nun läuft er hin und her, zum ersten Mal haben wir dieses Gefühl, das uns über den Film immer wieder begegnen wird, dass da ein Mensch sich verhält wie ein eingesperrtes wildes Tier. Und das einfach niemand da ist, der ihm helfen könnte. Während dieser Szene erscheint der Vorspanntext über den Ringseilen, wie eine trügerische Biografie, die auf den gespannten Seilen »tanzt«, aber auch: als seien diese Seile Teil des »Textes« einer Biografie, die von einem tragischen Eingeschlossensein handelt.

Eine solche Einstellung kann nur Vergangenheit und Traum meinen. Sie erzählt uns von der harten Arbeit eines Boxers am eigenen Körper, und vom Tanz, den ein Mensch aufführt, der sein Inneres nach außen kehren will; sie führt uns in ein Ambiente und beschreibt schon vollkommen die Lebenssituation des Helden. Dann machen wir einen großen Zeitsprung nach vorn: nach New York City im Jahr 1964, wie uns ein Zwischentitel erklärt, die Kamera fährt hinunter vom Horizon Park Theatre auf die beleuchtete Tafel: *An Evening With Jake La Motta*. Wir sind in der kleinen Garderobe; der schwammige Ex-Boxer, die dicke Zigarre im Mund, rezitiert: Episoden aus seinem Leben, auswendig gelernt, Maximen wie »Dabei war mein Leben wirklich nicht langweilig«.

Jake La Motta 1964, betont der Untertitel noch einmal, als die Kamera näher an das aufgedunsene Gesicht mit der gebrochenen Nase heranfährt. »That's entertainment« sind seine wiederholten Worte, als wir wieder in die Vergangenheit und in den Ring geraten: *Jake La Motta 1941* – beinahe zynisch erscheint nun der Untertitel, so als müsse uns versichert werden, dass es sich wirklich bei diesen beiden um ein und denselben Menschen handelt). Und wir sehen seinen Sieg, der zur Niederlage wird.

Mit dieser Form der Rückblende sind wir ob der Authentizität in mehrfachen Zweifel gestürzt. Ist das, was wir sehen, die verklärende, »gelogene« Story eines alternden Boxers, der sich als Entertainer durchschlägt und vielleicht wirklich gern ein Schauspieler wäre, oder ist es die objektive Wahrheit, die Korrektur dieses Mythos? Dass sein letztes, leiser werdendes »That's entertainment« noch mit den ersten Schlägen in sein Gesicht überschnitten ist, das offensichtlich schon vorher ein paar Schläge abbekommen hat, mag zunächst auf die zweite Möglichkeit hinweisen. Jedenfalls ist die Überlagerung von glanzvoller Vergangenheit und schäbiger Gegenwart sehr viel komplizierter und verletzender als, sagen wir, die ähnliche Rückblendentechnik in Max Ophüls' LOLA MONTEZ (1955), in der die Heldin (Martine Carol) ihr Leben unter der Anleitung eines »Direktors« (Peter Ustinov) noch einmal spielt, auf welchen möglicherweise ein wenig Verantwortung für die Autorenschaft der Biografie gespiegelt wird. Hier ist gerade das Fehlen einer solchen Figur körperlich spürbar: So lange und in so unterschiedlichen Zeiträumen ist ausschließlich dieser Jake La Motta im Bild, dass wir mit dem letzten Schnitt das Gefühl haben müssen, dass ganz buchstäblich das Leben dieses Mannes aus ihm herausgeprügelt wird. Diese Biografie ist weder Selbststilisierung noch Inszenierung einer dritten Autorenschaft, sie ist das gestammelte Geständnis unter der Folter des Lebens. Jake La Motta bekommt nicht einmal Hilfe dabei, seine Geschichte zu erzählen, aber genauer besehen müssen wir auch erkennen, dass er auch nicht in der Lage wäre, eine solche Hilfe anzunehmen. Das, was an RAGING BULL so berührt, ist nicht allein die Geschichte eines Menschen, der eigentlich nie eine Chance hatte, sondern jene wiederkehrende Empfindung, einem Menschen zuzusehen, der mit sich und seiner Geschichte so radikal allein gelassen ist, dass selbst der TAXI DRIVER als »Gottes einsamster Mann« gegen ihn aufgehoben und geleitet erscheint. Scorsese löst seine Szenen nicht in einer »objektiven« Dramaturgie auf, wir erleben stattdessen immer wieder Situationen, in denen es »nicht weiter geht« oder die »zu nichts führen« – jedenfalls für den Augenblick. Was etwas bewegen sollte, wird dann immer wieder zum Dokument der Bewegungslosigkeit. Scorseses Film zeigt nicht nur das Gefängnis eines Lebens, er ist ein Gefängnis.

Jake La Motta ist beinahe besiegt; zweimal verteilt sich unsere Sympathie: Als der Schlussgong der immerhin zehnten Runde ertönt, bricht La Motta einen Schlag ab, der den Gegner gewiss gefällt hätte, und als wir mit der Kamera in die Nähe der gegnerischen Ecke fahren, hören wir die Betreuer den Kämpfer zu unfairen Mitteln auffordern. Aber nach dem nächsten Schnitt sind wir nicht mehr sicher, wer da eigentlich gesprochen hat. Im Zuschauerraum entspinnt sich eine andere Schlägerei. RAGING BULL ist unter anderem ein Film über die Erinnerung und über den Verlust der Erinnerung, und es ist ein Film, der zeigt, wie die »Performance« des Lebens missbraucht werden kann. Nicht diesem Menschen sind wir am Ende näher gekommen, und auch nicht seinem Publikum (stattdessen haben wir zweimal gesehen, wie Begehren ins Leere führt, wo Inszenierung herrscht), wohl aber sind wir dem näher gekommen, was zwischen beiden geschieht.

Der Kampf geht weiter, die Kamera tanzt um die Boxer, wechselt in harten Schnitten die Perspektiven, ist einmal mit den Boxern im Ring, und sieht das andere Mal, sehr nahe, von außerhalb zu. La Motta steckt wieder Schläge ein, aber ein einziger Schlag von ihm genügt, und sein Gegner liegt zum ersten Mal auf den Brettern. Er schlägt auf ihn ein, bis er K.o. ist, muss dann vom Ringrichter in die neutrale Ecke geführt werden; und da steht er, lauert darauf, gleich wieder zuzuschlagen, seine Augen sind furchtbar kalt geworden, beinahe erstaunt über das, was geschieht – und über sich selbst. Weil der Rundengong ertönt ist, bevor der Ringrichter bis zehn gezählt hat, wird sein Gegner Reeves doch zum Sieger nach Punkten erklärt, obwohl er immer noch nicht wieder bei Bewusstsein ist. Um Sekunden nur hat sich La Motta zu spät entschieden.

Der Skandal ist perfekt; das Publikum protestiert und wirft Popcorn gegen den Ring, dann fliegt auch ein Stuhl. Jake präsentiert sich in Siegerpose, Zuschauer fallen übereinander her, und eine Frau wird beinahe zu Tode getrampelt. Die Polizei greift ein; hoch über dem Ring beginnt eine Frau besänftigend auf einer Orgel zu spielen. Eine seltsame Kirche ist das; von der ersten Einstellung an haben wir diesen Zwiespalt von Erhabenheit und Trivialität gespürt. Etwas möchte bedeuten und kann es nicht, das ist der Untergrund des Zorns in diesem Film. Die Organistin spielt *The Star-Spangled Banner*, als müsste ausgerechnet das die Kampfhähne zur Räson bringen; schnell legt der Manager die Hand ans Herz, damit es ihm die anderen nachmachen. (Patriotische Sentimentalität als Mittel gegen die Panik: Wir kennen diese Dramaturgie aus der amerikanischen Wirklichkeit. Die andere, größere Gewalt, die sich vorbereitet, haben wir in der Gegenwart der uniformierten Soldaten im Zuschauerraum gesehen.) Diese Szene ist so kurz und beiläufig, dass man sie sozusagen in einem allgemeinen Durcheinander übersehen und bloße »Stimmungsmalerei« darin vermuten kann. Und doch verweist sie nicht nur auf das zynische Ineinander von Entertainment, Gewalt und Patriotismus (wie es die ROCKY-Filme populistisch gewendet vermitteln), sondern erhebt das Geschehen auch in den Rang einer Metapher auf das Amerika vor dem Kriegseintritt.

Und wir haben Jake La Motta als einen Kämpfer kennen gelernt, der nicht zu kontrollieren und nicht auszurechnen ist. Nun sind wir in der Bronx, im selben Jahr, 1941. Während die Hymne auf der Orgel im Hintergrund verklingt, eilen Jakes Bruder (Joe Pesci) und Salvy (Frank Vincent), der in den Diensten des Gangsters Tommy Como (Nicholas Colasanto) steht, durch die Straßen des Gettos. »Das wäre alles nicht passiert, wenn Tommy da gewesen wäre«, heißt es. Da ist etwas außer Kontrolle geraten. Er müsse sich sowieso mit Tommy arrangieren, wenn er einen Kampf in New York haben wolle, und wenn er nicht zuvor größenwahnsinnig wird. Offenbar ist der Bruder überzeugt von der Notwendigkeit dieser Zusammenarbeit mit den Gangstern, aber Jake La Motta ist einer, der sich in den Kopf gesetzt hat, es allein zu schaffen. Das muss ihn in Konflikt mit seinem Bruder bringen, der primär loyal ist, der Manager, Trainer und Freund, der ihm immer wieder seine Torheiten vergeben wird, für ihn das Beste will. Alles an ihm scheint gesund und vernünftig.

Aber es ist auch ein verpflichtendes Bild, ein Gefängnis, und manchmal scheinen sich die Brüder auch zu nahe, um sich nur zu ergänzen. Auch Joey neigt zu Gewaltausbrüchen, und für ihn sind Frauen noch viel weniger wert als für seinen Bruder. Auf der Dostojewskij-Ebene dieses Films geht es um die Trennung dieser beiden gleichen/ungleichen Brüder, um ein Ich-Werden, dem neben der eigenen Person und der korrumpierenden und brutalen Umwelt immer auch dieses andere Ich entgegensteht. Eben dies ist, neben der bewusstlosen Sehnsucht nach dem Glück mit der Frau, die große Illusion im Leben des Jake La Motta: Er glaubt, etwas allein schaffen zu können, und er sieht nicht, wie abhängig er von den anderen ist. Seine Entscheidungen gegen die Box-Mafia ist keine Entscheidung für den ehrenhaften Kampf um sportliche Moral; er hält sich nur für jemanden, der er nicht ist. Und seine grausamsten Kämpfe führt er gegen die Menschen, die ihn eigentlich erst möglich machen, seine Frauen, seinen Bruder, seine Freunde. Das ist die tiefe Dummheit des Jake La Motta, die ihn zu einem großen Selbstzerstörer macht.

Wir gelangen in die Wohnung von Jake La Motta, wo er, das Pflaster auf der Nase, im Unterhemd am Tisch sitzt, die Weinflasche vor sich; der schäbige Haushalt eines italienischen Immigranten. Von Glamour nicht die geringste Spur; wir sind im Leben eines Proletariers, der seine bäuerlichen Wurzeln nicht verliert. RAGING BULL zeigt, wie jemand auf den Verlust einer Heimat und auf eine Kultur reagiert, in der er in Wahrheit nie angekommen ist. Aber Jake La Motta, das zeigt schon die oft ins Vertikale kippende Inszenierung von Architektur und Bewegung, hat auch die »Bodenhaftung« verloren, die die Helden von MEAN STREETS hatten. Die *via vecchia* ist keine Option mehr für ihn, stattdessen gerät Jake ganz direkt von einem geschlossenen Bildraum in den anderen. Er möchte amerikanisch, das heißt auch: ein Einzelner, werden. Aber er wird dabei nur ein Einsamer.

Während seine Frau das Steak bereitet, berichtet er vom Kampf, verteidigt sich gegen einen unausgesprochenen Vorwurf: Er »baut keinen Scheiß«. Es entspinnt sich ein Streit darüber, dass

Erhabenheit und Trivialität

das Steak zu lang gebraten sei, weil es dann »seine Wirkung verliert«. Wovon redet, worüber streitet man da? Jake meint vermutlich die körperliche Kraft, die er im Ring braucht. Doch die heftige Unterhaltung über das Steak entwickelt sich immer mehr zu einer symbolischen Auseinandersetzung über das Leben, nicht zuletzt auch über ihre sexuelle Beziehung. Du kannst nicht warten, sagt seine Frau. Ich will auch nicht warten, antwortet er, und wir wissen, dass mit alledem nicht nur das Essen gemeint ist. Jake wirft den Tisch um. Wogegen er wütet, ist sicher auch die Selbsterkenntnis.

Unten verabschiedet sich sein Bruder, er hat die schwere Aufgabe, ihn von dem Deal mit Tommy zu überzeugen: »Wenn du als Bruder nicht mit ihm reden kannst, wer sonst.« Dass mit diesem Jake La Motta überhaupt zu reden ist, bezweifeln wir nach der letzten Szene. So platzt Joey auch direkt in diesen Ehestreit, den er als Bruder vergeblich zu schlichten versucht.

»Ihr seid wilde Tiere«, schreit ein Nachbar, der seine Ruhe haben möchte. Und La Motta droht lauthals, er werde seinen Hund auffressen. Immer wieder werden wir das hören, dass jemand La Motta ein *animal*, ein Tier nennt, und immer wieder wird er reagieren, indem er sich noch tierischer macht, als er ist. Joey redet besänftigend auf ihn ein; er könne nicht herumsitzen und »wie ein Tier fressen und saufen«. Und hier bekommen wir eine höchst doppelsinnige Erklärung für seine Raserei: Jake beklagt seine kleinen Hände und dass er wegen des Gewichts nie gegen Joe Louis antreten könne. Da ist einmal eine mehr oder weniger unsichtbare Grenze, die Jake nicht überschreiten kann (eine jener Scorsese-Grenzen, die dem Menschen gesetzt sind, die definiert sind durch die Bestimmung des Subjekts und die Struktur der Objekte und daher die Beantwortung der Frage danach, wer diese Grenzen denn ziehe, verweigern müssen). Aber es ist auch eine für Jake verhängnisvolle Unsicherheit gegenüber seiner geschlechtlichen Rolle; er habe »Hände wie ein Mädchen«, wimmert er, und auch seine immerwährenden Probleme mit seinem Gewicht sprechen von der Unfähigkeit, den männlichen Körper zu konstruieren und zu erhalten.

Nicht einmal hier, in seiner eigenen kleinen Welt, kann Jake etwas anderes machen, als er im Ring tut. So fordert er Joey auf, ihn ins Gesicht zu schlagen; der weigert sich zuerst, schlägt dann ein paarmal zu, ohne große Wirkung zu erzielen. Die Feindseligkeit setzt sich fort, als Salvy beim Training erscheint und Jake seinen Bruder beschimpft, weil er ihn eingelassen hat. Joey will eine Struktur in das Leben seines Bruders bringen, will Regeln und Grenzen, aber auch so etwas wie eine soziale und das heißt auch: kriminelle Vernunft etablieren. Aber Jake will nur jemand werden, und es gibt wohl keinen Scorsese-Helden, dessen Mittel dazu in so groteskem Missverhältnis stehen.

Der unterdrückte Zorn in einer ungeheuer engen Welt, zu der es keine Alternative gibt: Die Gangster lauern am Ring, und als Jake bemerkt, dass Joey sie gebracht hat, gerät er in ohnmächtige Wut gegen seinen Bruder, der hier als sein Sparringspartner fungiert, und schlägt auf ihn ein. Dieser Sequenz des Einschließens folgt eine des (scheinbaren) Ausbruchs. Am Imbissstand im Schwimmbad sieht er das Mädchen Vickie, erst 15 Jahre alt, wie ihm Joey erklärt, von strahlender Blondheit, während er selbst weiter von den Gangstern belauert wird. Tiere, die andere Tiere als Beute umkreisen. Und zur gleichen Zeit sehen wir, dass diese Welt vor allem aus Zäunen und Gittern besteht, aus Orten, von denen es kein Entkommen gibt. Alle Figuren in RAGING BULL sind schon, bevor sie sich weiter in Intrigen verstricken, »in die Enge getrieben«. Jeder Schritt muss erkämpft werden, ist eine Verletzung der Regeln und, mehr noch, eine Verletzung anderer Menschen: Als die Brüder am Abend fortgehen, schreit und flucht Jakes Frau hinter ihnen her; man weiß nicht so genau, ob sie auf andere Frauen eifersüchtig ist oder auf den Bruder selbst (»Steckt ihn euch doch gegenseitig rein!«). Joey meint, Jake dürfe sich das nicht gefallen lassen. Aber was soll er außer Prügel noch machen? – Sie umbringen. Wie in den MEAN STREETS bedeutet die Frau die Störung jener informellen Ordnung, in denen sich der Scorsese-Held zwischen dem animalischen Begehren und der vernünftigen Korruption bewegt. In der Kneipe – es ist, genauer gesagt, der *Holy Name Society and Mother Seton Guild of St. Clare's Church Annual Summer Dance* – kommt selbst der Pfarrer kurz vorbei und wird, halb im Scherz, dazu aufgefordert, den Tisch zu segnen. Hier beobachtet Jake wieder Vickie, Joey macht ihn nun, scheint's, erst richtig heiß auf sie, offenkundig auch, um ihn ein wenig abzulenken, während er ihn unauffällig an den Tisch mit Tommys Leuten gebracht hat. Und am nächsten Tag macht Joey die beiden einander bekannt. Jeder Schritt, jede Bewegung des Blicks ist in dieser Welt Gegenstand der Lenkung und Manipulation. Aber immer ist es auch das begehrende Subjekt, welches das Bild konstruiert: Immer wieder wechselt der Kamerablick in ein subjektives Verständnis der Welt aus dem Blick von Jake La Motta (oder doch beinahe aus seinem Blick). In Jakes Blick beginnt sich Vickie in Zeitlupe zu bewegen; zuerst, als er ihrer am Swimmingpool Gewahr wird, dann, als er sie »fixiert«, während sie im Kreis ihrer Freundinnen so deutlich auch eine »Bühne« für sich und ihr glänzendes Kleid geschaffen hat. Entrückt und intensiviert zugleich ist es freilich eher Jake, der sich fixiert. Später aber wird dieser Zeitlupen-Blick der Obsession nur noch seine Qual ausdrücken (zum Beispiel, als er mit ansehen muss, wie Tommy Como Vickie auf die Wange küsst). Und die Zeitlupe ist auch eines der Stilmittel, die das Spiel von Liebe und Eifersucht mit dem Geschehen im Boxring verknüpfen.

Während Jake in gewisser Weise versucht, sich dem Netz der Gangster, in das ihn sein Bruder locken will, zu entziehen, wird er umso sicherer in ein anderes getrieben. Durch das Gitter des Schwimmbads sieht es beinahe so aus, als spräche man in ein Gefängnis. Jake und Vickie berühren sich kurz durch den Maschendraht, und er lädt sie dazu ein, ein paar Runden zu drehen. Er ist nicht nur bezaubert von ihrer jugendlichen Schönheit, die sein Ideal von Verführung und Jungfräulichkeit zu erfüllen scheint, sein Begehren scheint vielmehr (damit bereits einen weiteren Zyklus der Selbstzerstörung eröffnend) auch dadurch ausgelöst, dass Vickie Teil und »Besitz« jener Menschen ist, die er hasst. Er möchte sie nicht nur haben, er möchte sie vor allem »wegnehmen«, und damit muss er von vornherein darum bangen, diese »Beute« wieder zu verlieren, obwohl sie sich zunächst als so treue und ideale Partnerin zeigt, wie sein Bruder ihn zu ergänzen verspricht. Beide scheinen ihm seine gewalttätigen Ausbrüche zu verzeihen, und sie versuchen mit eher sanfter Beharrlichkeit seinen Widerstand gegen die Mafia-Bosse aufzulösen, die ihm seine Rolle in dem Spiel zuweisen wollen, das er so hartnäckig selber zu spielen glaubt.

Die Metapher vom wilden Tier scheint sich umgekehrt zu haben – wie der *Taxi Driver* flüchtet auch der *Raging Bull*, der der Erlösung durch die Frau bedürfte und sie nicht erhalten kann, selber in die angemaßte Rolle des Befreiers und Beschützers, eine Geste, die auch dem Helden von CASINO zum Verhängnis werden wird. Nun befreit oder raubt er ein anderes Tier: Nicht weniger ironisch als die Swimmingpool-Sequenz verläuft die Szene auf dem Minigolfplatz, wo er ihr »das Spiel« beibringt. »Ich habe das Spiel noch nie gespielt«, hören wir zunächst, als wir eine Kapelle sehen, und sehen vielleicht erst auf den zweiten Blick, dass es sich dabei um ein Hindernis auf einer Minigolfbahn handelt. Der Ball verschwindet bei Vickies erstem Schlag in der Kapelle. »Was hat das zu bedeuten?«, fragt sie. »Das bedeutet: Das Spiel ist vorbei.« So wie der Streit um das Steak in der Szene vorher ist auch diese ein ausgesprochen ambivalentes Spiel mit der Sexualität, mit der symbolischen Entjungferung, mit der Hochzeit, mit der Verletzung. Jake La Motta will jemand werden. Und er hat dazu drei Schlachtfelder, die Sexualität, den sportlichen Kampf und den geschäftlichen Erfolg.

Zäune und Gitter: Jake mit Vickie (Cathy Moriarty)

Jake bringt Vickie zu seinem Dad, der aber nicht zu Hause ist. Sie sitzen im Wohnzimmer und trinken, und er nimmt sie auf den Schoß. Dann zeigt ihr Jake die anderen Zimmer des Hauses im italienischen Ambiente, das er dem Vater gekauft hat. Italienische Lieder sind aus dem Hintergrund zu hören, alles in dieser Szene führt in die Vergangenheit. Über dem Bett ein großes Kreuz, ein kleineres an einer Kette, die über dem Bild der beiden Brüder auf der Kommode hängt. Es ist, als habe seine Ehe (und seine »Amerikanisierung«) gar keine Wirklichkeit erreicht; Jake La Motta führt Vickie in seine eigentliche Heimat, in seine eigentliche Familie. Aber dieser Ort, an dem so viele Objekte seiner Identität gelagert sind, ist »leer«. Jake erobert die Kindfrau im Haus des abwesenden Vaters, das er selbst eingerichtet hat. Das ist eine wohl zugleich historische und psychologische Metapher.

Von der Verführungsszene, in der das neapolitanische Lied sich kurz und energisch in den Vordergrund drängt, schneidet Scorsese auf die Beine des Boxers, der einen Augenblick lang im Rhythmus dieses Liedes zu tanzen scheint. 1943, der zweite Kampf zwischen Jake La Motta und »Sugar« Ray Robinson (Johnny Barnes); wir sind in Detroit. Wieder einmal ist Sexualität direkt in Aggression übertragen. Und La Motta bezwingt Robinson; nun ist ihm, wie es der Reporter formuliert, sein Griff nach dem Titel nicht mehr zu verwehren. Jetzt lebt Jake mit Vickie zusammen, wir sehen, wie er eine erotische Szene unterbricht und sich mit Eiswasser die Erregung kühlt, weil er glaubt, sich vor einem Kampf keinen Sex erlauben zu dürfen. Wieder ist die *Italianità* der Einrichtung zu bestaunen, Maria und Jesus vor dem Badezimmer, die ihre Herzen zeigen. Die Begegnung mit Vickie, so scheint es, hat Jake zugleich nach vorne und zurück gebracht.

Nur drei Wochen sind vergangen, und La Motta und Robinson stehen sich wieder im Ring gegenüber. Und obwohl La Motta ihn auch diesmal wieder einmal zu Boden schlägt, bleibt Robinson nach Punkten Sieger. Es ist nunmehr Joey, der sich um den Sieg betrogen sieht, während Jake für einen Moment zur Erkenntnis kommt, seine Niederlage sei eine Strafe für das Böse, die *bad things*, die er im Leben getan hat. (»I don't know. I've done a lot of bad things. Maybe it's coming back to me«.) So sieht er in den Spiegel, ein Moment der Einkehr und Umkehr vielleicht, während der Bruder Vickie nach Hause bringt. Was sich vorher so konzentriert hat, das strebt nun wieder auseinander. Nun sind es seine Fäuste, die er im Eiswasser abkühlt. So als wolle er nun, nachdem er das Begehren auf diese Weise bekämpfte, auch die Gewalt damit besiegen.

Der Versuch Jakes, sein Leben nach rückwärts neu zu schreiben, von einem Moment der möglichen Selbsterkenntnis her und von der Gewalt auf die Liebe hin, muss scheitern. So wird auch der nächste Kampf, gegen Zivic in Detroit, mit einer beinahe trauernden Musik eingeleitet, man sieht nur noch Standbilder, man sieht einen mit blau geschlagenen Augen kämpfenden La Motta, der wieder nur durch K.o. siegt. Dann (farbige) Bilder von seinem Bruder, von Vickie und von ihm selbst: der Traum vom Glück in den Home Movies. Gerade hier aber setzt Scorsese Mascagnis Musik wieder ein. So könnte, so sollte das Leben aussehen, so wäre man jemand geworden und könnte zugleich etwas festhalten. Die Verbindung durch das musikalische Motiv freilich macht auch diese Konstruktion des häuslichen Glücks in sich widersprüchlich. Der Erfolg mag da sein, aber die Niederlage ist bereits geschehen.

Standbilder von weiteren Kämpfen und weitere Amateuraufnahmen wechseln sich ab; Vickie und Jake heiraten. Ein Haus wird gebaut, in *Pelham Parkway*; in den Familien beider La-Motta-Brüder stellt sich Nachwuchs ein. Aber kaum äußert Vickie einmal etwas über das gute Aussehen seines Gegners Janiro, zeigt sich schon wieder Jakes destruktives Temperament.

Dann sind wir in *Pelham Parkway, Bronx, New York, 1947*. Und auch hier ist keine Heimat geworden. Joey bereitet Jake darauf vor, dass er einen neuen, wichtigen Kampf bekommt, allerdings müsse er dazu sein Gewicht reduzieren. Um einem drohenden Streit auszuweichen, gehen die beiden Brüder mit ihren Frauen in ein Lokal, wo Jake vom Conférencier begrüßt und mit Applaus bedacht wird. Salvy küsst Vickie auf die Wange und begrüßt Jake, in dem schnell die Eifersucht wieder erwacht. Vickies Kommentar zu Janiro hat genügt, um den Kampf wieder zu einer wesentlichen Sache für ihn zu machen. So wie er es nicht vermocht hatte, die Geschichte seines Lebens von der Aggression zur Liebe zurückzuschreiben, so setzt Jake nun wieder seine verfehlte Sexualität in Gewalt um. Aber zugleich *ist* der Kampf eine wesentliche Sache, weil Tommy Como mit ihm viel Geld verdienen will: Die drei Bereiche seines Lebens erweisen sich nun für Jake als Falle. Das eine verstärkt das andere im Bösen und negiert es, wenn es um Ansätze der Befreiung geht. La Motta prügelt seinen Gegner, der eigentlich keine Chance hat, halb tot. »Jetzt sieht er nicht mehr hübsch aus«, kommentiert Como.

Mittlerweile haben wir eine andere Deutungsmöglichkeit erhalten, die womöglich über das Fassungsvermögen von Jake La Motta hinausgeht: Ist Vickie möglicherweise von vornherein ein Köder der Gangster gewesen, um ihn für ihre Pläne zu gewinnen? Jener Köder der (verletzten) Jungfrauenschaft, die J.R. und den *Taxi Driver* ebenso umtrieb wie Jake? Aber dann ist die Frage: Was weiß Vickie über ihre eigene Position, und ist sie, auf der Tiefenstruktur der Erzählung, die »Tochter« des Gangsters, der den wilden Stier als sein Eigentum, sein Instrument benutzen will? Eine ganz ähnliche Frage wird später in CASINO noch einmal aufgeworfen; die Figur von Vickie wird sich hier wiederholen und vertiefen in der Rolle von Sharon Stone.

Jake La Motta muss sich schinden, um zu seinem Gewicht zurückzukehren. Vickie, frustriert von seiner Eifersucht wie von seiner Enthaltsamkeit, amüsiert sich mit Salvy und den seinen, als Joey versucht, sie zum Nachhausegehen zu zwingen, beginnt er eine Schlägerei mit Salvys Leuten. In einem grenzenlosen Wutanfall bringt er Salvy beinahe um. Como schlichtet als Pate den Streit, verlangt aber weiter, dass sich Jake zu ihm begebe: eine Geste der Unterwerfung. »Selbst wenn Christus vom Kreuz runtersteigen würde – das würde ihn nicht im geringsten jucken. Er will tun und lassen können, was er will.« Aber Tommy Como macht unmissverständlich klar, dass er ohne »uns« keinen Titelkampf bekommt. Jake hat mit der Auflehnung gegen diese anderen, neuen »Väter« im neuen Land einen entscheidenden Fehler begangen, nun kann jeder Schritt, egal in welche Richtung, nur noch eine Niederlage bedeuten.

Die beiden Brüder stehen im Regen, Joey bringt Jake die schlechte Nachricht, der aber ist mit den Gedanken bei Vickie, genauer gesagt bei der Angst, von ihr betrogen zu werden. Joey rät ihm einmal mehr, sie zu verprügeln und hinauszuwerfen, wenn er nicht an ihr kaputt gehen möchte. Vor dem Kampf gegen Fox 1947 im Madison Square Garden verdichten sich Gerüchte, Jake lasse sich schmieren. Und tatsächlich wehrt sich Jake kaum, ganz offensichtlich provoziert er seine Niederlage. Nur zu Boden, zu Boden will er nicht gehen. Der Kampf wird abgebrochen, Fox gewinnt durch technischen K.o. Nach dem Kampf bricht Jake in der Garderobe weinend zusammen; er hat sich selbst verraten und verloren. Er wird vom Ausschuss gesperrt.

Zwei Jahre später: Detroit, 15. Juni 1949. Jake bereitet sich auf den Comeback-Kampf vor, der

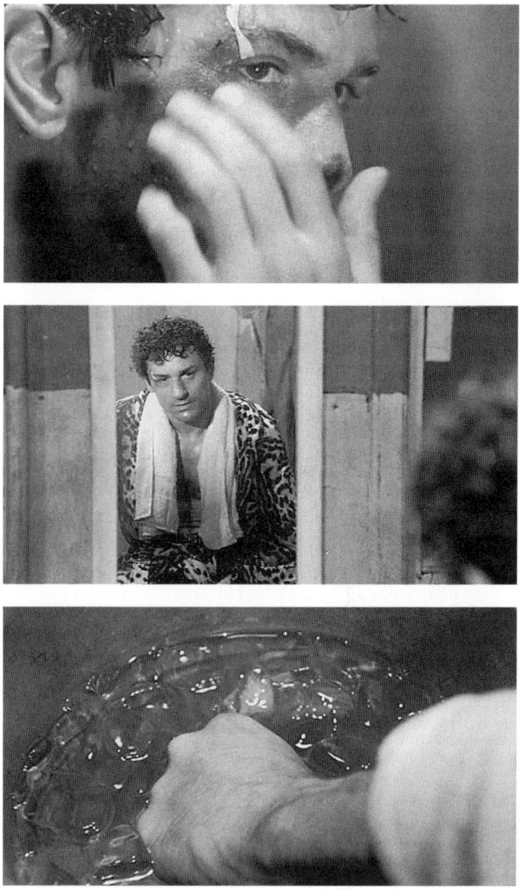

Ein Moment der Einkehr: Die Gewalt besiegen

Streit mit seinem Bruder, die Eifersucht um Vickie eskalieren unterdessen. Er schlägt sie, nachdem er gesehen hat, wie sie Tommy zum Abschied auf die Wange geküsst hat. Und er schlägt auch sonst wie ein verwundetes Tier: Jake La Motta wird Weltmeister im Mittelgewicht, nachdem der Kampf abgebrochen werden musste. Für einen Augenblick scheint er glücklich. Aber sein Verfolgungswahn nimmt immer groteskere Züge an; erst verdächtigt er auch Joey, mit Vickie geschlafen zu haben, dann schlägt er sie, und in ihrem Zorn behauptet sie, es mit allen Männern, einschließlich Joey, getan zu haben. Während Joey mit der Fami-

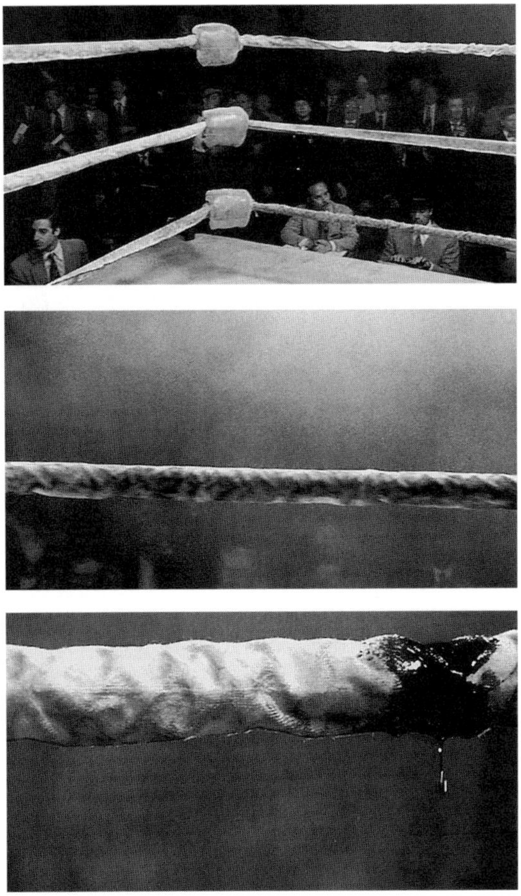

Das Gefängnis des *Raging Bull*

lie am Esstisch sitzt, fällt Jake über seinen Bruder her und schlägt ihn brutal zusammen, anschließend schlägt er auch Vickie nieder, die versucht hatte, ihn daran zu hindern. Sie ist drauf und dran, Jake zu verlassen, aber sie bringt es schließlich doch nicht über sich. »Ohne dich und die Kinder bin ich doch ein Dreck«, jammert Jake. Aber was ist er *mit* ihr und den Kindern? Nie kann er dieses Wir definieren.

Der Kampf gegen Dauthuille in Detroit 1950. Jake gewinnt in der letzten Runde durch K.o. Vickie versucht, die beiden Brüder zu versöhnen, aber am Telefon bringt Jake kein Wort heraus. Gegen »Sugar« Ray Robinson kommt es schließlich zum letzten Kampf; Jake weiß, dass er besiegt ist, er steht im Ring, unfähig zur Verteidigung, und provoziert Robinson, ihn weiter zu schlagen. Wie ein Gericht erwartet er den erlösenden Schlag, doch Robinson zögert. Die Welt um sie versinkt, dann kommen die Schläge, es ist eine ebenso freie wie genaue Komposition der Perspektiven, eine Choreografie des Kaputtschlagens, so musikalisch wie grausam, und ganz ohne jene Zwischenschnitte, in denen wir wenigstens halbwegs wieder eine sichere Ortsbestimmung vornehmen könnten; Blut und Schweiß spritzen, aber der *Raging Bull* will nicht zu Boden gehen. Bis der Ringrichter den Kampf abbricht. Aber Jake ist nicht gefallen. »Ich bin nicht zu Boden gegangen«, schreit er aus seinem zerschlagenen Gesicht den Gegner an, der nicht verstehen kann, was in diesem Mann vor sich geht. Die Kamera fährt die Ringseile ab, das Lebensgefängnis des *Raging Bull*, und bleibt dann auf dem Blut des Geschlagenen, die einzige Spur, die er hinterlassen hat. Seine Schrift. (Und wie widerspricht Scorseses Film in dieser Szene der Ideologie von ROCKY, dessen Protagonist im Brustton der Überzeugung und in Übereinstimmung mit der Story und Moral seines Films verkündet: »Wenn ich beim Schlussgong noch irgendwie stehe, dann werde ich zum ersten Mal in meinem Leben wissen, dass ich nicht nur ein Penner oder ein Niemand bin.« Jake La Motta steht im Ring unter den Schlägen als ein Niemand.)

That's Entertainment

Miami 1956. Jake La Motta, nun aufgedunsen und träge, sitzt vor seinem Haus und gibt einem Reporter Auskunft darüber, dass er einen Kampf abgesagt hat: »Mit dem Boxen ist Schluss. Aus und vorbei. Ich habs satt, mich dauernd mit meinem Gewicht 'rumzuschlagen.« Aber so wie er das sagt, hat es wenig mit Einsicht zu tun; es ist der letzte verzweifelte Versuch, sich als Subjekt seiner Geschichte zu inszenieren. Er hat einen Club gekauft und das Café *Jake La Motta* aufgemacht, wo er als Alleinunterhalter die Nummer gibt, die wir ihn am Anfang memorieren sahen und die mit einem Schrei endet: »That's entertainment«.

Vickie verlässt Jake nun endgültig, und schließlich wird er angeklagt, ein 14jähriges Mädchen verkuppelt zu haben. Er holt sich bei Vickie seinen Meisterschafts-Gürtel und zertrümmert ihn, um die Juwelen darin zu versetzen, doch er bekommt das Geld nicht zusammen, das er brauchte, um das Gericht zu schmieren. (Noch eine Metapher auf sein Leben: Wenn er den ganzen Gürtel gebracht hätte, ohne ihn zu zerstören, das wäre etwas wert gewesen! Wieder wird er von seiner eigenen Gewalt verhöhnt.) So kommt Jake La Motta ins Gefängnis, *Dade County Stockade, Florida*, im Jahr 1957. Und wieder hört er den mittlerweile gewohnten Vorwurf, als er randaliert: »Du führst dich auf wie ein wildes Tier.«

»Wieso? Wieso?«, schreit er, während er mit den Fäusten und dem Kopf gegen die Zellenwand schlägt. »Wieso bin ich hier eingesperrt?«, und es ist die Frage, die den Film durchzogen hat. »Ich bin ein schlechter Mensch. Ich bin kein Tier«, sagt er, aber da glaubt er sich schon selber nicht mehr. Er, der sein ganzes Leben seine Stärke nur dadurch bewiesen hat, dass er schlagen konnte, und mehr noch, dass er sich schlagen ließ, sieht, wie sinnlos dieser Kampf gewesen ist. In dieser Szene betont die Kamera das schwellende Fleisch des Speckbauches, den De Niro sich angefressen hatte, gewiss ein Augenblick der schauspielerischen Wahrheit von De Niro, aber auch der Figur. Noch während man nur ein Stück seines Rückens in der Zelle durch das Licht des Gucklochs sehen kann, hören wir seine Stimme schon wieder als die des Entertainers im Club; wir sind jetzt in *New York City 1958*. Er kann nur noch die Gäste beleidigen, bevor er die nächste Striptease-Nummer ansagt. In der Straße trifft Jake auf seinen Bruder, der zunächst nichts von ihm wissen will. Er dreht sich nicht einmal nach ihm um. Aber dann kommt es doch zur Versöhnung. Aber kein Akt des Neubeginns steckt darin, nur das zähe Gewähren einer Gnade, für die es längst schon zu spät ist.

Barbizon Plaza; wieder sehen wir das Schild: *An Evening with Jake La Motta*, darunter nun: *featuring the works of Paddy Chayefsky, Rod Serling, Shakespeare*. Jake sitzt vor dem Garderobenspiegel und rezitiert aus dem Marlon-Brando-Film ON THE WATERFRONT, während wir nur Details aus der Garderobe sehen, eine nackte Glühbirne, Flaschenhälse, Hörer und Wählscheibe eines Telefons, leere Kleiderbügel. Jake La Motta redet sich immer noch ein, es geschafft zu haben: »Manche Leute sind nicht so gut dran«, spricht er seine Partitur, und wie er lang und breit seinem »Bruder Charley« die Vorwürfe für sein verpfuschtes Leben macht, während sich Jake La Motta im Spiegel selber ansieht, da drehen sich dreimal Rolle, Leben und Reflexion umeinander: »Erinnerst du dich an die Szene ...«. Die Filmszene aus ON THE WATERFRONT und das wirkliche Leben von La Motta gehen durcheinander; unfähig, seine Schuld zu erkennen und zugleich nicht: »Du bist schuld«, sagt er, und die Worte sind an den Film-Bruder Charley oder an den wirklichen Bruder Joey gerichtet, aber er spricht sie, indem er die Hand mit der Zigarre auf sein eigenes Spiegelbild richtet. »Jetzt zeig's denen mal« (»Go get 'em, champ«) sagt er und boxt in der gekrümmten Haltung wieder in einen imaginären Gegner hinein, und wieder sieht es nicht aus, als wolle er jemanden schlagen, sondern als wolle er sich aus einem imaginären Gefängnis, aus einer finsteren Höhle befreien. »Ich bin der Boss, ich bin der Boss, ich bin der Boss«, redet er sich noch schnell ein. Dann verschwindet er aus unseren Augen.

Alles ist möglich in dieser Spiegel-Szene. Thelma Schoonmaker berichtet: »Erinnern Sie sich nur an die Szene [...], wo La Motta seine große Rede in den Spiegel hinein hält. Da gab es 15 Varianten, von völliger Kälte bis zu totaler Erregung. Marty dachte, dieser Mann solle bei der Rückschau auf sein Leben völlige Distanz zu sich selbst haben. De Niro meinte, mehr Rage wäre angebracht, und er steigerte sich tatsächlich von Anlauf zu Anlauf mehr in die Sache hinein. Wir haben dann aber einen der ersten Versuche genommen. Marty hatte Recht. Diese Rede musste cool vorgetragen werden. Und es ist meistens so: Marty weiß eigentlich, wo er hin will, und wenn er dort angekommen ist, dreht er allenfalls noch ein paar weitere Takes, um sich selbst zu überprüfen. Dann hört er auf.« Alles auch ist möglich auf der »philosophischen« Ebene des Films. Wir können diese Szene als »Wandlung« interpretieren, als den Augenblick, in dem ein Mensch auf dem Umweg über die

Kunst (auf dem Umweg über die Maskierung) zum ersten Mal zu sich selbst kommt. Als einen Akt der Erlösung durch die Spiegelung. (Und es gibt biografische Äußerungen von Scorsese, die nahe legen, dass diese Möglichkeit von ihm selbst ersehnt wurde, gleichsam auch als Selbsterlösung des Künstlers. Zur gleichen Zeit ist es gewiss auch ein Schraderscher Moment der »Gnade«). Möglicherweise zeugt diese Szene auf der psychologischen Ebene, wie es Marie Katheryn Connelly formuliert, von der »schwierigsten Art der Vergebung, der Selbst-Vergebung«. Ebenso aber könnte sich in dieser Szene etwas vom »Verschwinden« eines Menschen zeigen, einer, der »jemand« werden wollte, ist nun so sehr »niemand«, dass er sich sogar in fremder Sprache, in fremden Biografien auflöst. Aber vielleicht ist beides auch gar nicht so sehr Widerspruch, wie es scheint. Jake La Motta hat in den Spiegel geblickt, und etwas anderes hat zurückgesehen, eine »Antwort«, die ihn zugleich verdammt und erlöst (und damit knüpft diese Spiegel-Szene an die von TAXI DRIVER an).

Ein Text beschließt das Geschehen: *So ließen die Pharisäer zum zweiten Mal / den Mann rufen, der blind gewesen war, und sagten: / Sprich die Wahrheit vor Gott / Denn wir wissen, dieser Mann ist ein Sünder / Ob er ein Sünder ist oder nicht, weiß ich nicht, antwortete der Mann / Ich weiß nur, dass ich blind war / Und jetzt sehen kann. / Johannes 9 Vers 24- 26.*

Dieser Bibeltext ist am Ende dieses Films nicht so einfach, wie es scheint, er handelt offensichtlich nicht von einer möglichen Selbsterkenntnis des Helden. Der, der nun sehen kann, macht eine eher pragmatische Aussage: Er glaubt nur, dass er sieht, während er nicht zu sagen vermag, was es ist, was ihn sehen gemacht hat. Die Sünde vielleicht.

Ein Leben aus Selbstwidersprüchen

Jake La Motta ist gewiss einer der fundamentalsten unter den zerstörerischen und selbstzerstörerischen Charakteren bei Scorsese – um mit dem Regisseur zu sprechen, »was kann elementarer sein, als seinen Lebensunterhalt damit zu verdienen, dass man einem anderen so lange auf den Kopf schlägt, bis einer von beiden umfällt oder aufgibt?« Aber so elementar diese Gestalt ist, so rätselhaft und komplex ist sie auch. Es ist, unter anderem, (nach einem Wort von Scorsese) Robert De Niro, der Jake La Motta spielt, der Marlon Brando spielt, der Terry aus ON THE WATERFRONT spielt, oder, in der Sequenz der Anklage vor dem Spiegel, Jake, der die Rolle Joeys spielt und umgekehrt (je nachdem, welche Seite des Spiegels man betrachtet), ein Mensch also, dessen Bild und Selbstbild aus beständigen Übermalungen entsteht. Wie sehr er dabei auch mit anderen Scorsese-Figuren, die weniger furchterregend wirken, verbunden ist, mag unter anderem das Leitmotiv zeigen, das zwar der Komponist Pietro Mascagni geschaffen hat, das aber doch recht eindeutig auf *Somewhere over the Rainbow* und damit einmal mehr auf die allumfassende Märchenwelt von THE WIZARD OF OZ (Der Zauberer von Oz; 1939; R: Victor Fleming) weist, als wäre dies die absurde Konstruktion eines musikalischen *flash forward*.

Dieser La Motta ist auch ein Zerrissener, ein Gewalttäter, der sich nach Liebe und Geborgenheit verzehrt, der immer im Kampf, im Ring zu stehen scheint, – ganz direkt ist sein Werben um Vickie wie das Tänzeln vor einem Schlag im Boxring inszeniert. Es passt nichts zusammen, sein Leben setzt sich aus Selbstwidersprüchen zusammen: Er verprügelt seine Frau, und er lässt sich von schlechten Boxern so offensichtlich absichtlich besiegen, dass man ihn sperrt. Er ist ein Mensch, der seine persönlichen Leiden sammelt, um sie im Ring, in einer bestimmten Folge der Aktionen, herauszulassen, furchtbar in seinem Männlichkeitswahn, und zugleich einer, der schwach werden will, aber nicht weiß, wie man das macht. Er boxt, als müsse er dabei die Zerrissenheit seiner Seele nach außen wenden, als befinde er sich nicht in einem sportlichen Schlagabtausch, sondern in einer psychotischen Hölle, und sein eigentliches Ziel ist die Selbstzerstörung; er lässt sich verprügeln, und dann frisst er sich voll, als wolle er seinem Körper die Form nehmen, und er verfolgt seine Frau mit neurotischer Eifersucht und ist zugleich zu einer wirklichen Beziehung zu ihr nicht fähig. Er endet schließlich als Conférencier in billigen Nachtclubs, wo er sich zum Clown macht: Es ist nicht das Heruntergekommene, das uns in dieser Szene so anrührt, sondern Jake La Mottas Annehmen des Heruntergekommenseins. In seiner »schäbigen Conférence«, die von einer solchen irrwitzigen kulturellen Fallhöhe geprägt ist, dass es unmöglich ist, sie irgend »zu verstehen«, verlangt er in gewisser Weise von seinem Publikum, ihn zu demütigen. Wie im Ring will er wieder »geschlagen« werden, um beweisen zu können, dass er nicht fällt.

Auch für ihn geht es, wie für Travis Bickle, um die Sauberkeit und den Schmutz, durch den man muss. »Als ich zum ersten Mal hier auftrat, fragte ich den Besitzer, wo die Toilette ist. Er sagte: Du stehst mitten drin«, sagt La Motta zu seinem Publikum. Komisch ist das nicht. Aber wahr.

Woran aber scheitert Jake La Motta? Zunächst vielleicht daran, dass er den Ring, in den er gestiegen ist, nicht mehr wirklich verlassen kann. Er ist immer im Kampf, er sieht mehr Gegner, als er wirklich hat, er sieht niemanden anders denn als Gegner im Ring. Der ganze Film, und zugleich jede Sequenz, und zugleich jede Einstellung deutet auf ein einziges, furchtbares Bild hin: Dieser Jake La Motta randaliert in einem Käfig; er schlägt um sich, zerstört sich und jeden, der in sein Gefängnis kommt, aber er revoltiert nicht, er bricht, vor allem, nicht aus. Versteht er sein Gefängnis? In jedem Fall ist er unfähig, irgendetwas über seine Situation und aus ihr zu lernen. Sein »Why? Why? Why? Why did you do it? You're so stupid, so fucking stupid«, während er sich buchstäblich den Kopf an den Gefängnismauern blutig schlägt, hat keinen eindeutigen Adressaten. Das spärliche Licht hebt in dieser Szene Jakes Kopf und Schultern aus dem Dunkel der elenden Gefangenschaft, es ist vielleicht eine der klarsten Szenen des »transzendentalen Stils« im Werk von Scorsese: Der Augenblick der größten Verdammnis ist zugleich der Augenblick der größten Gnade.

Da ist der Versuch, sich abzukühlen; wie er seine Fäuste in Eiswasser kühlt, so »bekämpft« er mit der Kälte auch eine Erektion: ein absurdes Bild einer seiner inneren Antriebskräfte, der Furcht vor Impotenz. Es scheint, als wolle er sich in dieser frustrierenden Inszenierung zugleich seine Manneskraft beweisen und eine »Erklärung« dafür lie-

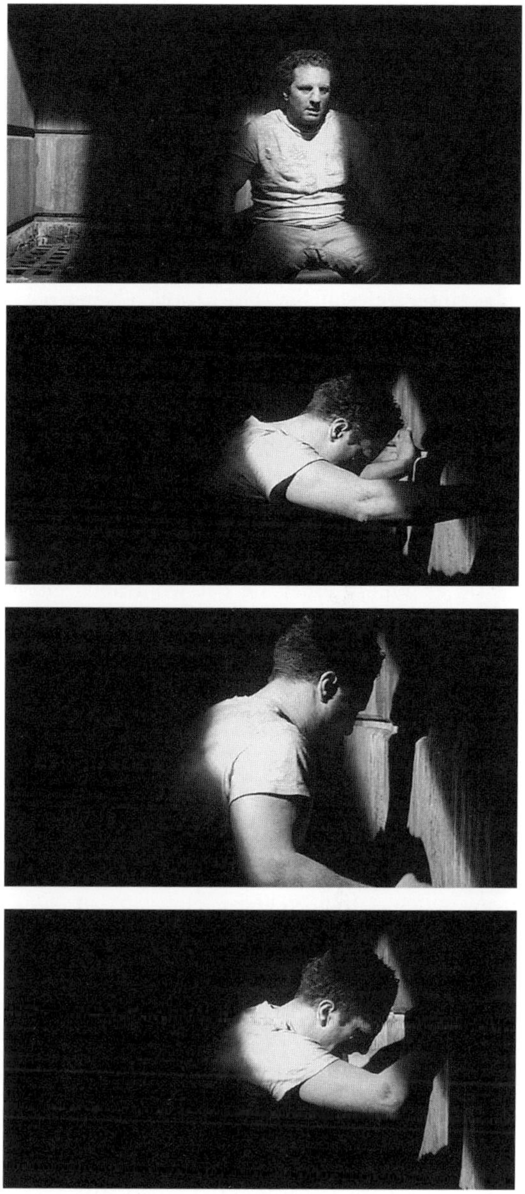

Der Augenblick der größten Verdammnis

fern, dass sich sein Begehren nicht erfüllen kann. Er »unterwirft« die Frau und verweigert sich ihr zugleich (und »produziert« dabei förmlich jene Untreue, vor der er sich wie vor sonst nichts auf der Welt fürchtet). Wenn wir auf die Frauen in La Mottas Leben sehen, dann meistens durch Türen, sie sind in anderen Räumen, sie sind draußen, nicht in diesem Gefängnis – allenfalls in ihrem eigenen. So bleiben sie immer ferne Offenbarungen, von denen der Held nie zu sagen weiß, ob er sie aus- oder einsperren soll. Sie selber freilich haben noch nicht die Chance, wie in späteren Scorsese-Filmen, sich in das Zentrum zu bewegen.

Es ist der Spiegel, nicht die Frau, vor dem Jake die Geste der Abkühlung jener Begierde vollführt, die er doch gerade wider besseres Wissen mit Vickie erzeugt hat. So ist diese Szene auf den ersten Blick absurd und illustriert den zerrissenen Charakter des Helden, der immer zugleich will und nicht will, der die Regeln bricht und sich doch an sie klammert. Aber sie hat wohl noch einige tiefere Dimensionen. Es geht zunächst um ein zumindest temporäres Gebot des Zölibats (und wir erinnern uns nur allzu gut an die Einsamkeit des »mönchisch« erscheinenden Boxers im ersten Bild des Films). Jake scheint zunächst entschlossen, dieses Gebot zu durchbrechen (das im Übrigen ja den Kampf selber auf eine sonderbare Weise sexualisiert, die Leidenschaft von der Liebe auf den Hass umformuliert).

La Motta frisst und säuft wie ein kleines Kind, das sich so gegen die Schläge wappnen will, die es einstecken muss. Sein Leben ist aber nicht nur gezeichnet von den Niederlagen und Demütigungen im Ring, sondern auch von den Demütigungen in der Liebe. Er kann eigentlich gar nichts, auch als Boxer nicht, als sich verdreschen lassen und irgendwie zurückzuschlagen, er sieht sich nicht nur immer im Ring, in jedem Gespräch, in jeder Beziehung, er sieht sich auch immer in der Situation dessen, der verdroschen wird und der nur einmal, dann aber richtig zurückschlagen will. Was indes scheitert, ist die große amerikanische Legende vom Leben als Boxring, in dem man sich »durchboxen« müsste – genau daran scheitert der Held, dass er alle Menschen so ansieht wie einen (möglichen) Gegner im Ring. So meint das Bibelzitat am Ende eines Films, dessen Ikonografie so viele Metaphern der Blindheit durchziehen, bis hin zu Rauch, Nebel und Regen, auch den künstlerischen Prozess selber: »Das eine weiß ich, dass ich blind war und jetzt sehen kann.« Das ist nicht ein Weg vom Dunklen zum Hellen (was nur verschiedene Formen der Blindheit markieren würde), es ist ein Weg vom Verhangenen zum Klaren. Rauch, Nebel und Regen sind freilich keine gleichwertigen Formen der Verblendung in RAGING BULL; dort wo der Rauch ist (wie immer wieder in den Boxarenen) scheint paradoxerweise die Hitze sich in Kälte zu verwandeln; der Regen verwandelt Traurigkeit in schwere Gedanken, und er ist ein Schleier, der sich vor die Bilder legt, gnädig, hier und dort, ein Schleier auch zwischen den Zeiten, der Eingang zur Erinnerung, wie etwa in der Szene am Swimmingpool, in der sich Jake an die erste Begegnung mit Vickie erinnert.

Und so, wie es sich mit dem Bild verhält, eine Bewegung vom Nebel zur Klarheit (und immer wieder zurück), so verhält es sich auch mit der Ebene des Tons. RAGING BULL ist nicht zuletzt ein Film des Lärms, des Lärms und der Wut. So schwer (und so schön) es ist, von Blendung, Rauch und Dunkelheit zum Bild zu gelangen, so schwer (und so schön) ist es, vom Lärm zum Wort zu gelangen. Scorsese zeigt, sparsam genug, dass es etwas gibt, was diese Extreme miteinander verbindet. Nennen wir es für den Augenblick Schönheit.

Die Wiederentdeckung der Direktheit

RAGING BULL ist für den Regisseur auch eine Rückkehr zum »direkten« Kino, allerdings auf einem furiosen technischen Niveau. Die Kameraführung, die Musik und der Einsatz von stroboskopischen Effekten lassen den Zuschauer empfinden, als müssen ihn selber die Schläge der Kämpfenden treffen; Blut und Schweiß sind nahe und unangenehm im Bild; keiner der Kämpfe (insgesamt beinhaltet der Film 25 Minuten Boxszenen) hat irgendeine Eleganz, irgendeine heroische Dramaturgie, und außerhalb des Boxrings begleiten wir Jake La Motta fast wie in einem Dokumentarfilm. Diese Wirkung ist auch auf eine immense inszenatorische Genauigkeit zurückzuführen. Die 20 Filmsekunden des blutigen Kampfes von La Motta mit »Sugar« Ray Robinson etwa benötigten zehn Drehtage. Übrigens benutzt Scorsese bei seinen *lectures* die Szene, um Studenten zu demonstrieren, wo ein Film ganz und gar vom Storyboard abweichen muss, weil es nur auf den eingefangenen Moment ankommt: »Während des Schnitts setzten wir es auf die gewöhnliche Art zusammen: Einstellung eins, zwei, drei, vier usw. – alles in allem waren es 36 *setups*. Nachdem wir das zusammengesetzt hatten, hatten wir unsere Struktur, aber wir stellten fest, dass es andere Prioritäten der Bewegung, Ausleuchtung und Spezialeffekte gab, und so begannen wir, die Einstellungen herumzuwirbeln«.

Die Kamera hat sich an diesem Mann wie festgebissen; nur er ist im Bild, es gibt so gut wie keine Nebenhandlung, keinen wirklichen Perspektivwechsel. Auch das bestärkt nicht nur den Charakter des Dokumentarischen, sondern lässt uns auch die Pein, den Niedergang, das Scheitern dieses Mannes so hautnah und intim miterleben. Die Choreografie der Boxszenen ist nicht nur bewusst anti-ästhetisch und brutal, sie scheint der Bewegungskunst dieser Sportart fundamental zu widersprechen. Die Auflösung in Gegenschnitte und subjektive Einstellungen, widerspricht der dramatischen Anordnung des Kampfes, sie lässt seine räumliche Dimension ebenso verschwinden wie alles Taktische und gar alles Tänzerische darin. (Man hat nicht umsonst Scorsese vorgeworfen, diese Szenen könnten nur von jemandem stammen, der nichts von Boxen versteht – insofern »verstehen« auch das Einverständnis umschließt.)

Nicht nur in seiner Charakterzeichnung und seiner Stimmung ist RAGING BULL ein Film, der sich gegen die Form des Genres selber richtet, sondern auch in seiner Dramaturgie. Der Boxerfilm erzählt in der Regel auf den »großen Kampf« hin, der wie Erlösung und Opfer in einem die Apotheose des Helden darstellt. Selbst wenn er danach wieder absinken und alles verlieren mag, bleibt ihm dieser Triumph, der ihn ein für allemal in das Pantheon gehoben, ihn unsterblich gemacht hat. Für La Motta indes ist der große Kampf schon Teil seines Abstiegs, er kann ihn weder erlösen

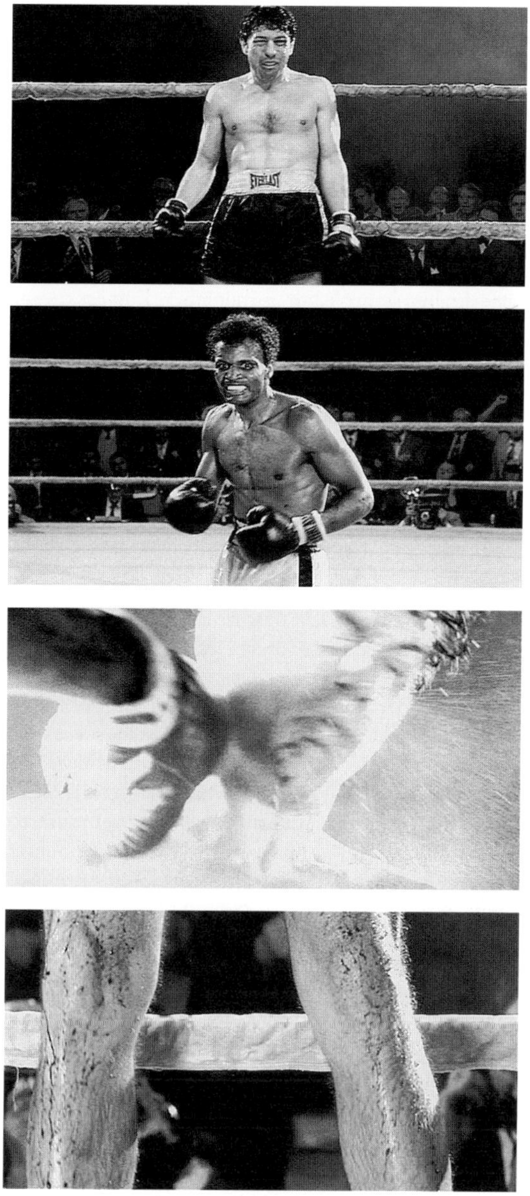

Choreografie des Kaputtschlagens: Der letzte Kampf gegen »Sugar« Ray Robinson

noch seinem Leben einen Sinn geben. Es ist daher nur konsequent, dass dieser große Fight nicht als dramatischer Höhepunkt im letzten, sondern eher als »Achse« im zweiten Drittel platziert ist.

Und wenn RAGING BULL in allem das Gegenbild zu ROCKY ist, dann ist er es wohl auch in der Art, ein Bild von Amerika zu entwerfen, die Kritik am »Reaganistischen« Mythos vom guten Kerl aus dem Getto, der sich ganz buchstäblich durch- und nach oben boxt und sich dabei noch Sentimentalität erlauben kann. Aber zur gleichen Zeit ist dieser so kritische und in Teilen trostlose Film auch durchsetzt von Bildern einer klaren und genauen Schönheit, die über das Geschehen weit hinauszureichen scheinen: die Szene, in der sich Vickie und Jake im Haus seines Vaters am Tisch gegenübersitzen; der weiße Vorhang, der sich sanft im Hintergrund bewegt, während vorn ein furchtbarer Streit tobt; eine strickende Frau am Swimmingpool, die der erotischen »Jagdszene« noch eine ganz andere Möglichkeit eröffnet. Scorsese löst manche Szenen in solch fragmentarischen Bild-Einstellungen auf, dass wir meinen, einen Grad der Abstraktion, den Glanz des Objektes, das über die Personen und ihre Verdammnis triumphiert, zu erleben. Dabei entsteht gelegentlich auch so etwas wie eine reine Filmpoesie, eine Serie von Nahaufnahmen, zum Beispiel, die sich gemeinsam nicht mehr zu einer rhetorischen Aussage, sondern vielmehr zu seltsamer, autonomer Schönheit fügen: ein Schild mit der Aufschrift *Debonair Social Club Members Only*, ein Schriftzug der New Yorker Behörden, ein Regal mit Kaffeetassen, die Henkel der Tassen, ein Teller. In den Worten liegt kaum ein Trost in RAGING BULL, vielleicht aber hier und dort in den Dingen. Oder im zärtlichen Blick auf diese Spuren der Menschlichkeit. Während Scorsese die Dialoge immer wieder in mehr oder weniger unverständliche, dissonante Laute auflöst, schärft er den Blick. Die Idee von der Blindheit, die es zu überwinden gilt, bezieht sich gewiss nicht nur auf den Protagonisten. In RAGING BULL sucht Scorsese immer gleichsam das »Leben hinter dem Leben«, die Schönheit hinter der Verzweiflung. Aber es ist nicht Jake, der das sieht. Es ist, als verweigere sich das Bild ihm, so wie der Fernsehapparat ihm in der Szene, in der Jake ostinat auf seinen Bruder einredet, um ihm einen Hinweis auf die Untreue seiner Frau zu entlocken, das richtige Bild verweigert.

Von Jimmy Doyle zu Jake La Motta

Martin Scorsese hat Jake La Motta als direkte Fortsetzung zu Charlie und Travis Bickle gesehen: »Sie alle kämpfen mit dem Rücken zur Wand, haben sich in diesem System verloren.« Andere Spuren aber führen auch von Jimmy Doyle zu ihm. So wie dieser seine Impotenz- und Kastrationsängste in sein Saxophonspiel packte, so setzt Jake La Motta seine Ängste in Gewalt um. Sein einziges großes Ziel ist es, nicht zu fallen. Gleich zu Beginn formuliert er seinen Zweifel an seiner geschlechtlichen Identität: Seine »kleinen Hände«, beklagt er, »little girl's hands.« Gleich darauf überträgt er diese Zweifel auf den Bruder, als er ihn bittet, ihn zu schlagen: »Don't be a faggott.« Und dann, als der Bruder sich wehrt: »You throw a punch like you take it up the ass.« Zu einem Gegner, der als besonders hübsch erscheint, meint er sarkastisch »I don't know whether to fuck him or to fight him«, um ihm dann das Gesicht so zu lädieren, dass er »nicht mehr so hübsch ist.« So bekämpft auch dieser Scorsese-Held mit wachsendem Ingrimm ein anderes, das homosexuelle Begehren, tiefer aber noch seine fundamentale Unsicherheit in der (sexuellen) Selbstidentifizierung.

Er steht, deutlicher als die Scorsese-Figuren zuvor, in einem Dilemma der Liebe. Nach seiner Vorstellung kann er die Frau nur erobern, indem er seine Stärke, seine Gewalt demonstriert. (Bevor er mit Vickie zum ersten Mal schläft, zeigt er ihr ein Foto, das ihn in der Pose des Kämpfers zeigt.) Aber Liebe und Sexualität sind es auch, die diese Kraft und Gewalt bedrohen. Auch hier kann also nur der Kampf die Sexualität ersetzen. So lebt Jake La Motta in einer Welt, in der sich Sexualität zugleich entgrenzt, buchstäblich alles wird ihm zur sexuellen Metapher, und in der sie sich ihm entzieht. Auch hier verfehlt wieder einmal ein Mann gerade deswegen seine Identifikation, weil er so panisch mit seiner männlichen Konstruktion befasst ist. Wenn es so etwas wie Mitleid mit dieser Gestalt gibt, dann entsteht es, neben einer immer genaueren Kenntnis seiner Lebensumstände, auch dem Erkennen der Zwickmühle, in der er sich befindet.

Was also die ideale Konstellation sein könnte – begleitet zu sein von einer liebenden Frau und einem fürsorglichen Freund und Bruder –, muss für Jake La Motta zur unerträglichen Lebensfalle werden. So ist es beinahe folgerichtig, dass er schließlich die absurdeste aller Vermutungen entwickelt, nämlich dass die Frau ihn mit dem Bruder betrügt. Mit diesem bizarren Verdacht, der die beiden letzten Menschen verdammt, die ihm helfen könnten, hat Jake sein psychisches Todesurteil gesprochen, so wie Jimmy Doyle das seine, als er zwischen die Geliebte und die Künstlerin seine Angst projizierte.

Der Kampf, so scheint es überdeutlich, ist eher eine »Ausrede« für ihn; auch in der Zeit, wo es um keinen Kampf geht, sehen wir keinen emotionalen oder sexuellen Kontakt mit Vickie. Mehr noch: Das Einzige, was ihn sexuell erregt, eben der Kampf, ist auch zugleich das, was sie für ihn unerreichbar macht. Wie für Travis Bickle und, in einem sublimeren Sinn, für den Jazz-Saxophonisten Jimmy Doyle, der die schwarze Musik spielt, ist auch für Jake La Motta der gefürchtetste Gegner und zugleich das verbotene Objekt der Begierde der schwarze Mann. Sein Leben im Ring ist unter anderem auch eine lange Liebesgeschichte mit Ray Robinson. Vielleicht deshalb ist es für ihn von so großer Bedeutung, dass er auch in seinem letzten, schmerzhaften Kampf mit Robinson nicht zu Boden geht. Diese »Liebe«, in der Jake unterliegen muss, bleibt bei all der Obszönität, mit der Jake sonst Kampf und Sex miteinander verbunden hat, auf eigentümliche Weise rein und unschuldig. Bis zu jenem letzten Kampf, bei dem es Robinson nicht gelingt, so etwas wie einen »Gnadenschlag« anzubringen.

Wie Travis, wie Jimmy Doyle ist auch Jake ein einsamer Mann, doch mehr als bei seinen Vorläufern sehen wir, wie er diese Einsamkeit selber provoziert. Da er unfähig ist, sich als Person, als *Ich* zu verstehen, kann er auch das Gegenüber, das *Du* nicht begreifen. Und genauer als zuvor führt uns der Film vor, dass dies alles, der Verlust der Frau ebenso wie der Verlust der Freundschaft, mit ei-

Der Trost liegt in den Dingen

ner bestimmten Form der Konstruktion von Männlichkeit zusammenhängt. Weil Scorseses Helden so sehr damit beschäftigt sind, jemand zu werden, nämlich der *richtige Mann*, verfehlen sie es, ein Mensch zu werden.

Auch Jakes Verzweiflung kann sich nur in seinem Körper ausdrücken; nach dem Ende seiner Karriere als Boxer und nach allen Verlusten, die man nur erleben kann, lässt er seinen Körper buchstäblich wuchern; er verwandelt sich in ein »dickes Kind«, das nach Liebe zu schreien scheint, in einen Fettkloß, der so sehr auszudrücken scheint, dass er auf die männliche Identifikation verzichtet, wie er sie vordem so besessen angestrebt hat. Zumindest in seinen eigenen Augen müsste dieser fett gewordene Jake La Motta nicht nur der geschlagene Boxer, sondern auch der asexuelle Mann geworden sein.

Die Transition ist aber noch stärker. Der alte, athletische und der neue, der fette und träge Jack La Motta sind wirklich zwei verschiedene Menschen. Scorsese hat die Dreharbeiten vier Monate lang unterbrochen, um De Niro die Gelegenheit zu geben, sich eine entsprechende Figur anzufressen. Wahrscheinlich hätte kein anderer Regisseur der Versuchung widerstanden, verschiedene Stadien dieser Verwandlung zu zeigen. Doch für Scorsese verhalten sich die beiden La-Motta-Inkarnationen auf eine duale Weise geschieden; erneut wie Spiegelbilder. Deshalb wiederum war es auch notwendig, dass De Niro wirklich fett wurde und nicht, vielleicht durch die Maske ein wenig unterstützt, einen fett gewordenen Mann »spielte«. So spürt man, dass hier jemand wahrhaft ein anderer geworden ist.

Das Fettwerden ist aber auch Reaktion auf die früheren Deformationen; es glättet und umpanzert gleichsam die Narben und Blessuren, es verbirgt sie. Der fette Jake La Motta hat aus seinen Wunden nichts gelernt. Er ist immer noch das Kind, das sich selber zugleich trösten will (durch die orale Befriedigung) und der seine Umwelt prügeln will (nun versucht er es mit den Worten seiner Conférence, die indes niemanden treffen als ihn selbst: Sie ähnelt frappierend dem Schattenboxen vom Anfang des Films). Gerade weil der eine und der andere Jake La Motta einander so ähnlich sind, sind sie zwei unterschiedliche Wesen. Es fehlt im Grunde die biografische Entwicklung zwischen den beiden Zuständen; es fehlt, so scheint es, die Dimension der Zeit. Dass auf seinen Shorts und seinen Boxhandschuhen *Everlast* so deutlich zu lesen ist, das ist wohl nur einerseits ein dokumentarisches Detail und beschreibt überdies seinen falschen Traum vom ewig währenden Ruhm, es ist andrerseits gewiss auch Ausdruck des Fluches von Schuld und Sühne, die Jake La Motta aus dem Fortgang der Zeit, aus seiner eigenen Geschichte ausschließt.

Auch Jake La Motta, so scheint es, hat es am Ende geschafft und zugleich nicht geschafft, einen inneren Frieden zu finden. Wie der Bibelspruch über den Mann, der blind war und nun sehend geworden ist, mit der Szene in der Gefängniszelle, dem tiefsten Punkt eines Lebens, korrespondiert, so sehen wir ihn, immer noch fetter, als es ihm gut tut, aber wohlgekleidet, keine schmierigen Striptease-Konferenzen, sondern amerikanische Literatur einstudierend, als einen, der seine Lebenslektion gelernt hat. Ob es eine Möglichkeit geben wird, dass sich die beiden Brüder versöhnen, bleibt immerhin offen. Aber alles was er gelernt hat, ist, wie so viele Scorsese-Helden, völlig leer zu werden. Er spricht in fremden Zungen, imitiert nur andere Texte, von denen er selber kaum zu erkennen vermag, inwieweit sie seine eigene Situation kommentieren oder nicht. Die verschiedenen Einstellungen am Ende von RAGING BULL widersprechen einander, von nichts sind sie so weit entfernt wie von einer »Lösung«. ❑

The King of Comedy (1983)

THE KING OF COMEDY, geschrieben von dem einstigen *Newsweek*-Filmkritiker Paul D. Zimmerman, verhält sich vielleicht zu RAGING BULL, wie John Fords TWO RODE TOGETHER (Zwei ritten zusammen; 1961) sich zu seinem THE SEARCHERS (Der schwarze Falke; 1956) verhält. Auf die Tragödie folgt die Farce, auf die Konstruktion des Modells die Dekonstruktion. (Die erste Fassung des Skripts entstand allerdings schon zwei Jahre vor TAXI DRIVER, und zunächst schwebte dem Drehbuchautor eine Satire auf das Unwesen der Autogrammjäger vor, die sich als veritable Kopfjäger gerierten und über die ein langer Artikel im *Esquire* erschienen war.) THE KING OF COMEDY war zunächst Robert De Niros Projekt, und Scorsese selbst verhielt sich der Grundidee gegenüber eher skeptisch. De Niro: »Marty wollte erst nicht. Marty verstand nämlich das Drehbuch gar nicht. Dann habe ich ihm klargemacht, dass der von der Gier nach Ruhm, nach Ruhm im Rampenlicht so besessene Rupert Pupkin Scorsese selbst sehr ähnlich war. Nicht, dass Marty nach Ruhm giert, gar nicht. Aber die Besessenheit, ans Ziel zu kommen, die Besessenheit, sich mit diesem Ziel unter allen Umständen zu identifizieren – die haben beide.«

Wieder geht es um einen Mann, der unfähig ist, das Schauspiel vom Leben zu unterscheiden. Und es geht um einen, der ruhelos in New York unterwegs ist, als Bote, der Briefe zwischen den Hochhäusern und Schaltzentren der ökonomischen Macht hin und her trägt. Robert De Niro alias Rupert Pupkin ist besessen von dem Gedanken, ein großer Entertainer zu werden. Eigentlich ist er nichts als ein kleines Rädchen in jener kapitalistischen Welt, in der niemand mehr eine Chance hat, sich durch eigene Arbeit und Persönlichkeit nach oben zu bringen, einer, der so fraglos seine Dienste tut, wie es der *Taxi Driver* getan hat, und der seine Situation vergisst, wenn er zu Hause im Partykeller seine großen Auftritte probt. Liza Minnelli schmückt lebensgroß den Raum, vor allem aber sein großes Vorbild, der Fernsehkomiker und Showmaster Jerry Langford (Jerry Lewis). Der beflügelt ihn zum großen Traum: »Lieber ein König für eine Nacht als ein Bettler fürs Leben«, sagt er. Aber einer, der Rupert Pupkin heißt, wird nicht König für eine Nacht, sondern ist allenfalls Teil des Systems. So wie der *Taxi Driver* ist auch dieser Scorsese-Held zunächst ein namenloses Glied der Menge, austauschbar, das Produkt der Maschine, der sich Jerry Langford bedient, und erst im Verlauf der Handlung tritt er in immer stärkeren Konturen hervor, ohne seine Abbildhaftigkeit dabei vollkommen zu verlieren. Er kommt uns von Sequenz zu Sequenz näher, aber er wird doch nie eine Person.

Pupkins Vorstellung ist keineswegs irrational. In den 70er und 80er Jahren wurden viele ameri-

kanische TV-Stars noch wahrhaft über Nacht berühmt, wie Charles Nelson Reilly, der vom Platzanweiser bei NBC durch eine einzige Talkshow zum national bekannten Komiker wurde, ebenso wie der Barkeeper Louis Nye, der seine Chance einer Fernsehshow nutzte. Zwar entstanden da wohl keine neuen Sterne am Himmel der populären Kultur, aber diese neue Art der medialen Prominenz war doch auch mehr als der »hero for one day« oder gar die Erfüllung von Andy Warhols Prophezeiung, in der Zukunft könne jeder Mensch berühmt werden, allerdings nur für 15 Minuten.

King for One Night

Der Film beginnt mit den Videobildern einer Folge der *Jerry Langford Show*, recht eindeutig dem Vorbild der *Tonight Show* mit Johnnie Carson nachgebildet (den Scorsese ursprünglich auch selbst für die Rolle gewinnen wollte), und die Eingangsinszenierung ist ganz nach dem Ritual dieser Show gebildet: Zuerst tritt der *sidekick* des *hosts* (Ed Herlihy) auf, kündigt die Gäste des Abends an und weist auf den eigentlichen Star, Jerry Langford, hin. Was es mit dieser Show auf sich hat, erfahren wir in zwei kurzen Szenen: Da ist der eitle Autor, der in der Show sein Buch über das Verschwinden des sibirischen Tigers vorstellen will und der aggressiv reagiert, als er erfährt, dass er an diesem Abend nicht auftreten wird, und da ist Langfords Spiel mit seinem *sidekick*, der offensichtlich vor allem als »Prügelknabe« dient: »Did I wake you up, Ed?«, fragt er sarkastisch, und damit tut er nichts anderes als das, was Pupkin auch tun wird: die triviale Wirklichkeit (nämlich die, dass die Show in der Tat so langweilig ist, dass man dabei einschlafen kann) in einen (boshaften) Lacher zu verwandeln. Diese Eingangssequenz der Show mit ihrem immer gleichen Ritual ist für einen amerikanischen Zuschauer so sehr Teil seiner Mediensozialisation, dass ihm schon durch diese Nachinszenierung das Thema des Films, die Vermischung von medialer und materieller Wirklichkeit, präsent ist. Was wir in diesen kurzen Einstellungen erfahren, ist vor allem die geradezu vulgäre Gewöhnlichkeit dieses Entertainments, die Scorsese noch bis in die Kameraeinstellungen zitiert: kein Bild, das mehr zeigen würde als das, was es »verkaufen« soll.

Aus der Menge der vorm Studio wartenden Fans hebt die Kamera Rupert Pupkin hervor, der ein paar scherzhafte Bemerkungen mit anderen Autogrammjägern wechselt, sich dabei aber ebenso unauffällig wie zielstrebig der Studiotür nähert. Die Menge schreit, als Langford tatsächlich erscheint, aber dennoch schafft der es, mit Hilfe seiner Bodyguards unbehelligt zu einer Limousine zu gelangen. Auch hier sehen wir vor allem: Diese Situation ist gewöhnlich, auf diese Weise verläuft sie wohl immer und immer wieder. Aber diesmal geschieht etwas. Kaum ist Langford eingestiegen, da erscheint hinter ihm auf dem Rücksitz Masha (Sandra Bernhard), einer jener Fans, bei denen das gewohnte Ritual der Begeisterung in eine echte Besessenheit umgeschlagen ist. Um sich ihrem Zugriff zu entziehen, flüchtet Jerry gleich wieder aus dem Wagen (eine, nebenbei, ausgesprochen komische Szene, die an die Hektik früher Slapstick-Filme erinnert). Während einige Studioangestellte die offenkundig hysterische Frau zu besänftigen suchen, greift Rupert Pupkin ein, so als wäre es seine Mission, sein Idol gegen die unerwünschte Nähe der Frau zu verteidigen, und er verletzt sich bei dem Versuch, Jerry zu beschützen und ihm den Weg wieder in den Wagen zu bahnen, an der Hand. Wir kennen dieses symbolische Spiel: Es ist der Hinweis auf den geheimen sexuellen Gehalt der Aktion. Pupkin lässt sich gleichsam für das Objekt seiner identifikatorischen Begierden »kastrieren«. (Die Beziehung zwischen dem »Vater« und dem »Sohn«, der an seine Stelle treten will, ist immer eine von Liebe und Hass zugleich.) Aber nun drängt sich Pupkin selbst in den Wagen und schließt die Tür. Ermattet lässt Langford den Fahrer starten. Während der Fahrt erzählt Pupkin von seinen Plänen, Komiker zu werden, und bittet den Star, seine Nummer zu begutachten. Langford blockt kalt ab, indem er ihn bittet, sein Büro anzurufen, um einen Termin auszumachen. Man muss sich im Showbusiness an die Regeln halten, erklärt er: unten anfangen, um oben anzukommen. (All das erinnert schon an die vielen Verweise, die K. erhält und die es ihm verbieten, bis ins *Schloss*

Die beiden müssen sich ineinander erkennen: Jerry Langford und Rupert Pupkin in THE KING OF COMEDY

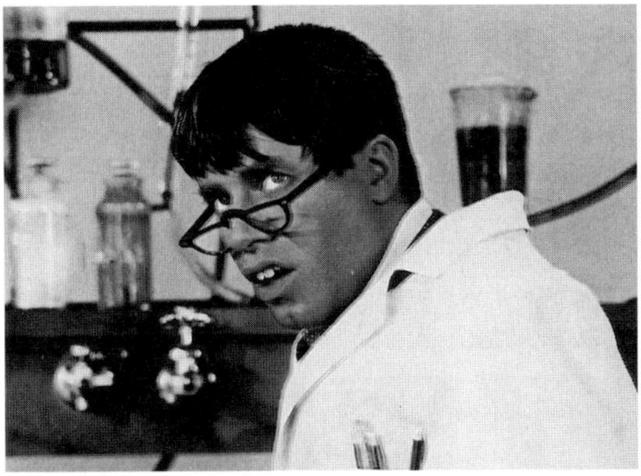

Jerry Lewis in THE NUTTY PROFESSOR

vorzudringen.) Nichts freilich deutet darauf hin, dass dieser Jerry Langford sich etwa selbst an solche Regeln gehalten hat.

In der nächsten Szene sehen wir Jerry Langford und Rupert Pupkin miteinander bei *Sardi's* zu Abend essen; Jerry bittet Rupert, seine Show für einige Wochen zu übernehmen, während die beiden von Autogrammjägern bedrängt werden. Dass diese Sequenz nur in der Fantasie von Rupert stattfindet, ist zunächst nicht zu erkennen (es sei denn, man würde durch die extrem konventionelle Auflösung in Schuss und Gegenschuss der Szene irritiert, die wie eine Parodie auf die herkömmliche Fernseh-Erzählweise wirkt.) Mit einem unauffälligen Schnitt wechseln wir inmitten des Gesprächs in Ruperts Basement (wie wir nur bei genauem Hinsehen am Bildhintergrund erkennen können, und daran, dass das Stimmengewirr des Restaurants plötzlich fehlt), wo er immer noch mit dem nun unsichtbaren Jerry spricht, dann sehen wir im Gegenschuss wieder Jerry in der imaginären Situation; ein weiterer Schnitt, und nun ist Rupert an der Stelle, in der vorher Jerry war: Er führt den Dialog also mit sich selbst. Aus dem Off hören wir seine Mutter rufen: Mit wem er um diese Zeit denn noch spräche?

In einer späteren Sequenz werden wir sehen, wie Rupert seinen Monolog vor einer riesigen Schwarzweißfotografie eines Publikums führt. Seine Stimme ertrinkt dabei mehr und mehr im Gelächter, aber als die Kamera zurückführt, sehen wir Rupert ganz allein in einem großen leeren Raum stehen. Nicht die Überwindung seiner Einsamkeit ist es, was ihn bewegt, sondern ihre Spiegelung.

Jerry Lewis hat für den Film eine doppelte Bedeutung, innerhalb und außerhalb der Narration: THE NUTTY PROFESSOR (Der verrückte Professor; 1963; R: Jerry Lewis) ist nicht nur einer der Lieblingsfilme von Martin Scorsese, für ihn ist er auch das Musterbeispiel einer psychoanalytischen Darstellung einer Persönlichkeitsstörung: Buddy Love, in den sich der unansehnliche und verschusselte Professor Kelp (beide natürlich von Lewis verkörpert) durch eine selbst entwickelte Substanz verwandelt, ist das Echo seines ehemaligen Filmpartners Dean Martin, die Projektion eines »schönen«, erfolgreichen und erotisch anziehenden Menschen, des Mannes, der, ohne etwas Besonderes zu sein und ganz ohne Leiden, den Weg zur Frau findet. Professor Kelp ist der Jerry Lewis dieser Filme, »hässlich«, vom Missgeschick verfolgt und ohne Chancen beim weiblichen Geschlecht. Indem er in die Rolle von Buddy Love / Dean Martin schlüpft, will er dessen Erfolg imitieren und entlarvt ihn zugleich. Er möchte, meint Scorsese, Dean Martin und Jerry Lewis *zugleich* sein. Die Negation einer Persönlichkeitsspaltung, die zugleich eine Persönlichkeitsverschmelzung ist: Einer wird zur Maske des Begehrens für den anderen. (Und die Begeisterung, mit der Scorsese stets von diesen Bildern der Identitätsverschachtelung gesprochen hat, weist noch einmal darauf hin, wie nahe dies dem Verhältnis der Scorsese-Charaktere zueinander kommt.)

Insofern könnte man THE KING OF COMEDY als negative Fortsetzung von THE NUTTY PROFESSOR ansehen; Jerry Lewis ist in der Projektion des erfolgreichen Entertainers gleichsam steckengeblieben. Er ist überdies vollkommen einsam; allein lebt er in seinem stil- und leblos eingerichteten Penthouse, in dem nur die drei Fernseher auffallen, mit einem grotesken Pekinesen als einzigem Gefährten (ein karikierendes Spiegelbild seines Besitzers und zugleich einer der vielen biografischen Schlenker: auch der »echte« Jerry Lewis pflegt bei seinen Reisen ein Hündchen mit sich zu führen, das er mit einer Mischung aus Zärtlichkeit und Melancholie als »my daughter« vorstellt). Er hat den Erfolg und die glatte Oberfläche von Dean Martin angenommen, ist sogar auf eine ebenso leichtfertige Art zum Sexobjekt geworden, aber in seiner Seele ist er Jerry Lewis, das verlassene Kind, geblieben. Nun ist er die Fläche solcher Projektion durch einen anderen »Dean Martin« von außen (dem sich wiederum auch äußerlich anzupassen De Niro bemüht, ohne allzu sehr eine Karikatur zu werden). Aber so wie Langford von beiden etwas in sich hat, so ist auch Rupert Pupkin in all seiner Schäbigkeit die Offenbarung des Gewöhnlichen in beiden Charakteren, des Komischen, das eigentlich gar nicht komisch gestaltet ist, sondern nur die Offenbarung der eigenen Unzulänglichkeit, wie seine baumelnden und rudernden Armbewegungen (die zugleich die von Jerry Lewis imitieren), die Geschmacklosigkeit seiner Kleidung, die nichts bezeichnet als sich selbst, aber auch das »Elegante« wie sein unpassendes Menjou-Bärtchen, die öligen Haare, das expressive Spiel der Hände. Die beiden müssen sich ineinander erkennen, und ihre wechselseitige Spiegelung kann nichts anderes als eine Katastrophe hervorbringen.

Eine Umkehrung ist Pupkins Geschichte auch insofern, als er der erste ist, der mit seinem Selbstbetrug auf der ganzen Linie Erfolg hat (sieht man vielleicht von dem ambivalenten Ende von TAXI DRIVER ab). Natürlich ist dies der grimmigste Kommentar, den ein Filmregisseur über das Fernsehen abgeben kann. Aber es geht noch ein wenig tiefer: Wenn es in den Kämpfen der Scorsese-Helden immer darum ging, den Traum gegen die Wirklichkeit zu verteidigen (der Traum, der einfach, und die Wirklichkeit, die kompliziert ist) oder die Identität gegen die Welt, dann ist Rupert Pupkin einer, der von vornherein keine Identität hat, der auch keinen Traum hat, sondern schon ein Traum *ist*, geträumt von der Trivialität der Medienwirklichkeit. So ist auch seine Beziehung als Fan zu seinen Idolen schon durchaus mit Aggression durchsetzt. In das Album mit den Autogrammen, die er »erbeutet« hat, setzt Rupert konsequent auch seinen eigenen Namen. Das ist nicht nur dreiste Anmaßung, es ist der Übergang in eine konstruierte Parallelwelt. Und wenn er sich sein zweites Gespräch mit Jerry Langford träumt, dann setzt er diesen schon in die Rolle des missgünsti-

Ganz allein (I): Rupert und sein »Publikum«

gen Zweiten ein; nichts ist davon zu spüren, dass es so etwas wie ein Schüler-Lehrer-Verhältnis zwischen den beiden geben könnte. Pupkin fühlt sich von Anfang an als der »bessere«, der neue und eigentliche Jerry Langford. Was ihm vollständig fehlt, ist Respekt gegenüber seinem Vorbild.

Und dieser Jerry Langford, der ungebrochen Erfolg bei einem Millionenpublikum hat – obwohl bei einem »objektiven« Blick schwer nachzuvollziehen ist, warum eigentlich –, mit dem Pupkin unter allen Umständen in Kontakt treten will, ist ein böser, einsamer Mann, einer, der in seiner Erhöhung im Ruhm keine Identität gefunden hat. Jerry Lewis hat die Figur des bösen Clowns, der sein Publikum verachtet, schon häufiger extemporiert, wie zum Beispiel in THE FAMILY JEWELS (Das Familienjuwel; 1965; R: Jerry Lewis), wo er in einer kurzen Szene einen Zirkusclown gibt, der gegenüber seinem Kollegen mit arroganter Miene zum Besten gibt, dass er sein Vermögen in die Schweiz transferiert habe und glücklich sei, nicht mehr den Narren für die dummen Zuschauer geben zu müssen – wir sehen diese Szene im Übrigen durch die Augen eines kleinen Waisenmädchens, das unter seinen Onkeln einen Adoptivvater sucht, und alle möglichen »Väter« werden von Jerry Lewis dargestellt. Die Figur hat aber auch unverkennbare Bezüge zum *host* und Schauspieler Johnnie Carson, der im Fernsehen einer der Megastars ist, im Kino aber fast immer die undankbare Aufgabe übernimmt, unsympathische, missgünstige und glanzlose Charaktere darzustellen. Wohl am bekanntesten ist seine Verkörperung einer solchen Rolle als Bruder von Paul Newman in Richard Brooks' Tennessee-Williams-Verfilmung CAT ON A HOT TIN ROOF (Die Katze auf dem heißen Blechdach; 1958), wo er, mit einer ständig keifenden und intrigierenden Frau und einer Horde Kinder ausgestattet, im Haus des sterbenden Vaters zusehen muss, wie dieser dann doch den »verlorenen«, kaputten (und – im Film zumindest temporär – impotenten, also »kastrierten«) Sohn vorzieht. Johnnie Carson ist eine Gestalt der amerikanischen Normalität, die davon bedroht ist, sich selbst monströs zu werden, ein Riesenbaby, dem alle Eleganz und alle Poesie fehlt, die einen Jerry Lewis über die komische Abbildung einer Neurose hinausheben, und dessen rohe Massigkeit ihn zu einem Verwandten des *Raging Bull* macht. In THE KING OF COMEDY sehen wir einen Jerry Lewis ohne Eleganz, ohne Poesie, er bildet Carson ab, aber auch sich selbst im Stadium des Verfalls. (Die paradoxe Lösung: Jerry Langford ist das, was aus Jerry Lewis hätte werden können, wenn er sich in diesem Abschnitt seiner Karriere nicht entschlossen hätte, neben der Routinearbeit und neben seinen altruistischen Medien-Einsätzen in Filmen wie dem von Scorsese aufzutreten.)

Wie es um diesen König der Komödie bestellt ist, zeigt Scorsese in einer scheinbar einfachen Szene: Jerry Langford schlendert durch die Stadt, jovial grüßt er seine Zeitgenossen und Fans. Aber dann spricht ihn eine alte Frau an, die an einem Fernsprecher steht; sie bittet ihn, übers Telefon ein paar Worte zu ihrem todkranken Enkel Morris zu sprechen. Jerry Langford verweigert sich. Und sogleich trifft ihn, statt der Hoffnung, der Fluch: Soll der Krebs, der Morris zerstört, auch ihn vernichten!

Einerseits zeigt uns diese Szene Jerrys Charakter: Er kann den Menschen nicht mehr nahe kommen, er ist nur in seiner Maske für sie existent. Zu einer konkreten Geste des Mitleids ist er nicht fähig. Wir können ihn wie die alte Frau dafür hassen. Aber andererseits wird ihm, dem Künstler, dem Botschafter, in dieser Szene auch eine messianische Rolle übertragen, für die er nicht geboren ist. In dem Wunsch, zu Morris zu sprechen, steckt nicht weniger als das Verlangen, er möge ein Wunder tun. Ein kleines Wunder, oder auch ein großes. Wieder also verweigert sich ein Scorsese-Held seiner Auserwähltheit und wird dafür so sehr bestraft, wie er dafür bestraft würde, wenn er sie annähme. So beginnt Jerry Langfords Passionsgeschichte, der in Pupkin so auch seinen Judas erleben muss, mit der Verweigerung der Messias-Rolle. (Und da wir mittlerweile wissen, wie nahe für Scorsese Erlösung und Kunst einander sind, können wir auch den biografischen Impuls in dieser Wendung erahnen.) Nicht dass ihm seine Berühmtheit ebenso lästig ist wie aufdringliche Fans, nicht dass er seine Rolle des gutgelaunten Komikers nur vor der Kamera spielen und dann wieder in sein wahres, menschenfeindliches Ich zurücksinken möchte, löst die Revolte in seinem Leben aus, sondern eben die Verweigerung, die heilende Kraft der Kunst wenigstens zu erproben. So wird Pupkin ein Gespenst dieser verweigerten Erlösung, das Gespenst der Identifikation mit dem Idol. Die enorme Gefahr, die von ihm ausgeht – nicht nur für Jerry Langford – deutet sich paradoxerweise zunächst in seiner Duldsamkeit an. Schier endlos wartet er bei einem öffentlichen Telefon auf den versprochenen Rückruf seines Idols, der nie kommt. Wie für den *Taxi Driver* erwächst auch für Rupert Pupkin die Gewalt aus seinem Dulden. Er ersetzt den widersprüchlichen, den scheiternden und versagenden Künstler durch sein triviales Double. Jerry Langford hat sich, aus Furcht vor seiner Verantwortung, aus Furcht vor der Berührung mit den Menschen, entleert; Rupert Pupkin ist von vornherein leer.

Auch Masha, der besessene Fan, hat unterdessen ihre Annäherung unbeirrt fortgesetzt. Sie ruft bei Jerry Langford an. Der hängt zwar sofort den Hörer ein, aber wir sehen ihm an, wie bedroht er sich durch den Umstand fühlt, dass es ihr offensichtlich gelungen ist, an seine Privatnummer zu gelangen. Später wird er von ihr in einer wilden Hatz auf der Straße verfolgt und entkommt ihr nur mit Mühe und Not.

Pupkin trifft in einer Bar eine frühere Freundin, Rita (Diahnne Abbott), die nun als Bardame fungiert, und gesteht ihr – auch das, will uns scheinen, wie in Erfüllung eines lang gehegten Planes – dass er sie seit seiner Schulzeit mochte, und er bittet sie um ein Date. In einem chinesischen Restaurant zeigt er ihr seine Autogrammsammlung; wie Travis Bickle, wie Jake La Motta versucht er die Frau durch seine Bilder und Trophäen zu verführen. Und er berichtet, wie sehr er davon überzeugt sei, der neue »King of Comedy« zu werden. Er bietet Rita an, sein Leben mit ihr zu teilen, wenn er erst einmal berühmt ist. So wiederholt er, diesmal nur ein wenig ins Karikaturhafte gesteigert, den großen Fehler der Scorsese-Helden, sich der Frau nicht als das anzubieten, was er ist, sondern als das, was er sein *will*.

Pupkin belagert sein Vorbild weiter; immer wieder ruft er an, wird abgewiesen, und als er schließlich vor Langfords Büro erscheint, steckt

Pupkin versucht Rita (Diahnne Abbott) mit Trophäen zu beeindrucken

ihm Masha eine Botschaft für Langford zu. Langfords Angestellte Cathy Long (Shelley Hack) bittet ihn immerhin, ein Tonband seiner Show abzugeben und bis zum nächsten Tag zu warten. Jerry Langford werde ihn anrufen, um seine Eindrücke wiederzugeben. Das klassische *Don't call us, we call you*-Modell, aber in Cathy hat es wenigstens einen Anflug von Freundlichkeit (vielleicht sogar etwas wie Mitleid) gegeben. Eine hässliche, flachsüße Musikpampe erfüllt dieses Büro. Eigenschaftslosigkeit auch hier.

Wieder träumt sich Pupkin in ein glückliches Ergebnis der Aktion hinein: Der Star ist begeistert von Pupkins Kunst der Komödie und lädt ihn und Rita in sein Haus ein. Am nächsten Tag kommt Pupkin in Langfords Büro, um sich Langfords Einschätzung seines Tapes anzuhören. Während er im Vorzimmer wartet, träumt er, er sei Gast in Langfords Show. Der Leiter seiner einstigen Schule taucht als Friedensrichter auf, verheiratet Rita und Rupert und entschuldigt sich zugleich dafür, dass er dessen Talente seinerzeit nicht erkannt habe. Wie groß ist dagegen die Enttäuschung in der

Wirklichkeit: Miss Long gibt Pupkin das Tonband mit der Bemerkung zurück, es sei wohl nicht reif genug für Jerry Langfords Show, und sie erteilt ihm den Rat, erst einmal in Nachtclubs zu üben. Wir erinnern uns: die Regeln. Als ein Studioangestellter Rupert höflich, aber bestimmt bittet, das Studiogelände zu verlassen, weigert er sich und wird von einem Wachmann unsanft hinausgedrängt. Draußen wartet Masha, und von ihr angestachelt, versucht er noch einmal, auf das Gelände zu kommen und mit Langford persönlich zu sprechen. Diesmal wird er von drei Sicherheitskräften – nun nicht mehr höflich – hinausgeschmissen. Aber Masha gegenüber, die doch den Rauswurf beobachten konnte, behauptet er, Langford habe ihn für das Wochenende in sein Haus eingeladen. Später erzählt er das Gleiche Rita. Die Illusion hat längst schon vollständig von ihm Besitz ergriffen.

Rupert Pupkin also gehört zu jenen Scorsese-Helden, die irgendwo hinein kommen wollen und immer wieder hinausgeworfen werden, so wie später Paul Hackett in AFTER HOURS oder zuvor, dramatischer, Jake La Motta in RAGING BULL. Bezeichnenderweise haben Scorseses Filme einen eher dramatischen Ton, wo es um Menschen geht, die aus einem bestimmten Raum nicht hinauskönnen, und einen eher grotesken Ton, wo sie in einen solchen nicht hineinkommen. Das System, in das diese Helden eindringen wollen, erweist sich als genauso absurd und anmaßend wie deren unermüdliche Bemühungen. Die Einsamkeit, der *ennui* ist drinnen wie draußen. Wie der Landvermesser K. weiß Rupert Pupkin nichts von dem *System* der Macht, von dem er ausgeschlossen wird und von dem er Teil werden will. Er maßt sich diese Teilnahme nur an, und das System reagiert vollkommen kalt. Und wie für K. wird der Schlüssel zum Eindringen jene Frau, deren Beziehung zur Macht unklar bleiben muss.

Schließlich tauchen Rupert und Rita – sie mit Perücke und in ausgesucht verführerischen Kleidern – in Langfords Wochenendhaus auf. Der Butler scheint von ihrem Kommen nichts zu wissen, dennoch gelingt es den beiden, das Haus schnell in ihre Hand zu bekommen. Sie besetzen es förmlich, als wäre es schon ihr Besitz. Als Langford vom Golfspielen kommt, versucht er zunächst mit gespieltem Gleichmut aus der Situation herauszukommen. Dann aber verlangt er von dem Paar, sein Gelände zu verlassen, es wird von ihm kurzerhand vor die Tür gesetzt. Da erst taucht in Pupkin die Erkenntnis auf, wie viel Gewalt in der Inszenierung des Erfolges steckt: »So ist das also, wenn man berühmt ist.« Dieser Satz ist weit von einer kritischen Distanzierung entfernt, es ist nur der Moment, in dem die latente zu einer manifesten Gewalt wird. Und Jerry Langford, nun ohne jegliche Maskierung, schickt ihm, als Pupkin darauf besteht, er werde dennoch einer der Großen werden, noch hinterher: »Dann werden Sie auch Idioten wie Sie am Hals haben, die Ihnen das Leben zur Hölle machen.« Er droht ihm schon den endlosen Kreis der Verdammnis an.

Diese Sequenz hat in der Struktur der Erzählung eine ähnliche Wirkung wie die Spiegel-Einstellungen in anderen Scorsese-Filmen: Der Rollentausch, der Kreis der Identität, wird sich erneut erfüllen. Es ist das »You talkin' to me?« des Travis Bickle. Der »Dean Martin« von außen, die leere Hülle des Erfolgs, ist nun entschlossen, den Jerry Lewis in seinem »Schloss« zu fressen.

Zunächst, so scheint es also, haben sich die Rollen umgekehrt, Jerry Lewis (der Dean Martin »gefressen« hat und sogar äußerlich wirkt, als habe er nun beide Charaktere in sich – und sei gerade darüber boshaft und unglücklich geworden) ist nun erwachsen, und das unverschämte Kind ist Rupert in einer Dean-Martin-Paraphrase, das ihn voller Impertinenz verfolgt. Vielleicht ist Rupert Pupkin ja auch die Strafe dafür, dass Jerry Dinos Seele gestohlen und dabei seine eigene verloren hat. Vielleicht fordert Rupert von Jerry nur etwas (zurück), was diesem nicht gehört. Pupkin hat kein Ich; alles, was er werden will und werden kann, ist ein Fernsehbild. Es ist ihm vollkommen gleichgültig, was er in diesem Bild ausdrückt, und stolz ist er (gegenüber Rita) auch nicht darauf, eine gute Show abgeliefert zu haben, sondern darauf, dass sie ausgestrahlt wird.

Masha und Rupert warten im Wagen vor Langfords Wohnung, hinter schwarzen Sonnenbrillen versteckt, und Rupert hat eine Waffe. Nun entführen sie ihr Idol, indem Rupert aus dem Wagen springt und Jerry Langford mit vorgehaltener Waf-

Mumie und Kunstwerk: Jerry in der Hand von Masha (Sandra Bernhard)

fe dazu zwingt, einzusteigen. Rupert verlangt als Preis für die Freilassung einen Auftritt in seiner Show. Sie bringen den Gefangenen in Mashas elegante Wohnung. Diese junge Frau aus reichem Haus ist offensichtlich am Rand des Ausbruchs einer Paranoia; sie ist so »verrückt«, wie Rupert Pupkin »normal« ist. Wenn sie Jerry Langford gefesselt hat, sieht sie in ihm ein Objekt gewalttätiger Fürsorge, sie macht aus ihm den Mittelpunkt ihrer Inszenierung, indem sie ein Candlelight-Dinner für ihn arrangiert (das auf den kannibalischen Charakter des ganzen Vorgangs verweisen mag). Sie entkleidet sich und setzt sich auf seinen Schoß, sie singt ihm ein Lied vor. Auch sie kommt zum Ausdruck ihrer Gefühlswelt nur über die Anwendung von Gewalt. Und auch bei ihr kippt diese Inszenierung von Zärtlichkeit (während Rupert Langford *sein* will, will sie ihn *haben*) in die Inszenierung von Folter und Mord um. Sie brüllt ihm in sein Ohr, als könne er nur als Tauber ihr gehören.

Jerry Langford wird geknebelt und umwickelt, wie es auch mit Paul Hackett in AFTER HOURS geschehen wird, er gerät in einen seltsamen Zustand zwischen Leben und Tod, Mumie und Kunstwerk in einem, und in solch vollkommene Hilflosigkeit, dass nur eine wirkliche Art der »Geburt« ihn erlösen kann. Wenn man ihn in dieser »Verpackung« sieht, könnte man auch an einen seltsamen Mönch denken, der auf eine Erleuchtung wartet. Sie kommt nicht. Stattdessen sprach er kurz vorher von sich selbst, bitter und, vielleicht, für einen Augenblick ehrlich: »I'm just a human being, with all of the foibles, all the traps, the show of depression, the groupies, the autograph hounds, the crew, the incompetents, those behind the scenes you think are your friends und your're not sure if you'll be there tomorrow because of them. There are wonderful pressures that make every day a glowing, radiant day in your life. It's terrific.« Aber Rupert hört nicht auf dieses Geständnis, er hört nur, was er hören will.

Bei Jerry Lewis / Jerry Langford ist diese Wiedergeburt noch einmal semiotisch verstärkt durch die Reste des weißen Klebebands, das an seine Lieblingsfarbe als Komiker erinnert, insbesondere – Frieda Grafe hat darauf hingewiesen – an die weißen Tennissocken seiner Kino-Figur, die seine kindliche Unschuld betonten. Nun sind es nur noch Reste der Mumifizierung, die er sich von den Knöcheln entfernen muss. Ein Missverständnis, eine vertane Chance. So wenig wir der »Geburt« eines Komikers zusehen, so wenig erleben wir die Wiedergeburt von Jerry Lewis. Es ist sein Todesfilm.

Rupert zwingt Langford, seinen Produzenten anzurufen, und zeigt ihm auf *cue cards* (den großen Ablesetafeln bei Fernsehaufnahmen), was er zu sagen hat: Der Produzent solle für die aktuelle Folge einen Überraschungsgast, genannt *The King*, vorsehen, sonst werde Langford getötet. Langford versucht vergeblich, die beiden zu überreden, von ihrem Plan abzulassen, und er entschuldigt sich gar bei Pupkin für sein Verhalten. Das kann seine Mumifizierung nicht verhindern. Er wird eingewickelt und gefesselt. Die Entführung ist eine verrückte, dilettantische Angelegenheit und zugleich eine existentielle Erfahrung für Langford. Er ist aus der Architektur seines Lebens gestoßen. Als er seine Sekretärin anruft, weist die ihn ab, weil sie ihn für jemanden hält, der geschickt seine Stimme imitiert, um in sein Allerheiligstes vorzudringen. Ist er einmal »draußen«, außerhalb seiner Entertainment-Maschine und außerhalb seines Schlosses, so sind seine Chancen der Rückkehr nicht größer als die eines jeden anmaßenden *impostors*. Das ist das Schrecklichste für Jerry; denn nach dem Verlust der Maske kann er noch lange nicht einfach Mensch sein. Als ihm die Entführer die Forderungen auf den *cue cards* präsentieren, stellen sie sich dabei so dumm an, dass Jerry Langford selber die Regie übernehmen muss. Das illustriert nicht nur die Ungeschicklichkeit seiner Gegner und den mechanischen Professionalimus des Entführten, sondern bedeutet auch eine der Scorseseschen Inversionen: So wie Jake La Motta die furchtbarsten Hiebe immer auch gegen sich selbst ausführt, so wird, ohne es zu wollen, auch Jerry Langford zum Autor seiner Passion.

Das Problem zwischen Jerry Langford und Rupert Pupkin ist eines der Räume: Langford hat einen weiten Schutzraum um sich errichtet, in den er niemandem einzudringen gestattet, und schon die Berührung der Grenzen verletzt ihn. Pupkin dagegen kennt die Bedeutung einer Intimsphäre nicht; mit immer fröhlichem Grinsen und scheinbar bester Laune ist er sofort in nächster Nähe, hat alle sozialen und seelischen Schutzräume durchbrochen, weil er diese nicht frontal angreift, sondern sie gleichsam zersetzt. Insofern wird sich auf einer um vieles furchtbareren Ebene das Verhältnis De Niro / Jerry Lewis im Verhältnis De Niro / Nick Nolte in CAPE FEAR wiederholen. So wie sich Pupkin schon für einen Vertrauten von Langford hält, nur weil er mit ihm ein paar Worte gewechselt hat, so ist der Sträfling in CAPE FEAR, lange bevor er zur manifesten Gewalt greift, einfach deswegen so schrecklich, weil er eine böse Vertrautheit behauptet, weil er immer wieder in die Schutzräume des Anwalts eindringen kann. Wenn wir KING OF COMEDY durch die Perspektive von CAPE FEAR wieder sehen, scheint uns die Naivität und der Biedersinn von Rupert Pupkin ausgesprochen fragwürdig. Ist es die Reinheit eines Toren? Eine soziale Krankheit? Oder schon tückische Strategie? Für Letzteres scheint seine böse Gier zu sprechen: Als Rupert und Rita in Jerry Langfords Landhaus eingedrungen sind, nimmt er in geradezu manischer Hektik Besitz von den toten Dingen und von der Aura des Hauses. Und in diesem Moment erlebt Jerry, vom Golfspiel fortgeholt (das nicht nur seinen Reichtum beschreibt, sondern auch seine vermeintliche Herrschaft über die Räume), zum zweiten Mal den rigiden Verlust seiner Maske; da ist wirklich buchstäblich jemand in sein Inneres gekrochen und rumort darin, eine fremde Seele in seinem Körper: Wie in dem bizarren Telefonat, in dem er als sein eigener Imitator abgelehnt wird, ist dieser Jerry Langford aus sich selbst vertrieben.

Es bleibt Langford also nichts anderes übrig, als Pupkin die Möglichkeit zu einer Show einzuräumen. Das FBI, die Rechtsanwälte, die Produzen-

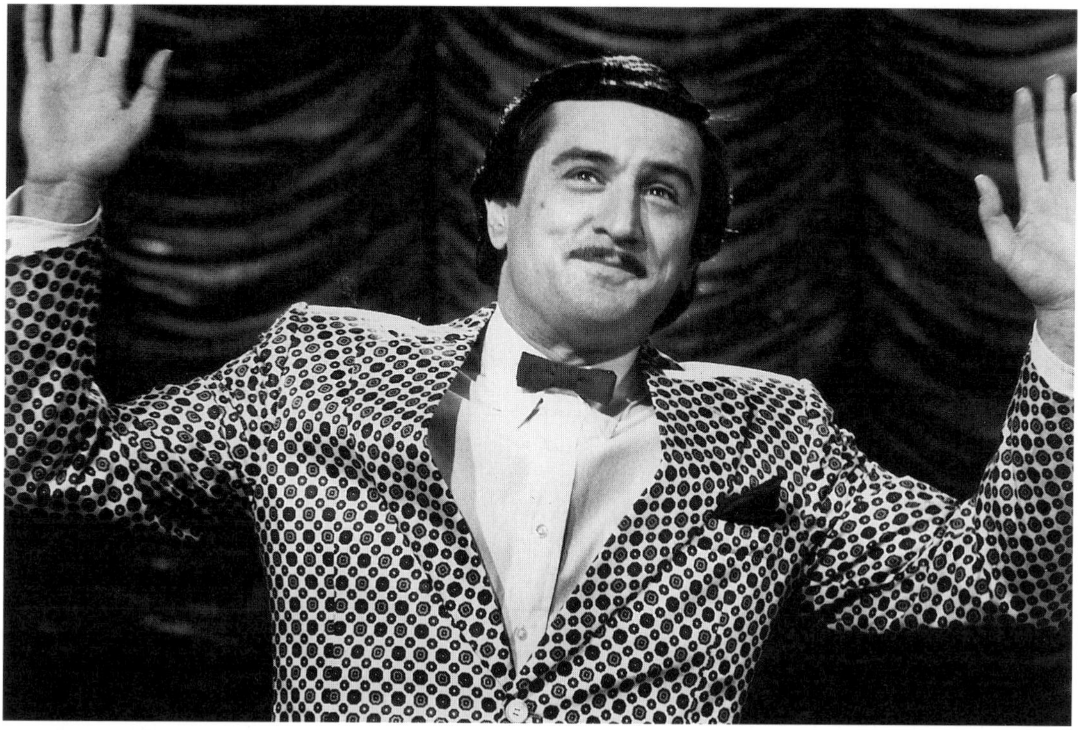

Der vollkommene Ausverkauf einer Person: Rupert auf der Bühne

ten und Manager der Show diskutieren, was zu tun sei. Am allerwenigsten scheint es dabei um das Leben von Jerry Langford zu gehen. Wir sehen: Jerry Langford ist nicht der »Besitzer« seines Schlosses, sondern nur austauschbares Bauelement. Während der Sender darauf besteht, alles zu unternehmen, um das Leben des Stars zu retten – nicht aus Mitleid, sondern damit die Show weitergehen kann –, will das FBI den Forderungen der Kidnapper zunächst nicht nachgeben. Das Fernsehen aber ist mächtiger als die Polizei: Nachdem sie einen Anruf vom »King« erhalten haben, bereiten Jerrys »Mitarbeiter« alles für die Show vor.

Pupkin kommt ins Studio und stellt sich als *The King* vor. Er wird von den Agenten umringt, aber er gibt nicht den Aufenthaltsort seines Opfers preis. So wird die Sendung nach seinem Plan inszeniert, der Ersatz-*host* Tony Randall (übrigens ein Schauspieler, der selbst so häufig als »Ersatz« fungierte, zum Beispiel als Fernsehersatz für Jack Lemmon in der Serie, die nach dem Film THE ODD COUPLE [Ein seltsames Paar; 1968; R: Gene Saks] entstand) präsentiert ihn vor der Kamera, wo er seine Comedy-Show abspielen darf. Pupkin macht nicht nur Scherze, er verkauft sich selbst, alles, was ihm begegnet, als komisch: sein tristes Leben ebenso wie die gegenwärtige Situation, in der die FBI-Agenten darauf warten, ihn zu verhaften. Das Publikum, so scheint es, lacht einfach über alles, und umso mehr, je ernster das Material vielleicht sein könnte. Die größten Lacher erntet Pupkin mit seiner Bemerkung, er habe erst Jerry Langford kidnappen müssen, um seinen großen Auftritt zu bekommen. Es ist der vollkommene Ausverkauf einer Person in der Öffentlichkeit, verwandt jenen verzweifelt komischen Kikeriki-Schreien des Professor Unrat alias Emil Jannings in DER BLAUE ENGEL (1930; R: Josef von Sternberg), aber doch ganz anders, denn hier gibt es keinen äußeren Zwang der Selbstentblößung: Rupert Pupkin tut es aus freien Stücken, ja mehr noch, es ist identisch mit seinem Leben. Das Publikum lacht mittels seiner Witze über die eigene Jugend in New Jersey, bei seinem Auftritt, als hätte es dessen noch bedurft, lösen sich noch die Reste einer »Person« in der Maske auf: Noch schrecklicher geschmacklos als während des ganzen Films schon ist seine Kleidung, noch mehr betont das Licht seine Einsamkeit. Das Publikum, so scheint es, ergötzt sich am Leiden eines Menschen, der zum Leiden nicht fähig ist. Aber gibt es dieses grausame Publikum überhaupt? Da es sich nur indirekt präsentiert, könnte es ebenso gut Teil jener Maschinerie des Entertainment sein, die nur ihr eigenes reibungsloses Funktionieren im Sinn hat. Nachdem die Sendung aufgezeichnet wurde, verlangt Rupert danach, sich die Show irgendwo anders ansehen zu dürfen: in Ritas Bar. Diese ist, als sie ihn im Fernsehen sieht, eher erstaunt als begeistert. Dann wird er abgeführt und zum wartenden Polizeiwagen geleitet. Er ist glücklich.

Unterdessen versucht Masha, allein mit Jerry und in lange schwarze Gewänder gehüllt, den Star zu verführen. Doch das Dinner, das Ritual der Gemeinsamkeit, hat zu viele Ähnlichkeiten mit einem Totenmahl, um zur Hochzeit werden zu können. Schließlich gelingt es Langford, Masha davon zu überzeugen, ihn loszuschneiden. Sofort nutzt er die Gelegenheit und greift sich die Waffe, die sich als Spielzeugpistole erweist. Langford schlägt Masha und verlässt das Haus. Schreiend verfolgt sie ihn. Auch da ist nicht auszuschließen, dass, was sich als Drama erkennen will, in Wahrheit selbst Inszenierung ist.

Der Epilog: Pupkin kommt ins Gefängnis; wie uns das Fernsehen mitteilt, muss er sechs Jahre in einem »weniger strengen« Gefängnis absitzen. Dort schreibt er seine Memoiren, die unter dem Titel *King for One Night* veröffentlicht werden, ein großer Erfolg, der ihm nach seiner vorzeitigen Entlassung aus der Haft einbringt, was er schon immer wollte: eine eigene Fernsehshow. Und wir erfahren durch Pressezitate, dass *King for One Night* verfilmt wird. Die Magazine widmen Rupert Pupkin Titelgeschichten, und sein Bild ist so allgegenwärtig, dass es widerspruchsfrei zu funktionieren scheint. Er ist zur »Ikone« der Popkultur geworden. Das Ende ähnelt auch hier dem Anfang: Wieder tritt ein *sidekick* auf, der den eigentlichen Star des Abends, Rupert Pupkin, präsentiert, wieder sehen wir die begeisterte und fanatische Menge, und die Kamera führt nahe an den neuen *King of Comedy* heran. Diese Pointe erinnert an das Ende von TAXI DRIVER: Jemand, der sich in einer Tat ganz und gar entleert hat, wird, anstatt den Frieden im erlösenden Opfer zu finden, von der Öffentlichkeit noch einmal erfunden und lässt es geschehen. Aber damit zeigt sich auch, was eigentlich die Fabrikation von schlechten Witzen ist, wie wir sie bei Jake La Motta gesehen haben: eine Selbstentblößung von Menschen, die ihren eigenen Tod überlebt haben. Nirgendwo sind Szenen, in denen Männer schlechte Witze machen, so trostlos wie bei Martin Scorsese.

Leere und Verdoppelung

Was am Ende von THE KING OF COMEDY in Scherben vor uns liegt, ist der Mythos des Showbusiness als letztes Symbol der Versöhnung von Kapitalismus und Demokratie (wie Michael Sragow meint), die Vorstellung, wenigstens in diesem Bereich könne man noch durch Persönlichkeit etwas werden. Aber eben dies, »Humor und Menschlichkeit« (Sragow), was in diesem Mythos den Entertainer ausmachen soll, fehlt Rupert Pupkin ganz und gar. Die Kritik sagt, De Niro gebe »keinen Schlüssel« für den »inneren« Pupkin, aber vermutlich ist genau dies der eigentliche Schlüssel für das Geschehen; da drinnen ist nichts als diese eine Obsession, von einem Niemand zu einem Jemand zu werden.

Und so wie die Menschen, so funktioniert schon die ganze Welt in THE KING OF COMEDY: Nicht nur die Innenräume, auch die Straßen sind in scheußliches, synthetisches Farblicht getaucht. Diese *mean streets* bilden sich gar nicht mehr ein, »wirklich« zu sein. Sie führen nur direkt in die Höhlen der Büros und Bars. So ist THE KING OF COMEDY tatsächlich ein filmisches »Kammerspiel«, ein Spiel über die *Verkammerung* des Lebens. Der

Film ist auf drei Ebenen dekodierbar (und jede einzelne ist wiederum die Spiegelung der anderen): Es ist ein Film über die erbarmungslose Leere des Showbusiness, jene mitleidlose Intimität, die das Fernsehen produziert und die es gnadenlos leert; es ist ein Film über einen amerikanischen Mythos, die amerikanische Neurose des Jerry Lewis / Dean Martin-Gespanns, komplett mit einer bedrohlichen, alles bedeutenden Mutter im Hintergrund, Dr. Jekyll und Mister Hyde der Verführungen, und es ist, sozusagen auf einer Dostojewskij-Ebene, eine Geschichte der sich entleerenden und im Spiegelbild rekonstruierenden bürgerlichen Person.

Rupert Pupkin ist als Alleinunterhalter nicht komisch. »I'm in communications«, sagt er zur Selbstcharakterisierung, aber genau das ist er nicht; seine Auftritte sind Dokumente verfehlter Kommunikation, im schlimmsten Fall fühlen sich seine Zuhörer nur peinlich berührt, im Allgemeinen verstehen sie ihn einfach nicht. Rupert Pupkin ist eine komische Gestalt, die keine Komik produzieren kann. Jerry Langford ist ein Produzent von Komik, hinter dem kein komischer Mensch (mehr) steht. Das Schrecklichste (und »Komischste«) an der ganzen Situation ist, dass Jerry Langford keinen Augenblick erkennt, wie komisch all das eigentlich ist, was ihm widerfährt. So sind zwei Menschen charakterisiert, die eigentlich komisch sein müssten, es aber nicht sind. Und schon dies setzt Scorseses Film einem enormen inneren Druck aus: Das Prinzip des Selbstwiderspruchs wandert gleichsam vom Kern an die Oberfläche der Erzählung.

Schon seine grelle Kleidung und sein linkisch-aggressives Auftreten disqualifizieren Rupert für den Mythos des Professionals: Knallweiße Schuhe, ein blauer Anzug, das bunte Hemd und die übergroßen Manschetten, die schrille Krawatte, dazu der Lippenbart, der in der Balance dieses Gesichtes genau das Gegenteil dessen erreicht, wozu es gedacht ist (es »unterstreicht« nichts, sondern löscht eher etwas aus), das übermäßig (nach seinem Vor-Bild) geformte Haar, all das kann schon deshalb nicht komisch sein, weil es als Maske nicht ausreicht, den Menschen verschwinden zu lassen, und weil es umgekehrt den Menschen nicht zum Vorschein bringt (wie, sagen wir, die Maske von Charlie Chaplin).

Zwei einsame, entfremdete Menschen begegnen sich da. Scorsese zeichnet den erfolgreichen Entertainer als kontaktgestörten Mann. Aber zur gleichen Zeit greift der Film auch einen zentralen Mythos der amerikanischen Kultur und ein fundamentales Prinzip des Lebens auf. Wie der *Taxi Driver* den Mythos der »Reinigung« durch Gewalt formuliert, so zeigt THE KING OF COMEDY den dunklen Aspekt in der Verehrung des Erfolgreichen: Man bewundert ihn, man will wie er sein, und zugleich hasst man ihn auch von ganzem Herzen, ist er doch die Gestalt gewordene Anklage gegen den Erfolglosen, den Versager. Wieder wird der Held erst in der Spiegelung durch die Medien zu »jemandem« (aber anders als der *Taxi Driver* ist Rupert Pupkin wirklich eine vollkommene Null, nicht einmal mit einer Vergangenheit behaftet). Die Niemande, die Jemand werden wollen, arbeiten sich auch an ihnen ab. »Are you somebody?«, war der erste Dialog-Satz in der ursprünglichen Fassung des Drehbuchs zu THE KING OF COMEDY.

Konsequent ist in diesem Film die Verengung des Blickwinkels, die Vermittlung der Information durch das Fernsehen, als könne man nie etwas anderes sehen als das, was Pupkin in seiner Begrenztheit (und in der Grenzenlosigkeit seiner Verbreitung) sieht. Scorsese imitiert gewissermaßen die Welt einer Fernsehshow; vor allem in der Beleuchtung ergibt sich das gleichmäßig flache Bild einer typischen TV-Inszenierung, in der es weder den Blick in die Tiefe noch die Bewegung in die Weite gibt.

Die »Medienkritik« geht daher wohl etwas tiefer als gewohnt; auch hier sind die Figuren durchaus »brechtisch« angelegt: Sie selber haben, wie die Mutter Courage, nicht die geringste Möglichkeit, etwas zu lernen; ihr Nicht-Lernen aber ist die Voraussetzung für die Möglichkeit des Lernens im Zuschauerraum. Direkt und sinnlich macht uns Scorsese durch seine Bildgestaltung deutlich, dass das Fernsehen funktioniert, wie es Kroker und Cook als Grundtendenz der Postmoderne angesehen haben, für die das Medium »die *wirkliche* Welt nicht der modernen, aber der postmodernen Welt geworden ist. Das Fernsehen ist nicht länger der Spiegel der Gesellschaft, sondern umgekehrt: Die postmoderne Gesellschaft ist der Spiegel des Fernsehens.« Für Scorsese ist das Konstrukt noch ein wenig komplizierter: Das Medium ist selber einer jener Räume, die man nicht verlassen, in denen man aber auch keine Heimat finden kann.

Die Nobodys und Somebodys stehen sich in unversöhnlichem Hass und religiöser Liebe gegenüber; wer *somebody* geworden ist, muss sich unentwegt fürchten, und er weiß doch, dass er auf die angewiesen ist, die ihn zugleich verehren und hassen. So wie sich Langford bewegt, tut er es immer am Rande des Umkippens, reizt er den Moment in seinen Fans, wo sie gerade noch von ihm gesegnet werden wollen und ihn schon verfluchen. So gibt es in dieser Beziehung keine Ruhe und keinen Frieden.

So ist dieser Film vor allem eine Studie über drei Arten der Einsamkeit; Pupkin und Langford sind die beiden Aggregatzustände des Scorsese-Helden: einer, der um jeden Preis vom Niemand zum Jemand werden will, und ein anderer, der jemand ist und darunter leidet. »Rupert«, sagte Scorsese, »erinnert mich an meinen *hunger* in den 60er Jahren.« Tatsächlich geht er in seiner biografischen Assoziation sogar soweit zu sagen, dass Pupkins Verhältnis zur Comedy dasselbe sei wie sein eigenes zum Film. Was also auf der ersten Ebene eine Kritik des Fernsehens mit den Mitteln des Kinos ist (was etwas ganz anderes ist als eine fernsehkritische Kinogeschichte wie, sagen wir, Sidney Lumets NETWORK; 1976), und auf der zweiten Ebene eine weitere Exploration des einsamen und absurden Scorsese-Helden, das ist auf der dritten auch Selbstdarstellung und Selbstkritik des Künstlers. Und die Identifikation wird noch ein wenig dadurch unterstrichen, dass die Stimme von Ruperts Mutter aus dem Off die von Scorseses Mutter Catherine ist. So wird der Film auch als erneute Reflexion, als »Beichte« des Regisseurs sichtbar: Noch extremer als der Fan ist der Filmemacher, der in der Reihe des Publikums steht und das Objekt seiner Begierde noch gieriger aufsaugt in seinen Bildern.

Pupkin und Langford, so sagt Martin Scorsese, verkörpern die beiden Teile seiner »schizophrenen« Persönlichkeit, den einen, der alles, aber auch alles tun würde, um einen Film zu drehen, und den anderen, der als Künstler und als Mensch eigentlich arriviert ist, aber nicht weiß, was er damit anfangen soll: »In beiden Teilen dieser Person bin ich zutiefst unzufrieden.« Es ist die Begegnung zwischen dem jungen und dem älter gewordenen Martin Scorsese, und er kommentiert auch all das, was mit dem Künstler seit dem mythischen Erfolg von MEAN STREETS geschehen ist, unter anderem das Auseinanderbrechen der Filmszene, aus der Scorsese einst kam. Am deutlichsten wird diese Konfrontation vielleicht in der Szene, als Rupert dem entführten und gefesselten Jerry Langford seine Enttäuschung erklärt: Es gab nur Jerry als Ideal und Inhalt seines Lebens, und nun muss er erkennen, dass Jerry sich für ihn nicht im mindesten interessiert. Und Jerry ist schon bereit, sich zu entschuldigen, dafür, dass er sich nicht mehr dafür interessiert, was nach ihm kommt, wer seine Arbeit fortsetzen will, wer ihn bewundert (eben das, was sich in der Geschichte des amerikanischen Kinos in diesen Jahren abzeichnete: die Überlebenden der *film generation*, für die das Kino ein gemeinschaftliches Heiligtum war, ein neues Land, das es zu erobern und zu gestalten galt, hatten sich weit von ihren Wurzeln entfernt, waren egoman und narzisstisch geworden, und viele hatten sich einen Platz in der Traummaschine Hollywood erobert, während die nächste Generation, unter gänzlich anderen Bedingungen lernend, arbeitend, lebend, kaum eine Chance erhielt, sich des Mythos New Hollywood zu bedienen). Jerry verteidigt sich mit Argumenten, die auch die des Filmemachers sein müssten, damit, dass der alltägliche Wahn der Produktion, die inkompetenten Kameraleute, die ignoranten Produzenten, all die Leute, die nur darauf lauern, ein Stück vom Erfolgskuchen abzubekommen, ihm keine Minute der Selbstreflexion lassen. Die Szene dieses Dialogs ist länger, als sie in der dramaturgischen Funktion sein müsste; es ist auch eine Aussage von Jerry Lewis selber, sein Augenblick der Wahrheit, den Scorsese als Ganzes im Film beließ, denn, »wenn es auch nicht direkt meine Einstellung ist, so zeigt es doch auch ein Stück meiner eigenen Verbitterung über meine Situation. Man kann das Selbstmitleid nennen, aber es ist aufrichtig.«

Scorsese hat sich einen Stoff, der ihm zunächst gar nicht sonderlich zu liegen schien, wieder auf seine höchst eigene, zugleich biografische und methodische Weise anverwandelt, ohne indes die anderen Elemente zu verraten. Alles zusammen erst mündet auch in der Kritik des Zusehens, des kannibalistischen »Konsums« von Medienbildern. So wie wir ALICE DOESN'T LIVE HERE ANYMORE lesen können auch aus dem Blickwinkel von Alices kleinem Sohn Tom, so können wir THE KING OF COMEDY schließlich auch lesen aus dem Blickwinkel des alternden Jerry Lewis, der in seinen Spiegel sieht. Aber zugleich können wir ihn auch als einen Film über uns sehen, über das Publikum, über die Öffentlichkeit, die sich ihre Stars schafft. Der besessene »Fan«, der zugleich Feind und Wiederholung ist, ist nur der extremste Vertreter des Zuschauers, der an die Stelle des Dialogs die Imitation setzt.

Dieser Rupert Pupkin ist die vollkommene Karikatur des Scorsese-Helden. Er ist ein Nachfahr des *Taxi Driver* und des *Raging Bull*, dabei einer, der sogar ohne den Umweg über die Tat selber »jemand werden will«, den nichts als seine eigene Penetranz zur medialen Vervielfältigung bringt. Seine Antriebskraft ist schließlich auch seine Ausdrucksweise; anders als Travis oder Jake braucht er nicht einmal mehr ein regelhaftes Medium, einen Ritus; er will nur öffentlich machen, was ihn umtreibt. Die Absurdität von Travis Bickle ist bei Rupert Pupkin schon von vornherein angelegt: Travis, der psychotische Außenseiter, wird am Ende durch die Medien förmlich aufgesogen, zum Verschwinden gebracht. Das Ende ist die Auflösung der ursprünglichen Impulse: Der, der von einem Niemand zum Jemand wurde, wird durch seine Tat erst recht zum Niemand; er verschwindet nur auf einer höheren Ebene. Und Pupkin ist ein Vorfahr des Verbrechers aus CAPE FEAR, der mit ungleich blutigeren Folgen in das Leben eines anderen Menschen eindringt.

Das wahre Leben, die Verwandlung in einen Menschen, beginnt für Pupkin erst mit Scheinwerfern und Kameras, aber er weiß nicht mehr, dass man dazu etwas »Besonderes« sein muss – und vielleicht muss man im postmodernen Zustand des Mediums in der Tat nichts Besonderes mehr dafür sein. Aber Langfords Krankheit ist genau dieselbe, nur spiegelverkehrt; so sehr sich Pupkin nach der

Ganz allein (II): Jerry Langford in seinem Penthouse

medialen Verdoppelung sehnt, so sehr fürchtet sich Langford vor der Begegnung mit »richtigen« Menschen. Es ist vielleicht nicht bloße Arroganz, die ihn dazu bringt, sich seine Fans vom Leibe zu halten, es ist vielleicht auch das Wissen darum, dass die Rückkehr der Medienexistenz in die Wirklichkeit tatsächlich eine tödliche Gefahr sein könnte. So scheint es, als habe dieser Entertainer vor den Menschen Angst, weil er fürchtet, er könne sich an ihrer »Wirklichkeit« infizieren, die für ihn so mythisch und fremd sein muss wie der Medienruhm für seinen Widersacher. Dieser Rupert Pupkin steht Jerry Langford als die Erfüllung seiner

Albtraum aller Scorsese-Helden: Masha will Jerry »verführen«

furchtbarsten Albträume, als schreckliches Spiegelbild vor Augen (und er kann nur müde und verwirrt darauf reagieren). Was wir von Anfang an sehen: Dass Jerry sich gegenüber Rupert zwar aggressiv verhalten kann, dass er aber keine Chance hat, sich wirklich gegen ihn zu wehren.

Pupkin kommt nicht mehr, wie die früheren Scorsese-Helden, direkt aus dem Getto; seine Hölle ist nicht die Straße, nicht die Hölle der Unterwelt, es ist die Hölle der Mittelmäßigkeit, der Nicht-Bedeutung. So ist sein Wunsch, jemand zu werden, anders als der von Charlie oder Travis, von La Motta oder Jimmy Doyle in NEW YORK, NEW YORK, nicht wirklich mehr zur Tragödie begabt; er ist eine Farce. Nur Robbie Robertsons bluesige Musik verleiht den Charakteren gelegentlich so etwas wie eine eigene Melancholie. Mit THE KING OF COMEDY beginnt ein Strang der Scorsese-Filme, der die ursprünglichen Bewegungen und Motive von ihrer Farcen-Seite her betrachtet (bis in CASINO Tragödie und Farce auf eine unnachahmliche Art miteinander verbunden sind).

Wieder ist auch hier der Titel mehrdeutig; er ist Metapher für den großen Wunsch des Helden und für das, was sein Vorbild schon ist, er erinnert aber auch an ein historisches Vorbild, an Mack Sennett, den man den *King of Comedy* nannte (nachdem er es lange genug selbst getan hatte). Sennett ist, wenn man so will, der Erfinder der amerikanischen Slapstick-Komödie, einer bestimmten Form, mit Lachen auf eine soziale Situation zu reagieren. Tatsächlich verhält sich der Held hier mit der gleichen Sturheit, der gleichen Ignoranz, wie es die Sennett-Helden von Ben Turpin über Fatty Arbuckle bis zum frühen Charlie Chaplin taten; das Wesen ihrer Komik ist es, sich vom Mythischen zum Mechanischen zu bewegen.

Pupkin also ist ein Niemand, der sich einen Namen machen will. Wie heftig muss er betonen, wie sein richtiger Name lautet: Nicht Pipkin, nicht Potkin, nicht Pumpkin und nicht Publik – aber alle diese Namen führen auf Fährten zu seiner Person (oder Nicht-Person) –, er möchte ein toller Kerl (und kein langweiliger Topf) sein, er ist gewiss *potty*, verrückt, wenn auch auf eine ungeheuer durchschnittliche Weise, er ist dieser hohle Kürbiskopf mit der Kerze darin, »The Great Pumpkin«, vor dem sich die Kinder an Halloween fürchten mögen, und öffentlich will er nicht minder werden.

Aber THE KING OF COMEDY als die Beziehung zwischen zwei »leeren« Männern zu sehen, von denen der eine den anderen ersetzt, ist nur *eine* Möglichkeit. Eine andere ist es, die Geschichte als Ineinanderspiegelung zweier seltsamer Liebesgeschichten zu sehen. Vielleicht ist das einzig wirklich »Echte« an Rupert, abgesehen von seinem schieren Willen, die Rolle des Komödianten zu erfüllen, seine Liebe zu Rita. Und wie bei allen Scorsese-Helden drückt sich diese Liebe so gut wie nie in direkten Beziehungen und Gesten aus, sondern vor allem in Bildern. So träumt sich Rupert seine Hochzeit mit Rita in einer Talkshow, zugleich als großes Spektakel und als Erfüllung der Allerweltsträume. (In anderen Scorsese-Filmen haben Home Movies eine ähnliche Funktion.) Die Negation dieser Liebe ist die Beziehung von Masha zu Jerry; sie ist nicht die Inszenierung des Glücks, sondern verlangt nach obsessiver, verschlingender Verwirklichung. Masha ist vermutlich der Albtraum aller Scorsese-Helden, die noch allemal mit ihren Männlichkeitsriten und Impotenzängsten zu kämpfen haben.

Folgen wir der Beichte noch weiter: Jerry Lewis ist in diesem Film der scheinbar wirklich erwachsen gewordene ewige Junge (was uns zunächst wie ein Schock treffen mag und dann immer wieder auf die Suche nach Spuren des verlorenen Kindes schickt; mehr als einmal spielt Scorsese mit dieser Hoffnung, wie in der bereits erwähnten Szene, als wir glauben können, die alten weißen Tennissocken an ihm zu sehen, die sich dann aber als Reste der papierenen Fesseln entpuppen, also schon in der Autorenschaft seines Fans). Der negative Suspense von Scorseses Film ist die immer wieder düpierte Hoffnung, »unseren«, den wirklichen (das heißt natürlich: den falschen) Jerry Lewis in dieser Leinwand-Figur zu erkennen, Jerry durch seine Passion gleichsam noch einmal zu sich selbst kommen zu lassen, oder wenigstens zu einer sentimentalischen Erinnerung an den Jerry unserer Träume. Verfolgt wird er von zwei sehr unterschiedlichen Menschen, von Masha, die mit ihm schlafen, und von Rupert, der ihn aus dem Weg räumen will (jedenfalls für den Moment seines eigenen großen Auftritts); es sind die extremsten Ausformungen unserer eigenen Leidenschaft gegenüber dem Star: Wir wollen ihn *haben*, als ein imaginäres Du, in das wir uns verlieben, das wir mehr oder weniger vergewaltigen können, und wir wollen er *sein*, wollen ihn als unseren Stellvertreter oder, wie es Rupert macht, wollen sein Stellvertreter sein. Das Lächerliche an dieser skandalösen Konstruktion besteht nur darin, dass diese beiden Fans solche Haltungen überaus wörtlich nehmen und dass sie zugleich das falsche Objekt, nämlich den richtigen Jerry nehmen. Sie müssen ihn so verkleben und mumifizieren, dass sich sein »richtiges« Leben nicht mehr äußern kann.

Die Spiegelung geht natürlich weiter: Rupert Pupkin will ja nicht nur für sich die Stelle des anderen, des Spiegelbildes einnehmen (des Vaters auch), sondern um seiner Freundin zu imponieren, die er nicht als wirklicher Mensch, sondern nur als Fernsehbild »wirklich« erreichen kann. Aber gerade in diesem kleinen Fernsehbild wirkt er besonders klein und lächerlich, entwirklicht sich noch weiter, lässt sich vom falschen Lachen der *laugh tracks* tragen. Er kann nur leben, indem er sich gleichsam versendet, auflöst in den Bildern; von seiner Hochzeit wünscht er, dass sie in einer Talkshow stattfindet, die »from coast to coast« ausgestrahlt wird; es ist wie ein Begräbnis, bei dem die Asche verstreut wird.

Von Jake La Motta zu Rupert Pupkin

Die grundlegende Struktur der Bewegung von Travis Bickle, Jimmy Doyle, Jake La Motta und Rupert Pupkin ist identisch. Es sind Männer, die bei der Konstruktion ihrer (männlichen) Persona ihre Menschlichkeit verfehlen, Menschen, denen das Leben Lektionen erteilt, die sie nicht verstehen, und die in ihren *rites de passage* unverändert bleiben.

In der Gestalt von Masha kehren sich indes die Geschlechterrollen um. Auch sie findet das Objekt ihrer Begierde und verfehlt es. Als sie Langford befreit, befreit sie nicht den nun verständigen, vielleicht liebesfähigen Mann, sondern das gleiche aggressive und animalische Wesen, das er vorher war. Und sie wird von ihm geschlagen. Wieder, so scheint es, ist eine der weiblichen Revolten in der Männerwelt der Martin-Scorsese-Filme gescheitert. Aber deutlicher als zuvor erscheint hier, dass die Männer, die dieses Scheitern bewirken, der Mühe eigentlich nicht wert sind. Masha also hat in THE KING OF COMEDY keine Chance, aber sie ist die erste, die sie nutzt.

Auch Ruperts Sehnsucht danach, jemand zu werden, hat zu tun mit seinem Verhältnis zu Frauen. Beide, Rita wie Masha, sind, wenn wir sie mit ihm sehen, auch ganz visuell von ihm getrennt, und sein größtes Ziel ist, Rita sein medial verbreitetes Bild zu demonstrieren (so wie Jake La Motta Vicky mit einem *Bild* von sich beeindruckt, wie Travis Bickle sich in das *Bild* verwandelt, um Betsy zu beeindrucken). Auch die dritte Frau, Cathy, die Frau im Büro von Jerry Langford, die ihn noch halbwegs höflich behandelt, sucht zunächst nach dem Bild.

Rupert lebt bereits in einer Welt der Bilder, in seinem »Probenraum« hat er nicht nur Jerry Langford und Liza Minnelli als Pappfiguren neben sich, sondern auch die »Zuschauer« befinden sich, ein unendlicher Kreis der Spiegelungen, nur als Pappbilder vor ihm. Nie sehen wir in diesem Film die Reaktionen des Publikums, das Gelächter könnte ebenso gut vom Band kommen oder auf ein Kommando der Aufnahmeleitung erfolgen – was uns an die Struktur von THE LAST WALTZ erinnert, und an die transzendentale Beziehung zwischen Performance und Publikum.

Alle diese Helden werden etwas, indem sie zum Teil des Showbusiness werden, indem sie öffentlich machen, was sie peinigt, und sie definieren dabei, was »Entertainment« ist: eine leere Fläche, in der sich leere Charaktere ansehen. Ein Spiegel.

Selbst das »ödipale Drama« in THE KING OF COMEDY erweist sich als Farce; so wie Jerry Langford und die seinen nicht das geringste Interesse daran haben, neue Talente zu fördern, den Kreis ihrer Performance zu erweitern, so hat Pupkin nicht die geringste Idee davon, irgendetwas anders, gar besser zu machen als seine Vorgänger. Er will nur dort sein, wo sie sind. Er stürzt den Vater nicht durch die Revolte, seiner Gewalttätigkeit zum Trotz, sondern indem er in seine Rolle schlüpft. Jerry Langfords Produktionsfirma ist eine absurde Maschinerie zur Verhinderung von Bewegung (und ähnelt nicht nur darin dem Wahlkampfbüro von Palantine in TAXI DRIVER). Was für Pupkin spricht, ist die Möglichkeit, dass er tatsächlich vollkommen naiv an diese Maschinerie »glaubt«. (Wie er sich die erste Unterredung mit Jerry Langford träumt, scheint darauf hinzudeuten: Da sieht er im Konkurrenten nur den väterlichen Freund, der ihm zugleich seine Bewunderung wie die Versicherung übermittelt, nie etwas von seinem Material stehlen zu wollen.)

Und doch gibt es einen kleinen, aber signifikanten Unterschied zwischen Rupert und Jerry. So wie im Übrigen auch Tony Randall, der seinen Platz einnimmt, erzielt Jerry seine Lacher vor allem dadurch, dass er den einen oder anderen seiner Mitarbeiter der Lächerlichkeit preisgibt. Rupert dagegen benutzt vor allem sich selbst als komisches Material. So ist er nun doch ein Mann in einer Passionsgeschichte. Am Ende, als er sein Ziel endlich erreicht hat, sehen wir ihn in einer Situation vollkommener, furchtbarer Einsamkeit. In seiner schrillen roten Jacke steht er allein in den Spotlights, während die Stimme eines Ansagers seinen Namen immer wiederholt: »Ladies and Gentlemen, Rupert Pupkin!« Er ist endgültig gefangen in seiner eigenen Hölle, in seinem Bild. Aber wie alle Scorsese-Helden ist er auch in dieser höllischen Situation nicht in der Lage, irgendetwas über sich selbst zu erkennen. Er grinst ins (imaginäre) Publikum und heult, vielleicht, innerlich um Gnade.

»Der wirkliche *king of comedy*«, sagt Michael Bliss, »ist der Tod.« Aber wie tritt dieser Tod ins Leben? Ganz offensichtlich erzählt auch THE KING OF COMEDY die Geschichte eines Vatermords. Rupert hat am Ende ganz buchstäblich den Thron des Vaters bestiegen. Und hinter einer beißenden Satire auf die trostlose Leere im Entertainment tritt schließlich doch die Struktur der Tragödie hervor. Und die Spuren von Weiß, die uns um und an Jerry Langford auf die Wiedergeburt des Jerry Lewis hoffen ließen, entpuppten sich als *foreshadows* des Todes. ❑

After Hours (1985)

THE KING OF COMEDY war einer der großen kommerziellen Flops des Filmjahres 1983: Bei 19 Millionen Dollar Produktionskosten spielte Scorseses Film nur 1,2 Millionen ein. Nur ein kleines und schnelles Projekt konnte auf diese Niederlage folgen. Das Drehbuch eines jungen Filmstudenten, eine New Yorker Nachtkomödie, die wenig Aufwand und Vorbereitung benötigte, schien Scorsese das Richtige. Und dieser Film sollte auch für den Regisseur selbst eine Art cineastischer Entspannungsübung werden; Scorsese wollte beweisen, dass er auch »locker« arbeiten konnte und hatte dafür mit dem Schauspieler Griffin Dunne die richtige Besetzung: jemanden, der meilenweit entfernt war von der Berserkerhaftigkeit eines Robert De Niro. Zusammen mit dem Kameramann Michael Ballhaus entwickelte er eine sehr einfache, dennoch vollkommen angemessene Ästhetik: »Das alles«, so Scorsese, »würde fast zu einem Spiel werden, zu einem Schachspiel, das man mit dieser Figur spielt.« So bleibt das Spielfeld übersichtlich (es gibt kaum Komparsen, keine »unreinen« dokumentarischen Inszenierungen, keine willkürlichen Veränderungen der Hintergründe); in einem filmischen Spiel mit der Zufälligkeit gibt es für das filmische Material keinen Zufall. So wie in NEW YORK, NEW YORK die Kamera den Part des Tänzers übernommen hat, so ist sie hier das eigentliche Subjekt des Schreckens: Nicht *was* es zu sehen gibt, ist so furchterregend (und komisch), sondern der Blick – oft aus extremen Unter- und Obersichten – auf das Gewöhnliche. Auch AFTER HOURS wurde nicht gerade ein sensationeller künstlerischer und ökonomischer Erfolg. Der Film hatte das Glück oder das Pech, inmitten einer ganzen Reihe von Komödien um Yuppies zu entstehen, die auf mehr oder minder komische Weise in ein nächtliches Abenteuer gestoßen werden, darunter etwa John Landis' INTO THE NIGHT (Kopfüber in die Nacht; 1985), wo Jeff Goldblum einer Femme Fatale (Michelle Pfeiffer) in ein mörderisches Abenteuer folgt. In SOMETHING WILD (Gefährliche Freundin; 1986) von Jonathan Demme spielt Jeff Daniels den Yuppie, der sich vom biederen Steuerberater zum Rächer verwandelt, um den Vamp Melanie Griffith gegen seinen Rivalen zu verteidigen. Sie verwandelt sich ihrerseits in eine brave Bürgerfrau zurück, während dem Helden der Rückweg in seine ursprüngliche Identität verwehrt wird. Aber selbst als Scorsese-Film (der dann doch wieder lange nicht so spielerisch und untief ist, wie er auf den ersten Blick scheinen mag) hielt sich AFTER HOURS beachtlich – und im Nachhinein gehört er bei vielen Scorsese-Bewunderern zu den Lieblingsstücken unter den »Nebenwerken«.

Eine absurde Odyssee

Scorsese war zunächst begeistert von dem Drehbuch: »Ich habe noch nie so etwas Fesselndes und Originelles wie *Die Zeit nach Mitternacht* gelesen. Ich war fasziniert von der Geschichte. Außerdem sind die Dialoge absolut realistisch, sie sind so, wie diese Menschen tatsächlich sprechen.« Das Buch folgt einem auf den ersten Blick sehr einfachen Grundprinzip: Es setzt seinen Helden – und damit auch die Zuschauer – von Beginn an unter Druck: Es ist einfach zu viel, was geschieht, es ist zu viel, um angemessen darauf reagieren zu können, und es ist sogar zu viel, um alles auch nur »kontrolliert« wahrnehmen zu können.

Paul Hackett (Griffin Dunne) ist ein erfolgreicher Programmierer. Er hat ein Apartment im Zentrum von Manhattan und trägt jeden Tag eine neue Krawatte: ein Yuppie, wie er im Bilderbuch steht. Sein Name verweist auf den »Hacker«, der mit seinem Computer-Keyboard zu einer Einheit verschmilzt; ein *hack* ist aber auch ein Tagelöhner oder Lohnsklave, ein »Arbeitsgaul« im industriellen Gefüge. Aber Paul ist auch ein einsamer, unsicherer Mensch, der das Unglück förmlich an sich ziehen muss. Am Anfang gibt es auch hier die Scorsese-Kamerafahrt auf den Helden zu, durch die gleichförmigen digitalen Arbeitsplätze des Büros hindurch, der durch sie »erwählt« und herausgegriffen wird. (Diese Kamerafahrt macht uns indes auch zu Komplizen; wir teilen diesen Zugriff, nehmen teil an einem Prozess, ihn in einer Situation festzuhalten. Der Verdacht liegt nahe: Wir, die Zuschauer, haben in der Schachpartie, von der Scorsese spricht, die Perspektive des Spielers eingenommen, und Paul ist eine Figur in diesem Spiel.) Mit dieser Kamerabewegung hat der Held seine Freiheit verloren, er versucht vergeblich, ihrem Zugriff zu entgehen.

Wir sind in der »gepflegtesten« Atmosphäre, die sich denken lässt: Nachdem der Vorspann von klassischer Musik begleitet wurde, fährt die Kamera durch das Großraumbüro, geräuschlos, sozusagen wie auf schallschluckenden Teppichen, und macht bei zwei Männern an einem Computer Halt. Der eine ist der freundliche Paul Hackett, der andere ein Angestellter, den er in die Geheimnisse seiner Datenflüsse einweiht. Hackett scheint in eigene Träume versunken, als sein Schüler erzählt, dass er diesen Job nicht ewig weitermachen wolle. Irgendetwas arbeitet in diesem durchschnittlichen, freundlichen Angestellten. Er ist von einer inneren Unruhe getrieben, die ihn auch später, nach Feierabend, in seiner Wohnung nicht verlässt. Schließlich geht er in eine Cafeteria, ein bisschen frustriert von Job und Leben, vielleicht, und er liest versonnen in Henry Millers *Wendekreis des Krebses*. Das ruft die Neugier einer jungen, sehr blonden Frau namens Marcy (Rosanna Arquette) hervor, die ihn auf das Buch anspricht. Sie sieht ihn mit großen, neugierigen und suchenden Augen an, und Paul ist schnell dahin. Ganz in weiß ist sie gekleidet, doch offensichtlich wenig schüchtern. Sie gibt ihm die Telefonnummer ihrer Freundin Kiki, die sie heute abend besuche – unter dem Vorwand, er könne sich vielleicht für die Papierskulpturen interessieren, die diese herstelle. Kaum zu Hause, ruft er Kiki an, die ihn gleich an Marcy weiterreicht. Sie verabreden sich noch an diesem Abend in Kikis Loft, und Paul macht sich auf den Weg, obwohl die letzte Stunde des Tages schon angebrochen ist.

So kommt Paul für seine Verhältnisse etwas unvorbereitet in einer absurden Taxifahrt von der Upper East Side nach Soho, und weil der Taxifahrer fährt wie ein Berserker, reißt ihm der Fahrtwind seinen letzten Geldschein aus der Hand, 20 Dollar flattern aus dem Fenster, was ihn der Situation gänzlich ausgeliefert sein lässt. Er ist in eine Welt geraten, aus der er sozusagen keine Rückfahrkarte mehr hat. Dort trifft er auf eine Auswahl bizarrer Paradiesvögel – Künstler und Kriminelle, und einiges, was dazwischen liegt. Aber sein eigentliches Schicksal wird in einer Statue liegen, die er selber als dreidimensionale Variation von Munchs *Der Schrei* interpretiert und in die er sich im Laufe der Handlung gleichsam immer mehr verwandelt, bis er selber in diesem Ausdruck gefangen scheint.

Im Loft also trifft Paul zuerst auf die Bildhauerin Kiki (Linda Fiorentino), die nur mit einem schwarzen BH und einem Lederrock bekleidet ist.

Paul hilft ihr bei ihrer neuesten Papiermaschee-Kreation – eben der an den *Schrei* erinnernden – und beschmutzt sich dabei sein weißes Hemd. Kiki bietet ihm an, es zu waschen, und leiht ihm solange ein anderes, nunmehr ein schwarzes. Anschließend verabreicht er ihr eine entspannende Massage. Dabei versucht er, ihr eine Geschichte über sich zu erzählen, eine Scorsese-Geschichte, die wieder einmal zugleich in die Kindheit und in die Idee des Filmemachens führt: Als er ein Junge war, musste er sich an den Mandeln operieren lassen, und da auf der Kinderstation kein Platz war, verlegte man ihn auf eine Station mit Brandopfern. Bevor er dort hineingefahren wurde, verband man ihm die Augen. Und als die Binde abgenommen wurde, sah er – weiter kommt Paul mit seiner Geschichte nicht, denn Kiki ist eingeschlafen. Die Absurdität dieser Szene liegt nicht nur in ihrem Selbstwiderspruch (Paul selbst verhindert mit seiner entspannenden Massage, dass seine Geschichte eine aufmerksame Zuhörerin findet), sondern auch in seinem mythischen Gehalt (was zum Teufel hat der kleine, von seiner Blendung »genesene« Ödipus gesehen?).

Marcy selbst war gerade beim Drugstore (was man hier vielleicht einmal relativ wörtlich übersetzen könnte), und als sie zurückkommt, scheint sie guter Laune. Sie will nur rasch unter die Dusche. Paul bekommt seinen ersten Schrecken, als er in ihrer Handtasche eine Salbe gegen Verbrennungen findet. Dann führt ihm Marcy, nach einem so raschen wie totalen Stimmungswechsel, eine ziemlich manisch-depressive Szene vor. Sie verweigert ihm einen Kuss, und als er an ihrem Bein eine frische Narbe entdeckt, erzählt sie ihm, dass sie von einem Bekannten sechs Stunden lang gefangengehalten und vergewaltigt worden ist. Sie schlägt vor, in ein nahes Diner zu gehen, um einen Kaffee zu trinken, und dort erzählt sie ihm weitere Einzelheiten aus ihrem Leben. Sie ist verheiratet, hat aber mit ihrem Mann nur einige wenige Tage verbracht (wie könnten wir dabei nicht an BREAKFAST AT TIFFANY'S [Frühstück bei Tiffany; 1961; R: Blake Edwards] denken?), weil er sich sexuell sehr seltsam verhalten habe: Während des Orgasmus habe er stets geschrien: »Surrender, Dorothy«, weil er dabei an seinen Lieblingsfilm THE WIZARD

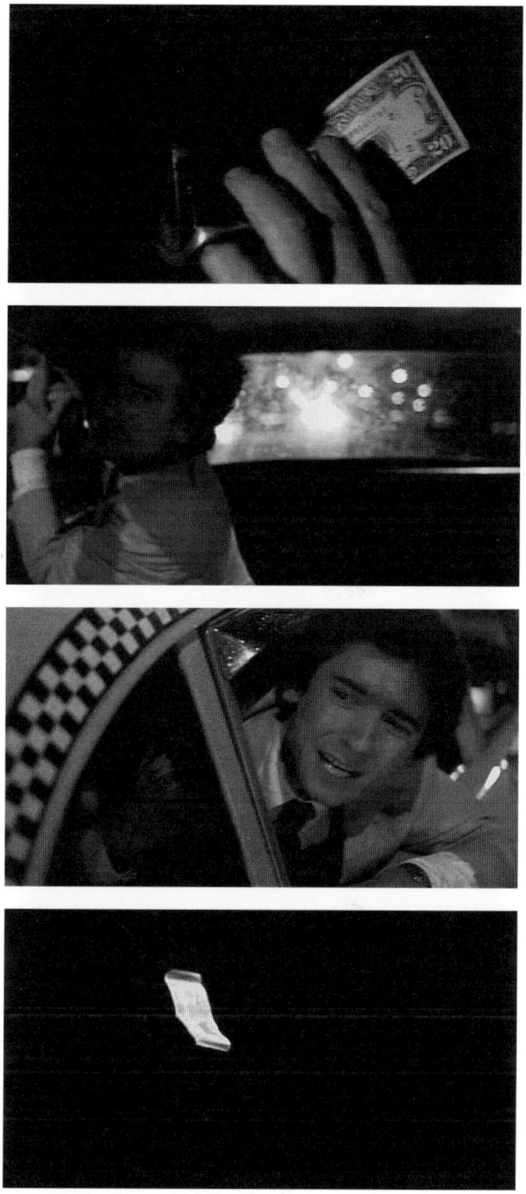

Der Beginn einer bizarren Reise ohne Rückfahrschein

Drohende Verwandlungen: Paul (Griffin Dunne) mit Kikis Papierstatue

OF OZ (Der Zauberer von Oz; 1939; R: Victor Fleming) habe denken müssen.

So weit, so gut; wir kennen, mindestens, aus dem Kino diese Situation, in der sich die Menschen darin übertreffen wollen, einander verrückte biografische oder pseudo-biografische Geschichten zu erzählen, weil sie sich noch nicht zu den normalen Gefühlen vorwagen. All das war weniger und zugleich mehr, als Paul Hackett erwartete, und er verlässt Marcy, nachdem sie in ihr Loft zurückgekehrt sind und einen Joint geraucht haben, vielleicht weil er sich auf ihre hysterischen, widersprüchlichen Aussagen keinen Reim machen kann. (Oder er mag noch tiefer enttäuscht sein: Das reine Wesen, in das er sich verliebt hat, entpuppt sich als sexuell freizügige, hysterische Frau, die eher selbst Hilfe braucht, als etwas geben zu können.) Eigentlich möchte er nur noch entkommen, aber dazu ist es schon zu spät. Es regnet. Paul versucht, die nächste U-Bahn zu erwischen, aber die paar Münzen, die er noch in der Hose hat, reichen für eine Fahrkarte nicht, denn der Preis erhöht sich ab Mitternacht. Pauls Versuch, ohne Fahrkarte zum Gleis zu gelangen, wird sofort von einem Wachmann vereitelt. In einer Bar, in die er vor Kälte und Nässe flüchtet, gerät er an die Kellnerin Julie (Teri Garr), die ihm einen Zettel wie einen Kassiber zuschiebt, der die Nachricht enthält: »Help! I hate this job!« Julie sieht aus, als sei sie aus einem Modemagazin der 60er Jahre entsprungen mit ihrer Frisur und ihrem Minirock. Der seltsame, freundliche Barkeeper Tom (John Heard) bietet Paul an, ihm das fehlende Geld für die U-Bahn zu geben. Allerdings lässt sich die Kasse nicht öffnen. Weil er Angst hat vor einer Serie von Einbrüchen in der Gegend, bittet Tom Paul, zu seiner Wohnung zu gehen, die Alarmanlage einzuschalten und dabei auch den Kassenschlüssel zu holen. Als Pfand lässt Paul seinen eigenen Wohnungsschlüssel zurück. Nachdem Paul alles erledigt und Toms Wohnung verlassen hat, wird er im Treppenhaus von zwei Nachbarn für den notorischen Einbrecher gehalten, der seit einiger Zeit die Gegend unsicher macht. Auf der Straße sieht er zwei andere Männer (Cheech Marin und Thomas Chong), die gerade Kikis Papierstatue auf einen Kleinlaster laden. Das müssen wohl die wirklichen Diebe sein! Als sie losfahren, fällt die allzu leichte Statue von der Pritsche (sie sieht in der Tat schwerer aus, als sie ist, und das ist Teil ihrer Aussage, da unterscheidet sie sich vielleicht nicht sehr von den Geschichten dieser Nacht, aber vielleicht fehlt ihr ja auch noch etwas, das ihr die nötige Schwere verleiht). Paul will sie in Kikis Atelier zurückbringen. Er findet Kiki gefesselt und geknebelt. Er glaubt an einen Raubüberfall. Während er damit beginnt, sie zu entfesseln, versichert sie ihm, dass die beiden Männer Freunde seien, keine Diebe. Da erscheint ein Mann in schwarzem Leder, es ist ihr Liebhaber Horst (Will Patton), die Fesselung war wohl Teil ihres bizarren Liebesspiels. Kiki macht Paul Vorwürfe, dass er Marcy so abrupt verlassen hat. Daher geht er, ein bisschen schuldbewusst, ein bisschen müde, in ihr Zimmer, um sich bei ihr zu entschuldigen.

Marcy liegt auf dem Bett, sie antwortet nicht auf Pauls Worte. Er fühlt ihren Puls, nichts; er findet eine leere Flasche mit Schlaftabletten; er ruft nach Kiki. Vergebens. Paul schlägt die Tür ein, die von außen verriegelt worden ist. Marcy hat sich umgebracht (ist es die Strafe für seine Zurückweisung, sein Unverständnis, seine Blindheit?). Zum zweiten Mal, so scheint es, hat Paul den stummen »Hilferuf« nicht verstanden. Kiki und Horst haben die Wohnung verlassen. Immerhin hat Kiki einen Zettel hinterlassen: Sie sind in den *Club Berlin* gegangen. Paul ruft die Polizei an, dann kehrt er zu Marcys Bett zurück. Er betrachtet ihren Körper und findet nirgendwo Verbrennungen oder Narben.

Und nun scheint sich vollends alles gegen ihn zu verschwören. Mit Schrecken fallen ihm die Schlüssel wieder ein, er hinterlässt der Polizei eine Nachricht und kehrt zu Toms Bar zurück, muss aber entdecken, dass sie unterdessen zeitweise geschlossen ist. Draußen wartet die Kellnerin Julie und erzählt, dass sie ihren Job hingeschmissen hat. Paul, so schlägt sie vor, könne ja in ihrer Wohnung auf Toms Rückkehr warten. Paul ist schon so verzweifelt, dass er jedes Angebot annimmt, ein wenig Ruhe zu finden. Doch damit wird es auch diesmal nichts. Als Paul über seine Probleme sprechen will, hört sie ihm nicht zu. Das scheint sein Schicksal zu sein in dieser Nacht. Eigentlich möchte er, vielleicht auch, um nicht vollends sein Ich zu verlieren, beständig etwas von sich selbst erzählen, wird aber stattdessen mit immer neuen anderen Erzählungen konfrontiert, auf die er sich keinen Reim machen kann. Pauls Verzweiflung ähnelt wieder der Mischung aus Ignoranz, Anmaßung und Hilflosigkeit des Landvermessers K. in Kafkas *Schloss*.

Als er sieht, dass Tom wieder in seine Bar zurückgekehrt ist, eilt er über die Straße, hat aber Julie versprochen, wiederzukommen, wenn er erst den Schlüssel abgegeben hat. Kaum ist er in der Bar, erhält Tom einen Telefonanruf: Man teilt ihm mit, dass seine Freundin Marcy gerade Selbstmord begangen hat. Tom fühlt sich schuldig, sagt er seinen Gästen. Paul flüchtet. Wohin sollte er sich wenden? Er kehrt zurück zu Julie, die er nach einer eigenartigen Konversation wieder verlässt, um erneut vor Toms Bar aufzutauchen, die abermals geschlossen ist. In seiner Verzweiflung kehrt Paul noch einmal zu Toms Wohnung zurück, in der Hoffnung, dort seinen Wohnungsschlüssel und das Geld für die U-Bahn-Fahrt zu erhalten. Aber Tom ist, so scheint es, nicht zu Hause, stattdessen wird Paul wieder von den Hausbewohnern entdeckt, die ihn für den Einbrecher halten. Es gelingt ihm gerade noch zu fliehen, erst versteckt er sich in einem noch geöffneten Restaurant, dann gelangt er zum *Club Berlin*, einem lauten New-Wave-Schuppen, einerseits. Andrerseits ist dieses »Berlin« wirklich so etwas wie eine Erinnerung an europäische Schrecken: Vor dem Eingang liefert ihm ein Türsteher eine vollendete Parodie auf Kafkas Erzählung vom Wächter des Gesetzes, und drinnen fuhrwerkt ein Mann an einem Scheinwerfer herum, dessen Outfit verdächtig an eine SS-Uniform erinnert – Martin Scorsese stellt ihn selbst dar.

Hier muss Paul zuerst einmal vermeiden, dass man ihm gewaltsam einen Irokesenschnitt verpasst. Natürlich denken wir dabei unwillkürlich an die Verwandlung von Robert De Niro in TAXI DRIVER. Überhaupt könnte man AFTER HOURS auch als so etwas wie eine negative Spiegelung dieses Films sehen: Paul Hackett, von einem vagen sexuellen Verlangen in eine bizarre Unterwelt getrieben, versucht alles, sich den drohenden Verwandlungen zu widersetzen. Er will (hier) nicht »jemand werden«, sondern niemand bleiben. Doch das gelingt nicht.

Wieder kehrt Paul in Marcys Wohnung zurück. Dort findet er einen 20-Dollar-Schein, der in Kikis Papiermaschee eingearbeitet ist. Aber gerettet ist Paul Hackett damit noch lange nicht. Als er aus dem Fenster sieht, erkennt er die wachsende Zahl seiner Verfolger, die in ihm den Einbrecher sehen. Jedenfalls scheint ihnen dies Ausrede genug für eine fröhlich-hysterische Menschenjagd. Trotzdem versucht Paul, ein Taxi zu erwischen, schließlich könnte dieser Geldschein ja doch die Möglichkeit zur Rückkehr sein. Er bekommt sogar eines, in dieser menschenleeren Nacht, es ist derselbe Fahrer, der ihn auch hergebracht hat. Eine Frau steigt aus, Gail (Catherine O'Hara), die ihn unbeabsichtigt mit der Tür stößt. Paul bietet dem Taxifahrer die 20 Dollar an, damit er ihn nach Hause bringt, doch der reißt ihm die Banknote aus der Hand und

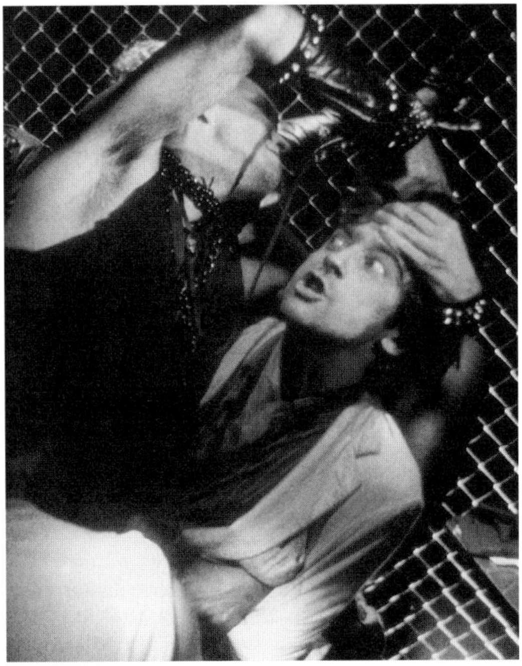

Maskeraden und Gefangenschaften:
Paul im *Club Berlin*

verschwindet: der Lohn für die erste Fahrt, die er schuldig blieb. So bittet ihn die dritte (oder vierte, wenn wir Kiki mitzählen) Frau in dieser Nacht in ihre Wohnung. (Wie schwer war es doch allen Scorsese-Helden vordem – und auch nachher – gefallen, in einen weiblichen Raum zu gelangen; Paul Hackett dagegen wird wie magisch davon angezogen und erfährt in diesen mehr oder weniger heiligen Räumen der Weiblichkeit nur die absurdesten und unlösbarsten Geheimnisse.) Gail bietet ihm an, seinen blutenden Arm in ihrer Wohnung zu verbinden. Sie ist eine *Mr. Softee*-Eisverkäuferin. Paul – auch so ein Mister Softy! – versucht bei ihr, einen Freund anzurufen, aber Gail bringt ihn dabei so durcheinander, dass er die Nummer vergisst. Nun bietet sie ihm an, ihn in ihrem Eiswagen nach Hause zu fahren. Aber kaum auf der Straße, sieht sie einen Steckbrief von Paul (mit einem Bild, das Julie gemacht hat), der ihn als Verbrecher anzeigt. Gail bläst in ihre Trillerpfeife, und sofort erscheinen die Angehörigen der nachbarschaftlichen Miliz. Paul kann gerade noch über eine Feuerleiter entkommen. Vom Dach eines Hauses beobachtet er hinter einem Wohnungsfenster einen Mord – ein Mann wird erschossen – und murmelt zynisch, das werde wohl auch ihm angelastet werden. Dieses Ereignis bringt ihn vollends aus der Fassung; wieder auf der Straße, fällt er auf die Knie, blickt nach oben und ruft: »Was willst Du von mir? Was habe ich getan?« Dann rennt er verzweifelt weiter, am Rande eines Parks sieht er einen Mann (Robert Plunket) vor sich stehen, der ihn interessiert beobachtet. Er bittet ihn, ihn bei sich aufzunehmen, und der Mann willigt ein, offensichtlich hält er ihn für einen Homosexuellen. Der Versuch wiederum, in dessen Wohnung die Polizei zu alarmieren, schlägt fehl, man hängt am anderen Ende einfach ein. Auch der Mann selbst, dem er seine Geschichte erzählt, glaubt Paul offensichtlich kein Wort. Er ist nur schon wieder im »falschen Raum«, sieht sich nur schon wieder einem sexuellen Missverständnis ausgesetzt.

Julie hat unterdessen weitere Steckbriefe aufgehängt. Paul läuft hinaus, um sie herunterzureißen, aber dann erspähen ihn die Miliz-Mitglieder, und eine erneute Jagd beginnt. Wieder sucht Paul Zuflucht in dem Restaurant und trifft dort Tom, und der erklärt sich nun bereit, seinen Schlüssel zu besorgen. Aber als Paul sieht, dass er in Wirklichkeit seinen Verfolgern seine Zuflucht verrät, läuft er wieder davon, und wieder landet er im *Club Berlin*. Die Welt von Soho ist nicht so sehr »klein«, sie scheint sich vielmehr um Paul Hacketts Schädel im Kreis zu drehen. Der Club ist nun menschenleer, nur ein Barkeeper und eine Frau, June (Verna Bloom), sind noch da. Als seine Verfolger auftauchen, bittet Paul um Hilfe (die Kette von Flucht – Offenbarung – neuer Flucht reißt nicht ab), und nun ist es June, die ihn mit in ihre Wohnung nimmt. Sie befindet sich im Keller des Clubs. Die Verfolger kommen auch hier näher, und June versucht, Paul zu verstecken, indem sie ihn mit nassem Papier bedeckt und ihn so in eine Papiermaschee-Figur verwandelt. Nur seine Augen sehen noch aus der Mumifizierung. June lässt sich auch nicht von ihrer künstlerischen Arbeit abhalten, als die Verfolger wieder abgezogen sind. Als sie kurz die Wohnung verlässt, um zu sehen, wo die Verfolger geblieben sind, tauchen die Einbrecher auf und stehlen die »Skulptur«. Sie laden sie auf ihren Truck und fahren Richtung Downtown. Direkt vor Pauls Büro verlieren sie die Figur in einer scharfen Kurve, durch den Aufprall bricht Pauls Gefängnis auf, und er ist wieder frei. »Am Ende«, schreibt Diedrich Diederichsen, »wird der Yuppie als Segal-Figur irrtümlich eingegipst und fällt auf dem Weg zum Kunstmarkt aus Cheech und Chongs Lieferwagen. Denn sieht es so nicht aus heute in Manhattan? Ein Drittel der Bevölkerung macht Skulpturen, ein weiteres Drittel klaut Skulpturen, und das dritte läuft als Skulptur herum.« Es ist gerade die Zeit, in der sein Arbeitstag beginnt. Paul geht ins Büro, wo nur eine Reinigungskraft unterwegs ist, und er setzt sich an seinen Arbeitsplatz, klassische Musik erfüllt den Raum, sein Computer »begrüßt« ihn wie jeden Morgen, und nach und nach füllt sich das Büro mit seinen Kollegen. Die Kamera eilt durch den Raum und durch die Gänge davon. Sie hat es eilig, so scheint es, den einmal »Auserwählten«, jenen, der in dieser Nacht nur »gemeint« sein konnte, wieder in der Anonymität versinken zu sehen.

Verschwörung der Zeichen

Die reale Suche nach der Frau hat Paul Hackett zur vorgeblichen Suche nach einer Statue geführt, in die er am Ende selbst verwandelt wird. Freilich beginnt Pauls Leiden damit, dass er dafür hartnäckig eine falsche Bezeichnung wählt. Es ist, als wolle er das Gemälde, die Statue nicht als die ihm zugedachte Maske erkennen. Stattdessen muss er einen langen Prozess der Entblößung durchmachen. Zuerst verliert er sein Geld, dann muss sein Hemd dran glauben, und schließlich wird er als vermeintlicher Einbrecher vom ganzen Viertel gejagt, mumifiziert und gestohlen und am Ende vor dem eigenen Buro verloren. In dieser schrecklichsten Phase seiner Verwandlung sehen wir nur die Augen von Paul aus dem Pappmaschee-Gefängnis starren. Aber all dies, einen höchst symbolischen Prozess der Verwandlungen, Maskeraden und Gefangenschaften, erlebt Paul Hackett auf eine Weise, die ihm nur sehr knapp neben dem zu liegen scheint, was man so »Wirklichkeit« nennt:

Die Absurdität der Ereignisse dieser Nacht ist – vor allem, wenn man sie »nachzuerzählen« unternimmt – ebenso offenkundig wie das Spiel mit den Symbolen. Aber wie Scorsese das inszeniert, verliert es diese Form einer »schizophrenen Eindeutigkeit«. Wir wissen nicht mehr als das, was Paul Hackett sieht, aber zugleich erleben wir seine Ungläubigkeit, seine Befremdung. Und wie er müssen wir schwanken, ob das Ganze eine Abfolge abstruser Zufälle oder nichts als ein Albtraum ist, aus dem man auch wieder erwachen wird. Auch das Ende ist keine Antwort auf diese Frage.

Ständig verwandeln sich scheinbar normale und harmlose Ereignisse in überwältigende Bilder von Bedrohung und Aggression. Als Kiki Paul den Schlüssel hinunterwirft, kommt er wie eine gefährliche Waffe auf ihn (und uns) herniedergeflogen. Das ist zugleich ein sehr realistisches Bild (denn Schlüssel, aus höheren Stockwerken geworfen, verwandeln sich in der Tat sehr leicht zu veritablen Geschossen), und es ist sehr symbolisch: Es ist Pauls Suche nach dem Schlüssel zur Frau, die ihn in die große Gefahr bringt. »Was mach' ich hier? Ich treffe ein nettes Mädchen, und jetzt soll ich dafür sterben?«, ruft er verzweifelt. Und auch in diesem Augenblick blickt die Kamera in der »transzendentalen Einstellung«, von weit oben, erbarmungslos auf den Ausgestoßenen herab. Es könnte sein, sagt diese Einstellung, dass es genau so ist.

Und eben das ist es, worum es für ihn (und für so viele Scorsese-Helden) geht. Auf der Flucht vor einer Frau (der gegenüber er weder seine Kastrationsängste bezwingen noch menschliche Verantwortung übernehmen kann) gerät er immer wieder an eine andere, die ihm noch bedrohlicher und zugleich selber noch gefährdeter erscheinen muss. Und in der Begegnung mit der dritten Frau, der Kellnerin (mittlerweile eine bekannte Chiffre im Scorsese-Kosmos), versucht er auch deren gängige Umformung: Aus dem Mann, der sich die Erlösung von der Frau erhofft hat und sie (aus zum Teil eigenem Verschulden) nicht erlangen kann, wird

Der kafkaeske Türsteher des *Club Berlin*

der, der für die Frau selber zum Retter werden will und der dabei sogleich wieder versagt. Man kann diese Kette der verfehlten Beziehungen wohl getrost als einen Kommentar zu ALICE DOESN'T LIVE HERE ANYMORE interpretieren. Und auch, was Hackett an Geschichten und Bildern erlebt, ist ein irrwitzig sich steigerndes Repertoire von Folter, Mord und Peinigung. Die Kreise der Hölle.

Es ist die Geschichte eines grausam komischen »Umbaus« einer bürgerlichen Person. Eine Verwandlung (nach den Regeln des Thrillers und denen der Komödie), bei der schließlich nichts weiter herauskommt, als dass ihr Subjekt am Ende, nach vielen »Häutungen«, Prüfungen und Verletzungen wieder genau das ist, was es vorher war. Bei der irrwitzigen Taxifahrt (die schon so etwas ist wie eine Fahrt über den Höllenstrom) verliert Paul seinen einzigen Geldschein – buchstäblich davongetanzt ist er – und damit seine letzte Beziehung zur bürgerlichen Sicherheit. Marcy ist vielleicht nichts anderes als eine Schimäre; eine pathologische Frau, die sich schließlich das Leben nimmt, aber vielleicht hat sie ja auch nie existiert. Es ist ja nichts zu greifen und schon gar nichts zu begreifen für Paul Hackett in dieser Nacht. Alles zielt darauf ab, ihn zu verändern, ihn zu demontieren; so soll ihm ein Punk-Haarschnitt verpasst werden, der Regen durchweicht ihn bis auf die Knochen und ruiniert seine Kleidung, und während er gehetzt wird von einer lynchwütigen Meute, scheint es immer auch, als habe diese Unterwelt hier und dort Bedarf an seinen erlösenden Kräften. Sollte Paul Hackett der missverstandenste Messias der Welt sein – oder gar der Messias des Missverständnisses? Er gelangt in eine Kneipe, wo die Kellnerin ihn um die Rettung aus ihrem Job bittet, und der Barkeeper sagt es deutlich: »In der Zeit nach Mitternacht herrschen andere Gesetze.« Wie soll Paul helfen, wie soll ihm geholfen werden, wenn er doch in eine Welt mit anderen Gesetze versetzt worden ist?

Andrerseits gibt es genügend Zeichen, die Paul und uns auf die wahre Natur seines Höllentrips hinzuweisen scheinen, etwa die Zeichnung an der Toilettenwand, auf der ein Mann von einem Hai kastriert wird. Die Kellnerin hat ihr Bett mit Mausefallen umgeben, die nur darauf zu warten scheinen, nach diesem und jenem zu schnappen. Gewiss ist der Held immer ein wenig »schuld« an seinen Missgeschicken, er begibt sich aus einer Mischung aus Verzweiflung, Neugier und Unachtsamkeit in eben jene Räume, die sich immer wieder als Fallen erweisen. Aber andrerseits erweisen sich die Situationen immer wieder als viel heftiger und auswegloser, eine ganze Ebene höher angesiedelt in ihrem Schrecken, als es das ursprüngliche Missgeschick zu meinen scheint.

Der größte Aberwitz aber besteht darin, dass Paul die nächtliche Welt, in der er sich da befindet, beständig als symbolisches, als »bedeutendes« Spiel zu lesen versucht (und wir natürlich noch mehr), dass er das Ganze wenigstens als Traum zu verstehen versucht, während sich doch so vieles, wenn auch nicht alles, in berückender Trivialität auflöst, so wie wir das Bett mit den Mäusefallen so lange als neuerliches symbolisches Spiel mit Pauls Kastrationsängsten ansehen, bis wir erkennen, dass tatsächlich eine Maus darin gefangen wird. Gibt es eine Verschwörung gegen Paul, oder gibt es keine? Was es in jedem Fall gibt, das ist eine Verschwörung der Zeichen.

»Und jetzt soll ich dafür sterben?«: Der Schlüssel als Waffe

Das Komische an AFTER HOURS ist das Wechselspiel der Wahrnehmung. In Kafkas *Vor dem Gesetz* ist der Held wie manisch angezogen von dem Tor, das er nicht durchschreiten darf. Welche Bedeutung hat diese Pforte, und was mag dahinter liegen? Nicht anders fragt sich Paul, was es mit den Geheimnissen dieser nächtlichen Welt auf sich hat. Kafkas Held ist erschöpft und »lebt nicht mehr lange«, als ihm der Türhüter mitteilt, dass diese Tür für nichts und niemanden anderen vorhanden ist als für ihn selbst. »Mit anderen Worten«, so sagt Slavoj Zizek, »er sagt dem Mann vom Lande, dass das *Ding*, das ihn faszinierte, gewissermaßen die ganze Zeit über auf ihn zurückgeblickt, ihn adressiert hat, dass sein Begehren von Anfang an ›Teil des Spiels‹ war und dass das ganze Schauspiel vom Tor zum Gesetz und dem Geheimnis jenseits davon nur inszeniert wurde, um sein Begehren gefangen zu nehmen. Dies muss aber verborgen bleiben, wenn die Faszinationskraft wirken soll: Sobald dem Subjekt bewusst wird, dass der Andere ihn anblickt (dass das Tor nur für ihn bestimmt war), ist die Faszination vorbei.« Was bei Kafka als ein linearer Prozess erscheint, der sich gleichsam als Pointe der Blick-Identifikation auflöst, ist bei Scorsese ein mehrdimensionales Geschehen, das sich kreisförmig ausbreitet. Es bleibt gleichsam immer in der Schwebe, ob die »Türen«, von denen Paul Hackett angezogen und fasziniert ist, nur für ihn bestimmt sind und zurückblicken oder ob er dies, nachdem seine Faszination in Furcht umgeschlagen ist, nur fantasiert. Der Augenblick jedenfalls, in dem dieser schreckliche Blickwechsel stattfindet, kommt nicht am Ende, sondern mittendrin.

Und all das hat sich ja schon angedeutet im Titel von Pauls Lektüre im Diner, *Wendekreis des Krebses*, der ja nicht nur auf eine »frivole« Lektüre (oder eine Lektüre der Frivolität) hinweist, sondern beide Bewegungen dieser Nacht beschreibt, den Kreis und das Rückwärtsgehen.

Dreimal ist Paul in AFTER HOURS wieder dem Scorseseschen Spiegel begegnet. Das erste Mal in Toms Bar (der Verlobte der Frau, die sich umbringt, und damit unauflösbarer Widerspruch von »konkurrierend« und »identisch« – der freundlichste Mensch des ganzen Spiels und der einzige, dem Paul unter keinen Umständen »die Wahrheit« sagen darf), und gerade bei diesem Spiegel-Blick wird er auf das Graffito des Hais, der einem Mann den Penis abbeißt, gelenkt. Beim zweiten Mal ist es in der Wohnung von Tom, in der Toilette, was eine neuerliche Katastrophe auslöst: Die Wasserspülung hört nicht auf zu laufen, das Klosett ist verstopft und überschwemmt das Bad (wie es in THE BIG SHAVE mit Blut überschwemmt wurde). Das dritte Mal schließlich im *Club Berlin*, wo sich Paul verzweifelt den Kopf anlehnt und doch keine Ruhe findet, während sein Albtraum weitergeht. Jede Begegnung mit dem Spiegel hebt den Ablauf der Katastrophen auf eine neue Ebene, und jedesmal erfahren wir darin vor allem das Abwesende. Es ist ja nicht so, dass Paul Hackett sich mit einem netten Mädchen trifft und dafür sterben soll. Vielmehr stirbt das nette Mädchen, und Paul ist getroffen.

Was in anderen Scorsese-Filmen oft für Wandlungen und Einsichten steht, der Blick in den Spiegel, ist hier vergeblich; Paul Hackett findet in diesem Blick weder zurück in seine Realität noch zu sich selbst. Er ist ja in Wahrheit auf der anderen Seite des Spiegels. Alles, was ihm begegnet, ist Spiegelung. Zeichen, aus denen er etwas schließen könnte, wenn es etwas zu schließen gäbe.

AFTER HOURS ist wohl eine der direktesten Reflexionen der Scorseseschen Ängste und Albträume. Das New York seiner Reise in den Schmutz und in die Gefahr ist nicht menschlicher geworden seit dem TAXI DRIVER, höchstens weniger belastend, weniger mythisch. Die Menschen haben sich neue Gegenwelten, die Computer und die Hochhaus-Labyrinthe, geschaffen, in und mit denen sie, hoch über den Straßen, Sauberkeit und Prosperität spielen. Wir sind nun, tatsächlich, auch fern von Vietnam. Wenn überhaupt, so leidet diese Gesellschaft nun an einem Verlust der Konvergenz. Alles hat miteinander zu tun, und nichts versteht sich. »AFTER HOURS«, so Hans Günther Pflaum, »hätte ein grausiger Krimi werden können, ist aber eine hinreißende Komödie, freilich schwarz wie diese Nacht, in der Menschen wie Paul keine Geborgenheit finden. Der Biedermann begegnet in dem nächtlichen Labyrinth nur Personen, die allesamt insgeheim unter einer Decke zu stecken scheinen. Die Fixpunkte des Labyrinths bestehen aus optischen Leitmotiven, deren Zusammenhänge Paul nicht durchschauen kann und auch der Zuschauer nicht erklärt bekommt.« Denn wenn diese Menschen »unter einer Decke stecken«, dann wissen sie nichts davon. Diese Decke ist nichts anderes als ein Film.

Tatsächlich könnte man ja meinen, Paul Hackett sei der erste Scorsese-Held, der einer traditionellen »Person« nahe kommt; es ist so wenig Geheimnisvolles an ihm, dass sich die ganze Welt um ihn in etwas Geheimnisvolles verwandelt. Das unglückliche Bewusstsein ist also fundamental verkehrt: das selbstverständliche Subjekt gegenüber einer unverständlichen Welt. Und dabei mischt sich, auf dem Weg von der einen zur anderen der »weiblichen Zellen«, die Hacketts Weg und die Struktur des Films bestimmen, das Kino ganz direkt ein. Es schiebt sich offen in den Bruch zwischen dem Ich und der Welt. Der Titel des filmischen Experiments mag die gängige Bezeichnung für den wohlverdienten Feierabend eines arbeitenden amerikanischen Menschen sein, er weist aber auch auf eine Dehnung der Zeit. Zum traumhaften Wesen des Films gehört es, dass die Zeit nicht in der gewohnten Weise funktioniert; immer wieder verlangsamt oder beschleunigt sie sich. Die

Bewegungsmelodien der einzelnen Darsteller oder ihrer Rollen scheinen nicht miteinander kompatibel zu sein. Sie befinden sich ganz sicher nicht in einem Kontinuum, und da sie sich nicht in Linien, sondern in Kreisen bewegen, sind die Beschleunigungen und Verlangsamungen offensichtlich abhängig von ihrer Entfernung zu den »Zentren« der »Handlung«. (Es wäre sicher reizvoll, für ein solches Kompositionsprinzip eine Notierung zu entwerfen.)

Den Helden zieht es ein wenig wie den Maler in Kurosawas YUME (Akira Kurosawas Träume; 1990) in (s)ein Bild; er ist zum einen ganz buchstäblich gefangen in einem Schrei (einem Schrei, den er selber nicht ausstoßen kann), aber diese Gefangenschaft hat Signifikanz auch in ihrer Geschichte. Sie ist so unausweichliches Schicksal wie die Kreuzigung von Bill Shelley in BOXCAR BERTHA oder Jesus Christus, aber zugleich ist sie auch ein Spiel, das andere mit ihm treiben, etwas, das ihn darauf aufmerksam machen könnte, dass das Opfer eigentlich nicht notwendig, jedenfalls nicht besonders sinnvoll ist. Denn weder das Subjekt noch das Objekt des Opfers sind in der Lage, ihm Form und Absicht zu geben. Wenn Paul Hackett, wie er selber argwöhnt, in dieser Nacht »bestraft« werden soll, für sein Begehren, für seine Grenzüberschreitung, für seine Unfähigkeit, mit irgendeiner Frau irgendetwas Sinnvolles anzufangen, so scheinen die, die ihn bestrafen wollen, immer zugleich genau ihn und irgend jemand anderen zu meinen. Sie wollen ihn jedenfalls für etwas ganz anderes bestrafen. Dass es die transzendentale Einstellung der Kamera und die Bewegung der Erwählung dennoch gibt, macht aus der Komödie wiederum einen der erbarmungslosesten Scorsese-Filme. So ist AFTER HOURS wiederum auch eine ganz persönliche Passion, eine sarkastische Frage an Scorseses bisheriges Werk, ein Augenblick der Ein- und Umkehr. Ein Spiegel. Nicht zuletzt lässt sich, wie erwähnt, AFTER HOURS auch als eine Art Revision von TAXI DRIVER sehen, ein Spiel mit Verwandtschaften und Kontradiktionen. Das Missverständnis war hier am Ende (als Travis Bickle für seinen Amoklauf von den Medien genauso absurd »belohnt« wird, wie Paul Hackett von den Gestalten dieser Nacht »bestraft« wird) noch einmal in

Die wahre Natur des Höllentrips

die filmische Person, in ein traditionelles narratives »Subjekt« eingeschrieben. In AFTER HOURS schreibt sich dieses Subjekt aus dem Film heraus.

Pauls Geschichte ist wohl auch so etwas wie eine männliche Version von *Alice im Wunderland*; hinter dem Spiegel der Nacht sind auch die Gesetze der Logik aufgelöst, lassen sich aber, wie bei Carroll, neu deuten als verkleidete Gesetze der Begierde und der Macht. So hat Marcy die Funktion des unsteten Kaninchens mit der Uhr, das den Helden in die andere Welt hinüberführt, wir können den Hutmacher, die verrückte Königin, Twiddle Dee und Twiddle Dum (in den Dieben) erkennen. Aber es ist auch eine Geschichte, die dem WIZARD OF OZ nahe steht, und damit folgt sie der Struktur einer inneren Aufhebung des Mythos. Denn wenn wir zunächst argwöhnen, eine neue Version der bekannten Geschichte vom Kleinbürger zu erhalten, der in eine Welt der Freaks gerät, so wird immer deutlicher, dass sich diese Freaks noch viel spießbürgerlicher und begrenzter verhalten, als es dem Helden selber in den Sinn kommt. Der Mythos der Boheme wird auf eine ähnliche Weise ausgehöhlt wie der des Boxkampfes, der des Showbusiness oder der der Religion in Scorseses Arbeiten. Nicht *das Andere* erlebt Paul Hackett, sondern eine ins Paranoide verzerrte Abbildung des provinziellen, fremdenfeindlichen und bigotten Provinz-Amerika mitten in der Großstadt. Es ist, als könne die Welt des Scorsese-Helden an ihrem äußersten Rand in eine Art Norm-Faschismus umschlagen. Scorsese protestiert in dieser »Komödie« gegen das Kino als Heimat des Normativen und Normierenden, er verweigert die semiologisch-moralische Grundgleichung, ohne deswegen »surreal« oder gar »abstrakt« zu werden.

Aber noch in einer anderen Weise ist AFTER HOURS ein Film der Befreiung für Martin Scorsese. Die Konstruktion der »Jungfrau« und des Schweigegebotes gegenüber der sexuellen Berührung steht hier nicht mehr im Vordergrund. Rosanna Arquette wirkt wie eine seltsame Reflexion der Scorsese-Frau, die für die Sünde bestraft wird (eine Sünde, die allerdings viel eher dem Opfer gleicht und nicht selten die Geschichte männlicher Gewalt ist). Auf den ersten Blick ist sie von diesem Diskurs weit entfernt, wie Scorsese auch in seinem Gespräch mit Christa Maerker einräumt: »Ich hatte wohl die Nase voll davon, mir Gedanken über Jungfrauen zu machen. Drei oder vier Ehen sollten schließlich reichen zu sagen: also, Marty, wirklich! Sie sollten ausreichen, über Liebe und Beziehungen besser Bescheid zu wissen. Ich habe immer versucht, ernsthaft zu sein und nicht zu schwanken.« Aber auf den zweiten Blick ist es genau dieses Schwanken, worum es in AFTER HOURS überhaupt geht. In den weiblichen Zellen dieses Films gibt es gewiss nicht mehr die »katholischen« Rollenverteilungen, alle Frauen sind auf nur erdenkliche Weise souverän und autonom. Sie sind, mit anderen Worten, genauso einsam und genauso manisch mit der Selbstidentifikation beschäftigt wie die Männer. Und sieht man einmal von ihren beständigen, komischen Kastrationsversuchen gegenüber dem »Helden« ab (die ja auch nur seiner Einbildung entsprungen sein könnten: sie bedrohen ihn mit Feuer und Eis, mit Zähnen und Zacken, mit Schlüsseln und Löchern), sind sie Gefangene in ihrer jeweiligen Freiheit, können ihre »Zellen« so wenig verlassen, wie die männlichen Scorsese-Helden ihre sozialen und mythischen Räume verlassen können. Aber was sind diese Frauen, wenn sie mehr als Hirngespinste des Protagonisten oder die verwischten, unleserlich gemachten Zeichen einer Kino-Nacht sein sollen? Es sind, erst einmal, Fragen, die Martin Scorsese an seine nächsten Filme stellen wird.

Von Rupert Pupkin zu Paul Hackett

In der Entwicklung des Scorsese-Helden spielt AFTER HOURS eine besondere Rolle. Zunächst verhalten sich AFTER HOURS und THE KING OF COMEDY, die beiden Komödien, die keine sind (und dennoch sehr komische Filme), wie zueinander spiegelverkehrt: Paul Hackett scheint in allem das gerade Gegenteil von Rupert Pupkin: dort der anmaßende, schrill gekleidete, aggressive »Vatermörder«, hier der schüchterne, selbstbeschränkte, immer ein wenig ängstlich verwirrte Paul Hackett. Hier die Groteske der geschlossenen Räume, die einerseits so perfekt abgeriegelt sind, dass ihr eigener Besitzer, Jerry Langford, nicht mehr hinein kann, und die sich doch jeder Anmaßung öffnen müssen, hier die Odyssee durch Räume, von denen Paul Hackett immer wieder förmlich angesogen und gleich wieder »ausgespuckt« wird. Wo Charlie, Johnny Boy und ihre Nachfolger stets bei dem Versuch scheiterten, ihre Träume in die Wirklichkeit umzusetzen, war die Verblendung von Rupert Pupkin in THE KING OF COMEDY so groß, dass er sein Ziel (scheinbar) erreichte. Die Verblendung von Paul Hackett ist dagegen so groß, dass er die aberwitzigsten Erfahrungen und Abenteuer übersteht, lauter kleine Gleichnisse auf sein Leben und die Notwendigkeit, es zu ändern, und am Ende beinahe glückselig wieder in die alte Form eintaucht. So wie THE LAST TEMPTATION OF CHRIST gegen die »große Erzählung« und ihr Zentrum vom notwendigen Opfer rebellieren wird, so rebelliert AFTER HOURS gegen die »kleine Erzählung«, gegen die Parabel. ❑

Amazing Stories: Mirror, Mirror (1986)

MIRROR, MIRROR ist ein Beitrag für die Fernsehserie *Amazing Stories* (USA 1985-87), begrenzt im Format, im Aufwand, in der Erzählung, aber durchaus scorsesisch in seinen Absichten. Es ist eines jener kleinen Projekte, die Scorsese benutzt, um sich »beweglich zu halten«, von ihm selbst als Ausgleich und Seitenstück zu AFTER HOURS bezeichnet. Natürlich finden sich hier, wie später auch bei CAPE FEAR, Spuren des Produzenten und Koautoren Steven Spielberg; doch scheint es, als habe die schon vorgegebene Story Scorsese umso mehr Gelegenheit geboten, mit einigen seiner Motive und Stilmittel zu spielen.

Zum Format der Serie gehört ein Vorspann, der eine kleine Geschichte des medialen Erzählens enthält: Am Anfang sehen wir einen Mann aus der Urzeit, der, vor einem Lagerfeuer sitzend, den anderen eine Geschichte erzählt (seinem Gesichtsausdruck nach keine besonders heitere Geschichte, sondern eine von Angst und Gewalt). Dann durchlaufen wir Verwandlungsprozesse durch die Jahrhunderte, gelangen über Tempel und Schriftrollen ins Mittelalter der Kathedralen, sehen einen Kartenspieltrick, in einer Computer-Animation einen Ritter in glänzender Rüstung, der sich in ein Raumschiff verwandelt, eine lange Zufahrt auf den Planeten Erde schließlich, einen Computerchip, aus dem sich, pixelhaft, ein Fernseh-Bild aufbaut: wiederum das Bild des Urzeit-Menschen am Lagerfeuer, der seine Geschichte erzählt, und vor dem Fernseher eine amerikanische Familie. Dann der Titel: *Amazing Stories*, wie in aufgetürmten Buchstaben-Bauklötzen. So, vermutlich, sehen Filmemacher wie Steven Spielberg das Erzählen, zwischen Taschenspielertricks und heiligen Bildern, zwischen dem Großen und dem Kleinen, kindlicher Freude und historischer Konstruktion. Martin Scorsese, fürchte ich, sieht es nicht so.

Jede Episode der *Amazing Stories* beginnt damit, dass ein altertümliches, schweres Buch aufgeschlagen wird; darin sehen wir ein Schwarzweißfoto, wie aus einer Zeitung ausgeschnitten. Der Film beginnt, indem die Fotografie Farbe bekommt und dann in Bewegung gerät. In MIRROR, MIRROR sehen wir einen jungen Mann, der auf einer Treppe sitzt. Dann, als sich die Farbe einstellt und die Einstellung wechselt, das gewohnte Grauen eines Zombie-Films: Hände, die sich aus dem Erdreich der Gräber wühlen und Grabsteine umfassen, fahle, zerfetzte Gesichter, die bedrohlich auf die Kamera zuwanken. Die schräge Perspektive tut ein Übriges, die Szene eher als Zitat

zu empfinden. Dass die Untoten dabei noch durch eine – sehr rote – Blutlache tappen, ist freilich schon purer Scorsese. Am Ende des Vorspanns, aus dem wir auch von Spielbergs Drehbuchbeteiligung erfahren haben, schreckt, diese Szene kennen wir aus vielen Scorsese-Filmen, ein Mann aus unruhigem Schlaf hoch. (Allerdings wählt der Regisseur hier eine Einstellung von der Seite, wir sind bei weitem nicht so betroffen von diesem Verwandlungserwachen wie in einem »richtigen« Scorsese-Film.) Nun sind wir in einem Fernsehstudio: Der Talkshow-Host Dick Cavett (wieder einmal von sich selbst dargestellt) hält das neue Werk des Horror-Autors Jordan (Sam Waterston) in die Kamera: *Scream Dream*. Eine grobe Variante von Edvard Munchs *Der Schrei* ziert den Umschlag. Ein wenig selbstgefällig wirkt Jordan schon, aber das muss hier wohl so sein (nicht immer muss man dabei gleich an THE KING OF COMEDY denken). Dick Cavett formuliert, wohl stellvertretend für die Zuschauer (seiner Show und der *Amazing Stories*) Vorbehalte geschmacklicher und moralischer Art gegen die Art von Horrorfilmen wie den, aus dem man gerade einen Ausschnitt gesehen hat. »What you see is what you get«, sagt der Autor und meint, man müsse diese Filme »literally« nehmen, also »wörtlich«. Dick Cavett meint ein Lächeln auf dem Gesicht des Autors gesehen zu haben (das Lächeln eines Verräters, vielleicht), und Jordan schwärmt von einer Enthauptungsszene, die sich an den Ausschnitt anschließe.

Das Hochschrecken des Mannes zwischen der Horror- und der Studioszene war also Teil des Films-im-Film (die Einstellung war so kurz, dass wir das übersehen konnten), aber eben auch der notwendige Bruch zwischen der Fiktion und ihrer Vermarktung. Auch der Fahrer fragt Jordan, als er ihn nach Hause bringt, ob er sich nicht doch manchmal fürchte vor seinen Fantasien. Aber Jordan entgegnet erschöpft, es seien nicht die Toten, sondern die Lebenden, die ihm Angst machen, Agenten, Ex-Ehefrauen, Journalisten … es ist Schicksal des Erfolgreichen, sich vor den Begleitern und Parasiten des Erfolges zu fürchten. Jordan schickt den Fahrer nach Hause. Vor seinem prächtigen neuen Haus liegt ein Junge und schläft, in der Hand ein Buch und einen Packen Papier. Jordan stößt ihn mit dem Fuß an und beschimpft ihn wegen seiner Versuche, immer wieder in seinen Privatbereich einzudringen. Viermal, so erfahren wir, ist das jetzt schon passiert. Der Junge bezeichnet sich als großen Fan, der nur ein Buch des Autors signiert haben will. Aber als er das Papier fallen lässt, erkennt Jordan das Manuskript eines jungen Autors, das er ihm, dem Vorbild, wohl zu lesen geben wollte. Er lehnt ab, noch bevor der Junge ihn überhaupt darum bitten kann. Arbeit hat nichts in seinem Haus zu suchen: »This is my home!« (Von einem *home* freilich hat dieses Haus nur wenig an sich, es erscheint vielmehr als kleiner architektonischer und innenarchitektonischer Albtraum.) Nur einen zornigen und sarkastischen Rat hat Jordan für den Jungen: Schreibmaschine schreiben lernen.

Immer noch verärgert gelangt er in sein kühles, weißes Haus, vorbei an einem großen Spiegel, in dem die Kamera nun seinen weiteren Weg verfolgt. Möglicherweise ist er nun, nach der Begegnung mit seinem jungen Alter Ego, bereits »hinter den Spiegel« gelangt. Im Spiegel in seinem Schlafzimmer wird diese Bewegung indes wieder zurückgeführt, nun bewegt sich die Kamera vom Spiegelbild zum »realen« Menschen, der sich ein entspannendes Bad bereitet. Dann fährt er aus dem Wasser hoch, ein Geräusch hat ihn aufgeschreckt. Der tropfende Hahn scheint ein weiteres bedrohliches Signal zu sein. Er reibt den beschlagenen Spiegel, als er sich die Zähne putzt – es ist, als zitiere Scorsese hier seine Badezimmer-Szenen von THE BIG SHAVE an, im Haus von jemandem, der es offensichtlich liebt, überall den Spiegel zur narzisstischen Vorstellung eines Kino-Ichs zu platzieren. Plötzlich gewahrt er im Spiegel eine schwarze Gestalt, aber als er sich umwendet, ist niemand zu sehen. Als sein Blick wieder zum Spiegel zurückkehrt, sieht er die Gestalt über den Sims in die Wohnung eindringen. Wieder ist sie verschwunden, als Jordan sich umdreht. »Get away from my home, kid, or I'll call the cops«, ruft er in die schwarze Nacht hinaus, offensichtlich im Glauben, es könne sich nur um einen Streich des jungen Möchtegern-Kollegen handeln. Doch als er sich wieder dem Spiegel zuwendet, ist die dämo-

Die Angst vor dem Zustand des Nicht-Ich: Jordan (Sam Waterston) im Kampf mit seinem Dämon

nische Gestalt wieder da. Von Mal zu Mal kommt sie näher, von Mal zu Mal wird ihre Fratze deutlicher. Die Kamera fährt zurück und bleibt kurz an einem altertümlichen Bild hängen, das einen bärtigen Mann zeigt. Noch einmal wird also diese Blickachse zwischen Jordan und »seinem« Dämonen gebrochen.

Er flüchtet ins Schlafzimmer und ruft seine Freundin Karen (Helen Shaver) an, aber es meldet sich nur der Anrufbeantworter. Jordan geht zu seiner gut ausgestatteten Bar, über der wiederum ein luxuriöser Spiegel prunkt, und genehmigt sich einen Wodka. Dieser Mann muss in der Tat in sein Spiegelbild verliebt sein oder von einer Form der Selbstvergewisserung abhängig sein, die ihm die Furcht vor den leeren Räumen eingeben mag. Und als Jordan dann wieder in den Spiegel sieht, ist die mörderische Gestalt schon wieder näher gekommen. Er schlägt mit der Flasche um sich, aber da ist niemand, dann wirft er sie in den Spiegel, der zerbricht, doch in den Splittern sehen wir die Gestalt nur umso deutlicher. Es ist keine Schimäre mehr, sondern eine Figur nach den Regeln des Kinos: verunstaltet, fahles Gesicht, schwarzer Mantel, böse Augen. Wir bewegen uns, mit Jordan auf der Flucht, die Treppe hinauf, erneut an einer Vergrößerung seines *Scream Dream* und der Munch-Variation vorbei: Woraus wenig später ein ganzes Subgenre seine mehr oder weniger subtile Mischung aus Horror, Ironie und Genrebewusstsein beziehen wird, das »erledigt« Scorsese hier in einer einzigen Kamerabewegung.

Wieder versucht Jordan per Telefon Hilfe zu holen. Aber alle Nummern der Polizei sind besetzt; man werde die Anrufe in der Reihenfolge des Eingangs entgegennehmen, verspricht eine weibliche Stimme vom Band. Ein Blick auf die Uhr, es ist kurz nach Mitternacht, eine Überblendung, es sind Stunden vergangen, und immer noch wiederholt die Stimme im Telefon ihre trostlose Botschaft. Jordan ist auf der Treppe vor Erschöpfung eingeschlafen. Ganz nah sind uns seine Augen, als er erwacht. Es ist neun Uhr morgens. Er geht hinunter und zieht die Vorhänge von den großen Fenstern, die hinaus in einen leuchtenden Garten führen. Ist die Nacht der schweren Träume vorüber? Jordan sieht sich in seinem Haus um; von den Scherben des zerbrochenen Spiegels wandert der Blick auf das *Scream Dream*-Plakat.

Er verlässt sein futuristisches Heim und besteigt sein weißes Cabrio. Rückkehr in den Alltag. In der Einfahrt zum Parkhaus sieht Jordan nur kurz in den Rückspiegel. Und wieder erkennt er die Gestalt des Dämonen, und wieder ist er ein entscheidendes Stück näher gekommen. Dass man ihn ermorden wolle, schreit Jordan, und als er flüchtet, landet er in den Armen eines Wachmannes, der ihn professionell zu beruhigen versucht. Schließlich blockiert sein Wagen die Einfahrt der anderen. »I'm telling you, there's someone trying to kill me«, schreit er ihn an und blickt nur ins schwarze Glas seiner Sonnenbrille. Aber auch dies ist ein Spiegel, und auch in diesem kommt die mörderische Gestalt näher. Nach dem verzweifelten Handgemenge landet Jordan im Gefängnis. Nachdem ihn ein Mitgefangener um Geld angepumpt hat, ist er drauf und dran, eine Schlägerei zu beginnen. »Stay away from me«, formuliert er eine vielleicht andere Angst, eine soziale Klaustrophobie, die wir in Scorseses Welt kennen, als es Karen gelingt, ihn freizubekommen.

Sie muss das alles erst einmal akzeptieren, was Jordan ihr erzählt: Jemand wolle ihn töten, den er aber nur sehe, wenn er in den Spiegel blicke, und der im realen Raum sogleich verschwunden sei. Das erinnere ihn an seinen zweiten Roman, wo einer Frau etwas ganz Ähnliches widerfahre, allerdings immer dann, wenn sie mit ihrem Ehemann schlafe. »Das ist kein Buch, das ist die Wirklichkeit.« Als die beiden in sein Haus zurückkehren, ist gerade eine Putzfrau damit beschäftigt, die Scherben aufzukehren. Dutzendfach vervielfältigt sich Karen in den Splittern des Spiegels: Es ist wirklich nichts da, Jordan, das bin nur ich, immer wieder. Sie sagt das noch sehr spöttisch, und doch so, als wäre die Anwesenheit dieses Ichs nicht gar so unproblematisch. Es ist, als spalte sich die Angst des Helden in den Kristallen des zerbrochenen Spiegels auf, eine Angst vor allem anderen, dem Zustand des Nicht-Ich, Sexualität inklusive. Sie zögert, ihn tröstend zu berühren, ein Blick auf die Putzfrau ist für den Augenblick Entschuldigung genug. Sie gehen gemeinsam zum Spiegel in der Diele; Karen nimmt Jordan an der Hand wie ein ängstliches Kind; wieder geht es an einem Spiegel vorbei, aber da Jordan nicht hineinblickt, ist da auch nichts Ungewöhnliches zu sehen. Nichts ist im Spiegel, was nicht in Jordans Blick ist.

Ein nächster Spiegel. Karen bringt ihn schließlich dazu hineinzuschauen, und wieder ist da diese Gestalt des Mörders. Jordan verbirgt schluchzend sein Gesicht in einem Kissen; sein Ich, das er so ausgedehnt hat, ist mittlerweile auf eine Größe geringer als die eines Kindes zusammengeschrumpft; Karen streicht ihm besänftigend übers Haar. Er will nicht den Verstand verlieren, sie wiegt ihn wie ein Kind (die Pietà als *foreshadowing*).

Karen verhängt alle Fenster und Spiegel, besprayt glänzende Oberflächen. Sie will ein Haus ohne Spiegel für ihn schaffen; sie begleitet ihn in seinem Wahn – MIRROR, MIRROR ist eine der zwischenzeitlich glücklicheren Liebesgeschichten in Scorseses Filmwelt. Dann, als sie gerade Kaffee kochen will, stürmt ein Trupp TV-Journalisten lärmend das Haus, die für eine *home story* mit dem populären Horror-Autor verabredet sind. Die Redakteurin empfindet das verhangene und verdunkelte Haus durchaus als sinnvolles Ambiente. Als er sich gerade in sein Schicksal fügen will, blickt Jordan ins Objektiv der Kamera. Ein Spiegel. Der Dämon kommt näher; es ist mittlerweile deutlich, dass er tatsächlich Jordan ermorden will. Es ist sein Hals, sein Atem, sein Kopf, worauf er es abgesehen hat. Nun hat die mörderische Gestalt eine Drahtschlinge in den Händen (wieder müssen wir

Das Monster bist am Ende immer du selbst

an die zweite Scorsese-Spielberg-Zusammenarbeit denken, an CAPE FEAR), die er um Jordans Hals werfen will. Während seiner neuerlichen Panikattacke gelingt es Karen, die Journalisten aus dem Haus zu werfen.

Jordan hat sich auf dem Boden zusammengekauert und die Fäuste vor die Augen gepresst. Die Geste erinnert uns an einen Film, den Scorsese in MEAN STREETS zitiert, an X: THE MAN WITH THE X-RAY EYES (Der Mann mit den Röntgenaugen; 1963; R: Roger Corman); auch der musste sehen, was er nicht sehen konnte, und hatte keine andere Möglichkeit, als das biblische Gebot zu erfüllen: »Wenn dir deine Augen Ärgernis bereiten, dann reiße sie dir aus.« Wie einen Blinden führt Karen Jordan zu seinem Bett und will ihm Schlaftabletten geben. Sie legt sich neben ihn, und Jordan erklärt ihr seine Liebe, vielleicht zum ersten Mal, und dann sieht er in ihre Augen. Die Augen sind der erste und der letzte Spiegel. In Karens Augen sieht Jordan seinen Mörder endlich am Ziel, er zieht die Schlinge um seinen Hals, Jordan wälzt sich in Erstickungskrämpfen im Bett und stößt Karen dabei weg. Als der Erdrosselte ruhig wird, sieht Karen, die entsetzt zurückgewichen ist, nun den Dämon selbst im Bett liegen. Von der Komplizin ist sie zum Opfer in einem Wahn geworden. Das furchtbare Wesen springt auf, besieht sich im Spiegel; Jordan erkennt, dass er sein eigener Dämon geworden ist, und stürzt sich aus dem Fenster. Das Licht scheint aus dem geborstenen Glas, ein kleines, aber starkes Erlösungsbild, eine Zufahrt auf die verzweifelt am Boden kauernde Karen, deren Bild einfriert und schwarzweiß wird. Das Buch wird geschlossen.

MIRROR, MIRROR steckt voller charakteristischer Scorseseismen, allerdings erscheinen sie hier gleichsam angewandt und ausprobiert, oft in ironischem Missverhältnis zum Kontext und zum Format. Was Scorsese in seinen großen Filmen am Leitfaden der Emotion entwickelt, scheint hier, in einer filmischen Kurzgeschichte, eher als cineastisches Ausrufe- oder Anführungszeichen eingesetzt: Das Close-up auf die Augen im »gläsernen Sarg« des Automobils, der Bruch in der kontrapunktischen Flash-Einstellung, welche zwei »Zellen« einer Filmerzählung miteinander verbindet und voneinander trennt, sogar die Einstellung auf die Schuhe beim Verlassen des Autos, dies alles wird hier, beinahe parodistisch übertrieben, zitiert. Im Plot erinnert uns die Beziehung des Jungen zum Autor an den KING OF COMEDY. Die Konstruktion des »kathedralenhaften« Innenraums löst sich überdeutlich in der Fensterszene am Ende auf. Das Eindringen des Bösen in einen scheinbar gesicherten Innenraum wie in CAPE FEAR, das Rot als Leitfarbe: Ab und an haben wir das Gefühl, uns in einer Parodie auf einen Scorsese-Film zu befinden.

Die Scorseseismen brechen sich überdies an den Standards der Serie: die ständige untermalende Musik, die Konzentration auf eine einzige »Zelle« der Erzählung, die Eindeutigkeit des *morality play* (wenn auch einigermaßen subversiv aufgelöst), ein (dem Format durchaus angemessener) flacher Schauspielstil, der durchgehende Rhythmus eines *teleplay* und schließlich die von den Scorseseismen nur perforierten Schnittfolgen.

Die Fabel von MIRROR, MIRROR ist, innerhalb des Scorsese-Raums und außerhalb von ihm, gleichsam endlos lesbar, von den Fantasien, die einer nicht mehr los wird, der sie leichtfertig losgelassen hat, von der Strafe für den Erfolg bis zu Nietzsches Warnung vor den Dämonen des Abgrunds, die, wenn man angestrengt hineinsieht, auch zurücksehen. Es mag ein Scherz über die »buchstäbliche« Lesbarkeit des Filmischen sein, von der Jordan am Anfang gesprochen hat, ebenso wie ein Kapitel in der Geschichte des Scorsese-Paares, das sich näher kommt, wenn es sich voneinander entfernt, und das sich voneinander entfernt, wenn es sich nahe ist. Es ist eine der Auflösungen einer Person, die jemand geworden ist, durch den anderen, den Schatten, der erst jemand werden will. Wäre das alles geschehen, wenn Jordan seinen jungen Bewunderer (und den, der vielleicht einst seine Stelle einnehmen wird) anders behandelt hätte?

Nebenbei lässt sich MIRROR, MIRROR auch als Satire auf das Sicherheitsbedürfnis des weißen Mittelstandes lesen, der sich – wiederum: ganz buchstäblich – in seinen Ängsten einmauert. Je stärker die Sicherheitsvorkehrungen, je abweisender die Architektur, desto sicherer ist es, dass das Böse bereits mittendrin ist. Auch der »therapeutische« Umgang mit der Angst (das, was der Vorspann als Tradition der Trieb- und Angstabfuhr, der endlosen Verwandlung des Immergleichen anbietet) funktioniert nicht. Wenn Scorsese in MIRROR, MIRROR einem Horrorfilm nahe gekommen ist, so ist ihm allerdings eher noch ein Anti-Horrorfilm gelungen. Die vollkommene Auflösung der Fabel am Ende, die Verschmelzung von Mensch und Dämon, die nur mit dem totalen Opfer beantwortet werden kann, erscheint so sehr kafkaeske Re-Lektüre der schauerromantischen Erotologie wie umgekehrt symbolische Aufladung eines schlichten Prozesses der Selbsterkenntnis: Das Monster, das du beschreibst, bist am Ende immer du selbst.

Es ist nicht so sehr das, was MIRROR, MIRROR zu sagen hat, was selbst dieses Nebenwerklein Scorseses immer noch faszinierend macht, es ist die Art, in der Scorsese einen Stoff daran hindert, sich dem Blick (und der Erwartung) des Zuschauers allzu schnell zu beugen. Selten hat Scorsese in einem Film so sehr mit Bildern »gespielt« wie in diesem kleinen Film über einen Mann, der auf so grausame Weise erfahren muss: Mit Bildern spielt man nicht. ❑

The Color of Money (1986)

THE COLOR OF MONEY ist nicht eigentlich ein Sequel; die Story und die Charaktere sind auch ohne die Kenntnis von Robert Rossens THE HUSTLER (Haie der Großstadt) aus dem Jahr 1961 zu verstehen. Aber es ist ein Film der Fortsetzungen und Wiederholungen, ein Film, den man ansehen kann wie einen Spiegel anderer Filme (nicht nur das Billardspiel, sondern einige direkte Einstellungen und Repräsentationen in diesem Film stammen aus IT'S NOT JUST YOU, MURRAY!). Noch deutlicher arbeitet Scorsese hier nicht nur mit, sondern auch an einem Bezugsfilm. So wie man schließlich CAPE FEAR als die extremste Form der Übermalung und Referenz, nämlich als Remake sehen kann – auch wenn das nur wenig über Scorseses eigentliche Arbeitsweise sagt –, so ließe sich THE COLOR OF MONEY durchaus als Fortsetzung zu Rossens THE HUSTLER betrachten, ohne dass man damit das Wesen des Films trifft. Scorsese hat mehrfach betont, wie wenig er Remakes und Sequels schätzt, und tatsächlich ist vom ursprünglichen Drehbuch, das überhaupt erst zur Zusammenarbeit zwischen Scorsese und Paul Newman führte, in der endgültigen Fassung so gut wie nichts übrig geblieben. In dieser Version wäre Felson sozusagen nach rund 20 Jahren wieder dort, wo er im ersten Film aufgehört hat, am Rande der großen Niederlage und am Ende. Das Sequel wäre gleichsam nur Variation gewesen, die Fortschreibung der Geschichte eines ewigen Verlierers. Aber so einfach wollte es der Regisseur weder sich noch seiner Figur machen. Zunächst einmal lässt er weitgehend im Dunkel, was in diesen 25 Jahren dazwischen geschehen ist, allenfalls ahnen kann man ein wenig, wie der Prozess eines Verlustes, eines Abschieds vor sich gegangen sein mag. Sein Held ist nicht mehr da, wo er bei Rossen aufgehört hat, er ist wirklich ein anderer geworden, und die Frage, die sich der Film stellt, ist, wie tief diese Wandlung reicht.

In Rossens Film geht es um den jungen Pool-Spieler Eddie Felson (Paul Newman), der schon mit 15 als aufbaufähiger Champion gilt, der sich systematisch auf die großen Kämpfe vorbereitet und schließlich zur großen Entscheidung den Landesmeister »Minnesota Fats« (Jackie Gleason) herausfordert. Nach einem langen, nervenaufreibenden Kampf, der 24 Stunden dauert, verliert Eddie sein Geld und sein Selbstvertrauen. Er lebt nur noch vom Gedanken an eine Revanche. Dabei bemerkt er kaum, wie er immer weiter herunterkommt. Er lernt den Spielermanager Bert Gordon (George C. Scott) kennen, der sein Management übernehmen und ihn wieder nach oben bringen will, dafür aber 75 Prozent seiner Preisgelder verlangt. Bert, so scheint es, denkt nicht nur an Geld, er denkt in Geld: »The night is young«, sagt jemand zu ihm, und er antwortet: »The night is

»Fast« Eddie Felson (Paul Newman) in THE HUSTLER und ...

2.000 Dollars old.« Eddie lehnt zunächst ab. Dann lernt er die junge Sarah (Piper Laurie) kennen, ein Mädchen, das durch eine Kinderlähmung gehbehindert ist. Sie haben beide Probleme, nicht nur mit dem Alkohol, und so ziehen sie zusammen und versuchen einander zu helfen. Aber Bert hat Eddie schon in ein Komplott verwickelt, in dem er für die Zwecke des Spielersyndikats aufgebaut werden soll. Die Niederlage ist beschlossene Sache.

Rossen gehörte zu den widerspenstigeren Regisseuren in Hollywood; während der McCarthy-Ära hatte er große Schwierigkeiten, seine Projekte zu verwirklichen. Wie in seinen anderen Filmen, etwa in dem Boxer-Drama BODY AND SOUL (Jagd nach Millionen; 1947) oder sogar in seinem historischen Gemälde ALEXANDER THE GREAT (Alexander der Große; 1956), geht es auch hier um den unbedingten Glauben an den amerikanischen Traum, der sich in einen langen Akt der Selbstzerstörung verwandelt: »Eddie«, so Rossen, »steht unter dem destruktiven Zwang, gewinnen zu müssen; das hat Vorrang vor allem anderen, und das ist seine Tragödie.«

THE HUSTLER ist zunächst eine typische Newman-Geschichte, die Geschichte eines Mannes, der sich in ein Ziel verbeißt, es scheinbar leicht erreicht, und den ein unerklärlicher Hang zur Selbstzerstörung, eine Unfähigkeit, seine Grenzen zu erkennen, dazu treibt, über das Ziel hinaus und dorthin zu gelangen, wo sich der Sieg in die Niederlage verwandelt. Am Ende kann dieser Charakter immer nur erlöst werden, indem er eine Liebe annimmt, die nicht dem Gewinner, sondern dem Menschen gilt. Eddie Felson hat von Minnesota Fats schon 18.000 Dollar gewonnen, aber er will nicht nur mit einem angenehmen Gewinn aus dem Spiel gehen, er will Fats vernichten. »Das hier ist mein Tisch, er gehört mir«, prahlt er vor dem Gegner, als wolle er ihn nicht nur auf dem Spieltisch besiegen, sondern ihm diesen Tisch, sein Medium endgültig nehmen. Damit aber besiegelt er seinen Untergang; sein fieser Manager hat es schon immer gewusst: »Er ist ein Verlierer.« Seinen Leidensweg nach der großen Niederlage beschleunigt Eddie, als er sich selbst offenbart: dass er nur den unbeholfenen Spieler markiert, um die Gegner in Sicherheit zu wiegen, um sie dann umso leichter um ihr Geld zu bringen. Da werden ihm die Daumen gebrochen. Diese Verletzung (und schon wieder: eine symbolische Kastration) erst macht ihn wirklich bereit, die Liebe von Sarah zu akzeptieren.

Felson arbeitet sich bei Rossen mit überraschenden Siegen über die etablierten *pool sharks* nach oben, und er wird zum Star, zu einem Menschen, der sich in seinem Erfolgsstreben von seinen Wurzeln entfernt. Wir sehen ihm zu, wie er an seinen Erfolgen zerbricht, wie seine Selbstüberschätzung ihn unfähig zur Selbsterkenntnis macht und ihn dafür um so tiefer in Selbstzweifel stürzt. Er ist ein Jake La Motta sehr eng verwandter Charakter. Aber er hat seinen Weg nach unten noch nicht vollendet. So bleibt am Ende die Neugier auf diese Figur. Was mag aus ihm geworden sein? THE COLOR OF MONEY ist eine mögliche Antwort. Allerdings betont Scorsese: »Es ist kein Fortsetzungsfilm. Die Handlung ist völlig eigenständig. Ich habe lediglich die Figur des ›Fast‹ Eddie übernommen, weil mich sein Charakter fasziniert.« Freilich entstand auch THE COLOR OF MONEY nach einem Roman von Walter Tevis, der sehr direkt als Fortsetzung zu seinem Roman *The Hustler* angelegt war. Elemente von »Fortsetzung« und von »Bruch« begegnen sich in dieser Arbeit unentwegt.

Eddie, so Scorsese, »ist jetzt kein Billardspieler mehr. Er betrachtet das Spiel als Außenstehender aus einer ganz anderen Perspektive.« So ist THE

COLOR OF MONEY gleichsam die negative Spiegelung von Rossens Film: Auf die Geschichte eines Mannes, der aus seinem Reich (der schummrig-magischen, schäbig-glamourösen Welt der Billardsaloons) ausgestoßen wurde, folgt in THE COLOR OF MONEY die Geschichte seiner Bewegung ins Zentrum dieses Reichs.

... zwei Jahrzehnte später in THE COLOR OF MONEY

»Fast« Eddie is back

THE HUSTLER erzählte das Drama eines Spielers. Das alles ist, wie gesagt, lange her, und wir sehen am Anfang einen Helden, der seine Geschichte mehr oder weniger vergessen hat. Wenn sich nun etwas wiederholen soll, dann kann es das nur als Farce tun. THE COLOR OF MONEY beginnt stattdessen eher, wie THE KING OF COMEDY geendet hat: »Wenn schon Bert Gordon hart und gemein war«, sagt Scorsese, »gab es für mich nur eine Möglichkeit, wie ›Fast‹ Eddie überleben konnte. Er musste noch härter, noch gemeiner, noch korrupter sein als Bert. Um zu überleben, legt er sich genau die Eigenschaften zu, die er immer gehasst hat. Und als ihm das bewusst wird, ist er zu alt, um sich zu ändern – bis er den Jungen sieht. Er nimmt ihn unter seine Fittiche und versucht, ihn zu korrumpieren, ihn zu seinem Ebenbild zu machen. Aber stattdessen tauschen sie die Rollen.« Und so ist am Ende Eddie auf eine ganz andere Weise doch wieder da, wo er angefangen hat, als einer, der spielen muss, nicht als einer, der gewinnen will.

»Fast« Eddie Felson hat sich als Alkoholvertreter zur Ruhe gesetzt und verdient sich genügend Geld mit genau kalkulierten Wetteinsätzen. Er verhökert gepanschten und verschobenen Schnaps in den Bars und managt ein paar junge Spieler, bei denen er 60 Prozent kassiert, und seine Wetten sind alles andere als sauber. Das Beste, was man wohl von ihm sagen kann, ist, dass er offensichtlich nicht maßlos ist in seiner Gier. Er will leben, und nicht schlecht leben, das ist alles. Am Beginn sehen wir ihn mit seiner Freundin und Partnerin Jazelle (Helen Shaver) im Gespräch über eine Ladung vorzüglichen, aber gefälschten Marken-Whiskeys. Einer seiner jungen Schützlinge bittet ihn um Geld: Er hat gegen den jungen Vincent Lauria (Tom Cruise) verloren, der den Eindruck eines naiven, begeisterten Spielers macht, der die Bewegung der Kugeln auf dem Grün, die Eleganz der Stöße wichtiger nimmt als das Geld, um das man dabei antritt. Sein Lächeln ist jedenfalls mindestens so unverschämt und gewinnend, wie sein Spiel exzellent ist. Der Bursche kann einfach nicht verlieren. Eddie beginnt sich für ihn zu interessieren.

Er lädt Vincent und seine Freundin Carmen (Mary Elizabeth Mastrantonio) zum Essen ein und unterbreitet ihr Vorschläge, wie man mit seiner Meisterschaft am Pooltisch wirkliches Geld machen kann. Denn sie ist – so scheint es, und Eddie erfasst es wie so vieles schnell und intuitiv – die »Vernünftige«, sie träumt von einem Danach. Carmen ist tough, weil sie wohl wirklich von unten kommt, während Vincent immer noch etwas von einem behüteten Kind an sich hat, das gar nicht wissen will, wie brutal die Welt eigentlich ist, und das sein Weltbild vor allem aus den Medien erworben hat. Dass er überdies noch in einem Spielzeuggeschäft mit dem Namen *Child World* arbeitet, ist fast schon eine sarkastische Übertreibung. Vincent jedenfalls sieht sich wirklich als so etwas wie einen Ninja-Krieger, einen Kerl, der sein eigenes Bild und seinen eigenen Code verteidigt. Eddie lässt seinen alten Protegé Julian (John Turturro) fallen, denn er hat etwas gefunden, was er vielleicht so lange suchte: »an original«. Bald darauf sind die drei zusammen unterwegs, sechs Wochen lang wollen sie durch das Land reisen und in den Kneipen und Spielhallen Gewinngelder sammeln, bevor es in Atlantic City zum großen Turnier gehen soll. Vincent muss, was ihm nicht leicht fällt, lernen, strategisch zu verlieren, er muss lernen, auch zum Schau-Spieler zu werden. »Gewonnenes Geld ist zweimal so süß wie verdientes«, sagt Felson, und fügt hinzu: »Aber manchmal verliert man trotzdem.« Und dies wird zur Lebensmaxime für den jungen Spieler. Es ist eine ziemlich harte Schule, die ihm Eddie bereitet, der ihn unbarmherzig die Folgen von Fehlern spüren lässt. Aber genau das ist Vincents wirkliche Begabung, ein Schauspiel abzuliefern, das die Mitspieler von seinen wahren Absichten und Fähigkeiten ablenkt.

Trotz seiner Berechnung ist indes bei Eddie eine lang vergessene Leidenschaft geweckt worden. Er hat das Gefühl, sich selbst zu begegnen, wie er noch jung war, und es treibt ihn, dieses Leben in die Hand zu nehmen, seine eigene Geschichte noch einmal, besser zu schreiben. Aber während er das tut, versucht er zugleich auch wieder, sich in den »alten« »Fast« Eddie Felson zu verwandeln. Er beginnt wieder zu spielen; und nachdem er seinen Schüler kurz vor dem entscheidenden Turnier seiner Wege ziehen lässt, bringt er sich wieder in Form, um selber teilzunehmen; er besorgt sich eine Brille, und statt in den Kneipen herumzuhängen, zieht er Bahnen im Swimmingpool. Von einem Mann, der seine Umwelt vor allem durch seine Redeschwälle manipuliert, verwandelt er sich zurück in einen Mann der Tat. Vielleicht geht es wirklich um mehr als um Poolbillard, »Fast« Eddie, das Wort, will wieder Körper werden. Aber damit errichtet er auch so etwas wie einen Widerspruch. Felson hat sich sozusagen zweimal »wiedergeboren«, als der alte und als der neue »Fast« Eddie. Und Vincent war ein guter Schüler. Ein Schüler schließlich, der seinen Lehrer nicht nur übertrumpft, sondern ihn sogar zum Opfer macht. Denn nun ist es der »alte« Eddie, der das Spiel um des Spiels willen spielt, und Vincent hat indes alle Tricks des »neuen« Eddie übernommen. Im Viertelfinale des großen Turniers von Atlantic City treffen die beiden aufeinander, und Vincent lässt Eddie, ohne dass der das erkennt, mit Absicht gewinnen. Vorher hat er einen hohen Einsatz auf Eddie gewettet, anschließend besucht er ihn und überbringt ihm mit höhnischer Freundlichkeit seinen Anteil. Doch wenn sich Eddie gedemütigt fühlt, lässt er es sich nicht anmerken. Schließlich kommt es doch zu einem »echten« Zweikampf der beiden; Eddie weiß, dass er voraussichtlich verlieren wird, und trotzdem ist er glücklich: »I'm back.«

Die Wiedergeburt des Künstlers

In THE COLOR OF MONEY geht es um das Spiel von Konkurrenz und Identifikation (wie zwischen Rupert Pupkin und Jerry Langford in THE KING OF COMEDY) und zugleich um die Frau, die zwischen beidem steht, ohne indes je wirklich in den Status des Begehrens und Begehrtwerdens einzutreten. Dennoch ist das Ende des Films nicht nur absurd, sondern durchaus auch hoffnungsvoll. Es zeigt eine Form der Wiedergeburt für Eddie und Vincent: Eddie trennt sich von seiner »Schöpfung«, von seinem anderen Ich, und Vincent trennt sich von seinem Lehrer und Erfinder. Freilich: Diese beiden Spieler sind nicht nur Menschen, die sich immer wieder zwischen Besessenheit und Korruption bewegen, es sind auch wahre Monster, und kaum jemand erkennt das so genau wie Carmen. Wieder einmal charakterisiert Scorsese seine Figur durch ein Musikstück; während Cruise eine um die andere Kugel versenkt, hören wir Warren Zevons *Werevolves of London*: »He's the hairyhanded gent / Who ran amuck in Kent«. Mit jedem Stoß kommt Vincent dieser Verwandlung näher.

So wie in ALICE DOESN'T LIVE HERE ANYMORE die (abgebrochene) Reise aus dem Mittleren Westen an die Westküste, ins gelobte Land Kalifornien gehen sollte, so geht sie nun nach der anderen Seite, an die Ostküste – wenn man die Filme übereinanderlegt, erhält man eine Art Stern, und auch der Name Atlantic City weist nicht nur auf die topografische Lage und auf die Beschaffenheit (eine Stadt am Ozean), sondern, noch einmal eine Ebene tiefer, auf das versunkene Reich, ein legendäres Utopia: unerreichbar.

Auf dem Weg dorthin bilden Eddie und Vincent ein spannungsreiches Paar; die einfache Lehrer-Schüler-Beziehung kann schon deshalb nicht

Eddies Wiedergeburt: Vincent (Tom Cruise) weckt die Leidenschaft seines Lehrers

funktionieren, weil es als Drittes die Frau gibt, die nicht zufällig Carmen heißt, die sich selbstsicherer und abgeklärter gibt, als sie ist, aber auch, weil der Schüler den Lehrer zu übertrumpfen beginnt – wo nicht an Können, dort an List. Er sammelt Erfahrungen in rauchigen Spielsaloons, er muss lernen, nicht stets den geraden Weg zu nehmen, zu bluffen, seine Eitelkeit im Zaum zu halten. Und all diese Fähigkeiten, die ihn so schnell erfolgreich machen, sind auch Eigenschaften, die ihn als Liebhaber und als Freund, als Partner untauglich machen. In dem Spiel, das Eddie angezettelt hat, können alle immer nur etwas gewinnen, wenn sie gleichzeitig mindestens ebenso viel – und auf Dauer wohl mehr – verlieren. Jeder wird jedem zum Werwolf in diesem Spiel, und das Billardspiel ist nur die eine Seite eines anderen, lauernden Spiels. Den erfolgreichen Spieler beschreibt Eddie einmal zugleich genau und mehrdeutig als »student of human moves«. Und jeder wird auch zum Verräter des anderen, nicht zuletzt Carmen, die zuerst Vincent im Sinne Eddies beeinflusst, um dann Teil von Vincents Spiel zu werden.

Beide Männer verändern sich; Eddie erkennt, dass er die letzten 25 Jahre nur sich selbst getäuscht hat, das Spiel hat ihn nicht wirklich losgelassen; dass er als berechnender Wettprofi arbeitet, wird ihm immer mehr als Verrat bewusst, als Verrat an den Regeln und an der Leidenschaft. Vincent indessen kommt zu einer neuen Art der Selbstständigkeit, vielleicht zu eben jener Unabhängigkeit, die Eddie nie erreicht hat, vielleicht zur Vollkommenheit des Verrats. Das alles geschieht in einer Welt, die der der Scorsese-Gangster, den MEAN STREETS, verwandt ist und zugleich einen Aspekt vollkommener Künstlichkeit hat. Die Sprache, in der sich die Spieler verständigen, ist selber immer Spiel, Täuschung und *move*. In den Räumen, in denen das Spiel selbst gespielt wird, ist immer zugleich das Hinterzimmer und die »Kathedrale« erkennbar. Als Eddie am Ende die »Arena« in Atlantic City betritt, hören wir nach den vielen frivolen und sarkastisch kommentierenden Rocksongs eine raumfüllende, sakrale Musik: Er ist in seiner Kirche. Wie für den *Raging Bull* setzt sich die »Befreiung« an einem Ort in Szene, der nur zu deutlich einem Gefängnis gleicht. Wenn die Unterwelt in Robert Rossens Schwarzweißfilm durch rigide Regeln und harte Kontraste bestimmt war – jeder Schritt, jeder Satz konnte nur definitiv das Falsche oder das Richtige sein – so ist in der Farbenwelt von THE COLOR OF MONEY das Regelwerk (des Lebens) offenkundig flüssiger, mehrdeutiger geworden. Das Richtige oder das Falsche sind keineswegs mehr so eindeutig zu unterscheiden. THE HUSTLER schließlich, das macht seinen leichten Kafka-Touch aus, erzählte von dem vergeblichen Versuch eines jungen Mannes, eine Herrschaft der alten Männer zu brechen. (Übrigens sehen wir bei Rossen auch unter den Zuschauern und Zeugen mehr alte Männer.) THE COLOR OF MONEY lässt Eddie zweimal siegen (oder zweimal verlieren, wie man es nimmt): In seiner eigenen Gestalt ist er selber zu einem der »alten Männer« geworden, und in der Gestalt seines Schülers ist die gescheiterte Revolte von damals nun doch vollzogen worden. Der Preis dafür freilich ist hoch. In jeder Gestalt gewinnt er nur, indem er sich in sein eigenes Gegenteil verwandelt. Der Verlust und der Wiedergewinn von Unschuld sind kein einfacher »Austausch«, sie beschreiben vielmehr das Kreisen des Spiels selber, das aus Aufbau und Störung entsteht.

So bilden die beiden Spieler einander negative Spiegelungen, aber auch Objekte der Ausbeutung; in der merkwürdigen Dreierbeziehung zwischen Eddie, Vincent und Carmen herrscht mehr Kalkül als Emotion. Es ist die »abgekühlte« Version dieses familiären/erotischen Dreiecks, das Scorsese von seinen ersten Filmen an immer wieder benutzt. Der Film hat, vermutlich, mehr mit Dostojewskij als mit der amerikanischen Mythologie des erfolgreichen und einsamen Spielers zu tun. Während Felson den jungen Spieler »erzieht«, ihm die Flausen austreibt, macht er ihn auch »leer«, und nicht so sehr von seinem Ehrgeiz als von diesem Vakuum wird er unwiderstehlich angezogen, muss selber wieder hinter die Maske, die er geschaffen hat. Das »optimistische« oder scheinbar doch vergleichsweise offene Ende täuscht da vielleicht ein wenig. Ob erfolgreich oder nicht, ob wenigstens voneinander befreit oder nicht, wir sehen zwei Gefangenen zu, zwei Menschen, oder vielleicht sogar dreien, die sich nur noch im Kreis bewegen können, zwischen Spiel und Schau-Spiel, wie später der Maler Lionel Dobie in LIFE LESSONS, wie vordem der Boxer in RAGING BULL. Ihr Gefängnis ist »schöner«, sie haben mehr Luft zum Atmen, als Scorsese-Helden üblicherweise zugestanden wird, die Farben dieses Spiels sind auf eine merkwürdige, manchmal regelrecht tückische Art klar und offen, und die Zugeständnisse, die Scorsese in seinem für diesmal sehr linearen Erzählduktus gemacht hat, tun ein Übriges, um THE COLOR OF MONEY als sanftes Nebenwerk erscheinen zu lassen, in dem Scorseses Rauheit und seine Experimentierlust schon durch die Produktionsfirma Touchstone, die »Erwachsenen-Abteilung« von Disney, in Grenzen gehalten werden.

Dabei ist gewiss auch THE COLOR OF MONEY ein Selbstbildnis des Künstlers auf der Suche nach Erlösung, oder genauer gesagt, ein Doppel-Selbstporträt. Eddies Wiedergeburt am Ende führt notgedrungen über die Niederlage. Vieles an Vincent, so meint er am Anfang, erinnere ihn an sich selbst und an seine Jugend. Sein erster Fehler, und vielleicht der letzte Schritt zum späten Erwachsenwerden, ist, dass er noch einmal auf sich selbst hereinfällt; die Niederlage bringt ihm jene Katharsis, die ihn zum Neubeginn bringen kann. Er hat

Eddies Kirche: Die Spielhalle in Atlantic City

aber die Motive, die Gier, den Reichtum, hinter sich gebracht, er ist, wenn man so will, zu einem »reinen« Spieler geworden. Also zu einem wirklichen Künstler. Aber der Jüngere hat genau den entgegengesetzten Schritt vollzogen, und das keineswegs nur aus der Absicht der Korruption heraus. Diese Verwandlung in den »Werwolf« musste sein, um ihn überhaupt in die Höhe, in die heiligen Hallen der großen Turniere zu bringen. Die beiden Möglichkeiten und die Möglichkeiten endloser Transformationen bleiben erhalten. Die Sache ist unentschieden, auch für den Künstler Martin Scorsese.

So sieht es bei Scorsese zunächst einmal so aus, als hätte Eddie seine Lektion gelernt. Er will nicht mehr jemanden vernichten, er will gewinnen, er will verdienen. Das ist das Erste. Und am Ende, als er seine »Unschuld« wieder gefunden hat, könnte es durchaus sein, dass er wirklich spielt, dass er das Spiel als Kunst zu begreifen gelernt hat. Dann wäre er doch nicht einfach nur der Alte, sondern im Gegenteil »weise« geworden.

Dieses Ende sieht Scorsese als eines der optimistischsten seiner Filme. In THE COLOR OF MONEY begegnet auch der erfolgreiche Filmregisseur seinem hungrigen und zornigen Ich von einst, wir sehen nicht nur ein doppeltes Selbstporträt, sondern auch einen Vorgang des kreativen Porträtierens: Eddie Felson schafft sich ja auch sein Bild von Vincent Lauria, wie ein Filmemacher sich ein Leinwand-Bild schafft, und jedesmal muss der Schöpfer damit rechnen, dass sich seine Schöpfung von ihm trennt. Auch von daher ist THE COLOR OF MONEY so etwas wie eine Vorbereitung auf Scorseses Christus-Film.

Und mag THE COLOR OF MONEY auch eine neue Version von Scorseses Vater-Sohn-Geschichte sein (der Sohn, der den Vater ersetzt, so wie Rupert Pupkin Jerry Langford ersetzen will), so handelt er doch auf einer anderen Ebene mehr noch von zwei Charakteren, die ganz und gar in sich selbst begründet sind und einander kaum einmal wirklich berühren. Kamera und Licht betonen das Statuarische der beiden Figuren noch. Die beiden berühren sich am ehesten im mathematischen Sinne: Ihre Lebenslinien kreuzen sich. Sie erkennen sich wechselseitig ineinander, und sie verwandeln sich aneinander, aber damit ist nicht gesagt, dass sie einander wirklich verwandt sind. Man kann Scorseses Film, der ja dann doch nicht immer ganz den Regeln des psychologischen Realismus folgt, unter dem Aspekt der Intimität so sehr sehen wie unter dem der Fremdheit. Felson beginnt mit der Ausbeutung des anderen, gelangt zur Identifikation und muss dann zum Symbol der Differenz werden. Vincent dagegen, der geborene Spieler, der seinen Eros zunächst im Spiel und im Gewinnen selbst findet, entwickelt sich zum Taktiker, der es versteht, zur richtigen Zeit zu verlieren; er beginnt mit der Differenz, geht zur Identifikation über und landet bei der Ausbeutung. So folgt die Dramaturgie des Films der absurden Logik des Spiels selbst: Während der eine die Kugeln den Nummern nach Stück für Stück – Schritt für Schritt – ins Ziel bringen will, hat der andere mit dem magischen Stoß schon alles klar gemacht. Anders gesagt: Es ist der Sieg des Coups über die lineare Logik.

In den seltsamen Regeln des 9er-Ball-Poolbillard begegnen sich das Können und das Schicksal in der Tat auf eine so absurde Weise, wie sie den Scorsese-Helden durchaus geläufig ist. Deshalb ist es nur folgerichtig, dass es Scorsese selbst ist, der am Beginn aus dem Off die Regeln erklärt hat, nach denen die nummerierten Kugeln der Reihe nach von 1 bis 9 versenkt werden müssen. Die Nummer 9 allerdings hat eine besondere Bedeutung. Man kann sie schon beim Eröffnungsstoß versenken und das Spiel gewinnen, so wie man acht Kugeln der Reihe nach versenken kann und doch noch verlieren.

Der Rhythmus, die Geräusche, die Dramatik des Billardspiels bestimmen auch Rhythmus, Sound und Perspektive des Films. Das scharfe Klacken der Kugeln auf dem mit Stoff bezogenen Tisch, dieses merkwürdige Ineinander von Geräuschlosigkeit und Lärm, erinnert an die dumpfen Schläge der Boxer im Ring. Die Kugeln zerschneiden förmlich die Wahrnehmung, unterstreichen das Fragmentarische und »Katastrophale« des Spiels der Karambolagen eher als dessen Regelhaftigkeit und Ritual. Tom Cruise und Paul Newman trainierten, um den Spielszenen Authentizität zu verleihen, Poolbillard mit dem amtierenden Weltmeister

Mike Siegel und mit Louis Louis, dem Gewinner der US-Pool-Open des Jahres 1979, der sich mit dem Helden voll und ganz zu identifizieren wusste: »Tom Cruises Charakter erinnert mich an mich selbst, als ich gerade 23 Jahre alt war – jung, kess, stark«.

Trotzdem: Vieles hat sich geändert seit den 60er Jahren, auch davon handelt Scorseses Film. Es geht nicht mehr wirklich ums Gewinnen, es geht ums Fortkommen, ums Geld. Der Betrug ist nicht mehr der Störfall in einer wenngleich trostlosen mythischen Welt der archaischen Auseinandersetzung; er ist die Regel.

Paul Newman erhielt für seine Darstellung einen Oscar. Die Besetzung der zweiten Hauptrolle mit Tom Cruise war so gewagt wie vielsagend. Cruise hatte gerade in dem ebenso scheußlichen wie erfolgreichen Wehrertüchtigungsfilm TOP GUN (1986) von Tony Scott seinen bis dahin größten Erfolg erzielt und wurde trotz seiner Behauptung in einigen Interviews, eher an ein modernes Märchen als an einen Propagandafilm gedacht zu haben, mit dieser Rolle des jungen, smarten Piloten durchaus identifiziert. So war er nicht nur ein Star und Sexsymbol, sondern auch Repräsentant einer neo-nationalistischen und konformistischen Haltung, die Re-Ideologisierung des Yuppie. THE COLOR OF MONEY war beides: eine Gelegenheit, sich schauspielerisch von dem fatalen Image dieses Erfolges wieder zu befreien, und eine cineastische Exploration des smarten, erfolgsorientierten Amerikaners. Den Queue handhabt er im Grunde mit der gleichen traumhaften und zugleich unbarmherzig narzisstischen Selbstsicherheit wie den Steuerknüppel in TOP GUN, und was in diesem Film als schiere Erziehungs- und Erfolgsstory wirkt, das ist bei Scorsese eine Skelettierung des Charakters, dessen manische und grausame Züge sich nach und nach enthüllen.

So mag (wiederum) ein wenig Vereinfachung im Spiel sein, wenn Thelma Schoonmaker zu diesem Film sagt: »Es gibt einige Filme, die er aus kommerziellen Gründen drehen musste, und für die wir beide nicht so viel wie für die anderen empfinden: THE COLOR OF MONEY ist so einer. Er kam nicht direkt aus Martys Herz und Bauch. Er musste damit nur beweisen, dass er Box-Office-

Die Skelettierung eines Charakters: Vincent hat Eddie reingelegt

Hits machen kann, weil seine Karriere damals in ziemlich schlechtem Zustand war. Genauso wie er vorher mit AFTER HOURS hatte beweisen müssen, dass er auch billig arbeiten kann.«

Von Rupert Pupkin zu Vincent Lauria / Von Paul Hackett zu Eddie Felson

Auf den ersten Blick verhält sich Vincent Lauria zu seinem »Lehrmeister« Eddie Felson recht ähnlich wie Rupert Pupkin zu Jerry Langford: Er imitiert ihn und tritt schließlich an seine Stelle. Auch dieser Charakter ist gerade in seiner »Leere« so faszinierend. Aber anders als bei Langford führt dieser Vorgang nun zu einer Wiedergeburt des »Originals«: »Ich bin wieder da«, das ist auch eine »Wiederauferstehung« (oder wenigstens die Illusion davon). Der Schluss des Films ist so ambivalent wie der von RAGING BULL. Doch zumindest einerseits ist er, wie das Ende von AFTER HOURS, ein Bekenntnis zum Leben. Obwohl die Scorsese-Helden gerade dieser beiden letzten Filme am eindeutigsten nichts anderes vollführen als einen Kreis, der sie genau dorthin zurückführt, wo sie begonnen haben, begrüßen sie in den letzten Einstellungen erfreut den Umstand, dass sie am Leben sind und sich spüren. Sie haben sich, so mag es scheinen, in dieser »Revolte« von etwas Belastendem befreit, sie sind zwar, wer sie von Anfang an waren, aber sie sind es nach einer tiefen Krise der Selbsterfahrung. Wenn nicht sie als Personen, so haben es »der Film« und sein Autor vielleicht gelernt, mit dem Widerspruch zu leben.

Noch deutlicher als in THE KING OF COMEDY ist die Beziehung zwischen den beiden Männern auch ein Vater-Sohn-Verhältnis, in dem der Frau eine Schlüsselrolle zukommt. Carmen »verkauft« Vincent förmlich an Eddie, gleichzeitig verführt sie den Vater (beinahe), aber als durch ihren Einfluss die Beziehung zwischen den beiden Männern etabliert ist und sich mehr und mehr an den Billardtisch verlagert, »verschwindet« sie beinahe aus der Geschichte. Sie ähnelt darin einer »Autorin«, die von ihren eigenen Figuren überlaufen wird. Gewiss wäre dies für einen gewöhnlichen Genrefilm eine Fehlentscheidung: Es ist, als würde der Film seine interessanteste Figur opfern, weil er die Blindheit seiner anderen Protagonisten teilt. Aber in Scorseses Kosmos hat dies seine vollkommene Richtigkeit. Nichts anderes könnte uns vor der Falle der Psychologisierung retten. Carmen verschwindet, bis zu einem gewissen Grad, aus der Spiegelung der beiden Männer ineinander – und wir haben eine andere, ebenso beinahe vergessene Liebesgeschichte im Hintergrund, die zwischen Eddie und Jazelle, die freier, zugleich weniger berechnend und offener materiell ist. Auch was das anbelangt, könnten wir wohl davon sprechen, THE COLOR OF MONEY offeriere für seine Helden Aussichten auf jene Lösungen oder wenigstens Auswege, die RAGING BULL und AFTER HOURS den ihren versagen.

Scorsese ist seinen Figuren diesmal fast kammerspielartig nahe; gut zwei Drittel des Filmes bestehen aus Nahaufnahmen. Es wiederholt sich der Austausch zwischen den Gesichtern auch in den Verhältnissen zwischen Maske und Welt; je mehr wir uns auf das Spiel der Blicke und Gesten einlassen, desto seltsamer und abstrakter wird die Umwelt, neben den Billardsaloons die Hotelzimmer, Straßen und Kneipen. Dass es Winter ist, registrieren wir noch einmal, aber welche Temperatur in dem Film herrscht, wissen wir nicht. Es muss wohl ziemlich kalt sein. Scorsese setzt eine beständige Tiefenschärfe ein, so als müssten wir gerade diese Dimension des Raumes begreifen, alle Beziehungen sind in diese Tiefe hinein inszeniert, der gegenüber sich am Ende sogar die Story als »Maske« erweist. Denn was Rupert Pupkin und Paul Hackett in ihren rauen Filmen nicht gefunden haben, das finden die Helden in THE COLOR OF MONEY. Die Perfektion der Form. Es gibt wohl keinen Scorsese-Film, in dem sich die Kamera (von Michael Ballhaus) so elegant bewegt, und immer wieder nimmt sie die Bewegung der Protagonisten selber auf, die arrogante Vitalität von Tom Cruise, oder die gelassene Grandezza Paul Newmans. Für Rupert Pupkin und Paul Hackett war die Kamera immer wieder Komplize und Widerstand, Instrument der Verstärkung und der Entlarvung zugleich. Für Vincent Lauria und Eddie Felson ist sie ein respektvoller und distanzierter Begleiter. ❑

Bad (1987)

Mitte der 80er Jahre war der Videoclip nicht nur in der konservativen Kritik ein eher anrüchiges, zumindest minderwertiges Format: gelackte Bilder zum Verkauf kommerzieller Musik im schlimmsten, hemmungsloser Eklektizismus und leere technische Brillanz im besten Fall. Der Clip wurde für die Beschleunigung der Bilder und die »Reizüberflutung« verantwortlich gemacht. Regisseurinnen und Regisseure, die ihre ersten Erfahrungen auf dem Clip-Sektor machten, mussten mit einem Punktabzug bei der Kritik rechnen, mit wenigstens einem verächtlichen Nebensatz pro Rezension (so wie es ein Jahrzehnt früher Regisseuren von Werbespots erging). Die erste Welle der Kreativität, die diese neue Verbindung von Experimental- und Werbefilm, von Avantgarde und Mainstream mit sich gebracht hatte, war allerdings bereits wieder verebbt. Bekannte Regisseure für das Format zu interessieren, die über den Verdacht ausschließlich kommerzieller Motivation erhaben waren, war nun allerdings nicht bloß ein Versuch, es künstlerisch aufzuwerten, vielmehr waren die verschiedenen Subgenres (die freie Bildassoziation, das *story telling*, die *personality show* oder die Milieu-Illustration zum Beispiel) selbst schon ein wenig verbraucht. Das Format brauchte neue Ideen, genauer gesagt, es brauchte eine ästhetische Konsolidierung nach dem *anything goes* der ersten Phase.

Für einen renommierten Regisseur wie Martin Scorsese, der sich als exzellenter Kenner und leidenschaftlicher Sammler von Popmusik ausgewiesen hatte, konnte die Inszenierung eines Pop-Videos nur eine Herausforderung sein, eine Möglichkeit, zugleich etwas auszuprobieren und sich in den Dienst einer Sache zu stellen, die etwas außerhalb der eigenen künstlerischen Biografie liegt. Für jemanden wie ihn war das Innovationsdiktat ebenso außer Kraft gesetzt wie die Notwendigkeit, die Bilder der Musik zu unterwerfen, die sie zu verkaufen haben. Natürlich war das auch nur mit einem Musiker wie Michael Jackson auf dem Höhepunkt seines Ruhmes möglich, dem es mehr denn auf »Reklame« wohl auf die Ausweitung seiner Akzeptanz ankommen musste. Für das Video hatte Scorsese die Vorstellung, noch einmal im Stil der Musicals von Vincente Minnelli zu arbeiten, die er bereits in der berühmten Dekoration von THE LAST WALTZ, in ALICE DOESN'T LIVE HERE ANYMORE und natürlich in NEW YORK, NEW YORK zitiert hatte. Aber zur gleichen Zeit wollte er auch eine Geschichte aus der Realität der schwarzen

Die »Frage«: Michael Jackson als Daryl

Gettos erzählen. Und der Clip gab ihm die Möglichkeit, beides wie eine Spiegelung nebeneinander zu stellen.

BAD ist die getanzte und gesungene kurze Geschichte eines Abschieds, in der es um die doppelte Bedeutung des Wortes »bad« geht. Es kann »böse« heißen, aber ebenso eine dem Leben auf der Straße angepasste Haltung meinen. Die »Story« geht überdies auf einen tatsächlichen Fall in Harlem zurück. Und als wäre ein Pop-Video als Reality-Musical im Stil Minnellis noch nicht genug an Anhäufung ästhetischen Materials, ging es schließlich im ersten, in Schwarzweiß und in hartem Straßenrealismus gedrehten Teil auch um eine Hommage an die Underground-Regisseurin Shirley Clarke, die mit THE COOL WORLD (1963) eines der frühesten Dokumente afroamerikanischer (Gegen-)Kultur geschaffen hatte.

Einer zehnminütigen Sequenz mit der Handlung (als Frage) stehen sechs Minuten einer Tanz-Choreografie mit dem eigentlichen Song als Musik (als Antwort) gegenüber, in der der Film zur Farbe wechselt und einen vollständigen Stilwechsel vornimmt. Diese Farbe bleibt freilich eher Ahnung und Anmutung; die Welt der U-Bahn-Station, in der der Tanz als Antwort stattfindet, hat die Farbe eigentlich ausgeschlossen. Die Kacheln sind weiß, und die Tänzer sind schwarz gekleidet.

Der erste Teil erzählt die Geschichte eines schwarzen Jugendlichen namens Daryl (Michael Jackson), der, anders als seine Kumpane von der Straße, seine Energie nicht in die Revierkämpfe der *gang wars* setzt, sondern seinen Highschool-Abschluss macht. In der Einstellung des Beginns auf das schwere Backsteingebäude der Duxston School, das eher wie eine irische Kirche aussieht, ist uns hinreichend bewusst geworden, welch andere Welt hier ist. Leere Räume, ein leeres Treppengebäude, eine Naheinstellung auf Jacksons Gesicht, erst dann füllt sich das Gebäude mit lärmenden Kids. Jemand gratuliert ihm zu seinen schulischen Erfolgen, die meisten sind froh, dass die Schule aus ist. Auf der Heimfahrt in der Bahn wird herumgealbert, doch nach einer Überblendung sind die meisten seiner Mitschüler verschwunden, Daryl fährt allein durch die Stadt, der Schmutz und die Spannung werden spürbar. Ein Mann

Die »Antwort«: Michael Jackson mit Wesley Snipes in der Tanzsequenz

scheint ihn zu belauern. Nachdem sie in einen anderen Zug umgestiegen sind, setzt er sich sogar neben Daryl. Andere Fahrgäste füllen die Plätze, alte erschöpfte Menschen vor allem nun (darunter, beinahe hätte ich gesagt: natürlich, Scorseses Eltern). Wie viele Leute »proud« waren, will der Mann von ihm wissen. Drei waren es. »Bei mir waren es vier.« Wie ein Schatten, der seinen Weg bestätigt, erst drohend, dann freundlich, verschwindet der Mann wieder. Dann ist Daryl in seinem Viertel, in seiner Straße angekommen. Kleine Menschengruppen wärmen sich an Feuern in Mülltonnen. Daryl begrüßt seine alten Kumpel, so als wäre er lange fortgewesen. »No school tomorrow.« Er kommt in die elterliche Wohnung; an der Wand sehen wir Bilder von Ray Charles und anderen Stars der schwarzen Musik. Ein Kameraschwenk über Bücher zu einer Schreibmaschine, in die eine Nachricht seiner Mutter gespannt ist. Sie ist auf der Arbeit, das Essen steht im Kühlschrank. Eine kleine Enttäuschung ist das, ein Moment der Einsamkeit, es folgt ein Blick aus dem Fenster, auf Mauern und Trümmer.

Nun hängt Daryl mit seinen Freunden im Treppenhaus herum, die über den gebildeten Kerl von der Highschool flachsen. Ganz nahe schon ist dieses Spiel an einem Bruch. Die Frage muss sich stellen, ob Daryl noch dazu gehört oder nicht. Um die Spannung abzubauen, gehen die Jungs auf die Straße. An der Ecke steht ein Dealer, wie ein Bettler erscheint er zuerst mit seinem Stock und seinem trostlosen Äußeren. Nachdem einer von ihnen etwas gekauft hat, lümmeln sich die Jungs an ein Auto und schauen den Dealer provozierend an. »Lookin' for somebody?«, fragt er und enthüllt die Pistole, die in seinem Hosenbund steckt. Was in den anderen unterdrückten Zorn auslöst, lässt Daryl in wahrem Ekel erstarren. Aber da ist nichts zu machen, man trollt sich. Nun wollen die anderen ihn zwingen, wieder bei ihnen mitzumachen. Es gibt kaum einen dritten Weg; Gewalt liegt in der Luft. Die Frage ist: »Are you bad or not?«

In die Ecke gedrängt, will Daryl es ihnen zeigen: »Wanna see who's bad?« In den Gängen eines U-Bahnhofs lauert er einem Passanten auf. Einen Vierteldollar verlangt er von dem alten Mann, aber der beteuert, selbst nichts zu haben, und wir sehen ihm an, dass das stimmt. Als sich seine Kumpel auf ihr Opfer stürzen wollen, verhilft ihm Daryl zur Flucht. Damit hat er den Bruch vollzogen. »You ain't bad.« – »You ain't nothing«, gibt Daryl zurück.

Und nun folgt der andere, der musikalische, der Traum-Teil von BAD. Eine andere, größere, »multikulturelle« Getto-Gang hat sich zum Kampf-Tanz um Daryl/Michael Jackson versammelt. Aus einem Rohr schießt Dampf, ein merkwürdiges Signal aus der Außenwelt, das später während des Tanzes wieder aufgenommen wird, als Daryl/Michael das Gitter von der Lüftung nimmt, um »frische Luft« in die Unterwelt zu lassen. *The bad is the good one.* Er verabschiedet sich vom Gang-Leben in einer Zeichensprache, die hier nur verstanden wird, sein Tanz transportiert das »bad«. Am Ende kommt es nicht zu dem Kampf, der in der Luft liegt. Seine Freunde von einst nehmen von Daryl Abschied. »That's the way it goes down.« Der Film ist zum Schwarzweiß zurückgekehrt, statt des abenteuerlichen »Michael Jackson« steht wieder der schmächtige »Daryl« vor uns. Die eindrucksvolle Performance erscheint in dieser Umklammerung noch mehr als ein Traum im Augenblick des Abschieds, vielleicht sogar im Augenblick des Opfers, jedenfalls der Niederlage.

Scorsese geht also nicht von dem Image des Sängers aus; er nimmt den sozialen Aspekt seiner Performance vor dem erotischen ernst und nimmt erst einmal alle Hysterisierung heraus (die John Landis in THRILLER so perfekt übertreibt) und projiziert die Figur, die der Sänger und Tänzer geschaffen hat (und die ihrerseits wie die Erfüllung des Traums von »Musical Television«, von der Existenz in Style und Mode, erscheint), zurück in ihre Situation an den sozialen und topografischen Grenzen in der US-Gesellschaft und in der Stadt.

Am Ende der musikalischen Antwort auf die Mahnung seiner Kumpel, mit ihm in die kriminelle Szene zu tauchen, tritt Jackson wiederum aus der Rolle – es war die Entscheidung des Sängers, das Video nicht mit dem Ausklingen des Songs zu beenden, und Scorsese ließ Jackson diesen Part so frei gestalten, wie er De Niro einst die berühmte Spiegelsequenz von TAXI DRIVER hatte gestalten lassen. Doch scheint diese Verwandlung schließlich vollkommen »richtig«; der Traum Michael Jackson hat sich an den gebunden und von dem gelöst, der »Michael Jackson« träumt.

Dieses Ende aber scheint auch eine zweite Trennung zu bestätigen: Eine Form der schwarzen Performance verlässt das Getto, und hier müssen neue Formen des musikalischen Ausdrucks gefunden werden. Auch in BAD gibt es kein Happy End in der Geschichte eines Künstlers, der jemand wird, nicht zuletzt ein Verräter. Ob Daryls Trennung gelungen ist oder nicht, ob er oder der von Wesley Snipes gespielte Gangster »nothing« sein wird und wie Verrat und Erlösung diesmal zusammenhängen, das bleibt offen. Wie bei allen »kleinen« Arbeiten Scorseses scheint auch in BAD die Aussage zunächst einfach, die Gelegenheit zu einem sozialen oder menschlichen Statement genutzt. Doch je genauer man hinsieht, desto widersprüchlicher werden Gesten und Bilder. In den Menschen und zwischen ihnen breitet sich aus, was Scorseses Filme atmen: *uncertainty.* ❑

The Last Temptation of Christ (1988)

Die Verfilmung einer Passionsgeschichte gehörte zu Scorseses Plänen seit den 60er Jahren. Er hatte einen ersten Entwurf für *Jerusalem, Jerusalem!* verfasst, die Übertragung der Christus-Legende in die Straßen der Bronx, die den Abschluss einer mit WHO'S THAT KNOCKING AT MY DOOR? und MEAN STREETS begonnenen Trilogie bilden sollte. Nachdem Scorsese aber Pier Paolo Pasolinis IL VANGELO SECONDO MATTEO (Das 1. Evangelium – Matthäus; 1964) gesehen hatte, gab er den Plan erst einmal auf. Bei den Dreharbeiten zu BOXCAR BERTHA hatte Barbara Hershey Scorsese Nikos Kazantzakis' Roman *Die letzte Versuchung Christi* zu lesen gegeben, und seitdem dachte der Regisseur über eine Verfilmung nach, deren Realisierung sich allerdings um so schwieriger erwies, je mehr Zeit verstrich. Während in den Jahren um 1970 im Gefolge der Hippie- und Jugendbewegung eine Art offener Spiritualität in der amerikanischen Gesellschaft zu spüren war, begann nun wieder ein mehr oder weniger militanter Fundamentalismus Raum zu gewinnen, der auch Hollywood nicht unbeeinflusst ließ. Lange Zeit fand Scorsese für sein Projekt keine Finanzierungsmöglichkeit, obwohl sich das anvisierte Produktionsvolumen durchaus in Grenzen hielt. 1983 gelang es ihm, Paramount zu gewinnen, und das Studio stellte ein Budget von 14 Millionen Dollar in Aussicht. Aber wenige Wochen vor Drehbeginn wurde das Projekt abgesagt, weil mehrere religiöse Gruppen es geschafft hatten, eine bedeutende Kinokette für einen Boykott zu gewinnen und Lew Wassermann, den Präsidenten der Music Corporation of America (MCA), der das Studio damals gehörte, unter Druck zu setzen. Schon hier hatten die Kampagnen der Fundamentalisten eindeutig auch antisemitische Untertöne. 1987 übernahm schließlich Universal, und Scorsese musste den Film mit einem um beinahe die Hälfte gekürzten Budget angehen.

Und als sich das Projekt, sogar für ihn selbst überraschend, doch noch realisieren ließ, hatte sich nicht nur die allgemeine Stimmung weiter verdunkelt, sondern der Regisseur auch ein wenig Distanz zu seiner ursprünglichen Begeisterung gewonnen. Man sieht dem Film die Alterung in seinem Entstehungsprozesses an, sein Material ist sozusagen um ältere und jüngere Schichten organisiert. Und mehr als in anderen Scorsese-Filmen bleibt der Prozess der Übermalungen sichtbar. Die verschiedenen, ineinander geschachtelten Filme von THE LAST TEMPTATION geben auch verschiedene Arten von Wahrnehmung, Bewusstsein und Erinnerung wieder. Es ist nicht *ein* Konzept, was den Film bestimmt, sondern eine Reihe von ästhetischen und spirituellen Fragen, die ihn als Leitlinien durchziehen, das hat es auch der wohlwollenden Kritik nie besonders leicht gemacht. Es ist ein Film,

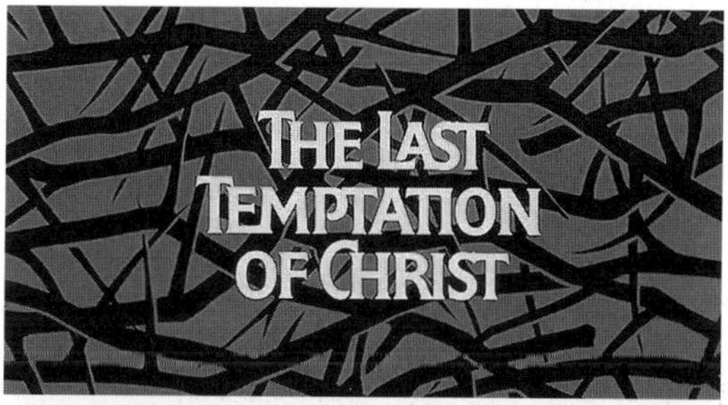

der voller übertünchter Spuren, immer wieder aufeinander geschichteter Bildwelten steckt, der einen mythischen, einen historischen, einen psychologischen und einen theologischen Christus ebenso enthält wie einen Hollywood-Christus, einen Christus naiver Volkstümlichkeit, einen Hippie-Christus und nicht zuletzt einen Christus aus der Erinnerung einer katholischen Kindheit in Little Italy. »Es gibt Augenblicke in dem Film«, sagt Scorsese, »in denen ich zu der traditionellen katholischen Bildersymbolik zurückkehre; zum Beispiel stammt der große Felsen im Garten von Gethsemane, wo Christus betet, direkt aus meiner Kindheit. Ich stellte mir dieses Bild, wie er Blut schwitzt, genauso vor, wie ich es in der katholischen Schule gesehen hatte. Und dann gibt es wieder Augenblicke, in denen ich mich mit großem Vergnügen ganz einfach in dieser Bilderwelt bewege.«

Wie mag man eine religiöse Legende – ein anderes »Bekenntnis« – in Film übersetzen? Es mag geschehen im Zeichen eines sanften Realismus wie bei Roberto Rossellinis MESSIA (Der Messias; 1978), in der Wucht eines archaischen Mythos wie bei Pasolinis IL VANGELO SECONDO MATTEO oder in der bunten Kunstdruckwelt der Hollywoodfilme, in der auch größere Talente wie George Stevens oder Nicholas Ray an dem einfachen Umstand scheitern mussten, dass man so viel Prächtigkeit aufweisen musste, um ein Bild der Armut zu erzeugen. So viel heroische Militanz für ein Bild des geschundenen Menschen! Und selten kommt so deutlich wie in diesen Filmen eine Kultur zu ihrem Ausdruck, die nichts auf der Welt so wenig versteht wie ihre eigene Religion. So ist es vielleicht nicht so sehr eine Frage von Wissen und Wahrheit als eine von Methode und Bewegung, dass die besten Filme über biblische Geschichten von marxistischen Filmemachern gedreht worden sind. Martin Scorsese ist kein Marxist.

Der Weg, den Scorsese bei diesem lang gehegten Projekt einschlägt, ist von Beginn an prekär. Er vereinfacht, ohne zu archaisieren; er versucht nicht (wie Pasolini), dem Mythos die Unschuld zurückzugeben – und sein »innerer Realismus« gibt dem unfreundlich gesonnenen Zuschauer gerade dort Anlass zu unangemessener Heiterkeit, wo er die Dinge wörtlich zu nehmen scheint, wo er die biblischen Mythen so nimmt, als habe die barocke Metaphorisierung der Welt (jene prächtige Melancholie, die auf die Entfernung der Menschen von Gott mit der inbrünstigen Konstruktion der Ideenwelt zu seinen Ehren reagierte) nie stattgefunden. Wir scheinen zu wissen, wohin Pasolini zurückgeht. Wohin aber geht Scorsese zurück, wenn er uns die Erweckung des Lazarus oder die Begegnung Jesu mit dem Löwen in der Wüste zeigt, als wären wir in einem *Flash Gordon*-Serial der späten 30er Jahre?

Zunächst einmal sicher wieder zurück in die eigene Biografie. »Ich wollte«, sagt Scorsese, »einen Christus-Film machen, seit ich mit zwölf Jahren THE ROBE [Das Gewand; 1953; R: Henry Koster] gesehen habe.« Vielleicht ist aber gerade diese »Übersetzung« der Konfession die Voraussetzung für den Essay, den Scorsese über Bestimmung und Freiheit auch hier zu unternehmen gedenkt. Es ist der verarmte Hollywood-Jesus einer in Auflösung begriffenen Kunstwelt, der sich seinem Bild entziehen will, um die eine Seite seiner Utopie zu erfüllen, nämlich ganz Mensch zu werden.

The Greatest Story

Jesus von Nazareth (Willem Dafoe) ist Zimmermann, und zu seinem Beruf gehört es, den römischen Besatzern Kreuze zu liefern, an denen sie ihre Widersacher sterben lassen. Aber Jesus erkennt den göttlichen Auftrag. Er sammelt Jünger um sich, darunter ist einer, Judas (Harvey Keitel), dem er besonders vertraut. In einem Bordell begegnet Jesus der Hure Maria Magdalena (Barbara Hershey). Am Jordan trifft er auf Johannes den Täufer (Michael Been), der in Jesus den Messias erkennt, dessen Kommen prophezeit ist. Aber das Volk will diesen so glanzlos erscheinenden Erlöser nicht, Jesus erfährt immer wieder Demütigungen und Angriffe, vor denen ihn nur die Jünger bewahren können. Und umgekehrt wendet er sich voll Zorn gegen die Selbstgerechtigkeit: So rettet er Maria Magdalena davor, gesteinigt zu werden.

Übermalungen: Willem Dafoe als Jesus

Niemand verlangt nach solch einem Messias. Jesus aber tut Wunder. Auf einem Hochzeitsfest verwandelt er Wasser in Wein, den toten Lazarus erweckt er wieder zum Leben. Dann geht Jesus in die Wüste, und dort begegnet ihm in der Gestalt einer Flamme der Teufel, der versucht, ihn von seinem göttlichen Weg abzubringen. Nach seiner Rückkehr nach Jerusalem vertreibt Jesus die Händler und Geldwechsler aus dem Tempel und zieht sich damit auch den Zorn der Priesterschaft zu. Nun aber scheint das Volk ihn »erkannt« zu haben, es jubelt ihm zu, es erwartet von ihm die Befreiung von der Kolonialherrschaft und ihren Kollaborateuren. Jesus aber weiß, dass ihn sein Weg woanders hinführen wird, ans Kreuz. Er bittet Judas, die Rolle des Verräters zu spielen, damit er den Tod sterben kann, der die Menschen erlösen soll. Judas begehrt gegen diese unrühmliche Rolle auf, lässt sich aber schließlich überzeugen. Und so führt er die römischen Soldaten zum Garten Gethsemane, wo sich Jesus nach dem letzten Abendmahl mit seinen Jüngern zurückgezogen hat. Wieder versuchen diese, ihn zu verteidigen. Doch als einer von ihnen einem der Soldaten mit dem Schwert ein Ohr abschlägt, heilt ihn Jesus. Dennoch wird er geschlagen und gefoltert, schließlich versucht ihn Pontius Pilatus (David Bowie) dazu zu überreden, dem göttlichen Auftrag abzuschwören. Vergebens.

Als Jesus am Kreuz hängt, blutend und geschunden, da erscheint ihm ein Engel, der ihn von seinen Qualen erlöst und ihn in eine Hütte führt, wo Maria Magdalena auf ihn wartet, um mit ihm ein glückliches Leben zu führen. Später, nach ihrem Tod, führt ihn der Engel zu Maria, der Schwester des Lazarus, mit den Worten, es gebe nur eine

Frau, und die habe viele Gesichter. Mit ihr – und mit ihrer Schwester Martha (!) – lebt Jesus fortan zusammen. Er wird Familienvater, nimmt seine Arbeit als Zimmermann wieder auf und ist dankbar über das Glück, das ihm bis ins Alter beschieden ist. Aber da erscheint Judas wieder und erinnert ihn an die göttliche Mission, die er verraten hat. Nun erkennt er in dem Engel, der ihn zu seinem Glück geführt hat, den Teufel in Gestalt der Flamme, wie sie ihm in der Wüste begegnet war. Und nach einigem Widerstand, nach schmerzlichem Abschied, kehrt Jesus an seine Stelle am Kreuz zurück, um sein Opfer zu vollbringen.

In the Book

Die Vorlage für Scorseses Film, der gleichnamige Roman von Nikos Kazantzakis, ist Modell einer vergleichsweise freien religiösen Suchbewegung, in der neben Elementen des Christentums auch solche des Buddhismus und der Bergsonschen *Elan vital* zu finden sind. Wenige Jahre nach der Veröffentlichung des Romans wurde der Autor exkommuniziert. Gewiss haben einmal mehr die Zensoren da ein Werk besser verstanden als ihr eigener Autor. Der Jesus der Bibel ist darin nur noch Folie; dem Autor geht es vielmehr, wie er im Vorwort schreibt, um »den erbarmungslosen Kampf zwischen Geist und Fleisch« auf dem »Schlachtfeld der Seele«. Aber Kazantzakis berührt dabei ein fundamentales »Geheimnis« des christlichen Glaubens, die Doppelgestalt des Erlösers als Gott und Mensch, die den Bund zwischen den Menschen und ihrem Schöpfer nicht nur erneuert, sondern die Erneuerung als beständigen Prozess sogar zum Movens des von ihm gestifteten Neuen Testaments macht. Denn ein wesentlicher Umstand des Mythos, der auf die Paradoxie der zugleich vollkommen menschlichen und vollkommen göttlichen Erscheinung reagiert und dies nur in der Form des vollkommenen Opfers tun kann, ist es, dass sein Protagonist (um der Kette der Blasphemien eine weitere Perle hinzuzufügen) sich selber nicht verstehen kann. (Damit ist er freilich, einer gewissen Denkweise nach, seinem »Vater« durchaus verwandt – hatte nicht Johannes Duns Scotus von Gott behauptet: Er selbst weiß nicht, was er ist, weil er kein Was ist?) Als Mensch ist Jesus von Gott (und damit von sich selbst) entfernt, als Gott muss er dem Menschen (also sich selbst) als unerreichbar gegenübertreten. So könnte eine historisch-literarische Frage etwa sein, welcher seiner Jünger Jesus *erfunden* habe, um seine kryptischen Botschaften lesbar zu machen; und jede Lesart der nicht weniger fiktiven Autoren (nicht der Evangelien, sondern des Mythos) müsste uns eine Facette erklären und zugleich andere verschweigen. War der »Autor« der Fundamentalist Petrus, der eifernde Missionar Paulus, der Skeptiker Judas oder doch die Chronisten Matthäus, Markus, Lukas und Johannes? Die Passionsgeschichte, so oder so, ist daher weder ein Märchen noch ein psychologischer Roman; sie ist nur zu lesen in Bezug auf ihre »blinden Stellen«. Jesus ist danach das vollkommene Bild in der Welt, das sich selber nirgendwo im Spiegel sieht, das sich selber nie beschrieben hat. Warum hat er seine Geschichte nicht selbst geschrieben? Weil er sich, an der Zeiten- und Kulturwende, die er markiert, selber zu wenig kannte? Oder weil er den Menschen diese Autorenschaft auf ewig und immer neu auftragen wollte? (Anders als sein Vater, der die Welt schuf: das ideale Objekt der Erzählung, das, wenigstens teilweise, an die Stelle des idealen Subjekts der Erzählung tritt, indem es, immerhin, Gebote »schreibt«.) Jesus ist insofern auch ein Gegenbild zum Buddha, als er das Unklare, statt es sein zu lassen, forciert: Er konstruiert einen linearen Text, der keine mehrdimensionale Stabilität hat wie die Thora, die man zugleich horizontal und vertikal liest, als Bild und als Sprache, bei der man, sozusagen, immer auch das Lesen selber liest. Jesus lebt so widersprüchlich, damit er ein neuer, ein dynamischer Text werde. Die Blasphemie der Reliterarisierung des Mythos steckt also in der Rekonstruktion der Mehrdeutigkeit, ja in gewissem Sinne Beliebigkeit der mythischen Vor-Schrift, einer freieren Lesart, die nicht zwischen den Polen »richtig« und »falsch« oder gar »heilig« und »verworfen« liegt. Kazantzakis' Roman unternimmt in der Tat die Modernisierung einer Erzählung ohne Autor, unter anderem, indem er sich der Überführung dieser Erzählung in die einzige Form verweigert, in der sich der Bürger ihr nähern kann: als Melodrama.

Wie also steht Jesus zu Ödipus – jenem anderen endlos »Texte« produzierenden Mythos, von der einer kaum in der Lage ist, den anderen zu verstehen? Stellen wir für einen Augenblick auch den Mythos Scorsese auf diese Weise in Frage: den katholischen Filmemacher, der gleichsam in seiner Autobiografie »das Katholische« aufsaugt und es in die »weltanschauliche« Konstruktion seiner Filme einfließen lässt. Ganz offensichtlich ist auch er nicht Subjekt dieser katholischen Konstruktion der Welt, ja mehr noch, je genauer man diese »jesuitische Dramaturgie« in seinen Filmen ansieht, von denen Peter W. Jansen gewiss kenntnisreich spricht, desto ferner blickt sie zurück, und gerade jene Hilfskonstruktionen einer solchen Dramaturgie, ausgerechnet etwa die Konstruktion der Heiligen und der Hure als prospektives Frauenbild, erweisen sich unter der Hand als ebenso flüchtig wie alles, was aus der Text- und Bildproduktion des Christentums geschieht und auf ewig zwischen Dogma und Bekenntnis zerbrechen muss: ein Kreuzweg.

Kazantzakis – auch darin Martin Scorsese verwandt – gehört zu den gespaltenen Menschen, die im kritischen Diskurs und zugleich in einer vitalistischen Aura leben. Er ist daher alles andere als ein Kritiker des christlichen Mythos, wohl aber kritisiert er in seinem Buch die Gründung der christlichen Kirche aufgrund dieses Mythos durch Paulus, den er als einen machtbesessenen Zyniker charakterisiert, der die Menschen nicht befreien, sondern unterwerfen will. Auch in Scorseses Film findet sich die Kritik am Kirchengründer Paulus – und auch sie ist, wie eine Reihe von Elementen des Films, aktueller, als es die Diskussion in Europa wollte; die Figur erinnert nun sehr stark an jene amerikanischen fundamentalistischen und medienwirksamen Prediger (Harry Dean Stanton spielt ihn »wie einen Baptisten aus dem Süden der USA«), was folgerichtig auch die vehementesten Proteste gegen den Film initiierte. So wird er zum paradoxen Autor der Legende vom Auferstandenen, der gegen die eigene Erzählung rebellieren muss. Dieses Bild des Selbstwiderspruchs hat Scorsese von Anbeginn an fasziniert. Scorsese und sein Koautor Paul Schrader studierten freilich vor der Arbeit auch die Zeitschrift *Biblical Archaelogical Review*, aus der sie eine Reihe von Bildern gleichsam direkt übernahmen. Sie hatten sich dazu entschlossen, sich aus dem Vorrat der Christus-Bilder nicht nur für eines zu entscheiden.

Seit 1982 entstanden insgesamt neun verschiedene Drehbuchversionen (von denen übrigens eine an die Öffentlichkeit gelangte und, schon lange bevor der Film zu sehen war, zu Protesten aus kirchlichen Kreisen führte). Scorsese und Paul Schrader behielten die dramatische Grundkonstellation des Romans bei, entfernten aber viel von dem symbolhaften Beiwerk. Und Scorsese betont, dass er nicht vom Mythos, sondern von einem Romantext ausgeht. Diese »Ausrede« aber hat eigentlich nie jemand recht zur Kenntnis genommen, und daher haben die »Scorsesianer« nicht weniger protestiert als die »Fundamentalisten«. Dabei sagt sie doch sehr genau, dass nicht der Mythos (wie bei Pasolini), sondern seine Aufhebung in der bürgerlichen Text-Produktion zur narrativen Referenz für die polymorphe Ikonografie verwendet wurde. Ganz direkt wird die Frage behandelt, was wäre, wenn Jesus »ein bürgerlicher Held« werden könnte.

Im Vorspann des Films wird Kazantzakis' Satz vom »erbarmungslosen Kampf zwischen dem Geist und dem Fleisch« zitiert. Kazantzakis und Scorsese versuchen möglicherweise tatsächlich einen *anderen* Jesus anzubieten. (Wenn ich es richtig sehe, ist dieser Jesusfilm überhaupt Scorseses letzter »katholischer« Film für lange Zeit; der Regisseur wendet sich in der Folgezeit, und gewiss nicht wenig vom Misserfolg dieses Films und den Missverständnissen um ihn bestimmt, einer radikaleren materialistischen Auflösung des Mythos zu. Und nicht weniger bedeutend mag sein, dass dieser Film auch die Abbildung einer sehr persönlichen Krise ihres Schöpfers war; im Leben wie in der Arbeit. Dieser Christus macht auch die Frage durch, die Martin Scorsese durchmacht: das Leben oder das Opfer. Und von da an ist nicht nur der Regisseur Scorsese ein angenehmerer Mensch auf dem Set geworden, wie seine Mitarbeiter berichten, sondern er sieht das Opfer des Künstlers auch ironischer und melancholischerer, als etwas, zu dem durchaus eine

Alternative bestand und besteht.) So lässt sich THE LAST TEMPTATION als Rückblick wie als »Therapie« lesen. Es ist ein Versuch, die schmerzliche Ausschließlichkeit des religiösen Modells zu überwinden.

In Scorseses Film gibt es ein Gleichnis des Film-Jesus, der unter den vielen Protestbriefschreibern auf beiden Seiten des Atlantiks, besonders heftigen Widerspruch auslöste: Das Himmelreich, sagt Scorseses Jesus, sei wie eine Hochzeit, bei der niemand weggestoßen werde. Die Schrift, darauf weisen viele dieser Briefe hin, belege etwas anderes: Ein Himmelreich sei keineswegs allen offen, sondern nur denen, die glauben und den Willen Gottes tun. Scorseses »Schuld« also ist es schon, den Mythos und damit das Himmelreich allzu weit geöffnet zu haben.

Jesus – der Mensch

Der Film erzählt die Geschichte des Gekreuzigten, der vor dem schmerzreichen Tod von einem Engel, der in Wahrheit ein Verführer der satanischen Mächte ist, von seinen Qualen erlöst wird, vom Kreuz steigen und – der Film erzählt es in einer 32minütigen Sequenz – ein »normales« menschliches Leben mit Frau und Kindern führen kann, bis ihn Judas dazu zwingt, das Spiel des Teufels zu durchschauen und den Opfertod schließlich doch anzunehmen. Als nun schon alter Mann schleppt er sich nach Golgatha. Judas (dem Nur-Menschen) wird das größere Opfer abverlangt. Gefragt, ob *er* denn in der Lage wäre, seinen Meister zu verraten, antwortet Jesus: »Nein, ich fürchte, ich könnte es nicht, deshalb hat Gott sich auch meiner erbarmt und mir den leichteren Auftrag erteilt, gekreuzigt zu werden.«

Nicht der Sohn, sondern der Auserwählte also steht zur Debatte – und noch dazu einer, der nach seinen Fähigkeiten und Unfähigkeiten auserwählt wurde. Ein Rollenspiel gar. Der Jesus des Romans und des Films ist so etwas wie ein Auserwählter, der seine Sendung erst finden und akzeptieren muss, und zugleich ist er das Spiegelbild der selbstzerstörerischen Charaktere aus den anderen Scorsese-Filmen. Die narrative Struktur des Films kann mit Leichtigkeit auf viele andere Scorsese-Filme projiziert werden: Am Anfang sehen wir ihn als Diener der Römer; als Zimmermann macht er die Kreuze für die Verurteilungen. Alle Scorsese-Helden beginnen in einem solchen Abhängigkeitsverhältnis. Dann nimmt er seine Mission an, lässt sich von Johannes taufen und sammelt die Jünger um sich, bis er schließlich seinen vorherbestimmten Tod in Jerusalem sterben will. Auch dieser Scorsese-Held will »jemand werden«. Doch als letzte Versuchung wird ihm jener Traum beschert, in dem ihm verheißen wird, er müsse nicht am Kreuz sterben, sondern könne ein erfülltes Leben und eine Ehe zuerst mit Maria Magdalena, dann mit Maria und Martha führen. Es ist wie die Home Movies so vieler Scorsese-Filme: Konstruktion eines »einfachen« Glücks, das nie zu haben sein wird. Denn in diesem Traum wirkt auch Judas, der ihn dazu bringt, an seinen Platz am Kreuz zurückzukehren und seinen Tod anzunehmen. Der unruhige Andere in den Scorsese-Filmen, der Strafe und Erlösung zugleich ist. Dieser verfehlte Traum von einem glücklichen Leben, davon, dass das Opfer zu vermeiden sei, wenn man nur unauffällig lebte, hat seine Entsprechung in anderen Scorsese-Filmen, etwa in RAGING BULL in den (farbigen) Home Movies vom Familienleben, in den Bürgerträumen seiner Gangster und Künstler, in der katastrophalen Ehe von CASINO.

Doch diese »Versuchung« Christi ist die Voraussetzung zu einem neuen Paradox, nämlich dem, dass Jesus seinen Opfertod in »vollem Bewusstsein« auf sich nimmt. Wieder ergibt sich das gleiche Spannungsfeld wie in den vielen Scorsese-Filmen zuvor (und danach) zwischen psychologischem Realismus, Existentialismus und Religion. Die ebenso interessante wie absurde Frage ist, ob Jesus wirklich ein freier Mensch gewesen ist. So steht auf dem Prüfstand nicht allein die Menschlichkeit Jesu (die durchaus auch dem Gläubigen warm ums Herz machen kann), sondern auch die Frage nach der Inszenierung des Mythos. Der Mythos löst sich von innen her auf, ganz ähnlich, im Übrigen, wie sich andererseits bei Scorsese immer auch der Mythos des Bösen auflöst (zum Beispiel in CASINO). »Gewöhnlich«, so Martin Scorsese, »ist Jesus ausschließlich als Gott dargestellt wor-

Rupert Pupkin in THE KING OF COMEDY und Jesus (mit Judas) als Performer in THE LAST TEMPTATION OF CHRIST

den. Er betrat einen Raum, und schon erstrahlte dieser, so dass jeder wusste, um ihn war das Außergewöhnliche. Und doch stellt ihn das Evangelium anders dar. Das Interessante am Roman von Kazantzakis ist die Tatsache, dass Jesus zunächst als ein Mensch geschildert wird, und deshalb erfährt und versteht er an einem gewissen Punkt den Verlust, die Sehnsucht und andere Gefühle und Schwächen, die als rein menschlich empfunden werden.«

Die Voraussetzung für den Film-Jesus, nämlich dass er wirklich Mensch geworden sei, ist eine weitere Blasphemie, denn die Schrift, so sagen es erboste christliche Briefschreiber, habe ihn als Menschen nur insoweit erkannt, als er ein Mensch »vollkommen ohne Sünde« gewesen sei. »Jesus hat auch nicht in Gedanken eine Sünde zugelassen«, weiß Gabriele Singer in einem Leserbrief an die *Passauer Neue Presse*. Ganz abgesehen davon, dass es schwer sein wird, in dem Film die »Sünde« manifest zu machen (Eine Prostituierte zu heiraten? Überhaupt Sex zu haben? Ist das Sünde?): Wenn dem so wäre, würde wohl das ganze Neue Testament nicht funktionieren, das ja den neuen Pakt zwischen dem Menschen und dem Transzendentalen auf der Fähigkeit vollständiger Durchdringung schließt. Einen Menschen ohne Sünde gibt es ebenso wenig wie einen Menschen ohne Freiheit.

Der Verdacht liegt nahe: Martin Scorsese hat in diesem Film sich (und andere) von einem Druck zu befreien versucht; der Mythos zerfällt bei ihm in einen menschlichen und einen göttlichen Teil, und er reflektiert obendrein, dass die einzige Verbindung von beidem Manipulation, historisches Interesse auf der einen Seite, Einsicht, Freiheit und Freiwilligkeit auf der anderen Seite sein kann. Der unglaubliche Impuls des Films, der sich möglicherweise erst langsam entfaltet, ist die Aufkündigung des Paktes zwischen Materialismus und Katholizismus (und so leicht es sein mag, den Jesus von Pier Paolo Pasolini als den »besseren Film« zu sehen, so wichtig ist, dass Scorseses Jesus mehr bewirkt, im Werk und in der Welt). Die Richtung des historischen Kompromisses der späten 60er Jahre (Christentum und Marxismus, einander ergänzend, einander begrenzend, ergeben gemeinsam das Projekt einer menschlich verbesserten Welt) kehrt sich um: Der Widerspruch zwischen dem spirituellen und dem menschlichen Gehalt des Mythos kann nur in einem *ästhetischen* Kompromiss gelöst werden, und als Nach-Inszenierung des Mythos.

THE LAST TEMPTATION OF CHRIST ist auch die letzte Versuchung von Martin Scorsese, nur andersherum. Er lässt sich vom Mythos als der Verbindung von Leben und Metaphysik, von Natur und Zeichen nicht mehr verführen. Und, wenn der blasphemische Vergleich gestattet ist, so ist auch dieser Jesus eine eher komische Scorsese-Gestalt, die sich in grotesker Weise bei THE KING OF COMEDY findet, der sich wiederum auf Jerry Lewis THE NUTTY PROFESSOR (Der verrückte Professor; 1962; R: Jerry Lewis) bezieht, auf den Film von jemandem, der etwas und etwas anderes zugleich sein will. Wie viele andere Filme von Scorsese ist also auch dieser die Geschichte einer Persönlichkeitsspaltung, des Auseinanderfallens einer Person in ihre so unterschiedlichen Impulse. Auch hier geht es um den dialektischen Widerspruch zwischen der »Performance« und dem Leben (und Schrader/Scorseses Christus ist sich des Auftritt-Charakters seiner Taten durchaus bewusst!)

Hollywood-Sprache

Das Gleichnishafte der Geschichte wird vor allem in der Musik von Peter Gabriel gespiegelt, die Scorsese nach eigenen Worten wählte, »weil für mich die Rhythmen, die er benutzte, das Primitive und seine Stimme das Sublime reflektierten – so als kämen hier Geist und Fleisch zusammen«. So wird noch einmal betont, was Scorseses Arbeitsweise ausmacht, die Begegnung zwischen dem Mythos und der Popkultur des Westens, eine Verwandlung jener archaischen Musik (wie sie Pasolini verwendete) in »Weltmusik«. »Diese Musik hat etwas von den orientalischen Malern des letzten Jahrhunderts«, meint der deutsche Regisseur Dominik Graf. »Sie erleichtert uns den Zugang zum Religionsmysterium und zu der archaischen Fremde der Welt, die der Film beschreibt. Sie banalisiert und glättet aber gleichermaßen auch ein wenig die Schroffheit der Entfernung«. Eben dies freilich macht ihre Ehrlichkeit aus; sie glaubt nicht an den »reinen« Zugang zum Mythos (wie er gelegentlich in der europäischen neuen Musik komponiert wird), sie ist auf ihre Weise so »berserkerhaft«, rau und vulgär wie Scorseses Inszenierungsstil. Und genauso ungenau.

Denn auch auf der Bildebene verwendet Scorsese eine Ästhetik des Verschwimmens. Es trug zur auch seriöseren Kritik des Films wohl der Umstand nicht wenig bei, dass Scorsese die metaphysischen Elemente im Leben Jesu auf eine sehr direkte, beinahe naive B-Movie-Weise wiedergibt: Man sieht, wie er sich vor seinen Jüngern das blutende Herz aus dem Leib holt – eine der Szenen, in denen Paul Schrader bewusst (und offensichtlich mit einer Art freundlicher Bosheit) den katholischen Text wörtlich nahm; bei der Szene im ersten Drehbuchentwurf, in der die Jünger ganz buchstäblich das Fleisch Christi und sein Blut zu sich nehmen, verweigerte Scorsese indes die Gefolgschaft. Und doch wird die Metapher insoweit ganz direkt zitiert, als sich beim letzten Abendmahl der Wein buchstäblich in das Blut verwandelt, das auf die Gewänder der Jünger tropft. Lazarus erscheint ein wenig wie eine Gestalt aus einem *Mummy*-Film, und Willem Dafoes blonder, strahlender Christus erscheint mehrfach wie ein Zitat heroisch-kitschiger Bildwelten. Aber da ist auch der Jesus, der, nachdem er Wasser in Wein verwandelt hat, selber zum Glas greift und ausgelassen mit den Feiernden bei der Hochzeit von Kanaan trinkt und tanzt (ein Jesus, wie ihn dann die Kirche in Kevin Smith' DOGMA [1999] gerne hätte).

Aber eben dies ist Teil der ästhetischen Struktur, wie die Sprache: Im Original schließlich sprechen Jesus und die seinen eine unbekümmerte amerikanische Alltagssprache (einschließlich regionaler Färbungen), nicht historisierend, nicht überhöhend. Sie macht die Figuren zu Nachfolgern der Straßen-Menschen der vorherigen Filme. »Uh, I'm sorry, I'm going to tell you a story« – so beginnt bei Scorsese die Bergpredigt. Die Parts der Römer hingegen hat Scorsese alle mit britischen Schauspielern besetzt – hervorstechend etwa David Bowies zynischer Pontius Pilatus – die ein distinkteres, fast herrisches Englisch sprechen, das, wie der Regisseur sagt, in den USA beinahe automatisch mit autoritativer Anmaßung assoziiert wird. Aber nicht nur die Römer, sondern auch die Vertreter Satans sprechen diese »Herrschaftssprache«, und damit eröffnet Scorsese einen weiteren Diskurs zwischen der weltlichen und der spirituellen Fremdbestimmung seiner Menschen. Mehr noch: In dieser Sprache drücken die Antagonisten ihre Text-Bestimmtheit aus, während die Protagonisten gleichsam um jedes Wort kämpfen müssen. Ganz bewusst, sagt Scorsese, habe er die literarische Schönheit der Bergpredigt zerstört, um glaubhaft zu machen, dass alles, was Christus dort sagt, ihm »im Augenblick« eingefallen sei. Dazu gehört wohl auch, dass diese Predigt bei Scorsese kein Massenereignis ist, es sind nur ein paar Handvoll Menschen, die ihm da zuhören, und es scheint, als könne in der Tat jeder ganz persönlich angesprochen sein. So drückt sich auch auf der Ebene der Sprache aus, dass Protagonisten und Antagonisten sozusagen in verschiedenen Zeiten leben und, eine Ebene tiefer, dass die »neuen Menschen«, von denen THE LAST TEMPTATION im Zustand ihrer Entstehung spricht, gegen den Text rebellieren.

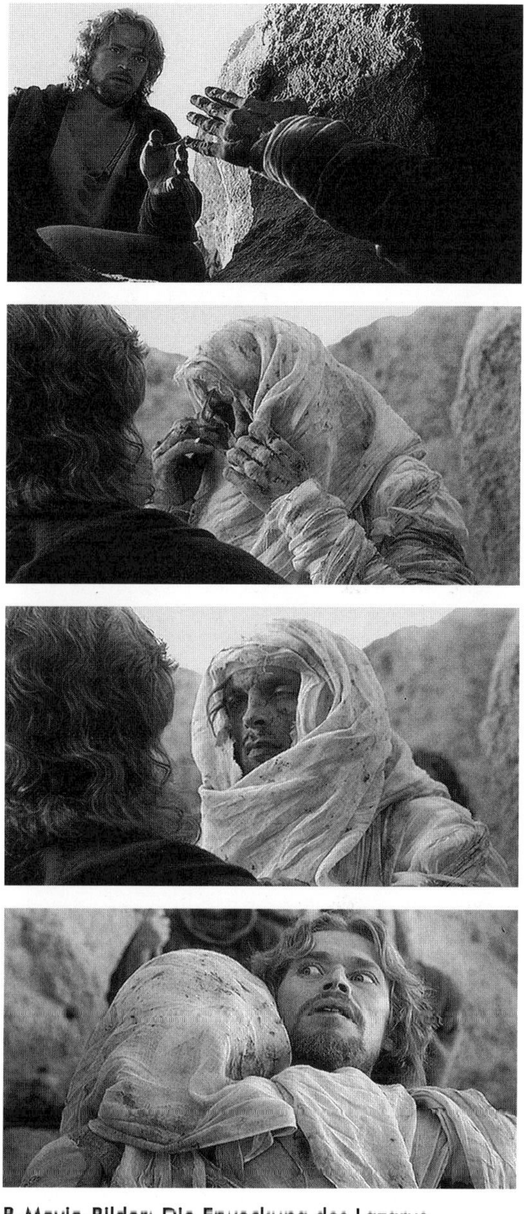

B-Movie-Bilder: Die Erweckung des Lazarus

Englische Dekadenz: David Bowie als Pontius Pilatus

So kann Scorseses Christus weder einer sein, aus dem der Mythos spricht wie bei Pasolini, noch kann er ein stummer Christus sein wie der in Dostojewskijs *Die Brüder Karamasow* oder der des schweizerischen Dramatikers Walter Vogt (*Pilatus vor dem schweigenden Christus*), dessen Schweigen die theologischen Rationalisten, den Großinquisitor oder eben Pilatus, verurteilt (die Wahl David Bowies ist daher mehr als ein kleiner Besetzungscoup; englische Dekadenz gegen amerikanische Authentizität); es ist eine andere Sprache, in der die Kontrahenten sprechen, obwohl sie beinahe identische Worte benutzen.

Scorsese führt sich in diesem Film tatsächlich, wie Peter W. Jansen schreibt, »wie ein Berserker« auf, er wütet in den Stilen, Methoden und Strategien des Hollywoodkinos, und »nichts ist ihm verbraucht und abgeschmackt genug, als dass er es, post-postmodernistisch, nicht gebrauchen könnte, die Bibel- und Sandalenfilme, die süßliche Kolorierung der Heiligenbildchen, der Horrorfilm (wenn Lazarus wie ein leibhaftiger Zombie nach seinem Erwecker grapscht), der Videoclip mit einer Musik von Peter Gabriel, die alles zitiert, was zwischen Rock und New Wave im Schwange ist, die kindlichsten Aha-Effekte der Fantasyfilme«. Aber natürlich ist diese Methode so skandalös gegenüber tradierten wie dem »modernen« religiösen Bild (das sich entmischt, zur Reinheit drängt, auch und gerade vielleicht in der Abwesenheit der transzendenten Kraft, ja vielleicht im Zorn gegen das Bild und gegen die Nichtabbildbarkeit Gottes auch gegen sich selbst wütend), wie sie angemessen ist für eine Untersuchung über die »Autorenschaft« in der Religion.

Auch die Bilder fragen: Wer hat die Christus-Legende geschaffen? War es Gott, der auf die Einhaltung des Opfers drängte? (Aber dann müsste er ja wissen, wer oder was er ist!) War es Christus selbst, der seine heilige Krankheit zu erfüllen hatte (und der, nur im Tod, all dies Auseinanderstrebende, diese Fallsucht seiner Epilepsie, die ihn nicht zu einem ganzen Menschen werden ließ, überwinden konnte – der vielleicht auch in seinem Opfer den verfehlten Weg zur Frau büßt, oder umgekehrt, sich gegen die Frau opfert)? Ist es Judas, der Revolutionär, der seinen Märtyrer braucht, damit das Volk sich gegen die Herrschaft erhebe? Oder ist es Paulus, der die Hierarchie des Apparates begründet und dem der »lebendige Gott« schon lästig geworden ist? Ist andererseits der Christus des Traumes die Erfindung der Frauen, der menschliche Mann, der nicht die Einheit mit dem Vater, sondern die Einheit mit der Frau sucht (und der daher selber zum Vater werden kann)? Und wie verhalten sich das Leben, die Legende und der Traum zueinander?

Die paradoxe, liberal-theologische Kritik rettet das »theologische« Team Schrader/Scorsese in der Regel dadurch, dass sie den Ikonografen Scorsese verdammt. So schreibt Ambros Eichenberger: »Ikonografisch ist THE LAST TEMPTATION doch nicht über die vorletzten ›biblischen‹ Hollywood-Versuche aus den späten 50er Jahren hinausgekommen, wie wir sie von KING OF KINGS [Der

König der Könige; 1961; Nicholas Ray] oder von George Stevens' THE GREATEST STORY EVER TOLD [Die größte Geschichte aller Zeiten; 1965] usw. her kennen. Da begegnen einem doch, einmal mehr, dieselben Klischees: Die Jesus-Gestalt im weißen Gewand mit blauen Augen, dem langen, leicht ondulierten, blonden Haar usw. Nur die Dornenkrone ist etwas üppiger geworden, so dass die Bächlein von Blut, die Scorsese (sonst) so viel bedeuten, besser darunter hervorquellen können. Hinzu kommt die Versessenheit auf archäologische Details mit der Rekonstruktion von Reliefs an Opferaltären, Tätowierungen von Prostituierten ›aus jener Zeit‹ usw., die geistigen Tiefgang aber leider nicht zu ersetzen vermögen. Trotz seiner Stilisierungsversuche bleibt auch dieser Film einem ärgerlich naiven biblischen ›Historizismus und Naturalismus‹ verhaftet, der in der Exegese längst überwunden ist, aber in der sogenannten Volksfrömmigkeit offensichtlich hartnäckig weiterlebt; nicht nur in der amerikanischen.«

Möglicherweise ist eine solch feinsinnige Kritik nichts anderes als die Wiederholung der fundamentalistischen Kritik auf subtilere Weise. Darf Jesus Mensch werden – diese Frage wird auf die linguistische Ebene projiziert: Darf Jesus Bild – vor allem »naives« (materielles und mythisches) Bild werden?

So ist THE LAST TEMPTATION vielleicht auch viel mehr als ein »katholischer«, ein »christlicher«, ein »blasphemischer« oder ein »humanistischer« Film über den zentralen Mythos des Abendlandes, er ist – auch – eine Untersuchung über die Repräsentation des Gottesbildes und seine Sprache. Wie alle anderen Helden Scorseses ist Jesus zweigeteilt in seine Existenz und sein Bild, seinen Körper und seine »Statue«, in das, was er ist, und in das, was er werden will, in zwei Wesenheiten, die einander bedingen, aber nicht »verstehen«. Das Göttliche in Christus »entsteht« so wenig aus seinem Menschlichen, wie, sagen wir, der fette Bar-Entertainer Jake La Motta aus dem *Raging Bull*, dem Boxer Jake La Motta entsteht. Ganz buchstäblich muss sich dieser Körper verdoppeln und Christus aus seiner Statue steigen wie Paul Hackett aus der seinen in AFTER HOURS. Die eine Natur schließt die andere ein und zugleich aus: Die Gottheit ist ein Spiegel, eine Maske, eine Statue ... Hätte Scorsese also auf diese »banale« Filmsprache verzichtet, so hätte er seinen Ansatz verraten.

Natürlich haben also diejenigen Recht, die den Film als Angriff auf die Religion verstehen, und diejenigen Unrecht, die liberal abwiegeln oder gar integrieren wollen. Scorsese zerlegt ein Gottesbild (sympathetisch und immanent meinethalben, aber auch gründlich), und dies geht über alle Blasphemie hinaus. Und genau das Ziel des Mythos, das Widersprüchliche zu vereinen, negiert er gründlich. Dies konstatieren heißt im Übrigen keineswegs, etwas in Scorseses Film »hineinzulesen«; es ist vielmehr eine Konsequenz aus einem Umgang mit Bildern, wenn man so will, ist THE LAST TEMPTATION nichts anderes als die theologische Konsequenz von THE BIG SHAVE.

Christus verdoppelt sich ohne Spiegel, weil er bereits Spiegel und Statue ist. Immer wieder werden wir darauf gestoßen, dass dieser Christus nicht etwa ein Zweifelnder ist, sondern einer, der von sich selber nichts weiß: ein Mensch ohne Seele. So drängt dieses Spiegelbild von der anderen Seite darauf, sein Original zu finden (und findet es auch in einem ganz normalen Menschen: in einem glücklichen Niemand!). Aber es sind die unterschiedlichsten Kräfte, die diesen Spiegel zur Maske und dann zur Statue machen. Es ist also nicht so sehr der *Inhalt*, den der Film angreift, es ist viel schlimmer: Es ist die *Form* der religiösen Ikonografie.

Nicht das neue Bild ersteht in dieser Technik der Übermalungen, wohl aber eine Befreiung der Bilder, die in eine andere Film-Zeit übergeht: »Als ich in der Wüste Marokkos war«, erzählt Scorsese, »bekam ich ein echtes Gefühl der Zeitlosigkeit: Alles bewegte sich mit einer Geschwindigkeit von 120 Bildern in der Sekunde – in extremer Zeitlupe, beinahe wie in Trance. Das ist einer der Effekte, die ich mit diesem Film erreichen wollte, und es ist einer der Gründe dafür, warum der Film zwei Stunden und 46 Minuten lang ist. Ich entschied mich dafür, dass einige Teile von TEMPTATION schnell sein würden. Aber in der Wüste herrscht ein Gefühl des Mystizismus, das man oft in tranceartigen Zuständen erlebt«.

Jesus, der Scorsese-Held

Willem Dafoes Jesus steht in einer Reihe mit den Scorsese-Helden, die von innerer Unrast getrieben nach der eigenen Erlösung suchen, und so wie in allen Scorsese-Filmen (vorher) etwas von Jesus steckt – vom Gekreuzigten »Big« Bill Shelley über Travis Bickle, der sich ganz explizit als »Gottes einsamsten Mann« bezeichnet und seine Reinigung im Blut findet, bis zu Jake La Motta, der sich im Ring halbtot prügeln lässt, um dann wie ein Gekreuzigter in den Seilen zu hängen –, so tritt umgekehrt auch der Scorsese-Held aus der Christus-Figur, der nicht nur vollständiger – und daher zu Feigheit und Bequemlichkeit neigender – Mensch, sondern vor allem auch vollständig Sohn ist. Das Angebot des Teufels, dem Kreuzestod zu entgehen, beginnt mit der Behauptung: »Dein Vater ist ein barmherziger Gott.« Damit freilich wird eine weitere Übermalung vorgeschlagen: die Übermalung jenes neutestamentarischen Mythos vom notwendigen, wenn auch in einem Sinne letzten Menschenopfers mit dem zentralen Mythos des Alten Testaments, der Geschichte vom barmherzigen Gott, der Abraham die Opferung seines Sohnes erspart und damit recht eigentlich die Geschichte des Menschen beginnen lässt, die Geschichte des Menschen nämlich, der sich mit Gottes Hilfe gegen die Gewalt entscheiden kann. Wie zentral die Vorstellung des Opfers für Scorsese ist, beschreibt er selbst: »Mich haben immer die alten Religionen angezogen, wie die von Cartago, für die 500 Kinder von 5 Jahren geopfert wurden, oder das Blutopfer der Israeliten, bis hin zum Opfer von Jesus am Kreuz und in der Messe.« Die zentrale Frage in der Geschichte der Scorsese-Filme könnte daher die sein, ob das Menschenopfer, in welcher Art auch immer (noch als Opfer der Liebe, wie in THE AGE OF INNOCENCE), »Sinn« stiften kann oder ob es zu vermeiden ist.

Aber das scheint die größte Lüge, dass diese Barmherzigkeit das Opfer überflüssig machen könnte: Doch nur über das Opfer ist die Beziehung zwischen Vater und Sohn (in doppeltem Sinn) zu lösen. So spukt einmal mehr Franz Kafka auch in dieser religiösen Erzählung Scorseses. Die gegenseitige Verurteilung von Vater und Sohn wird in dieser Geste aufgehoben so sehr wie der Widerspruch zwischen Revolte und Demut, unter dem alle Scorsese-Helden leiden. Und es wiederholt sich das Doppelspiel aus Scorseses früheren Filmen zwischen Jesus und Judas, dem (naiven) Sucher und dem Rationalisten, es ist eine neue Variation der Beziehung von Johnny Boy und Charlie in MEAN STREETS oder der Brüder in RAGING BULL. Dieser Jesus ist von Anbeginn an in ein System auch der eigenen Schuld verwoben. Als Zimmermann ist er gar Kollaborateur der römischen Besatzungsmacht, für deren Schreckensherrschaft er die Kreuze zimmert, an denen die Dissidenten und Rebellen zu Tode gebracht werden. Schon am Beginn, die eigene Kreuzigung als *foreshadowing* vorwegnehmend, schleppt er ein Kreuz zur Hinrichtungsstätte. Ein Blutstrahl trifft ihn unter dem Kreuz, als ein aufständischer Zelot hingerichtet wird. Rebellion und Tod sind in dieser Szene schon eins geworden. Und so, wie er später nicht weiß, ob die letzte Versuchung von Gott oder vom Teufel kommt, so weiß er nicht, ob die Berufung vom Guten oder vom Bösen ausgesprochen wird. Er bleibt einer, der mit sich ringt, nie hat er etwas wirklich Selbstverständliches, nie ist das Göttliche anders in ihm als im furchtbaren Ringen, und immer wieder sehen wir auf ihn aus der entfernten Perspektive eines nicht besonders mitfühlend erscheinenden Gottes, der nicht weiter in das Geschehen eingreift, als Ursache der Berufung selbst zu sein. Stattdessen fallen die Entscheidungen des Protagonisten eher irdisch zwischen dieser Berufung, zwischen Judas, dem Rationalisten und Theoretiker der Revolution, und zwischen Maria Magdalena, die ein »bürgerliches« Glück anbietet. Aber selber glücklich ist keiner der beiden, unerlöst und suchend sind auch sie.

Jesus ist ein Mensch-Gott ohne Ziel. Er weiß nicht, welche Art von Erlösung er bringt, in der Dialektik zwischen politischer und spiritueller Revolte bleibt er schwankend bis zum Schluss, aber vielleicht ist dies seine Stärke: Er ist der Mensch, der gerade in seiner Selbstwidersprüchlichkeit der apokalyptischen Vision von Johannes dem Täufer widersteht, der nicht auf das Ende, sondern auf einen neuen Anfang hin lebt. Durch eine Vision des Propheten Elias erkennt er seine wahre Bestimmung: das Opfer, das ihm nicht eingeschrieben ist. Er ist dabei keine Einheit, niemand, der sein Talent gezielt einzusetzen vermag; seine einzelnen Aspekte scheinen nicht zusammenzupassen; seine Sanftmut, seine guten Taten, seine Revolte, seine Lehre. Scorsese unternimmt nicht einmal den Versuch, daraus die Einheit des Mythos zu rekonstruieren.

Aber noch einmal muss der Sinn dieses Opfers befragt werden. Ist nicht das Glück, die gelebte Liebe, die wirkliche Antwort auf die Schuld? Und könnte nicht die Annahme des Kreuzigungstodes schließlich ein furchtbarer Irrtum, ein Opfer nicht für die Menschheit, sondern für die Macht sein?

Aber wenn möglicherweise das Opfer, wie es Scorsese in seinen Lichtspielen und den Glockentönen der »endgültigen« Kreuzigung andeutet, doch nicht unsinnig ist, dann wohl gewiss nicht für einen ebenso fernen wie gnadenlosen Gott, mit dem dieser Jesus ganz und gar keine Einheit bildet, nicht einmal den Ansatz eines Verstehens. Dieser Jesus ist ein Geworfener in der Fantasie der Existentialisten, einer, der nicht weiß, wozu er die Freiheit benutzen kann, zu der er verurteilt ist, und der noch weit davon entfernt scheint, in seinem eigenen Opfer die Gnade zu erfahren.

Wie wir am Anfang sehen, greift die Kamera auf diesen Jesus nicht anders zu, als sie es in der Regel am Beginn auf alle Scorsese-Helden macht; sie greift ihn aus dem Fluss der Dinge heraus wie sonst aus der Menge. Das Exzeptionelle ist durch diese Kamera »erzeugt« (die Kamera ist, wenn man so will, ein gottähnliches Instrument), so wie in NEW YORK, NEW YORK der erste Auftritt des Helden De Niro ironischerweise durch einen Pfeil aus Neonlicht akzentuiert wird: Als könnten wir nur durch ein solches Zeichen feststellen, dass es hier um einen Niemand geht, der ein Jemand werden soll. Der Scorsese-Held ist ein »Erwählter«, aber die Umkehrung, die Negation in dieser zugreifenden Kamerafahrt, die es in den meisten Scorsese-Filmen in der einen oder anderen Form gibt, bedeutet, dass der Prozess der Erwählung einen Menschen trifft, der zum einen nicht ihr Subjekt ist (wie, sagen wir, John Wayne in einem John-Ford-Film, der die Kamera von Anbeginn als seinen Diener und Chronisten hat), und der zum anderen

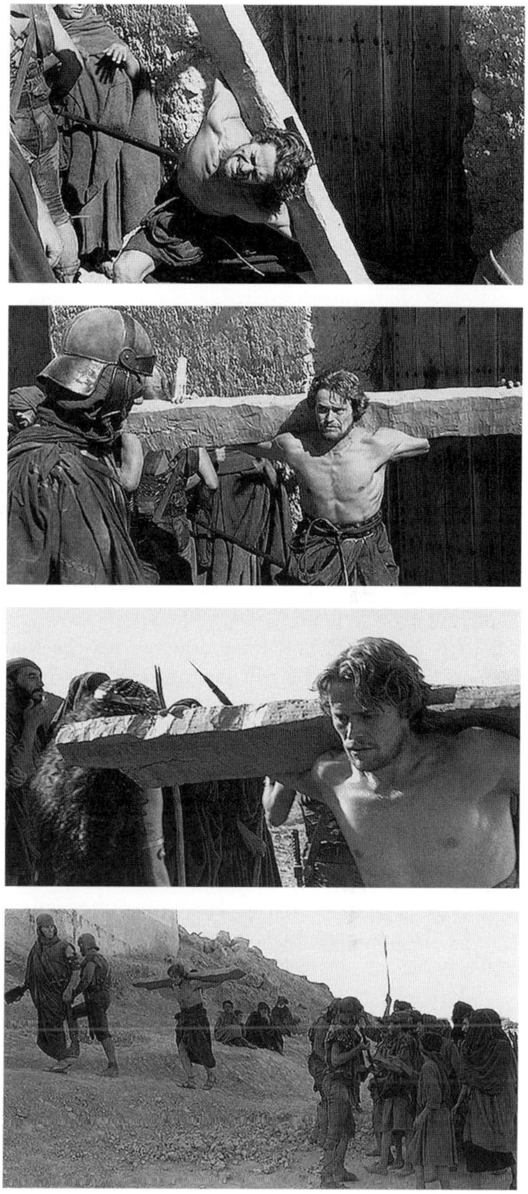

Foreshadowing: Die Vorwegnahme der Kreuzigung

vordem (und vielleicht auch hinterher) wieder in der Masse der Nicht-Erwählten zu verschwinden hat. (Man könnte also sagen: Diese Scorsese-Kamerabewegung ist in sich tatsächlich »blasphemisch«.)

Auch die Figur des Judas ist dreifach kodiert, als Umdeutung der biblischen Gestalt des großen Verräters, als Illustration der Figur von Kazantzakis, jener Zelot (der Revolutionär gegen die römische Kolonisation), der zunächst den Auftrag hatte, den Kollaborateur zu töten, sich dem neuen Propheten erst widerwillig anschließt, dann aber zum treuesten Gefolgsmann wird, der wiederum ihn zum treuesten Jünger macht, von Jesus selbst auserwählt, den Akt des Verrates in der Welt-Inszenierung des Opfers vorzunehmen, und als drittes als Scorsese-Figur, Fortsetzung der schon in vielen Filmen angelegten Dualität von Planer und Täter. Judas verzweifelt förmlich an der Tatsache, dass Jesus offenkundig jeden Tag andere, neue, widersprüchliche Ideen hat, dass er beständig neue Pläne entwirft und sie sogleich wieder zerstört. Er will den einen, großen Plan, und er hadert mit diesem Gegenüber wie mit einem unverständigen Kind, das er doch eindeutig als Gott entdeckt hat. (Darin wiederholt Judas ein wenig die Geste, die Charlie in MEAN STREETS gegenüber Johnny Boy ausführt, in dem er ebenso das unvernünftige Kind wie eben jene Prüfung akzeptiert hat, durch die er mit Gott meint »sprechen« zu können.) Aber Jesus und Judas sind noch tiefer miteinander verbunden: Als Jesus in der Wüste dem Löwen begegnet, spricht dieser mit Judas' Stimme: »Erkennst du mich nicht? Ich bin dein Herz!«

Vielleicht steckt das eigentlich Blasphemische gar nicht in der letzten Versuchung Christi zur reinen Menschlichkeit und zur bürgerlichen Familie (und schon gar nicht in irgendeiner erotischen Komponente), sondern gerade in jener Gestalt, die in gewisser Weise als »Autor« der großen Opferungsszene auftritt. Er setzt eine fast unauflösbare Spirale in Gang: Er ist der Materialist, der das Heilsgeschehen »vernünftigerweise« inszeniert (oder wenigstens seine Inszenierung einfordert), von dem er weiß, dass es weit über seine Rationalität hinausgehen wird. Er ist gleichsam der Vorfahr des Jansenismus.

Ein anderer Autor, ein wahrer Lügner, ist Paulus, dem Jesus in seinem Traum-Leben begegnet, wie er den Menschen vom Gekreuzigten predigt, der auferstanden sei und den Menschen die Erlösung von ihren Sünden gebracht habe. Die entscheidende Begegnung zwischen beiden erscheint auch hier als eine der wiederkehrenden Spiegel-Sequenzen kurz vor dem Ende in Scorseses Filmen: Als Jesus mit seiner mittlerweile großen Familie unterwegs ist, begegnet er dem Apostel, der »seine« Geschichte erzählt von Jesus Christus, der am Kreuz gestorben und nach drei Tagen wieder auferstanden sei. Jesus protestiert, zeiht Paulus der Lüge und weist darauf hin, dass er von Gott nur geprüft worden sei (eben in der Wiederholung des Isaak-Mythos), und der entgegnet mit Blick auf seine Zuhörer, die »elenden Massen«: »Ihre einzige Hoffnung ist ein auferstandener Jesus. Sie brauchen Gott. Wenn ich dich kreuzigen muss, so werde ich dich eben kreuzigen, und ich werde dich auferwecken. Mein Jesus ist mir wichtiger als du.« Auch dieser Paulus (der den Großinquisitor Dostojewskijs vorwegnimmt) ist also Materialist, wenn auch auf ganz andere Weise als Judas; was ihn an der Religion interessiert, ist nicht ihre eigene Wahrheit, sondern der Glaube an sie. Das Christentum und der Marxismus sind in THE LAST TEMPTATION also zwar nicht amalgamiert, wohl aber ist ihre dialektische Beziehung in diesen Figuren dokumentiert; beinahe endlos benutzen und erfinden einander spirituelle und materialistische Wahrheit.

Vielleicht ist im Zusammenhang der Scorsese-Kosmologie die Erfüllung der Inszenierung zugleich als Erlösung und als Scheitern zu sehen; der Traum von der vollkommenen Menschwerdung (die Umkehrung des Scorsese-Traums, »jemand zu werden«: Travis, zum Beispiel, mahnt die vielen Niemande an, die in den Straßen der Städte Jemand werden wollen; dieser Jesus ist ein Jemand, der ein Niemand werden will) hält die Inszenierung nicht nur auf, sondern führt sie ad absurdum. Der Mythos zersetzt sich, verliert seine Ganzheit, und in diesem Aufbrechen wird unentwegt die Frage nach der Autorenschaft und nach dem Ziel der Inszenierung gestellt.

Warum sollte diesem Jesus gelingen, woran alle seine Nachfolger scheitern mussten? Auch er hat diese beiden Seiten in sich, und auch er findet, wie alle Scorsese-Helden, letztlich nicht den Weg zur Frau, ja er ist nicht weniger zwischen Anziehung und Ablehnung hin- und hergerissen als der Protagonist von WHO'S THAT KNOCKING AT MY DOOR? Maria Magdalena muss bei der Geburt ihres Sohnes sterben, nachdem sie aus enttäuschter Liebe zu Jesus zur Hure geworden ist.

Am Ende fährt die Kamera auf diesen Jesus der Erwählung hernieder, einmal mehr in der Scorsese-Art, wie um sich ihn zu packen, aus dem Rest der Welt herauszuholen. Ganz so, wie die Kamera ansonsten am Anfang eines Scorsese-Films seinen Helden erwählt. Rainer Gansera hat darauf hingewiesen, dass dieser Kamerablick des Erwählens »zu schnell« ist, »um der subjektive Blick eines Menschen zu sein«. Und: »Sie (die Kamerafahrt) ist aber auch nicht rein imaginär, sie ist wie der Blick eines umherstreifenden Engels beziehungsweise eines Dämons (das muss immer ambivalent bleiben), der die Geschichte nicht bloß betrachtet, sondern in Gang setzt.«

Wieder ist Scorseses Arbeit von einer bewussten Rauheit, ein grandioses Fuhrwerken zwischen den Stilen und Genres, das sich gerade nicht um die Konventionen des Hollywoodfilms kümmert (auch nicht in dem Bemühen, sie zu vermeiden), das bewusst auf das »Geschmackvolle« verzichtet, aber auch auf die synthetische Archaik. (Tatsächlich lässt sich vieles über diesen Film sagen, nur nicht, dass er »aus einem Guss« sei.)

Und wieder beginnt der Film eine Kreisbewegung in einem Raum der Unentrinnbarkeit; die Erscheinung des Engels, die Jesus vom Kreuz für seine letzte Versuchung befreit und ihn ganz in ein menschliches Leben schickt, erinnert auch ikonografisch an die Geschichte von Abraham und Isaak, wo Gott ebenfalls im letzten Augenblick eingreift und bekennt, er habe sein Geschöpf nur prüfen wollen in seiner Bereitschaft für das höchste Opfer. (Wäre demnach der Gott des Neuen Testaments zu seiner Vermenschlichung nur durch eine Tat gelangt, die an Grausamkeit alles übertrifft, was der alttestamentarische, der »gestrenge« Gott schon geleistet hat – eine Grausamkeit, nebenbei, von höchster Selbstwidersprüchlichkeit, in dem der Akt der Liebe in einem sinnlosen, furchtbaren

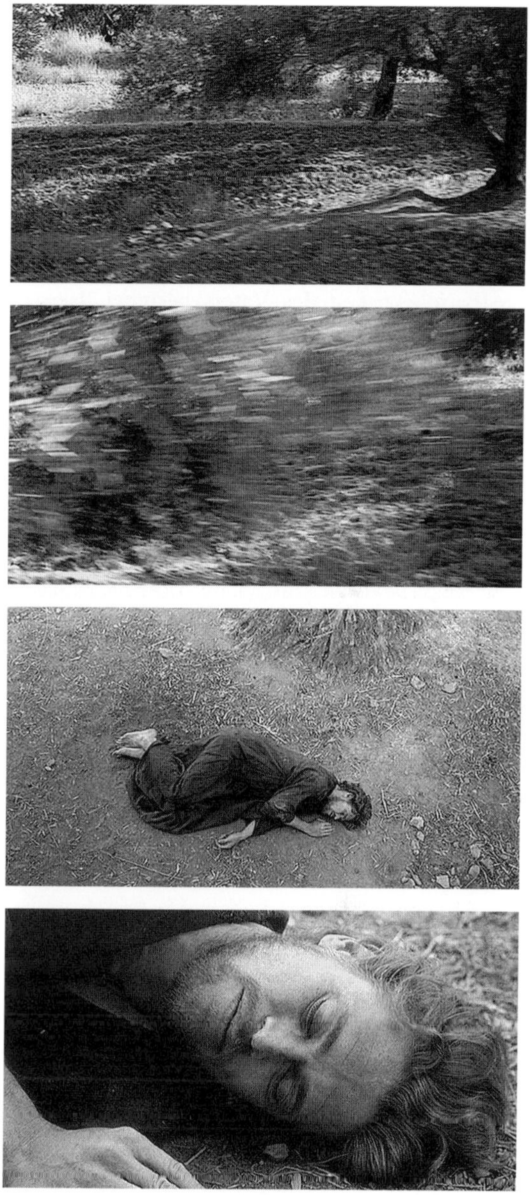

Auch Jesus will jemand werden:
Die »Erwählung« des Helden

Tod verwirklicht werden soll?) Nur ist nun die Blickrichtung verändert. Jenes Bild des bärtigen Vaters, der sich mit dem Dolch über den Sohn beugt (und dessen detailfreudige Wiedergabe in den Religionsbüchern Generationen von Kindern um Schlaf und Vertrauen gebracht haben mag), bevor ihm der abgesandte Engel des Herrn Einhalt gebietet, ist aus der Untersicht, aus der Perspektive des kleinen Menschen gezeigt; die letzte Versuchung Christi (die paradoxerweise im Glauben an die Barmherzigkeit des Vaters besteht) dagegen erleben wir in der »transzendentalen Einstellung« Scorseses. Diese Erlösung kommt nicht von oben, sie ist schon verurteilt.

So kann er das Werk der Erlösung wiederum nur durch ihre Negation bewirken (wie es, unter anderem, auch Jake La Motta geschieht). »Ich bin nicht Gott. Ich bin nicht gekreuzigt, ich bin nicht auferstanden.« Auch diese Begegnung zerfällt beim näheren Hinsehen in eine mögliche religiöse und eine mögliche materialistische Deutung. Urs Jaeggi schreibt: »Der Geist, so spricht es aus Paulus, ist wichtiger als das Fleisch, wichtiger als die Realität. Die Kraft Gottes, das meint diese Schlüsselstelle, beruht nicht so sehr auf der Beweisbarkeit seiner Existenz als im Glauben an ihn.« Vielleicht ist diese Deutung verstärkt durch das metaphysische Ich, das »Andere«, das aus Paulus spricht. Aber zur gleichen Zeit lässt sich die Situation durchaus auch materialistisch deuten, als Produktion eines Gottesbildes für hungernde Massen.

Im Film begegnen sich nicht nur – noch einmal – die calvinistische Askese Paul Schraders mit Scorseses Katholizismus der Frage, sondern auch die ausufernde Mystik Kazantzakis' und der bildersüchtige (und machtbezogene) Katholizismus Scorseses, es begegnen sich in beinahe noch heftigerer Art das Materialistische und das Spirituelle in Scorseses Filmen in der vollendeten religiösen Paradoxie von Jesus, der zugleich ganz und gar Mensch und ganz und gar Gott ist.

Als Bild »nur« für den Menschen ist Jesus ein Mensch, der sterben muss und der im Angesicht des Todes Angst verspürt, Angst nicht nur vor dem letzten Schritt, Angst auch davor, ein »falsches« Leben geführt zu haben (für das es, in der christlichen Anordnung der Zeit, keine »zweite Chance« gibt).

Dennoch, sagt Scorsese, ist dies »mein erster Film mit einem Happy End«. Das ist vollkommen wahr und stimmt dennoch kein bisschen. Denn dieser Jesus ist nicht allein der von den Beinen auf den Kopf gestellte Scorsese-Held, er verkörpert einmal mehr das Dilemma seiner Schöpfung. Dieser Jesus nämlich ist gefangen in der Scorsese-Falle zwischen Katholizismus und Aufklärung. Die Gewalt bricht aus den Scorsese-Helden infolge ihrer Einsamkeit, das sagt sich so leicht. Auf der Ebene des psychologischen Realismus ist das nur allzu verständlich, ebenso auf der des fundamentalen Verhaltens: Der einsame Mensch fordert in der destruktiven Tat den Kontakt von der Welt zurück, der ihm verloren gegangen ist. Aber das Dilemma geht tiefer. Denn damit ist nicht geklärt, wo die Einsamkeit herkommt und wo die Gewalt hingeht. Wieder bietet sich Jesus gleichsam als Schlüssel an. »Ich bin«, sagt Judas zu Jesus, als der von ihm verlangt, nach dem Streich auf die rechte Wange auch die linke hinzuhalten, »weder ein Engel noch ein Hund«, und damit wiederholt er die Aussage, die am Beginn des Austritts des Menschen aus dem Mythos steht: *ni ange, ni bête*. So wie Jesus nicht Gott und nicht Mensch ist, so ist der Mensch weder Engel noch Tier, und hat doch beides in sich. Wenn Jesus also »die Wahrheit« ist (eine Wahrheit, die sich selbst nicht versteht), so sind Paulus, der Geistliche, und Judas, der Revolutionär (oder der Aufklärer, der um die Grenzen der Aufklärung weiß), die beiden Kräfte, die um sie ringen. Doch es ist der Schmerz, den dieser Kampf auf dem »Schlachtfeld der Seele« hinterlässt, von dem der Film handelt, und der uns auch diesen Ausweg nicht lässt: dass die Inszenierung in ihrer Nützlichkeit aufgehen könnte (ebensowenig wie die Legende in John Fords THE MAN WHO SHOT LIBERTY VALANCE [Der Mann, der Liberty Valance erschoss; 1961] im Film in ihrer Nützlichkeit aufgehen konnte). Natürlich ist, wie alle Scorsese-Helden, auch dieser »dumm«. Sie sind, auch darin unterscheiden sie sich erheblich von allen Konventionen der Filmerzählung, dümmer als die Geschichte, die mit ihnen erzählt wird. Sie können sich weder diskursiv noch mythisch zum Autor ihrer Geschichte machen – sie können sich weder erklären noch können sie wirklich an sich glauben. ❑

New York Stories: Life Lessons (1989)

LIFE LESSONS ist der erste von drei kurzen Filmen, die unter dem Titel NEW YORK STORIES (New Yorker Geschichten; 1989) zusammengefasst in die Kinos gebracht wurden – der zweite ist Francis Ford Coppolas LIFE WITHOUT ZOE, der dritte Woody Allens OEDIPUS WRECKS. Die Idee zu dem Omnibus-Film kam von Allens Manager und Produzent Charles H. Joffe, und ursprünglich hatte Allen geplant, selbst drei Filme zu drehen, sich dann aber unter der Ägide des Psychiaters Robert Greenhut mit den anderen Regisseuren zusammengetan, um eine Art der cineastischen Seelen- und Selbsterforschung zu betreiben. Es sind Filmgeschichten aus der Stadt, in der alle drei Regisseure ihre Wurzeln haben und zu der sie, in der einen oder anderen Form, immer wieder zurückgekehrt sind. Und es sind Geschichten, die vermutlich nur hier vorstellbar sind.

Die Gemeinschaftsarbeit treibt, wie Irene Genhart meint, die einzelnen Regisseure dazu, ihre stilistischen und thematischen Obsessionen zu pflegen: »Nie war ein Scorsese-Film so bunt schillernde, importierte hektisch-dunkle Farbenpracht, nie ein Coppola so herrlich märchenhaft dekadent und nie ein Woody Allen so absolut verzweifelt komisch.« Und es ist ein Dialog, den die drei Filme miteinander führen, ein Gespräch über die Möglichkeiten und die Unmöglichkeiten des »familiären« Zusammenlebens in der Stadt.

Es ist eine scheinbar sehr einfache Situation, die Scorsese schildert. Nick Nolte ist der erfolgreiche Maler Lionel Dobie, Rosanna Arquette ist Paulette, seine Assistentin, Geliebte und »Muse«, die im Begriff steht, sich von seiner vereinnahmenden Persönlichkeit zu distanzieren. Das ist ein schmerzhafter Prozess für beide, aber Dobies Anspannung vor einer neuen Ausstellung lässt nicht einmal Raum für eine Aussprache. Wenn es denn etwas auszusprechen gäbe.

Schauplatz ist das Atelier des Malers in einer ehemaligen Lagerhalle im Osten der Stadt – ein »Scorsese-Ort« par excellence. Während der Galerist von Dobie das Material für eine Ausstellung verlangt und dieser sich in seine Schaffensräusche vermittels überlaut gespielter Rockmusik versetzt – vor allem Dylans *Like a Rolling Stone* scheint seiner Verfassung angemessen –, versucht Paulette, sich von ihrer Faszination für diesen Maniac zu befreien. Wir sehen nur zu deutlich die wahre Situation des Malers: Er bewegt sich wie ein gefangenes Tier in einem Käfig, seine unterdrückte Energie richtet sich gegen die Leinwand, also gegen sein Spiegelbild, also gegen sich selbst. (Kaum sieht man ihn außerhalb dieses Käfigs, erscheint er sehr viel zahmer, eher hilflos, ein wenig gewöhnlich auch.)

Dobie ergeht sich förmlich in orgiastischen Sessions, richtet ein wahres Schlachtfeld der Gefühle

Der Maler und die Muse: Nick Nolte und Rosanna Arquette in LIFE LESSONS

und der Farben an, aber er ist vollkommen verschwunden in dem Bild, seine Potenz und sein Anspruch sind geblieben. Wenn die Kamera sich und uns erlaubt, immer noch näher an eines seiner großformatigen Bilder heranzukommen, dann sehen wir in den abstrakten Farbspuren so etwas wie Reste einer figürlichen Darstellung. Ist da nicht eine Gestalt zu sehen, hinter Gittern, verzweifelt, sich auflösend? Abstraktion, so müssen wir zumindest in diesen Augenblicken in diesem Film argwöhnen, ist nichts anderes als ein heftiger Kampf gegen das Bild, das da aufscheinen will, eine wütende Vernichtung des Selbstporträts. Und Paulette? Sie kann nichts anderes, als sich selbst malen, die Frau, die unterhalb des Nabels nicht mehr existiert; auf ihren Bildern hat sie kurze, eng zusammenstehende Beine. Deutlicher lässt sich das wahre Wesen ihrer Beziehung kaum ausdrücken. Wie so viele von Scorseses männlichen Charakteren »verschwendet« auch dieser Künstler seine sexuelle Energie in einem aggressiven Akt gegen die Außenwelt. Er muss sich von der Frau abwenden, ohne sie freigeben zu können. Ein hilfloser Ausbeuter.

Gewiss kann man wie Jürgen Felix behaupten, es »wäre die Transformation von unerfüllter Leidenschaft in leidenschaftliche Kunst wohl kaum eindrucksvoller darzustellen als durch jenen malerischen Exzess, der in der Verfertigung riesiger Gemälde sukzessive die Spuren konkreter Leidenserfahrung auslöscht«, aber bei genauerer Betrachtung gehen alle diese mythischen Gleichungen von Transformation, Passion und Sublimation in LIFE LESSONS auch nicht mehr vollständig auf. Scorsese »entlarvt« nicht nur den Künstler (und also einmal mehr sich selbst) als einen Kerl, der ziemlich gewöhnlich ist und den »ungewöhnlichen« Teil seiner selbst weder richtig begreift noch gar ihm in irgendeiner Weise gerecht werden kann (erinnern wir uns einmal mehr zugleich an Scorseses Gangster und an seinen Jesus), einen Kerl, mehr noch, der am liebsten in seiner Gewöhnlichkeit zu Hause wäre. Scorsese zeigt die Struktur im Inneren des Mythos von der Kreativität als eine besondere Form von Gewaltakten.

Freilich zeigt Scorsese auch, mehr als das den meisten Filmen über malerische Prozesse gelingen kann, das Körperliche und Materielle des Vorgangs. Man scheint förmlich den Widerstand der dicken Farbe beim Auftragen zu spüren, man kann sie *riechen*. Und damit entsteht gleichsam eine andere, dem melodramatischen »Genie«-Bild des traditionellen »Künstlerfilms« (als Fiktion ebenso wie als besonderer Form des *biopic*) entgegengesetzte cineastische Kunsttheorie. Die mythische Einheit von Leben und Werk im Bewegungsbild ist entschieden aufgehoben. Es ist das Material, nicht die Person, die den Prozess der ästhetischen Schöpfung zuerst bestimmt. (Insofern ist der Scorsese von LIFE LESSONS dem Jean-Luc Godard nahe, der behauptet: »Die Leinwand ist es, die denkt, nicht die Person, die schreibt.«) Beides aber, Werk und Leben, sind deswegen nicht einfach voneinander getrennt, die Kunst also in den Bereich des Metaphysischen verschoben, das sich so beliebig ein Subjekt sucht, wie sich die Kamera am Anfang von Scorsese-Filmen ein Subjekt »erwählt«. Das Verhältnis ist viel komplizierter. Es ist eine Art von ebenso tragischer wie komischer gegenseitiger Anpassung. In Scorseses Filmen sehen wir ja immer Menschen zu, die versuchen, mit ihrem Leben Schritt zu halten und dabei immer weiter hinter sich selbst zurückbleiben. Und so wie Scorseses Gangster, die ihr Leben ja auch immer unter ästhetischen Gesichtspunkten sehen, immer auch an ihrem eigenen Lebensstil zu Grunde gehen, so muss dieser Scorsese-Künstler, früher oder später, zu Grunde gehen an seiner Kunst.

Zunächst aber, so scheint es, geht es in Dobies Kampf darum, Paulette in diesem virtuellen Käfig zu halten, und er macht es in der widersprüchlichsten Form. »No more sex«, verspricht er ihr, und in seinem Blick auf ihren linken Fuß erkennen wir, dass dies erstens nicht wahr ist (der erotische Blick fetischisiert nunmehr), und dass zweitens vermutlich auch seine Art von Sex nur Besessenheit und Gewalt meinen kann. Die Bilder erzählen so viel über diese Sexualität wie die Graffiti in AFTER HOURS über die seiner Helden. Dabei »übermalt« Scorsese ein anderes Projekt und eine andere Geschichte zwischen dem Künstler und seiner Muse: das Projekt einer Verfilmung von Dostojewskijs *Der Spieler*, und dahinter wiederum die biografische Beziehung zwischen dem Dichter und Appolinaria Suslowa. Die Frau trennt sich vom Künstler, weil sie einen anderen liebt, die beiden bleiben aber – ohne Sex – beieinander, und offenkundig kompensiert der Schriftsteller sein Begehren in einer manischen Verehrung für die Füße der Frau. Scorsese nimmt also erst einmal, und ganz direkt in seinem eigenen Bild, die Metaphern »wörtlich«, also bildlich. Ein Künstlerleben wird ein Roman wird ein Film wird ein Bild. Im »abstrakten Expressionismus«, den Dobie praktiziert, ist darin zwar Leidenschaft und Körperlichkeit, die Passion noch überdeutlich erkennbar. Aber der Plot ist unlesbar geworden. So unlesbar wie Dobies Bilder.

Noch in einer fortgeschrittenen Entwicklung des Stoffes hatte Scorsese geplant, den Film als eine direkte, wenn auch sehr verdichtete Version des *Spielers* anzulegen, nur dass aus dem Schriftsteller ein Maler geworden wäre. Ganz direkt wiederholt sich auch ein Handlungselement des Romans: Darin hat Alexej Polina geschworen, alles für sie zu tun, einschließlich gar des Selbstmordes. Darauf verlangt Polina von ihm, öffentlich eine deutsche Baronin zu beleidigen. In LIFE LESSONS wird dieses Geschehen in einer Sequenz paraphrasiert, in der Dobie auf Paulettes Geheiß versucht, einen Polizisten in seinem Einsatzwagen zu küssen. Als er sich jedoch umsieht, um die Wirkung seiner Tat zu studieren, ist Paulette verschwunden. Auch das ist sozusagen skelettierter Dostojewskij.

In dessen Roman geht es um einen Mann, der in einem »Untergrund« gefangen ist, ein »Nicht-Ich«, ganz in seiner irrationalen Imagination festgefahren, und der verzweifelt versucht, aus diesem selbstgeschaffenen Gefängnis auszubrechen. Der Regisseur freilich spiegelt auch hier das Metaphorische ins Biografische. Es geht um das Spiel der Macht, das erst den »kreativen Schub« auslöst, aber auch um einen erneuten Perspektivwechsel. »Ich gab«, erinnert sich Scorsese, »Richard Price die Tagebücher von Dostojewskijs Geliebter, um sie für LIFE LESSONS auf einen Maler umzuschreiben.« So ist LIFE LESSONS auf der einen Seite sowohl die Verfilmung eines literarischen Textes (wenngleich nun wiederum natürlich alles andere als wortwörtlich) und eine Darstellung des biografischen Materials, der Beziehung zwischen dem über 40-jährigen Dostojewskij und seiner 20-jährigen Geliebten. Und auf der anderen Seite ist es ein Scorsese-Film und eine Darstellung des Scorsese-Helden und seiner Beziehung zur Frau. Aber so wie der Dichter und sein Text durch das Tagebuch seiner ehemaligen Geliebten gesehen werden, so können wir auch Dobie und seine Bilder, wenn wir uns einen Augenblick von der faszinierenden Performance des genialen Kotzbrockens lösen, durch die Augen (und sogar durch die Bilder) von Paulette sehen. Scorseses Erzählweise ähnelt dabei der malerischen Technik des Helden. Eine wuchtige, fragmentarische, grelle und körperliche Malweise, während der die Kamera von Néstor Almendros in der Dekoration umherrast und keinen Halt zu finden scheint. Wir können fast zusehen, wie sie sich an dieser Malweise entzündet, wie sie »aufträgt«, statt zu zeichnen.

Der Film beginnt mit Kreisblenden auf ein Bild und die Malutensilien von Dobie; dazu ist das Intro von Procol Harums *A Whiter Shade of Pale* zu hören (was ja, wie wir wissen, so viel wie »Hinter den Dingen« bedeuten soll) – beinahe unnütz schon zu sagen, dass diese kreisförmige Aufblende genau dreimal stattfindet, dass sich der Liedtext als Widerspruch zum Bild (diesem Farbenchaos!) zeigt und dass alles auf eine neuerlich typische Scorsese-Einstellung hinausläuft: die nahe Aufnahme von Beinen und Schuhen. Wir sehen klobig-praktische Schuhe (welch ein Unterschied zu dem über-eleganten, oft geschmacklosen Schuhwerk, das Robert De Niros Rollen zu charakterisieren pflegt) und eine schlabberige Hose. Dann Dobies Gesicht; er umkreist gleichsam sein Werk, die Zigarette in der Hand, sein Hemd schon beinahe selber Leinwand; eine Kamerafahrt auf eine Flasche und einen Cognacschwenker; Dobies Hand greift danach. Zur Textzeile »I was feeling kind of seasick« tritt er auf eine Farbentube, ein blauer Batzen klatscht auf die Wand. Die Türglocke schnarrt, Dobie wirft einen zusammengeknüllten Lappen danach. Das Kreisblendenmotiv wiederholt sich, wir sehen ihn wie von außen durch einen Türspion, wie einen Gefangenen, der von einem Wärter beobachtet wird; die Kreisblende öffnet sich, und als wir wieder das ganze Bild sehen, verfolgen wir Dobie, der durch sein Atelier geht, als hätte er jetzt einen Entschluss gefasst, als hätte er resigniert. Er gelangt zum Aufzug, wo sein Galerist erscheint, mit dem wir nun durch das Gitter des Fahrstuhls auf Dobie blicken: Eingeschlossen, abgeschlossen ist er, und das will er offensichtlich auch bleiben, so schroff reagiert er auf den Eindringling. Ob er schon gegessen habe, fragt der Besucher, und Dobie antwortet mit einer kleinen Geschichte: Er habe gestern im Restaurant zwei Kinder belauscht. Was Schokoladenpudding sei, fragte das eine. Das ist gut, das ist so ähnlich wie Mousse au chocolat, antwortete das andere. Das Wahre und das Verfeinerte: noch ein Kommentar zur Umkehrfunktion der Kunst. Vermutlich hält Dobie seine Kunst für den Schokoladenpudding.

Dobie lehnt es ab, seinem Auftraggeber etwas von seiner Arbeit zu zeigen, er möchte sich nur noch hinlegen, und zum Essen will er auch nicht mitgehen, weil er seine Assistentin vom Flughafen abholen müsse. Dass er diese Krise immer vor einer Ausstellung habe, schon seit 20 Jahren: ein Ritual, bemerkt der andere. Nein, ein Ritual ist das nicht, soviel haben wir gesehen.

Die Kamera schwenkt seitlich auf Dobies Gesicht, der auf dem Flughafen angekommen ist. Die Menschen bewegen sich in Zeitlupe, während der Song von Procol Harum (Scorsese setzt ihn in voller Länge ein, ein Zeitmaß aus dem *hors-champs*), mit einem Klang wie aus einem kleinen Radio, wieder einsetzt. »United« ist auf dem Flugzeug vor den Abfertigung zu lesen; Dobie raucht und scheint reichlich fassungslos, verwirrt. Und wieder öffnet sich die Kreisblende auf die –noch im-

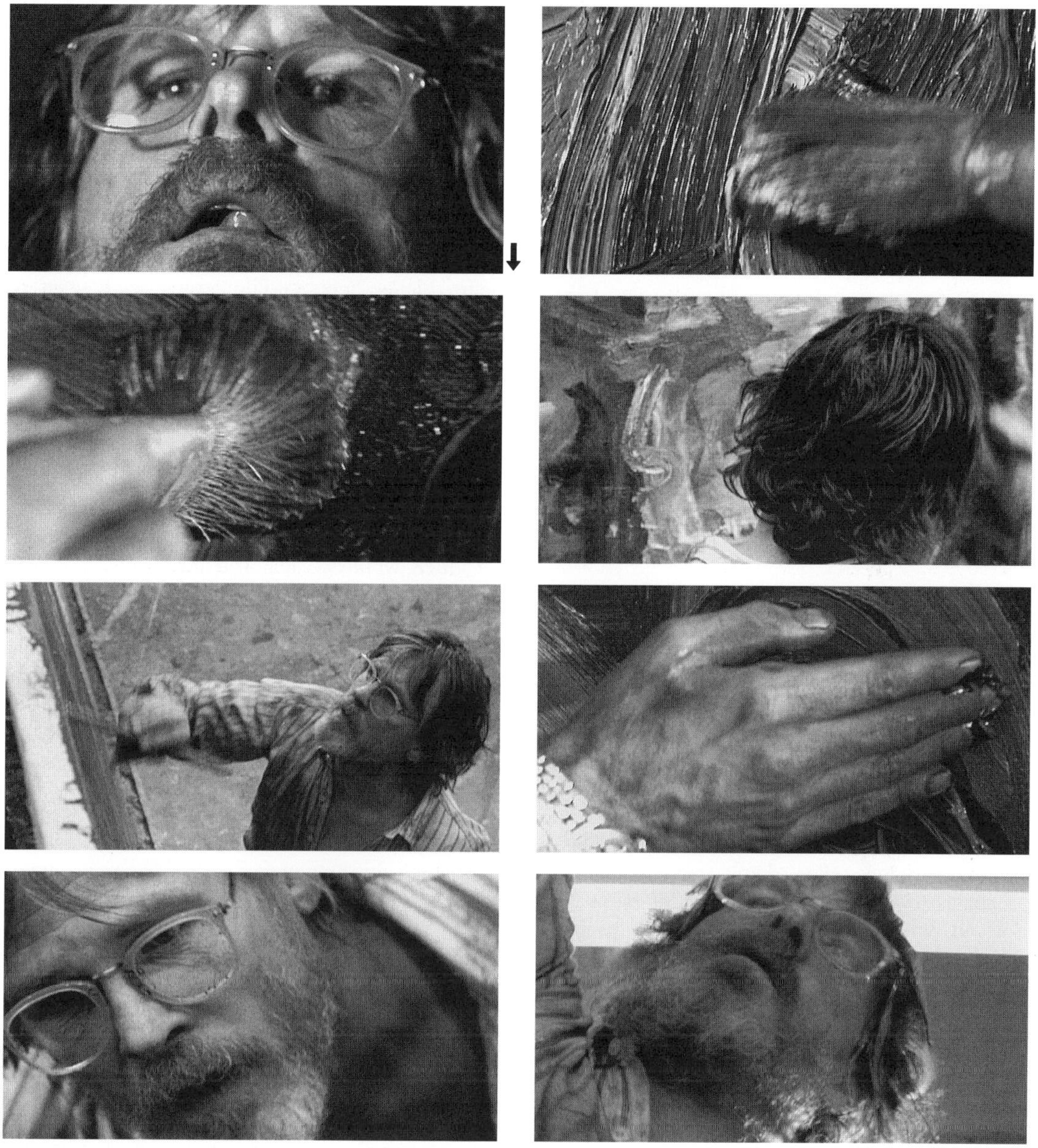

Schlachtfeld der Gefühle: Dobie bei der Arbeit

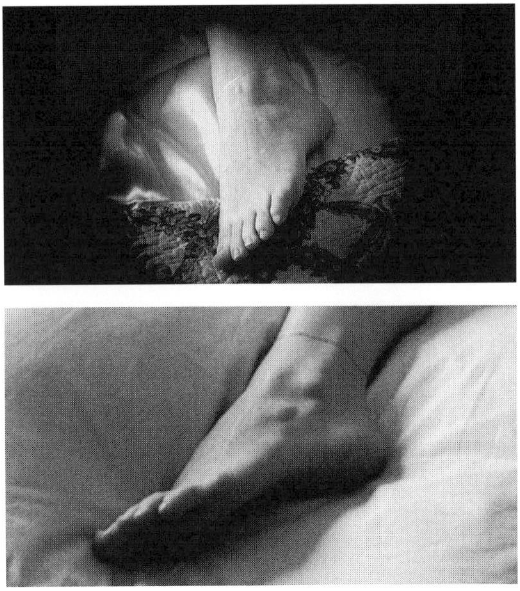

»No more sex«

mer in Zeitlupe – sich nähernde Paulette, während Dobie, rauchend, dorthin sieht, ein Blick in die Vergangenheit. Und immer noch in Zeitlupe sehen wir, wie er die Zigarette fallen lässt und mit seinem mit blauer Farbe bekleckstem Schuh auf dem roten Teppich austritt.

Als sie sich treffen, meint Paulette nur: »Was willst du denn hier!« Und Dobie meint lahm, er habe sie abholen wollen, damit sie kein Taxi nehmen müsse. Da ist er wieder: der Scorsese-Lügner und Verräter! Gerade noch hat Dobie seinem Galeristen erklärt, dass er seine Assistentin abholen müsse, weil die nicht in der Lage sei, ein Taxi zu nehmen. Paulette hat ihm auf den Anrufbeantworter gesprochen, dass sie sich von ihm trennen will, aber den hat er – angeblich – nicht abgehört. Sie war nicht mit einer Freundin in Florida, sie war mit einem »Performance-Künstler« zusammen, und der hat sie wieder verlassen. Dobie will sie zurück; Verzeihung, Erpressung, die, wenn man so will, emotionale »Palette« wird hergezeigt; erst als Paulette sagt, sie verlasse New York, scheint er zu akzeptieren. Als müsste sie diesen magischen Raum, seine Welt verlassen, um ihr Leiden aneinander zu beenden (oder als wüsste er, dass dies in Scorsese-Country sowieso nicht möglich ist). So fährt man zurück zum Atelier.

Der Vorspann läuft, immer noch zu dem Procol-Harum-Song, über Farbspritzern: beginnend mit blau, dann ein leichtes Rot, dann gelb (beim Kameramann), grün (beim Drehbuchautor Richard Price) und – Überraschung! – königsblau bei *Directed by Martin Scorsese*. Ist LIFE LESSONS der erste »blaue« Scorsese-Film gegen seine sonst so entschieden »roten Filme«?

Es geht hierin um so etwas wie die gemeinsame Inszenierung eines Abschieds, und es geht um die künstlerische Abhängigkeit. Dobie verliert seine Fähigkeit zu malen mit ihrer Abwesenheit und kann erst wieder arbeiten, als sie in das Loft in Soho zurückgekehrt ist. Und sie ist sich durchaus bewusst, dass ihre Arbeit als Malerin »profitiert« von den *Life Lessons* bei dem berühmten Künstler, auch wenn sie sich von ihm abzusetzen bemüht ist. Ein kurzer Film, der kaum begonnen hat, und schon wissen wir, dass es für das Problem, das er aufwirft (gleichgültig wie ernsthaft oder wie ironisch er das tut), keine Lösung gibt.

Dobie ist auch insofern die Fortsetzung des Scorsese-Helden – die der Regisseur selber als »Schein-Heilige« bezeichnet hat –, als er seine eigene Arbeit als heilig einstuft – und wir wissen nicht, ob er einfach ein sich selbst und seiner Arbeit hilflos Ausgelieferter ist oder ob er einfach skrupellos die Frauen für seine Lebensgestaltung wechselt und ausbeutet. Wie in NEW YORK, NEW YORK untersucht Scorsese hier erneut die Liebesbeziehung zweier Menschen, die kreativ und künstlerisch arbeiten, und wieder muss er die Möglichkeit einer stabilen Beziehung verneinen. Doch geht er nun zugleich selbstkritischer und ironischer mit dem Thema um.

Trotz der schauspielerischen Tour de force von Nolte und Arquette mag der Kritiker der *Washington Post* im Recht sein, wenn er sagt, der wahre Star des Films sei die Kamera von Nestor Almendros. Der Film ist überdies ein Meisterwerk des Schnitts. Seine ersten drei Minuten erzählen die ausgesprochen komplizierte Beziehung der beiden und deren Persönlichkeiten in 46

Schnitten. »Andere Szenen«, erinnert sich Thelma Schoonmaker, »konnte man an einem halben Tag schneiden. Hier brauchten wir acht Tage, bis es saß. Es war wahnsinnig schwer, aber am Ende unglaublich befriedigend.«

Wenn Paulette Dobie bei der Arbeit zusieht, wird sie förmlich in den Sog seiner Arbeit und seiner Person hineingezogen, ungeachtet seines Egoismus, seiner ziemlich trivialen Selbstgerechtigkeit, mit der er selbst die Energie des Streites mit ihr wieder in seine kreativen Zornesausbrüche umsetzt. Rosanna Arquette, dieses unschuldige, noch unfertige, suchende Gesicht, und Nick Nolte, der bärtige, zerfurchte Maler, und zwischen ihnen entsteht das Bild, das Kernstück der geplanten Ausstellung, eine Liebes- und Hass-Geschichte, die sich in ein Bild verwandelt, das im Übrigen der New Yorker Action-Painter Chuck Connelly ganz direkt auf diese Beziehung hin auf die Leinwand brachte. LIFE LESSONS beschreibt, wie die Kunst durch das Kino fließt und wie Studien im Leben zu Studien des Lebens werden.

Connellys Arbeit ist überdies ein (weiterer) ziemlich deutlicher Hinweis auf die Meister des abstrakten Expressionismus wie Georges Mathieu und Jackson Pollock, von denen vor allem Pollock den Mythos der körperlichen Kunst einbrachte, und Dobie wäre die richtige Figur, eine der Pollock-Episoden zu füllen: Gefragt, warum er nicht nach der Natur male, antwortete Jackson Pollock: »Ich *bin* die Natur.« Er war ein Rebell und ein Benutzter zugleich, ein Selbstzerstörer und zugleich ein Ausweis der amerikanischen Kultur, hofiert auch von den politischen Kreisen. Wie Dobie (und wie Scorsese) wollte er nicht nur ein Künstler, er wollte ein amerikanischer Künstler sein (Schokoladenpudding statt Mousse au chocolat). Und Pollocks »Durchbruch« von Variationen europäischer Vorbilder zu den Formen seiner ureigenen, körperlichen Malerei wurde denn auch als Triumph »des Amerikanischen« gesehen; ein Maler, der schon sein Werk auf die Person weitet, wie in der bekannten Fotoserie von Hans Namuth, die 1950 im *LIFE*-Magazin erschien und in der die wuchtigen Linien und *drippings* mythos-fähig werden dadurch, dass wir ihren Autor als eine Art kompositorische Naturgewalt des Jazz-Zeitalters

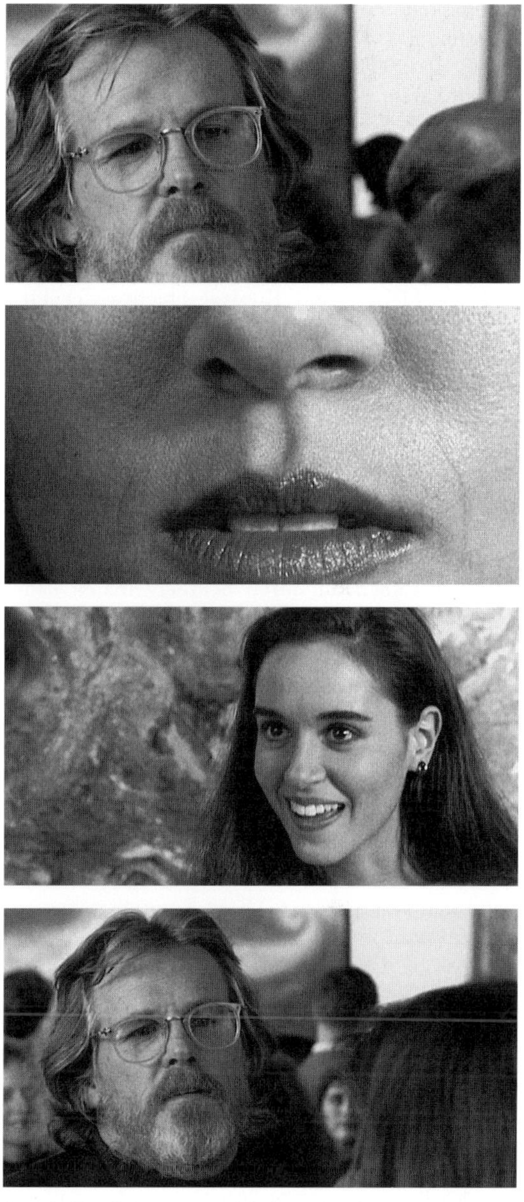

Ein erbärmlicher Augenblick: Dobie hat ein neues Opfer gefunden

sehen. Aber Pollock ist auch einer, der die Krise personifiziert. Mehr noch als andere erlebt er die Phase der Selbstwiederholung und der vergeblichen Suche nach neuen Anfängen biografisch, bis zu einer totalen Verweigerung gegenüber der Kunst am Ende seines Lebens. In den letzten 18 Monaten, bevor er mit seinem Auto gegen einen Baum fuhr und starb, hat er kein einziges Bild mehr geschaffen.

Wenn man also die Dostojewskij-Erzählung und die Liebes- und Kunstgeschichte der LIFE LESSONS noch einmal aus der Perspektive der Biografie von Jackson Pollock sieht, verliert sogar die zynische Härte der Darstellung von Dobies manischem Egoismus etwas von ihrer Eindeutigkeit. Dobie kann seine Schaffenskrise wohl noch einmal überwinden, aber er kann es nur in dem Bewusstsein, dass es eine letzte dieser Krisen geben wird, die nicht mehr zu überwinden sein wird. Wenn seine Schülerin (und immer auch: Konkurrentin) auch nur ihren Schmerz malen kann, ihr Nicht-Erfülltsein, ihren Mangel, so ist sie dennoch gegenüber seiner martialischen Selbstentäußerung auch künstlerisch weiter. Dobie ist blind gegenüber der Person wie gegenüber der Künstlerin, weil er im Gegensatz zu ihr nicht auf seine Geburt, sondern auf seinen Tod hinarbeitet. Er malt und übermalt immer nur sich selbst, weil er nichts anderes sehen kann. Die zynische Parabel vom ewigen Kreis der Ausbeutung, die die »männliche Kreativität« mit der Frau betreibt, erhält daher einen Nebenaspekt: Diese Kreativität besteht – und damit ist Dobie in einer Reihe mit allen anderen Scorsese-Helden – in dem Versuch, aus einem selbst geschaffenen Gefängnis auszubrechen, der die Gefangenschaft aber immer nur verstärkt.

Und noch einmal wiederholt sich der Kontrast zwischen dem »Sauberen« und dem »Schmutzigen« im Gegenüber des schmutzigen, farbverschmierten Ateliers und der sauberen Gesellschaft bei der Eröffnungsparty von Dobies Ausstellung, bei der der Beziehungskrieg der beiden schon wieder ganz andere Formen angenommen hat. Und nun »braucht« Dobie sie nicht mehr; die Trennung gelingt, und Dobie hat schon das nächste Opfer auserkoren. Ein erbärmlicher Augenblick.

Von Jesus Christus zu Lionel Dobie

Das Wesen des Künstlers und seiner Muse (gewiss auch mit autobiografischen Bezügen, eine neuerliche Konfession) lässt sich in LIFE LESSONS von vorne (vom Schmerz des Verlassenwerdens) und von hinten (von der Mechanik der Ersetzung, die an die Worte des Engels in LAST TEMPTATION erinnert, nach denen jede Frau nur die Wiederholung der anderen ist) verstehen. Der Künstler nimmt der Frau die Individualität, sie ist ersetzbar (aber zugleich, so ahnen wir, ist auch der Künstler für die Muse ersetzbar, wenn sie nicht selber Künstlerin werden kann); sie darf sich nicht selbst entwickeln, oder sie muss sich von ihm fort entwickeln. Genauso aber ist es möglich, den Vorgang als »Inszenierung« der Befreiung zu sehen. Den Mythos vom Künstler, der seine Muse nur ausbeuten und unterdrücken kann, zitiert Scorsese freilich und lässt ihm zugleich seine Ambivalenz. Denn möglicherweise ist Dobie nicht so sehr der Märtyrer und Ausbeuter in einer Person, das bürgerliche Ich-Ideal, also Jesus, sondern vielmehr der Judas in dieser Inszenierung: das Subjekt des notwendigen Verrats.

So seltsam das also vielleicht auf den ersten Blick erscheinen mag: Auch Lionel Dobie ist das farcenhafte Seitenstück zu einem großen Scorsese-Helden, er ist die Karikatur eines Auserwählten, so wie die Kunst eine Parodie der Religion ist. Die Farce beginnt damit, dass sich der Auserwählte in der Kunst seiner Sache so sicher ist (auch wenn sie ihm physischen Widerstand entgegensetzt). Diesem Mann scheint gelungen – aber natürlich müssen wir nur ein wenig genauer hinschauen, um zu verstehen, wie trügerisch das ist – was noch keinem Scorsese-Helden vorher gelungen ist: das Opfer auf die Frau zu übertragen. Was man so oder so verstehen kann. ❑

Goodfellas (1990)

GOODFELLAS untersucht das Funktionieren des Gangstertums als ein System der Abhängigkeiten, das in MEAN STREETS Charlies Onkel Giovanni so charakterisiert hatte: »Ehrenwerte Männer verkehren nur mit ehrenwerten Männern.« Der Film geht von dem Buch *Wiseguy* (*Der Mob von innen*) aus, worin der Journalist Nicholas Pileggi die Lebensgeschichte des Gangsters Henry Hill nach dessen Berichten aufzeichnete. »Hill«, so Pileggi, »war ein Gangster. Er war ein Macher. Er hatte Pläne ausgeheckt, Komplotte geschmiedet und Schädel eingeschlagen. Er wusste, wie man besticht und betrügt. Er war ein Vollzeitverbrecher, ein sprachgewandter Ganove aus dem organisierten Verbrechen, die Art *Rara avis*, die sowohl Anthropologen als auch Polizisten erfreut. Auf der Straße nannten er und seine Freunde sich *wiseguys* – Eingeweihte. Mir schien, dass ein Buch über sein Leben den Blick eines Insiders auf eine Welt gewähren könnte, von der man gewöhnlich nur durch Außenstehende oder den *capo di tutti* erfährt.«

Es geht hier also weniger um sensationelle Enthüllungen über einzelne Untaten als um das Funktionieren des Mafia-Alltags. Hill, der den Ausstieg überlebte und eine der präzisesten Beschreibungen des organisierten Verbrechens gegeben hat, schildert dieses als eine im wesentlichen kleinbürgerliche Struktur einer Sub-Gesellschaft, die besonders rigide Methoden gegenseitiger Kontrolle entwickelt hat: eine böse Karikatur der Gesellschaft, die diese Form der Organisation allein hat hervorbringen können.

Und Martin Scorsese versucht in seiner Verfilmung gerade das »Skandalöse« dieser Kleinbürgerlichkeit hervorzuheben. Der Mythos hat hier nur die Funktion einer doppelten Maskierung: Der Gangster verbirgt sich hinter der Maske des Bürgers, das ist wahr (und dies zu durchschauen war, unter anderem, die Aufgabe des italienischen *cinema di dinuncia* und seiner amerikanischen Ausläufer). Aber der Bürger verbirgt sich auch hinter der Maske des Gangsters. Nur die Dynamik unterscheidet die eine von der anderen Kultur. Der Gangster ist der Kleinbürger, der nicht zur Ruhe kommt. Es sind die Reize, die Signale, die Geräusche, die ihn »wacher« machen als sein »gut«-bürgerliches Gegenüber.

Der Gangster als Kleinbürger

Schon unter dem Vorspann von GOODFELLAS hören wir die Geräusche vorbeifahrender Autos. Dann erscheint ein typisches Automobil der 60er Jahre in der Nacht. Wir sehen die Schlusslichter; man setzt zum Überholen an. Dann die Zeitangabe: *New York 1970*. Der Weg, so scheint es, geht hinaus aus der Stadt, aus Queens *upstate*.

Im Inneren des Wagens sind drei Männer, Jimmy Conway (Robert De Niro), Tommy De Vito (Joe Pesci) und Henry Hill (Ray Liotta), der auch das Fahrzeug lenkt und der, wie langsam aus der Trance einer langen Reise erwachend, aus einer etwas gereizten Überanstrengung, aus der sich jeder in seine eigene Gedankenwelt geflüchtet hat, ein störendes Geräusch bemerkt. Möglich, dass man einen Platten hat. Die drei steigen aus; das Geräusch kommt aus dem Kofferraum. Sie machen die Klappe auf. Da liegt ein blutüberströmter Mann, notdürftig in eine Decke gehüllt. Tommy jagt ihm fluchend ein paarmal ein großes Messer in den Körper: »Schau mich an«, schreit er, und: »Krepier endlich.« (Mehr noch als die wütende Grausamkeit dieser Tat schockiert uns in dieser Situation der böse Wunsch, das Opfer möge den Täter anblicken. Er scheint alle Fähigkeit zu Schuld und Scham aufzuheben.) Und Jimmy schießt noch mehrmals mit dem Revolver in diesen Körper hinein, so als wollten die beiden sich noch dabei übertreffen, den Körper von Billy Batts zu zerstören, der, wie wir später erfahren, einmal einer von ihnen war. Ein *wiseguy* und *good fella*, wie jeder der drei selbst. Und im gleichen Augenblick wissen sie wohl, dass jeder von ihnen in Gefahr steht, selbst so zu enden: durch Messer und Kugeln der Freunde. Um irgendwo *upstate* verscharrt zu werden, weil man ein »Problem« geworden ist. Der Hass auf den Sterbenden ist der Ausdruck von Angst und Ekel.

Henry steht daneben und schaut zu, und noch nie hatte Danebenstehen und Zuschauen so wenig mit Unschuld zu tun wie in diesem Bild: Es ist ein visueller Schuldspruch. Und über diesem brutalen Tun beginnt die Beichte des Henry Hill, die Pileggis Aufzeichnungen nachempfunden ist: »Solange ich denken kann, wollte ich schon immer Gangster werden.« Und darüber setzt die Musik ein, Swing.

Gerade in den Mafia-Filmen Scorseses ist der vertrauliche Ton der Ich-Erzählung in hohem Maße der Fremdheit der Person auf der Leinwand kontrastiert. Dabei »funktioniert« Liotta ganz anders als De Niro; er scheint eine völlig glatte Oberfläche zu haben, durch die nichts dringt, ein Gesicht, das sich in einen Spiegel verwandelt. Das mag unter anderem an der schauspielerischen Technik von Liotta liegen, der, im Gegensatz zu den Method Actors, keine »ganze« Biografie entwickelt: »Für mich zählt nur, was im Drehbuch steht.« Aber mehr noch zeigt es auch, was seit MEAN STREETS geschehen ist: Die Gewalt der Gangster hat sich vom Ort und von der Person abgespalten. Schon mit dieser Einstellung auf das böse, leere Gesicht erkennen wir in Henry Hill nicht nur einen *unreliable narrator*, sondern einen »Fehler« im biografischen Gestus der Erzählung selber. Die Entwicklung vom Menschlichen zum Maschinellen des Gangsters, die in CASINO enden wird, ist in vollem Gange.

Schon da ist das Disparateste zusammengebracht; der mittlerweile gewohnte Widerspruch von Text und Narration (konnte es *das* gewesen sein, was Henry Hill wollte? Oder ist es schon eine Reflexion, die versucht, jene Unschuld zu rekonstruieren, die ihm das Bild nicht lassen kann?) definiert die nun folgende mythische Geschichte vom Aufstieg eines Gangsters: »Für mich hatte es wesentlich mehr Anreiz, Gangster zu sein als der Präsident der Vereinigten Staaten.« Das bedeute Macht unter Leuten, die keine Macht haben. Vorrechte in einer Arbeitergegend, in der es keine Vorrechte gab. Ein *wiseguy* sein heißt für Henry Hill, die Welt zu besitzen.

Die eigentliche Filmerzählung beginnt nun, im Brooklyn des Jahres 1955, mit einer Naheinstellung auf die Augen des jungen Henry (Christopher Serrone), die verträumt und böse zugleich sind. »Für mich bedeutete das, jemand zu sein in einer Gegend voller Niemande«, erklärt er seine Entschlossenheit, »zu den Gangstern zu gehören.« Wieder will da einer nichts anderes als »jemand werden«, und noch kein Scorsese-Held hat es so direkt und kompromisslos an den Anfang seiner Geschichte gestellt.

Aus der elterlichen Wohnung, die Jalousien erinnern an ein Gefängnisgitter, sieht er hinunter zu der Pizzeria und dem Taxistand, wo die Gangster des Viertels ihren Auftritt haben. Sie werden definiert von unten, von ihren Schuhen her (wie das Auto, von dem zunächst nur das Rad und ein unterer Teil des Chassis zu sehen ist, das sich in der Federung wiegt). Von den Schuhen, von den beringten Händen, von den Zigarren aus erkennen wir die Macht der Männer, die freundlich gegrüßt

Vom Menschlichen zum Maschinellen des Gangsters: Henry Hill (Ray Liotta) mit seiner Frau Karen (Lorraine Bracco)

werden, bis der korpulente Paul Cicero (Paul Sorvino), genannt Paulie, der Don, auftaucht, dem gegenüber die anderen verstummen wie spielende Kinder beim Erscheinen des Lehrers. In diese Welt will Henry um jeden Preis gehören. Da steht der Junge und beobachtet die kleinen Gesten und Rituale der Gangster, die sich rund um den Taxistand treffen – ein Ort der Korruption und der Bewegung – und von denen er weiß, wie viel sie im Viertel bedeuten: »Schon bevor ich noch während meiner Schulzeit den ersten Job am Taxistand angenommen hatte, wusste ich, dass ich zu ihnen gehören wollte.« Und so beginnt er, im Alter von 11 Jahren, seine Arbeit am Taxistand, der in Wirklichkeit einer der vielen Knoten im Kommunikationsnetz der Gangster ist. Als kleiner Diener der Bosse darf Henry die Cadillacs einparken und fühlt sich dabei großartig und frei. Auch den Eltern im beengten Wohnraum gefällt es zunächst, dass sich der junge Henry einen Job gesucht hat. Der Vater, ein Ire, hält es für richtig, dass die Kinder früh arbeiten – so hatte er es selbst erlebt –, und die Mutter ist glücklich, dass die Ciceros aus derselben Ecke Siziliens kommen wie sie selbst – ganz nebenbei haben wir so die spannungsreiche Herkunft von Henry erfahren. Er wird sich noch so anstrengen, noch so sehr zu Diensten und voller Respekt sein konnen, ganz dazugehören zur Familie der Gangster wird er nicht. So ist er das negative Spiegelbild von Charlie aus MEAN STREETS, der alle Voraussetzungen dazu hatte, es in der Familie zu etwas zu bringen. Auch er hat den einen entscheidenden Riss in der Biografie, den Widerspruch in sich, der ihn dazu zwingt, seine Funktion in

Gangland nie als selbstverständlich zu sehen. So ist er der Mann, der beständig beobachtet, der ständig lauert und der von seinem unwiderstehlichen Drang, dazuzugehören, jemand zu werden, getrieben wird, rastloser als die anderen.

Während wir zusehen, wie zwei Polizisten mit Schnaps und Zigaretten bestochen werden, erzählt uns Henry aus dem Off, wie rasch seine Eltern ihre Meinung über seinen Job änderten. Aber er wird den eingeschlagenen Weg nicht für einen Augenblick mehr verlassen. Don Paulie hat ein Auge auf ihn geworfen, und was ist ein irischer Vater gegen einen Paten? Henry wird zum Laufburschen des Don.

Alles dies erfahren wir in einer rasanten Montage, in der sich Bild, On- und Off-Text nicht wie tautologische Verstärkungen verhalten, sondern stets neue Informationen über die Mechanik einer Vita, die Mechanik einer Herrschaft geben. Und während wir darin die Korruption und Gewalt, auch die Falle erkennen, auf die sich der Junge zubewegt, steckt uns seine Begeisterung, seine Naivität förmlich an, bleiben wir mit ihm in einer Bewegung, die noch keinen wirklichen Zweifel zulässt. Alles, was wir erfahren, erfahren wir nebenbei: dass sein Bruder im Rollstuhl sitzt, dass die Familie zu siebt auf engem Raum lebt, dass der Vater wenig verdient. Aus dieser engen Welt heraus beobachtet der kleine Henry das Leben der *wiseguys* auf der Straße, die die flotten Autos fahren, gut angezogen sind und die tollsten Frauen haben. Kerle, denen kein Polizist einen Strafzettel verpasst. Aber dieser Blick ist bereits durch den Film gebrochen. Nicht nur, weil wir gesehen haben, was daraus wird. Sondern auch, weil Henrys Blick selber »falsch« ist. Wir gönnen ihm gewiss das Entkommen aus der häuslichen Enge, aber zugleich sehen wir, dass sein Blick sich nicht durch seinen Gegenstand, sondern durch die Distanz konstruiert. Daher sieht er, wir sind ihm da ein wenig voraus, noch nicht, wie eng auch diese Welt da unten ist.

Und dieser Blick aus der Enge des elterlichen Raumes ist auch der Blick des jungen Martin Scorsese, und er ist zugleich jenem »Gottesblick« angenähert, der in seinen Filmen vorherrschend wird. Das Kind im Fenster, das die Straße beobachtet, in der die Gangster leben, einerseits. Oder Gott, der die Menschen beobachtet, die die Grenzen ihrer Welt nicht verlassen können. Selten sind materialistische Analyse und transzendentale Projektion so in einem Blick vereint gewesen wie in dieser Einstellung.

Und dann eine erste Explosion der aufgestauten Spannungen: Der Vater schlägt Henry, nachdem er einen Brief von der Schule erhalten hat, der ihn informiert, dass er seit Monaten nicht mehr dort war. Das Bild des mit dem Gürtel auf den Jungen einschlagenden Vaters friert ein. Es ist da auch nichts mehr aufzuhalten. »Er wusste, was an diesem Taxistand lief.« Und: »Hin und wieder bekam ich eine kräftige Abreibung. Aber da war mir das schon völlig schnuppe.«

So greifen die Gangster in sein Leben; der Respekt, den der Junge schnell genießt, greift auch auf die Eltern: Niemand wagt es, in der Einfahrt der Hills zu parken, obwohl sie gar keinen Wagen besitzen. Beim Bäcker muss man nicht mehr Schlange stehen, und die Kinder tragen Henrys Mutter ehrfurchtsvoll die Einkaufstüten nach Hause. »Wissen Sie warum? Aus Respekt!« Die andere Seite des Respekts ist die Gewalt. Der Briefträger wird verprügelt und gezwungen, keine Briefe mehr von der Schule an die Eltern auszuliefern. Wieder friert das Bild der Gewalt ein: »Das wars.« All diese Gewaltakte sind Handlungen in einer Mechanik, einerseits.

Der Aufstieg in Gangland geht sehr rasch vor sich. Henry verkauft Wettscheine, Feuerwerkskörper oder Eier; er handelt mit Falschgeld. Schließlich wird er Paulies persönlicher Diener, hält ihm bei Bedarf den Regenschirm, wenn er Spaziergänge unternimmt, um Telefonate aus zweiter Hand entgegenzunehmen. Es sind die Beobachtungen des Kindes, die die Mechanik der Kommunikation von Don Paul Cicero erklären, Distanz, Mittelbarkeit, Abhängigkeit. Selbst im Hinterhof, beim Barbecue, lässt der *wiseguy* seine Nachrichten und Befehle von Mittelsmännern überbringen. »Es war ein Tribut, genau wie in der alten Heimat«, stellt Henry fest. Die Leute zahlen, damit er sie gegen andere Tributforderer beschützt. Nun kehrt sich aber kaum merklich das Verhältnis um: Während Henry das System immer noch scheinbar naiv zu erklären scheint, seine Freunde als so etwas wie eine »Spezialpolizei für Gangster« bezeichnet, sieht man ihn schon selber zum Teil der Gewalt werden: Er schlägt die Scheiben geparkter Autos ein und zündet sie an. Nun ist er *jemand* (und kein Scorsese-Held zuvor schien den Aufstieg vom Niemand zum Jemand so schnell und mühelos geschafft zu haben). Kindlich noch ist sein Stolz: »Mit 13 machte ich mehr Moneten als die meisten Erwachsenen in der Gegend.« Und wieder friert das Bild ein, während die Autos in Flammen aufgehen. Aber als er, voller Stolz, im schicken Anzug und mit nagelneuen Schuhen nach Hause kommt, sieht ihn die Mutter nur entsetzt an: »Mein Gott! Du siehst aus wie ein Gangster!« Die Verzweiflung der Eltern, Nutznießer und Opfer des Aufstieges ihres Sohnes zu sein, zu wissen und zugleich nicht zu wissen, ist schon der zweite Schatten über Henry Hills Aufstieg.

Direkt angeschnitten sehen wir einen der *wiseguys*, der sich den blutenden Körper hält und läuft und schreit: »Sie haben auf mich geschossen.« Es ist eine beklemmende Szene, erschreckend und grotesk zugleich. »Das kann ich hier nicht gebrauchen«, meint Tutti (Frank DiLeo), Don Pauls Bruder, der sofort erkennt, wie gefährlich solches Aufsehen für seine Immunität ist. Henry versorgt den Verwundeten notdürftig; es ist das erste Mal, dass er einen Mann sieht, auf den geschossen wurde. Und beinahe das letzte Mal, dass er eine mitleidige Regung zeigt. Aber die Situation wird eine Lektion in Gnadenlosigkeit, eine von vielen Lektionen (und keine davon scheint den Helden in arge Seelenbedrängnis zu bringen). »Acht beschissene Schürzen hast du verschwendet für den Kerl. Ich weiß nicht, was zum Teufel mit dir los ist«, sagt Tutti. Zugleich hat Henry gezeigt, dass ein Rest von Menschlichkeit in ihm ist, und er hat eine Warnung erhalten, die er noch nicht versteht: Es wird ihm nicht anders ergehen, wenn er von einem brauchbaren Instrument zu einem »Problem« werden sollte. Nach dem Eingangsbild ein erneutes *foreshadowing*, diesmal freilich schon in die Geschichte integriert.

So wächst Henry im Gangland auf, bevor es von den großen Gangsterkriegen in Aufruhr gebracht wird, eine geschlossene Welt, in der er

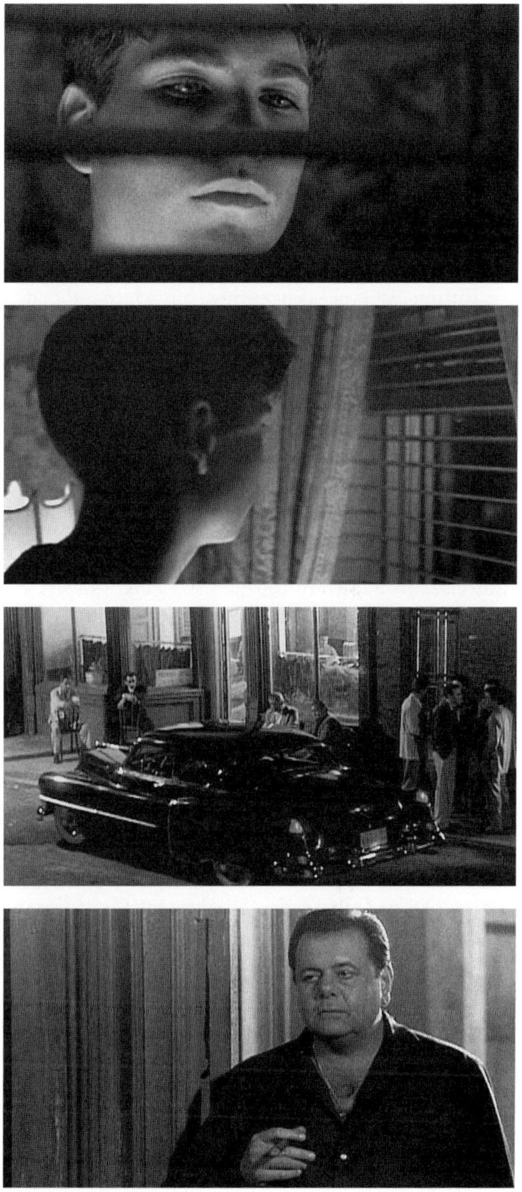

»Jemand zu sein in einer Gegend voller Niemande«: Analyse und Projektion in einem Blick vereint

schließlich auch Jimmy Conway kennenlernt, den sie *Jimmy the Gent* nennen. So wird aus dem Botenjungen schnell ein kleiner Unternehmer im Land der Kriminalität, im Glanz und Schatten von Jimmy, der nicht älter als 28 oder 29 Jahre, aber schon eine Legende in Gangland ist. Die beiden werden Freunde, gemeinsam steigen sie immer höher, aber schließlich wird der Tag kommen, an dem Jimmy Henry beseitigen muss, wenn er nicht selber der Verlierer sein will.

Jimmy ist eine »Legende«, ein »Jemand«, der ganz und gar sein eigenes Bild geworden ist, einer, der mit 100-Dollar-Noten um sich wirft, der sich als kleiner König im Gangland zu inszenieren weiß. Und wieder friert das Bild auf dem Gesicht des Gangsters ein, als Henry erklärt: »Wissen Sie, Jimmy war einer der meistgefürchteten Burschen in der Stadt. Mit elf landete er das erste Mal hinter Gittern. Und als er Killer für Gangsterbosse wurde, da war er – 16.« (Und nun ein Schnitt auf eine Außenszene: Conway und seine Leute rauben einen LKW aus und schenken dem Fahrer Geld). »Töten machte ihm nie was aus. Aber was er wirklich ausgesprochen gern machte, war stehlen.«

Dass Conway *Jimmy the Gent* (wie James Cagney in dem gleichnamigen Film) genannt wird, ist ein Witz. Er ist kein Gent, aber vielleicht doch anders als die anderen, weil ihm das Stehlen an sich Spaß macht. Wieder verkörpert De Niro den eher anarchischen Teil des Gangstertums; seine Extravaganz wird aber diesmal toleriert, weil er im Gegensatz zu Johnny Boy unentwegt Geld heranzuschaffen versteht. Henry bewundert Jimmy, der mit seinem Geld so protzt, als könne er es gar nicht schnell genug wieder loswerden. Er ist eine lebende Geldmaschine – und auch damit ein Vorgriff auf den »Ace« Rothstein in CASINO.

Die Fahrer geben Jimmy die Tipps für die wirklich guten Fuhren und werden dafür belohnt. Zusammen mit einem anderen Jungen, Tommy, geht Henry bei ihm in die Lehre, verkauft die gestohlenen Zigaretten auf der Straße. Dann wird Henry erwischt. Und nachdem er vor Gericht über seine Auftraggeber keine Aussage gemacht hat, hat er die »Probe« bestanden und mit 16 Jahren längst die zwei wichtigsten Dinge im Leben kapiert: »Du verpfeifst nie deine Freunde und hältst immer den Mund.« Er erhält den Kuss der Bosse und ist initialisiert. Und noch eine Lektion hat Henry gelernt: Nun beginnt er darauf zu achten, keine Spuren zu hinterlassen. Auch und gerade bei Gewalttaten nicht.

Nun sind wir im Jahr 1963, auf dem Flughafen von Idlewild. Jimmy, Henry und Tommy nehmen mit Paulies Unterstützung, und der seiner Gewerkschaftsleute, die Fracht-LKWs aus. Das ist Jimmys Lieblingsbeschäftigung. Eine kleine Szene genügt, das System zu zeigen: Ein LKW fährt vor eine Raststätte, der Fahrer geht hinein und holt sich seinen Lunch, während Henry und Tommy in aller Ruhe das Fahrzeug besteigen und davonfahren. Als der Fahrer zurückkommt und sieht, dass die Sache erledigt ist, kehrt er zurück und erklärt, zwei »Nigger« hätten ihm den LKW geklaut. Wir sehen – ganz nebenbei – einer kapitalistischen Konstruktion des Rassismus zu.

In einer typischen Kneipe stellt der Erzähler die anderen Gangster vor, und zur gleichen Zeit wird geschäftig das Diebesgut verschoben. »Anders zu leben kam für uns nicht in Frage.« Der Film hat sich nun schon bewegt von einer Art der verständnisvollen, wenngleich durch schreckliche Vorahnungen durchbrochenen Symbiose zu einer zunehmend kühleren Distanz; das ganze Werk erscheint als die Dramaturgie einer langen Entfernung, eines förmlichen Erkaltens im Blick, es ist die Dramaturgie der Desillusionierung. Doch bemerkenswerterweise geht diese einher nicht mit einer Dehnung, sondern mit einer Stauchung der Handlung in immer kürzere Zeiträume; die zu Beginn lose Kette der Ereignisse wird immer dichter und gedrängter, die Zeitsprünge knapper, der Druck auf die Figuren größer: Die Falle zieht sich in der Dimension des Chronos zu.

Nachdem am Flughafen ein neuer Coup ausgehandelt wurde, folgt eine längere Szene zwischen Henry und Tommy. Tommy erzählt, wie er bei einem Verhör zu einem Polizisten immer wieder nur »Leck mich am Arsch« gesagt hat, während man ihn schlug, und Henry meint, er sei »komisch«, was zu einem längeren Wortgeplänkel führt: Tommy De Vito erzählt seine Geschichten wie jemand, der eine Runde unterhält und den man besser in seiner Selbstinszenierung nicht unterbricht. Dass Henry ihn, vielleicht ohne sich Böses zu denken, einen »funny guy« nennt, führt zu einer enormen Spannung, alles wäre möglich. »I'm funny how, how? I mean, funny like a clown? I amuse you? I make you laugh. I'm here to fucking amuse you?« Der Moment der Spannung scheint sich ins Unendliche zu dehnen, bis Tommy wieder lacht und jovial wird – und doch muss die in ihm aufgestaute Gewalt noch heraus: Tommy schlägt dem Besitzer, als der die Rechnung einfordert, gleichsam ansatzlos eine Flasche auf den Kopf, als gäbe es keine andere Reaktion, wenn jemand die Regeln nicht respektiert, die dem Gangster alle Dienstleistungen zugestehen.

Scorsese hat diese Gesprächsszene zwischen Henry und Tommy länger ausgedehnt, als es nur für einen Augenblick des *thrill* nötig gewesen wäre, er entwickelt eine andere Form der Zeit. Pesci kann sich in seinen Wortschwall steigern, es wird eine Komposition der Bedrohung, des Tastens, der Definition des Raums von *respect*.

Henry steht zwischen Tommy, dem unberechenbaren Choleriker, und Jimmy, einem anderen Verrückten; bei diesen Freunden müsste ihm eigentlich schon klar werden, dass es die Regeln, an die er sich zu halten glaubt, die Vernünftigkeit der Existenz als *wiseguy*, gar nicht gibt. Genauso wenig, wie es eine moderierende und ordnende Kraft des Paten gibt; der Pate ist nur die gefräßigste unter den Kraken, und er weiß noch seine schrecklichsten Beutezüge zu tarnen.

Wenn wir in dieser Szene gesehen haben, wie die innere Ordnung der Gangster funktioniert, nämlich als ein »Spiel« der Aggressionen, das keine Konsolidierung und keine Rationalisierung zulässt, so entwickelt der Film die Desillusionierung im weiteren Verlauf wie ein gegenläufiges Sujet zu der sich steigernden Gewalt. Das System der Gangsterherrschaft ist nicht so vernünftig, wie es den Anschein haben möchte, und genauso wenig ist es in dem romantischen Sinn unvernünftig, den wir sonst aus dem Kino kennen. Und Scorseses Gangster sind nicht einmal so vernünftig wie ihr System: Nach dieser Szene sehen wir, wie der von Tommy geprellte Wirt zum Paten Paulie kommt, um sich zu beschweren; schließlich macht er ihn zum Teilhaber, um sich seines Schutzes zu versichern. Doch während der ihm allen Ärger vom Hals hält, muss er – »ganz egal wie« – auch immer mit Geld rüberkommen. So wird er Schritt um Schritt ausgeblutet, bis er nichts mehr hat. Und dann wird das Lokal (von Henry und Tommy) angezündet. So funktioniert das System. Und während das alles »verhandelt« wird, bricht auch beim Zuschauen die scheinbare Logik und der wahre Wahn so auseinander, dass wir keine Empfindung mehr haben. Warum versteht da niemand, dass all dies Gerede von »Respekt« und »Loyalität« nichts bedeutet, der Schutz, den der Pate verspricht, nur der Auftakt für den Kannibalismus ist? Paulie ist kein »Herr«, er ist eine Art menschlicher Verdauungsapparat, seinen Mitmenschen ein Wolf, der schon keine wirklichen Zähne mehr braucht. Scorsese vermittelt etwas vom Wahnsinn des Systems, indem er diesen Widerspruch nicht nur zeigt, sondern auch in unserer Wahrnehmung erzeugt. Es funktioniert, während seine Vertreter auf absurde Weise in ihren kleinen Kreisen gefangen sind.

Henry und Tommy sitzen im Auto vor dem Lokal, das sie angezündet haben, und Tommy erzählt von einem jüdischen Mädchen, das nicht alleine mit ihm ausgehen will, weil sie ein Vorurteil gegen Italiener habe. So soll nun Henry mit zum Rendezvous, um sich um ihre Freundin zu kümmern. Und als das Lokal endlich in Flammen steht, fahren die beiden davon. Was wenig später in Quentin Tarantinos PULP FICTION (1994) als cooler Spaß erscheint, die Beinahe-Gleichzeitigkeit mehr oder weniger trivialer Alltagsgespräche und unbarmherziger Gewalt, das zeigt sich bei Scorsese erschreckend einleuchtend.

Zwar folgen die Geschehnisse immer noch Schlag auf Schlag, aber das Tempo des Filmes hat sich nun spürbar verlangsamt; es sind die Gespräche zwischen Tommy und Henry, die scheinbare Redundanzen schaffen, die »zäh« werden, die zeigen, dass zum Geschäft des Gangsters vor allem gehört, die kinetische Energie zu zügeln (sie muss, wie wir später sehen werden, in sinnlose, aber für die Organisation selber ungefährliche Gewalttaten abgeleitet werden). Die Beziehung der beiden, eine Spannung zwischen Kooperation und latenter Gewalt, zeigt schon die Sackgasse an, den Stillstand, die Wiederholung. Auch Paulie, der Pate, ist von

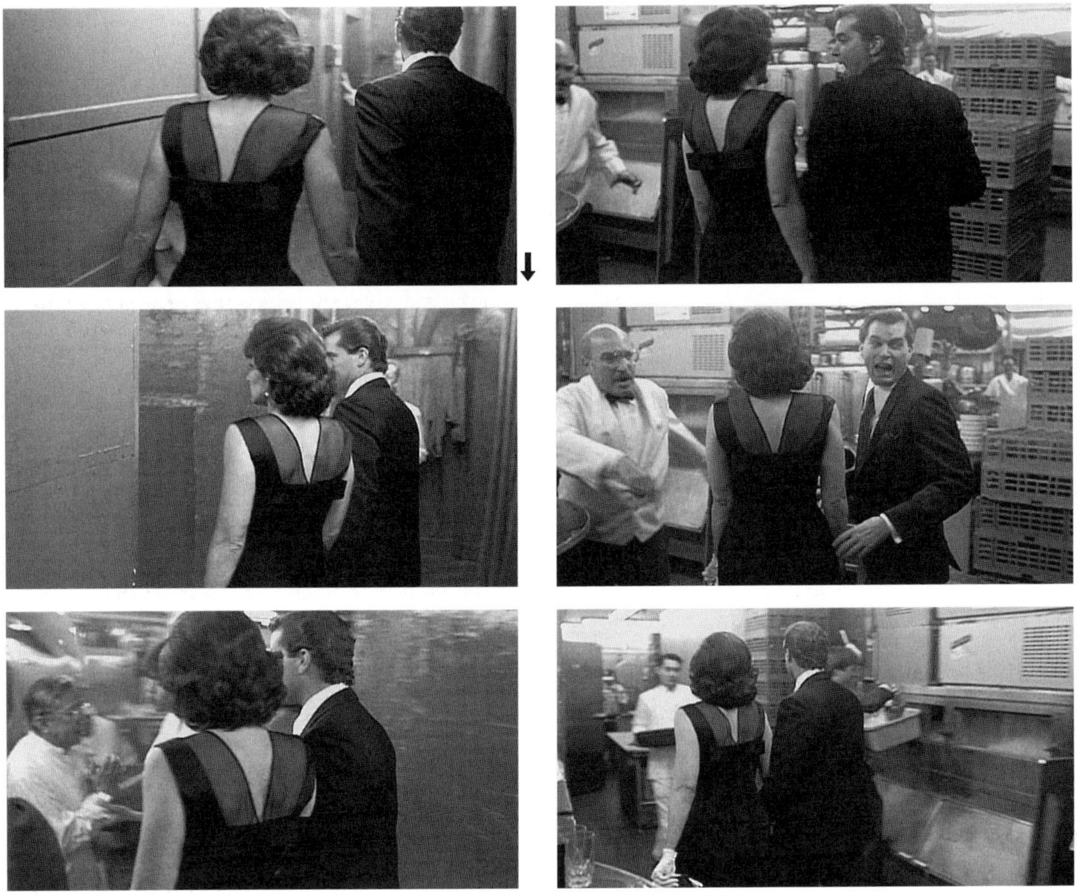

Eine soziale Geburt: ...

vollkommener Bewegungslosigkeit. Die Konstruktion des Kreises ist in diesem Film nicht mehr allein auf das Biografische bezogen, es ist das System selber: Das Zentrum, das von dem Paten gebildet wird (sein Zentrum-Sein ist seine Macht) und die Peripherie, das Kreisen, das um so schneller, brutaler und selbstzerstörerischer sein muss, je weiter der Gangster jeweils vom Zentrum entfernt ist – das ist der Motor dieses Gangstertums, das von überallher kommt und nirgendwohin führt.

Bei dem Rendezvous kommt eine zweite Off-Stimme dazu, eine Erzählerin, die mit ihren ersten Sätzen eine Gegenperspektive verspricht. Karen (Lorraine Bracco) beginnt: »Ich konnte ihn nicht ertragen. Ich fand ihn wirklich unangenehm.« Ein merkwürdiger Beginn für eine Liebes- und Ehegeschichte, die aber vor allem eine Beziehung in Gangland ist: Trotzdem muss sie versprechen, wieder mit den anderen auszugehen, und am Freitagabend lässt er sie »natürlich sitzen«. Sie findet ihn mit Tommys Hilfe und putzt ihn herunter. Das imponiert Henry sehr. So beginnt die Geschichte; beim Besuch bei der streng gläubigen jüdischen Familie muss er vor der Mutter das Kreuz auf der Brust verbergen und wird als »Halbjude« vorgestellt. Henry demonstriert Karen im Gegenzug sei-

... Henry und Karen auf dem Weg zum Erfolg

ne Macht: Ins vornehme Lokal kommen sie durch den Kücheneingang, kein Anstehen nötig, ein endloses Labyrinth mit vielen Türwächtern, aber auch das Eindringen in einen Organismus, das Bild der Gangsterexistenz. Nach seinem Beruf von Karen gefragt, antwortet er: »Ich bin beim Bau.«

Wie Karen ihn erlebt, zeigt diese Szene sehr genau, in der die Kamera ihnen in einer einzigen langen Einstellung ganz fasziniert und subjektiv folgt, als er vor dem Lokal, dem Copacabana Club, hinter der langen Schlange erscheint, so viele Menschen wollen dazu gehören, zeigen, dass sie »jemand sind«, aber Henry *ist* jemand, wenn auch jemand anderes, und die beiden erhalten einen Weg durch die Menge, weil er einer der richtigen Männer ist, und sie die richtige Frau bei ihm, und man führt sie durch den Eingang für die Angestellten, ein Tisch wird über dem Raum getragen und vor alle anderen plaziert; der beste Platz gebührt den *wiseguys*, die aus den Hintergängen kommen. Das Gangstertum, so hieß es in der amerikanischen Soziologie, sei die »Hintertreppe zum gesellschaftlichen Erfolg«; Scorseses und Ballhaus' Kamera zeigt genauer, was damit gemeint ist. Türen, die sich auftun, Wege, die sich öffnen, Menschen, die beiseite treten, Dienste, die geleistet werden.

Und in dieser Kamerabewegung erfahren wir ganz direkt, wie körperlich das ist. Es ist eine Art der sozialen Geburt, die, wie wir in ganz ähnlichen Labyrinth-Szenen in RAGING BULL sehen, auch kläglich scheitern könnte. Aber Henry und Karen gelangen selbstsicher ans Licht und in die Öffentlichkeit, und wirksamer hätte Henry vermutlich nicht um sie werben können. Es ist auch eine Art der umgekehrten Karriere, der dieser Weg beschreibt, an den Sicherheitsangestellten vorbei, die ihn devot grüßen, und durch die dampfende Küche. Zugleich illustriert aber diese brillante Kamerabewegung auch die Methode des Films selber, der die Wege und die Schichten der Mafia-Organisation aufschneidet und verfolgt. Immer von dieser gewalttätigen, verrückten Peripherie in das »vernünftige« und unangreifbare Zentrum.

Ein großer Coup beim Flughafen macht ihn wirklich reich, und Henry hat dabei »das Richtige gemacht: Paulie Tribut entrichtet«. Karen führt ihn unterdessen in ihre Welt, in einen Club zum Beispiel, in dem ganz andere Regeln gelten. Oder vielleicht doch sehr ähnliche? Henry und Jimmy treiben Schulden bei dem Entertainer ein, der nicht bezahlen will, und Jimmy würgt ihn. Ein Nachbar hat Karen belästigt, und Henry schlägt ihn halb tot. Dann drückt er den Revolver in ihre Hand und sagt, sie solle ihn verstecken. Sie fühlt sich erregt von der Gewalt. Sie heiraten nach jüdischem Ritual. Aber auch Paulie bringt seine Familie zum Fest – und alle drücken ihr die Umschläge mit den Hochzeitsgaben in die Hand.

Karen ahnt nun immer mehr, womit Henry ihren beträchtlichen Lebensunterhalt bestreitet. Und schnell bemerkt sie, dass sie nun innerhalb eines Systems, innerhalb der Mafia leben muss. Aber schon bald beginnt auch die Frustration; die Mutter hackt auf Karen herum, weil Henry sich nie meldet, wenn er abends nicht nach Hause kommt, und keine Wohnung sucht. »Er ist kein Jude«, weiß sie jetzt, »wusstest du, wie diese Leute leben?« schimpft sie. Und als er schließlich vor der Tür steht, beschimpft sie auch ihn; Henry macht auf der Stelle kehrt und geht zu seinen Freunden im Auto zurück. Da haben sich zwei Kreise berührt (so oder so), die sich nicht überschneiden können.

Wo sie sich befindet, wird Karen erst richtig klar, als sie bei einer Hausparty mit den anderen Frauen der Gangster zusammen ist. Die Frauen der *wiseguys* können nur mit anderen Mafia-Frauen verkehren, einen sozialen Kontakt nach außen gibt es nicht mehr. Mehr noch als ihre Erzählungen von der Gewalt der Männer stößt sie die schlechte Haut und das Make-up und die zusammengewürfelte und billige Kleidung ab. Karen ist etwas Besseres, und gerade deshalb fasziniert von der Gangsterorganisation, die ihr doch nie vollkommen selbstverständlich werden kann. Auch Henry, der Ire, war ja von Anfang an nicht wirklich für den inneren Kreis bestimmt, und das Element der Fremdheit verstärkt sich nun noch.

»Nach einer Weile war das alles normal. Nichts sah nach Verbrechen aus.« Dann sehen wir Polizisten mit einem Durchsuchungsbefehl in die Wohnung eindringen. »Immer wieder gab es kleine Belästigungen«, kommentiert sie das Geschehen, mittlerweile hat sie Kinder. Man bleibt unter sich, macht Ferien (und Fotografien davon) und geht einkaufen. Henry führt am Queens Boulevard ein Restaurant (ist es das, was für Charlie aus MEAN STREETS bestimmt war?), das bald zum Zentrum für die *wiseguys* wird, neben dem *Robert's* von Jimmy. Dort findet eine Party für Billy Batts (Frank Vincent) statt, nachdem dieser sechs Jahre im Gefängnis verbracht hat. Billy gehört zu den »gemachten Männern«, jenen, die nicht auf der unteren Stufe der *cosca* begonnen haben, sondern im Dunstkreis der Dons direkt aufgenommen wurden. Er ist daher »unberührbar«. Weil Billy sich noch an die Zeit erinnert, in der Tommy als Schuhputzer arbeitete, macht er Scherze über ihn. Auch in diesen finsteren Kleinbürgern wiederholen sich die Rituale der Differenz, und Tommy ist wütend. Wirklich wütend. Jemand hat ihn darauf hingewiesen, dass er zwar »jemand« geworden ist, aber dieser Prozess seine Grenzen hat. Etwas an ihm ist immer noch der Alte, ein »Niemand«. Tommy und Jimmy prügeln und treten Billy, wie sie glauben, zu Tode, Tommy zerschlägt ihm mit dem Pistolengriff das Gesicht.

Nun muss für die Beseitigung der »Leiche« gesorgt werden, die sich dann im Kofferraum überraschend doch noch regt. Wir sind wieder in der

Grausame, dumme Gewalt (Jimmy Conway und Tommy DeVito prügeln Billy Batts fast zu Tode) ...

Szene vom Anfang und verstehen nun den Zorn der drei Männer, und ihre Erregung: Sie haben nicht irgendein Opfer erledigt, sondern einen »Unberührbaren«, und die Familie wird das nicht zulassen. Sie haben etwas sehr Unvernünftiges getan.

Henry und Karen leben, so scheint es, das schizophrene Leben eines bürgerlichen Mafia-Paares. Zu Beginn duldet es Karen noch, dass Henry sich eine Geliebte hält, es gehört, möglicherweise, zum Leben eines Gangsters; doch die Spannungen zwischen beiden wachsen. Er will sich von Karen scheiden lassen, aber Don Paul und Jimmy Conway halten ihn davon ab: »Du hast Kinder. Du musst dich mit Karen arrangieren. Du musst den Schein wahren, das Ansehen der Familie darf nicht beschmutzt werden. Geschieden wird nicht. Wir sind keine *animali*.« Nicht Karen also ist es, die die Grundregeln der Mafia verletzt (wie es im Mythos der Männergesellschaft Mafia vorgesehen wäre), sondern Henry. Karen ist bereit, mit ihren klaustrophoben Gefühlen zu leben, denen Henry nach innen und außen zu entkommen trachtet. Sie ist, um es genau zu sagen, ein besserer Mafioso als ihr Mann.

1974 kommen Henry und Jimmy schließlich wegen eines vergleichsweise geringfügigen Delikts ins Gefängnis. Der Aufenthalt dort aber erweist sich für Henry als überaus komfortabel (Jimmy wird in eine andere Anstalt verlegt, über die wir nichts erfahren); es sind nicht nur genügend *wiseguys* dort versammelt, um die innere Kontrolle zu führen, sondern auch Don Paulie erfreut sich hier zwischenzeitlich eines ruhigen Lebens. Nicht Menschen, sondern ganze Kreise sind da verpflanzt worden. Es fehlt ihnen an nichts, allerdings muss stets das nötige Bestechungsgeld beschafft werden. So beginnt Henry erneut, seine Talente einzusetzen, verkauft Wettscheine, Schnaps und schließlich auch Drogen. In dieser Zeit wird die Beziehung zu Karen enger, in gewisser Weise werden sie jetzt erst »Partner«; sie hilft ihm bei seinen Geschäften. Drogenhandel freilich ist etwas, was Paulie nicht mag, es kommt zu den ersten Konflikten zwischen dem Ziehvater und seinem Schüler. Nach Henrys Entlassung befiehlt Paulie ihm, die Sache sein zu lassen. Die Droge, das ist tatsächlich der Punkt des Bruchs im Gangstertum. Gewiss nicht, weil es die »ehrbaren« von den vollständig skrupellosen Gangster-Generationen trennt, wie es die mythischen Filme des Genres gelegentlich weismachen. Es ist vielmehr die Droge, die den Kreislauf des Geldes noch einmal auf eine Weise beschleunigt, dass das Zentrum nicht mehr ruhig bleiben kann; die Kreisbewegungen geraten ins Schlingern, die zentrifugalen Kräfte sind von den Dons nicht mehr zu bewältigen. Dennoch beginnt Henry nach der Entlassung, und zwar zusammen mit seiner drogensüchtigen Geliebten, im Rauschgifthandel erst richtig mitzumischen. Er hat einen Weg eingeschlagen, der ihn von der Familie und von der »Familie« trennt. (Dennoch: Auch Jimmy und Tommy steigen – freilich ohne Paulies Wissen – in das Geschäft ein.)

Es kommt der Tag des größten Coups, der genau vorbereitet wurde: Jimmy organisiert einen Überfall auf das Depot der Lufthansa, und die Gang erbeutet sechs Millionen Dollar. Aber dieser Coup ist auch das Ende. Die Organisation fällt auseinander; Jimmy steigert sich in die Furcht davor, man könne ihm das Geld der Beute abjagen und wird daher zum neurotischen Mörder, der alle Beteiligten an dem Coup beseitigt. Tommy wird mit Paulies Einverständnis wegen des Mordes an Billy getötet, zynischerweise an dem Tag, für den man ihm die Aufnahme in den engeren Kreis versprochen hatte. Und Henry verfällt immer mehr dem Kokain. Fast beiläufig schildert Scorsese, was im Caper Movie zur inneren Dramaturgie, zur Metapher geworden ist. Aber es ist keine Metapher, es ist Struktur.

Die zweite, die schwerste Sünde, die Henry begeht, außer sich im Inneren nicht an die Regeln der Familien zu halten, die Sünde der Ökonomie neben der Sünde der Sexualität, ist es, diesmal den Don an seinen Geschäften nicht zu beteiligen. Er durchbricht das System der *cosca* ebenso wie das der Familie. Als er von der Polizei schließlich geschnappt und gegen Kaution auf freien Fuß gesetzt wird, weiß Henry bereits selber, dass er auf seine früheren Allianzen nicht mehr wird rechnen können. Er verliert seinen Schutz, weil er Don Paul den »Respekt« verweigert hat, und Jimmy muss fürchten, dass seine Beteiligung am Drogengeschäft ans Licht kommt: Henry ist schon zum Tode verurteilt. Und so ist die Entscheidung, sich der Justiz als Kronzeuge zur Verfügung zu stellen und die Namen der Familie preiszugeben, vor allem ein letzter Versuch, das eigene Leben zu retten. Daher versinkt er wieder; er ist, wie er am Ende selber sagt, wieder ein Niemand, eine »Null« geworden – wie Jake La Motta oder der Held von CASINO.

Auch dieser Prozess ist nicht, wie im Genrefilm üblich, in die Form einer »schicksalshaften Wendung« gebracht. Er vollzieht sich so zäh, zugleich willkürlich und folgerichtig, wie alles in Henrys Leben. Zunächst erscheint es, als habe die Polizei nur einen der üblichen Drogendealer erwischt. Erst allmählich wird klar, dass Henry eine Schlüsselfigur für die Anklage sein kann. Als er auf Jimmy trifft, ist ihm klar, dass er auf der Abschussliste steht. So nimmt er das Zeugenschutzprogramm für sich in Anspruch und taucht unter. Jetzt muss er für das Brot beim Bäcker wieder anstehen, jetzt serviert man ihm, ohne dass er sich dagegen wehren kann, Eiernudeln statt Pasta. »Das Schwerste für mich war es, diese Art Leben aufzugeben. Ich liebe dieses Leben immer noch. Wir wurden behandelt wie Filmstars mit Leibwächtern. Wir hatten alles, und wir brauchten es nur anzufordern. Unsere Frauen, Mütter, Kinder, alle kamen vorbei, ich hatte große Papiertüten voll mit Juwelen in der Küche verstaut, ich hatte eine Zuckerdose voller Koks neben dem Bett.« Wieder ist da ein Ausbruchsversuch aus einer geschlossenen Welt, der nicht wirklich gelingen kann, in einer Welt voller absurder, aber effektiver Regeln: Am Freitagabend darf man bei der Geliebten sein, den Samstag aber muss man bei Frau und Familie verbringen. Und zu den Regeln gehört es, dass »Risikofaktoren« beseitigt werden. Langsam aber sicher hat sich Henry von einem *good fella* in einem Risikofaktor verwandelt.

Das Ende des mythischen Erzählens

Scorsese legt von Anfang an ein berückendes Tempo vor; die harten Schnitte und die schnellen Kamerafahrten lassen weder dem Epos noch der falschen Idylle Raum: Diese Gangster sind nichts anderes als gehetzte Kleinbürger, ja, das Verbrechen selber ist eine Frage der Zeit, nur schneller zu sein sichert das Überleben. Ganz buchstäblich (wie später dann auch in CASINO) fährt Scorsese in den »Körper« des organisierten Verbrechens, in ein feines, triviales Ineinander von Organen, Bewegungen, Adern und Nerven, das mit krankhaften Zuckungen auf jede Störung reagiert. In dem Film scheint es, als seien die einzelnen Sequenzen, seine »Zellen«, gleichsam auf der Flucht voreinander, als würden sie dabei den »Körper«, den sie bilden sollten, aufschwemmen und zerreißen, und als müsste nichts so sehr vermieden werden wie ein regelmaßiger Rhythmus, der eine trügerische Identität von Erzählung und Erzähltem hätte suggerieren können. Zwischen Gegenwart und Vergangenheit besteht nie eine Beziehung der Erklärungen, die Erinnerungen sind nicht minder gehetzt als die präsenten Geschehnisse. Stattdessen werden die Abstände zwischen den Zeiten immer geringer; am Beginn überbrücken wir in den Rückblenden noch Jahrzehnte, dann sind es Monate, am Ende nur noch Minuten.

Erschreckend ist die grausame, dumme Gewalttätigkeit der Gangster und zugleich die Banalität ihres bürgerlichen Lebens; erschreckend

… und die Banalität des bürgerlichen Lebens

sind die Gesichter der Gangsterbräute, zerrissen zwischen dem Wunsch, sozial aufzusteigen, abgesichert zu sein, und dem Entsetzen und der Angst, diese bürgerliche Sehnsucht, die sich nur durch den Verrat an den bürgerlichen Tugenden erfüllen lässt, und die sich noch ausdrückt in den Kaffeekränzchen der Damen. Man spricht da über Mode, Kosmetik und Haushalt wie anderenorts, nur im Bewusstsein, dass sich die Männer nebenan ihr Geld mit dem Verbrechen verdienen. Das Gangstertum ist nicht eine böse, faszinierende Alternative zum Bürgertum, sondern seine hässlichste Karikatur.

Diese Gangster sind eigentlich »kleine Fische«, sie gehören nicht zum Zentrum der Macht in Gangland; sie treiben sich an den Rändern der wirklich großen Geschäfte herum, setzen sich mit ihrer Beute in Szene, fahren protzige Wagen und tragen Armani-Anzüge. Ihre Kreise sind nur Bestandteile größerer Kreise. Sie sind getrieben von einem unstillbaren, auch sexuellen Hunger, und ihre Gewalt ist in ihrem hemmungslosen Sadismus auf grausame Weise auch immer furchtbar komisch. Wenn sie die Ermordung eines anderen Menschen als *whacking* bezeichnen, dann bleiben sie auf der Stufe prügelnder Straßenjungs. Das freilich lässt diese Gewalt auch so erschreckend »normal« erscheinen; sie geschieht in einem »erhitzten« Zustand, aber zu »kühlen« Zwecken.

Der Film ist wie eine zweieinhalbstündige Fahrt in einer Zeitmaschine durch die Geschichte des Gangstertums, wieder wird die Musik, wird auch die Mode zum archäologischen Leitmedium. Damit ist GOODFELLAS auch ein Film über Zeit und über Musik: Mit dem Mord an Billy Batts am 11. Juni 1970 beginnt die Geschichte, und sie wird begleitet von der Musik von Tony Bennett, den Crystals, Bobby Vinton, den Shangri-Las, Dean Martin, Donovan, Aretha Franklin, den Rolling Stones, The Who und Cream. Eine Geschichte der Popmusik, die merkwürdigerweise immer mehr »authentisch« werden will, je mehr sie selbst sich von der Peripherie ins Zentrum bewegt.

Henry ist der Prototyp des Scorsese-Helden in seiner grausamsten Variation: einer, der etwas sein will, der Geld braucht und Anerkennung durch eine Umwelt. Wir sehen, wie er mit der Zeit geht, oder aber auch, wie die Zeit mit ihm geht. Wir sehen aber auch, dass diese Personen ihre Zeit haben, weniger als der Bürger vielleicht, man kann ihre Geschichten nicht von einem Ende her erzählen, nur von einem Verschwinden. Sie werden umgebracht, eingesperrt oder verschwinden in ihren Tarnexistenzen. In keinem Fall können sie das, was sie »geworden« sind, behalten. Vielleicht macht das ihre Gier, ihre verrückten bürgerlichen Süchte aus, dass sie um das Problem von Beschleunigung und Stillstand in ihren Kreisen wissen.

Es ist aber auch eine Anordnung der Distanzierung; fast spielerisch beginnt dieses Kreisen mit den kleinen, beinahe »verständlichen« Gaunereien des Helden und gelangt zu einer immer kühleren Beobachtung. Denn während wir mit ihm kreisen, erkennen wir immer wieder die Punkte, an denen Henry, ganz im Gegensatz zu seiner Erzählung, ganz im Gegensatz zum Mythos des Gangsters als tragischen Helden, die Wahl hat. An diesen Punkten deformiert sich der Kreis. Es ist ein Film, wie der Regisseur John Sayles sagt, »der Menschen zeigt, deren einzige Überlebenschancen in ihrer Bereitschaft liegt, jederzeit gewalttätig zu werden.« Vielleicht. Aber solche Determination wird beständig gebrochen. Die Verhältnisse von »Zwang« und »Freiheit« verändern sich beständig. Aber mit jeder neuen Freiheit entsteht ein neuer Zwang. Das verstehen wir, das ist der psychologische Weg. Indes: Mit jedem neuen Zwang entsteht auch eine neue Freiheit. Das ist der philosophische Weg. Darin unterscheidet sich Henry nicht sehr von den religiöseren Helden Scorseses, von Charlie bis Christus. Er ist nur trivialer; Scorsese zeigt in GOODFELLAS, dass es keines außergewöhnlichen Menschen bedarf, um in das große Menschheitsdilemma zu gelangen. Er zeigt, wie Mafia funktioniert (vielleicht dabei: wie Gesellschaft funktioniert, wie die Flüsse von Geld, Blut und Sperma funktionieren), nämlich in einer höchst dynamischen Abfolge von (ökonomischer) Vernunft, Irrationalität und Wahn. Die *wiseguys* sind insofern uns Kinozuschauern ähnlich, als es ihnen zunehmend schwerer fällt, zwischen Wirklichkeit, Fiktion und Symbolisierung zu unterscheiden. Die Motorik des Gangstertums funktioniert auf den ersten Blick sehr verständlich: Das symbolische Zentrum (der Don, der nicht mehr gewalttätig sein muss, weil alle Beziehungen der Gewalt durch ihn fließen und weil er als Zentrum die Bewegungen der anderen bestimmt) generiert über Fiktionen (die Familie, den Respekt) die reale Bewegung der Peripherie (des Gangsters wie Henry und seiner *fellas*, deren Wirklichkeit nichts anderes ist als ein möglichst direktes Agieren zwischen Gewalt und Genuss). Aber natürlich funktioniert diese Motorik auch in die andere Richtung; der Gangster an der Peripherie agiert das symbolische Leben, um den Kraken im Zentrum am Leben zu erhalten. Es ist der Austausch der Fiktionen, der diese Beziehungen regelt, und vielleicht ist das der zweite Grund, warum der Don Drogen nicht mag. Die Fiktionen tendieren dazu, sich selbstständig zu machen, in den Zeichen, im Kino, im Rausch. Daraus entsteht eine Konkurrenz der Abhängigkeiten. Wie könnte jemand wie Henry noch seine Beziehung zur Peripherie definieren, wenn er von etwas anderem mindestens genauso »abhängig« ist? In alledem steckt vielleicht auch ein böses, materialistisches und spirituelles Gesellschaftsbild. Nach GOODFELLAS ist der Mensch, in Scorseses Kosmos, eigentlich nicht mehr zu retten. Er ist nicht einmal in der Klage mehr aufgehoben.

GOODFELLAS dauert zweieinhalb Stunden und ist dabei »einer der schnellsten Filme aller Zeiten«, wie Scorsese selbst zu Recht feststellt. Dabei zieht sich das Leben des Protagonisten förmlich in der Zeit zusammen. Zuletzt präsentiert der Film die Chronik eines einzigen Tages, des letzten Tages vor Henrys Verhaftung, der zudem – von 6.55 bis 22.45 Uhr – in Untertiteln mit zahlreichen Zeitangaben strukturiert ist. Der zeitliche Druck dieses Tages spiegelt die Erschöpfung des Protagonisten. Markus Vorauer schreibt: »Henry muss bei einem Freund ein Päckchen (Kokain) abholen, sich gleichzeitig um seinen behinderten Bruder kümmern, eine Waffenlieferung für Jimmy (De Niro) prüfen, immer wieder zu Hause vorbeischauen, um das Abendessen für die Familie vorzubereiten, von seiner Freundin die Kokainladung begutachten lassen, gleichzeitig mit ihr Geschlechtsverkehr haben: Alles soll unter einen Hut gebracht werden (Geld, Familie, Freunde/-in), am Abend ist Henry ein psychisches/physisches Wrack, dem nur noch eine Dosis Kokain hilft.« Und damit schließt sich ein anderer Kreis: Die Droge ist zum bloßen Überlebensmittel geworden. Sie fiktionalisiert nicht mehr, auch nicht mehr den Genuss, sie ist selber Teil der Bewegung, Teil der unmöglichen Verlangsamung, die an der Peripherie, die Henry nie hat verlassen können, nicht sein darf. Er kommt nun mit sich selber nicht mehr mit. Deshalb muss er verschwinden.

Henry Hill verschwindet radikaler als alle anderen Scorsese-Helden; er (wie dann auch der Held von CASINO, wenn auch weniger radikal), muss, um sich zu retten, ein vollkommener Niemand werden. »Heute ist alles anders«, beginnt sein Resümee, und er fährt fort: »Ich muss immer bloß warten wie jeder andere. [...] Ich bin ein durchschnittlicher Niemand, ich werde den Rest meines Lebens wie irgendein Trottel verbringen.« Und zur letzten Szene, wo er vorsichtig und misstrauisch nur seine Zeitung holen kann, hören wir Frank Sinatras *My Way* in der Punk-Version von Sid Vicious (der zu diesem Zeitpunkt schon tot war), die das Pathos des Songs ebenso zynisch und bitter aufarbeitet wie Scorsese den Mythos des Gangsters. Auch in der Musik hat sich der Kreis geschlossen.

Der Held von GOODFELLAS ist noch einmal tiefer gespalten als die Helden zuvor; er ist halb Ire und halb Italiener, zum »Amerikaner« fehlt ihm mehr als dem Gangster von Little Italy, und zugleich ist er ihm bereits (auch in der Trivialität seiner Gewalt) schon näher. Er hat den mythischen Schutz jener Spielart des Katholizismus verloren, in dem Religion und Mafia kein Widerspruch sind. Die radikale Verdammnis dieses Gangsters liegt daher in seiner vollständigen Materialität, in seiner Äußerlichkeit (und damit schließt sich als weiterer der Kreis in der darstellerischen Technik von Liotta). Alles, was Henry möglich ist, musste hier möglich sein; dies machte den unerträglichen Druck auf sein Leben aus. Er musste es genießen, als wäre es das Paradies. Sein Paradies und die Hölle der Niemande. Der (italienische) Pate im Zentrum hingegen akzeptiert die Welt als Hölle.

So wie Scorsese das Geschehen durch den Rhythmus unter Druck setzt, so auch durch ein gleichsam hoffnungsloses, spannungsreiches ethnisch-soziales Dreieck: Der Held mit dem irischen Vater und der sizilianischen Mutter (auf der ersten Ebene heißt das: die mythische »Polizisten«/Moral-Kultur und die Mafia-Kultur haben sich getroffen in einer unmöglichen familialen Situation) bleibt daher immer auch so etwas wie ein Ausgestoßener in der Gangsterklasse; das macht seine Dynamik und sein Scheitern aus. Auf den Widerspruch reagiert er nicht, indem er sich sozusagen für die eine oder die andere Seite entscheidet, sondern für eine dritte Kultur, die jüdische. Jede dieser Kulturen, in denen sich der Held bewegt, scheitert an den anderen; jede Anpassung, auch die von Henry Hills Frau, führt nur zu neuen Widersprüchen.

Die Repräsentanz der unterschiedlichen ethnischen, kulturellen und nicht zuletzt religiösen Gruppierungen findet sich immer wieder in den Scorsese-Filmen, sie entwickeln einerseits ihre Dynamik aus dem Widerstreit – und der Versöhnung – materialistischer Kritik und Spiritualität, andererseits indes aus dem Mit- und Gegeneinander der drei großen religiösen Vorstellungswelten, der katholischen, der puritanischen und der jüdischen. Die Helden errichten dabei ihren eigenen Käfig, in einer Welt diesmal, die vor allem aus den Farben Rot, Schwarz und Grau gebildet wird. Wieder erscheint die Pop- und Soulmusik zugleich als archäologische Leitlinie und als Definition von Zeit und Raum. Sie repräsentiert die Hoffnungen und Versprechungen der verschiedenen amerikanischen (Sub-)Kulturen und ihre Begrenzungen.

Zunächst scheint also GOODFELLAS gleichsam eine dialektische Einheit von Filmen wie RAGING BULL und AFTER HOURS – »von dem einen«, schreibt Verena Lueken, »übernimmt er den direkten Blick auf die Brutalität, gedämpft und verlangsamt durch die Verwendung der Zeitlupe, in der Blut, Schweiß und Körperteile in einer fast abstrakten Choreografie durch die Tiefe des Bildraums schweben; von dem anderen – den ebenso wie GOODFELLAS der Kameramann Michael Ballhaus fotografiert hatte – die gestochen scharfen, detailgenauen Nachtaufnahmen, die bei aller Bedrohlichkeit immer auch einen Funken Ironie vermitteln.« Dann aber wechselt Scorsese, im letzten Viertel des Films, bei der Darstellung von Henrys letztem Tag vor der Verhaftung, noch einmal seine Erzählhaltung. Die Erzählung scheint gleichsam ihre Mitte und ihr Ziel zu verlieren. Der »tragische Kreis« seiner früheren Filme erweist sich dadurch noch einmal als Schimäre, und Scorsese durchbricht ihn bewusst und heftig als Akt des Selbstwiderspruchs. Der Kreis ist nicht einmal als ästhetisches Versprechen mehr eine Lösung, und am Ende von GOODFELLAS sehen wir einem Film dabei zu, wie er alles unternimmt, nicht mehr »schön« zu sein.

Die »neue« Art des Scorsese-Films stieß indes auch auf harsche Kritik. So fährt Verena Lueken fort, dieser Teil des Films sehe »plötzlich aus wie eine Folge aus *Miami Vice*. Es wird hektisch hin- und hergeschnitten zwischen verschiedenen Schauplätzen; Nebendarsteller, die nie eingeführt wurden, übernehmen schicksalsentscheidende Rollen, Henry und seine Frau haben rotgeränderte Drogen-Augen, und es geht um eine Menge Koks – es scheint, als habe diese (vor-)letzte Wendung der Geschichte weder Scorsese noch seinen Kameramann besonders interessiert.« Vielleicht aber ist dies auch eine schmerzhafte und selbstzerstörerische bewusste Entscheidung, das »Uninteressante« dieses Lebens als solches nicht zu unterschlagen.

Tatsächlich scheint diese Kritik Scorseses Entschluss zu betreffen, die Konvention der mythischen Erzählweise, die er in seinen früheren Filmen noch auf eine wenn auch »aufgeraute« Weise pflegte, nun gänzlich zu verlassen. Der Film überträgt nun seinen Kern an die Oberfläche, und die zerfällt in Bilder, die ihren eigenen Ursprung suchen. Es gibt weder eine Figur, mit der man sich vorbehaltlos identifizieren wollte, noch eine fixe Perspektive, aus der man das Geschehen von einem vergleichsweise sicheren Standpunkt aus beobachten könnte. Unbarmherzig zieht uns der Film in eine Welt hinein, die wir zugleich als schrecklich und unbewohnbar erkennen. Wir können nicht anders: Wir müssen diesen Weg mit Henry bis zum Ende gehen. Und dieses Ende ist eben nicht nur schrecklich. Es ist auch trivial, es ist langweilig, es ist, im allerletzten Kreis, der Weg eines »Niemand«, der nie »jemand« war. Höchstens ein Bild. Das Bild hat Henrys Seele, seine Substanz nicht verändert.

Die Kritik trifft für diesmal schließlich auch das Spiel Robert De Niros. Verena Lueken: »De Niro, der hier zum sechsten Mal in einem Scorsese-Film auftritt, übertreibt jeden Blick, jede Geste, und doch bleibt der Charakter, den er darstellt, farblos – De Niro spielt sich selbst, den Scorsese-Schauspieler mit Actors-Studio-Training: ein unerwarteter, irritierender und sehr enttäuschender Anblick. Dabei hätte seine Rolle ihm genügend Raum gegeben, alles zu zeigen, was er kann: glaubwürdiges Altern über Jahrzehnte, die schleichende Brutalisierung eines Gentleman-Gauners zum kalt-

Die darwinistische Welt der Gangster-Bürger: Was geht in Henry Hill vor?

blütigen Intriganten und Mörder, die Entwicklung einer fast irren Paranoia nach dem letzten sensationellen Coup. Aber im Zusammenspiel mit anderen markiert De Niro nur; wenn er dann endlich seine Großaufnahme hat, beginnt er mit einem fürchterlichen Mienenspiel, mit dem er jede simple Schuss-Gegenschuss-Sequenz für sich zu entscheiden sucht, als sei sie ein mimisches Duell. An der Kinokasse mag De Niro eine der Attraktionen sein, mit der der Film sein Publikum lockt. Für den Film selbst ist er eher eine Belastung – sein ›Jimmy‹, eine der Schlüsselfiguren in der Geschichte Henrys, bleibt leblos und fad.«

Abgesehen davon, wie stichhaltig Verena Luekens Kritik an der schauspielerischen Egomanie sein mag, scheint auch sie erneut den Verrat von Regie und Darstellung am Hollywood-Realismus, seiner »Glaubwürdigkeit« und »Ganzheit«, zu treffen. Scorsese und De Niro entscheiden sich weniger für das Selbstreferentielle als für eine durchaus Brechtsche Verfremdung, eine Art epischer Erzählweise, ein Spiel, das nicht vergessen lässt, dass wir uns in einem sozialen Experiment befinden. Die Frage ist nur, ob wir das im Kino überhaupt jemals können: nicht romantisch glotzen.

Die Schlussbemerkung dieser Kritik (die in sich vollkommen stimmig sein mag) fasst dieses Unbehagen zusammen: »In MEAN STREETS konnte man eine ratlose Verzweiflung und Hassliebe zu Little Italy und seinen Bewohnern spüren: GOODFELLAS ist bis ins letzte Blutbad so analytisch inszeniert, dass man außer der Spannung einer Mafiageschichte überhaupt nichts mehr spürt.« Vielleicht ist da »Aufklärung« im Kino an die Grenzen unseres Blickes geraten.

Möglicherweise lässt sich die Entwicklung Scorseses in diesen Jahren etwa so beschreiben: Das Ineinander von Gefühl, Intellekt und Glauben, also Leidenschaft, Geist und Spiritualität, ein Wahrnehmungsbrei, dem in der Tat nur mit Verzweiflung, mit Hass und Liebe zugleich zu begegnen war, weicht einer neuen Organisation des Materials, in dem diese Ebenen, wenn nicht getrennt, so doch modellhaft geordnet sind. Danach wird Scorsese Filme der Gefühle, Filme der Analyse und Filme der Spiritualität drehen. Und erst in BRINGING OUT THE DEAD wird er, in erneuter Zusammenarbeit mit Paul Schrader, den erneuten Versuch unternehmen, das alles zusammenzubringen, einem Menschen auf der Leinwand eine ungeteilte, das heißt un-analytische Aufmerksamkeit zu widmen.

Das Kreisen nun betrifft auch die Selbstreflexion des Autors und seiner Subjekte im Scorsese-Kosmos. Die Szene in der Bar, als Tommy einen kellnernden Jungen über den Haufen schießt, ohne wirkliche Gründe zu haben, einen Jungen, der in Gangland kleine Drecks- und Kurierdienste leistet – das ist, als könne Henry zusehen, wie man ihn selbst, den Henry, der er einst war, erledigt, und als sei dies in der darwinistischen Welt der Gangster-Bürger ganz in Ordnung so. Aber das ist auch einer der Momente in Scorseses Film, wo Blick und Bild gänzlich auseinanderbrechen. Wir wissen einfach nicht, was in Henry in diesem Augenblick vor sich geht. Es ist ein Augen-Blick vollständiger Leere (das Ende der »Analyse«), ein Dostojewskij-Punkt hinter dem Kafka-Satz.

Das ist die eine Seite seiner Verfehlung; die andere ist es, dass er nie ein wirklicher *wiseguy* ist, der weiß, was gut für ihn ist. Er ist einer, der nicht damit leben kann, dass man nicht auffallen darf – er will seine Inszenierungen genießen. So ist er, genau wie Charlie in MEAN STREETS, in einer doppelten Falle, nur ist es bei ihm nicht die Liebe und nicht die Freundschaft, sondern das exakte Gegenteil; nämlich die Unfähigkeit zur Liebe, die Unfähigkeit zu irgendeinem Gefühl, die indes als schwarzes Loch in der Person dieses Gangsters bleibt. Wie er uns, jedenfalls in der ersten Hälfte des Films, aus dem Off das Funktionieren seiner Welt erklärt, das scheint darauf hinzuweisen, dass er deren Regeln genau durchschaut hat. Doch nichts davon. Er begeht unentwegt Fehler, ja mehr noch, die Begeisterung für das Funktionieren seines Systems enthält schon die Fehlerhaftigkeit seines Verhaltens; er spricht eine Sprache, die nicht die seine ist, die ihm nicht natürlich ist wie zum Beispiel Paulie. So ist Henrys Demontage ganz und gar ohne Romantik, und niemand wird dazu benötigt als er selbst. ❑

Cape Fear (1991)

CAPE FEAR ist ein Remake des gleichnamigen Films von Jack Lee Thompson aus dem Jahr 1962, die Verfilmung eines Romans von John D. MacDonald. Diese schwarzweiße Version (deutscher Verleihtitel: *Ein Köder für die Bestie*) zeigt Gregory Peck als biederen Anwalt Sam Bowden, dessen Aussage einst dazu geführt hatte, dass Max Cady (Robert Mitchum) wegen eines Sexualdelikts zu acht Jahren Gefängnis verurteilt wurde. Nun taucht Cady wieder in der Stadt auf, um sich zu rächen – nicht mit einem Schlag, sozusagen, sondern langsam und auf sadistische Art. Dass er sich dazu in den Jahren im Gefängnis einen raffinierten Plan zurechtgelegt hat, verkündet er grinsend dem Anwalt, dessen Machtlosigkeit über weite Strecken den Suspense einer ebenso einfachen wie unentrinnbaren Spannungsdramaturgie ausmacht: Wir kennen den Plan, den Mitchum gegen Peck in Szene setzt, und können um Peck bangen, aber wir kennen auch seine Gegenmaßnahmen und müssen (beinahe) auch um Mitchum bangen. Es ist vielleicht nur seine grobe Mechanik, die den Plot von CAPE FEAR daran hindert, als »Hitchcock-Stoff« durchzugehen.

Von Anfang an steckt da die Faszination des Bösen in Mitchums Rolle, gespiegelt in der schrecklichen Tatsache, dass Gregory Pecks aufrechtes Amerikanertum hier ganz einfach ins Leere gehen muss. (Und man mag sich, angesichts der modernen Revision des Stoffes, durchaus fragen, was eigentlich horribler ist, der Umstand, dass – bei Scorsese – Bowden selbst ein äußerst zwiespältiger Charakter ist, das Gute also gar nicht gut ist, oder dass Bowden – bei Thompson – seine Moral nicht weiterhilft, das Gute also in seiner Untauglichkeit vorgeführt wird.) Vor allem auf Bowdens Frau und seine zwölfjährige Tochter Nancy hat es Max Cady abgesehen. Zunächst engagiert der Rechtsanwalt einen Privatdetektiv, aber der kann gegen Cady nichts ausrichten. Bowden legt ihm schließlich eine Falle: Während er Frau und Tochter auf ein Hausboot schickt, täuscht er vor, mit dem Flugzeug zu verreisen, legt sich aber mit dem Hilfssheriff zusammen auf die Lauer. So wird das Böse, einmal mehr, mit sehr realen und drastischen Mitteln aus der Welt geschafft.

Robert Mitchum erscheint, wie er am Pier steht, Bierdose in der einen, Zigarette in der anderen Hand, einen Panamahut auf dem Kopf und in gestreiftem Sweater, wie das verkörperte Böse des *white trash*, und Gregory Peck, der allen Anwaltrollen immer auch etwas von seiner (nicht nur) äußeren Verwandtschaft mit Abraham Lincoln überträgt, ist die Verkörperung des korrekten Mittelstandes, des alten amerikanischen Bürgertums. Er ist durch und durch gut. Weniger in der Plot-Konstruktion oder in der Inszenierung als in dieser Besetzung liegt auch in Thompsons Film schon so etwas wie eine verführerische Ambivalenz, wie ein Hinweis auf die Infizierung des Bürgers am Bösen und darauf, dass dieser Cady auch das Ungelöste, Widersprüchliche dieser äußerlich so prächtig geordneten Bürgerfamilie sein könnte: das verdräng-

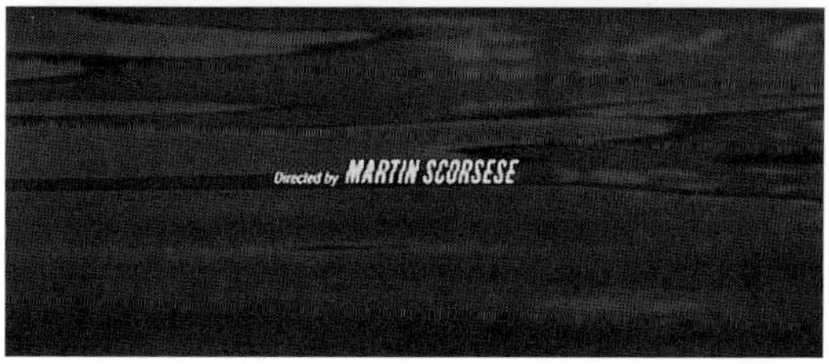

te, bezwungene, getötete und eben eingesperrte Barbarentum des guten Amerikaners, der Schatten, der, in der Vorstellung von C.G. Jung, jeden Menschen begleitet. Dass dieser so rechtschaffene Mittelstand überhaupt an das Böse geraten kann, von dem es sich freilich in diesem Film nicht einmal wirklich berühren lässt, bildet den Skandal, und der »Köder« ist genauso rational wie das Vorgehen von Justiz und Polizei in der Verfolgung des Bösen.

Der Film wurde damals durchaus zwiespältig aufgenommen (von einer »Übung in Sadismus« war die Rede), und die englische Zensur zum Beispiel ließ ihn nur nach Schnitten von insgesamt sechs Minuten passieren. Wenn man ihn von »rechts« liest, kann man diesen ersten CAPE FEAR durchaus auch als Vorläufer der Selbstjustiz-Thriller der 70er Jahre ansehen, in denen der Mann, der »rot sieht«, in der Regel ja ein beinahe ebenso rechtschaffener Kleinbürger ist. Scorsese übernahm für sein Remake also nicht nur ein funktionierendes Handlungsgerüst, das er eher kommentierend als strukturell bearbeitete, sondern in gewisser Weise auch eine politische, moralische und ideologische Hypothek.

Das Bewusstsein dieser Re-Lektüre einer archaischen *Americana* löst sich, was die Produktion anbelangt, zunächst einmal im Episodischen auf. Der Film CAPE FEAR war jenes »todsichere Projekt«, welches Warner von Scorsese verlangt hatte, um das Risiko auszugleichen, das man für GOODFELLAS eingegangen war. Kritikerinnen und Kritiker stritten sich daher später darum, ob es trotzdem, wie der Regisseur betonte, ein »richtiger Martin-Scorsese-Film« geworden sei. Jedenfalls erwies sich CAPE FEAR als sein bis dahin an der Kinokasse erfolgreichster Film und erhöhte die *bookability* des Regisseurs so sehr, wie es vordem THE COLOR OF MONEY getan hatte.

Steven Spielberg hatte das Projekt bereits in Angriff genommen, aber er fand immer wieder Gründe, andere Stoffe vorzuziehen. Es war schließlich Spielberg selbst, der Scorsese anbot, die Regie des Films zu übernehmen, zu dem schon eine Reihe von Vorarbeiten existierten. Spielberg war vor dem Film zurückgeschreckt und konnte sich von dessen Faszination dennoch nicht lösen: »Ich wurde nervös. Das war viel zu brutal. Ich meine, ich habe niemals, niemals einen solch brutalen Film gedreht. Ich habe selbst eine Familie, und dann diese Geschichte eines Psychopathen, dem eine Familie ausgeliefert ist!« Wenn man die Arbeit beider Regisseure ein wenig kennt, kann man den Film auch als eine Art »Schlachtfeld« zwischen Spielberg und Scorsese sehen, ebenso zwischen zwei Strategien des moralischen Filmemachens in den USA. Scorsese schrieb das Buch in seinem Sinne um, und es gab genügend Elemente, die ihm selbst sehr entgegenkamen. Aber zugleich tauchen an verschiedenen Orten immer wieder Spielberg-Elemente auf, die Scorsese nicht vollständig übermalen konnte – oder wollte. Spielberg unternahm zwar nichts, was auf eine geheime Mitautorenschaft hätte hindeuten können, aber seine Spuren sind dennoch unübersehbar. Sie beschreibt etwa Thelma Schoonmaker in einem Gespräch mit Frank Schnelle: »Das Ende des Films ist reiner Spielberg. Er hat es geschrieben, als er CAPE FEAR noch selbst inszenieren wollte. Marty hat es dann zwar ein wenig geändert, aber nicht grundlegend. Deshalb legt der Film bei seinem Finale eine ganz andere Gangart ein, es wird eigentlich sogar ein ganz anderer Film.« Ein Film, muss man wohl zugestehen, der auch die hartnäckigsten Scorsese-Fans ein wenig irritierte.

Scorsese stellte den Spielberg-Aspekt der Geschichte – wieder einmal die Familie, die durch die Bedrohung von außen zusammenwächst, JAWS (Der weiße Hai; 1975) und E.T. – THE EXTRA-TERRESTRIAL (1982) in einem – vom Kopf auf die Füße. Das Böse heilt die Familie nicht mehr, im Gegenteil, es entstammt ihr selbst. Nicht mehr als Verbrecher, sondern als Versucher erscheint Cady der Tochter des Hauses nun zuerst, zum Beispiel. Aber man sieht dem Film die Mühe an, die diese Umdeutung kostet, und dass diese Umdeutung keine wirkliche Befreiung vom »Spielbergianismus« ist, der ja nicht nur eine (wenngleich erfolgreiche) neurotisch gefärbte Privatmythologie eines Regisseurs ist, sondern auch eine amerikanische Traumkrankheit, eine Religion. Hinter der glatten Genre-Oberfläche verbirgt sich das Unabgeschlossene dieser Arbeit. Scorsese, der sich zunächst gegen die Idee des Remakes sträubte, hatte den Plan selbst

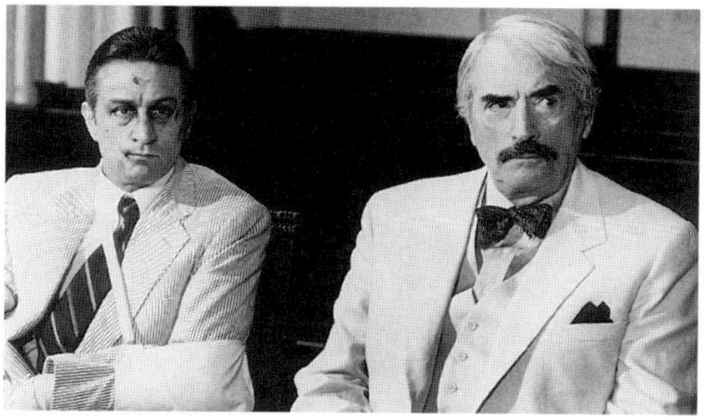
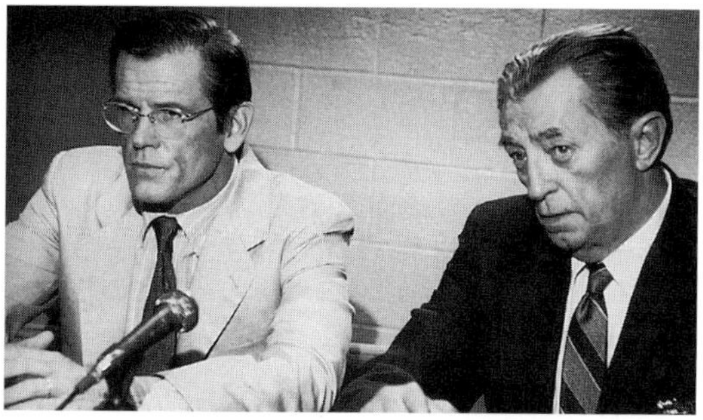

Der alte Film spukt im neuen: Robert De Niro mit Gregory Peck und Nick Nolte mit Robert Mitchum im Remake

lange überdacht. Robert De Niro, so sagt er, machte ihn auf die Qualitäten des Drehbuchs von Wesley Strick aufmerksam. Strick und Scorsese arbeiteten das Buch immer weiter um und diskutierten den Fortgang der Handlung noch auf dem Set.

Die beiden Hauptdarsteller aus dem ursprünglichen Film, Gregory Peck und Robert Mitchum, bekamen in Scorseses Film kleine Rollen. Mit diesen Besetzungen hat Scorsese bereits klammheimliche Interpretationsarbeit geleistet: Mitchum ist nun der Polizist, der dem Helden nicht helfen kann, der ihm gar rät, zu unlauteren Mitteln zu greifen. Gregory Peck ist der Anwalt, der Cady gegen Bowden und dessen fatalen Versuche vertritt, sich seiner Nemesis mit Gewalt zu entledigen. Sie haben gleichsam kontrolliert die Seiten gewechselt, auch sie sind Teil einer Geschichte des Verrats geworden. Und Martin Balsam, der Freund und Sheriff aus dem ersten Film, ist nun der Richter, der einer Unterlassungsklage gegen Bowden stattgibt und Cady damit unangreifbar macht, ihm sozusagen sozial eine Aura vermittelt. Der alte Film spukt im neuen und wird Teil des Schicksals seiner Protagonisten.

Ein mitleidloser Blick

Der Film beginnt mit einer Einstellung auf ruhiges Wasser im Mondlicht; die sanft düstere Musik lässt uns fühlen, dass hier nur Bedrohliches geschehen kann. Vom rechten Bildrand schiebt sich ein blaues Licht über die Oberfläche. Ein schwarzer Vogel kommt auf uns zugeflogen. Die Musik steigert sich (während sich rote Lichtringe im Blau abzeichnen). Dann changiert das Bild des Wassers ins Grüne und Blaue, um einer rostbraunen Schlängellinie zu weichen. Wie Geisterwesen wirken diese Linien in dem von Saul und Elaine Bass gestalteten Vorspann; immer neue Formen und Farben sind zu sehen, und längst haben wir vergessen, dass es sich zunächst um eine »realistische« Aufnahme eines Wasserlaufs gehandelt hat. Erst am Ende des Vorspanns sind wir aus dieser Farben- und Formenpracht zurück und wieder in einem erkennbaren Bild – und doch hat uns dieses »abstrakte« Spiel schon so viel über das Kommende verraten, dass wir uns, zum Beispiel, große Hoffnungen auf einen guten Ausgang nicht mehr machen. Dann, das Licht hat nun ein leuchtendes Grün angenommen, erscheint der Schatten der Mittelpartie eines Mannes als Spiegelbild in den sanften Wogen. Gleich darauf ist er wieder verschwunden. Und von erbarmungslosem Rot wird (wieder einmal) das Bild von oben her überzogen, als die Credits beim Namen des Regisseurs angelangt sind. Aus diesem Rot entwickelt sich, ins Violette übergehend, das Bild der Augenpartie eines Menschen; es wird dann dunkelblau, bis dieses Nacht-Negativ in ein reales Bild übergeht: »Meine Reminiszenz«, erklärt Danielle Bowden (Juliette Lewis), während die Kamera langsam zurückfährt. Und weiter:: »Es war mir immer ein Rätsel, wieso ein so schöner Fluss zu diesem Namen kommen konnte: Cape Fear. Es gab eigentliche nur eine Furcht in diesen lauen Sommernächten, dass der

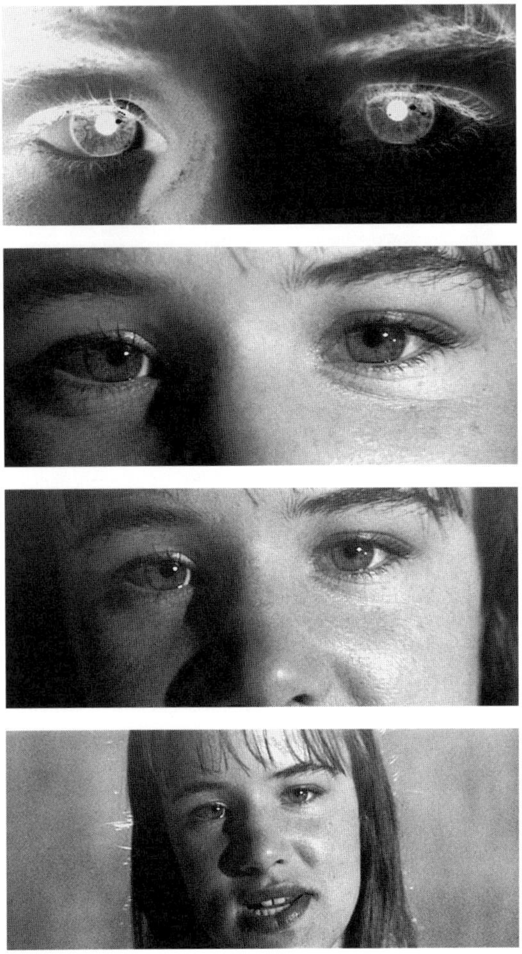

»Meine Reminiszenz«: Juliette Lewis als Danielle Bowden

Zauber enden könnte und dass das normale Leben wieder eintritt.«

Schon dieser Beginn ist ein merkwürdiger Dialog zwischen Spielberg- und Scorsese-Elementen, zwischen dem Regisseur, der nie etwas anderes machen konnte und wollte, als Märchen zu erzählen, und dem, der uns beinahe alles, nur keine Märchen erzählt. Von diesem Zauber nun, den der Fluss, vielleicht das Leben auf dem Boot, geboten haben mag, sehen wir nichts in Scorseses Film. Entweder also handelt es sich um eine Erinnerung, die außerhalb der Welt des Films liegt – was den Gedanken nahe legt, dass es möglicherweise eher Traum denn Erinnerung ist – oder es ist eine jener Inversionen, die es immer wieder in Scorseses Filmen gibt. Dann wäre dieser Zauber nichts anderes als der Schatten des Schreckens, den wir erleben werden.

Wie in so vielen Spielberg-Filmen könnten wir uns mit diesem Einsatz der Off-Erzählung darauf vorbereiten, das Geschehen aus dem Blickwinkel eines Kindes zu sehen, eines Kindes, das in einer eigenen magischen Welt lebt und das die Grenzen zum Erwachsensein überschreiten muss. Und wie in so vielen Scorsese-Filmen müssen wir argwöhnen, dass diese Off-Narration, mit der wir in das Geschehen hineingezogen werden, sich als Irreführung erweisen wird.

Es ist schon die pure Schnittgeschwindigkeit, in der die nun folgenden Bilder montiert sind, die uns aus jeder Vorstellung von Geborgenheit und Trost vertreiben. Die nächste Einstellung zeigt uns das Bild eines von Pfeilen durchbohrten Heiligen, flankiert von Männern in Uniform. Als die Kamera abwärts fährt, sehen wir ein Schwarzweißfoto von Josef Stalin (wohl weniger als »Kommunist« denn als »Mann aus Stahl« gesehen), dann ein Bord mit Büchern, und schließlich den muskulösen, tätowierten Rücken von Max Cady (Robert De Niro), der in seiner Zelle trainiert. Ein riesiges Kreuz ist auf seiner Haut, das zugleich als Gerüst für eine Waage dient, und als die Kamera weiter zurückfährt, haben wir die Perspektive eines Gefängniswärters eingenommen, der durch die Gitterstäbe blickt. Cady hat sein Training beendet und trocknet sich ab. Die Gittertür öffnet sich, und eine Stimme sagt: »Kommen Sie, Cady, das ist der Moment, auf den Sie gewartet haben.« Er zieht sich seine Gefängnisjacke über und wird von dem Wärter durch den Gang geführt. Einen Stock tiefer schließt sich wieder ein Tor hinter ihm, und mit dem nächsten Schnitt sind wir an dem Tor, das Max Cady in die Freiheit entlässt. Während sich am Himmel über dem Gefängnis ein Gewitter zusammenbraut, kommt Cady, reichlich bedrohlich, genau auf die Kamera zu. Sein Gesicht verschwimmt förmlich mit dem Objektiv.

In der nächsten Einstellung sehen wir das große, weiße, wohl eher schon protzige Haus der Bowdens, mit Säulen an der Vorderseite, im Stil des Südens. Danielle, die Tochter, begrüßt die Haushälterin mit ein paar Brocken in deren Sprache, auf Spanisch, in einer Mischung aus Herablassung und Neugier. Ihre Mutter, Leigh Bowden (Jessica Lange), eine Werbegrafikerin, macht ein paar Striche über einen großen Skizzenblock und spricht von ihrer Absicht, »die Spannung aufzulösen«. Danielle schlägt einen Pfeil vor, aber es geht darum, Ausgewogenheit zwischen dem Dynamischen und dem Stabilen zu erzielen. Die Dialoge haben bereits über den jeweils vorangegangenen Einstellungen begonnen, und wieder fährt die Kamera weg, anstatt sich, wie gewohnt, den Menschen zu nähern. Diese Bewegung setzt sich nun mehrfach fort während dieses Dialogs zwischen Mutter und Tochter, der ja auch schon ein Kampf ist; ganz kurz sieht man Menschen aus großer Nähe, und schon sucht die Kamera einen Abstand von ihnen. Danielle geht in Richtung der Kamera fort, während Leigh den Hund knuddelt, als müsste sie ein Ersatzobjekt für ihre mütterliche Zuwendung finden: »Die muss man als Baby im Krankenhaus vertauscht haben«, sagt sie mit resignativem Spott. Dynamik und Stabilität, eine Geschlossenheit, die ihre eigene Öffnung produziert, eine Öffnung, die immer wieder in die Geschlossenheit führt – das ist die Ästhetik dieses Lebens, das ist das Wesen dieser Familie, und das ist der Kern der Klasse, der sie zugehören. Alles ist hier zu erreichen, nur gewiss nicht jene Ausgewogenheit, die Leigh in ihrem Bild erahnen möchte. Danielles Pfeil kommt der Wahrheit schon näher.

Sam Bowden (Nick Nolte) kommt mit einem Klienten die Stufen des Gerichtssaals herunter, der offensichtlich von seinem Schwiegersohn um eine größere Summe Geld betrogen wurde. (Dynamik und Stabilität!) Dann: Ein unwirklich ausgeleuchteter Raum, die Tür ist eingeschlagen, der Fernseher zerstört, »Goodbye Junior«, schreit ein wütender, verrückter Mann und wirft Gegenstände aus dem Fenster, Spielzeug und eine Gitarre. Eine andere Familie zerbricht. Über diesen Aktionen sehen wir den Schatten eines Mannes, der sich vor das Bild setzt – vor eine Leinwand: Wir sind in einem Kino. Max Cady lümmelt sich in seinem Sitz und zündet sich eine Zigarre an, mit einem Feuerzeug, das die Form eines Frauenkörpers im Bikini hat (wir sehen dies sehr nahe, nicht nur weil es ein sehr lautes, sehr geschmackloses Objekt ist). Vor die nächste Szene – ein Auto kommt auf einen Parkplatz vor einem Supermarkt und erschreckt die Kunden – pustet Cady genüsslich seinen Rauch. Laut und böse lacht er, sehr zum Verdruss der anderen Zuschauer im Kino. Direkt hinter ihm sitzt Bowden, flankiert von Frau und Tochter. Nachdem er vergeblich versucht hat, den Störenfried zu ermahnen, wollen sich die drei woanders hinsetzen. Alltäglicher Frust einer alltäglich frustrierten Kleinfamilie.

Etwas später: Danielle schnappt sich ein Eis, das über einen Tresen geschoben wird. Ihr Vater hätte dem »Penner« ein ordentliches Ding verpassen sollen, meint sie, schließlich war er ja früher einmal Boxer. Sam liefert sich einen kindlichen Kampf mit der Tochter, während seine Frau ihn sarkastisch an das »unsaubere Kämpfen« erinnert: »Damit verdienst du schließlich dein Geld!«

Suspense ist in diesen Szenen zunächst einmal vergleichsweise konventionell aufgebaut: Wir wissen zumindest, dass Cady mehr ist als ein störender Penner im Kino (und ahnen, dass er gerade wegen der Familie Bowden seine Show abgezogen hat). Und auch die Technik des *foreshadowing* ist scheinbar reichlich grob eingesetzt: Dass wir auf der Leinwand das drastische Bild eines familiären Zusammenbruchs sehen, während er sich bei den Bowdens erst in kleinen Andeutungen abzeichnet, ist gewiss nicht über die Maßen subtil. Als Bowden das Eis bezahlen will, meint die Kassiererin, dass das schon erledigt sei. Er fragt: »Von wem?«, und sie deutet zu uns hin, während die Kamera auf Bowdens erstauntes Gesicht fährt. Er erblickt ein knallrotes Cabriolet, in dem Cady sitzt, immer noch dicke Wolken aus seiner Zigarre paffend. Da scheint sogar ein Anschlussfehler aufzutauchen, als Sam Frau und Tochter auffordert, zurück in die Eisdiele zu gehen. Für einen Augenblick brechen die Blick- und Handlungsachsen zusammen. So wie sich die Leinwand vorher ins Leben der Familie Bowden verlängerte, so verlängert sich hier CAPE FEAR in den Zuschauerraum. Verstört blickt

Sam sich noch einmal um, und als ein Lieferwagen vorbeifährt, ist das rote Cabriolet plötzlich verschwunden.

Im Gegensatz zu den brillanten Eingangssequenzen scheint sich der Film also nun einer, wenn auch »perforierten«, vergleichsweise konventionellen Spannungsdramaturgie zu bedienen. Aber selbst in ihr stecken noch gehäufte Informationen: Bowdens Versuche, seine Beschützerrolle gegenüber der Familie auszuspielen, die ihm doch nicht mehr gelingen kann, die zu einer gespielten körperlichen Aggression gegen die Tochter führt (sie erinnert ein wenig daran, wie Alice ihren Sohn Tom umarmte und der darauf befürchtete, keine Luft mehr zu bekommen) und zu einer echten verbalen Aggression seiner Frau führt.

Auch die nächste Sequenz zeigt Sam Bowden in einem Akt der gespielten Aggression: Mit seiner Kollegin Lori (Illeana Douglas) spielt er Squash, und als er sie dabei an die Wand drückt, weiß man nicht so recht, ob es sich dabei um die Brutalität des Spiels oder eine flüchtige erotische Berührung handelt. Die Bewegung der Kamera und die Bewegung der Spieler laufen so schnell gegen- und zueinander, dass man fürchten möchte, von einem der Schläge getroffen zu werden, ähnlich wie wir in RAGING BULL Objekte der Schläge wurden und so wie wir in der Szene zuvor unseren Blick verletzt fühlen mussten, als uns die Mise-en-scène selbst die Rolle des Bösewichts zuzuweisen schien. »Du bist aber super in Form«, bewundert sie ihn anzüglich, und lachend zeigt er Lori in inniger Umklammerung die Rückhand aus dem Handgelenk. Ernster bemerkt er dann, sie sollten eine Weile »damit aufhören«. »Aufhören, womit denn?« Seine Frau, so behauptet er, weiß »noch nicht einmal, dass du existierst. Und glaub mir, es ist sicher so am besten.« Stotternd, mit immer neuen Ansätzen (wie Charlie gegenüber Teresa in MEAN STREETS) versucht er ihr zu erklären, was es bedeutet, verheiratet zu sein. Ein Abschied, aber dann verabreden sie sich doch für den nächsten Tag erneut zum Squash. Als Bowden seinen Wagen starten will, greift eine Hand durchs Fenster und reißt den Zündschlüssel an sich. »Frei wie ein Vogel, nicht?«, sagt Cady, der sich an den Wagen lehnt, er im schwarzen Hemd, Bowden dagegen in weiß gekleidet. Desavouierende Farben einerseits, doch mit schwarzweiß ist diese Konfrontation sicher schon jetzt nicht mehr zu beschreiben. »Kann es sein, dass Sie sich nicht mehr an mich erinnern? – Im Allgemeinen sagt man, der Durchschnittsmann nimmt ein Pfund pro Jahr zu, ich habe in jedem Jahr meiner Haftstrafe ein Pfund verloren.« Nun erinnert sich Bowden: »Atlanta 78«.

Was ihn nach New Essex führe, fragt Bowden. »Das Klima, der warme Süden«, antwortet Cady lauernd unverbindlich, erst dann kommt die Drohung, die wir längst erwartet haben: »Sie lernen noch, was Verlust heißt«, sagt er im Davongehen. Bowden weiß nicht, ob er richtig gehört hat. Zu Hause klimpert er gedankenverloren auf dem Klavier, als ihn seine Tochter bittet, aufzuhören; sie arbeite an ihrer Literaturaufgabe über Thomas Wolfes Roman *Schau heimwärts, Engel*, der »so eine Art Reminiszenz ist.« – »Und worum geht es bei deiner Reminiszenz?« – »Um das Hausboot.«

Die »Reminiszenz« ist offenbar so etwas wie das Schlüsselwort, und das Hausboot spielt eine Rolle, die wir noch nicht recht ermessen können. Es ist Symbol eines verlorenen Glücks, das es vielleicht nie gegeben hat. Aber die Reminiszenz hat auch Sam Bowden erwischt. Im Schlafzimmer schlägt er seiner Frau zwei Wochen auf dem Hausboot vor, obwohl sie eigentlich beide keine Zeit haben und auch Danny einen Ferienkurs besuchen muss: Die Alternative wäre der Schulverweis, denn sie hat sich offensichtlich beim Marihuana-Rauchen erwischen lassen. Ein Regelverstoß, den ihr Vater nicht weiter schlimm findet. Er erinnert Leigh daran, dass das in anderen Kulturen eine heilige Handlung sei, »nur bei uns ist es verboten«. – »Ja, genauso wie Inzest, Nekrophilie, Sodomie.« Dieses »Inzest« kommt ein wenig schärfer, als dass es nur sarkastische Bemerkung zu sein scheint, und wir erinnern uns an die Szene in der Eisdiele: War das »unsaubere Spiel« vielleicht doch nicht nur auf die Analogie zwischen Boxkampf und juristischen Tricks bezogen, sondern auch auf die körperlichen Berührungen zwischen Vater und Tochter?

Durch ein erotisches Spiel über zwei Spiegel aber kommen sich die beiden Eheleute noch einmal nahe, und sie schlafen miteinander. Noch einmal finden sich die Hände mit den Eheringen an

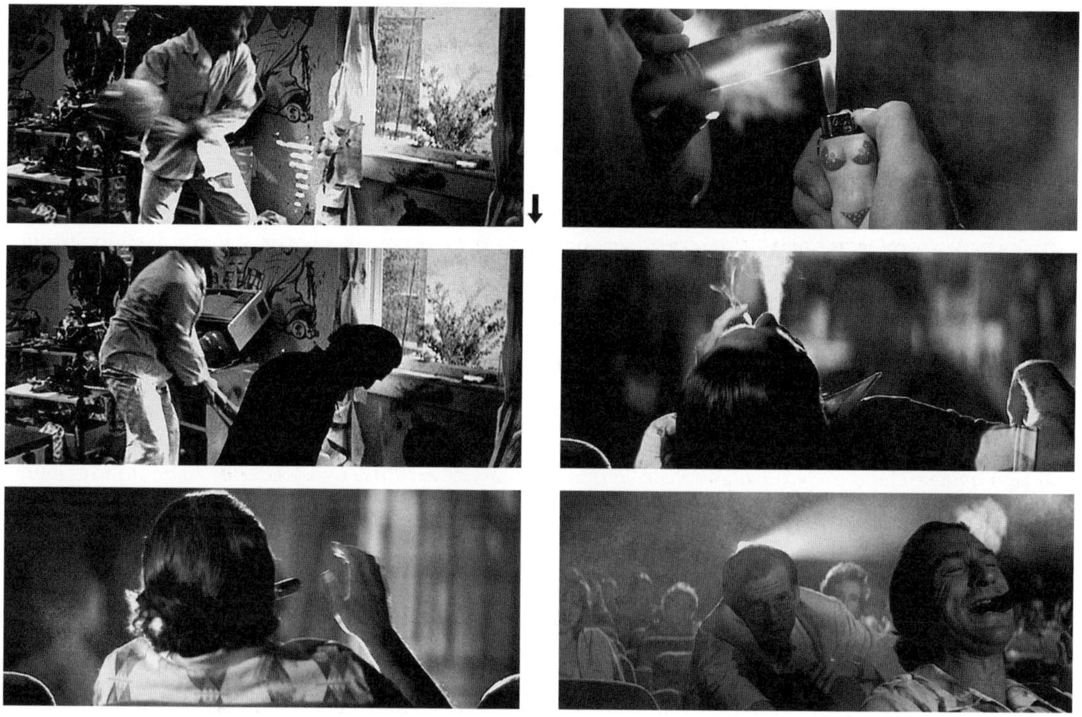

Eine andere Familie zerbricht: Die Bowdens mit Max Cady im Kino

den Fingern, aber dann färbt sich das Bild der ineinander gefalteten Hände blau und schlägt um ins Negative; und wie Totenmasken wirken in dieser Verfremdung die Gesichter der Liebenden. Nekrophilie, Kannibalismus? Leighs Augen öffnen sich erschrocken, das Bild wird von einem verstörenden Gelb (der Farbe des Wahnsinns, des Neids und der Eifersucht) erfüllt. Leigh erhebt sich vom Ehebett, gelb leuchtet das Licht aus einem Türrahmen. Sie setzt sich an den Spiegel, der ihr Bild in Form eines Triptychons wiedergibt. Sie fährt sich mit geschlossenen Augen über die Brauen, das Bild wechselt zu dem erbarmungslosen Rot, das wir vom Anfang her kennen. Dann zieht sie sich mit einem Lippenstift den Mund nach, wieder wird das Bild rot. Sie geht ans Fenster, öffnet einen Schlitz in der Jalousie. Draußen gibt es ein Feuerwerk. Entsetzt weiten sich ihre Augen jedoch, als sie auf der Gartenmauer eine Gestalt sitzen sieht. Wie ein Albtraum-Flash in einem Horrorfilm, aber die Vision verschwindet nicht. Leigh wechselt zu einem anderen Fenster, dann zu einem dritten, und sieht auch von dort aus den Mann auf der Mauer. Nun weckt sie ihren Mann, und sie sehen beide durch das Fenster, durch das der wechselnde Farbschein des Feuerwerks zu sehen ist. Als Sam mit der Taschenlampe hinausläuft, ist Cady wieder verschwunden. Während der Suche versucht sich Leigh rasch den Lippenstift vom Mund zu wischen. Was will sie damit verbergen? Die Hoffnung vielleicht, das Begehren ...

Während Bowden seiner Frau erzählt, was es mit Cady auf sich hat, versucht er den Hund zur Räson zu bringen. Aber der gehorcht ihm nicht. Dass Cady »aus den Bergen« komme, sagt er noch, »ein fanatischer Religionsknastbruder« – als müsse er schon das Transzendentale gegenüber dem Materiellen in dieser Bedrohung betonen.

Wie sehr etwas nicht stimmt im Hause Bowden, das erfahren wir nicht nur durch die gebrochene Abfolge von Frotzeleien und Beweisen der Zärtlichkeit, von Gesten der Anklage und solchen der Hoffnung, sondern auch in den Kameraeinstellungen. Nähe und Distanz wechseln, in gelegentlich atemberaubender Geschwindigkeit, miteinander ab. Nun jedenfalls ist die Gefahr manifest geworden, und es scheint an der Zeit, sie von einer privaten zu einer sozialen Angelegenheit zu machen. Das war das Grundanliegen des Western: die »Balance« zwischen den Dingen, die den Einzelnen, und denen, die die Gemeinschaft angehen. Im Büro hoch über der Stadt bittet Bowden seinen Chef um Hilfe; der verspricht, ihn an einen guten Strafverteidiger zu vermitteln. Nun erklärt Bowden auch seine Schuld in dem Fall: Damals, in dem Prozess gegen Cady, ging es um eine Vergewaltigung. In dem Bericht über das Opfer hieß es, dass sie häufig ihre Sexualpartner wechsele, aber Bowden hat diesen Aspekt unterschlagen. Damit hat er sich eines juristischen Versagens schuldig gemacht, er hat, genauer gesagt, gegen den sechsten Zusatz zur Verfassung der Vereinigten Staaten verstoßen. Aber wenn sein Chef gesehen hätte, wie Cady sie zugerichtet hat, wenn es seine eigene Tochter gewesen wäre ... auch die Balance zwischen Recht und Gerechtigkeit ist längst verloren.

Leigh bittet Danny, sich zu ihr zu setzen, oder zumindest, wenn das schon zu viel der Nähe ist, nicht nach draußen zu gehen. Ob da ein Exhibitionist sei, und ob sie glaube, es habe sich noch nie jemand vor ihr entblößt, fragt die Tochter und dreht sich, wie so oft, genervt weg. (Diese Geste, direkt in die Kamera vollführt, wiederholt sich in der ersten Hälfte des Films immer wieder. Ein Abwenden, das noch kein neues Gegenüber gefunden hat. Wieder geht eine filmische Geste gleichsam über den Bildraum der Leinwand hinaus.)

Beständig und unausgesprochen nimmt die Spannung in der Familie Bowden zu, des äußeren Anlasses bedarf es nur, um sie zum Ausdruck zu zwingen. Als man erörtert, einen Revolver anzuschaffen, kommt sogleich die Idee auf, das Paar könnte damit aufeinander schießen – »oder Danny auf uns«. Welch merkwürdige Fantasien in einer Szene, die Nachbarn für einen gewohnt zärtlichen Abschied halten könnten (wenn es denn Nachbarn gäbe).

Bowden geht die Straße hinunter, schon ein wenig angestrengt. Cady kommt mit seinem Cabriolet herangefahren, im Vordergrund hält er an: »Tag, Anwalt.« »Was wollen Sie, Mr. Cady?« Der zeigt nur stumm auf eine Gruppe von Schulmädchen. »Ein süßes Alter, nicht wahr? Alle Entdeckungen liegen noch vor ihnen.« Cady trägt ein knallrotes Hemd mit einer gelben Sonne darauf. »Meine eigene Tochter kennt mich nicht einmal. Nachdem ich reinging, sagte ihre Mama ihr, ich wäre tot – was ich in gewisser Weise auch war.«

Warum er ihn, seinen damaligen Anwalt, belästige, will Bowden wissen, und nicht den Richter oder den Staatsanwalt. »Die haben ihre Pflicht korrekt erfüllt«, sagt Cady. Er habe im Gefängnis lesen gelernt und jede Menge juristischer Fachbücher studiert. Nun hält er sich für einen Kollegen Bowdens: »Zwei Anwälte, die miteinander fachsimpeln über die Schwierigkeiten ihres Jobs.«

Worin bestand Cadys Leiden im Gefängnis? »Haben Sie sich mal als Frau gefühlt?«, fragt er den Anwalt. »Die für einen dreckigen, stinkenden Typen die Wichsvorlage ist? Ich habe im Knast gelernt, mich an meine sanfte, empfindsame Seite zu gewöhnen. Meine feminine Seite.« Bowden bietet ihm Geld an, als sei dies die angemessene Reaktion auf die Sexualisierung des Diskurses. »Wie gedenken Sie mich dafür zu entschädigen, Sir, dass ich festgehalten wurde, und dass mich vier Weiße in den Arsch fickten? Oder vier Schwarze?« Schließlich parodiert Cady die Geschäftigkeit des Rechtsanwalts. »Ich habe noch einen Termin«, erklärt er, als seine Uhr zu piepsen anfängt. Seine Bedrohung scheint umso furchtbarer, als er jede Reaktion darauf ins Leere laufen lässt.

Bowden ist wieder im Büro, als ihn ein Anruf seiner Frau erreicht, der ihn sofort nach Hause fahren lässt. Der Hund ist gestorben. Das erste Opfer. Die beiden Eheleute geraten in Streit, weil er sie beschuldigt, das Tier hinausgelassen zu haben. Entsetzt flüchtet Danielle. Bei der Polizei sieht Bowden mit dem Polizisten Lieutenant Elgart (Robert Mitchum) den verhafteten Cady durch einen Einwegspiegel. Er muss sich ausziehen, und man sieht seine Tätowierungen. *Vengeance Is Mine* steht auf seinem rechten Arm, *My Time Is At Hand* auf dem linken. Ein Clown mit verzerrtem Gesicht und einer rauchenden Pistole vor einem Gitterfenster, auf dem Rücken das Kreuz als Waage: *Truth* steht auf der einen (dazu die Bibel), *Justice* auf der anderen Seite (dazu ein Dolch auf der Waagschale). Auf der Brust sind Blitze, ein gebrochenes Herz mit dem Schriftzug *Loretta*. Da gibt es wirklich einiges zu lesen auf diesem Körper, über ein Leben, und über das, was es in einem Kopf angestellt hat. Cadys Wohnung wurde durchsucht, aber ohne Ergebnis: Er ist ordnungsgemäß angemeldet, und er verfügt über Geld, das vom Erlös der Farm seiner Eltern stammt, als seine Mutter starb. Es ist ihm, wie man so sagt, nichts anzuhaben.

Familie Bowden besucht eine Parade zum vierten Juli; Sam versucht, Leigh zu beruhigen. »Am liebsten würde ich ihn töten«, sagt sie, während die Inszenierungen des Zuges Amerika feiern: *Cheer Girls*, die Überquerung des Potomac durch Washington, Soldaten mit der amerikanischen Fahne. Die Geschichte der Ausdehnungen. Auf der anderen Seite der Straße steht Cady, nun ganz in Weiß gekleidet. Seine Kleidung ist immer zugleich Sprache und Falle. Sam stürzt über die Straße und schlägt ihn zu Boden, andere Zuschauer stellen sich schützend dazwischen. Ein Soldat auf einem Wagen versucht, ohne seine Stellung als »lebendes Bild« zu verlassen, die Szene zu beobachten. Amerika, zum Bild seiner selbst erstarrt, kann für seine Bewohner nichts mehr tun.

Bowdens vermutliche Geliebte Lori sitzt in einer Bar und betrinkt sich. Und da sitzt Cady neben ihr, im flammend roten Hemd. Sie ist beleidigt, weil Bowden sie versetzt hat, und betrunken genug, um sich schnell auf mehr als einen Flirt einzulassen; sie ist bereit, mit dem verständnisvollen Kerl zu gehen, der keine großen Sachen verspricht, aber immerhin ein paar recht eindeutige Anzüglichkeiten von sich gibt. Doch nicht ein vergnüglicher kleiner One Night-Stand wird daraus, sondern ein kurzer Ausflug in die Hölle. Cady fesselt Lori, bricht ihr den Arm, beißt ihr ein Stück Fleisch aus der Wange und schlägt sie bewusstlos. Als Lieutenant Elgart Bowden mitteilt, dass Cady wieder eine Misshandlung begangen hat, glauben ihn beide

Ein Abwenden, das noch kein neues Gegenüber gefunden hat

schon in der Falle, aber Lori will nicht aussagen: Sie arbeitet beim Gericht und fürchtet den Skandal. So kann man Cady, obwohl Zeugen sein Auto am Tatort gesehen haben, wiederum nichts anhaben. Der Cop rät Sam, eine Falle zu stellen, und Bowden versteht dies als Aufforderung zur Selbstjustiz. Ein neuer Teil des Dramas beginnt. Der Kampf zwischen den beiden Möglichkeiten des Scorseseschen Helden, dem gewaltkranken Rebellen und dem korrupten Bürger.

Es ist schon hier ein Film der »unmöglichen« Perspektiven, der schrägen Tiefenschärfen, der aus den Fugen geratenen Welt. Scorsese macht es uns für diesmal beinahe allzu leicht: Hier schleicht sich nicht das Böse in eine heile Welt; hier ist schon alles heillos. Doch die Verdammung scheint beinahe unverhältnismäßig. Der Film ist in seinen Bildern und seiner Montage um so vieles rigider als Dialog und Schauspiel, dass wir den Verdacht haben müssen, man habe es mit einem bemerkenswert mitleidlosen Blick zu tun. Scorsese, so scheint es, ist in diesem Film über den Reichtum schärfer in seinem Urteil (wie neben CAPE FEAR auch in THE AGE OF INNOCENCE und CASINO) gegenüber der Welt. Wo die Form entscheidend ist und die Gnade längst verspielt.

Ein negativer Erlöser

Der Film wechselt nun endgültig von der latenten zur manifesten Bedrohung. Bowden verriegelt sein Haus, die Kamera zerlegt und verzerrt dabei förmlich das einst so prächtige und wohlgeordnete Anwesen: Nichts ist mehr in Ordnung. Der Privatdetektiv Kersek (Joe Don Baker), den er beauftragt hat, hat herausgefunden, dass Cady offensichtlich in seiner Gefährlichkeit auf keinen Fall zu unterschätzen ist: Einen Mitgefangenen, der sich über seine Zigarre beschwert hatte (sein »einziges Laster im Knast«, wie er Bowden mitgeteilt hat), fand man mit gebrochenem Genick und abgebissener Zunge. Der Mord konnte Cady nie nachgewiesen werden, aber der Verdacht hatte dazu geführt, dass man sich seiner frühzeitigen Entlassung widersetzte, und er musste weitere sieben Jahre im Gefängnis bleiben. Diese Geschichte relativiert nun wieder um einiges die »metaphysische« Funktion der Figur; das Böse ist in Max Cady, auch unabhängig von seiner unheilvollen Beziehung zum Anwalt. Während der Erzählung des Detektivs sehen wir in einem kurzen *flash*, wie Cady seine Hanteln stemmt.

Als Sam mit der im Krankenhaus liegenden Lori telefoniert, wird er von seiner Frau überrascht; auch der Konflikt kündigt sich durch eine Spiegelung an. Unnütz ist sein Versuch, das Gespräch professionell zu maskieren. Der alte Streit zwischen den Eheleuten bricht mit Vehemenz wieder aus. Danny flüchtet vor der lautstarken Auseinandersetzung in ihr Zimmer; in ihrem Fernseher laufen die Bilder einer Dokumentation über Ladendiebstahl – ein Uniformierter wird gezeigt, der davon nichts mitbekommt. Die Blindheit schützender Männlichkeit hat ein neues Bild gefunden. Für Danielle ist das Fernsehen ein Instrument zur Selbstvergewisserung, ein Fenster zum Bösen und zur Angst, so wie der Spiegel das Instrument von Leigh ist und das Gesetz das Instrument von Sam, zwischen dem ratlosen Ich und der suggestiven Welt zu vermitteln. Und wieder kommen im Streit der Eheleute merkwürdige Konnotationen zum Ausdruck. Dass Lori für ihn nichts anderes sei als ein »Baby« (was wir von ihr gesehen haben, lässt diese Aussage eher zweifelhaft erscheinen), behauptet Sam, und böse entgegnet Leigh: »Das dürfte dich doch nicht davon abhalten«. Und nun ist es auch zu spät, dass Sam sich nun endlich vollständig zu seiner Angst bekennt, dass er die Raffinesse seines Feindes erkennt, der ganz gezielt seine Familie zerstört, bevor er ihn selbst angreift. Und es nutzt Sam nichts, dass er Leigh beschwört, sie mögen ein »Team« sein. Die Nacht muss er auf der Couch verbringen.

Seine Beschattung bleibt Cady nicht lange verborgen. Er lockt den Detektiv auf die gleiche Weise zu einer Unterredung, wie er auch Sam seine Gegenwart signalisiert hat: Er zahlt dessen Rechnung in einem Diner. Kersek mahnt Cady, er solle die Stadt, nein, den Staat schnellstens verlassen, und droht ihm indirekt Prügel an. Cady nennt sein Verhalten »unverschämt und dreist«, schnell verdreht sich die Beziehung von Jäger und Beute zu seinen Gunsten, und Kersek zieht sich zurück wie aus einer Falle. Gleich darauf taucht Cady bei Leigh auf, um ihr das Halsband des getöteten Hundes zu überreichen. Rasch erkennt Leigh, wen sie da vor sich hat, und beschimpft ihn. Als Danielle sich nähert, verschwindet Cady, offensichtlich will er sich ihr noch nicht zeigen. Sein Erscheinen ist immer ein Auftritt, mehr noch, eine Form der Offenbarung, und immer findet sie an einer Grenze steht, zwischen dem Innen- und dem Außenraum, der Familie und der Öffentlichkeit.

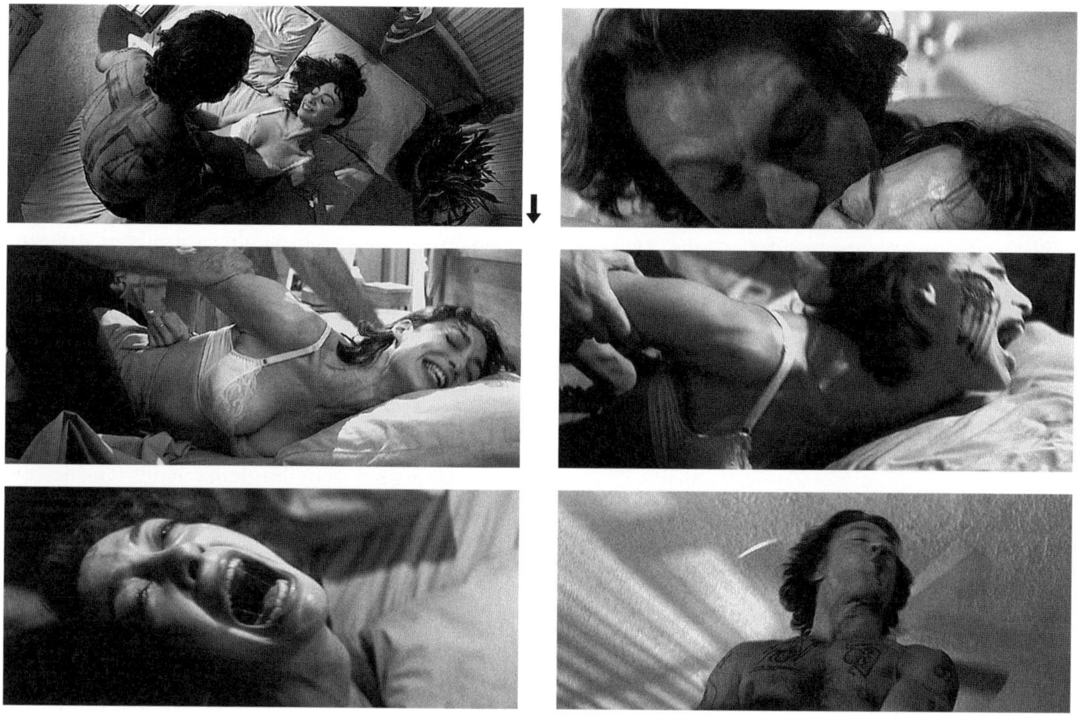

Ein kurzer Ausflug in die Hölle

In der Bibliothek, so hat der Detektiv herausgefunden, hat Cady Nietzsches *Also sprach Zarathustra* gelesen. »Gott ist tot«, erinnert sich Kersek. Aber nicht daran, wie Nietzsche diesen Tod beschreibt. Nicht als Verschwinden, sondern als Mord. Im philosophischen und religiösen Chaos in Max Cadys Kopf können wir nicht unterscheiden, ob er für oder gegen den Tod Gottes agiert. Längst versteht er sich als Metapher einer Gerechtigkeit, die die Systeme überschreitet und miteinander verbindet. Was er angreift, das ist nicht nur die Person (und ihre Moral), die Familie (und ihre Ordnung), das Gesetz (und seine strukturelle Absurdität), sondern auch das innere Wesen des (amerikanischen) Denkens selber.

Kersek meint zu wissen, wie Cady zu treffen ist: Drei Leute genügten, um ihm Respekt einzuprügeln, mit zwei Eisenrohren und einer Fahrradkette. Noch ist Bowden nicht bereit, auch diese Grenze zur Gesetzlosigkeit zu überschreiten. Aber jede Episode in diesem erbitterten Kampf treibt ihn weiter hinaus in die Barbarei, zeigt unnachgiebig, wie sehr die Gesetzlichkeit und das Recht ein Mantel um einen archaischen Kern sind: CAPE FEAR erzählt die Geschichte der amerikanischen Zivilisation rückwärts.

»Das Gesetz ist mein Geschäft!« So wehrt sich Sam Bowden gegen den Vorschlag des Privatdetektivs. Und damit beschreibt er nur zu genau den Widerspruch, in dem er lebt und in dem er arbeitet. Cady muss, um ihn zum Übertreten auch dieser Grenze zu zwingen, noch tiefer ins Herz seiner Existenz und ins Herz seiner Schuld eindringen. Er telefoniert mit Danielle, wobei er sich als Leiter ihres Theaterkurses in der Sommerzeit ausgibt, die sie in der Schule verbringen muss, was die Familie daran hindert, einfach zu flüchten: Während wir sehen, wie eine Familie innerlich zerbricht, sehen wir zugleich die groben und feinen Regeln, die das Schicksal ihrer Mitglieder unbarmherzig miteinander verbindet. Scorsese lässt sich dabei keinen Augenblick auf eine sentimentale Auflösung ein; die Gefühle, die es auch in CAPE FEAR überreich gibt, sind beinahe samt und sonders negativ. Und wenn er die Thriller-Elemente zumindest am Ende zu heftig bedient, wenn er in der »philosophischen« Auseinandersetzung zwischen Bowden und Cady keinen Punkt der Entschiedenheit erreichen kann, so ist er doch einmal mehr unbestechlich in der Zeichnung äußerer Bedingungen des Zusammenlebens. Cadys radikale Frage ist vielleicht: Wie funktioniert eine weiße, bürgerliche, amerikanische Familie, und jede seiner Missetaten ist nichts anderes als eine Probe eines bestimmten Aspektes dieses Zusammenhalts, das neben Sexualität und Moral auch das Gegensatzpaar von Sehen und Blindheit, Wissen und Verschweigen umfasst. Und dies ist der Punkt, an dem Cady nach Danielle greifen kann.

Während sie mit ihm telefoniert, ist sie überrascht, wie genau er die Situation ihres Lebens zu kennen scheint, wie genau er ihre Empfindungen zu benennen weiß: das Erschrecken bei der Menstruation, die Blicke der Männer auf der Straße, und vor allem: den Zorn gegen die Eltern, die nicht wollen, dass sie erwachsen wird. Die erste große Versuchung besteht in nichts anderem als in der Aufforderung, nicht gegen ihre Empfindungen anzukämpfen. Während Cady sich als negativer Erlöser für die Sünden der Familie anbietet, sucht er zugleich Verbündete in seiner Revolte gegen Gott. Seine Stimme, seine Bewegungen, seine Rhetorik: Deutlich genug ist seine Verwandtschaft mit der Schlange nun, die dem Menschen einflüstert, vom Baum der Erkenntnis zu essen. Während er telefoniert, hängt Cady kopfüber an seiner Hantelstange. Das Blut muss ihm in den Kopf steigen, sein grinsendes Gesicht ist zu einer Grimasse verzerrt. Die Kamera vollzieht eine Drehung von 180 Grad: Wo ist oben und unten? Als wüssten wir es noch immer nicht: In diesem Film gibt es keinen »Standpunkt«. Wenn wir ihn jenseits der »Handlung« sehen, erscheint er uns als Montage von Bildern ohne Mitte und ohne Gewissheit. Objekte und Personen scheinen stets grotesk verzerrt, zu nahe oder zu fern, um sie wahrhaft zu »identifizieren«. Stattdessen tritt ein anderes Element des Bildes umso deutlicher hervor: die Dimensionen, in denen sich die Dinge zueinander verhalten. Der Raum zwischen den Blicken ist gedehnt oder gestaucht, die Zeit zwischen Aktionen und Reaktionen scheint sich von der Logik zu entfernen, die Bilder haben ihre Informationen an unerwarteter Stelle und bilden zueinander keine harmonische Einheit, sondern nur eine drängende Bewegung. Nicht einmal in einzelnen Einstellungen gibt es so etwas wie Identifikation. Wir sind den Personen auf oft unerträgliche Weise nahe. Aber wir sind nicht »mit ihnen«. Radikaler war Scorsese nie in seiner Erschaffung distanzierter Nähe. Nur so kann aus dem simplen Mitleid (das neben dem Suspense jeder Thriller erzeugt) ein wirkliches Mit-Leiden werden. CAPE FEAR ist vor allem eine Bilderzerstörungsmaschine. Der Film zerreißt und versengt, perforiert und zerknüllt die Bilder der amerikanischen Familie (so wie später GANGS OF NEW YORK die »Postkarten« der amerikanischen Geschichte zerreißen wird). Er lässt uns beim Zuschauen keine Perspektive: Wir erfahren, ein wenig, was das heißt, was Cady uns und den Bowdens androht: Verlust. Ein Verlust, der noch über die Zerstörung der materiellen und ideellen Grundlagen des bürgerlichen Selbstbildes hinausgeht, Familie, Beruf, Erfolg und Genuss. Es kann nur der Verlust der Welt selber sein, mit dem der Mann, der aus der Wildnis und aus dem Gefängnis kommt, seinem Objekt klar macht, wie sehr auch er in Wildnis und Gefängnis lebt. Die Familie Bowden gelangt von Höllenkreis zu Höllenkreis, ohne dabei etwas anderes zu entwickeln als den Zwang, sich weiter nach unten zu bewegen. Und bei jeder Grenzüberschreitung verlieren sich weitere Bindungen zwischen den Menschen und ihrer Gesellschaft, wie beim *Taxi Driver* und beim *Raging Bull* entwickelt sich eine Spirale von Einsamkeit und Gewalt. Wie diese schreiben auch die Bowdens die Geschichte rückwärts, und so wie unser Mit-Leiden sich erst an dem Punkt entwickeln kann, wo uns der Film alle gewohnten Strategien von Identifikation und Distanz genommen hat, so kann sich für sie der Augenblick der Gnade erst zeigen, da sie alle den Augenblick der radikalsten Einsamkeit durchlebt haben.

In Danielles Einsamkeit also rumort Cady, die Schlange. »Du kannst all diese Ängste zu deinem Vorteil nutzen«, verspricht er. Vielleicht ist es das, was jeder erwachsene Amerikaner tut – tun es nicht auch Danielles Eltern? Haben nicht auch sie ihre Ängste in soziale Energien umgesetzt, ist nicht ihr ganzes Leben auf der Angst errichtet? Cady hat sich Danielle als Werkzeug angeboten, die bösen Impulse der Familienmitglieder gegeneinander auszuleben, und immer sind es die Ängste, die er dazu benutzt. Die Geschichte der Angst, die Scorseses Filme erzählen, ist in CAPE FEAR bis an den oberen Rand der Gesellschaft und der Zeit fortgeschritten: Das perfekte System der Angst, Polizei, Justiz, Staat und Familie, bricht in einer metaphysischen Geste zusammen. Mehr als auf die unterschwellige Sexualität in der Offerte von Cady steigt Danielle auf sein Wissen von ihrer Angst ein. Und während sie spricht, sehen wir in ihrem Fernseher, in ihrer flackernden Traum- und Albtraummaschine, die Szenen aus einem Horrorfilm, eine Frau, die mit der Axt einen Mann zerhackt. So wie sich Cady die Angst und die Grausamkeit auf die Haut geschrieben hat, so hat Familie Bowden die Angst und die Grausamkeit in ihren Bildmaschinen verborgen.

Die Mutter bringt Danny zur Schule; im Keller des Gebäudes gelangt sie in den Theaterraum. Auf der kleinen Bühne ist die Dekoration eines Märchenstückes aufgebaut, ein Haus, von innen erleuchtet, zwischen Hexenhaus und *Americana*. Max Cady sitzt am Eingang und raucht einen Joint. Er meint, sie solle ihn nicht verpfeifen, das sei nun mal ein »Privileg seines Berufes«: »Es baut die Hemmungen ab.« Er bietet ihr einen Zug an, und nach kurzem Zögern nimmt sie an (»ist stark«). Sie sprechen über das Ende von Thomas Wolfes *Schau heimwärts, Engel*. »Ich würde es als Flucht bezeichnen«, sagt Cady. »Trotzdem kann man seinen Dämonen nicht entkommen, indem man von zu Hause wegläuft. Aber manche Schriftsteller finden zu einer neuen Freiheit, wenn sie ins Ausland gehen, zum Beispiel Henry Miller.«

Max Cady lenkt damit nicht bloß geschickt den Diskurs zum Sexuellen. Er, der Teufel,

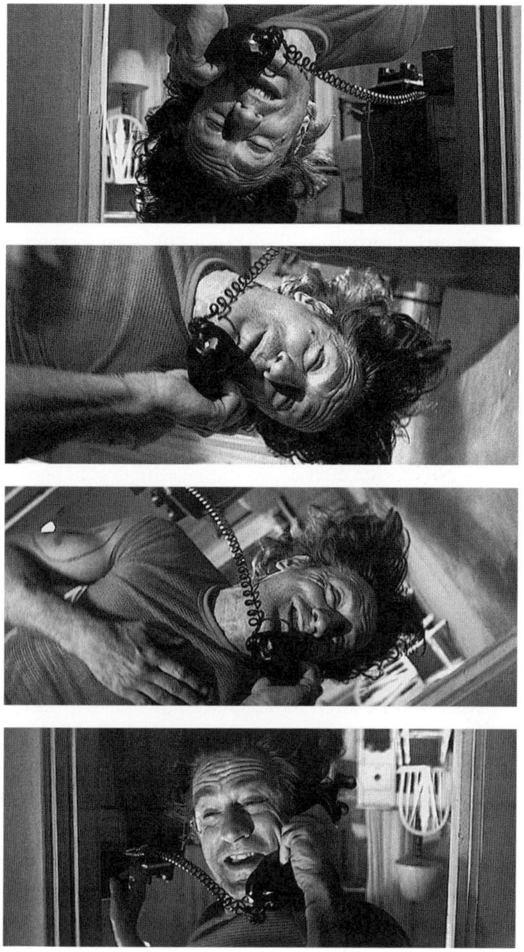

In diesem Film gibt es keinen Standpunkt

die Schlange, unternimmt noch etwas Anderes, Schrecklicheres: Er nimmt Danielle die Möglichkeit der Flucht, im gleichen Augenblick, in dem er sie eröffnet. So lenkt er ihre Energien zur Revolte. Danielle verrät verschämt, dass sie schon *Wendekreis des Krebses* gelesen hat, das sie heimlich aus dem Bücherschrank der Eltern genommen hat. (Ein Buch als Wegweiser, wie wir es aus AFTER HOURS kennen.) Eine Erektion, zitiert Cady Miller, sei »wie ein Bleirohr mit Flügeln.« Wieder bietet er das Schwere und das Leichte, die Flucht und das Versenken zugleich an. Danielle erkennt nun, wen sie da vor sich hat. Der Mann, der den Hund ermordet hat, den »Schmusehund«. »Ich könnte das gar nicht tun«, behauptet er, und in gewisser Weise hat er sogar damit recht: Den »Schmusehund« hat die Familie selbst umgebracht.

Die Eltern, so meint Cady, kennen die Freiheit nur zu gut. Deshalb wollen sie nicht, dass Danielle erwachsen wird. Sie fürchten die Verlockungen. Und »sie laden ihre Schuldgefühle über Verbrechen, die gar keine sind, bei dir ab.« Und er kehrt zurück zu seinem großen Thema: »Deine Eltern, die sind deine Richter, die sind voll des Zorns über dich, nicht wahr? Sie bestrafen dich für ihre Sünden. Vergib ihnen, denn sie wissen nicht, was sie tun.« Nicht der Streit, sondern »die Suche nach der Wahrheit« leite ihn. »Jeder Mensch trägt den Widerschein der Hölle wie einen Glorienschein. Dein Daddy auch. Jeder Mensch muss durch die Hölle schreiten, um ins Paradies zu kommen. Weißt du, was das Paradies bedeutet? So viel wie Erlösung. Dein Daddy ist nicht glücklich, wirklich nicht, und für deine Mom gilt dasselbe, und weißt du was, du bist auch nicht glücklich.« Er will ihren Vater erlösen, ihn dazu zwingen, seine »Fehler« zu gestehen. Wie sollte sich Danny nicht zugleich fürchten und sehnen? Alle ihre Impulse befinden sich im Widerstreit. Seine »Gefährtin auf dem langen Weg zum Licht« nennt Cady sie. Er will den Arm um sie legen; sie ist furchtbar verlegen; Cady streicht über ihre Lippen, steckt seinen Finger in ihren Mund, küsst sie – und verschwindet. Als *big bad wolf*, wie er sich bezeichnet hat, im Bühnenwald. Was hat er angerichtet? Nicht der Sex, sondern das Wissen ist der Anlass für die Revolte.

Die Ambiguität dieser Verführungs- und Diskurs-Szene ist einer der Schlüssel von CAPE FEAR. In der Tat hat Scorsese das Drehbuch von dieser Sequenz aus entwickeln lassen, die ihn als erstes an diesem Stoff fasziniert hat. Hier laufen alle Fäden des Materials zusammen, das Psychologische, das Literarische, das Erotische, das Philosophische, das Moralische. Hier aber zeigt sich auch, wie offen dieser Diskurs ist. Danielle wird später wahrheitsgemäß erklären, Cady habe sie zu nichts gezwungen. In dieser Situation des Opfers und der Einsamkeit erfährt sie eine Freiheit, die sie nie zuvor im Leben kannte. Indem er sie »verschont«, scheint Cady seine Funktion als »Erlöser« (aber eben auch: als Künstler, der eine Inszenierung betreibt, für die man vor allem Hemmungen abbauen muss) noch einmal unter Beweis zu stellen. Seinem Gegner hat er zugleich eine Botschaft und ein Problem übermittelt. Danny ist zu einer Revolte verführt, zu der Leigh nicht mehr in der Lage ist. (Es gibt kaum etwas Hoffnungsloseres als die Beziehung zwischen Mutter und Tochter in diesem Film. Nirgendwo ist eine Grenze zwischen Unterdrückung und Korruption zu sehen.) Und Sam Bowden ist im Innersten verletzt.

Diese neuerliche Offenbarung der Allgegenwärtigkeit des Bösen bringt ihn zur Raserei. Danielle will nicht darüber reden, aber dass eine Begegnung mit Cady stattgefunden hat, ist offenkundig. Nun zögert er nicht mehr, nun willigt Bowden ein, Cady mit Gewalt zu vertreiben. Er ist bereit, »einen Riesen« zu bezahlen, damit die drei Männer ihn zusammenschlagen. Aber noch ein letztes Mal versucht er es mit einer Drohung. Er sucht Cady in einer Kneipe auf und bedeutet ihm, dass es Prügel setzen wird, wenn er die Familie nicht in Ruhe lässt. Doch das bewegt Cady nicht nur erst recht zu bleiben, er ist nun auch gewarnt. Und er hat, wie sich zeigen wird, diese Entwicklung vorausgesehen. »Wenn Sie nicht besser sind als ich«, beendet er die Diskussion, »dann kann ich haben, was Sie haben: eine Frau, eine Tochter ... Anwalt«. Präziser kann er die Drohung nicht zurückgeben: Was wiegt der Angriff auf einen Körper gegen den Angriff auf den »Besitz«, was wiegt Schmerz gegen Verlust? »Durch mich werden Sie lernen, was ein Opfer ist ... Man könnte sagen, ich bin hier, um Sie zu erlösen!« So nimmt Cady den Diskurs wieder auf, den er mit Danielle geführt hat.

Sam will von seiner Tochter nur eines wissen, ob Cady sie »angerührt« habe. In seiner Besessenheit von dieser Form von »Verlust« wird er gewalttätig, und als er zu sich kommt und sich entschuldigt, ist es für jedes Gespräch zu spät. Sam Bowden bestätigt die schlimmsten Befürchtungen; und seine Tochter weist ihn aus ihrem Zimmer so wie vorher seine Frau aus dem Schlafzimmer.

Der Überfall findet in der Nacht statt; Bowden ist heimlicher Zeuge, wie die drei Männer Cady überraschen und ihn fürchterlich zurichten. Wir sehen das in einer Einstellung aus der extremen Draufsicht, eine Opferung. Bowden will sich schon zum Gehen wenden, als sich Cady wieder erhebt, und mit ihm ist nun die Kamera aus der Tiefe auf die Angreifer gerichtet, die dem gestählten Körper nichts entgegenzusetzen haben. Er schlägt sie halbtot und wendet sich erst von einem der Männer ab, als er ein Geräusch vernimmt, das Bowdens Anwesenheit verrät. Es ist der Moment der größten Selbsterhebung von Max Cady. »Ich bin besser als ihr alle«, schreit er, »ich übertreffe euch im Lernen, im Lesen, im Denken, im Philosophieren.« Und das »bessere« Lesen (der Bibel, der Gesetze, des *Zarathustra*) hat ein klares Ergebnis: »Ich bin wie Gott, und Gott ist wie ich. Ich bin so groß wie Gott, er ist so klein wie ich.« Man sollte hier den jeweils zweiten Halbsatz nicht außer Acht lassen. Und was Cady bei ihrem letzten Zusammentreffen Bowden zu lesen aufgegeben hat, das ist das Buch Hiob: die Prüfungen, die Gott einem Gerechten schickt, um seinen Glauben zu befragen, indem er ihm alles nimmt, was er hatte. Wie passt das alles zusammen? Anscheinend ist jeder Versuch, ein religiöses oder philosophisches »Weltbild« von Max Cady zusammenzustellen, zum Scheitern verurteilt. Am ehesten unternimmt er wohl eine zornige Lektüre der Heiligen Schrift, ein Zerreißen des Textes, so wie der Film ein Zerreißen des Bildes ist.

Bowden versucht, den von seinem Chef empfohlenen Kollegen zu engagieren, um gegen Cady eine Verfügung zu erlassen, doch muss er erfahren, dass dieser bereits bei Cady unter Vertrag steht und ihn in seiner Anklage gegen ihn vertreten wird: Cady hat die Drohung, die Bowden so unmissverständlich ausgesprochen hat, auf Band aufgenommen. Und bei seinem zerschundenen Gesicht bedarf es keines weiteren Beweises, dass Bowden diese Drohung wahr gemacht hat. Die Gerichtsverhandlung ist eine Farce, und genau so inszeniert sie Scorsese auch, mit Gregory Peck als trefflichste Karikatur all seiner Anwaltrollen, und mit Martin Balsam als Karikatur des amerikanischen (Kino-)Richters. Und hier entlarvt

Der *big bad wolf* im Bühnenwald

sich ein wenig auch der religiöse Code, der unentwegt bemüht wird. »Genau wie Gott sich zu einem Urteil erhob, um alle frommen Menschen auf Erden zu retten, so werden…«, beginnt Peck einen Satz, den er nicht beenden kann, und mit der Äußerung, »König Salomo hätte nicht weiser entscheiden können«, kommentiert er am Ende den Urteilsspruch, mit dem der Richter jeglicher Form von »Vendetta« Einhalt gebieten will: eine einstweilige Verfügung, die es Sam Bowden verbietet, sich Max Cady zu nähern. Aber diese Umkehr der Verhältnisse ist nicht das größte Problem; vielmehr soll nun vor der Anwaltskammer der Ausschluss Bowdens verlangt werden. Seine berufliche Existenz steht auf dem Spiel. Und er muss, um vor der Kammer auszusagen, die Familie für eine Zeit allein lassen.

Nun soll Kerseks Vorschlag das Problem aus der Welt schaffen: Bowden wird die Stadt verlassen, heimlich zurückkehren und mit dem Detektiv zusammen in seinem Haus warten, um Cady in Empfang zu nehmen und in Notwehr zu erschießen. »Für das Gesetz bin ich gefährlicher als Max Cady«, hat Bowden vorher verzweifelt ausgerufen, ohne bei dieser Klage über das Urteil daran zu denken, dass es sich tatsächlich so verhält. Das Haus wird präpariert, die Positionen eingenommen. Danielles Teddybär wird zum zentralen Objekt im Alarmsystem im Inneren des Hauses. Alle Dinge aus dem alltäglichen Gebrauch der Familie erhalten unheilvolle zweite Bedeutungen. Eine Saite des Klaviers ist verschwunden, mit dem Sam seine Tochter so zu nerven verstand.

»Mein Daddy benimmt sich wie ein Barbar«, sagt Danielle nach der ersten überstandenen Nacht zur Haushälterin. Dann findet sie ein Exemplar von *Sexus* für sie verborgen. Cady, das weiß sie als erste, ist bereits da. Auch der Detektiv führt nun einen Diskurs über die Angst, die noch einmal eine andere Lesart nahe legt: »Sie sollten«, meint er zu Sam, »diese Furcht auskosten. In den Südstaaten entwickelte sich die Furcht. Furcht vor den Indianern, Furcht vor den Sklaven, Furcht vor der verdammten Union. Der Süden hat eine prächtige Tradition, die Furcht zu genießen.«

In ständigen Kamerafahrten auf die Wartenden, die Objekte, die Waffen greifen wir auf diese Situation zu. Schließlich, die Familie ist bereits schlafen gegangen, bewegt sich der Teddy, und der Detektiv schleicht zum Fenster. Ist es der Sturm, der an den Fenstern rüttelt? Bowden schreckt aus dem Schlaf hoch (wie vorher Danielle) und sieht – erneut in einem Negativ-Bild – Cady am Fenster stehen. Er weiß jetzt, wie der Hund gestorben ist, sagt er. »Ich hatte das unheimliche Gefühl, er wäre schon im Haus.« Und tatsächlich ist Cady bereits ins Haus gelangt, hat die Haushälterin ermordet und tötet nun, in deren Maskerade, den Detektiv mit der Klaviersaite, die er vorher gestohlen hat. »Das habe ich im Gefängnis gelernt«. Im Fallen hat sich ein Schuss gelöst, und die Familie läuft alarmiert zusammen. Sie sehen eine Gestalt über den Rasen des Gartens davon laufen.

Die beiden Leichen liegen in gewaltigen Blutlachen, Bowden rutscht im Blut des Detektivs aus, seine Frau stürzt dazu, zu einem wirklichen Blut-Bad. Nun scheint wirklich nur noch die Flucht zu helfen, auch wenn Bowden sich damit erneut verdächtig macht. Aber auch jetzt ist Max Cady nicht abzuschütteln; er hat sich unter das Auto der Familie gebunden und verfolgt sie nun bis nach Cape Fear und zu ihrem Hausboot. Wir sehen einen flammenden Sonnenuntergang mit Wetterleuchten am Horizont: ein beginnendes Unwetter. Und im Regen beginnt auf dem Boot ein letzter, langer, furchtbarer Kampf. Als Sam nach dem Anker sehen will, wird er von Cady überwältigt und außer Gefecht gesetzt. Cady dringt in die Kabine und terrorisiert die beiden Frauen. »Danielle, ich habe dir doch gesagt, man kann seinen Dämonen nicht entkommen, indem man einfach von zu Hause wegläuft«, sagt er. Und Danielle entgegnet wahrheitsgemäß, sie habe das auch nicht getan. Nun ist es an Cady, eine Warnung zu überhören. Während sie ihm noch erklärt, sie habe eine Passage aus *Sexus* für ihn auswendig gelernt, schüttet sie ihm einen Topf voll heißem Wasser ins Gesicht. Cady scheint beinahe unberührt. Er demonstriert sogar noch einmal seine Schmerzunfähigkeit, indem er eine Leuchtfackel in seiner Hand abbrennen lässt. Dann sperrt er Danielle in den Laderaum und macht Anstalten, Leigh zu vergewaltigen. (Diese Szene, bei der Bowden von außen hilflos zusehen muss, entwickelt sich zu einer denkwürdigen Reduktion, die Scorsese zusammen mit dem Kameramann Freddie Francis unerwartet auflöste: »In schwierigen Momenten hat er Ratschläge gegeben, zum Beispiel in der Szene, in der Cady versucht, Bowdens Frau zu vergewaltigen, sieht man, wie dieses Auge von Nick Nolte zusieht. Ich wollte eigentlich das ganze Gesicht von ihm, aber Freddie sagte, wir sollten mit einem Auge beginnen. Es sah aus wie ein Fisch, wie ein merkwürdiges Wesen, das zuguckt.«) Als Leigh gerade nach der Pistole in seiner Hosentasche greifen will, bricht Cady ab:

»Der Plan, den ich ausgearbeitet habe, geht weit darüber hinaus, dass wir nur miteinander schlafen.« Er fesselt sie ans Geländer und zieht Sam in die Kajüte, während Danielle sich in ihrem Gefängnis mit einer brennbaren Flüssigkeit versorgt. Cady spricht davon, »Mamas wahre Liebe zu ihrer Tochter« testen zu wollen, er zerrt Danielle wieder nach oben und wirft sie auf den Tisch, offensichtlich will er nun über sie herfallen. Als Sam ihn bittet, die »Frauen rauszuhalten«, tritt Cady brutal auf ihn ein. Verzweifelt bietet Leigh sich an Stelle ihrer Tochter an. Cady behauptet, nun werde es ihm »noch mehr Spaß machen«, doch als er sich genüsslich eine Zigarre ansteckt, setzt Danielle ihn mit der Flüssigkeit buchstäblich in Flammen. Als menschliche Fackel stürzt Max Cady sich in den aufgepeitschten Fluss. Als die drei das Boot gerade wieder unter Kontrolle bringen, taucht Cady wieder auf und setzt Sam die Pistole an die Schläfe, um eine schreckliche Parodie eines Gerichtsverfahrens zu inszenieren, in dem er Gesetz und Richter, Zeuge und Ankläger in einem ist und in dem es ihm nicht nur auf das Urteil, sondern auch auf das Geständnis ankommt. Doch noch einmal wird die Familie gerettet, als das Schiff in einen Wirbel gerät. Mutter und Tochter können über Bord springen, Bowden und Cady liefern sich auf dem sinkenden Schiff einen letzten Kampf, bei dem es Bowden schließlich gelingt, seinen Gegner die Handschelle, die noch um eine Stange baumelt, am Fuß anzulegen. Während er sich ans nahe Ufer retten kann, muss Cady langsam im Fluss versinken. Sam, obgleich er sich kaum noch auf den Beinen halten kann, schleppt sich noch einmal zu Cady an das Schiff, und noch einmal prügeln sich die beiden. »Zwei Anwälte, die es untereinander ausmachen«, ruft Cady. »Ich werde Sie töten«, sagt Bowden, es ist vielleicht der erste »reine« Satz, den er sagt. »Geopfert haben Sie mich ja schon, Anwalt«, lallt Cady, schon kaum noch am Leben. Sam will ihn mit einem Felsbrocken erschlagen, rammt diesen dann aber doch in den Boden und sieht nur zu, wie Cady in den Fluten untergeht, dabei groteske Laute undefinierbarer Sprachen von sich gibt, vom »gelobten Land« stammelt und ein »Halleluja« dazwischen flüstert, als würde der böse Text, mit dem er sich selber gefüttert hat (in den

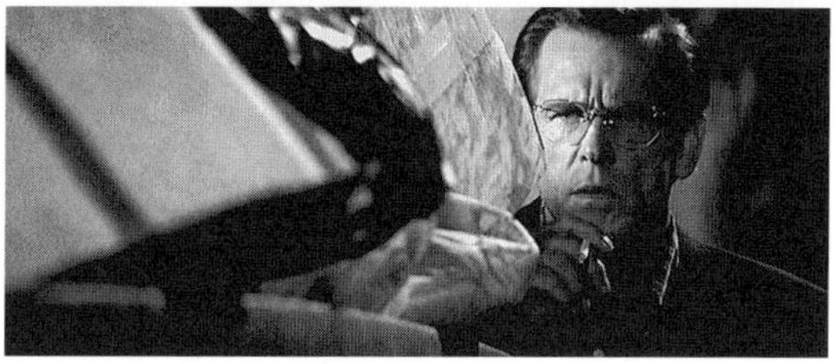

Eine Opferung: Cady wird zusammengeschlagen

er sich selbst verwandelt hat), nun in der gebrochensten und zerstückelten Form wieder herausbrechen. Es gibt einen letzten Blick zwischen den beiden, ganz ruhig nun. Wir erinnern uns: der Schmerz – das Akzeptieren – das Opfer – die Transzendenz, der Frieden.

Erschöpft sitzt Sam am Ufer und reinigt sich die blutigen Hände. Noch einmal scheint aus dem Wasser etwas nach ihm greifen zu wollen. Als er dann seine Hände ansieht, sind sie sauber. Eine Schuld, die abgewaschen wäre. Die Kamera fährt weit hinauf, und in der nächsten Einstellung erheben sich aus dem Schlamm wie zu neuer Geburt die Frau und die Tochter. Die Familie findet wieder zusammen – doch mit einem Happy End hat das nicht viel zu tun: Dass diese Familie zusammen bleiben könnte, dass sie auch nur die Geschichte ihrer Schuld neu schreiben könnte, davon zeugt nichts in dem apokalyptischen Finale. Langsam, aber beharrlich nähern wir uns den Augen von Danielle. »Wir sprachen nie über das, was geschah. Zumindest nicht miteinander. Wohl aus Furcht, glaube ich, dass die Erinnerung an seinen Namen oder an seine Taten in unsere Träume dringen könnte. Und ich, ich träume nur noch selten von ihm. Doch das Leben wird nie wieder so sein wie damals, bevor er kam. Aber das ist gut so. Denn wenn man in der Vergangenheit verweilt, stirbt man jeden Tag ein kleines bisschen. Und ich für meinen Teil, ich weiß, dass ich lieber leben möchte.«

Während dieser Off-Narration fährt die Kamera weiter auf sie zu, und endlich sind wir ihren Augen so nahe wie den Augen des Bösen am Beginn. Und noch einmal, zum dritten Mal, kippt das Bild ins Negativ. Und es wird blutrot. Die Lesart, Max Cady sei nichts anderes als die Zorn- und Angstfantasie eines Mädchens gegenüber seinen Eltern, kurz vor dem sechzehnten Geburtstag, scheint nun fast überdeutlich (und durch ein selbst verhängtes Schweigegebot weiter bestärkt). Dazwischen aber, so scheint es, hat sich diese Fantasie selbstständig gemacht, ist lebendiges Ereignis geworden, Fleisch. Sie ist in die Köpfe anderer und durcheinander geraten. Während des Nachspanns hören wir, wie das Gewitter sich verzieht, das Wasser ruhiger fließt, lebendig rauscht, und wie die Natur zu ihren gewohnten Geräuschen zurückkehrt. Nur ein kurzer, dissonanter Musik-Fetzen am Ende verweigert noch diesen kleinen Frieden.

Angriff auf ein Familienmodell

Als Thriller betrachtet ist CAPE FEAR eine Art Kampf in mehreren Runden, bei denen jeweils die Kampfregeln neu bestimmt werden. Als Porträt ist es der Zerfall einer Person und ihrer Ordnungen bis an einen archaischen Nullpunkt. Scorsese und sein Drehbuchautor Wesley Strick geben der Geschichte eine andere Struktur; Bowdens Tochter Danielle tritt am Anfang so auf, dass die Geschichte als ihre Erinnerung erscheint – wir wissen also, dass die Sache zumindest für sie gut ausgegangen sein muss. Aber sie ist dadurch auch in eine bestimmte Perspektive gebracht: die Perspektive des Übergangs vom Kind zur Frau, die in erotischen Ängsten und in moralischen Ansprüchen, in ihren Gefühlen zwischen Bindung und Loslassen, eine Art schwarzes Märchen, einen Schuld- und Erlösungstraum fantasiert; möglicherweise nichts anderes als eine Fantasie der Ablösung. Und wie bei den Off-Kommentaren seiner Gangsterfilme schafft Scorsese damit auch hier eine Form der Distanz. Danielle ist durchaus offen für die Verlockungen des Bösen. In der Szene im Theaterraum bedroht Cady sie weder mit Gewalt, noch geht es um eine plane Verführung. Es ist eher eine Verführung im philosophischen Sinn, eine Art von sanfter, aber konsequenter Intrige gegen alles, woran Danielle noch glaubt. »Max«, so Scorsese, »setzt Logik und Gefühl und Psychologie sehr stark in dem Sinne ein, wie der Teufel in der Bibel spricht.« Aber welcher Teufel – der Miltonsche oder ein modernerer?

Erneut stellt sich auch hier die Frage nach dem Urheber, dem Autor der Intrige: Auf den ersten Blick ist allein Cady der Inszenator eines Rache- und Sühnemodells. Dass aber auch Danielle Bowden leicht als »Autorin« der Geschichte wirken könnte, ist von Beginn an klar. Genauso gut aber könnte auch Bowden selbst all dies inszeniert haben, um, zum Beispiel, seine Frau von seinen sexuellen Verirrungen abzulenken, und zuletzt könnte auch sie leicht eine solche Inszenierung ersonnen haben, um sich an ihrem Mann zu rächen, ihn an seine Verfehlungen zu erinnern.

Werfen wir hier noch einmal einen Blick auf die Originalfassung: Gregory Peck hat darin als Zeuge wirklich seine Pflicht getan; er ist ein Ehrenmann, ein guter Amerikaner, und seine Frage ist, ob ihn die Gesellschaft gegen die Wiederkehr des Bösen beschützen kann oder ob er das selber tun muss. Eine Western-Frage, letzthin. Robert Mitchum kehrt nach New Essex so zurück, wie Ian MacDonald in Fred Zinnemanns HIGH NOON (Zwölf Uhr mittags; 1952) nach Hadleyville zurückkehrt, und Gregory Peck muss sich wie Gary Cooper wehren, weil ihm das Gesetz und weil ihm die Freunde (beide zusammengefasst in der Figur, die Martin Balsam verkörpert) nicht helfen können oder wollen. Sein Kampf geht also nicht nur um die Autonomie, sondern auch um die Reinheit, die Unversehrtheit der Frauen, der Gattin und der Tochter. In der Bedrohung holt dieser zivilisierte Anwalt den barbarischen Amerikaner aus sich heraus, kehrt zu sich selber zurück. Und zur gleichen Zeit rekonstruiert er darin die alte patriarchale Ordnung; Frau und Tochter sind vollkommen von ihm abhängig, vollkommen durch ihn definiert, wie er selber definiert ist durch den Gleichklang von Religion, Gesetz und (kapitalistischer) Zivilisation.

In der katholischen Welt des Martin Scorsese können diese Gleichungen nicht mehr aufgehen. Nick Nolte bei Scorsese ist wirklich schuldig. Er hat klammheimlich geholfen, das Böse zu bestrafen, aber er hat nicht dem Gesetz geholfen, und seine Motive hatten nicht viel mit Moral, sondern mehr mit der Karriere, der Ignoranz, vielleicht ein wenig mit persönlicher Empörung zu tun. Cady macht eine besondere Rechnung auf. Er will sich nicht aus seiner Rache herauskaufen lassen, nicht einmal »Rache« ist das richtige Wort für sein Vorgehen. Er rechnet in Negationen, in »Verlusten«; er will dem Anwalt »Verluste« beibringen, und diese Verluste sind nicht, wie es vielleicht noch ein paar Jahre vorher der Fall gewesen wäre, materieller Art. Es ist die Familie selbst, die Cady angreift. Und angreifen kann er sie umso leichter, als sie bereits Risse zeigt. Er kann erst bekämpft werden, nachdem die beiden Frauen sich zwischen ihm und Bowden entschieden haben. Und diese Entscheidungsakte sind in der Inszenierung bedeutend. Sie bilden eine eigene Kette der Bilder. Sie sprechen von Abhängigkeit, nicht von Liebe. Die Familie verwandelt sich in eine Gemeinschaft der Gewalt. Bowdens Sieg am Ende ist in Wahrheit die Niederlage des Konzepts der patriarchalen Familie.

Aber was ist in dieser Familie geschehen? Bowden hat ein Verhältnis oder ein Beinahe-Verhältnis mit seiner Kollegin. Was er in dieser anderen Frau suchen mag, ist nicht so einfach zu sagen. Aber es ist gewiss nicht einfach ein möglicher »Seitensprung«, der die Familie der Bowdens gefährdet, es ist ein Unverständnis der Rollen von Männern und Frauen, ein sozio-mythischer Erosionsprozess, der die einzelnen Mitglieder der Familie voneinander isoliert hat. Sie arbeiten, ermattet und zornig, an einem Familienmodell, das nicht mehr funktioniert.

Auf einen früheren Seitensprung von Bowden war ein erster Versuch der Heilung beim Eheberater und Analytiker gefolgt. Aber auf diese Weise ist diese Familie nicht zu retten, es ist die amerikanische, weiße, bürgerliche Familie selbst, die aus sich heraus keine Überlebenskraft mehr hat, weil ihre Mitglieder keine Beziehung zueinander haben. Nicht nur Bowden versagt in der Rolle als Vater und Ehemann, auch die Frau und auch die Tochter können ihre Rollen nicht erfüllen. Sie leben ganz förmlich neben sich, in seltsamen Symbolen, Symptomen und Träumen. Mit Cady taucht etwas anderes auf, das Mann-Tier, das paradoxerweise nichts einfordert, so wie es der bürgerliche Mann tut. Cady bedroht die Frauen, gewiss. Aber mehr noch macht er ihnen Angebote. Den Hund der Familie zu töten ist grausam, gewiss. Aber mehr noch ist es ein therapeutischer Akt, die Verweigerung einer emotionalen und symbolischen Inszenierung von Zuneigung und Unterwerfung.

So kommt Cady in die Familie wie eine tiefschwarze Version des Fremden aus Pasolinis TEOREMA (1968). Er ist für jeden in der Familie etwas anderes, Vergangenheit, Gegenwart und Zukunft zugleich. Aber anders als in Pasolinis Film bricht die Familie durch den Fremden nicht vollends zusammen; sie setzt sich, auf eine durchaus obszöne Weise, zur Wehr. Die Schlüsselszene von Thompsons Film zeigte am Ende die Angst der allein gelassenen Frauen, die gleichsam vor Furcht ihre Sinne verlieren: die Mutter, die nicht mehr sprechen kann, die Tochter, die nicht mehr sehen will. Erst der Mann kann sie wieder aus ihrer Starre erlösen, und auf einem der vielen Subtext-Ebenen des Films kann man eine teuflische Absicht hinter dem Komplott sehen: der Mann, der seinen Terror in Gestalt eines bösen Widersachers gegenüber seinen Frauen entfesselt, um sie zugleich wahrhaft zu Tode zu ängstigen und sich als alleiniger Erlöser anzupreisen. Bei Scorsese spielt sich genau das Gegenteil ab. Bowden kämpft mehr noch als mit Cady um seine Frauen, die ihn eigentlich schon aufgegeben haben. Und noch deutlicher steht er im Kampf mit sich selbst, er spürt jede Wunde, die Cady ihm verabreicht hat. Cady ist sein Retter, sein Erlöser, aber wir können nicht umhin zu sehen, ganz direkt in den letzten Szenen, nach dem mythischen Zweikampf in den reißenden Fluten, dass der gerettete Bowden kein Gewandelter, kein Erleuchteter sein wird. So wie Scorseses Helden vordem in seinen eigenen Worten »Schein-Heilige« sind, so ist dieser Anwalt wohl ein »Schein-Geheilter«.

Was Cady von dem Fremden aus Pasolinis Film unterscheidet, ist nicht allein seine Destruktivität und sein Streben nach der Existenz als Subjekt: Selbst dieser Max Cady will »jemand werden«, will einerseits an die Stelle von jemandem treten (nämlich an die des Anwalts), und andrerseits mit seinen Taten Zeichen seiner selbst werden. Mehr noch aber unterscheidet ihn seine Polyvalenz. Der schöne Fremde von TEOREMA ist leer, rein und offen; Max Cady dagegen ist ein an seiner Fülle zerberstendes semiotisches System. Jedem Blick löst er sich auf, aber den verschiedenen Blicken generiert er verschiedene Spiegel und Bilder, die einander auf nun tatsächlich teuflische Weise bestätigen. Dies ist ein prismatischer Satan, die Brechung der Bilder und Identifikationen, und wo der schöne Fremde in TEOREMA jedem das zu geben scheint, was ihm fehlt, ist Max Cady gerade Bild dessen, was zu viel ist. Er taucht in die tiefsten Gründe und Abgründe der amerikanischen Familie, um am Ende die Vergangenheit abzuschließen.

Gegen-Körper und Gegen-Schrift

GOODFELLAS war ein Film über den Verrat; der Weg nach außen (die Erlösung) ist zugleich der Verrat, wie schon in der Figur des Judas im Christus-Film angedeutet. In CAPE FEAR beginnt schon alles mit dem Verrat. Paradoxerweise wurde dieser Kampf Scorseses mit einem Spielberg-Entwurf zugleich ein »Katholisieren« und eine religiöse Dekonstruktion. Im ursprünglichen Drehbuch war – wohl ganz im Sinne einer Spielberg-Geschichte – die Familie als glückliche Einheit zu sehen, eine klassische Geschichte vom Einbruch des Bösen in eine »heile Welt« (weshalb etwa die Bedrohung des Mädchens durch Max Cady auch als schierer Horror vorgesehen war: eine brutale Jagd durch die Kellerräume der Schule, bei der Danielle in letzter Sekunde gerettet wird). Aber in beinahe jeder Einstellung, in jeder Dialogzeile widersetzt sich der fertige (oder eben nicht-ganz-fertige) Film seinem eigenen Entwurf. Und einmal mehr wird ein Scorsese-Film unter der Hand zu einem filmhistorischen Essay. Für den Regisseur war das Remake zunächst einmal eine Möglichkeit, innerhalb eines Hollywood-Genres zu arbeiten: »Wir wollten in den Grenzen dieses Genres etwas Neues gestalten. Ich wollte über all die Jahre schon immer einmal einen Hollywood-Thriller drehen und sehen, was ich daraus machen und was ich lernen könnte.«

Das reichlich blutige Ende gehörte wohl zu den Zugeständnissen, die auch Scorsese nun an den Apparat machte. »Viel zu ausführlich«, merkt auch Thelma Schoonmaker an, »sind die großen Actionszenen auf Leben und Tod zum Finale des Films hin. Marty und ich wollten den buchstäblich nicht unterzukriegenden Bösen De Niro wieder auf dem Boot haben. Wie er dorthin kommt, hat uns im Ablauf nicht interessiert. Aber das Preview-Publikum wollte es wissen. Also musste Marty die aus dem Wasser kommende Hand De Niros nachdrehen, und ich habe sie dann hineingeschnitten.« Insgesamt hatte die Cutterin 15 Minuten »Überdreh« bemängelt. Ein Akt von Unterwerfung und Bearbeitung, den es in keinem früheren Scorsese-Film gab.

Natürlich setzte sich Scorsese damit auch einer Kritik aus, die ihn als »Verräter« seines eigenen kritischen Stils sehen musste. Claude Chabrol etwa meinte: »Was er in TAXI DRIVER kritisierte, dem ist er in CAPE FEAR selber erlegen.« Das aber übersieht nicht nur die psychoanalytischen, sondern auch die dekonstruktiven Elemente des Films, der für diesmal ein Stück amerikanischer Mythologie von innen und nicht von außen analysiert. Es geht nicht nur um eine Familie, um die amerikanische Familie, sondern überdeutlich auch um Amerika selbst. Scorsese gelangt also zugleich an den Urgrund des »Western« – in dem ein Mann gezwungen wird, zur Waffe zu greifen, um seinen Teil des irdischen Glücks, sein Haus, sein Land, seine Familie, das Recht und die Ordnung zu verteidigen, und an den Urgrund des Thrillers, in dem immer wieder das Prinzip des Sesshaften durch das Prinzip des Vagabundierenden in Frage gestellt wird. Es ist der Einbruch des Animalischen ins Menschliche, der Leidenschaft in die Sitte, des Chaos in die Ordnung, der Sünde in die Tugend. So ist dieser Max Cady in der Skala der »Bösen« der populären Kultur nicht eigentlich zu erfassen; er ist nicht wirklich ein »Feind«, eine Kraft von außen,

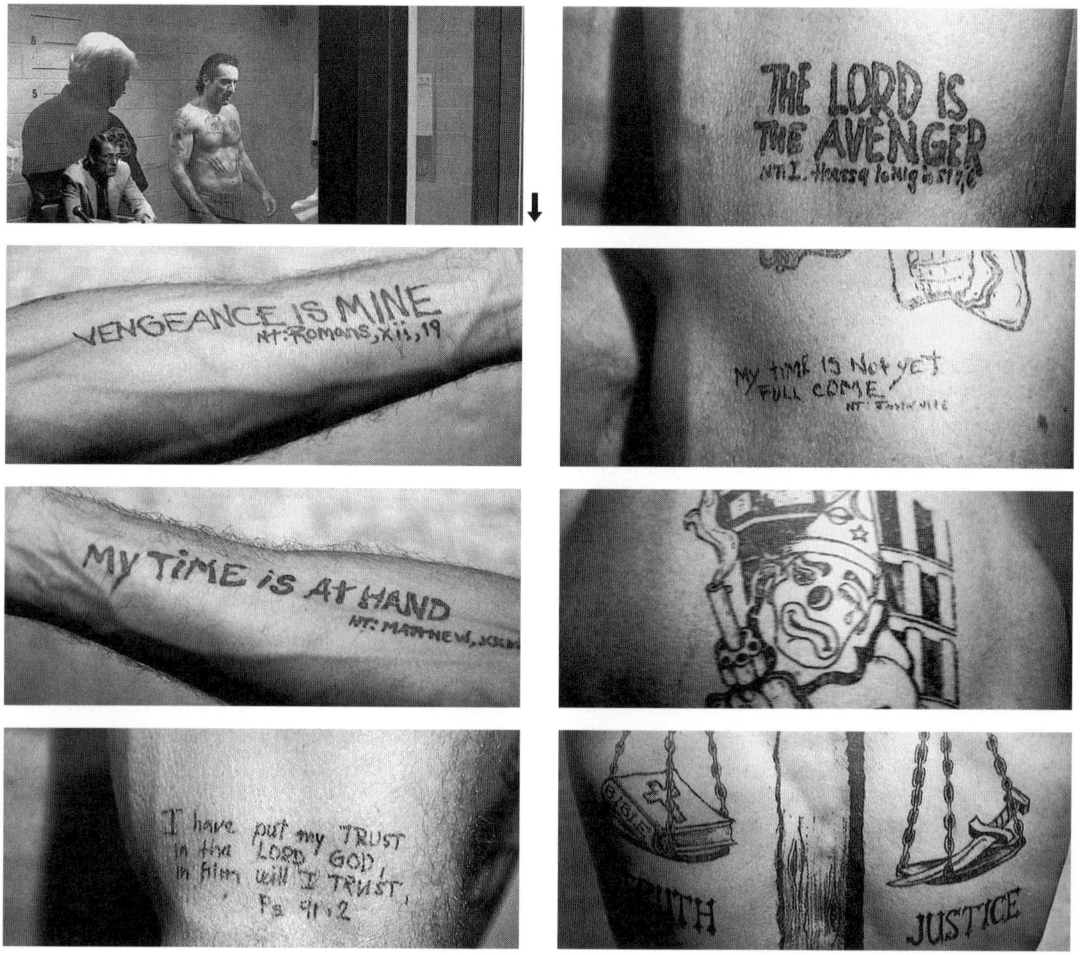

Ein zerberstendes semiotisches System

die das Innen zu einen imstande wäre, noch ist er ein *gothic*-Albtraum (auch wenn seine Fähigkeit, fast unsterblich zu sein, nicht zu verschwinden, die Erzählung an den Rand zum Fantastischen bringt), der aus den inneren Spannungen einer Gemeinschaft erwächst und mit Macht bearbeitet werden muss. Das Fatale an ihm ist, dass er, einmal mehr bei Scorsese, eine merkwürdige Mischung aus einer spirituellen und materiellen, ja materialistischen Gestalt ist. Die Bedrohlichkeit, die von ihm ausgeht, abgesehen natürlich von seiner schieren körperlichen Präsenz, durch seine Haut, sein Fleisch, seine Bewegungen, seinen Blick, besteht zumindest in der ersten Hälfte eben darin, dass er nicht wirklich zu benennen, nicht wirklich einzuordnen ist.

Der Kampf zwischen dem »Bösen«, das sich gebildet hat, und dem »Guten«, das an sich selbst erstickt, ist gerade von seinem »Autor« Cady als philosophisches Gleichnis angelegt. Das Gefängnis ist für Max Cady buchstäblich zum Ort einer zweiten Geburt geworden. Gekrümmt und beinahe nackt (wie Travis Bickle in TAXI DRIVER, wie den Boxer in RAGING BULL) sahen wir ihn zu Beginn. Cady ist eine der Möglichkeiten des Scorsese-Helden, zum Beispiel ist er, was aus Travis Bickle geworden sein könnte (dem er in seinen Liegestütz-Übungen gleicht): 1976 hatte Travis seinen großen Auftritt, im Jahr 1977 trat Cady seine Haft an. Er ist überdies eine Art Konzentration verschiedener De-Niro-Rollen, auch der aus MEAN STREETS. Doch Cady ist zugleich eine der am wenigsten »wirklichen« Gestalten De Niros, eher ein Geist als ein Mensch, und schon deshalb beinahe unsterblich. Die Gefängniszelle war nicht nur seine Geburtsstätte, sondern auch seine Hölle.

Die Situation des »schwarzen Engels« in vielen vorherigen Scorsese-Filmen ist hier aufgelöst; De Niro ist in CAPE FEAR am ehesten einer katholischen Vision des Teufels verwandt, erschaffen und von Gott gefallen, ein umfänglicher Versucher, und doch auch personal existierend, wie es das Dogma (und die Psychologie) will. Ein Gefängnisaufseher sagt angesichts seiner Tätowierungen mit Bibelzitaten und -bildern: »Den Typ kann man nicht ansehen – den muss man lesen.« Ein komischer *oneliner*, gewiss, und doch auch ein entscheidender Hinweis auf das Wesen dieser Gestalt. Dieser Max Cady ist *flesh* und *print* zugleich, nicht etwa die Antwort des Körpers auf die (falsche) Schrift des Gesetzes (wie in Thompsons Film), sondern Gegen-Körper und Gegen-Schrift.

CAPE FEAR also ist ein Thriller, der zur *american gothic*, zum spezifischen Horror der puritanischen Seele führt, die auf etwas trifft, das älter und tiefer ist als sie selbst, und die sich daraufhin selbst in etwas Monströses, Unverstandenes verwandelt. Dass die Kamera von Freddie Francis immer hautnah an den Personen bleibt, ist nur folgerichtig: CAPE FEAR handelt schließlich von Menschen, die um sich herum nichts mehr finden, an dem sie sich festhalten können. Die Gesellschaft, das ist nur noch Form, sie besteht aus Fassaden, aus Farben, aus Ritualen, aus Texten, aus Zeichen. Dahinter ist jeder Mensch ganz und gar sich selber überlassen. Das Wide-Screen-Verfahren schafft dabei unüberbrückbare Distanzen, ohne den Raum auf die alte, topografische Weise wieder horizontal und verlässlich erscheinen zu lassen. CAPE FEAR arbeitet mit der Breitwand wie Nicholas Ray und Sam Fuller das getan haben – »ganz zu schweigen von LOLA MONTEZ [1955; R: Max Ophüls], das ist«, so Scorsese, »einfach die beste Ausnutzung der Breitwand.«

Was also mag der »Sinn« dieses Remakes sein? »Während die Welt in Schwarzweiß noch ihre Ordnung besitzt, erfolgt im Remake die Demontage des Amerikanischen Traums. Die Stützpfeiler der alten Gesellschaft sind instabil geworden, und die neue Zuschauergeneration bekommt eine BESTIE, die ihr nicht fremd ist«, schreibt Carsten Schmitt. So begreifen wir die Farbe selbst und einen exzessiven Gebrauch, den wir sonst nur in LIFE LESSONS beobachten können, als Mittel der Dekonstruktion. Scorsese selbst meint, er habe den Stoff »katholisiert«. Es geht auch um Moral in diesem Film, und es geht auch um Klassenkampf: CAPE FEAR ist, was dies anbelangt, gewiss geradezu Modell für den »katholischen Materialismus« des Martin Scorsese – freilich errichtet in den Grenzen eines Genres und unter den Forderungen der Mainstream-Kompatibilität, für die Steven Spielberg steht. Es ist der Bruch zwischen der materiellen und der spirituellen Sichtweise der Welt, den Scorsese in CAPE FEAR inszeniert, und es ist der Bruch zwischen einem Genre und einer Vision.

Der Symbolismus in Scorseses Film freilich ist, wie die Kritik bemängelte, stets ein wenig vordergründig, auf den Effekt hin inszeniert, die Farbe, der Schnitt und die Perspektive erscheinen sensualistisch, überdreht, als müsse sich das Irreale der Geschichte in den Vordergrund schieben, als wäre gleichsam schon so etwas wie eine Selbstkarikatur im Schwange. Aber möglicherweise bekommt diese einfache Symbolik gerade durch die in der Anfangs- und Schlusssequenz definierte Perspektive ihren Sinn. CAPE FEAR ist, wenn wir das in der Zwischenzeit auch immer wieder vergessen, eine »Reminiszenz« eines Mädchens an der Schwelle zum Erwachsenwerden. Es ist das blutige Tagebuch der Ablösung von einer amerikanischen Familie – und wir ahnen, warum Steven Spielberg diesen Film gerne gemacht hätte, und warum er ihn nicht hat machen können. ❑

Die »Kathedrale«. Linke Spalte: MEAN STREETS, THE LAST WALTZ, RAGING BULL, CASINO; rechte Spalte: THE KING OF COMEDY, THE COLOR OF MONEY, NEW YORK STORIES: LIFE LESSONS, GANGS OF NEW YORK

Das Blut. Linke Spalte: THE BIG SHAVE (1, 2), AMAZING STORIES: MIRROR, MIRROR (3); rechte Spalte: TAXI DRIVER, ...

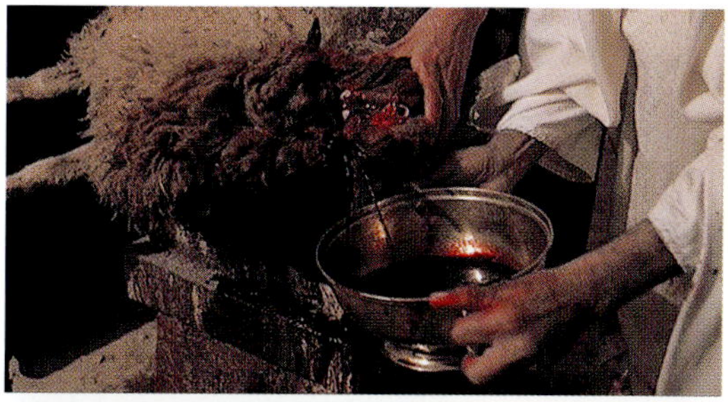

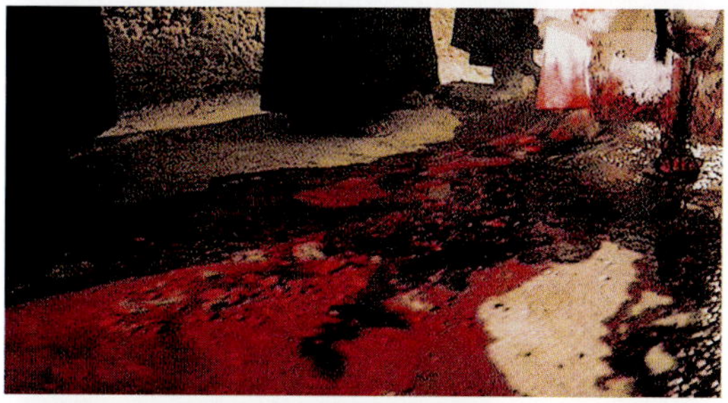

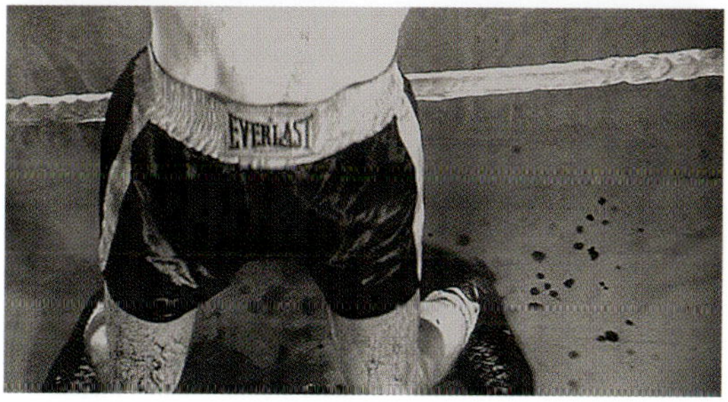

... RAGING BULL, THE LAST TEMPTATION OF CHRIST, ...

… CAPE FEAR, CASINO, …

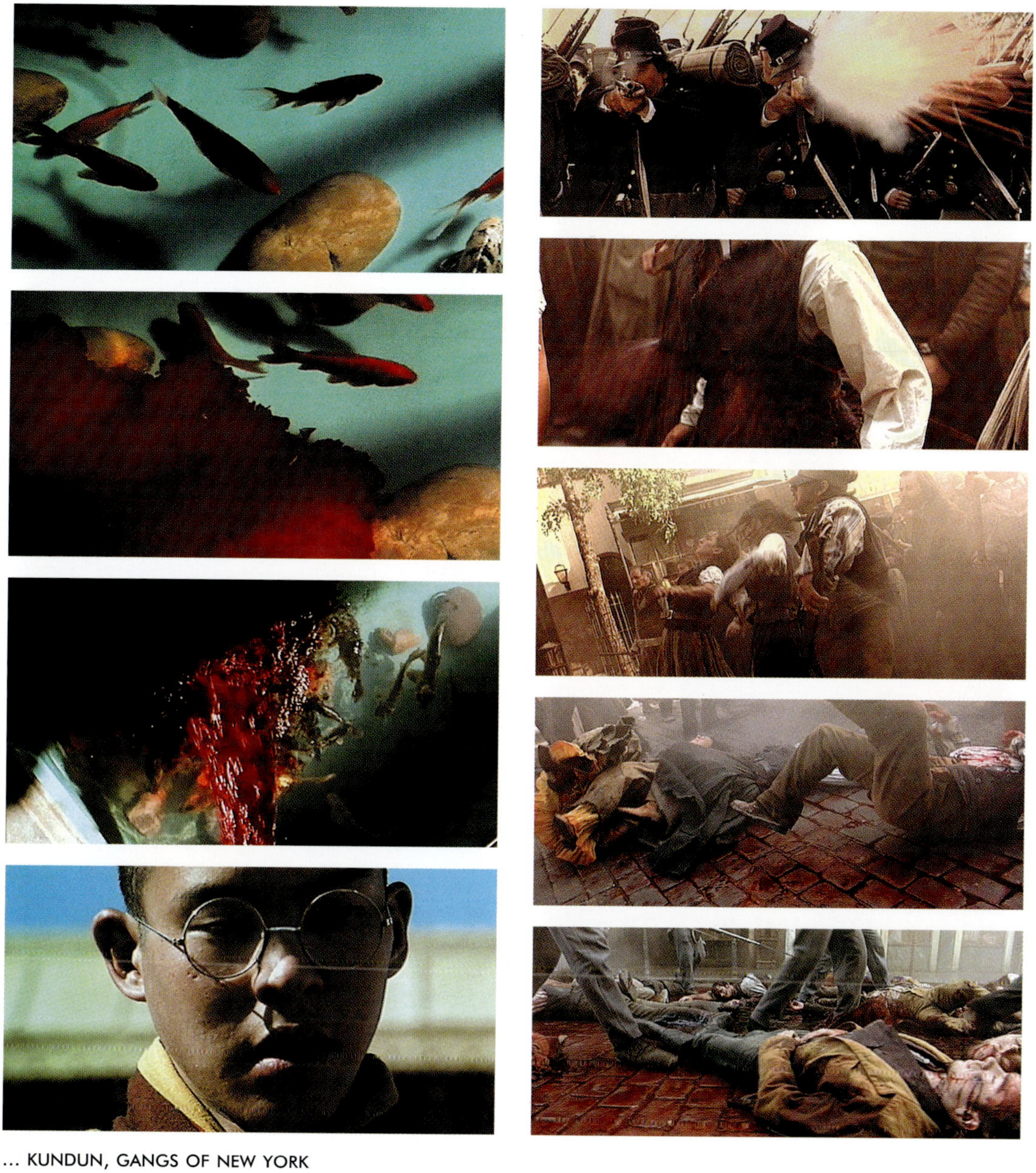

… KUNDUN, GANGS OF NEW YORK

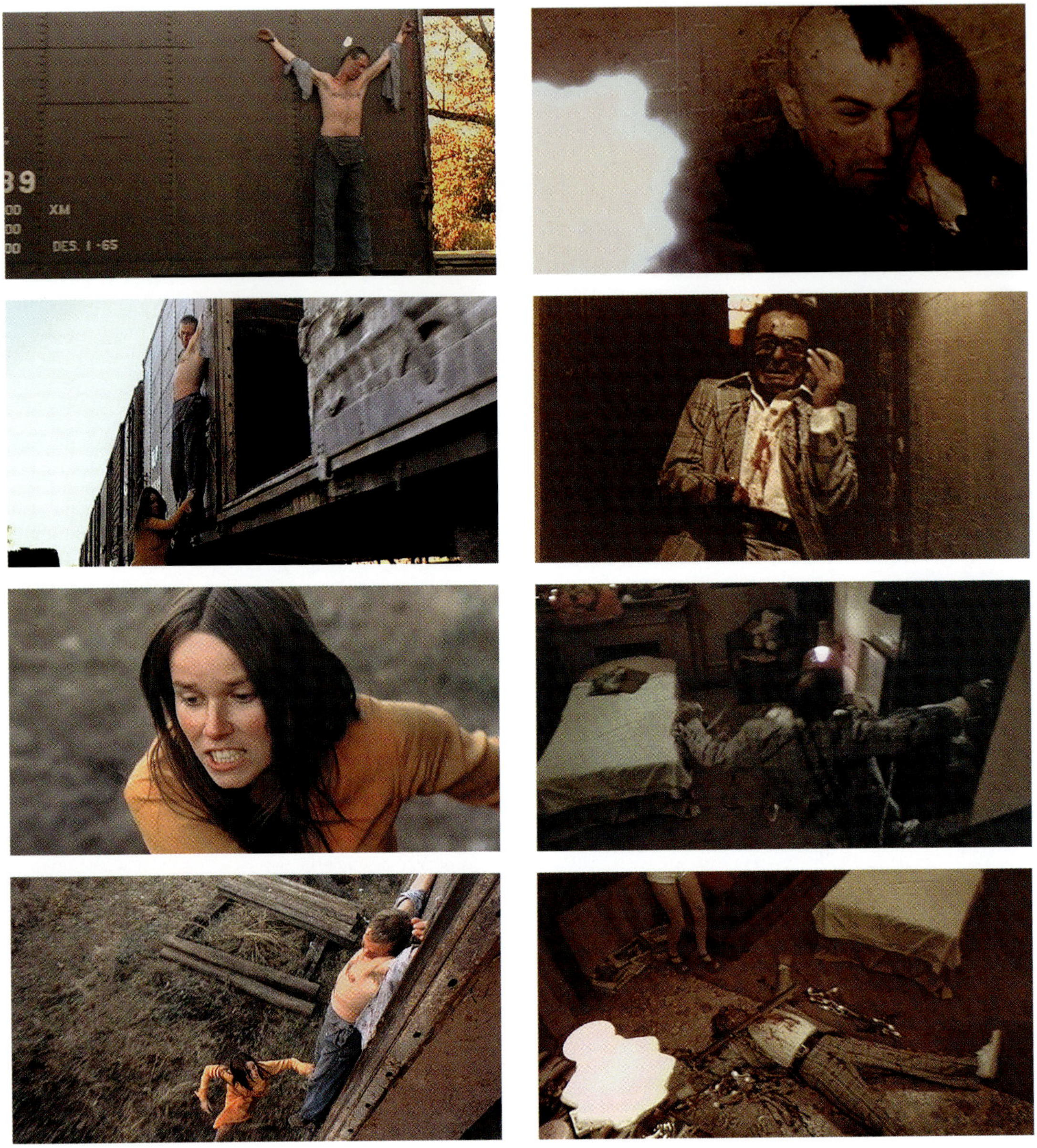

Die Kamera, die kalt und ohne Mitleid in die Welt blickt: BOXCAR BERTHA, TAXI DRIVER, ...

... THE LAST TEMPTATION OF CHRIST, GOODFELLAS, ...

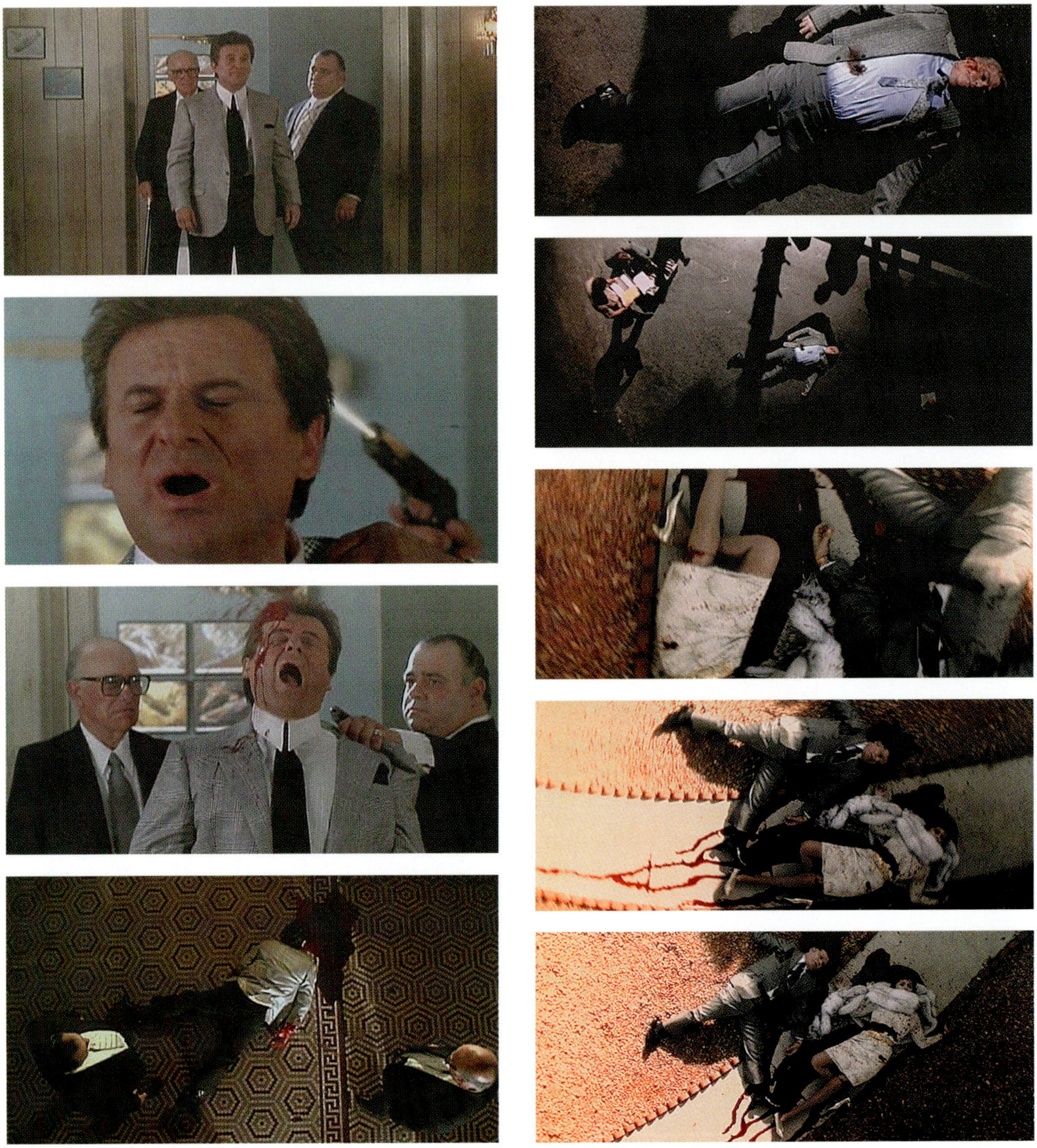

... GOODFELLAS, CASINO, ...

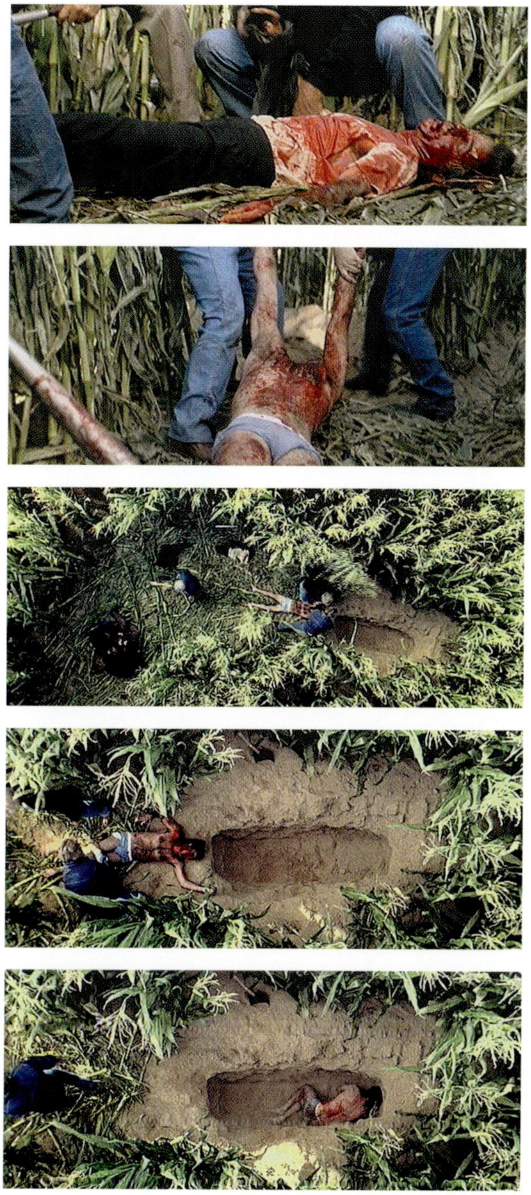

… CASINO, BRINGING OUT THE DEAD, …

… GANGS OF NEW YORK

Die verletzte Hand. Linke Spalte: WHO'S THAT KNOCKING AT MY DOOR? (1), BOXCAR BERTHA (2), MEAN STREETS (3, 4); rechte Spalte: BAD (1), TAXI DRIVER (2-4), ...

... linke Spalte: RAGING BULL (1), THE LAST TEMPTATION OF CHRIST (2, 3), CASINO (4);
rechte Spalte: RAGING BULL (1), THE KING OF COMEDY (2), GOODFELLAS (3), GANGS OF NEW YORK (4)

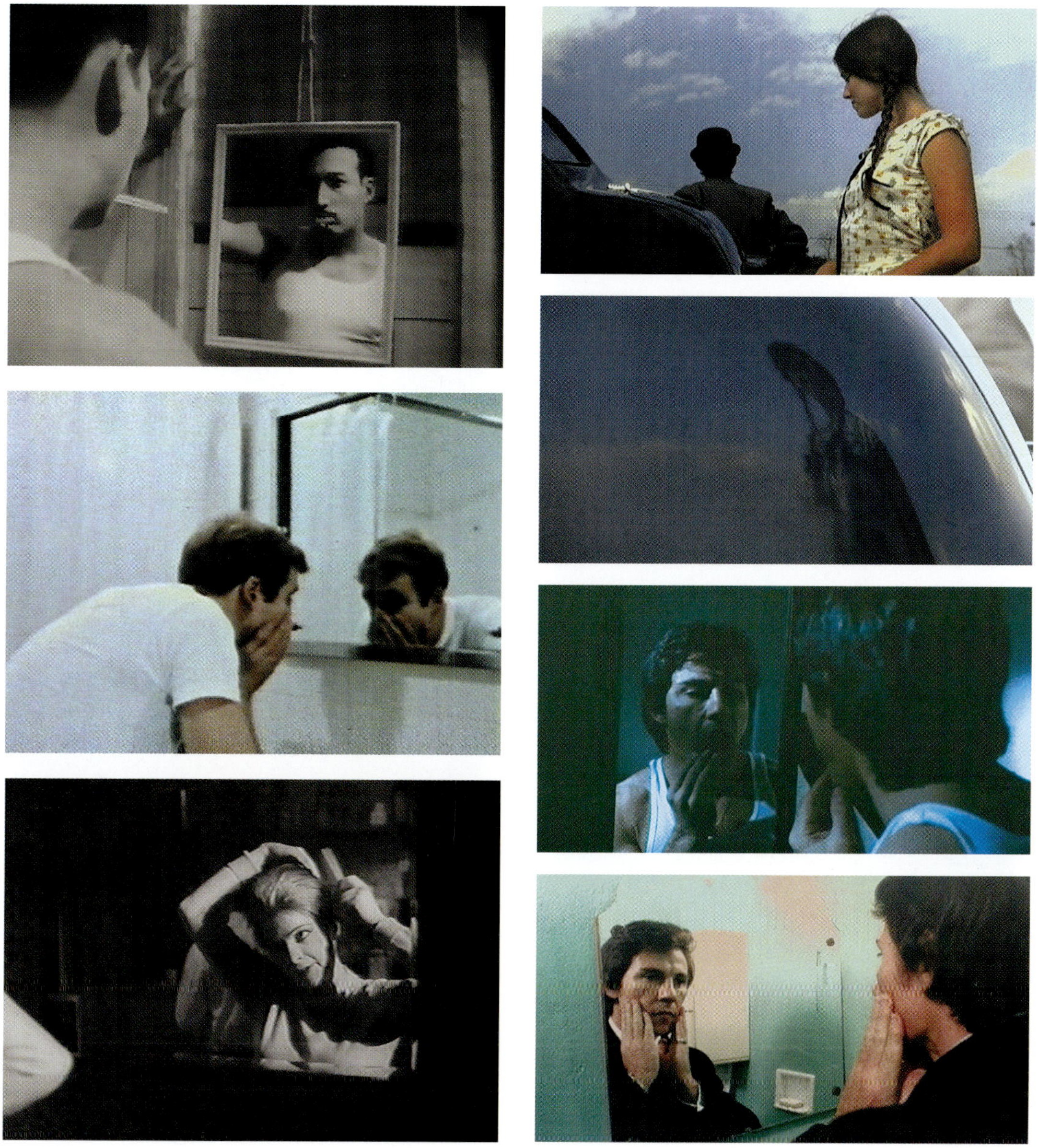

Der Blick in den Spiegel. Linke Spalte: IT'S NOT JUST YOU, MURRAY!, THE BIG SHAVE, WHO'S THAT KNOCKING AT MY DOOR?; rechte Spalte: BOXCAR BERTHA (1, 2), MEAN STREETS (3, 4), ...

... linke Spalte: TAXI DRIVER; rechte Spalte: NEW YORK, NEW YORK (1), RAGING BULL (2-4), ...

... linke Spalte: AMAZING STORIES: MIRROR, MIRROR (1), AFTER HOURS (2), THE COLOR OF MONEY (3, 4);
rechte Spalte: AMAZING STORIES: MIRROR, MIRROR (1), NEW YORK STORIES: LIFE LESSONS (2), CAPE FEAR (3, 4), ...

... linke Spalte: CASINO (1-3), GANGS OF NEW YORK (4, 5); rechte Spalte: GANGS OF NEW YORK

The Age of Innocence (1993)

Auf den ersten Blick bildet dieser Film einen Fremdkörper im Werk von Martin Scorsese, die Verfilmung eines ironisch gebrochenen Romans von Edith Wharton, die dafür 1921 (als erste Frau) mit dem Pulitzerpreis ausgezeichnet wurde, ein Film, in dem es für einmal mehr um den Respekt vor dem Text, der Erzählung, der historischen Recherche geht (jedenfalls, was die Authentizität der Kleidung und Architekturen anbelangt), ein Stoff, der allem Anschein nach eher nach Opulenz als nach Rauheit verlangt. Das Autobiografische und das Authentische, das man vordem an Scorseses Filmen so sehr schätzte, scheint hier radikal ausgeblendet. Scorsese tritt aus dem inneren Raum seiner barbarisch katholischen Gesellschaft und sucht nach den Wurzeln und den Bedingungen jener anderen amerikanischen Gesellschaft, zu der Little Italy auf den ersten Blick kaum eine Beziehung zu haben scheint. Daher ist es, als müsste in dieser auch ökonomisch vergleichsweise »großen« Produktion das Formale besonders hervortreten, als hätte sich Scorseses Stil von seinem Inhalt getrennt und als sei die mythische Grundkonstruktion seiner Erzählung nun in einem eher abstrakten, zumindest historisch-literarischen Rahmen verwirklicht. Tatsächlich eignet sich der Film hervorragend dazu, einige der Scorsese-Techniken des Filmemachens zu studieren, ohne den Widerstand der eigenen emotionalen Forderung überwinden zu müssen, und auch ich will der Versuchung, diesen Film so zu verstehen, nicht vollkommen widerstehen.

Aber der Film ist auch noch etwas ganz anderes, eine Grundlagenforschung über das Werden der amerikanischen Gesellschaft, nicht bloß der nach dessen eigenen Worten »grausamste Film« Scorseses, sondern auch ein aller Star- und Ambiente-Camouflage zum Trotz genauer Film über ein System sozialer Kontrolle, das sich eher noch perfektioniert hat.

Einmal mehr ist es ein Film, der Filmgeschichte selbst reflektiert – und wie in seiner zweiten und dritten Dekade üblich, geht Scorsese auch beim Entwurf dieses Films so vor, dass er alle die Filme, die vordem in der Art und Motivik gedreht wurden, ebenso wie die literarischen Ursprünge »befragt«. So ist THE AGE OF INNOCENCE eben auch ein Kommentar zu William Wyler und Luchino Visconti, zum Beispiel. Und Scorsese achtet darauf, dass sein Film wirklich am Ende dieser Entwicklung steht – er ist insofern dann doch im Wesentlichen eher ein moderner denn ein postmoderner Autor. Doch anders als sein Antipode Stanley Kubrick, der in seinen Genre-Werken stets aus dem Text seiner Vorläufer heraustreten will, bleibt Scorsese ihnen treu (als Künstler ist er das genaue Gegenteil eines Verräters: ein bedingungsloser Loyalist der Kulturgeschichte). Er will, was das Sujet eines Filmes anbelangt, sei es ihm nah oder fern, immer zu seinem Kern vordringen, und jeder Film ist für ihn auch eine Gelegenheit des Lernens, des Lernens über das Kino und über das Filmemachen.

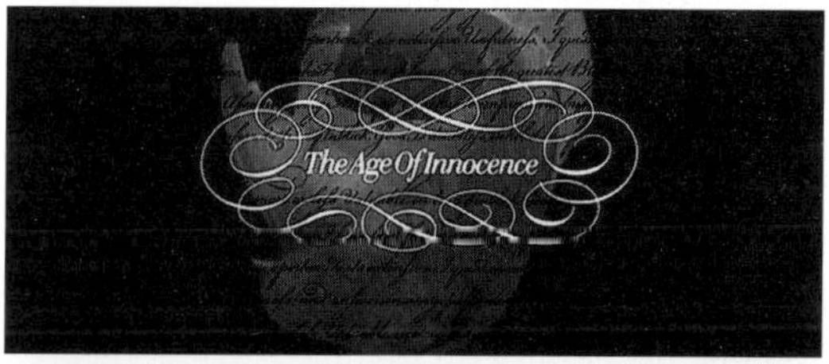

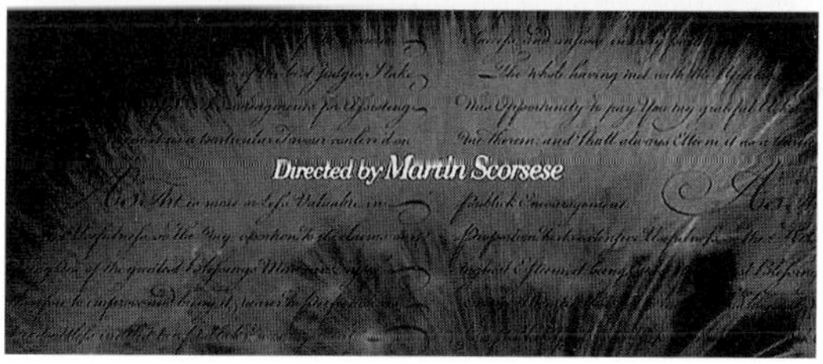

Newland Archer (Daniel Day-Lewis) und seine Verlobte May Welland (Winona Ryder)

Von David Lean, den er stets sehr bewundert hat (Scorsese hat sich zusammen mit Steven Spielberg für die Restauration von LAWRENCE OF ARABIA [Lawrence von Arabien; 1962] eingesetzt), hat er gelernt, dass die Breitwand »die Einsamkeit des Menschen betont«. Doch THE AGE OF INNOCENCE betont, dem Stoff angemessen, diese Einsamkeit nicht in der Weite, sondern, wie dann auch CASINO, vor allem in der Überfülle: Einsamkeit und Bedrängung sind auf diese Weise zugleich im Filmbild gegenwärtig.

Joanne Woodward spricht im Original den Off-Kommentar, der das Geschehen aus den 70er Jahren des 19. Jahrhunderts begleitet. Wir sind in der vornehmen Gesellschaft von New York; hier ist die Sitte die Gewalt, die unbarmherzig über das bestimmt, was »man« tun darf und was nicht. Es ist eine Kultur, die sich in einer selbstgeschaffenen Öffentlichkeit der Ballsäle, der Diners, der Auf- und Abtritte in den vornehmen Büros, bei Empfängen in reichen Villen vollzieht, was eine Klasse zugleich mächtig und fremd im eigenen Land macht, eine Herrschaft zugleich prekär und vollendet. Es ist, als würde dieses Bürgertum des 19. Jahrhunderts in Amerika das europäische 18. Jahrhundert nachholen wollen, mit all seinen Möglichkeiten und all seinen Widersprüchen, aber gefiltert durch den Puritanismus der Pioniere und durch die Vernunft des Kapitals.

Edith Wharton, die von 1862 bis 1937 lebte, war, wie man so sagt, eine exzentrische, glamouröse Schriftstellerin, die neben ihren Romanen Kriegsberichte, Reisenotizen, aber auch Bücher über Gärten und Inneneinrichtungen veröffentlichte. Sie lebte mehr in Europa als in den USA, und zu ihren Freunden gehörten Schriftsteller wie

Henry James und F. Scott Fitzgerald, aber auch Theodore Roosevelt. Sie kannte die Klasse, von der sie schrieb, sie liebte und sie hasste sie. 1920 erschien der Roman *The Age of Innocence* (1929 gab es bereits eine Theaterversion, die am Broadway höchst erfolgreich aufgeführt wurde), der ihre Jugenderfahrungen in der puritanischen New Yorker Oberschicht spiegelt. Es ist gerade diese Nähe, die Scorsese fasziniert. Anders als Wyler in THE HEIRESS (Die Erbin; 1949) oder Visconti in SENSO (Sehnsucht; 1954) oder IL GATTOPARDO (Der Leopard; 1963) geht es ihm nicht um das große Epos, um eine Darstellung von »Zeit« im Kontext von Luxus und Schönheit, die das Vergehen besonders schmerzhaft (und »schön«) erscheinen lässt. Er betont durch seine Adaption jene andere Schriftstellerin, die ihr eigenes Leben und ihre Umwelt wie eine Insektenforscherin beobachtete. Die Rauheit und die Fremdheit, die Scorsese benötigt, liegen schon in der Vorlage selbst. Schicksal und Drama spielen nur am Rande eine Rolle, auch jenes Zeit-Bild, das über das Aktionsbild hinausreicht, das Wesen und Untergang einer Klasse als metaphorischen Teil eines »ewigen« Geschehens sieht, interessiert Scorsese kaum. Er möchte erzählen wie ein Zeitgenosse, die Upper Class des 19. Jahrhunderts so nah und genau sehen, wie er seine Menschen in Little Italy ansieht, und genauso wenig eindeutig. Nicht in einem distanzierten, sondern in einem sich distanzierenden Blick. So entsteht auch in Scorseses Beobachtung ein erster Eindruck von Kühle und Distanz, als wäre man an den äußeren Formen mehr interessiert als an den Menschen, die in ihren sozialen Masken zu leiden haben. Als wären auch diese Menschen viel eher durch ihre Handlungen und ihre Objekte zu charakterisieren als durch ein »Wesen« oder eine »Einstellung«. Scorsese nimmt in THE AGE OF INNOCENCE den Detailrealismus auf besonders hartnäckige Weise auf, er beobachtet genau, wie sich ein Vorhang öffnet, wie ein paar Handschuhe auf einem Silbertablett abgelegt werden, wie ein Mensch (wie die Tante der Heldin) in seiner Wohnungseinrichtung sich förmlich aufzulösen scheint. Die Zusammenstellung eines Menüs scheint bedeutender als ein Liebesroman, das Arrangement der Blumen signifikanter als das der sozialen Beziehungen. Aber je weiter der Film fortschreitet, desto mehr sehen wir, wie sich Signifikat und Signifikant vertauschen. Wir sehen, wie ein semiotisches Gefängnis funktioniert.

A Night at the Opera

Die Handlung setzt mit einem Besuch in der Oper ein – es wird *Faust* gegeben –, wo alle Blicke sich weniger auf die Bühne als auf Ellen Olenska (Michelle Pfeiffer) richten, eine Amerikanerin, die soeben ihren polnischen Ehemann verlassen hat, oder, genauer gesagt, vor ihm geflohen ist (und wir dürfen sicher sein: wenn dieser Graf Olenski im Film zu sehen wäre, niemand anderes als Harvey Keitel hätte ihn spielen können) und über die sich die »feine Gesellschaft« von New York in lustvoller Empörung ergeht. »Die Exposition einer ganzen Gesellschaft an einem Ort«, nennt Scorsese selbst diese Sequenz. Sie ist nicht zuletzt eine Frage der Zeit; ganz anders als seine Vorgänger versucht Scorsese nicht, diese bürgerliche Vergangenheit in die Form einer wohligen oder morbiden *Langsamkeit* zu bringen: »Michael Ballhaus, der Kameramann, wollte da eigentlich zuerst den üblichen Schwenk über die Logen ausprobieren«, erzählt Thelma Schoonmaker. »Aber Marty kann es in einem Film nie schnell genug vorangehen, daher bevorzugte er in diesem Fall kurze Reißschwenks. In diesem Fall schien nicht einmal das schnell genug, und wir haben selbst in den Reißschwenks einige Einzelkader herausgeschnitten. Das Auge kann so etwas schon gar nicht mehr wahrnehmen, aber insgesamt wirkt es energetischer. Ballhaus ging dann sogar noch weiter. Er ließ die Kamera während einiger Schwenks auf schnelle Einzelbildschaltung gehen: Das schien uns wiederum zu schnell, daher haben wir jeden Einzelkader verdoppelt. Wir haben sogar versucht, Kader zwischen anderen Kadern sich auflösen zu lassen.«

So viel *trial and error* also in diesen Szenen stecken mag, eines ist offenkundig: Die Zeit ist das Problem dieser Einstellungen und möglicherweise des ganzen Filmes. Sie ist retardiert und beschleunigt zugleich; sie ist in einem Zustand der Auflösung und der Rekonstruktion.

Eine Welt der Symbole und Maskierungen

Sehen wir uns die Eröffnungssequenz noch einmal genauer an: Saul und Elaine Bass haben auch hier den Titelvorspann gestaltet. Das Erste, was wir sehen, ist ein handgeschriebener Text, der unter den Namen der Darsteller die Farbe wechselt: Daniel Day-Lewis ist zur blauen Farbe geordnet; während der Name Michelle Pfeiffer erscheint, changiert das Blau zu Rot; Winona Ryder ist schließlich vollständig vom roten Text beschrieben. Im Grunde hat uns schon dieses kurze Stück des Vorspanns über die Problematik jener Dreiecksgeschichte aufgeklärt, die uns der Film erzählen will. Dann erscheint, während die Farbe der Schrift sich in Schwarz verwandelt und der Hintergrund ein tiefes Violett annimmt, als hätte sich hier die Vereinigung der beiden so widerspruchsvollen Farben der Liebe, die Kälte und Wärme, der Tag und die Nacht, vollzogen, eine sich öffnende Rose. Der Hintergrund verwandelt sich in ein Muster, der Stempel der sich weiter öffnenden Rose verwandelt sich in eine gelbe Blume, die sich ebenfalls entfaltet, und wiederum in ihr Inneres blicken lässt (ein bizarres Ineinander von männlichen und weiblichen Symbolen), wieder wird die Rose rot, dreht und öffnet sich; der Vorgang wiederholt sich, wird schneller und schneller, bis die Rosenblätter die Leinwand füllen und das Muster, vielleicht ein Vorhang, so scheint es, nun im Vordergrund zu sehen ist. Noch einmal öffnet sich ein gelber Blütenkranz, als der Name des Regisseurs auftaucht und zugleich auch noch einmal der handgeschriebene Text zu sehen ist. Weiß auf Gelb, für diesmal. Verblassend.

Der Blick auf die roten Rosen unter den Titeln geht über zu einem großen Strauß gelber Margeriten, darüber erscheint ein Schriftzug, der den Ort der Handlung angibt: *New York City, the 1870's*. Kein Datum, nur ein Jahrzehnt ist angesprochen. Die Hand einer Frau greift in den Strauß und nimmt eine Blume hoch. Die Kamera fährt zurück, und wir blicken auf ein singendes Paar in altertümlicher Kleidung: eine Opernbühne. Damit befinden wir uns in der Inszenierung von Gounods *Faust*, worin es ja ebenfalls um eine »Margarethe« geht, um eine Frau, die geopfert wird für den Teufelspakt eines Mannes. Man singt italienisch, was sich weder bei dem Stoff noch bei dem Ort von selbst versteht. Als die Kamera wieder näher an das Gesicht der Frau fährt, wird, unterstützt durch eine leichte Veränderung des Lichts, das schwere Make-up der Sängerin deutlich, eine Maske, die nicht mehr das Wesen eines Menschen unterstreicht, sondern ihn selbst fremd macht. Im Übrigen scheint die Sängerin entschieden älter als der Darsteller des Faust. Das Orchester setzt ein, und von links her schiebt sich das Revers eines Jacketts, ein weißes Hemd, eine gebundene Fliege ins Bild. (Wieder einmal, wie letztmals so deutlich noch bei NEW YORK, NEW YORK, wird ein Mann eingeführt, indem wir Details seiner Kleidung wahrnehmen.) Auffallendstes Merkmal ist eine weiße Gardenie im Knopfloch des Anzugs von Newland Archer, der damit beschäftigt ist, dem Geschehen zu folgen, und dabei das Libretto der Oper, jedenfalls in der Zusammenfassung eines Programms, studiert. Er senkt den Blick, kaum hat die Kamera, kaum haben wir ihn erblickt, nicht schnell genug, um den Eindruck zu vermeiden, den wir haben müssen: Der Kerl sieht gut aus, und er weiß, dass er gut aussieht. Die Kette der Blumen – ein »Verblassen« zugleich und die gleichsam auf den Kopf gestellte Abfolge der Liebe: Leidenschaft, Eifersucht, Unschuld – definiert das Geschehen so sehr wie diese Art der Anteilnahme: Archer sehnt sich nach dem Text, als wolle er sich gegen die Unklarheit des direkten Eindrucks der Kunst wappnen. Das Programm ist wichtiger als die Ausführung. Profaner gesagt: der »Text« einer Oper (zum Beispiel) ist etwas, hinter dem man sich recht gut verstecken kann. Vielleicht verbirgt Newland sich und seine Absichten auch förmlich darin. Es folgt eine lange Fahrt der Kamera, in der wir von der Bühne aus, ein wenig geblendet von den herzförmigen Lichtquellen, die auf die Bühne gerichtet sind, auf das Publikum sehen. Eine sicherlich ungewöhnliche Einstellung (vor allem, wenn wir uns daran erinnern, dass Scorsese in seinem Musikfilm THE LAST WALTZ die Reinheit der Musik dadurch betonte, dass er die Gegenwart des Publikums filmisch ignorierte); sie schon macht uns deutlich, dass hier das Verhältnis von Inszenierung und Wirklichkeit komplizierter ist als gewohnt. Die Funktionen von Theater und Wirklichkeit kehren sich um, ein »Spiegel« sieht zurück. Wogegen sich der Text zu richten vermag, zeigt diese Einstellung von der Bühne und dann die Einstellung von Archers Balkon herab: das Publikum, das sich inszeniert. Archer nimmt Platz in einem der Balkone, in dem bereits vier Männer sitzen. Diese Einstellung erscheint, auch wenn wir das allenfalls auf der zweiten oder dritten Wahrnehmungsebene mitbekommen, als ein grandioser Scherz, denn diese weiße Gardenie am Revers, die wir durch die Nahaufnahme an Newland Archer als etwas so Bedeutendes beobachtet haben, als Ende einer Kette von Blumen-Symbolen, tragen *alle* Männer in der Loge, in der vollkommen gleichen Form, am vollkommen gleichen Fleck. Später werden wir erkennen, dass sie von überhaupt allen Männern hier getragen wird, die auch ansonsten vollkommen konform gekleidet sind. Nur auf der Bühne hat die Blume den Besitzer gewechselt: Margarethe hat sie Faust gegeben.

Der Blick von diesem Balkon ist ein typischer Scorsese-Blick, eine doppelte, erhöhte Zeugenschaft, die gleichwohl eine absurde Distanz ausdrückt. Nun zeigt die Kamera in einer Serie von sanft ineinander geschnittenen Nahaufnahmen luxuriöse Einzelheiten der Inszenierung im Publikum: Ohrringe, Goldketten, Kolliers und Armbänder. Reichtum gewiss, aber einer ohne Selbstverständlichkeit. Der Mann neben Newland, Lawrence Lefferts (Richard E. Grant), führt das Opernglas an die Augen, um in das Publikum hinunterzusehen. Anders als zuvor, folgt nun eine rasche Serie von Eindrücken: wieder die Bühne, auf der Faust Margarethe seine Liebe erklärt, das Orchester, rasche Details der Musiker, schnelle Schwenks, Jump Cuts: das Publikum. Dann bleibt Lefferts' Blick auf einer Dame im Parkett hängen, die mit ihrem Opernglas einen bestimmten Ort fixiert, und Lefferts (und die Kamera) folgen ihrem Blick zu einem anderen Balkon, auf dem gerade eine Frau Platz nimmt: eine Dame, ganz in Blau gewandet.

Lefferts scheint höchst überrascht über das Erscheinen der Frau – »Ich fasse es nicht«, ist seine erste Reaktion, und er gibt das Opernglas an seinen Sitznachbarn weiter. Als dieser auf Geheiß des anderen in die angegebene Richtung blickt, nimmt Scorsese einen höchst überraschenden

Schnitt vor: Statt auf das Objekt seiner Neugier schneidet er auf den Darsteller des Faust – der allerdings mit seiner Hand in die Richtung deutet, in der wir den Balkon vermuten dürfen, den die Dame in Blau betreten hat: Von hoch oben fährt die Kamera auf das Haupt des Sängers herab, in jener Einstellungsbewegung, die wir von den Gekreuzigten und Auserwählten aus den Scorsese-Filmen ebenso kennen wie als Zeichen der Ausgeschlossenheit. Es ist der Darsteller des Faust, der also diese Erhöhung und Bestrafung, kurzum das Opfer erfahren muss (natürlich ohne es zu bemerken), und der nächste Schnitt folgt der Blickrichtung des Sängers und der Richtung seiner ausgestreckten Hand auf den Balkon mit den drei Frauen, deren roter Vorhang sehr deutlich selbst an eine Bühne erinnert. Es ist gerade diese Einstellung nach diesem Schnitt, die uns erklärt, was die Oper für dieses bestimmte Publikum ist. Eine Projektion des verlorenen Dramas. Eine »Auslagerung« viel eher als eine Anregung der Gefühle. Distanz.

Und zugleich hat uns diese Einführung wieder eine »Lesart« des Folgenden vorgeschlagen: Könnte man die Geschichte, die sich absehbarerweise aus der Stafette der Blicke, des Begehrens, der Verurteilung, der Distanzierung und des Opfers entwickeln wird, auch als eine neue Variation der Legende eines Teufelspaktes und des furchtbaren Opfers der Frau sehen? Der hinter den beiden Männern sitzende Newland Archer blickt kurz auf. Er horcht auf ihr Gespräch, dann erhebt er sich, um zu dem anderen Balkon zu gehen und die Angekommene zu begrüßen: Ellen Olenska (Michelle Pfeiffer), die Cousine seiner Verlobten May Welland (Winona Ryder).

In dieser Eröffnung hat Scorsese nicht nur Ambiente und Personen, nicht nur die Voraussetzungen der Intrige erklärt, sondern auch die Struktur der Blickwechsel, die Konstruktion von Kunst, Öffentlichkeit und Emotion. Und sehr deutlich gibt es auch hier eine der typischen Scorsese-Übermalungen eines anderen Films: SENSO von Luchino Visconti, der sehr ähnlich beginnt, mit einer Aufführung von Verdis *Il Trovatore*. Während indes Visconti mit seiner Einstellung auf die Bühne und ihren schweren Vorhang gleichsam einen Sog in das Kunstereignis selber erzeugt, der Blick des Zuschauers im Opernsaal mit dem des Publikums im Kino verschmilzt, zerschneidet Scorsese förmlich die Beziehung zwischen Bühne und Publikum. Seine Protagonisten sind blind gegenüber dem, was möglicherweise ein Spiegel ihrer eigenen Leidenschaften und ihrer eigenen Verdammnis sein könnte. Der Blick auf die Bühne zerfällt in hyperrealistische Details, auf Fetische wie den Schmuck, auf Gesten und Rituale. Neben den Blumen etwa sehen wir auf geradezu groteske Weise das überschminkte Gesicht der Sängerin: eine Maske, aber auch eine Übertretung der Grenzen des »Schicklichen« und des Konformen, eine Parodie der Blassheit. Und in diesem Blick ist unschwer zu erkennen, dass in dieser Welt der Maskierungen das Objekt (der Schmuck) und das Symbol (die Blume) mehr über den Menschen verrät als sein Gesicht. Eben dies wird das Thema der Erzählung. Nicht der Blick des Publikums auf die Bühne, sondern umgekehrt, eine Einstellung von der Bühne auf das Publikum (mit jenem irrealen Licht, das wir von Scorsese kennen, und das hier seine materielle Erklärung durch die Beleuchtung der Bühne selbst erhält) definiert die Blickrichtung: Die Inszenierung beobachtet die Inszenierung. Das Verhältnis von Theater und Wirklichkeit ist nicht einfach nur umgekehrt, vielmehr vertrauen wir von dieser Einstellung an überhaupt nicht mehr auf eine Rekonstruktion von Wirklichkeit.

Jeder der einzelnen Balkone wird nur zu deutlich als eigene kleine Bühne empfunden, die Newland Archer wie Ellen Olenska auf sehr ähnliche Weise betreten, nicht am Beginn des eigentlichen Spektakels, sondern mittendrin, und mit einer Geste der äußeren Verweigerung, gegen den Blick und zum Text. Und dabei verhalten sich die beiden einander zugewandten Bühnen als genaue Erklärungen der Protagonisten: Auf Newland Archers Bühne gibt es nur Männer, und selbst auf dieser Männerbühne scheint er noch verschwinden zu wollen, als gelte es, unsichtbar zu werden; Ellen Olenska dagegen, deren Kleid beinahe unanständig auffallend ist und dabei die Farbpalette von rot, gelb und weiß, dem Verblassen widersprechend, erweitert, tritt offenkundig auf, *um* die Blicke auf sich zu lenken. Auf ihrer Bühne gibt es nur Frauen, May und ihre Mutter. So sind in dieser theatrali-

Der Balkon ist die Bühne

schen Inszenierung ihres ersten Kontaktes nicht nur die Personen einander zugeordnet und die Farben, sondern auch die Geschlechter als kleine, geschlossene Gesellschaften. Zellen in einer Zellenwelt, die sich endlos teilen werden, Bild und Blick durch Ketten von Inszenierungen und Objekten voneinander getrennt.

Das Drama beginnt, indem Newland Archer seine Bühne verlässt. Unter den verstörten und lüsternen Blicken seiner Männergruppe dringt er in eine Frauenwelt ein, aber er weiß, ganz ähnlich den Scorsese-Helden aus den Little-Italy-Filmen, die Blicke dieser Gruppe nach wie vor auf sich. Die Ordnung dieser bürgerlichen Welt ist schon durch diesen Auftritt Archers empfindlich gestört.

Während in SENSO die Opernaufführung Anlass zu einem dramatischen Geschehen im Publikum ist (italienische Nationalisten werfen von den Balkonen Flugblätter in das hauptsächlich aus österreichischen Offizieren bestehende Publikum) und sich das Emotionale sogleich mit dem Politischen verknüpft (Alida Vali bekennt sich gegen ihren kollaborierenden Mann zum Widerstand), dient bei Scorsese der Opernsaal als Spiegelung eines vollständigen historischen Stillstandes. Anders als Visconti »glaubt« Scorsese nicht an die Oper. Jedenfalls nicht als Medium der *history* zur *story*. Und während Viscontis Film schließlich in den dramatischen Zerfall eines Menschen mündet, bleibt Scorsese dem Bild der Maske treu. Es ist ein Film, der mehr als vom Geschehen von der Verhinderung des Geschehens handelt.

Die Szene in der Oper ist zugleich Auftakt einer ganzen Serie von rituellen, immer wiederkehrenden Inszenierungen der Mahlzeiten, der Bälle, der Ausflüge, der Besuche. Jener *major chord*, von dem der Saxophonspieler in NEW YORK, NEW YORK sprach, die Verbindung von Liebe, Kunst und Gesellschaft, ist hier im Ganzen so vollendet wie für den einzelnen unerreichbar. Was freilich ausgegrenzt scheint (um in den Blicken und Objekten dann nur um so deutlicher zu werden), ist die Sexualität, und so vieles von dem, was sich in den Ritualen, auch was sich in den Strategien zu Begrenzung und Strafe ausdrückt, ist Ausdruck dieser unterdrückten Sexualität. Newland Archer sehnt sich hinter der Maske der ironischen Formalität ganz offenkundig nach der körperlichen Liebe; Ellen Olenska ist ein Versprechen. Und er sehnt sich, mehr noch, und da ist er ganz und gar Scorsese-Held, nach der Welt, nach dem Draußen, das sie für ihn verkörpern muss.

Zu dem Balkon von Ellen und May gelangen wir gleichsam in Newlands Körper; während die Kamera ihm durch die Gänge der Oper folgt, hat sie bei seinem Eintritt in die Loge ganz seine Position erreicht. Er blickt zunächst seiner Verlobten über die Schulter, vor ihr liegen ein Sträußchen Maiglöckchen und das Textheft. Strahlend dreht sie sich zu ihm um, dann wendet sich ihre Mutter (Geraldine Chaplin) an ihn und stellt ihm ihre Nichte vor, und als wir sie erblicken und sie ihm die Hand zum Kuss reicht, sehen wir im Hintergrund das Publikum, und im Gegenschnitt Newland Archer in der Tür mit den roten Vorhängen, erneut zum großen Auftritt tretend.

Mit einem kurzen Dialog schon beginnt nun das eigentliche Drama, eine Dreiecksgeschichte, die sich vor den Augen der Öffentlichkeit abspielen und verbergen muss. Newland setzt sich hinter May und meint scheinbar obenhin-beflissen: »Ich hoffe, du hast es Madame Olenska erzählt.« – »Was?« – »Dass wir verlobt sind.« (So als wollte er schon jetzt jeder Versuchung vorbeugen, wie er sich auch der ihm entgegengestreckten Hand nur in höchster Distanz nähert, ihre Geste beinahe ins Leere gehen lässt. Wieder ist hier Annäherung und Distanzierung, Furcht und Begehren, in einer Bewegung, einer Sequenz.)

Nun sehen wir weitere Blumen an May: eine rosa Rose an ihrem Dekolleté, eine andere in ihrem Haar. Sie macht ihn darauf aufmerksam, dass er Ellen von früher her kennt, er kann ihr selbst von der Verlobung erzählen. Und Ellen erinnert daran, dass sie beide zusammen gespielt haben, und – sie macht eine grandiose Bewegung über das Publikum – sie erinnere sich an die Zeit, »als wir alle Knickerbocker und Spielhöschen trugen.« Das ist, beim Anblick des Opernpublikums, nun in der Tat eine eigenartige Assoziation. Ein vielsagendes Räuspern des älteren Herrn am Balkon gegenüber begleitet Lefferts' nächsten Blick durch das Opernglas auf die Szene. »Sie waren sehr ungezogen«, sagt Ellen. »Sie haben mich einmal hinter einer Tür geküsst.«

Tatsächlich also geht die »Verführung« nicht nur von der puren Gegenwart, der offensichtlichen (auch erotischen) »Erfahrung« von Ellen aus, sondern auch von der Erinnerung an eine Vergangenheit, an eine andere »Zeit der Unschuld«. Die Spannung auf der Bühne steigt (und wieder sehen wir über die Schauspieler hinein in den Zuschauerraum); Entzweiung zeigt sich an, und hier erst setzt die Scorsesesche Off-Narration ein. »Jahr für Jahr wiederholte sich das Gleiche«, beginnt die Erzählerin, das Verschwinden eines Mannes kurz vor der »Juwelen-Arie« signalisiert, dass kurz darauf der Opernball im Hause der Beauforts stattfindet. Noch einmal zeigt sich da, wie sehr diese Klasse vor allem mit sich selbst beschäftigt ist. Diese Oper, bei all ihrer Prächtigkeit, erreicht weder die eine noch die andere Qualität der Visconti-Oper, sie kann weder revolutionär noch »erhaben« sein.

Ein wenig wiederholt Scorsese nun freilich auch hier den »Fehler« von NEW YORK, NEW YORK. Als müsse man der brillanten Exposition misstrauen, erscheint nun der Einstieg in die Erzählung in einer Form der Überdeutlichkeit; die Off-Erzählerin eröffnet weniger eine neue Reflexionsebene, als uns in ihrer leichten Ironie zu bestätigen, was wir eigentlich sehen können. Sie bestimmt freilich den inneren Abstand, den Newland Archer von dieser Gesellschaft hat, ohne sich äußerlich in irgendeiner Weise als dissident zu erkennen zu geben. Sie ist daher alles andere als überflüssig, sie ist, erneut, die Instanz, die den Helden, und unseren Blick durch ihn hindurch, demontiert. Auch diese Erzählerin scheint sich für die Objekte und die Rituale mehr zu interessieren als für Personen und Gefühle.

Die Geschlechter als geschlossene Gesellschaften

Die Gewalt der Sitte

Was »tatsächlich« geschieht, lässt sich in einem Satz sagen: Newland verliebt sich in Ellen, aber da einerseits die Hochzeit mit May schon »beschlossen« und arrangiert ist und weil andrerseits Ellen als Frau mit Scheidungsabsichten nicht wirklich »gesellschaftsfähig« ist, entscheidet sich der Anwalt für Anpassung, Karriere und die Vermeidung des Aufruhrs und heiratet May. Alle, auch May, müssen unter dieser Entscheidung leiden, ohne es sich anmerken zu lassen. Die Fragen, die der Film nun stellt, sind weniger die moralischen des Melodrams, als die danach, wer was von diesem unterdrückten Drama weiß, wie sich die Regeln dieser selbstunterdrückenden Klasse verbreiten und welche Instanzen dafür verwendet werden.

Wir sind so sehr in dieser Gesellschaft, dass auch wir die Personen nur indirekt »lesen« können: May Welland – tatsächlich könnte sie wie der Frühling im guten Land sein, eine nur auf den ersten Blick so unschuldige, bereitwillige Erfüllung der Regeln: kein Wunsch, der darüber hinaus ginge. Newland Archer: Wenn wir diesen Namen umdrehen, erhalten wir jemanden, der auf ein neues Land zielt, aber als »Archer«, als famose Bogenschützin erweist sich eher seine Verlobte, die das Ziel genau zu finden versteht – neben ihrer schönen und scheinbar so unschuldigen Eigenschaftslosigkeit scheint in der Szene des Bogenschießens ein einziges Mal auf, dass sie vielleicht doch ganz besonders sein könnte. (Nebenbei leistet Scorsese in dieser Szene noch eine freundliche Hommage an seine filmischen Idole Emeric Pressburger und Michael Powell, deren Produktionsfirma *The Archer* mit einem ikonografisch verwandten Vorspann warb.) Newland Archer wird hier und da als »Freigeist« bezeichnet; tatsächlich mag man ihm zutrauen, an manchen Stellen über die Begrenzungen dieser Welt hinauszusehen, aber wir sehen nur zu genau, wie rasch diese Freigeisterei an ihre Grenzen stößt, nicht nur in der alltäglichen Kommunikation. Archer ist andererseits doch auch ein Gentleman, wie ihn sich diese Kultur vorstellt, er ist begabt, diskret und loyal, er scheint die Regeln dieser Gesellschaft vollendet zu beherrschen. Ein »Schein-Heiliger« gleich in doppeltem Sinne. Aber ausgerechnet ihm geschieht der »Störfall« der Liebe, eine Strafe eher als ein Geschenk; am Tag der Verlobung mit der *guten Partie*, der zarten jungen May, die aus der richtigen und wichtigen Familie für eine geordnete Karriere stammt, verliebt er sich in deren Cousine, die »Frau mit Vergangenheit«, die in Europa nicht nur mit einem Grafen verheiratet war, sondern, wie man sich erzählt, gar ein Verhältnis mit seinem Sekretär hatte. Die Helena des Stücks, um die es den einen oder anderen Krieg geben wird. Die feine Gesellschaft von New York schmückt sich mit dieser exotischen Schönheit, man zeigt sie herum auf Soireen und bei Diners, aber das heißt noch lange nicht, dass man dulden würde, sie könnte (wieder) eine der ihren werden.

Ausgerechnet Newland Archer soll Ellen in der Scheidungsfrage beratschlagen. Archers plötzliche Liebe trifft auf Gegenliebe, tastend, erst vorsichtig, dann immer heftiger bewegen sich die beiden aufeinander zu, sie erfinden gleichsam eine Sprache der Liebe, höchst direkt und vollkommen maskiert (vermutlich hat selten ein so streng angezogenes Paar auf der Leinwand so viel Sex ausgedrückt wie Day-Lewis und Michelle Pfeiffer in THE AGE OF INNOCENCE), und beide kämpfen um ihr Schicksal mit den Normen einer Gesellschaft, die solches ganz gewiss nicht zulassen will. In den reichen Familien ist es bald herum, dass Newland und Ellen ein Verhältnis haben; die Fantasietätigkeit geht über die Wahrheit hinaus und verfehlt sie. Schließlich müssen sie einander verlassen. Die gesellschaftlichen Zwänge sind stärker als ihre Leidenschaft. Eine Geschichte, die so manisch in der großen Zeit des Bürgertums wieder und wieder erzählt wurde, bis sie nur noch als Kitsch-Reminiszenz in der Massenkultur übrig blieb. Martin Scorsese erzählt sie noch einmal und lässt sie zugleich in ihre Einzelteile zerfallen, in Scherben, die einander widerspiegeln.

Schon die Szene in der Oper ist ein wahrer Paradigmenwechsel; es ist eine der Scorseseschen Spiegel-Szenen: Das Geschehen wird von der Bühne in die Wirklichkeit gespiegelt, und von da an bewegen sich Archer und Olenska gleichsam auf einer mobilen Bühne; während sie sich umkreisen, einander näher kommen, in die intimen Räume eindringen, werden sie auch von der Gesellschaft beobachtet und umkreist. Jeder Blick, jede Geste ist sehr genau berechnet und doch verräterisch.

Der Film beschreibt die Bewegungen von Menschen und, vor allem, die Beschränkungen dieser Bewegungen – vor allem die Art, wie man die Bewegung der Olenska stets dort zu begrenzen versucht, wenn sie sich als autonome, freie Person zu erkennen gibt, und sie dann zugleich ins Leere laufen lässt. Es ist auch der Versuch, mit dem Verstand seine Gefühle zu kontrollieren. Und es ist eine durchaus radikale Fassung der Scorsese-Frage und seiner beiden Helden: der eine Mensch, der hinaus will aus seinem Kreis und es nicht kann, und der andere, der hinein will und es ebensowenig kann.

Wie das Gangland etwa in MEAN STREETS, so ist diese gute Gesellschaft darauf ausgerichtet, keinen begabten Menschen zu verlieren; Newland, der »Hoffnungsträger« dieser Gesellschaft, wird nicht aus seiner Bestimmung entlassen, was ihn (auf einigen Umwegen) auch wieder mit dem Jesus des »Versuchungsfilms« verbindet. Er wird letztlich gezwungen, die ihm zugedachte Rolle zu übernehmen – und erst ganz am Ende, viele Jahre später, erfährt er, dass seine junge Frau nicht etwa zu naiv war, dieses Spiel zu durchschauen, sondern im Gegenteil von seiner Liebe zu Ellen sehr genau gewusst hat –, sein Sohn erzählt dem nun ergrauten Newland, dass ihm seine Mutter kurz vor ihrem Tod dieses Geheimnis verraten habe. Das macht dieses Ende eher zwiespältig: Ist es eine »Erlösung« von einer nie eingestandenen Schuld? Oder ist es, andersherum, die endgültige Verdammnis für den Mann, der es nicht geschafft hat, diese geschlossene Kultur zu verlassen? Ein Mann, der wieder einmal, wie alle Scorsese-Helden, die Frau in allen ihren Erscheinungsformen verraten und verfehlen muss. Jedenfalls hat Archer gleichsam in der letzten Minute des Films erst die Wahrheit über sich selbst erfahren, und umgekehrt verdammt uns Zuschauer diese letzte Minute, den Film gleichsam noch einmal, unter anderen Voraussetzungen zu sehen.

Die Opulenz der Bilder von Michael Ballhaus, die breiten, doch nicht geschlossenen Tableaus, die immer mit ihrem Reichtum auch Enge vermitteln, die sinnreich gedeckten Tafeln, die Kleidung (die Kostüme von Gabriella Pescucci wurden mit einem Oscar ausgezeichnet) – alles scheint dazu ausgerichtet, die Menschen an ihren Plätzen festzuhalten, ihnen die Plätze zuzuweisen, die Kommunikation zu regeln: eine kulturelle Sprache als Dispositiv der Macht. Von Anfang an, in den Einstellungen in der Oper, ist die Kamera viel zu unruhig, viel zu sehr beinahe buchstäblich hin- und hergerissen, um den Eindruck einer »epischen«

Ruhe in dieser Kultur zu vermitteln. Wenn Luchino Visconti die Schönheit des Untergangs beschwor, gleichsam in einer Begegnung des Augenblicks mit der Ewigkeit, im Auseinanderfallen der Zeit der Aktion und der Zeit der Kunst, so protestiert Scorsese viel eher gegen die Verschwendung, gegen die Profanität dieser Gesellschaft, der die eigene Kultur immer fremd bleiben muss.

THE AGE OF INNOCENCE ist ein Film des Fließens; selten gibt es bei Scorsese so viele Überblendungen, so viele kreisende, ineinander übergehende Einstellungen (aber zugleich: selten wird der Kreis so schmerzhaft unterbrochen). Der Film begegnet einer Gesellschaft, die sich die Form zum Inhalt gemacht hat, eine grandiose, aber eben keineswegs hermetisch geschlossene Form. Es gibt wohl, aller Opulenz auf den ersten Blick zum Trotz, keinen Scorsese-Film, in dem es so viele gezielte Brüche, so viele Regelverstöße der Kinematografie gibt. Wenn man also genauer hinsieht (und im Scorsese-Kosmos kein Fremder mehr ist), kann man schon vor der Schlusssequenz etwas Furchtbares ahnen: dass die Macht, die die »gute Gesellschaft« über den Einzelnen ausübt, nur einerseits real ist. Sie ist andererseits auch eine perfekte »Ausrede«, eine Metapher der Feigheit. Indem er den »rastlosen Blick« seiner Straßenfilme auf das ansonsten immer leicht behäbige, trancehafte Genre des Kostümfilms überträgt, macht er nicht nur die Kamera zum Werkzeug des Widerspruchs, sondern er verbindet auch das eine mit dem anderen Milieu, so als könnten wir ahnen, dass eines nur die Rückseite des anderen ist, zwei Formen, die (amerikanische) Gesellschaft zu schreiben, zwei Formen des verräterischen Individuums, sich in sie einzuschreiben.

Das Ende der Beziehung zwischen Ellen und Newland wird vorweggenommen von einer Abschiedsszene auf der Bühne, deren inverses Wesen wir schon in der Eingangssequenz sehr genau kennengelernt haben. Nun aber gibt es signifikante Unterschiede. Während wir Ellen wieder in einer Nahaufnahme auf einem der Balkone sehen, sitzt Newland nun im Parkett und scheint gebannt von der Szene, in der sich die beiden Liebenden auf der Bühne trennen müssen. Wieder wird *Faust* gespielt, was auf eine rituelle Wiederkehr der glei-

Sprache der Liebe: Ellen Olenska (Michelle Pfeiffer) und Newland Archer

chen Inszenierungen in dieser New Yorker Bürgergesellschaft ebenso verweisen mag wie auf eine Aufhebung der Zeit. Gewiss hat Newland sich einerseits erneut von der Wirklichkeit abgewandt, mehr noch als in seiner kleinen Männergruppe auf dem Balkon in der Eingangssequenz trachtet er danach zu verschwinden. Er ist dem Ideal seiner Gesellschaft, dem Zuschauen-ohne-Aufzufallen, bedeutend näher gekommen. Aber zugleich ist etwas anderes mit ihm geschehen, er hat die Augen vom Text auf das Bild gerichtet. Während er den Blick von seiner eigenen Wirklichkeit abgewendet hat, »glaubt« er nun an die Wirklichkeit der Oper, die zum Grab und zum Denkmal seiner versteinerten Emotionen geworden ist.

Newland kommt in dieser Szene zu Ellen erst, als der Akt vorüber ist. Während er in der Eingangssequenz bewusst die Ordnung der Inszenierung brach, hat er sich nun ihrem Rhythmus unterworfen. Und es ist dieser Augenblick, in dem Scorsese einmal mehr den Pakt mit der »Realzeit« der Erzählung bricht. Alle Geräusche verstummen, das Licht wechselt zu einer vollkommen irrealen inneren Leuchtkraft, und die beiden sind durch eine Kreisblende isoliert. Das ist das einzige, erträumte Glück, das ihnen möglich ist, einen Augenblick »entrückt« – im eigenen Kreis sein – jenseits des großen Kreises, den der eine nicht verlassen, die andere nicht wahrhaft betreten kann.

Ein semiotisches Gefängnis

Filme dieses Genres existieren in der Regel, um uns in den Genuss einer narrativen filmischen Langsamkeit zu setzen. Das Auge, das sich in der ausgewiesenen »Vergangenheit« beruhigter fühlen darf, kann schwelgen, während das Problem, um das es gehen mag, zerfällt in den Aspekt des Ewigen (die Liebe, der Tod, der Verrat) und in den Aspekt des Gelösten (die Moral, die Kommunikation). Aber gerade hier setzt Scorsese mit den Manipulationen der Geschwindigkeit ein (und schafft dabei etwas um so vieles anderes als etwa die Historien- und Seelengemälde eines James Ivory). Es gibt Szenen äußerster Verlangsamung, etwa, wenn die Herren ihre Zylinderhüte gegen den Wind festhalten: die Einstellung wurde schon mit 36 Kadern pro Sekunde gedreht, beim Schneiden aber entschied sich Scorsese für eine weitere Verlangsamung, so dass jeder Kader verdoppelt wurde und damit 72 Kader pro Sekunde zu sehen sind. Aber häufiger noch herrscht auch in diesem Film das Prinzip der Beschleunigung, das durch einen schnellen Schnitt miterzeugt wird; Scorsese setzt damit indes, anders als im klassischen Hollywoodkino, nicht so sehr seine Protagonisten unter Druck (die im Gegenteil eher von einer gewissen Lähmung befallen zu sein scheinen, sich gleichsam langsamer bewegen als ihre eigene Geschichte), sondern die Zuschauer. Auch wenn wir, um dem Geschehen zu folgen, gar nicht Gelegenheit haben, darüber nachzudenken, ist in diesem Film doch fast nie die Vorstellung einer Realzeit am Werk. Statt »Zeit« erleben wir Zustände wie Verlangsamung, Stillstand, Beschleunigung, und statt »Raum« erleben wir Zustände wie Verengung und Erweiterung.

Weniger als einer Dramaturgie folgt das Geschehen dabei einer Verkettung verschiedener ästhetischer Elemente:

– Die Kette der Blumen. Sie wird bereits im Vorspann eröffnet, führt uns von einem »Außerhalb« des Films über die Opernbühne zu einem Zuschauer, und von diesem auf die Gesellschaft der Zuschauer.

– Die Kette der Blicke. Sie führt uns immer wieder von der Inszenierung zur Kontrolle und beginnt doch sehr früh, die eindeutige Beziehung von beidem zu unterbrechen. Welches von beidem dem jeweils anderen »dient«, ist bald nicht mehr klar. Und dies, verbunden mit der »nervösen« Kamera und dem unbehaglichen Schnitt, macht uns deutlich, dass das, was THE AGE OF INNOCENCE zeigt, keineswegs »Vergangenheit« ist. Jeder Blick rückt die »Zeit der Unschuld« weiter fort.

– Die Kette der Objekte. Ein gedeckter Tisch ist eine Ordnung, eine Grammatik. Kein Gegenstand, und schon gar nicht ein goldener Zigarrenschneider, kann verbergen, wie er zugleich Ausdruck der Form gewordenen Ordnung und der unterdrückten Affekte ist. Im Haus der alternden Frau, die sich als »Gesellschaftslöwin« gerieren mag, finden sich in endlosen Wucherungen und Spiegelungen nur Bilder von Hunden, und kleine Hunde sind auch zu den Gefährten ihrer Einsamkeit geworden.

– Die Kette der Begriffe. Auch die Sprache ist in der Welt von THE AGE OF INNOCENCE Verrat und Maske zugleich. Michael Ballhaus warnte im Übrigen davor, den Film in der deutschen Synchronisation anzusehen: »›Hey, Archer, rusticating?‹ etwa wurde übersetzt mit ›Na, genießen Sie das Landleben?‹ – Das ist zwar nicht direkt falsch, gemeint ist aber doch etwas anderes, die Frage wird Archer so hingeworfen, lakonisch, sarkastisch.« Nicht ohne boshafte Aggression, möchte man hinzufügen. Die Grenzen der Sprache markieren hier besonders rigide die Grenzen der Welt, und wer im Begriffe steht, sie zu überschreiten, dem werden Worte wie Steine nachgeschleudert.

– Die Kette der Bilder. Im Haus von Ellen Olenska befinden sich impressionistische Gemälde, die für sich schon ein Schlag gegen die starre Ästhetik der Upper Class New Yorks wären. Aber diese Bilder sind nicht nur Medium der Differenz. Sie scheinen sich in den kräftigen Farben, den Auflösungen, den Bewegungen über den Film zu verbreiten, immer wieder als Zitate und Variationen aufzuscheinen, so als protestierte etwas in der Wahrnehmung im Namen des Augenblicks gegen die starren Ordnungen. (Und ganz nebenbei sehen wir darin auch das Scheitern der Protagonisten unabhängig von dem, was wir eine Veränderung der Welt nennen könnten. Die Transformation der bürgerlichen Klasse, der sich ihre Regeln und Sitten noch so vehement widersetzen, ist technisch und ästhetisch schon in vollem Gange.)
– Die Kette der Farben. Der Raum, in dem sich der erste Akt des Geschehens abspielt, ist ganz dem Rot gewidmet (man könnte sagen: wir blicken in das Innere einer Rose, in der sich seltsame Insekten um den Blütenstaub versammelt haben); rot sind die Vorhänge, die Deckenbehänge, die Treppenbeläge, das Polster, die Livreen der Diener. Während die Männer uniform in einem Schwarzweiß bis hin zur »farblosen« weißen Blume gewandet sind, tragen die Frauen Kleider in Farben, die alle erdenklichen Stadien des Verblassens repräsentieren, das schockierende Blau, das Ellen auszeichnet, wird in zaghafter Form in dem weiß und blassblau abgesetzten Kleid der Sängerin und dann schon ein bisschen heftiger in der Kleidung der Frau vorweggenommen, die sie durch das Opernglas beobachtet. Weiß ist die Farbe von May, blau die von Ellen, aber auch: Das Durchsichtige und Flüchtige gehört zu May, das Geschlossene und Konturierte zu Ellen (und bei beidem scheint, in der ersten Szene, die Mutter so zwischendrin, als hätte sie beide Möglichkeiten gehabt, als wären die beiden schönen Frauen ihre »Spaltprodukte«.)

Der Film bewegt sich in diesen Ketten in den Formen der Offenbarungen einerseits (die Liebenden müssen ihre Gefühle bloßstellen, weil alles zugleich zur Bühne und zum Opferplatz wird) und der Isolation (Olenska wird stets dann ausgegrenzt, und das ganz direkt und bildlich, wenn sie mit ihrem Anspruch an Selbstbestimmung und Freiheit

Ein gedeckter Tisch als Gefängnis

zu weit geht), der Maskierung und des Verrats. Vielleicht ist es auch ein Duell – der Versuch der Begegnung – zwischen der männlichen Vernunft und der weiblichen Empfindung der Welt –, und es ist das Duell zwischen einer Gesellschaft, die es nicht zulassen will, dass einer der ihren ihre Grenzen überschreitet, den Aufstieg um der Liebe willen verweigert – die sexuelle Ökonomie der Kultur bleibt unangetastet. Denn auch der Ausbruch seines weiblichen Widerparts ist nur ein scheinbarer: Ellen kommt aus der geschlossenen, engstirnigen

New Yorker Gesellschaft nur heraus, indem sie in das freie Europa, nach Paris flieht, aber zurück in den Bannkreis ihres Ehemannes gerät.

Schließlich ist es nicht zuletzt ein Film, der nach dem Europäischen in der amerikanischen Gesellschaft und nach den inneren Umständen des Widerspruchs zwischen den europäischen Ursprüngen und der amerikanischen Inszenierung fragt. »Die Europäer haben Amerika gegründet«, sagt Jean-Luc Godard in seiner *Einführung in eine wahre Geschichte des Kinos*, »nachdem sie die Amerikaner, nämlich die Indianer, ausgerottet haben. Also sind alle Amerikaner Europäer, aber Europäer von anderswoher. Ihre Kraft liegt darin, dass sie Europäer sind, die aber anderswo herkommen, das macht sie doppelt stark.«

Old New York hat die Form der Vorgängerklasse aus Europa streng übernommen, verweigert sich aber radikal deren Frivolität, deren Modernität, wenn man so will. Es ist eine Kultur, die das Europäische zugleich übernommen und abgelehnt hat, und auf eine bestimmte Weise ist diese Klasse ehrlicher. Daher ergreift Scorsese in gewisser Weise in seinem Film Partei für Amerika und gegen ein anmaßendes und verworfenes Europa. Die Helden in THE AGE OF INNOCENCE leiden unter einem europäischen Kulturanspruch, dem sie sich in einer Mischung aus Beugung und Aggression aussetzen, und ganz nebenbei erinnert der Regisseur dabei daran, dass die Verhältnisse in der kulturellen Dialogarbeit nicht immer so vom Amerikanischen geprägt waren, wie sie, nicht zuletzt durch das Kino, heute erscheinen mögen. Der Film selber spiegelt dabei sehr genau dieses Thema in seiner Ästhetik wider: Er erscheint an seiner Oberfläche ausgesprochen »europäisch«, aber in seinem Inneren ist er signifikant amerikanisch. Wieder also erkennen wir im Prinzip der Selbstwidersprüche (die möglicherweise für den vergleichsweise bescheidenen Erfolg des Films verantwortlich sein mochten) jene Suche nach der Identität, die bei den Little-Italy-Gangstern in der Verfolgung und gleichzeitigen Ablehnung der *via vecchia* besteht. *Via vecchia* und Old New York sind miteinander verwandte Kräfte einer Fesselung, die den amerikanischen Menschen nicht wirklich zu sich selbst kommen, seine eigene Utopie nicht realisieren lassen.

Im Inneren des Bürgertums

Der melodramatische Kostümfilm verurteilt in aller Regel eine (alte) Gesellschaft im Namen der Liebe und im Namen der Liebenden und konstruiert damit immer zugleich das paradoxe Herz der bürgerlichen Gesellschaft. Scorsese aber hat diesen Bezug des Einzelnen zu seiner Gesellschaft längst prismatisch aufgelöst. Die Gleichung geht nun ganz und gar nicht auf, und das nicht nur, weil »die Gesellschaft« eben keine natürliche oder abstrakte Größe ist. THE AGE OF INNOCENCE unternimmt nicht mehr und nicht weniger, als mit filmischen Mitteln darzulegen, was »Gesellschaft« eigentlich ist, nämlich ein treffliches Zusammenspiel der Codes, die der Film »dekonstruktiv« nebeneinander ausbreitet. Aber so sehr Scorsese zugleich mächtige und immer ein wenig komische »Repräsentanten« der Gesellschaft und Wächter der Regeln vorführt, so weist er doch immer auf das Entscheidende hin: Die Macht der Gesellschaft über den Einzelnen geht nicht in den Medien auf, mit denen sie sich ausdrückt, nicht in den Regeln und Ritualen, nicht in den Kostümen, Masken und Objekten, nicht in der Kunst und in der Sitte, nicht im Diskurs und in der Moral. Die letzte Verantwortung hat der Mensch immer noch selber. Und obwohl es in THE AGE OF INNOCENCE um Ökonomie und Besitz nur in seiner veräußerten Form der Bewahrung (und in der Form der Verdrängung) geht, zeigt dieser Film doch das Gegenbild zu den Gangsterfilmen. Dort hat der Gangster sich immer noch als der gewalttätige Schatten des Bürgers gezeigt. Hier nun zeigt sich die innere Herrschaft des Bürgertums als ein System der ursprünglichen Verbrechen und der Korruption. Die Protagonisten von Scorseses Straßenfilmen sind Widerspiegelungen dieser korrupten Bürger, die in ihrer Herkunft und ihrer Vergangenheit gefangen sind, sie sind Fortsetzungen und Revolten zu ihnen. Und ein wenig sind sie auch die Opfer dieser Klasse, die das urbane Amerika erst schuf. Wir sehen in THE AGE OF INNOCENCE den Central Park von New York, der schon bestand, bevor sich der Stadtgürtel um ihn schloss, und das schrittweise Anwachsen der bürgerlichen Häuser um dieses künstliche Paradies. Die Straßen sind schon gezogen, in sorgfältiger Ordnung, die Welt ist schon parzelliert und vermessen um viele noch leere Stellen. New York in diesen Jahren ist ein Skelett der Macht, ein System, das schon geschlossen ist, bevor es ganz real ist, das noch Plan und doch schon Gesetz ist. Und hinter dieser Ordnung lauert immer die Brutalität, schon jetzt, so wie hinter den feinen Regeln der oberen Klasse, ihrer scheinbar ironischen Selbstdistanz, die Grausamkeit lauert. Noch wäre hier Platz und Möglichkeit im Raum, aber die innere, die soziale Enge ist viel früher da. Lange bevor die Stadt durch industriellen Fleiß und Überfülle an sich selbst zu ersticken drohte, haben sich ihre Herrscher selbst die Luft zum Atmen abgeschnitten, die Männer in ihren »Vatermördern«, die Frauen in ihren Korsettagen. Auch bei diesem Film zwang Scorsese seine Schauspieler zur körperlichen Identifikation mit den Rollen: Michelle Pfeiffer als Ellen musste das Korsett auch tragen, wenn sie keine Auftritte hatte. Sie sollte das Eingeengtsein spüren, unter dem ihre Figur bis an den Rand des Erträglichen zu leiden hat, und wir müssen spüren, wie sehr diese Ordnung der herrschenden Klasse sich in einer Gewalt gegen den Körper ausdrückt. (Gegen den eigenen Körper zuerst und dann gegen den anderen, so wie alle Scorsese-Helden diese doppelte Gewalt gegen den Körper erleben, in einer Mischung aus Rebellion und Duldung, als Passion.)

Newland Archer ist verwandt mit J.R. aus WHO'S THAT KNOCKING AT MY DOOR?; er steht wieder zwischen zwei Frauenbildern, und kann sich wieder nicht wirklich entscheiden. Aber anders als seine Vorgänger ist es nicht die große Obsession, die Newland unfähig zur Liebe macht, sondern seine Trägheit des Herzens. Aber auch dies ist wieder ein Film über New York. Und auch dies ist ein Film über die Mafia, genauer gesagt, strebt diese Parabel auf die Mafia-Struktur der bürgerlichen Gesellschaft selbst. Und schließlich ist es, wie beinahe alle Filme von Martin Scorsese, ein Film über die Konstruktion von »Familie«. Die Familien erscheinen hier als die Medien einer Macht, der Ort des Opfers.

Der Weg zu diesem Film war eher verschlungen; Scorsese zeigte sich zunächst ein wenig zu

Ein Skelett der Macht: New York in THE AGE OF INNOCENCE

sehr vom Text beeindruckt, und versuchte, fasziniert von dieser »anderen Welt«, zunächst eine ästhetische und eher konventionelle Illustration zu erschaffen. »Er war von dieser Wharton-Welt fasziniert«, erzählt Michael Ballhaus, »deshalb konnte ihn sein Freund Jay Cocks, der später mit ihm zusammen das Drehbuch schrieb, auch davon überzeugen, sich mit dieser Geschichte zu beschäftigen. Außerdem kam dazu, dass er, nachdem seine vierte Ehe gescheitert ist, auch das Thema der Beziehungen zwischen Mann und Frau einmal verarbeiten wollte. Gleichzeitig gibt es da aber auch die große Scheu, diese Hochachtung vor dieser Welt und vor diesem Stück Literatur. Es kann sein, dass er aus diesem Grund etwas weniger frei, mit etwas weniger Fantasie mit dem Thema, dem Stoff umgegangen ist.«

Der fertige Film ist eine merkwürdige Mischung aus brillanten Sequenzen, einem ungeheuren Reichtum an Zitaten und Referenzen und dann doch eher opulent konventionell bebilderten Illustrationen des Textes (wie zu vernehmen ist, haben Scorsese und Ballhaus ursprünglich auch ganz anderes, »wilderes« Material gedreht, das aber in den Film keinen Eingang fand, weil der Regisseur das Gefühl hatte, damit der Vorlage allzu viel Gewalt anzutun). Aber was Scorsese und Ballhaus sich im

Verlauf der Arbeit an Freiheit eroberten, reicht durchaus für eine »neue« filmische Lektüre des Stoffs, und selten gelingt es einem Film, Gefühle und Kommunikation so »rein« als Film zu vermitteln. Eine faszinierende Szene beim Abschiedsessen von Madame Olenska: Die Kamera fährt über den Tisch, schwenkt hoch über Archer und fährt wieder zurück, die rote Wand hinter ihm wird sichtbar, beim Zurückfahren ist die bedrängende Umlagerung zu sehen: Alle »wissen«, was mit ihm los ist. Scorsese, Ballhaus und dem Ausstatter Dante Ferretti gelingt es, die Tableaus nicht nur mit Prächtigkeit, nicht nur mit Zeitkolorit zu füllen, nicht nur mit melodramatischer Bezeichnung, sondern vor allem mit innerer Sinnhaltigkeit. THE AGE OF INNOCENCE ist so sehr Film wie, sagen wir, *Der Zauberberg* Sprache ist, aber zur gleichen Zeit ist er auch Transportmittel für alle erdenklichen Formen von Kultur und Reflexion.

Es ist schließlich nicht unbedeutend, was an literarischen Zitaten (neben der viel tieferen Referenz vor der Autorin, als es für eine nur »getreue« Verfilmung bedurft hätte), vom Beginn der *Faust*-Inszenierung (nicht nur die Frage nach dem Teufelspakt, sondern auch die, was denn nun »im Anfang« war, das Wort oder die Tat), über Archers Lektüre von Ruskin und Michelet. Archer hat durchaus ein »Wissen« von sich, seiner Gesellschaft und der Beziehung zwischen beidem, aber dieses Wissen ist in seiner Kultur begraben, und »Freigeist« ist er nur, insofern er sich die Lektüre gestattet, in der diese Selbstkritik »aufgehoben« ist. Die Frau, die in die junge Beziehung »einbricht« (eine Beziehung, die ohnedies beinahe buchstäblich in einer Welt gestiftet wurde, die aus lauter fragilen Konstruktionen besteht) ist nicht zuletzt selber eine literarische Fantasie, ein Denken, ein Text, der Old New York beleidigt. Dass dieser Einbruch von der Gesellschaft abgeschlagen wird und der Geist der Freiheit, der in einer schönen Frau zu sich gekommen ist, (zurück) nach Europa verbannt werden muss, steht von Anbeginn an fest. Dass es Archer selber nicht bemerkt, hat nicht zuletzt damit zu tun, dass er in zwei Welten lebt, in einer der sozialen Wirklichkeit und in einer der Literatur. Der Einfluss der Literatur, ganz ähnlich leitmotivisch eingesetzt wie der der Musik, ist in diesem Film integrierter, weniger in der Art bizarrer Transzendenz wie in RAGING BULL, an dessen Ende Jake La Motta Texte rezitiert, die wir nie und nimmer diesem schwerfälligen Koloss zugetraut hätten (tatsächlich spricht er sie ja auch weniger, als dass sie aus ihm und über ihn sprechen), und zugleich zwiespältig, denn die Literatur, die Kunst im allgemeinen, gehört zu der Kultur dieser Klasse und ist zugleich eine ihrer Bedrohungen.

Entscheidend ist wohl, dass Scorsese nicht von Anfang an Partei ergreift. Weder nimmt er den auch vorhandenen satirischen Blick auf eine Klasse, die sich in sich selbst begraben hat, aus dem Roman auf, noch unterstreicht er melodramatisch das Recht der Liebenden gegen die ignorante Gesellschaft. Diese Klasse des amerikanischen Viktorianismus ist eine Architektur, die um ihre eigene Fragilität weiß und die ihre Identität in der steten Abwehrbewegung findet.

Die Conclusio ist im Grunde absurd wie alles in der Scorsese-Welt: Archer, der Konformist, versinkt wieder im Rollenspiel seiner Gesellschaft; Ellen, die nicht nur sein *love interest* ist, sondern auch sein weibliches Spiegelbild, kehrt in eine Art der Freiheit zurück, nach Paris, die ihr aber gleichzeitig die andere Art der Freiheit, die Freiheit von ihrem Ehemann, nehmen wird. So ist für beide letztendlich die Flucht gescheitert, wie für die Helden von MEAN STREETS. Und vielleicht ist auch einmal mehr ein Versuch der Heilung und Erlösung des Filmemachers Martin Scorsese an seiner künstlerischen Aufrichtigkeit gescheitert. ❑

A Personal Journey with Martin Scorsese through American Movies (1995)

»Marty's pictures are pictures of Marty.« Wie sollte das nicht für eine persönliche Reise durch die amerikanische Filmgeschichte gelten? So wird diese hier zu einer Mischung aus (scheinbar) leichter *film lecture* (die sich nie an Eingeweihte, sondern immer an Neugierige richtet), Reminiszenz (Scorsese erzählt vom Beeindruckenden und Widerständigen; vom Mediokren und Reaktionären muss er, anders als ein »wissenschaftlicher« Diskurs es müsste, nicht sprechen) und Suche nach den Wurzeln der eigenen Inspiration, eine Verbeugung vor den Erzählern, Visionären, Schmugglern in Hollywood.

Scorsese beginnt mit Bildern, die uns sogleich die ungeheure Spannung zwischen der Schönheit und dem Schrecken des Filmemachens, zwischen der persönlichen Ambition und der Macht des Systems (oder dem System der Macht) vor Augen führen, mit einem Stück Film-im-Film: den harschen Szenen aus Vincente Minnellis THE BAD AND THE BEAUTIFUL (Stadt der Illusionen; 1952), wo Kirk Douglas als Produzent, wie man so sagt, über Leichen geht. Der Regisseur, den er am Set fertigmacht, hält ihm entgegen, was man zum Filmemachen braucht: *humility*. Das kann man, wie die deutsche Fassung des Films, als »Bescheidenheit« übersetzen. Ich ziehe »Demut« vor. »Haben Sie Demut?«, fragt der um seine Film-Vision beraubte Regisseur den Produzenten – und indirekt wohl auch uns: Film ist eine Sache der Demut inmitten einer Kultur von Hybris, Gewalt und Ausbeutung.

»Film ist eine Krankheit«, sagt Frank Capra, einer der Zeugen, die Scorsese aufruft auf seiner Reise, es sei eine Art von eifersüchtigem Gift, das einen nicht mehr loslässt. Und Scorsese erzählt, wie dieses Gift in seine Kindheit in Little Italy schlich, sie bereicherte und auflud. Zum Beispiel in Form des einzigen Filmbuches, das er damals finden konnte, einer »illustrierten Geschichte des Films«, die er in der Bibliothek gefunden hatte und die ihn der Versuchung nicht immer widerstehen ließ, eines der Bilder herauszureißen und als persönlichen Schatz zu horten. Und es war, vielleicht, ein initiierender Schock, als seine Mutter ihn mit in King Vidors DUEL IN THE SUN (Duell in der Sonne; 1946) nahm. Es ist das Urerlebnis cineas-

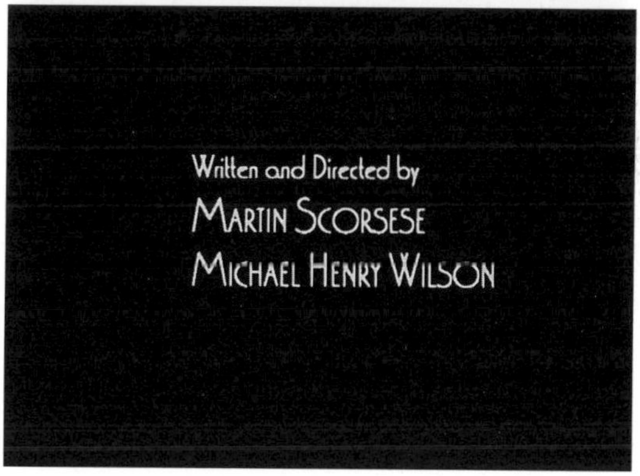

A PERSONAL JOURNEY WITH MARTIN SCORSESE THROUGH AMERICAN MOVIES

tischer *uncertainty*: »Wie konnte die Heldin sich in den Bösen verlieben?« Und: »Es schien, als ob die beiden Protagonisten ihre Leidenschaft nur verwirklichen konnten, indem sie sich gegenseitig umbrachten.« In jedem Fall: »Die halluzinatorische Kraft der Bilder hat mich nie wieder losgelassen.« In den 50er Jahren wird Martin Scorsese von einer Liebe zu heftigen Filmen wie Sam Fullers THE NAKED KISS (Der nackte Kuss; 1964), Irving Lerners MURDER BY CONTRACT (Der Tod kommt auf leisen Sohlen; 1958) oder Delmer Daves' THE RED HOUSE (1947) ergriffen. Es sind Filme, die nach dem Zusammenbruch des Studiosystems entstanden, die »eine andere Art von Realität« abbilden und die, wie man in Scorseses kurzen Ausschnitten sehen kann, ein anderes Verhältnis zum filmischen Raum bekommen als die klassischen Studio-Filme. Nicht mit dem Anfang, sondern mit der Krise, nicht mit dem Glamour, sondern mit dem Blick dahinter also beginnt Scorsese seine Reise.

»Wie wird man ein Filmemacher in Hollywood? Und wie überlebt man das ewige Tauziehen zwischen persönlichem Ausdruck und den Gesetzen des Marktes?« Die Frage, auf die jeder Scorsese-Film eine Antwort zu geben versucht, ist hier der Filmgeschichte gestellt. Es beginnt, wenn man so will, eine persönliche Reise durch die Widerstände und Widersprüche beim Filmemachen, und durch die Belege dafür, dass sie immer wieder überwunden werden. *The Director's Dilemma* ist denn auch das erste Kapitel überschrieben.

Es handelt von Regisseuren, »die das System überlisten, um ihre Vision auf die Leinwand zu bringen«, aber auch von Produzenten wie David O. Selznick, dem Besessenen und Größenwahnsinnigen, von einem »Auswechselspieler« wie King Vidor, der es immer wieder schaffte, mit dem Medium zu experimentieren, von der Macht der fünf großen Studios in der Glanzzeit Hollywoods, ihrem jeweiligen Stil, und von denen, die daran scheiterten, wie Erich von Stroheim oder Buster Keaton, von denjenigen, die sich perfekt in den Studio-Stil einpassten, wie Clarence Brown oder Michael Curtiz, und schließlich von denen, die die Disziplinierung durch das Studio sogar benötigten, wie Vincente Minnelli. Das System und der Regisseur, das ist also nicht einfach nur ein Widerspruch zwischen Kunst und Geld, wie wir es gerne hätten, es ist ein spannungsreiches Geschehen, das Gewinn und Verlust umschließt.

Das zweite Kapitel ist mit *The Director As Storyteller* überschrieben und behandelt das Dilemma zwischen Genre, das dem Studio erlaubt, »Filme am Fließband« herzustellen, und Regisseur. »Der Hollywoodregisseur ist Teil des Geschäfts, in dem Geschichten erzählt werden.« Es war David W. Griffith, der die Grundlagen für die Genres schuf, sein Einfluss reicht bis in die Arbeit seines Schülers Raoul Walsh, der mit HIGH SIERRA (Entscheidung in der Sierra; 1941) mit seinem übergreifenden Thema vom »sympathischen Outlaw« die Geschichte des Genres selbst überschreitet und so dieselbe Geschichte statt als Gangsterfilm auch als Western in COLORADO TERRITORY (Vogelfrei; 1949) erzählen kann: Das Genre sei ein System der Regeln, die durch die Lust an der Übertretung eher anregten als hemmten, so Scorsese.

Im *Western* – nächstes Kapitel – zeigt Scorsese seine unausgesprochene These vom langen Weg des amerikanischen Films zum Erwachsenwerden, vom Heroismus zur Düsternis und von der Erzählung zur subjektiven Vision an drei Filmen von John Ford mit John Wayne in der Hauptrolle: STAGECOACH (Ringo / Höllenfahrt nach Santa Fé; 1939), SHE WORE A YELLOW RIBBON (Der Teufelshauptmann; 1949) und THE SEARCHERS

(Der schwarze Falke; 1956). »Seine Heldenfigur wird mit jedem Jahrzehnt reichhaltiger, komplexer.« Ringo verwandele sich zurück in eine gutmütige Vaterfigur, und die wiederum in einen Außenseiter in THE SEARCHERS; sie sei düster und besessen geworden. Amerika sei im Laufe dieser Filme »fast ein anderes Land« geworden, und der Held selbst »verdammt, zwischen den Winden zu ziehen«. Wenn John Ford die dunkle Seite (des amerikanischen Charakters) nur andeute, dann richte sich Anthony Mann in ihr ein, und sogar ein Schauspieler wie James Stewart erscheine in Filmen wie THE NAKED SPUR (Nackte Gewalt; 1953) als Besessener.

Im nächsten Kapitel widmet sich Scorsese dem *Gangsterfilm*. Von William A. Wellmans THE PUBLIC ENEMY (Der öffentliche Feind; 1931) geht der Weg zu SCARFACE (Narbengesicht; 1932) von Howard Hawks, den Scorsese mit den Worten zitiert: »Action gibt es nur, wo es Gefahr gibt: am Leben bleiben oder sterben.« Damit hat Scorsese einen anderen Diskurs eröffnet, der neben seiner »offiziellen« Struktur läuft, den der Gewalt, in dem wir noch einige überraschende Einsichten erleben werden. Es ist die »kühle, distanzierte Objektivität«, die Scorsese an SCARFACE fasziniert (und die wir in seinen Gangsterfilmen wiederfinden). Die Wende wird durch Raoul Walshs THE ROARING TWENTIES (Die wilden Zwanziger; 1939) bestimmt, den »letzten Gangsterfilm vor dem Film noir«, und »eine auf den Kopf gestellte Erfolgsstory«, die IT'S NOT JUST YOU, MURRAY! ebenso beeinflusst hat wie GOODFELLAS. Der Gangster ist jetzt zur tragischen Figur geworden.

Wie auch im Spiegel der anderen Beispiele bis zu THE GODFATHER (Der Pate; 1972; R: Francis Ford Coppola) deutlich wird, ist jeder Gangsterfilm von Martin Scorsese auch eine Reise durch das Genre, eine Revision von dessen Ende her auf den Beginn hin. Die Suche nach der Poesie hinter dem Wahnsinn, nach der Tragödie hinter dem Geschäft.

Und eine ähnliche Reise, jetzt vielleicht mehr am Leitfaden der Form, unternehmen wir nun im nächsten Kapitel durch das *Musical*, das sich parallel zum Gangsterfilm in den Nachkriegsjahren entwickelte, entscheidend geprägt durch Busby Berkeley, der erkannte, dass ein Film-Musical etwas völlig anderes ist als ein Bühnen-Musical. Und da begegnen wir gleich zu Beginn der »außergewöhnlichen Einstellung«, einer Aufnahme direkt von oben, wie wir sie bei Scorsese später als »transzendentale Einstellung« wieder finden werden und, das mag uns nun doch ein wenig verblüffen, gleich danach einer Naheinstellung auf die Schuhe eines Tänzers. Wenn Scorseses Helden Konstruktionen und Dekonstruktionen des Gangsterfilm-Helden sind, wenn seine Räume und Plots Konstruktionen und Dekonstruktionen des Western sind, dann sind seine Einstellungen am ehesten Konstruktionen und Dekonstruktionen von Musical-Einstellungen: SCARFACE in THE SEARCHERS, mit der Kamera von Busby Berkeley gesehen.

Busby Berkeleys GOLD DIGGERS OF 1935 (Goldgräber von 1935)

Mitte der 40er Jahre begannen dunkler gefärbte Strömungen ins Musical einzufließen, genau wie beim Western und Gangsterfilm; man sah, wie die privaten Beziehungen der Künstler kaputt gingen und ihren Karrieren geopfert wurden – wie in der Trennungsszene zwischen Doris Day und Lee Bowman in Michael Curtiz' MY DREAM IS YOURS (Mein Traum bist du; 1949), in der wir eine ziemlich direkte Inspirationsquelle für NEW YORK, NEW YORK erkennen können, wie Scorsese freimütig bekennt.

Wir kennen nun die Methode, die Scorsese anwendet, die Elemente, aus denen er die Bilder seiner Reise zusammensetzt. Filmausschnitte, denen er ihre Wirkung lässt, ohne sie als »Beweise« und Illustrationen allein zu verwenden, kurze Statements von Regisseuren und Schauspielern, Fotogalerien, die mit der Kamera abgefahren werden, und Scorsese selbst als, keineswegs allwissender, Erzähler. Nicht diese Elemente sind es, die A PERSONAL JOURNEY zu einer so ungewöhnlichen *lecture* machen, auch nicht die eigentlichen Informationen, sondern die eminent fließende, spannungsvolle und ausgesprochen raffinierte Art, in der er sie miteinander verbindet. Scorseseismen wie das *foreshadowing*, kontrapunktische Montage von Kommentar und Bild und ein Montieren am Leitfaden der Empfindungen, ganz ohne starre Metrik, überschreiten die Ästhetik einer »illustrierten Filmgeschichte«. Man kann mehr sehen, als Scorsese erklärt, und er erzählt mehr als einen Text zu den Bildern. Elmer Bernsteins Musik gibt dem Ganzen am Beginn eine merkwürdig melancholische Stimmung. Verlust und Abschied schwingen da immer schon mit.

Es folgt das Kapitel *The Director As Illusionist*, das erzählt, wie das Kino von den Amerikanern zunächst als eigene Kunstform akzeptiert werden musste. Seine Emanzipation schlägt sich nicht zuletzt im Aufwand der Produktionen nieder. Man stopft so viel Welt in einen Film wie möglich; nach dem Erfolg von Giovanni Pastrones CABIRIA (1914) entstehen auch in den USA Superproduktionen wie Griffiths INTOLERANCE (1916) oder Cecil B. DeMilles THE TEN COMMANDMENTS (Die Zehn Gebote; 1923).

Doch noch mehr noch als solche Filme gehört für Scorsese SUNRISE (Sonnenaufgang; 1927; R: F.W. Murnau) zum Vermächtnis der Stummfilmära. In dieser Geschichte vom Mann, der von einer Femme fatale aus der Stadt so verwirrt wird, dass er drauf und dran ist, seine Frau zu ermorden, sind es die Menschen, die die Welt als Bild verändern, Menschen, die keine Namen brauchen, weil sie ein universales Drama erleben, und die sich in einer »Seelenlandschaft« bewegen. Murnau und SUNRISE mögen uns den entscheidenden Hinweis geben für die Veränderung des Menschenbildes von dem, der in den TEN COMMANDMENTS am objektiven Text zerbricht, zu dem, der sich in seiner eigenen Wahrnehmung bewegt: »Wie durch Magie wird die subjektive Wahrnehmung zur objektiven Realität.« Oder anders gesagt: Das Filmbild gibt eine Innenwelt als Außenwelt aus.

Auf die Traumwelt des Stummfilms, die nicht mehr weiter existieren konnte, folgte mit dem Aufkommen des Tonfilms ein eher naturalistischer Zug im amerikanischen Kino, wofür ein Film wie THE BIG HOUSE (Menschen hinter Gittern; 1930) von George W. Hill stehen mag, in dem der trostlose Alltag im Gefängnis gezeigt wird. Aber auch dieser harte Realismus ist vor allem der Kunst der Inszenierung gedankt, auch auf der Ebene des Tons: »In Wahrheit aber bestärkte der Ton die Illusionisten nur, die Realität weiter zu überhöhen. Hier, in THE BIG HOUSE suggeriert allein der Ton [das rhythmische Stampfen der Schritte der Gefangenen], dass die Menschen anonyme Roboter sind. Erst in der Kapelle, wenn man ihre Stimmen hört, werden sie zu Lebewesen. Identität und Absichten erhalten sie in dem Moment, wenn ihre Handlungen [die Gefangenen schmuggeln Waffen unter den Bänken von einem zum anderen] den Gebetstext unterlaufen.« So zeigt Scorsese an einem einzigen Beispiel, wie sich der Ton von der Illustration über die metaphorische Überhöhung zur Produktion des Subjekts entwickelt und schließlich zum kontrapunktischen Einsatz wird.

Wie den Ton beschreibt Scorsese auch spätere filmtechnische Innovationen wie Farbe und Cinemascope zugleich als Krise und als Möglichkeit. Er schlägt den Bogen bis zum vorzeitigen Ende dieser Entwicklung, an dem die neuen Handwerkszeuge der Illusionisten aus dem Computer stehen. Sie werden hier von George Lucas repräsentiert, der die pure Vervielfältigung von Menschenmassen durch ihre digitalen Kopien preist. Der Computer gibt der Filmproduktion Beweglichkeit zurück, aber er verändert das Kino auch: Krise und Chance in einem, erneut. Wie also wird man Filme machen in dieser neuen Welt der digitalen Illusionisten, ohne seine Vision zu verraten? »Wir sind«, sagt Scorsese, »alle Kinder von Griffith und Stanley Kubrick.« Und wir bewegen uns in die Wiedergeburtsszene am Ende von 2001: A SPACE ODYSSEY (2001 – Odyssee im Weltraum; 1968; R: Stanley Kubrick), »der erste Film, der Kamera und Computer koppelte und so seine Spezialeffekte für die Reise des Raumschiffs in das Unbekannte schuf« – »zugleich Superproduktion, Experimentalfilm und visionäres Gedicht«.

Mit CAT PEOPLE (Katzenmenschen; 1942; R: Jacques Tourneur) begeben wir uns nun auf den nächsten Abschnitt der Reise: *The Director As Smuggler*. »Wir haben jetzt über die Regeln gesprochen. Wir haben gesehen, wie Filmemacher in Hollywood sich diesen Regeln angepasst oder sogar mit ihnen gespielt haben. Wenden wir uns jetzt den Rissen im System zu. Und was durch diese Risse geschlüpft ist, hat mich immer fasziniert.« Und Risse gibt es vor allem in der Welt des B-Films, die man auf eine einfache Formel bringen kann: »Weniger Geld, mehr Freiheit«: »Stil war das Entscheidende«, wie eben bei Tourneur, der im Gewand des fantastischen Films Unerhörtes anstellen konnte, wie in der Geschichte von CAT PEOPLE, die »die Sexualität einer jungen Frau erforschte, die von ihren inneren Dämonen besessen ist«. Die Bewegung des Films in das Subjekt hinein ist das Neue und Skandalöse, was da durch die Risse des Systems gelangen kann. »Auf seine Art war CAT PEOPLE für die Entwicklung eines reiferen amerikanischen Kinos ebenso wichtig wie CITIZEN KANE [1941; R: Orson Welles].« Tourneur, der beschlossen hatte, die Bestie, die seine Heldin bedroht, überhaupt nicht zu zeigen, verließ sich ganz auf die Einbildungskraft des Publikums, aber nicht zuletzt übertrug sich auch die Melancholie dieser Filme, wie etwa I WALKED WITH A ZOMBIE (Ich folgte einem Zombie; 1943). Es ist »das unheimliche Gefühl, zu einem Abenteuer aufgebrochen zu sein, von dem es keine Wiederkehr gibt.«

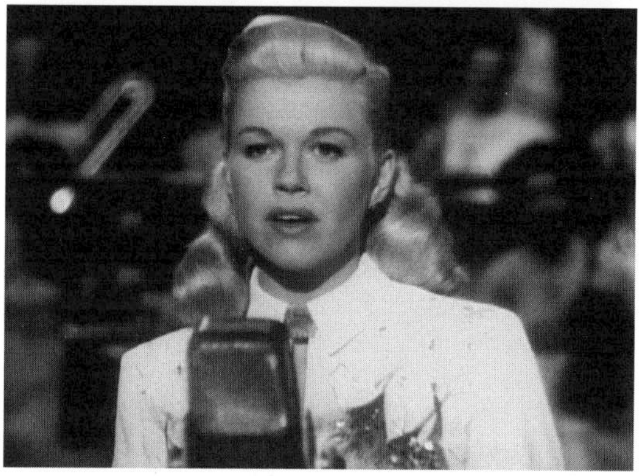

MY DREAM IS YOURS

Und von da an sickerte durch die Risse »eine merkwürdige Düsternis, ein Gefühl von Orientierungslosigkeit und böser Vorahnungen, als ob man plötzlich den Boden verliert«, wie in Max Ophüls' Elegien: »Das romantische Dekors war eine Falle, ein Karneval der Illusionen.«

Auch andere Regisseure, die meist vor dem Faschismus aus Europa geflohen waren, erforschten in ihren Filmen »diese neuen, dunkleren Bereiche«: etwa Fritz Lang, Otto Preminger, Billy Wilder, Douglas Sirk oder Robert Siodmak. »Das Verbrechen faszinierte sie. Es erlaubte ihnen, in die Natur des Bösen vorzudringen.« Das Verbrechen, das längst nicht mehr auf die Gangster im Asphaltdschungel beschränkt ist, sondern in die Bürgerseelen gelangte. Der Film noir enthüllte die dunklen Seiten des amerikanischen Stadtlebens. Den

KISS ME DEADLY

Höhepunkt seiner Paranoia erreichte er mit Robert Aldrichs KISS ME DEADLY (Das Rattennest; 1955). Die Frau, die aus der Nervenheilanstalt flieht und die nicht einmal von Privatdetektiv Mike Hammer gerettet werden kann, ist wie Lots Weib, das nicht auf die Warnungen hören will. Sie öffnet die (radioaktive) Büchse der Pandora, eine der möglichen Unschuldigen, die besonders schuldig werden, und bringt am Ende den rabiatesten McGuffin der Filmgeschichte zur Explosion. Nichts bleibt, auch keine Hoffnung, noch nicht einmal eine besonders tragfähige Moral hinter dem *The End*.

Doch natürlich, so Scorsese, arbeiteten nicht alle Schmuggler im Film noir. Sie versuchten auch in ungebrocheneren Genres ihr Glück, manchmal sogar in großen Hollywood-Starproduktionen. Mit Ausschnitten aus einem mittlerweile berühmten Schmuggel-Film, Allan Dwans B-Western SILVER LODE (Stadt der Verdammten; 1954), in dem sich eine Stadt in die Hände eines Schurken mit dem sprechenden Namen McCarthy begeben hat, betreten wir die 50er Jahre – für Scorsese »eine faszinierende Ära, als das Unausgesprochene fast das eigentliche Thema wurde.« Und er führt zwei Schmuggel-Filme an, die keine B-Filme waren, sondern große Produktionen mit führenden Stars: ALL THAT HEAVEN ALLOWS (Was der Himmel erlaubt; 1955) von Douglas Sirk und BIGGER THAN LIFE (Eine Handvoll Hoffnung; 1956) von Nicholas Ray, Filme, die die Werte von Familie, Erfolg und Gemeinschaft des weißen Mittelstands radikal in Frage stellen. Nicht indem sie vom Außenseiter erzählen, auf den die Jagd eröffnet wird, sondern im Gegenteil von der unbarmherzigen Kraft des Einschließens. »Beide, Sirk und Ray, hielten sich an die Regeln. Ihre Filme hatten das gewünschte Happy End, doch sie zeigten auch die Gefahren der Anpassung an die gesellschaftlichen Konventionen.« Und beide Regisseure arbeiten mit der Bereitschaft der Zuschauer, den Film im eigenen Kopf fortzusetzen. Sie legten eine Basis für eine spätere Konstruktion des Mit-Leidens.

Fast eine Erlösung ist es, wenn Scorsese sich nach den klaustrophoben Dramen von Ray und Sirk dem Werk von Samuel Fuller zuwendet: »Seine Bilder strotzen vor Gewalt und sexueller Energie.« Und diese Energie richtet sich gegen den inneren Zusammenhalt der Gesellschaft selbst. »Indem er jeden gegen jeden gegeneinander ausspielte, verstieß Richard Widmark [in PICKUP ON SOUTH STREET / Lange Finger – Harte Fäuste; 1953) gegen alle Ismen, sogar gegen den Patriotismus« (Widmark verhöhnt in dem Film die amerikanische Flagge). Ein Schmuggel-Film wie dieser war »ein echtes Gegengift gegen Amerikas Selbstgerechtigkeit in den 50er Jahren. Fuller war der offensivste Schmuggler in dieser Dekade. Seiner beißenden Ironie entging keine Ideologie. Die amerikanische Scheinheiligkeit war seine ständige Zielscheibe, Fullers Helden waren kaum noch von den Schurken zu unterscheiden.«

Doch das Ende für diese Generation der Schmuggler im amerikanischen Kino war bald gekommen. Wie für viele von ihnen war auch für Fuller und Ray Europa eine »Endstation«. Die Zeit des Schmuggelns ist nun auch in Scorseses filmischer Reise vorbei. Den nächsten Abschnitt überschreibt er mit *The Director As Iconoclast*.

Als Bilderstürmer bezeichnet er jene Regisseure, die die Konventionen nicht »heimlich«, sondern frontal angreifen. »Oft wurden sie besiegt, aber manchmal machten sie sich auch das System zunutze. Denn Hollywood hegte stets eine Hassliebe für solche, die die Regeln brechen.« Als einen der radikalsten der frühen Bilderstürmer bezeichnet Scorsese Erich von Stroheim, aber: »Dieselben Eigenschaften, die ihn zu einem großen Künstler machten, richteten ihn auch zugrunde.« Er verlor die Kontrolle über seine Filme. »Sie wurden verstümmelt. Fragmente einer zerbrochenen Vision.« (Und eingedenk der Querelen um GANGS OF NEW YORK, ahnen wir die Ängste eines Filmemachers, der nur zu gut um die Strafe für Bilderstürmer weiß.) »Am entgegengesetzten Ende des Spektrums findet man eine zweite Sorte von Bilderstürmern, barocke Stilisten wie Josef von Sternberg«, der seine Vision am radikalsten in THE SCARLET EMPRESS (Die scharlachrote Kaiserin; 1934) verwirklichte. »Sternbergs radikale Stilisierung war ebenso provokativ wie Stroheims Realismus. Jeder Film war ein kunstvolles erotisches Ritual, das der Regisseur um seinen Star Marlene Dietrich zelebrierte.« Als größten Bilderstürmer bezeichnet Scorsese den jungen Orson Welles. Und für eine Zeit sind wir in der Bildwelt dieser filmischen »Erforschung der Macht von William Randolph Hearst, dessen Machtmissbrauch die amerikanische Demokratie bedrohte«. Freilich hat hier auch der Bildersturm zum ersten Mal einen Aspekt des Selbstzwecks und der Selbstüberhöhung des Regisseurs: »Welles war ein junger Magier, der von seiner eigenen Kunst verzaubert war. Das Revolutionäre an CITIZEN KANE [1941] war sein selbstbewusster Stil«, und diese »Leidenschaft für den Stil« betont Scorsese so sehr, dass wir immer das Gefühl einer vorsichtigen Distanzierung haben. Welles »widersprach dem klassischen Ideal der unsichtbaren Kamera und der nahtlosen Schnitte«. »Ich will die Kamera wie ein Instrument der Poesie benutzen«, zitiert Scorsese Welles, der freilich erscheint selbst lange schon ernüchtert, wenn er von dem Glücksfall seines Vertrages für CITIZEN KANE erzählt, der sich nie wiederholen würde.

Der Bildersturm der nächsten Beispiele betrifft vor allem den *production code*. »Nach dem Zweiten Weltkrieg wollte das Publikum realistischere Filme«, und Filmemacher wie Elia Kazan erfüllten diesen Wunsch mit Filmen wie A STREETCAR NAMED DESIRE (Endstation Sehnsucht; 1951). Doch die Szene, in der Marlon Brando seine geschlagene, schwangere Frau ruft und Kim Hunter in somnambuler Laszivität die Treppe hinunter geht, war für die »Legion of Decency« denn doch noch zu viel. Die Szene wurde aus der Kinofassung geschnitten, und der Jazz des ursprünglichen Soundtracks wurde durch konventionellere Musik ersetzt.

A STREETCAR NAMED DESIRE

Kazan ebnete den Weg für die Bilderstürmer der 50er und 60er Jahre wie Robert Aldrich, Richard Brooks, Robert Rossen, Billy Wilder und, bei der jüngeren Generation, Arthur Penn und Sam Peckinpah. Sie forderten die Hüter der öffentlichen Moral heraus, indem sie kontroverse Themen anpackten, wie Rassismus, Gewalt in der Großstadt, Homosexualität, Kriegsverbrechen oder die Todesstrafe. Und »wir sollten nicht vergessen, dass man mit Komödien auch Bilderstürmer sein kann«: Scorsese zeigt Billy Wilders ONE, TWO, THREE (Eins, zwei, drei; 1961) als Beispiel. Der Regisseur, so Scorsese, sei über die Jahre immer aggressiver geworden. »Statt seine Mischung zu süßen, fügte er immer mehr Säure hinzu.« Und »in der

Kennedy-Ära gab es keinen provozierenderen Film als ONE, TWO, THREE, eine wilde politische Farce, die es auf dem Höhepunkt des Kalten Krieges wagte, sämtliche Ideologien lächerlich zu machen. [...] Wilder verstieß nicht nur gegen politische Korrektheit, sondern auch gegen den guten Geschmack. – Guter Geschmack war für ihn ein anderes Wort für Zensur.«

In den späten 60er Jahren hatte der *production code* praktisch seine Bedeutung verloren, wie in Arthur Penns BONNIE AND CLYDE (1967) zu sehen ist. Der Bilderstürmer par excellence wurde schließlich Stanley Kubrick, der mit PATHS OF GLORY (Wege zum Ruhm; 1957) und SPARTACUS (1960) mit Kirk Douglas berühmt wurde. »Aber er konnte es nicht ertragen, ein Angestellter eines Studios zu sein, und zog nach London, um LOLITA [1962] zu drehen. Er blieb dort und hat nie wieder in Hollywood gedreht.« Während wir sehen, wie James Mason zum ersten Mal Lolita (Sue Lyon) im Garten sieht und sich entschließt, bei ihrer aufdringlichen Mutter (Shelley Winters) einzuziehen, bekennt Scorsese: »Das war keine Schmuggelware. Das war offene Herausforderung.«

Zuletzt wendet sich Scorsese John Cassavetes zu, der zu »zu einer neuen Schule von Guerilla-Filmemachern in New York gehörte. John war furchtlos. Ein echter Unabhängiger, der mit Hilfe einer Gruppe von Schauspielerfreunden ein Psychodram nach dem anderen drehte. Er wollte immer Spaß haben beim Drehen. Bei seiner Suche nach Wahrheit und vielleicht nach einer Offenbarung.« Und es ist, als würde mit Cassavetes ein demütiger väterlicher Freund antworten: »Eine Philosophie haben heißt zu wissen, wie man liebt. Eine Antwort auf die Frage, wo und wie kann ich lieben. Deshalb will ich, dass die Figuren ihre Liebe wirklich analysieren, diskutieren, töten, zerstören, einander verletzen und all diese Dinge tun in diesem Krieg der Worte und der Bilder, der das Leben ist. Der Rest interessiert mich überhaupt nicht. Das einzige, was mich interessiert, ist Liebe.«

Alle Filme von John Cassavetes, waren »Epen der menschlichen Seele. Wenn man sie sieht, fällt einem ein, was John Ford zu einem Mitarbeiter sagte, der sich bei Dreharbeiten in der Wüste über das schlechte Wetter beklagte: ›Was können wir denn hier draußen drehen?‹ – ›Was wir drehen können? Die interessanteste und aufregendste Sache der Welt: ein menschliches Gesicht‹.«

Nachdem Scorsese also aus der amerikanischen Filmgeschichte heraus die größte Spannung als Inspiration für seine eigenen Filme entwickelte, die zwischen Kubrick und Cassavetes, und dies noch einmal auf das große historische Vorbild John Ford projiziert hat, muss seine Reise ans Ende kommen, nicht nur, wie er sagt, weil er nun eine Epoche des Kinos erreicht hätte, in die er selbst zu sehr involviert ist, um sachlichen Abstand genug zu haben (als benötigte ausgerechnet er so etwas!). Zwei oder drei Dinge sind vor dem Abschied noch zu tun: wenigstens in einem Schlenker und in einer Fotogalerie an alle jene zu erinnern, die wir auf dieser Reise nicht besucht haben, Ernst Lubitsch, Preston Sturges, Joseph Mankiewicz, John Huston, George Stevens, Sam Peckinpah, William Wyler oder natürlich Alfred Hitchcock: »Wir schulden ihnen Dank.« Und Martin Scorsese kann nicht verschwinden ohne eine Kurzfassung seiner Confessio. »Als ich jünger war, wollte ich eigentlich eine andere Reise antreten; ich wollte Priester werden. Mir wurde jedoch bald klar, dass meine wahre Berufung das Kino ist. Ich sah im Grunde keinen Konflikt zwischen der Kirche und dem Kino, dem Heiligen und dem Profanen. Natürlich gibt es große Unterschiede, aber ich konnte auch große Ähnlichkeiten feststellen. An beiden Orten kommen Menschen zusammen und teilen ein gemeinsames Erlebnis. Und ich glaube, es gibt eine Spiritualität in Filmen, auch wenn diese den Glauben nicht ersetzen kann. Über die Jahre haben sich viele Filme mit der spirituellen Seite der menschlichen Natur beschäftigt, von Griffiths INTOLERANCE bis zu John Fords THE GRAPES OF WRATH [Früchte des Zorns; 1940], von Hitchcocks VERTIGO [1958] bis zu Stanley Kubricks 2001. Es ist, als ob Filme die uralte Suche nach dem kollektiven Unbewussten befriedigen. Das Bedürfnis der Menschen, eine gemeinsame Erinnerung teilen zu können.« ❑

Casino (1995)

Zuerst sehen wir Robert De Niro in einem scheußlichen Anzug zu einem scheußlichen Auto gehen. Das fliegt dann in die Luft. Nun beginnt eine furiose Vorspannsequenz von Saul und Elaine Bass (es war die letzte Arbeit von Saul Bass, der am 29. April 1996 verstarb): Die Silhouette eines Menschen stürzt langsam durch Feuer und Flamme, die höllischen Schatten der Neonlichter von Las Vegas, die sich immer weiter zersetzen und zerstieben in einer Welt, die sich feurig verflüssigt. Dazu hören wir Bachs *Matthäus-Passion,* eine gleichmütige, transzendentale Musik, eine Erhabenheit, die uns warnt: Um die Einfühlung in den Einzelnen wird es nicht gehen. Wenn GOODFELLAS ein zersprengter filmischer Roman gewesen sein mag, dann ist CASINO am ehesten ein zersprengtes filmisches Oratorium. Schon die Titel deuten es an: Geht es im ersten Fall um Menschen (oder um bestimmte Beziehungen unter Menschen), dann im zweiten Fall um einen Raum (oder um bestimmte Funktionen eines Raums).

Bachs Musik beschreibt ein grenzenloses Außen, das die konkrete Tat nur als Gleichnis zulässt. Nichts anderes als einen solchen Sturz werden wir in dem Film zu sehen bekommen. Nichts anderes als den Sturz aus einem selbstgeschaffenen Paradies, nichts anderes als den Untergang von Sodom oder Babylon.

Dass dies die leuchtendste und schauerlichste aller Höllen ist, das »Paradies der Spieler« in der Wüste von Nevada, das sieht man schon an der Kleidung der Menschen, die hier leben, und je länger sie hier leben, desto unerträglicher scheint sie zu werden. Das Geld, das man ihnen ebenso ansicht wie das Geltungsbedürfnis, findet keine Kultur. In ihrer Kleidung setzen die Protagonisten das aufgepeitschte Farbenmeer ihres Ortes fort. Und man sieht es daran, dass die Kamera nur sehr selten einen verlässlichen Standpunkt findet, in der Regel aber, in heftigen Bewegungen begriffen, die befremdlichsten Perspektiven sucht; zugreifen, flüchten, überwachen, verstecken – und dann immer wieder Bilder einer unbegreiflichen Schönheit von den Lichtlandschaften, den Tempeln der Geldzirkulation und von den schäbigeren Ecken von Las Vegas, wo sich der Abfall des Betriebes sammelt. Der Fluss der Zeit in CASINO wird oft durch unwirkliche Überblendungen von nur minimal unterschiedlichen Phasen der Bewegung unterbrochen, winzige Jump Cuts zersetzen die Bilder, oft frieren sie kurz ein. Und das ist keineswegs immer so rhetorisch wie in der Szene, wo ein Gangster über seinem eingefrorenen Bild in der Off-Stimme darüber sinniert, welche Antwort er seinem Boss auf dessen Frage geben wird. Scorsese zieht uns beständig den Boden unter den Füßen weg, schlägt so viel narrative wie visuelle Volten, dass man das Gefühl hat, der Film verhalte sich ein wenig zu Vorbildern aus der europäischen Nouvelle Vague, wie sich die dekonstruktive Bearbeitung des Rolling-Stones-Songs *Satisfaction* durch die Gruppe Devo zum Original verhält, übrigens in jener Szene, wo wahrhaft nichts mehr zu retten scheint.

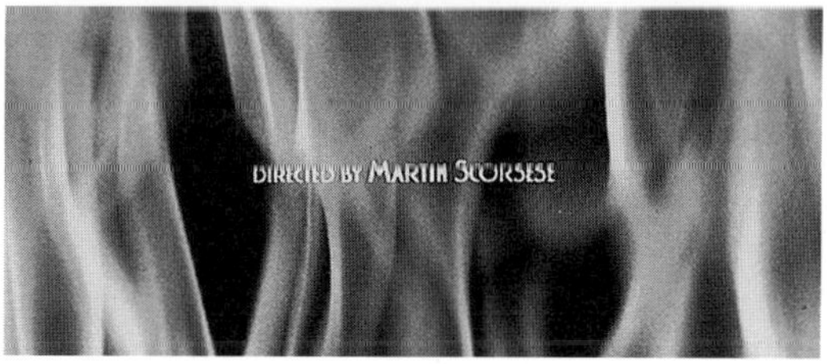

Es geht nicht um Architekturen und nicht um Verhältnisse, es geht um Kreisläufe. Nach der kurzen, lakonischen Exposition nähert sich CASINO seinem Gegenstand, dem Funktionieren der Spielerstadt Las Vegas, in einer scheinbar fast dokumentarischen Weise. (»Es hätte perfekt laufen müssen« – dies ist einer der ersten Sätze im Off-Bericht von Nicky Santoro.) Diese Perfektion besteht darin, dass in Las Vegas das Glücksspiel kein Drama ist, sondern nur die Außenhaut einer Geldmaschine, und deshalb folgt die Kamera auch nicht den Spielenden, sondern dem Geld, das aus ihren Händen kommt.

Schauspieler und ihre Rollen scheinen nur Fermente für die Kreislaufprozesse von Geld, Macht und Blut. Unmengen von Geld werden gemacht, von denen aus den Zählräumen immer wieder kofferweise etwas in den größeren Kreislauf gebracht wird, zu den Bossen, die »zu Hause« residieren, weit weg von der Wüste in schmuddeligen Hinterzimmern italienischer Restaurants, und die Geschäfte über Strohmänner und Kuriere lenken. Wie greise, böse Götter lassen sich diese Gangster von des Teufels Großmutter Pasta für ihr unentwegtes letztes Abendmahl kochen. Sex findet, wie so oft bei Scorsese, nur in einer zeichenhaften Form statt: Eine gute Prostituierte in Las Vegas, wenn man das hier überhaupt so nennen kann, hält den Kunden wach, bis er all sein Geld verspielt hat.

So eine, auf hohem organisatorischen Niveau, ist Sharon Stones Ginger, die auf die direkteste und sinnlichste Weise das Geld zirkulieren lässt, indem sie jede Gelegenheit zum Abzocken benutzt, zugleich aber auch jedem, den sie für ihren Job brauchen kann, gefaltete Geldscheine mit leichtem Händedruck übergibt. Robert De Niro ist der jüdische Vertrauensmann der Bosse, Sam »Ace« Rothstein, der das Casino ganz in eigener Regie, zu seiner eigenen Bereicherung und zu der der Bosse führt und der es aus allen Skandalen heraushält – was nicht heißt, dass er nicht mit äußerster Brutalität gegen Störungen seines Systems vorgeht. Joe Pesci ist der italienische Gangster Nicky Santoro, der, von den Bossen zu Rothsteins Schutz und seiner Kontrolle geschickt, immer mehr seine eigenen Geschäfte betreibt, vom Juwelenraub bis zum Restaurantbetrieb. Die Beziehung der beiden erscheint wie eine auf den Kopf gestellte Abbildung der »brüderlichen« Beziehungen in den Scorsese-Filmen zuvor: Santoro ist nun der unberechenbare, anarchische Teil des Teams, dessen Vorgehen am Ende auch das Unheil bringen muss. Wir sehen, wie er Geld eintreiben soll in einer Bar und wie er einen der Schuldiger quält: »I've got your head in a fuckin' vice! I'll squash your head like a fuckin' grapefruit if you don't give me a name.«

Von der kalten, analytischen Beschreibung des Systems von Spiel, Politik und Gangstertum kippt der Film ins gewalttätige Melodrama, als Ginger schließlich Aces Heiratsantrag zustimmt, weil er ihr volle materielle Absicherung auch im Falle eines Scheiterns der Ehe zusichert. Er tut das Einzige, was er kann, er verwandelt seine Liebe in eine Geschäftsvereinbarung. Ginger wird die Melodie des *Camille*-Themas aus Jean-Luc Godards LE MEPRIS (Die Verachtung; 1963) von Georges Delerue zugeordnet, die in ihrem Klang wie durch die Assoziation bereits vollkommene Hoffnungslosigkeit ausdrückt. Wessen Verachtung mag da wem gelten?

Zwei Millionen Dollar liegen für Ginger auf der Bank, zu denen, aus Sicherheitsgründen, nur sie den Schlüssel besitzt. Dummerweise aber hat Ginger eine rettungslose Beziehung zu ihrem Zuhälterfreund aus früheren Tagen, Lester Diamond (James Woods), dem glücklosen Spieler und Schmarotzer, der vielleicht keine »Klasse« hat, dessen größter Fehler es aber ist, nicht in den vernetzten Systemen von Politik und Gangstertum zu arbeiten, sondern mit einem fast kindlichen Egoismus. Und dummerweise hat Ace, obwohl er selbst die materiellen Grundlagen ihres Zusammenspiels definiert hat, wirklich geglaubt, die Liebe zu Ginger könne seine Erlösung, sein bürgerliches Glück bringen. Aber genau das Gegenteil findet statt, mit dieser verfehlten Liebe beginnt der Absturz in die Hölle.

Mit der »Bildung« des Paares Stone / De Niro dissoziiert schon die Ordnung der Bilder. Sie verlieren und entfremden sich in Spiegelungen und Brechungen; in der Szene ihres wüsten Streits sehen wir ihre Gesichter in einem marmorgesprenkelten Hintergrund gespiegelt. Aus dem zwar vorhersehbaren, aber dann doch immer noch um eine Spur grausamer als erwartet verlaufenden Scheitern der Ehe und dem nur von der Angst vor den

Die schauerlichste aller Höllen: Ace Rothstein (Robert De Niro) und Nicky Santoro (Joe Pesci) in CASINO

Bossen gezügelten Konflikt zwischen Ace und Nicky entwickelt sich die Katastrophe, beschleunigt durch ein paar scheinbar kleine Fehler, die der Manager des *Tangier*-Casinos macht: Ace feuert den Schwiegersohn eines Lokalpolitikers und weigert sich, ihn wieder einzusetzen; er sucht, gegen das Anraten der Bosse, die Öffentlichkeit, nachdem er unter Beschuss geraten ist, weil ausgerechnet der ehrbare Mann, den man sich als Aushängeschild besorgt hat, in allerkrummste Geschäfte verwickelt ist, und schließlich verliert Ace vollends die Kontrolle über sein Privatleben: Nicht nur machen der Alkohol, die Drogen und die verzweifelte Rückbindung an den ersten Lover und Zuhälter Ginger zur Furie, was schließlich am Ende den Gangsterkrieg auslöst, den man lange Zeit zu vermeiden suchte. Alle werden liquidiert, die dem Geschäft schaden können. Mehr noch: Las Vegas bekommt ein neues Gesicht. Es wird noch perfekter. An die Stelle des Durcheinanders von Politik, Glamour, Sünde und Verzweiflung tritt ein familienfreundlicher Ort, an dem die Kinder Seeräuberschlachten mit Bootsattrappen und Stuntmen erleben dürfen, während Mom und Dad das Eigenheim oder wenigstens die Hoffnungen auf eine College-Ausbildung ihrer Kleinen verspielen. Natürlich haben die Gangster alten Schlages hier nichts mehr verloren; anders gesagt: Gangstertum, Politik und Entertainment sind vollständig identisch geworden.

So hat Scorsese mit CASINO die Geschichte seiner Gangster zu Ende geschrieben, nicht nur als fortlaufende Biografie einiger Männer, die es aus den Gettos bis an die Spitze geschafft haben, sondern auch als ihre Sozialgeschichte, vom ausgegrenzten und sich ausgrenzenden Gegenentwurf über den Karrieristen in Gangland bis zum Gangstertum als vollendetem Herrschaftssystem, das von einer bürgerlichen Herrschaft so gut wie nicht mehr zu unterscheiden ist. Auch die Meta-Geschichte seiner Gangsterfilme ist die Geschichte von Männern, die einen Raum erobern, den sie sich zum eigenen Gefängnis machen. Am Ende von CASINO ahnen wir: Die gesamte (amerikanische) Gesellschaft ist ein geschlossener Raum geworden, der die Menschen auf- und aussaugt, um sie sodann wieder auszuspucken.

Die einander ergänzenden Elemente von CASINO, die genaue, materialistische Dokumentation, das Shakespeare-Drama von Macht und Fall, der Genrefilm und die Strindbergsche Seelenpein von Mann und Frau, zwischen denen eine unsichtbare Mauer steht, laufen alle auf die Feststellung hinaus, die Robert De Niro schon am Anfang getroffen hat: dass niemand gegen die Bank gewinnen kann. Das ist nicht nur konkrete Beschreibung einer ökonomisch-kriminellen Situation und soziale Metapher auf das Wesen des Kapitalismus, sondern auch ein philosophisches Gleichnis. Jeder, der das Casino betritt, wird so lange bearbeitet, sei es mit Gewalt, sei es mit Verführung, bis er der Verlierer ist. Es ist die Gier, die noch den abgebrühtesten Spieler dazu bringt, im entscheidenden Moment die Kontrolle über sich zu verlieren, wie uns ein kurzes, prägnantes Beispiel zeigt. Und es ist die Gier, die nacheinander auch die Leute, die das Geschäft der Ausbeutung betreiben, selber zu ihren Opfern macht. Dass die Bank immer gewinnt, ist eine Aussage über das Glücksspiel, ein Bild der ökonomischen Situation der 90er Jahre und das Bild einer besonderen Form politisch-terroristischer Herrschaft. Joe Pesci führt sich mit der passenden Bemerkung dazu ein, nämlich dass kluge Leute schon früh die Gruben schaufeln, in denen sie ihre Feinde verschwinden lassen (unnütz zu sagen, dass er selber am Ende in eine solche geworfen wird). Gegenüber GOODFELLAS, wo wir schon einen Erzähler erlebt haben, der uns im Lauf der Erzählung immer fremder wird, ist dies ein weiterer Schritt: Nun darf da jemand die Autorität der Off-Narration usurpieren, der uns nicht nur als moralisch höchst verwerflich erscheint, sondern an dessen geistiger Gesundheit wir erheblich zweifeln können. Er verweist auf die Wüste um Las Vegas mit ihren vielen Erdhaufen: Unter jedem liegt »ein Problem«. Beides erscheint schließlich ebenso materiell, als Funktionsmodell des postindustriellen Kapitalismus, wie metaphysisch, als Bild des menschlichen Lebens, das gegen die Zeit und den Tod keine Chance hat.

Die Off-Erzählung, die abwechselnd – und interferiert von einigen anderen Gangsterstimmen – von Ace und Nicky bestritten wird, führt uns auch insofern in eine Narrationsfalle, als wir beide Figuren, die eine vom Anfang, die andere vom Ende der Handlung her, für tot halten müssen. Durch diese Verdoppelung wiederholt sich nicht allein der Effekt des sterbenden Off-Erzählers, den wir aus Billy Wilders SUNSET BOULEVARD (Boulevard der Dämmerung; 1950) kennen (welcher Erzähler könnte unzuverlässiger sein als einer, der in seiner eigenen Erzählung gestorben ist?), vielmehr wird das Gespenstische einer mehrfach »unmöglichen« Erzählung betont. Es ist eher der Ort, der erzählt, und der von den Stimmen derer erfüllt ist, die hier einst das Sagen hatten. Natürlich widersprechen die beiden einander permanent – und gleichen sich doch darin, dass sie das Funktionieren ihres Systems perfekt wiedergeben und dabei über sich selbst nicht die geringste Auskunft geben können. Gerade weil Ginger eine solche Stimme nicht hat, scheint sie nicht nur der verstörendste Charakter der Konstellation, das Nicht-Systematische im Systematischen, sondern auch die realste Figur. Es gibt keine weibliche Perspektive in diesem Film; wir sehen in Sharon Stones Augen viel eher die Unfähigkeit, die Blut-, Geld- und Machtkreisläufe zu verstehen als die Lust an ihrer Zerstörung; Kreisläufe, in denen die Mütter die Söhne tadeln, nicht, weil sie Mordgeschäfte ausführen, sondern weil sie schmutzige Wörter benutzen. Zwischen dem Mann, an den sie emotional gebunden ist und der nur ihr Zuhälter und Parasit sein kann, und dem Mann, der sie besitzen will und ihr den goldenen Käfig bereitet, hat sie von vornherein keine andere Chance, als bewusstlos böse zu werden, so souverän sie auch anfangs die Gesetze von Las Vegas zu beherrschen scheint.

Der Film spielt in den Jahren 1973 bis 1984 und gibt als Ganzes einen der größten Gangster-Coups in der zweiten Hälfte des Jahrhunderts wieder, ein Schritt für Schritt geplantes Aufbauen von Las Vegas als Geldmaschine und Geldwaschmaschine mit dem Einverständnis der lokalen und der

»großen« Politik. Und dieser Ace Rothstein ist, für einen bestimmten Abschnitt dieses Unternehmens, genau der richtige Mann, einer, der von nichts so sehr besessen ist wie davon, die Dinge »unter Kontrolle« zu haben, der an das System glaubt, nicht an Menschen, und der bereit ist, jede Gewalt anzuwenden, um dieses System zu erhalten. »Ein Casino zu leiten«, sagt er, »ist wie eine Bank auszurauben, ohne dass die Polizei in der Nähe ist.« Wie vielen Scorsese-Helden wird ihm die seltsame Beziehung zwischen dem unkontrollierten und unkontrollierbaren Freund und der Frau zum Verhängnis. (CASINO ist Remake und Sequel von MEAN STREETS in einem.) Schon im Verhältnis der Sprache der beiden Freunde/Kontrahenten, die am Ende aneinander scheitern, kommt ihr unlösbarer Widerspruch zum Vorschein: Während Ace Rothstein stets bemüht ist um Ruhe und Kontrolle, keift und hechelt Santoro, als gelte es, ein imaginäres Gegenüber zum Schweigen zu bringen; sein Satz »Es hätte perfekt laufen müssen« wird schon in seiner Stimme konterkariert.

»Casino« – das bezeichnet gewiss zunächst den »heiligen« Ort von Spiel, Glamour und Geld. Es ist aber auch das italienische Wort für Durcheinander und Unheil, und nicht zuletzt hat es die mögliche Nebenbedeutung »Bordell«. Scorsese hat die bislang kälteste und genaueste Beschreibung jenes Orts des Unheils gewagt, dem seine Filme so hartnäckig auf der Spur sind. Es gibt keine Möglichkeit mehr, in Opfer und Mythos zu flüchten, das Ende ist purer Hohn; mit Schrecken und Angst können wir den langen Weg der Protagonisten von CASINO in ihr Unheil verfolgen, aber ohne eine Sekunde der Sentimentalität. Was die Gangster in Las Vegas erfahren, ist nicht so sehr ihr Scheitern als vielmehr ihre Entwirklichung. Sie sind so sehr Teil der Maschine, dass sie keine Grenze zwischen Ich und Außenwelt mehr erkennen können. Der Spiegel, um es in Scorseses Metaphernsprache zu sagen, ist kein Ereignis mehr, keines der Lacanschen Verdoppelung und schon gar keines der Selbsterkenntnis, er ist zum Zustand geworden. Man ist gleichsam unendlich vervielfältigt und zurückgeworfen. Der Raum der Gier und des Geldes ist vor allem ein barocker Spiegelsaal. Und das Licht beschreibt die Form nicht mehr, sondern löst sie auf. Auch

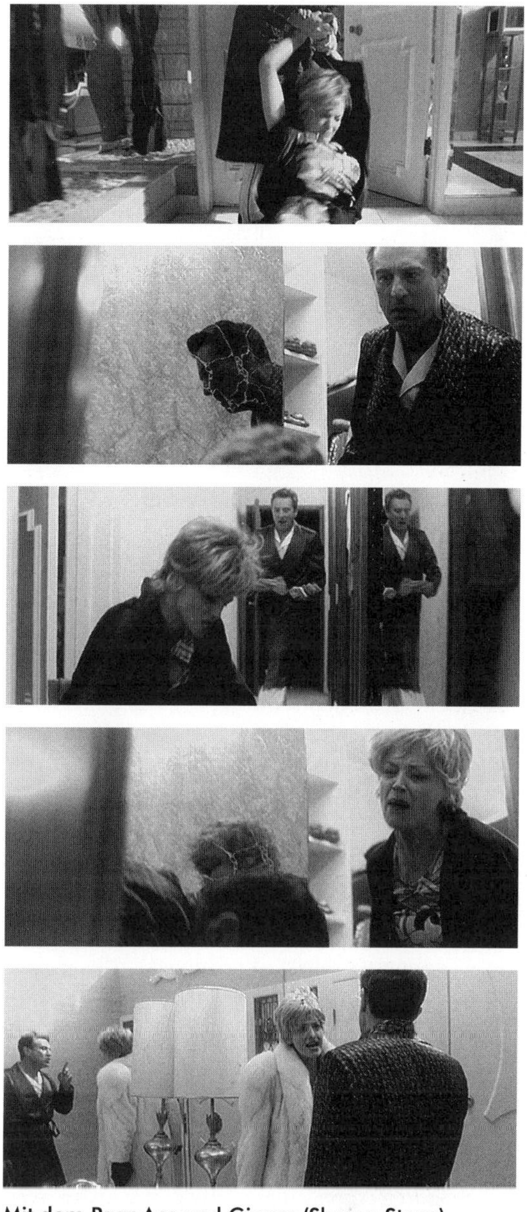

Mit dem Paar Ace und Ginger (Sharon Stone) zerfällt die Ordnung der Bilder

die Kamera schreibt die Figuren und ihre Zeichen viel weniger, als sie aufzulösen. Der Kameramann Robert Richardson, der, so Michael Althen, »setzt häufig auf Überbelichtungen. Die Menschen werden von einem Licht bestrahlt, das so kalt wie Schnee auf sie fällt. Sie leben unter einem eisigen Mond, der jene im Rampenlicht in flüssiges Edelmetall zu verwandeln scheint. Manchmal strahlt ihr Fleisch im kalten Licht so weiß, dass sie wie Gespenster wirken, die alles berühren, aber nichts fassen können. Phantome aus Neonlicht, die nur noch in der Gewalt das Leben erfahren. Nur wenn das Blut spritzt, der Kopf im Schraubstock steckt oder die Baseballschläger niedersausen, scheint der Beweis möglich, dass diese Menschen real sind.«

Eine radikale Entzauberung

Mit 177 Minuten ist CASINO Scorseses längster Film, und er hat eine eigenwillige dramaturgische Struktur. Die erste Stunde, eine Art semi-dokumentarischer Unterbau für das Drama, ist aus der Perspektive von Rothstein gesehen; wie aus einem Lehrbuch schildert er, wie er von den Bossen als Statthalter in Las Vegas und Leiter des *Tangier*, des größten Casinos, aufgebaut und eingesetzt wurde, ohne dabei selbst in irgendeine kriminelle Affäre verwickelt zu werden. Und er erklärt, nicht minder sachlich, wie diese »Geld-Maschine« funktioniert. Erst dann beginnt so etwas wie die »Handlung«, die in nichts anderem besteht als in der Demontage dieses Helden (aber auch: in der Demontage seiner »Erzählung«), die gleichzeitig eine neuerliche Umwandlung der Machtstrukturen und Funktionsweisen der Geldmaschine Las Vegas zum Hintergrund hat. Ace Rothstein ist also aus vielen Gründen ein *unreliable narrator*: weil ihn die Liebe (oder was er dafür hielt) blind gemacht hat; weil er, wie wir annehmen müssen, ein toter Mann ist; weil er einer Zeit angehört, deren Spuren schon wieder verwischt wurden; weil er das System kennt, aber trotzdem glaubt, er könne darin als Subjekt bestehen; weil ihm ein anderer *unreliable narrator* beständig ins Wort fällt, der neben der Geld- auch die Wort- und Bildmaschine stört.

Wieder, wie bei GOODFELLAS, einem vergleichbar »sachlichen« Film über das Gangstertum, arbeitete Scorsese mit dem Drehbuchautor Nicholas Pileggi, von dem zur gleichen Zeit in den USA ein Buch erschien, das seine Recherchen wiedergibt: Vorbild von Rothstein ist Frank »Lefty« Rosenthal, ein begnadeter Buchmacher mit festen Kontakten zur Mafia, ein Mensch mit einer Manie für Wahrscheinlichkeitsrechnungen und Statistiken, der beim Spiel – nach seinen Worten – an alles glaubte, nur nicht an das Glück. Erste Quelle war ein Zeitungsartikel, in dem diese Schlüsselfigur von Las Vegas porträtiert wurde; es war der Nukleus des Buches von Pileggi, eines »Tatsachenromans«. Das Drehbuch zum Film entstand, während er noch an der Buchfassung seiner Recherchen arbeitete. »Marty ging alle meine Aufzeichnungen durch, und dann haben wir uns hingesetzt und schufen das Drehbuch aus dem unveröffentlichten Buch.« Und dabei hatte er Einblick in die Arbeitsweise Scorseses. »Wenn man so ist wie ich, schreibt man einfach ein Script. Aber er schreibt die Musik, schreibt die Einstellungen, schreibt die Bilder, schreibt die Stimmung. Er schreibt einen Film, wie ich ein Drehbuch schreibe. Es war faszinierend zu beobachten. Er machte sich die Notizen für die Musik auf Karten, er zeichnete Skizzen auf Karten für die einzelnen Szenen. Er sah den fertigen Film in seinem Kopf. Er ist immer noch das kleine Kind, das zu Hause diese religiösen Filme auf die Ecken des Telefonbuchs kritzelte. Er macht die Filme in seinem Kopf.«

In einem Kopf, um es genauer zu sagen, der nicht nur damit beschäftigt ist, zu träumen, sondern auch damit, sich zu befreien. Er schafft eine Form der Aufklärung am Leitfaden seiner Little-Italy-Träume; die Passion des Filmemachers Martin Scorsese ist es, seine Träume zu zerlegen, anstatt sie zu maskieren. CASINO ist die Film-Imitation eines Insiderberichtes, aus der Perspektive eines Aussteigers, eine minutiöse Darstellung einer kriminellen Mechanik und die radikale Entzauberung eines magischen Ortes. »Am Ende fließt doch alles in unsere Taschen«, lautet die Maxime der Casinoführung, das heißt: Wer gewinnt, muss so lange am Spieltisch gehalten werden, bis er wieder verliert (oder wie der japanische Berufsspieler, sogar mit allen Mitteln zurückgebracht werden), wer falsch spielt, muss mit allen Mitteln (einschließlich der physischen Gewalt) vom Spieltisch ferngehalten werden; die kleinen Gangster, die von dem Glitzerort angezogen werden, sind mit ihresgleichen konfrontiert, die im Dienst des Hauses die Falschspieler und Trickdiebe aus dem Verkehr ziehen, unauffällig für die Gäste; wer an den Automaten spielt, soll keine Chance haben. Das heißt auch: Das Casino ist nicht nur der kapitalistische Ursprungsort, an dem das System die Gier der Menschen in Geld verwandelt, nicht in jenes, das ihnen gegeben, sondern in jenes, das ihnen genommen wird, es ist auch wiederum ein »Kafka-Ort«, an dem jeder Einzelne »gemeint« ist, und zu dem niemand wirklich »gelangen« kann. In CASINO erscheint dies nicht als »Naturgesetz«, als Ausbeutung menschlicher Natur, sondern man sieht, wie es Ergebnis einer sozialen Konstruktion ist, und der »magische Raum« löst sich unter dem Blick auf in ein unheimliches System der Überwachungen und Manipulationen: Das »Haus« hat jeden auch noch so kleinen Vorgang an den Spieltischen und Automaten im Griff, beantwortet jeden individuellen Gewinn mit einer mechanischen Gegenstrategie. In kaum einem Film konnte man je sehen, wie sehr »Gesellschaft« eine Maschine ist.

Der Raum der Gier und des Geldes

Der zweite Teil des Films initiiert das Drama durch die Einführung zweier weiterer Figuren: Nicky ist Aces Freund aus früheren Tagen – in dieser Neuauflage des Paares aus MEAN STREETS können wir sehen, dass Johnny Boy nicht halb so verrückt war, wie er tat, er ist, genauer gesagt, doppelt so verrückt. Vielleicht aber, die Besetzung lässt den Schluss zu, haben die beiden auch die Rollen getauscht. Nun ist Nicky nach Las Vegas gekommen, um an dem Boom teilzuhaben, »zur Tür hereingeschickt« von einem Gott, der offensichtlich nicht mehr vorhat, sein Kind zu prüfen. Er will ihn nur noch demütigen (Ace Rothstein hat nichts und kennt nichts, was er opfern könnte), und dieser Nicky ist zugleich die Fortsetzung von Pescis Rolle in GOODFELLAS und die von Johnny Boy. Er ist gierig und aggressiv, unbesonnen und unberechenbar. Und er beginnt sozusagen eine Gegennarration, erzählt, ebenfalls aus dem Off, seine eigene Version, deren Rationalität schon nicht mehr so eindeutig auszumachen ist. Ist er der Gangster, der noch mehr der barbarischen Vergangenheit angehört als Ace? Oder ist er, umgekehrt, gerade von den Bossen (wir erinnern uns: greise Götter in Hinterzimmern, die nicht genießen können, was sie sind) geschickt, als Joker, der das As schlagen soll? So spürt Ace, welche Gefahr von ihm ausgeht, für das System, aber auch für ihn selbst. Aber es ist nicht allein die alte Loyalität, nicht allein der Umstand, dass Nicky von den Bossen »geschickt« wurde, was Ace lähmt. Es ist auch die Erkenntnis seines Schicksals. Und da ist Ginger McKenna, eine andere Nutznießerin des Systems, ein Luxuscallgirl und eine Hasardeurin mit Methode. »Her mission in life was money«, heißt es am Anfang von ihr. Eine Mission, keine Passion! Ace sieht in ihr die Erfüllung seines Traumes vom Glück, und er heiratet sie, obwohl er weiß, dass sie ihn nicht liebt. Auch ihr gegenüber verfällt er in diese ohnmächtige Lähmung, auch hier geht das

Greise Götter: Die Mafiabosse im Gerichtssaal

Desaster über ein psychologisches Drama hinaus. Sie hängt an ihrem Ex-Freund, einem tückischen *fall guy*, wie in einer Spiegelung von Aces Bindung an die barbarische Vergangenheit. Auch sie kann nicht »funktionieren«, weil sie eine Vergangenheit hat. Und gegen den Kerl hat Ace keine Chance, gerade weil er ein Schwächling ist.

Es ist ein Deal: Sie heiratet ihn, weil er verspricht, dass sie nie wieder Geldsorgen haben wird. Eine Erlösung von ihrer Mission. Es scheint, als könne alles seine Ordnung haben. Aber alle diese Deals tragen nun den Keim des Untergangs in sich; auch die »Aussprache« zwischen Nicky und Ace, die sich in der Wüste treffen. Die Maschine, das macht unter anderem ihre Perfektion aus, kann über sich selbst nicht sprechen. Das Drama tritt in seine letzte Phase, als sich Ginger auch noch an Nicky heranmacht und ihn dazu verführt, sich gegen Ace zu stellen.

Nun beginnt das System in sich zu zerfallen, alles läuft schief. Der Gangster scheitert an seinen bürgerlichen Träumen, und das Scheitern seiner Ehe löst in immer heftigeren Weiterungen ein wahres Blutbad aus. Er scheitert aber auch, indem er ein anderes Machtsystem herausfordert, das der Politik. Der Auftritt eines Provinzpolitikers in einem lächerlichen Outfit, das wirkt wie aus einer drittklassigen Westernserie (oder aus *Dallas*), leitet Aces äußerlichen Niedergang ein. Was da scheinbar wie ein Fossil der Pioniertage erscheint, ist in Wahrheit der andere, der offizielle Gott des amerikanischen Kapitalismus, sein Ur-Vater, der jederzeit den Segen von seinen Söhnen nehmen kann. Der WASP-Baron und die Mafiabosse sind in diesem Spiel Verbündete. Und alle finden ihre Strafe. Ace wird für seine Hybris bestraft, er scheitert an seinem Freund und an seiner Frau. Ginger wird für ihre Gier bestraft, sie scheitert an ihrem Geliebten und ihrer Sucht. Sie setzt sich dagegen zur Wehr, einfach zu verschwinden, aber eben dadurch, eine typische Scorsese-Konstellation, beschleunigt sie ihr Verschwinden zu einem ausufernden Drama, zu einer Kettenreaktion des Verschwindens. Sie zerfließt förmlich, verliert alle Form und alles Ziel in ihrem Leben. Und Nicky wird für seine Gewalt bestraft – durch die Gewalt.

Ginger ist eine Figur aus dem Kosmos der frühen Scorsese-Filme, die einzige, der wir noch Mitgefühl entgegenbringen können. Sie ist, wie Charlie, jemand, der es zugleich in einer Welt zu etwas bringen will und aus ihr fliehen möchte, jemand, der sich zugleich nach Erfolg und nach Erlösung sehnt, während die Männer längst reduziert sind auf das Funktionieren und die Inszenierung.

Auch in CASINO stellt die Musik (wiederum ausschließlich bereits vorhandene Musik) einen weiteren Bedeutungsrahmen her; es sind die Rocksongs der 70er (bei Sharon Stones erstem Auftritt ist *Heart of Stone* von den Rolling Stones zu hören, und die Frage ist wohl nur, ob es um ein Herz aus Stein geht oder um die Versteinerung eines Herzens), dazu kommen, wie gesagt, Bachs *Matthäus-Passion* und das LE MEPRIS-Thema. So sind noch einmal drei Referenzen erzeugt zu drei sehr verschiedenen (musikalischen) Sinn-Systemen. Der unendliche sakrale Raum, die drängende Bewegung der Pop-Revolte, der melancholische Kommentar des Subjekts.

Und wie die Musik die inneren Räume beschreibt, so beschreiben umgekehrt Räume die inneren Melodien. Das Casino ist ein ausuferndes Bild, das die »goldenen Städte«, Sodom und Gomorrha ebenso darstellt wie die Bank als kapitalistische Geldmaschine, das Bordell, das Theater, letztlich die Traumfabrik Hollywood selber. Auf einer höheren Ebene ist es das Bild von der Beziehung zwischen Systemen und Menschen; ein Verhältnis, das nie aufgeht. Nach den Menschen scheitert das System, wir sehen, wie Las Vegas umgebaut wird zu einer noch perfekteren Geldmaschine. Nun ist es nicht mehr eine perfekte, aber »fremde« Maschine in der Gesellschaft, es ist die gesellschaftliche Maschine selbst geworden, ein Ort, der niemanden mehr auszuschließen scheint. »Das neue Vegas«, sagt Martin Scorsese, »zielt mit erschreckender Unbeirrbarkeit auf den Durchschnittsbürger und seine Kinder. Las Vegas vor der Transformation, das war: Böse Menschen tun böse Dinge, aber darin steckte eine furchtbare Ehrlichkeit. Preiskämpfe, Lug und Trug, Eldorado für Zocker, die ganze Atmosphäre von ›schmaltzy‹ und ›glitzy‹ – daran finde ich nichts auszusetzen. Entscheide dich dafür oder dagegen! Jedoch die Art, wie sich die Stadt heute als musterhaft und harmlos gibt, erinnert an den Wolf, der Kreide gefressen und sich ein Schaffell übergezogen hat. Das ist unappetitlich.«

Scorsese selbst vergleicht das, was mit Las Vegas in den 70er Jahren geschehen ist, mit dem Ende der Boomtowns im Wilden Westen in den Jahren nach 1880. Las Vegas war ein Relikt eines alten, anarchischen Amerika, eine »Oase für das unkontrollierte Geld«. So ist diese Transformation, die einen inneren und äußeren Aspekt aufweist, den Zugriff der Politik und des neuen Kapitals und die innere Zersetzung der Gangsterherrschaft, auch eine historische Schlüsselsituation. In die Beziehung der drei Hauptpersonen – geprägt von »alter Freundschaft, Transgression, Vertrauen und Betrug«, wie Scorsese sagt – ist die amerikanische Geschichte als eine Folge von Zusammenbruch und Rekonstruktion eingeschrieben: Das System, das »eigentlich« perfekt funktionieren könnte, zerstört sich durch Selbstüberschätzung und Gier, aber die Gründe führen eben auch immer weiter in die Vergangenheit, zu jenen »alten Freundschaften« (die zwischen den Gangstern ebenso wie die zwischen Ginger und ihrem Zuhälter), zur biblischen und korrupten Selbstgerechtigkeit des Pionier-Nachfahren.

»Man könnte«, schreibt Robert Fischer, »CASINO als Scorseses Beichte betrachten, als Beichte

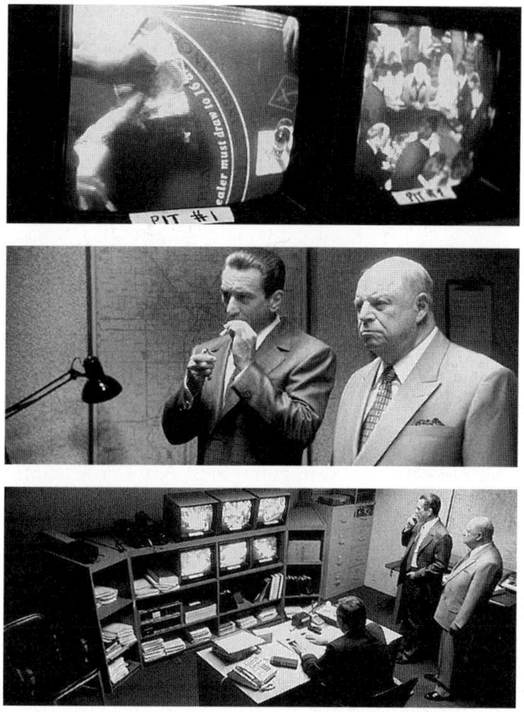

Ein System der Ausbeutung und Überwachung

eines streng katholischen Regisseurs, der zu den bestbezahlten Vertretern einer Branche gehört, die unvorstellbare Summen für einen einzigen Film hinblättert – und dennoch astronomische Gewinne macht.« Und so weisen, natürlich, die sarkastischen Hinweise auf die Trivialität hinter den Inszenierungen auch auf sich selbst: der Blick der Kamera auf die Sockenhalter Rothsteins, oder der Anschluss des Blickes auf den leeren Spielsaal, ausgerechnet, als er von seinem Herzen spricht. Sein Herz ist leer, eine kurzfristige Unterbrechung der Maschinerie des Geldes. Wenn Scorsese gleichsam den *unreliable narrator* aus dieser Geld- und Traummaschine vertreibt, vertreibt er ein wenig auch sich selbst: CASINO steuert auf einen Nullpunkt des filmischen Erzählens hin.

Aber weiter ist die Fortsetzung auch eine fortlaufende Untersuchung über das Geld; *the color of money* verliert sich hier, Geld wird irreal, nicht allein durch die unglaublichen Mengen, mit denen es den höllischen, unordentlichen Ort durchläuft, sondern auch, weil es nirgendwo eine materielle Entsprechung mehr hat. Die Leute in GOODFELLAS hatten zwar ein »vernünftiges« Verhältnis zum Geld schon verloren, aber sie erfreuten sich wenigstens noch an der Verschwendung. In CASINO hat das Geld nur noch seinen Wert in sich selbst. Las Vegas ist bereits die Utopie einer Gesellschaft ohne Arbeit. Menschen wie Ginger oder Nicky oder Gingers Freund sind, andersherum, seltsame Störungen im System, die Unmengen von Geld verschwinden lassen können. Die »Beichte« ist also vielleicht umfassender, als Hinweis auf den Kreislauf der Sünde: Geld – Gewalt – Droge – Geld.

Das Casino ist nicht nur die soziale Konstruktion einer Geldmaschine, sondern in gewissem Sinne auch eine der Reinigung, eine Art Konfessionsmaschine. »Las Vegas washes away your sins«, sagt Ace Rothstein, »it's like a morality car wash.« Und er meint damit sicherlich nicht allein die Funktion des »Geldwaschens«.

Es geht aber, gewiss, auch um die Selbstentäußerung der Sharon Stone, die dunkle Seite von »Barbie Doll«, wie sie sich selbst sarkastisch nennt. Sie ist eine Frau, die unentwegt die falschen Entscheidungen trifft (wie es vordem vor allem die Männer bei Scorsese getan haben) und damit das Glück und den Erfolg wieder verspielt. Sie wird, wie Sharon Stone sagt, »von Angst und Verzweiflung regiert«. So wie man ALICE DOESN'T LIVE HERE ANYMORE auch als den Film von Tommy lesen kann, dem Sohn der Heldin, so kann man CASINO auch als den Film Gingers sehen.

Jake, Henry und Ace

Einige Autoren (wie Martin Amis) sehen RAGING BULL, GOODFELLAS und CASINO als eine zusammenhängende Trilogie, die unter anderem als Gegenentwurf gegen Coppolas romantisierende GODFATHER-Trilogie (Der Pate I-III; 1972-90) zu verstehen sei. Alle drei Filme gehen auf wirkliche Geschehnisse, auf Biografien zurück, so dass der Regisseur in einer Art emotionalem und dokumentarischem Chaos, dem simplen Umstand, dass jede Erzählung in der Ich-Form die Lüge enthält, Täuschung und Selbsttäuschung, eine Ästhetik des inneren Widerspruchs im Film entwickelt. So sind die Bewegungen von Scorseses Gangstern taumelnd, ohne den Mythos, der sie noch bei Coppola schützt – der letzte Mythos, dass das Gangstertum ein kohärentes Bild der Gesellschaft gäbe, die Tragödie als inhärentes Sinn-Bild. Nichts davon bei Scorsese, seine Gangster sind Spießer, Clowns, Verrückte, die früher oder später das heillose Durcheinander, das sie anrichten, auch gegen sich selbst richten. Scorseses Helden sind auch in der Form des Gangsters vor allem absurd; sie leben in einer Welt, in der es normal erscheint, dass man einen Mann als besten Freund ein Leben lang begleitet, um ihn dann für Geld oder um der Hierarchie willen umzubringen. Sie machen sich zu den Clowns des Geldes, der Macht, der Gewalt, und ihr einziger Stolz, nicht zu den Sklaven der Arbeitswelt zu gehören, erweist sich immer als Illusion: Die Gangster sind nie ein Gegenentwurf zum »gewöhnlichen« Kapitalismus, sie sind nur dessen verrücktester Teil.

Der Film hat begonnen wieder in jener Zeitstruktur und mit der (noch) unverbundenen Schere zwischen Bild und Off-Narration, die wir aus Scorseses Filmen kennen. Es ist 1983. Ace Rothstein, elegant gekleidet, geht zu seinem Auto. Die Stimme sagt: »When you love someone, you've gotta trust them. There's no other way. You've got to give them the key to everything that's yours. Otherwise, what's the point? And, for a while ... I believed that's the kind of love I had.« Wenn RAGING BULL den Erfolg und GOODFELLAS die Gewalt untersucht hat, dann ist CASINO der Film, der »Vertrauen« behandelt. Wie eine Krankheit. ❑

Kundun (1997)

Der »Tod« von Sam »Ace« Rothstein, der noch einmal eine Übermalung des sozialen Todes von Henry Hill aus GOODFELLAS ist, bedeutete für Scorsese so etwas wie eine Endstation: »Ich habe einen Punkt in meinem Leben erreicht, wo ich vor allem etwas Neues machen möchte. In CASINO habe ich den brutalen Tod des Gangsters durch die Hand seiner Freunde gezeigt, dem ist nichts mehr hinzuzufügen. Danach kann ich nur noch die Zeitschiene ändern, wie ich überhaupt lieber Filme über die Vergangenheit drehe. Ich mag die Gegenwart nicht, zu verwirrend und gefährlich.«

Mit KUNDUN kehrte Scorsese auch wieder zu einer einfacheren Form des Filmemachens zurück; das Budget von 28 Millionen Dollar trägt einen Film ohne Stars, der ganz gegen die Hollywood-Sprache gerichtet scheint. (Und auch dieser Film kann seine Kosten erst wieder in Europa einspielen.) Er nimmt den Rhythmus einer Kultur auf, die keine Räder verwendet. So ist es ein Film der Schritte, einer Gemessenheit, die alles bedenkt und wenig Raum für das Flüchtige und Zwiespältige lässt. KUNDUN verlangsamt das Tempo, als gelte es, zugleich die Geschichte und die Arbeitsweise des Martin Scorsese zur Bedächtigkeit zurückzubringen. Anders als alle vorherigen Filme des Regisseurs sucht dieser eine transzendentale Autorität aus dem horizontalen Empfinden heraus. Wenn in THE LAST TEMPTATION OF CHRIST das horizontale Geschehen durch die Vertikale unterbrochen wurde (ist nicht der Bruch selber, der das Kreuz bildet, das Wesen der christlichen Religion?), so will sich in KUNDUN, die Spiritualität geradlinig ausbreiten und gerät an ihre Grenzen.

Der Film ist vom Dalai Lama selbst autorisiert und in gewisser Weise »sein« Film. Nicht dass es dabei unbedingt um das nach dessen eigenem Urteil »eher unbedeutende« Leben des Protagonisten geht, wohl aber um die Idee der »guten Sache«. Daher erscheint er als ebenso klares wie einfaches Gleichnis auf den Widerspruch zwischen dem atheistischen Aktionismus der Kommunisten (als schurkischste Vertreter einer schurkischen Lebensweise des Materialismus) und der spirituellen Kontemplation (mit Tibet als dem spirituellsten unter den spirituellen Orten), und er scheint ein Weltbild von erhebender Schlichtheit zu vermitteln. Nie war ein Scorsese-Film so wenig Dokument einer Revolte wie KUNDUN. Nie zuvor hat sich Scorsese auf eine so einfache Zeichnung der zwei Seiten in einem Konflikt eingelassen; beide Seiten, so scheint es, funktionieren ohne Selbstwiderspruch (als hätte nicht Mao Tse-Tung durchaus eine religiöse und der Dalai Lama durchaus eine weltliche Bedeutung, die noch einmal jeweils in sich widersprüchlich sein müssen, und als wäre daher nicht immer nur der Kampf eines Menschen gegen einen

Gott, sondern auch der Kampf zweier Menschen und der Kampf zweier Götter von Bedeutung). KUNDUN scheint der Scorsese-Film, dem es am meisten angelegen ist, den Scorsese-Blick zu vermeiden (in dem, vermute ich, der Dalai Lama und Mao Tse-Tung zugleich als Kontrahenten und als »Komplizen« erscheinen müssten, der eine so sehr der Schöpfer des anderen wie sein Verräter).

Scorsese bekennt freimütig, weder Buddhist zu sein noch sich allzu sehr für die Sache Tibets eingesetzt zu haben, »aber ich war von Kindheit an fasziniert von diesem kleinen Land, das von der Spiritualität geleitet und zusammengehalten wird.« Diese Faszination freilich entspringt auch einer populären Mythologie, die schon älter ist als unser Jahrhundert. In Tibet wurde immer das ganz andere gesucht, das Gegenbild zur materialistischen Dynamik, zum Krieg, zur Ökonomie als das, was eine Gesellschaft im Inneren zusammenhält, und diese Mythologie war nie frei von einer Projektion, die dem wirklichen Tibet Gewalt antun musste, eine postkoloniale Enteignung eines »kleinen Landes« durch die Sinnsuche. Am Ende der 90er Jahre war Tibet dann nicht nur mit Hollywoodfilmen wie Jon Avnets RED CORNER (1997) oder Jean-Jacques Annauds SEVEN YEARS IN TIBET (Sieben Jahre in Tibet; 1997; nach den Erinnerungen von Heinrich Harrer), sondern auch in der Musik von Bands wie den Smashing Pumpkins oder den Beastie Boys in den Pop-Diskurs überführt. 1997 wurde das erste *Tibetian Freedom Concert* durchgeführt, bei dem ein buddhistischer Tempel als Bühne diente. KUNDUN musste in diesem Zusammenhang wie ein Echo, Reflex einer höchst problematischen Mode wirken. Und was das anbelangt, so konnte Martin Scorseses Film in der Tat als Konzentration und Reinigung erscheinen. KUNDUN ist sicher nicht ein zentrales Werk Scorseses, aber er ist auch nicht, und das ist gewiss schon Lob genug, Teil des Hollywood-Diskurses.

Scorsese inszenierte ausschließlich mit (exilierten) Tibetern die Geschichte des Dalai Lama von 1937 an, wo er weit entfernt von der Hauptstadt als zweijähriger Sohn armer Bauern als 14. Reinkarnation des Buddha erkannt wird, nachdem er aus einer Anzahl von Objekten jene ausgewählt hat, die seine Bestimmung belegen. (Diese Szene der »Auswahl der Objekte« ist dann doch wieder einigermaßen scorseseianisch.) Er wird ins Kloster von Lhasa gebracht und dort einer ebenso fürsorglichen und geduldigen wie unerbittlichen Erziehung unterzogen, um schließlich zum geistlichen und weltlichen Oberhaupt der Tibeter herangebildet zu sein. Das geht nicht ohne Konflikte; noch ruft der Junge immer wieder nach seiner Mutter, kann seine Einsamkeit nicht fassen, aber sein Vertrauen zu seinen Lehrern und zu ihrer Lehre wächst stetig. 1939 wird er als Dalai Lama ausgerufen und zieht, weil ihm dort das Leben in der Natur und die Tiere gefallen, mit dem älteren Bruder zusammen in die Sommerresidenz. Er lernt auch die neuen Techniken kennen, die aus dem Westen in das kleine Land dringen; 1944 fährt er im Auto, sieht Filme und betrachtet das Land durch das Okular eines Fernrohrs. Die Welt tritt immer heftiger an ihn und sein spirituelles Reich heran. Dieser Dalai Lama wird die Aufgabe haben, Tibet und die Moderne miteinander zu verbinden, und er wird Elemente der Entfremdung dabei im eigenen Geist, ja am eigenen Körper spüren müssen. Aus der Zeitung erfährt er von Hitler und dem Weltkrieg. Dann gibt es die große Entscheidung in seinem Leben, als die chinesischen Truppen an den Grenzen stehen. Der Dalai Lama entscheidet sich gegen die Gewalt und gegen das Konzept »bewaffneter Mönche«. Stattdessen appelliert er an die Mächte England, Indien und USA, doch für diese Mächte ist das Land keinen Krieg wert.

In dieser Situation stirbt auch sein Vater; dessen Leichnam wird, wie es die Tradition vorschreibt, in Teile zerschnitten und den Geiern zum Fraß vorgelegt. Und der Film folgt seinem Leben weiter bis zum Einmarsch der chinesischen Truppen 1949. Hier ist Scorsese wieder auf seinem Terrain, in der Inszenierung einer Gewalt, die noch nicht zu sich gekommen ist. Wir sehen die roten Fahnen, die Spannung der Männer, Sonnenbrillen (wie bei den Gangstern üblich: Maske und Schutz), militärische Kleidung – und das alles in der Scorsese-Zeitlupe. Der Dalai Lama verlässt das Kloster Lhasa und lässt Minister zurück, die er auf das Prinzip der Gewaltlosigkeit einschwört. Auch die Mönche, die ihn nicht ziehen lassen wollen, belehrt er: »Gewalt ist niemals gut.« Er unterzeichnet das 17-Punkte-Abkommen über die »Heimkehr« Tibets ins chinesische Mutterland, als er vom Plan zu seiner Ermordung hört, fliegt nach Peking, um ein Gespräch mit Mao Tse-Tung zu führen, der ihn zwar mit Respekt, aber auch mit seinem unbeugsamen Prinzip empfängt: »Religion ist das Gift für das Volk, und die Tibeter daher ein vergiftetes Volk, das einer harten Therapie unterzogen werden muss.« Nachdem er zurückgekehrt ist, muss der Dalai Lama erfahren, dass die chinesischen Truppen bereits die religiöse Verehrung verbieten. Er sieht in einer furchtbaren Vision Tausende von getöteten Mönchen vor sich, und bald darauf gibt es in der Wirklichkeit einen ersten Kanonenschuss auf das Kloster. Nun bitten die Menschen ihn, das Land zu verlassen, um weitere Gewalthandlungen zu vermeiden. Noch in der Nacht flieht der Dalai Lama und setzt das 17-Punkte-Abkommen außer Kraft. Die Flucht ins Exil im Jahr 1959, das Bild der tot in ihren Sätteln hängenden militärischen Begleiter und die Hoffnung darauf, eines Tages die Rückreise antreten zu können, beenden den Film.

Ein Ort der Ruhe

Weder das historische Panorama noch die Auseinandersetzung von Religion und Ideologie sind für Scorsese entscheidend, sondern die Person selbst. Wir sehen den Knaben, begleitet von den Weisen, die ihn auf seine große Aufgabe vorbereiten. Wieder ist da der Widerspruch zwischen der Erwähltheit eines Scorsese-Helden und seiner Sehnsucht nach dem kleinen Glück. Nie sind wir in einem Scorsese-Film einer Lösung dieses Widerspruchs so nahe, weil dem Dalai Lama und seinem Volk etwas gegeben ist, was Scorseses Gangstern wie seinen Künstlern so verzweifelt fehlt: Zeit. Mit dem Einmarsch der rotchinesischen Armee in Tibet wird diese Aufgabe in sich widersprüchlich. Der Dalai Lama muss das Land verlassen und wirkt aus dem indischen Exil. Damit vollendet er bewusst einen Prozess der Entfremdung, er wird zur Idee und zur Repräsentation. Diese Geschichte ist in eine typische Scorsese-»Klammer« gesetzt, zwischen Vor- und Nachwor-

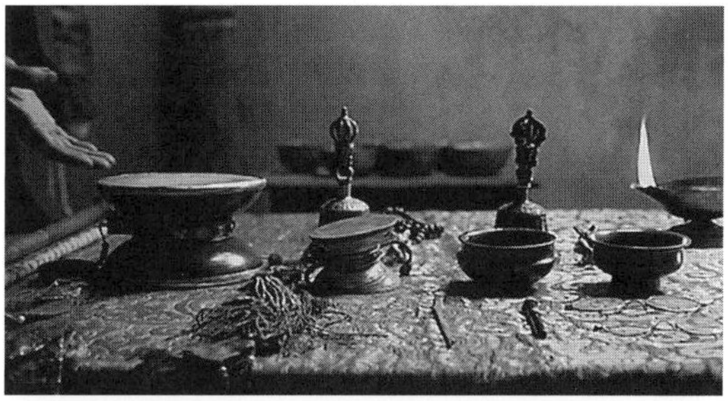

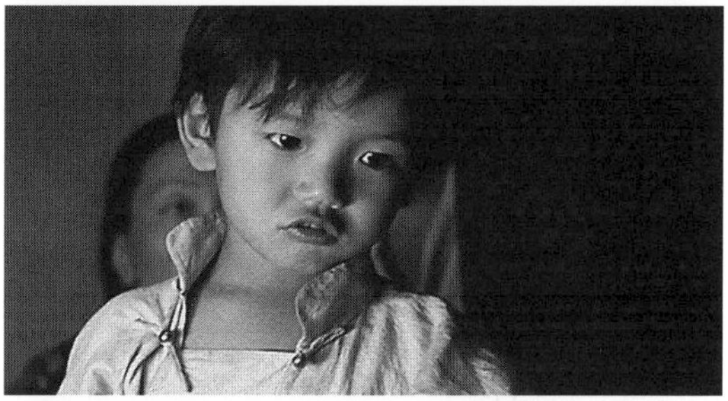

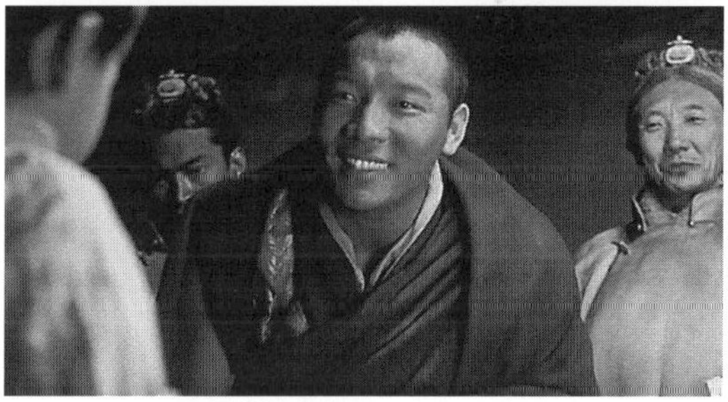

Die Auswahl der Objekte

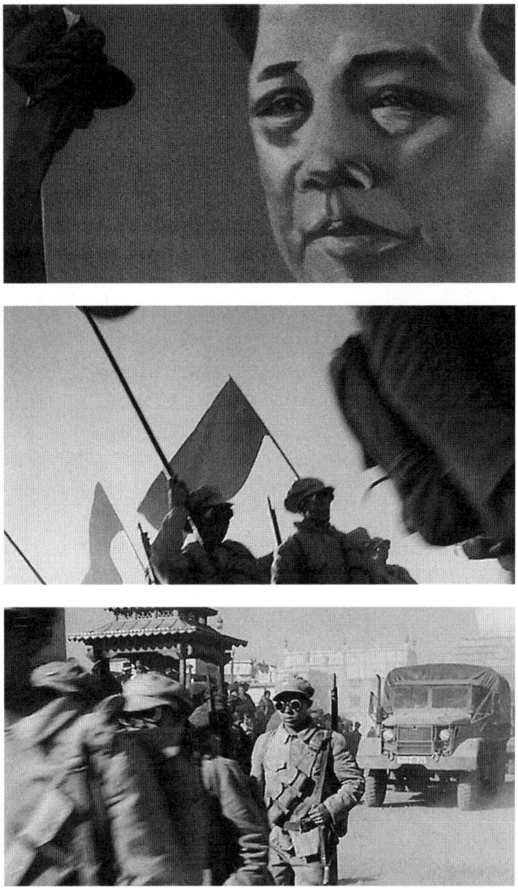

Der Einmarsch der Chinesen

te über den Verlust in der Welt und über den Glauben. Hier gibt es, natürlich, keinen *unreliable narrator*.

»Ich habe ›Tensin Gyatso‹, der heute nur Dalai Lama oder Eure Heiligkeit angesprochen wird, einige Male getroffen«, erzählt Scorsese. »Die Drehbuchautorin Melissa Mathison hat längere Zeit in seiner Begleitung verbracht. Ich bin kein Tibeter, also habe ich versucht, die Geschichte aus dem Blickwinkel des Kindes, des Jungen, der erwachsen wird, zu erzählen. Es ist eine subjektive Perspektive. Was mich daran interessiert hat? Zu entdecken, wie ein Junge reagiert, der in einer Gesellschaft heranwächst, die ganz und gar auf spirituellen Werten basiert, die sich mit der materialistischsten Gesellschaft der Welt, der maoistischen Revolution, konfrontiert sieht. Die Mittel der Gewaltlosigkeit gegen die Invasion und die Diktatur, die uns unbekannt sind, kurz das Gute sehen in einer Welt des Bösen.«

Wir kommen in den Film KUNDUN also über die Identifikation mit einem Kind, das, je weiter die Handlung fortschreitet, umso fremder in der eigenen Welt erscheint. Im erwachsenen Dalai Lama scheint sich dieser Prozess der Entfremdung vollendet zu haben; Scorseses Protagonist hat wenig von der heiteren Gelassenheit, die wir vom Dalai Lama aus den Medien kennen. Vielmehr hat er die Scorsese-Lebensgeschichte vom Eingeschlossensein und vom Ausgeschlossensein auf radikale und konzentrierte Weise absolviert. In seiner Erziehung wiederholt sich der Widerspruch des Scorseseschen Jesus, zugleich vollständig Mensch und Gott zu sein, und wie bei diesem richtet sich die Sehnsucht auf den Aspekt des Menschlichen. Je stärker das Göttliche in das Leben tritt, desto distanzierter wird auch der Film. Er sieht weiter durch die Augen eines Kindes, die, so scheint es, immer mehr sehen und immer weniger begreifen, einschließlich jener Begegnung mit einem Mao Tse-Tung, der wie die Karikatur in einem politischen Straßentheater erscheint, aber auch wie eine Figur aus einem bösen Kindertraum, der direkt in die blutigen Visionen übergeht. Die chinesische Regierung drohte denn auch mit einem Boykott des Produktionspartners Disney, denn KUNDUN ist zwar nicht wirklich etwas, was man als »Propaganda« bezeichnen könnte. Aber es ist die filmische Wiedergabe eines Empfindens, das zugleich zu wenig und zu viel weiß.

Diese merkwürdige Diskrepanz ist in der Kritik oft als Widerspruch zwischen der Bildmächtigkeit des Regisseurs und dem höchst einfach gestrickten Drehbuch von Melissa Mathison gedeutet worden: »Ihre Dialoge«, schreibt Franz Everschor, »sind papieren, und die geistigen Dimensionen von Buddhismus und Kommunismus bekommt sie nicht einmal ansatzweise in den Griff [...]. Wo immer auch sonst sich der Film auf seine Dialoge verlassen muss, ist er auf verzweifelte Weise verloren. Buddhistische Philosophie erschöpft sich in Gemeinplätzen wie ›Wir müssen uns selbst befreien, wir werden nicht befreit‹ oder, angesichts der plärrenden, allgegenwärtigen Musik der kommunistischen Invasoren, ›Sie haben unsere Stille zerstört‹. Letzterer Ausspruch macht nur um so deutlicher, was dem Film allzu häufig fehlt: Stille.« Das Problem geht, vielleicht, sogar noch etwas tiefer: Scorsese schreckt davor zurück, den Dalai Lama zu einem wirklichen Scorsese-Helden zu machen, also einem Menschen im Widerspruch.

Da der Film in Tibet selbst nicht gedreht werden konnte, versuchte Scorsese zunächst in Indien, in Dharamsala zu filmen, wo sich die tibetanische Exilregierung befindet, aber das Vorhaben scheiterte an bürokratischen Hindernissen, so dass KUNDUN schließlich in Marokko entstand. Die Dreharbeiten beschreibt Scorsese als überaus ruhig und freundlich, »ein Set wie eine Zen-Übung.« Und vielleicht ist für diesmal auch diese »Übung« wichtiger für die Arbeit des Regisseurs als der fertige Film.

Auf den ersten Blick erscheint es, als sei nichts so weit entfernt von der urbanen, katholischen, gewalttätigen Welt der Scorsese-Filme wie gerade das Leben des Dalai Lama. Eines der Hauptthemen des Films ist gerade die Erfahrung der Gewalt und die konsequente Beibehaltung der Gewaltlosigkeit. Doch Scorsese besteht darauf, dass ein Film wie KUNDUN bereits in seinen frühen Arbeiten angelegt sei. So interpretiert der Regisseur noch einmal die Rolle des Moralisten in einer unmoralischen Welt (Harvey Keitel in MEAN STREETS) und die Rolle des Gewalttäters Jake La Motta in RAGING BULL neu – letzterer, so sieht es im Lichte des neuen Spiritualismus aus, habe sich in der Szene in der Zelle, wo er schreit »Ich bin kein Tier«, und in der Szene, wo er seinem Bruder nachläuft und ihn beinahe dazu *zwingt*, ihn in den Arm zu nehmen, seinen Frieden gefunden. »Als ich den Film gemacht habe, wollte ich werden, wie Jake am Ende ist. Aber es ging nicht. Ich war noch nicht so weit.« Aber als filmische Suche nach dem Frieden ist KUNDUN sicher auch gescheitert, und er hat seine bewegendsten Momente in den Augenblicken, da zugleich dieses Scheitern und die Sehnsucht deutlich wird.

So gibt es, auch über das persönliche Bekenntnis des Regisseurs hinausgehend, wohl gute Gründe dafür, KUNDUN als einen Film zu bezeichnen, den Scorsese »schicksalhaft« machen musste, gleichsam um in das Auge des Hurrikans vorzudringen, an jenen Ort der Stille, den seine Figuren so lange und so heftig verfehlten. Und gewiss gehört eine solche Arbeit zur Ästhetik des Selbstwiderspruchs (denn, wie gesagt, es ist kein Film der Konversion; das Katholische, das nach dem Buddhistischen, und das Gewalttätige, das nach der Gewaltlosigkeit verlangt).

Natürlich gibt es genügend direkte Beziehungen der Little-Italy-Welt zu Tibet, dem Prinzip der Auserwähltheit folgend; der Weg des Dalai Lama in die Welt beginnt mit der Stimme der Mutter und mit dem Blick eines Kindes, das im Bett erwacht und sich so aufsetzt, dass der Raum seine Dimensionen zu verändern scheint (und es ist schwer, dabei nicht an Charlies Erwachen in MEAN STREETS zu denken). Es sind symbolische Wiederholungen, die den Film konstituieren: ein zerstörtes Mandala, das Bild der Ratte, das Fernrohr. Zur gleichen Zeit aber scheint es, als sei ein wenig von dem, was Scorsese in seinen früheren Filmen verweigert hat, was er noch in seinem Christus-Film nicht empfinden konnte, in diesem Film erträumt: jene Weite der Landschaft, die es in seinen amerikanischen Filmen nicht mehr geben kann, jenes Bewusstsein der Menschen von sich selbst, das seine amerikanischen Helden nicht mehr erringen können.

KUNDUN entreißt der Geschichte eine Legende, während in den meisten Scorsese-Filmen die Legende an der Geschichte gemessen wird. Mit der Geschichte des Dalai Lama bis zu dessen Flucht ins indische Exil imitiert der Film noch einmal Scorseses topografische Meta-Erzählung von dem Ort, den man nicht wahrhaft verlassen kann. In seiner Flucht bestärkt der Dalai Lama das Tibet in sich selbst, das er am wirklichen Ort leicht hätte verlieren können. Der Film nimmt gleichsam die Perspektive des Jungen selber ein, und er wird zu einem übergeordneten Bild der Zerstörung einer Gesellschaft, einer Religionsgemeinschaft durch einen bürokratisch-militärisch organisierten Gegner, der die spirituellen Grundlagen dieser Gesell-

Böser Kindertraum: Der Dalai Lama begegnet Mao Tse-Tung

schaft vernichtet. Wieder bedeutet Leben nichts anderes als die Erkenntnis, dass man nicht »man selbst« werden kann. Der Bruch wird hier so radikal verlangt, dass der Protagonist förmlich in eine andere Welt wechseln muss. Aber diesmal interessiert sich Scorsese nicht für den Bruch.

Sein Blick indes bleibt in der Regel distanziert, der Chronik eher als der Symbiose verpflichtet, es ist, als wage er nur in seltenen Augenblicken jene radikale Subjektivität, die seine anderen Filme auszeichnet. Wieder geht es, wie gesagt, um einen, der Gott und Mensch zugleich ist, und in dem diese Widersprüche lebendig sind. Aber der Ausgeschlossene ist diesmal der Filmemacher Scorsese selbst, der nie eine bestimmte Distanz überwinden kann. Noch Christus kann in einigen Aspekten ein Selbstporträt des Künstlers Scorsese sein, der Dalai Lama ist es nicht.

Wie THE LAST TEMPTATION entstand auch KUNDUN nach einem literarischen Text, übernimmt zugleich die Form einer Dokumentation und eines stilisierten Dramas. Tatsächlich aber ergibt sich auch eine neuerliche Begegnung des Scorsese-Stils mit dem Spielbergianismus: Die Autorin des Drehbuches, Melissa Mathison, hat auch das Skript von E.T. (E.T. – Der Außerirdische; 1982) verfasst, und danach eine so einfache wie wirkungsvolle Wundergeschichte wie THE INDIAN IN THE CUPBOARD (Der Indianer im Küchenschrank; R: Frank Oz; 1995), und sie hat auch den Dalai Lama mit der gleichen naiven Wundergläubigkeit beschrieben, die sich dann letztlich doch nur für das Pragmatische interessiert. Und die Karikatur von Mao Tse-Tung als eitlem Machtmenschen bringt das Drama, das möglicherweise so etwas wie die Wiederholung und Revision des Kazantzakis-Widerspruchs zwischen Körper und Geist hätte sein können, vollends aus der Balance. Wäre nicht Mao eben jenes *Andere* von Kundun gewesen, wie Judas das *Andere* von Christus war, ein Prinzip der Diesseitigkeit, das das Spirituelle jedenfalls in der Welt des »katholischen Materialismus« erst hervortreten ließe?

So entsteht ein Paradox: Das Scorsese-Modell von der geschlossenen Gesellschaft, aus der jemand auszubrechen versucht, erscheint hier als ein fernes Negativ. Es geht nicht mehr um den Ausbruch, sondern um die Vertreibung, es geht nicht mehr um die sozial beengte, sondern um die spirituell erweiterte Welt, und das Außen ist nicht die Verlockung, sondern der materielle Schrecken einer durch und durch »vernünftigen« und gefühllosen Herrschaft.

KUNDUN ist der Film, in dem Scorsese vielleicht am ehesten hinter der halbwegs autonomen Arbeit seiner Mitarbeiter zurücktritt. Die schönen Bilder von Kameramann Roger Deakins erreichen eine eigenständige Qualität, in die Scorsese als Regisseur gleichsam nur noch vermittelnd eingreift. Vor allem aber ist KUNDUN ein Film der Musik; es scheint fast, als kommentiere nun nicht mehr die Musik die Bilder, sondern als seien umgekehrt die Bilder Facetten der Musik. Die Musik von Philip Glass, schreibt Franz Everschor, »vermittelt all das, was der Film ansonsten vermissen lässt. Lichtjahre entfernt von den illustrativen Kompositionen eines John Williams oder John Barry entwickelt sie nicht nur eine höchst individuelle Tonsprache, sondern auch ein geistiges Konzept, das die Geschichten von KUNDUN bewegender erzählt als der Film selbst. Es muss Scorsese hoch angerechnet werden, dass er der Musik gleichberechtigten Rang eingeräumt, ja sogar ganze Passagen nach ihrem Duktus gestaltet hat. Was freilich nichts an dem bedauerlichen Eindruck ändert, dass der Soundtrack sein Sujet besser reflektiert als der Film.«

Gewiss reflektiert dieser »andere« Scorsese, der sich der Falle seiner Erzählung entziehen möchte, den »alten« Scorsese; Motive und Einstellungen tauchen zur Genüge wieder auf. Aber Milan Pavlovic hat wohl recht, wenn er schreibt: »Ganz egal, wie gescheit man seine anderen Filme formal und vielleicht sogar inhaltlich mit diesem verbinden kann – KUNDUN ist allein schon deshalb ein ganz anderer Scorsese, weil die Emotionen seiner Hauptfigur *nach innen* gehen. Der Dalai Lama ist das genaue Gegenstück zu Scorseses explosiven Männern, zu Jake La Motta, Jimmy Doyle, Travis Bickle oder Johnny Boy. Am nächsten steht er, wenn überhaupt, nicht etwa der Jesus-Figur in THE LAST TEMPTATION OF CHRIST, sondern dem geläuterten, zum Filmende hin völlig in sich gekehrten Eddie Felson in THE COLOR OF MONEY. Man spürt, dass dieser Film wie eine Befreiung, vielleicht sogar eine innere Reinigung für Scorsese war, aber gleichzeitig gerät man nie in einen Sog, der einen mitreißen würde. Ich hatte Angst vor diesem Film, weil ich nicht sah, wie Scorsese sich in dieser Geschichte widerspiegeln könnte, und außer in der weitgehenden Selbstaufgabe habe ich ihn tatsächlich nicht entdeckt.«

So ist auch das Schlüsselbild des Films, so schrecklich es sein mag, wohl eines, das nach innen sieht: Der Dalai Lama hat eine Vision, als er sich zur Flucht nach Indien vorbereitet; die Kamera blickt auf einige getötete Mönche, und dann bewegt sie sich nach oben, und immer mehr und noch mehr getötete Mönche sind zu sehen, ein Meer von Leichen (das der Film mit 200 Statisten und einer digitalen Spiegelung erzeugte). Endet die Reise also mit dem Verschwinden ihres Ziels?

Von Jesus zu Buddha

Alle Kritik an den beiden »theologischen« Filmen Scorseses ist so berechtigt, wie sie in der Regel ihren Gegenstand verliert. So rebellisch und widersprüchlich, so dissonant und revoltierend der Christus-Film ist, so demütig und gleichmütig, so kontemplativ und eindeutig ist KUNDUN. Natürlich widersprechen sich die beiden Filme auf diese Weise noch einmal gegenseitig sehr heftig, aber zugleich sind sie einander insofern verwandt, als sie den Ton ihres jeweiligen religiösen Sujets wiedergeben, und nicht zuletzt ihre höchst unterschiedlichen Beziehungen zu den grundlegenden Empfindungen von Raum, Zeit und Person. Scorseses Jesus ist einer, der ins Zentrum seiner religiösen Mythologie hineingetrieben werden muss, mit Gewalt, mit Rhetorik, mit extremer Empfindung. Der Dalai Lama dagegen ist einer, der aus dem Zentrum seiner religiösen Mythologie vertrieben wird; beides mal bleibt Scorseses Einstellung eine von außen, und beides mal macht sie die Bewegung des Protagonisten bis zu einem gewissen Grad mit. So wie man in THE LAST TEMPTATION »eingesogen« wird, nicht selten ganz direkt durch die kreisenden Bewegungen der Kamera, so darf man sich in KUNDUN ausgeschlossen wähnen, so sehr an

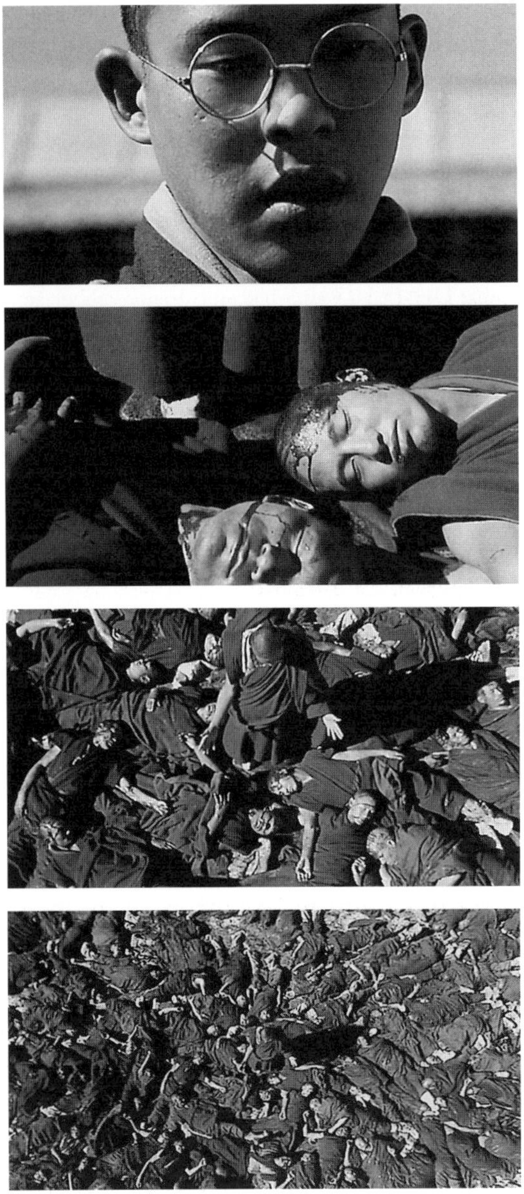

Das Schlüsselbild: Die blutige Vision

den Rand gedrängt, dass man gelegentlich Schwierigkeiten haben mag, an dem, was da im Zentrum vor sich geht, überhaupt noch teilzuhaben. Aber vielleicht steckt genau darin dann eben doch das tiefere Verständnis für die andere Religion und die Alternative der Form: Das Annehmen hat hier nicht die Form des Opfers, der Dalai Lama kokettiert nicht, wenn er sein eigenes Leben als »unbedeutend« ansieht, denn er ist nicht als Ich-Ideal auf die Welt gekommen wie der christliche Messias.

»Kundun« ist der Name des »Erhabenen« oder »Erleuchteten«, der Name für den reinkarnierten Buddha, für die »Gegenwart Buddhas«. Scorsese erzählt die Geschichte eines Menschen, der weniger in dieser Rolle geboren ist als in sie hineinzuwachsen hat. So spielt die Frage, ob Scorsese, ob sein Film an diese Reinkarnation »glaubt«, keine wesentliche Rolle. Stattdessen ist KUNDUN, ungeachtet der Tatsache, dass er einige wesentliche Motive früherer Filme außer Acht lässt, einer der radikalsten Scorsese-Filme, weil er seinen Helden beinahe ausschließlich »im Blick der anderen« erstehen lässt. Kundun ist eigentlich den ganzen Film über wahrhaft ratlos, keine Person, die autonome Entscheidungen fällen könnte, obwohl er immer wieder, schon als Kind, heftige Ansätze dazu unternimmt; er versucht vielmehr zugleich, dem Blick der anderen zu entsprechen und sich gegen ihn zu wehren. Tatsächlich also ist das Grundproblem der Scorsese-Filme hier keineswegs aufgegeben, es hat nur eine vollkommen neue Form gefunden. Die doppelte Revolte, die des Protagonisten und die der »Aufnahme« (die im Bild und die im Blick), hat sich noch einmal verkehrt; die Demut des Blicks verbirgt nicht seine Fremdheit, und seine Gespaltenheit kann hier, in einer anderen Zeit und einem anderen Raum, nicht mehr in der Bewegung selbst aufgelöst werden.

Kundun ist der erste Scorsese-Held, der nicht den Wunsch hat, fortzugehen. Daher ist er der erste, dem es gelingen muss. ❑

Il mio viaggio in Italia (1999)

Scorsese beginnt mit einer realen Situation des Filmesehens (also nicht im abstrakten Raum des Filmesehens und des Filmwissens, und nicht im Museum), nämlich mit dem Blick auf den Fernseher, vor dem er sich als Kind mit seiner Familie, einer Familie von Einwanderern, versammelte, wenn es italienische Filme gab, wie andere Familien vor Home Movies oder Fotoalben. »Meine Filmerfahrungen sind mit meiner Familie verbunden«, spricht Scorsese, und davon, dass ihm erst im Verlauf seiner Arbeit immer mehr klar wurde, wie sehr ihn das italienische Kino beeinflusst hat. Wie in der PERSONAL JOURNEY durch den amerikanischen Film können wir daher weder Vollständigkeit noch gar wissenschaftliche Methodik erwarten, vielmehr eine Montage aus Biografie und Analyse, die gewisse magische Momente (nennen wir es, vorgreifend, »Ereignisse«) wieder hervorruft: So kräftig und heftig der Zugriff des Filmemachers und Erzählers Scorsese auf sein Material ist, so respektvoll und zärtlich verhält er sich auch gegenüber den Arbeiten anderer, was sich zum Beispiel darin zeigt, dass er von den einzelnen Stationen seiner filmischen Reise stets längere Ausschnitte präsentiert, ohne in sie einzugreifen, ohne selbst dabei anwesend zu sein. Wir spüren förmlich das leidenschaftliche und demütige Schweigen als eine wiederum durchaus filmische Geste.

Noch einmal also Biografie und Familie als Ausgangsmaterial, und, wie in ITALIANAMERICAN, bei aller Nähe und Liebe nicht ohne Kritik und Distanzierung: Wenn Scorsese davon spricht, wie das italienische Kino der Nachkriegszeit das Land nach Faschismus, Bürgerkrieg und Krieg in gewisser Weise wieder erfunden hat, dann taucht immer wieder eine Idee davon auf, wie sehr auch die *italianità* der Familie Scorsese und anderer Italoamerikaner durch Bilder fundiert sind: eine Fiktion. Freitagabend fand sich die Familie um den Fernsehapparat, ein kleiner New Yorker Sender brachte zu dieser Zeit regelmäßig italienische Filme mit englischen Untertiteln. Roberto Rossellinis ROMA, CITTA APERTA (Rom, offene Stadt; 1945) war dabei, wie als *flash forward* in seiner Reise zeigt Scorsese die Szene der Deportation und Anna Magnanis Tod. Die Großeltern weinten, als sie sahen, was sie verlassen hatten, und was daraus geworden war; das Glück, durch die Emigration der katastrophalen Zeit in Italien entkommen zu sein, das Mitleid mit den Dortgebliebenen, die unerfüllbare Sehnsucht nach der verlorenen Heimat und ein kleines Glück der gemeinsamen Erzählung. Diese familiäre Situation beschreibt auch eine Kino-Theorie.

Das Kino an diesen Freitagabenden führte also in die Welt der Großeltern zurück, »die kaum etwas mit Amerika zu tun hatten«; eine Reise zurück nach Generosa. Eine Verbindung, die nur über Werte geschah; die alten Einwanderer haben nie etwas von ihrer Geschichte erzählt. Die Bilder durchbrechen ein Schweigegebot, eine Sprachlosigkeit, die in der Einwanderergesellschaft zu den Überlebensstrategien gehört. Eine Sprache finden zwischen der *via vecchia* und der amerikanischen

Flash forward: Anna Magnanis Tod in ROMA, CITTA OPERTA

Moderne, das ist immer das Problem der Scorsese-schen Männer.

Und es ist eine Reise in die Mythologie der Scorsese-Filme: PAISA (1946; R: Roberto Rossellini) ist der erste Film, der den jungen Martin in der Tiefe der Seele berührt. Besonders beeindruckt, so erinnert sich der erwachsene Filmemacher, haben den Sechsjährigen die Geschichten, in denen es um das Opfer geht. Die Episode mit den Kindern von Neapel – Martin hätte eines von ihnen sein können. Und während er leidet und träumt vor dem Fernseher und in der Familie, klein, schwarzweiß, intim, gibt es das andere, nicht minder bedeutsame Film-Erleben im Kino, farbig und groß: Roy Rogers, der singende Cowboy; Glamour und Heroismus. Diese Bilder waren nicht real und führten weit weg von New York; Neapel war näher als die Prärie. Ein kurzer Ausschnitt aus dem Matinee-Western genügt, um den Widerspruch zu eröffnen zur Sizilien-Episode von PAISA.

Aber auch im italienischen Film gibt es eine andere Mythologie. So gelangen wir zu dem Monumentalfilm FABIOLA (1949) von Alessandro Blasetti; ganz andere Bilder als die bunten Prospekte der amerikanischen Filme auch hier. Es sind *powerful dreams* zwischen der sanften Americana von Roy Rogers und den harten Opferbildern des italienischen Neorealismus. Von den Monumentalfilmen führt der Weg zu den imaginären Filmen der »MarSco«-Produktionen, für die der junge Martin Storyboards anfertigt. Jahre später entdeckt Scorsese die stummen Meisterwerke des Genres wie

Dots M. Johnson in PAISA

George Sanders und Ingrid Bergman in VIAGGIO IN ITALIA

CABIRIA (1914; R: Giovanni Pastrone): »Es war, als sähe ich Nachrichten aus dem alten Rom.« Die beiden Extreme des italienischen Films, der Monumentaltraum und der Realismus, erscheinen für ihn eher als Einheit (eine Einheit, die »die Wiedergeburt der italienischen Nation« nach dem Krieg ermöglicht), während der italienische und der amerikanische Film immer als Gegensätze erscheinen müssen.

Zu Viscontis LA TERRA TREMA (Die Erde bebt; 1948) bemerkt Scorsese: »Wenn man je daran zweifeln sollte, dass Filme die Welt verändern, auf das Leben einwirken und die Seele stärken können, dann sollte man den Neorealismus betrachten.« Und durch ihn und mit ihm gewiss die Filme von Martin Scorsese: der Anspruch, die Welt zu verändern und auf das Leben einzuwirken, den die spätbürgerliche Ästhetik oft so ohne Not aufzugeben pflegt – in vorauseilendem Gehorsam gegenüber der Macht des Marktes so sehr wie aufgrund einer Vulgarisierung jenes fatalen Satzes von Karl Marx: Das Sein bestimmt das Bewusstsein. Vielleicht können wir Scorseses so persönlichen und ein wenig intimistischen Einstieg in einen Diskurs zum italienischen Film auch als Kommentar zu diesem Satz (oder zu seiner Fantasie) verstehen: Wo das Filmische, wie in Scorseses Familie und Seele, zum Ereignis wird, da wird es zum Teil des Seins, zum Teil des Lebens, im Kleinen wie im Großen: »Mehr als alles andere war er«, der neorealistische Film, »die Antwort auf einen schrecklichen Moment in der italienischen Geschichte«; aus den Bildern der Opfer und aus den Bildern der Selbsterkenntnis entsteht eine neue Realität. Die Filme »mussten die Grenzen zwischen Fiktion und Wirklichkeit aufheben, und während sie das taten, veränderten sie die Regeln des Filmemachens.«

So wie er die Geschichte von Roberto Rossellini und seinen Filmen erzählt (der ja immerhin für eine Zeit sein Schwiegervater war), scheint Scorsese immer ein wenig auch die eigene zu erzählen, oder, um es mit einem Wort von Paul Schrader zu sagen: Er sucht die Metaphern, die jedes Leben produziert. Von VIAGGIO IN ITALIA (Liebe ist stärker; 1953; R: Roberto Rossellini) aus versucht er die Schwierigkeiten des Regisseurs zu deuten, seine Arbeit gegen den Ruhm des Frühwerkes zu verteidigen (wie einen inneren gegen einen äußeren Realismus), und natürlich kommt uns dabei gleich in den Sinn, wie schwer es jene Filme von Martin Scorsese beim Publikum und bei der Kritik haben, die die Welt seiner frühen Filme scheinbar negieren. Vom genauen Blick gelangt man, vielleicht, zu den »Schrecken des Mitgefühls«, die wir in FRANCESCO, GIULLARE DI DIO (Franziskus, der Gaukler Gottes; 1949; R: Roberto Rossellini) sehen können. Nur muss man wohl erkennen, wie der Schrecken des Mitgefühls die Realität des Bildes verändert.

Schrecken des Mitgefühls: GERMANIA, ANNO ZERO

Ingrid Bergman in EUROPA '51

Immer wieder lässt Scorsese seine Filmbeispiele bis zum »Ende« auf der Leinwand fortschreiten; damit schafft er nicht nur Zäsuren in seiner Dokumentation und betont das Integrale der Filmerfahrung, er macht auch im Gegenteil die Notwendigkeit des steten Neubeginns deutlich, wie bei GERMANIA, ANNO ZERO (Deutschland im Jahre Null; 1947; R: Roberto Rossellini), dem letzten Teil der Nachkriegstrilogie, der noch einmal den Preis der Befreiung beschreibt (die Tötung des siechen Vaters durch den kleinen Jungen als Verdoppelung und Verzweiflung im »Schrecken des Mitgefühls«). Unbeteiligt sein in einer schrecklichen Welt, und doch Filme voller Mitgefühl: Scorsese eröffnet hier einen einfachen Weg in die eigenen Arbeiten, doch nicht ohne zu warnen vor den Widersprüchen, die sich aus diesem Ansatz ergeben.

Der Skandal, der von den italienischen Filmen ausgeht, erreicht Amerika auf eher bizarre Weise, so wie bei IL MIRACOLO (Episode aus L'AMORE [Liebe]; 1948; R: Marcello Pagliero, Roberto Rossellini) nach dem Drehbuch von Federico Fellini, der selbst den Mann spielt, den Anna Magnani für den heiligen Joseph hält und von dem sie geschwängert wird. Der Musterprozess, der um die Freigabe dieses Films in den USA geführt wurde, hatte zum Ergebnis, dass »Blasphemie« als alleiniger Grund für eine Zensur nicht mehr akzeptiert wurde. Auch so wirken Filme in der Wirklichkeit. Aber der Skandal, den STROMBOLI (1949; R: Roberto Rossellini) wegen der Liebesgeschichte zwischen Rossellini und Ingrid Bergman mehr denn durch seinen Gehalt machte, ist bereits von anderer Natur; sein Medium ist nicht das Gericht, sondern die Presse, nicht gesellschaftliche Wirklichkeit, sondern Fiktion. Scorsese referiert diese Geschichte von Liebe und Fremdheit, als wollte er förmlich hineinkriechen in die Bilder, von denen des Thunfischfangs bis zum Ausbruch des Vulkans, und er führt seine innere Struktur zurück auf eine Entwicklung, die wir nur zu gut vor allem aus den Filmen kennen, die er mit Paul Schrader zusammen entwickelt hat: »Leiden – Akzeptanz – Transzendenz – und schließlich Frieden«. So wären viele Leidenswege in Scorseses Filmen zu beschreiben, als Lesart und Entwurf.

Und weiter führt der Weg über EUROPA '51 (1951; R: Roberto Rossellini), vorgestellt als ein Film, der seine eigenen Grenzen überwindet, über Vittorio De Sicas Filme LADRI DI BICICLETTE (Fahrraddiebe; 1948), SCIUSCIA (1946) und UMBERTO D. (1952), an denen Scorsese einige transrealistische Techniken erläutert, die wir auch in seinen eigenen Filmen wiederfinden (wie das *foreshadowing* in LADRI DI BICICLETTE, in dem sich eine Szene in jeweils verändertem Zusammenhang wiederholt), um schließlich zu Visconti zu gelangen und zu LA TERRA TREMA zurückzukehren, der nun ganz anders gesehen wird als im Zusammenhang der familiären Fernseh-Freitage: »Er verband das dokumentarisch Rohe mit der theatralischen

Die Oper in SENSO

Sicht und gab ihm das Gravitätische der großen Oper.« Und: »In SENSO [Sehnsucht; 1954] erweckte Visconti das 19. Jahrhundert wieder zum Leben; nicht nur in seinen Äußerlichkeiten, sondern in seinen Gefühlen.« Scorsese bewundert den Schnitt im Gleichklang mit der Musik, die Stafette der Farben (die italienischen Nationalfarben als Subtext, ein Verfahren, das Scorsese auf eigene Weise sowohl in THE AGE OF INNOCENCE als auch GANGS OF NEW YORK aufnimmt), die sich aus der Bewegung zusammensetzt: eine Sprache der Farben, die sich nicht nur im Bild (in der Einstellung), sondern auch in der Bewegung (in der Sequenz) entwickelt. »Stil ist alles«, sagt Scorsese in Bezug auf Visconti. Und vielleicht müssten wir das in der Übertragung in unsere Sprache auch umkehren: »Alles ist Stil.«

»Im Kern ist SENSO kein romantischer Film, auch wenn die Romantik eine Hauptrolle im Leben seiner Protagonisten spielt«, sagt Scorsese – und hätte mit ähnlichen Worten das Konzept von THE AGE OF INNOCENCE beschreiben können. Er bezeichnet den Film als »Neorealismus der Vergangenheit«, und er »markiert den Augenblick, in dem Visconti begann, reine Künstlichkeit als Vehikel der Wahrheit zu benutzen«.

Eine Künstlichkeit, die von Fellinis Filmen bereits als stilistischer Ausgangspunkt benutzt werden kann. Scorsese bekennt, dass I VITELLONI (Die Müßiggänger; 1953; R: Federico Fellini) der Film

Vorbild für MEAN STREETS: I VITELLONI

Marcello Mastroianni in 8 ½

ist, der ihm von allem am nächsten stand und den direktesten Einfluss auf seine eigene Arbeit, vor allem natürlich bei MEAN STREETS, hatte: »Um ihre Träume zu erfüllen, müssten sie fortgehen«, beschreibt Scorsese das Dilemma der Protagonisten von Fellini so sehr wie das derjenigen von MEAN STREETS bis zu GANGS OF NEW YORK, Filmen, in denen es um »die Spannung zwischen Gehen und Bleiben« geht.

Noch einmal aber kehrt Scorsese, für den auch die Filmgeschichte nur sehr bedingt eine lineare Entwicklung darstellt, zu VIAGGIO IN ITALIA zurück, genauer gesagt zu jener Szene, »in der der Gesang den Ton überlagert, und in der der Dialog zwischen Katherine und Alexander weniger wichtig ist als die Gefühle hinter den Worten.« Damit öffnet sich das Kino, auch wenn man gerade diesem Film lange die Anerkennung verweigert hat, für die Nouvelle Vague so sehr wie für radikale Filmemacher wie Michelangelo Antonioni und Federico Fellini. Antonioni zeigt uns in L'AVVENTURA (Die mit der Liebe spielen; 1960) »zwei Menschen, die verzweifelt nach dem Leben greifen. Sie will jemanden lieben, und jemanden, der sie liebt, aber er weiß weder, wie man liebt, noch wie man sich lieben lässt.« Und in Fellinis 8 ½ (Achteinhalb; 1963) sieht Scorsese schließlich die größte Selbstbefreiung des Kinos, wo ein Regisseur den Druck, den er aushalten muss, selber zum Thema macht und das Kino über sich selbst reflektieren kann.

Gewiss, je mehr wir in der Geschichte des italienischen Kinos und in den Transformationen des Neorealismus fortgeschritten sind, desto »scorsesischer« werden die Interpretationen, desto mehr erscheint uns die Darstellung eher das zu betreffen, was ein anderer Regisseur sich daran nutzbar gemacht hat. Scorsese hat uns mit diesem Streifzug zugleich eine Lesart der großen italienischen Filme und eine Lesart der eigenen Filme angeboten, ohne irgend zu behaupten, dies sei jeweils die »ganze Wahrheit« oder auch nur der einzige Schlüssel. So kehrt er am Ende zu seiner ganz persönlichen Involvierung zurück, und wir erwachen aus einem Traum vom italienischen Kino, den man auch ganz anders hätte träumen können, aber kaum so unprätentiös und zärtlich. Auch die *Pictures*, die Marty erläutert, sind *Pictures of Marty*. Aber Scorsese hat nicht die italienischen Filme missbraucht, um sich selbst darzustellen; er hat sich selbst zur Verfügung gestellt, um sie zu verstehen. ❑

Bringing Out the Dead (1999)

Ein Nebenwerk (wie die Kritik sehr schnell bemerkte) ist BRINGING OUT THE DEAD möglicherweise, vielleicht aber auch eine wichtige Bestandsaufnahme und eine Erinnerung. Eine Rückkehr in vollem Bewusstsein der Fähigkeiten aller Beteiligten, aber auch eine konzentrierte Arbeit auf eine Vorlage zu: Der Film entstand nach dem fast dokumentarischen Roman des ehemaligen Rettungssanitäters Joe Connelly, der die Atmosphäre in Hell's Kitchen in New York, dem Getto zwischen der 8th Avenue, der 35. und der 57. Straße und dem Hudson River, schildert, in der Zeit, als Crack die Straßen erreichte und der Emergency Medical Service seiner Aufgabe nicht mehr gewachsen schien. Hier, in der Straßenkriminalität und im Versagen des öffentlichen Gesundheitssystems, spielte sich ab, was die so optimistische Clinton-Administration unter den Teppich gekehrt hatte. Die Helfer waren ausgebrannt und oft selber nicht mehr in der Lage, ihren Job ohne Drogen zu versehen; die Krankenhäuser waren so überfüllt, dass man selbst Todkranke zurückweisen musste. Polizisten mussten die Notaufnahmen bewachen und gerieten dabei in die zweifelhafte Lage, über Leben und Tod zu entscheiden. Es herrschte, wie es bei Conelly heißt, ein Zustand des permanenten Notstands.

Der Roman war noch gar nicht veröffentlicht, da hatte sich der Produzent Scott Rudin bereits die Rechte gesichert und ihn von Anfang an für einen Film von Martin Scorsese vorgesehen. Der Stoff und der Regisseur, schließlich auch der Drehbuchautor, Paul Schrader, fanden diesmal auf fast konventionelle Weise zueinander. Insgesamt wurde es ein Film, der zu wenige Überraschungen enthielt, um anders als in seinen Motiven an die früheren Zeiten Schraders und Scorseses anknüpfen zu können. Die beiden nahmen den beschreibenden Charakter der Vorlage sehr ernst; noch nie war ein Scorsese-Film so nahe an den auch trivialen Dingen eines schäbigen Alltags, nie lässt er sich so viel Zeit zum Hinsehen, bevor er sich ans Herauslösen der tieferen Schichten von Story und Charakteren macht. Und er versucht auch, seinen Helden, den Sanitäter Frank Pierce (Nicolas Cage), ernst zu nehmen, ihm in seinem absurden und doch niemals sinnlosen Kampf um das Leben seiner Mitmenschen die Würde zu lassen. Viele von ihnen können mit ihrer Rettung nichts anfangen und stürzen sich sofort wieder in den Kreislauf von Drogen, Gewalt und Selbstzerstörung, andere wären auch von jemandem nicht zu retten, der noch mehr Kraft und Leidenschaft einsetzen könnte als Frank. Drei Nächte lang begleiten wir diesen Helfer am Rande der Hölle, und in jeder Nacht begreifen wir mehr, dass es ihm nicht nur um eine tätige Hilfe und darum geht, seinen Beruf nach besten Möglichkeiten auszufüllen. Es ist ein Mensch im Kampf mit sich selbst, mit der Schuld und mit einem Grund zu leben. Eine religiöse Gestalt.

Drei Nächte in der Hölle

This film takes place in New York City in the early '90s, erfahren wir noch vor dem Vorspann durch ein Schrift-Insert. Martin Scorsese ist mit seiner Erzählzeit nie näher an die historische Realzeit gelangt. Der Film beginnt dann mit einem jener schläfrig-aggressiven Nachtsongs des Rhythm & Blues, die vom Menschen handeln, der in die Stadt gekommen ist wie in ein wildes Land, für das man nicht geboren ist. Nach einem Intro auf der Hammond-Orgel hallt die ostinate Gitarre, als wolle die Melodie immer wieder in sich selbst zurückfallen. Wir fahren eine breite Straße im Dunkel entlang, Lichter an den Seiten. Rasch setzt sich ein Rettungswagen hinter uns, und schon die nächste Einstellung lässt uns direkt in die müden, entzündeten und aufgerissenen Augen des Fahrers (Nicolas Cage) blicken. Wir sehen, wie er, von rotem Licht angestrahlt, das Fahrzeug auf Spur hält, und, in mehreren zwischen die Vorspanntitel geschnittenen Einstellungen, immer wieder in seine Augen, mal aus größerer Distanz, mal aus nächster Nähe. Das wird, so müssen wir vermuten, ein Film über diese Augen. Über das, was sie und wie sie sehen, und das, was sie nicht (mehr) sehen können, aber auch darüber, was hinter dem Blick geträumt werden muss. Frank Pierce hat definitiv ein doppeltes Problem: Er hat Mühe, die Augen offen zu halten, aber wahrscheinlich hat er noch mehr Mühe, sie je zu schließen. Und die Kamera von Robert Richardson hat sich sogleich an diesem mühsamen und erregten Sehen infiziert.

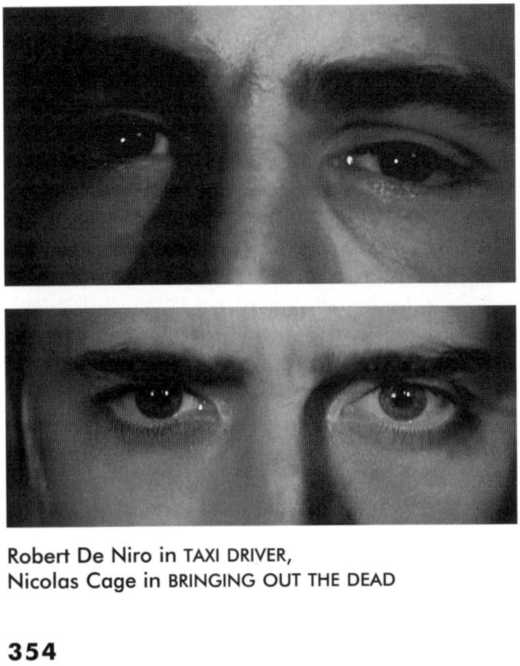

Robert De Niro in TAXI DRIVER,
Nicolas Cage in BRINGING OUT THE DEAD

Wir sehen seine Hände, wie er das Steuerrad umklammert (während die Mundharmonika eingesetzt hat und der Song damit allmählich in der Nacht verhallt), und Frank beginnt seine Geschichte zu erzählen, wie so viele Scorsese-Helden in einer Mischung aus Erinnerung und Bericht, etwas zwischen den Zeiten sozusagen, wobei nie recht zu sagen ist, wie groß die Differenz zwischen dem Kerl, den wir gerade sehen, und dem Kerl, der von sich erzählt, eigentlich sein kann. Er versucht, um es genauer zu sagen, seine Situation zu beschreiben. Manchmal sind sich der Off-Narrator und die handelnde Person ganz nah, sie sind drauf und dran, identisch zu werden, und manchmal sind sie sich so fern, als lebten sie in verschiedenen Welten oder wenigstens in verschiedenen moralischen Systemen. Es ist auch hier ein *unreliable narrator*, der uns führt, obwohl er, verglichen mit dem Erzähler von, sagen wir, CASINO, wesentlich sympathischer erscheint. Wir würden ihm gerne glauben.

Es ist Donnerstagnacht. Frank fährt gegen die Blendungen des Gegenlichts an. Er fühlt, sagt er, dass er »gut in seinem Job« ist, seine Hände arbeiten mit der erforderlichen Geschwindigkeit und Geschicklichkeit, wir kennen diese professionelle Selbsteinschätzung von Scorsese-Helden. Nun, so erzählt er uns weiter, hätten sich die Dinge zum Schlechteren gewandt. Er habe seit langem niemanden gerettet, er sehne sich nach ein paar Tagen Ruhe. *Thursday*, verrät uns der Zwischentitel, als die Kamera zum ersten Mal zu Franks Beifahrer Larry (John Goodman) schwenkt, der das Funkgerät bedient. Sie fahren an nächtlichen Straßenszenen vorbei, und in dieser parallelen Betrachtung erscheint das Licht viel wärmer; die Szenen haben ihren eigenen Glanz, auch wenn hier, vom Drogendeal bis zur Prostitution, alles geschehen kann. Die beiden packen ihre Taschen und eilen ins Haus, zu dem sie wegen eines Herzanfalls gerufen wurden. Enge, steile Treppen machen dem korpulenten Larry zu schaffen. Endlich erreichen sie die Wohnung, das Schlafzimmer, die Familie Burke, die um den Mann (Cullen O. Johnson) versammelt ist, der diagonal über dem Ehebett liegt. Im Stimmengewirr kann Frank fragen, wann er zu atmen aufgehört hat: vor 10 bis 20 Minuten. Frank und Larry, so deutet ihr Blickwechsel an, ist bewusst, dass das Herz des Mannes zu lange schon nicht mehr schlägt, als dass man ihn wirklich ins Leben zurückrufen könnte. Dennoch legen sie ihn auf den Boden, gleißend jetzt wieder das Licht. Konzentriert leiten sie die Wiederbelebungsversuche ein, Frank starrt auf die schnurgerade bleibende EKG-Linie, sein Blick geht dann vom Starren auf den Monitor in eine fast träumerische Suche nach innen über, dann fährt die Kamera eine Galerie der Familienfotos auf einem Regal ab. Die Kreisbewegung endet wieder auf Frank, der mittlerweile (aus dem Off) von seiner Idee spricht: Er glaubt, dass es Seelen gibt, die den Körper verlassen haben und nicht zurückkehren wollen; er glaubt, ihren Zorn zu fühlen. Und von Cages Blick nimmt die Kamera weiter die Bewegung auf, fährt über die einfache Kücheneinrichtung hin zum geöffneten Fenster, vor dem die durchsichtigen Vorhänge sanft wehen. Eine Kletterpflanze, zwei halb gefüllte Gläser (halb leer oder halb voll?), eine Coca-Cola-Dose. Es ist nichts Besonderes an diesem Leben, und doch ist es wert, gerettet zu werden. Aber Franks Blick wandert immer wieder zu Mary (Patricia Arquette), der Tochter des Noch-nicht-Toten. Vielleicht steckt darin schon wieder ein Verrat: Der Retter benutzt das Objekt seiner Tat, um an ein anderes Objekt zu gelangen.

Vielleicht ahnen wir schon, dass es etwas Drittes geben wird zwischen der geschäftigen, professionellen Gleichgültigkeit und dem spirituellen Sendungsbewusstsein. Eine Zärtlichkeit dem Leben gegenüber. Und doch erwächst gerade aus dem Sendungsbewusstsein, das sich Frank fur seine Arbeit leistet (so wie Larry sich das ständige Essen zur Kompensation leistet), die Widersprüchlichkeit seiner Handlungen. Schon ziemlich früh erkennen wir in Frank, der immer in grelles Licht

Vielleicht schon ein Verrat: Franks Blick wandert zu Mary (Patricia Arquette)

getaucht ist, einen typisch Scorseseschen Schein-Heiligen.

Während er sich, immer von diesem Unterlicht beleuchtet, bei den Umstehenden entschuldigt, fängt sein Blick Details dieses Lebens ein. Ein Hochzeitsfoto der Tochter, die nun neben ihm hockt und ihm assistiert. Frank schlägt vor, Musik zu spielen, die der Mann geliebt hat, und man legt Sinatra auf. Wie Geister einer alten Zeit stehen die Ehefrau und zwei weitere alte Frauen am Türeingang. Und das Herz des Mannes beginnt wieder zu schlagen. Als sie ihn in den Rettungswagen gebracht haben, will Mary mit einsteigen, doch er hält sie zurück: Sie solle mit ihrer Familie fahren, die brauche sie mehr.

Zweifellos ist Frank glücklich, auf seine sehr eigene Weise. »Ich musste mich konzentrieren, dass meine Gedanken nicht abschweiften auf diesen kurzen Fahrten.« Rauch steigt auf aus der Unterwelt der Stadt, wie wir es aus TAXI DRIVER kennen, wir sehen Prostituierte und verwirrte Alte auf den Straßen, schließlich kommen wir vorm *Our Lady of Perpetual Mercy Hospital* an. Die *perpetual mercy*, die immerwährende Gnade, – das ist das entscheidende Problem. Nicht einmal eine Rettung, ein Opfer, sondern das Rettende als Leben, als Zustand der Gnade in einer verdammten Welt. *Perpetual mercy* ist eine mühsame Angelegenheit, auch für Heilige.

In der Notaufnahme herrscht ein heilloses Durcheinander, eine Schlägerei wird nur mit Mühe von einem Polizisten verhindert. Die meisten Leute haben Verwundungen oder sind von Drogen zerrüttet. Eine junge Ärztin versucht Neuankömmlinge mit zynischen Sprüchen zurückzuweisen. Der an sein Bett angebundene Obdachlose Noel (gespielt von dem Salsa-Musiker Marc Anthony) verlangt verzweifelt nach einem Glas Wasser. Eine andere Ärztin erklärt, dass man den Patienten leider nicht aufnehmen könne, doch sie lässt sich von Frank überreden: »Mal sehen, wen ich dafür rausschmeißen kann.« Ihr Kollege glaubt jedoch, dass Mr. Burke keine Chance habe und deshalb »unterste Priorität« erhalten solle. Doch trotz allem nimmt man den Kampf um sein Leben wieder auf.

Die Familie möchte zu Mr. Burke. Der afroamerikanische Polizist weist alle zurück. Seine größte Drohung: Er werde seine Sonnenbrille abnehmen. Der junge Arzt erklärt Frank die schrecklichen Zustände; eine neue Droge namens *Red Death* ist im Umlauf. Was wir hier sehen, sind keine bösen Menschen, es sind Menschen in bösen Lebensumständen. Aber in jeder Sequenz gibt es genügend Hinweise darauf, dass es so einfach denn doch nicht ist. Jeder Einzelne von ihnen tut auch Dinge, die die Sache eher noch schlimmer machen. Was wir vor allem sehen, ist, wie schwer der Weg zum anderen ist. In dem halb wahnsinnigen (und halb heiligen) Noel scheinen wir der Situation gleichsam ein angemessenes zweites Subjekt beigeordnet zu bekommen. Seine weit aufgerissenen Augen, seine von Panik getriebenen Bewegungen machen ihn zum schwarzen Schatten von Frank Pierce.

Wie schlafwandelnd und mit einem Mal eher gleichgültig verlässt Frank das Krankenhaus. Noel, der immer nach Wasser verlangt hat, obwohl ihn das, wie Frank von dem jungen Arzt erfahren hat, das Leben kosten kann, wird, nachdem er es endlich geschafft hat, aus dem Krankenhaus geworfen. Mary, die vor dem Eingang wartet und die Noel aus der Nachbarschaft kennt, bringt ihm einen Becher Wasser, auch wenn Frank leicht protestiert. Dass ihr Vater im Sterben liege, sagt Mary zu Noel. Frank sieht mit großen Augen zu; was ist stärker, das Mitleid mit dem Einzelnen in der Nähe, das Leiden an der Welt oder die Verdammnis, von ihr ausgeschlossen zu werden?

Etwas später sind Frank und Larry wieder im Einsatz. An einem Straßenstrich geraten sie in einen kurzen Stau; Frank starrt die Huren an, die ihrerseits spöttische Bemerkungen über die »Krankenschwestern« machen. Eine, die offensichtlich schwanger ist, reibt sich den Bauch. Aber dann sieht Frank statt des ihrigen ein anderes Gesicht, das Gesicht eines Mädchens, das er nicht retten konnte und das ihn verfolgt. Rose, immer wieder Rose. Als sie kurz darauf zu einem Imbiss unterwegs sind, beginnen sich um Frank die Gesichter zu drehen: »Rose's ghost was getting closer.« Ein 18-jähriges Mädchen, das auf der Straße starb, weil Frank, wie wir später erfahren, in der Hektik seines Einsatzes den Beatmungsschlauch falsch eingeführt hat. Er wollte es vergessen, aber sie ließ

Franks schwarzer Schatten: Der Obdachlose Noel (Marc Anthony)

nicht los. Eine tote Frau und eine Frau, die an einen Sterbenden gekoppelt ist, das sind die Begleiterinnen für Frank in diesen drei Nächten, und welche von beiden realer ist, das ist schwer zu sagen, jedenfalls versuchen sie beide, ihn auf die andere Seite zu ziehen, ins Reich des Todes. Rose, weil sie ihn nicht loslasst unter den Lebenden, weil sie immer wieder den Platz der Lebenden einnimmt, und Mary, weil sie ihn zur Droge, zum roten Tod führt. Er möchte sie retten und ist doch selber der, der gerettet werden müsste.

Sie erhalten die Aufforderung, zu einem Brand zu fahren. Larry – ein Pyromane? – ist guter Dinge: »Maybe that's a good one.« Was an einem Feuer gut sein solle, entgegnet Frank: »Man verbrennt im Feuer, man bekommt keine Luft im Feuer.« Doch der Einsatzort ist zu weit entfernt, und stattdessen bringen sie einen betrunkenen (und sehr streng riechenden) alten Mann ins Krankenhaus, der hier offensichtlich immer wieder in ähnlichem Zustand landet: schon das vierte Mal in dieser Woche. Wieder sehen wir dieselben Figuren, die Ärztinnen, die sich uneinig sind, ob der Patient aufgenommen werden soll, den Polizisten mit seiner Sonnenbrille. Es sind Rituale, die sich hier, an der Pforte des Todes, abspielen, Nacht für Nacht. Und Mary wartet noch immer vorm Krankenhaus. Vom Arzt habe sie erfahren, dass ihr Vater nicht überlebe, sagt sie. Und dass sie mit ihm schon seit Jahren nicht mehr geredet habe.

Frank und Larry werden zum nächsten Einsatz gerufen: ein Suizidversuch. Es ist Noel, der blutüberströmt vor einem verschreckten Publikum auf- und abgeht und droht, sich die Kehle durchzuschneiden. Schließlich legt er sich auf die Straße. Frank kann ihn erst überreden, mitzukommen, als er ihm verspricht, dass ihm im Krankenhaus, in einem eigens dafür vorgesehenen *terminating room*, ein ebenso sicherer wie sanfter Tod erwarte. Als Noel schon im Wageninneren liegt, fährt eine weitere Ambulanz vor; es ist Tom Walls (Tom Sizemore), Franks schlimmster Kollege, ein sadistischer Gewalttäter, der die Menschen lieber nach seinen Regeln »bestraft«, als sie zu retten; er stürmt zu Noel – offenbar ein alter Bekannter von ihm – und schlägt brutal auf ihn ein. Frank kann ihn nur mit Mühe zurückhalten. Schon müssen sie zum nächsten Einsatz: eine Schießerei unter Jugendlichen. Eines der Opfer liegt in seinem Blut, ratlos die anderen, wie fassungslos, dass aus einem Spiel so rasend schnell Ernst werden kann. Frank kämpft erneut gegen den Tod und verliert erneut: Kurz vor der Einlieferung ins Hospital ist der Junge tot.

Freitagnacht. Frank braucht einen Ausweg. Er kann nicht mehr. Aber der Captain (Arthur J. Nascarella) weigert sich trotz aller Provokationen, ihn zu feuern. Die beiden Männer erschöpfen sich aneinander. Und in dieser Erschöpfung macht sich Frank an seine nächste Schicht. Sein Begleiter ist nun Marcus (Ving Rhames), ein Mann, der überzeugt davon ist, alles im Namen von Jesus zu tun und in dessen Gnade zu stehen. Er liebt die Stimme von »Love« (Queen Latifah), die die Sanitätsfahrzeuge über Funk zu ihren Einsatzorten leitet. Der nächste ist ein Gothic-Club, in dem ein Junge mit einer Überdosis zusammengebrochen ist. Wieder sehen wir in die ratlosen (und doch beinahe auch schon wieder teilnahmslosen) Kindergesichter um ihn herum. Und wieder ist die Fahrt in eine ganz spezielle Hölle gegangen. Frank und Marcus sind sich rasch einig, dass man den Jungen mit einer Spritze wieder auf die Beine bekommen wird. Aber Marcus macht sein eigenes Ding in dieser Situation: Er richtet es so ein, dass die Spritze in dem Augenblick wirkt, als die jugendlichen *Gothics* einen Kreis um den Jungen gebildet haben und zu Jesus beten. Diese »Erweckung« des Toten ist nicht das, was Frank im Sinn hat; die Lebenden schließen ihn so sehr aus wie der Tod. Und alle scheinen in dieser nächtlichen Welt der Trostlosigkeit ihre eigenen Ziele an den Opfern zu verfolgen.

Frank macht kurz bei Mary Station, um ihr von einer Besserung im Befinden des Vaters zu berichten, und er nimmt sie mit ins Krankenhaus. Aber wie der Arzt berichtet, scheint der Vater dort, ohne wirklich ins Bewusstsein zu gelangen, gegen diese Art der Wiederbelebung, gegen den Schlauch der Herz-Lungen-Maschine zu rebellieren. Man könnte meinen, er wehre sich gegen das Leben selbst, das es für ihn nicht mehr geben kann. Aber in gewisser Weise tun das alle in diesem Hospital; sie wehren sich gegen den Status als reine Opfer, keiner von ihnen wird, wie, sagen wir, in *Emergency Room* (USA, seit 1994), zum Ausweis des medizinischen Könnens oder der menschlichen Anteilnahme eines der Protagonisten. So wehrt sich das Leben als Eigensinn, und die »Maschine«, in der Frank und seine Kollegen arbeiten, arbeitet sich nicht nur an der schrecklichen Realität in der nächtlichen Stadt ab, sondern auch an sich selbst.

Auch der nächste Einsatz von Frank geht über eine medizinische Aufgabe hinaus. Wieder geht es um einen Herzstillstand, diesmal aber bei einem Latino-Mädchen, das gerade in einer heruntergekommenen Wohnung Zwillinge zur Welt bringt. Ihr Freund ist vollkommen konsterniert (und wieder sehen wir in große, »ungläubige« – oder eben gerade »gläubige« – Augen, von denen es in diesem Film so viele gibt): Da er überzeugt davon ist, dass seine Freundin so jungfräulich sei wie er selber, kann es sich nur um ein Wunder handeln. Dieses Wunder mündet indes wieder in den Tod: Von den beiden Kindern überlebt nur dasjenige, das Marcus auf die Welt geholt hat, »Franks Kind« aber stirbt, im Krankenhaus können sie nichts mehr ausrichten, und nun kann er sich selbst nicht mehr anders sehen als einen Verdammten, der statt der Rettung, wo er auftaucht, den Tod bringt. Marcus, der glückliche Naive dagegen, darf sich für kurze Zeit seiner eigenen Auserwähltheit erfreuen. Voller Übermut steigt er, mehr als einem Ambulanzwagen gut tut, aufs Gaspedal, und gleich darauf überschlägt sich das Auto.

Frank blutet an der Stirn. Doch Marcus scheint sich nicht einmal durch den Unfall von seiner glücklichen Erleuchtung abbringen zu lassen. »I quit«, schreit Frank, was »Ich kündige« so gut heißen mag wie »Ich gebe auf«, und er verlässt den Platz, auf dem der Rettungswagen wie ein gestrandetes Tier liegt. Doch am nächsten Morgen steht

Frank wieder vorm Krankenhaus, eher zufällig, wie es scheint; als zöge es ihn, ohne dass er es merkt, an diesen Ort, wo offenbar auch Mary die Nacht ohne Schlaf zugebracht hat. Sie laufen ein Stück, und sie bittet ihn, vor einem Haus auf sie zu warten, wo sie kurz eine Freundin besuchen wolle und wo es häufig Überfälle gebe. Er folgt ihr nur wenig später in die Wohnung, die sich als Refugium des Dealers Cy Coates (Cliff Curtis) herausstellt, bei dem Mary offensichtlich häufiger Gast ist. Erschöpft lässt sich auch Frank an diesem Ort nieder – den Cy, vermutlich nicht einmal zu Unrecht, als eine »Oase« bezeichnet – um sich mit einer der Pillen zu »entspannen«, mit denen im Nebenzimmer auch Mary ihre Auszeit vom Leben nimmt. Aber was er in seinem Drogentraum erlebt, das ist doch nur wieder die gleiche Obsession, nur intensiver noch als in seinen täglichen Flashs: den Tod von Rose. Die Anklage aus dem Jenseits. Er schreckt aus seinen schweren Träumen und schleppt auch Mary aus dieser »Oase«. In Marys Wohnung bricht Frank endlich zusammen.

Auch in der darauf folgenden Samstagnacht kann er nicht von seinem magischen Ort, dem Ort zwischen Leben und Tod, dem Krankenhaus lassen. Er ist angezogen von der Stimme Mr. Burkes, die er zu hören vermeint; sie bittet, endlich in Ruhe sterben zu dürfen. Aber Frank muss nun seinen Vorschriften gehorchen und ihn zum zweiten Mal mit seinem Elektroschockgerät aus dem anderen Zustand zurückholen (er ist von dieser Aufgabe allerdings offensichtlich so überfordert, dass eine Schwester übernehmen muss). Er kann niemand retten in diesen Tagen, aber er kann auch niemanden sterben lassen.

Und wieder geht es hinaus, ein *quit* gilt hier nicht. Frank hat erneut einen anderen Partner, und diesmal ist er an den sadistischen Walls geraten. Um diesen Dienst zu überstehen, muss er sich erst einmal mit einem Medikamenten-Cocktail aufputschen (Nebenbei bekommen wir übrigens auch immer wieder mit, dass er während seiner Einsätze Alkohol trinkt.) Ihr erster Patient ist wiederum ein erfolgloser Selbstmörder, den Frank – zum großen Amüsement Walls' – wütend zurechtweist: Was ihm einfalle, sich beim Suizid so stümperhaft anzustellen, hier, wo so viele andere um ihr Leben

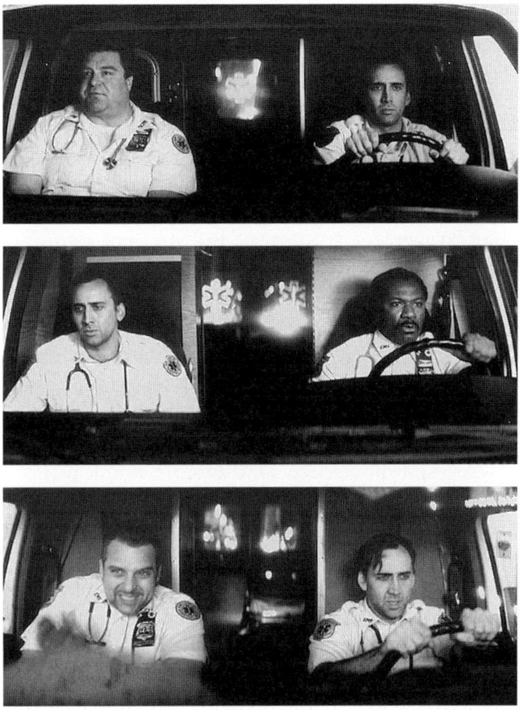

Drei Nächte, drei Partner: Frank mit Larry (John Goodman), Marcus (Ving Rhames) und Tom Walls (Tom Sizemore)

kämpften. Und dann führt sie ihr nächster Einsatz an einen Ort, den er nun nur zu gut kennt: Es ist Cy Coates, der, dem Tode nahe, auf einem Balkongeländer aufgespießt ist. Er wurde wohl von einem konkurrierenden Dealer zum Sprung gezwungen. Es beginnt eine höchst komplizierte Rettungsaktion: Während Frank, so gut es geht, erste Hilfe leistet, versuchen Feuerwehrleute das Geländer loszuschweißen, und beinahe stürzt Cy dann doch noch ab. Doch Frank greift ihn und zieht ihn nach oben. Er hat es geschafft, er hat ein Leben gerettet. Das Leben dessen, der den Tod auf den Straßen verbreitet. Und indem er ihn rettet, hat er vielleicht wieder neue Menschen dem Tode überantwortet.

Aber dies ist nicht das moralische Ende dieser Schicht. Nachdem sie Cy im Krankenhaus abgeliefert haben – vor dem, wie in den Nächten zuvor,

Mary wartet –, werden Frank und Walls auf ihrer Weiterfahrt Zeuge eines Schubs von Noel: Mit vor Angst verzerrten Zügen demoliert er Autos mit seinem Baseballschläger. Walls will ihn mit einer List überwältigen und seiner »Gerechtigkeit« zum Triumph verhelfen. Sein Plan misslingt, da Frank, der Noel nur beruhigen sollte, sich von ihm den Schläger reichen lässt und selber das Seitenfenster eines Wagens zertrümmert. Im Moment der Verwirrung kann Noel in einen Keller fliehen, doch dort erwischt ihn Walls und fällt mit dem Baseballschläger über ihn her. Frank kann gerade noch dazwischengehen, bevor er Noel totschlägt. Er bringt den Schwerverletzten ins Krankenhaus, und wieder ist es zuerst Mister Burke, der seine Aufmerksamkeit auf sich zieht. Man hat ihn in die Intensivstation verlegt. Und nun ist Frank reif dafür, dem Tod so sehr sein Recht zu geben wie dem Leben. Er löst den Schlauch des Beatmungsgerätes ab (und atmet, um die Todesursache zu verschleiern, selbst hindurch, bis Mr. Burkes Tod eintritt). Und so gelangt er zu Mary, als Bote des Todes. Und nun ist auf ihrem Gesicht das von Rose zu sehen. Er bittet sie um Vergebung, doch sie antwortet: »Du kannst nichts dafür. Niemand hat dir die Schuld gegeben.« Voller Erschöpfung nehmen er und Mary einander in die Arme. Und Frank kann seit langer Zeit ein wenig Trost und ein wenig Schlaf finden. Als brauchte er sich für einen Augenblick vor dem Tod nicht mehr fürchten.

Ein vager Augenblick der Gnade

Muss man sich diesen Sisyphos als glücklichen Menschen vorstellen? Frank ist jemand, der um alles in der Welt Subjekt seiner Handlungen werden will, und da diese Handlungen, wie man so sagt, immer über Leben und Tod entscheiden, erscheinen seine Bemühungen umso tragischer und grotesker. »Jemandem das Leben zu retten, ist die beste Droge der Welt«, sagt Frank; das klingt zunächst einmal fast wie ein Understatement eines alltäglichen Humanismus. Aber wir sehen vor allem, wie diese Droge abhängig macht, wie sie Entzugserscheinungen verursacht, wie man selbst durch eine solche Droge an den Rand des Abgrunds gelangt. Und schließlich, wie falsch diese Vorstellung von der »Rettung« des Menschen ist. *Red Death* heißt die Todesdroge in diesem Film. Erinnern wir uns an die Erzählung von Edgar Allan Poe: Es ist der ausgeschlossene Tod, der in der Maske zurückkehrt.

72 Stunden, drei lange Nächte im Leben des Ambulanzfahrers, der von den Geistern der Menschen verfolgt wird, die er nicht hat retten können. Es ist auch ein Bild New Yorks zu Beginn der 90er Jahre, vor der *Zero Tolerance*-Kampagne von Bürgermeister Giuliani. Die Welt hat sich seit MEAN STREETS und TAXI DRIVER verändert, aber sie ist gewiss nicht besser geworden. Der Tod ist nicht mehr in den Ritualen der Gangs in Vierteln wie Little Italy aufgehoben. Die Geschichte, so Martin Scorsese, »findet draußen auf der Straße statt und in Franks Kopf. Vielleicht sind die Menschen, die er ›verloren‹ hat, ein Teil von Gottes Plan. So geht das Hin und Her in seinem Kopf, während des ganzen Films. Er bringt die Leute ins Hospital, sie sterben, und er macht sich auf seine nächste Fahrt. Er steckt das weg wie ein Boxer einen Schlag und macht immer weiter, wie eine Maschine. Das ist die interessante Frage: Wie geht man mit dem Tod um, im Krankenhaus und auf den Straßen? Erst später wird ihm so etwas wie Gnade zuteil, aber dafür muss er den Weg durch die Nacht ganz beschreiten.«

BRINGING OUT THE DEAD ist ein Film des zweiten Blicks. Es ist der zweite Blick des Martin Scorsese auf seine Straßen und seine Menschen, es ist der Blick des toten Mädchens Rose, auf die Welt, die sie noch nicht ganz verlassen kann, es ist der zweite Blick auf die Liebe und auf den Beruf, die Kälte, die auf die Hitze folgt. Seit dem Tod des Mädchens ist Franks professionelles Verhältnis zu seinem Job gestört; er ist besessen davon, diesen Tod in irgendeiner Weise zu übermalen, wenigstens einem Menschen das Leben zu retten. Aber dieser Weg führt ihn nicht zu einer Rettung, sondern, im Gegenteil, zu einem Vater, dem er beim Sterben helfen muss. Die Beziehungen zwischen Leben und Tod sind allesamt paradox in diesem Film, der die Bedingungen für das Mitleid und das Mitleiden radikaler befragt, als es auf den ersten Blick den Anschein haben kann.

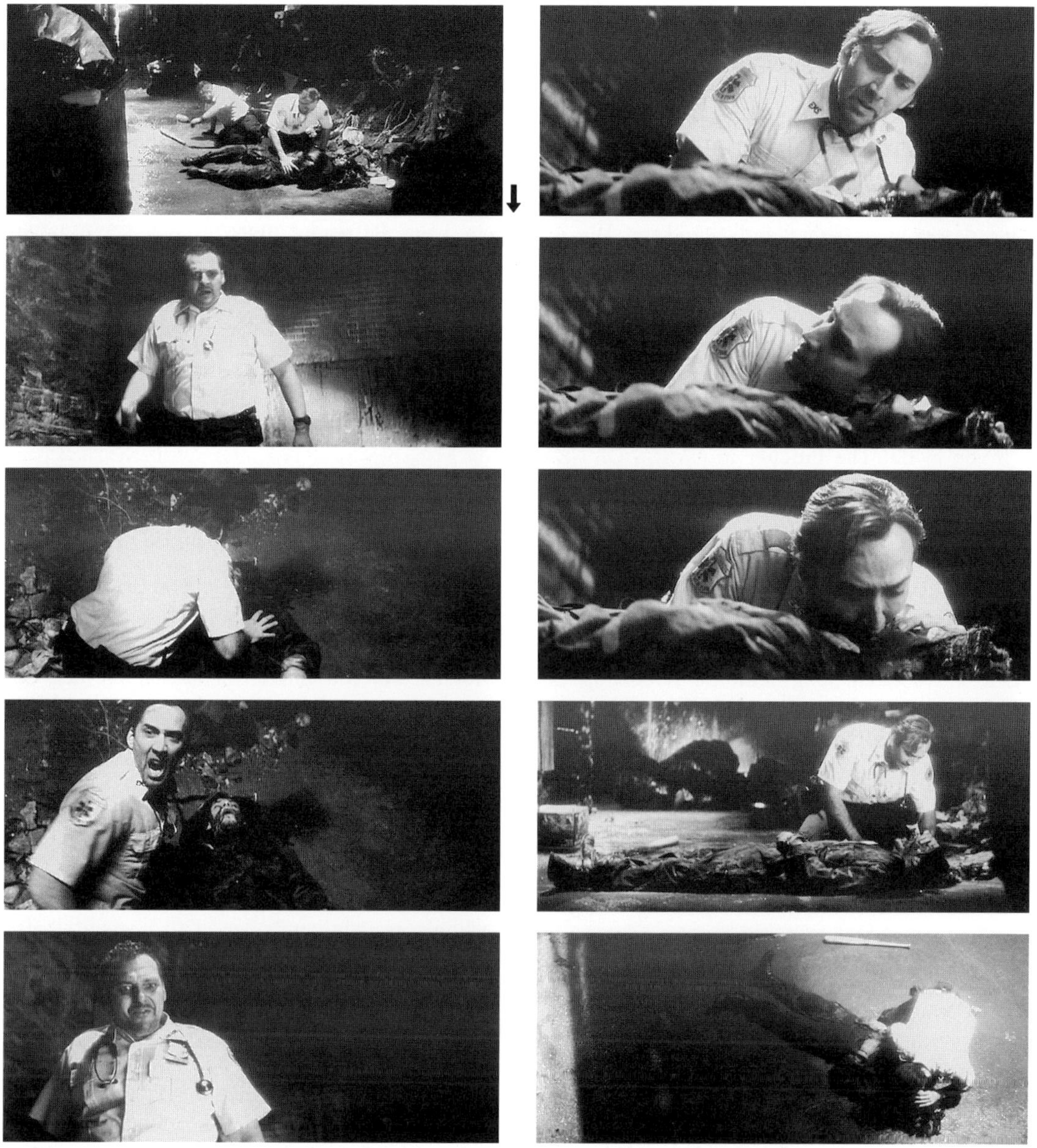

Die »transzendentale« Kamera in BRINGING OUT THE DEAD: Frank rettet Noel das Leben

Die drei Nächte dieses Träumers verlaufen nicht gleich, und sie verlaufen nur einerseits hintereinander, sind andererseits vielleicht aber auch drei Möglichkeiten für einen Menschen, auf die Wiederkehr der gleichen Dinge zu reagieren. Dennoch sehen wir auch einem Menschen zu, der seinen Kampf gegen den Tod zu verlieren droht, der so sehr zum Spiegel des Elends um ihn herum wird, dass er nicht mehr standhalten kann. Was er, als Gnade, schließlich erfahren darf, ist das Ineinander von Leben und Tod, so wie die Helden in anderen Filmen Scorseses, vielleicht ebenfalls als Gnade, das Ineinander von Kreativität und Zerstörung erfahren dürfen. Aus ihnen bricht die barbarische Gewalt immer auch als Schöpfungsakt (in kaum jemandem zeigt Scorsese das dann so deutlich wie in Bill The Butcher in GANGS OF NEW YORK), BRINGING OUT THE DEAD kehrt die Verhältnisse um und fragt danach, wie viel Zerstörung ein Rettungsakt enthalten kann.

BRINGING OUT THE DEAD ist ein Film über das Mitleid und die Fähigkeit und Unfähigkeit zu helfen. Und es ist eine Konstruktion von Eingeschlossen- und Ausgeschlossen-Sein. Im leitmotivisch eingesetzten Song heißt es: »Open up the window, let me breathe«, eine Sehnsucht nach Befreiung drückt sich hier aus, gewiss, gleichsam eine Aufnahme der Todesursache von Rose, aber zugleich die Sehnsucht einer Seele, sich zu befreien. Wenn man will, kann man BRINGING OUT THE DEAD auch als einen Beitrag zur Mystery-Welle ansehen, oder besser noch als einen Film, der deren Prämissen schon entlarvt, bevor sie überhaupt richtig in Gang geraten ist.

Der »Joker« dieses Spiels ist Noel, man bringt ihn um, wenn man ihm helfen will (nur mit einem Becher Wasser), und Frank kann sein Leben nur retten, wenn er ihm den Tod verspricht. Bei Noel ist dieses grausame Spiel manchmal beinahe komisch. Aber alle bewegen sich in diesen Widersprüchen, wie Mary, die ihrem Vater den Tod gewünscht hat und jetzt um sein Leben kämpft.

Die Kette der Patienten ist nichts anderes als ein immer weiterer Abstieg bis an den tiefsten Punkt am zweiten Tag, das dunkle Loch, wo sie, wie in John Fords THREE GODFATHERS (Spuren im Sand; USA 1948), bei einer Geburt helfen, aber eines der Kinder stirbt, und als kurz danach Marcus einen Unfall baut, verlässt Frank die Unfallstelle mit hysterischem Lachen. Er kann nicht mehr, und er muss immer weiter machen. Der Augenblick der Gnade, in dem er einen Menschen retten wird, kann sich nur innerhalb des Systems ereignen. Aber weil er sich nur im System ereignen kann, kann er auch keine wirkliche Erlösung sein, keine Befreiung. BRINGING OUT THE DEAD ist eine genaue (vielleicht in dieser Genauigkeit gelegentlich allzu konstruierte) filmische Untersuchung des Sisyphos-Mythos.

Die klare Gliederung – drei Nächte, drei Partner, drei »Prüfungen« – und die Geschlossenheit seiner Bühnen-Stadtwelt macht es Scorsese in BRINGING OUT THE DEAD möglich, der strengen Form von KUNDUN und THE AGE OF INNOCENCE zu entgehen. Ganz spürbar lässt er hier seinen Schauspielern mehr Freiraum und geht lockerer mit den Zeitstrukturen um. In die Hauptmotive sind Intervalle eingearbeitet, wie die Ärztin, die immer wieder die Patienten beschimpft und die Junkies als lebensunwert hinstellt, nur um sich dann doch wieder ihrer Arbeit an den Menschen zu opfern. Drei Partner mit unterschiedlichen Formen der Bewältigung der Opfer-Aufgabe, drei Ansätze zu einer Liebesgeschichte – BRINGING OUT THE DEAD ließe sich auch als Abfolge von Leiden / Akzeptanz / Transzendenz (wie Scorsese Rossellinis Filme gelesen hat), als Nebeneinander verschiedener Lösungen oder Nicht-Lösungen lesen.

Tatsächlich scheinen Scorsese und Schrader nicht nur nach »Erlösung«, sondern auch nach Einfachheit gesucht zu haben. Die unzweifelhafte Schönheit dieses Films bleibt distanzierter und äußerlicher als bei TAXI DRIVER. Das hat Scorsese auch Kritik eingebracht: »Anders als der paranoide, verstörte *Taxi Driver* hat dieser Held keine dubiosen Züge«, schreibt Sabine Horst, »die beunruhigende Vagheit des früheren Films, die überlegten Verfahren, mit denen Scorsese den Zuschauer in die Identifikation mit einem Soziopathen trieb, sind in BRINGING OUT THE DEAD trotz der kinematografischen Technik in rauschhaften nächtlichen Autofahrten und Traumsequenzen einer enttäuschenden Schlichtheit gewichen, die von dem wieder einmal preisverdächtig zerquälten Nicolas Cage in der Hauptrolle perfekt repräsentiert wird.« Aber ist die »beunruhigende Vagheit«, das Ereignis des Lebens, das sich nicht ausschließlich durch das Zuvor und das Danach definieren lässt, tatsächlich verschwunden, nur weil an die Stelle der Gewalt der Impuls zur Rettung, an die Stelle einer Explosion ein Augenblick der Gnade (vage genug, nebenbei) getreten ist? Und sind die »dubiosen Züge« bei Frank Pierce nicht nur ein wenig verborgener, tückischer und vielleicht daher sogar genauer als bei Travis Bickle?

Von Travis Bickle zu Frank Pierce

Man kann Frank Pierce in allen erdenklichen Beziehungen als Spiegelung von Travis Bickle ansehen. Was jener anstrebt, hat dieser verfehlt; was Travis – gewalttätig – vor sich sucht, sieht Frank nur als das Vergebliche. Travis hat das Mädchen, wenigstens in einer symbolischen Tat, gerettet, Frank hat das, in seiner direkten Art, nicht vermocht und wird daher von ihrem Bild verfolgt. Aber die beiden sind in einem entscheidenden Punkt miteinander verwandt: Das Projekt der Selbsterlösung, dem sie sich unterwerfen, ist die andere Seite der Unfähigkeit, mit anderen Menschen in einen sinnvollen Dialog zu treten. Natürlich äußert sich das bei Frank Pierce weniger aggressiv als bei Travis Bickle; was an diesem zu heftig abprallt, das ist bei Frank schon zu tief nach innen gelangt. Während Travis den Versuch aufgegeben hat, von seinen Mitmenschen akzeptiert zu werden, ist Frank Nacht für Nacht damit beschäftigt, Kontakt mit anderen aufzunehmen. Und während Travis danach trachtet, unempfindlich gegen Schmerzen zu werden, öffnet sich Frank den Schmerzen so sehr, dass er daran zugrunde ginge, wenn er den Punkt der Gnade nicht erreichen würde. Bei dem Vergleich der beiden Figuren, den Scorsese und Schrader ja nur allzu nahe legen, stößt man unwillkürlich auf eine verstörende Frage, nämlich die, ob ein »Helfer« genau so falsch liegen kann wie ein Gewalttäter (nicht nur, weil er dann doch den »Falschen« retten muss und als Retter zur Verbreitung des »roten Todes« beitragen wird).

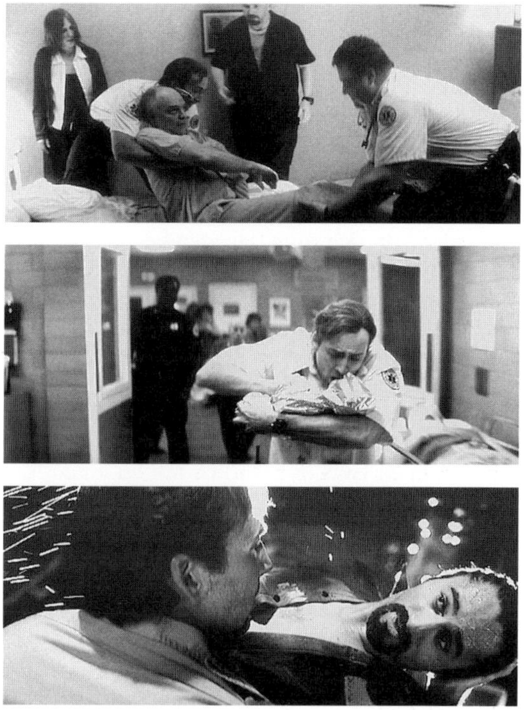

Pietà-Bilder bei den Einsätzen gegen den Tod

Auch Frank Pierce ist kein Heiliger. So wie Larry das Essen und das Feuer liebt, wie Marcus seine Religion hat und wie Tom Walls sich als sadistischer Herr aufspielen kann, braucht er den Alkohol und das Sendungsbewusstsein. Aber das ist weniger als die anderen haben, oder mehr, wie man es nimmt, jedenfalls kann er nicht diese Wand zwischen sich und den Geschehnissen der Nacht errichten, wie es seine Kollegen tun. Auch darin ist er dem *Taxi Driver* verwandt, der zugleich härter und verletzlicher als seine Kollegen war. Diese Scorsese-Helden, wie auch der *Raging Bull*, nehmen die Sache persönlich. Die Welt existiert nur als Teil ihres Innenlebens, oder: Sie selber existieren nur als Symptom der Welt; es gibt kein Außen, und nichts, wovor man die Augen schließen könnte. In Martin Scorseses Filmen beginnen wir an der herkömmlichen Konstruktion von Subjekt und Welt zu zweifeln. Deshalb war nie klar, ob es Gnade oder Fluch war, wenn Jake La Motta am Ende von RAGING BULL jemand ist, der, dem Bibelvers nach, blind war und nun sehen kann oder muss. Und es kann auch kein wirklicher Trost sein, dass es Frank Pierce am Ende von BRINGING OUT THE DEAD für einen Augenblick schafft, die Toten dem Tod und die Lebenden dem Leben zu überlassen. Wenn Travis Bickle »jemand« wurde, indem er sich zum Herrn über Leben und Tod aufschwang, dann ist Frank Pierce einer, der sich beidem unterordnet. Immer wieder sehen wir, wie er die Körper der Menschen im Arm hält, aus denen das Leben zu entweichen beginnt, und dass diese Handlung den Schmerz eher vergrößert als verringert. Wenn wir BRINGING OUT THE DEAD als einen ästhetischen Akt der Therapie ansehen (was er natürlich nur zu einem geringen Teil ist), dann ist es Scorseses Versuch, den Tod zu akzeptieren, den Tod, den er keinem seiner Protagonisten vordem zubilligen konnte, einerseits – und andererseits den sehr konkreten Tod von Catherine Scorsese, der Mutter des Regisseurs. Frank Pierce ist »mutterseelenallein«, gepeinigt von den Gespenstern der Vergangenheit, gepeinigt von den unlösbaren Problemen der Gegenwart, und wir sehen einem Mann zu, der selber »mütterlich« sein will (wiederkehrend ein Pietà-Bild bei seinen Einsätzen gegen den Tod) und dem das paradoxerweise erst gelingt, als er den Tod akzeptiert. Daher ist es nicht bloß der Effekt der Heftigkeit, der ihn ausgerechnet den »durchbohrten« Mann retten lässt, der an den durchbohrten Sankt Sebastian erinnert und der lacht und schreit angesichts des Todes. (Amsterdam Vallon wird den auf ganz ähnliche Weise durchbohrten Johnny in GANGS OF NEW YORK den gnädigen Tod geben.) Den todessüchtigen Noel (dessen Name so sarkastisch an die Geburt des Erlösers erinnert) aber muss Frank retten: Wir könnten argwöhnen, Scorsese hätte im Sinn gehabt, uns an die Natur von Leben und Sterben zu erinnern, und den Reifungsprozess seines Helden an eine eher fatalistische Akzeptanz gebunden, die allein zu Transzendenz und Ruhe führen kann. Aber Frank hat mit dem Mister Burke, der seinen erlösenden Tod wünscht, einen durchaus personalen Kontakt.

Travis Bickle fühlt sich in seiner Einsamkeit auserwählt, er ist »god's lonely man«; Frank Pierce dagegen fühlt sich von Gott verlassen. Was vor seinen Augen verschwimmt, das ist die Möglichkeit eines Sinns, die Frage, ob es so etwas wie einen göttlichen Willen in alledem gibt oder nur ein grausames, zynisches Chaos, ein Nacht für Nacht sich wiederholendes Schauspiel der menschlichen Verdammnis.

Die ersten Filme von Martin Scorsese beschrieben den Lebensraum des Gettos, die Unmöglichkeit es zu verlassen. Seine mittleren Filme zeigten zornige Männer, die es mit allen Mitteln doch tun. Wenn sie es schaffen, wie der Saxophonist in NEW YORK, NEW YORK oder der Boxer in RAGING BULL, dann nur um den Preis eines fundamentaleren Scheiterns. Und nun geht es um eine Art der Rückkehr, des Akzeptierens. Scorseses Filme machen auch in ihrer Abfolge diesen Weg vom Schmerz über das Opfer zum Frieden durch.

Vielleicht ist andererseits aber BRINGING OUT THE DEAD ein ganz ähnlich wichtiger Perspektivwechsel, wie es einst THE AGE OF INNOCENCE war. Mit diesem Film zeigte Scorsese, dass seine Methode weit über das Autobiografische hinaus ging, dass seine Filme nicht nur ein Milieu, sondern eine Welt zu beschreiben imstande sind. Und mit BRINGING OUT THE DEAD stellte Scorsese noch einmal nicht den Gewalttäter in den Mittelpunkt, einen, der sich als negativer Messias für die Sünden der Welt opfern will (und vor allem eine Zahl von Mitmenschen opfert), sondern einen, der helfen will, auch nicht ohne messianischen Furor, aber doch an seinem Ort und in seinen Grenzen. Wenn man will, kann man in BRINGING OUT THE DEAD so etwas wie ein Happy End sehen. Möglich aber auch, dass es so trügerisch ist wie das von TAXI DRIVER. ❑

Gangs of New York (2002)

In Akira Kurosawas RAN (1985), mit dem Scorseses Film einiges zu tun hat, gibt es am Anfang eine Szene, die eine Art von metaphorischer Rebellion zeigt, die über eine Rebellion der Personen hinausgeht und zu einer Rebellion der Methoden gelangt: Der greise Hidetora vererbt jedem seiner drei Söhne eine Festung und ermahnt sie, untereinander Frieden zu halten. Er demonstriert die Notwendigkeit an drei Pfeilen: Einen allein kann man leicht brechen, aber drei gemeinsam nicht. Aber sein Sohn Saburo nimmt die drei Pfeile und bricht sie übers Knie. Es kommt auf den Hebel an, den man ansetzt. Der erzürnte Hidetora verstößt seinen Sohn, aber damit besiegelt er nur, was er vermeiden wollte, den furchtbaren Kampf der Söhne und nicht zuletzt den eigenen Tod. Es gibt nur Tote und Geschlagene am Ende von RAN, keine Sieger.

RAN erzählt von furchtbaren Schlachten, vor allem davon, wie Krieg entsteht durch die Macht und ihre Verführung, die Angst und die Gier. Auch GANGS OF NEW YORK ist ein solches Drama der Endzeit einer Herrschaft, in der sich eine gesellschaftliche und familiäre Ordnung durch ihre eigenen Gesetze zerstört, und durch eine Rebellion der Methoden. Eine große Tragödie also, oder eine melancholische Farce; aber wieder projiziert sie Scorsese auf ein eher materialistisch dokumentiertes Stück Zeitgeschichte, mehrere Erzählweisen begegnen einander und werden umso deutlicher, je mehr sie sich zu widersprechen beginnen. Es ist ein sehr genaues, gern vergessenes Stück der amerikanischen Geschichte, der Geschichte New Yorks, der Geschichte einer Gesellschaft, die sich gern als ein kultureller und sozialer Schmelztiegel begreifen würde und die in Wirklichkeit doch immer nur der Hexenkessel war, den Scorsese in den meisten seiner Filme beschrieben hat. Er benutzt dazu eine sehr genaue, detailversessene Quelle, das Geschichtsbuch von Herbert Asbury aus dem Jahr 1928, das einigermaßen nüchtern die Bandenkriege zur Zeit der *Draft Riots* um 1863 beschreibt. Es erzählt eines der vergessenen Kapitel aus der amerikanischen Geschichte und ein schönes Stück aus dem Unterbewusstsein der Stadt (und in der Schlusseinstellung auf die langsam verrottenden Gräber der Protagonisten am Ufer des Hudson macht der Regisseur das noch einmal deutlich): Auf ihrem Weg nach Amerika mussten die Einwanderer dieser Zeit durch die Hölle von Five Points, in denen sich die ersten weißen Amerikaner mit barbarischer Gewalt gegen die Neuankömmlinge wehrten, ein Kampf der *Native Americans* gegen rassische und religiöse Vermischungen. (Unnütz zu sagen, dass es niemandem in Five Points einfällt, nach den wirklichen *native americans* zu fragen, die man im Jahrhundert zuvor hier massakriert hatte.) Und während Lincoln seinen Krieg gegen den Süden führt, mit dem die Einwohner von New York nun gar nichts im Sinn haben (eher noch sympathisieren sie mit dem Süden; sie nehmen sozusagen den zweiten Rassismus, den Angst- und Konkurrenz-Rassismus schon

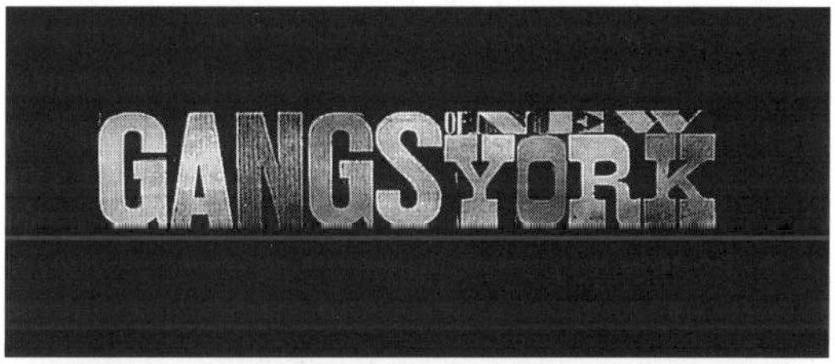

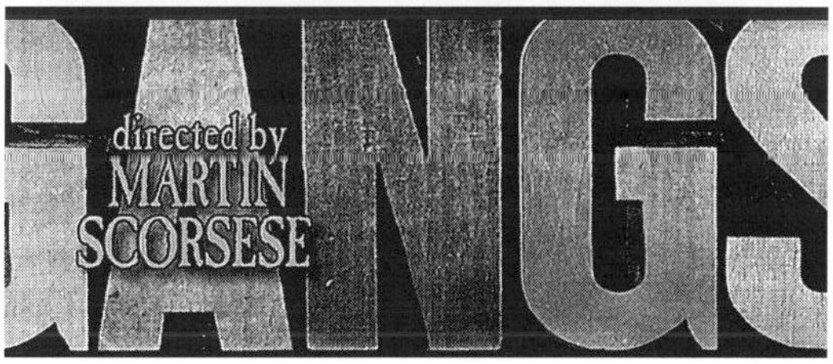

vor dem Herrenmenschen- und Kolonial-Rassismus, in der amerikanischen Gesellschaft vorweg), werden die Getto-Bewohner und die Neuankömmlinge zwangsweise zum Militärdienst gepresst. Nur die Reichen können sich freikaufen. Gegen diese Praxis kommt es zu einem Aufstand, der mit der ganzen Macht des Staatsapparats, mit einem militärischen Einsatz gegen die eigene Bevölkerung, einschließlich eines Artillerie-Bombardements, niedergeschlagen wird. Die Folgen dieser Niederschlagung, die notwendige Beseitigung der Trümmer, in die man einen Teil der Stadt gelegt hat, werden, scheinbar paradoxerweise, als »Sanierung«, als Modernisierung und Urbanisierung inszeniert. Und so wird, Schicht für Schicht, Amerika. Aber das ist schon nicht mehr Teil dieser Erzählung von den *Gangs of New York*.

Amerika ist für die von Hunger und Angst getriebenen Europäer eine Verheißung. Aber in wenigen Einstellungen macht Scorsese klar: Amerika ist ein Schock, eine Schule der Gewalt und der Korruption, und die Mafia ist offensichtlich nicht, wie es in der offiziellen Legende geschrieben wird, so etwas wie ein Parasit, der die frühe amerikanische urbane Gesellschaft sozusagen als unangenehme Begleiterscheinung der Einwandererströme befallen hat, sie ist vielmehr die Grundbedingung ihrer Entstehung, die Grundbedingung der neuen Form des Kapitalismus.

Five Points, die elendste Gegend des Sixth Ward zu jener Zeit, gelegen zwischen dem, was heute Broadway, Canal Street, The Bowery und Park Row heißt, ein Außenbezirk der Stadt, wo das Urbane in eine wuchernde Ländlichkeit übergeht, Stadtslum und Western-Town, Wildnis und Garten, amerikanisches Fieber und europäische Armut in einem. Ganz buchstäblich frisst sich die Stadt in die Gräber der Pioniere und, vor allem, der Sklaven, überschwemmt das neue Industrieproletariat und das Subproletariat der Immigranten die Elendsquartiere der Sklaven. Ein Sumpfgebiet, das sich in eine Morastlandschaft mit urbanen Inseln verwandelte und das noch vor den Straßenkämpfen der ersten Gangs und noch vor dem *Draft Riot* immer wieder eine unrühmliche Rolle im Leben der Stadt spielte: Hier wurden die Überlebenden der Sklavenaufstände des Jahres 1741, eines der Urbilder der *race wars* in New York, gehängt und gerädert. Danach diente die Gegend als Munitionslager im Kampf gegen die Indianer. 1808 kam es hier zu den ersten Hungeraufständen, und schon damals waren die Aufräumarbeiten verbunden mit profitablen Urbanisierungsprojekten. Konstruktion und Zerfall, Aufstand und Vernichtungsaktion folgten zwei Jahrhunderte aufeinander, eine Form der informellen Herrschaft wurde durch militärische Schläge von dem nächsten Projekt der Vergesellschaftung abgelöst. Five Points, das ist die Geschichte von Kapital und Arbeit, von Herrschaft, Gegen-Herrschaft und Sub-Herrschaft auf engstem Raum.

Die Herrschaftsform, von der GANGS OF NEW YORK handelt, ist ein Ineinander von Korruption, Terror und Rassismus, eine Herrschaft im Getto, die sich mit der Herrschaft von Geld und Politik arrangiert, von ihr unabhängig, aber in ihrem Sinne funktioniert. Man kann diese Herrschaft getrost eine faschistische nennen, auch wenn es nirgends dafür einen Begriff geben konnte. Nur dass es eine Welt für sich, eine Welt mit eigenen Gesetzen und mit rigiden Grenzen war, das wusste man, drinnen wie draußen. In den halbwegs trockengelegten Sümpfen siedelten sich die Arbeiter auf dem Gebiet an, das ursprünglich ein wüster See war. Das etwa vier Quadratkilometer große Viertel, das von den fünf Straßen Cross, Anthony, Little Water, Orange und Mulberry strukturiert wurde, verfügte in der Mitte über einen kleinen eingezäunten Park, Paradise Square (bei Scorsese noch einmal beinahe auf einen magischen Punkt zusammengeschrumpft), laut Asbury der einzige Ort zu dieser Zeit, an dem in New York die armen Menschen willkommen waren. Am Eisenzaun hängten die Frauen ihre Wäsche auf und ließen sie von mit Prügeln bewaffneten Jungen bewachen (auch dies zitiert Scorsese, bei dem allerdings dieser Zaun auch eine höchst symbolische Rolle spielt, als wahrhafter Opferplatz – verwandt der Güterwaggon-Front in BOXCAR BERTHA).

Die Herren von Five Points waren die Metzger – auch das verdichtet Scorsese nur in seiner Figur von Bill The Butcher (Daniel Day-Lewis) –, sie regierten das Viertel mit Gewalt, mit ihrer ökonomischen Macht, mit der Geschlossenheit ihrer

Das Paradies ist die Hölle: Der Hafen als Menschenumschlagplatz

Organisation und mit einem offenkundigen Vergnügen an sadistischen Spielen – das beliebteste, das uns der Film gnädigerweise erspart, bestand darin, einen Stier in der Mitte des Bunker Hill anzubinden und ihn von einer Hundemeute langsam zu Tode beißen zu lassen. Bunker Hill war auch der Kampfplatz der Gangs, die ihre territorialen Ansprüche durch brutale Massenkämpfe regelten. Verboten waren nur Schusswaffen, denn die hätten in der Tat der Obrigkeit ein Handeln aufgezwungen, auf das sie ansonsten gern verzichtete: Politik, Polizei und Feuerwehr haben sich lukrativ in dieses System eingeschrieben, und je mehr die Gangs miteinander beschäftigt waren, desto besser war Five Points zu kontrollieren, als ein anachronistischer Zustand in der Stadt, in dem man noch aus menschlichem Abfall Profit schlagen konnte. In der Phase der Gang-Kriege allerdings, in der GANGS OF NEW YORK spielt, haben sich die territorialen Ansprüche fundamentalisiert, es geht nicht mehr allein um die Vorherrschaft bestimmter Gangs und ihrer Farben, vielmehr ist ein rassistischer Krieg zwischen den *Natives*, den protestantischen Amerikanern aus England, Holland und Deutschland, mit den neuen Einwanderern entstanden, zuerst den katholischen Iren, später den Italienern und den Spaniern, der auf eine große Entscheidung hinausläuft.

Aber Five Points ist auch ein Viertel der Vergnügungen, trotzige Lebensfreude strahlt es aus; auch die Bürger, aus einer vollkommen anderen Welt nur zwei Straßen weiter, schauen vorsichtig einmal herein. Neben den eher blutigen Vergnügungen gehörten die Tänze in den *dance houses* zu den billigen Vergnügungen der Bewohner, die Scorsese mit etwas visueller Freiheit zitiert (allerdings, die Kerzenbeleuchtung ist eine direkte Übernahme historischer Quellen). Einiges von alledem sehen wir in Martin Scorseses Film, erklärt wird nichts; unsere *history lesson* müssen wir außerhalb abhalten (sie wird sich durch ihn allerdings verändern).

Ein Western auf dem Mars

Wir befinden uns in dunstigen, schmutzigen, unterirdischen Gängen und Höhlen, die sich die irischen Einwanderer in die Felsen gegraben haben. Wie könnte man hier nicht an die Katakomben der frühen Christen denken? Die Menschen sind in Lumpen, Fell- und Lederstücke gewandet, wie ein Stamm von Barbaren; Hunderte von ihnen, die sich mit primitiven Waffen ausstatten, Prügel, Messer, Äxte, Stahlnägel in den Stiefeln, rußgeschwärzte Gesichter, bereiten sich vor. Sind wir in einem fantastischen *post-doomsday* oder in einem Barbarenfilm? Nein. Es ist die erste Hälfte des 19. Jahrhunderts, während der großen Einwanderungswellen. New York, Five Points eben. Lagerhallen und Hüttensiedlungen, die jetzt, im offensichtlich kalten Winter, noch weniger nach Heimstatt aussehen als ohnehin. Einen Western, der auf dem Mars spielt, so hat Scorsese vor langem einmal seine Idee zu diesem Film bezeichnet, und im Blick auf den Kampfplatz verstehen wir, was er damit gemeint haben könnte. Es ist eine archaische Mischung aus mittelalterlichem Dorf und modernem Slum, eine Zone des Elends, in der sich die Einwanderer, die sich in einer neuerlichen Welle, insbesondere aus Irland, von den ankommenden Schiffen in die Stadt ergießen, einen brutalen Kampf um das Wenige an Lebensraum liefern. Jeden Tag kommen Tausende von neuen Immigranten an, die kaum etwas anderes besitzen als die Kleider am Leib und ihre Körperkraft. Nicht ins Paradies, sondern in die Hölle sind sie geraten, das wird ihnen gleich bei der Ankunft klar, wo sie von Steinen und Verwünschungen der Eingesessenen erwartet werden, die die neue Konkurrenz verabscheuen. Viele von ihnen – mittlerweile befinden wir uns in den frühen 60er Jahren und damit im amerikanischen Bürgerkrieg – werden direkt in die Armee der Nordstaaten gepresst und ziehen, kaum dass sie den Boden der neuen Heimat betreten haben, für diese in einen Krieg, den sie ganz und gar nicht verstehen. Der Hafen, eine ausgesprochen sarkastische Einstellung, ist ganz direkt ein Menschenumschlagplatz: Massen von armen Einwanderern kommen mit einem Schiff an, mit dem nächsten fahren sie an die Front, und ein anderes bringt sie als Särge zurück.

Aber einige wollen auch bleiben. Die Macht haben hier die Gangs, die sich martialische Namen geben und sich durch ihre Farben kenntlich machen. Die mächtigsten sind die *Native Americans*, die sich gegen die neue Welle der katholischen Einwanderer stemmen. Sie selbst, die Nachfahren der ersten Einwanderer, zelebrieren einen bizarren Kult des Patriotismus: Die amerikanischen Symbole, die Fahne und ihre Farben, der *American Eagle*, der in Bill The Butchers Glasauge abgebildet ist (wir erinnern uns an die Spiegelung des amerikanischen Himmels in den Augen von *Boxcar Bertha*) sind für sie allein maßgebend, eine Beziehung zur römischen Kirche für sie ein Frevel an der jungen Nation. Die Iren mit ihren katholischen Ritualen und ihrer familialen Organisation erscheinen ihnen als Affront gegen die Freiheiten, denen ihre Väter Blut und Leben geopfert hatten. Die große Frage ist, ob der Anführer Bill The Butcher selber an diese seine rassistische Ideologie glaubt oder ob sie ihm nur Instrument seiner Herrschaft ist. Dies ist, so sagt Scorseses Film, so einfach nicht zu beantworten.

Aber die neuen Bürger sind auch eine Manövriermasse in den Machtkämpfen in der Stadt. William Marcy »Boss« Tweed (Jim Broadbent), der Herrscher in Tammany Hall, der Machtbasis der Demokratischen Partei und ihrer käuflichen Politik, versucht die Immigranten auf seine Seite zu ziehen, indem er sie mit dem Nötigsten versorgt, mit Medizin, Nahrung, Arbeit und nicht zuletzt ihren Kirchen. »Deliver these good and fervent folks to the polls on a regular basis and there will be a handsome price for each vote that goes Tammany's way.« Die einen werden zum Schlachtvieh, die anderen zum Stimmvieh. Boss Tweed ist der Mann, der aus den Iren auf eine eigene Weise Amerikaner macht. Sein Verständnis von Demokratie ist einfach: »Nicht die Stimmzettel machen die Wahl aus, sondern die Zähler. Also zählt weiter.« (Und bei dieser Szene nicht an Florida zu denken, fällt zumindest amerikanischen Zuschauern schwer.) Aber Tweed spielt ein riskantes Spiel zwischen den Fronten, er benutzt die irischen Immigranten für seine Macht, hält es aber auch mit

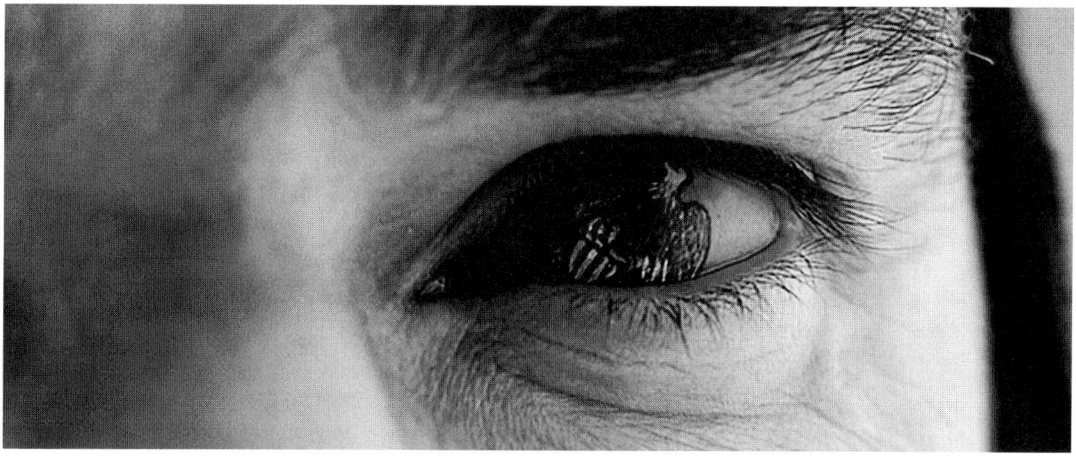

Bizarrer Patriotismus: Bill The Butchers Glasauge

den *Native Americans*. In einer Szene sehen wir, wie er sich mit Bill The Butcher darauf einigt, dass vier Männer gehängt werden in Paradise Square, vor allen Augen von Five Points, und damit ist klar, welche Funktion die Todesstrafe hat. Scorseses Film *zeigt* nicht Geschichte (als Korruption und Gewalt), er *sieht* sie, mit den Augen seiner Protagonisten, und das heißt auch, wie sich herausstellen wird, mit geblendeten Augen. Denn was sie sehen, das ist genug, um den Glauben an das Außen zu verlieren, daher glauben sie an sich selbst: Diesen Fehler werden die Getto-Bewohner bis zu den *mean streets* wiederholen.

In den unterirdischen Höhlen unter den Lager- und Wohnhäusern des Eilands Manhattan also bereiten sich Männer vor wie zu einer heiligen Handlung im Zeichen des toten Kaninchens. Ein Mann namens Priest Vallon (Liam Neeson), der tatsächlich wie ein Priester erscheint (so wie er sich seinen Kragen für den Kampf umlegt, als wäre es der »römische Kragen«) steht an der Spitze der *Dead Rabbits*. An der Hand führt er seinen kleinen Sohn Amsterdam, als er sich durch das Labyrinth bewegt, und seine Gang, in der sich die irischen Einwanderer zusammenfanden, zur Schlacht führt. Es muss gar noch der »Türwächter« überzeugt werden, bevor es gegen die Leute von William Cutting alias Bill The Butcher geht, die alles bekämpfen, was nicht in das puritanische Bild der Gründerväter passt, besessen von der Idee einer Reinheit ihres Territoriums und ihrer Macht.

Was an Bill The Butcher fasziniert, ist nicht allein der »amerikanische Archetyp«, der alles Gute und Schlechte des Neuen Menschen oder des Menschen im Neuen Land vereint, so dicht gepackt, dass es unmöglich auseinander zu spalten ist, nicht in aller mythischen Anstrengung, auch nicht im Western, der da kommen wird, ihn zu erklären. Bill als zentrale Gestalt einer shakespeareschen – oder auch griechischen – Tragödie lässt diesen Typus als den Herrscher erscheinen, der für das Schauspiel des Untergangs geweiht ist. Cutting ist auch eine enorm reiche Gestalt der Selbstvergewisserung. Der Verkünder weniger denn der Produzent eines Weltbildes, und sogar noch mehr: Er ist, Scorsese arbeitet das sehr genau heraus, sogar der Schöpfer einer eigenen Sprache, die viel mehr ist als nur ein Dialekt, eine Sprechweise im Schmelztiegel und gegen ihn. Er ist Subjekt und Objekt seiner Erzählung zugleich. Ein Blender und ein Verblendeter.

Man kann es durchaus so sehen, wie uns spätere Einstellungen nahe legen werden: Bill The Butcher ist Gott und Teufel in Five Points – und sein Antipode Amsterdam Vallon (Leonardo DiCaprio) ist zugleich der Rebell, der Sohn und der Erlöser.

Entsprechend zerrissen ist dieser Charakter denn auch. Es ist der Hass, der ihn leitet, am Anfang, und dann gibt es etwas, was mehr ist als nur die gewohnte Bewunderung und Faszination für den Feind, es ist etwas von Liebe und Selbsterkenntnis darin. Darum wandelt sich seine Motivation, und DiCaprio macht das durch eine vergleichsweise einfache Verwandlung seines mimischen Grund-Codes deutlich: Es ist nicht mehr der Grimm, der die Züge verdüstert, der ihn zum Mord an diesem König der Unterwelt bestimmt, sondern ein historischer und moralischer Auftrag, das Wissen darum, dass nur durch diesen Mord ein anderes Leben, ein Neues Testament möglich sein wird.

Aber im Augenblick ist das alles fern, eine Möglichkeit im ängstlichen und zornigen Blick eines kleinen Jungen, der seinen Vater mit den Seinen zum Kampfplatz ziehen sieht. Es folgt eine gnadenlose Schlacht (oder ist es nicht, wie Shakespeare sagt, »ein Schlachten«?), deren Intensität an die Einstellungen im Boxring von RAGING BULL erinnert. Wie man dort als Zuschauer das Gefühl hatte, die dem Protagonisten geltenden Schläge selber einstecken zu müssen, so muss man hier um seinen Kopf und noch mehr um seine Haut fürchten. Messer, Äxte, Knüppel und selbstgefertigte Schwerter werden als Waffen benutzt. Das Blut fließt in Strömen (und so wie die Vorbereitung zum Kampf an den MACBETH von Orson Welles [1948] erinnert, so erinnert der Kampf selber an die grimmige Version von Roman Polanski [1971]). Am Ende liegen zahlreiche Tote im blutigen Schlamm und Schnee, darunter auch Priest, dessen Tod durch die Hand Bill The Butchers den Kampf beendet hat. Vor den Augen seines Sohnes stirbt Priest, und weder er noch der Metzger dulden ein Wegsehen: Amsterdam muss das schwere Sterben seines Vaters in sich aufsaugen, bis er von ihm durchdrungen ist, während ganz direkt der Blick des Metzgers auf ihm lastet. Das Sterben und das Sehen, wir kennen diese furchtbare Gleichung aus GOODFELLAS. Jetzt erst erfahren wir, wo und wann wir uns befinden: *New York City 1846*.

Dann verschwindet Amsterdam für lange Zeit in einem Waisenhaus-Gefängnis, das nicht umsonst *Hellgate House of Reforms* heißt. Als er entlassen wird, ist er gerade 20. Er kehrt zurück nach Five Points, das fester denn je in den Händen von Bill The Butcher ist. Priest Vallon war sein letzter großer Rivale, aber auch ein geehrter Feind. Nachdem er ihn getötet hatte, errichtete er ihm ein Denkmal in Five Points – diese Entdeckung ist eine der ersten von vielen Irritationen auf Amsterdams Weg. Der hat nach diesen 16 Jahren nur die Rache im Sinn. Aber mittlerweile kontrolliert Bill nicht mehr nur die *Natives*, sondern auch die irischen Gangs, oder das, was von ihnen übrig geblieben ist. Five Points ist sein Königreich: »Mulberry Street and Worth, Cross and Orange and Little Water. Each of the Five Points is a finger, and when I close my hand, it becomes a fist.«

Bills Herrschaft festigt sich nicht zuletzt durch den Wechsel von Vallons Leuten ins andere Lager: McGloin (Gary Lewis) ist zum Buchhalter und zur rechten Hand Bills geworden, auch wenn er immer noch heimlich in die Kirche geht. Das wird ihm später zum Verhängnis, dass er den Rassismus so radikal fortsetzt: Als er einen Afroamerikaner in der Kirche sieht, dreht er durch und macht damit seinen Verrat deutlich. Happy Jack (John C. Reilly) hat sich als Polizist im Viertel etabliert, der von den Dieben kassiert und sich selbst von den Königen der Unterwelt bezahlen lässt.

Amsterdam findet in Johnny (Henry Thomas), dem Freund aus Kindertagen, einen Führer durch diese Welt. Nur dieser weiß, wer Amsterdam wirklich ist. Nur er hat ein wenig von der Unschuld seines Blicks von damals gerettet; Johnny ist ein trauriger Candide, er kennt keine bessere Welt als Five Points. Amsterdams Leute haben seit damals ihre Lebensweise geändert, die meisten von ihnen rauben Häuser aus (vor allem, wenn sie vorher in Brand gesteckt wurden) oder sind als Taschendiebe unterwegs, und alle zahlen Bill ihren Tribut. Der erkennt sehr schnell in dem ruhigen, furchtlosen jungen Mann, der sich in einem Boxkampf gegen einen um vieles schwereren Gegner – jenen McGloin nämlich – bewährt, ein Gegenbild zu den Speichelleckern und Angsthasen, die ihn umgeben. So wird Amsterdam Vallon einer der Favoriten im engsten Umkreis von Bill, bald so etwas wie ein Sohn. Der aber wartet geduldig auf die Gelegenheit zum Mord. Die Figuren sind gestellt, die Tragödie kann ihren unruhigen Lauf nunmehr nehmen. Aber statt sich, wie man erwartet, zuzuspitzen, fasert die Geschichte nun aus, die Beziehungen werden komplizierter, die Handlungen fragwürdiger, kurze Wege werden lang, und enge Räume dehnen sich aus.

Jede neue Situation, in der sich Amsterdam bewährt, vertieft, so scheint es, diese Vater-Sohn-Beziehung. Schließlich rettet er Bill sogar vor der Kugel eines bürgerlichen Attentäters im Theater. Will er damit nur sicherstellen, dass er seine eigene persönliche Rache vollziehen kann, oder handelt er hier wie ein Sohn, der instinktiv den bewunderten Vater schützt? So wie er am Beginn den Vater nicht schützen konnte, und als könne er mit dieser Tat, die das eigene Opfer durchaus mit einschließt, das Trauma der Untätigkeit und des Verlustes in der ersten Schlacht wieder gutmachen. Amsterdam, so scheint es, weiß es selber nicht so genau. Aber offensichtlich ist, dass er nach dieser Tat etwas Befreites an sich hat. So als wäre erst jetzt die Zeit für wirkliche Entscheidungen gekommen.

Dieses Königreich aber, das sich aus den permanenten Kämpfen der Gangs zusammensetzt, ist nicht nur von innen und von außen bedroht, sondern auch durch seinen Herrscher selbst. Wenn wir sehen, wie Bill mit seinen Messern das Fingerspiel spielt, immer nahe daran, sich zu verletzen, dann sehen wir auch, wie er mit seinem Königreich spielt, das aufgebaut ist auf der Angst, die er und seine Leute verbreiten, und auf der Angst, die ihn selber schüttelt. Er ist so wenig ein Monster, wie Amsterdam ein strahlender Held ist; es ist der intimste Moment des Films, in dem Bill Amsterdam zugleich sein eigenes wie das Wesen seiner Herrschaft erklärt. Es ist Angst. (Und was das anbelangt, könnten wir ohne weiteres Michael Moores Dokumentation BOWLING FOR COLUMBINE [2002] über den Waffenfetischismus und die Gewaltbereitschaft seiner Landsleute heranziehen, die sich nicht nur aus der Angst vor der Gegenwart, sondern aus einer Geschichte der Angst in den USA erklärt: Angst, die die Pilgrim Fathers über das Meer verfolgte, Angst vor den Feinden und vor den Nachbarn, die »Prärie-Angst« von John Ford und die Getto-Angst der *mean streets*.) Bill The Butchers Rede von der Angst ist Summe (für Scorseses Arbeit) und Prophetie (für die amerikanische Geschichte; über Vietnam bis zum Wüstenkrieg, und so weiter bis auf den Mars, wo der Angst-Western weiterspielen wird).

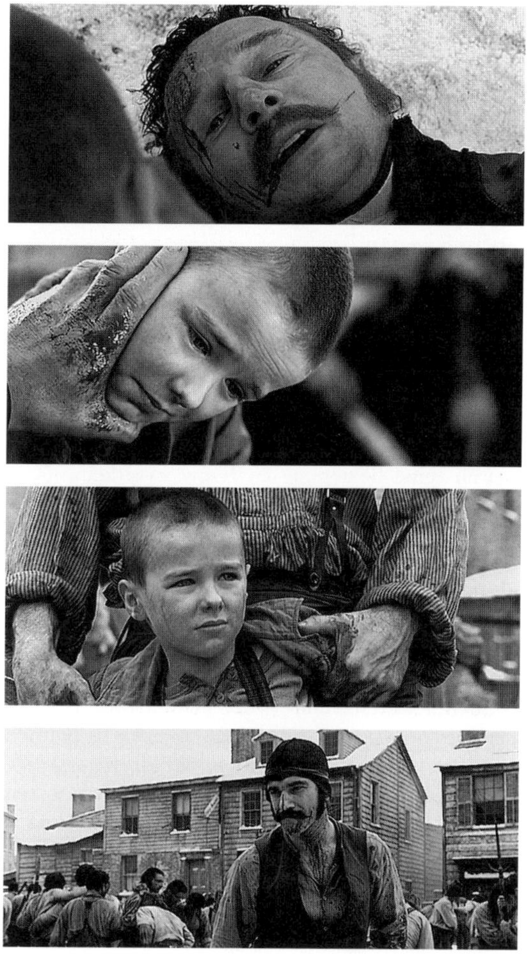

Das Sterben und das Sehen: Amsterdam muss den Tod seines Vaters in sich aufsaugen

Amsterdam erkennt sehr schnell, dass es gilt, die Angst zu überwinden, die Bill The Butcher verbreitet. Die irischen Immigranten sind längst stark genug, um die Herrschaft der *Natives* abzuschütteln und einen eigenen Platz in Five Points zu verteidigen. So wird aus seiner persönlichen Rachegeschichte eine Führerschaft für seine Leute und daraus eine einzige, widersprüchliche Mission. In einer lakonischen Szene zeigt Scorsese, dass die terroristische Herrschaft von Cutting durchaus mit gewaltfreien Mitteln ins Wanken zu bringen wäre. Aber diesen Weg kann keiner der beiden gehen; ihre Tragödie zu Ende zu führen scheint ihnen wichtiger als die Geschichte von Five Points zu einem besseren Beginn.

Noch scheint die Rachegeschichte von GANGS OF NEW YORK, fast konventionellerweise, eher durch Suspense und durch eine Liebesgeschichte retardiert als durch eine Veränderung der Perspektiven. Es gelingt Amsterdam, in den inneren Kreis von Bills Herrschaft vorzudringen, der ihn nicht erkennt und ihn wie einen Erben ansieht. Durch seine Beziehung zu Jenny Everdeane (Cameron Diaz) wird diese Mission noch komplizierter; mehr und mehr erkennt er, wie sehr ihre Vergangenheit mit Bill zusammenhängt. Eine sehr komplizierte Beziehung, die tief in die Scorseseschen Sexual- und Familien-Mythen führt, und doch nicht so tief, dass wir nicht auch ein Modell der sexuellen Ökonomie einer terroristischen Herrschaft erkennen könnten. Jenny – der bekennende Brecht-Leser Scorsese wird sich auch bei diesem Namen etwas gedacht haben – führt selber eine Gang professioneller Diebinnen, aber am wirkungsvollsten arbeitet sie doch allein. Sie bereichert sich nicht, um ihr Regime zu stärken, sie hat den Traum, diese Hölle zu verlassen; sie will in den Westen (ein direkter Verweis auf die nächsten Kapitel in der amerikanischen Geschichte). Und sie ist die Einzige, die sich um die Grenzen von Five Points nicht schert und ihre Diebeszüge gezielt in die Wohngegenden der Reichen ausdehnt.

Bis dahin ist GANGS OF NEW YORK vielleicht, unter vielem anderen, die Splatter-Version einer Dickens-Fantasie. Selbst einige der grotesken und furchteinflößenden Charaktere scheinen wir aus *Oliver Twist* oder *Bleak House* zu kennen. Aber Bill The Butcher wächst, je näher wir ihm nun kommen, über diese Form der sozialen Groteske hinaus. Näher an einer Verkörperung des Teufels war noch kein Scorsese-Charakter; er ist nicht nur Täter, sondern auch ein Philosoph des Bösen. Er ist ein Schlächter und zugleich auch ein Künstler.

Übrigens hat Dickens selber in den *American Notes* Five Points als einen schrecklichen Ort beschrieben: »Lanes and alleys paved with mud knee-deep; ruined houses, open to the street. Hideous tenements which take their names from robbery and murder; all that is loathsome, dropping and decayed is here.« Eine (wenn auch von ferne) brechtsche Parabel von der Herrschaft, eine shakespeareсche Tragödie und ein dickensscher Blick auf Elendstypologien (wenn auch, oder eben gerade, nicht in einer »authentischen« filmischen Konstruktion von Elend, sondern höchst deutlich: in Kulissen des Elends, eine Bühne mehr als eine cineastische Welt); eine Illustration einer vergessenen, verdrängten Episode der amerikanischen Geschichte mit überdeutlichen Bezügen zur Gegenwart (merkwürdig, wie wenig die amerikanische Kritik davon sehen will) und schließlich tatsächlich: ein »Western auf dem Mars«. Das ist schon eine Menge an möglichen Lesarten für eine Film-Geschichte, die noch nicht einmal eine Stunde alt ist, und in der bislang, nicht nur für einen Scorsese-Film, bemerkenswert wenig gesprochen wurde.

In kräftigen Farben, sodass sie gelegentlich auch wirken mögen wie in einem *Dick Tracy*-Comic (wozu die sprechenden Namen der Protagonisten nicht wenig beitragen), malt Scorsese auch die anderen Charaktere. Der ehemalige Schläger Monk McGinn (Brendan Gleeson) ist noch einer neben Jenny, der überlebt, ohne fest eingebunden zu sein in Bills Herrschaftssystem; Happy Jack (John C. Reilly) ist der *shopkeeper*, die Vorahnung der wesentlichen Beziehung von Gang und Alltag, wie wir sie aus den Little-Italy-Filmen kennen; dazu kommt eine Reihe von Figuren, die in der Tat direkt (wenn auch als böse Karikaturen) aus den Postkarten der amerikanischen Geschichte entnommen sind: William »Boss« Tweed (Jim Broadbent), der die korrupte Tammany Hall zu seinem Vorteil leitet, oder P.T. Barnum (Roger Ashton-Griffiths), der sein Museum der Absonderlichkeiten in einer Welt führt, die selber an Absonderlichkeiten überreich ist und dabei zu einem Bild der neuen amerikanischen Kultur wird, der Kunst der Gegenwärtigkeit.

Amsterdam folgt Jenny, nachdem sie sein Amulett geraubt hat, in die Straßen der Reichen, in eine so radikal andere Welt. Das ist ein (wieder einmal) perfektes Misch-Bild aus Analyse und Biografie: »Die meisten Einwanderer«, erinnert sich Scorsese an seine Kindheit, »vegetierten am Rande des Existenzminimums, wenige Straßen weiter aber präsentierte sich unvorstellbarer Luxus und Reichtum. Diese Gesellschaft, das begriff ich, war geteilt in zwei Klassen.« Sie war es vordem, und sie ist es immer noch.

Jenny Everdeane spottet über die Reichen in Uptown New York, wo die großen Familien der Astors und Van Rensselaers ein so ganz anderes Leben führen als das in Five Points: »They leave their doors unlocked and walk around unarmed. They live like they're not in New York.« Aber im Jahr 1863 funktioniert diese Trennung vollständig, und Jenny verkennt, dass es sie und die Einwohner von Five Points sind, die nicht wirklich in New York leben. Amsterdam verliebt sich in sie, aber ihre Beziehung zu Bill The Butcher ist ungeklärt. Ungeklärt aber ist auch die Beziehung von Bill zu Amsterdams Vater, den er als Einzigen offen bewundert und dessen Andenken er bewahrt. Das Ganze ergibt eine sehr bizarre »Familie«, deren Brüche die Beziehungen emotional enorm aufladen. Die erwähnte intime Szene, in der Bill Amsterdam seine Angst gesteht, ist zugleich die, in der er, in eine amerikanische Fahne gehüllt, neben dem Bettlager sitzt, in dem sich Amsterdam und Jenny gerade zum ersten Mal geliebt haben. Wir haben ein System des Films verstanden: Die einzelnen »Zellen« der Handlung erscheinen als Schlüssel zu den anderen, aber die Räume, die sie jeweils öffnen, Tragödie, Geschichte, Psychoanalyse und so weiter, führen immer wieder nur zu anderen, und am Ende dieses Films ist man hinausgestoßen, in die Kälte wie die Kämpfer am Anfang, in eine mythenlose und also trostlose Welt der zynischen Faktizität der Macht. Es ist nicht nur ein Film, den man unterschiedlich »lesen« kann, sondern jede Sequenz, jede Zelle ist für sich eine Leseanleitung. Am Ende erkennt man vielleicht, dass man keiner hat trauen dürfen. Aber dann ist es ja zu spät.

Wie am Anfang während der großen Schlacht der Gangs, so sehen wir auch in dieser Phase des Geschehens in Amsterdam eher einen Zeugen denn einen Täter. Er wächst gewissermaßen lang-

Bill erklärt das Wesen seiner Herrschaft

sam in die Situation der Gangs hinein, aber sein erstes Anliegen ist das Sehen (und wir sehen mit ihm, wie mit den Augen von David Copperfield: mit wachsender Faszination und mit wachsendem Entsetzen). Er ist, mit einem ebenso grimmigen wie offenen Gesicht, noch so etwas wie ein unbeschriebenes Blatt, ein leeres Zentrum – wie es auch die Kamera betont , das sich mit jeder Aktion füllt. Insofern ist in GANGS OF NEW YORK auch ein Essay über den Schauspieler Leonardo DiCaprio verborgen (der sich im Übrigen nie bemüht, gegen die zentrale Präsenz von Daniel Day-Lewis anzuspielen): ein Oliver Twist, der von seiner taffen Nancy/Jenny seine Lektionen erhält, noch mehr aber vom Objekt seines Hasses, jenem Bill The Butcher, der ihn nach und nach mehr als seinen Schüler und gar seinen Sohn annimmt. Er bringt ihm bei, an einem toten Schwein die richtigen Messerstiche zu führen, um einen Gegner auf die jeweils angemessene Weise zu töten. Fleisch, das ist das zentrale Bild, blutiges Fleisch. Und er führt ihn in die Vergnügungen ein, wie zum Beispiel in ein Theater, bei dem man den Darsteller von Abraham Lincoln mit faulem Obst bewirft.

Denn die Herrschaft der Gangs ist längst schon »konservativ« geworden, sie umschließt die Politiker, die sich von ihnen die nötigen Stimmen bei der Wahl besorgen lassen, ebenso wie die Polizisten, die sich am Diebesgut bereichern. Iren und Schwarze werden gejagt, es herrscht das System der *Natives*, die alle Konkurrenten mit archaischer Gewalt niederkämpfen und die doch schon längst nicht mehr eine »reine« Gesellschaft führen. Der Rassismus dieser Herrschaft löst sich, je näher wir ihm kommen, in zwei widersprüchliche Aspekte auf, in Strategie und in Wahnsinn.

Monk McGinn ist in all den Kämpfen der Gangs ein Einzelkämpfer geblieben, einer der anderen Amerikaner, die ihren *rugged individualism* verwirklichen wollen. Er kämpft für Geld und lässt sich gerade deswegen nicht von Bill korrumpieren. Ausgerechnet er wird zur großen Hoffnung in Five Points; er lässt sich als Kandidat für das Sheriff-Amt aufstellen – und wird von Bill ermordet. Der wirft ihm, um genau zu sein, in aller Öffentlichkeit das Metzgerbeil in den Rücken.

In einer wundervollen Inversion ist es Amsterdam, der im Theater, in dem zuerst der Lincoln einer »Befreiung« geschändet wurde, die hier nicht ankommen kann, seinen Racheplan an Cutting mit einem Pistolenschuss vollenden will. Der historische Mythos des Präsidentenmordes, in einer nun ins Epische gedehnten typischen *foreshadowing*-Szene Scorseses, bekommt eine andere Lesart. Aber da hat Bill The Butcher längst durch einen Verräter (Amsterdams Freund, der sich vor seiner Ankunft in seinem distanzierten Arrangement mit der Gang sicher wähnte) von der wahren Identität seines Schülers erfahren und nimmt sich ihn mit den Schlachtermessern vor.

Johnny muss der Verräter sein, der allem seinen Lauf lassen und es jedem recht machen will, sozusagen das Negativ von Amsterdam Vallon, Johnny, der nicht einmal Jenny abwehren kann, deren blitzraschen Zugriff auf seine Brieftasche er hinnimmt und behauptet, er lasse ihr freiwillig die bescheidene Beute. Johnny ist der offenste und kindlichste Charakter in Five Points. Er sehnt sich nach väterlicher Huld, Freundschaft und Liebe, und er kann nicht erkennen, wie sich diese Hoffnungen gegenseitig ausschließen; er will treuer Diener von Bill sein, Amsterdams Freund, und er liebt Jenny. Das kann nur in einem Verrat und im Tod enden; Johnny ist das größte der Opfer, das in Five Points gebracht werden muss: Bill hat befohlen, ihn an dem Eisengestänge aufzuspießen (wie ein totes Kaninchen), Amsterdam muss das Opfer vollziehen, um seinem Freund noch mehr Qualen zu ersparen, und Jenny muss Zeugin seines Todes sein.

Jenny ist eine selbstbewusste junge Frau, in der Hierarchie der Gangs so hoch stehend, wie es kaum sonst eine Frau vermöchte; auch sie ist eine Waise, und Bill The Butcher war ihr Retter und Beschützer. Nach einem wunderschönen Fest, bei dem sie Amsterdam zu ihrem »Ballkönig« erwählte, sind die beiden endlich allein. Voller Zärtlichkeit enthüllen und betrachten sie gegenseitig ihre Wundmale. Doch was auch immer es ist, das sie mit Cutting gemeinsam hat, es hindert ihn daran, mit ihr zu schlafen.

Nachdem Amsterdam Bill das Leben gerettet hat – oh, welchen Weg muss dieser kleine Bürger mit der unheldischen Erscheinung hinter sich gehabt haben, um den Mut zu diesem Attentat auf den Gangführer zusammenzubekommen! –, wird gefeiert, und endlich finden Jenny und er zueinander. Doch als Amsterdam erwacht, sitzt der schlaflose Bill im Stuhl vor den Liebenden, weist die Angst als seinen Begleiter aus, der amerikanische Archetyp, der auf sein Glasauge deutet, das den Adler als bizarres Wappentier zeigt. Die Szene ist zu stark, um sich ihr nicht vollständig ausgeliefert zu sehen, und dennoch können wir sie vielleicht auch wieder als Leseanleitung für die Geschichte dieses gescheiterten Attentats, der anschließenden Siegesfeier und der vertrackten Situation annehmen, in die sich Amsterdam nun gebracht hat. Er ist in jeder Hinsicht Teil des Systems geworden, unabhängig von seinem ödipalen Auftrag, unabhängig von seiner (mehr oder minder) religiösen Sendung.

Jenny, die selbstbestimmte Frau, ist so schnell in die Abhängigkeit zu ihrem neuen Mann gesunken wie Sharon Stone in CASINO, allerdings ist es nicht so sehr Berechnung, was sie antreibt; die Liebe wäre möglich, vielleicht. Freilich ist das »ödipale« Dreieck, das sie damit geöffnet hat, tödlich genug. Bill The Butcher kann wohl ihre relative Freiheit akzeptieren, nicht aber den anderen Mann. Die Vollendung dieser bizarren Familie, ihr Augenblick der Wahrheit, ist zugleich auch der Ausgangspunkt des Zerfalls. Amsterdam wartet auf den Augenblick der Rache, Jenny will fort von hier, und Bill sehnt sich nach dem Ende der Angst. Scorsese zeigt diese Situation sehr einfach: Man sucht die Nähe des anderen, aber man kann ihn nicht sehen.

Nun also weiß Bill, welch tödliche Gefahr ihm in seinem Ziehsohn Amsterdam in seiner Gegenwart herangewachsen ist, doch er trifft, beinahe ganz wörtlich, zuerst einmal die Frau. Während er seine Künste als Messerwerfer zum Gaudium der Theaterbesucher an Jenny demonstriert, waghalsiger und verletzender als zuvor, schneiden seine Worte so tief wie sein Messer. Und dann trifft er den Rivalen, den verräterischen Sohn, und er beugt sich über ihn, mit den Messern, wie er sich einst über Priest gebeugt hat, wie sich, vielleicht, Abraham über Isaak gebeugt hat, aber eben auch: wie ein Metzger sich über das Fleisch beugt. Und doch kann er ihn nicht vollends töten. Das hat eine mythische und eine psychologische Dimension, gewiss. Aber vielleicht braucht auch das terroristische System die Neuauflage des Kampfes. Amsterdam, halbtot geprügelt und zerschnitten, wird in den Katakomben wieder gesund gepflegt und zum Führer der sich neu formierenden *Dead Rabbits*, der Iren gegen die *Natives*. Die große Schlacht, mit der alles begann, muss noch einmal stattfinden, als ihre Revision, als ihre Erfüllung, als das Ritornell des Rituals, das die terroristische Herrschaft der Angst benötigt, als die Erfüllung des Körper- und Todesideals des Faschisten. Oder aber es wiederholt sich als Farce. Haben wir über der Tragödie die Geschichte vergessen, über dem Eros die Materialität der Gewalt, über der Herrschaft der Angst die Herrschaft des Geldes? Nachträglich wird uns bewusst, dass Scorsese uns immer wieder darauf hingewiesen hat, wie wenig Five Points »die Welt« ist und wer da hineinregiert

Ein leeres Zentrum, das sich mit jeder Aktion füllt: Leonardo DiCaprio als Amsterdam Vallon

und -manipuliert. Aber Fleisch und Blut, Begierde und Angst haben uns eben zu sehr beschäftigt.

Die scheinbar so klar gezogenen Grenzen zwischen Elend und Gewalt in den Slums und dem Reichtum und der Sicherheit in Uptown New York brechen im Sommer 1863 zusammen. Am dritten März unterzeichnet Lincoln den *Conscription Act*, der jeden wehrfähigen Mann zum Armeedienst verpflichtet, ausgenommen jene, die sich durch die Zahlung von 300 Dollar freikaufen können. Überall entstehen lokale Aufstände gegen diese Privilegierung der Reichen. In New York kommt es zu einer vier Tage andauernden, blutigen Revolte, die in Five Points ihren Ausgang nimmt und die schließlich durch massiven Militäreinsatz und den Beschuss des Viertels von See her beendet wird.

Die Einwohner von Five Points waren weit davon entfernt, sich für Lincolns Krieg einzusetzen. Der nächste Schub von Rassismus richtete sich vielmehr auf die afroamerikanischen Sklaven, um deren Befreiung es scheinbar in diesem Krieg ging. Wie schon erwähnt, sympathisierten viele Einwohner der Slums wie Five Points, ohne viel zu wissen, eher mit dem Süden, weil sie die Afroamerikaner als neuerliche Konkurrenz um Arbeit und Wohnung fürchteten. So wurde dieser erste Krieg, der, wie Monk McGinn sagt, noch vor dem »da unten in Dixie« geführt werden musste, zu einem Seitenstück, das mit nicht weniger Brutalität geführt wurde, besonders nachdem es nicht mehr möglich schien, die Sache allein durch Korruption und Wahl-Inszenierungen beizulegen. Unter dem amerikanischen Bürgerkrieg liegen viele amerikanische Bürgerkriege.

Kein Scorsese-Film sieht so genau auf die Mechanik des Klassenkampfes: GANGS OF NEW YORK ist eine Tragödie des Unten und eine Farce der Macht. Die Kanonenschüsse, mit denen am Ende einer Welt der Garaus gemacht wird, die sich ganz buchstäblich aus dem Lehm, dem Schmutz der Straßen, den Erinnerungen und den Leidenschaften gebildet hat, diese Kanonenschüsse sind in ihrer Gewalt und Zerstörung vollkommen absurd gegenüber dem Geschehen, das sie zerstören. Nach den vielen Blutbädern, Morden und Intrigen reguliert die herrschende Klasse die Verhältnisse in einer vollkommen anderen »Sprache«. (Die Sprache freilich ist auch ein Problem: Als ein Ire einen anderen in einem anderen Dialekt sprechen hört, murrt er: »Doesn't anybody in New York speak English anymore?«) So wie es in GANGS OF NEW YORK kein »English« gibt, so gibt es auch keine Sprache der sozialen Interaktion, die allen gleich verständlich ist. So blicken Amsterdam und Bill The Butcher, im Schlamm vereint in ihrem letzten Kampf, auf den mannigfachen Tod, der von oben kommt, auf die Reihen der Soldaten, die ihr Massaker anrichten, ohne dass sich jemand recht eigentlich wehren kann, auf eine Gewalt, die sie, die geborenen und verdammten Gewalttäter, nicht verstehen.

Wie die meisten der (auch vom Aufwand her) großen Filme von Martin Scorsese erzählt auch GANGS OF NEW YORK zunächst eine überaus einfache Geschichte, deren Bedeutung, deren eigentliches Leben sich erst in den Bildern offenbart. Diese Geschichte ist sich ihrer Herkunft aus den verschiedensten Traditionen des Erzählens so bewusst, dass sie sie beständig offenbart: die Beziehung zur Shakespeare-Tragödie, zum *Hamlet*, zum großen amerikanischen Nationalepos, zum Western, zum Melodrama. Aber jeder dieser Hinweise ist auch trügerisch und zeigt eher auf Brüche als auf funktionierende Traditionen. GANGS OF NEW YORK ist auch ein großer Film übers Film-Erzählen.

Von Newland Archer zu Bill The Butcher

In mehrerer Hinsicht knüpft GANGS OF NEW YORK an THE AGE OF INNOCENCE an. Es ist das Gegenstück, das auf der anderen Seite der sozialen Wirklichkeit in der gleichen Zeit spielt, und noch mehr beschreibt auch dieser Film die Grenzen zwischen den Klassen, die nur durch Cameron Diaz als geschickte Diebin und als »Taube« überschritten werden können. Aber selbst in dem Entstehungsprozess spiegelt sich das Andere, das Chaotisch-Werdende in dieser Gegenwelt: »Es ist fast wie bei einer Theatertruppe«, erinnert sich Leonardo DiCaprio, »wir haben viel von dem, was den Film ausmacht, erst im Laufe der Dreharbeiten entwickelt.« Das Epos, das Epische und der Augenblick, alles steht gleichberechtigt nebeneinander.

Natürlich haben auch die Figuren mit der Spiegelfunktion dieser beiden Filme zu tun, die jeweils von dem Schauspieler Daniel Day-Lewis dargestellt werden, Newland Archer in THE AGE OF INNOCENCE und William Cutting in GANGS OF NEW YORK. Es sind Schlüsselfiguren der amerikanischen Konstruktion von Macht aus dem Geist der Angst. Getrieben werden sie nicht nur durch ihre Lust, sondern vielmehr von einem panischen Schrecken.

Diese Verwandtschaft wird noch ausgeprägter durch die Beziehung dieser Figuren zu den Frauen. In THE AGE OF INNOCENCE hat Newland Archer nicht nur die (melodramatische) Entscheidung zwischen zwei Frauen (die obendrein, und nicht zufällig, »verwandt« sind), er hat vor allem die Empfin-

Die Grenzen zwischen den Klassen: Amsterdam beobachtet Jennys Ausflug in die Welt der Reichen

dung, bei beiden durch die Annäherung an einen Abgrund zu geraten. Zu der Angst, von allen Seiten bedingt und verfolgt zu sein, tritt als zweites Element die Angst vor der Frau. Dem »Butcher« geht es ganz ähnlich; er hat sich der Frau nicht weiter genähert als bis zu dem Moment, in dem er den Abgrund erkennen konnte. Die beiden Grundängste des amerikanischen Mannes, die Angst vor den Rivalen und den Feinden einerseits, die Angst vor der Aufweichung und der Wehrlosigkeit durch die Liebe zur Frau andererseits, die sich in Scorseses Helden von WHO'S THAT KNOCKING AT MY DOOR? bis CASINO im persönlichen Zusammenbruch manifestiert, ist in THE AGE OF INNOCENCE und GANGS OF NEW YORK zu einem Zustand geworden. Zu einem System der Herrschaft, dessen Subjekt die Herrschaft nicht genießen kann. Weder Newland Archer noch Bill The Butcher »profitieren« eigentlich von dem System der Herrschaft, in dem, durch das und für das sie leben.

In THE AGE OF INNOCENCE gibt es keine manifeste Gewalt, und trotzdem hat ihn Scorsese zu Recht als seinen »grausamsten Film« bezeichnet. In GANGS OF NEW YORK bewegen wir uns von Blutbad zu Blutbad, von brutalen Schlägereien zu Mordtaten, und dennoch ist es einer der zärtlichsten Filme Scorseses. Einen bemerkenswerten Anteil daran hat gerade die Figur, die Daniel Day-Lewis spielt; zweimal mehr als nur ein Symptom eines Segments amerikanischer Gesellschaft: ihr Zentrum und ihr Mythos, der sich von den Namen bis zur Kleidung deutlich macht.

Natürlich kann man zunächst auch sagen, dass sich einiges, was sich an der Spitze der Gesellschaft in THE AGE OF INNOCENCE abbildet, gleichsam als Karikatur in GANGS OF NEW YORK wiederholt, nicht zuletzt die wunderschöne Ball-Szene, in der zweimal auf ganz unterschiedliche Weise das Licht bedeutsam ist: In THE AGE OF INNOCENCE strukturiert der entzündete und erlöschende Leuchter im Tanzsaal das Geschehen, in GANGS OF NEW YORK müssen die tanzenden Paare ihre Kerzen in der Hand halten (sich bewegen und gleichzeitig darauf achten, dass sie nicht verlöschen). In beiden Fällen ist die Situation zugleich von erotischer und von »politischer« Spannung aufgeladen; keinen Tanz gibt es hier, der nicht zugleich erotisches Werben und Machtspiel wäre.

Das erotische Dreieck von THE AGE OF INNOCENCE beschreibt den Mann zwischen zwei Frauen, das von GANGS OF NEW YORK die Frau zwischen zwei Männern. Doch in beiden Fällen geht das Verhältnis nicht in purer Rivalität auf, die sich durch die eine oder andere Form von »Verwandtschaft« und Hass kompliziert. Das erotische Dreieck in beiden Filmen ist gerade nicht: melodramatisch. Nie gibt es die Entscheidung Liebe versus Macht, Liebe versus Reichtum, Liebe versus Gewalt, jene idealistische Spaltung der sexuellen Ökonomie, mit der die bürgerliche Ideologie (beziehungsweise ihre Bildermaschine) alle drei Hoffnungen zu retten versucht: die auf das authentische Gefühl, die auf die Aufhebung des Begehrens und die auf das materielle Fortkommen. Paradoxerweise funktioniert das ja nur (in unseren Erzählmaschinen), wenn man es voneinander trennt, um es im Happy End weder zu vereinen. Scorsese lässt auch dieses Mal diesen Erzähltrick nicht zu. Seit BOXCAR BERTHA sind sexuelle Entscheidungen in seinen Filmen auch politische Entscheidungen. Und wenn diese Formel die Dinge abzukühlen scheint, so muss sie die Umkehrung, dass jede politische Entscheidung auch eine sexuelle Entscheidung ist, an höchst überraschenden Orten auch wieder erhitzen. Das Melodram, die Tragödie und die Psychologie, die drei Systeme, sexuelle und politische Entscheidungen miteinander in Beziehung zu setzen (und sie voneinander zu distanzieren), werden in allen Scorsese-Filmen erprobt und aus dem Zentrum an die Peripherie verbannt. Die Wahrheit an der Liebesgeschichte in einem Film von Martin Scorsese ist eben das, was jenseits dieser Formeln übrigbleibt. Wieder einmal beschreibt er die Beziehung zwischen einem Mann und einer Frau, zwischen Jenny und Amsterdam, jenseits der konventionellen Modelle, als ein Bündnis. Doch das melodramatische Dreieck dreht sich noch einmal um, nicht Jenny muss sich zwischen zwei Männern entscheiden, vielmehr muss sich Amsterdam zwischen seinem Bündnis mit ihr und seiner Affektion zu Bill The Butcher entscheiden (und er tut, wie die meisten Scorsese-Figuren, natürlich das Falsche, auch wenn wir nicht zu sagen wüssten, ob es »das Richtige« geben kann). Nicht die Frauen, wie es der Mythos will, sondern die Männer sind an den Ort gebunden; auch Amsterdam Vallon ist einer der Männer in Scorsese-Country, die mit der Fähigkeit der Frau zum Weggehen nicht mithalten können. Es sind, mehr oder weniger, tote Männer, die die Frauen zurücklassen (wie in ALICE DOESN'T LIVE HERE ANYMORE oder RAGING BULL), oder sie lassen den Fluchtversuch in einem Tod der Hoffnungen enden (wie in MEAN STREETS oder AFTER HOURS). Auch was das anbelangt, ist GANGS OF NEW YORK eine Art Zusammenfassung, ein Modell. Direkter als zuvor zeigt er, dass die Verblendung des Machismo ganz direkt das persönliche Unglück und die soziale Herrschaft miteinander verknüpft. (Daher ist es töricht, wie es manche Kritiker immer wieder tun, von seinen Figuren einfach ein wenig mehr Einsicht zu verlangen, vom Filmemacher einfach ein wenig mehr weiblichen Raum.) Die Rebellion des Sohnes in diesem ineinander geschachtelten System von Herrschaftsformen, die das Bündnis mit der Frau erstrebt, dessen unterschiedlichstes Scheitern Scorsese von MEAN STREETS über THE LAST TEMPTATION OF CHRIST bis CASINO untersucht, ist eine der Paradoxien, die wir aus seinen Filmen kennen. Und genau in diesem Moment, da gerade die Rebellion zur Fortsetzung der (»väterlichen«) Macht führt – oder auch: der Moment, in der der Sohn sich wie Gregor Samsa verwandelt sieht –, bringt Tragödie, Groteske und Analyse zusammen. Denn auch für die Frau gibt es, gegenüber dem Einschreiben in das System der Herrschaft, keine andere Alternative als den Traum vom Weggehen. In der Cameron-Diaz-Rolle von GANGS OF NEW YORK sehen wir das so genau (und einigermaßen unbarmherzig) wie in der Sharon-Stone-Rolle von CASINO, in der Winona-Ryder-Rolle in THE AGE OF INNOCENCE (wo das »Fortgehen« und das »Einschreiben« überdies in zwei Biografien untersucht wird: als zwei Möglichkeiten, den Verlust zu orga-

Erotisches Werben und Machtspiel: Ballszenen in THE AGE OF INNOCENCE und GANGS OF NEW YORK

nisieren) oder in der Rosanna-Arquette-Rolle in LIFE LESSONS. Und jedes Mal dekonstruiert Scorsese auch einen Star-Mythos als *role model.* Alle diese Rollen handeln vom Überleben (und manchmal vom Sterben) einer Frau in einem »männlichen« System der Herrschaft und vom Scheitern des Bündnisses. Denn wie die Rebellion des Sohnes allenfalls zur Modernisierung der Herrschaft führt oder sich in einem endlosen Wiederholungszwang erschöpft, der Amsterdam Vallons Gewalttaten so sehr wie die von George Bush Jr. bestimmen mag (zu Ende führen, was der Vater begann; ihn übertrumpfen in der Tat; die Spuren seiner Verbrechen tilgen), so führen Einschreiben und Fortgehen der Frau zur Stabilisierung der Herrschaft. Gefährlich ist nur das Bündnis, und dieses Bündnis von Mann und Frau (und nicht ein so vages und privates Gefühl wie die Liebe) ist es, was in Scorseses Filmen den gewalttätigen Gegenschlag auslöst. Es gibt Filme, die das Scheitern des Bündnisses beschreiben, und es gibt Filme, die das Scheitern am Bündnis zeigen. Und schließlich gibt es Filme, wie TAXI DRIVER oder THE KING OF COMEDY, in denen der Konflikt zwischen Bündnis und Identität in eine selbstverschuldete Einsamkeit führt, in der schließlich die »Wirklichkeit« selbst geopfert wird (und zwar von beiden Seiten, von der des »Helden« wie von der der Gesellschaft). Auch hier ist GANGS OF NEW YORK Zusammenfassung und Revision. Auch hier muss sich der Held entscheiden zwischen dem Projekt, »jemand zu werden« (hier: Führer eines »Volkes« aus der Gefangenschaft) und dem Bündnis mit der Frau, das die Möglichkeit des Fortgehens umschließt. Aber genauer als zuvor zeigt Scorsese die Bedingtheit solcher Entscheidungen.

Auch oben und unten verhalten sich wie Spiegelungen zueinander in THE AGE OF INNOCENCE und GANGS OF NEW YORK. Aber neben dieser Spiegelung in der Fortschreibung amerikanischer Geschichte in Form eines filmischen Prismas ist GANGS OF NEW YORK auch eine Fortschreibung des Scorsese-Helden als eines Menschen, der seine Identität verloren hat und sie sich durch die große Tat wieder (oder überhaupt erst einmal) erringen will. Wie in THE KING OF COMEDY oder in CAPE FEAR sind dabei für lange Zeit Täter und Opfer einander so nahe, dass sie beinahe zu verschmelzen scheinen. Was könnte Amsterdam Vallon anderes werden als ein neuer Bill The Butcher?

In der Entwicklung seiner *Americana* ist Scorsese mit GANGS OF NEW YORK an einen Punkt gelangt, wo er radikal den Mythos der Demokratie entlarvt (radikaler, diesmal, als Robert Altman, der in Filmen wie KANSAS CITY [1996] auch keinen Zweifel daran gelassen hat, wie »Stimmen« gesammelt werden). Robert Altman mag kühler und zynischer (manchmal sogar kühner) sein als Martin Scorsese, aber Scorsese geht um Etliches tiefer, insofern er sich nicht selber als ein Spieler (wie Altman) ausliefern und distanzieren kann. Er entlarvt auch die ethnischen Gruppierungen als Mythos; die gegenseitige Abschottung, der Kampf der Ethnien gegeneinander, mehrt nur die Macht und den Reichtum jener Führer, die sie benutzen. Ganze Gruppen, wie die Iren, werden als Stimmpotenzial verhökert, missliebige Sheriff-Kandidaten finden einen raschen Tod, ohne dass man sich die Mühe machen müsste, die Mordtaten legal zu maskieren. Altman, das ist der Unterschied, glaubt noch an einen Grad der Verborgenheit des politischen Verbrechens, bei Scorsese, nicht erst jetzt, vollzieht sich alles öffentlich, die Geldmaschinen (CASINO) und die Vernichtungsmaschinen müssen nicht verborgen werden. Staat und Verbrechen verhalten sich nicht wie System und Subsystem, sondern wie systemische Komponenten zueinander. Five Points ist nicht nur Mahagonny, sondern auch wahrhafter Schlachthof.

The Hands That Built America

Wenn GANGS OF NEW YORK ein Spiegelbild zu THE AGE OF INNOCENCE darstellt, so mag er mit einem dritten, diesmal nicht von Scorsese inszenierten Film eine Trilogie vom (falschen) Werden Amerikas bilden, und zwar mit einem Film, der in der Geschichte des amerikanischen Kinos als das größte Fiasko gilt, Michael Ciminos HEAVEN'S GATE (1980). Von Beginn der Dreharbeiten an, seit den ersten Überziehungen von Budget und Drehplan, haben die Skeptiker GANGS OF NEW YORK als »neues HEAVEN'S GATE, 20 Jahre später«, apostrophiert und das Ende des Regisseurs und des Genres (der kritischen *Americana*) prophezeit.

GANGS OF NEW YORK wäre demnach ein Prequel zu HEAVEN'S GATE (von dem Scorsese in vielen Interviews anerkennend gesprochen hat). Die Spannungen, die zwischen den Ethnien der Einwanderer in New York implodiert sind, mussten in den Weiten des Westens explodieren. In beiden Filmen wird die Hoffnung auf die wirkliche Verschmelzung der Kulturen in der neuen Nation verworfen, in beiden Fällen sehen wir eine Grausamkeit am Werk, deren Urkraft die Angst ist, und in beiden Fällen erweist sich Demokratie als Maske, Freiheit als Phantom in einem Spiel, das nur Gewinner und Verlierer produzieren kann, weil das Gesetz kein Text ist, sondern ein Mensch. (Nicht, dass wir uns auf die Texte mehr verlassen könnten.)

Scorsese verzahnt die Filme auch in signifikanten Zellen. So wie die Szene mit dem Kerzentanz in GANGS OF NEW YORK der Ball-Szene in THE AGE OF INNOCENCE entspricht, so gibt es eine Parallele in der entrückten Szene des Rollschuh-Tanzes in HEAVEN'S GATE. Auch in Ciminos Film geht es keineswegs um einen Zustand der Anarchie, wie in wirklich tragischen oder sehr komischen Western, sondern darum, wie der Staat die Anarchie einsetzt. Dieser Kapitalismus erfindet eine neue Form des Staates, an die wir mit George W. Bush offener erinnert werden als durch jene Präsidenten, die uns europäischer erscheinen, wie der dynastisch-charismatische, irisch-katholische John F. Kennedy (der Führer der *Dead Rabbits*, der es zum Präsidenten der USA gebracht hat, aber seiner Ermordung durch die *Natives* nicht entgehen kann) oder Bill Clinton, der Paradise Square freundlich säubert, ohne die Herrschaft der Gangs anzutasten.

Der Staat, noch einmal, in Scorseses Film ist nicht das Gegenüber des fundamentalistisch verbrämten Verbrechens, sondern die Macht, die an der Spirale der Gewalt zu drehen vermag und sich schamlos an den Beutekriegen der Gangs beteiligt. Die Brutalität, mit der der Staat aus den Einwanderern und den Armen in der Stadt Soldaten für einen Krieg macht, der nicht der der Menschen in New York ist (die in ihrem eigenen Krieg stecken), ist schwer von der gegenwärtigen Situation und von der Erfahrung in Vietnam zu trennen. Amerika, so mag GANGS OF NEW YORK sagen, ist weder in den Entscheidungen der ehrwürdigen Gründerväter noch in den Kriegen entstanden, die es sich geleistet hat, um für eine Zeit die gefährlichen Straßen zu leeren, Amerika ist in den barbarischen Kämpfen auf der Straße entstanden, die die verschiedenen Gruppen der Ankömmlinge miteinander geführt haben. Genauer aber spricht, entgegen

Politische Verbrechen finden in aller Öffentlichkeit statt: Bill The Butcher ermordet Monk

der Lesart, die sich rasch etabliert hat (vielleicht weil Martin Scorsese, anders als seinerzeit Michael Cimino, schon ein nationaler Künstler ist, einer, den man nicht mehr ausstoßen, sondern nur noch entweder in den Hintergrund der Kunst komplimentieren oder »eingemeinden« kann), Scorseses Film vom Zusammenhang von beidem.

GANGS OF NEW YORK ist die Geschichte einer Modernisierung, die in zwei Ebenen unabhängig voneinander und gegeneinander abläuft. Zum einen geht es um die Modernisierung eines Bewusstseins; in einer Art von Erziehungsroman wandelt sich Amsterdam vom individuellen Kämpfer und archaischen Rächer zu einem politischen Führer. Er muss dafür die Liebe kennen lernen, und er muss die leibliche Wandlung durchlaufen, die es für so viele Scorsese-Helden zu überstehen gilt. Und es gibt die zweite Modernisierung, die des Staates Amerika. Für ihn scheint es einfacher als eine Wandlung zu bestimmen, einen seiner Ursprungsorte, die Straßen von Five Points, einfach dem Erdboden gleich zu machen.

Das alles funktioniert nicht nur in einer Richtung, und nicht nur Bill The Butcher ist in der Tat ein geborener Amerikaner; er ist böse und grausam, aber er glaubt an Amerika, er codiert sein Leben und das aller, die in seinem Dunstkreis erscheinen, mit einer bizarren Form von Ehre. Er hat ebenso wie Amsterdam ein Blut-Erbe der Väter angenommen, daher gleichen sich die beiden so sehr, wie die Warlords in den Terror-Kriegen und ethnischen Entmischungen und »Säuberungen« überall auf der Welt und überall in der Geschichte es tun. Der absurde Entmischungskrieg zwischen den *Natives* und den Iren in New York ist ein eingelagerter Widerspruch zum Vermischungskrieg zwischen dem Norden und dem Süden (und vieles von dem, was in Five Points in den 60ern des

Die Modernisierung des Staates ...

19. Jahrhunderts geschah, wird sich mit den entsprechenden Akzentverschiebungen in der Zeit des Zweiten Weltkrieges wiederholen).

Aber in alledem geht es in GANGS OF NEW YORK nicht ums Zeigen, sondern ums Sehen; der Film will, neben anderem, auch eine Erfahrung der Situation sein. Ganz buchstäblich stößt uns die Kamera oft ins Geschehen oder zieht uns unwiderstehlich mit. Es ist nicht Imitation, sondern Experiment. Es ist der Ort, der seinen Geist über das Geschehen legt; »die Sets waren nicht so wie für einen Schauspieler hergerichtet, der kommt und seine Szene gibt«, so Martin Scorsese. »Wir hatten die Szenerie wirklich verinnerlicht. Wir lebten da. Und Daniel Day-Lewis, Bill The Butcher, hörte auch nach den Dreharbeiten nicht auf, in seinem eigentümlichen Englisch zu sprechen.« Dies überträgt sich auf den Zuschauer; vom Beginn an, beim Aufstoßen des Tors der Katakomben auf den Schlachtplatz hinaus (der »Geburt« des Helden aus dem Ritual der Gewalt) denkt und empfindet er oder sie wie die Protagonisten. Das

... durch die Gewalt

errichtet die größte Falle dieses Films, nämlich die Faszination, die von dem »Faschisten« Bill The Butcher ausgeht.

Zweifellos spielt neben Tragödie, Farce, Parabel, Zeitbild und Psychodrama das Element der Verführung in GANGS OF NEW YORK einen entscheidenden Part. Sie aktualisiert auch eine Debatte um unser filmisches Empfinden: Ist ein Film über einen Rassisten, wie THE SEARCHERS, nicht automatisch in einem bestimmten Sinn ein rassistischer Film? Kritiker wie Jonathan Rosenbaum (der sich allerdings nie sonderlich mit Martin Scorseses Methode anfreunden konnte) werfen dem Regisseur diese Nähe der Faszination vor, andere fantasieren sich das eher zynische Ende zu einer Erlösung um (so als wolle der Film zeigen, was Amerika überwunden habe, und nicht etwa das, was in ihm wirkt). Tatsache ist wohl, dass Scorsese diesmal seine Methoden der Verfremdung subtiler und hintergründiger einsetzt als gewohnt, und man mag darüber spekulieren, wie sehr dies eine absichtliche Provokation ist oder dem Umstand geschuldet, dass der Regisseur beim Kampf um den Endschnitt mit Miramax nicht jede Runde gewonnen hat. Scorsese hat GANGS OF NEW YORK mit einer Skulptur verglichen, bei der er in mühsamen Prozessen alles weggehauen habe, was nicht zum endgültigen Ausdruck gehört. Aber bei manchen Schlägen, so viel wissen wir immerhin, hat auch der mächtige Harvey Weinstein (ohne den, andererseits, ein Film wie dieser nicht mehr auf den amerikanischen Markt gekommen wäre) seine Hände im Spiel. Versagen wir uns, obschon es durchaus vergnüglich scheint, die Teilnahme an dem in den USA gepflegten Ratespiel, wie sehr Harvey Weinstein ein Bill The Butcher und Martin Scorsese ein Amsterdam Vallon der Filmproduktion sei.

Aber es ist nicht nur das Ende, was uns aus unserem Identifikationstraum erwachen lässt. Scorsese baut auch im Verlauf des Dramas genügend Elemente der Distanzierung ein; man muss sie nur sehen und hören. Die Musik, zum Beispiel, spielt eine eigentümliche Rolle in GANGS OF NEW YORK. Während bei den Details der Kleidung und bei den Bauten wie bei der Sprache höchster Wert auf die historische Genauigkeit gelegt wird, verhält sich die Musik anachronistisch. Sie erscheint einmal mehr, wenn auch auf etwas vertracktere Weise, kontrapunktisch, und als besonders bösen Scherz kann man am Ende den Song von U2 ansehen, *The Hands That Built America*, eine pathetische Hymne, die uns für einen Augenblick an Scorseses musikalischem Geschmack zweifeln lässt. Hände, mit denen das Land errichtet wurde, hat man in GANGS OF NEW YORK ja nie gesehen, nicht eine Hand, die »arbeiten« würde; die Hände, die Amerika errichtet haben, waren die, welche sich gegenseitig erstochen, erschlagen und erwürgt haben, die Dinge zerstört eher als aufgebaut haben, die aufgehalten wurden, wenn es um die Verteilung der Beute ging. Dieser Song wird einem Ende hinterher geschickt, mit dem Scorsese alle Erwartungen schockiert, wie ein Taschenspielertrick aus dem Ärmel holt er auf einigermaßen brutale Weise alle mythischen und tragödischen Elemente auf den Boden der historischen Farce zurück.

Ein ganzer Film verhält sich in gewisser Weise wie ein *unreliable narrator*; das Ende macht deutlich, dass wir sozusagen den ganzen Film über dieselben Fehler begangen haben wie die Protagonisten, doch vielleicht mag Jon Bastian mit seiner Frage beachtet werden, wie viele Zuschauer zum Teufel diese brechtisch das Geschehen aufbrechende Pointe verstehen werden, in der uns der Regisseur mit einem bösen Trick radikaler Verweigerung unseren Irrtum unbarmherzig vor Augen führt.

Es ist ein Lehrstück über das Kino, das freilich keines über Geschichte ist. Vielmehr wirft uns Scorsese in die Geschichte (am Anfang scheint das ganz buchstäblich der Fall) und überlässt uns der Erfahrung, dass offensichtlich nichts so ist, wie es in der Mythologie beschrieben ist, und diese Beziehung kann man sehr treffend als Fremdheit bezeichnen, als einen Verlust der Orientierung nicht nur im direkten Sinn. Die Bedeutung Tammany Halls – mehr als nur ein Partei-Quartier – und die Rolle von Boss Tweed muss man kennen, um die Situation ganz zu verstehen, man muss vielleicht sogar schon wissen, wie der Bürgerkrieg entstanden ist (und dass er nur sehr wenig mit der Befreiung der Sklaven zu tun hatte). Aber in GANGS OF NEW YORK wissen wir nicht mehr als das, was man in Five Points wissen kann. So machen wir uns unsere Bilder auch aus unseren Kinoerfahrungen. Von hier aus muss man nicht nur (wie, sagen wir, bei Clint Eastwoods UNFORGIVEN / Erbarmungslos; 1992) von einem Mythos vor der Geschichte Abschied nehmen, man muss nach einer neuen Geschichtsschreibung suchen. Es ist in Scorseses Film, als würde man in eine Zeit zurückgeworfen, die sich nicht begreifen kann. Anders als UNFORGIVEN, und sogar anders als RAN, schildert Scorsese seine Endzeit einer Periode nicht vom Ende her, sondern aus einem Mittendrin. Am Ende haben wir zwar verstanden, wie Gangs entstehen, dass sie in der Gesellschaft der Klassen und der Gewalt entstehen müssen, aber dass sie in Wahrheit nur Spielball der politischen Mächte sind, ein Instrument der Macht, kein Widerstand gegen sie. Aber zur gleichen Zeit haben wir etwas davon verstanden, wie unser Bild von ihnen entstanden ist, und davon, dass wir Mitproduzenten sind (und es in jeder neuen Periode wieder sein werden). Mythos und Ritual haben sich als untaugliche Überlebensmittel und als Medien der Manipulation erwiesen,

The Hands That Built America: Hände, die sich umbringen

radikaler wohl hat sich selten ein Film selbst in Frage gestellt.

Die Armen werden im Krieg gegeneinander verheizt, eine Gefahr für den Reichtum von Uptown sind sie nie, und wenn sie stören, werden sie eliminiert, die nächsten Gangs wachsen nach. Der Kampf der Gangs, die Welt, die Bill The Butcher aufrecht erhalten will, so wie Hidetora die seine in RAN, und die gerade in seinem Kampf darum, in seiner Angst vor dem Untergang untergeht, erweist sich, wie der Kampf des Rebellen, der Kampf um Rache und Erneuerung, um die Ablösung der Gangs, als ein Spiel, dem eine größere Macht zusieht, ja das von einer größeren Macht gelenkt wird. Aber diese Pointe der Geschichte macht die Tragödie nicht obsolet, sowenig wie das Drama von Alterung, Gewalt und Furcht, das sich in einen menschlichen Körper schreibt. Scorsese betrachtet diese Körper sehr genau, mitleidend viel eher als neugierig, seine Kamera erfasst diese Körper nicht als Beute, sondern als Teil des Lebens, mit dem man sich in einem Raum eingesperrt findet.

Er sieht die Narben auf den jungen Körpern, und speziell in den Szenen, in denen sich die Trennung zwischen Amsterdam und Bill abzeichnet, sehen wir, wie alt und wie schwach möglicherweise der Körper von Bill ist, das Bild seines Körpers wäre eine Demystifizierung, und doch treibt er das Bild von Macht auch ins Absurde, so wie das Bild der alten, hässlichen, das Geld zählenden Männer im Hinterzimmer von CASINO. Bill strafft sich, als er in Amsterdam den neuen Gegner sieht, und er nimmt den Kampf an, obwohl er weiß, dass es sein letzter sein wird. Natürlich führen uns die Kino-Erinnerungen nicht nur zu THE AGE OF INNOCENCE, sondern auch zu Day-Lewis' Darstellung des »Wildtöters« in Michael Manns LAST OF THE MOHICANS (Der letzte Mohikaner; 1992): Auch da ist er ein archetypischer, von Angst getriebener Amerikaner, der seine Gewalt gegen Menschen richten muss, die er respektiert, um eine Ordnung zu erhalten, die dennoch dem Fortschritt weichen muss. Was aber ist der Fortschritt für Five Points? Feuerwehrleute, die tatsächlich das Feuer löschen, anstatt sich untereinander zu prügeln? Das Mittel gegen die Cholera, das auf den Straßen versprüht wird? Eine Art der Wahl, wie sie zu erträumen wäre, nicht als Kauf und Erpressung von Stimmen? Es ist das Ersetzen eines Machtsystems durch ein neues, effektiveres (so wie es sich in CASINO in einem anderen Areal abgespielt hat: die offene Gewalt verschwindet von der Straße). »Globalisierung« ist der Name für das gegenwärtige Kapitel dieser Prozesse. Was bleibt, ist die Angst, die, noch mehr als die Gier, der Gewalt und der Korruption Dynamik verleiht.

Was aber bedeutet die Szene der Überblendungen am Ende, das Wachsen der Stadt und die Verwitterung der Grabsteine? Ist es wirklich so, wie einige amerikanische Kritiker zu sehen glaubten, dass Scorsese darin sehe, »wie stolz er und New York sein sollten, dass wir so weit gekommen sind, wie wir sind« (Rachel Gordon in *culturedose*)? Oder ist es eine ironische Pointe über das Vergessen, die durch den – vermutlich – sarkastisch eingesetzten Song von U2 verstärkt wird? Vielleicht liegt die Sache noch tiefer. Scorsese gewinnt in GANGS OF NEW YORK die Geschichte wieder in den Blick. Es ist auch ein Gegenbild zu BIRTH OF A NATION (Die Geburt einer Nation; 1915; R: D.W. Griffith), aber was wir sehen, ist ein Rassenkampf, der seinen eigenen Heroismus hervorgebracht hat, seine Tragödien. Wir sind womöglich nicht nur auf einen Mythos, sondern auf einen rassistischen Mythos hereingefallen, auf einen Mythos der Männlichkeit sowieso (Cameron Diaz' Rolle ist eher Mittler zwischen den beiden Männern, aber vielleicht ist sie auch die Einzige, die das Spiel durchschaut). In Bill The Butcher haben wir eine Fortsetzung des Kapitän Ahab, des besessenen Bösen vor uns, aber auch einen *natural born* Faschisten, dem der junge »Hamlet« mit so gemischten Gefühlen begegnet. So kann GANGS OF NEW YORK auch nicht anders, als noch einmal zu funktionieren als Untersuchung der Boy-Hero-Beziehung.

Wie so viele andere Filme von Martin Scorsese zerfällt auch GANGS OF NEW YORK wieder in widersprüchliche Teile, je genauer man ihn ansieht, und die Teile führen einen beredten Dialog miteinander, auch in den Reaktionen, die der Film auslöst. 25 Jahre lang hat Martin Scorsese dieses Projekt mit sich herumgeschleppt (bis zu den Dreharbeiten und der Montage, die beide selber Kampf genug waren); daher ist der Film auch so etwas wie ein Gang durch seine Welt-Modelle, seine »Obsessionen«, seine Bilder, und GANGS OF NEW YORK enthält auch jene für Scorseses spätere Filme typischen Dialoge verschiedener, miteinander kommunizierender Stadien von Bewusstheit und Erwachsenheit. Alles zwischen kindlicher Faszination und kaputtem Jungstraum bis zu den zynischen Brechungen und den Todesbildern der Tragödie. Der Film ist manchmal so schwer, dass er zusammenzubrechen droht, dann wieder so leicht, als könne man ihn kaum festhalten, in Bewegung ist er immer. Alle Obsessionen Scorseses tragen einen Totentanz vor, die Ethnien und Amerika, die Religion und der geschlossene Ort, die Erfahrung der Hölle, die verschwindende Frau, die Gewalt und die Loyalität, der gemarterte Körper, und es ist die Frage, ob Scorseses Versuch das dunkle Herz Amerikas getroffen hat oder ob er in seinem Prozess der Selbstaufklärung des Kinos diesmal vor allem sich selbst eine Verletzung beigebracht hat. ❑

Martin Scorsese und die kopernikanische Wende des Kinos

Diskontinuierliche Spiritualität

Die Geschichte des filmischen Subjekts

Kino – das hieß zunächst einmal die Imitation des »objektiven« Blicks aus dem Theater und die Imitation des Bildes aus der Kunst, in der Form einer »Komposition«, die unendliche Annäherung zwischen Bild und Bewegung. Aber wie aus einem Zwang heraus bedeutete die Geschichte des Mediums nicht nur, immer *mehr* zeigen zu können, vom Vorgefundenen wie vom Konstruierten, die Bilder immer mehr in Bewegung zu versetzen, sondern dem Bild auch immer *näher* zu kommen, schließlich durch es hindurch und dahinter. Statt auf ein Geschehen zu sehen, lernte das Kino auch, in es hineinzuschauen. Etwas geschah zwischen dem Bild und dem Blick, eine unsichtbare Instanz etablierte sich da: Immer mehr sehen wir das Geschehen nicht durch unsere Augen oder die eines Beteiligten, sondern durch die eines Subjektes, das gleichsam frei zwischen den Elementen der erzählerischen Grammatik des Kinos sich zu bewegen lernt. Es ist vielleicht dem lyrischen Ich der Poesie verwandt und dabei, wie alle Kunstelemente im Kino, in Bewegung geraten. Das filmische Subjekt wird beständig konstruiert und dekonstruiert, es wird sich in seiner Veränderung gewahr.

Das klassische Kino hat, angesichts der Flüchtigkeit seiner erzählerischen Instanzen, einen Kanon, einen Code entwickelt: Da es keine Regeln gibt, wird die Konvention zum bedeutenden Leitfaden. Und »Stil« bedeutet nichts anderes als eine kontrollierte Störung der Konventionen. Es gibt zunächst in der objektiven Erzählweise – wir Zuschauer erleben, wie uns eine Geschichte über Menschen erzählt wird – als ästhetischen Störfall die »außergewöhnliche Einstellung«. Wenn, zum Beispiel, John Ford in THE SEARCHERS (Der schwarze Falke; 1956) zu Anfang den Blickwinkel aus einem dunklen Innenraum hinaus in die Wüste wählt, einen Innenraum, den der Held, nebenbei gesagt, in der letzten Einstellung des Films nicht mehr betreten kann, dann ist eine vollständige Objektivität der Darstellung gar nicht mehr versprochen. Die Einstellung ist nicht nur stärker als ihr Kontext, es gibt für sie auch kein Subjekt in der Handlung: Niemand innerhalb und niemand außerhalb *weiß* so viel über die Verhältnisse und über die Personen wie diese Einstellung. Und sie weiß hier so viel über die Frau und den einsamen Reiter, der sich dem Haus nähert, dass sie der Frau förmlich einen Stoß gibt: hinaus ins Licht und zu dem Mann. Auch wir als Zuschauer können hier allenfalls etwas ahnen (die Konstruktion und Dekonstruktion von *home* durch das Bild und den Blick betreffend), mehr noch aber konstruiert diese Einstellung einen Blick, der dem Kino selbst, nicht der Person zugeordnet ist. Das Innen und Außen ist von vornherein als Problem des Helden charakterisiert (nur in seiner Entfernung kann er sein Recht auf den Innenraum bewahren, während er umgekehrt, nach vollendeter Mission, diese mögliche Heimat wieder verloren hat), aber zugleich sind für das Geschehen auch zwei unterschiedliche Perspektiven eröffnet. Aus dem Innenraum (in den während der Handlung die Nachrichten durch Briefe oder gelegentliche Besuche gelangen) sieht in diesem Film die Geschichte der langen Suche anders aus als in der Situation der Suche selbst. Die »außergewöhnliche Einstellung«, die wir gewiss weder bei Howard Hawks noch bei Frank Capra je hätten finden können, ist also gleichsam die Vorahnung eines Bruchs in der klaren, objektiven Erzählweise, eine Pforte in den subjektiven Innenraum.

Eine weitere Entwicklung der Subjektivierung ist durch den Gebrauch der Tiefenschärfe geprägt, die Beziehungen von Personen und Wahrnehmungen in der räumlichen Dimension ermöglicht, ohne dabei länger Eindeutigkeit zuzulassen. Und Orson Welles' CITIZEN KANE (1941) gibt dazu auch das thematische Pendant: die (scheiternde) Rekonstruktion einer Biografie, einer Person, von der nur Facetten, faszinierende und abstoßende Details bleiben, miteinander verbunden durch ein geheimnisvolles Wort: »Rosebud«. CITIZEN KANE also könnte, neben vielem anderen, auch als Ausdruck einer tiefgreifenden Krise und einer Wende in der filmischen Erzählhaltung begriffen werden: Als Objekt, als Gegenüber beginnt das Bild auf der Leinwand sich zu entziehen, als Subjekt dagegen, als eigenständiges Wesen, das sich nicht im Blick aufhebt, sondern umgekehrt den Blick zu führen weiß (was immer auch bedeuten mag, ihn in die Irre zu führen), beginnt sich das Filmbild neu zu entfalten. Die »außergewöhnliche Einstellung« und die Tiefenschärfe überschreiten nicht nur den traditionellen filmischen Raum als Erweiterung eines Bühnenraums oder einer Topografie, sie machen in gewisser Weise sogar die Rückkehr dorthin unmöglich. Im Sinne der fairen Geschichtenerzähler, die die Kamera in Augenhöhe halten, ist das wie ein Sündenfall, und jemand wie Hawks bezeichnet so etwas einfach nur als »Mätzchen«. Natürlich haben beide Seiten »Recht«.

Für eine dritte Tendenz mag auch der Einfluss Akira Kurosawas auf das Kinogeschehen im Westen stehen, der eine »kristalline« Struktur für den Film fordert, die Möglichkeit, durch jede neue Wendung ganz neue Bilder zu sehen. Er erreicht das, etwa in SHIICHININ NO SAMURAI (Die sieben Samurai; 1954), durch die Führung des Blicks: Wir sehen nicht Menschen von außen zu, sondern nehmen sie im Blick von anderen wahr: die Samurai im Blick der Bauern, den Schwertkämpfer im Blick seines jugendlichen Bewunderers etc. Wenn sich also das Subjekt in der »außergewöhnlichen Einstellung« in einen transzendentalen Bereich gestellt sieht (ist nicht tatsächlich diese »außergewöhnliche Einstellung« gerade die Kunst der Marxisten und der Christen in der Filmgeschichte?) und wenn es sich in der Tiefenschärfe als nicht nur sich bewegendes, sondern auch als sich zusammenziehendes und ausdehnendes Subjekt erlebt, dann ist es in der kristallinen Organisation des filmischen Raums verschoben: auf das, was gerade zwischen Blick und Bild geschieht. Das filmische Subjekt zu dieser Zeit also mag etwas sein, was sich zwischen Blick und Bild, zwischen dem imaginären Ich und dem imaginären Du ereignet. Es ereignet sich dort, wo das Bewegungsbild am meisten weiß. Das filmische Subjekt ist ein Knoten des Wissens in den Bildern, zwischen den Bildern und zwischen Bild und Blick.

Gegenüber den anderen Formen der Subjektivierung hat diese »kristalline« Inszenierung der Blickwechsel den Vorteil, auch auf den ansonsten restaurativen Farbfilm übertragbar zu sein, in dessen Ästhetik sich freilich in den 60er Jahren auch ganz eigene Elemente der Subjektivierung, etwa in der Emanzipation der Farbgebung von der realistischen Abbildung abzeichnen. Dort wo der »Buntfilm« zu einem »Farben-Film« wird, überträgt er dem Regisseur die künstlerische Entscheidung zwischen »objektivierenden« und »subjektivierenden« Impulsen. Wir sehen nun nicht mehr auf das Geschehen, sondern wir sehen innerhalb des Geschehens, mit wechselnden Perspektiven, deren Subjektivität sehr unterschiedliche Grade an Intensität erreichen kann (zum Beispiel in der Addition der Mittel von »außergewöhnlicher Einstellung« und kristallinem Blickwechsel). Die Entwicklung der filmischen Grammatik bringt also den Paradigmenwechsel vom objektiven zum subjektiven Empfinden, von der Frage »Was ist zu sehen?« zu der Frage: »Wer sieht was?«

Martin Scorseses Erzählweise bedeutet wohl einen weiteren, bedeutenden Schritt in der Geschichte des filmischen Subjekts (ein Film, der »spricht«, statt nur »Gesprochenes« zu sein). Dabei geht es zunächst einmal um eine Weiterentwicklung der Techniken von »außergewöhnlicher Einstellung« und »kristallinem Blick«. Nachdem er seine Figur »auserwählt« hat und dabei sich selbst als Autor gleichsam als eine Instanz unter anderen Instanzen eingeführt hat, setzt der Regisseur das biografische, ästhetische und soziale Material einem Druck aus, unter dem es seine Subjekthaftigkeit beweisen muss. Die Kamera geschieht, und zur gleichen Zeit geschieht »etwas« vor ihr, aber beides geschieht nicht füreinander. Ein Gestus des Zeigens und ein Gestus des Sehens können sich in einem Einstellungswechsel begegnen. Es begegnen sich in der Scorsese-Erzählweise also zwei in höchstem Grade subjektivierte Elemente, das Subjekt des Blicks und das Subjekt des Bildes, ohne einander »unterwerfen« zu können. Ein nicht zu Ende erklärter Blick trifft auf ein nicht zu Ende erklärtes Bild, und dieses Aufeinandertreffen eröffnet einen Moment der größten Freiheit und der größten Wahrheit, aber auch einen der wechselseitigen Verletzung. Die Herrschaft der Erklärungssysteme ist nicht wieder herstellbar, und auch nicht die Herrschaft der Konvention. Das filmische Subjekt, das Scorsese nun nicht mehr zwanghaft durch die »außergewöhnliche Einstellung« allein erzeugen muss, ist nichts anderes als eben dieser Bruch oder auch die Beziehung zwischen diesen beiden Subjekten von Blick und Bild: zwischen dem »Ich sehe« und »Es wird gezeigt«. Was Scorsese in seinen frühen Filmen sozusagen berserkerhaft erzeugte, den Bruch zwischen der Darstellung und dem Dargestellten, ist spätestens mit MEAN STREETS vollkommener Teil der Erzählweise. Wenn etwa Roberto Rossellini für ein radikales »Ich sehe«-Kino steht und Fritz Lang für ein radikales »Es wird gezeigt«-Kino, so besteht Scorseses Kunst darin, beides zugleich zu forcieren. Aber im Übrigen ist wohl verständlich, dass diese Spannung

Der Beginn von THE SEARCHERS

nicht endlos aufrechtzuerhalten ist. Es ist nahezu ausgeschlossen, dass ein Film die Fulminanz der ersten zehn Minuten eines Scorsese-Filmes durchzuhalten oder gar zu steigern vermöchte. Und in der Werkgeschichte des Martin Scorsese kann die Spannung seiner maßgebenden Filme nicht unendlich fortgesetzt werden. Das filmische Subjekt Scorseses ist zu stark für uns und zu stark für den Film selbst. Wenn David Lynch einem Jongleur gleichen mag, der viel mehr Bälle in die Luft wirft, als zwei Hände wieder auffangen und zwei Augen sehen können, dann gleicht Martin Scorsese einem Zauberer, der bemerkt, dass er eigentlich nur einen Trick vollführen wollte und dabei ein Wunder vollbracht hat.

Die Realität des Gefühls

Zunächst gehört Martin Scorsese zu den Filmemachern, die zur direkten Straßenrealität zurückkehren. »Leitfaden« dieser Bewegung aber ist nicht, diese Wirklichkeit möglichst direkt wiederzugeben, sondern darin das Gefühl zu finden: »Vor der Gewalt der Gefühle nicht zurückzuschrecken«, formuliert Scorsese sein cineastisches Credo, »weder in der Wahl der Story noch des Stils, die Schauspieler immer wieder zum Risiko zu zwingen – dazu ruft dieser Imperativ auf!«

Und dann geht Scorsese noch einen Schritt weiter: »Ein Raum ist rot oder schwarz oder gelb, wie das Gefühl es verlangt. Die Realität wird nur dort hinzugezogen, wo sie expressiv genug ist, den Puls der Gefühle zwischen Schauspieler und Schauspielerin, zwischen Regisseur und Publikum zu beschleunigen, und damit geeignet ist, die Gefühle ehrlich zu machen. Diese Ehrlichkeit muss alles beherrschen.« Was ich sehe in einem Scorsese-Film, ist also nicht ein Raum oder eine Bewegung, in denen sich Gefühle äußern können, sondern es sind die Gefühle selbst. Daher kann das Bild die Gefühle nur insoweit erklären, als sie über sich hinausgehen (ins Transzendentale oder ins Wissen) oder indem sie sich spalten (das Gefühl, das ein anderes Gefühl erklärt). Von sich selbst Abstand gewinnen freilich kann das Bild der ehrlichen Gefühle nicht (es sei denn, um den Preis des Verrats). Wir ahnen: Durch diese Absicht allein hat Scorsese sich und sein filmisches Material (und natürlich auch uns Zuschauer) unter einen so enormen Druck gesetzt, wie es vordem allenfalls einige Filme des Neorealismus und seiner Transformationen taten: Rossellini, Fellini, Antonioni, Visconti in jener Zeit, in der für sie das Kino das Leben selbst war.

Man kann sicher sagen, dass in Scorseses Filmen nichts abgebildet und nichts gezeigt wird, was nicht am Leitfaden der Emotion gefunden wird, die nicht mehr allein Ergebnis ist (wie im Melodram) noch als die zu überwindende Quelle wirkt (wie im Historien- oder Actionfilm, deren Held sich durch eine starke Emotion in eine »Kampfmaschine« verwandelt, die ihrerseits paradoxerweise vollkommen von Emotion absieht), sondern als das Zentrum selbst sich bewegt. Das Bewegungsbild des traditionellen Kinos macht die Gleichung von *motion* und *emotion* als lineare auf; beides verhält sich wie Ursache und Wirkung oder als Äquivalent (der »Held« oder die »Heldin« ist jemand, der Gefühl durch Bewegung überwindet und neu formuliert oder umgekehrt Bewegung in Gefühl übersetzt – am konsequentesten natürlich geschieht dies im Musical und in Helden wie dem Gangster). Bei Scorsese dagegen verhalten sich *motion* und *emotion* eher wie die beiden Seiten einer (hochgeworfenen) Münze, untrennbar und doch einander abgewandt.

So wird Scorseses Kino zunächst eines der Investigation der Gefühle, und eines, das seine Schönheit an dem entwickelt, was es zu überwinden versucht: »Den Gefühlen wird aber immer und ewig die Prätention, das Gekünstelte im Wege stehen, unsere Eitelkeit, Verborgenheit und – Angst. Wir werden immer prätentiös bleiben, immer ein wenig, das ist kaum vermeidbar. Die Aufgabe ist, gegen alle unsere bequemen Selbstlügen, der Angst vor uns selbst eine Chance zu geben.« Sagt Scorsese.

Darin freilich bildet sich im Kino des Martin Scorsese noch einmal ein Emanzipationsvorgang ab. Biografisch erklärt der Regisseur dies gern, indem er auf die Analogie zwischen dem katholischen Ritual in der Kirche und der Stilisierung des Filmemachens verweist: »Ritual, das ist im Film nichts anderes als Stil.« Aber immer mehr versuchte sich Scorsese von dieser Analogie auch wieder zu befreien. »Weil für mich anfangs Gefühle nur aus dem Ritual entstanden, versuchte ich bei meinen ersten Filmen, Gefühle mit einer Überlast an Stil zu erzwingen. Vielleicht geht jeder Regisseur durch eine solche Phase der Prätention.« Oder eben: jeder Mensch.

So gehören gerade jene Filme zu den beglückendsten, die diese Befreiung von der Prätention gleichsam miterzählen. »Erst die Beherrschung des Stils und dessen scheinbare Vernachlässigung verschafft dem Regisseur Zugang zu den wahren Gefühlen, den unbeherrschten, unentdeckten, unberechenbaren – also jenen Gefühlen, die noch zuschlagen können, die noch ein Risiko darstellen, die eben noch nicht ›gefühlt‹ worden sind und deshalb das Fühlen in seiner ganzen Gewalt lehren.« Wenn wir diesen Gedanken Scorseses fortsetzen, so scheint es also Aufgabe des Kinos (zur Zeit), das Gefühl im Augenblick seiner Wahrheit zu zeigen, nämlich in dem paradoxen Augenblick, in dem es noch nicht gefühlt ist. In dem es reine Gegenwart ist. Dabei ist natürlich das Wort »zeigen« falsch, aber ebenso falsch wäre das Wort »erzeugen«. Vielleicht ist man Scorseses Stilritual sehr nahe, wenn man sich etwas vorstellt, was nicht Zeigen und nicht Erzeugen und doch Bild und Bewegung ist. Einen Begriff gibt es dafür noch nicht.

Rohmer – Mozart – Scorsese

Eric Rohmer hat in seinem vorzüglichen Buch *Von Mozart zu Beethoven* von einer »kopernikanischen Wende« der Musik gesprochen. Während bis zum Barock die Musik in gleichsam unerbittlicher Metrik einer einmal eingeschlagenen Richtung zu folgen pflegte, den Zuhörer umkleidete »wie mit einer zweiten Haut«, trat sie mit Mozart ins »Zeitalter der Diskontinuität« ein. Statt uns aufzunehmen (um uns zu erhöhen), errichtet die Musik nun Gebäude vor uns, in denen man sich auf verschiedenen Wegen zu bewegen imstande ist. Die einzelnen Instrumente finden sich nicht zu einem geschlossenen Supertext, der einen gemeinsamen (sakralen) Raum besetzt, sondern sie bearbeiten einander, kommentieren und analysieren sich und arbeiten zugleich daran, ihren ganz eigenen, autonomen Raum zu schaffen.

Bis zu Mozart, so Rohmer, war die Musik im Wesentlichen zeit-los, sie bereitete ihr Material in jener Art gottgegebener innerer Metrik, in der es eine Frage danach, zu welchem Ende das führen mochte, nicht geben konnte. Musik, in der Vollendung bei Johann Sebastian Bach, verband »Ewigkeit« mit Form; sie war »spirituell« auch in ihrer profanen Weise. Mit der Entwicklung einer eigenen Dramatik, einer eigentlichen Zeitlichkeit veränderte sich Musik auch in ihrer Präsentationsform. Verbunden damit war in der musikalischen Praxis eine Musik, die »für sich« stand: das Konzert, das das Ritual der Liturgie oder das Ritual der Herrschaft (im Tanz oder in der Tafelmusik) nicht mehr benötigte, so wie sich die Malerei von den Kirchenwänden und Herrschaftsarchitekturen befreite. Als autonomes Kunstwerk tritt die Komposition zum ersten Mal in einen Dialog mit dem Zuhörer; sie verliert an Eindeutigkeit und gewinnt an Tiefenschärfe.

Diese drei Elemente – »Zeitlichkeit«, Selbstständigkeit und Mehrdeutigkeit des musikalischen Materials – führten die Musik von der Spiritualität zur Innerlichkeit, und beinahe notgedrungen mussten selbst jene Komponisten wie Haydn, Mozart und schließlich Beethoven, welche Spiritualität in der neuen Form zu rekonstruieren verstanden – eine »diskontinuierliche Spiritualität«, wenn man so will –, etwas berühren, was Rohmer, um das Provokative des Begriffs wissend, das »Vulgäre« nennt. Diese »Vulgarität« (der »Unreinheit« des Films vergleichbar, der sich, jenseits seiner reinen Poetik von Eisenstein bis Clair, mehr oder minder schamlos aller außerfilmischen Materialien bedient, deren er habhaft wird) tritt umso mehr in den Vordergrund, als sich die Musik ihrer Innerlichkeit – ihrer »Gottverlassenheit« – bewusst wird, bis sie schließlich am Anbruch der »Moderne« (dürfen wir diesen Begriff noch so ohne weiteres verwenden?) zum eigentlichen Thema der Musik wird. Das Movens der Musik bei Bach ist die Göttlichkeit, bei Mozart und nach ihm ist es die Musik selbst (mag sie auch gerade darin ihre Schönheit finden, ihre verlorene Göttlichkeit zu suchen). Das Movens des Films bis John Ford ist der Mythos, danach ist es der Film selbst (was sich natürlich bei Ford schon andeutete), und mag er auch seine Schönheit darin finden, den verlorenen Mythos zu rekonstruieren.

Die eigentliche Wende aber vollzieht sich nicht allein durch die Behandlung des musikalischen Materials, sondern im Bewusstsein des Hörens: So wie es sich aus der Gewissheit des Komponierens und Musizierens verabschiedet sieht, jenseits auch der selbstreferenziellen »Mathemagie« bei Bach, muss es selbst über die Tiefe bestimmen, mit der es sich auf die Komposition einlässt. Während uns Bach also nur in seiner Ganzheit ergreifen kann, können wir uns bei Mozart unterschiedlich tief und intensiv in die Geschichte seines musikalischen Materials begeben. Ganz ähnlich verhält es sich etwa in der Entwicklung des (amerikanischen) Films von John Ford zu Martin Scorsese. Fords Filme haben einen vollständigen, widerspruchsfreien (gleichwohl schon selbstreferenziellen) inneren Rhythmus, eine Gewissheit der Bildersprache, die sich nur in der Ganzheit erschließt und die, vergleichbar der Instrumentierung der barocken Musik, in ihrer Komposition, in ihren einzelnen Sequenzen einen einzigen sakralen Raum erfüllt. (Freilich haben sich die Entwicklungen erheblich beschleunigt, und spätestens mit THE SEARCHERS wird dieser Raum eher in der Negation sakral: Monument Valley als magische Landschaft der Gottverlassenheit.) Die Verknüpfung der Elemente bei Martin Scorsese dagegen, so sehr sie Mythen und Bilder des klassischen Hollywoodkinos zitieren mögen, schafft Mehrstimmigkeit und Mehrdeutigkeit bis in die Besetzung sehr unterschiedlicher Räume, in denen, wie in der Musik Mozarts, Motive und Themen aufgenommen, bearbeitet, weitergeführt werden, ohne dass eine vollständige Identität geschaffen würde. Der Unterschied von THE SEARCHERS und TAXI DRIVER liegt daher unter vielem anderen in der völlig anderen Lesbarkeit des Filmischen: Die Wahrheit in THE SEARCHERS ist (noch einmal) in der Mitte konzentriert, die Wahrheit in TAXI DRIVER zeigt sich an allen Ecken und Enden. Mythos, Geschichte und Psyche bilden in THE SEARCHERS (noch einmal) eine tragische Einheit, in TAXI DRIVER erkennt eines das andere, indem es sich verfehlt, indem es verschiedene Räume besetzt wie das Klavier und die Klarinette bei Mozart. Und weiter: Was in TAXI DRIVER sozusagen ein Thema unter anderen ist, die Selbstbefreiung des Filmischen gegen die Erzählabsichten und die sakralen Räume der Audiovision, das ist in GANGS OF NEW YORK schon wieder fast selbstverständlich benutztes Element bei einer noch radikaleren Verneinung des Mythos: Scorsese instrumentiert hier gelegentlich bewusst »falsch«, macht Räume schwer, aus denen wir die Gegenstimmen nur noch – aber was heißt: »nur« – als ferne »Störungen« wahrnehmen.

Diese artistische »Verwandtschaft« zweier »kopernikanischer Wenden« mag indes nicht nur eine Frage von kompositorischer Technik und magischem Zeitpunkt in der Geschichte der Wahrnehmung sein, sondern auch eine ganz direkte Analogie der artistischen Empfindung. Der angehende Komponist Mozart schreibt in einem Brief: »oben unser ist ein violinist, unter unser auch einer, neben unser ein singmeister der lection gibt, in dem letzten Zimmer gegen unser ist ein hautboist. dass ist lustig zum Componiern! giebt einen viell gedancken.« Beinahe unwillkürlich fühlt man sich in eine der Straßenszenen Scorseses oder in die überfüllten Räume wie in THE COLOR OF MONEY oder CASINO versetzt. Es ist die Fülle der Empfindungen, nicht die Konzentration der Stille, welche das ästhetische Ausgangsmaterial bildet. Nicht der sakrale Raum, der für Bach noch fraglos gegeben war (»seine« Kirche), ist für Mozart der Geburtsort der Musik, sondern vielmehr reichlich triviale Orte, Orte des Durchgangs, der Instabilität, Orte, die gleichsam bereits besetzt sind. Filmische Räume, wenn man so will.

Ganz ähnlich verhält es sich mit dem Raum des Kinos. Er ist zunächst fraglos, wie aus der Leere geschaffen oder doch in beliebiger Freiheit zur Nachschöpfung verfügbar. So wie die Kirche für Bach ein zugleich freier und strenger Raum der Musik war, so ist der ursprüngliche Raum der kinematografischen Komposition eine zugleich freie und strenge Form eines strukturierten Raumes. Wenn man bei einem »klassischen« Kinostück Kompositionselement für Kompositionselement

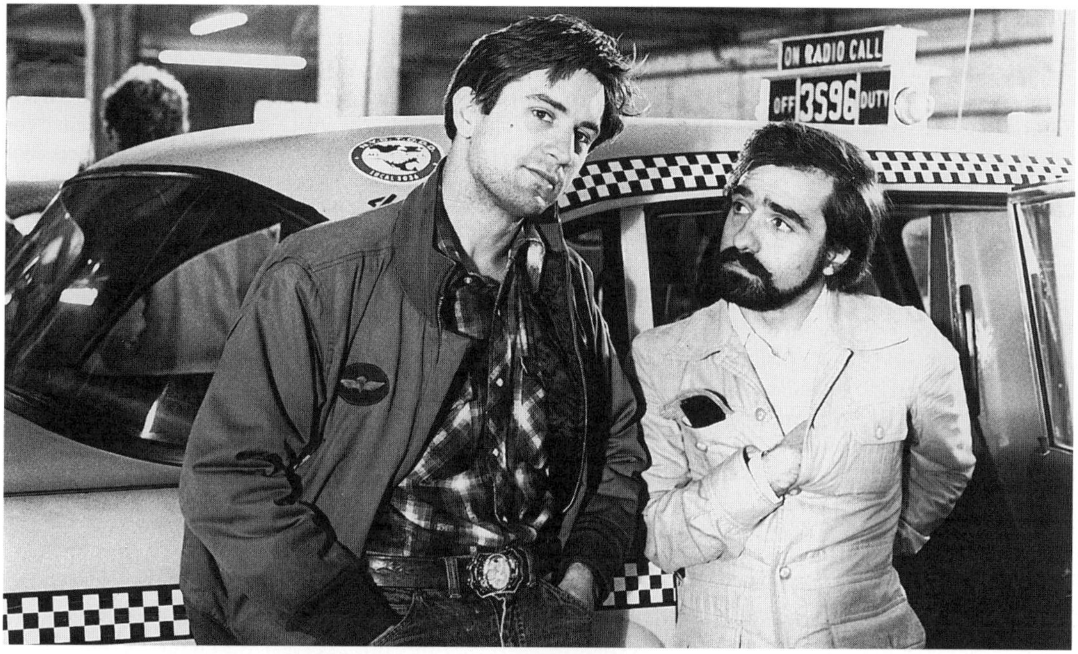

Dreharbeiten mit Robert De Niro zu TAXI DRIVER und THE KING OF COMEDY fortnähme, so hätte man am Ende die vollkommene Leere, den geschlossenen Vorhang einer Vorstellung, die auf sich warten lässt oder vielleicht nie stattfinden wird. Nicht so bei Scorsese. Seine Räume sind bereits gefüllt, wären niemals auf die Leere zurückzuführen. So wenig wie bei Mozart, wenn er nicht komponierte, mit einem Mal die Violinen, die Oboen und die Gesangslektionen verstummten. Der Künstler vermag nicht mehr allein aus seiner Person und seiner »göttlichen« Bestimmung heraus zu arbeiten; im Gegenteil, er bearbeitet, »fieberhaft«, wie man in solchem Zusammenhang gern sagt, oder, um es mit Mozart zu sagen: »lustig« und mit »viell gedancken«, die bereits existierenden, niemals verstummenden Melodien, Geräusche und Impulse des bereits erfüllten Raumes. Es ist nicht die Kunst, die sich von der Welt gestört fühlen mag (weil sie in aller Ruhe diese noch einmal erschaffen oder sich den ganz und gar eigenen Reim auf sie machen will), sondern die Kunst, die mitten in der Welt steht. Eine Kunst des *rumore*, des Lärms.

Der sakrale Raum (der Westen, die – verfehlte – Heimat, Monument Valley mit seinen »Kathedralen des Nichts«) bei John Ford zerfällt in der Montage bei Scorsese in unterschiedliche Räume (die Straße, die Kneipe, die Kirche, der Ring etc.), die ganz unterschiedliche Ansätze der Sakralisierung aufweisen, und auch hier müssen wir beim Zuschauen und -hören selbst bestimmen, wie weit wir uns auf das ausgebreitete Material einlassen. Katholizismus, kritischer Materialismus, Spiritualität und Ikonografie werden auf der zweiten Ebene der Komposition dabei von Inhalten auch wieder zu Formen, zu Elementen der polyphonen Komposition. Es ist daher, zum Beispiel, ebenso richtig zu sagen, Martin Scorsese setze sich in seinen Filmen mit dem Katholizismus auseinander (oder mit einer besonderen, in Little Italy erlebten Form des Katholizismus), wie es richtig ist zu sagen, Scorsese benutze eine katholische Sprache, um sich mit der Welt der Dinge und Beziehungen auseinander zu setzen.

Die Verlässlichkeit etwa eines Themas, das eingeführt, ausgebreitet und wiederum konzentriert wird, ist bei Mozart so wenig vollständig zu haben wie die Gewissheit einer Unterordnung von Neben- oder Gegenthema unter ein Hauptthema. So ist es bei Mozart, durchaus möglich, dass statt der erwarteten Variation eines Themas eine Skelettierung (ein nach unseren heutigen Begriffen »dekonstruktiver« Akt) erfolgt und dass ein Nebenthema uns dem Kern einer Komposition viel eher nahe bringt als ein Hauptmotiv. Doch nicht so sehr um die Umkehr der Verhältnisse von Zentrum und Peripherie, wie in der manieristischen Kunst, geht es dabei, sondern um eine weiter reichende Emanzipation des Segments gegenüber der Konstruktion. Das Thema »zerfällt«, wie Rohmer sagt, in »Zellen«, wie sie vordem nur zu Begleitung und Unterstützung verwendet wurden. Das wiederum mag bedeuten, dass ein Weg eingeschlagen ist von der sakralen Klarheit zu einer organischen Mehrdeutigkeit des ästhetischen Materials. So wie die Musik Johann Sebastian Bachs einen sakralen Raum vollständig erfüllt, so führt uns die Musik Mozarts durch verschiedene, miteinander verbundene Räume und macht dabei unseren Gang zum Thema. Und auf eine ganz ähnliche Weise führt uns Scorsese durch die »Zellen« einer Erzählung, die nicht den gesamten Raum mit einem Sinn zu erfüllen vermögen, sondern durch unseren Gang durch sie immer neue Einsichten ermöglichen.

Wiederum also können wir einen solchen musikalisch-kompositorischen Prozess bei Martin Scorsese beobachten (ohne die Analogie von Musik- und Film-»Komposition« zu weit treiben zu wollen); an die Stelle des »klassischen« Aufbaus mit Thema und Variation (in der simpelsten Form als Vorgabe in der *pre-title sequence*, die kondensiert die ganze Geschichte bereits enthält, die der Film selbst nach der Form von Problem – Opfer – Lösung dann zu »entfalten« hat) tritt zum Beispiel eine radikale Veränderung des Themas wie etwa in CASINO, dessen zweiter Teil mit einer offensichtlich ganz anderen »Instrumentierung« arbeitet als der erste, dabei aber dennoch beinahe alle Motive aus dem ersten Teil aufnimmt und bearbeitet, um sie schließlich im dritten Teil einem erneuten Transformationsprozess zu übergeben. Tatsächlich sind Filme wie MEAN STREETS, TAXI DRIVER oder AFTER HOURS ganz aus solchen »Zellen« aufgebaut, die Scorsese zwar linear schichtet, aber keineswegs in einer Weise, die die Zeit auf eine gleichmäßige, organische Weise füllt, und keineswegs auf eine Weise, die aus den Räumen der kinematografischen Zellen eine organische Topografie errichten würde, eben jenen »inhärenten« Raum und jene inhärente Metrik, wie wir sie bei Bachs Musik und in John Fords Filmen kennen. Innen- und Außenwelten negieren sich sogar; Übergänge zwischen beiden haben in Scorseses Filmen fast immer einen heftigen Rhythmuswechsel zur Folge. Die Zeit, die im Drinnen vergeht, ist nicht dieselbe, die im Draußen vergeht. So führt uns auch Scorsese statt in eine vorgegebene Harmonie in eine Struktur der Zellen mit sehr subjektiven Wahrnehmungen.

Sehr viel freier als das klassische amerikanische Kino geht Scorsese mit den Elementen von Beschleunigung und Verlangsamung um, die in seinen Filmen sowohl vom Gebot der Einheit als auch von dem der möglichst täuschenden Imitation der Fantasie des Wirklichen befreit sind. Beschleunigung und Verlangsamung (erreicht zum Teil durch tatsächliche Beschleunigung oder Verlangsamung des Bildlaufes, durch die Schnittgeschwindigkeit, die Kamerabewegung, durch den Dialog und so weiter) werden autonome Bestandteile der filmischen Komposition, emanzipiert auch von der dramaturgischen Struktur selbst: Sie können unterschiedlichen Zielen dienen. Doch anders als im europäischen Kino der Avantgarde verlieren sie niemals den Zusammenhang mit dem empfindenden Subjekt – niemals hört ein Scorsese-Film auf, »realistisch« zu sein, wenn es auch eine ganz andere Art von Realismus ist, als es der Genrefilm oder der psychologische Realismus vorschreibt.

Zur gleichen Zeit lassen sich die Bewegungen der Protagonisten in Scorseses Filmen nicht nur als Ausdruck ihres sozialen, psychischen und topografischen Eingesperrtseins und des Zornes darob interpretieren (wie etwa Markus Vorauer gezeigt hat), sondern auch als Teil jener »Krise des Bewegungsbildes«, von der Gilles Deleuze spricht und die sich unter anderem offenbart als »Zersprengtheit, als Life-Charakter, die Zusammenhanglosigkeit und das ständige Herumstreifen der Protagonisten«. Tatsächlich haben die Bewegungen der Charaktere bei Scorsese nichts von der souveränen Bestimmtheit der Bewegungsrichtungen der amerikanischen Archetypen etwa im Western, aber auch nichts von der tänzerischen Eleganz der »klassischen« Gangster von George Raft oder James Cagney. Die Bewegungsmelodie der Schauspieler in den Scorsese-Filmen ist dagegen von kämpferischer Nervosität oder unentschlossener Suche geprägt. Kaum je sind wir ihnen so nahe wie in Gesten des Zögerns und der Unentschlossenheit, in keiner Einstellung gibt es die große Einheit zwischen einem Charakter und seiner Tat. Dieses »Bewegungsbild in der Krise« wird nicht nur durch die rauen Einstellungen und durch die Schnittfolgen erzeugt, sondern auch durch die Arbeit mit den Schauspielern. »Niemand entspannt sich auf meinem Set!«, verkündet der Regisseur. Und natürlich entspannt sich auch niemand im Zuschauerraum bei einem Martin-Scorsese-Film.

In the Beginning

Scorseses Filme beginnen mit einer Eröffnung, die zugleich den Zuschauer auf eine zentrale Situation aufmerksam macht, den Blick des Autors auf diese Situation definiert und den Protagonisten aus ihr hervortreten lässt. Doch ist diese Eröffnung auf eine »zentrale Situation« nicht zu verwechseln mit einer Konstruktion eines zentralen Bildes oder eines zentralen Blicks. Im Gegenteil: Wir nähern uns dem Geschehen vom Rande und vom Detail her. Diese Eröffnungsszenen haben alle etwas Atemloses, Heftiges, wenn man so will: etwas Hysterisches an sich. Statt in der Eröffnung das Problem des Films also gleichsam zusammenzufassen, wie es viele andere Regisseure tun, oder eine Spannung aufzubauen (sehen wir in diesem Zusammenhang von den Vorspannbildern von Saul und Elaine Bass in CAPE FEAR ab, die nun in der Tat den kommenden Film vollständig »enthalten«), setzt Scorsese es von Anfang unter Druck. Er »schreibt« im Vorspann ebenso heftig das auktoriale Ich des Regisseurs (unter anderem, indem er seinen eigenen Namen oft in flammendem Rot absetzt, als formuliere sich dieses künstlerische

Das Betreten der Bühne in GANGS OF NEW YORK

Ich schon in einem fundamentalen Schrei, als Wunde und Feuer) wie das andere, das Du des Publikums, das gleichsam mit Schlägen in die Blickrichtung gezwungen wird und zugleich in der Fragmentierung und Beschleunigung einen Zweifel an der »Richtigkeit« dieses Blicks empfinden muss. Es gibt bei Scorsese von Anbeginn an nur das »angestrengte« Sehen. Und in dieser Spannung, die der üblichen komplizenhaften Symbiose zwischen Film und Zuschauern widerspricht, wirft Scorsese förmlich den oder die Protagonisten in ein Leben, das nur im Kampf zwischen dem filmischen Ich und dem adressierten Du entsteht: Er (oder sie) sind Opfer und Geschöpfe einer Verhandlung, eines doppelten und widersprüchlichen Blicks. Und der Autor tritt nicht mehr als bedingungsloser Schöpfer auf wie in der klassischen europäischen Kunstauffassung, aber auch nicht mehr als teilnehmender Beobachter wie in der amerikanischen Tradition, sondern als möglicher Mittler (vielleicht aber auch als mögliches Phantasma) zwischen dem Bild und dem Blick. Diese Schöpfung des Menschen durch seine Auserwählung am Anfang durch das Subjekt des Autors (die Kamera) und das der Zuschauer (durch die Emotion) läuft, man verzeihe das Bild, ein wenig auf das Spiel zwischen Gott und Satan hinaus. Jedenfalls ist das die Geschichte des Angeblicktwerdens der Menschen in Scorseses Filmen.

»Scorsese« ist also nicht nur der Name für gewisse »Obsessionen«, wiederkehrende Motive, die »Stafette« eines Heldenbildes von Film zu Film, sondern, mehr noch, ein magisches Wort, das uns den Bruch zwischen dem Blick und dem Bild als »Stil« erklärt, als einen Stil, der (wie es Mozart mit der Musik gelang) das Räumliche an die Stelle des Raums, das Zeitliche an die Stelle der Zeit gesetzt hat. (Wir müssen Zeit *denken* in seinem Film, anstatt sie vorauszusetzen.) Und das erste Auftreten des Scorsese-Helden, einschließlich seines Herauslösens aus der Menge (aus der Zeit und aus dem Raum), setzt diesen Vorgang heftig in Bewegung.

Dabei hat dieser erste Auftritt des Protagonisten auch etwas durchaus Theatralisches, so als würden sich Bühne und Schauspieler erst finden. In MEAN STREETS sehen wir zuerst Charlie in der Wirklichkeit von Little Italy, dann lernen wir die anderen in einem Home-Movie-Ausschnitt kennen. In ALICE DOESN'T LIVE HERE ANYMORE ist es wahrhaft eine Bühne, auf der wir die Protagonistin zum ersten Mal sehen. Beide Male ist es ein Bild im Bild, das uns geboten wird, so als müsse das Kino für einen Augenblick den »alten« Theaterraum noch einmal gewinnen, um darin den Verlust des neuen, des kinematografischen Raums konstatieren zu können. Auch der *Raging Bull* wird auf seiner Bühne, dem Boxring, eingeführt, einsam, und doch in der Gegenwärtigkeit unseres Blicks. Scheinbar umgekehrt verhält es sich in THE AGE OF INNOCENCE, wo wir die Protagonisten *gegenüber* einer Bühne sehen, die zum einen ihr Spiegelbild sein mag, zum anderen aber auch sie als Darsteller ihrer selbst charakterisiert: In diesem Theater inszeniert sich vor allem das Publikum. Und in GANGS OF NEW YORK wiederum sehen wir am Beginn des Films die lange, rituelle Vorbereitung der *Dead Rabbits* auf den großen Auftritt und Kampf.

Der Schlüssel zu einem Scorsese-Film, das machen die ersten Einstellungen klar, ist weder der Stil noch das Setting, es ist die Person, und es ist ihr Auftritt in der Welt. Aber diese Person ist nicht identisch mit einem filmischen Subjekt; in der fragmentierten und gespiegelten Form des Auftritts wird deutlich: Die Person, um die es, und mehr noch, mit der es gehen wird, weiß nicht alles von der Welt, und wir wissen nicht alles von ihr. Der Blick der Person, der wir nahe gekommen sind und die sich entfernt, ist nicht identisch mit dem Blick des Films, und wie der Film nicht alles von der Person weiß, so weiß er doch mehr und anderes als sie.

Die ungeheure Spannung der Eingangssequenzen in Scorseses Filmen entsteht dadurch, dass sich bereits hier die Instrumentierung in den verschiedenen Räumen zeigt und sich das filmische Subjekt als schiere Unruhe abzuzeichnen beginnt. Zugleich aber bewahrt dieser eigentümliche Beginn, der weder Sinnbild noch Abbild des Ganzen (der Erzählung oder der »Architektur« eines Films) ist, entschieden dasjenige Element eines Scorsese-Films, das er immer wieder von Neuem zu erzeugen versucht und das dennoch nicht mehr vollständig gelingen kann: Gegenwärtigkeit – etwas, das wir in einem »normalen« Film nur haben in der Sekunde, in der das Licht im Saal ausgeht und auf der Leinwand erscheint, oder aber in den Momenten des Schocks (die Erscheinung des Monsters als Zeichen etwa oder die Offenbarung von Liebe oder Hass als Grenzfälle der Emotion). Die Einstellungen am Beginn eines Scorsese-Films sind der radikale Ausdruck eines »Es ist«, ohne »Es war« und »Es wird sein«.

Der aufgeraute Stil (1)

Die »außergewöhnliche Einstellung«, der kristalline Blick und die Unruhe des filmischen Subjekts ergeben gemeinsam die am Leitfaden des ehrlichen Gefühls vorgenommene Perforation der filmischen Erzählung, die in Scorseses Filmen durchaus den Traditionen der filmischen Narration zu gehorchen scheint. Es gibt zwar eine Reihe von Abschweifungen und Retardierungen, und mit der Eingangssequenz ist auch klar, dass die traditionelle Beziehung von erzählender und erzählter Instanz aufgelöst wird, aber die Grundregeln des Organischen im Newton-Kosmos bleiben unangetastet. Anders als die postmodernen Filmemacher wie David Lynch oder Atom Egoyan bleibt der Regisseur dem Leiblichen der Erfahrung treu. Er erzählt in der Welt der Erfahrungen (die nicht »objektivierbar« und nicht vom Gefühl zu trennen sind) und nicht in einer Welt der reinen Bilder. Er erzählt von träumenden Menschen und nicht von den Träumen der Menschen. Er sieht die Zeichen mit den Augen seiner Protagonisten, also vollständig anders von Film zu Film, aber er sieht nicht in einer Parallelwelt der Zeichen, die sich selbständig machen. Auch das *foreshadowing* oder die Vision (wie das Schreckensbild der getöteten Menschen in KUNDUN) trennen sich nicht vom Empfinden der Person. So sehen wir die Zeichen in THE AGE

OF INNOCENCE als enzyklopädisch-grammatische Ordnung (von ihrer bedrückenden Macht spricht Newland Archer selbst), wir sehen sie in einem semiotischen Fließen in KUNDUN, nebelhaft verschwommen in BRINGING OUT THE DEAD und rituell-bedrohlich in den Gangsterfilmen bis GANGS OF NEW YORK. Die Wirklichkeit erreicht uns in Scorseses Filmen immer in der Form jener »Vulgarität«, von der Rohmer sprach: Jedes noch so starke Zeichen ist gebunden an die Welt des Leiblichen.

Um diese Leiblichkeit und die konkrete Erinnerung gegenüber Stil und Konvention zu verteidigen, muss der Autor eine Form der Aufrauung seines Materials vornehmen, das jede Selbstverständlichkeit ausschließt. Scorseses Methode des aufgerauten filmischen Materials basiert zunächst auf der Emanzipation der einzelnen Elemente der Komposition in der Polyphonie eines mehrdimensionalen, sozusagen postcineastischen Raums. Auch das dramatische und kompositorische Gegenthema etwa funktioniert daher nicht mehr als Retardierung und schließliche Bestätigung, sondern emanzipiert sich vom Hauptthema, ohne sich (wie bei Quentin Tarantino) auf frivole Weise ganz einfach von ihm loszusagen (um es scheinbar zufällig später wieder zu treffen). Im Gegensatz zu den Arbeiten der programmatisch postmodernen Filmemacher bleiben Scorseses Filme auf mehrere, miteinander kommunizierende Hauptmotive bezogen, und es gibt eindeutige Hauptpersonen, deren Verschwinden auch den Film zum Verschwinden brächte. Das, wovon und wodurch erzählt wird in Martin Scorseses Filmen, ist ein leiblicher Mensch! Die Erzählung bleibt – entgegen der postmodernen Plot-Konstruktion und entgegen den *multi-character-plots* eines Robert Altman oder Alan Rudolph – in der Regel biografisch. Freilich muss die Haltung des Films so wenig konstant zu diesen Figuren sein, wie er einer durchgehenden Metrik gehorchen muss. In Filmen wie CASINO oder GOODFELLAS wechseln wir mehrfach die emotionale Einstellung, von Verständnis über Faszination bis zu Abscheu, aber nicht in einem kontinuierlichen Prozess, sondern von einer der narrativen »Zellen« zur anderen (und daher auch wieder zurück).

Die Komposition hat dennoch eindeutig die Grenzen des »psychologischen Realismus« und die Grenzen der Genre-Mythologien überschritten, nicht nur weil sie die Sequenz gegenüber der Story zu emanzipieren vermag, sondern auch weil sie die polyphone Kompositionsweise dazu verwendet, den Film als Film erfahrbar zu machen, so wie erst bei Mozart die Musik als Musik erfahrbar wird (und nicht als Erfüllung des sakralen/mythischen Raums).

In Mozarts *Sonate für Klavier und Violine A-Dur* geht es zunächst von einer »verführerischen Unordnung« der »vielen Noten« zu einer Bloßlegung der »elementaren Einfachheit des Allegros« (und diese Einfachheit berührt wiederum offensichtlich bewusst zugleich das Erhabene und das Vulgäre), bevor sich der Komponist auf eine reiche, ausufernde Durchführung einlässt. Auf diese Weise entsteht, um noch einmal Rohmer zu zitieren, nicht eine Musik der Reinheit (wie wir sie, dem Klischee entsprechend, Bach zuordnen könnten), sondern »eine Musik der Reinigung«. So könnte man wohl analog dazu auch sagen (und in solchen Analogien versuchen wir nicht nur, Scorseses Filmarbeit zu beschreiben, sie sind vielmehr auch eine Textimitation einer bildkompositorischen Technik des Regisseurs), Scorsese konstruiere nicht einen Film, sondern filme vielmehr eine Konstruktion.

Zunächst ist auch das Kino von Martin Scorsese zwar bezogen auf eine vorklassische und klassische Formenlehre (das amerikanische Genrekino), aber seine eigentliche Kraft entstammt weder der äußeren Form noch der inneren Metrik, sondern einer dritten Dimension der Dynamik. So wie die Musik Mozarts die über zwei Jahrhunderte entwickelte Harmonielehre nicht transzendiert, wohl aber in ihrer vollendeten Form gleichsam befragt (als sei in dieser heranbrechenden klassischen Moderne, anders als in der Barockmusik – anders als im traditionellen Genrekino –, nichts als »selbstverständlich« zu benutzen), so benutzt Scorsese die Formen des amerikanischen Kinos, um sie zugleich zu befragen. Und noch eine weitere seltsame Analogie gibt es in diesen kopernikanischen Wenden zu beobachten: Die Musik Mozarts und das Kino von Martin Scorsese gewinnen ihre Tiefe und Dynamik durch das, was sie von der »Eleganz« anderer Künstler unterscheidet und was ihre Kritiker als »Steifheit«, »Vulgarität« und »Schwerfälligkeit« (um wiederum die Begriffe von Eric Rohmer zu benutzen) bezeichnen mögen. In der Tat lässt ja eine der euphorisierenden Plansequenzen von Robert Altman mit ihrer gewitzten Polyphonie der Charaktere eine Scorsese-Sequenz so erdhaft schwerfällig erscheinen wie, sagen wir, eine Bertini-Ouvertüre eine Mozart-Komposition. Und auch die »Vulgarität« – welche man im Kino, ich bin versucht zu sagen: vulgärerweise, auf Gewalt und Sexualität reduziert hat – erscheint bei einem Filmemacher wie Altman auf eine wesentlich elegantere, »hintergründige« Weise dargestellt. Aber: Eleganz und Stil sind dem Werk äußerlich, während die »Steifheit« (jenes Unvermögen, die Dinge zu einem Tanz zu verführen, zu dem sie nicht geboren sind), die Schwerfälligkeit und Vulgarität gleichsam automatisch einen Wunsch zur Transzendenz entwickeln. Das also, was ich zunächst und für die Oberfläche betrachtet als das »Aufrauen« des Materials bezeichnet habe, ist im Kern das genaue Gegenteil, also nicht Bearbeitung der Form, sondern formende Kraft in den Filmen von Martin Scorsese.

Diese Vorgehensweise kann man, vielleicht einfacher, noch einmal an der Absicht des Filmemachers gegenüber seiner Arbeit gespiegelt sehen. Wenn er von der Faszination eines Stoffes oder eines Projektes spricht, dann spricht der Regisseur in der Regel nicht davon, was er mit einem Film sagen oder erreichen wolle, sondern im Gegenteil, er spricht davon, was er mit einem Film – oder an einem Film – »lernen« wolle. Natürlich lässt sich das rasch auf das selbstverstandliche Projekt jedes akzeptablen Künstlers zum lebenslangen Lernen am Material reduzieren. Aber es steckt gewiss mehr darin. Der Film ist nicht die Verwirklichung eines Plans im Kopf eines Autors, sondern zum einen das Dokument einer ästhetischen Erfahrung und zum anderen eine kritische Revision der Filmgeschichte: Jeden Scorsese-Film kann man unter anderem als *film lesson* sehen. Und zugleich als einen immer neuen Versuch, das Material für die Wirkung der Realität wieder aufzurauen.

Die Wirkungsweise dieses Zusammenspiels von innerer Fundamentalität und äußerer Aufgerautheit erweist sich am eindringlichsten gerade dort, wo Scorsese sozusagen nicht in seinem Genre arbeitet (der biografischen Gangster- und Erlösungssaga aus Little Italy) sondern in Genres wie der Komödie (AFTER HOURS), dem Thriller (CAPE FEAR), dem Musical (NEW YORK, NEW YORK) oder dem Kostümfilm (THE AGE OF INNOCENCE), die nach eben jenen Eigenschaften zu verlangen scheinen, die der Künstler Scorsese nicht aufzuweisen hat: Eleganz, Leichtigkeit, Sublimation. Er kann es nicht, sagen die Kritiker, und meinen das Romantische, das Komische, das Leichte. Aber die Filme gehen weiter; sie behaupten: Es ist nicht zu finden, nicht zu konstruieren, es sei denn als Lüge.

Und doch geschieht gerade hier das Wesentliche, nämlich einerseits die Dinge nicht durch ihre äußere Form, sondern durch ihre innere Dynamik zum Tanzen zu bringen (was Scorsese erneut zu einem »Mozart« des amerikanischen Kinos« machen mag) und andererseits die hartnäckige Befragung der Formen, das Insistieren auf dem Erreichen der fundamentalen Darstellung des Themas, bevor es sich zur Durchführung entwickeln kann, die freilich nicht mehr zu einer vollständigen Erfüllung dieser Formen führen kann. Es gibt in Scorseses Filmen sowohl Elemente der Verweigerung gegenüber den »klassischen« Genremodellen als auch solche der Transition. Die Diskontinuität von Raum und Zeit im kinematografischen Suchen nach dem Subjekt (heroisch gesprochen: die Suche nach dem Menschen im Film) wird schließlich auch zur Diskontinuität des Stils. Das Zeitalter der Diskontinuität ist selbst ins Stadium der Vulgarität eingetreten. Diese Vulgarität aber (sie ist nichts anderes als ein Wissen um das Materielle der Dinge) drängt wieder nach dem Moment der Selbstaufhebung. Nur so ist Scorseses gewaltige Aufgabe zu lösen, alle »Prätention« zu überwinden und das Fühlen vor dem Gefühlten erscheinen zu lassen.

Diese Aufrauung des filmischen Materials entsteht nicht nur durch die Verwendung besonders offener und dynamischer Bildkompositionen, jenes raschen Schnitts etwa, der den Zuschauer unter Druck setzt, sondern auch durch einige Stilelemente, die nachgerade altmodisch erscheinen, wie etwa das Hervorheben der Figuren durch die Verdunkelung des Umfeldes, wie in RAGING BULL am Ende des letzten Kampfes gegen »Sugar« Ray Robinson oder in THE AGE OF INNOCENCE bei der Szene auf dem Theaterbalkon, als Newland Archer und die Gräfin erkennen, dass zwischen ihnen eine Liebesgeschichte begonnen hat. Der gesellschaftliche Hintergrund ist für einen Augenblick ausgeblendet, die Figuren sind vollkommen allein (noch einmal in einem diesmal nur aus Licht bestehenden Innenraum); sie sind in diesem Augenblick aber auch geschützt, in gewisser Hinsicht unsichtbar für ihre Umwelt (in der entsprechenden Einstellung in RAGING BULL zum Beispiel hören wir einen Sprecher die Situation gänzlich missverstehen; das Zögern Robinsons, den längst besiegten La Motta weiter zu schlagen – eine kurze Beziehung zwischen den beiden, die La Motta durch seine Provokationen zerstört –, wird gedeutet, als zeige nun auch Robinson Anzeichen des Angeschlagenseins und als könne La Motta sich erneut aufrappeln). Diese cineastische Konstruktion dessen, was man früher ohne Scheu »Innigkeit« genannt hätte, unterbricht dabei auch den Fluss des gewohnten »Realismus« auf eine heftigere Art als es die anderen Scorsesismen tun, etwa die irrationalen Überblendungen, die leichte Slow Motion etc. Der Moment des Aufgerauten wird in einem fast wörtlichen Sinne »roh« (und wandelt sich doch auch wieder in den Augenblick der Gnade). Die Komposition des Filmischen und der Mensch in ihr erreichen sozusagen gemeinsam einen Punkt, an dem alles verloren und alles gewonnen ist.

Im Übrigen gilt, bei einer Filmerzählung, die mehr am Charakter als an der Story orientiert ist, diese Komposition der Hemmungen, die zugleich innerer Motor sind, auch für die Helden und Heldinnen in Scorseses Filmen: Auch sie sind, in der Regel, schwerfällig, vulgär und steif. Sie sind oft so schwerfällig, dass es beinahe peinigend ist, ihnen zuzusehen – wie hätte jemand, der auch nur mit dem Durchschnittsmaß an Eleganz und Leichtigkeit ausgestattet wäre, doch ihre Probleme im Nu gelöst! Sie sind so vulgär, dass sie damit nicht nur beständig ihre Umwelt provozieren, sondern auch die Sympathie von uns Zuschauern aufs Spiel setzen. Und sie sind so steif, als könnten sie sich nie und nimmer von einer einmal angenommenen rituellen Geste trennen, vollkommen ungeachtet der Frage, ob sie einer Situation angemessen ist oder nicht. So machen es uns diese Menschen wahrlich nicht leicht, aber auch für sie gilt, dass gerade diese scheinbaren Hemmungen sie in einer Weise in Bewegung setzen, die nicht nur den tragischen Versuch von Freiheit und Erlösung beinhaltet, sondern auch eine andere, eine tiefere Art des »Tanzens«. Statt der Eleganz einer »Lösung« finden beide, der Protagonist und die Komposition seines Films, den Augenblick der Wahrheit oder, anders ausgedrückt: jene Form der Schönheit, die von Schwerfälligkeit, Vulgarität und Steifheit nicht zu unterdrücken ist.

Damit ließe sich vielleicht die Brücke von Mozart zu Brecht schlagen, von der inneren Dynamik des (modernen) Kunstwerks zur materiellen Produktion und zur gesellschaftlichen Funktion des Schönen. Denn was an Hemmung, an Rauheit, an Vulgarität in den Figuren und ihrer Abbildung bei Scorsese steckt, ist nicht nur das Epochale (die Auflösung der Form, die Transition der Verlässlichkeit des Hollywood-Genrekinos in offene Räume und offene Metrik), sondern auch das Soziale. Wenn Brecht das Schöne als Prozess mit der »Überwindung von Schwierigkeiten« gleichsetzt, so ist also die »Hemmung«, die Rauheit (Vulgarität, Steifheit und Schwerfälligkeit) zugleich Ausgangspunkt, Motor und Ziel der Komposition. Denn am Ende hat Scorseses Film nicht etwa an Eleganz gewonnen, Kamerabewegung, Montage und Ton scheinen sich vielmehr ihrer eigenen Hemmungen bewusst und in gewisser Weise »erhaben« geworden zu sein. Sie kehren in der Regel auch nicht vollständig zu der genialischen Hysterie des Anfangs zurück; die größte Schönheit ist stattdessen aus dem Wissen des filmischen Materials um sich selbst gewonnen. Scorsese (oder das Kino selbst) geht also über die Technik der Verfremdung hinaus, weil diese nicht mehr allein der ästhetischen Produktion äußerlich ist: Die Verfremdung ist deshalb nicht rückgängig zu machen, weil sie vollendeter äußerer Ausdruck der inneren Entfremdung der Personen ist. Wenn Robert De Niro seine Rolle in RAGING BULL mit den Worten charakterisiert: »Jede verlorene Illusion ist eine gewonnene Erkenntnis«, so trifft dies auf eine sehr unterschiedliche Weise für das Bild und den Blick zu. Für den Protagonisten ist der Verlust einer Illusion nur Anlass, eine neue Illusion zu entwerfen (ein Bild ist *immer* eine Illusion), während der Zuschauer durchaus aus dem Zerfall des Bildes eine Erkenntnis gewinnen kann, die gegenüber den folgenden Bildern Bestand haben mag. (Wer RAGING BULL gesehen hat, kann ROCKY [1976; R: John G. Avildsen] nicht mehr glauben.)

Das Schicksal der »Figuren« im Scorsese-Film ist also zugleich die Abbildung der ästhetischen Methode; sie überwinden ihre Schwerfälligkeit und Vulgarität nicht, indem ihnen, sagen wir, auf wundersame Weise Eleganz zukommt, wie James Stewart oder Cary Grant in klassischen Hollywood-Komödien, oder heroische Ganzheit wie dem nicht minder schwerfälligen und vulgären John Wayne oder Robert Mitchum, sondern sie fragen nach deren Bedingungen und deren Grenzen. Sie überschreiten im Bemühen, »jemand zu werden«, diese Grenzen – was seinen direkten Widerhall im Bemühen des Films findet, seine Grenzen zu überschreiten und zur reinen Form zu werden. Das wiederum heißt nichts anderes, als auf eine transzendierende Weise eine Schönheit zu erzeugen, die der »Hässlichkeit« des Dargestellten widerspricht (Wenn also ein Scorsese-Bild von Little Italy schön ist, verfallen wir dabei nicht dem Missverständnis, man habe soeben etwas Schönes in Little Italy entdeckt: Es gibt nichts Schönes, es sei denn, man sieht es!), und in dieser Phase der ästhetisch-dramatischen Entwicklung gibt es in den Scorsese-Filmen Bild- und Bewegungskompositionen von überwältigender, diskontinuierlicher Harmonie –, um schließlich an der Grenzüberschreitung selbst zu scheitern, weil sie sich im Grunde als Illusion erweist. Der letzte Teil der Scorsese-Komposition ist stets der Skelettierung und der Ent-Täuschung gewidmet; und es ist die Enttäuschung nicht nur der Protagonisten, auch darüber, ihren Lebensraum nie verlassen zu können, sondern ebenso die Enttäuschung des Films, seinen fragmentierten Raum nicht verlassen zu können. Es gibt in Scorsese-Filmen nicht die Schlussein-

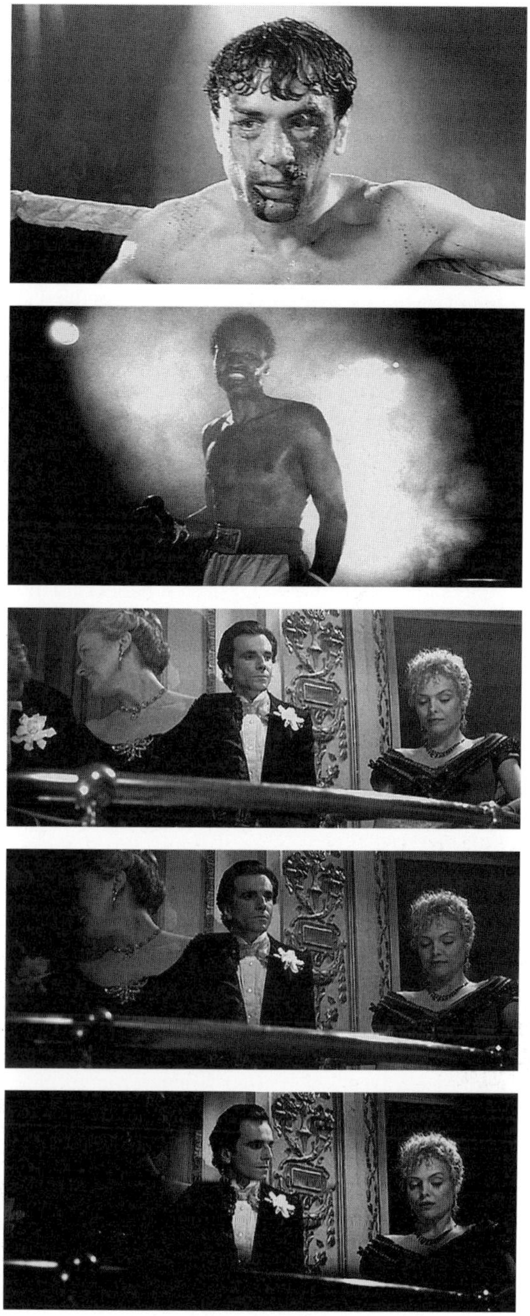

RAGING BULL, THE AGE OF INNOCENCE

stellung, die uns mit allem versöhnt. Seine Filme klingen nicht aus (und sei es in einer elegischen Geste wie bei John Ford), noch enden sie mit einer Schlusspointe. Sie setzen stattdessen durch Raffung und Beschleunigung noch einmal das Material unter Druck. Scorseses Filme enden, ohne uns zu »entlassen«.

Der kritische Materialist in Martin Scorsese verhindert dabei, dass das Kino hinter seinen aufklärerischen Anspruch zurückfällt, wie es des Öfteren etwa in den Filmen von Abel Ferrara der Fall ist, einem Filmemacher, der den Katholizismus weder befragt noch ihn verwendet, sondern sich ihm mit gelegentlich grandioser Zorneslust ausliefert. Weil es bei Scorsese stets noch die Mehrstimmigkeit gibt, die Emanzipation des Gegenthemas, das Komponieren in mehreren Räumen, so obsiegt auch weder Identifikation noch Distanzierung, weder Mitleid noch Analyse. Stets öffnen sich Möglichkeiten für beides.

Scorseses Filme verweigern sich dabei den mythischen Konstruktionen ihrer Genres wie den Erklärungen des »psychologischen Realismus«. Besonders deutlich wird dies, wenn man erste Drehbuchfassungen mit den fertigen Filmen vergleicht: Zumeist streicht der Regisseur jene Szenen, die eine allzu eindeutige biografische, psychologische Erklärung beinhalten (wie zum Beispiel einen von Jake La Motta verübten Totschlag in RAGING BULL, der sein ganzes Leben unter den Schatten dieser einen Schuld gestellt hätte). Scorsese streicht nicht das aus dem Drehbuch, was andere Regisseure als »überflüssig« erachten könnten (weil sie aus dem Schatten des Erzählens nicht treten können oder wollen), er streicht im Gegenteil das, was man gleichsam als Erstes erzählen würde. So gruppiert sich die Erzählung um offene Fragen. Und so entsteht ein Druck von einer besonderen zu einer allgemeineren Erklärung, jenseits von monokausalem wie psychologisierendem Denken, was unter anderem zu einer intensiveren Arbeit des Zusehens führen muss. Uns wird verweigert, was uns beruhigen könnte.

Aber natürlich bedeutet diese Verweigerung auch ein Stück Entfremdung, nicht nur in der narrativen Binnenstruktur des Films, sondern auch im Verhältnis zwischen Zuschauer und Protagonist. Das Motiv der Einsamkeit wiederholt sich in der Beziehung zwischen Leinwand und Zuschauer; wir spüren nicht nur die Einsamkeit des Helden, sondern auch unsere eigene Einsamkeit angesichts eines Geschehens, das sich nicht vollständig erklären lässt, wie es ebenso wenig vollständiges Geheimnis bleibt. Bei Scorsese kann der Mensch sogar von der Kamera allein gelassen werden, vor allem aber gibt es jene Beziehung zwischen dem Protagonisten und dem Zuschauer nicht, die durch die Techniken der »Identifikation« (wie man so sagt) erzeugt wird: jenes wärmende Gefühl, dass wir bei einem Menschen auf der Leinwand sind und dass er bei uns ist. (Sind wir nicht, als Kinder, vor der Langeweile der Wirklichkeit ins Kino geflohen, um bei jemandem zu sein und jemanden bei uns zu haben wie sonst nie, und hat uns nicht der »moderne« Film aus diesem Kino vertrieben?)

John Ford zeigt den einsamen Menschen in einem sakralen Raum; es ist der durch seine eigene Schuld verlassene Mensch, der gleichwohl von der Größe des Raumes und von der unbeirrbaren Metrik der großen Erzählung der *frontier* ergriffen ist; Martin Scorsese dagegen zeigt den *Raum der Einsamkeit* – nicht das Wesen also, sondern das »Funktionieren« der Einsamkeit. Wir sehen Menschen zu, die ihre Einsamkeit überwinden wollen und dabei noch einsamer werden. Aber die Einsamkeit in einem Scorsese-Film hat sich gespalten: in das, was wir fühlen; in das, was wir wissen; in das, was wir sehen.

Es ist ein enormer Druck, der auf den Menschen in Scorseses Filmen lastet. Die Welt verlangt etwas von ihnen, was sie nicht leisten können. Sie selbst erwarten etwas von der Welt, was sie nicht geben kann. Und sie erwarten etwas von sich selbst, was ihnen genommen wird. Das Vulgäre an ihnen ist, dass sie zwischen Begierde und Schuld stehen. Das Heilige ist, dass sie zwischen Schuld und Begierde stehen. Es ist nicht, was sie von sich zeigen (das Blut, die Wunden, den Leib als Waffe und Schrift), sondern was sie mit ihren Bildern und was ihre Bilder mit ihnen machen. Scorsese konstruiert die Einsamkeit der Bilder. Oder anders gesagt: Er fragt (statt nach Bildern der Einsamkeit) nach der Einsamkeit des Menschen in seinen Bildern.

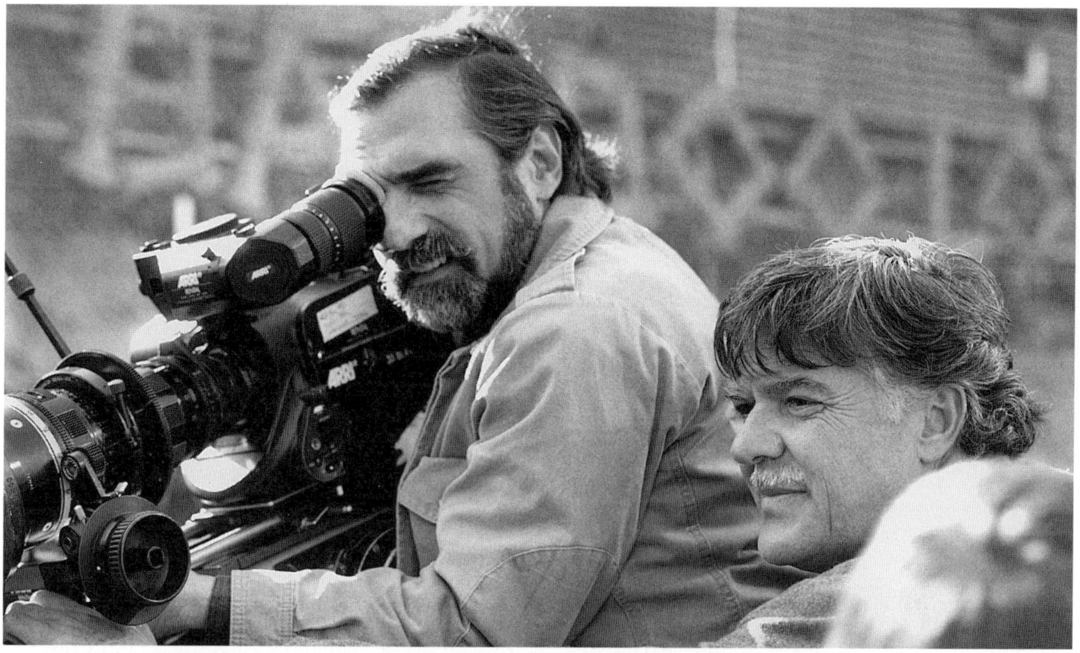

Scorsese dreht GOODFELLAS (mit Michael Ballhaus) und CAPE FEAR

Das Prinzip des Selbstwiderspruchs

Die Erzählung des einsamen Menschen in seinen Bildern ist auf mehrfache Weise perforiert und fragmentiert: durch die »außergewöhnliche Einstellung«, durch den kristallinen Blick, durch die Differenzierung der Instrumentierung in den verschiedenen filmischen Räumen, durch die Reduktion und Kürzung der konventionellen Erklärungen aus dem Plot, durch die Vulgarität und Rohheit des Materials, das zum Selbstausdruck jenseits aller Eleganz und Maskierung zwingt, durch das nicht entlassende (und nicht entlastende) Ende und so weiter. Wir sehen Menschen zu, denen die Mythen und die Auswege genommen werden, denen die Erzählung und das Bild nicht mehr als hinreichende Erklärung (und wärmende Heimat noch im Scheitern) und als heilende Geste (noch bei den schönen Verlierern des Film Noir) dienen kann: Die Kamera verweigert den Protagonisten und den Zuschauern die Konstruktion der tröstenden Ganzheit und konstruiert damit die Räume der Einsamkeit. All das geschieht im Namen jener Ehrlichkeit des Gefühls, von der Scorsese als oberstes Ziel des Filmemachens spricht. Er befragt seine Menschen (die, wie wir von Film zu Film gesehen haben, immer auch ein Teil seiner eigenen Person in sich tragen: *Marty's pictures are pictures of Marty*) – und er fragt aus den Wolken so sehr wie aus der Gosse – nach ihrer Einsamkeit. Alles, was bislang »Stil« und »Methode« Scorseses zu sein scheint, erweist sich als Mittel, dem Menschen so nahe zu kommen, dass der Film ihm diese Frage nach der Einsamkeit stellen kann. So führt der »aufgeraute Stil« nicht nur zu einem weiteren Schritt in der Geschichte der Selbstgewahrung des Kinos (des mozartschen Eigensinns der Kinokomposition), sondern, mehr noch, zu einem neuen Kapitel in der »Behandlung« des einsamen Menschen durch das Kino.

Der »aufgeraute Stil« hat weder seinen ästhetischen Sinn allein in sich selbst (als Emanzipation des Filmischen vom Mythos etwa), noch begnügt er sich damit, das Fragmentarische und Zerrissene der Scorsese-Helden in ihrer Zeit zu dokumentieren. Er bietet vielmehr die Matrix für die Entwicklung eines moralisch-ästhetischen Prinzips, das seine Arbeit von der Charakterisierung der Helden über die Entwicklung des Plots bis zur Komposition von Einstellung und Montage und schließlich die Werkgeschichte selbst charakterisiert: das Prinzip des Selbstwiderspruchs.

Scorseses Filme sind so radikal in ihrer Konstruktion der Vergeblichkeit wie Franz Kafkas Erzählungen von der sich selbst nicht verstehenden (und nach keinem Verstehen suchenden) Macht, vor der der Einzelne stets schuldig werden muss. Wie der Mensch bei Kafka verzweifelt nach dieser seiner Schuld sucht, bis zu jenem grotesken Punkt, an dem die Suche nach der Schuld zur einzig verbliebenen Hoffnung wird – wie wäre es, wenn wir den Jesus Christus aus THE LAST TEMPTATION als »kafkaesken« Helden ansähen? –, so sucht der Scorsese-Held nicht minder verzweifelt nach seinem eigenen Widerspruch. Alle Scorsese-Helden müssen zerstören, was ihnen noch an wenigen Glücksmöglichkeiten bleibt. Es mag zunächst scheinen, als seien sie zur Selbstzerstörung verurteilt, durch das soziale und traditionelle, das religiöse und mafiose Geflecht, in dem sie aufgewachsen sind, durch die Beziehungen von Macht und Liebe, durch ihre Erfahrung der Gefangenschaft (und nicht zuletzt: durch die Biografie des Martin Scorsese). Das könnte uns so passen! Aber ihre Tragödie liegt grausamerweise noch eine Spur tiefer. Man könnte sagen, es handele sich um Kafka-Helden, die das Urteil nicht angenommen haben. Auch sie haben in sich die Schuld gesucht, lange bevor sie ihnen abverlangt wurde, auch sie haben erfahren, dass die Macht, mit der sie es zu tun haben, keine rationale Struktur aufweist. Am Ende mag sie das Elend selbst sein wie in BRINGING OUT THE DEAD. Scorsese zeigt, zum Beispiel, die Mafia nicht in ihrer – stabilen – Pyramidenform, sondern in durchaus »kafkaesken« Ausschnitten, in denen jeder als Erfüllungsgehilfe, aber niemand als eigentlicher Urheber erscheint – und dass die Bosse der Bosse, wie in CASINO, in schäbigen Hinterzimmern hausen und um so vieles weniger Glamour und Lebensgier ausstrahlen als ihre Handlanger, mag zum einen durchaus realistisches Abbild sein, verweist andererseits aber auch auf die absurde Struktur der Macht: Auch sie, so scheint es, ist in der Scorsese-Welt eher kreisförmig organisiert. Sie hat keinen Anfang und kein Ende. Anders gesagt: Wenn man die Wurzeln der Macht verfolgt, gelangt man stets an einen metaphysischen Ort, wo sich Macht und Ohnmacht wieder berühren. Es gibt in Scorseses Gangsterwelt viele Menschen, die Teile des Systems sind, und es gibt, gewiss, eine Hierarchie, aber nie gibt es die letztlichen Nutznießer, nie einen Brian-De-Palmaschen Al Capone, der seinen Machtanspruch total gesetzt haben könnte (und daher natürlich urteilende und exekutierende Instanz in einem ist). Nein, die Form der Macht bei Scorsese erklärt sich nicht in dem Bild, das sie von sich selbst produziert, und eben dies hat eine direkte Auswirkung auf die Konstruktion der Schuld. Es gibt niemanden, der die Schuld »hat« – weshalb Scorseses Kamera ja auch immer wieder nur jemanden, exemplarisch oder existenziell, »herausholen« kann, um ihn dann wieder zu verlieren.

Die bedingungslose Befragung des Menschen nach seinem Gefühl also führt von der Frage nach der Einsamkeit zur Frage der Schuld. In Scorseses Filmen wimmelt es von Menschen (Männern wie Frauen), die ihr Scheitern selbst verursachen, die sozusagen in Kafkas Manier die Strafe für die Überschreitung einer Grenze so tief internalisiert haben, dass sie kein Subjekt und keine Geschichte mehr für das Gebot und die Strafe benötigen. Und doch: Fragt man den Menschen nach seiner Einsamkeit und nach seiner Schuld, dann antwortet er mit Macht und Gewalt. Und auch darin folgt ihm Scorseses Film.

Wenn man davon sprechen kann, dass Robert Bressons Filme mit einer letzten Einstellung im Diesseits enden (und nur die vollendete Form Vorgriff der jenseitigen Gnade sein könnte), so enden Scorseses Filme mit einer letzten Einstellung im Biografischen (während die Form bereits Vorgriff auf die Darstellung der Struktur ist). Kein Scorsese-Held könnte sich oder uns erklären, was das ist, wogegen er rebelliert oder wem er sich unterwirft; es bleibt bei Zeichen und Fragmenten, genug freilich, um sie nie zu leeren Metaphern werden zu lassen.

Was in seiner Abwesenheit, in seinem Mangel an Offenbarung anwesend ist, bei Bresson könnte man es schlicht »Gott« nennen – das ist bei Scorsese die Kausalität, der Sinn der Geschichte. THE LAST WALTZ bietet das radikalste, AFTER HOURS das absurdeste Beispiel dafür. Die Conditio einer

Eine absurde Struktur der Macht: Die Mafiabosse in CASINO

ästhetischen, einer musikalischen Veranstaltung (bei der ja nicht nur musikalisches, sondern zugleich auch biografisches Material unterbreitet, viel Selbstinszenierung getrieben wird), nämlich das Publikum, kommt in THE LAST WALTZ nicht vor. Es wird nicht, wie Hans Günther Pflaum schreibt, »vernachlässigt«, es wird vielmehr radikal ausgeschlossen. Das lässt sich zunächst als Konzentration auf den musikalischen Vorgang selbst verstehen, auf die Interaktionen der Musiker (so wie es die meisten leidlich wohlmeinenden Kritiker interpretiert haben), oder aber auch als Konstruktion einer Absurdität (denn was anderes wäre denn ein Musiker auf einer Bühne ohne Publikum als einerseits absurd und andererseits ausgesprochen einsam?). Aber dieses Publikum ist ja da, auch wenn es nicht im Bild ist, so wie Gott in Bressons Filmen »da« ist; die Menschen können ihn nicht erreichen, die meisten von ihnen nicht einmal ahnen, und

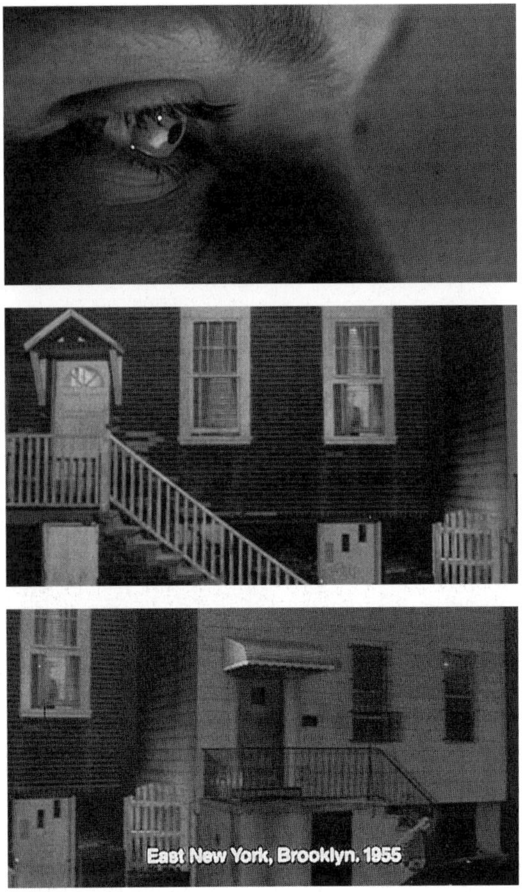

Der Kinderblick in GOODFELLAS …

trotzdem wäre selbst ihr Bild (ihr Bild zum Tode, um genauer zu sein) ohne ihn vollkommen absurd. Mit anderen Worten: Scorsese behauptet durch dieses Ausblenden des Publikums in THE LAST WALTZ weder, dass es nicht vorhanden sei, noch dass er sich für den Augenblick nicht dafür interessiere, er behauptet ganz einfach: Die Beziehung zwischen dem Musiker (dem Künstler) und dem Publikum ist metaphysisch. Sie ist zugleich absurd und »theologisch«.

In AFTER HOURS ist die Welt um Mitternacht auf eine seltsame Weise »leer«. Sie ist zu einer Bühne geworden. Jeder Mensch, der ins Bild kommt, verwandelt sich sofort in einen Akteur; keiner bleibt bedeutungslos, es gibt keine Statisten, nicht einmal »Zeugen«. Wieder, so könnte man sagen, gibt es ein Geschehen, bei dem jede Art von Publikum ausgeschlossen ist. Paul Hackett gerät nicht so sehr in eine seltsame Welt als vielmehr in eine seltsame *Aufführung* der Welt; er ist eigentliche der Einzige, der gerne »Publikum« wäre (er wollte ja auch wirklich nur einen Besuch machen, ein wenig »hineinschnuppern« in die unbürgerliche Welt), und er wird sogleich zum Zentrum der Inszenierung. Auch diese Beziehung ist zugleich absurd und theologisch (oder Teil dessen, wo beides zusammenkommt, in der postmodernen Kunstkonzeption). Wie gesagt: Diese beiden Filme erscheinen in diesem Aspekt nicht so sehr als »Ausnahmen« denn vielmehr als selbstparodistische Überspitzungen der Scorseseschen Beziehung von Mensch und Welt. Die absurde, negative, »jansenistische« Einheit von Nähe und Distanz hat sich bei ihm vom Göttlichen auch auf das Gesellschaftliche ausgeweitet. Man begreift die Beziehungen der Personen untereinander und zu ihrem System in Scorseses Filmen nicht, wenn man nicht die Möglichkeiten ihrer Metaphysik mitdenkt.

Scorseses Filme also bleiben im Diesseits, aber gerade durch die Technik der Ausblendung berühren sie das Jenseits (und was sie ausblenden, ist: Ritus und Mythos, die Transzendenz in kleiner Münze sozusagen). Wenn in Abel Ferraras wohl eindrucksvollstem Film, BAD LIEUTENANT (1992), dem wahrhaft verdammten und wahrhaft leidenden Harvey Keitel in der Kirche Christus entgegenkommt, ist dies, bei aller inszenatorischen Wucht, eben doch wieder jene Transzendenz in kleiner Münze, die das Kino so wohlfeil macht. Eine entsprechende Einstellung wäre bei Scorsese vermutlich undenkbar. Alles Religiöse entzieht sich gerade, wenn man seine Zeichen betrachtet; sie bleiben stumm, wirken weder Wunder noch spenden sie Trost. Während in Scorseses frühen Filmen, vielleicht bis RAGING BULL, das theologische Problem in der Biografie der Helden selbst steckt, wird es später mehr und mehr abstrakt, die Protagonisten selbst sind Gleichnisse – und schließlich betont einer der letzten Scorsese-Helden, der vierzehnte Dalai Lama in KUNDUN, selbst, dass sein

»Leben« im Wesentlichen »unwichtig« ist. In der Ästhetik des Selbstwiderspruchs erklären uns aber die Bilder des Films, wie es gerade auf dieses und kein anderes Leben ankommt.

Die Revolte des Einzelnen gegenüber dieser kreisförmigen, ungreifbaren Macht eines unsichtbaren »Wesentlichen« kann daher ebenfalls nicht in einer linearen (gar: topografischen) Entscheidung liegen. Im Gegenteil: Jede Entscheidung bestätigt das System. Der einzige Weg für den Scorsese-Helden also führt nach innen. Er entdeckt schon früh – genauer gesagt: im ersten Drittel der Handlung –, dass weder sein Opfer Aussicht darauf hat, angenommen zu werden, noch dass seine Unterwerfung ihn seinen Zielen näher bringt. So ist er nicht nur der geborene Verräter, sondern mehr noch der Mensch, der nicht »einer« sein kann, dessen einzig verbliebene Bewegung der Selbstwiderspruch ist.

Nicht nur die Erfahrung ästhetischer und sozialer Systeme, das Leben in sich selbst entfaltet sich für die Scorsese-Helden als Selbstwiderspruch. Vielleicht auch deswegen sind wir ihnen stets so hautnah und so verzweifelt entfernt zugleich. So wie wir die Schuld erzeugende Macht als Metapher in Kafkas Romanen schnell als theologisches« Bild akzeptieren und uns von ihrer schweren Wahrheit (und ihrer Komik) umso schneller entfernen, so akzeptieren wir umgekehrt bei Scorsese sehr rasch die »persönliche Tragödie« seiner Helden, ohne das philosophische Modell darin zu akzeptieren (das Allgemeine im Besonderen), das vielleicht, wie Kafkas Menschenmodell, einen Vorgriff auf die Zukunft unserer Kultur enthält: den Menschen, der nur im Selbstwiderspruch leben kann und doch am Selbstwiderspruch zugrunde gehen muss.

Und noch eine Verwandtschaft gibt es zwischen der Kafka-Welt und der Scorsese Welt: »Der Film ist mein Leben«, sagt Scorsese, und Kafka meint, dass »ich nichts anders bin als Literatur und nichts anderes sein kann und will«. So wie daher jede Erzählung Kafkas auch ein Text über Literatur ist, so ist auch jeder Scorsese-Film ein Essay über das Kino. In der Radikalität dieser beiden Künstler heißt das freilich mehr als Selbstreferenz von Text und Bild, es ist die Welt selbst, die Text

... und GANGS OF NEW YORK

beziehungsweise Kino wird. Scorseses Helden sind am Ende immer »Künstler«; sie leben in einem Medium (und sei es das Billardspiel, der Computer, die Fäuste des Boxers, das Handwerk der Menschenrettung in BRINGING OUT THE DEAD) und sind ein wenig auch darin begraben. Dass sie nichts anderes sein können, das würden die Scorsese-Helden möglicherweise zu negieren versuchen, gelingen kann es ihnen indes nicht.

Dieses Prinzip des Selbstwiderspruchs betrifft freilich nicht nur die Story und die Charakterisierung der Helden, sondern auch die Beziehung zwischen der Kamera und der Person (und auf einer zweiten Ebene: die Beziehung zwischen der Person und ihrem Spiegelbild). Für den christlichen Menschen scheint es, theologisch bewusst oder mythisch sich formend, eindeutig klar, dass sein Bild zweimal existiert, einmal als göttliches und ein anderes Mal als menschliches Bild. Auch Scorseses Helden existieren auf diese Weise zweimal, einmal als die in der »transzendentalen Einstellung« aufgenommenen Wesen im »göttlichen« Blick (wir kommen darauf später noch zurück) und einmal als handelnde Wesen, bei denen objektive und subjektive Wahrnehmung (ihr Blick und unser Blick) verschwimmen. Und natürlich müssen sich diese beiden Bilder widersprechen. »Ich erröte, lasse ich mich malen, wie ich bin«, hat Paulinus von Nola im 5. Jahrhundert einen Porträtkünstler abgewehrt, »mich malen lassen, wie ich nicht bin, wage ich nicht.« Dieses Dilemma ist dem sehr ähnlich, in dem sich die Menschen in Martin Scorseses Filmen befinden. Als Porträtkünstler überschreitet der Regisseur nie die Grenze zum planen, naturalistischen Individualismus; seine Figuren bilden etwas ab, was ihnen nicht geläufig ist, und deshalb kann der Blick in den Spiegel nur bedeuten, dass der Mensch in eben jene zwei unmöglichen Bilder zerfällt, die die Dynamik der christlichen Ikonografie ausmachen: den Menschen, der erröten muss, wenn er sieht, wie er ist, und den Menschen, der es nicht wagt, etwas völlig anderes in sich zu sehen.

Die Selbstaufklärung des Kinos

Martin Scorsese – er selbst und seine Bewunderer werden nicht müde, es zu betonen – liebt das Kino, arbeitet und lebt mit einer durchaus manischen Leidenschaft dafür. Aber beinahe genauso wichtig für das Verständnis seiner Arbeit ist es wohl, dass Martin Scorsese auch einer ist, der dem Kino misstraut.

Er begnügt sich keineswegs damit, Methoden der Verfremdung einzusetzen, ebenso wenig mit der Betonung der Differenzen zwischen der Identifikation des Bildes und des Abgebildeten (derart, dass von Anbeginn an viele von Scorseses Filmen vor allem Essays über das Wirken der Lüge in der Biografie und in der Kommunikation sind) oder mit der Öffnung von Text-Bild-Scheren, die uns auf die Täuschung aufmerksam machen (wie in seinen ersten Versuchen als Student). Scorsese berührt fundamentalere Flächen der Wahrnehmung.

Anders als in Europa, wo es in den kurzen Blüten der Avantgarde beinahe unerlässlich ist, Filmemacher und Filmtheoretiker zugleich zu sein, ist Martin Scorsese viel eher zugleich Filmhistoriker, Filmemacher und Filmkritiker; jeder seiner Filme ist wahrzunehmen in dreierlei Form: als filmhistorische Lektion, als *A Martin Scorsese Picture* (der imaginären »MarSco«-Produktion), als Kritik des Films (der Filmgeschichte, des MarSco-Films und des Films als Ausdrucks- und Wahrnehmungsweise, und nicht zuletzt als filmische Selbstkritik): »Die einzig wahre Kritik eines Films«, hat Jacques Rivette geschrieben, »kann nur ein anderer Film sein.«

Es liegt auf der Hand, dass die drei Elemente gleichsam vom Zentrum her zu den Peripherien »unpopulärer« werden; gerade bei seinen Bewunderern findet man oft eine radikale Ausblendung der Filmkritik in den Scorsese-Filmen.

Die lineare Gleichung von der Inszenierung, die die Kritik des Drehbuches, und vom Schnitt, der die Kritik der Inszenierung ist, gilt in Scorseses Filmen ganz offensichtlich nicht mehr. Die einzelnen Elemente erscheinen stattdessen bereits im Zustand einer »Kritisiertheit« und sind zum anderen beständig bereit, diese Kritik zurückzugeben. Die Inszenierung, zum Beispiel, kritisiert schon, wenn man so will, den Schnitt, dem sie unterworfen werden soll. Das ist, auf einer sehr einfachen Ebene des ästhetischen Diskurses, eine Frage der Bildkomposition. Ein Bild kann sozusagen nach einem Gegenbild in der Montage verlangen, es kann so autonom sein, dass es andere autonome Bilder akzeptiert, es kann einen Fluss der Bilder in Gang setzen und so weiter. Scorseses Bilder sind am ehesten Fragen, Fragmente, die schon zeigen, dass sie nicht im Ganzen aufgehen können – Einstellungen, die also keine Gegeneinstellung, keinen Fluss der Bilder und schon gar keine Eisensteinsche »Be-

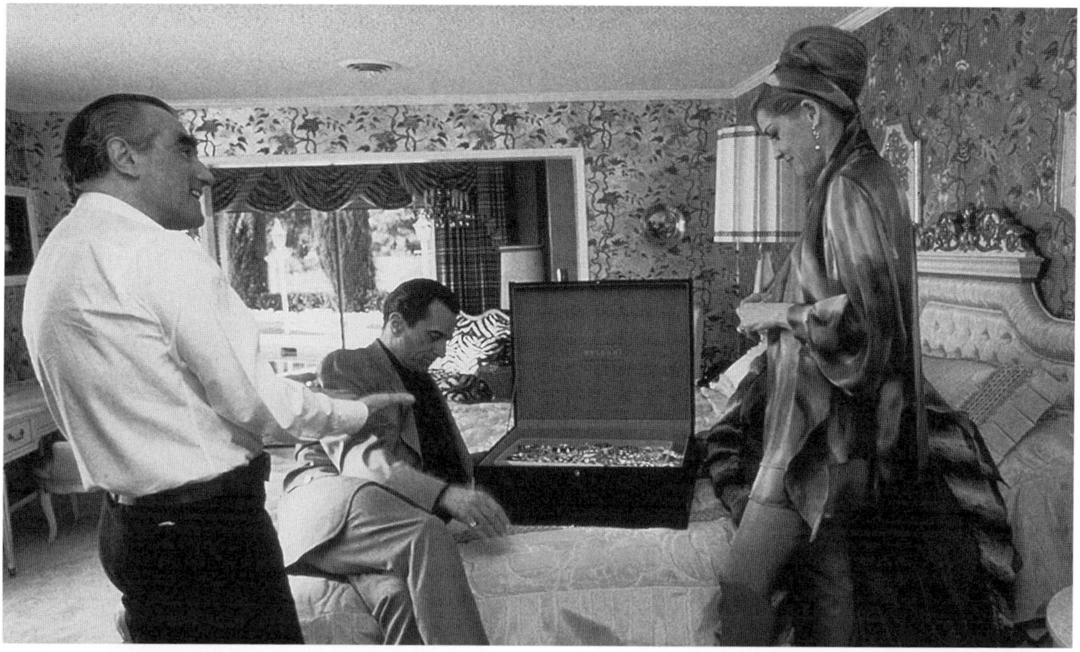

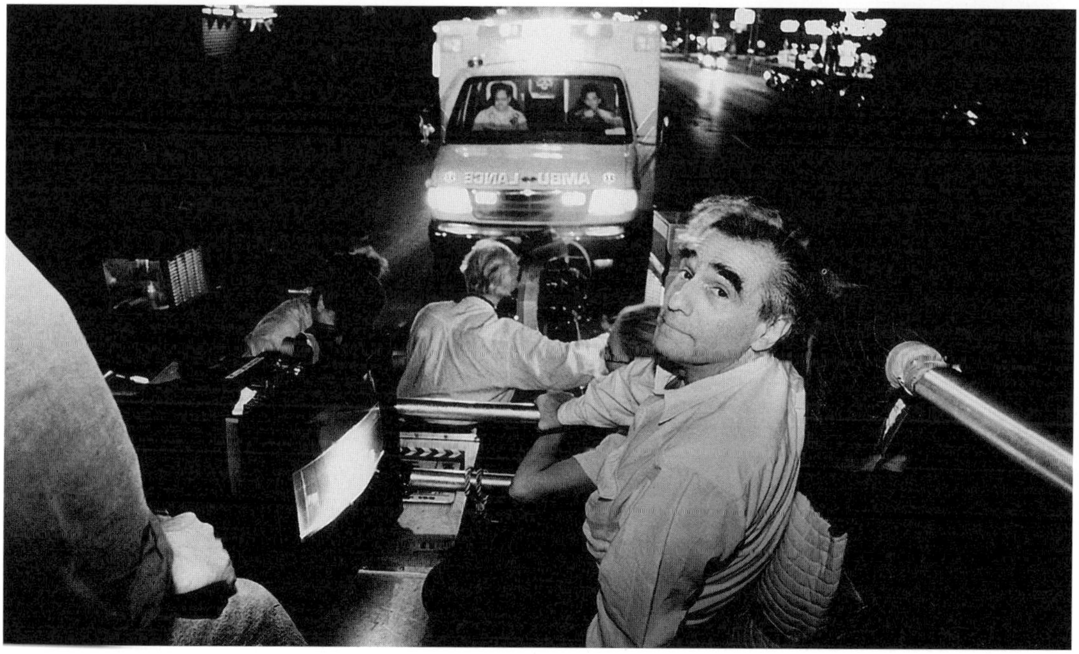

Scorsese, De Niro und Sharon Stone auf dem Set von CASINO; Dreharbeiten zu BRINGING OUT THE DEAD grifflichkeit« verlangen, sondern Unruhe und Erfahrung als Prinzip.

Die Kritik, die Scorsese im Film und gegen den Film formuliert, beginnt mit den Verletzungen, die er seinem Material zufügt, sie beginnt überdies mit der verletzenden Anwesenheit des Autors in seinen Filmen, die eben eine andere ist als die von Alfred Hitchcock, der sich als unschuldiger Zuschauer inszeniert und sich dabei gleichsam eher aus seinem Film zurückzieht als sich in ihn zu verwickeln (ein freundlich-sadistischer Hausgeist in seinem eigenen Universum), und sie unterscheidet sich von der Anwesenheit Godards in seinen Filmen, der als clownesker Genius die Brüche zwischen chaotischem Bildersturm und ästhetischer Schöpfung (vergeblich) zu kitten versucht. Martin Scorsese ist in seinen Filmen immer einer, der eingreift und, nebenbei, einer der mehr oder weniger subtil Gewalt anwendet. Die Besetzungsliste von TAXI DRIVER führt ihn als den »Mann, der den Schatten am Fenster beobachtet«, und in AFTER HOURS als »Mann, der den Scheinwerfer dreht«. Er ist einer, der »schuldig« eingreift in diesen kleinen Selbstporträts in seinen Filmen, wie als Pistolenschütze in MEAN STREETS, und einer, der sich im Bruch zwischen dem Blick und dem Bild – hektisch, wie es Scorsese-Art ist – bewegt.

Die Kritik des Kinos in den Filmen von Martin Scorsese ist also ein doch weiteres Feld, als es den »Filmhistoriker« Scorsese sowie den inszenierenden und schneidenden Regisseur anbelangt, es ist zunächst einmal eine Kritik des Sehens, und es gehört zur Passion dieses Filmemachers, dass er diese Kritik des Sehens immer auch an einer Figur exemplifiziert, die er selbst darstellt, wie den »Jäger« mit der Pistole in MEAN STREETS und den Regisseur der Fernsehshow in THE KING OF COMEDY. Er schießt auf die Phantome, er beobachtet die Schatten, er beleuchtet willkürlich die Einzelnen in der Masse, er inszeniert die Leere etc. Schon in ITALIANAMERICAN stellt sich Scorsese als einer dar, der für eine manipulative Veränderung der Situation sorgt. Seine Anwesenheit, wie auch in AMERICAN BOY, ist mehr als eine Form der Verfremdung: Von da an können wir einerseits dem »dokumentarischen« Material nicht mehr recht trauen. Aber andererseits erhalten wir einen neuen Zugang durch den Selbstkritiker des Kinos, durch einen Martin Scorsese, der, indem er seine Filme visuell so dramatisch »signiert«, ehrlich und genau auf den Vorgang der Fälschung hinweist (unter anderem als Kritik des großen, geliebten Fälschers Orson Welles).

Das Sehen also ist gleichsam die Erbsünde in Scorseses Film-Welt und das primäre Problem in seinem Welt-Film. Auch seine Figuren leiden unter einer Unvereinbarkeit der Ideen und der Anschauung der Welt (auch wenn wir beides nur schwerlich mit dem Begriff der Vernunft in Einklang bringen könnten); ihre Ideen kommen nicht zu sich, weil sie die Welt sehen – sehen wollen mit der entsetzlichen Manie des bewaffneten Mannes, der seine Frau als Schatten beobachtet, zum Beispiel. Aber je mehr diese Männer von ihrer Welt sehen, desto weniger haben sie einen Begriff davon, desto mehr verlieren sie ganz direkt die Worte. So ist die Kette der Fragen in einen neuen Kreis gelangt: Fragen wir ihn nach seiner Einsamkeit, so antwortet der Mensch mit Gewalt, fragen wir ihn nach seinem Sehen, so antwortet er mit einem Bild.

Das Filmemachen ist für Scorsese also von beiden Elementen bestimmt, von der Begeisterung des Filmers aus und von dem kriminellen Wahnsinn, der den Bilderproduzenten in PEEPING TOM (Augen der Angst; 1960; R: Michael Powell) leitet, der seine weiblichen Mordopfer im Augenblick ihres Todes filmt. Es ist nicht nur die »Lüge«, die diese Sünde des Films ausmacht, es ist die Gewalt, die er dem Abgebildeten antun muss: So wie das Ich seiner Personen sich schützt, indem es im Spiegel nicht sich selbst, sondern einen anderen sieht, so benutzt der Filmemacher den Film als Spiegel, in dem er sich sieht, und sich, vor allem, als einen anderen sieht. Der Film ist das Mittel, sich gegen die Phantasmen der Kindheit zu schützen und sie zugleich beständig wieder zu erwecken (denn auch sie waren beides zugleich: vertraute Begleiter und gewalttätige Dämonen). Scorsese selbst hat den Film als »heilige Messe« bezeichnet, und auch darin steckt beides: das Opfer und die Erlösung, die Wiederholung und die Transgression der Schuld. Der moderne Film also hat uns als Kinder aus dem Kino vertrieben, aber er kehrt immer wieder zu diesem Kinderblick zurück, als Bild vom Beginn des Sehens (und der Sünde). Es ist der Blick der Kinder am Beginn von GOODFELLAS oder GANGS OF NEW YORK, der privilegierte Blick des kindlichen Dalai Lama in KUNDUN, mit dem die Kette der Schuld wieder in Gang gesetzt wird.

Wir werden daher im Zentrum dieser filmischen Messe die Verwandlung des Körpers finden. Der Körper muss sich auflösen, um neu entstehen zu können; während er im Spiegel sein Anderes findet, wird er als Bild neu geboren. Die Selbsterlösung aber erfordert einen hohen Preis, er liegt in der Auflösung oder in der grotesken Verwandlung des Körpers: Einer verpasst sich einen Irokesenschnitt, ein anderer wird zum feisten Monster, einer wird in eine Statue verpackt, wieder einer muss zum leeren Abbild eines anderen werden, einer verschwindet in einem finsteren Loch, ein anderer im fremden Land des Exils, und einer wird in der langen Nacht, in der er vergeblich Menschen zu retten versucht, zu seinem eigenen Gespenst, mit den entzündetsten Augen der Filmgeschichte. Scorseses Filme vertreiben den Menschen aus seinem eigenen Bild, sie verwandeln den Körper des Helden in sein eigenes Gleichnis. Daher verstehen wir, was die kreisförmige Geschichte des Scorseseschen Helden mit dem Sehen und der Blindheit zu tun hat. Nicht nur für den *Raging Bull* und für den Christus von THE LAST TEMPTATION, die es offen aussprechen, geht es um eine Veränderung des Sehens, die durch die Erfahrung der Blindheit geht. Kurosawa hat das in YUME (Akira Kurosawas Träume; 1990) so einfach wie treffend wiedergegeben: Der Student, der durch die Begegnung mit van Gogh (gespielt von Scorsese) »sehend« geworden ist, »versteht« nun nicht einfach die Bilder, er geht leiblich über »die Brücke von Langlois« in sie hinein. Und nicht über das Dargestellte (das Kornfeld), sondern über die Wahrheit des Pinselstrichs gelangt er auf die andere Seite (wo er es ist, der die schwarzen Vögel – die Todesboten – aus dem »Weizenfeld mit Raben« aufscheucht). Es ist die Angst, die diesen Maler antreibt, wie er dem Studenten mitteilt, die Angst, nicht genügend Zeit zu haben. Und er verschwindet. Es ist das Bild, das bleibt, das weiter lebt, weiter arbeitet.

Das *foreshadowing*

Was Martin Scorseses Charakteren begegnet, ist immer nur einerseits ein aktuelles Geschehen, andererseits ist in beinahe jeder Geste, in jeder Beziehung, in jedem Objekt ein Hinweis auf das Kommende verborgen, was nicht nur für den Zuschauer lesbar ist, sondern auch, wenngleich mit Mühen, für den Charakter selbst zumindest zu erahnen. In TAXI DRIVER beispielsweise sind zahlreiche Szenen verborgen, die das blutige Finale bereits vorwegnehmen. Es kommt dann auf eine ganz anders überraschende Weise, nicht allein durch seine Rohheit und Trivialität, sondern durch die Direktheit der Zeichen, die darin verwendet sind und die sich so lange aufgebaut haben.

Die Entladung ist daher, wir kennen dies auch von der Gewaltszene in ALICE DOESN'T LIVE HERE ANYMORE, nicht die mythische Überhöhung der Zeichenansammlung eines Films, sondern ihre Desillusionierung. Zweimal sehen wir in GANGS OF NEW YORK die Naheinstellung auf den blutroten Teufel in Form einer Handpuppe vor der Tür. Sie »bedeutet« einmal Eingang und einmal Ausgang, einmal Vorahnung und einmal Abschluss.

Das *foreshadowing* legt eine Struktur, eine kompositorische Textur der Hauptmotive über die Handlung, immer wieder gibt es dabei bestimmte Gesten mit den Händen, die auf etwas hinweisen. In MEAN STREETS greift sich Charlie mehrmals an den Hals, wie wenn er wüsste, welches Ende ihn und Johnny Boy erwartet; in TAXI DRIVER gibt es die wiederkehrende Geste, mit der jemand den Gebrauch einer Schusswaffe imitiert, die einerseits stets auf das Finale, den wirklichen Gebrauch verweist, andererseits aber auch auf die symbolische Bedeutung der Waffe als Ersatz für das Geschlecht und auf die Kastrationsängste der Charaktere. In dem Film gibt es dazu eine weitere bezeichnende Szene: Tom, der Kollege von Betsy bei der Wahlkampagne, führt ein kleines Spiel vor: Er versucht, mit einer Hand ein Streichholz zu entzünden, weil er vorgibt, drei Finger fehlten ihm an der anderen. Beim finalen Massaker schießt Travis dem Hausmeister zuerst drei Finger ab. In

Das *foreshadowing* in TAXI DRIVER

seinen späteren Filmen wird Scorsese eine solche Analogie bereits wieder als »Prätention« ablehnen müssen; sie sind geprägt von einem verzweifelten Versuch, zur Einfachheit zu gelangen, ohne die diskontinuierliche Spiritualität zu verlieren. Das Ergebnis schließlich kann nur die große Filmtragödie sein, die in GANGS OF NEW YORK das *foreshadowing* nicht mehr als einen Bruch des Bewusstseins in der Handlung, sondern als Prinzip der Handlung selbst erkennt.

Auch die Musik spielt oft die Rolle eines Elements des *foreshadowing*, etwa wenn Bernard Herrmann in TAXI DRIVER sein Motiv aus PSYCHO zitiert, das zum Mord gehört, in Szenen, die ihrerseits einen Mord antizipieren (zum Beispiel kurz bevor Travis den Schwarzen in dem Lebensmittelgeschäft niederschießt). Sie charakterisiert ihn dabei nicht nur als Mörder, sondern auch als einen Nachfolger des wahnsinnigen Norman Bates als Ikon der amerikanischen Pop-Psychologie: als den Sohn der toten, unsterblichen Mutter, der noch nicht geboren ist.

Das *foreshadowing* ist also nicht nur eine Attacke gegen unseren »Glauben« an die Allmacht des psychologischen Realismus, es verlagert auch das äußere Geschehen ins Innere der Personen, und beides verhält sich also wie Wesen und Abbild (und beschreibt das Scorsesesche Kapitel von der Subjektivierung der filmischen Erzählung). Dass Scorseses Figuren auf der Ebene des Filmischen etwas wissen, was sie auf der Ebene des Plots nicht wissen können, ließe sich ebenso als Ausdruck einer Prädestination interpretieren wie als Schritt zu einer weiteren Selbstaufklärung des Kinos, das den Widerspruch von Bild und Plot offenlegt. Und dann gibt es die Sprache! Scorseses Helden wollen genau von diesem Widerspruch reden, sie wollen es so verzweifelt, dass sie immer wieder an den falschen Orten und mit den falschen Personen *talkative* werden. Das Subjekt will sich selbst zur Sprache bringen in den Bildern, weil es nicht weiß, ob es in seiner geschaffenen oder in einer objektiven Welt leben muss. Was wir in den Dialogen zu verstehen beginnen können, von der Welt und vom Kino, ist, dass die Rhetorik von »äußeren Umständen« und »innerer Bestimmung« sich auflöst, je näher man hinsieht.

Welches Bild haben wir nun vom Film, vom Subjekt und von der Welt in einem Scorsese-Film? Je umfassender es wird, desto weniger ist es ganz. Mit seinem aufgerauten Stil hat Scorsese den Pakt von Film und Leben aufgekündigt, mit dem man sich so gut einzurichten wusste. (Jeder ehrliche Filmemacher ist, in doppeltem Sinne, ein Verräter an der Wirklichkeit.) Er verschließt uns mit seiner Art des Bewegungsbildes den Mythos und öffnet uns den Raum der Erfahrung, und er kann das, statt in Bezug auf Imitation oder Widerschein des Lebens, in Bezug auf das Kino tun, weil er selbst, Scorsese, so radikal das Kino lebt.

Der Mensch in seiner Hölle

Der Scorsese-Held

In beinahe allen Interviews und Selbstäußerungen betont Martin Scorsese, wie nahe die Figuren in seinen Filmen an seiner Lebensgeschichte sind; beinahe manisch zieht er die Charaktere, die er geschaffen hat, wieder in den Bannkreis seiner magischen Biografie zurück. Das macht es uns leicht, seine Filme als fortlaufende Bearbeitung einiger biografischer Grundprobleme zu sehen. Freilich ist es auch ein geschicktes Manöver, um zu verhindern, allzu viel strukturelle Interpretation an sie zu verschwenden, ihren metaphorischen Gehalt zu reflektieren. (Alfred Hitchcock hat vorgemacht, wie man das Ungeheuerliche einer Methode hinter der Verführung zur Biografisierung verbergen kann.)

Der Held in den Scorsese-Filmen ist zugleich ein »Verrückter«, einer, der an einem normalen Lebensentwurf gehindert wird (dahin gehört auch ein scheinbar Angepasster wie Newland Archer) und eine Art dunkler Heiliger, ein Engel, der aus einem »Zwischenreich« kommt und dort auch wieder verschwindet. Die Verrücktheit und die Gerechtigkeit sind in dieser Gestalt zu keinem Frieden vereint, stattdessen wird er zum schrecklichsten aller Ruhestörer. Der Scorsese-Held, vom Regisseur selbst als Schein-Heiliger bezeichnet, ähnelt dabei ein wenig jener Gestalt, die der Großinquisitor bei Dostojewskij nur hat töten lassen müssen, um die Ordnung der Welt zu erhalten (aber erinnern wir uns, auch bei Dostojewskij war diese Gestalt und ihre Geschichte wiederum eine erfundene, erzählt von einem Bruder, der seinem Bruder damit womöglich etwas über sich selbst erklären wollte).

Das Drama der Scorsese-Helden besteht darin, dass ihr Inneres nach einem älteren, archaischeren Gesetz funktioniert als das Leben in ihrer Umwelt. Es sind alttestamentarische Figuren in einer neutestamentarischen Welt, Westerner in einer modernen Großstadt. Ihr Wesentliches ist nicht nur der soziale Selbstwiderspruch, sondern auch die Konstruktion ihrer Männlichkeit. Im Zentrum der Geschichten steht der Mann, der seine »Männlichkeit« beweisen will oder muss und der doch zugleich nicht mit der Frau schlafen kann. Es ist offenkundig: Der Scorsese-Held ist in gewisser Weise in seiner Mythologie impotent. Seine leibliche Erfahrung ist, genauer gesagt, die Unmöglichkeit einer Vereinigung. Allgemeiner gesprochen, sucht er nach den Gründen für seine Unfähigkeit zu lieben: J.R. in WHO'S THAT KNOCKING AT MY DOOR?, der mit dem Mädchen nicht schlafen kann, weil sie keine Jungfrau mehr ist. Charlies abgewendetes Begehren nach der schwarzen Tänzerin in MEAN STREETS. Die vergeblichen Versuche des *Taxi Driver*, zur Frau zu gelangen. Der *Raging Bull*, der mit seiner Frau nicht schlafen kann, weil das seine Kampfkraft beeinträchtigen könnte. Paul Hackett, den in der Zeit nach Mitternacht der Mut verlässt, und der auf einer grotesken Flucht vor allen Frauen zu sein scheint, die ihm begegnen. Der Anwalt in CAPE FEAR, der mit seiner Kollegin nicht schlafen kann, weil er Angst hat, seine Familie zu zerstören. Der Maler Lionel Dobie, der in LIFE LESSONS mit seiner »Muse« Paulette einen Pakt schließt, nach dem sie nur unter der Bedingung, keinen Sex mehr mit ihm haben zu müssen, weiter mit ihm zusammen lebt. Jerry Langford in THE KING OF COMEDY, der mit panischer Aggression auf das erotische Ansinnen seines hysterischen Fans Masha reagiert. Newland Archers Verzicht auf die geliebte Frau. Der Held von BRINGING OUT THE DEAD, dem sich das Bild der toten uber alle lebenden Frauen schiebt, und der von GANGS OF NEW YORK, dem der väterliche Rivale noch in die Schlafstatt spukt. Oft gibt es Hinweise, dass es für die Protagonisten zwar ein »bürgerliches« Sexualleben (einschließlich des Zeugungsakts) gibt, aber die Sequenzen des abgewendeten Begehrens dominieren so deutlich, dass sie eine andere, darüber hinausgehende Sexualität an den Rand des Vergessens drängen. (Und wieder scheint Christus der einzige Gegenentwurf, der einzige Mann in Scorseses Filmen, der den Weg zur Frau findet und dabei sogleich gegen seine göttliche Bestimmung revoltiert – allerdings nur im Traum.) In vielen Filmen sind die Schlüsselszenen des abgewendeten Begehrens mit direkten Kastrationsbildern verbunden, in beinahe ebenso vielen Filmen führen sie zu ebenso heftigen wie symbolischen Gewaltakten gegenüber der Frau, wie in Harvey Keitels Ausbruch in ALICE DOESN'T LIVE HERE ANYMORE, der Vergewaltigungsszene in CAPE FEAR oder der Gewalt des männlichen Helden gegen die untreue Frau in RAGING BULL oder CASINO.

Natürlich könnte man diese Impotenz- und Kastrationsfantasien als Bearbeitung eines traumatischen Teils der magischen Biografie des Autors selbst sehen, ebenso aber auch als notwendigen Bestandteil der Kritik an einer Form der männlichen Gewalt und Selbstzerstörung, die alle seine Figuren prägt. Sie ist Ausdruck jenes ideologisch und psychotisch konstruierten Machismo, der die Frau als *broad* und als *virgin* konstruiert und sie dabei auf doppelte Weise verfehlen und unterdrücken muss. Auf einer tieferen mythischen Ebene freilich ist diese erotische Impotenz auch das Andere der verfehlten Selbstidentifikation der Protagonisten. Die Geschichte des Scorsese-Helden ist nur zu verstehen in der Abwesenheit der Liebe. Selbst in Filmen, die wenigstens über Strecken hinweg eine »richtige« Liebes- und Ehegeschichte erzählen, wie NEW YORK, NEW YORK oder GOODFELLAS, gibt es keine Augenblicke des sexuellen Glücks zu sehen.

Aber da ist noch etwas anderes: Zwei Menschen, die miteinander schlafen und glücklich sind, ergeben keine Geschichte. Im Zentrum einer Geschichte stehen zwei Menschen, die *nicht* miteinander schlafen können. In der »objektiven« Erzählweise, von der wir ganz am Anfang ausgegangen sind, gibt es dafür äußere Gründe. Eine böse Schwiegermutter, ein Standesverbot, und die Scorsese-Gründe von Religion und Macho-Mythos. Aber je mehr wir uns in die Subjekt-Erzählweise begeben, desto weniger können wir solchen äußeren Erklärungen glauben. Auch die Frage nach der Berührung geht nun, naja, tiefer. Und niemand anderes als die Subjekte selbst können ihr Glück verhindern.

Aus dem Blickwinkel der Scorsese-Helden (nicht aus dem der Filme!) verwandelt sich daher das Begehren nur allzu rasch in Hass, Hass, der sich mehr noch als auf die weibliche Person auf das Geschlecht selbst richtet. *Cunt* ist ihr bösestes Wort. Sie dringen mit der Waffe und mit Worten in den weiblichen Raum ein und erkennen dort nichts als die Dunkelheit ihrer eigenen Verdammnis. (Und sie müssen sich immer wieder als verhöhnt empfinden, wenn sie argwöhnen, jemand anderes sei da schon mit »Leichtigkeit« eingedrungen. Die Eifersucht der Scorsese-Charaktere ist keine üble Charaktereigenschaft, sie ist für sie fundamental.) Äußeres Zeichen solcher Verdammnis ist, dass wir in den Scorsese-Filmen, von wenigen Ausnahmen abgesehen, den Helden nie aus dem Blickwinkel der Frau sehen. Er kann sich in ihrem Blick nicht erkennen, im Gegenteil: Sie entzieht sich, umso mehr er sie in seinem Blick zu konstruieren versucht.

Das ist nur eine der Ursachen dafür, warum im Grunde alle Scorsese-Helden eigentlich Selbstmörder sind, die eben diesen letzten freien Akt nicht vollziehen können. Vom *Taxi Driver* sagt Paul Schrader, dass er sich umgebracht hätte, wenn er in der Lage gewesen wäre, »sein existenzielles Elend« zu erkennen. Dies freilich gilt für beinahe alle Scorsese-Helden. Es sind Selbstmörder in einer Gesellschaft, die diese Lösung nicht vorsieht. Deshalb leben sie alle über ihr eigenes Leben hinaus, hinein in einen Bereich, in dem Wirklichkeit und Illusion nicht mehr zu unterscheiden sind, wie die Nächte in TAXI DRIVER, AFTER HOURS oder BRINGING OUT THE DEAD.

Scorseses Helden können, und hier schließt sich ein Kreis, den letzten Akt der Identität nicht vollziehen, weil sie nicht nur ihre Probleme nicht verstehen, sondern mehr noch, weil sie das »Ich«, das diese letzte Entscheidung treffen muss, nicht verstehen können. Sie müssen daher ihre Widersprüche auf denkbar radikale Weise veräußerli-

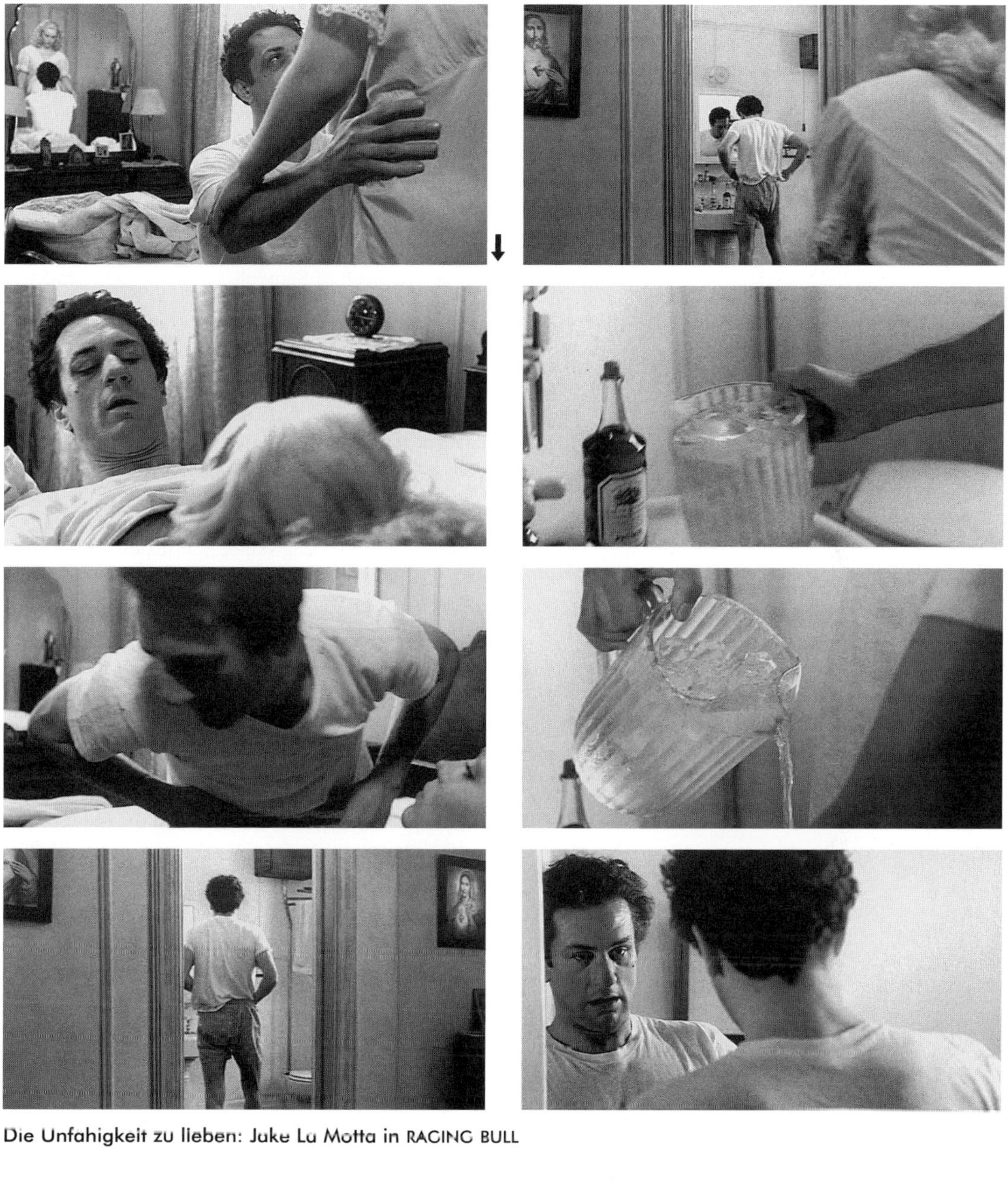

Die Unfahigkeit zu lieben: Jake La Motta in RAGING BULL

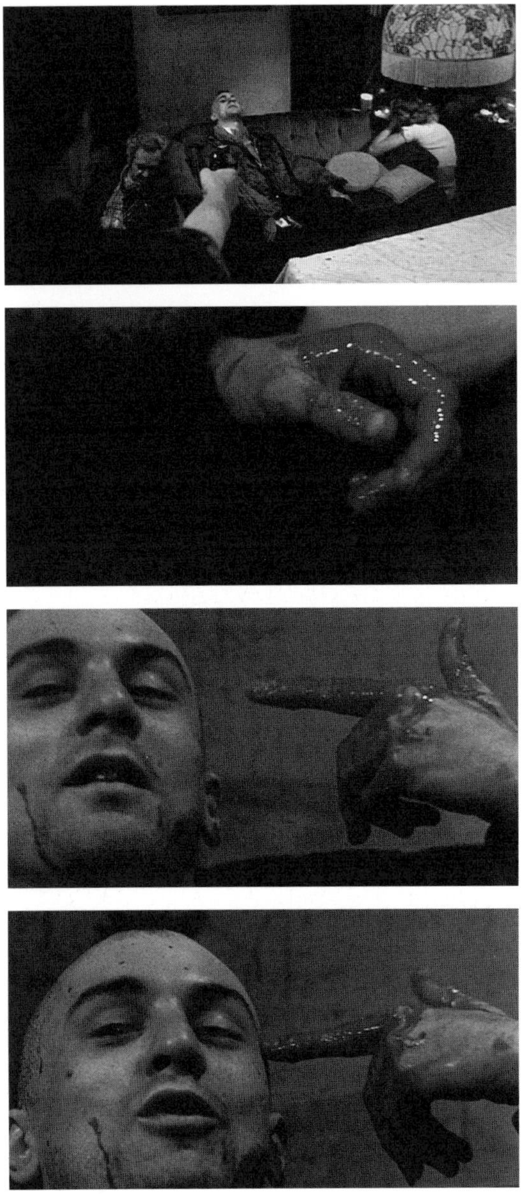

Selbstmörder in einer Gesellschaft, die diese Lösung nicht vorsieht: Der *Taxi Driver*

chen, auf ein Anderes projizieren. Das ist zunächst so etwas wie ein religiöses Problem. Sein Schicksal kann Charlie in MEAN STREETS nur annehmen, weil er es im Dialog mit seinem Gott konstruiert hat. Auch seine Situation ist ja von vornherein aussichtslos.

Auf der anderen Seite hat es auch etwas mit dem zumindest angestrebten »Amerikanertum« dieser Helden zu tun, dass sie ihre Energien, im Guten und mehr noch im Bösen, statt auf sich selbst auf ihre Außenwelt richten. »Wir sind ein junges Land«, sagt Paul Schrader dazu, »die Menschen sind damit beschäftigt, sich zu etablieren und nicht damit, sich umzubringen.« (So führt für Schrader – nicht Scorsese – der Weg zu MISHIMA: A LIFE IN FOUR CHAPTERS / 1985.) Der Selbstmörder muss nicht nur »Ich« sagen können, um zu seiner letzten Tat zu gelangen und dabei einen Grad an Freiheit zu erlangen, er muss auch das Wesen dieser Tat definieren können, entweder als radikale Verurteilung seiner selbst oder als radikale Verurteilung der Welt. Der Selbstmörder muss in doppeltem Sinn ein Ende der Geschichte erkennen. Beide Optionen sind den Scorsese-Helden, durch ihre Geschichte wie durch ihr Wesen, genommen. Sie haben die Trennung der Person und der Welt nicht vollzogen (sie sehnen sich vielmehr, wie Rupert Pupkin in THE KING OF COMEDY, nach einer vollkommenen Verschmelzung). »Erfolg« ist für sie, zugleich »jemand« zu werden und vollständig in ihrer Umwelt aufzugehen; den Bruch zwischen beidem können sie nicht begreifen.

Aber es *gibt* den Selbstmord in Martin Scorseses Filmen: Er ist die Lösung der Frauen. Genauer gesagt, der verhinderte Selbstmörder-Mann scheint seine suizidalen Impulse auf die Frau zu übertragen, wie der verwirrte Paul Hackett in AFTER HOURS oder »Ace« Rothstein von CASINO. Die Frauen reagieren auf die »Verurteilung« mit dem eigenen Körper, und sie verleihen dabei, anders als die Männer, zugleich ihrem Verschwinden und ihrem Protest dagegen Ausdruck. Alice, jede Alice in Scorseses Welt, lebt hier nicht mehr. Etwas ist schon gestorben in den Frauen in CASINO oder GANGS OF NEW YORK, bevor sie sich ihre Überlebensstrategien zurechtlegen.

Der Weg nach oben / Der Weg nach unten

Eine Wende lässt sich bei Scorsese auch in der Behandlung der magischen Biografie konstatieren, durch die sich der Künstler in seinem Werk noch einmal neu erschafft. Wenn man die Themen seiner Filme einer biografischen Untersuchung unterzieht, lassen sie sich auch deuten als Bearbeitung all jener Träume, die der junge Martin haben konnte (und musste), der frustrierte, gehemmte, eingesperrte Träumer, den Scorsese in seinen Lebensskizzen immer wieder beschwört. Wenn seine Filme neben vielem anderen *Pictures of Marty* sind, dann träumen sie sich in die Vorstellungen dieses Kindes, wie sein inneres und äußeres Gefängnis zu verlassen sei. Da ist natürlich zuerst das Wunschbild des erfolgreichen Gangsters in Little Italy, da ist der aggressive Täter, der seine Frustrationen in die explosive Rache umsetzt, das verbotene Spiel in den Straßen in AFTER HOURS, da ist der schlagkräftige Männerkörper in RAGING BULL, da sind die Künstler wie in NEW YORK, NEW YORK oder LIFE LESSONS, die Heiligen wie in THE LAST TEMPTATION und KUNDUN, da ist der Traum vom bürgerlichen Glück in CAPE FEAR, der Traum von der »guten Gesellschaft« in THE AGE OF INNOCENCE, die *dedication* von BRINGING OUT THE DEAD. All diese Träume werden sehr genau durchgespielt, sehr häufig, wie in GOODFELLAS, begonnen aus der Perspektive des kleinen Jungen, der, unter dem Blick der Mutter, weiter hinaus will und hinauf, als es sein Herkommen, seine Konstitution, seine Psyche eigentlich vorschreiben würden. Oder auch aus der Perspektive des Künstlers, der sein Werk attackiert wie in LIFE LESSONS oder NEW YORK, NEW YORK. Aber Scorsese erfüllt diese Träume nicht, er exploriert und verwirft sie. So erschafft sich der Künstler als Person durch die Negation seiner Projektionen; Scorseses Filme lassen sich deuten als permanenter Prozess der Selbstbefragung (die Confessio) und, ebenso bedeutend, der Selbstkritik: Er sagt »Ich«, indem er seine Spiegelbilder und Selbstfantasien kritisiert. Martin Scorsese erfüllt sich in seinem Kino nicht die Träume seiner Kindheit, nicht einmal in dem Sinn, in dem sich Filmemacher wie Federico Fellini oder David Lynch ihre Träume erfüllen, er befragt sie vielmehr, und darin befragt er auch die großen amerikanischen Träume.

Es geht immer wieder um den Weg nach oben, in NEW YORK, NEW YORK, RAGING BULL, THE COLOR OF MONEY, THE KING OF COMEDY oder GOODFELLAS, für den kein Preis zu hoch ist, kein Mensch geschont, kein Verrat vermieden werden kann. Aber der Scorsese-Held will und kann nicht etwas »für sich« werden (wie es ein Künstler in Europa könnte), sondern immer nur etwas im Blick der anderen. Ob einer oben oder unten ist, das bemisst sich am Verhalten der anderen zu ihm, am »Respekt«, den der Gangster, der Künstler, der Täter erwiesen bekommt. Aber zunächst geht es nicht um den Erfolg an sich, es geht um die Situation der großen Prüfung, die man anstrebt, als Künstler, als Sportler, als Spieler. In dieser Prüfung überschreitet der Held gleichsam die Barriere zwischen dem Gefängnis des Ich und dem Gefängnis der Welt: Er tritt, oft ganz buchstäblich, heraus. Und auch darin liegt schon der Keim zum Selbstwiderspruch: Jener sakrale Ort, an dem die heilige (und gewalttätige) Handlung vollzogen werden kann, durch die aus einem Niemand ein Jemand wird, produziert seine eigene Profanierung, die Profanierung der »reinigenden« Gewalt durch die Medien in TAXI DRIVER, die Profanierung des Boxkampfes durch die Manipulation in RAGING BULL, die Profanierung der Musik in NEW YORK, NEW YORK. Und noch »Fast« Eddie Nelson in THE COLOR OF MONEY ist so einer, der in der Wette, nicht im Wettbewerb seinen Aufstieg findet, und während sein Schüler seine Lektion gelernt hat, wird er noch einmal vom Geist des »echten« Wettkampfes beseelt. Er ist, wenn man so will, eine erste Umkehrung des Scorsese-Helden, wie dann Nick Nolte in CAPE FEAR eine weitere sein wird: Helden, die den Vorgang der Profanierung bereits hinter sich haben und ihm in einer Wiederholung des Rituals erneut zu widersprechen versuchen. Der Dalai Lama in KUNDUN ist ein Mensch, der versucht, der Profanierung zu entkommen, unter anderem dadurch, dass er sie »versteht«.

Der entscheidende Moment ist der Verlust der Unschuld. Der Aufstieg funktioniert nach dem Prinzip des Ersetzens: Der Junge ersetzt den Alten (wie in THE KING OF COMEDY, THE COLOR OF MONEY etc.) immer ein wenig so, wie der Mafioso den Don zu ersetzen träumt, aber auch ein wenig wie Christus, der Mensch, Gott »ersetzt« (in dem paradoxen Versuch, ihn dabei nicht zu verraten). Er gleicht sich dem Bild an, das er sich vom »Schöpfer«/»Vater«/»Meister«/»Don« macht. Bis in die Einzelheiten hinein ist AFTER HOURS indes eine Inversion dieses Wegs, ein furios komischer Abstieg in eine durchgeknallte Boheme-Unterwelt, in der sich alles in Bilder des Helden verwandeln will. Der sexuelle Schuldkomplex verwandelt sich in Wahnvorstellungen und Kastrationsvisionen. Und so kippt die symbolische Szene hier immer wieder in realistische Trivialität um (so wie sonst aus der trivialen Realität die symbolische Ebene sich erhebt). Selbst in ALICE DOESN'T LIVE HERE ANYMORE ist die Heldin eine, die ganz in ihrem Vorbild, der Sängerin Alice Faye, aufgeht, sich wie sie kleidet und ihre Lieder singt (und zugleich wiederholt/entlarvt ihre Lebensgeschichte die Geschichten vom Aufstieg aus einfachen Verhältnissen zum Star).

Alles scheint also auf gewisse mathematische Gleichungen moralischen Inhalts hinauszulaufen. In CAPE FEAR behauptet Max Cady am Ende triumphierend, er und Sam Bowden seien nun gleich. Hatte er es nicht von Anfang an auf diese Verschmelzung viel mehr abgesehen als auf etwas so Banales wie Rache? Die »Rechnung«, die er aufzumachen hat, ist viel komplizierter als die eines Menschen, der nur Genugtuung für empfangenes Unrecht haben, der mit jemandem »quitt« werden will, er will die Gleichheit, und dazu muss er seinem Gegenüber Dinge, Menschen und Gewissheiten fortnehmen und zugleich Züge seines Gegenübers annehmen, einmal mehr auch, ihn, wie so viele Scorsese-Helden, »imitieren«, und zum anderen mag diese gewalttätige Erzeugung von Gleichheit für Cady auch eine religiöse Metapher sein: die »Gleichheit vor Gott«, die es auf Erden nicht gibt, auch nicht am Ende dieses Films. Denn zugleich sagen die Bilder und sagt der Rhythmus ihrer Montage, dass die moralische Gleichung nie aufgehen wird.

Der Scorsese-Held also ist einer, der sich einen Traum erfüllen will, nein, einer, der selbst zum Traumbild werden muss; einer, der »jemand« werden will, nein, mehr noch, einer, der »jemand anderer« werden will. Das geht immer und unter allen Umständen schief, sagen die Filme. Die angestrebte Erhöhung endet in der Profanierung. Aber während es schief geht, erzeugt es eine Spur.

Selbstporträt als Verräter

Der Blick in Martin Scorseses Filmen geht immer auch zurück auf eine Welt, die man bereits verlassen hat – und dies gilt zwar besonders, aber keineswegs ausschließlich für die Little-Italy-Filme. Sie erzählen von Menschen, die einen Kreis nicht verlassen können, aber die Kamera, und mit ihr die Erzählung selbst, hat ihn bereits verlassen. So ist dieser Blick zurück stets zugleich der von einem, der sich hat befreien können, und der von einem Verräter.

In Scorseses frühen Filmen dient in der Konstruktion der magischen Autobiografie gewiss Harvey Keitel als Repräsentant des Autors, besonders deutlich in MEAN STREETS, wo sich seine und die Stimme Scorseses mischen. Aber auch danach erscheint das Auftreten Keitels immer auch als ein Auftreten des Autors selbst, nicht zuletzt in der Rolle des Judas im Christus-Film. In den späteren Filmen ist die Beziehung zwischen der Person auf der Leinwand und der des Autors lockerer, geht zurück und vorwärts, aber natürlich sind Frank in BRINGING OUT THE DEAD und Amsterdam in GANGS OF NEW YORK nicht von dieser magischen Erzählung der *Pictures of Marty* zu trennen.

Immer hat diese Figur zugleich etwas von einem, der einen Ausweg sucht (ein Rationalist auch in diesem Vorgang, selbst wenn seine Motive oft eher im Spirituellen verankert sind), und von einem Verräter, der nach seiner Strafe verlangt. Das Motiv des Verrats durchzieht Scorseses Werk, und die Figur des Verräters ist stets mindestens die zweite Hauptrolle (wenngleich es immer schwieriger wird zu sagen, wer wem und warum zum Verräter wird). Frank Pierce beginnt schon seine

Judas in THE LAST TEMPTATION OF CHRIST, Johnny in GANGS OF NEW YORK

Geschichte mit einem Verrat; obwohl er weiß, dass das Herz eines Mannes, der einen Anfall erlitten hat, zu lange stillgestanden hat, als dass er wahrhaft zu retten wäre, betrügt er sich, die Familie des Opfers und schließlich das ganze System damit, dass er ihn für eine begrenzte Zeit ins Leben zurückholt. Amsterdam Vallon wird Opfer eines Verräters und ist selbst ein Verräter. Während es in THE LAST TEMPTATION die tiefste und reflektierteste Figur ist, die den Verrat (bewusst) begeht, ist es in GANGS OF NEW YORK mit Johnny eher die reinste und unschuldigste. Aber viel mehr noch sind es die Verstrickungen des Selbstverrats wie in CASINO, die den Menschen verdammen.

Die Scorsese-Helden, die jemand werden wollen, bieten sich dem Publikum in der Regel weniger als strahlende Sieger denn vielmehr als heftige Opfer dar. Sie lassen sich, genauer gesagt, am liebsten schlagen, demütigen und verwunden. Es sind, möchte man meinen, transzendentale Sadomasochisten. Jake in RAGING BULL lässt sich im Ring verprügeln und dann als feister Nachtclub-Entertainer vom Publikum auslachen. Der *King of Comedy* setzt seine armselige Person dem Gelächter aus; dieser Mann, um einen berühmten Satz eines Dichters gegenüber einem anderen Komiker zu zitieren, dieser Mann macht keine Witze, er ist ein Witz. In THE COLOR OF MONEY spielen die Billardprofis bewusst und tückisch mit der Rolle des Verlierers, der die Schadenfreude der anderen auf sich zieht. Und Alice in ALICE DOESN'T LIVE HERE ANYMORE weiß nur zu gut, wie sich die Blicke zusammensetzen, die sie als Sängerin auf sich ziehen kann (sie träumt nicht Musik, sie träumt Auftritt).

Jemand werden, dieser künstlerische Akt der Selbstüberschreitung, schließt das Opfer mit ein (so wie jedes Opfer den künstlerischen Akt mit einschließt). Dieses Opfer freilich radikal anzunehmen, im Angesicht von, vielleicht, Gott (durch die Bibel oder mit Kafka gelesen) oder im Angesicht der unfassbaren Entfernung von Leben und Transzendenz (oder von Sein und Bild), ist so wenig möglich wie ihm zu entgehen. Daher wird die Abfolge von Opfer und Verrat zum Ritornell, in der Kunst wie in LIFE LESSONS, in der Politik wie in GANGS OF NEW YORK. Der Verrat ist die Begründung des Lebens im Selbstwiderspruch.

Der Mensch will wie Gott sein, aber oft genug muss er es auch. Scorseses Helden »spielen« Gott und das heißt hier vor allem: Entscheidungen über Leben und Tod treffen. Einerseits kommt dabei immer das Gegenteil dessen heraus, was ein Mensch erstrebt: Aus den Zerstörern werden Erlöser (wie in CAPE FEAR), aus den Erlösern werden Zerstörer (wie in BRINGING OUT THE DEAD), der potenzielle Selbstmörder (in TAXI DRIVER) wird zum öffentlichen Helden, der terroristische Herrscher zum Kanonenfutter (in GANGS OF NEW YORK). Jesus Christus hat sein eigenes Kreuz hergestellt, und jeder andere Scorsese-Held liefert selbst das

Werkzeug für seine Folter. Diese Folter heißt nicht nur Schmerz, Blut und Demütigung. Sie heißt auch: Der Preis dafür, im Blick der anderen jemand zu werden, ist das Verschwinden des Raumes. In den Blicken der Menschen aufeinander breitet sich in seinen Einstellungen ganz buchstäblich das *wasteland* aus. Die Kluft zwischen Mensch und Transzendenz, zwischen Sein und Bild, vergrößert sich mit jedem Blick.

Das Mitleid

Um die Verzweiflung geht es in den Filmen des italienischen Neorealismus, und um die Frage, wie der Glaube sich zu ihr verhalte. Doch in den Filmen von Rossellini, De Sica oder Visconti ist das Leiden der Menschen durch eine Katastrophe oder durch das materielle Elend zu erklären, weshalb es stets die marxistische Antwort gibt oder die christliche, oder gar beide. (Und die Transformationen des Neorealismus konnten denn auch nichts anderes sein als die Frage nach der Tragfähigkeit dieser Antworten.) Die italoamerikanischen Helden in Scorseses Filmwelt erleben ihr Elend noch einmal vulgärer und gegenwärtiger. Von der großen Katastrophe wissen sie wenig, und den wirklichen Hunger von LADRI DI BICICLETTE (Fahrraddiebe; 1948; R: Vittorio De Sica) kennen sie so wenig wie die wirkliche Verlassenheit von STROMBOLI (1949; R: Roberto Rossellini). Sie sind sich selbst zum Elend geworden, und sie müssen das Leben für sich selbst retten. »Familie, Frauen ficken und Frauen prügeln, Männer platthauen, Schimpfen«, schreibt Diedrich Diederichsen über die Männer in RAGING BULL, »das ist ihre Welt. Aber wie schon in MEAN STREETS schafft Scorsese mit De Niro das, was kein italienischer Regisseur je schaffte: Er macht diese Welt lebenswert.« So wie er seine wahren Ekelpakete als Objekte des Mitleidens erscheinen lassen kann, so wie die Hölle von Five Points in GANGS OF NEW YORK als ein Ort erscheinen muss, den es zu verteidigen gilt. Am Anfang mögen wir denken: weil man keinen anderen hat; und am Ende: weil es keinen besseren gibt. So verwandelt sich das Mitleiden mit dem Menschen in der Katastrophe ins Mitleiden mit dem Menschen im Elend, das Mitleiden vom Menschen als Opfer, das zum Täter wird (wie der »Fahrraddieb«), zum Mitleiden mit dem Täter, der zum Opfer wird.

So sehr in Scorseses Filmen katholische Ikonen und Mythen aufscheinen, so wenig sind sie »christlich«: Ihre Sichtweise ist wesentlich materialistisch, leiblich, auf die Macht gerichtet, analytisch, gegenwärtig. Die Transzendenz, die es (reichlich) in seinen Filmen gibt, hat nichts Tröstliches an sich. Es ist, in der Regel, eine Welt, in der es unter allen Gefühlen das Mitleid am wenigsten gibt. Aber so, wie die einzige »Lösung« für die Widersprüche die produzierte Ästhetik ist, so ist die einzige Lösung für den Schmerz auf der Leinwand das Mitleid der Zuschauer, die freilich dafür auf ihr keine Stellvertreter finden.

Aber vielleicht auch darum verweigert Scorsese das Mitleid im Bild (und damit auf die symbiotische Art) weil das Mitleid, wie Jean Baudrillard sagt, sich »in der Logik des Unglücks bewegt«. So müsse Mitleid bestätigen, was es betrifft, es sich ausbreiten lassen; ist dies, möglicherweise, die Logik des Christentums, die es bei den Herrschenden so beliebt gemacht hat?

Scorsese setzt zunächst an die Stelle des Mitleids das Mit-Leiden. Seine Filme machen den Schmerz erfahrbar, Gewalt ist in seinen Filmen mehr oder weniger immer so inszeniert, als sei sie direkt gegen die Zuschauerin oder den Zuschauer gerichtet.

Der Held, der nicht einer ist

Gewiss, die allererste Erfahrung mit den Protagonisten eines Scorsese-Films ist es, dass wir ihn nicht lieben, aber auch nicht hassen können (und schon gar nicht irgendetwas dazwischen). »Scorsese-Helden«, schreibt Wolfram Knorr, »wenn man sie denn überhaupt als solche bezeichnen darf, sind alles andere als nette, sympathische Typen, denen Unrecht widerfährt, sondern durchtriebene Filous, laute, sentimentale Krakeeler, Scheusale, die ihre lauernde Aggressivität hinter einer gleisnerischen, pfiffigen Fassade der Kumpelhaftigkeit nur mühsam unter Kontrolle halten können. Der

Freund ist nur so lange ein Freund, solange er entweder nützlich, ein respektierter Partner oder nur ein schlichter Claqueur ist. Die Quasselarien in den Bars, in den Restaurants oder am heimischen Herd bei dampfenden Spaghetti dienen oft nur der eigenen Aggressionsabfuhr und kompensieren die diffusen Empfindungen von Minderwertigkeitskomplexen und Neid. Ein Haufen aufgeplusterter Hähne, die sich im Stall wild begackern.«

So, gewiss, kann man sie beschreiben. Aber könnten sie uns auf Dauer durch diese miesen Eigenschaften so faszinieren? Vielleicht *sind* Scorsese-Helden überhaupt nicht; sie geschehen. Und sie geschehen, während die widersprüchlichsten Impulse und Diskurse durch sie fließen. Es ist der Held im Stadium der Dekonstruktion, und in seiner Bewegung sehen wir dem »Helden« eines Scorsese-Films an, woraus ein Mensch zusammengesetzt ist: aus Familie, aus Begierde, aus Gesellschaft, aus Ökonomie, aus Religion, aus Sprache, aus Zufall und aus Struktur.

Und daher ist es auch nie endgültig zu klären, was wir so gern geklärt hätten, nämlich die Frage, ob der Mensch »Autor« seines Lebens ist oder ob ihn das Milieu und die Umstände so prägen, dass die Bahn der Biografie zumindest im Großen vorgeschrieben ist. Ein markantes Beispiel dafür ist das Ineinander des eigenen Wunsches, wie er von Henry Hill geäußert wird, ein *wiseguy*, ein Gangster zu werden, und die minutiöse Darstellung seiner »Erziehung« im Milieu, der kleinen und größeren Gesten der Verstärkung, die vom Paten und von den *wiseguys* dem Jungen erwiesen werden, damit er in ihre Kultur hineinwachse: kleine Geldbeträge, kleine Zeichen der Aufmerksamkeit, Hilfe bei der Erledigung privater Probleme (etwa in der Schule). Henry Hill wird zu dem gemacht, was er werden wollte. Es ist gleichsam sein freier Wille, in eine Welt hineinzuwachsen, in der man beinahe alles haben kann, nur keinen freien Willen. Dieses Paradox des Scorsese-Helden, das ihn auch dort bestimmt, wo er sich in einem tieferen religiösen Diskurs befindet, nach Buße und Erlösung verlangend, scheint zunächst das vollkommene Gegenteil eines (europäischen) existenzialistischen Helden. Aber Scorsese untersucht gerade die Freiheit des Menschen, indem er sehr genau alles dokumentiert, was gegen sie spricht. Tatsächlich: Scorsese beschreibt das Gefängnis seiner Menschen. Aber indem er es beschreibt, genauer als es je einem anderen Regisseur gelungen ist, macht er auch deutlich: Der Mensch ist mehr als sein soziales Gefängnis. Er hat die Freiheit, und vieles seiner Selbstinszenierung ist darauf ausgerichtet, diese Freiheit vor sich selbst zu verbergen. Ja, in einem Akt der negativen Dialektik können wir vom Ende her oft erkennen, wie vieles von dem Gefängnis des Menschen nicht von außen bestimmt wird, sondern in ihm selbst wirkt. Scorseses Held ist das Paradox eines freien Gefangenen, eines Menschen, der sich das Gefängnis, in dem er lebt, bis zu einem gewissen Grad selbst erfindet.

Was Scorseses Helden zum einen bestimmt, das sind die »Regeln«; immer wieder zeichnet er das Leben von Menschen, die sich in irgendeiner Weise nicht ganz an die Regeln halten, ihr Scheitern ist durch dieses Nichteinhalten der Regeln bestimmt. Aber natürlich erhebt sich die Frage, ob es überhaupt möglich ist, diese Regeln einzuhalten. Scorseses Helden gleichen auch darin den Helden von Franz Kafka, dass sie das »väterliche« Gesetz nicht einhalten können, weil es sich nicht wirklich offenbart. Es rückt nicht einmal damit heraus, ob es überhaupt existiert. Sie kommen ihm nur nahe, so wie K. dem Gesetz näher kommt, während er zugleich weiß, dass er dagegen verstoßen hat. Die Repräsentanten der Regeln, jene Paten im Hintergrund, bleiben undeutlich (sie sind, wie in CASINO, gelegentlich nur als ihre eigenen Karikaturen sichtbar). Im ersten »wirklichen« Gespräch zwischen Jerry Langford und Rupert Pupkin in THE KING OF COMEDY erklärt der arrivierte Star dem jungen Anfänger, dass man sich im Showbusiness vor allem an die Regeln halten müsse.

Aber nie erfahren wir, wie denn nun im Einzelnen diese Regeln aussehen, und überdies scheint es, dass es eine viel wichtigere Regel gibt, die zum Erfolg führt, nämlich die, sich nicht an die Regeln zu halten. Die Regeln selbst sind in der Welt der Gangster, in der Welt des Showbusiness und in der Welt der Kunst nichts anderes als die Maskierungen, hinter denen sich die Erfolgreichen vor

ALICE DOESN'T LIVE HERE ANYMORE, THE WIZARD OF OZ

den Konkurrenten schützen. Deshalb ist es ebenso absurd, sich an die Regeln zu halten, wie es nicht zu tun; im ersten Fall wird man nie jemand, im zweiten Fall hat man nichts davon.

Scorseses Helden sitzen in einem doppelten Gefängnis: Sie sind gefangen in ihrem Ich, das sie daran hindert, »gute« Beziehungen zur Welt aufzunehmen, und sie sind gefangen in ihrer Gesellschaft, die sie daran hindert, ihr Leben als Befreiung und Erlösung zu inszenieren. Jake La Motta, der furchtbarste aller Scorsese-Helden, kann nicht heraus aus sich und zugleich nicht hinein zu sich. Daher kann er nur schlagen, was er lieben könnte, die Frau, den Bruder, den Gegner im Ring, der doch zugleich sein Abbild ist, und schließlich sich selbst. Die Geste der Gewalt ist die Geste des Selbstwiderspruchs, die Geste der Befreiung ist als der größte Akt der Selbstzerstörung inszeniert.

Der Code ist nicht festgelegt, sondern äußert sich in den Zeichen. Das Einzige, was wir von diesem väterlichen Gesetz sehr genau wissen, ist, dass es vor allem das Schweigen, die Unauffälligkeit meint. Eben dies aber macht seine Befolgung letztendlich unmöglich; jede Äußerung des Lebens ist bereits ein Verstoß gegen die Regel. Das nun aber bezeichnet die wahre Natur dieses väterlichen Gesetzes: Es ist der Tod. Scorseses Helden versuchen, so oder so, beides zu vereinbaren, die Unterwerfung unter das väterliche Gesetz und ein eigenes Leben. Wie der *Raging Bull* daran scheitert, selbst jemand zu werden, anstatt die Regeln zu befolgen (den Respekt zu erweisen), so obsiegt Rupert Pupkin, weil er ein solches eigenes Leben nicht hat, sondern sich selbst in einen Teil der Regeln verwandelt. Er ist, was THE KING OF COMEDY zu einem der grausamsten Filme Scorseses macht, selbst der Tod geworden.

Immer wieder ist der Scorsese-Held einer, der gespalten ist, der nicht nur in seinem Partner ein anderes Ich, sondern der auch in seiner Lebens-Konstruktion immer zwei Dinge gleichzeitig sein möchte, die einander ausschließen. Die einfachste und in der magischen Biografie am schnellsten nachvollziehbare dieser Spaltungen ist der Wunsch, zugleich Gangster und Heiliger werden zu wollen (wie Charlie in MEAN STREETS), und in der religiösen Abbildung davon zugleich Mensch und Gott; man will Gangster und Bürger sein (wie in GOODFELLAS), Künstler und Liebhaber, Spieler und Gewinner (wie in THE COLOR OF MONEY).

Von WHO'S THAT KOCKING AT MY DOOR? an gibt es ein dreifaches Beziehungsgeflecht, die schwierige Liebe zu Little Italy, die Liebe zum Kino / zur Kunst und die Liebe zur Frau. Aber jede dieser Formen der Liebe widerspricht der anderen: Die Helden und Heldinnen können nicht die Kunst und den anderen Menschen zugleich lieben, sie können nicht Little Italy in sich selbst akzeptieren und zugleich einen wahren Weg zum anderen finden, sie können nicht einmal Kunst und Liebe vereinen (wie in aller pointierten Schärfe in LIFE

LESSONS entwickelt). Daher haben diese Menschen von vornherein keine Möglichkeit, jemand »Ganzes« zu werden, sie bleiben getrieben von der Widersprüchlichkeit ihres Begehrens. Friede ist nirgends.

So gehört es zum rauen Stil des Martin Scorsese, seine Figuren zugleich mit Zärtlichkeit anzusehen und doch genau ihre Lügen preiszugeben. Ein Großteil der filmischen Mittel, die Martin Scorsese einsetzt, dient nicht der Bestätigung oder der Beschleunigung der Story, sondern der Eröffnung eines Diskurses der Widersprüchlichkeit, der Ambivalenz und schließlich der Lüge. Scorsese filmt gleichsam nicht die Geschichten von Menschen, auch nicht die Träume von Menschen, sondern ihre Dokumentation, ihre Archivierung, ihre Vivisektion. Wenn zu Beginn von ALICE DOESN'T LIVE HERE ANYMORE das so schöne wie künstliche Setting, in dem die kleine Alice singt und das zu den hundertundeins Evokationen von THE WIZARD OF OZ gehört, erscheint, dann nicht nur, um einen Traum zu illustrieren, nicht nur, um einer bestimmten Art von alten Filmen Referenz zu erweisen, sondern auch, um die Vergangenheit als etwas Produziertes, die Erinnerung als Fälschung zu zeigen (zu zeigen, nicht: zu entlarven). Man kann sich auf diesen Vorgang einlassen, soweit man will, und dass man es auch bei einer ziemlich oberflächlichen Begegnung mit der dekonstruktiven Ästhetik bewenden lassen kann, hat dazu geführt, dass Scorsese auch im Mainstream noch akzeptiert, wenn auch nie vollständig kanonisiert wurde.

Wenn man Scorsese Filme genauer ansieht, erkennt man, was sie an Ungeheuerlichkeit auch enthalten: die furchtbare Mischung der Biografie aus Zwang und Erfindung. Das Leben bei Scorsese ist etwas definitiv Zusammengesetztes, etwas, das aus unterschiedlichen Elementen besteht, das ein Ich benutzen kann, zur Verschleierung wie zur Konstruktion, aber zur gleichen Zeit ist dieses Ich auch etwas unverlierbar Einziges und Ganzes: ein Lügensystem, das immer zu vollkommener Wahrhaftigkeit gezwungen wird (auch dies wäre eine Definition jenes »Drucks«, der auf das ästhetische Material ausgeübt wird, welcher die Musik Mozarts und die Filme Scorsese in der »kopernikanischen Wende« ihrer Entwicklungslinien vereint).

Der Blick in den Spiegel

Martin Scorsese hat gelegentlich betont, dass seine Vorliebe für die Verwendung von Aufnahmen in den Spiegel von seiner frühen Liebe zum Kino herkommt; der Spiegel, das ist nicht nur ein elementares Medium der Selbsterkenntnis (oder ihrer Verweigerung), sondern auch der Augen-Blick, in dem Kino und Person miteinander kommunizieren.

In Scorseses Filmen gibt es immer wieder die Spiegelszene. MEAN STREETS beginnt, wie gesehen, mit dem Albtraum des Helden und seinem Blick in einen schon beinahe blinden, schmutzigen Spiegel, der ihm das Bild eines »fremden Bruders« zurückzugeben scheint. In GANGS OF NEW YORK beginnt die Liebesgeschichte mit einem Blick in den Spiegel, in dessen Bild sich die Frau ihren Tänzer aussuchen darf.

»Blicken zwei Spiegel einander an, so spielt der Satan seinen liebsten Trick und öffnet die Perspektive ins Unendliche«, schreibt Walter Benjamin. Aber schon ein einzelner Spiegel genügt, um die Dimensionen zu zerstören und den Raum ins Surreale zu verkehren. Der Situation, dass sich zwei Spiegel ansehen, kommt die Fingerübung MIRROR, MIRROR am nächsten. Der Satan selbst erscheint, als der Blick seiner Freundin das eigene Bild des Helden im Spiegel trifft

Immer wieder geraten die Scorsese-Helden an den Spiegel, der unterschiedliche Funktionen in den verschiedenen Zusammenhängen hat. Zuerst ist es ein Instrument der Selbsterkenntnis, oder der Verwandlung in jenes andere ich. Wie der *Taxi Driver* sich vor dem Spiegel in den mörderischen Rächer verwandelt, Charlie in MEAN STREETS nach dem Traum in den Spiegel blickt, die Heldin von BOXCAR BERTHA sich als Erstes in der glanzenden Oberfläche und im Spiegel des Automobils sieht, Jake La Motta in RAGING BULL seinen großen Monolog/Dialog mit dem imaginären/abwesenden Bruder vor dem Spiegel führt, der Spiegel vermag es (darin dem Gebrauch der Zeitlupe verwandt) überdies, einen Zwischenzustand zwischen Anwesenheit und Abwesenheit zu charakterisieren; so wie der Spiegel

Die Liebesgeschichte beginnt im Spiegel: GANGS OF NEW YORK

nie nur ein Bild wiedergibt, sondern immer auch ein anderes (so wie wir in Travis Bickle, den wir als Körper und als Gesicht im Rückspiegel seines Wagens sehen, die Gespaltenheit seines Wesens erkennen), so zeigt er umgekehrt auch die Abwesenheit, wie in den Szenen in NEW YORK, NEW YORK: immer, wenn Doyle wieder in Francines Leben tritt, tut er dies zunächst als Spiegelbild.

Schließlich spielt der Spiegel in der Sexualität eine bedeutende Rolle, in RAGING BULL sehen wir Jake und Vickie bei ihrem ersten Liebesakt in einer kurzen Spiegelszene – dreimal wiederholt sich diese Beziehung zwischen Sexualität und Spiegel. In GANGS OF NEW YORK hat Jenny Amsterdam abgewiesen, und der, so scheint's, hat sich damit abgefunden. Doch als sie, als Ballkönigin, ihren Tänzer aus dem Spiegelbild wählen muss, da wählt sie ihn.

Der gläserne Sarg

Das Automobil hat in Martin Scorseses Filmen oft eine zentrale dramaturgische Bedeutung: Es ist das Medium des Konflikts und zugleich ein Objekt des Begehrens. Von IT'S NOT JUST YOU, MURRAY! an weisen sich Menschen – Gangster – durch das Automobil aus (»See this car? Five thousand Dollars«, protzt der Protagonist); das Automobil, in dem sich Bertha spiegelt in BOXCAR BERTHA ist Ausweis der Macht des Landbesitzers, in WHO'S THAT KNOCKING AT MY DOOR? wird das Auto beschossen wie in MEAN STREETS, es ist das Grab des Mannes in ALICE DOESN'T LIVE HERE ANYMORE und zugleich Medium der Flucht für die Heldin – übrigens die gleiche Konstellation wie in BOXCAR BERTHA, wo das Automobil ebenfalls zuerst als Zeichen des Todes und dann als Fluchtinstrument auftaucht.

Die Autos haben stets mehr als nur eine praktische Funktion, und oft erscheinen sie als beseelte Wesen, zumindest als moralische Maschinen, die auf besonders dramatische Weise zu sterben verstehen. In NEW YORK, NEW YORK bricht der große Streit zwischen den beiden in einem Auto aus. In AFTER HOURS scheint es, als sei der Taxiwagen selbst und nicht nur der Fahrer (eine Parodie auf den *Taxi Driver*?) durchgedreht und als wolle es den traurigen Helden durchschütteln und ausspucken. Der Rettungswagen in BRINGING OUT THE DEAD, in dem jeweils zwei Sanitäter ganz direkt ihr Leben mit dem Tod verbringen, ein rollender Sarg oft genug, fällt einmal auf den Rücken wie ein Käfer.

Was den Autounfall so höllisch lebendig macht, ist die semiotische Vielfalt in der Katastrophe der Karambolage. Es gibt das deformierte Blech, das gebrochene Gestänge, den zerrissenen Stoff, das splitternde Glas, den Abrieb der Farbhaut, das Auseinanderbrechen und Zusammendrücken. So wird diese vielfältige Katastrophensprache zu einem lebendigen Bild des Todes in den Unfallszenen von MEAN STREETS, ALICE DOESN'T LIVE HERE ANYMORE und BRINGING OUT THE DEAD. Ein kristalliner Tod, der das Komische, das Materielle und das Transzendentale berührt.

In THE KING OF COMEDY erlebt Jerry zweimal das Auto als Falle; einmal muss er unwillentlich mit Pupkin zusammen eine Fahrt unternehmen, weil der sich einfach hineingedrückt hat, und ihm seine Ideen zu seiner Comedy Show vorträgt, und zum zweiten mal, als Pupkin und Masha ihn entführen. Eine ganz ähnliche Funktion hat eine Szene in NEW YORK, NEW YORK, wo Doyle seine großen Pläne der genervten Francine vorträgt, die mit ihm im Taxi festsitzt. Das Automobil ist eine Einschluss- und Ausschlussmaschine, und als solche die Fortsetzung der Zellen, in denen die Menschen leben. In CASINO beginnt alles damit, dass der Held mit dem Auto in die Luft fliegt (jedenfalls scheint es so), und in GOODFELLAS wie in CASINO transportieren die Gangster die Leichen in ihren Wagen.

So ist das Automobil die grausame Parodie auf den individuellen Raum und die individuelle Zeit. Die Erfüllung und die Zerstörung des amerikani-

Max Cady in CAPE FEAR

schen Traums der Versöhnung von Kapital und Freiheit. Nicht nur, dass das Automobil zugleich Gefängnis und Flucht ist, ein Ort der Entortung sozusagen, macht seine Gefahr aus. Ganz direkt befördert der Wagen in CAPE FEAR die Gefahr, der die verfolgte Familie entkommen wollte. Das Automobil bedeutet vor allem die Einengung und schließlich die Erschöpfung des Blicks.

Untersuchung einiger Todesfälle

Im Zentrum der Scorsese-Filme wird nicht viel gestorben, ja wir können wohl von einer Dramaturgie des verweigerten Todes ausgehen. Dass Scorsese seinen Figuren nicht die Apotheose des »großen« und nicht die Schmach des »kleinen« Todes bereitet, spricht, unter anderem, vom Respekt, den er ihnen entgegenbringt. Die Kritik indes hat Scorsese immer wieder sein Nicht-Ende vorgehalten; statt einer Auflösung der Knoten scheint es immer nur ein Zerfasern zu geben. Er ist der Regisseur der großartigen Anfänge und der unbefriedigenden Enden.

Der Moment des Todes ist einerseits, wie André Bazin bemerkt, zwar einer unter vielen linearen Momenten, allerdings der letzte – und damit der Augenblick, in dem die ganze vorherige Zeit, ein ganzes Leben (und möglicherweise eine »Epoche«) bewertet wird, andererseits aber auch gelebte Zeit, die vollständig in ästhetische Zeit übergeht. (Daher gibt es die »Sterbeszene«, die im Theater so sehr auf die Kunst des Schauspielers zugeschnitten ist, im Kino wie in keiner anderen Kunst als so vollendete Mischung aus Kitsch und Ideologie.) Die Ausdehnung des Todesmoments »bedeutet« die Aufwertung der Person – ein »Böser«, der langsam stirbt, ist schon dadurch ein geläuterter, ein erlöster Böser.

Das Geheimnis des (schlechten, also guten) Kinos ist es daher, jemanden in der gleichen Szene zugleich sterben und unsterblich werden zu lassen, was etwa in der rhetorischen Überbetonung des faschistischen Films geschieht, indem sich jemand in einer Überblendung in sein eigenes Denkmal verwandelt. Das »normale« Erzählkino, das seine Helden weniger monumental apotheosieren möchte, bedient sich dabei wesentlich lakonischerer Mittel. Allein wenn im Augenblick des Todes Musik zu hören ist, ist dieser Augenblick nur noch in der gelebten, nicht aber in der ästhetischen Zeit der letzte. Wenn der Film im Augenblick des Todes nicht verstummen kann (was einzig Respekt und Wahrheit zusammenbrächte), dann hat er nur die Wahl zwischen der Erhöhung (der Transponierung des Toten in das Denkmal oder in die Erinnerung) oder der Erniedrigung (der Schilderung eines Lebens, das ungerührt auch akustisch weitergeht im Augenblick dieses Todes).

Der Tod also ist die letzte Bestätigung linearer Zeit und, so seltsam es zunächst klingen mag, in der gewohnten Form der Kinoerzählung letzte Konstruktion von Sinn. Ein Verschwinden (wie bei Antonioni) ist etwas ganz anderes, es verdammt die Zurückgebliebenen, wenn nicht zur Suche, so zu einer Form der Entzeitlichung. Bei Scorsese ist der Unterschied schwer zu bestimmen: Ob die Protagonisten von MEAN STREETS am Ende sterben oder nicht, scheint bei unterschiedlichem Ansehen unterschiedliche Antworten zu generieren (Scorsese selbst gibt darauf keinen objektiven Hinweis), auch das Ende von Robert De Niro in CAPE FEAR, das dreimal neu angesetzte Opfer, ist von einem gewöhnlichen Kinotod (auch dem retardierten Übergang in einem Horrorfilm) weit entfernt. Der Dalai Lama in KUNDUN und der Jesus in THE LAST TEMPTATION nähern sich (sozusagen von verschiedenen Enden her) dem Tod beinahe unendlich an. Sie organisieren ihr Leben um Todesbilder, wie der *Raging Bull* sein Leben aus der Furcht vor dem Fallen im Ring organisiert. Sogar Bill in BOXCAR BERTHA muss sterben und verschwinden, und der besondere Tod in GANGS OF NEW YORK löst sich absurd in einem allgemeinen Sterben auf. Obwohl jegliches Erzählen auf den Tod ausgerichtet ist, sogar in der Revolte gegen das Alter in THE COLOR OF MONEY, sogar in den komischen Nachtreisen von AFTER HOURS, ist der Tod bei Scorsese nie das eindeutige »Ende«.

Groteske Todesbilder gibt es nicht nur in AFTER HOURS. Das tote Kaninchen als Botschaft und Identität in GANGS OF NEW YORK ist so weit entfernt vom Ausmaß des Schreckens wie die Einstellung auf den hilflos auf dem Teppich zappelnden Fisch neben dem zerbrochenen Aquarium, als der Dealer in BRINGING OUT THE DEAD Opfer der *gang wars* wird. Aber noch grotesker ist das Überleben. Es ist der Schmerz des *Taxi Driver* und des *Raging Bull*, dass sie nicht tot sind, und dass Frank Pierce in BRINGING OUT THE DEAD durchkommt, bezeichnet Scorsese selbst als eine »durchgedrehte Art von Witz«. Das heißt nicht, dass wir über die groteske Selbsttäuschung dieses Helden lachen könnten (der glaubt, dass er sich selbst gerettet hat, während ihm doch »nur« eine vielleicht zufällige Gnade widerfahren ist). Das Leben im Angesicht eines Todes, der nicht Sinn erzeugt, aber ebenso wenig im Sinne einer metaphysischen Klage »sinnlos« wäre, ist Teil der *uncertainty*: »Die nackte Menschlichkeit, auf die die Gnade fällt« (Scorsese).

Eine zweite, entscheidende moralische Entscheidung gegenüber dem Moment des Todes im Film ist die Frage, ob wir uns annähern, ob wir verharren oder ob wir uns entfernen. Der Tendenz der Monumentalisierung steht daher eine Tendenz zur Zerstückelung gegenüber. Wir interessieren uns dann nicht so sehr für einen Menschen im gedehnten Augenblick seines Todes, sondern dafür, wie jemand sein Leben verliert. Das gilt nicht nur für die durchaus sadistische Wahrnehmung des zerstückelten und zerfließenden Körpers, sondern auch für tragische Zeichnungen wie die in Zeitlupe gefilmten »Todesballette« eines Sam Peckinpah. Im Tod bekommt der Mensch die Würde, die dem Lebenden versagt geblieben ist, im Tod erst verwandelt sich Bewegung in Dauer, die Masse in den einzigen.

Nichts von alledem gibt es bei Martin Scorsese. Vielleicht sieht man sich einige Todesfälle bei Scorsese daraufhin an (und möglicherweise lässt sich auch die Frage nach dem philosophischen Sinn der Dramaturgie des verweigerten Todes beantworten). Von MEAN STREETS über TAXI DRIVER bis zu RAGING BULL geht es um Menschen, die ihren eigenen Tod überleben; sie »wollen« eigentlich sterben, aber sie werden zum Weiterleben verdammt. Das Weiterleben ist auch die Option der Heiligen in THE LAST TEMPTATION OF CHRIST und KUNDUN. In den dekonstruktiven Gangsterfilmen wie GOODFELLAS und CASINO ist das Wei-

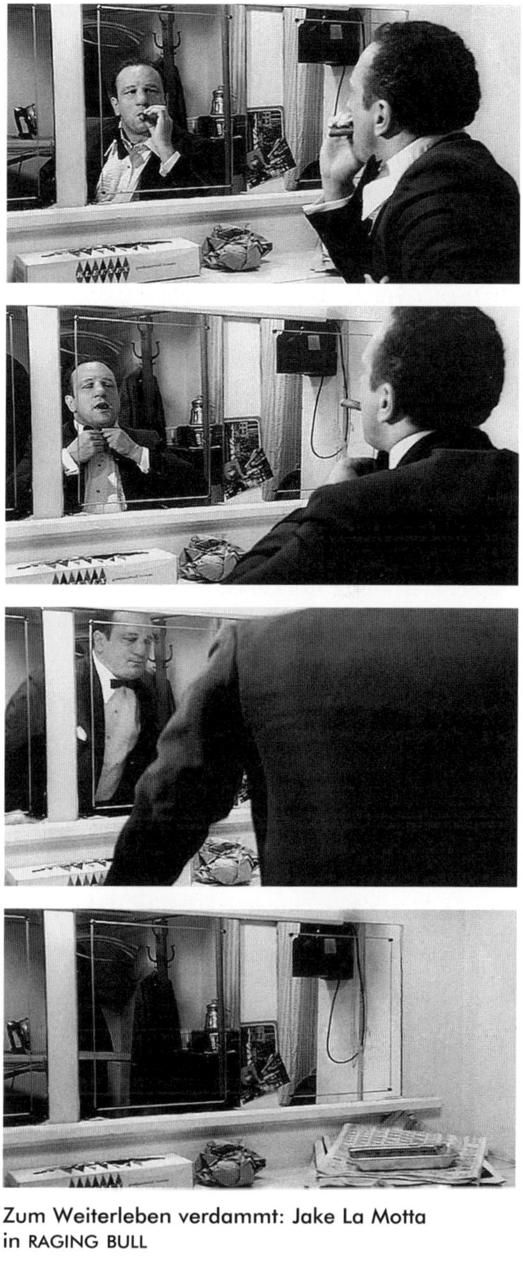

Zum Weiterleben verdammt: Jake La Motta in RAGING BULL

terleben (vielleicht ist das tatsächlich auch schon in MEAN STREETS angedeutet) ein Absturz in die schiere Trivialität, die Vertreibung aus dem eigenen Bild. Der *Raging Bull* wird immer weitermachen, obwohl sein eigenes Bild längst zerstört ist. Noch in BRINGING OUT THE DEAD steht der Tod im Mittelpunkt, ohne sich wirklich erfüllen zu können. Ein Mann, der sich für den Tod eines Mädchens schuldig fühlt, wird süchtig danach, Leben zu retten, die Umkehrung der Macht der Gangster, nach Willkür und Laune Leben zu nehmen, und er greift dabei immer wieder ins Leere. Der Joe-Pesci-Gangster in GOODFELLAS, der aus nichtigem Anlass einen Menschen tötet, ist nur das Gegenbild des Menschen, dem es umso weniger gelingt, ein Menschenleben zu retten, je mehr er sich darum bemüht. Es gibt keinen sinnvollen Tod in einem Scorsese-Film.

Die zwei fundamentalen, gleichwohl wiederum in sich selbst widersprüchlichen Zeichen sind die Senkrechte für das Leben und die Waagerechte für den Tod (dazu, nicht als das absolute, sondern als relationales Zeichen: die senkrechte Linie für das Männliche, die waagerechte für das Weibliche; die senkrechte Linie für den Kampf, die waagerechte für die Liebe). Den Menschen in der Waagerechten gibt es in Martin Scorseses Filmen ausgesprochen selten, dagegen zeichnen sich viele seiner Figuren gerade durch die Vermeidung aus: Der Held, der nicht »sterben« will, ist schon einer, der sich »nicht hinlegen« will (am deutlichsten: Jake La Motta, der immer erklärt, er stehe noch, aber auch Frank in BRINGING OUT THE DEAD, der nicht schlafen kann und will) und der Held, der nicht »lieben« will (letztendlich auch der, der sich keinem Zustand des Weiblichen annähern will). Das Kreuz aber, nicht nur als einfaches Symbol beider Geraden und Zustände, verknüpft beides, das Leben und den Tod, das Männliche und das Weibliche, den Kampf und die Liebe. So mag es als Versuch der Helden erscheinen, die Harmonie des Kreuzes zu erahnen, es aber nicht zu erreichen. Noch das Labyrinthische bei Paul Hackett in AFTER HOURS reicht in die Vertikale, die Horizontale bleibt ihm verschlossen. Er muss immer irgendwo hinauf, hinunter und hinein, »das Weite« zu suchen aber bleibt ihm versagt. (Ist also Christus, der Mann, der das Vertikale in seinem Kreuz annehmen kann, nur deswegen dazu fähig, gerade weil er – wenigstens im Traum – die Erfahrung der Weiblichkeit gemacht hat?) Schon der Held von WHAT'S A NICE GIRL LIKE YOU DOING IN A PLACE LIKE THIS? beschreibt seinen Weg als gefährliches Ineinander von »hinauf« und »hinaus«. KUNDUNs Weite verschwimmt an den Rändern mit einer bedrohlichen Leere; BRINGING OUT THE DEAD ist der Struktur nach ein Geflecht der nächtlichen Straßen auf der Suche nach den Menschen, die es zu retten gilt. Der Blick der Kamera lässt eine andere als eine vertikale Struktur der Welt nicht zu.

Die Linien, die Scorseses Helden ziehen, sind zugleich unendliche Annäherungen und unendliche Verweigerungen. So wie sie am Anfang »auserwählt« werden und am Ende »verloren« gehen, verweigert sich ihr Weg der mehr oder weniger christlichen Konstruktion, vom Ende her gesehen zu werden. Weil auf diese Weise eine »Versöhnung« im Ende nicht erreicht wird, erhöht sich der Druck auf die einzelnen »Zellen«, auf jeden Abschnitt des Lebens. In jedem Scorsese-Film gewinnt vor allem das Leben gegen den Tod – und das ist in erster Linie verstörend. Denn je mehr die Zellen über die Linie der Komposition siegen, desto mehr siegt das Musikalische über die Musik (die Empfindung über die Ordnung), und je mehr die Zellen einer Geschichte über ihre Linie obsiegen (die Nähe zu einem Charakter auf der Leinwand über sein »Verständnis«), desto mehr Leben und desto weniger »Sinn« haben wir. So mag sich jede Biografie zwischen dem Leben und dem Sinn so entscheiden, wie sich der Film zwischen der Einstellung und der Montage entscheidet. Und nicht entscheiden kann.

Was man von Scorseses Helden am ehesten sagen kann, ist, dass sie *noch* nicht sterben. Sie sind dem Tod so nahe, dass sie schon in ihre Sterbebilder gerutscht sind, aber sie müssen weiterleben, in einem Zustand, der Elemente der Gnade ebenso beinhalten mag wie eine sich ins endlose dehnende Profanität nach dem Verfehlen eines Augenblicks der Erhabenheit. Und damit verweigert sich das Scorsese-Bildformat auch der Konstruktion des »transzendentalen Stils«, von dem Paul Schrader spricht. Der Augenblick, in dem der größte Schmerz und die größte Gnade zusammenfallen (im Tod von, sagen wir, Christus, Johanna von Orléans oder Björk in DANCER IN THE DARK; 2000; R: Lars von Trier) ist bei Scorsese nicht zu erreichen. Er verweist uns – man könnte wohl sagen: unbarmherzig – auf das Leben zurück.

Auf den ersten Blick mag da GANGS OF NEW YORK ein Gegenentwurf sein. In diesem Film wird ja sozusagen unzweideutig und unzweifelhaft gestorben. Die Situation dieses Films setzt sich aus lauter Mordaktionen zusammen. Er beginnt mit dem Tod, und er endet damit. Aber beide Male gibt es auf ihn den Blick des Kindes, des Auserwählten, der in einem eigenwilligen Sinne ungläubig ist. Der Tod in GANGS OF NEW YORK freilich führt auch wieder zum *Taxi Driver* zurück, von dem Paul Schrader ja sagt, er sei eigentlich jemand, der sich selbst töten will und das nicht zustande bringt. So ist auch GANGS OF NEW YORK, bei dem Bill ja Amsterdam den Tod zunächst verweigert, der ihrem Drama ein wenn auch nicht gerade gnädiges Ende bereitet hätte, durchaus auch zu lesen als eine lange Form der Selbsttötung zweier Männer, deren Leben bereits lange vorher zu Ende ist. Nur ist dieser Punkt nicht wirklich zu bestimmen; zwischen Leben und Nicht-Leben gibt es keine klare Grenze.

Americana, aus der Zeit

Martin Scorseses Filme werden dort am meisten geschätzt, wo sie im Kontext der *Americana* stehen (das, was Robbie Robertson die »amerikanische Mythologie« nennt) und zugleich gegen sie rebellieren. *Americana*, schreibt Detlef Diederichsen, »bezeichnen die Endstation des Denkens für die Intellektuellen Amerikas. Bekanntlich sind auch die besten und wortreichsten seiner Einwohner kaum zu analytischem Denken in der Lage, alle geistige Kapazität wird in Poesie, Bilder, Mythen und Metaphern investiert. Keiner, der sagt, wie's ist. Aber eine ungeheure Menge Schönheit.« Immerhin von Europa aus könnten wir uns Scorseses Filme auch vorstellen als verzweifelten Ausdruck eines analytischen Denkens, das nicht zu sich kommen kann und daher, statt neue Bilder der ungeheuren Schönheit zu produzieren, diese Bilder von innen her zersetzen muss.

Scorsese ist begeistert von den *Americana*, steht aber auf gleich drei Weisen auch im Widerspruch zu ihnen: in seiner Biografie aus dem italienischen Getto, in seinem Katholizismus und in einer Vorgehensweise, der eine analytische Kraft ganz bestimmt nicht vollständig abzusprechen ist. Sein »Vorteil« gegenüber anderen Regisseuren ist seine Erfahrung der Fremdheit. Er ist nur innerhalb, aber nicht in Amerika geboren. Nicht auf der Seite jener Glücklichen, die in der Ästhetik der *Americana* ihre Heimat finden, sondern auf der Seite derer, die ihre Umwelt zuerst in ihrem Mangel an Gnade und Mitleid erleben, so wie es der Held von Franz Kafkas Amerika-Roman sieht: »Denn auf Mitleid durfte man hier nicht hoffen, und es war ganz richtig, was er in dieser Hinsicht über Amerika gelesen hatte; nur die Glücklichen schienen hier ihr Glück zwischen den unbekümmerten Gesichtern ihrer Umgebung wahrhaft zu genießen.«

So entsteht (mindestens) ein zweites Amerika, die Schattenwelt, die zugleich Gegenentwurf und parodistische Übertreibung ist. Wenn man der Mythologie des Gangsters in der *Pulp Fiction* und in den Filmen folgt, so erscheint diese Kultur der Unterwelt nicht nur wegen ihrer sozialen Konstruktion, sondern auch wegen des *looks* als wahrhafter Motor: Der Gangster ist die Erfüllung des Americana – sozusagen nach einer Kreisbewegung um das leere Zentrum des amerikanischen Traums. Er hat alle Statussymbole des Bürgers auf die Spitze getrieben und ins Zeichenhafte verrückt. Kein Wunder, dass auch die Mittelstandskinder von nichts so sehr träumen wie davon, dem Gangster zu gleichen. Scorsese setzt in seinen Gangsterfilmen dieses semiotische Spiel fort. Seine Gangster sind indes nicht mehr nur die Avantgarde der Mode, sie treiben das Spiel über sein eigentliches Ziel hinaus. Endstation ist hier nicht mehr allein für das Denken, sondern auch für das Empfinden.

Der Scorsese-Held ist nicht in seiner Zeit zu Hause: Doyle in NEW YORK, NEW YORK ist ein Mensch der Zukunft, ein Vertreter der Bebop-Ära in der Zeit des Swing; umgekehrt ist der Taxi Driver ein Mann der Vergangenheit; Alice träumt sich in ihrem Song-Traum in die Zeit vor der eigenen Geburt zurück, und den größten Widerspruch drücken die Protagonisten von GANGS OF NEW YORK in ihrer Kleidung aus.

Was, sagen wir, bei den Brüdern Coen ein ästhetisch-ironisches Spiel ist, nämlich dass ein Film gleichsam in mehreren Zeiten und Stilepochen gleichzeitig, das ist bei Scorsese das durchaus ernste Problem der Protagonisten. So wie in der *via vecchia* in Little Italy eine andere Zeit als im restlichen Amerika herrscht, wie in dem Computer-Büro eine andere Zeit herrscht als in SoHo, im Billardsaloon eine andere Zeit als auf der Straße, so wirkt die »Übermalung« der Filmklassiker immer wieder, als würden die Menschen in Scorsese-Filmen zugleich in deren Zeit, in der Zeit einer musikalischen Motivik, in einer historischen Zeit (der Zeit der Narration) und schließlich in der Gegenwart leben. Jimmy Doyle und Francine sind Figuren aus einem Musical der frühen 40er, die am Ende des Jahrzehnts eine Geschichte erleben, die von der Auseinandersetzung der Musik dieser Zeit mit der Musik der 50er Jahre lebt, während ihre Seelen- und Gefühlslage ziemlich definitiv den 70er Jahren angehört. Anders als bei den Vertretern der »heiteren« Postmoderne führt das freilich bei Scorsese nicht zu einem Verfremdungseffekt, es erhöht ganz im Gegenteil den inneren Realismus seiner Charaktere, denn dieses Leben in verschiedenen Zeiten wird zunehmend zur Wahrnehmungsform des Lebens auch außerhalb des Kinos, mehr noch zur Kommunikationsgrundlage der postmodernen Gesellschaft.

Und der Held von Martin Scorsese ist nicht an seinem Ort zu Hause. Er hat (mindestens) zwei Identitäten, er lebt in der via vecchia und in den Vereinigten Staaten, so wie er in einer vagen Vergangenheit und einer ebenso vagen Zukunft zu leben vermeint (und in Wirklichkeit nur in einer wahrhaft elenden Gegenwart). So wie in MEAN STREETS Italien nicht aus der neuen Stadt verschwunden ist, so ist in GANGS OF NEW YORK auch Irland in der neuen Stadt nicht verschwunden (eher begraben). Aber Scorseses Kino bleibt nicht in der Unruhe zwischen Fremdheit und Anpassung, es drängt selbst zum National-Bild. Der amerikanische Held ist einer, der seine Anlagen und Vorstellungen mischen muss. Die Gewalt in Scorseses Filmen indes kommt immer wieder aus dem Widerstand gegen die Vermischung, aus der absurden Verteidigung von Codes und Interessen.

Je mehr wir Martin Scorseses Werk wachsen sehen, desto mehr wird es, unter vielem anderen, zu einer neuen Geschichte Amerikas (erwähnten wir schon, dass Amerika einen ungeheuren Bedarf an immer wieder neuen Schreibungen seiner Geschichte hat?). Seine Filme untersuchen im Wesentlichen das Scheitern dieser Nation, was keineswegs so negativ ist, wie es sich von Europa aus anhört. Scorsese verwirft Amerika nicht (wie es Robert Altman gelegentlich tut), er liebt es in seiner Organisation des Scheiterns.

So schreibt er in seinen Filmen eine Chronik der Vereinigten Staaten: Das Erschaffen der Stadt New York aus dem Elend in GANGS OF NEW YORK, das Verdorren der Oberschicht in THE AGE OF INNOCENCE; BOXCAR BERTHA geht in die anarchistischen 30er Jahre zurück, wo es um die erneute Begegnung der Träume mit der Gewalt geht; zur Aufbruchsstimmung nach der Erfahrung des Weltkriegs während der späten 40er Jahren gelangen wir in NEW YORK, NEW YORK und in die grauen 50er Jahre in RAGING BULL. Die Hippiezeit der 60er Jahre beschreibt, indirekt, aber dennoch genau, der Konzertfilm THE LAST WALTZ, und ihre seltsame Befindlichkeit von Auflösung und Neuanfang ist das Thema von ALICE DOESN'T LIVE HERE ANYMORE. In den 70er Jahren der Nach-Vietnam-Gesellschaft spielen TAXI DRIVER oder THE KING OF COMEDY, dann führen THE COLOR OF MONEY und CASINO in die kalten, desillusionierten 80er Jahre, an deren Ende, vielleicht, AFTER HOURS spielt. Und BRINGING OUT THE DEAD schließlich beschreibt das New York der Crack-Depression in den 90er Jahren. Allen diesen Filmen gemeinsam ist, dass sie ihre jeweiligen Epochen von einem Ende, vom Scheitern der Menschen her erzählen. Jede dieser Epochen scheint zugleich ein neuer Anlauf, den amerikanischen Traum noch einmal zu verwirklichen, und jede ist schon mit der Schuld ihrer Vor-Zeit verknüpft und häuft neue Schuld an.

Die Gewalt, die Sühne und das Blutopfer

Die Gewalt in Martin Scorseses Filmen erscheint stets überraschend und irrational. Oft entsteht sie aus scheinbar spielerischen Situationen, wie in WHO'S THAT KNOCKING AT MY DOOR?, wo J.R. gleich am Anfang ohne erkennbaren Grund in einen Straßenkampf verwickelt wird, oder in GOODFELLAS, wo der Gangster aus einer Laune heraus einen Jungen in der Bar anschießt (immer geht es da freilich, tiefer, um einen Riss in der Selbstidentifikation). Die Lust an der Gewalt packt die Scorsese-Helden eruptiv und zugleich verzweifelt. In BOXCAR BERTHA wird Rake des Falschspiels beschuldigt und zieht die Pistole gegen seinen Ankläger. Bertha nimmt sie ihm aus der Hand und schießt. In MEAN STREETS gibt es eine Party für einen Kriegsheimkehrer, der ohne Anlass plötzlich durchdreht und alles zerschlägt, was er in die Hand bekommt. Am Beginn von TAXI DRIVER sehen wir gleichsam beiläufig, wie sinnlose Gewalt an allen Ecken und Enden der Stadt zu beobachten ist, Kinder sind davon ebenso betroffen wie alte Leute, die plötzlich aufeinander einzuschlagen beginnen.

Es ist aber nicht nur die Gewalt, die wir sehen, was uns an Scorseses Filmen verstört, sondern auch die Art, wie wir es tun. Zu den Gewaltszenen Harvey Keitels in ALICE DOESN'T LIVE HERE ANYMORE hat Scorsese bemerkt, er habe vor allem von Sam Fuller und speziell von PARK ROW (1952) gelernt, was filmische Gewalt sei. Wie bei Fuller enthält bei Scorsese die autonome Zelle die Gewalt, sie wird weder weiter »zerlegt« noch choreografiert, das heißt, sie enthält das Symbolische, das noch jedem Akt der Gewalt innewohnt auf eine im Kino ungewohnte reale Weise (auch hier wieder sind wir an dokumentarische Arbeiten erinnert). Wie Sam Fuller (der auch als Kinomensch ein wenig »Reporter« blieb, und ein wenig Infanteriesoldat) zeigt auch Scorsese die Gewalt vor allem in der Zeit. In den Filmen von MEAN STREETS über RAGING BULL bis GANGS OF NEW YORK sehen wir nicht nur das, was Gewalt ausmacht, den Schmerz, sondern auch seine Dauer. Nie wird Gewalt bei Scorsese entweder zu einer heroischen Pose oder zu einem »Ballett« (auch wenn er von Menschen erzählt, die versuchen, Gewalt auf diese Weise zu inszenieren und zu kontrollieren); Gewalt ist die große Ent-Täuschung in seinen Filmen. Es ist, wie bei der armseligen Beinahe-Leiche im Kofferraum von CASINO oder bei dem gepfählten Verräter in GANGS OF NEW YORK, der Augenblick vollständiger Abwesenheit von Sinn. Wo ist Gott?, könnten diese Opfer fragen, und Scorseses Kamera gibt eine seltsame Antwort, wenn sie diese gemarterten und sterbenden Menschen in einer langen, transzendentalen Einstellung ansehen. Als wäre der sinnlos leidende, sinnlos sterbende Mensch Gott am nächsten. Oder als wäre die Gleichgültigkeit des Himmels ihm gegenüber am größten.

Das Symbolische ist für die Protagonisten gegenwärtig (sie suchen es mit jedem Schlag, wenn man so will, wie die sexuellen Gewalttäter in MEAN STREETS, TAXI DRIVER, ALICE DOESN'T LIVE HERE ANYMORE oder wie die Gewalttäter, die »jemand sein« und nicht fallen wollen wie in RAGING BULL oder CASINO), aber es geschieht nicht zwischen uns und den Protagonisten, es ist nicht in der Lage, Distanz zu schaffen. Die Beteiligung der Kamera ist unauflöslich und gegenwärtig. Die große Schlacht am Anfang von GANGS OF NEW YORK hat nichts mit dem Blut-und-Gedärme-Realismus von, sagen wir, Spielbergs SAVING PRIVATE RYAN (Der Soldat James Ryan; 1998) zu tun, aber Scorseses sich in das Geschehen hineindrehende Kamera macht uns wesentlich schuldiger. Deswegen kann es Spielberg gelingen, seine grenzenlose Gewalt schließlich doch mit Sinn zu erfüllen, wenngleich über einige Hilfskonstruktionen von Plot und Symbol, während Scorseses Film schon in dieser Eingangssequenz die andere Frage stellt (die Amsterdam in seinen Aktionen vermeiden will): Wie kann der Mensch leben, wenn er weiß, dass seine Taten und seine Untaten keinen Sinn ergeben?

Zwei Sonderformen der Gewalt sind besonders furchtbar, es ist vor allem die Gewalt der Männer gegen die Frauen, wie sie in ALICE DOESN'T LIVE HERE ANYMORE, RAGING BULL oder CASINO am heftigsten tobt. Auch diese Gewalt scheint

Lust an der Gewalt: Tommy DeVito in GOODFELLAS und ...

... Nicky Santoro in CASINO

zunächst irrational und eruptiv. Sie richtet sich gegen die Frau, deren der Mann sich nicht sicher sein kann; es ist mehr als bloße Eifersucht. Die Ursache dieser Gewalt ist eine tiefe Furcht vor dem (sexuellen) Versagen, vor der Wahrheit, die die Frau über den Mann zu sagen hat, vor ihrer einzigen Waffe: dem Sarkasmus (gegen den Jake La Motta bei seiner ersten Frau so furchtbar wütet). Nicht nur Bertha und Alice können ihrerseits, teils verbal, teils physisch, durchaus aggressiv sein. Der Kreis der Enttäuschung (und der Kreis der Ent-Täuschung) dreht sich durch alle Generationen und Geschlechter; die Katastrophe indes löst der Mann aus, ausgerechnet dann, wenn er ihn zu unterbrechen versucht.

Johnny Boy in MEAN STREETS ist förmlich das Modell der irrationalen Gewalt; sie bricht immer wieder aus ihm hervor – wenn er die Bombe in einen Briefkasten legt, wenn er einen Fremden auf der Straße angreift, wenn er schließlich Michael mit der Pistole bedroht –, als Provokation einer Gewalt gegen sich selbst. Für diese ständigen Ausbrüche der Gewalt gibt es viele mögliche Gründe. Nur einer davon mag sein, dass er sich nicht zu seiner Homosexualität bekennen kann, wie die psychoanalytisch ausgerichtete Kritik bemerkt. Travis in TAXI DRIVER verlangt vom Zuhälter, bevor er ihn erschießt, seine Kanone zu lutschen.

Die Gewalt ist immer wieder sexuell motiviert, und nicht selten direkt gegen das weibliche Geschlecht selbst, metaphorisch, wie in der explodierenden Mailbox in MEAN STREETS oder in einer Nebenfigur wie in TAXI DRIVER, wo ein Fahrgast Bickle ausmalt, was er mit der Pistole und dem Geschlecht seiner untreuen Frau anstellen wird. Es ist immer wieder die Geschichte des Mannes, der nicht mit der Frau schlafen kann – aus inneren noch mehr denn aus äußeren Gründen –

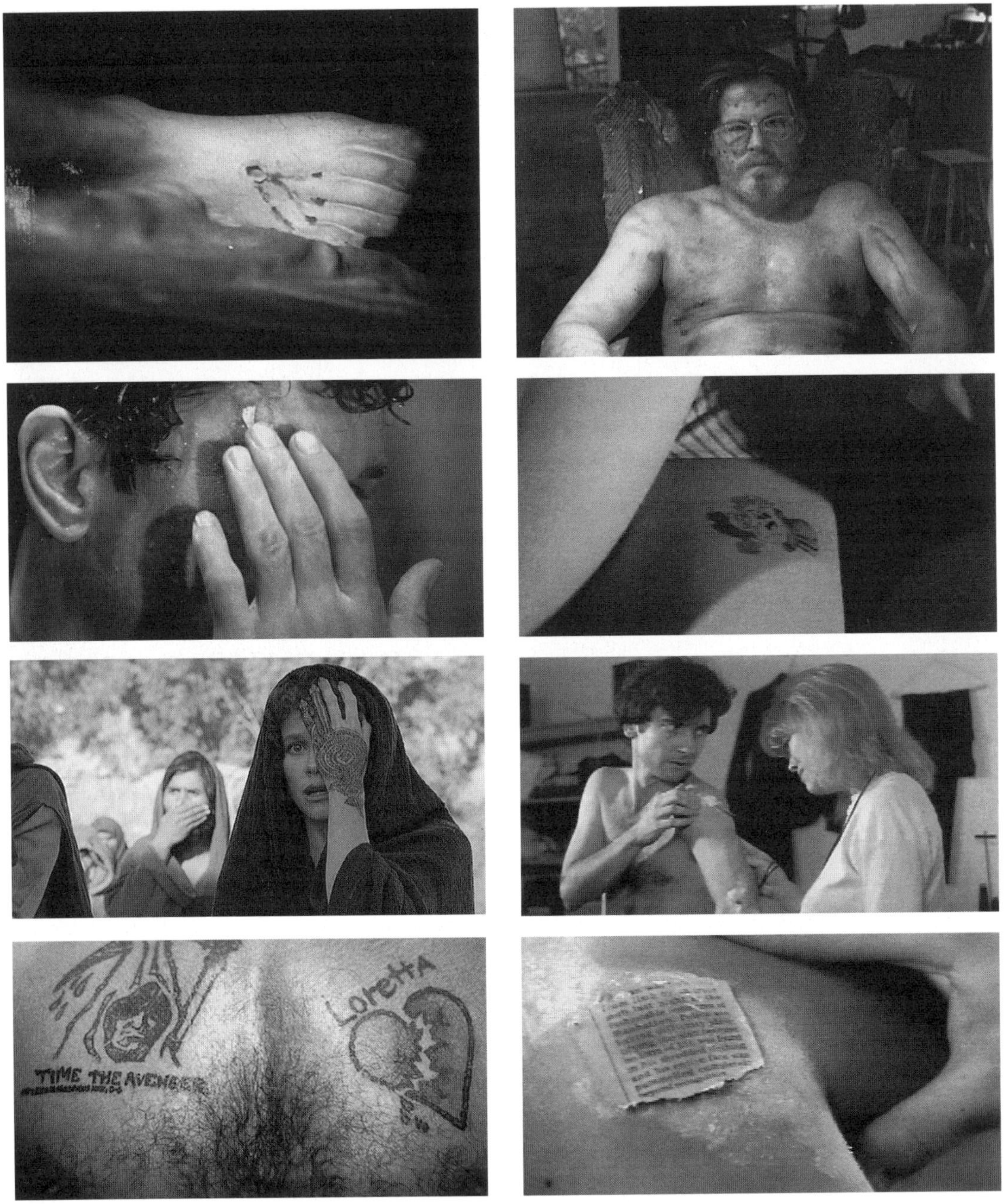

Tätowierungen, Wundmale: Der beschriebene Körper in WHO'S THAT KNOCKING AT MY DOOR?, RAGING BULL, THE LAST TEMPTATION OF CHRIST, CAPE FEAR (linke Spalte), LIFE LESSONS (1), AFTER HOURS (2-4) und ...

... GANGS OF NEW YORK

und der darauf mit einer eruptiven, phallischen Gewalt reagiert.

Das Geschlecht selbst ist Gegenstand der verzweifelten Hassliebe des männlichen Scorsese-Helden, es bezeichnet ihm das »Hurenhafte«. In MEAN STREETS bezeichnet Charlie Teresa als *cunt*, nachdem sie miteinander geschlafen haben, und Travis Bickle in TAXI DRIVER beschimpft Betsy als *cunt*, nachdem sie für ihn die Unschuld verloren zu haben scheint. Aber Scorseses Frauen sind nicht weniger manisch an das Phallische des anderen Geschlechts gebunden; es ist, was sie fürchten, und es ist, was sie provozieren. Es ist das Dilemma des Raging Bull, dass er nie »ein anderer« sein kann; »es gibt«, sagt Scorsese von ihm (und damit auch von einigen anderen seiner Helden), »keinen Unterschied zwischen dem Verhalten im Boxring und dem in der Küche oder im Schlafzimmer.« Aber was ist das für ein Mensch, der keinen Unterschied machen kann zwischen dem Schlafzimmer und dem Boxring? Zumal die Gleichung zwischen der einen und der anderen Art von Gewalt in einer Welt aufgeht (oder natürlich: nicht aufgeht), in der sich männliche und weibliche Räume (und filmische Syntagmen) zueinander so wenig öffnen. In Scorseses früheren Filmen befinden sich seine Helden immer in unterschiedlichen Zellen des Films mit Männern und mit Frauen zusammen und nie oder fast nie mit beiden gleichzeitig. Und nicht nur im RAGING BULL ist so eine Öffnung schon der Keim der nächsten Katastrophe.

Zweifellos wird die Gewalt in den späteren Filmen Scorseses subtiler; in AFTER HOURS ist sie zugleich allgegenwärtig und bleibt latent, es ist vielleicht sogar so etwas wie eine Komik zweiter Ordnung, dass hier so wenig manifeste Gewalt auftaucht. In THE AGE OF INNOCENCE bleibt sie strukturell und verbal. KUNDUN enthält zum ersten Mal Bilder einer Utopie der Gewaltlosigkeit, die freilich umso unbarmherziger zerstört wird. Und Frank in BRINGING OUT THE DEAD ist der erste Scorsese-Held, der ganz pragmatisch etwas anderes tun will, der eine andere Alternative zur Gewalt als das Opfer sucht. Dabei ist er freilich nicht weniger verfolgt, vom Phantasma der verlorenen Frau und von dem der begehrten. (So verlagert sich auch hier die Gewalt vom Bild in den Blick, von der konkreten Geste in die Struktur.)

Schlimmer noch als ihre Gestalt und ihre irrationale Zeit ist es, dass die Gewalt sich nicht in einem sinnvollen materiellen Rahmen ereignet und dass sie kein Mittel der Wandlung ist. In CAPE FEAR ist Max Cady einer, der im Gefängnis gesühnt hat, aber seine Sühne war nicht »richtig«, nicht allein, dass seine Strafe ungerechtfertigt, zumindest zu hoch ausgefallen sein könnte durch die ungesühnte Schuld des Anwalts. So setzt sich das Böse fort in einer Kette von Schuld und Sühne, Nicht-Schuld und Nicht-Sühne. »Ich bin wie Gott. Gott ist wie ich«, zitiert Max Cady den Cherubinischen Wandersmann und meint damit wahrscheinlich jenen Gott, der, wie er es mit seinem Widersacher zu tun gedenkt, dem Hiob »alles nimmt«. Wenn De Niro am Ende zu Tode getauft wird, dann wird er auch aufgelöst, wird nun in den Köpfen der Menschen sein, nicht nur in denen der Bowdens. Ganz im Gegensatz zum genrehaften Vorbild ist der gewaltsame Sieg der amerikanischen Familie über das Böse hier keine Erlösung, sondern der nächste Schritt zur Verdammnis.

Es gibt sehr viel Blut in Martin Scorseses Filmen. In CAPE FEAR rutscht der Held im Blut des von ihm angeheuerten, ermordeten Detektivs aus und besudelt seinen weißen Anzug, ebenso wie er mit der blutverschmierten Hand eine weiße Säule färbt. In allen Filmen Scorseses gibt es den Körper, der Wundmale aufweist. Sie sind manchmal »echt« (von BOXCAR BERTHA bis THE LAST TEMPTATION) und manchmal erweisen sie sich als Kunstprodukte, wie die Tätowierungen von Marcy in AFTER HOURS, die zuerst als »Brandmale« dargestellt sind, oder wie die Farbe auf dem Körper des Malers in LIFE LESSONS. Und GANGS OF NEW YORK ist wahrlich ein cineastisches Blutbad, wenn je ein Film diesen Titel verdient hat. Die schiere Menge des Bluts widerspricht hier jedem Sinn gebenden Mythos. (Scorsese muss hier nicht mehr so sarkastisch sein wie in CAPE FEAR, um durch die Trivialisierung des Blut-Bildes die Verteidigung des Lebens gegen den Mythos zu betreiben.)

Die Körperteile, die immer wieder als Ziele der Verwundung gezeigt werden, sind die Hände (nicht nur in THE LAST TEMPTATION) und der Hals. Die Scorsese-Helden zeigen diese Körperteile, als wüssten sie schon um ihre kommende Verletzung.

Der Körper in Martin Scorseses Filmen ist nicht das Mittel der Befreiung, sondern ein weiterer Ort der Gefangenschaft, des Leidens. Er sucht nach der Opferung, die er nicht findet. Der Mensch schindet seinen Körper, wie um ihn zu spüren und zu vernichten. Aber er ist, so wenig wie der Mythos, eine Lösung. Und so steckt im Dilemma der so sinnlosen Gewalt (die doch zugleich immer allzu deutlich als konstituierendes Element der Herrschaft und der Gesellschaft gezeigt wird) zugleich das größere Dilemma des Scorsese-Helden, das kafkaeske Christus-Dilemma: Der Mensch kann nicht ganz Mythos und nicht ganz Körper werden.

Die innere Bewegung der Helden führt dazu, die Wunden zu zeigen. In BRINGING OUT THE DEAD wird Frank förmlich von einem (den obendrein ständig dürstet) verfolgt, der sich unentwegt Wunden zuzieht und sie zeigt. Wenn es also so ist, dass diese Bewegung der Scorsese-Helden zwischen Flucht und Gefangenschaft stecken bleibt, so ist die Präsentation der Wunden der einzige Weg. Und für alle Protagonisten geht es um den vergeblichen Versuch, sich diesen Weg der Schmerzen womöglich zu ersparen. Aber neben der Frage nach der Vermeidbarkeit des Opfers gibt es die Frage nach seinem Sinn, nicht nur in der »Bilanz« der Gewalt, der Bilanz der Stellvertretungen und Übertragungen, sondern auch nach dem metaphysischen Sinn des Opfers, das einen fernen, abgewandten Gott (der Gott Bressons und Schraders) nicht weiter interessierte, das ein kapitalistisch-puritanischer Gott nach den Gesetzen der moralischen Nützlichkeit beurteilen würde und das ein liebender und gerechter Gott gar nicht brauchte. So wie er alle möglichen Träume vom

Aufstieg und vom Jemand-Werden ausprobiert, so probiert Scorsese in seinen Filmen auch alle möglichen Formen des Opfers aus und verwirft sie.

Die Erwählten und die Scheinheiligen

Die Erwählung, die zum Opfer nur führen kann, ist ein direktes Ergebnis der Einsamkeit. Und auch diese Einsamkeit ist zugleich ein existenzielles Problem, auf das es nur eine metaphysische Antwort geben kann, und ein gesellschaftliches Produkt der Entfremdung.

Die Erwählung ist bis zu THE LAST TEMPTATION ein direktes Stilmittel, danach wird es oft gleichsam karikaturhaft benutzt. Die Kamera in AFTER HOURS rast förmlich auf Paul Hackett in seinem Büro zu, entlang der Tischreihen und Verkabelungen; der Film greift ihn heraus und wird ihn, nachdem er ihn für seine Zwecke missbraucht hat, wieder ausspucken. Die Kamerafahrt am Ende ist identisch mit der am Anfang, nur dass sie nun rückwärts ausgeführt ist. Natürlich ist die Bewegung der Kamera, Erwählung und Verlassen, zunächst direkt als »grausam« erfahrbar. Aber sie schafft zugleich ein anderes Menschen-Bild des Kinos: Während das klassische Kino in seiner Bewegung behauptet, das ganze Leben eines Menschen zu erfassen, betont Scorsese den Ausschnitt und das Fragment; seine Menschen haben eine Metaphysik jenseits des Plots, sie sind durch die Kamera auf eine Weise herausgehoben, dass dieser Akt der Erwählung seine Willkür, seinen Sadismus auch, durchaus offenbaren muss. Schon hier überträgt sich Schuld. *Are you looking at me?* Aber das heißt auch, dass da noch ein anderes Leben ist, und es heißt, in der »Unsicherheitsrelation« des Kinos, dass dieser im Kino hervorgehobene Abschnitt des Lebens von den Bedingungen des Kinos selbst bestimmt sein mag. Ganz ähnlich verhält sich die Kamera in NEW YORK, NEW YORK. Sie holt Jimmy aus der Masse heraus, als müsse sie auf diese Weise seine Einsamkeit zugleich »zeigen« und »erzeugen«.

Es ist immer die gleiche Struktur: Ein unbedeutender Mensch wird auserwählt, Zentrum einer Geschichte zu sein. Aber immer bleibt eine Hilflosigkeit, ein Entsetzen des Menschen gegenüber dieser Geschichte, die nur über den Umweg des Transzendentalen zu seiner eigenen wird. Der Mensch und seine Geschichte sind durch diese Bewegung der Kamera als nicht-identisch charakterisiert, so wie wir mit Scorseses Mitteln der »Verfremdung« das Nicht-Identische von Blick und Bild erfahren haben. Der durch diese Scorsese-Kamera »erwählte« Mensch ist in allererster Linie unser Opfer. Daher dürfen wir uns nicht allzu sehr wundern, wenn er in dem Augenblick, in dem er dieser Auserwählheit und dieses Blicks gewahr wird, auch zu lügen beginnt. Nur die Verrückten (wie Mose Harper in THE SEARCHERS oder der verrückte Kranke in BRINGING OUT THE DEAD) sind dann, wenn sie sich angesehen wähnen, und dann, wenn sie es nicht tun, gleich. Wenn also die Kamera nicht mehr behaupten kann, sie sei unsichtbar, dann kann sie nur noch die wahren Verrückten suchen und die falschen Helden und Heiligen.

Mit dieser Ästhetik aber schafft Scorsese nicht nur den eigenen filmischen Raum, er definiert nicht nur das Dilemma das Helden (als ein filmisches), er imitiert erneut jenen Blick, der zugleich der Blick des Versuchers ist. Scorsese zieht den Helden in seine Welt, stattet ihn aber im selben Moment mit Fluchtimpulsen aus. Der Kampf des Helden – erinnern wir uns nur an die Eingangssequenz von NEW YORK, NEW YORK – ist immer auch der Kampf mit diesem Blick. Weiß dieser Held um diesen Blick, oder weiß er es nicht? Seine Gnade, jedenfalls, liegt darin, ihn anzunehmen. Gott und der Teufel sind in diesem Blick zur gleichen Zeit in der Figur geboren. So ist noch einmal der Scorsese-Held in seinem katholischen Dilemma sichtbar: als Wesen der Schöpfung und als Wesen, das gegen seine Schöpfung revoltiert.

Der Versuch, »jemand zu werden«, und der Zugriff auf den Auserwählten sind dialektisch miteinander verbunden. Jemand werden kann man nur durch das Blutopfer, die Spur ist eine Blutspur. Der Fluss von Blut und der Fluss von Geld sind einander spiegelbildlich, wenn natürlich auch nicht immer so deutlich wie in CASINO. Man ist niemand ohne Geld, und Geld gibt es nur, wenn man Blut vergießt, das eigene und das der anderen.

Die »Erwählung« des Helden in AFTER HOURS

Der Weg der Selbsterhöhung führt konsequent zur Selbsterniedrigung: Jake La Motta hat sich erst in der größten Erniedrigung akzeptiert (wie er es als Boxer getan hat, so fordert er auch als Entertainer dazu heraus, geschlagen zu werden), Pupkin wird nur zum Star, indem er sich öffentlich selbst demütigt, der Sanitäter Frank muss selbst tiefer in die Straßenhölle hinein, um jemanden retten zu können.

Orte, oder *no place to go*

Es scheint zunächst ein Gemeinplatz, Martin Scorseses Helden als Menschen ohne Heimat zu beschreiben. Doppelt und dreifach ist dieser Platz verloren! In TAXI DRIVER meint Travis Bickle: »All my life needs was a sense of some place to go.« Es ist die Erfahrung der Einwanderer, die zwar einen neuen Platz gefunden haben, für die das Getto aber ein seltsamer Ort wird, in dem die Träume eingeschlossen sind, es ist die Erfahrung der Kriegsheimkehrer, aber genauso ist es die Erfahrung jener, die »es geschafft« haben, die »oben angelangt« sind und die an ihrem Ort doch nur wie Bill The Butcher in GANGS OF NEW YORK von Angst durchschauert sind.

Vielleicht wäre ein Raum ja schon genügend Heimat, wenn er einer wäre, an dem man endlich Schlaf fände! Aber Scorseses Helden sind schlaflos. Sie schrecken aus unruhigen Träumen hoch wie in MEAN STREETS, sie werden von ihrer Schlaflosigkeit auf die Straße getrieben wie in TAXI DRIVER, Bill in GANGS OF NEW YORK kann keinen Schlaf mehr finden, Frank in BRINGING OUT THE DEAD rast als Schlafloser durch die nächtliche Stadt; in RAGING BULL und NEW YORK, NEW YORK machen die Protagonisten die Nacht zur Bühne.

Das soziale Paradox der Scorsese-Helden besteht darin, dass sie an einen Innenraum gebunden sind, der ihnen nicht gehört (ja der sich früher oder später immer als feindlich erweisen wird); die Wettkampfräume der Sportler und Spieler, die Bars und Casinos der Gangster. In BOXCAR BERTHA ist für Bertha und Bill der Güterwagen zugleich der eigene Lebensraum und das Eigentum und Kampfgerät der verhassten Gegner, der Eisenbahngesellschaft. So sehen wir immer wieder, wie schwierig es ist, ganz körperlich, sich diesen Lebensraum zu erkämpfen. Und noch mehr, ihn zu bewahren. Als in CASINO die Ehe zwischen De Niro und Sharon Stone auf ihr katastrophales Ende zusteuert, hören wir Clarence Henrys *Ain't Got No Home*.

Es gibt also diesen Raum der Verlässlichkeit so wenig, wie es die verlässliche Identität gibt. Raum und Zeit sind bei Scorsese gleichsam perforiert; irrationale *flash forwards*, so beiläufig, dass wir sie kaum wahrnehmen, in rätselhaften Nebensätzen oder in Namen geäußert, entsprechend der Unzuverlässigkeit der Wahrnehmung im Raum. »Lots of things are seldom what they seem«, singt Alice in ALICE DOESN'T LIVE HERE ANYMORE, und sie beschreibt dabei vor allem ihre eigenen Wahrnehmungsprobleme.

Das einfachste Bild für diese Entfremdung ist der Umstand, dass Scorseses Charaktere nicht in der Lage sind, die Welt zu beschreiben, in der sie leben. Das ist noch sehr einfach ausgedrückt in WHAT'S A NICE GIRL LIKE YOU DOING IN A PLACE LIKE THIS?, wo J.R. von seiner schönen Wohnung in einer netten Gegend mit einer freundlichen Vermieterin erzählt, und wir sehen die Wahrheit: ein enges kleines Zimmer in einer Slumgegend mit einer wahren Hexe als Vermieterin. Der Selbstbetrug ist auch ganz direkt das Thema von IT'S NOT JUST YOU, MURRAY!, und es ist, subtiler, das Sujet von BRINGING OUT THE DEAD (noch mehr als in AFTER HOURS müssen wir in diesem Film in Scorseses Kameraeinstellungen an eine gestauchte Version von Monument Valley in den Häuserschluchten denken).

Die Angst vor dem Meer und die Sehnsucht nach dem Berg ist eine weitere Grundmetapher in Scorseses Topografie. Doch erst in GANGS OF NEW YORK wird diese »irrationale« Angst der Scorsese-Helden vor dem Meer historisch erklärt, es ist das Medium, über das immer neue Menschen ins Land kommen, die »Heimat« wieder und wieder in Frage stellen, es sind die Wellen, die alle Festigkeit in Frage stellen.

Das Meer und die Wüste sind die Orte der Verdammnis in den Scorsese-Filmen; der magische Punkt, von dem seine Helden in WHO'S THAT KNOCKING AT MY DOOR? und MEAN STREETS indes angezogen werden, ist der Berg: Golgatha, Sinai, um eine weitere mögliche Übermalung anzudeuten. Der Fluchtpunkt der Heldin in ALICE DOESN'T LIVE HERE ANYMORE ist Monterey (der Berg des Königs): Was als unklare (und hier und dort neurotische) individuelle Obsession im einzelnen Film erscheint, verdichtet sich im Ensemble der Scorsese-Filme zu einer Art der US-amerikanischen Anti-Mythologie. »Jemand werden« kann man nur, indem man sich hier gegen das Wasser und dort gegen die Wüste stemmt.

Der Fluchtpunkt der Niederlage, des Hasses, ist das Wasser; hier findet schließlich die tödliche Auseinandersetzung in CAPE FEAR statt, und in THE COLOR OF MONEY ist der Fluchtpunkt (an dem sich der Verrat manifestieren wird) Atlantic City. Übers Meer kommen nicht nur die verdammten Lebendigen, sondern auch die Toten aus dem Bürgerkrieg in GANGS OF NEW YORK. Das Wasser ist der Ort der Angst in WHAT'S A NICE GIRL LIKE YOU DOING IN A PLACE LIKE THIS?.

Martin Scorseses Orte sind nicht sonderlich »real«. Die *mean streets* sind darauf aus, ihre Kulissenhaftigkeit auszustellen, und das New York von GANGS OF NEW YORK will nie verbergen, dass es in Cinecittà errichtet worden ist. Stattdessen sind es Orte, die vom Realen durchflossen werden, die Elemente des Realen (wirkliche Musik, wirkliche Menschen, wirkliche Empfindungen) anziehen. Da der Ort nicht vollständig real erscheinen will, wird das Reale, das ihn durchzieht, umso heftiger. Wäre das Künstliche am künstlichen Ort nicht ebenso konventionell wie das »Reale« am »realen« Ort? Die »Zelle« als Syntagma in Scorseses Filmen ist stattdessen ein seltsamer Attraktor für die Fragmente der Wirklichkeit. Die Orte von NEW YORK, NEW YORK, AFTER HOURS oder GANGS OF NEW YORK erreichen keine hohen Werte auf den Skalen des schmutzigen oder des romantischen Realismus (wie in Woody Allens New-York-Bildern); aber sie entsprechen vollkommen den Empfindungen der Menschen.

Der wahre Ort des Menschen aber ist nicht die Stadt, sondern der eingegrenzte Schauplatz, ein Ort, der vollständig von Blick und Bild erfasst wird: ein Taxi oder ein Ambulanzfahrzeug, ein Boxring oder ein Billard-Saloon, eine Konzertbühne oder ein TV-Studio, ein Hausboot oder ein Maleratelier. Und es ist ein Ort, der nicht nur eine kulturelle Identität behauptet wie Little Italy, sondern vor allem eine gewisse Körperlichkeit wie Five Points.

Die scheiternde Menschwerdung

Martin Scorsese, schreibt Michael Wilmington, »ist dem Kino ergeben wie ein Priester, und er ist besessen von Filmen wie ein Liebender. In seiner Arbeit sind diese scheinbaren Widersprüche vereint. Während Scorsese, der Film-Priester, Stabat Maters schafft, auf der Suche nach Erlösung, danach, den Himmel zu berühren, taucht Scorsese, der Film-Liebhaber, tief in das Fleisch des Kinos, er versucht, all seine Süße und all seine Leidenschaft zu umarmen und zu besitzen.«

Martin Scorsese ist gewiss ein »Cinephiler«, und doch ist sein Kino definitiv post-klassisch. Er nähert sich seinem Material als Bewahrer, Revolutionär und Enzyklopädist.

Martin Scorseses Kino ist der magische Ort, an dem sich das Heilige und das Erotische berühren. Vor unseren Augen versuchen seine Menschen, ihr Leben in eine Bühne zu verwandeln, auf der sie ihre großen Auftritte zelebrieren, und während sie bei dem Versuch scheitern, offenbaren sie sich als Wesen, die das große Ziel nicht erreichen können: Menschen zu werden.

In Scorseses Arbeiten hat das Kino die melodramatische Selbstgerechtigkeit, sein schreckliches bürgerliches Erbe, überwunden. Er sieht seine Menschen, verdammte und verzweifelte, zu nichts so wenig fähig wie dazu, sich selbst zu erlösen, mit einem Blick, der weder verurteilt noch absolutiert. So wird sein Kino zu einer Herausforderung an uns, mit Liebe Menschen zu begegnen, die diese Liebe nicht »verdient« haben, die nicht einmal selbst zur Liebe fähig sind. Sie alle wiederholen nur die Anstrengung des Filmemachers, sich immerhin in Bildern und Gesten, in Bewegungen dem anderen zu nähern.

Komposition

Vom Drama zum Satz

»Mich langweilt die konventionelle, besonders amerikanische Dramaturgie«, meinte Scorsese in einem Interview mit Caroline M. Buck. »Man sagt von einem Film, er müsse drei Akte haben. Theaterstücke haben Akte, aber warum sollte ein Film nicht zum Beispiel in Kapitel unterteilt sein wie ein Roman? Oder in Sätze wie ein Musikstück?«

So lassen sich für die Dramaturgie einer Erzählung in Bildern an Scorseses Filmen andere Einteilungen vornehmen als das bekannte Drei- oder Fünfakt-Schema des Hollywoodfilms. Dieses Schema ist in der Regel todsicher, und nicht nur alle Drehbuchratgeber behaupten kategorisch, die klassische, seit Aristoteles bewährte Dreiakt-Form sei unabdingbar. David Bordwell nennt das auch heute noch die »kanonische Form« der filmischen Narration: Jeder Film hat einen Anfang, einen Mittelteil und ein Ende. Wenn auch nicht notwendigerweise in dieser Reihenfolge, wie François Truffaut anfügt. Das bedeutet: Dieses Drei- oder Fünfakt-Schema des populären Films ist nicht unbedingt gebunden an die zeitliche und räumliche Kontinuität. In der Regel können wir uns zwischendrin keinen Vorhang vorstellen wie im Theater, im Gegenteil: Die Filmemacher werden auch hier auf unmerkliche Übergänge und auf ambivalente Wirkungen aus sein. Es ist eine innere, keine äußere Struktur; man sieht sie dem Film im Allgemeinen sozusagen gar nicht auf den ersten Blick an.

Natürlich ändert sich die Konstruktion von Neugier, Spannung und Überraschung, wenn ich zum Beispiel mit dem Ende beginne. Ein Mann ist tödlich verwundet, ach was, er ist schon tot, wie in Billy Wilders SUNSET BOULEVARD (Boulevard der Dämmerung; 1950), und jetzt wollen die Zuschauer natürlich wissen, wie es dazu gekommen ist. Also erzähle ich den Film in einer langen Rückblende, bis ich wieder an dem Punkt angelangt bin, an den ich den Zuschauern die ersten Fragen auferlegt habe. Wenn es den einen Zuschauer oder die andere Zuschauerin irritiert, dass diese Geschichte ja sozusagen von einem Toten erzählt wird – umso besser. Scorsese parodiert diese Form der langen Rückblende in CASINO, aber es ist schon ein wenig mehr als ein freundlicher Nasenstüber für die Geschichte des Mediums. Er löst in gewisser Weise die metaphysische Konstruktion dieses Erzählens aus dem Reich der Toten, das Wilder in DOUBLE INDEMNITY (Frau ohne Gewissen; 1944) genauer verwendet: Eine Geschichte wird kenntlich als Geständnis eines Sterbenden.

Aber selbst solche Konstruktionen ins Subjekt hinein machen die semiotische Tragödie des Dreiakt-Schemas nicht ungeschehen. Sie läuft auf eine Konstruktion der Vorbestimmung, einer Synchronisierung inneren Wissens und äußeren Geschehens hinaus, die alles Erzählen im Kino auf mehr oder weniger wohltuende Weise fatal werden lässt. In der ursprünglichsten Form heißt das: Es kommt, wie es kommen musste. In der avancierteren Form: Es kommt überraschenderweise, wie es kommen musste. Wie im Theater vermag ich auch im Film, diese »kanonische Form« durch Retardierungen und Spiegelungen von einem Drei- zu einem Fünfakt-Schema zu erweitern, ohne an der grundsätzlichen Entwicklung von der Exposition über die Zuspitzung des Konflikts bis zu seiner finalen Lösung etwas ernsthaft in Frage zu stellen.

Der erste Akt bietet die Exposition: Die Personen und ihre Welt werden vorgestellt, die Konflikte werden entwickelt. Im zweiten Akt spitzt sich der Konflikt zu, er bekommt sozusagen seine eigene Dynamik. Spannung und Suspense überwiegen die Neugier, das Emotionale, das Kognitive. Im dritten Akt wird, logischerweise die Sache zu einem guten Ende geführt, entweder durch die finale Auseinandersetzung, das Duell, oder durch die nicht minder finale Demaskierung. Irgend etwas oder irgend jemand stirbt; ein Opfer wird durch Handlung vollzogen. Wir ahnen also, dass die Verweigerung des finalen Todes, den wir in Scorseses Filmen erleben (und oft genug nicht wirklich akzeptieren) zugleich eine Funktion des filmischen Subjekts berührt (der spannungsreichen Einheit von Held, Autor und Zuschauer) wie eine Funktion der konventionellen Plot-Konstruktion.

Martin Scorsese will die Dreiakt-Struktur nicht einfach ignorieren. Er unterzieht sie vielmehr einer kompositorischen Bearbeitung. Und gegenüber allen Dialekten der »Filmsprache« verhält er sich eigensinnig, indem er die Einheiten (die großen Syntagmen des Films) nicht aus ihrer Beziehung zueinander, sondern primär aus ihrem Eigenwert benutzt. Das bedeutet unter vielem anderen auch, dass aus der Kompositionszeit einer Einstellung oder einer Sequenz ihre eigene Dauer wird.

Was uns in den »rauen« Film-Kompositionen des Regisseurs auffallen mag, ist zunächst freilich nicht so sehr die Geschlossenheit eines Aktes oder auch eines »Satzes« als vielmehr die Gewalt eines *plot point*, eines Bruchs in der Handlung (oft genug gepaart mit einer jener »außergewöhnlichen Einstellungen«, von denen die Rede war, in denen aus dem grammatischen Raum der Filmerzählung herausgetreten werden kann und das Kino selbst zu sprechen beginnt). Nun wird nicht nur anderes, sondern auch anders erzählt. Es ist, zum Beispiel, der Unfall des Rettungswagens in BRINGING OUT THE DEAD, nach dem sich Frank nicht nur von seinem Kompagnon trennt, einem warmherzigen Neurotiker, wie wir ihn aus den Rollen von John Goodman kennen (aber auch einem gefährlichen Pyromanen: Teil des Problems so sehr wie Teil der Lösung). Das Verschwinden dieser Person ändert die Dauer der Syntagmen; ohne Goodman werden die Sequenzen unruhiger. (Oder verhält es sich umgekehrt? Vertreibt der Film eine Person durch die Zeitveränderung seiner Syntagmen?) Es ist etwas sehr Einfaches und doch für das Kino (und darüber hinaus) Skandalöses: Der Ausgang einer Sache, ästhetisch oder dramaturgisch, in der Kunst oder im Leben, ist nicht bloß (manchmal) überraschend. Er ist ungewiss.

Das Scorsese-Paar

Die primäre Konstellation in den Filmen Scorseses ist das (ungleiche) Paar, das einander Spiegel und Halt, einander Schicksal und Destruktion ist, in dem einer den anderen erkennt und zugleich ein Gegenüber hat, das ihm die vollkommene Fremdheit vor Augen führt. Die Spiegelung wird durch sehr unterschiedliche Elemente gebildet. Durch die Bewegungsrichtung: der Junge, der aus dem Wahnsinn des Gettos in das bürgerliche (wenngleich nicht weniger kriminelle) Milieu zu flüchten sucht, und der Junge, der diesen Wahnsinn immer radikaler auslebt in MEAN STREETS; der alte und der junge Spieler in THE COLOR OF MONEY; der bürgerliche Rechtsanwalt und der Kriminelle in CAPE FEAR, der politische Rationalist und der Mystiker in THE LAST TEMPTATION; der solide und der hysterische Gangster in CASINO, der Star und sein Fan in THE KING OF COMEDY etc. Immer verhalten sich diese beiden als negative Spiegelbilder; der eine ist jeweils die Schattenseite des anderen, seine verborgene Möglichkeit. In der Regel aber geht es um Männer, die einander brauchen, die sich aneinander entwickeln und die durch einander verdammt sind, und beinahe immer ist dieser Blick in den Spiegel gebrochen durch die Anwesenheit der Frau. Auch hier gibt es so etwas wie ein Scorsese-Urbild: IT'S NOT JUST YOU, MURRAY! schildert die Unfähigkeit des Helden, seinen opportunistischen und betrügerischen »Freund« Joe als seinen Feind zu erkennen (der ihn auch mit seiner Frau betrügt). Die Angst davor, dass der andere der (bessere) Liebhaber ist, beherrscht die Protagonisten in RAGING BULL oder THE COLOR OF MONEY oder CASINO. Dabei scheint zunächst kaum feststellbar, ob diese weibliche Gegenwart den Blick trübt, ob der andere vom Spiegelbild zum Rivalen wird oder ob die Perspektive sich weitet. Viele seiner Helden haben so etwas wie eine doppelte Identität, oft signalisiert durch einen zweiten Namen, der gelegentlich sein zweites Leben in einem Wahn beschreibt: Der Held von WHAT'S A NICE GIRL LIKE YOU DOING IN A PLACE LIKE THIS? heißt Langston, wird aber »Harry« genannt. In WHO'S THAT KNOCKING AT MY

DOOR? gibt es einen Mann namens Sally »GaGa«; in MEAN STREETS einen Joey Scott mit dem Spitznamen Joey »Clams«. Beinahe alle Männer und Frauen auf den Straßen von TAXI DRIVER haben zweite Namen wie »Easy« (»Ich heiße Iris, aber nenn' mich ›Easy‹, das ist einfacher«) oder »Sports«. Und Travis Bickle hat schon den Namen »Killer«, lange bevor er zu seiner Tat schreitet, ganz ähnlich wie Rupert Pupkin sich als Entführer »The King« nennt und damit seinen letztendlichen Sieg und seine wirkliche Verwandlung in den *King of Comedy* vorwegnimmt. Johnny Boy in MEAN STREETS trägt den Spitznamen »Flash« (aus dem Rolling-Stones-Song *Jumping Jack Flash*).

Dreimal zwei, das ist die Formel von BRINGING OUT THE DEAD: In drei Nächten muss Frank Pierce mit jeweils einem anderen Partner die Straßen der Stadt durchstreifen auf der Suche nach jenen, die zwischen Leben und Tod stecken; Larry (der von Essen und Feuer besessen ist), Marcus (der von Jesus und »Love«, einer Frau, die er nur als Stimme kennt, durchdrungen ist) und Walls (der zu Gewalt und Apokalypse gehört). Rose (das stumme Bild aus dem Reich der Toten), Mary (die gefährdete Wanderin zwischen den Welten) und »Love« (die bildlose Stimme) verkörpern das weibliche Dreieck, das sich dem männlichen gleichsam Spitze auf Spitze gegenüberstellt.

In NEW YORK, NEW YORK nimmt Doyle, um sich um eine Hotelrechung zu drücken, einen falschen Namen an, »Mr. Powell« (was nur einerseits eine weitere der vielen Hommagen an Scorseses Regie-Idol Michael Powell darstellt), und er gibt vor zu hinken. In BOXCAR BERTHA werden alle Helden beständig mit leicht verfremdeten Namen angesprochen: Big »Bill« Shelley wird von einem Spieler als »Shetley« angesprochen, der Spieler Rake liest in einer Zeitung, in der Berthas Name als »Thomkins« statt Thompson geschrieben wird. Ein besonders vertracktes Wortspiel ist es in diesem Film, dass Bertha, Bill und ihre Freunde als *desperate confederates* bezeichnet werden. Sie werden also als Rebellen des Südens identifiziert anstatt als *unionists* – nicht im Sinne der Union der Nordstaaten, sondern als Gewerkschafter.

Der Kampf um die Identität beginnt in dem Kampf um den Namen. In THE KING OF COMEDY wird Rupert Pupkin beständig mit falschen Namen angesprochen, aber die Verwechslung als Spiel der Wahrscheinlichkeit von *misreadings* und *misspellings* erhält auch einen absurden Kontrapunkt: Rita hält Pupkins Unterschrift sogar für die von Robert Redford.

Paul in AFTER HOURS verliert erst einmal seine Identität in SoHo, sein Name bedeutet niemandem etwas, er wird für einen Killer gehalten. Auch GANGS OF NEW YORK handelt von einem Menschen, der seine Identität verloren hat: Sie und seinen Namen wieder zu gewinnen, ist nur durch einen Mord möglich. Gelegentlich sind es auch ein Mann und eine Frau, die das Scorsese-Paar bilden, wie in NEW YORK, NEW YORK, und einmal, in ALICE DOESN'T LIVE HERE ANYMORE, gibt diese Spiegelung auch die Beziehung zwischen Mutter und Sohn wieder.

Das Scorsese-Paar ist vielleicht am reinsten verkörpert in MEAN STREETS und in THE LAST TEMPTATION: der reine Tor, der auserwählt ist, ohne Gewissheit über die Natur dieser Erwählung – sie mag eine Störung ebenso sein wie eine göttliche Fügung –, und der auf diese Unsicherheit eben mit reiner Torheit reagiert (die ebenso in der sinnlosen, provozierenden Gewalt De Niros in MEAN STREETS bestehen kann wie in der scheinbar törichten Gewaltlosigkeit von Christus). Demgegenüber steht der Rationalist, der Gestalter, der von sich zwar überzeugt ist, aber auch weiß, dass er eben *nicht* auserwählt ist. Da ist ein Mensch, der seiner selbst nicht gewiss ist, aber offenkundig auserwählt ist, und da ist ein anderer, der scheinbar vor allem aus Selbstbewusstsein zu bestehen scheint, aber in seiner Autonomie nicht wirklich fortkommen kann. (Vielleicht besteht im Übrigen das Schwinden der Intensität von BRINGING OUT THE DEAD gerade darin, dass diese Dualität, die uns am Anfang durch das Zusammenspiel von Nicolas Cage und John Goodman versprochen war, nicht ausgeführt wird.)

Die Beziehung der beiden Figuren ist stets ein missglücktes Lehrer-Schuler-Verhältnis, die Geschichte vom Schüler, der sich von seinem Lehrer unabhängig macht, die Geschichte vom Lehrer, der erst durch den Verlust des Schülers zu sich selbst findet. Man könnte andersherum sogar sagen: Es gibt in dieser Dualität immer einen, der der »Vater« des anderen, sein vernünftiges Über-Ich werden will, und den anderen, den Sohn, der seine Leidenschaften, seine Empfindungen ausagieren möchte. So weist wohl diese Dualität auf den magischen Familienroman zurück, eine seltsame neue Variation des Ödipus-Mythos, in dem offenkundig das (verzweifelt) handelnde Subjekt nicht der Sohn, sondern der Vater ist, der an der Vitalität des anderen zu zerbrechen droht.

Bei MEAN STREETS orientierten sich Keitel und De Niro bewusst an dem Komikerpaar Abbott und Costello (und so ist auch der Auftritt von Cheech & Chong in AFTER HOURS gewiss mehr als ein Besetzungsgag), und auch die ständigen Streitereien zwischen Alice und Tommy erinnern an ein Komikerpaar, an Laurel und Hardy zum Beispiel. Wenn man sich aber an die Auftritte von Scorseses Eltern in ITALIANAMERICAN erinnert, erzählend, einander übertrumpfend, immer bereit für einen Streit, von dem man nicht weiß, wie ernst er gemeint sein mag, dann ist wohl auch hier eine biografische Quelle auszumachen. In RAGING BULL wird diese Figuration durch wirkliche Brüder hergestellt, und in einem Exzess von Symbiose, gegenseitigem Misstrauen und Trennung muss dies enden.

Die Musik

Der Soundtrack von Scorsese-Filmen entspricht weniger einer »Komposition« als mehr dem Griff ins Plattenregal eines eklektischen Sammlers, der seine Geschichten mit der passenden (und manchmal auch verqueren) Musik untermalt. Oft werden eben gerade nicht die »guten« Stücke der Musiker ausgewählt, sondern eher typische. Die CD-Veröffentlichung des Soundtracks zu THE COLOR OF MONEY zum Beispiel wurde von den Kritikern einhellig verrissen; Eric Clapton, Robert Palmer, Mark Knopfler oder Warren Zevon hätten, wie es etwa in der *Film-Illustrierten* heißt, »regelrecht Ausschuss-Material der letzten Soloplatten« verwendet. Tatsächlich aber verwendet Scorsese stets neben gewissen sowohl für die Zeit als auch für die Situation der Helden bedeutenden Songs immer eher auch fragmentarisches, unausgearbeitetes musikalisches Material, das erst in der Kombination mit dem Bild zu leben beginnt.

»Ich habe«, bekennt Scorsese 1996 in einem Interview mit Thomas Lassonczyk, »während der letzten fünf Jahre all die Lieblingssongs gesammelt, die ich mein ganzes Leben immer wieder gehört habe, und sie auf Digitalbänder aufgenommen. Nun sind sie von A bis Z archiviert – insgesamt 26 Kassetten mit ungefähr 30 Liedern pro Band. Allein von den 50er Jahren habe ich 13 oder 14 Kassetten aufgenommen.«

Wenn die Filme ein sakrales Drinnen zelebrieren, ist die Musik, Scorsese dritte Liebe nach Kirche und Kino, immer so etwas wie ein Fenster, eine Verbindung von drinnen und draußen. Musik ist die historische Leitlinie in GOODFELLAS, und in MEAN STREETS erkennen wir die *tribes*, in die die Unterwelt zerfallen ist, an den Musikstücken, die aus den Türen klingen, ebenso wie das Nebeneinander von Oper und Popsong die Verflechtung von *via vecchia* und Gangland-Street in Little Italy signalisiert. Neben den Räumen, die größer sind als die Menschen, verspricht die Musik (allgemeiner: die Kunst) eine ungreifbare Form der Erlösung: Ellen Burstyn in ALICE DOESN'T LIVE HERE ANYMORE hat die Musik zu ihrer Selbstbefreiung gewählt, in NEW YORK, NEW YORK gehört das einsame Saxophon-Spiel des Helden in der Stadt zu den schönsten Szenen.

Die Unterscheidung zwischen Hintergrundmusik und *on-scene music* ist nicht mehr genau zu treffen; wir wissen nicht immer genau, woher die Musik kommt. In Scorseses Filmen gibt es nicht die Trennung der Musik, die als Untermalung aus einem »objektiven« Um-Raum, dem absoluten Off, kommt, und der Musik, die in der Szene spielt, aus einem Konkreten des Filmraumes, dem relativen Off. Er verweigert damit einen der Prozesse, die in der Regel das Spiel von Identifikation und Distanzierung im Kino ausbalancieren, als eine Trennung zwischen den Räumen, die dem Erzählen des Films zugeordnet sind, und solchen, die zur Erzählung gehören. Auch die Off-Erzählung hält Scorsese zwischen dem Subjektiven und dem Objektiven in der Schwebe. Die Musik scheint uns immer wieder an bestimmte Orte zu ziehen, neue Innenräume zu öffnen, eine weitere Leitlinie der Wahrnehmung zu bilden, die »wissender« ist als die optische Wahrnehmung des Augenblicks. So erhalten alle Scorsese-Filme einen Anklang von Oper; nicht nur, weil die Musik vom Status der bloßen Untermalung befreit ist, sondern auch, weil sie zum Träger der eigentlichen Gefühle wird. Sie unterstreicht sehr oft – im Gegensatz zum traditionellen Erzählkino – nicht das, was die Protagonisten sagen, sondern sie drückt im Gegenteil das aus, was sie nicht sagen oder tun können.

Insbesondere in den Gangsterfilmen, in MEAN STREETS, GOODFELLAS und CASINO, benutzt Scorsese immer wieder ausschließlich vorhandene, keine für den Film komponierte Musik. Die Verschiebung von der *score music* zur *source music* ist ein Teil der Demontage der Helden; ganz im Gegensatz zu den epischen Gangsterfilmen von Coppola oder Leone haben weder die Filme selbst noch die Figuren, noch bestimmte Schlüsselemotionen »Leitmotive«. Die Musik wechselt so schnell und unberechenbar, wie es die Bewegungen der Helden tun.

Und oft genug verhält sie sich (auch das eine Spur, die zu Robert Bresson führt) kontrapunktisch, ja geradezu spöttisch gegenüber dem Geschehen, so wie in Kurosawas RASHOMON (1950) die Musik die unterschiedlichen Wiedergaben eines Geschehens als Kommentierung und Entlarvung begleitet. Wenn die Ronettes in MEAN STREETS *Be My Baby* singen, wenn Harvey Keitels Kopf auf die Kissen schlägt, ist das nicht weniger ironisch als die Szene in GOODFELLAS, wo der Gangster Henry Hill aus dem Off erzählt, dass er schon immer ein Gangster werden wollte, während das Lied *Who Wants to Be a Millionaire* von Cole Porter zu hören ist. Und als im letzten Teil des Films die Geschichte zum chronologischen Bericht über einen Tag im Leben des Gangsters übergeht, ertönt Muddy Waters' *Mannish Boy*. Richtig böse wird die Musik schließlich, als das klägliche Ende des Gangsters von Sid Vicious' Punk-Version von *My Way* kommentiert wird. Je mehr das Bild Mit-Leiden anbietet, desto genauer distanziert sich die Musik in Scorseses Filmen.

Die Musik ist aber oft genug auch das utopische Element im Wahrnehmungsleben der Scorse-

Jimmy Doyle in NEW YORK, NEW YORK

se-Helden. In ALICE DOESN'T LIVE HERE ANYMORE sucht Ellen Burstyn ihr Glück in den Schlagern der 50er Jahre – und wird von ihrem Sohn gelegentlich erbarmungslos mit Rockmusik bekämpft. Der Konflikt zwischen Robert De Niro und Liza Minnelli in NEW YORK, NEW YORK ist auch ein musikalisches Duell, nicht nur der Kampf zwischen Anpassung und Individualität, sondern auch der zwischen der Richtung der Träume nach außen oder nach innen, nach vorne oder zurück. Die Charaktere finden ihren Ausdruck in der Musik, und diese Suche ist von Glück so sehr wie von Verzweiflung geprägt. Die Zeile »I'll make you so proud of me«, von Veronica Bennett mit der unsicheren und fordernden Stimme gesungen in MEAN STREETS, enthält die Utopie und das Unglück der Liebesgeschichte.

In der Gegenwart der Musik erst fallen in Scorseses Filmen die Innenwelt der Helden und die

Außenwelt vollständig zusammen; die beständige Frage darin, ob es sich nun um eine »reale« Szene handelt oder eine Vision, wird durch die Intensität der Musik aufgelöst: In ihr gibt es diesen Widerspruch nicht mehr. Es ist die Musik in KUNDUN, die das Spirituelle und das Materielle zueinander bringt, das im Bild so unbarmherzig getrennt bleiben muss, aus einem einfachen Grund: weil die Musik die Zeit und den Raum neu organisiert. Wenn in den Lagerhäusern und »Katakomben« in GANGS OF NEW YORK die irische Musik erklingt, gibt es zwar noch lange keinen Frieden und keine Heimat, und doch ist eine Insel des Menschseins geschaffen. Und so findet die Liebe zwischen De Niro und Liza Minnelli in NEW YORK, NEW YORK eigentlich nur in der Form der Musik statt; nur in ihr ist der Widerspruch zwischen Begehren und Ökonomie, zwischen Ich und Du aufgelöst.

Die Musik ist das Verständigungsmittel der Scorsese-Menschen, von dem nicht gesprochen werden muss. Nicht allein der Code, sondern vielmehr das »geheime Kino, das sich im Inneren von Scorseses Figuren abspielt« (Howard Hampton) verbindet sie. Aber gerade weil er – zumindest in dieser Phase – so rückhaltlos die Musik als Leitmedium akzeptiert und seine Filme in der Tat als Rock-'n'-Roll-Movies anlegt, kritisiert Scorsese das Kino als retrospektive und erklärende Kunst. Tatsächlich kann man das Kino ja nicht nur der Geschichte gegenüber – wie etwa im Western – sondern auch den kulturellen Codes gegenüber als Post-mortem-Effekt begreifen. Dass eine Mode, zum Beispiel in der Musik, zu Ende geht, erkennt man daran, dass nun auch das Kino sich ihrer bemächtigt. Es ist zugleich die letzte Auswertung, möglicherweise auch die größte ästhetische Verdichtung, aber auch das Grab der popkulturellen Impulse. Martin Scorsese würde schon zu den Unsterblichen des Kinos gehören, wenn ihm nichts weiter gelungen wäre, als dieses Verhältnis zu zerstören: Seine Filme benutzen die Musik nicht nur auf kontrapunktische und gleichberechtigte Weise, sie holen auch noch etwas in der Musik Verborgenes hervor, wie die Tragödie hinter der Hysterie im Phil-Spector-Sound in MEAN STREETS. Über die Musik verbreitet sich in der Handlung ein »Wissen«, das weder im Dialog noch im Bild zu erhalten ist, aber anders als im traditionellen Film, in dem durchaus »geheime« Informationen über die Musik vermittelt werden, konstruiert Scorsese auch hier ein anderes filmisches Subjekt: Das geheime Kino des Soundtracks gehört so sehr zu den Protagonisten wie zu den Zuschauern, und doch beides nicht ganz.

Jedenfalls gehört die Musik zu den Erfahrungen von Martin Scorsese in einer Art, die uns an Mozarts vergnügliche Erinnerung an die vielen musikalischen Eindrücke in seinem Exil erinnern: »Ich wohnte in einer sehr belebten Gegend, ständig tönte Musik aus den Wohnungen, aus den Bars und kleinen Läden, das Radio lief immer; eine Musicbox dröhnte auf die Straße hinaus; und in der Mietshausgegend konnte man dem einen Zimmer Opern hören, aus dem nächsten Benny Goodman und aus dem Parterre Rock 'n' Roll.« Musik ist immer und überall, aber sie ist nicht von vornherein »passend«; sie sucht sich ihren Sinn selbst, aus dem, wovon sie ausgeht, und aus dem, worauf sie trifft.

Aber die Musik ist, anders als in einem wirklichen Musical, keine »Lösung«. In NEW YORK, NEW YORK erzielen die beiden Helden ihre Selbstverwirklichung in der Musik, aber sie verlieren dabei fast vollständig ihr Leben (wie in jeder der »inszenierten« kulturellen Gesten – auch im Sport, im Spiel in THE COLOR OF MONEY oder CASINO, in der Kunst in LIFE LESSONS, selbst in der symbolischen, von den Medien bejubelten Tat des *Taxi Driver*). Es ist nur einerseits Zufall und andererseits dann doch wieder »typisch Scorsese«, dass sein großer Musikfilm über The Band zugleich einen Höhepunkt im musikalischen Ausdruck dieser Musiker und ihrer Freunde dokumentiert und ihr Auseinandergehen. Musik ist der Traum der Gemeinsamkeit, Vergangenheit und Zukunft, sie ist Traum und Fülle, aber sie ist so abwesend wie jener Gott, der in der transzendentalen Einstellung auf die Menschen herabschaut. So wird sie Ausdruck des Bösen und ebenso selbst »böse«, ein Medium der Entzweiung. In MEAN STREETS »kämpfen« die sizilianischen Gesänge und der Song *Jumping Jack Flash* miteinander, als wollten sich auch die Lieder gegen die Vermischung wehren, wie sich die Oper und der Pop in der *via vecchia* höchstens vermischen, ohne einander zu »verstehen«, wie sich in GANGS OF NEW YORK das Irische und das Italienische zu keinem Amerikanischen verbinden wollen. (Mit anderen Worten: Scorsese gestattet auch in der Musik niemals Sentimentalität.) Und die Musik ist nicht etwa das reine Zeichen in der Zeit, sie bringt ihre eigene Geschichte mit ein. In GOODFELLAS hören wir, als Stacks in der Bar getötet wird, nicht nur die *Unchained Melody*, sondern eine Version von Vito and the Salutations, die eine eigene Art der Korruption mitteilt: »Dieses Lied«, sagt Scorsese, »ist regelrecht heruntergekommen: von der schönen reinen Drifters-Version – die Drifters um Clyde MacFadden mit *Bells of St. Mary's* – zu der italienischen Doo-Wop-Version von Vito and the Salutations, die mir allerdings gefällt, weil ich zur Dekadenz der 70er und 80er gehöre.« Dieser musikalische »Abstieg« geht aber auch in der Bewegung von Film zu Film weiter: In GOODFELLAS gibt es *Stardust* in der Version von Billy Ward, und in CASINO die definitiv rohere Version von Hoagy Carmichael.

Musik definiert schließlich die Fallhöhe des Scorsese-Helden. Rupert Pupkin in THE KING OF COMEDY wird von einem Blues-Thema – es stammt übrigens von Robbie Robertson von The Band – begleitet, und wir akzeptieren die sanfte Melancholie als Grundton für seine »Aufstiegsgeschichte«. Der *Taxi Driver* dagegen war von den harten Klängen von Bernard Herrmann begleitet, und wir wissen von Anfang an, dass es hier um einen Akt der Gewalt, um eine physische Zerstörung gehen wird. Jake La Motta in RAGING BULL dagegen wird definiert durch grandiose Motive aus Pietro Mascagnis Oper *Cavalleria Rusticana*: Während er im Ring seinen Schattenboxkampf (seinen Kampf mit sich selbst) aufführt, ertönt das Intermezzo. Das Stück belegt noch einmal den Zusammenhang zwischen Musik und Narration in Scorseses Filmen, wie Markus Vorauer schreibt: Das musikalische Motiv legt die tiefere Bedeutung der Sequenz frei, und zwar »als Vorbereitung für den entscheidenden (ersten) Titelkampf Jakes gegen Marcel Cerdan, der ihm die heiß ersehnte Trophäe einbringt. Doch es wird eben nur ein Intermezzo bleiben, vor dem endgültigen Abstieg.«

Weil wir von dieser Musik nicht mehr wissen, ob sie aus dem Raum innerhalb des Films oder aus dem Jenseits des kommentierenden Erzählers stammt, verschwimmen auch die Ideen der Perspektive, die Grenzen zwischen Dokumentation und Narration, die Grenzen zwischen dem Erlebten und dem Fantasierten. Immer befinden wir uns daher zugleich in einem äußeren und einem inneren Geschehen, von kaum einer Sequenz könnten wir hundertprozentig sagen, ob sie sich wirklich abspielt oder ob sie einem Traum der Protagonisten entspricht.

Die Musik definiert also vor allem auch den Raum, und gerade an den frühen Filmen belegt *the wall of sound* der Phil-Spector-Produktionen auch die Fortsetzung der Klaustrophobie; es ist eine Musik, die gleichsam keinen Ausweg, keine Pause, keine Utopie der Stille hat und gerade dadurch in all ihrer Aufgekratztheit immer auch die Angst erkennen lässt, die hinter ihr lauert. Euphorie und Panik in einem.

Die Musik, die den Rhythmus der Zeit vorgibt, setzt die Figuren auch unter Druck (und sie gehört zum »aufgerauten Stil«); sie ist wie eine Droge für die Personen und macht es uns beim Zuschauen schwer, nicht auch in ihre Manien, Euphorien und Depressionen zu verfallen. Zur gleichen Zeit denunziert sie auch die wahren Empfindungen. In GOODFELLAS hören wir *Sunshine of Your Life* von Cream, während wir den Helden, schon längst gezeichnet vom Untergang, drogenabhängig und verwirrt außerhalb jeder Sonne und jeder Liebe sehen.

Dass die Musik auch das Geschehen überschreiten, in gewisser Weise sogar verlassen kann, hat Scorsese etwa bei Miklós Rózsa bewundert: »Seine tief bewegende Musik zu Vincente Minnellis LUST FOR LIFE [Vincent van Gogh – Ein Leben in Leidenschaft; 1956] ist zwar ebenso obsessiv wie die in THE LOST WEEKEND [Das verlorene Wochenende; 1945; R: Billy Wilder], präsentiert aber zusätzlich ein wichtiges Unterthema, die Freude an der künstlerischen Schöpfung.« Wie so oft führt auch hier eine Bewunderung für eine filmhistorische Trouvaille direkt in das Verständnis der Scorsese-Filme selbst. Nirgendwo als in ihnen kann man der Musik so sehr dabei »zuschauen«, wie sie künstlerische Schöpfung bewirkt.

Die Sprache der Kamera und des Schnitts

Über seinen »Stil« sagt Martin Scorsese: »Er drückt sich sicher nicht in meinen Kamerabewegungen aus. Ich glaube, er wird offenkundig in den Beziehungen meiner Filmhelden zueinander.« Diese Aussage ist für ihn einigermaßen typisch (und typisch irreführend): Er führt die Frage nach einer äußeren Beschaffenheit auf eine innere Beziehung zurück. Was damit gemeint sein mag, wird vielleicht deutlich, wenn man die Kamerabewegungen eines so luziden Films wie THE AGE OF INNOCENCE betrachtet: Während die Kamerafahrt hier die Bewegung der drei Protagonisten aufeinander zu und voneinander weg beschreibt, ist der Zoom eine Erfassung (oder Nicht-Erfassung) der Objekte im Raum, die eben diese Bewegungen letztendlich unmöglich machen.

Es gibt also weder eine »Scorsese-Kamerabewegung« noch jene Bild-Didaktik, wie wir sie meinethalben aus den Filmen von Wim Wenders kennen; zur »kopernikanischen Wende« im Kino des Martin Scorsese gehört, so weit, wie das in diesem Augenblick der Geschichte der Bewegungsbilder überhaupt möglich ist, eine Souveränität der Stilmittel, die sich vollkommen frei den Subjekten und Objekten der Erzählung zuordnen können, ohne einander als »Stil« verpflichtet zu sein. Wiederum ist diese Befreiung der filmischen Stilmittel nur möglich, indem man von der Dreiakt-Struktur zur offenen Satzform und von der Geschlossenheit der Komposition zu den relativ autonomen »Zellen« gelangt ist. Wenn wir also bei Martin Scorsese (wie bei jedem Künstler) einen Weg von den persönlichen Obsessionen und den biografischen Brüchen zum Suchen einer eigenen Sprache nachzeichnen können, so liegt das eigentliche Ziel dennoch woanders, nämlich in einem zweiten Prozess der Befreiung dieser Sprache. Dabei nimmt es Scorsese wohl in Kauf, dass man seine späteren Filme nicht mehr in gleichem Maße als »revolutionär« empfindet.

In Scorseses Filmen geht es nicht um die Perspektive des Beinahe-Ich zum Schauspieler, sondern um eine besondere Form der Distanzierung. Die Perspektive der Kamera ist nicht die Perspektive der Hauptpersonen, und sie ist nicht die des beteiligten Zuschauers. Ihre Beweglichkeit, gerade in den ansonsten »ruhigeren« Filmen, die immer wieder alles Panoramatisch-Ganze in Frage stellt, stößt den Blick auch immer wieder auf das Detail. Die »außergewöhnliche Einstellung«, die gleichsam als Keim zur Veränderung des filmischen Subjekts beschrieben wurde, ist nicht Ziel (wie in der Tradition des *transcendental style*), sondern selbst Mittel des Bruchs. Das, was man einst »Stilbruch« genannt hätte, ist bei Scorsese Element der Komposition.

Und wenn wir einige Scorsese-Einstellungen hervorheben, heißt das nicht, dass er seine Filme aus solchen Eigenheiten wie dem Dekor und der Einstellung komponiert. Für ihn ist wesentlich, was zwischen den Elementen geschieht und wie sich die Elemente einer Filmerzählung bilden. Es ist zunächst die schiere Anzahl der ästhetischen Entscheidungen und ihre Freiheit, was einen Scorsese-Film vom Film eines Stilisten unterscheidet. Für die Wahl eines Elements, sei es eines Dekorationsmaterials, einer Einstellung oder eines Musikstückes, genügen hier nicht ein, zwei Gründe, es sind eine Vielzahl von Bedingungen einer ästhetischen Entscheidung, die manchmal gar einander widersprechen können und die Scorsese alle in der einen oder anderen Form sichtbar oder hörbar macht. In der »Orchestrierung« einer filmischen Erzählung geht es ihm darum, jedes Instrument auch für sich erkennbar zu machen.

Martin Scorseses künstlerische Einzigartigkeit ist also nicht durch die Radikalität des Stils bedingt (wie bei David Lynch) noch durch die Radikalität der Methode (wie gelegentlich bei Robert Altman), noch durch die Radikalität der darstellerischen Arbeit (wie bei John Cassavetes), obwohl von alledem genug zu finden ist in seinen Arbeiten. (Was den Unterschied zwischen Stil und Methode ausmacht? Die Komposition der Elemente ist im ersten Fall auf das eigene Sprechen gerichtet, im zweiten Fall auf ein Ziel jenseits des Sprechens.) Was Scorsese vielmehr über alles dies hinweg bewegt, ist die ungeheure Bewusstheit, mit der die Elemente verbunden sind. Sie türmen wesentlich mehr an Informationen aufeinander, als beim Sehen zu entschlüsseln ist. Weil aber die Hierarchie des Notierten und Konnotierten außer Kraft gesetzt ist, ist das Unentschlüsselte nicht zugleich das Verborgene. Nicht der unlesbare, sondern der endlos dekodierbare und endlos Sehen und Hören verändernde Film ist das Ziel: Es gibt nichts »Unverständliches« in Scorseses Filmen, nicht einmal wirklich »Verschlüsseltes«. Es ist nur so, dass Scorsese uns in einem Film nicht das Äquivalent eines Textes anbietet, den man lesen könnte, sondern das Äquivalent einer ganzen Bibliothek, in der es ungeheure Möglichkeiten der Anschlüsse und Vergleiche gibt.

Und eigentlich entstehen können die Filme immer erst im Schneideraum, in dem es für den Regisseur um Sekunden, um die unsichtbare Dauer einzelner *frames* geht. Das wahre Leben in den Scorsese-Filmen entsteht schließlich durch den »Atem« der Montage. Durch die Bibliothek seiner Bilder und seiner Töne, seiner Farben und seiner Formen entsteht in der Montage die Anwesenheit des Autors, der der Bibliothek eine Geschichte gibt und uns darüber hinwegtröstet, dass wir niemals alle Bücher auch nur erkennen können.

Das Wesen dieser Montage ist es, die Bilder niemals allein durch ein Und-dann der Erzählung oder im Sinne der Eisensteinschen Begrifflichkeit zu verbinden (Bild A plus Bild B ergibt die Information C). Gerade weil der Film in den »Zellen« organisiert ist, von denen die Rede war, und die Brüche und »Kontrapunkte« entscheidend für das innere Verständnis sind, sind Verbindungen der Bilder so bedeutend, die über die Montage-Formel Logik plus Rhythmik hinausgehen. Zur Technik des *foreshadowing* und der »mathemagischen« Wiederholung tritt das raffinierte Überlappen selbst der *on screen*-Musik.

Das Zerbrochene der Bilderwelt, die Einzelteile, die wir endlich erkennen, wird in der Montage der Scorsese-Filme nicht rückgängig gemacht. Aber das Leben kehrt in einer Intensität in die Scherbenwelt zurück, erfüllt die kristallinen Fragmente so sehr, dass wir versucht sind, all diese Sprünge und Brüche als Teil einer neuen Natur des Filmischen zu akzeptieren. Als wäre nun auf diese Weise die Übertragung einer Realität der Story auf eine Realität der Emotion vollendet.

Die transzendentale Einstellung

Wenn man Kameraeinstellungen einmal in Beziehung zu unserer Wahrnehmung und nicht in Bezug auf einen Code beschreiben wollte, käme wohl die Unterscheidung von vier »grammatischen« Grundformen heraus (natürlich mit einer unendlichen Zahl individueller stilistischer Sprechweisen):

1. Die Einstellung der Zeugenschaft: Die Kamera nimmt die Position eines Zeugen des Geschehens ein, sie ist einmal nah am Geschehen, dann wieder weiter entfernt, hat aber eine Position, die ein Mensch tatsächlich einnehmen könnte, sei es, dass er als neutraler Beobachter in der Zentralperspektive das Geschehen beobachtet, sei es, dass er sich eine Deckung oder einen Feldherrnhügel als Posten gewählt hat.
2. Die Einstellung der inneren Beteiligung: Die Kamera nimmt die Position von jemandem ein, der am Geschehen teil hat, entweder als fiktiver und unsichtbarer Teilnehmer, etwa in einer Massenszene, oder in der Form der subjektiven Kamera als ein konkretes handelndes Subjekt in der inneren Struktur der Narration. (Die Über-die-Schulter-Aufnahme und die einfachen Schuss-Gegenschuss-Einstellungen sind die konventionellsten Hybridformen für Einstellungen, die Beteiligung und Distanz verbinden.)
3. Die manieristische oder symbolische Einstellung: Die Kamera nimmt eine Position ein, die weder ein neutraler Beobachter noch ein an der Handlung Beteiligter einnehmen würde, das kann eine extreme Untersicht oder Aufsicht sein, oder sie filmt von einem Standpunkt aus, an dem nach unserer topografischen Vorstellung eigentlich kein »Platz« ist.
4. Die metaphysische Einstellung: Die Kamera nimmt die Position einer Instanz ein, die über allem Geschehen steht, nicht im Sinne eines panoramatischen Überblicks, sondern im Sinne einer strafenden, urteilenden oder erhöhenden Instanz. Auch diese Einstellung kann weder von einem neutralen Beobachter noch von einem Handelnden eingenommen werden, überdies ist sie bestimmt durch die Distanz. Allerdings ist diese Distanz,

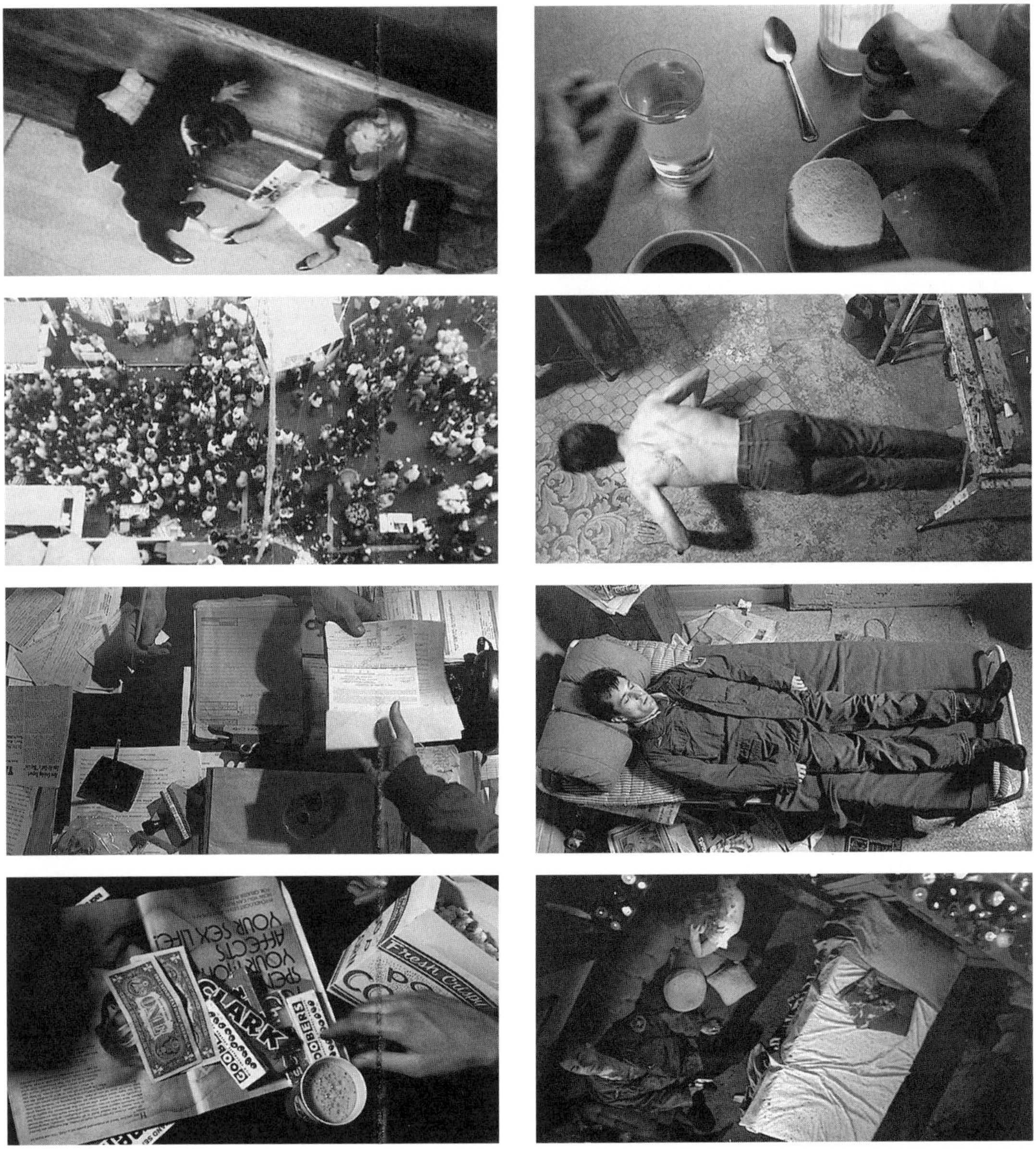

Die Scorsesesche Aufsicht. Linke Spalte: WHO'S THAT KNOCKING AT MY DOOR? (1), MEAN STREETS (2), TAXI DRIVER (3, 4); rechte Spalte: TAXI DRIVER, ...

... linke Spalte: THE KING OF COMEDY (1, 2), THE LAST TEMPTATION OF CHRIST (3, 4);
rechte Spalte: THE LAST TEMPTATION OF CHRIST, ...

... linke Spalte: LIFE LESSONS (1), THE AGE OF INNOCENCE (2, 3), CAPE FEAR (4, 5);
rechte Spalte: GOODFELLAS (1), CASINO (2-5), ...

... linke Spalte: KUNDUN (1), BRINGING OUT THE DEAD (2-5); rechte Spalte: KUNDUN (1), GANGS OF NEW YORK (2-5)

zum Beispiel in der Einstellung jener extremen Aufsicht, die Scorsese seit WHO'S THAT KNOCKING AT MY DOOR? so liebt und auf die er auch in einem »sanften« Film wie BRINGING OUT THE DEAD nicht verzichten mag, eine rhetorische: Nähe und Entfernung sind hier keine direkten Funktionen von Körper, Raum und Zeit mehr. Man mag nah sein, und das Gegenüber ist doch unerreichbar, man mag fern sein, und das Gegenüber ist doch beinahe in uns.

Gibt der »verbotene Blick« etwas von der Schuld in einer Situation wieder, so ist der metaphysische Blick zugleich reine Verdammnis und reine Erlösung. Der Ort, an dem die Kamera steht, ist im Gegensatz zur symbolischen Perspektive unerreichbar, und die einzige Möglichkeit für den Menschen, diesen Ort zu erreichen, wäre es, sich in einen Engel zu verwandeln und dorthin zu fliegen (etwas, was wir vom gekreuzigten Bill Shelley in BOXCAR BERTHA wie vom gekreuzigten Christus in THE LAST TEMPTATION durchaus annehmen könnten).

In Scorseses filmischer Schreibweise nun gibt es eine Einstellung, die man, wie Till Müller-Edenborn, als »hautnahe Distanz« beschreiben kann, »subjektive Bilder, die nur den Personen gehören«: »In GOODFELLAS lebe ich am Ende den Kokainrausch in der fremden Wirklichkeit zwar mit, bin aber nicht mimetisch in den Figuren verschluckt. Ich spüre den mir fremden Blick immer mehr, je näher ich Ray Liotta schwitzend an seinem Steuer komme.«

Auf die Helden in Scorseses Filmen gibt es eine signifikante Einstellung direkt von oben. Es ist die Einstellung vom Dach des Güterwagens auf die laufende Bertha, aber auch auf den gekreuzigten Bill Shelley in BOXCAR BERTHA. Es ist die Einstellung vom Altar auf den betenden, mit seiner Religion kämpfenden Charlie in MEAN STREETS. In THE LAST TEMPTATION sehen wir erneut von oben auf den Gekreuzigten (eine Blickrichtung, die kein Mensch einnehmen wollte oder könnte). Es ist wie ein gnadenloser Blick Gottes, gegen den sich der Mensch nur verzweifelt erheben kann, weshalb die Komplementäreinstellung auch den Helden von unten zeigt, der sich, unter größten Mühen, aufzurichten versucht. Der Widerspruch zwischen diesen beiden Einstellungen aber wird niemals aufgelöst.

Die Blasphemie der Filme von Martin Scorsese mag also darin liegen, dass er seine Figuren gleichsam aus der Perspektive eines nicht sonderlich wohlmeinenden Gottes ansieht. Es ist der Blick, der ganz buchstäblich vom Himmel kommt, aber nicht segensreich und nicht erlösend, sondern grausam und genau. Und es ist der Blick, der den einzelnen Scorsese-Helden auserwählt, der ihn aus der Menge der Menschen holt, um ihm seine Passion vorzuschreiben, aber der nie zu jener Sorte von Engelsgleichheit wird, die Schutz und Führung versprechen könnte.

Über die Kamerafahrt, die den Scorsese-Helden aus dem Chaos der Wahrnehmung auswählt, schreibt Rainer Gansera: Sie »ist aber auch nicht rein imaginär, sie ist wie der Blick eines umherstreifenden Engels beziehungsweise eines Dämons (das muss immer ambivalent bleiben), der die Geschichte nicht bloß betrachtet, sondern in Gang setzt.« So wird deutlich, dass beides, die erwählende Kamerafahrt und die transzendentale Einstellung, Teil eines Gottesblickes sind, der gleichwohl den Menschen zunächst weder erlöst noch erhebt, sondern ihn vorerst einmal zu einer radikalen Einsamkeit verurteilt. Gegen diese Einsamkeit muss er rebellieren. Und wie Jesus nicht weiß, ob er dies als Mensch oder als Gott tun soll, so weiß der »normale« Scorsese-Held nicht, ob er es als Engel/Dämon tun soll oder als Tier.

Nicht nur die Zentralperspektive fehlt bei Scorsese fast völlig, noch bedeutender ist, dass seine Bilder keinen »Rahmen« als Kompositionsstütze haben; sie sind nicht in der Bildsprache eines Tafelbildes entworfen (wie so vieles bei John Ford, oder, ganz anders, bei David Lynch), noch machen sie in ihrem Aufbau ihre Inszenierung deutlich. Sie weisen stattdessen immer über sich hinaus, sprechen von der eigenen, scheinbar zufälligen Begrenzung. André Bazin hat diese andere, »filmische« Idee des Bildes in Bezug auf Jean Renoir beschrieben: »In der bildlichen Komposition pflegt man die Leinwand zumeist mit dem Rahmen des Gemäldes zu assoziieren und in der dramatischen Komposition mit dem der Bühne; entsprechend zu diesen beiden Bezügen pflegt man den Stoff des Bildes auf die Seiten des Rechtecks hin anzuordnen, wie es der Maler und der Theatermann tun. Dagegen hat Renoir begriffen, dass die Leinwand nur die homothetische Fläche des Kamerasuchers ist, also das Gegenteil eines ›Rahmens‹ (*cadre*): Sie ist ein ›Versteck‹ (*cache*), dessen Funktion darin liegt, die Realität dem Blick nicht weniger zu entziehen als zu offenbaren. Was sie zeigt, bezieht seinen Wert aus dem, was sie versteckt. Der unsichtbare Augenzeuge des Films trägt Scheuklappen, seine ideelle Allgegenwart wird durch die Kadrierung gemildert wie manchmal Tyrannei durch das Attentat.«

Das Kino selbst ist zugleich im ödipalen Sinne der gemeinsame Besitz von Vätern und Söhnen – so wie in der Familiengeschichte der Scorseses eine Komplizenschaft zwischen Vater und Sohn im Kino entstanden sein mag, wie es gemeinsamer Raum zwischen Gottvater und Gottsohn ist. Nur in diesem Raum (hinter dem Spiegel) gibt es die Einheit, die verloren ist, wenn der Sohn, allein und isoliert im Jammertal, in den *mean streets* seinen Weg zu gehen hat, von dem stets von vornherein feststeht, dass sie nur auf das Opfer hinauslaufen kann.

Die »kopernikanische Wende« im Kino des Martin Scorsese also beginnt zwar erst jenseits der religiösen Metaphern (ohne die, auch was die Schreibweise anbelangt, scheinbar kaum ein Kritiker auskommen kann) und jenseits der psychologischen Implikationen (Kino als Analyse und Therapie), aber sie führt dennoch mitten durch Religion, Seele und Körper. Die Befreiung des kinematografischen Materials ist nicht zu haben ohne die immer wieder erneuerte Selbstbefreiung des Künstlers, die durch eine religiöse Biografie geht, aber auch nicht ohne die Befreiung des Zuschauers und der Zuschauerin (die entscheiden müssen, was als Gegenstand und was als Methode dieser cineastischen Befreiungsaktion zu verwenden ist).

Dieser Sohn, der die Sünden der Menschen auf sich nehmen muss, erlebt nur in den merkwürdigen Innenräumen der Bars – die das nach innen Gekehrte eines Geburtsraumes und die soziale Funktion der Piazza verbinden – kurze Augenblicke des Glücks. Warum? Vielleicht, weil dies der Ort ist, an dem beider Blicke nicht reichen, nicht der transzendentale Blick des Vatergottes noch die gütig-strafende Beobachtung der Madonna. Vielleicht könnte man behaupten, Scorseses Helden, und die einiger anderer Großstadtfilmer, suchten in den halb öffentlichen, halb zivilisierten, halb weiblichen und halb männlichen, auf jeden Fall halb tödlichen und halb sozialen Räumen nichts anderes als das, was der Westerner in der Prärie gesucht hat, nämlich eine individuelle Freiheit, die sich paradoxerweise in der größtmöglichen Unterwerfung unter die Gebote der Natur zeigt, oder, eine Stufe tiefer: die gelungene Flucht vor der Frau durch die Verschmelzung mit der großen Mutter. Und hier nur kann Pocahontas, oder eine schwarze Striptease-Tänzerin, wiedergeboren werden.

Wem also gehört das Auge der Kamera in den Filmen von Martin Scorsese (und wer ist es, der ihm jene Scheuklappen anlegt, die wie ein Attentat gegenüber dem Tyrannen des Blicks erscheinen mag)? Noch einmal André Bazin über Renoir (und, vielleicht mehr noch, über sein eigenes Ideal vom Kinoblick): »Die Perspektive der Kamera ist nicht die abstrakte Sicht des allwissenden Erzählers in der dritten Person, sie ist auch nicht die bornierte der stur subjektiven Kamera, sondern eine von allen Zwängen befreite Sehweise, die sich gleichwohl die Dienstbarkeit und die konkrete Qualität des Blickes bewahrt, seine Kontinuität in der Zeit, seinen einzigen Fluchtpunkt im Raum: das Auge Gottes im wörtlichen Sinne, wenn Gott sich mit einem Auge begnügen könnte.« Nicht einmal da war es gegeben, sich von der religiösen Metapher zu lösen.

Die transzendentale Einstellung also imitiert den »Gottesblick« in einer ausgesprochen ambivalenten Weise: In WHO'S THAT KNOCKING AT MY DOOR? etwa wird die Eingangsszene, in der die Mutter Brot unter Kindern verteilt, aus der Perspektive einer Madonnenstatue aufgenommen, die gleichsam von oben die Szenerie überwacht. Welch ein weiter Weg zu jenen »transzendentalen« und um so vieles sarkastischeren Blicken in die Straßenschluchten in AFTER HOURS und BRINGING OUT THE DEAD!

Denn neben den transzendentalen Blick, die Kamera, die kalt und ohne Mitleid von oben in die

Welt blickt und neben den isolierenden, erwählenden Blick tritt der horizontale Blick der Madonna, die aus jeder Frau zu blicken imstande ist, deren Blick aber mit etwas ganz anderem droht: Der Blick des Vatergottes ist starr und unwandelbar, der Blick der Madonna instabil, der Sohn muss fürchten, diesen Blick zu brechen.

Welcher Blick ist der grausamere? Wie J.R. in WHO'S THAT KNOCKING AT MY DOOR?, Charlie in MEAN STREETS, Travis in TAXI DRIVER, Jake in RAGING BULL, Christus in THE LAST TEMPTATION vom Vatergott angesehen werden, werden sie in ihrer Einsamkeit doch geformt; im Blick der Frau dagegen drohen sie ihre Form zu verlieren. Sie werden unsicher und beginnen zu stammeln, sie wissen nicht mehr, in welche Richtung sie sich bewegen sollen.

Scorseses Helden verstehen die vertikale und mechanische Struktur ihrer Welt nur zu gut (auch die mechanische Struktur ihrer schwarzen Theologie); doch sobald es um die horizontale Struktur geht, können sie nicht einmal das Nächstliegende mehr wahrnehmen. Hierin überlagern sich die mafiose, die klerikale, die sexuelle und die ästhetische Struktur des Scorsese-Kosmos. Die *cosca* sieht vor, dass man nur den jeweils Oberen und Unteren in der Organisation als Beziehung kennt, die eindeutig ist, während die Beziehung zur Seite fragil und letztendlich tödlich ist. Freundschaft spielt in Scorseses Filmen zwar eine zentrale Rolle (sie verschwimmt freilich mit einer Art brüderlicher Abhängigkeit und Spiegelung), sie unterliegt aber stets der vertikalen Struktur, scheitert am Don, am Vater, an Gott.

So ist nicht, wie in anderen mythischen Zusammenhängen, die Frage, ob das männliche oder das weibliche Potenzial sich als das bedrohlichere erweist (und damit eine Art der sexuellen Identität schafft, die die Form ebenso meint wie die Flucht). In Scorseses Filmen besetzt beides vielmehr so unterschiedliche Räume und unterschiedliche Blickrichtungen, dass es gerade in seiner Unterschiedlichkeit ein Netz über die Welt legt, die den Sohn in verschiedene Richtungen gleichzeitig fliehen lassen will: Er will in der Horizontalen vor dem Blick der Madonna/Mutter fliehen (hinaus aus dem Kreis, der ihn festhält, hinaus aus dem weiteren Kreis der Geburt, aus dem Bauch der Stadt und der Straße, die dampft und schwitzt und pulst und blutet), und er will unter dem Blick des Vaters in die Vertikale fliehen, meint um jeden Preis nach oben, an diesem Ort wachsen zu müssen. Wie aber sollen beide Bewegungen gleichzeitig ausgeführt werden? – Nur in gewissen Ritualen, in gewissen mythischen Installationen scheint dies zu gelingen. Im Billardspiel, in der Musik, im Reigen der Gewalt.

Neben der transzendentalen Einstellung verwendet Scorsese gelegentlich ein transzendentales Licht, wie etwa in der Eingangssequenz von RAGING BULL. Während wir in einer gehörigen Distanz dem Protagonisten bei seinem seltsamen Box-Tanz zusehen, hebt ihn ein irrationales Licht nach Art eines barocken Heiligengemäldes hervor. Beides aber widerspricht sich; anders als in einem solchen Barockgemälde folgt der Blick nicht der Hervorhebung, verharrt in Skepsis. Beide Lesarten also bleiben offen, die »materielle« und die »religiöse«, und schon von dieser Eingangseinstellung her wissen wir, dass sie sich nie vollständig miteinander versöhnen werden.

Vom Blick auf die Schuhe zu brüderlichen Einstellungen

Es gibt eine besondere Einstellung, die immer wieder bei Scorsese aufscheint: der Blick auf die Schuhe, eine besondere Mischung aus Verlegenheit, Neugier und Abschätzung. Wir sehen die Gangster in seinen Filmen oft als Erstes durch einen Blick auf die Schuhe, wir werden des Charakters in NEW YORK, NEW YORK auf diese Weise gewahr, und in THE AGE OF INNOCENCE gibt es dieses Bild – zusätzlich mit einer grotesken Spiegelung in dem Bild eines Tisches voller identischer weißer Handschuhe. Was diesen Blick auf die Schuhe konstruieren könnte, beschreibt Scorsese treffend selbst in einem Bild zu KUNDUN: »Eine Zeitlang dachte er [der Dalai Lama], Marxismus und Buddhismus wären vielleicht vereinbar. Er schrieb mit, was der Vorsitzende Mao ihm erzählte, er war ja noch ein halbes Kind. Bis Mao ihn in der Nacht rufen ließ und ihm sagte: ›Religion ist

Gift‹, und der Dalai Lama nur noch auf den Boden starren konnte, auf die glänzenden Schuhe, die Mao trug, weil er begriff, dass diese Haltung seine ganze Kultur auslöschen würde.«

Warum trägt Mao »glänzende Schuhe«? Sicher zum einen, weil er auch in Scorsese eigener Interpretation die Rolle des Gangsters in diesem Film spielt. Gangster sind bei Scorsese vor allem an den glänzenden Schuhen zu erkennen. Aber die Einstellung besagt mehr als nur den niedergeschlagenen Blick auf den Ausweis der Macht; und sie ist nicht nur »Wiederholung« und zugleich Umkehr der »transzendentalen Einstellung«. Sie beschreibt auch einen Verlust der Wahrnehmung, den wir bereits von Alfred Hitchcock kennen, etwa wenn in THE WRONG MAN (Der falsche Mann; 1956) Henry Fonda in seiner Gefängniswelt nur noch die Schritte und Schuhe seiner Wärter wahrnimmt. Es ist dies der paradoxe Weg des Kinos: Seine Wahrnehmung gelangt vom Bild des Objekts zum Blick des Subjekts. Aber zugleich schärft es, je mehr es seiner selbst bewusst wird, die Aufmerksamkeit für das dingliche Detail, findet es das Wesentliche am Rande, die Seele, vielleicht, im Schuhwerk. In CAPE FEAR gibt es diese »gewohnte« Einstellung »nur« auf die einfachen Schuhe der Latina-Dienerin der reichen weißen Familie Bowden. Diese auf den ersten Blick merkwürdige Inversion, eine Verdoppelung von Besitz und Ausweis. (Vom Prinzip der Vollständigkeit ganz zu schweigen: Schuhaufnahmen aus Scorsese-Filmen dürften sich zu einer Klassenikonografie der USA fügen lassen.)

Nun liegt es wohl nahe, diesen Blick auf das »niederste« Detail des Objekt-Gefängnisses mit der transzendentalen Einstellung in einen Zusammenhang zu bringen. Zum einen wiederholt der Blick auf die Schuhe die transzendentale Einstellung sozusagen im alltäglichen Maßstab (und ist daher genügend parodistisch). Zum anderen aber lenkt er die Aufmerksamkeit vom Zentrum auf die Peripherie, vom Sein zur Bewegung.

Aber es geht nicht nur darum, dass ein strafender Gott nach unten sieht und der Mensch noch einmal an sich selbst heruntersieht (als wappne er sich gegen die Schlange), vielmehr begegnet die bewegliche Kamera des Martin Scorsese immer auch dem Menschen von gleich zu gleich, begleitet ihn als Schatten und Spiegel. Aus dieser Perspektive kann man (sieht man von den anderen, den »außergewöhnlichen« Einstellungen ab), einen humanistischen Gewinn in den Filmen sehen, wie es etwa Edgar Wettstein tut: »Menschen werden als Thema filmischer Beschreibung anders ernst genommen als bisher. Sie wandeln sich vom Objekt zum Subjekt. Man könnte auf diesen Vorgang christliche Begriffe anzuwenden versuchen: An die Stelle väterlicher Herablassung tritt eine brüderliche Gesinnung.«

Christlich? Franz Kafka und Karl Marx würden diese Interpretation mit einem anderen Begriff belegen. Und Sigmund Freud könnte uns erklären, dass in Scorseses Filmen eben der brüderliche Blick immer wieder auch verschwindet, weil die Herablassung des Vaters von der Anmaßung des Sohnes konterkariert wird. Der Blick, mit dem der Junge auf die Straße sieht in GOODFELLAS (und für den er vom Vater bestraft wird, solange der noch die Macht dazu hat), und der Blick, mit dem der Junge das Gemetzel vom Beginn von GANGS OF NEW YORK beobachtet (was ebenfalls nicht ohne Strafe bleibt), hat für das Brüderliche wenig Raum (und die Kamera zwingt uns für den Augenblick, diesen Blick zu erproben).

Die Radikalität Scorseses besteht vielleicht viel eher darin, dass er den brüderlichen Blick ebenso möglich macht wie die väterliche Herablassung und die neugierige Anmaßung des Sohnes. Mehr noch: Vater/Sohn/Bruder – in wechselnden Einheiten und wechselnden Allianzen – werden begreifbar als Wesen der Wahrnehmung. Der Sohn, wie überdeutlich in THE COLOR OF MONEY, unterscheidet sich vom Vater durch ein Mehr-Sehen.

Kreisen: Die Konstruktion von Zeit und Raum

In Martin Scorseses Filmen begegnen sich Spiritualität und materialistische Kritik zu einem widerspruchsvollen und fruchtbaren Dialog. Das ist nicht nur eine Frage der Konstruktion von Handlung und Sprache, sondern auch eine der Raum- und Zeitkonstruktion. Sie hängt indes eng

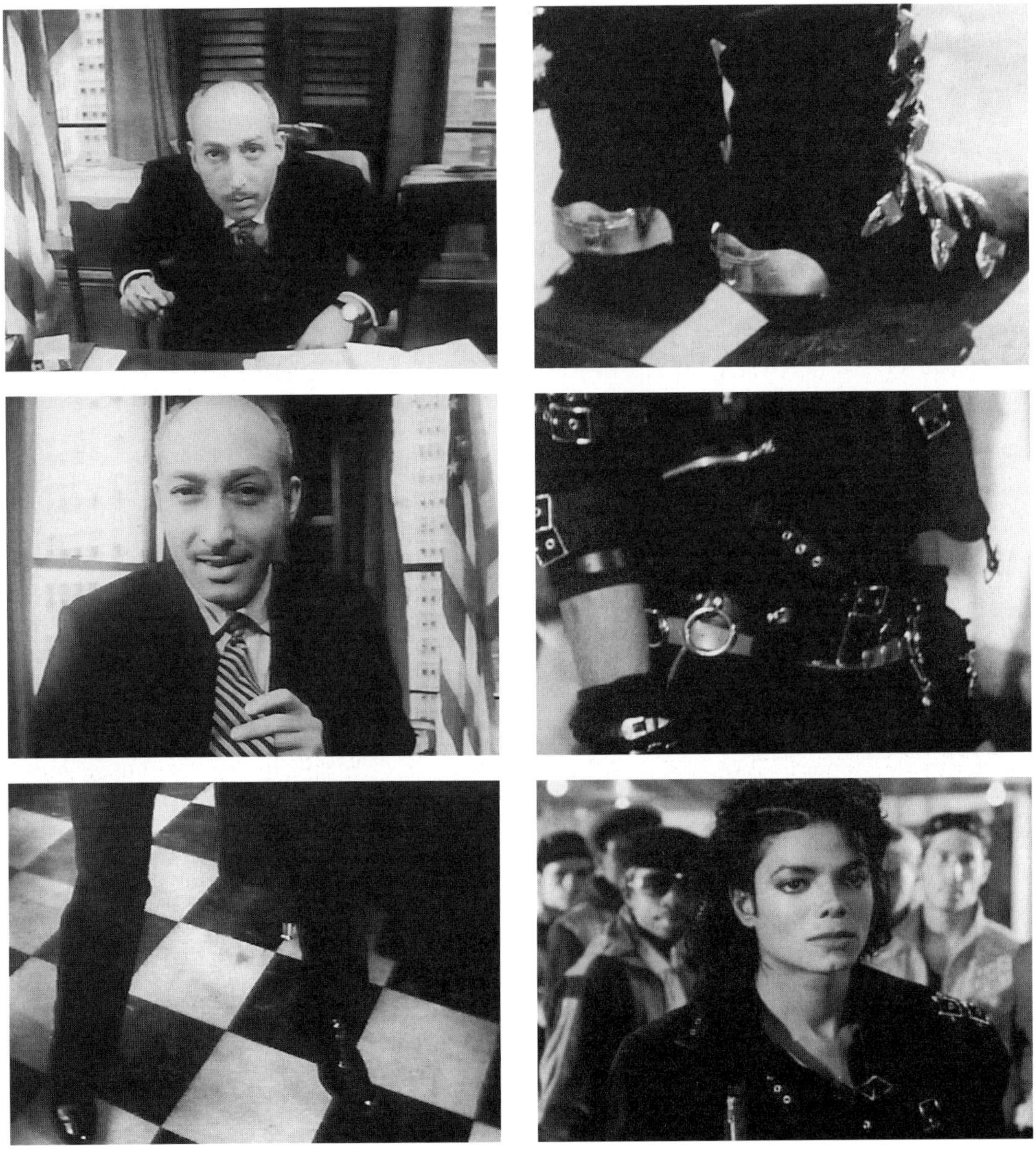

Der Blick auf die Schuhe: IT'S NOT JUST YOU, MURRAY!, BAD, ...

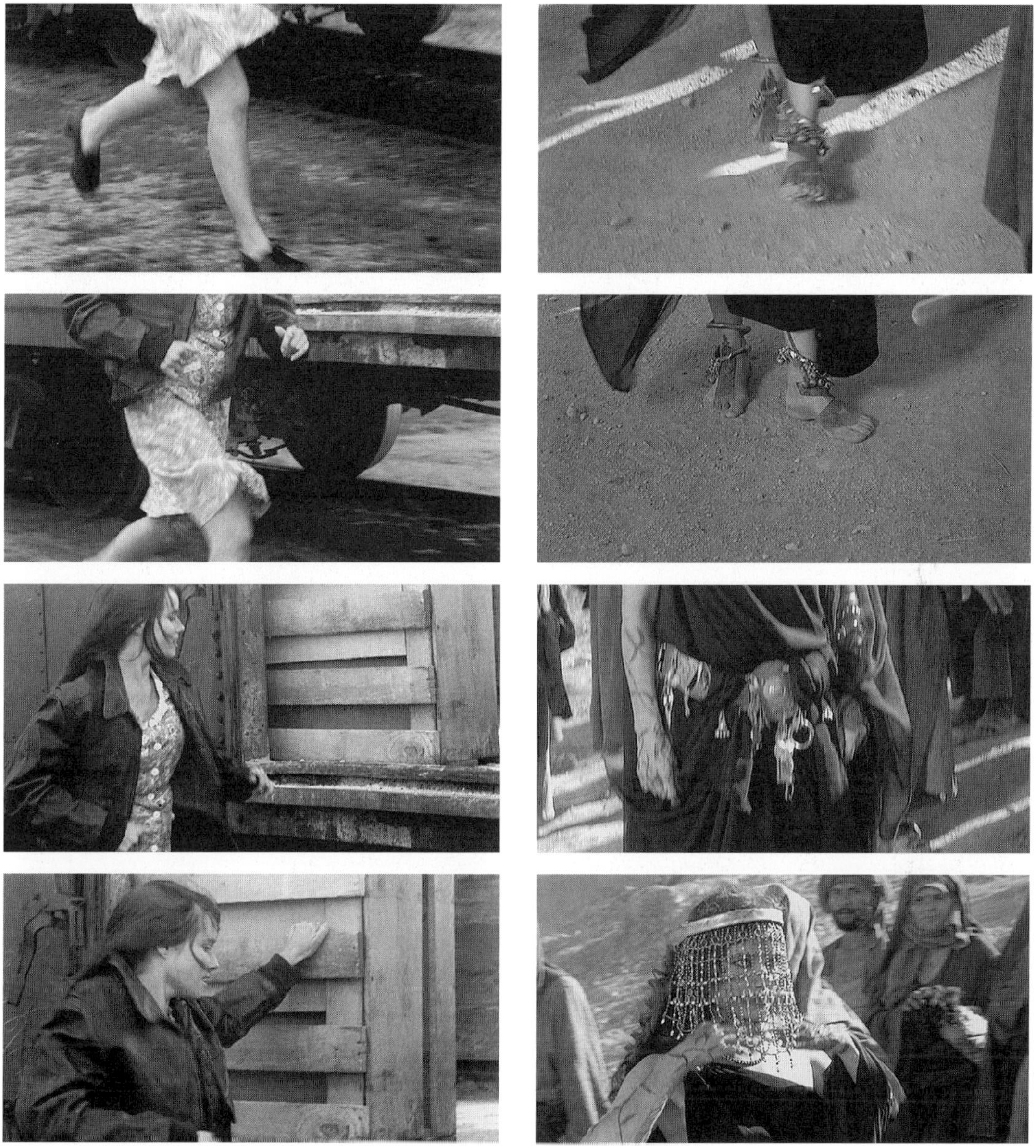

... BOXCAR BERTHA, THE LAST TEMPTATION OF CHRIST, ...

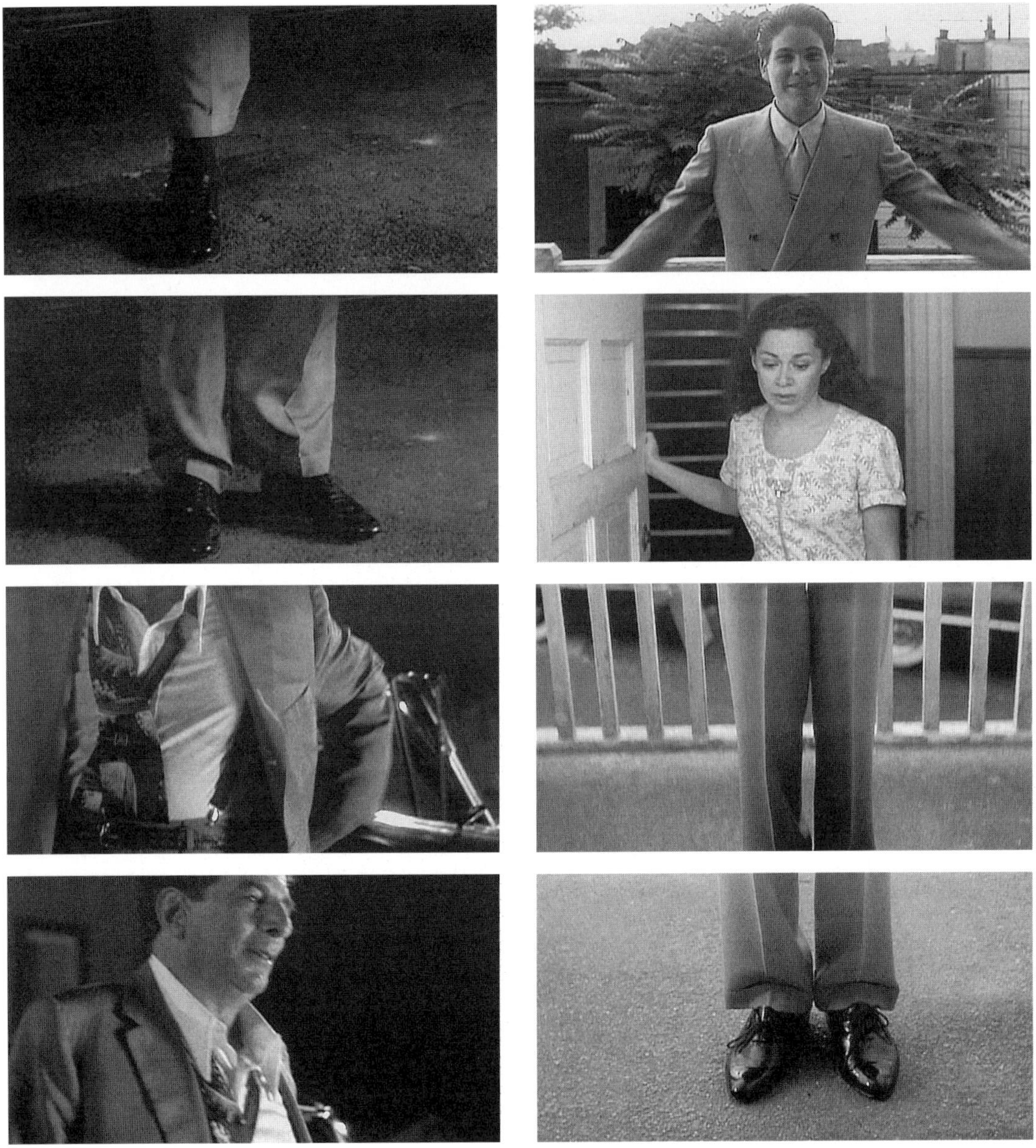

... GOODFELLAS, ...

... CAPE FEAR, GANGS OF NEW YORK, ...

... linke Spalte: Karen in MIRROR, MIRROR, Von Morton in BOXCAR BERTHA, Jake La Motta in RAGING BULL, Eddie Felson in THE COLOR OF MONEY; rechte Spalte: A PERSONAL JOURNEY WITH MARTIN SCORSESE THROUGH AMERICAN MOVIES (LEAVE HER TO HEAVEN), Lionel Dobie in LIFE LESSONS, Mao Tse-Tung in KUNDUN, Pat Webb und Ace Rothstein in CASINO mit der sehr eigenen Form der »Erzählung« bei Martin Scorsese zusammen, die des Öfteren eher der Darstellung und Durchführung einer sozialen Experiment-Situation als der klassischen Konstruktion einer Geschichte gleicht. Dass Scorseses Figuren sich im Verlauf eines Films sehr häufig im Kreis bewegen, mag zunächst mit der »Ausweglosigkeit« ihrer Situation zu tun haben.

Eine innere Architektur der Scorsese-Filme lässt sich so beschreiben:

1. Der Held lebt in einem geschlossenen sozialen, moralischen und, wenn man so will, ästhetischen und ideologischen System. Dieses System ist noch einmal verdichtet zusammengefasst in einem anderen geschlossenen System: das Automobil in TAXI DRIVER und, in Form des Rettungswagens, in seinem Gegenbild BRINGING OUT THE DEAD, die Kneipe in MEAN STREETS, der Güterwagen in BOXCAR BERTHA, der Boxring in RAGING BULL, der Billard-Saloon in THE COLOR OF MONEY, das Opernhaus in THE AGE OF INOCENCE, der Spielpalast in CASINO und so weiter. (In gewisser Weise definiert sogar das Kreuz in THE LAST TEMPTATION eine solche Verdichtung des Raumes.)

2. Der Held versucht, in einer sozusagen linearen Bewegung, diesen geschlossenen Raum zu verlassen. Er versucht also, so etwas wie eine lineare Passion zu erfüllen: Hoffnung – Opfer – Erlösung (auch wenn diese Erlösung den Tod bedeutet). So versucht der Scorsese-Held also zugleich christlich und bürgerlich-rational sein Leben zu bestimmen. Das Opfer, das von ihm verlangt wird, ist indes ausgesprochen groß. Es umfasst neben der Gewalt vor allem den Verrat. Die Bewegung wird unterbrochen, weil dieses Opfer eine absurde, unlösbare Widersprüchlichkeit konstruiert, die Flucht aus dem semiotisch überfüllten Innenraum führt ins Leere. Anders herum gesagt, auf der spirituellen Ebene: Das Opfer ist größer als die Erlösung; das Opfer negiert die Erlösung. Auf der materialistischen Ebene: Die Befreiung aus dem eigenen sozialen (Macht-)System produziert neuerliche Gewalt.

3. So gelangt der Held an einen Punkt, an dem in der klassischen Kinoerzählung nur die Alternative von Tod oder Gelingen der Befreiung bliebe und an dem ihm beides verweigert wird. Stattdessen wird er zur Rückschau, zum Blick in den Spiegel gezwungen. Er (und der Zuschauer) sind zugleich »zurückgeworfen« und einem Prozess der Erkenntnis unterzogen. Die Verweigerung des Todes (auch des Todes, der wahrhaft gesucht wird, wie in TAXI DRIVER) ist mehr als eine ironische Brechung der mythischen Erzählweise.

4. Aber über diesem Scheitern von Befreiung und Mythos konstruiert sich eine weitere Determination, die Kreisförmigkeit der Erzählung und der Zeit. Viele Scorsese-Helden sind am Ende wieder dort, wo sie begonnen haben (wenngleich auf eine isoliertere, zugleich bewusstere und hoffnungslosere Weise), und viele seiner Filme kehren zu den Anfangsbildern zurück. Die übermächtige Anstrengung, auch die überwältigende Gewalt seiner Helden hat zu nichts geführt. Diese kreisförmige Erzählung indes macht erst die Metaphysik des Geschehens aus. Die Ausweglosigkeit der sozialen Situation lässt nur den Weg nach innen übrig, so wie das Klaustrophobe, die Enge des Bildes und der Welt, die Entscheidungen umso dringlicher macht.

In den letzten Einstellungen von MEAN STREETS sind die Helden an ihre alte Welt, an ihre alten Probleme zurückverwiesen, in THE KING OF COMEDY hat zwar Rupert Pupkin Jerry Langford ersetzt, aber es steht zu erwarten, dass sich dieselbe Geschichte auch mit ihm noch einmal wiederholen wird. Dass das Ende von TAXI DRIVER wieder den Anfang zitiert, heißt nicht nur, dass Travis Bickle seine Welt nie wird verlassen können (auch wenn er nun ein Medienheld ist), sondern auch, dass es eher wahrscheinlich sein wird, dass sich auch seine eruptive Gewalt wird wiederholen müssen. Die erste Szene von RAGING BULL, das einsame Einüben der Kampfbewegungen, ist wiederholt in der Endszene, in der La Motta seinen Auftritt probt. Und in GANGS OF NEW YORK wiederholt sich, wenn natürlich auch mit höchst signifikanten Veränderungen, die blutige Schlacht vom Beginn am Ende (man könnte freilich auch sagen: die Wiederholung scheitert). Der Kreis eines Lebens schließt sich, aber er greift in einen anderen Kreis ein. NEW YORK, NEW YORK schließlich hat wohl die schwärzeste und pessimistischste dieser Kreisbewegungen: Am Anfang sehen wir den Helden in einer Kamerabewegungen, hinauf von seinen Schuhen bis zu seinem Gesicht. Die letzte Einstellung führt hinunter von seinem Gesicht bis auf die Schuhe.

5. Auch das dramatische Geschehen des Films ist häufig eine Art Rückkehr oder Wiederholung. So wie einige Filme Scorseses die Rückkehr zu bestimmten Filmen oder zu bestimmten Mythen der Filmgeschichte sind, so sind eine Reihe seiner Helden vom Motiv der Rückkehr geleitet (und scheitern daran, in Spiegelung des versuchten Ausbruchsversuchs): Travis, der aus Vietnam zurückkehrt, Max Cady, der aus dem Gefängnis zurückkehrt, Amsterdam, der aus dem Waisenhaus nach Five Points zurückkehrt, die Kusine, die aus Europa (und einer falschen Ehe) zurückkehrt und so weiter. Umgekehrt kreisen aber auch die Handlungen der Protagonisten oft um ein Zentrum, wie das Krankenhaus in BRINGING OUT THE DEAD oder Paradise Square in GANGS OF NEW YORK.

Es mag gewiss autobiografisch motiviert sein, dass in den frühen Scorsese-Filmen das Motiv der Flucht aus dem geschlossenen Raum eher im Vordergrund steht, im späteren Werk eher das Motiv der (versuchten) Rückkehr. Aber von Anfang an sind beide Motive auch dialektisch miteinander verknüpft. GANGS OF NEW YORK verknüpft beide Motive am eindrucksvollsten: Sein Held kann seinen Ort nicht verlassen, aber zugleich ist auch seine Rückkehr mit Gewalt und Schuld beladen.

6. Linie, Kreis und Spiegel sind drei scheinbar einander ausschließende narrative Konstruktionen. Nicht genug damit, gibt es alle drei in einer externen und einer internen (und wiederum: in einer spirituellen und einer materiellen/biografischen) Weise. So wie es für Travis in TAXI DRIVER am Ende nicht nur den Blick in den Rückspiegel gibt, sondern auch seine »Spiegelung« in den Medien – und beide Spiegelungen widersprechen einander und konstruieren erneut ein vollkommen auswegloses, geschlossenes System –, so gibt es für Jesus in THE LAST TEMPTATION zwar einerseits die durch die Determination bestimmte Rückkehr zum Kreuz, aber andererseits – eine der wahrhaft kühnen Konstruktionen des Films in einer inneren Bewegung – ist dieser Jesus, der am Kreuz sterben wird, am Anfang als »Produzent« der Kreuze gezeigt. Und in LIFE LESSONS wiederholt der Künstler nicht nur die Beziehung zur Frau mit denselben Worten, auch er wird als »Autor« dieser Kreisförmigkeit seines Lebens geschildert. Und Frank Pierce in BRINGING OUT THE DEAD schließlich bringt dort den Tod, wo er das Leben retten will, weil (und solange) sein Leben nur um diese Idee vom Lebenretten kreist.

Kreis und Spiegelung machen die Frage nach dem, was aus Scorseses Figuren nach dem Ende des Films werden mag, bedeutsam. Denn weder können sie sozusagen linear weiterleben, noch können sie, da sie sich im Spiegel erkannt haben, gleichsam »naiv« wieder von vorne beginnen. Sie sind, wie »Ace« Rothstein aus CASINO, Menschen, die nach ihrem eigenen Tod weiterleben. Was ihnen gründlich genommen wurde, ist die Hoffnung.

Die gleichzeitige Bewegung des Helden von Aufstieg (ein Niemand wird ein Jemand) und Abstieg (ein Mensch verliert seine Seele) ist im katholischen System der Repräsentation am ehesten über den Begriff der Schuld, im materialistischen aber über den der Neurose zu klären. Der Held wird »jemand«, indem er sich verliert, indem er außer seiner selbst ist.

Scorseses Filme, wie autobiografisch oder wie literarisch sie im Einzelnen sein mögen, philosophieren also über die Situation der Person, des Ich, in der Mafia, also in der bürgerlichen, also in der kapitalistischen Gesellschaft. Zunächst scheint es sich dabei um eine beinahe simple moralische Dialektik zu handeln: Je mehr ein Mensch gesellschaftliche Identität erhält (je mehr er, um in der Sprache der *goodfellas* zu reden, »Respekt« genießt), desto mehr verliert er seine Identität als Mensch (wiederum in einer doppelten Notierung: er verliert seinen Kontakt mit Gott in der katholischen und er verliert seine Ich-Fähigkeit in der materialistisch-psychoanalytischen Sichtweise). Wir sehen in den grotesken Aufstiegsgeschichten Scorseses Menschen dabei zu, wie sie leer werden.

Aber daraus entwickelt Scorsese ein sehr komplexes Modell von Identifikation und Selbstidentifikation. Zunächst einmal ist der Weg, von einem Niemand zu einem Jemand zu werden, nie aus sich selbst heraus zu gestalten, es muss immer Menschen geben, die diesen Weg begleiten. Es gibt die einen, die den Prozess wollen und zu kontrollieren

Beginn und Ende von NEW YORK, NEW YORK

versuchen. Die Paten der jungen, aufstrebenden Gangster, die selbstbezügliche feine Bürgergesellschaft New Yorks in THE AGE OF INNOCENCE, der Bruder in RAGING BULL, der Ex-Spieler und Manager in THE COLOR OF MONEY: Alles scheinen Modelle und Wiederholungen des einen Mythos: des Vaters, der den Sohn auf einen Weg zwingen will und auf seltsame Weise immer gegenwärtig ist. Aber dabei gibt es immer auch die Gegenkräfte: Personen, die sich nicht an die Regeln halten, Johnny Boy in MEAN STREETS, der Joe-Pesci-Gangster in GOODFELLAS und CASINO. Vor allem aber ist es die Frau, die das System stört, ja ins Absurde bringt. Denn anders als der anarchische Störenfried (die andere Seite des kontrollierten Helden) begnügt sie sich nicht damit, den vorgezeichneten Weg vom Niemand zum Jemand zu kreuzen, sie schlägt vielmehr einen anderen Weg vor. Auch sie verlangt vom Helden, jemand zu werden, aber jemand anderes. Was die väterliche Gewalt verlangt, die es in einer göttlichen, in einer persönlichen und in einer strukturellen Form gibt, das ist in erster Linie der Ausschluss der Liebe. So hat seit MEAN STREETS der Scorsese-Held mit drei Dämonen zu kämpfen: mit den Widersprüchen seiner Religiosität und seiner gesellschaftlichen Adaption, mit Kräften der Unordnung und Formlosigkeit und schließlich mit der Liebe.

Am Ende gibt es für ihn immer wieder Augenblicke seltsamer Selbsterkenntnis, und in diesen oft sehr kurzen Momenten (eine Minute nur in THE AGE OF INNOCENCE) bricht das Gebäude der Erzählung zusammen. Auch wenn Scorsese also seinem Helden in der Regel die Erlösung verweigert und seine gesellschaftliche Erhöhung als Farce entlarvt, so enden seine Filme doch nicht in dem, was man Hoffnungslosigkeit nennen könnte.

Das Ende eines Films schließt nicht nur die Fabel ab (oder auch nicht), sondern resümiert auch die ästhetische Strategie. Aus Scorseses stets offener Konstruktion des Endes ist nicht nur die narrative Logik zu rekonstruieren, sondern auch die »Moral« des Erzählens. Das Ende in seinen Filmen ist eine besondere Mischung aus Bewusstsein und Außenlenkung. Was zunächst erscheint wie eine konsequente Folge persönlicher Entscheidungen, führt am Ende zu einer Spiegelung der eigenen Situation. Am Ende sehen die Helden nicht nur ihr eigenes Scheitern, ihr wahres Ende, sie sehen sich selbst und ihr Leben in einer Art Spiegelung, oft, wie besonders deutlich beim Blutbad in THE BIG SHAVE, ganz direkt mit dem Spiegelbild verbunden, Travis Bickle in TAXI DRIVER sieht in den Rückspiegel des Autos; Jake La Motta in RAGING BULL spricht mit seinem eigenen Spiegelbild; Fast Eddie Felson in THE COLOR OF MONEY sieht sein eigenes Spiegelbild in einer Billardkugel.

Life Imitates Art

Jeder Film von Martin Scorsese ist immer auch eine Reflexion, eine Übermalung von anderen, zumeist klassischen Hollywoodfilmen. Und wie der einzelne Film, so bildet das Material auch das Genre. Doch Scorseses Filme scheinen nahezu alle ihre »eigentlichen« Genres zu verfehlen; THE KING OF COMEDY ist keine Komödie, RAGING BULL ist kein Boxerfilm, NEW YORK, NEW YORK ist kein Musical, ALICE DOESN'T LIVE HERE ANYMORE ist kein *woman's film*, GOODFELLAS ist kein Gangsterfilm, und vielleicht ist THE LAST TEMPTATION nicht einmal ein »Christusfilm«. Neben dem bürgerlichen Glück verfehlen Scorseses Helden immer auch die Rolle, die eine Genre-Mythologie bereithielte. In BRINGING OUT THE DEAD wird Nicolas Cage nicht einmal zum kleinen Samariter. Die Genres werden durch Scorseses »Straßenkino« nicht mit neuem Leben erfüllt, sie werden widerlegt.

Dabei durchziehen Genre-Partikel die Scorsese-Filme wie unaufgelöste Fragmente; fast alles ist neben dem eigenen Drama und der eigenen Methodik auch der Referenz in der Filmgeschichte verpflichtet. Der Ton wird ebenso zitiert wie ganze Szenen, einzelne Dialogstellen oder die Gesten und Bewegungsmelodien bestimmter Schauspieler. In NEW YORK, NEW YORK zum Beispiel sehen wir einen der Matrosen beim Siegesfest in eben jenen Bewegungen tanzen, die Gene Kelly für ON THE TOWN (Das ist New York; 1949; R: Stanley Donen, Gene Kelly) entwickelte. In RAGING BULL gibt Jake La Motta am Ende den berühmten Monolog aus ON THE WATERFRONT (Die Faust im

Nacken; 1954; R: Elia Kazan) wieder, und er macht darin gleich beides: Er sagt die Wahrheit über sich, und er versteckt sich. Die Zitattechnik bei Scorsese will am Ende immer viel mehr auf »Diskrepanz« als auf »Referenz« hinaus. An THE AGE OF INNOCENCE habe ihn, so sagt er selbst, gereizt, eine emotionale Geschichte in einer Zeit und in einem Ambiente zu erzählen, in der es mehr oder weniger verboten ist, Gefühle zu zeigen.

Auf der anderen Seite aber spielt das Kino auch in das Leben der Protagonisten hinein. Sie übernehmen Worte, Gesten, Blicke von filmischen Vorbildern, sie verständigen sich über ihr eigenes Verhalten, ihre eigenen Beziehungen auf dem Umweg über Filmbilder. Bethune in WHO'S THAT KNOCKING AT MY DOOR? übernimmt das »Go!« von Natalie Wood aus THE SEARCHERS. In MEAN STREETS sehen die Jungen einen Western, in dem sich ein paar Typen prügeln, und später sehen wir, wie sie es ihnen nach beinahe dem gleichen Muster gleichtun, in der Szene des Kampfes im Billard-Saloon. Das Plakat von John Boormans heftigem Gangsterfilm POINT BLANK (1967) an der Wand des Kinos, in dem die Helden eigentlich Roger Cormans THE TOMB OF LIGEIA (Das Grab der Lygeia; 1965) ansehen wollen; dass die Pistole des Gangsters (Lee Marvin) direkt auf Charlie und Johnny Boy zeigt, nimmt – gleichsam ein *foreshadowing on the wall* – das unrühmliche Ende ihrer Flucht vorweg.

Wie sich Kinobilder zu Entsprechungen und Diskrepanzen spiegeln, so erscheinen Filme und Filmtitel als Zeichen für das Schicksal der Protagonisten. In BOXCAR BERTHA liest die Heldin zuerst die aktuelle Überschrift zu ihrem eigenen Schicksal: *Anarchist Criminal Sentenced*, und gleich darauf geht sie an einem Kino vorbei, in dem auf den Plakaten THE MAN WHO COULD WORK MIRACLES (Der Mann, der die Welt verändern wollte; 1936; R: Lothar Mendes) avisiert wird. Je »erwachsener« Scorseses Helden werden (was nicht meint: älter), desto mehr verlieren sie diese Spiegelung, desto ferner rücken ihnen solche Zeichen. Frank in BRINGING OUT THE DEAD hat eine solche Ebene der Reflexion nicht mehr zur Verfügung, obwohl vielleicht gerade er einer wäre, der sie dringend benötigte.

Schließlich wirken Kinozitate in Scorseses Filmen gelegentlich wie ein imaginärer *flash forward*, wie das Erscheinen von THE TEXAS CHAINSAW MASSACRE (Blutgericht in Texas; 1974; R: Tobe Hooper) in TAXI DRIVER (das natürlich auch ein Hinweis auf die moralische Entgleisung der Zeit sein mag); Travis' Liebesgeschichte mit Betsy wird von dem Erscheinen von SOMETIME SWEET SUSAN (1974; R: Fred Donaldson) angekündigt, in all ihrer Vagheit. Der Gebrauch der Filmtitel hat dabei etwas durchaus Lyrisches, als hätte sich das Kino schon wie eine geheime Poetologie über das Leben der Menschen gelegt. Eine besonders direkte und raffinierte Verschränkung gibt es in THE KING OF COMEDY. Zuerst gibt Jerry Langford Rupert Pupkin sein Taschentuch mit den Initialen, und später sieht sich Langford die Szene von Sam Fullers PICKUP ON SOUTH STREET (Lange Finger – Harte Fäuste; 1953) an, wo ein Taschentuch gestohlen wird.

Häufig identifizieren sich Scorseses Helden mit einem speziellen filmischen Vorbild, wie J.R. mit John Wayne und Marlon Brando. Die Heldin von ALICE DOESN'T LIVE HERE ANYMORE träumt davon, einem »Mann wie Robert Redford« begegnet zu sein, und in THE KING OF COMEDY wird die Unterschrift des »unbedeutenden« Rupert Pupkin einmal mit der von Redford verwechselt (jenem Repräsentanten bittersüßer Americana, der vermutlich von allen Hollywoodstars dem Scorsese-Universum am fernsten leuchtet). Und wieder dient diese Identifikation Scorsese unter anderem dazu, den Widerspruch zwischen dem Traum und der Wirklichkeit zu illustrieren: Keiner der Scorsese-Helden wird seinem Vorbild auch nur annähernd gerecht.

Schließlich empfinden sich die Protagonisten oft genug selbst wie in einem Film. »Cut the whole thing, cut!«, ruft der Held von IT'S NOT JUST YOU, MURRAY! am Ende »seines« Films. Jimmy Doyle in NEW YORK, NEW YORK sieht seine eigene Frau im Kino als Star von *Happy Endings*. Noch deutlicher wird dies in den Home Movies, wo es »normal« erscheint, wenn die Menschen »aus ihren Rollen« fallen. Als wollten sie schon in dem Moment ihrer Aufnahme festhalten, dass sie zu anderer Zeit an anderem Ort nicht nur Erinnerung, sondern auch

Ansprache sind. In kaum einem anderen filmischen Kosmos versteht man so sehr, dass ein Mensch, der mit einer Kamera aufgenommen worden ist, nicht nur »aufgehoben« ist, sondern auch dazu verdammt, immer wieder »etwas zu sagen«. In STREET SCENES und ITALIANAMERICAN werden stets die Umstände der Inszenierung reflektiert, Kamera, Technik und Regie kommen selbst ins Bild: Im unreinen, aufgerauten Stil der Scorsese-Filme kommt so sehr das Kino der Wirklichkeit »dazwischen«, wie die Wirklichkeit dem Kino dazwischenkommt.

Scorseses Filme scheinen nicht nur ihr Genre zu »verfehlen« oder gar zu verraten, sondern ihm sozusagen zugleich auch von zwei Seiten auf den Pelz zu rücken, nämlich zum einen von der Seite des Autors her, der das Genre »herzeigt«, statt es mit seinem eigenen Leben zu erfüllen, und zum anderen, vielleicht noch bedeutender, auch von der Seite jener Figuren, die ja nur bedingt Geschöpfe des Autors sind und die sich mit ihrer eigenen Genrehaftigkeit auseinander setzen und oft genug sie weder verstehen noch vollziehen können, so wie Jake La Motta nicht der Held eines Boxerfilms werden kann, Rupert Pupkin nicht der »wahrhaftige« Komiker eines Biopics, Frank nicht der Held eines Medizinerdramas etc.

Das also, was Scorsese immer wieder in seinen Filmen untersucht, die Spannung zwischen den Träumen und der Wirklichkeit, indem er beides auf den unterschiedlichsten Ebenen der Filmerzählung stets miteinander kontrastiert, nicht mehr als »Entlarvung«, sondern als Dokumentation des unauflöslichen Ineinander, wiederholt sich auf der Ebene des cineastischen Grundkonflikts zwischen Autor und Genre, zwischen autonomem Ausdruck und kollektivem Genuss. So groß die Spannung zwischen der Täuschung des Traums und der wahren Schäbigkeit des Lebens in den Scorsese-Filmen ist, so groß ist auch die Spannung zwischen der Gegenwart des Autors in den Filmen und der Gegenwart das Publikums (der Gegenwart der *popular culture*, der Gegenwart dessen, was sich in uns denkt, der Gegenwart des kollektiven Unterbewusstseins). Nicht »falschen« Fährten also folgen wir, wenn wir die Verhaltensweisen der Scorsese-Charaktere »interpretieren«, sondern Fährten, die in widersprüchliche Richtungen führen. Daran schließlich muss sich beides brechen: der strukturelle Aspekt unserer Erwartungen (die Genrehaftigkeit unseres Blicks) und der individuelle Aspekt von Teilhabe und Mitleid (die grausame Zärtlichkeit des Kinoblicks). Am Ende also können wir Scorseses Helden nicht trotz, sondern nur in ihrer Gespaltenheit verstehen; sie sind nicht nur gespalten in ihrer Identifikation in *gender*, *class*, *race* und *culture*, sie sind auch gespalten zwischen »Mensch« und »Bild« (zwischen Leben und Kino, um es genauer zu sagen).

Neben der freien Technik, Filme zu zitieren und in die Konstruktion der Handlung einzubeziehen, gibt es bei Scorsese freilich auch einige Schlüsselfilme, die immer wieder aufscheinen, die gleichsam in jedem Scorsese-Film auf die eine oder andere Weise präsent sind, wie fortlaufende cineastische Texte, die zugleich heilig und *maudit* sind. Dazu gehört neben John Fords THE SEARCHERS und Victor Flemings THE WIZARD OF OZ (Der Zauberer von Oz; 1939) vor allem Michael Powells und Emeric Pressburgers THE RED SHOES (Die roten Schuhe; 1948). Der Film beginnt mit einer Exposition, die Scorsese häufig variiert. Sie führt zugleich in das Geschehen hinein und erzeugt einen Rest von Distanz: Das Publikum besetzt die Reihen des Olympia, um die Ballettproduktion des großen Lermontov zu zelebrieren. Nach einem Zwischentitel, *Fortyfive Minutes Later*, erfolgt eine weitere Exposition: Eine geheime Liebesgeschichte, eine verborgene Botschaft auf einem der Balkone wird ausgetauscht (wie könnten wir dabei nicht an den Beginn von THE AGE OF INNOCENCE denken?). Die Beziehung zwischen Lermontov (Adolf Wohlbrück) und der Tänzerin Victoria Page (Moira Shearer) entsteht aus dem Gleichklang und Widerspruch zwischen Liebe und Kunst, der so viele Beziehungen in Scorseses Filmen bestimmt. »Warum wollen Sie tanzen?«, fragt Lermontov Vicky, und sie antwortet mit einer Gegenfrage: »Warum wollen Sie leben?« »Ich weiß nicht genau«, sinniert Lermontov, »aber ich muss.« Vicky teilt den Fanatismus Lermontovs, aber sie verliebt sich in den Pianisten Julian Craster (Marius Goring) und bringt damit das System des künstlerischen Gleichklangs zum Einsturz. Leben und Kunst, die Konstruktion des Bildes und die Empfindung des Augenblicks

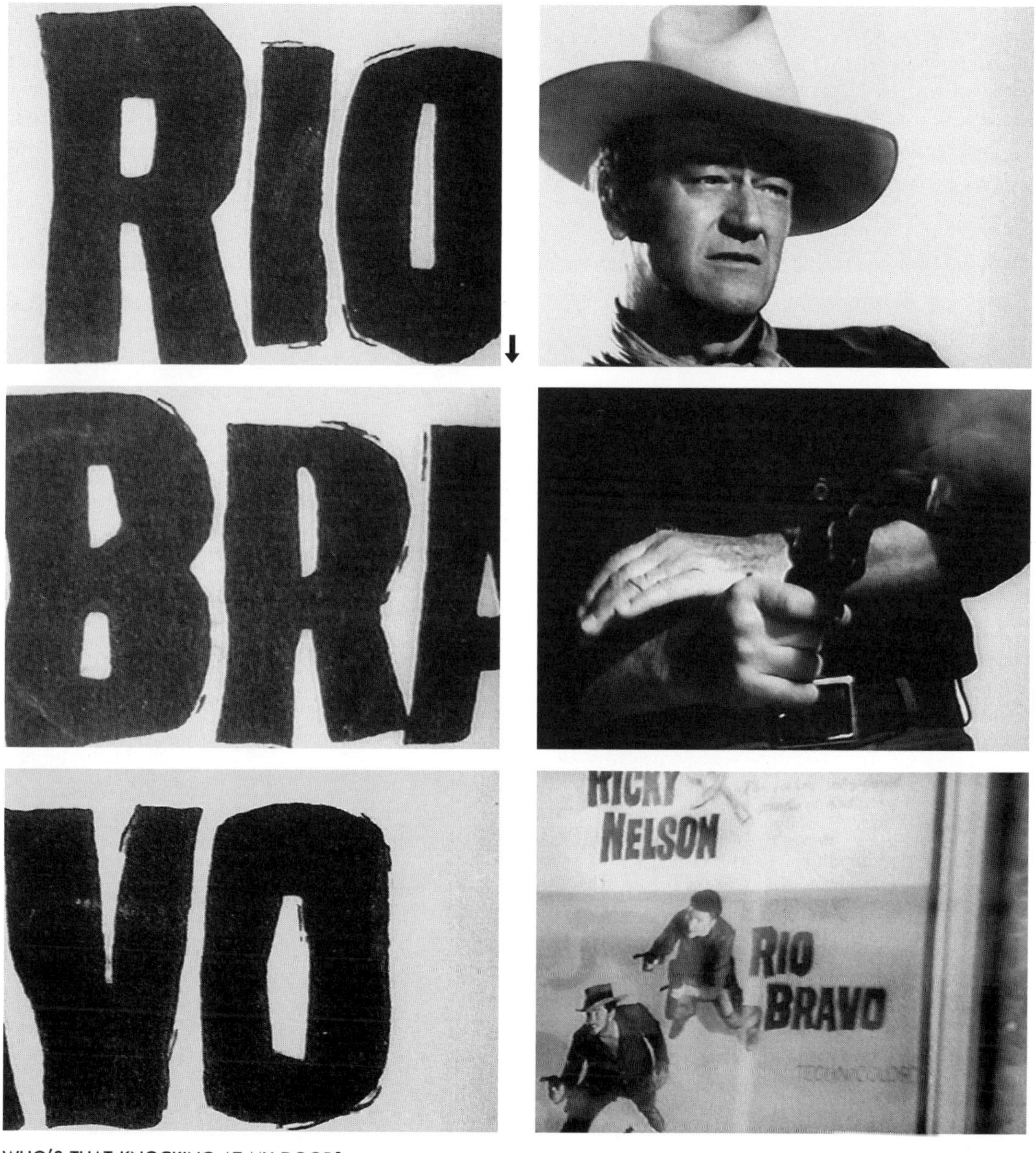

WHO'S THAT KNOCKING AT MY DOOR?

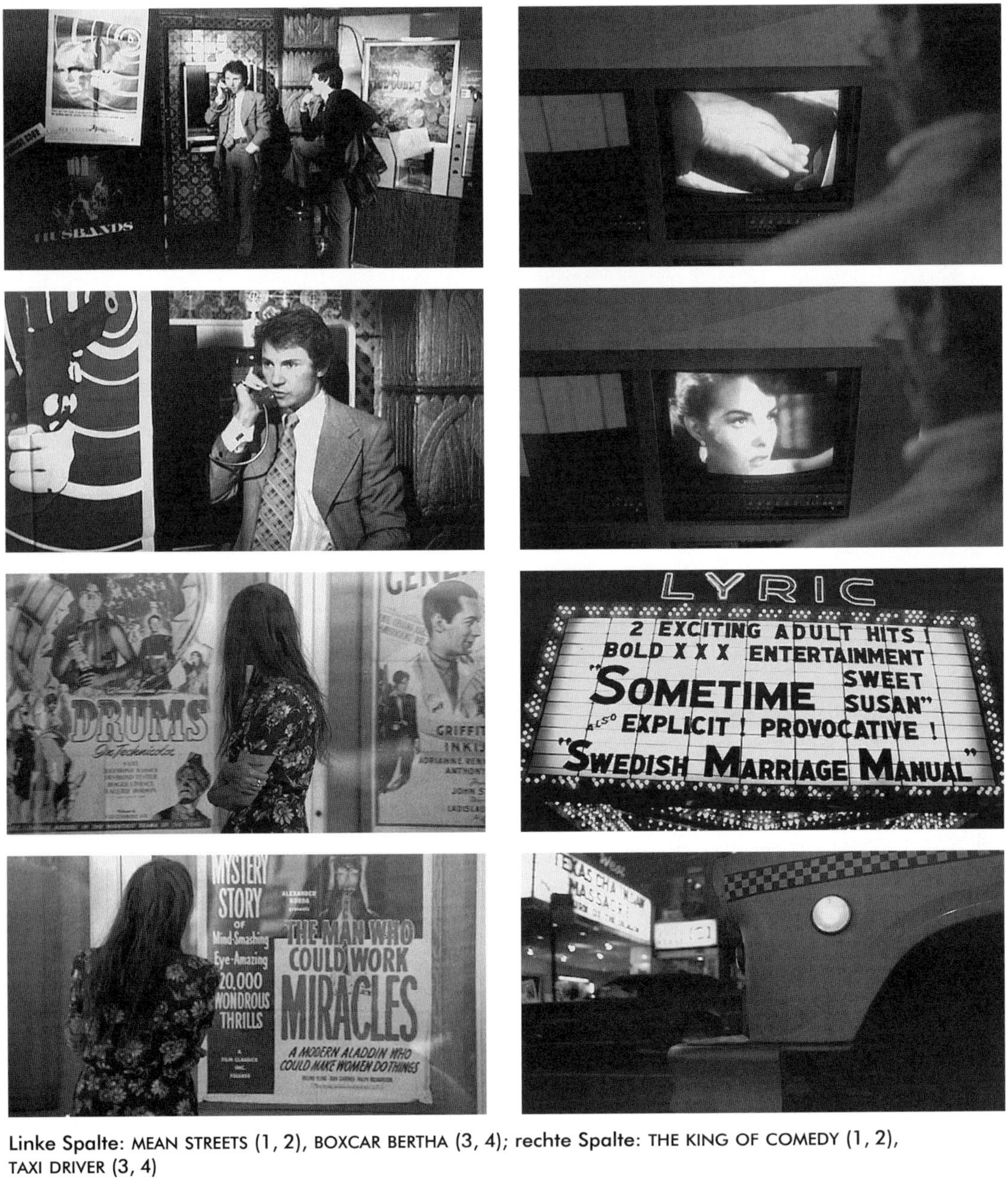

Linke Spalte: MEAN STREETS (1, 2), BOXCAR BERTHA (3, 4); rechte Spalte: THE KING OF COMEDY (1, 2), TAXI DRIVER (3, 4)

zerbrechen nicht mehr wie ein Inneres und ein Äußeres aneinander, sondern weil dieser Widerspruch in jeder Geste, in jedem Ding, in jedem Gedanken wieder auftaucht. So kann, wie auch in LIFE LESSONS, das Leben nur enthalten, was die Kunst nicht enthält, wohin sie aber strebt, und die Kunst kann nur enthalten, was das Leben nicht hergibt, aber was es sich ersehnt. Und Religion können wir uns in Scorseses Welt nur als eine besondere Form der Kunst vorstellen, so wie wir uns Kunst als eine besondere Form der Religion vorstellen – und beides, das ist das Entscheidende, ist nicht durch einen Mythos des »Genies« aufgehoben: Götter und Künstler zerfallen nicht anders als Gangster und Komiker in erhabene Bilder und unerträgliche Trivialität. Vicky zerbricht an dem Konflikt, während das Ballett nach dem Märchen von Hans Christian Andersen die Komplementärgeschichte erzählt, die Geschichte der Frau, die sich die roten Schuhe wünscht, in denen sie so perfekt tanzen kann, und die dann nichts anderes mehr tun kann als tanzen, so lange, bis sie tot umfällt. Und eine weitere Szene ist zu deuten als Urbild vieler Scorsese-Szenen: Als Vicky ihn verlässt, zerschlägt der verzweifelte Lermontov mit der Faust den Spiegel.

Der aufgeraute Stil (2)

Wenn D.W. Griffith und John Ford für ›klassische‹ Formen der Vollendung im amerikanischen Kino stehen und Erich von Stroheim beziehungsweise Orson Welles für den (metaphorisch erst im Scheitern) ›vollendeten‹ Zusammenprall eines exzessiven, freien Kinos mit der klassischen Industrienorm«, schreibt Alexander Horwath, »dann signalisiert Martin Scorsese jene nachklassische Verschmelzung, die der Eintritt des modernen und individuellen Films (via Nachkriegskunstfilmeuropa) in den USA hervorbrachte und die kein Zweiter so sicher und unnachgiebig bewältigt hat wie er.« Was aber diesen europäischen Umweg (den das Hollywoodkino längst schon vergessen hat) anbelangt, so stellt sich erneut die Frage nach dem Subjekt. Hat sich, möglicherweise, New Hollywood nicht anders den europäischen Film erfunden, als sich Europa den Film noir erfunden hat – um sich nutzbar zu machen, was sich zunächst so abweisend zu betragen vermag?

»Unnachgiebigkeit« freilich kann nichts anderes als eine Reihe von Katastrophen im Kino und des Kinos erzeugen, und nicht einmal das Kino des Martin Scorsese kann so schnell offener, mozartischer werden, wie es die Katastrophen des filmischen Raums, der Zeit und der Person produziert. Der aufgeraute Stil seiner Arbeiten freilich hilft ihm, auch die Augenblicke des Desasters nicht unbearbeitet bleiben zu lassen.

Eine einfache Erklärung für den aufgerauten Stil ist die Verwendung von Stilelementen in Scorseses Spielfilmen, die in der Regel dem Dokumentarfilm zugeschrieben werden:

– die direkte Abbildung »realer« Umwelt (wie etwa der realen Lokalitäten in RAGING BULL),
– die Aufnahme einer Sequenz in einer dokumentarisch-beobachtenden, realen Zeitform (die Gespräche zwischen den Protagonisten, in denen sich die unterschwellige Gewalt entwickelt, von MEAN STREETS bis zu CASINO),
– die Verwendung von dokumentarischem Ton,
– die Verwendung einer »dokumentarischen Kamera«, die sich auf die Funktion des Registrierens zurückzieht (eine Einstellung, die nicht Einstellung ist, sondern allenfalls eine Einstellung zu den Dingen, die sie aufnimmt, *sucht*),
– die mehr oder minder exzessive Verwendung der Handkamera in den Straßenszenen, wie zum Beispiel in THE KING OF COMEDY, wenn sich Robert De Niro Jerry Lewis nähert,
– die Verwendung der Musik als dokumentarischer Begleitung,
– die Verwendung realer Dokumente (selbst in dem mythischen Gewaltfilm BOXCAR BERTHA verwendet Scorsese Fotografien und alte Zeitungen, um eine dokumentarische Gegenebene zu entwickeln),
– Elemente aus dem eigenen Leben (immer wieder die Auftritte von Scorseses Eltern, die Verwendung privater Gegenstände),
– die Fake-Dokumentation etwa durch das Zitieren von Home Movies oder Fotografien, die zugleich immer auch einen Dialog zwischen der magischen und der »realen« Biografie bestimmen,

– das Hinnehmen »materieller« Schwierigkeiten für die Kamera beim Dabeisein, eine Dokumentation der Widerstände gegenüber Aufnahmen (wie bei realen Geschehnissen), wie es besonders in NEW YORK, NEW YORK und BRINGING OUT THE DEAD deutlich wird: Die Kamera selbst muss immer »kämpfen« um ihren Platz, muss kämpfen um die Annäherung an das Subjekt, muss kämpfen, es nicht zu verlieren; und eine Kamera bei Scorsese kann sogar »müde« werden.

All diese Kompositionselemente des Dokumentarischen haben nicht nur die Aufgabe, an die »Wirklichkeit« des Geschehens zu erinnern (oder umgekehrt, das Fiktive als sein Gegenpart zu betonen), sie definieren auch eine Erzählzeit, eine eigentümliche Form der Gegenwart (genauer gesagt: der Gegenwärtigkeit der Vergangenheit im Dokument). Das Dokumentarische ist aber auch ein Widerpart des »Autors« (Regisseurs und Schauspielers) und der Grenzen seiner Gestaltungsmöglichkeit. Solche Elemente, in denen das Fiktionale gebrochen wird durch einen dokumentarischen Spiegel, gibt es in jedem Film, auch in jenen, die eine besonders geschlossene, künstliche Welt etwa eines Genres abbilden, wie in der Studiowelt von NEW YORK, NEW YORK, wo wir die Heimkehr von Francine nicht in der gewohnten Narration des Films, sondern gebrochen in den Aufnahmen einer Wochenschau sehen. Scorseses Kamera ist in der »transzendentalen Einstellung« zwar zu einer ungeheuren Selbstüberhöhung fähig, aber sie ist auch und häufiger in der Lage, ihre Grenzen zu erkennen, sie sucht einerseits nach Auswegen (das »Dokument«, das die Teilhabe ersetzen muss), aber andererseits auch nach einer Form von Demut.

Scorseses Kamera ist immer in Bewegung, weshalb viel seltener die Kompositionskraft eines Tafelbildes zu bewundern ist als vielmehr die Entstehung einer virtuellen Skulptur. Sein Stil beharrt auf der Momentaufnahme gegenüber der Pose, aber in den Momentaufnahmen sind die ungeheuerlichsten Bildkompositionen zu entdecken. Und für den raschen Schnitt, den Scorsese zusammen mit Thelma Schoonmaker entwickelt hat, gibt es nur im Englischen ein adäquates Wort: *razzle-dazzle*. Eine Form des Innehaltens (jene wellenförmige Konstruktion von Spannung und Ruhe wie in den geliebten Western) kann es in Scorseses Filmen nicht geben, nicht nur, weil seine Helden und die Welt, in der sie leben, *ruhelos* sind, sondern auch weil (»kompositorisch«) die filmische »Zelle« ihr Leben entfalten soll und weil (»philosophisch«) Scorseses Filme das Leben *als* Leben gegen Idee und Tod verteidigen.

Nimmt man alle diese Stilmerkmale zusammen, so entsteht bei Scorsese ein Kino der *materiellen* Gegenwärtigkeit (das sich, zum Beispiel, vom Kino der psychischen Gegenwärtigkeit bei John Cassavetes unterscheidet). Alle Figuren bei Scorsese sind entweder nervös oder versteinert; sie leben auf den Ausbruch der Gegenwärtigkeit hin. So wie Mozart den musikalischen »Zellen« ihre eigene Gegenwärtigkeit gegeben hat, so gibt Scorsese den filmischen Syntagmen die ihre.

Und diese Syntagmen setzten sich zur gleichen Zeit aus so unterschiedlichen Linien zusammen wie dem Plot, der (oft gegenläufigen) Narration, der »dokumentarischen« Brechung, dem filmischen Verweis, der Komposition (Dreierschritte, Klammer-Montage, *foreshadowing* etc., also der Betonung der »Zelle« gegenüber dem »Körper«), dem Zitat (von Wochenschau, Home Movie, Theater oder Plakat), der On-Off-Screen-Musik und den bedeutenden Textzeilen in Popsongs oder Opernarien und so weiter. Was man schließlich Scorseses Art der Verfremdung nennen könnte, beruht zunächst einmal auf sehr einfachen Mitteln:

1. Die Verwendung von Standbildern oder extremen Zwischenschnitten.
2. Die explosive Abblende: Statt über ein kurzes Versinken im Schwarz, das man mit einem kurzen Schließen der Augen zwischen zwei Blicken, einem Zwinkern vergleichen könnte, verbindet Scorsese häufig zwei Einstellungen durch einen grellen *flash* von extremer Helligkeit, was am ehesten einem erschrockenen Aufreißen der Augen gleicht. Diese Abblende kommt sogar in dem ruhigeren THE AGE OF INNOCENCE vor.
3. Die Off-Erzählung: Jede Off-Erzählung schafft zunächst einmal Distanz; es muss zum einen eine zweite Zeitebene existieren, aus der der Erzähler meist zurückblickt. (Natürlich gibt es auch eine Reihe Düpierungen in dieser Konstruktion, etwa

wenn im Film noir die Off-Narration von einem Mann stammt, der am Ende seiner Erzählung tot ist, wie William Holden in SUNSET BOULEVARD) Bei Scorsese wird dies etwa aufgelöst durch die Verwendung mehrerer, einander zum Teil widersprechender Off-Stimmen, deren Aussagen überdies nicht unbedingt durch das Bild gedeckt werden. So konstruiert er eine eigene Form des *unreliable narrators*. In CASINO zitiert er die SUNSET BOULEVARD-Variation ironisch, wenn er in der ersten Szene den Helden in seinem Auto in die Luft jagt, um ihn dann seine Geschichte erzählen zu lassen (am Ende stellt sich freilich heraus, dass er das Attentat überlebt hat), während der zweite Erzähler (Joe Pesci), gleichsam die Gegenstimme, einem Mann gehört, der am Ende tot ist. In TAXI DRIVER haben wir die Tagebucheintragungen von Travis Bickle, die in ihrer unerbittlichen Genauigkeit an Bressons JOURNAL D'UN CURE DE CAMPAGNE (Tagebuch eines Landpfarrers; 1951) erinnern, nur dass wir es beständig mit unmerklichen Übergängen von Beobachtung zu Erfindung (und von Wirklichkeit zu Wahn) zu tun haben.

4. Jump Cuts und Freeze Frames: Gegen das Dokumentarische und das »Klassische« (jedenfalls in der Form von Zitat und Bezug) stehen immer wieder Ausbrüche aus der Narration, vor allem in Montage-Schritten, in denen die lineare Zeit aufgehoben wird. Zwei Elemente sind es, die Scorsese dabei immer wieder einsetzt, die Unterbrechung durch kurze Wiederholungsschnitte zum einen und zum anderen das Einfrieren einer Szene. In den ersten Filmen sind diese Elemente noch ausgesprochen offensichtlich eingesetzt, wie in der Tanzszene, die dreimal wiederholt wird in WHAT'S A NICE GIRL LIKE YOU DOING IN A PLACE LIKE THIS? oder in THE BIG SHAVE, in dem ein und dieselbe Bewegung in drei verschiedenen Perspektiven hintereinander montiert ist.

In WHO'S THAT KNOCKING AT MY DOOR? sehen wir Harvey Keitel sich von einem Barhocker erheben, dann friert das Bild ein; das nächste Bild zeigt das Mädchen, das sich mit der Fähre entfernt, einen Traum, der sich mit dem Leben nicht mehr symbiotisch verbinden lässt. Das eingefrorene Bild zeigt die Gefangenschaft der Protagonisten, könnte man meinen. Ebenso ist die Zeitlupe

Die Wochenschau in NEW YORK, NEW YORK

Fotografien und Home Movies: MEAN STREETS, RAGING BULL, ...

... linke Spalte: TAXI DRIVER (1, 2), NEW YORK, NEW YORK (3, 4); rechte Spalte: RAGING BULL (1, 2), THE KING OF COMEDY (3, 4), ...

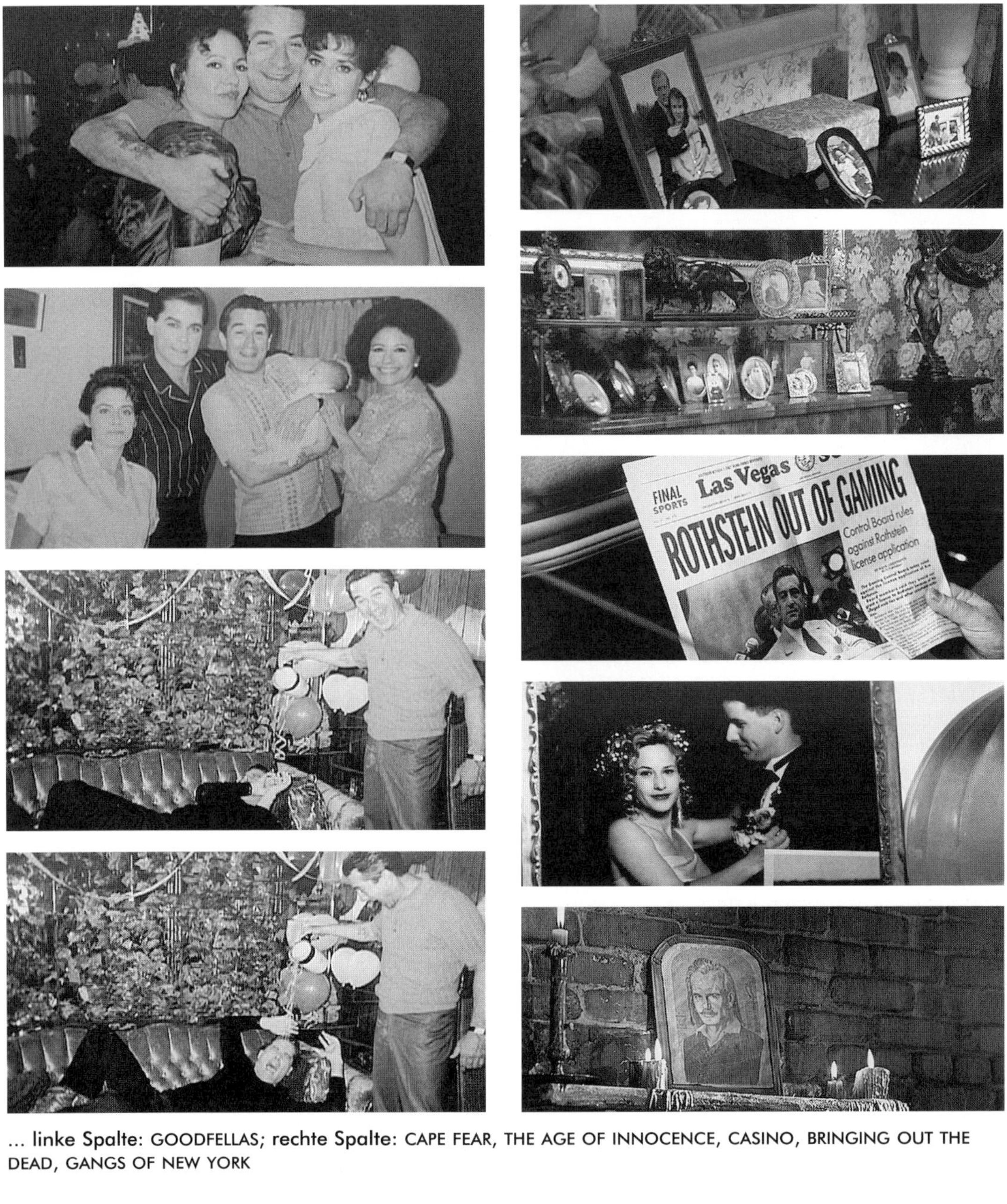

... linke Spalte: GOODFELLAS; rechte Spalte: CAPE FEAR, THE AGE OF INNOCENCE, CASINO, BRINGING OUT THE DEAD, GANGS OF NEW YORK

Ausdruck einer inneren Bedrohung, aber auch der Unfähigkeit zu reagieren, eine Gefangenschaft in der Zeit. Scorsese übt damit nicht nur Druck auf die Bedeutung aus (»Achtung! Sinnbild!«), sondern ganz direkt auf die Bewegung: Das Vorankommen ist schwerer. Und schließlich – wie etwa in der Szene in MEAN STREETS, in der Johnny Boy und die beiden Mädchen in die Bar kommen –, als Anzeichen dafür, wie sehr sich eine Figur in einem anderen Feld bewegt als die »normale« Welt. Betsy erscheint in TAXI DRIVER in Zeitlupe und wird dadurch im Blick von Travis Bickle schon erhöht und entrückt. Und ganz ähnlich weit ist Jake La Motta von Vickie in RAGING BULL entfernt: Als er sie beim Tanz beobachtet, nähern sich ihr zwei Männer in Zeitlupe; kurz darauf beobachtet er sie mit Freunden, und wieder bewegt sie sich in Zeitlupe zum wartenden Wagen, und als sie bereits verheiratet sind, küsst Vickie zweimal den Mafia-Paten – in Zeitlupe. So begleitet statt eines Bildes ein »grammatisches« Stilmittel den Weg vom Objekt des Begehrens zum Widerstand der Eifersucht (und ganz nebenbei haben wir damit ein neuerliches Mittel des *foreshadowing*). Ganz ähnlich erlebt der Maler in LIFE LESSONS die Ankunft der Geliebten, die ihm schon mitgeteilt hat, dass sie ihn verlassen wird, in Zeitlupe. Mit der Zeitlupe gerät das Leben aus der geradlinigen Bahn (und es beginnt schon mit dieser Zeitlupe, in der das gelbe Gefährt, der gläserne Sarg in TAXI DRIVER erscheint).

Das Bild in RAGING BULL friert ein, als einer der Zuschauer, der La Motta angefeuert hat, bemerkt, dass dieser seinen Kampf verschiebt. Scorsese raut also den Einsatz eines durchaus gebräuchlichen Mittels so auf, dass es nicht mehr Teil einer objektiven Erzählung (also etwa jener sakral-nihilistischen Stimmungen wie bei Sam Peckinpah), sondern der subjektiven Wahrnehmung der Protagonisten wird. Die Zeitlupe füllt daher nicht den gesamten filmischen Raum – gleichsam als Orchester-Tutti wie bei Peckinpah –, noch dient sie der Unterbrechung des Illusionsflusses wie bei Jean-Luc Godard, sie ist stattdessen einem »Instrument« zugeordnet.

Die Bewegung der Filme wird bestimmt durch das Verhältnis von realistischen und stilisierten Elementen, deren Wechsel nach instrumentalen, subjektiven Leitfäden vorgenommen wird. Ganz direkt zeigt uns in TAXI DRIVER dieser Wechsel den jeweiligen Geistes- und Gemütszustand des Protagonisten, ein Schwanken zwischen Wahn und Wirklichkeit. Umgekehrt erfährt der Held von AFTER HOURS SoHo als einen endlosen (Alb-)Traum; seine realen Bewegungen (die vergebens versuchen, sich den Bewegungen dieser Umwelt anzupassen) stehen den so seltsam verlangsamten Bewegungen etwa des Barkeepers (John Heard) gegenüber, der seine Bewegungsmelodie gleichsam auf Zeitlupe gestellt hat.

Ein weiteres Element des »aufgerauten Stils« ist die Inszenierung der symbolischen Handlung, die über die Auflösung in der Narration hinausgeht. So etwa geht Charlie in MEAN STREETS, als er das Lokal, das er übernehmen soll, inspiziert, ohne einen besonderen Grund zuerst auf die Toilette, betrachtet seine Züge im Spiegel und wäscht sein Gesicht. Wir könnten wohl solche Einstellungen die »Dostojewskij-Syntagmen« in Scorseses Filmen nennen. Das Subjekt tritt aus sich heraus, es fällt gleichsam aus seiner Geschichte heraus, und in solchen Augenblicken haben wir vielleicht tatsächlich das Gefühl, es mit einem »Du« auf der Leinwand zu tun zu haben. Alles, was an Mythos, Dramaturgie und ästhetischer Konvention zwischen dem Leinwand- und dem Zuschauer-Subjekt entstanden ist, fällt weg; wir stehen uns »im Augenblick« ganz direkt gegenüber, da der Mensch auf der Leinwand aufgehört hat, sich nur zu erzählen (oder gar erzählen zu lassen). Ganz pragmatisch entwickelt Scorsese solche Szenen sehr häufig, indem er einfach auf seine Schauspieler hört, selbst wenn sie eine Idee haben, die wenig oder nichts mit dem Plot zu tun hat. Zum aufgerauten Stil gehört es, dass es »Zellen« im filmischen Syntagmen-Reigen gibt, die paradoxerweise das Cineastische selbst verlassen, jene Momente der »ungedeckten Intensität«, zu der die Musik nach Mozart, die Literatur nach Dostojewskij und das Kino, vielleicht, nach Orson Welles in der Lage ist.

Schließlich wird auch die Bildkomposition selbst ein wertvolles Merkmal dieses Stils. An entscheidenden Momenten der Erzählung gibt es in Scorseses Filmen nicht mehr die verlässliche Zentralperspektive, und schon gar nicht gibt es sie als verlässliche Rückkehr (als visuelles *home*). Das Bild will dem Blick nicht mehr insofern schmeicheln, als es eine Beherrschbarkeit des Sichtbaren signalisiert. Wie Sam Fuller bleibt Scorsese gerade in besonders heftigen, gewalttätigen oder unübersichtlichen Situationen bei der autonomen Einstellung, und gleichzeitig sagt jede seiner Kadragen, dass es unmöglich sein wird, eine Situation mit einem Blick zu erfassen. Wo uns der junge Welles daraufhin in die Tiefe führt, erhält Scorsese diesen Bruch zwischen Blick und Bild bis zum Ende aufrecht, ja er macht ihn zum eigentlichen Motor in der Bewegung der Bilder.

In Martin Scorseses Filmen wird die Wirklichkeit nicht über das zentralperspektivische Bild »gewonnen«, dieses offenbart sich vielmehr als Bild des Verlustes. Der Blick trifft weder auf eine repräsentierte noch auf eine vorgefundene Wirklichkeit. Diese filmische Wirklichkeit stellt sich stattdessen erst in der Perspektive selbst her. Anders ausgedrückt: Jede »Zelle« der filmischen Erzählung produziert ihren eigenen Blickraum, ihre eigene Beziehung zwischen Blick und Bild. Die Zentralperspektive erscheint in der inneren Welt der Figuren nur noch als transzendentales Versprechen, in der Regel als ein ironisches Zitat. Die Bewegungsmelodie des Films ersetzt dabei die Harmonie der Komposition; dass wir nicht einfach »umfallen« in den Bildern der Filme von Martin Scorsese, liegt daran, dass wir ständig in Bewegung bleiben, ein Laufen und Fallen, Stürzen und Hochkommen: taumelnd und doch zielsicher. Der »schnelle Schnitt« und die Kamerafahrt bei Scorsese hindern uns am Sturz und beschleunigen doch zugleich unsere Bewegung.

Damit nun ergibt sich im aufgerauten Stil eine neue Zeiterfahrung. In der klassischen Konstruktion des Genrefilms gibt es eine sozusagen objektive Zeit – unabhängig davon, dass das Zeitempfinden dramatisiert oder, genauer gesagt: melodramatisiert werden kann. Ob unser einsamer Cowboy sehr lange durch die Prärie reitet oder sich mit einem Schurken im Pistolenduell messen muss – es gibt immer zwei Arten der Zeit gleichzeitig, nämlich eine objektive Zeit und das deutlich als solches ausgewiesene subjektive Zeitempfinden. Ein derartig objektives (wie dann natürlich auch subjektives) Zeitempfinden gibt es in den Filmen von Martin Scorsese nicht mehr. Die Zeit ist selbst auf eine durchaus tragische Weise in Bewegung geraten, sie staucht und dehnt sich je nach der Entfernung von dem magischen und nicht erreichten Punkt der »Erlösung« (der Transzendenz). Auch darin widerspricht die Komposition energisch der Hollywood-Dramaturgie, der Wellenform des Westerns so sehr wie der Beschleunigung des Dramas. Scorseses Filme beginnen in der Regel in einem geradezu ungeheuerlichen Tempo, das sich, für einige Zeit, gar noch zu steigern scheint, bis mit einem einschneidenden Wechsel der Räume und Beziehungen ein endloser, mühseliger Prozess des »Abbremsens« beginnt; die Figur scheint, von dem einmal entwickelten Schwung noch immer weiter getragen, keine subjektive Kontrolle mehr zu entwickeln, sie gerät in Situationen, in denen es, ganz im Gegensatz zu der Metabewegung, zäh und langsam zugeht, ja die Dinge auf der Stelle zu treten scheinen. Und während sich im ersten Drittel die Geschwindigkeit als dominant erweist, sich im zweiten Teil Geschwindigkeit und Verlangsamung verhalten wie ein Motiv zu den »Zellen« der Komposition, in die Thema und Nebenthema zu zerfallen imstande sind, ist das letzte Drittel wiederum von einem Gleichklang, nämlich der Gleichzeitigkeit der Metabewegung und der Zellen-Bewegung als Retardierung gekennzeichnet.

Kein Wunder, dass es vor allem das erste Drittel ist, in dem Scorsese auf so rasante Art seine Figuren und ihre Welt einführt, die ihm die einhellige Bewunderung aller Cineasten einbringt, während man das zweite Drittel eher als klassische Durchführung empfindet. Der eigentliche, aberwitzige filmische Furor liegt allerdings oft im letzten Drittel, dort, wo die Zeichen ihre neuen Bedeutungen erhalten, das *foreshadowing* sich fokussiert, der Selbstwiderspruch der Helden zwischen Sinnbild und Abbild, Metapher und Realismus sich am vehementesten offenbart. Im letzten Drittel seiner Filme hat Scorsese die kopernikanische Wende noch einmal vollzogen, Zeit und Handlung haben eine freie, im Verhältnis zur Konvention bereits jenseitige Beziehung zueinander gefunden.

Die Bilder werden nicht mehr von der mechanischen Geschwindigkeit, sondern von der Zeit als eigener Kategorie bestimmt. Vom Bewegungsbild ist Scorsese nicht nur im Sinne von Deleuze zum Zeitbild gelangt, er hat, mehr noch, nach dem Raum auch die Zeit von einem allgemeinen, objektiven oder sakralen Empfinden zu einer Teilung in unterschiedliche, miteinander in Beziehungen stehende Zeiten zerlegt.

Die Verlangsamung im zweiten Drittel des Scorsese-Films ist freilich alles andere als die Produktion der Erfahrung von Ruhe; es ist vielmehr stets eine sehr genaue und eingehende Beobachtung von etwas »Banalem« oder Profanen (Dialoge, die scheinbar zu nichts Besonderem führen, Spiele, die nur der Selbstvergewisserung zu dienen scheinen etc.), die eine geradezu unerträgliche Spannung erzeugt. Man weiß, dass es so nicht weitergehen wird und dass etwas geschehen muss, aber man weiß nicht, was es ist. Niemand weiß es, auch die Protagonisten nicht. Es ist auch durchaus möglich, dass dann doch »nichts« geschieht, keine Lösung für die aufgestaute Spannung offenbart wird.

André Bazin schreibt über die Zeit im Kino: »Die musikalische Zeit ist unmittelbar und per Definition schon ästhetische Zeit, während der Film seine ästhetische Zeit nur gewinnt oder herstellt, indem er von der gelebten Zeit ausgeht.« Darin, zumindest, das klassische Erzählkino charakterisierend, macht Bazin aus der Filmzeit eine von der Lebenszeit abgeleitete Größe, in der Takt und Tempo vorgegeben sind. Scorsese mag in diesem Zusammenhang »freie Rhythmen« benutzen, aber zugleich – und auf eine durchaus listige Weise – benutzt er die Lebenszeit seiner Figuren als ästhetische Zeit, ein absurdes Andante der Großstadtmenschen, das zum Presto tendiert, ein gehetzter Gang, der gleichwohl nicht zum Lauf werden kann.

Das Alltägliche erhält durch diesen Sieg der »ästhetischen Zeit« über die Wahrnehmung allerdings nicht nur jene innere Spannung, die darauf verweist, dass »etwas« geschehen muss, und die, nebenbei, die latente Gewalttätigkeit im Trivialen aufdeckt, sie schafft auch eine strukturelle Transzendenz. Wenn das Gewöhnliche anders als in der

Foreshadowing in MEAN STREETS

gewöhnlichen Zeit erzählt wird, erhält es den Charakter des Rituals. So wie bei Robert Bresson »triviale« Gegenstände durch Betonung und Reihung in der ästhetischen Zeit zu Symbolen werden, so werden bei Scorsese durch ein ganz ähnliches Verfahren Gesten und Blicke zu Ritualen (wie etwa der erwähnte wiederkehrende Griff an den eigenen Hals), die eine Aussage schaffen, die nicht durch die Story gedeckt ist. Diese Beziehung aber funktioniert auch andersherum: Die Wiederholung der Geste hebt gleichsam automatisch die gewöhnliche Zeit auf und führt uns zur ästhetischen Zeit (zurück). In GOODFELLAS zum Beispiel werden am Ende die Zeitintervalle in der Montage immer kürzer, die Zeit-»Zellen« dagegen immer mehr im Sinne der »Echtzeit« gedehnt.

Noch einmal lässt sich eine Parallele zur Musik Mozarts (und einiger seiner Nachfolger) ziehen im Verhältnis zu Zeit und Rhythmus. In dessen Kompositionen nämlich befreit sich der Rhythmus davon, sich als Ableitung eines natürlichen Rhythmus (des Herzschlags, oder – im Andante – des Schrittes, des Atemzugs etc.) zu verstehen, so dass das Ich des Zuhörers mit dem »Ich« der Musik verschmelzen würde (wie es noch in der Barockmusik oder im klassischen Hollywoodfilm geschieht). Er verhält sich aber auch nicht wie ein sozialer Rhythmus (eine Prozession, ein Marsch oder ein Tanz), wie es insbesondere der deutsche Film liebt: eine Bewegung des Films, die gleichsam den Zuschauer auffordert, von der natürlichen zur sozialen Bewegung zu finden, im schlimmsten Fall zum Ornament der Masse im faschistischen Film etwa von Leni Riefenstahl. Und schließlich handelt es sich auch nicht um einen Rhythmus, der einer argumentierenden Rhetorik zu gehorchen scheint, wie der der Neuen Musik oder etwa Eisensteins »Montage der Attraktionen«.

Scorseses Filme beginnen stets mit so etwas wie einem Schöpfungsakt; während ein Mensch oder eine Situation buchstäblich aus einem chaotischen Zustand optisch »Gestalt annimmt«, beginnt der Rhythmus mit einer ansteigenden Tendenz und gewissermaßen in einer Interferenz zwischen einem Grundrhythmus (dem natürlichen Rhythmus) und einem dräuenden äußeren Rhythmus (dem sozialen Rhythmus), der zu etwas Drittem führt, einem eigenen Rhythmus, der für den Film so etwas wie ein »Ich« abbildet, das weder mit dem Ich des Protagonisten noch mit dem Ich des Zuschauers identisch ist. So wären wir schließlich beim eigentlichen Gehalt der kopernikanischen Wende im Film: Es ist ein Film, der nicht mehr Zeichen und Leben zwischen Produzent, Protagonist und Konsument austauscht, sondern eine eigene organische Autonomie (letztlich: ein eigenes Ich) ausprägt.

Der Rhythmus wiederholt also oder setzt, genauer gesagt, voraus, was die optische und narrative Struktur entwickeln wird, nämlich die nichtidentische Beziehung zwischen dem Protagonisten und dem Zuschauerblick, die andererseits aber auch keineswegs einfach eine »objektive« Beziehung herstellt. Wir schauen in Scorseses Filmen weder uns selbst noch »jemandem« zu, sondern sozusagen einem »transzendentalen« Ich (einem Ich, um es mit Kant zu formulieren, das sich als denkendes denkt, was für den Film heißen mag: ein Ich, das sich als fühlendes fühlt).

Ein Scorsese-Film ist also zugleich ein durchaus radikaler Autorenfilm, insofern er sogleich als Scorsese-Film identifizierbar ist (Biografie, Stil und Methode betreffend) und insofern er »unvergleichlich« ist, aber er ist zugleich etwas anderes, insofern er stets auch Fragmente jener Werke und Genres zu erkennen gibt, die er »übermalt« hat, und insofern er seine Charaktere und sein Wesen bis zu einem gewissen Grade freigibt. Scorsese bestimmt weder die Komposition seines Films noch seine Figuren bis zum Letzten. Er setzt sie »in die Welt«, und dann beginnen sie selbst zu arbeiten und zu leben.

So wird noch einmal deutlich, warum jeder Scorsese-Film mit einem so komplizierten Schöpfungsakt einer Person (und eben nicht: einer »Einführung«) beginnt und mit einer Art der verweigerten Todeserlösung schließt: Des erschaffenen (Film-)Wesens können sich weder Autor noch Zuschauer so einfach wieder entledigen, wie es die populäre Kultur als kathartisches Modell anzubieten wusste. *Marty's Pictures Are Pictures of Marty* – das stimmt natürlich. Aber zugleich sind *Marty's Pictures* immer neue Schöpfungen und Fragen an die Schöpfung.

Dass der Film mit einem solchen Schöpfungsakt beginnt, bedeutet keineswegs, dass er mit einem »geschlossenen« Anfang ausgestattet ist, denn der Scorsese-Held wird nicht so sehr innerhalb einer Metapher, innerhalb einer Erzählung erschaffen, er wird vielmehr *für den Film* auserwählt. Er hat, wie durch das bis zum Ende verweigerte Opfer gekennzeichnet, offenbar ein Leben außerhalb des Films. Ein Vorher und Nachher, das durch den Film selbst keineswegs vollständig determiniert ist. Weder im positiven noch im negativen Sinne hat sich das Leben des Scorsese-Helden am Ende »erfüllt«. Auch ergibt die kreisförmige Erzählung keine spirituelle Erlösung. Dieser Held ist »jemand geworden«. Ein filmisches Subjekt, das weder mit einer bürgerlichen »Person« noch mit der Figur einer Parabel zu verwechseln ist. Und das ist für das (filmische) Menschen-Bild vielleicht wirklich etwas so Radikales wie die kopernikanische Wende in unserem Welt-Bild: An die Stelle des Zentrums treten Beziehungen.

Wie wir gesehen haben, greift die Kamera zu Beginn auf den Scorsese-Helden zu und lässt ihn schließlich nicht mehr los, aber gleichzeitig vermag die Komposition des Bildes ihn zur Flucht anzustacheln: Die raue und offene Komposition scheint ihm Fluchtmöglichkeiten zu offenbaren, die die Bewegung der Kamera zugleich wieder zunichte macht. Scorsese spielt nicht Katz und Maus mit seinen Helden, sondern reflektiert in dieser Gestaltung dessen »existenzielle« Situation. Der Blick und das Bild sind einander keinen Moment sicher.

Eben diese Struktur ist auch ein Kommentar zum Problem der Schuld (der Autonomie und der Bedingtheit) eines menschlichen Lebens. Es gibt offenbar genau so viele Impulse der Freiheit (Impulse zur Befreiung), wie es Impulse der Gefangenschaft (Impulse der Bestimmung) gibt. Daher sind der Lichtraum und der Stoffraum einander so ungleich. Es ist der Kamerablick, der erst die Gleichung zwischen beiden aufmachen kann.

Dieser Kamerazugriff ist selbst wiederum die Spiegelung der Beziehung von Materialität und Metaphysik. Die Bewegung ist zu schnell, um den Blick eines »gewöhnlichen« Menschen zu simulieren (aber auch zu langsam, um einen Schockeffekt zu entwickeln, wie es der Italowestern oder der Horrorfilm erprobten); sie mag, wie das Rainer Gansera gesagt hat, »der Blick eines umherstreifenden Engels beziehungsweise eines Dämons (das muss immer ambivalent sein), der die Geschichte nicht bloß betrachtet, sondern auch in Gang setzt«, sein.

Scorsese öffnet (beinahe) nie den Blick, er setzt das Material seiner Einstellungen ebenso wie den Zuschauer unter Druck, so als würde es in einem Scorsese-Film schwer fallen, genügend Luft zum Atmen zu finden, so als müsste der Blick gezwungen werden, sich in dunklen, engen Räumen zurechtzufinden, sich auf das Irrationale der Bedrohung einzulassen. Die Fülle der Details, der Beobachtungen von Randerscheinungen, von Tics und Manierismen, von versteckten Hinweisen, das allgegenwärtige *foreshadowing* lässt einen »summierenden Blick« in keiner Einstellung zu. Die Kamera ist in der Regel Teil dieses Innenraums; sie ist oft hektisch unterwegs, immer wieder in Form der Handkamera geführt, beinahe als eine der Figuren, die einen Ausweg suchen und doch gebunden bleiben an den *dead end*-Charakter der Orte. So ist selbst der Raum in Scorseses Filmen Ausdruck der Verdammnis, in einem Akt der negativen Theologie lässt er nur die Transzendenz als das »Andere« übrig. Aber er ist, die Kamera macht dies in ihrer Bewegung deutlich, zugleich ein sozialer Raum, dem gegenüber eine »transzendente« Auflösung nichts ausrichten kann.

Die Grundfrage freilich ist, ob die Welt diese Transzendenz in der einen oder anderen Weise »enthält« (ohne die trivialen Gleichungen von Belohnungen und Bestrafungen, die der kapitalistisch-puritanische Mainstream-Film aus Hollywood bietet). Worauf die Form keine Antwort geben kann und die Bewegung zu viele Antworten gibt, darauf mag vielleicht die Farbe antworten. Die Welt von MEAN STREETS und TAXI DRIVER ist in rotes Licht gehüllt; es ist die Hölle der Leidenschaften. Das Innenlicht ersetzt vollkommen das Licht des Tages, auch in CASINO. In THE COLOR OF MONEY ist es tatsächlich die Farbe des Geldes, das kalte Grün, das vorherrscht. Der Himmel als roter Sonnenuntergang in ALICE DOESN'T LIVE HERE ANYMORE begleitet den Song-Traum. Kurzum: Es gibt kaum so etwas wie eine »natürliche« Farbe in den Scorsese-Filmen. Die Farbe füllt stattdessen offensichtlich eine Art des Bedeutungsvakuums. Es findet ein Prozess statt, den wir aus der modernen Malerei kennen: Die Form tritt zurück, und das Bild versucht, zur reinen Farbe zu gelangen. Eine Welt, die sich wie Flüssigkeit über die Leinwand wie über das Subjekt ergießt. Es ist die Verbindung von Blut und Wasser wie in CAPE FEAR, von Blut und Schnee in GANGS OF NEW YORK.

Möglicherweise definieren sich Scorseses Menschen auch über ihr Verhältnis zur Sonne. Dass er die Sonne hasst, sagt Charlie in MEAN STREETS am Strand zu Teresa. »Was hasst du sonst noch?«, fragt sie. »Ich hasse das Meer, ich hasse den Strand, und ich hasse die Sonne. Und das Gras und die Bäume, ich hasse Hitze.« Und was er denn liebe, fragt sie ihn. »Spaghetti mit Muscheln, Berge, Franz von Assisi. Hühnchen in Knoblauch, John Wayne.« Das alles sind freilich nur die komplementären Mythen; wie könnte man Muscheln haben ohne das Meer, wie wäre John Wayne ohne Sonne, Gräser und Bäume vorstellbar? Schon hier ist dem Scorsese-Menschen sein Selbstwi-

Die Stafette: Von MEAN STREETS zu TAXI DRIVER, …

derspruch offensichtlich. Und weil es keine Berge in Manhattan gibt, weicht Charlie aus: »Wolkenkratzer, ist egal«. Und mit seiner Handbewegung hat er dabei klargemacht, was er meint: Er hasst die horizontalen Dinge (den Raum an sich) und liebt die Vertikale (die Zeit), und er hasst die Dinge, die die Menschen gleich machen, und liebt die, die sie unterscheiden. Daher also muss das Sonnenlicht in einer Reihe von Scorsese-Filmen abgelöst werden durch das künstliche Licht; das Licht, das die Unterschiede verwischt, durch dasjenige, das die Konturen bestimmt, in dem man sich inszenieren und aus dem man nach Belieben heraustreten kann.

Die Stafette

In Scorseses Filmen gibt es immer Verweise aufeinander. In WHO'S THAT KNOCKING AT MY DOOR? steht Harvey Keitel auf einem Berg, in MEAN STREETS spricht er davon, wie sehr er die Berge liebt; MEAN STREETS beginnt exakt mit der Szene, mit der WHO'S THAT KNOCKING AT MY DOOR? endet: Harvey Keitel in der Kirche. In THE KING OF COMEDY hat Robert De Niro in seinem Keller ein großes Plakat jener Liza Minelli, mit der er in NEW YORK, NEW YORK zusammen spielt. Eine Kamerafahrt aus THE AGE OF INNOCENCE wiederholt sich in GANGS OF NEW YORK, beschreibt sie im ersten Fall das Gefängnis, das sich das reiche Bürgertum der Stadt selbst geschaffen hat, so im zweiten Film das Gefängnis des Gettos für die Elenden. Einen Ausweg, so zeigt diese Bewegung von Grenze zu Grenze, gibt es in keinem der beiden Fälle, und so wie die Kamera aus einem unbarmherzigen Himmel herabsieht, so sieht sie auf Menschen, denen es nicht gegeben ist, den Blick zum Himmel zu erheben.

Der Keim einer Figur entwickelt sich in einem Film aus dem Hintergrund, in einem anderen ist er herangewachsen. In MEAN STREETS feiern die Jungs eine Party für einen Mann, der aus Vietnam zurückkehrt. Doch während der Party dreht dieser plötzlich durch und schlägt um sich. In TAXI DRIVER wird diese Figur des gewaltkranken Veteranen als Hauptfigur untersucht. In BRINGING OUT

THE DEAD mag sie in der von Tom Sizemore verkörperten Gestalt des gewalttätigen Sanitäters wieder in den Hintergrund treten: Er rast durch seine Einsätze in den nächtlichen Straßen mit einem Furor, als wolle er vor allem endlich selbst untergehen in diesem ständigen Angriff des Todes.

Bestimmte Orte und Situationen tauchen immer wieder auf: THE LAST WALTZ beginnt mit einem Pool-Billard-Spiel (und einer kleinen Philosophie darüber); in MEAN STREETS gibt es die berühmte Schlägerei im Pool-Saloon, und auch in THE COLOR OF MONEY ist das Spiel ritualisiertes Zentrum, mehr jedenfalls als reines professionelles Spiel. Selbst Zusammenhänge von Einstellung und Bildinhalt kehren wieder, etwa das extreme Close-up auf die Augen bei einem Menschen im Auto, in TAXI DRIVER und BRINGING OUT THE DEAD. TAXI DRIVER und RAGING BULL haben gleichsam denselben Rhythmus des Beginns, während GANGS OF NEW YORK wiederum die rituelle Kampfvorbereitung auf ähnliche Weise »zelebriert«.

Entscheidend für Scorseses Methode von Zitat und Selbstzitat aber ist, dass sich auch hier »Inhalt« und »Form«, oder, anders gesagt, die verschiedenen filmischen Räume, unabhängig voneinander entwickeln können. Natürlich müssen wir wissen, dass in BRINGING OUT THE DEAD der Song *TV Sheets* von Van Morrison vor allem deswegen eingesetzt wird, weil Scorsese ihn als Inspirationsquelle (und insgeheime Schnitthilfe) bei TAXI DRIVER benutzte, ihn dann aber nicht explizit verwenden konnte. Aber in der Tiefenstruktur unserer Empfindungen von Rhythmen und Stimmungen sind solche inneren Verwandtschaften durchaus präsent.

»Motiv«, »Stil« und »Obsessionen« bewegen sich (wie in der Musik Mozarts) von einem Raum in den anderen, vom Leit- zum Nebenmotiv, vom Erzählten zur Erzählung. Eines der Leitmotive ist das der gestörten Liebe. Eine andere Art der Gewalt ist das Eindringen in den intimen Bereich der Liebe. In BOXCAR BERTHA werden Bertha und Bill durch die Polizeiagenten gestört, in GANGS OF THE NEW YORK dringt Bill in das Gemach der Liebe von Amsterdam und Jenny ein. Dieses Motiv ist Spiegelung des anderen Motivs, nämlich der

... von TAXI DRIVER ...

... zu GANGS OF NEW YORK

Bemühungen eines Helden, einen bestimmten Raum zu verlassen und doch in ihm gefangen zu bleiben. Zwischen den Kreisen solcher Haupt- und Leitmotive, die in anderen Filmen als Nebenmotive wieder auftauchen, die einmal narratives Gerüst, das andere Mal narrativer Schnörkel sind, stehen die wiederkehrenden Scorsese-Bilder: die Naheinstellung auf den Blick, das Hochschrecken aus unruhigen Träumen, das mit einer grausamen Erkenntnis gepaart ist (wenngleich nicht immer so nah an echtem Horror wie in CAPE FEAR und MIRROR, MIRROR), die Entfernung der Kamera nach oben, die Naheinstellung auf Schuhe, die »schreiende« Farbe einer Kleidung und so weiter. So ergibt sich bereits in der visuellen Hauptlinie eines Scorsese-Films eine Folge von Motiv, Bruch (Kontrapunkt, Perforation) und Variation/Spiegelung. Die zerbrochene Handlung und das zerbrochene Bild sind dabei perfekter Ausdruck dessen, was Scorsese in einem weitesten Sinne stets zu zeigen fasziniert: »die Krise des Glaubens. Jemand verliert seinen Weg, weiß nicht mehr, wohin er gehört, geht durch die Hölle«. Die Krise des Glaubens (woran auch immer, sei es im religiösen oder im materiellen Sinn, sei es der Glaube an Gott, die Welt, sich selbst – oder den Glauben an das Kino, das Filmbild) ist die Situation der größten *uncertainty*, der heftigsten Begegnung von Gewissheit und Möglichkeit.

Die verschiedenen Ausdrucksweisen, die gemeinsam »Film« ergeben, verhalten sich in Scorsese-Filmen zueinander wie Krisensymptome (man nennt das gerne auch »kontrapunktisch«), und ein Scorsese-Film verhält sich zum anderen wie eine Fortschreibung der Symptome am neuen Körper. Bedeutender aber noch als diese Verweise, die die Filme untereinander verbinden, sind die Spiegel-Verhältnisse einiger Filme zueinander: »Komposition« ist nicht nur das Prinzip, das in einzelnen Filmen das ästhetische Material organisiert, sondern auch eine kreisende Bewegung der Motive von Film zu Film. Es ist nicht, wie bei John Ford, eine lineare Fortentwicklung (über eine Grenze des Mythos und der Konvention hinweg), noch ist es, wie bei Howard Hawks, eine Rundherum-Erprobung von Können und Methode. Vielmehr geht es auch hier um eine Form der »Befreiung«: Jedes Motiv erscheint im anderen Zusammenhang nicht nur als Fortsetzung und Spiegelung, sondern sehr deutlich als vollständiger Widerspruch. So kann man TAXI DRIVER noch einmal mit BRINGING OUT THE DEAD, THE LAST TEMPTATION noch einmal mit KUNDUN, THE AGE OF INNOCENCE noch einmal mit GANGS OF NEW YORK »lesen« – oder besser: sehen.

MarSco, oder die Tücke des filmischen Subjekts

Van Gogh – Kurosawa – Scorsese

Edoardo Bruno vergleicht Martin Scorsese mit Vincent van Gogh, so wie ihn Akira Kurosawa in YUME (Akira Kurosawas Träume; 1990) auf seine Weise mit dem holländischen Maler verglichen hat. (Und da wir auf der Suche nach einer kopernikanischen Wende des Kinos sind, nehmen wir dankbar auch diese Analogie zu einem anderen Bruch in der Geschichte der Wahrnehmung auf.) Auch bei van Gogh treffen die drei unterschiedlichsten Impulse zum Bild zusammen: die bis zur Obsession gesteigerte Verknüpfung mit der Theologie, die soziale und materialistische Klarsicht (mit der van Gogh von seiner Zeit als einer spricht, in der »die Starken die Schwachen schlagen« und »die gefallenen Schwachen mit Rädern überrollt« werden) und schließlich der Furor der Form, ein tiefes Wissen um das Wesen des Bildes, das es zu verändern gilt, um es als Medium der Wahrheit zu retten. So führt die Kunst nicht zur magischen Biografie, sondern durch die Biografie zur Welt (mag sie sich auch provoziert fühlen oder mit Gleichgültigkeit reagieren). Wie die Bilder von Vincent van Gogh funktionieren auch die *Pictures* von Martin Scorsese nicht für sich, sondern in der direkten Auseinandersetzung mit dem Blick und der Empfindung. Sie saugen den Blick nicht so sehr in sich hinein, als dass sie sich ihm entgegenwerfen; sie greifen den Blick an, anstatt sich ihm zu entziehen (die zwei Methoden des modernen Bildes, sich selbst zu überschreiten und zugleich das eigene Geheimnis zu bewahren).

Wir empfinden also die Welt in einem Van-Gogh-Bild, in einer Kurosawa-Montage oder in einem Scorsese-Film in dem Bruch, der zwischen ihr und der menschlichen Figur (»im Augenblick«) besteht. Das reicht bei Scorsese in der einen Richtung von der Konstruktion des *unreliable narrator* über die Heftigkeit der Reibung zwischen den Syntagmen (Bildern, Einstellungen, Sequenzen, Szenen, »Zellen«) bis zur Sichtbarkeit des (cineastischen) Pinselstrichs auf der Leinwand. Und in der anderen Richtung führt es von der missglückten Selbstidentifikation in der Gesellschaft zum Augenblick der Gnade. Der Mensch als Ereignis erobert weder die Welt, noch wird er von ihr durchdrungen. So ist es bei van Gogh weder das Abgebildete noch die Abbildung, sondern das, was als Leuchten dazwischen geschieht, was sich dem Blick entgegenwirft. Und bei Scorsese ist dies das Leuchten des Filmischen selbst.

Scorseses Filme lösen zugleich einen erzählerischen, wahrnehmungspsychologischen, mythischen »Pakt« auf und schaffen eine neue Beziehung, mit einer neuen Grammatik: So wie wir weder die realistisch-biografische Nähe noch die allegorisch-fabelhafte Distanz genießen, sondern ein Drittes dazwischen, so erzählen Scorseses Filme auch weder in der Form des »Es ist« noch in der des »Es war«, noch in der des «Es sei», sondern in einer Form, die alle diese drei Formen als Möglichkeit enthält. Scorseses Menschen sind weder reines Abbild noch reines Sinnbild; ihre eigentliche Dynamik besteht sogar darin, dass sie sich selbst fragen müssen, was von beidem sie sind, Ausdruck einer transzendenten Struktur oder Ausdruck des eigenen Willens, des eigenen Begehrens.

Vielleicht passt dazu etwas ganz anderes, viel Einfacheres: »In meinem neuen Film«, sagte Kurosawa nach den Dreharbeiten, »spielt Martin Scorsese van Gogh, und ich habe Scorsese nur auf diese Rolle gesetzt, weil in einem Traum Scorsese mir als van Gogh erschien. So einfach ist das.« Sofern Träume etwas Einfaches sein konnen. Aber der Traum hebt das Grammatische auf (das ihm die Psychoanalyse zu einem Teil wieder zurückzugeben bemüht ist); Scorsese *ist*, *war* und *sei* van Gogh, durch seine Person, seine Farben, seine Geste oder etwas ganz anderes. Ob man den Pinselstrich, die Farbe oder das Bild sieht, ist eine Frage der Wahl des Abstands. Jedenfalls will eines das andere nicht überdecken.

In Scorseses Filmen liegt die wahre Erkenntnis darin, dass das Leben eben daran scheitern muss, dass es mit seiner Allegorie nicht identisch wird. Die Grundfabel seiner Filme, die doppelte Bewegung des Helden, der einen geschlossenen Kreis verlassen will und es nicht vermag und der zu einer Form des Lebens gelangen will, die ihm verschlossen bleibt, bricht sich an den konkreten Äußerungen seiner Menschen, die nicht als Beweis für diese Allegorie der Vergeblichkeit dienen können. Deswegen auch ist der Weg seiner Helden zur Erlösung so schwer – oder eine von vornherein absurde Bewegung: Erlösung ist der Augenblick, in dem man sie nicht mehr erwarten kann.

Wie bei van Gogh ist auch bei Scorsese die Repräsentation der Wesen und Objekte einfach und real (nicht die Gattung »Sonnenblume« malt van Gogh, sondern eine ganz bestimmte, unverwechselbare Sonnenblume, gleichwohl versteht sich diese Sonnenblume nicht mehr in ihrer Natur, sondern nur in ihrer Bildhaftigkeit). So also könnte man wohl sagen, dass Scorseses Menschen sich zunächst als Bilder zu verstehen suchen (auch daher muss der Blick in den Spiegel für sie immer wieder zum Schlüssel werden); sie fragen, wie die Helden von Akira Kurosawas Filmen, wer sie sind, finden die Antwort aber nicht in dessen Sinn im Blick der anderen und in der Tat. Vielmehr zerstören sie durch ihre Tat die Identifikation durch den Blick der anderen und werden umgekehrt durch den Blick der anderen an der Tat gehindert. (Insofern könnte man Scorsese-Filme auch als so etwas wie dekonstruierte Kurosawa-Filme deuten.) Wie bei van Gogh entfernt sich der abgebildete Mensch, das abgebildete Objekt, dessen Darstellung man auch hier einem »aufgerauten Stil« zuordnen könnte, von seiner Repräsentanz.

Dass die Scorsese-Helden ein scheinbar vorgegebenes Schicksal in sich tragen, die Schatten der »Stimme« der »letzten Versuchung«, erscheint indes in dieser Konstruktion des Weges von der Biografie zur Allegorie ausgesprochen ambivalent. Stets kann diese Stimme auch als Täuschung gelesen werden, als eine Verlockung zur Allegorie und zugleich als ihre Strafe.

Auf einer zweiten Ebene lässt sich dies weiter deuten. Wie will der Scorsese-Held zu einem »Jemand« werden? Es ist nicht anders möglich als von jemandem, der nichts bedeutet (und wahrlich: Scorsese hat furchtbare Bilder für den Schmerz der Bedeutungslosigkeit gefunden), zu jemandem zu werden, der etwas bedeutet. Aber wie bedeutet man etwas? Man muss hinaus aus der geschlossenen Welt des Ich und der Familie und möglicherweise der Straße und zu einer neuen Öffentlichkeit kommen. Das heißt, um etwas zu bedeuten, muss man von der Person zur Allegorie werden. Oder, allgemeiner gesprochen: Der Mensch hat ein Fortkommen nur in seinem eigenen Bild. So ist stets die Verwandlung ins Bild, der auch erheblicher Widerstand entgegengesetzt ist, durch die Liebe zum Beispiel, der Schlüssel in Scorseses Filmen. Die Kunst (LIFE LESSONS), der Sport (RAGING BULL), die Musik (NEW YORK, NEW YORK), das Verbrechen (GOODFELLAS) oder die Religion (KUNDUN und THE LAST TEMPTATION als gegenseitige Spiegelungen und Negationen) sind dabei »nur« verschiedene Abbildungsmethoden; sie treffen und korrespondieren miteinander auf der einen Ebene, um sich freilich auf einer anderen auch wieder auszuschließen und zu bekämpfen: Religion oder Verbrechen, das ist bei Scorsese daher zum einen eine moralische Wahl, zum anderen aber auch die Wahl zwischen zwei Wegen zum gleichen Ziel. Daher können sich seine Gangster so wenig durch Religion »befreien«, wie seine religiösen Gestalten dem Bösen entsagen könnten: Die Religion und das Verbrechen bedingen einander so sehr, dass sie sich wechselseitig steigern.

Der Scorsese-Held muss die Verwandlung ins Bild trotz der Verluste hinnehmen, die sie für ihn bedeutet. Sie ist gekoppelt mit einem doppelten Verlust der Frau: Am Beginn des Prozesses verliert der Held, wie der *Raging Bull*, die »natürliche« Frau, und am Ende, wie in CASINO, auch jene Frau, die er als »Jemand« und Bild errungen zu haben scheint (und für die es keine Liebe zu diesem »Jemand« gibt, sondern nur zum »Niemand«, wie in CASINO beinahe parodistisch überdeutlich). Im Übrigen geschieht der Frau nicht viel anderes:

Auch Alice verliert den Mann, bevor sie sich entschließt, (wieder) jemand zu werden. Nur ist der Prozess am Ende offen; will sie immer noch jemand werden, den Weg weitergehen, wie es vielleicht nicht die Story, wohl aber die Bewegung der Kamera andeutet, so muss sie erneut den Mann verlieren. Und soweit CAPE FEAR auch der Film der jungen Danielle Bowden ist, beginnt auch ihr Prozess, jemand zu werden (der mit der Theateraufführung in der Schule beginnen mag), mit einem Verlust des realen Mannes (des Vaters in diesem Fall) und mit dem anderen Mann, der nur in der Welt der Bilder wirkt.

Der Weg von der Person zur Allegorie ist daher noch einmal codiert. Man muss nicht nur etwas sein, man muss auch etwas repräsentieren, und sei es die Farbe und den Anspruch seiner Gruppe wie in GANGS OF NEW YORK. Man könnte also sagen, in diesen Wandlungsprozessen stecke auch der Weg des Menschen zur Gesellschaft, ein tragischer Entwicklungsroman, tatsächliche Lernprozesse mit (beinahe) tödlichem Ausgang. Ganz buchstäblich machen die Scorsese-Helden einen Entwicklungsprozess durch, der sie auch von »Kindern« zu »Erwachsenen« macht; Filme wie THE COLOR OF MONEY, CAPE FEAR, ALICE DOESN'T LIVE HERE ANYMORE, GANGS OF NEW YORK sind stets auch Erziehungsgeschichten, oder genauer: auf den Kopf gestellte Erziehungsgeschichten, auch »Entziehungsgeschichten«.

Aber wäre es denn denkbar, »niemand« zu bleiben? Auch diese Möglichkeit spielt Scorsese immer wieder durch, ja mehr noch, beinahe jeder seiner Helden hat so einen Menschen um oder neben sich, der niemand werden will, der er nicht ist. Das Urbild davon ist sicher Johnny Boy in MEAN STREETS. »Werd' erwachsen«, faucht Charlie ihn an. Aber genau das wird er nicht. Er will nichts bedeuten; seine Clownerien, seine ziellose Gewalt, seine Schuldenmacherei, seine sexuelle Unbekümmertheit sind eher das Gegenteil, eine beständige Selbstdemontage. Später wandeln sich diese Niemandsfiguren freilich, sie werden zu Manipulatoren und Gewalttätern, zu mehr oder weniger treuen Brüdern und Gefährten. Nichts werden wollen, schon gar nichts Besonderes, führt nun zum Verrat (der andere Johnny aus GANGS

Scorsese als Vincent van Gogh in YUME

OF NEW YORK.) Jemand hat immer einen Niemand als Schatten, und wie in Hans Christian Andersens Märchen (und in THE KING OF COMEDY) ist der Schatten stets versucht, die Rolle des Jemand einzunehmen (wie Joe Pesci in CASINO auf Robert De Niros Schwächen lauert), ohne seine Passion zu erfüllen.

Der Spiegel also markiert nicht nur die Grenze zwischen Realität und Bild, lässt nicht nur den Helden zurückblicken, oft genug, als sähe da jemand das Material, aus dem er geworden ist, das Niemandhafte, den Schatten. Aber der Spiegel ist selten »rein« bei Scorsese; er hat blinde Stellen, ist gebrochen, verzerrt. Es ist daher der Jesus-Film der Spiegel in der Entwicklung der Scorsese-Filme, die ja von demselben Impuls befördert werden wie ihre Protagonisten, ihnen freilich immer einen Blick in den Spiegel voraus.

Natürlich ist evident, dass aus alledem auch so etwas wie ein Meta-Mythos entstehen könnte, etwas, das man früher ohne Zögern eine »Privatmythologie« genannt hätte. Aber Scorseses rauer Stil untersucht beständig auch die Bedingung seiner Entstehung und setzt selbst genügend raue

Stilmittel dagegen ein. Der Zusammenhang zwischen der Liebe und der »Kreativität«, die verlangt, den geschlossenen Raum zu verlassen, bleibt keineswegs unverändert:

– Charlie in MEAN STREETS wird durch die Liebe daran gehindert, die Flucht zu vollenden oder jemand zu werden. Beides ist durch die »falsche Frau« verwehrt, die Gefühle zeigt.

– In BOXCAR BERTHA fälscht die Liebe das Bild; statt zum rebellischen Arbeiterführer wird Bill durch Berthas Einfluss zum Outlaw (aber für welches Bild wird er gekreuzigt?).

– Travis Bickle kommt durch die Zurückweisung der einen zur Tat gegenüber der anderen Frau.

– Alice lernt, als sie im Begriffe ist, jemand zu werden, den Albtraummann kennen, der sie zu neuerlicher Flucht ins Niemand-Dasein zwingt.

– In NEW YORK, NEW YORK gibt es die Pattsituation, Mann und Frau wollen beide jemand werden und müssen es auf sehr unterschiedliche Weise tun und ihre Liebe dabei verlieren.

Für die nächsten Scorsese-Helden ist die Liebe nur Schimäre:

– Jake La Motta in RAGING BULL verwandelt sich nach dem Kampf zu Hause wieder in das monströse Niemand-Ich, das seine Frau peinigt, und als er die Traumfrau hat, verfolgt er sie mit seiner Eifersucht (die seine Angst wiedergibt, immer noch oder schon wieder niemand, nicht identisch mit seinem Bild zu sein).

– Rupert Pupkin begegnet nur Frauen, die noch verrückter sind als er selbst, einschließlich seiner Mutter (Catherine Scorsese).

– Paul Hackett lässt sich von einer Frau auf die andere Seite des Spiegels ziehen, die bald darauf tot ist. Er hat sozusagen die verloren, für die er sein Bild erschaffen könnte.

– Paul Newman in THE COLOR OF MONEY hat nur noch eine nostalgische Sehnsucht nach dem Mädchen seines Schülers; sein Bild ist sogleich der Verlust seiner beiden Begleiter.

– Erst in THE LAST TEMPTATION OF CHRIST kommt die Liebe wieder vor. Allerdings auch in der skandalösen Form einer »Ersetzung«, in der eine Frau den Platz einer anderen einnimmt.

– Dieses Motiv wiederholt sich sarkastisch in LIFE LESSONS.

– Das Ende, jedenfalls die Krise der Liebes- und Ehegeschichte bringt das Grauen hervor in CAPE FEAR.

– Die mögliche Geliebte ist nur noch transzendente Hoffnung für das Leben in der Welt des Helden in THE AGE OF INNOCENCE.

– In CASINO stellt die Frau den Helden, dem sie von vornherein sagt, dass sie ihn nicht liebt, nur ihr Bild zur Verfügung.

– BRINGING OUT THE DEAD erzählt von der Übermalung einer Toten, die vom Protagonisten nicht zu retten war (oder gar von ihm schuldig getötet wurde), durch eine Lebende, die man aus finsterer Gefangenschaft (von den Drogen) zu retten hätte.

– Schließlich scheitert Amsterdam in GANGS OF NEW YORK (erneut) am Angebot des Neuanfangs durch die Frau. Eine ganze Welt bricht am Ende als falsche Selbstbespiegelung und -identifikation zusammen.

Die Begegnung von Mann und Frau ist ebenso wie die Begegnung zwischen Mensch und Bild nicht der Augenblick der »Heilung«, sondern der des Bruches. Nicht nur die Option zwischen Dableiben und Fortgehen (den Kreis schließen oder ihn durchbrechen) fächert sich nun ins Unendliche, auch die Beziehung zwischen Ich und Welt bricht in Scherben. Vielleicht liegt hierin der Unterschied zwischen der Filmwelt unserer Alltagsträume und den Scorsese-Filmen.

Diese Entwicklung sieht nun weiß Gott nicht gerade optimistisch aus. Sie erscheint wie ein ebenso allmählicher wie konsequenter Abschied von der Liebe. Es ist eine große strukturelle Trennung von Mann und Frau, ein Absehen von der Berührung und mehr noch: das Bild von der großen Vergeblichkeit, jemand zu werden.

Man könnte wohl auch sagen: Wie aus den Farben die Formen werden sollen. Von van Gogh führt der Weg nicht nur in die europäische Malerei der Moderne, sondern auch in die Geschichte der amerikanischen Kunst, die sich durch jene robuste Großzügigkeit auszeichnet, die man in der Farbgebung von Scorseses Filmen spätestens seit ALICE DOESN'T LIVE HERE ANYMORE beobachten kann. Die Farbe ist nicht nur das Material, aus dem sich die Form bilden will, sie ist auf der anderen Seite auch ein Trost dafür, dass dieser Vorgang nicht abgeschlossen werden kann. Die amerikanische Weise der Abstraktion (das sehen wir nirgends so deutlich wie in LIFE LESSONS) hat nicht nur mit der Emanzipation der Farbe gegenüber der Form, der Emanzipation des Bildes gegenüber dem Gegenstand zu tun, sondern sie ist die direkteste Verbindung von Kunst und Körper. »Die Natur bin ich«, sagt Jackson Pollock, und er meint damit auch, dass der »abstrakte Expressionismus« sich sogar noch als Methode überwindet, sich vom Ornament noch einmal so befreit wie von jeglicher Konstruktion. Das Bild kann so wenig mehr gedacht werden, wie man einen Scorsese-Film schreiben kann. Wie Lyotard sagt: »Das Bild ist als Vorkommnis, als Ereignis nicht ausdrückbar, und davon hat die Kunst Zeugnis abzulegen.«

Konsequenterweise löst sich etwa LIFE LESSONS als »Drama« vor unseren Augen auf, während alles andere (wie Farben, Blicke und Dialogsätze) hervortreten kann. Von Filmen wie AFTER HOURS bleiben am ehesten surreale Szenen, von BRINGING OUT THE DEAD audiovisuelle Zustände der städtischen Nacht. GANGS OF NEW YORK kann man als ein einziges gewaltiges Gemälde des abstrakten Expressionismus sehen. Blut und Wasser bilden die verschlungenen Spuren von CAPE FEAR.

Der Weg vom traditionellen Bild (der Abbildung, die dem Betrachter eine Perspektive und eine Allegorik mitteilt) führt über das kristalline Sehen (das man zum Beispiel bei Kurosawa in seiner filmischen Form sehen kann) zu einer mehrfachen Schichtung der Leinwand: der sichtbare Pinselstrich (das sichtbare Kinem), der Mensch als Ereignis, die Welt als Metapher, Transzendenz und Materialität. Aber ist nicht jener van Gogh, den Martin Scorsese vor der Kamera nur verkörpern kann, für Akira Kurosawa das Entfernteste, was an Bilder-Machen möglich ist? Wo Kurosawa der Wirklichkeit der Träume vertraut, da vertraut Scorsese, ein Amerikaner, auch wenn er im Laufe seines Lebens und seiner künstlerischen Entwicklung mehrfach mit dem Gedanken gespielt hat, diese Identität zu verleugnen (zum Beispiel den Spuren seiner *italianità* zu folgen und sich in der alten Heimat der Familie niederzulassen), am Ende doch aufs Pragmatische. Martin Scorseses Filme haben als Inhalt am Ende weder den Traum noch die Idee. Sie handeln von der Praxis des Menschseins.

Kopernikus – Scorsese

Nachdem wir so unverschämt waren, mit Eric Rohmer Wolfgang Amadeus Mozart zu lesen, um Martin Scorsese zu verstehen, und mit derselben Absicht Vincent van Gogh und Akira Kurosawa vereint haben, soll es uns auf eine Rückprojektion auf die ursprüngliche »kopernikanische Wende« auch nicht mehr ankommen. Was Nikolaus Kopernikus als Erkenntnisse über die Planeten vermittelte, muss im Kino nur auf die Protagonisten übertragen werden:

1. *»Die Himmelsbewegungen haben verschiedene Mittelpunkte.«*

Die Bewegungen der Protagonisten sind nicht mehr in einem Kreismodell wie in der klassischen Kinodramaturgie zu fassen: der Held als Mittelpunkt, um den sich Widersacher, *love interest, sidekicks* etc. in derselben Richtung drehen und deren Bewegung hinreichend durch die Beziehung zum Helden definiert ist. Die Bewegungen der Menschen sind aber auch nicht zueinander zentriert, jede Figur hat ihren eigenen Mittelpunkt.

2. *»Die Erde ist nicht Mittelpunkt der Welt.«*

In Scorseses Filmen ist auch der Held nicht Mittelpunkt der Welt (und des Films); er wird auserwählt, damit man seiner Bahn folge. Damit ist freilich nicht gesagt, dass der Mensch nicht danach strebt, dieses Zentrum wieder zu erobern. Aber gerade daran scheitert er. Wenn die Erde (oder das primäre Subjekt der filmischen Erzählung) nicht der Mittelpunkt der Welt ist, dann muss das Verhalten der Erde (des Subjekts) zur »Welt« einem offenen, komplexen System gleichen. Transzendenz ist daher die Empfindung von Gegenwärtigkeit und Ewigkeit gegen die falsche Zeit der »Bewegungsbilder« und der »Historienbilder«.

3. *»Die Mitte der Welt liegt in der Nahe der Sonne.«*

Sehen wir einmal davon ab, dass wir von einer »Mitte der Welt« nicht mehr so ohne weiteres sprechen können, so gilt auch diese kopernikanische Idee eines Näherungszentrums in Scorseses

Filmen. Jenes Zentrum, das außerhalb der Erde und außerhalb des Lebens der Protagonisten liegt, macht sich nicht nur in der »transzendentalen Einstellung« bemerkbar.

4. *»Der Abstand von der Erde zum Fixsternhimmel ist durch Sinneserkenntnis nicht erfassbar.«*

Dieses »Gesetz« gilt für Scorseses Protagonisten sowohl in Bezug auf ihre Ideale wie auf ihre Bilder. Was sie sein oder erreichen können, liegt außerhalb des Bewegungsbildes, und natürlich gilt es ganz besonders für ihren »Himmel« von Glauben und Hoffnung, es ist ihnen unmöglich, den »Abstand« einzuschätzen. Während Paul Schrader in seinen Filmen und Drehbüchern immer wieder das »zeigt«, was man nicht sehen darf (oder soll), »zeigt« Scorsese immer wieder, was man nicht sehen kann. Das Bild, das nicht von seinem Mittelpunkt bestimmt wird und das nicht von der Sichtbarkeit begrenzt wird. Die Grenzen meines Blickes sind nicht die Grenzen meiner Welt, auch wenn ich, um Subjekt meiner Geschichte zu werden, gerade dies anstrebe. Scorseses Helden, die aus einem teils selbst gezogenen, teils vorbestimmten, teils sozial konstruierten Kreis nicht ausbrechen können, verzweifeln an dem unberechenbaren Abstand zwischen der Erde und der Welt. Nicht, dass es den Unterschied zwischen dem Realen und dem Transzendentalen gibt, ist der filmische Skandal (das Kino basiert vielmehr auf dieser Dualität); Scorseses Filme führen in die nicht erfassbare Entfernung von beidem.

5. *»Während der Fixsternhimmel ruht und sich nur scheinbar bewegt, bewegt sich die Erde und ruht nur scheinbar.«*

Nehmen wir das Aktionsbild des klassischen Kinos als Formulierung der Bewegungsgesetze vor der kopernikanischen Wende: So ist die (zentrische) Bewegung des Protagonisten, die den Raum definiert und verändert, durch die klassische Formel des S – A – S' (Situation – Aktion – veränderte Situation) oder A – S – A' (Aktion – Situation – veränderte Aktion) bestimmt. So bewegt sich der Protagonist durch eine Welt, die vor und ohne seine Bewegung ruht. Aber in Scorseses Filmen ist der Schein der Ruhe und der Schein der Bewegung nicht mehr verbindlich; »Situation« und »Aktion« vertauschen beständig die Rollen. Die Welt dreht sich nicht mehr um den Helden, der »Held« dreht sich vielmehr in sie hinein (und würde darin verschwinden, wenn wir ihm nicht so hartnäckig und manisch folgten, bis wir selbst von diesem Sog erfasst sind, der uns auch in Momenten scheinbarer Ruhe bewegt).

6. *»Das Gleiche gilt für die Bewegung von Sonne und Erde.«*

Zur Erde haben das heiße »Zentrum« und der kalte Trabant, die sich als abwechselnde Bewegungen am Firmament zeigen, also in Wahrheit vollkommen unterschiedliche Bewegungsbeziehungen. Versuchen wir in Filmen wie MEAN STREETS oder GANGS OF NEW YORK solche Bewegungssysteme festzulegen (in der Beziehung von Zentrum und Kreis oder dem Situativen und dem Aktiven), so können wir immer wieder die Versuche des Protagonisten (oder verschiedener Protagonisten in Beziehung zueinander) erleben, herauszufinden, ob sie das Zentrum einer Bewegung sind oder sich selbst um ein Zentrum bewegen. Sie sind auf die allerfundamentalste Weise auf der Suche nach einem Welt-Bild.

7. *»Die relativen Bewegungen von Erde und Planeten genügen, um die Erscheinungen am Himmel einfacher als bisher zu erklären.«*

Alles in allem also geht es um eine Vertreibung des Menschen aus dem Mittelpunkt nicht nur des Lebens, sondern mehr noch *seines* Lebens. Die Biografie zerbricht in Selbstbild und Bewegung, die sich nun einander umkreisen wie Sonne und Erde. Die Situationen zerfallen in Aktionen, und die Aktionen sind nur Teile der Situation, so dass sich auch die Frage nach der Handlung und der Zeit neu stellt. Der Mensch zerbricht dabei in Transzendenz und Revolte.

Die klassische Filmerzählung geht nicht allein von einer Gleichung von *story* und *history* aus, welche den Sinn jeder individuellen Handlung in der Erneuerung und Stabilisierung der kollektiven Situation sieht. Die Formel S – A – S' – eine Situation, die durch die Aktion eines oder mehrerer Helden in eine andere Situation verwandelt wird – also ist nicht nur eine dramaturgische, sondern auch eine geschichtsphilosophische. Sie besagt, dass der Mensch seinen Sinn in der Bewegung des Subjekts in der Geschichte findet und die

Geschichte ihren Sinn darin findet, dass sich Menschen durch sie bewegen und sich in ihr entwickeln: Daher sind S – A – S' und A – S – A' zwar unterschiedliche Erzählweisen, aber gemeinsamer Teil der Erzählung.

Martin Scorseses Protagonisten sind Menschen, die nicht in der Gnade dieser Formeln leben. Ihre Handlungen erzeugen keinen Sinn. An die Stelle der Formel S – A – S' tritt die auf den ersten Blick absurde Formel S' – A – S, das heißt: Die Handlungen der Protagonisten führen nicht dazu, eine Situation zu ändern, sondern mit oder ohne ihre Absicht dazu, dass eine Situation möglicher Veränderungen sich in eine der Unmöglichkeit der Veränderung verwandelt. Die großen wie die kleinen Handlungen verwandeln ihre Absichten ins Gegenteil. So ist die äußere Form der Erzählung in vielen Scorsese-Filmen, welche die Unfähigkeit von Menschen beschreiben, einen Lebensbereich zu verlassen, nur perfekter Ausdruck dieser inneren Struktur.

Der Mensch als Subjekt hat keine Zukunft in der Geschichte und deswegen auch nicht die Fähigkeit, seinen Sinn in der Gleichung von *story* und *history* zu finden. Jede Form von Gnade kann er nur in sich selbst finden. Aber genau dazu ist er nicht in der Lage. Die einzige Gnade, die einem Menschen in einem Scorsese-Film widerfährt, ist in unserem Blick. Das Mit-Leiden aber beginnt erst an einem Moment, wo wir auf die Produktion des Sinns verzichten können.

Die kopernikanische Wende in der Filmerzählung des Martin Scorsese bedeutet also nicht nur einen Bruch mit dem psychologischen Realismus (der Mensch als Symptom der historischen Entwicklung) und mit den Formeln des Genrefilms (der Mensch als Autor der historischen Entwicklung), es ist, wenn man so will, ein Bruch des Pakts der Kinoerzählung mit den großen Erzählungen der Welt. Der »katholische Materialist« also erzählt den Menschen in einer ungereimten, aber nicht willkürlichen Welt.

So wie Kopernikus – am Anfang durchaus wider Willen – eine Konkurrenz zwischen dem Glauben und dem Wissen eröffnete, so eröffnet Scorsese eine Konkurrenz zwischen dem Mythos und der Erfahrung im Kino. Sie hat sich zwar in der »Hochklassik« des Genrekinos ebenso abgezeichnet wie in den Wendungen des »psychologischen Realismus«, aber erst bei Scorsese wird der Bruch formuliert, denn er geht durch seine Figuren selbst.

Vielleicht verstehen wir nun auch um Etliches besser, warum der »aufgeraute Stil« und die Organisation des Materials in kompositorischen »Zellen« so viel mehr ist als verfremdender Touch. Es ist die Voraussetzung für die cineastische Erschaffung eines Menschenbildes, das auf die Legende des autonomen Zentrums verzichtet, ohne den Menschen deswegen aus seiner Verantwortung, auch der sich selbst gegenüber, zu entlassen. Das Off, der Schnitt, das Nicht-Gezeigte sind bei Scorsese nicht mehr das Ausgelassene, das sich von selbst versteht, die Suggestion der Verbindung, sondern im Gegenteil, die Inszenierung des Bruchs.

Der klassische Held hat in seiner Bewegung die Spur seines Lebens zur Definition des Zentrums benutzt; er wurde Mittelpunkt seiner selbst, weil er zugleich Mittelpunkt der Geschichte (und in unseren Fantasien und Wahrnehmungen für eineinhalb Stunden natürlich Mittelpunkt des Universums) wurde. Der moderne Held wurde Mittelpunkt seiner selbst, indem er Neugier und Beobachtung (letzten Endes: unseren »Voyeurismus«) auf sich zog. Das elende Paar in WHO'S AFRAID OF VIRGINIA WOOLF? (Wer hat Angst vor Virginia Woolf?; 1966 ; R: Mike Nichols) ist zwar schon beinahe lächerlich in der Inszenierung der eigenen Konflikte als Welt, aber solange der Film dauert, akzeptieren wir dennoch diese Besetzung des Mittelpunkts. Es ist eine absurde, aber immerhin eine vor-kopernikanisch zentrale Inszenierung. Das moderne Kino, sagen wir das von Jean-Luc Godard, umgeht das sich darin abzeichnende Problem, indem es nicht mehr von »Menschen«, sondern von Bildern und Ideen handelt, und auch die reine Form des »transzendentalen Stils« im Kino vermag der kopernikanischen Wende noch einmal zu entgehen, indem der Bruch gerade als der zwischen dem Film und seinem Jenseits inszeniert wird.

Scorsese aber beharrt darauf, den Menschen zu zeigen. Seine Filme sind nichts anderes als »Menschenbilder« (und nicht nur, wie immer wieder behauptet wird, Selbstbildnisse). Dieses Menschenbild freilich ist von zwei radikalen Brüchen bestimmt:

1. Der Autor ist nicht mehr vollständiger Schöpfer und »Herr« seiner Figuren; sie können sich, wie bei John Cassavetes, vollständig aus dem »Text« fort und zu sich selbst hin entwickeln. Was indes bei Cassavetes als »Strömen« geschieht, das vollzieht sich bei Scorsese in Sprüngen. Vieles von dem, was wir in Scorsese-Filmen bewundern, ist gar nicht so sehr dem Willen und der Vorstellung des Autors zuzuschreiben als vielmehr seiner bewundernswürdigen Fähigkeit, etwas geschehen zu lassen. Wir können gar die Brüche sehen, in denen eine Figur »Nein« zu ihrem Autor sagt.
2. Der Mensch, der nicht mehr Zentrum seiner Geschichte und seiner Welt sein kann, ist in besonderem Maße von den Widerspiegelungen seiner Umwelt abhängig. Auf diesen Verlust der Mitte reagieren die Protagonisten Scorseses mit einer gesteigerten Form der Selbstinszenierung und der (versuchten) Selbsterklärung, die freilich erst durch die Relativität der verschiedenen Erzählungen zu einer Aussagekraft kommt, die über das bloße Lügen oder Träumen oder Erfinden hinausgeht. Und der Film selbst reagiert mit einer gesteigerten Aufmerksamkeit gegenüber Interaktionen und Signalen.

Martin Scorseses Figuren sind Menschen, die ihre Umwelt unentwegt fragen: »Wer bin ich?« Aber auch Menschen, die mit den Antworten, die sie erhalten, nicht leben können. Auch daher rührt ihre Gewalttätigkeit. Und seine Figuren sind so real, weil sie ihrer eigenen Realität nicht habhaft werden. Sie wollen ja immer erst jemand werden und können den Abstand zwischen dem, was sie sind, und dem, der sie werden wollen, nicht wirklich abschätzen. Manchmal ist dieser Abstand unendlich groß, wie in RAGING BULL, manchmal auf groteske Weise klein, wie in THE KING OF COMEDY. Nur im Bewegungsradius eines normalen Menschen ist er ungreifbar.

Über Descartes und Kant führt die »kopernikanische Wende« zu einer neuen Funktion des Subjekts. Es erkennt sich selbst (»Ich denke, also bin ich«) als einsames Zentrum und die Welt als Übereinkunft von Anschauung und Begriff. So ist der Scorsese-Held einer, der ist, weil er zweifelt, und der verzweifelt darum kämpft, die Anschauung mit seinen Begriffen (von Moral, zum Beispiel) zu vereinen. Damit kündigt Scorsese einen weiteren Pakt des klassischen Kinos auf, nämlich den, dass das, was der Protagonist sieht, und das, was wir sehen, Teil ein und derselben »objektiven« Wirklichkeit ist. Am ehesten akzeptieren wir das bei Menschen, die offensichtlich verrückt sind, wie dem *Taxi Driver* oder dem *King of Comedy*, oder bei Menschen, die in eine offensichtlich verrückte Welt gelangen wie in AFTER HOURS. Problematischer wird das, wenn Scorsese wie in BRINGING OUT THE DEAD uns den Blick des Subjekts (die ständige Wiederkehr des nicht geretteten Mädchens) nahe zu bringen versucht, oder wenn uns, wie in THE AGE OF INNOCENCE nur Inszenierung (im doppelten Sinn) und Erzählung zur Erkenntnis zur Verfügung stehen.

Der Mensch, der im eigenen Erkenntniszentrum steht und zugleich aus dem topografischen und mythischen Zentrum vertrieben worden ist, ist der eigentliche »kinematografische Mensch«, der sich die Welt durch eine bewegliche Kamera vorstellt und sich selbst durch die Auswirkungen, die diese Kamera auf die Welt hat. Denn über jene Kantsche Vernunft, die »Kraft, in einer unübersehbar komplexen, chaotischen Welt zureichende und zuverlässige Orientierung zu gewährleisten«, verfügen Scorseses Helden nicht, weder die proletarischen, die Gangster, die Bürger, noch die Künstler.

Ein Scorsese-Film ist daher keine Aussage (über seine Protagonisten und ihre Situation), sondern vielmehr ein besonderer Teil der unübersehbar komplexen, chaotischen Welt, der keineswegs von sich behauptet, mehr an Ordnung zu schaffen oder zu repräsentieren, als die Kraft eines Einzelnen (des »Autors« oder des Zuschauers) es vermöge. Die Filme gehen also noch einen entscheidenden Schritt über das hinaus, was Umberto Eco das »offene Kunstwerk« genannt hat. Sie sind nicht lesbar ohne die Akzeptanz der Autonomie und der Verzweiflung des Subjekts.

Daher gibt es in Scorseses Filmen auch nicht so etwas wie eine »subjektive« oder eine »objektive« Kamera, es gibt nur eine Kamera als Subjekt. Sie sucht den Menschen, aber sie kann sich nicht

Robert De Niro in MEAN STREETS

einmal anmaßen zu definieren, was ein Mensch ist. Sie muss ihn im Sinne Foucaults durchaus »erfinden«, und sie kann ihn verwerfen. Ihre Näherung und Entfernung folgt keinem »ewigen« Wertesystem, sie bildet sich nicht ein, das Zentrum zu besetzen, noch es zu kennen. Sie täuscht aber auch nicht die Reaktion auf ein äußeres Geschehen vor, sie verhält sich, um es, je nachdem, pathetisch oder absurd zu formulieren: menschlich. Wie ihre Gegenüber ist sie ein eigenes Erkenntniszentrum und daher Teil einer Vielzahl von Bewegungen, die als Relationen im Sinne Kopernikus' Erkenntnis ermöglichen. Scorsese weist mit seiner Inszenierung des »Auswählens« darauf hin, dass dieser Akt der Begleitung temporär und nicht ohne Willkür ist. Auch die Kamera ist ein unzuverlässiger Erzähler.

In der Regel sehen wir, was an der Erzählung – etwa des *off-narrators* – nicht stimmt. Aber es kann sich ja auch durchaus umgekehrt verhalten, und was wir sehen, ist niemals das Wesen eines Menschen. Es ist Dokumentation von Inszenierung und Kommunikation. Warum ist die Kamera, in MEAN STREETS, gerade da, wenn Johnny Boy den Briefkasten in die Luft jagt? Nicht weil sie im Zentrum der Erzählung steht, sondern weil sie ein

Zentrum des Interesses ist. An die Stelle der Handlung ist das Gefühl getreten, an die Stelle der Erinnerung die Gegenwärtigkeit, an die Stelle der Perspektive das Interesse. Das filmische Subjekt ist durch die Moderne zerstört und wird neu geboren. Scorseses Filme behaupten das nicht; sie sehen es.

Die Erbschaft der Angst

Die Dynamik des historischen Christentums, das Paradox vom Sieg der Schwachen, entsteht nicht nur durch eine völlig neuartige Organisation der Gesellschaft, sondern auch durch eine Neubewertung von Zeit, Raum und Person. Und am Ende dieses Umwandlungsprozesses steht dort, wo das Christentum und die Moderne sich berühren, ein Mensch, der weiß, dass er eine einmalige und unwiederbringliche Einheit darstellt, dem eine Spanne des Lebens gegeben ist, um sich zu bewähren, und der den Raum, den ihm die Schöpfung übertrug, in der einen oder andern Art bearbeiten muss. Nennen wir diesen Menschen das tragische Subjekt. Nennen wir unsere Erzählung die vom tragischen Subjekt. Nennen wir unsere Filme eine Maskierung des tragischen Subjekts.

Angst muss der christliche Mensch davor haben, dass Zeit sich umkehren, stehenbleiben oder zu kreisen beginnen könnte. Angst muss der christliche Mensch aber auch vor dem leeren Raum, vor einer chaotischen Natur, vor dem Ungeformten, Nicht-Bearbeiteten haben. Die Forderung »Machet euch die Erde untertan« ist nicht in erster Linie eine Aufforderung zu Kolonialismus und Raubbau an der Natur, sondern sie ist in erster Linie eine Aufforderung zur Wahrnehmung der Welt. Nur der geordnete Raum kann mir die quantifizierte Zeiterfahrung, das Ausschließen sozusagen nutzlos vergeudeter Zeit garantieren.

Die Angst in Scorseses Welt, von J.R. bis Bill The Butcher, besteht nicht allein vor der Gewalt des Anderen und vor der Strafe des Jenseits, es ist nicht nur die ererbte Angst in jenem Land, das statt zum Schmelztiegel zum Hexenkessel wurde und in dem jeder jeden fürchten muss und Furcht zum bedeutendsten Merkmal der Herrschaft geworden ist, es ist die Furcht vor dem Nächsten, dem Bruder und Schatten, der Scorseses Figuren begleitet. Größer noch ist die Furcht vor dem allzu weiten Land, in dem diese Beziehung von Raum und Zeit, als Bewegung und Bewährung zugleich, nicht mehr existiert. Die größte Furcht dieser Menschen muss die vor der Nacktheit ihrer Existenz, vor der unbedingten Gewalt ihrer Gefühle sein.

Entscheidend für die Lebenserfahrung in der christlichen und post-christlichen Gesellschaft ist also Quantifizierung der Zeit und eine Architektur, die stets das Prinzip Ordnung gegen das Prinzip Chaos verteidigt. Die Welt besteht aus dem geordneten und untertänig gemachten und den dunklen Flecken, den *terrains vagues* der Welt, die den Expansionstrieb dieser Ordnung wie magisch anziehen. Die Mission musste eine der idealen Verbindungen von Lebensweg und Lebenszeit werden. Die *terrains vagues* aber sind in der Geschichte des Subjekts vom Entfernten zum Nahen und schließlich vom Außen zum Innen gelangt. Das kristalline Subjekt des Scorsese-Films ist von seinem inneren *wasteland*, von seiner Nacktheit und von der Gewalt der Gefühle erfüllt und zu paradoxen Bewegungen gezwungen, in der es genau die Raum-Zeit-Gleichung zerstört, die es so leidenschaftlich erfüllen will. Will es jemand werden, nämlich ein erkennbares Subjekt, so wird es zum Verräter der Welt, die es erkennen und also »machen« kann. Die Emanzipation des Subjekts führt in die Einsamkeit, aber seine Heimat in Raum und Zeit hat dieses Subjekt auch schon verloren. Seine Gegenwärtigkeit besteht darin, dass die Vergangenheit so verloren ist wie die Zukunft.

Denn Voraussetzung für das Leben in quantifizierter Zeit und strukturiertem Raum ist die Eindeutigkeit der Person. Die christliche Gesellschaft musste also eine panische Angst vor Menschen entwickeln, die solche Eindeutigkeit in Frage stellten, vor dem Menschen, in dem ein anderer Mensch steckt, vor dem Menschen, der von einem Geist besessen ist, von dem Menschen, der heute eine, morgen eine andere Person ist, vor dem Menschen, der seine soziale Identität, sein Geschlecht, seine Sprache, seine Wahrnehmung wechselt.

Daher wird die Liebe zum Problem statt zur Lösung. Löst sie nicht die Person um das Subjekt auf? Das tragische Subjekt sehnt sich nach Liebe und muss sie doch wie nichts fürchten. Daher will es sie in Raum und Zeit festschreiben. Auf die *uncertainty* der Liebe reagieren Scorseses Menschen mit verzweifelten Verträgen und Texten, sie produzieren Bilder und Räume um sie herum. Und verlieren sie dadurch.

Und wir haben nun eben das, wovor wir uns fürchten und wovon wir gerade darin in unserer Kultur unablässig reden, was wir zeigen, erzählen müssen, die Bedrohungen des Weltbildes der christlichen und post-christlichen Gesellschaften als dreifach Kodiertes vor uns: erstens als Abwehr anderer Welterfahrung, zweitens als Abwehr dialektisch aufgehobener vorchristlicher und nicht-christlicher Elemente in der eigenen Gesellschaft, und drittens als Abwehr der durch die Wahrnehmung im Zeichen des Kreuzes selbst hervorgerufenen Widersprüche.

Scorseses Filme sind Versuche, sich dieser Subjektangst zu stellen, sie aufzufächern und ihre Fragmente neu zu montieren. In den Filmen des katholischen Materialisten können wir den Augenblick der Gnade, dessen Dramaturgie wir zu verstehen versucht haben, doppelt und wiederum widersprüchlich sehen: als Öffnung zur Transzendenz und als Angebot des wirklichen, leiblichen Mit-Leidens.

Die Subjektängste (Ängste des Subjekts ebenso wie die Ängste vor dem »nackten« Subjekt), die wir in der einen oder anderen Form in jedem Horrorfilm, in jedem Western wiederfinden, sind, um es noch einmal zusammenzufassen:

1. Das Aufbrechen des Zyklischen in der Zeit, also etwa die Wiedergeburt eines gestorbenen Menschen in seiner eigenen oder in einer neuen Gestalt oder die zyklische Wiederkehr von Ereignissen, zum Beispiel ein Fluch. Tatsächlich ist die Unordnung der Zeit Blasphemie schlechthin, weil sie die Vorstellung einer geschaffenen und geordneten Welt in Frage stellt.

2. Die Unordnung des Raumes. Ein Raum, der sich ins Unendliche dehnt, ein Raum, der sich zusammenzieht, ein Raum, der sich in Bewegung setzt, ein Raum, der aus der Zentralperspektive kippt – all das sind die Erfahrungen, die uns im Alltagsleben in Furcht versetzen und im Kino für den Augenblick in eine aus der Gleichzeitigkeit von Angst und Lust gebildete Erregung.

Und 3. geht es um ein Spiel mit der Auflösung von Identität, Person und Ich. Die populäre Kultur wird nicht müde, Halbwesen zu entwerfen, Wesen, die halb Mensch, halb Tier sind, Wesen, die halb Frau, halb Mann, die halb Mensch, halb Maschine sind, die halb lebendig, halb tot sind, die halb Dämon, halb Engel sind, die halb Traum, halb Wirklichkeit sind und so weiter. Diese Halbwesen sind auch Reste verschütteter und fragmentierter Religionen, sie entsprechen genau jenen Ängsten des christlichen Menschen um die Ordnung seiner Wahrnehmung. Wer versucht, noch einmal geboren zu werden, die Zeit oder den Raum zu überlisten, der kann dies nur als Monster.

Wir könnten also das Kino vielleicht auch als einen Raum deuten, in dem unter ganz bestimmten Umständen und in strenger Regulierung die christliche Erfahrung von Zeit, Raum und Person außer Kraft gesetzt ist. Und gerade weil das so ist, ist das Kino auch ein Abbild eines sakralen Raumes, muss das Bild von einem Vorhang verdeckt und unter einer zeremoniellen Bewegung enthüllt und am Ende wieder verdeckt werden, so wie es mit manchen sakralen Bildern geschieht. Gleichgültig, was wir auf der Leinwand sehen, es ist immer ein Spiel mit dem Verbotenen, denn diese Bilder auf der Leinwand sind selbst bereits ein heftiger Verstoß gegen die Grundelemente der christlichen Wahrnehmung. Genauer gesagt, sie sind in der Regel um solche Verstöße herum organisiert, sie enthalten so viel Auflösung wie Rekonstruktion.

Ist Scorsese also auf eine Schändung dieses sakralen Raumes aus, in dem das tragische Subjekt aufbewahrt wird in den Bildern und Erzählungen der Maschine Kino? Immer wieder wird ihm das vorgeworfen, wie umgekehrt auch immer wieder seine Demut, seine Liebe zum Kino, das nicht mehr wirklich zum Leben hin begrenzt werden kann. Will er die Wechsler aus dem Tempel vertreiben? Wir sehen nur das Subjekt *hervortreten*, kristallin und verwundet. Das tragische Subjekt, das in seinem Tempel nicht geheilt werden kann, wenn es nicht in der Gewalt seines konkaven Bildes das Mit-Leiden des anderen Subjekts erringen kann.

Im Zentrum der christlichen Mythologie steht ein Bild des Leidens, so körperlich und am Rande des Ertragbaren wie auf dem Altarbild von Matthias Grünewald, so verkitscht und entrückt wie auf den Schlafzimmerbildern des angehenden 20. Jahrhunderts. Beide Leidensbilder tauchen überall in Scorseses Filmen auf. Und zugleich hat der Gott, der in der einen oder anderen Weise für dieses Leiden ja verantwortlich zu sein hätte, verboten, abgebildet zu werden, obwohl er sagt, er habe die Menschen nach seinem eigenen Abbild geschaffen. Am Ende dieses mythischen Paradoxons steht daher so etwas wie ein Verbot, das in der populären Mythologie wohl bekannt ist, nämlich das Verbot, in den Spiegel zu sehen. Und diese Mythologie verbietet es dem Menschen, aus dem Gefängnis seiner einmaligen, unumkehrbaren, eindeutigen und unwiederholbaren Identität auszubrechen, obwohl ihre zentrale Botschaft nur durch einen Akt der Inkarnation und einen Akt der Aufspaltung in das Göttliche, das Menschliche und das Geistige zu vermitteln war. Der Scorsese-Film schafft, was nur wenigen Filmemachern unserer Kinogeschichte gelungen ist (Fassbinder mag uns hierzulande einfallen): Die Verlängerung des filmischen Subjekts in die leibliche Existenz des Menschen. Der postmoderne Film rumort und denkt in den Köpfen der Zusehenden; Scorseses Filme rumoren und denken in den Körpern.

Man könnte, nach alledem, Scorseses Filme noch einmal charakterisieren als Bestandsaufnahme der Angst, als nicht nur kinogeschichtliches Resümee des tragischen Subjekts: Der Scorsese-Held, zugleich offen für die Biografie des Autors und des Zuschauers, verlängert und korrigiert die Geschichte der Film-Persona bis zum Punkt ihres Opfers. Nur durch unser Mit-Leiden ist ihre Wiedergeburt möglich. Aber das geht nur, wenn sich das Subjekt von der Persona befreit. *So ließen die Pharisäer zum zweiten Mal / den Mann rufen, der blind gewesen war, und sagten: / Sprich die Wahrheit vor Gott / Denn wir wissen, dieser Mann ist ein Sünder / Ob er ein Sünder ist oder nicht, weiß ich nicht, antwortete der Mann / Ich weiß nur, dass ich blind war / Und jetzt sehen kann.* Nicht das Bild, der Blick entscheidet über das Sehen und die Blindheit. Nicht in seinem Bild (diesem komischen Selbstopfer), sondern im Blick liegt die Erlösung des tragischen Subjekts.

Scorseses Filmkunst

Der Film ist keine Sprache. Nicht einmal als System verschiedener Sprachen ist er wirklich zu verstehen. Der Film ist vielmehr ein komplexes, wucherndes und organisches System von Zeichen, das von einer Anzahl von Menschen organisiert werden soll – und je klüger diese Menschen sind, desto mehr wissen sie, dass dieser Versuch weder gelingen kann noch soll; aber es gelingt ihnen, mehr oder weniger, Wegmarken und Spuren zu hinterlassen. Michelangelo Antonioni sagt, er wolle in seinen Filmen »die Spuren von Gefühlen« sehen. Das ist in der Regel immer eher diskursiv verstanden worden, so als wolle der Regisseur damit sagen, in der Welt, die seine Filme zeigten, könne es allenfalls noch Spuren der Gefühle geben. Aber in Antonionis Aussage steckt ein viel präziserer Hinweis auf das, was Film vermag.

Autor eines Films ist also viel weniger jemand, der »schreibt«, als jemand, der »liest«, weniger jemand, der »zeigt«, als jemand, der »sieht«, weniger jemand, der »spricht«, als jemand, der »hört«. Und es sind vor allem die Filme von Martin Scorsese, die diesen Wandel vollziehen: Der Film ist nicht ein Medium des Zeigens, sondern ein Dokument des Sehens.

Aufgabe der Kunst, behauptet jedenfalls Jean-François Lyotard, ist es, das Unbegreifliche fühlbar zu machen, und dazu gehört es, das Bewusstsein nicht etwa zu »bilden«, wie es ältere Theoretiker forderten, sondern es im Gegenteil ganz buchstäblich außer Fassung zu bringen. Eine Möglichkeit dazu ist die Erzeugung einer Art von nackter Gegenwärtigkeit. Was in die Vergangenheit reicht und auf die Zukunft vorausweist, ist dennoch, im Augenblick, in dem sich das Bild des Kunstwerks und der Blick des Menschen begegnen, so sehr Gegenwart, dass es vor allem anderen auf die Möglichkeit verweist, »dass«, so Lyotard, »es nicht weiter geht, dass die Wörter, die Farben, die Formen oder die Töne fehlen, dass der Satz der letzte sein wird«. Vielleicht sollten wir eher sagen: der einzige.

> So, for the second time, [the Pharisees]
> summoned the man who had been blind and said:
>
> "Speak the truth before God.
> We know this fellow is a sinner."
>
> "Whether or not he is a sinner, I do not know,"
> the man replied.
>
> **"All I know is this:**
> **once I was blind and now I can see."**

Scorsese selbst erklärt so etwas wie immer am Beispiel seiner Wertschätzung für einen Film oder für eine besondere Sequenz. Von Howard Hawks und seinem LAND OF THE PHARAOHS (Land der Pharaonen; 1955) sagt er, er fühle sich, als *sei* er dort, im alten Ägypten. Nicht etwa, weil Hawks sehr viel anders als andere Regisseure die Kulissen der Vergangenheit rekonstruiert habe, sondern weil er sichtbar gemacht habe, wie Menschen damals empfunden und gedacht haben. Der Augenblick des größten Realismus, der größten Augenblicklichkeit, sei erreicht, als sich die Ägypter im Augenblick der Krise an einen ihrer Götter wenden und das Götterbild wie selbstverständlich spricht. Deutlicher als in diesem als filmhistorische Würdigung verkleideten Gleichnis kann man kaum sagen, was für Martin Scorsese die Wahrheit ist: die Empfindung des Menschen. Nicht wie real die Zeichen sind, sondern wie real der Blick auf sie, ist das Entscheidende. Deshalb kann die bei allem Aufwand doch so offensichtliche Kulissenhaftigkeit der Five Points von GANGS OF NEW YORK dem Realismus des Films so wenig anhaben wie die Zusammengesetztheit der Schauplätze in BRINGING OUT THE DEAD, die keinen topografischen Fluss erzeugen.

Die drei konsequenten Übertretungen der filmischen Konvention, der filmischen Sprachen, treffen sich in diesem Augenblick, da jede Einstellung, jedes Bild, jeder Satz und jeder Blick einerseits der letzte sein könnte und genau so auch empfunden wird und andererseits direkt in die Geschichte der Einstellungen, der Bilder, der Sätze und der Blicke eingeschrieben ist. Weil sie auf ihrer Gegenwärtigkeit beharrt, indem sie alle Vor-Bilder kenntlich gemacht und verworfen hat, schreibt jede Scorsese-Einstellung ihre Geschichte.

Diese konsequenten Übertretungen der Konvention sind der aufgeraute Stil, die enzyklopädische Aufladung und die diskontinuierliche Spiritualität. Jedes dieser Elemente überschreitet die »Abmachung« zwischen der Produktion und dem Aufnehmen von Filmen. Und alle drei Elemente gemeinsam führen zu einer mehr oder weniger radikalen Veränderung dessen, was man das filmische Subjekt nennen kann. Es hat nichts mehr mit einer Konstruktion in einem festen sakralen Raum zu tun. Es hat nichts mehr mit der Rückkehr zum Blick des »unschuldigen« Kindes zu tun, dem das Kino seine Märchen erzählt und in das sich der Erwachsene mit der gehörigen Portion Ironie immer wieder einmal verwandeln kann, oder, schlimmer: indem es sich der Empfindungsweise des Mythos unterwirft (und sei's für zwei Stunden). Es »weiß« zuviel. Und es hat nichts mehr mit der Empfindung vollständiger, voraufklärerischer, religiöser »Ganzheit« und nichts mit der sanftmütigen Imitation des Lebens zu tun, das sich in Gewissheit wiegt. Das filmische Subjekt ist in eine unruhige Bewegung geraten. Entsetzen und Gnade der *uncertainty*.

Wo kann es sich befinden in einer Bewegung von »Realem« und »Fiktivem« (Welt und Kino)? Vielleicht könnten wir jede »Zelle« der Scorsese-Filme als ein Schnittergebnis des Realen und des Fiktiven ansehen. Das tragische Subjekt wird seiner gewahr, je mehr es den Glauben an die Ganzheit seiner Welt verliert. Scorsese-Helden werden, während ihre Welt zerstört wird, mehr noch vielleicht, sie werden, indem sie ihre Welt zerstören. Wir sehen darin die Tragödie. Aber sehen wir darin auch das Glück?

Was das tragische Subjekt, auf der Leinwand und im Zuschauerraum, errungen hat, im Schmerz und im Mit-Leiden, ist über dem Verlust der Geborgenheit und der Ordnung Erkenntnis und Wahrnehmung. Nicht wissen, ob einer Sünder ist oder nicht, obwohl es alle Welt fragt und man die Frage nicht einfach überhören kann. Sondern sehen, und wissen, wie man blind war. ❑

Zitierte und benutzte Literatur

Michael Althen: Höllensturz ins Reich der Toten. Die Bank gewinnt immer. Martin Scorseses aberwitziger Film CASINO. In: Süddeutsche Zeitung, 14.3.1996.
Martin Amis: GOODFELLAS. Blowing Away the Romantic Myth of the Mobster. In: Premiere (US), Okt. 1997.
Pino Arlacchi: Mafiose Ethik und der Geist des Kapitalismus. Die unternehmerische Mafia. Frankfurt/Main: Fischer 1989.
Rudolf Arnheim: Entropie und Kunst. Ein Versuch über Unordnung und Ordnung. Köln: DuMont 1979.
Frank Arnold / Peter W. Jansen / Christa Maerker / Hans Günther Pflaum / Heinz-Dieter Rusche: Martin Scorsese. Reihe Film 37. München: Hanser 1986 (weitere Scorsese-Monografien s. Bibliografie).
Michael Ballhaus, zit. n.: Verena Lueken: In Bildern erzählen, Emotionen wecken. In: epd Film, März 1994, S. 23-27.
Jon Bastian: GANGS OF NEW YORK. In: www.filmmonthly.com, 22.12.2002.
André Bazin: Jean Renoir. Frankfurt/Main: Fischer 1980.
Ders.: Was ist Kino? Bausteine zur Theorie des Films. Köln: DuMont 1982.
Peter Biskind: Easy Riders, Raging Bulls. Wie die Sex & Drugs & Rock'n'Roll-Generation Hollywood rettete. Hamburg: Rogner und Bernhard 2000.
Michael Bliss: Martin Scorsese and Michael Cimino. Filmmakers, No. 8. Metuchen, London: Scarecrow Press 1985.
Ders.: The Word Made Flesh. Catholicism and Conflict in the Films of Martin Scorsese. Filmmakers, No. 45. Lanham: Scarecrow Press 1995.
Edoardo Bruno: Le ossessioni di van Gogh. In: E.B. (Hg.): Martin Scorsese. Rom: Gremese 1992.
Jerome Charyn: Movieland. Hollywood und die große amerikanische Traumkultur. Hildesheim: Claassen 1993.
Gilles Deleuze: Kino 1. Das Bewegungs-Bild. Frankfurt/Main: Suhrkamp 1997.
Michael Dempsey in *Film Quarterly*, zit. n.: Robert Fischer: Jodie Foster. München: Heyne 1993.
Charles Dickens: American Notes for General Circulation. London: Penguin Classics 2000.
Detlef Diederichsen: Robbie Robertson. Americana. In: Spex, Jan. 1988.
Diedrich Diederichsen: RAGING BULL / WIE EIN WILDER STIER. In: Sounds, April 1981.
Ders.: Godard, Varda, Scorsese. In: Spex, Juni 1986.
Klaus Eder: Rebel Heroes der 70er Jahre. Kontaktlos und gewalttätig. In: Medium, Juli 1976, S. 26-28.
Ambros Eichberger: Ein (Un)Fall für die christliche Filmkritik. In: Zoom, 18/1988.
Manfred Etten: Kein Ort, nirgends. Die Metamorphosen des Robert De Niro. In: Dieter Bertz (Red.): Filmkalender '93. Marburg: Schüren 1992.
Franz Everschor: KUNDUN. In: film-dienst, 3.3.1998.
Manny Farber / Patricia Patterson: The Power and the Glory. In: Film Comment, Mai/Juni 1998, S. 30-44 (zuerst in: Film Comment, Mai/Juni 1976).
Carola Fischer: Toutes peines confondues. In: Zoom, Sept. 1992.
Bodo Fründt: Film-Tips. Thema Mafia. In: Süddeutsche Zeitung, 7.8.1992.
Rainer Gansera: Einsamkeit und Gewalt. Scorseses Helden. In: Steadycam, Nr. 17, Sept. 1990, S. 48-49.
Irene Genhart: NEW YORK STORIES. In: Zoom, 11/1989.
Rachel Gordon: GANGS OF NEW YORK. Street Intelligence of Epic Proportions. In: www.culturedose.net, 18.12.2002.
Dominik Graf: Unser Freund Harvey. In: Süddeutsche Zeitung, 9.3.1995.
Howard Hampton: Everybody Knows This Is Nowhere. Uneasy Riders. New Hollywood und Rock. In: Alexander Horwath (Hg.): The Last Great American Picture Show. New Hollywood 1967-1976. Wien: Edition Wespennest 1995.
Alexander Horwath: A Walking Contradiction (Partly Truth And Partly Fiction). Das unreine Kino: New Hollywood 1967-76. In: A.H. (Hg.): The Last Great American Picture Show, a.a.O.
Urs Jaeggi: THE LAST TEMPTATION OF CHRIST. In: Zoom, 18/1988.
Gabriele Jutz / Gottfried Schlemmer: Zur Geschichtlichkeit des Blicks. In: Christa Blümlinger (Hg.): Sprung im Spiegel. Filmisches Wahrnehmen zwischen Fiktion und Wirklichkeit. Wien: Sonderzahl 1990.
Mary Pat Kelly: Martin Scorsese. The First Decade. Pleasantville: Redgrave 1980.
Wolfram Knorr: Kirchentreu, wölfisch und hysterisch. Martin Scorsese versucht mit GOODFELLAS eine schonungslose Innenansicht der Mafia zu zeichnen. In: Die Weltwoche, 41/1990.
Robert Kolker: A Cinema of Loneliness. Penn, Kubrick, Scorsese, Spielberg, Altman. New York u.a.: Oxford University Press 1988.
Horst Peter Koll: Sich selbst befreit, wer die gesellschaftlichen Konventionen beherrscht. Zu den Spielfilmen von Martin Scorsese. In: film-dienst, 5.4.1983.
Klaus Lackschewitz u.a.: Spielfilme im Deutschen Fernsehen. ARD 1981. Frankfurt/Main 1980.
Michael Lang: Talent, Instinkt, Lebenserfahrung. In: Zoom, Juni/Juli 1992.

Verena Lueken: GOODFELLAS – DREI JAHRZEHNTE IN DER MAFIA. In: epd Film, Okt. 1990.

Jean François Lyotard: Philosophie und Malerei im Zeitalter ihres Experimentierens. Berlin: Merve 1986.

Gerhard Midding: Getriebene. Die Rollen des Harvey Keitel. In: epd Film, Dez. 1991.

James Monaco: Fear and Loathing in Hollywood. In: J.M.: American Film Now. New York: New American Library 1979.

Till Müller-Edenborn: Die Augen von Simenon. In: Nachtblende, Nr. 12, 1998.

Milan Pavlovic: You Can't Go Home Alone. In: Steadycam, Nr. 35, Frühjahr 1998.

Hans Günther Pflaum: Dreingaben zum Geschäft. Robert Altman und Martin Scorsese beim Festival von Cannes. In: Süddeutsche Zeitung, 15.5.1986.

Ders.: Kommentierte Filmografie. In: Frank Arnold u.a.: Martin Scorsese, a.a.O.

Claus Philipp: Die wichtigste Eigenschaft eines Cutters ist Geduld. Gespräch mit der amerikanischen Cutterin Thelma Schoonmaker. In: epd Film, Juli 1994.

Ranieri Polese in *Corriere della Sera*, 17.2.1990, zit. n.: Markus Vorauer, a.a.O.

Robert B. Ray: A Certain Tendency of the Hollywood Cinema. 1930-1980. Princeton: Princeton UP 1985.

Bérénice Reynaud: Entretien avec Martin Scorsese. In: Cahiers du Cinéma, März 1989 (dt. in: taz, 9.3.1989).

H.-G. Sausse: Psycho in Manhattan. In: tip (München), Nr. 13, 1983.

Frank Schnelle: Die Spielberg-Factory. Kindheitsträume im Kino. München: Heyne 1993.

Teja Schwaner: THE LAST WALTZ. In: Sounds, Nr. 7, 1978.

David Thompson / Ian Christie (Hg.): Scorsese über Scorsese. Frankfurt/Main: Verlag der Autoren 1996.

Giuseppe Turroni: Americana 2. Rom: Bulzoni 1978.

Kenneth von Gunden: Postmodern Auteurs. Coppola, Lucas, De Palma, Spielberg, Scorsese. Jefferson u.a.: McFarland 1991.

Markus Vorauer: Die Imaginationen der Mafia im italienischen und US-amerikanischen Spielfilm. Münster: Dutz 1996.

Edgar Wettstein: Martin Scorsese – ein Fall für die christliche Filmkritik? In: film-dienst, 12.10. 1976.

Wilfried Wiegand: Sankt Franziskus in Manhattan. In: Frankfurter Allgemeine Zeitung, 26.5.1976.

Axel Winterstein: THE LAST WALTZ. In: Filmbeobachter, 1.8.1978.

Karsten Witte: Aufbruch ins Bekannte. Martin Scorseses Film ALICE LEBT HIER NICHT MEHR. In: Frankfurter Rundschau, 21.11.1975.

Slavoj Zizek: Der Hitchcocksche Schnitt. Pornografie, Nostalgie, Montage. In: S.Z. (Hg.): Ein Triumph des Blicks über das Auge. Psychoanalyse bei Hitchcock. Wien: Turia + Kant 1992.

Filmografie

Von Frank Arnold / Dietmar Kammerer

Die folgenden Angaben basieren bis einschließlich AFTER HOURS auf der Filmografie von Frank Arnold in: F.A. / Peter W. Jansen / Christa Maerker u.a.: *Martin Scorsese*. Reihe Film 37. München: Hanser 1986; zu den vor 1986 uraufgeführten Filmen finden sich dort ausführlichere Daten. Zur weiteren Recherche wurden die Filmabspänne, das *Lexikon des Internationalen Films* (Reinbek bei Hamburg: Rowohlt 1995 ff.), der *Film Index International* (BFI, London), die *Internet Movie Database* sowie weitere Internetquellen herangezogen.

I. Filme als Regisseur

WHAT'S A NICE GIRL LIKE YOU DOING IN A PLACE LIKE THIS? (1963)

Produktion: New York University, Department of Television, Motion Picture and Radio Presentations (Summer Motion Picture Workshop). *Faculty Advisors:* John Mahon, Haig P. Manoogian.
Regie: **Martin Scorsese**. *Regie-Assistenz:* Louise Stephanic. *Drehbuch:* **Martin Scorsese**. *Kamera:* James Newman. *Musik:* Richard H. Coll. *Song:* »Swivel Hip Sal« (Sandor Reich / Richard H. Coll). *Schnitt:* Robert Hunsicker; **Martin Scorsese** (ungenannt). *Sound:* Sandor Reich. *Sound Editor:* Maria Stiller. *Still Photographer:* Frank Truglio.
Darsteller/innen: Zeph Michaelis (Harry), Sarah Braveman (Analyst), Fred Sica (Friend), Mimi Stark (Harry's Wife), Robert Uricola (Singer); Lew Delgato, Ronnie Apres, Manny Stormiolo, Robert Gil, Peter Anson, Peter Osis, Mark Trail (Performers). *Ungenannt:* **Martin Scorsese** (Man in the Boat in the Picture).
Format: 16mm, sw. *Länge:* 9 Min. *Uraufführung:* Sommer 1963.
Anmerkung: Der Film entstand an der New York University als Teil des Kurses »The History of Motion Pictures, Television and Radio« unter der Leitung von Prof. Haig P. Manoogian.

IT'S NOT JUST YOU, MURRAY! (1965)

Produktion: New York University, Department of Television, Motion Picture and Radio Presentations (Summer of Motion Picture Workshop). *Faculty Advisors:* John Mahon, Haig P. Manoogian.
Regie: **Martin Scorsese**. *Regie-Assistenz:* Mardik Martin. *Drehbuch:* **Martin Scorsese**, Mardik Martin. *Kamera:* Richard H. Coll. *Musik:* Richard H. Coll. *Zusätzliche Musik:* »Pomp and Circumstance, March No. 1 (Land of Hope and Glory)« (Edward W. Elgar). *Musikalische Leitung:* Leo Ursini. *Schnitt:* Eli F. Bleich; **Martin Scorsese** (ungenannt). *Production Design:* Lancelot Braithwaite. *Costume Design:* Victor Magnotta. *Make-up:* Teresa Brun. *Still Photographer:* Edwin Grant. *Graphics:* Marjorie Rosen.
Darsteller/innen: Ira Rubin (Murray), Sam DeFazio (Joe), Andrea Martin (Wife), Catherine Scorsese (Mother), Robert Uricola (Singer); Susan Miller, Sydney Ann Seide, Vivian Thompson, Cynthia Koenig, Larraine Brennan (»Love Is a Gazelle«-Cast); **Martin Scorsese**, John Bivona, Richard H. Coll, Victor Magnotta, Mardik Martin, Richard Sweeton, Bernard Weisberger.
Format: 35mm, für die kommerzielle Kinoauswertung von 16mm aufgeblasen, sw. *Länge:* 15 Min. *Uraufführung:* Oktober 1965, New York Film Festival.
Anmerkungen: Der zweite Film Scorseses, der unter der Leitung von Haig P. Manoogian an der New York University entstand. – Auszeichnungen: Brown University Film Festival 1965: erster Preis als bester Studentenfilm; Preis der Edward L. Kingsley Foundation; Preis der Screen Producers Guild als bester Studentenfilm 1965. – In den USA wurde der Film als Vorfilm zu THE PAD, AND HOW TO USE IT (1966; R: Brian G. Hutton) gezeigt.

THE BIG SHAVE / THE BIG SHAVE ... OR, VIET '67 (1967)

Produktion: **Martin Scorsese**, New Jersey, in Zusammenarbeit mit Gevaert-Agfa und der Cinémathèque Royale de Belgique, Brüssel. *Produzent/innen:* Saul Rubin, Elaine Attias.
Regie: **Martin Scorsese**. *Drehbuch:* **Martin Scorsese**. *Kamera:* Ares Demertzis. *Song:* Bunny Berigan: »I Can't Get Started« (George und Ira Gershwin). *Schnitt:* **Martin Scorsese**; Eli F. Bleich (ungenannt). *Production Design (Bade-*

WHAT'S A NICE GIRL LIKE YOU DOING IN A PLACE LIKE THIS?

zimmer): Ken Gaulin. *Special Effects (Blut)*: Eli F. Bleich. *Darsteller:* Peter Bernuth.
Format: 16mm, Farbe (Agfacolor). *Länge:* 5 Min. *Uraufführung:* 29.12.1967, exprmntl 4 (Vierter Internationaler Experimentalfilmwettbewerb), Knokke-le-Zoute, Belgien. *Dt. Erstaufführung:* 4.4.1968, Westdeutsche Kurzfilmtage, Oberhausen.
Anmerkung: Prix de L'Age d'Or, Knokke-le-Zoute, Belgien 1967.

WHO'S THAT KNOCKING AT MY DOOR? (1968)
Wer klopft denn da an meine Tür?

Produktion: Tri-Mod. *Produzent/innen:* Betzi Manoogian, Haig Manoogian, Joseph Weill. *Production Manager:* Barbara Battle.
Regie: **Martin Scorsese**. *Regie-Assistenz:* Mardik Martin. *Drehbuch:* **Martin Scorsese**. *Zusätzliche Dialoge:* Betzi Manoogian. *Kamera:* Richard H. Coll (erste Fassung); Michael Wadley [= Wadleigh] (zweite Fassung); Max Fisher (Traumsequenz, ungenannt). *Kamera-Assistenz:* Ron Clabeaux, Ed Grant. *Songs:* Mitch Ryder and The Detroit Wheels: »Jenny Takes a Ride«; The Channels: »The Closer You Are«; The Bellnotes: »I've Had It«; Ray Baretta: »El Watusi«; The Dubs: »Don't Ask Me«; Jr. Walker and the All Stars: »Shotgun«; The Doors: »The End«; The Searchers: »Ain't That Just Like Me«; The Genies: »Who's That Knocking at My Door?«; The Chantells: »The Plea«. *Schnitt:* Thelma Schoonmaker; **Martin Scorsese** (ungenannt). *Sound:* John Binder, Jim Datri. *Art Direction:* Victor Magnotta. *Still Photographers:* Chuck Shipley, Neal Walder.
Darsteller/innen: Harvey Keitel (J.R.), Zina Bethune (Girl), Lennard Kuras (Joey), Michael Scala (Sally Gaga), Phil Carlson (Guide on the Mountain), Anne Collette (Young Girl in Dream), Bill Minkin (Iggy / Radio Announcer), Harry Northup (Harry the Rapist), Wendy Russell (Sally Gaga's Girlfriend), Catherine Scorsese (J.R.'s Mother), Robert Uricola (Young Man at Party with Gun), Susan Wood (Susan), Marissa Joffrey (Rosie); Paul De Biondi, Victor Magnotta (Boys in Fight); Tsuai Yu-Lan, Anne Marieka, Saskia Holleman (Dream Girls); Thomas Aiello (Friend at Party). *Ungenannt:* **Martin Scorsese** (Gangster).
Format: 35mm, teilweise von 16mm aufgeblasen (1:1,33), sw. *Länge:* 90 Min. *Drehorte:* New York City, Copake, New York, USA; Amsterdam, Niederlande. *Uraufführung:* Erste Fassung: Juni 1965, New York University Film Festival; zweite Fassung: November 1967, Chicago Film Festival; dritte Fassung: 8.9.1968, New York City. *US-Kinostart:* 8.9.1968. *Dt. Erstausstrahlung:* 2.1.1979. *Dt. Kinostart:* 23.2.1989.
Anmerkungen: Die erste Fassung des Films entstand 1965 unter dem Titel BRING ON THE DANCING GIRLS als 58-minütige Fassung mit Ann Hodapp in der Hauptrolle. Alle Szenen bis auf eine waren auf 35mm gedreht. Für die zweite Fassung von 1967 mit dem Titel I CALL FIRST enstanden neue Szenen auf 16mm. Auf Wunsch des Verleihers Joseph Brenner wurde 1968 in Amsterdam eine erotische Traumszene nachgedreht. Der Film wurde 1970 in Los Angeles auch unter dem Titel J.R. aufgeführt.

STREET SCENES (1970)

Produktion: New York Cinetracts Collective. *Production Coordinators:* Paul Asselin, Mitchell Block, Harry Bolles, Tim Curnen, Ira Fogel, Chris Norris, Nick Tanis. *Leiter der Pre-Production:* Nick Tanis. *Berater/innen der Post-Production:* Diana Krumins, Maggie Koven, Peter Rea.
Regie: **Martin Scorsese** (Post-Production und Produktionsüberwachung). *Kamera:* Don Lenzer, Harry Bolles, Danny Schneider, Peter Rea, Bob Pitts, Bill Etra, Tiger Graham, Fred Hadley, Edward Summer, Nat Tripp (Teil 1); Nancy Bennett, John Butman, Dick Catron, Fred Elmes, Tom Famighetti, Peter Flynn, Robert Foresta, David Freeberg, Tony Janetti, Arnold Klein, Ron Levitas, Didier Loiseau, David Ludwig, Laura Primakoff, Gordon Stein, Oliver Stone, Bruce Tabor, Stanley Weiser, Bob Zahn (Teil 2). *Photographer:* Charles Baum, Christie Emanuel, Jeff Feiner, Bonnie Freer, Andrew Goldberg, Harvey Keitel, Ron Levitas, Ira Resnick, Carole Zeitlin. *Schnitt:* Angela Kirby, Maggie Koven, Gerry Pallor, Peter Rea, Thelma Schoonmaker, Larry Tisdall.
Interviewer: Marty Andrews, Harry Bolles, Michael Epp, Jay Freund, David Ludwig, Danny Schneider, Josh Stein, Bruce Tabor (Teil 1); Jim Brown, Dick Catron, Dallas Garad, Ron Levitas, Marty Rattigan, Peter Rea, Stan Weiser, Bob Zahn (Teil 2).
Mitwirkende: William Kunstler, Dave Dellinger, Alan W. Carter, David Z. Robinson, Harvey Keitel, Verna Bloom, Jay Cocks, **Martin Scorsese**.
Format: 16mm, Farbe und Sepia. *Länge:* 75 min. *Dreh:* Mai 1970, New York University School of the Arts, New York and Washington D.C., USA. *Uraufführung:* 14.9.1970, New York Film Festival.

BOXCAR BERTHA (1972)
Die Faust der Rebellen / Boxcar Bertha

Produktion: American International Pictures. *Produzent:* Roger Corman. *Ausführende Produzenten:* Samuel Z. Arkoff, James H. Nicholson. *Associate Producer:* Julie Corman. *Production Manager:* Paul Rapp.
Regie: **Martin Scorsese**. *Regie-Assistenz:* Paul Rapp, Russell Vreeland. *Drehbuch:* Joyce Hooper Corrington, John William Corrington, nach den Lebenserinnerungen von Bertha Thompson, aufgeschrieben von Ben L. Reitman in »Sister of the Road« (1937). *Kamera:* John Stephens; Gayne Rescher (ungenannt). *Kamera-Assistenz:* Paul M. Pollard, Alex Touyarot. *Musik:* Gib Guilbeau, Thad Maxwell. *Schnitt:* Buzz Feitshans; **Martin Scorsese** (unge-

BOXCAR BERTHA

nannt). *Schnitt-Assistenz:* George Trirogoff. *Sound Mixer:* Don F. Johnson. *Sound Editor:* Roger Sword, Ross Taylor; Fred J. Brown (ungenannt). *Production Design:* David Nichols. *Costume Design:* Bud Modes. *Stunt Coordinator:* William H. Burton.
Darsteller/innen: Barbara Hershey (»Boxcar« Bertha Thompson), David Carradine (»Big« Bill Shelley), Barry Primus (Rake Brown), Bernie Casey (Von Morton [dt. Fassung: Sam]), John Carradine (H. Buckram Sartoris), Victor Argo (McIver #1), David R. Osterhout (McIver #2), Grahame Pratt (Emeric Pressburger), »Chicken« Holleman (Michael Powell), Harry Northup (Harvey Hall), Ann Morell (Tillie Parr), Marianne Dole (Mrs. Mailer), Joe Reynolds (Joe Cox). *Ungenannt:* Doyle Hall (Dice Player); Gayne Rescher, **Martin Scorsese** (Brothel Clients).
Format: 35mm (1:1,85), Farbe (DeLuxe). *Länge:* 88 Min.; 73 Min. (erste synchronisierte dt. Fassung). *Dreh:* Ab 25.10.1971 (25 Drehtage), Arkansas, USA. *US-Kinostart:* Mai 1972. *Dt. Erstaufführung:* 7.12.1973 (gekürzt); 30.10.1981, Internationale Hofer Filmtage (ungekürzt). *Dt. Kinostart:* 7.12.1973 (gekürzt); 30.7.1982 (ungekürzt, OmU). *Dt. Erstausstrahlung:* 17.5.1989, ZDF (ungekürzte Synchronfassung).

MEAN STREETS (1973)
Hexenkessel

Produktion: Taplin-Perry-Scorsese Productions. *Produzenten:* **Martin Scorsese**, Jonathan T. Taplin. *Ausführender Produzent:* E. Lee Perry. *Production Manager:* Paul Rapp. *Production Coordinators:* Peter Fain, David Osterhout.
Regie: **Martin Scorsese**. *Regie-Assistenz:* Russell Vreeland, Ron Satloff. *Drehbuch:* **Martin Scorsese**, Mardik Martin. *Kamera:* Kent Wakeford; Norman Gerard (New York). *Kamera-Assistenz:* Pat O'Mara, Harry Young. *Camera Operator:* Gene Talvin. *Songs:* The Rolling Stones: »Jumpin' Jack Flash«, »Tell Me« (Mick Jagger / Keith Richards); The Chantells: »I Love You So«; Giuseppe Di Stefano: »Addio sogni di gloria«, »Canta per me«, »Monasterio di Santa Chiara«; Renato Carosone: »Marruzella«, »Scapricciatello«; The Marvelettes: »Please Mr. Postman« (Bert Holland); Eric Clapton: »Hideaway«, »I Look Away« (Eric Clapton / Bobby Whitlock); The Charts: »Desiree«; The Chips: »Rubber Biscuit«; Johnny Ace: »Pledging My Love«; Ray Baretta: »Ritmo sabroso«; The Aquatones: »You« (Walter Donaldson / Harold Adamson); The Nutmegs: »Ship of Love«; The Paragones: »Florence«; Jimmy Roselli: »Malafemmina«; Little Caesar and The Romans: »Those Oldies But Goodies« (Coringa Politi); The Shirelles: »I Met Him on a Sunday«; The Ronettes: »Be My Baby« (Phil Spector / Jeff Barry); The Miracles: »Mickey's Monkey« (Dozier/Holland). *Schnitt:* Sidney Levin; **Martin Scorsese**, Brian De Palma (letztere zwei ungenannt). *Schnitt-Assistenz:* George Trirogoff. *Sound Mixer:* Donald F. Johnson. *Production Design:* David Nichols. *Costume Design:* Norman Salling. *Special Effects:* Bill Bales.
Darsteller/innen: Harvey Keitel (Charlie), Robert De Niro (Johnny Boy Cervello), David Proval (Tony), Amy Robinson (Teresa), Richard Romanus (Michael), Cesare Danova (Giovanni), Victor Argo (Mario), George Memmoli (Joey), Lenny Scaletta (Jimmy), Jeannie Bell (Diane), Murray Moston (Oscar), David Carradine (Drunk in Tony's Bar), Robert Carradine (Boy with Gun), Lois Walden (Jewish Girl), Harry Northup (Jerry the Soldier), Dino Seragusa (Old Man), D'Mitch Davis (Policeman), Peter Fain (George), Julie Andleman (Girl at Party), Robert Wilder (Benton), Ken Sinclair (Sammy); Jaime Alba, Ken Konstantin (Young Boys from Riverdale); Nicki »Ack« Aquilino (Man on Docks), B. Mitchell Reed (Discjockey), Anna Uricola (Neighbor at the Window), Ron Satloff (Carl), Barbara Weintraub (Heather Weintraub), Jenny Goldberg (Sarah Klein), Bill Minkin. *Ungenannt:* **Martin Scorsese** (Jimmy Shorts), Catherine Scorsese (Woman on Landing).
Format: 35mm (1:1,85), Farbe (Technicolor). *Länge:* 110 Min.; 112 Min (dt. Fassung). *Dreh:* Oktober bis November 1972, Los Angeles, San Pedro, Pasadena, Kalifornien, USA; New York City, New York, USA. *Uraufführung:* 2.10.1973, New York Film Festival. *US-Kinostart:* 14.10.1973. *Dt. Kinostart:* 25.6.1976.

ITALIANAMERICAN (1974)

Produktion: National Communications Foundation. *Produzent/innen:* Saul Rubin, Elaine Attias. *Associate Producer:* Bertram Lovitt. *Production Manager:* Dale Bell.
Regie: **Martin Scorsese**. *Drehbuch:* Larry Cohen, Mardik Martin; **Martin Scorsese** (ungenannt). *Kamera:* Alec Hirshfeld [= Hirschfeld]. *Kamera-Assistenz:* Marc Hirshfeld [= Hirschfeld]. *Schnitt:* Bertram Lovitt. *Schnitt-Assistenz:* Randy Jon Morgan. *Associate Editor:* Tom Walls. *Sound:* Lee Osborne. *Still Photographer:* Martin Andrews. *Mitwirkende:* Catherine Scorsese, Charles Scorsese. *Ungenannt:* **Martin Scorsese**.

MEAN STREETS

Format: 16mm (1:1,37), Farbe. *Länge:* 49 Min. *Dreh:* April bis Mai 1974; New York City, New York, USA. *Uraufführung:* Oktober 1974, New York Film Festival. *Dt. Erstaufführung:* 28.2.1978, Internationale Filmfestspiele Berlin. *Dt. Erstausstrahlung:* 3.1.1979, WDR 3, NDR 3.

ALICE DOESN'T LIVE HERE ANYMORE (1974)
Alice lebt hier nicht mehr
Produktion: Warner Brothers. *Produzent/innen:* David Susskind, Audrey Maas. *Associate Producer:* Sandra Weintraub.
Regie: **Martin Scorsese**. *Regie-Assistenz:* Mike Moder, Mike Kusley. *Drehbuch:* Robert Getchell; **Martin Scorsese**, Ellen Burstyn, Larry Cohen, Sandra Weintraub (letztere vier ungenannt). *Kamera:* Kent L. Wakeford. *Kamera-Assistenz:* Ray Villalobos. *Camera Operator:* Owen Marsh. *Musik:* Richard LaSalle. *Songs:* Mott the Hoople: »All My Way from Memphis« (Ian Hunter); Leon Russell: »Roll Away the Stone« (Leon Russell / Greg Dempsey); Elton John: »Daniel« (Elton John / Bernie Taupin); T. Rex: »Jeepster« (Marc Bolan); Ellen Burstyn: »Where or When« (Richard Rodgers / Lorenz Hart), »When Your Lover Has Gone« (E.A. Swan), »Gone with the Wind« (Allie Wrubel / Herb Magidson); »I've Got a Crush on You« (George und Ira Gershwin); Kris Kristofferson: »I'm So Lonesome I Could Cry« (Hank Williams); »Wildwood Flowers« (trad.), arrangiert von Danny Franklin; Betty Grable: »Cuddle up a Little Closer, Lovey Mine« (Otto Harbach / Karl Hoschna); Alice Faye: »You'll Never Know« (Harry Warren / Mack Gordon). *Schnitt:* Marcia Lucas. *Schnitt-Assistenz:* C. Timothy O'Meara. *Sound Mixer:* Don Parker. *Production Design:* Toby Carr Rafelson. *Costume Design:* Lambert Marks (Männer), Lucia De Martino (Frauen). *Hair Stylist:* Lola »Skip« McNalley. *Make-up Artist:* Bob Westmoreland. *Title Design:* Wayne Fitzgerald. *Darsteller/innen:* Ellen Burstyn (Alice Hyatt), Kris Kristofferson (David Barrie), Alfred Lutter (Tom Hyatt), Billy Green Bush (Donald Hyatt), Lelia Goldoni (Bea), Ola Moore (Old Woman), Harry Northup (Joe & Jim's Bartender), Martin Brinton (Lenny), Mia Bendixsen (Alice, Age 8), Dean Casper (Chicken Holleman), Murray Moston (Jacobs), Harvey Keitel (Ben Eberhart), Lane Bradbury (Rita), Diane Ladd (Flo), Vic Tayback (Mel), Valerie Curtin (Vera), Jodie Foster (Audrey). *Ungenannt:* Laura Dern (Girl Eating Ice Cream Cone); **Martin Scorsese**, Larry Cohen (Guests at Mel and Ruby's).
Format: 35mm (1:1,85), Farbe (Technicolor). *Länge:* 112 Min. *Dreh:* Anfang 1974 (40 Drehtage), Tucson, Arizona, USA; New Mexico, USA; Columbia-Studios, Los Angeles, Kalifornien, USA. *Uraufführung:* Dezember 1974, Los Angeles. *US-Kinostart:* 29.1.1975. *Dt. Kinostart:* 26.9.1975.

TAXI DRIVER (1976)
Taxi Driver
Produktion: Columbia Pictures / Bill-Phillips Productions / Italo-Judeo Productions. *Produzent/innen:* Michael Phillips, Julia Phillips. *Associate Producer:* Phillip M. Goldfarb. *Production Manager:* Phillip M. Goldfarb.
Regie: **Martin Scorsese**. *Regie-Assistenz:* Peter R. Scoppa, Ralph S. Singleton, William Eustace. *Drehbuch:* Paul Schrader. *Kamera:* Michael Chapman. *Kamera-Assistenz:* Alec Hirshfeld [= Hirschfeld], Bill Johnson, Ron Zarilla. *Camera Operator:* Fred Schuler. *Kamera 2nd Unit:* Michael Zingale. *Special Photography:* Steve Shapiro. *Musik:* Bernard Herrmann. *Songs:* Jackson Browne: »Too Late for the Sky« (Jackson Browne); George (Oobie) McKern: »Hold Me Close« (Bernard Herrmann / Keith Addis). *Musik-Schnitt:* Schinichi Yamazaki. *Supervising Film Editor:* Marcia Lucas. *Schnitt:* Tom Rolf, Melvin Shapiro; Thelma Schoonmaker (ungenannt). *Schnitt-Assistenz:* George Trirogoff, William Weber. *Sound Recordist:* Roger Pietschmann. *Sound Mixer:* Les Lazarowitz. *Supervising Sound Effects Editor:* Frank E. Warner. *Sound Effects Editor:* Gordon Davidson, Jim Fritch, Sam Gemette, David Hourton. *Sound Re-Recording Supervisor:* Tex Rudloff. *Sound Re-Recording Mixers:* Richard Alexander, Vern Moore. *Art Direction:* Charles Rosen. *Visual Consultant:* David Nichols. *Creative Consultant:* Sandra Weintraub. *Set Decoration:* Herbert F. Mulligan. *Costume Design:*

Ruth Morley. *Make-up Artist:* Irving Buchman. *Special Make-up:* Dick Smith. *Hair Stylist:* Mona Orr. *Special Effects:* Tony Parmelee. *Still Photographer:* Josh Weiner; Paul Kimatian (ungenannt). *Assistentin von Martin Scorsese:* Amy Jones. *Casting:* Juliet Taylor.
Darsteller/innen: Robert De Niro (Travis Bickle), Jodie Foster (Iris), Cybill Shepherd (Betsy), Albert Brooks (Tom), Harvey Keitel (Matthew »Sport«), Leonard Harris (Charles Palantine), Peter Boyle (Wizard), Norman Matlock (Charlie T.), Diahnne Abbott (Concession Girl), Frank Adu (Angry Black Man), Victor Argo (Melio), Gino Ardito (Policeman at Rally), Garth Avery (Iris' Friend), Harry Cohn (Cabbie in Bellmore), Copper Cunningham (Hooker in Cab), Peter Savage (Her Client, the John), Brenda Dickson (Soap Opera Woman), Harry Fischler (Dispatcher), Nat Grant (Stick-up Man), Richard Higgs (Tall Secret Service Man), Beau Kayser (Soap Opera Man), Victor Magnotta (Secret Service Photographer), Robert Maroff (Mafioso), Bill Minkin (Tom's Assistant), Murray Moston (Iris' Time Keeper), Harry Northup (Doughboy [dt. Fassung: Dollarboy]), Gene Palma (Street Drummer); Carey Poe, Robin Utt (Campaign Workers); Steven Prince (Andy, Gun Salesman), **Martin Scorsese** (Passenger Watching Silhouette), Robert Shields (Palantine Aide), Ralph Singleton (TV Interviewer), Joe Spinell (Personnel Officer), Maria Turner (Angry Hooker on Street).
Format: 35mm (1:1,85), Farbe (Metrocolor), Stereo / Dolby SR (Re-Release). *Länge:* 114 Min. *Dreh:* 9.6.1975 bis August 1975, Ed Sullivan Theatre, New York City, New York, USA. *US-Kinostart:* 7.2.1976; 16.2.1996 (Re-Release). *Dt. Kinostart:* 7.10.1976.

TAXI DRIVER

NEW YORK, NEW YORK (1977)
New York, New York

Produktion: Chartoff-Winkler Productions für United Artists. *Produzenten:* Irwin Winkler, Robert Chartoff. *Ausführender Produzent:* Hal W. Polaire. *Associate Producer:* Gene Kirkwood. *Production Coordinator:* Lisbeth Plannette.
Regie: **Martin Scorsese**. *Regie-Assistenz:* Melvin D. Dellar, Michael Grillo. *Drehbuch:* Earl Mac Rauch, Mardik Martin; Julia Cameron, Robert De Niro, **Martin Scorsese** (letztere drei ungenannt). *Story:* Earl Mac Rauch. *Kamera:* László Kovács; Vilmos Zsigmond (letzte Szene, ungenannt). *Kamera-Assistenz:* Joseph E. Thibo. *Camera Operator:* Bobby Byrne, Robert Stevens. *Musikalische Leitung:* Ralph Burns. *Musik-Schnitt:* William Saracino. *Songs:* Liza Minnelli: »Theme from New York, New York«, »There Goes The Ball Game«, »But the World Goes 'round«, »Happy Endings« (Fred Ebb / John Kander), »You Brought a New Kind of Love to Me« (Sammy Fain / Irving Kahal / Pierre Norman Connor), »Once in a While« (Michael Edwards / Bud Green), »You Are My Lucky Star« (Nacio Herb Brown / Arthur Freed), »The Man I Love« (George und Ira Gershwin), »Taking a Chance on Love« (Vernon Duke / John Latouche / Ted Fettler); Mary Kay Place: »Blue Moon« (Richard Rodgers / Lorenz Hart); Diahnne Abbott: »Honeysuckle Rose« (Thomas »Fats« Waller / Ady Razaff); »Opus One« (Sid Garris / Sy Oliver); »I'm Gettin' Sentimental over You« (George Bassman / Ned Washington); »Song of India« (Nikolaj Rimsky-Korsakov), arrangiert von Tommy Dorsey; »Don't Blame Me« (Jimmy McHugh / Dorothy Fields); »It's a Wonderful World« (Jan Savitt / Johnny Weston / Harold Adamson); »For All We Know« (J. Fred Coots / S.M. Lewis); »South America Take It Away« (Harold Rome) (vor der Uraufführung geschnitten); »Just You, Just Me« (Jesse Greer / Raymond Klages); »Do Nothing till You Hear from Me«; »Don't Get around Much Anymore« (Duke Ellington / Bob Russell); »Don't Be That Way« (Benny Goodman / Edgar Sampson / Mitchell Parish); »Hold Tight« (Leonard Kent / Edward Robinson / Leonard Ware / Jerry Biandow / Willie Spottswood); »Bugle Call Rag« (Jack Pettis / Billy Meyers / Elmer Schoebel); »Avalon« (Vincent Rose / Al Jolson); »Night in Tunisia« (John Birks / Dizzy Gillespie / Frank Paparelli); Hot Club du France Quintett: »Billets Doux«; »Wonderful Girl«. *Saxophon-Soli:* Georgie Auld. *Supervising Film Editor:* Irving Lerner, Marcia Lucas. *Schnitt:* Bertram Lovitt, David Ramirez, Tom Rolf. *Schnitt-Assistenz:* Arthur W. Forney, Eric A. Sears, Michael J. Sheridan, Michael Ripps,

Scott Burrow, Phyllis Smith Altenhaus. *Production Sound Mixer:* Lawrence Jost. *Music Recording Supervisor:* John Neal. *Supervising Sound Editor:* Kay Rose. *Sound Editors:* Michael Colgan, James Fritch, David Holden, Harry Keramidas, Victoria Rose Sampson. *Re-Recording Mixer:* Curly Thirlwell, Robert Glass Jr., Richard Portman. *Production Design:* Boris Leven. *Production Consultant:* David Nichols. *Art Direction:* Harry Kemm. *Set Decoration:* Robert DeVestel, Ruby R. Levitt. *Costume Design:* Theadora Van Runkle. *Make-up Artist:* Michael Westmore. *Make-up Artist Liza Minnelli:* Christina Smith. *Hair Stylists:* Mary Keats, June Miggins. *Hair Design Liza Minnelli:* Sydney Guilaroff. *Title Design:* Dan Perri. *Choreografie:* Ron Field. *Technische Beratung (Saxophon):* Georgie Auld. *Special Effects:* Richard Albain. *Assistenten von Martin Scorsese:* Dayle Michelle, Steven Prince. *Casting:* Lynn Stalmaster.

Darsteller/innen: Liza Minnelli (Francine Evans), Robert De Niro (Jimmy Doyle), Lionel Stander (Tony Harwell), Barry Primus (Paul Wilson), Mary Kay Place (Bernice), Georgie Auld (Frankie Harte), George Memmoli (Nicky), Dick Miller (Palm Club Owner), Murray Moston (Horace Morris), Lenny Gaines (Artie Kirks), Clarence Clemons (Cecil Powell), Kathi McGinnis (Ellen Flannery); Norman Palmer, Dimitri Logothetis (Desk Clerks); Adam David Winkler (Jimmy Doyle Jr.), Frank Sivera (Eddie Di Muzio), Diahnne Abbott (Harlem Club Singer), Margo Winkler (Argumentative Woman), Steven Prince (Record Producer), Don Calfa (Gilbert), Bernie Kuby (Justice of Peace), Selma Archerd (Wife of Justice of Peace), Bill Baldwin Sr. (Announcer in Moonlit Terrace), Mary Lindsay (Hat Check Girl in Meadows), Jon Cutler (Musician in Frankie Harte Band), Nicky Blair (Cab Driver), Casey Kasem (Discjockey), Jay Salerno (Bus Driver), William Tole (Tommy Dorsey), Sydney Guilaroff (Hairdresser), Peter Savage (Horris Morris' Assistant), Gene Castle (Dancing Sailor), Louie Guss (Fowler), Shera Danese (Doyle's Girl in Major Chord), Bill McMillan (Discjockey), David Nichols (Arnold Trench), Harry Northup (Alabama), Marty Zagon (Manager of South Bend Ballroom), Timothy Blake (Nurse), Betty Cole (Charwoman), DeForest Covan (Porter), Phil Gray (Trombone Player in Jimmy Doyle's Band), Roosevelt Smith (Bouncer in Major Chord), Bruce L. Lucoff (Cab Driver), Bill Phillips Murry (Waiter in Harlem Club), Clint Arnold (Trombone Player in Palm Club), Richard Alan Berk (Drummer in Palm Club), Jack R. Clinton (Bartender in Palm Club), Wilfred R. Middlebrooks (Bass Player in Palm Club), Jake Vernon Porter (Trumpet Player in Palm Club), Nat Pierce (Piano Player in Palm Club), Manuel Escobosa (Fighter in Moonlit Terrace); Susan Kay Hunt, Teryn Jenkins (Moonlit Terrace Girls); Mardik Martin (Well Wisher in Moonlit Terrace), Leslie Summers (Woman in Black in Moonlit Terrace), Brock Michaels (Man at Table in Moonlit Terrace); Washington Rucker, Booty Reed (Musicians at Hiring Hall), David Armstrong, Robert Buckingham, Eddie Garrett, Nico Stevens (Reporters); Peter Fain (Greeter in Up Club), Angelo Lamonea (Waiter in Up Club); Charles A. Tamburro, Wallace [= Wally] McCleskey (Bouncers in Up Club); Ronald Prince (Dancer in Up Club), Robert Petersen (Photographer), Richard Raymond (Railroad Conductor), Hank Robinson (Francine's Bodyguard), Harold Ross (Cab Driver), Eddie Smith (Man in Bathroom in Harlem Club). *Ungenannt:* Allison Caine, Larry Kert.

Format: 35mm (1:1,85), Farbe (Technicolor). *Länge:* 155 Min. (Uraufführung); 136 Min. (Kürzung nach der Uraufführung); 163 Min. (rekonstruierte Fassung von 1980); 137 Min (dt. Fassung). *Dreh:* Ab 14. Juni 1976 (25 Wochen), MGM-Studios, Culver City, Kalifornien, USA; Burbank Studios, 20th-Century-Fox-Studios; New York City, New York, USA. *Uraufführung:* 21.6.1977. *US-Kinostart:* 22.6.1977; 19.6.1981 (rekonstruierte Fassung). *Dt. Kinostart:* 1.9.1977. *Dt. Erstausstrahlung:* 12.4.1998 (rekonstruierte Fassung).

THE LAST WALTZ (1978)
The Band

Produktion: Last Waltz Inc. *Produzenten:* Robbie Robertson; Joel Chernoff (ungenannt). *Ausführender Produzent:* Jonathan T. Taplin. *Associate Producer:* Steven Prince. *Line Producer:* L.A. Johnson. *Line Producer: Studio & Documentary:* Frank Marshall. *Unit Production Manager:* Mel Dellar. *Produktions-Assistenz:* Neil Canton, Peter Knoop, Dayle Michelle. *Assistentin des Produzenten:* Ava Megna. *Assistant Production Coordinator:* Jeanne Field, Paul Kimatian.

Regie: **Martin Scorsese**. *Regie-Assistenz:* Jerry Grandey, James Quinn, Linda McMurray. *Treatment und künstlerische Beratung:* Mardik Martin. *Kamera:* Michael Chapman. *Zusätzliche Kamera:* Bobby Byrne, László Kovács, David Myers, Hiro Narita, Michael W. Watkins, Vilmos Zsigmond. *Kamera-Assistenz:* Hans Baumgartner, Dustin Blauvelt, Gary Boren, Lawrence Gruenberg, Anthony Rivetti, Tibor Sands, George Stevenson, Ted T. Sugura, John Toll, Ronald L. Vargas, W. Steven Peterson. *Camera Operators:* Fred Schuler, Joe R. Marquette Jr., Ray J. De La Motte, Sean Doyle. *Songs:* The Band: »Don't Do It« (Holland/Dozier/Holland), »Theme from the Last Waltz«, »Up on Cripple Creek«, »Shape I'm in«, »It Makes No Difference«, »Stage Fright«, »The Night They Drove Old Dixie Down«, »Chest Fever«, »Ophelia« (Jaime Robbie Robertson), »Old Time Religion« (trad.), »Genetic Method« (Garth Hudson); The Band / The Staples: »The Weight« (Jaime Robbie Robertson); The Band / Emmylou Harris: »Evangeline« (Jaime Robbie Robertson); Rick Danko: »Sip the Wine« (Rick Danko); Ronie Hawkins: »Who Do You Love« (Eugene McDaniels); Dr. John [=

Malcolm J. Rebenack]: »Such a Night« (Malcolm J. Rebenack); Neil Young: »Helpless« (Neil Young); Neil Diamond: »Dry Your Eyes« (Jaime Robbie Robertson); Joni Mitchell: »Coyote« (Joni Mitchell); Paul Butterfield: »Mystery Train« (Sam Phillips / Herman Parker); Muddy Waters: »Mannish Boy« (Melvin London / Elias McDaniel / McKinley Morganfield); Eric Clapton: »Further on up the Road« (Vinton Veasey / Don Robey); Van Morrison: »Caravan« (Van Morrison); Bob Dylan: »Forever Young« (Bob Dylan), »Baby Let Me Follow You Down« (Reverend Blind Gary Davis); Bob Dylan / The Band / Ringo Starr / Ron Wood u.a.: »I Shall Be Released« (Bob Dylan). *Verwendete Texte:* Einleitung zu »The Canterbury Tales« (Geoffrey Chaucer), gelesen von Michael McClure; »Loud Prayer« (Lawrence Ferlinghetti), gelesen von Lawrence Ferlinghetti. *Schnitt:* Yeu-Bun Yee, Jan Roblee; Thelma Schoonmaker (ungenannt). *Schnitt-Assistenz:* Karen V. Hoenig, Eric A. Sears. *Sound:* Michael Evje, Don Lusby, Arthur Rochester, Nelson Stoll, James R. Wright, Ed Anderson, Rick Ash, Andy Bloch, Neil Brody, Tim Kramer, Elliot Mazer, Stuart Taylor, Jeremy Zatkin (Konzert). *Sound Effect Editors:* Richard L. Oswald, Paul Laune. *Assistant Sound Effects Editor:* Jerry L. Levinson. *Ton-Mischung:* Steve Maslow, Harold Varney. *Musik-Koordination:* Sonny J. Olivera. *Soundtrack Production:* Rob Fraboni. *Concert Music Production:* John Simon. *Production Design:* Boris Leven. *Set Decoration:* Anthony Mondell. *Costume Supervisor:* Richard La Motte. *Concert Producer:* Bill Graham. *Chief Technical Engineer:* Ed Anderson. *Music Editors:* Kenneth Wannberg, Robert H. Raff. *Assistent von Martin Scorsese:* Jamie C. Glauber. *Title Design:* Dan Perri. *Special Thanks:* Lila Maria Altamirano, David A. Braun, Bob Cato, Michael DeTemple, Doug Dilg, Marshall Gelfand, Henry Glover, Steven Gok, Lance Grode, Albert Grossman, Connie Hayes, Blaine Novak, Bob Oppenheim, Mo Ostin, Sara Owen, Thomas Rarick, Tom Rashford, Bill Rose, Tom Ross, Amy Sayres, Thelma Schoonmaker, Russell Schwartz, Barry Siegel, Mary Wilkinson, Paul Wasserman.
Mitwirkende: The Band: Rick Danko (Bass, Violine, Gesang), Levon Helm (Schlagzeug, Mandoline, Gesang), Garth Hudson (Orgel, Akkordeon, Saxophon, Synthesizer), Richard Manuel (Piano, Keyboards, Schlagzeug, Gesang), Robbie Robertson (Lead-Gitarre, Gesang); Ringo Starr, Muddy Waters, Ron Wood, Neil Young, Paul Butterfield, Eric Clapton, Neil Diamond, Dr. John, Bob Dylan, Emmylou Harris, Ronnie Hawkins, Howard Johnson, Joni Mitchell, Van Morrison, Roebuck »Pops« Staples; Richard Cooper, Jim Gordon, Jerry Hey, Howard Johnson, Charlie Keagle, Tom Malone (Bläsergruppe); Larry Packer (Elektrische Violine). *Ungenannt:* **Martin Scorsese** (Interviewer).
Format: 35mm (1:1,85), Farbe (DeLuxe), Dolby-Stereo. *Länge:* 117 Min. *Dreh:* 25.11.1976 (Thanksgiving Day), Winterland Arena, San Francisco, Kalifornien, USA; Dezember 1976 (5 Tage), MGM Studios, Culver City, Shangri-la Studios, Malibu, Kalifornien, USA. *Uraufführung:* 26.4.1978, Ziegfeld Theater, New York City, USA. *Dt. Kinostart:* 13.7.1978.

AMERICAN BOY. A PROFILE OF STEVEN PRINCE (1978)
Produktion: New Empire Films / Scorsese Film. *Produzent:* Bertram Lovitt. *Ausführende Produzenten:* Jim Wheat, Ken Wheat. *Production Manager:* Tikki Goldberg.
Regie: **Martin Scorsese**. *Regie-Assistenz:* Arnie Schmidt. *Treatment:* Mardik Martin, Julia Cameron. *Kamera:* Michael Chapman. *Kamera-Assistenz:* Peter Salim. *Musik:* Neil Young. *Song:* Neil Young: »Times Fade Away« (Neil Young). *Schnitt:* Amy Holden Jones, Bertram Lovitt. *Schnitt-Assistenz:* Barbara Hill, John Lapidese. *Sound:* Darin Knight. *Still Photographer:* Paul Kimatian.
Mitwirkende: Steven Prince, **Martin Scorsese**, George Memmoli, Mardik Martin, Julia Cameron, Kathy McGinnis, Michael Chapman.
Format: 16mm, Farbe. *Länge:* 54 Min. *Dreh:* 13.1.1977, Haus von George Memmoli, Los Angeles, Kalifornien, USA. *Uraufführung:* Oktober 1978, New York Film Festival. *Dt. Erstaufführung:* 13.2.1981, Internationale Filmfestspiele Berlin. *Dt. Erstausstrahlung:* 26.6.1987, West 3.

RAGING BULL (1980)
Wie ein wilder Stier
Produktion: Chartoff-Winkler Productions / United Artists. *Produzenten:* Irwin Winkler, Robert Chartoff. *Associate Producers:* Hal W. Polaire, Peter Savage. *Production Manager:* James D. Brubaker.
Regie: **Martin Scorsese**. *Regie-Assistenz:* Jerry Grandey, Allan Wertheim, Elie Cohn, Joan Feinstein. *Drehbuch:* Paul Schrader, Mardik Martin; Robert De Niro, **Martin Scorsese** (letztere zwei ungenannt), nach der Autobiografie »Raging Bull. My Story« von Jake La Motta, in Zusammenarbeit mit Joseph Carter und Peter Savage. *Kamera:* Michael Chapman. *Kamera-Assistenz:* Dustin Blauvelt, Ed Ramirez, Richard Fee, Bruce Mc Callum; Don E. Faunt LeRoy, Gábor Kövér (letztere zwei ungenannt). *Camera Operator:* Eddie Gold, Joe Marquette. *Musik:* Robbie Robertson. *Songs / Zusätzliche Musik:* »At Last« (Harry Warren / Mack Gordon); »A New Kind of Love« (Sammy Fain / Irving Kahal / Pierre Norman); Garth Hudson (Piano, Saxophon) / Richard Manuel (Schlagzeug) / Larry Klein (Bass) / Dale Turner (Trompete): »Webster Hall« (Garth Hudson), arrangiert von Robbie Robertson; Bologna Municop Theatre Orchestra, dirigiert von Arturo Basile: Intermezzi aus »Cavalleria Rusticana«, »Guglielmo Ratcliff«, Barkarole aus »Silvano« (Pietro Mascagni); Carlo Buti: »Stornelli fiorentini« (Carlo Buti); Renato Carosone: »Scapricciatiello (Infatuation)«

RAGING BULL

(Ferdinando Albano / Pacifico Vento); Orazio Strano: »Turi Giuliano« (S. Bella / Oraio Strano); Ella Fitzgerald and The Ink Spots: »Cow Cow Boogie« (Don Raye / Gene De Paul / Benny Carter); »Whispering Grass« (Fisher); The Ink Spots: »Do I Worry« (Conan/Worth); Ella Fitzgerald and Louis Jordan: »Stone Cold Dead in the Market« (Wilmouth Houdini); The Mills Brothers: »Till Then« (Wood/Seiler/Marcus); Bob Crosby and the Bobcats: »Big Noise from Winnekta« (Bob Haggart / Ray Bauduc / Gil Rodin / Bob Crosby); Ted Weems: »Heartaches« (Hoffman/Klenner); Tony Bennett: »Blue Velvet« (Bernie Wayne / Lee Morris); Harry James: »Flash« (Harry James / Count Basie / Benny Goodman), »All or Nothing at All«; Gene Krupa: »Drum Boogie« (Weybright); Benny Goodmann: »Jersey Bounce« (Bobby Plater / Edward Johnson / Bradshaw / Robert B. Wright); Nat King Cole: »Come Fly with Me« (Jimmy Van Heusen / Sammy Cahn), »Mona Lisa« (Livingstone / Evans); Louis Prima / Keely Smith: »I Ain't Got Nobody« (Williams/Graham); Patricio Teixieira: »Nao tenho lagrimas« (Max Bulhoes / Milton de Oliveira); Perry Como: »Prisoner of Love« (Columbo/Robin/Gaskill); Artie Shaw: »Frenesi« (Dominguez/Charles/Russell); Larry Clinton & Orchester: »My Reverie« (Claude Debussy), arrangiert von Larry Clinton; »Just One More Chance« (Caslow/Johnston); Frankie Laine: »That's My Desire« (Kresa/Loveday), Marylin Monroe (aus GENTLEMEN PREFER BLONDES): »Bye, Bye, Baby« (Styne/Robin); The Hearts: »Lonely Nights« (Claude Cavanaugh); Ray Charles: »Tell the Truth« (Ray Charles). *Schnitt:* Thelma Schoonmaker. *Schnitt-Assistenz:* Sonya Polonsky, John Mavros, Mary Scott, Mellissa Bretherton, Jeffrey Friedman, Karen I. Stern, Lisa Churgin, Michael R. Miller. *Associate Editor:* Yoshio Kishi, Susan E. Morse, Erik T. Ramberg, George Trirogoff, Mark Warner. *Sound Mixers:* Michael Evje, Les Lazarowitz. *Sound Re-Recording Engineers:* Donald O. Mitchell, Bill Nicholson, David J. Kimball. *Supervising Sound Effects Editor:* Frank E. Warner. *Sound Effects Editors:* Gary S. Gerlich, Chester Slomka, William J. Wylie. *Assistant Sound Effects Editor:* Victoria Martin. *Sound Re-Recordist:* Walter A. Gest. *Production Design und Visual Consultant Los Angeles:* Gene Rudolf. *Art Direction (Los Angeles):* Alan Manser, Kirk Axtell. *Art Direction (New York):* Sheldon Haber. *Set Decoration:* Phil Abramson, Frederic C. Weiler. *Costume Design:* John Boxer, Richard Bruno. *Make-up Artists:* Michael Westmore, Mike Maggi. *Hair Stylists:* Verne Caruso, Mary Keats, Mona Orr, Allen Payne, Jean Burt Reilly. *Special Effects:* Raymond Klein, Max E. Wood. *Title Design:* Dan Perri. *Still Photographers:* Christine Loss, Brian Hamill. *Stunt Coordinator:* Jimmy Nickerson. *Technical Advisor:* Frank Topham. *Technical Advisor (Boxing):* Al Silvani. *Assistentinnen von Martin Scorsese:* Donna Gigliotti, Deborah Schindler. *Consultant:* Jake LaMotta. *Casting:* Cis Corman.

Darsteller/innen: Robert De Niro (Jake La Motta), Cathy Moriarty (Vickie La Motta), Joe Pesci (Joey La Motta), Frank Vincent (Salvy), Nicholas Colasanto (Tommy Como), Theresa Saldana (Lenore La Motta), Mario Gallo (Mario), Frank Adonis (Patsy), Joseph Bono (Guido), Frank Topham (Toppy), Lori Anne Flax (Irma), Charles Scorsese (Charlie, Man with Como), Don Dunphy (Himself / Radio Announcer), Bill Hanrahan (Eddie Eagan), Rita Bennett (Emma, Miss 48's), James V. Christy (Dr. Pinto), Bernie Allen (Comedian), Michael Badalucco (Soda Fountain Clerk), Thomas Beansy Lobasso (Beansy), Paul Forrest (Monsignor), Peter Petrella (Johnny), Serafino Tomasetti (Webster Hall Bouncer), Geraldine Smith (Janet), Mardik Martin (Copa Waiter); Maryjane Lauria, Linda Artuso (Girls); Peter Savage (Jackie Curtie), Daniel P. Conte (Detroit Promoter); Sabine Turco Jr., Steve Orlando, Silvio García Jr. (Bouncers at Copa); Robert Uricola (Man outside Cab); Joseph A. Morale, James Dimodica (Men at Table); Allan Malamud (Reporter at Jake's House), D.J. Blair (State Attorney Bronson), Laura James (Mrs. Bronson), Richard McMurray (J.R.), Mary Albee (Underage I.D. Girl), Liza Katz (Woman with I.D. Girl), Cabdy Moore (Linda), Joe Malanga (Bodyguard); Richard A. Berk, Theodore Sauners, Noah Young (Musicians); Nick Trisko (Bartender Carlo), Lou Tiano (Ricky), Bob Evan Collins, Wally K. Berns (Arresting Deputies), Allen Joseph (Jeweler); Bob Aaron, Glenn Leigh Marshall (Prison Guards); **Martin Scorsese** (Stagehand at the Barbizon); Reeves-Kampf: Floyd Anderson (Jimmy Reeves), Harold Valan (Referee), Gene Lebell (Ring Announcer), Victor Magnotta (Fighting Soldier); erster Robinson-Kampf: Johnny Barnes (Sugar Ray Robinson), John Thomas (Sugar Ray's Trainer), Kenny Davis (Referee), Paul Carmello (Ring Announcer); zweiter Robinson-Kampf: Jimmy Lennon Sr. (Ring Announcer), Bobby Rings (Referee); Janiro-Kampf: Kevin Mahon (Tony Janiro), Marty Denkin (Referee), Shay Duffin (Ring Announcer); Fox-Kampf: Eddie Mustafa Muhammad (Billy Fox), »Sweet« Dick Whittington (Ring Announcer), Jack

Lotz (Referee), Kevin Breslin (Heckler); Cerdan-Kampf: Louis Raftis (Marcel Cerdan), Frank Shain (Ring Announcer), Coley Wallace (Joe Louis), Fritzie Higgins (Woman with Vickie), George Latka (Referee); Fred Dennis, Robert B. Loring (Cornermen); Dauthuille-Kampf: Johnny Turner (Laurent Dauthuille), Vern De Paul (Dauthuille's Trainer), Chuck Hassett (Referee), Ken Richards (Reporter at Phonebooth), Peter Fain (Dauthuille Corner Man); dritter Robinson-Kampf: Count Billy Varga (Ring Announcer), Harvey Parry (Referee), Ted Husing (Himself / TV Announcer). *Ungenannt:* John Turturro (Man at Table in Webster Hall).
Format: 35mm (1:1,66), sw mit Farbteilen (Home Movies, gedreht in 16mm, Kopien in Technicolor), Dolby. *Länge:* 129 Min. *Dreh:* 16. April bis August 1979, November bis Dezember 1979, Olympic Auditorium, Los Angeles, Kalifornien, USA (zehn Drehtage); New York City, New York, USA (Hell's Kitchen); Culver City Studios, Culver City, Kalifornien, USA (12 Wochen). *Uraufführung:* 14.11.1980. *Dt. Erstaufführung:* 13.2.1981, Internationale Filmfestspiele Berlin (Eröffnungsfilm). *Dt. Kinostart:* 12.3.1981.

THE KING OF COMEDY (1983)
King of Comedy
Produktion: 20th Century Fox / Embassy International Pictures. *Produzent:* Arnon Milchan. *Ausführender Produzent:* Robert Greenhut. *Associate Producer:* Robert F. Colesberry. *Production Manager:* Robert F. Colesberry. *Production Supervisor:* Thelma Schoonmaker. *Post-Production Supervisor:* Barbara De Fina.
Regie: **Martin Scorsese**. *Regie-Assistenz:* Scott Maitland. *Drehbuch:* Paul D. Zimmermann. *Kamera:* Fred Schuler. *Kamera-Assistenz:* Sandy Brooke, Ricki Ellen Brooke. *Kamera-Assistenz (B-Kamera):* Gábor Kövér (ungenannt). *Camera Operator:* Dick Mingalone. *Steadicam Operators:* Garrett Brown, Ted Churchill. *Video Consultant:* Loretta Lorden. *Musik:* Robbie Robertson. *Music Consultant:* Mark Del Costello. *Songs:* Bob James: »Jerry Langford Theme«, »Rupert's Theme« (Bob James); Ray Charles: »Come Rain or Come Shine« (Harold Arlen / Johnny Mercer), »Sweet Sixteen Bars« (Ray Charles); David Sanborn: »The Finer Things« (Donald Fagan); The Pretenders: »Back on the Chain Gang« (Chrissie Hynde); Frank Sinatra: »Fly Me to the Moon« (Bart Howard); Talking Heads: »Swamp« (Talking Heads); Rickie Lee Jones: »Rainbow Sleeves« (Tom Waits); Robbie Robertson: »Between Trains« (Robbie Robertson); B.B. King: »T'Aint Nobody's Buziness If I Do« (Granger/Robbin); Ric Ocasek: »Steal the Night« (Ric Ocasek); Tom Petty: »The Best of Everything« (Tom Petty); Van Morrison: »Wonderful Remark« (Van Morrison). *Schnitt:* Thelma Schoonmaker. *Schnitt-Assistenz:* Richard Candib, Louis Bertini. *Sound Mixer:* Les Lazarowitz. *Supervising Sound Editor:*

THE KING OF COMEDY

Frank Warner. *Sound Editors:* Rebecca Einfeld, Gary S. Gerlich, Victoria Martin, Bill Wylie. *Sound Re-Recording Mixers:* Dick Vorisek, Tom Fleischman. *Production Design:* Boris Leven. *Art Direction:* Lawrence Miller, Edward Pisoni. *Set Decoration:* George DeTitta Sr., Daniel Robert. *Costume Design:* Richard Bruno. *Costume Supervisor:* William Loger. *Make-up Artist:* Philip Goldblat. *Hair Stylist:* Lyndell Quiyou. *Title Design:* Dan Perri. *Still Photographer:* Lorey Sebastian. *Assistentin von Martin Scorsese:* Deborah Schindler. *Casting:* Cis Corman.
Darsteller/innen: Robert De Niro (Rupert Pupkin), Jerry Lewis (Jerry Langford), Diahnne Abbott (Rita), Sandra Bernhard (Masha), Ed Herlihy (Himself), Shelley Hack (Cathy Long), Lou Brown (Band Leader); Loretta Tupper, Peter Potulski, Vinnie Gonzales (Stage Door Fans); Whitey Ryan (Stage Door Guard), Doc Lawless (Chauffeur), Marta Heflin (Young Girl); Katherine Wallach, Charles Kaleina (Autograph Seekers); Richard Baratz (Cartoonist), Catherine Scorsese (Rupert's Mom), Cathy Scorsese (Dolores), Chuck Low (Man in Chinese Restaurant), Liza Minnelli (Herself), Leslie Levinson (Roberta Posner); Alan Potashnick, Michael Kolba, Ramón Rodríguez, Robert Colston, Chuck Coop, Sel Vitella (Men at Telephone); Margo Winkler (Receptionist), Tony Boschetti (Mr. Gangemi), Matt Russo (Cabbie), Thelma Lee (Woman in Telephone Booth), Dr. Joyce Brothers (Herself), George Kapp (Mystery Guest), Victor Borge (Herself), Ralph Monaco (Raymond Wirtz), Rob-Jamere Wess (Security Guard), Kim Chan (Jonno), Audrey Dummett (Cook), June Prud'Homme (Audrey), Frederick De Cordova (Bert Thomas), Edgar J. Scherick (Wilson Crockett), Thomas M. Tolan (Gerrity), Ray Dittrich (Giardello), Richard Dioguardi (Captain Burke), Jay Julien (Langford's Lawyer), Harry Ufland (Langford's Agent), Scotty Bloch (Crockett's Secretary), Jim Lyness (Ticket Taker), Bill Minkin (McCabe), Diane Rachell (McCabe's Wife); Dennis Mulligan, Tony Devon, Peter Fain, Michael F. Stodden, Jerry Murphy (Plainclothesmen); Jimmy Raitt (Stage Manager), **Martin Scorsese** (TV Director), Tony Randall

(Himself), Charles Scorsese (First Man at Bar), Mardik Martin (Second Man at Bar); William Jorgensen, Marvin Scott, Chuck Stevens, William Littauer (Newsmen [Voices]); Jeff David (Announcer). *Ungenannt:* Mary Elizabeth Mastrantonio (Extra in Crowd Scene). *Vor der Uraufführung geschnitten:* Mick Jones, Joe Strummer, Paul Simonon, Kosmo Vynil, Ellen Foley, Pearl Harbour, Gary Salter, Jerry Baxter-Worman, Don Letts (Street Scum). *Format:* 35mm (1:1,85), Farbe (Technicolor), Mono. *Länge:* 109 Min. *Dreh:* Ab 1.6.1981 (vier Monate), New York City, New York, USA. *US-Kinostart:* 18.2.1983. *Dt. Kinostart:* 4.3.1983.

AFTER HOURS

AFTER HOURS (1985)
Die Zeit nach Mitternacht

Produktion: Double Play. *Produzent/innen:* Robert F. Colesberry, Griffin Dunne, Amy Robinson. *Ausführende Produzentin:* Nellie Nugiel. *Associate Producer:* Deborah Schindler. *Production Manager:* Michael Nozik.
Regie: **Martin Scorsese**. *2nd Unit Director:* Jeffrey Townsend (ungenannt). *Regie-Assistenz:* Stephen J. Lim, Sarah M. Brim, Christopher Griffin. *Drehbuch:* Joseph Minion. *Kamera:* Michael Ballhaus. *Kamera-Assistenz:* David M. Dunlap, Sebastian Ballhaus, Florian Ballhaus, Susan Starr. *Steadicam Operator:* Larry McConkey. *Musik:* Howard Shore. *Musik-Schnitt:* Thomas Drescher. *Songs / Zusätzliche Musik:* Suite Nr. 3 D-Dur, »Air« (Johann Sebastian Bach); Sinfonie D-Dur, KV 73, 1. Satz (Wolfgang Amadeus Mozart); Cuadro Flamenco: »En la cueva« (Cuadro Flamenco); Manitas de Plata: »Sevillanas« (Manitas de Plata); »Night and Day« (Cole Porter); »Body and Soul« (John Green / Edward Heyman / Robert Sour / Frank Eyton); »Quando, Quando, Quando« (Tony Renis / A. Testa / Pat Boone); »Someone to Watch over Me« (George & Ira Gershwin); Robert and Johnny: »You're Mine« (Johnny Mitchell / Robert Carr), »We Belong Together« (Carr/Mitchell/Weiss); Rosie and the Originals: »Angel Baby« (Rose Hamlin); The Monkees: »Last Train to Clarksville« (Bobby Hart / Tommy Boyce); Joni Mitchell: »Chelsea Morning«, »I Don't Know Where I Stand« (Joni Mitchell); Johnnie and Joe: »Over the Mountain, across the Sea« (Rex Gavin); The Danleers: »One Summer Night« (Danny Webb); Bad Brains: »Pay to Cum« (Bad Brains); Peggy Lee: »Is That All There Is?« (Jerry Leiber / Mike Stoller), arrangiert von Randy Newman. *Schnitt:* Thelma Schoonmaker. *Schnitt-Assistenz:* Victoria Martin, James Kwei. *Sound Mixer:* Chat Gunter. *Supervising Sound Editor:* Skip Lievsay. *Sound Editors:* Michael Jacobi, Neil L. Kaufman, Magdaline Volaitis. *Sound Re-Recording Mixers:* Dick Vorisek, Tom Fleischman. *Production Design:* Jeffrey Townsend. *Art Direction:* Stephen J. Lineweaver. *Set Decoration:* Leslie A. Pope. *Skulpturen:* Nora Chavooshian. *Costume Design:* Rita Ryack. *Hair Stylist:* Medusah. *Make-up Artist:* Valli [= Valli O'Reilly]. *Title Design:* Dan Perri. *Still Photographer:* Barry Wetcher. *Stunt Coordinator:* Harry Madsen. *Assistentin von Martin Scorsese:* Claudia Doring. *Casting:* Mary Colquhoun.
Darsteller/innen: Griffin Dunne (Paul Hackett), Rosanna Arquette (Marcy), Verna Bloom (June), Tommy Chong (Pepe), Linda Fiorentino (Kiki Bridges), Teri Garr (Julie), John Heard (Tom the Bartender), Cheech Marin (Neil), Catherine O'Hara (Gail), Dick Miller (Peter the Waiter), Will Patton (Horst), Robert Plunket (Mark), Bronson Pinchot (Lloyd), Rocco Sisto (Coffee Shop Cashier), Larry Block (Taxi Driver), Victor Argo (Diner Cashier), Murray Moston (Subway Attendant), John P. Codiglia (Transit Cop); Clarke Evans, Victor Bumbalo, Bill Elverman (Neighbors); Joel Jason, Rand Carr (Bikers); Clarence Felder (Bouncer), Henry Baker (Jett), Margo Winkler (Woman with Gun), Victor Magnotta (Dead Man), Robin Johnson (Punk Girl), Stephen J. Lim (Club Berlin Bartender); Frank Aquilino, Maree Catalano, Paula Raflo, Rockets Redglare (Angry Mob). *Ungenannt:* Catherine Scorsese (Guest at Coffee Shop), Charles Scorsese (Guest at Coffee Shop / Club Berlin Patron), **Martin Scorsese** (Club Berlin Searchlight Operator).
Format: 35mm (1:1,85; 1:1,37 [Negativ]), Farbe (Duartcolor), Mono. *Länge:* 97 Min. *Dreh:* Ab 9.7.1984 (42 Drehtage), New York City, New York, USA. *US-Kinostart:* 13.9.1985. *Dt. Kinostart:* 22.5.1986.

ARMANI COMMERCIAL I (1986)

Produktion: Emporio Armani. *Produzentin:* Barbara De Fina. *Regie:* **Martin Scorsese**. *Drehbuch:* **Martin Scorsese**. *Kamera:* Néstor Almendros. *Darsteller/innen:* Christophe Bouquin, Christina Marsilach. *Format:* 35mm, sw. *Länge:* 30 Sek.
Anmerkungen. Werbeclip für das Modehaus Giorgio Armani. Ein Mann und eine Frau sitzen im Bett. Sie bringt ihm italienische Wörter bei, indem sie auf Teile ihres Körpers zeigt.

AMAZING STORIES (1985-1987) (TV-Serie)
Unglaubliche Geschichten
Episode *Mirror, Mirror*
Produktion: Amblin Entertainment / Universal TV. *Produzent:* David E. Vogel. *Ausführender Produzent:* Steven Spielberg. *Associate Producers:* Skip Lusk, Stephen Semel, Steve Starky. *Production Supervisors:* Joshua Brand, John Falsey. *Production Executives:* Kathleen Kennedy, Frank Marshall. *Regie:* **Martin Scorsese**. *Drehbuch:* Joseph Minion. *Story:* Steven Spielberg. *Story Editor:* Mick Garris. *Kamera:* Robert Stevens. *Musik:* Michael Kamen. *Theme:* John Williams. *Schnitt:* Joe Ann Fogle. *Production Design:* Rick Carter.
Darsteller/innen: Sam Waterston (Jordan), Helen Shaver (Karen), Ray Walston (Fireside Storyteller), Dick Cavett (Himself), Tim Robbins (Jordan's Phantom), Dana Gladstone (Producer), Valerie Grear (Host), Michael C. Gwynne (Jail Attendant), Peter Lacangelo (Limo Driver), Jonathan Luria (Cameraman), Harry Northup (Security Guard), Glenn Scarpelli (Jeffrey Gelb), Jack Thibeau (Tough Guy).
Format: 16mm, Farbe. *Länge:* 24 Min. *Dreh:* Herbst 1985 (6 Drehtage). *Erstausstrahlung:* 13.4.1986, NBC.

THE COLOR OF MONEY (1986)
Die Farbe des Geldes
Produktion: Silver Screen Partners II / Touchstone Pictures. *Produzent/innen:* Barbara De Fina, Irving Axelrod. *Associate Producer:* Dodie Foster. *Production Manager:* Dodie Foster.
Regie: **Martin Scorsese**. *2nd Unit Director:* Phil Marco. *Regie-Assistenz:* Joseph Reidy, Richard Feld, Judith S. Friedman; Jeanne Caliendo (ungenannt). *Drehbuch:* Richard Price, nach dem Roman von Walter Tevis. *Kamera:* Michael Ballhaus. *Kamera-Assistenz:* Donald C. Carlson. *Camera Operator:* Frank M. Miller. *Musik:* Robbie Robertson. *Music Editor:* Todd Kasow. *Songs / Zusätzliche Musik:* »Va pensiero« aus »Nabucco« (Giuseppe Verdi); »Strangers in the Night« (Charles Singleton / Eddie Snyder / Bert Kaempfert); »I'll Never Smile Again« (Ruth Lowe); »Anema e core« (Salve D'Esposito); Antonio Carlos Jobim: » The Girl from Ipanema«; Gilbert Bécaud: »The Day the Rain Came«; Charlie Parker: »I'll Remember April« (Don Haye / Gene de Paul / Pat Johnston); The Del Lords: »Feel Like Going Home« (Scott Kempner); Jimmy Smith: »Walk on the Wild Side« (Mack David / Elmer Bernstein); Muddy Waters: »Still a Fool« (Muddy Waters); Robert Palmer: »My Baby's in Love with Another Guy« (Lawrence Lucie / Herman Brightman); Bo Diddley: »She's Fine – She's Mine« (Bo Diddley); Eric Clapton and The Big Town Playboys: »It's My Life Baby« (Don Robey / »Fats« Washington); Don Henley: »Who Owns This Place?« (Don Henley / Danny Kortchmar / J.D. Souther); Robert Palmer: »Let Yourself in for It« (Robert

THE COLOR OF MONEY

Palmer); Eric Clapton: »It's in the Way You Use It« (Eric Clapton / Robbie Robertson); Mark Knopfler: »Two Brothers and a Stranger« (Mark Knopfler); Willie Dixon: »Don't Tell Me Nothin'« (Willie Dixon / Robbie Robertson); B.B. King: »Standing on the Edge« (Jerry Williams); Phil Collins: »One More Night« (Phil Collins); Bodeans: »Still the Night« (Sammy Llanas / Kurt Neumann / Guy Hoffman); Warren Zevon: »Werewolves of London« (Leroy Marivell / Robert Wachtel / Warren Zevon); Percy Sledge: »Out of Left Field« (Carl Oldham / Dan Penn). *Schnitt:* Thelma Schoonmaker. *Schnitt-Assistenz:* James Y. Kwei, Christopher Tellefsen, Rose Kuo, Edward M. O'Malley. *Sound Mixer:* Glenn Williams. *Sound Re-Recording Mixer:* Tom Fleischman. *Supervising Sound Editor:* Skip Lievsay. *Sound Editors:* Harry Peck Bolles, Jess Soraci, Ron Bochar, Richard Goldberg, Thomas Gulino. *Production Design:* Boris Leven. *Set Decoration:* Karen O'Hara. *Costume Design:* Richard Bruno. *Costume Supervisor:* William Loger. *Hair Stylist:* Brian J. Kossman. *Key Make-up Artist:* Monty Westmore. *Key Hair Stylist:* Käthe Müller Swanson. *Special Effects:* Curt Smith. *Title Design:* Dan Perri. *Still Photographer:* Ronald W. Phillips. *Assistent/innen von Martin Scorsese:* Gidion Phillips, Deborah Schindler. *Stunt Coordinator:* Rick LeFevour. *Casting:* Gretchen Rennell, Jane Alderman; Shelley Andreas (Chicago).
Darsteller/innen: Paul Newman (»Fast« Eddie Felson), Tom Cruise (Vincent Lauria), Mary Elizabeth Mastrantonio (Carmen), Helen Shaver (Janelle), John Turturro (Julian), Bill Cobbs (Orvis, Chalkies Pool Hall Manager), Robert Agins (Earl at Chalkies), Alvin Anastasia (Kennedy); Randall Arney, Lisa Dodson (Child World Customers); Elizabeth Bracco (Diane at Bar), Vito D'Ambrosio (Lou in Child World), Ron Dean (Guy in Crowd), Donald A. Feeney (Referee), Paul Geier (Two Brothers / Stranger Player), Joe Guastaferro (Chuck the Bartender), Paul Herman (Player in Casino Bar), Mark Jarvis (Guy at Janelle's), Keith McCready (Grady Seasons), Jimmy Mataya (Julian's Friend in Green Room), Grady Mathews

(Dud), Carol Messing (Casino Bar Band Singer / Julian's Flirt), Steve Mizerak (Dale, Eddie's First Opponent), Lloyd Moss (Narrator – Resorts International), Michael Nash (Moselle's Opponent), Miguel A. Nino (First Latin Guy), Juan Ramírez (Second Latin Guy), Mario Nieves (Third Latin Guy), Andy Nolfo (Referee #2), Ernest Perry Jr. (Eye Doctor), Jerry Piller (Tom), Iggy Pop (Skinny Player on the Road), Richard Price (Guy Who Calls Dud), Alex Ross (Bartender Who Bets), Peter Saxe (Casino Bar Band Member), Charles Scorsese (High Roller #1), Christina Sigel (Waitress), Harold L. Simonsen (Chief Justice Tournament), Fred Squillo (High Roller #2), Brian Sunina (Casino Bar Band Member), Wanda Christine (Casino Clerk), Forest Whitaker (Amos), Jim Widlowski (Casino Bar Band Member), Bruce A. Young (Moselle, Big Stick at Chalkies Pool Hall); Carey Goldenberg, Lawrence Linn, Rick Mohr, Rodrick Selby (Congratulating Spectators). *Ungenannt:* **Martin Scorsese** (Opening Voice-over / Eddie's Opponent Player).
Format: 35mm (1:1,85, Panavision), Farbe, 70mm 6-Track / Dolby SR. *Länge:* 119 Min. *Dreh:* 20.1. bis 27.3.1987, Chicago, Illinois, USA; ein zusätzlicher Drehtag in Atlantic City, New Jersey, USA (Boardwalk und Casino-Außenaufnahmen). *US-Kinostart:* 17.10.1986. *Dt. Kinostart:* 26.2.1987.

BAD (1987)
Produktion: Optimum. *Produzent/innen:* Qunicy Jones, Barbara De Fina.
Regie: **Martin Scorsese**. *Drehbuch:* Richard Price. *Kamera:* Michael Chapman. *Schnitt:* Thelma Schoonmaker. *Song:* Michael Jackson: »Bad« (Michael Jackson). *Choreografie:* Michael Jackson, Gregg Burge, Jeffrey Daniel. *Stunt Coordinator:* Edgard Morino. *Sound:* Brian Eddolls.
Darsteller/innen: Michael Jackson (Darryl), Adam Nathan (Tip), Pedro Sanchez (Nelson), Wesley Snipes (Mini Max), Greg Holtz Sr. (Cowboy), Jaime Perry (Ski), Paul Calderon (Dealer), Alberto Alejandrino (Hispanic Man), Horace Daily (Street Bum), Marvin Foster (Crack Customer), Roberta Flack (Darryl's Mother), Dennis Price (Conductor). *Ungenannt:* Granville Adams, Steve Glavin, Roger G. (Dancers); Catherine Scorsese, Charles Scorsese (Couple on Train).
Format: 35mm, sw (erste zehn Minuten), Farbe (letzte sechs Minuten). *Länge:* 16 Min. *Erstausstrahlung:* 31.8.1987, CBS
Anmerkungen: Musikvideo für Michael Jackson. Martin Scorsese ist auf einem Plakat mit der Überschrift »Wanted for Sacrilege« zu sehen, eine Anspielung auf den zeitgleichen Streit um THE LAST TEMPTATION OF CHRIST.

ARMANI COMMERCIAL II (1988)
Produktion: Emporio Armani. *Produzentin:* Barbara De Fina. *Regie:* **Martin Scorsese**. *Drehbuch:* **Martin Scorsese**. *Kamera:* Michael Ballhaus. *Darsteller/innen:* Jens Peter, Elisabetha Ranella. *Format:* 35mm, Farbe. *Länge:* 20 Sek.
Anmerkungen: Der zweite Werbespot für das Modehaus von Giorgio Armani. Eine Frau sucht ihren Freund in dessen Wohnung, weil sie eine Fotografie von ihm mit einer anderen Frau entdeckt hat. Er hält sich versteckt und beobachtet sie. Als er heimlich die Wohnung verlassen will, stößt er eine Flasche mit Parfum um.

SOMEWHERE DOWN THE CRAZY RIVER (1988)
Produktion: Limelight. *Regie:* **Martin Scorsese**. *Drehbuch:* **Martin Scorsese**. *Kamera:* Mark Plummer. *Production Design:* Marina Levikova. *Darsteller/innen:* Robbie Robertson, Sammy Bo Dean, Maria McKee. *Format:* 35mm, Farbe. *Länge:* 4 Min., 30 Sek.
Anmerkung: Musikclip für Robbie Robertson.

THE LAST TEMPTATION OF CHRIST (1988)
Die letzte Versuchung Christi
Produktion: Cineplex Odeon / Universal Pictures. *Produzentin:* Barbara De Fina. *Ausführender Produzent:* Harry J. Ufland. *Production Manager:* Laura Fattori.
Regie: **Martin Scorsese**. *Regie-Assistenz:* Joseph Reidy, Ahmed Hatimi, Fabio Jephcott. *Drehbuch:* Paul Schrader, nach dem Roman von Nikos Kazantzakis. *Kamera:* Michael Ballhaus. *Kamera-Assistenz:* Florian Ballhaus, Pamela Katz, David Slama, Adil Abdelwahab. *Camera Operator:* David M. Dunlap. *Musik:* Peter Gabriel. *Zusätzliche Musik:* Shankar. *Sänger:* Peter Gabriel, Nusrat Fateh Ali Khan, Youssou N'Dour, Baaba Mall. *Schnitt:* Thelma Schoonmaker. *Schnitt-Assistenz:* Geraldine Peroni, David Leonard. *Sound Mixer:* Amelio Verona. *Supervising Sound Editor:* Skip Lievsay. *Sound Editors:* Jeffrey Stern, Thomas A. Gulino. *Sound Re-Recording Mixer:* Tom Fleischman. *Production Design:* John Beard. *Art Direction:* Andrew Sanders. *Set Decoration:* Giorgio Desideri. *Costume Design:* Jean-Pierre Delifer. *Make-up Supervisor:* Manlio Rocchetti. *Hair Stylist:* Mirella Ginnoto. *Title Design:* Joe Caroff, Lon Kirschner. *Still Photographer:* Mario Tursi. *Casting:* Cis Corman.
Darsteller/innen: Willem Dafoe (Jesus of Nazareth), Harvey Keitel (Judas Iscariot), Verna Bloom (Mary, Mother of Jesus), Barbara Hershey (Mary Magdalene), Gary Basaraba (Andrew, Apostle), Victor Argo (Peter, Apostle), Michael Been (John, Apostle), Paul Herman (Phillip, Apostle), John Lurie (James, Apostle), Leo Burmester (Nathaniel, Apostle), Alan Rosenberg (Thomas, Apostle), Andre Gregory (John the Baptist), Tomas Arana (Lazarus / Voices in Crowd), Peggy Gormley (Martha, Sister of Lazarus), Randy Danson (Mary, Sister of Lazarus), David Bowie (Pontius Pilate), Harry Dean Stanton (Saul/Paul), Irvin Kershner (Zebedee), Roberts Blossom (Aged Master), Barry Miller (Jerobeam), Paul Greco (Zealot), Steve

BAD

Shill (Centurian), Robert Spafford (Man at Wedding), Doris von Thury (Woman with Mary), Del Russel (Money Changer), Nehemiah Persoff (Rabbi), Donald Hodson (Saducee), Peter Berling (Beggar), Juliette Caton (Girl Angel); Mohammed Mabsout, Ahmed Nacir, Mokhtar Salouf, Mahamed Ait Fdil Ahmed (Other Apostles); Penny Brown, Gabi Ford, Dale Wyatt, Domenico Fiore, Ted Rusoff, Leo Damian, Robert Laconi, Jonathan Zhivago, Illeana Douglas, David Sharp (Voices in Crowd); Khalid Benghrib, Redouane Farhane, Fabienne Panciatilli, Naima Skikes, Souad Rahal, Otmane Chbani Idrissi, Jamal Belkhayat (Dancers). *Ungenannt:* Giovanni Cianfriglia (Roman Soldier), Leo Marks (Temptation/Satan [Voice]).
Format: 35mm (1:1,85), Farbe (Technicolor), 70mm 6-Track/Dolby. *Länge:* 163 Min. *Dreh:* Ab 21.10.1987 (58 Drehtage), Marokko. *US-Kinostart:* 12.8.1988. *Dt. Kinostart:* 10.11.1988.

NEW YORK STORIES

NEW YORK STORIES (1989)
New Yorker Geschichten
Episode *Life Lessons*
Produktion: Touchstone Pictures. *Produzentin:* Barbara De Fina. *Production Manager:* Bruce S. Pustin. *Production Coordinator:* Alesandra Cuomo.
Regie: **Martin Scorsese**. *Regie-Assistenz:* Joseph P. Reidy, Vebe Borge. *Drehbuch:* Richard Price. *Kamera:* Néstor Almendros. *Kamera-Assistenz:* Bruce MacCallum, Chaim Kantor. *Camera Operator:* Tony C. Jannelli. *Steadicam Operator:* Kyle Rudolph. *Songs:* Procol Harum: »A Whiter Shade of Pale«, »Conquistador« (Keith Reid / Gary Broker); Cream: »Politician« (Jack Bruce / Peter Brown); Ray Charles: »The Right Time« (Nappy Brown / Ozzie Cadena / Lew Herman); Bob Dylan & The Band: »Like a Rolling Stone« (Bob Dylan); »It Could Happen to You« (Johnny Burke / Jimmy Van Heusen); »That Old Black Magic« (Johnny Mercer / Harold Arlen); »Stella by Starlight« (Ned Washington / Victor Young); Transvision Vamp: »Sex Kick« (Nick Christian Sayer); Cole Porter: »What Is This Thing Called Love« (Cole Porter); The Hot Club of France: »Bolero de Django« (Django Reinhardt). *Schnitt:* Thelma Schoonmaker. *Schnitt-Assistenz:* Geraldine Peroni. *Supervising Sound Editor:* Skip Lievsay. *Sound Editors:* Tony Martinez, Bruce Pross. *Sound Re-Recording Mixer:* Tom Fleischman. *Production Design:* Kristi Zea. *Art Direction:* W. Steven Graham. *Set Decoration:* Nina Ramsey. *Costume Design:* John A. Dunn. *Make-up Artist:* Allen Weisinger. *Hair Stylist:* Francesca Paris, Milton Buras. *Title Design:* Kyle Cooper. *Still Photographer:* Brian Hamill. *Stunt Coordinator:* Danny Aiello. *Assistentin von Martin Scorsese:* Julia Judge.
Darsteller/innen: Nick Nolte (Lionel Dobie), Rosanna Arquette (Paulette), Patrick O'Neal (Phillip Fowler), Phil Harper (Businessman); Kenneth J. McGregor, David Cryer, Paul Geier (Suits); Jesse Borrego (Reuben Toro), Gregorij von Leitis (Kurt Bloom), Steve Buscemi (Gregory Stark), LoNardo (Woman at Blind Alley), Peter Gabriel (Himself), Mark Boone Junior (Hank), Illeana Douglas (Paulette's Friend), Paul Mougey (Guy at Blind Alley), Debbie Harry (Girl at Blind Alley); Paul Herman, Victor Argo (Cops); Victor Trull (Maitre d'), Richard Price (Artist at Opening), Brigitte Bako (Young Woman). *Ungenannt:* **Martin Scorsese** (Man Having Picture Taken with Lionel Dobie), Michael Powell, Paul Geier.
Format: 35mm (1:1,85), Farbe (Technicolor). *Länge:* 44 Min. (Gesamt-Filmlänge: 119 Min.). *Uraufführung:* 1.3.1989, New York City, New York, USA. *US-Kinostart:* 10.3.1989. *Dt. Kinostart:* 21.9.1989.
Anmerkungen: Eine von drei Episoden, die alle in New York spielen. Bei den anderen beiden führten Francis Ford Coppola (LIFE WITHOUT ZOE) und Woody Allen (OEDIPUS WRECKS) Regie.

MADE IN MILAN / A MAN IN MILAN (1990)
Produktion: Emporio Armani. *Produzentin:* Barbara De Fina. *Regie:* **Martin Scorsese**. *Drehbuch:* Jay Cocks. *Kamera:* Néstor Almendros. *Schnitt:* Thelma Schoonmaker. *Musik:* Howard Shore. *Mitwirkende:* Giorgio Armani, Rosanna Armani, **Martin Scorsese**. *Länge:* 20 Min.
Anmerkung: Porträt des Modemachers Giorgio Armani, der über Mode, seine Familie und Mailand spricht.

GOODFELLAS (1990)
GoodFellas – Drei Jahrzehnte in der Mafia
Produktion: Warner Brothers. *Produzent:* Irwin Winkler. *Ausführende Produzentin:* Barbara De Fina. *Associate Producer:* Bruce S. Pustin. *Unit Production Manager:* Bruce S. Pustin.
Regie: **Martin Scorsese**. *2nd Unit Director:* Joseph Reidy. *Regie-Assistenz:* Joseph Reidy, Vebe Borge, Deborah

Lupard. *Drehbuch:* **Martin Scorsese**, Nicholas Pileggi, nach dessen Roman »Wise Guy«. *Kamera:* Michael Ballhaus. *Kamera-Assistenz:* Florian Ballhaus, Bobby Mancuso. *Camera Operator:* David M. Dunlap. *Kamera 2nd Unit:* David M. Dunlap (ungenannt). *Songs:* Tony Bennett: »Rags to Riches« (Jerry Ross / Richard Adler); The Cleftones: »Can't We Be Sweethearts« (Morris Levy / Herbert Cox); Otis Williams and The Charms: »Hearts of Stone« (Eddie Ray / Rudy Jackson); The Moonglows: »Sincerely« (Harvey Fuqua / Alan Freed); Giuseppe di Stefano: »Firenze sogna« (Cesare Cesarini); The Cadillacs: »Speedo« (Esther Navarro); Giuseppe di Stefano: »Parlami d'amore Mariu« (Enrico Neri / C.A. Bixio); Billy Ward and His Dominoes: »Stardust« (Hoagy Carmichael / Mitchell Parish); Mina: »This World We Live in« (»Il cielo un una stanza«) (Toang/ Mogal/Raye); The Marvellettes: »Playboy« (Brian Holland / Robert Baleman / William Stevenson); Johnny Mathis: »It's Not for Me to Say« (Robert Allen / Al Stillman); Betty Curtis: »I Will Follow Him« (»Chariot«) (Norman Gimbel / Arthur Altman / J.W. Stole / Del Roma); The Crystals: »Then He Kissed Me« (Phil Spector / Ellie Greenwich / Jeff Barry); The Chantels: »Look in My Eyes« (Richard Barrett); Bobby Vinton: »Roses Are Red« (Al Byron / Paul Evans); The Harptones: »Life Is But a Dream« (Raul Cita / Hy Weiss); The Shangri-Las: »Leader of the Pack« (George Morton / Jeff Barry / Ellie Greenwich); »Toot, Toot, Tootsie Goodbye« (Ernie Erdman / Ted Florilo / Gus Khan); »Happy Birthday to You« (Mildred J. Hill / Patty S. Hill); Dean Martin: »Ain't That a Kick in the Head« (Sammy Cahn / Jimmy Van Heusen); The Crystals: »He's Sure the Boy I Love« (Barry Mann / Cynthia Well); Donovan: »Atlantis« (Donovan Leitch); Jerry Vale: »Pretend You Don't See Her« (Steve Allen); The Shangri-Las: »Remember (Walkin' in the Sand)« (George Morton); Aretha Franklin: »Baby I Love You« (Ronny Shannon); Bobby Darin: »Beyond the Sea« (Jack Lawrence / Charles Trenet); Tony Bennett: »The Boulevard of Broken Dreams« (Al Dubin / Harry Warren); The Rolling Stones: »Gimme Shelter«, »Monkey Man«, »Memo from Turner« (Mick Jagger / Keith Richards); Jack Jones: »Wives and Lovers« (Burt Bacharach / Hal David); The Ronettes: »Frosty the Snow Man« (Steven Nelson / Jack Rollins); Darlene Love: »Christmas (Baby Please Come Home)« (Phil Spector, Ellie Greenwich / Jeff Barry); The Drifters: »Bells of St. Marys« (Douglas Furber / Emmett Adams); Vito and The Salutations: »Unchained Melody« (Hy Zarel / Alex North); »Danny Boy« (Frederick E. Weatherly); The Cream: »Sunshine of Your Love« (Jack Bruce / Peter Brown / Eric Clapton); Derek and The Dominos: »Layla« (Eric Clapton / Jim Gordon); Harry Nilsson: »Jump into the Fire« (Harry Nilsson); The Who: »The Magic Bus« (Pete Townshend); George Harrison: »What Is Life« (George Harrison); Muddy Waters: »Mannish Boy« (McKinley Morganfield / Mel London / Elias McDaniel); Sid Vicious: »My Way« (Claude Francois / Jacques Fleveaux / Paul Anka). *Schnitt:* Thelma Schoonmaker. *Co-Editor:* James Kwei. *Schnitt-Assistenz:* David Leonard, Amy Auchincloss. *Production Sound Mixer:* James Sabat. *Supervising Sound Editor:* Skip Lievsay. *Production Design:* Kristi Zea. *Art Direction:* Maher Ahmad. *Set Decoration:* Leslie Bloom. *Costume Design:* Richard Bruno. *Make-up Artists:* Allen Weisinger, Carl Fullerton. *Hair Stylists:* Alan D'Angerio, Bill Farley. *Special Effects:* Conrad Brink Sr. *Visual Effects:* Richard Greenberg. *Title Design:* Saul und Elaine Bass. *Still Photographer:* Barry Wetcher. *Stunt Coordinator:* Mike Russo. *Technical Advisor:* John Manca. *Assistentin von Martin Scorsese:* Julia Judge. *Casting:* Ellen Lewis.

Darsteller/innen: Ray Liotta (Henry Hill), Robert De Niro (James Conway), Joe Pesci (Tommy DeVito), Lorraine Bracco (Karen Hill), Paul Sorvino (Paul Cicero), Frank Sivero (Frankie Carbone), Tony Darrow (Sonny Bunz), Mike Starr (Frenchy), Frank Vincent (Billy Batts), Chuck Low (Morris Kessler), Frank DiLeo (Tuddy Cicero), Henny Youngman (Himself), Gina Mastrogiacomo (Janice Rossi), Suzanne Shepherd (Karen's Mother), Debi Mazar (Sandy), Margo Winkler (Belle Kessler), Welker White (Lois Byrd), Jerry Vale (Himself), Julie Garfield (Mickey Conway), Christopher Serrone (Young Henry), Elaine Kagan (Henry's Mother), Beau Starr (Henry's Father), Kevin Corrigan (Michael Hill), Michael Imperioli (Spider), Robbie Vinton (Bobby Vinton), John Williams (Johnny Roastbeef), Nancy Ellen Cassaro (Joe Buddha's Wife), Daniel P. Conte (Dr. Dan), Tony Conforti (Tony), Frank Pellegrino (Johnny Dio), Ronald Maccone (Ronnie), Tony Sirico (Tony Stacks), Joe D'Onofrio (Young Tommy), Catherine Scorsese (Tommy's Mother), Charles Scorsese (Vinnie); Steve Forleo, Richard Dioguardi (City Detectives); Frank Adonis (Anthony Stabile), John Manca (Nickey Eyes), Joseph Bono (Mikey Franzese), Katherine Wallach (Diane), Mark Evan Jacobs (Bruce), Angela Pietropinto (Cicero's Wife), Marianne Leone (Tuddy's Wife), Marie Michaels (Mrs. Carbone), LoNardo (Frenchy's Wife), Melissa Prophet (Angie), Illeana Douglas (Rosie), Susan Varon (Susan), Elizabeth Whitcraft (Tommy's Girlfriend at the Copa), Clem Caserta (Joe Buddha), Samuel L. Jackson (Stacks Edwards), Fran McGee (Johnny Roastbeef's Wife), Paul Herman (Dealer), Edward McDonald (Himself), Edward Hayes (Defense Attorney). *Format:* 35mm (1:1,85), Farbe (Technicolor), Dolby SR. *Länge:* 146 Min. *Dreh:* 2995 Richmond Avenue, Staten Island, Astoria, Queens, Coney Island Avenue & Avenue Y, Brooklyn, Valley Stream, Long Island, New York, USA; Chicago, Illinois, USA; Fort Lee, New Jersey, USA; Tampa, Florida, USA. *Uraufführung:* 12.9.1990, Frankreich. *US-Kinostart:* 19.9.1990. *Dt. Kinostart:* 11.10.1990.

CAPE FEAR (1991)
Kap der Angst

Produktion: Amblin Entertainment / Cappa Productions / Tribeca / Universal Pictures. *Produzent/innen:* Barbara De Fina; Robert De Niro (ungenannt). *Ausführende Produzent/innen:* Kathleen Kennedy, Frank Marshall; Steven Spielberg (ungenannt). *Production Manager:* Deborah Lee. *Production Coordinator:* Celia Randolph.
Regie: **Martin Scorsese**. *Regie-Assistenz:* Joseph Reidy, Deborah Lupard, Nathalie Vadim. *Drehbuch:* Wesley Strick; James R. Webb (frühere Drehbuchentwürfe); nach dem Roman »The Executioners« von John D. MacDonald. *Kamera:* Freddie Francis. *Kamera-Assistenz:* Douglas C. Hart, John Sheeren, William McConnell. *Camera Operator:* Chris Hayes, Gordon Hayman, John Winner. *Musik:* Elmer Bernstein; Bernard Herrmann (aus CAPE FEAR [1962]; von Bernstein neu arrangiert). *Schnitt:* Thelma Schoonmaker. *Schnitt-Assistenz:* Lisa J. Levine, Nell Kelly, Carolyn J. Horton. *Production Sound Mixer:* Todd Maitland. *Supervising Sound Editor:* Skip Lievsay. *Re-Recording Mixer:* Tom Fleischman. *Production Design:* Henry Bumstead. *Art Direction:* Jack G. Taylor Jr. *Set Decoration:* Alan Hicks. *Costume Design:* Rita Ryack. *Make-up Artist:* Elizabeth Lambert. *Special Make-up Effects Artist:* Neal Martz. *Special Burn Make-up:* Stephan L. Dupuis. *Hair Stylist:* Donna Greene. *Make-up Artist / Hair Stylist Nick Nolte:* Edouard F. Henriques. *Make-up Artist / Hair Stylist Robert De Niro:* Ilona Herman. *Make-up Artist Jessica Lange:* Dorothy Pearl. *Hair Stylist Jessica Lange:* Lyndell Quiyou. *Special Effects Coordinator:* J.B. Jones. *Title Design:* Saul und Elaine Bass. *Still Photographer:* Phillip V. Caruso. *Stunt Coordinator:* Leon Delaney. *Assistentin von Martin Scorsese:* Julia Judge. *Casting:* Ellen Lewis.
Darsteller/innen: Robert De Niro (Max Cady), Nick Nolte (Sam J. Bowden), Jessica Lange (Leigh Bowden), Juliette Lewis (Danielle Bowden), Joe Don Baker (Claude Kersek, Private Investigator), Robert Mitchum (Lieutenant Elgart), Gregory Peck (Lee Heller, Cady's Attorney), Martin Balsam (Judge), Illeana Douglas (Lori Davis), Fred Dalton Thompson (Tom Broadbent), Zully Montero (Graciella, the Bowden's Maid); Craig Henne, Forest Burton, Edgar Allan Poe, Rod Ball, W. Paul Bodie (Prisoners); Joel Kolker, Antoni Corone (Corrections Officers); Tamara Jones (Ice Cream Cashier); Roger Pretto, Parris Buckner (Racquetball Colleagues); Margot Moreland (Secretary), Will Knickerbocker (Detective); Robert L. Gerlach, Bruce E. Holdstein (Arresting Officers); Richard Wasserman, Paul Nagle Jr., Paul Froehler, Mary Ellen O'Brien, Jody Wilson (Parade Watchers); Kate Colburn [= C.C. Costigan] (Waitress), Domenica Cameron-Scorsese (Danny's Girlfriend); Garr Stevens, Billy Lucas, Ken Collins (Big Men); Linda Perri, Elizabeth Moyer (Ticket Agents); Catherine Scorsese, Charles Scorsese (Fruit Stand Customers); Jackie Davis (Jimmy the Dockmaster).
Format: 35mm (1:2,35), Farbe (Technicolor), Dolby SR. *Länge:* 128 Min. *Drehorte:* Fort Lauderdale, Florida, USA; Hollywood, Kalifornien, USA; Wilmington, North Carolina, USA. *US-Kinostart:* 13.11.1991. *Dt. Kinostart:* 27.2.1992.

THE AGE OF INNOCENCE (1993)
Zeit der Unschuld

Produktion: Cappa Productions / Columbia Pictures. *Produzentin:* Barbara De Fina. *Koproduzent:* Bruce S. Pustin. *Associate Producer:* Joseph P. Reidy. *Unit Production Manager:* Bruce S. Pustin. *Unit Production Manager (Paris):* Jean-Pierre Avice.
Regie: **Martin Scorsese**. *Regie-Assistenz:* Joseph Reidy, Joseph Burns, Susan Fiore, Jean-Philippe Blime, Vincent Lascoumes. *Drehbuch:* Jay Cocks, **Martin Scorsese**, nach dem Roman von Edith Wharton. *Kamera:* Michael Ballhaus. *Kamera-Assistenz:* Florian Ballhaus, Bobby Mancuso. *Camera Operator:* David M. Dunlap, Gábor Kövér. *Steadicam Operator:* Larry McConkey. *Musik:* Elmer Bernstein. *Zusätzliche Musik:* »Faust« (Overtüre / Charles F. Gounod); Klaviersonate Nr. 8 c-Moll, op. 12, »Pathétique« (Ludwig van Beethoven); »Radetzky-Marsch« (Johann Strauß Vater); »Kaiserwalzer«, »Ein Künstlerleben«, »Geschichten aus dem Wienerwald« (Johann Strauß Sohn); Quintett B-Dur, op. 87, 3. Satz (Felix Mendelssohn-Bartholdy); Enya: »Marble Halls«, arrangiert von Enya / Roma Ryan / Nicky Ryan. *Schnitt:* Thelma Schoonmaker. *Schnitt-Assistenz:* Alisa Lepselter, Joel Hirsch. *Production Sound Mixer:* Tod Maitland. *Supervising Sound Editor:* Skip Lievsay. *Sound Re-Recording Mixer:* Tom Fleischman. *Production Design:* Dante Ferretti. *Art Direction:* Speed Hopkins. *Set Decoration:* Robert J. Franco, Amy Marshall. *Costume Design:* Gabriella Pescucci; Barbara Matera (ungenannt). *Make-up Artist:* Allen Weisinger. *Make-up Artist Michelle Pfeiffer:* Ronnie Specter. *Special Make-up Effects Artist:* Manlio Rocchetti. *Hair Design:* Alan D'Angerio. *Hair Consultant:* Antonio Sodda. *Perücken:* Peter Owen. *Title Design:* Saul und Elaine Bass. *Still Photographer:* Phillip V. Caruso. *Assistentin von Martin Scorsese:* Heather Norton. *Casting:* Ellen Lewis.
Darsteller/innen: Daniel Day-Lewis (Newland Archer), Michelle Pfeiffer (Ellen Olenska), Winona Ryder (May Welland), Alexis Smith (Louisa Van Der Luyden), Geraldine Chaplin (Mrs. Welland), Mary Beth Hurt (Regina Beaufort), Alec McCowen (Sillerton Jackson), Richard E. Grant (Larry Lefferts), Miriam Margolyes (Mrs. Mingott), Robert Sean Leonard (Ted Archer), Siân Phillips (Mrs. Archer), Jonathan Pryce (Monsieur Rivière), Michael Gough (Henry Van Der Luyden), Joanne Woodward (Narrator [Voice]), Stuart Wilson (Julius Beaufort), Carolyn Farina (Janey Archer), Tracey Ellis (Gertrude Lefferts), Norman Lloyd (Mr. Letterblair), Domenica Scor-

sese (Katie Blenker), Thomas Gibson (Stage Actor); Linda Faye Farkas, Michael Rees Davis, Terry Cook, Jon Garrison (Opera Singers); Howard Erskine (Beaufort Guest); John McLoughlin, Christopher Nilsson (Party Guests); Kevin Sanders (The Duke), W.B. Brydon (Mr. Urban Dagonet), Cristina Pronzati (Countess Olenska's Maid), Clement Fowler (Florist), Cindy Katz (Stage Actress), Zoe (Herself), June Squibb (Mingott Maid), Mac Orange (Archer Maid), Brian Davies (Philip), Thomas Barbour (Archer Guest), Henry Fehren (Bishop), Patricia Dunnock (Mary Archer). *Ungenannt:* Claire Bloom, Charles Scorsese, Catherine Scorsese, **Martin Scorsese** (Photographer), Michael Trout (Man in Crowd / Gentleman with Lady). *Format:* 35mm (1:2,35), Farbe (Technicolor), Dolby SR. *Länge:* 139 Min. *Drehorte:* Albany, Kinderhook, New York City, Old Westbury Gardens, Long Island, Troy, New York, USA; Hoboken, New Jersey, USA; Philadelphia, Pennsylvania, USA; Paris, Frankreich. *US-Kinostart:* 17.9.1993 (limitiert); 1.10.1993. *Dt. Kinostart:* 18.11.1993.

THE AGE OF INNOCENCE

A PERSONAL JOURNEY WITH MARTIN SCORSESE THROUGH AMERICAN MOVIES (1995) (TV)
Martin Scorseses Reise durch den amerikanischen Film

Produktion: British Film Institute / Miramax Films. *Produzent/innen:* Florence Dauman; **Martin Scorsese** (ungenannt). *Ausführende Produzenten:* Bob Last, Colin MacCabe. *Associate Producer:* Raffaele Donato. *Line Producer:* Dale Ann Stieber.
Regie: **Martin Scorsese**, Michael Henry Wilson. *Drehbuch:* **Martin Scorsese**, Michael Henry Wilson. *Kamera:* Jean-Yves Escoffier, Frances Reid, Nancy Schreiber. *Supervising Editor:* Thelma Schoonmaker. *Schnitt:* Kenneth Levis, David Lindblom. *Schnitt-Assistenz:* Mark Hinkle. *Zusätzlicher Schnitt:* Paul Petschek. *Musik:* Elmer Bernstein. *Title Design:* Saul Bass.
Mitwirkende: **Martin Scorsese** (Host), Kathryn Bigelow, Francis Ford Coppola, Brian De Palma, André de Toth, Clint Eastwood, Samuel Fuller, George Lucas, Gregory Peck, Arthur Penn, Billy Wilder. *Archivaufnahmen von:* Frank Capra, John Cassavetes, John Ford, Howard Hawks, Elia Kazan, Fritz Lang, Nicholas Ray, Douglas Sirk, King Vidor, Orson Welles.
Länge: 227 Min. (3 Teile à 73, 80 und 74 Min.). *Format:* 35mm (1:1,33). *Dt. Erstausstrahlung:* 28./29.5.1995, arte. *Dt. Video-Veröffentlichung:* Oktober 1999.

CASINO (1995)
Casino

Produktion: De Fina-Cappa Productions / Légende Entreprises / Syalis D.A. / Universal Pictures. *Produzentin:* Barbara De Fina. *Associate Producer:* Joseph Reidy. *Unit Production Manager:* Georgia Kacandes. *Production Coordinator:* Kathleen M. Courtney.

Regie: **Martin Scorsese**. *2nd Unit Director:* Phil Marco. *Regie-Assistenz:* Joseph Reidy, Jonathan Starch, Michael Greenwood, Scott Harris, Darin Rivetti, Bob Wagner. *Drehbuch:* **Martin Scorsese**, Nicholas Pileggi, nach dessen Roman »Casino. Love and Honor in Las Vegas«. *Kamera:* Robert Richardson. *Kamera-Assistenz:* Donald Thorin Jr., Jerry Lane, Paul Plannette, Todd McMillen. *Camera Operator:* Daniel C. Gold, M. Todd Henry. *Kamera (2nd Unit):* Philip C. Pfeiffer, Tom Sigel. *Steadicam Operator:* Garrett Brown, Chris Haarhoff, James Muro. *Songs / Zusätzliche Musik:* B.B. King: »The Thrill is Gone« (Roy Hawkins / Rick Darnell); Brenda Lee: »I'm Sorry« (Ronnie Self / Dub Albritten); Clarence »Frogman« Henry: »Ain't Got No Home« (Clarence »Frogman« Henry); Cream: »Those Were the Days« (Peter Baker / Mike Taylor); Dean Martin: »You're Nobody Till Somebody Loves You« (Russ Morgan / Larry Stock); Devo: »(I Can't Get No) Satisfaction« (Mick Jagger / Keith Richards), »Whip It«; Eric Burdon & the Animals: »House of the Rising Sun« (trad.); Dinah Washington: »Unforgettable«, »What a Difference a Day Makes« (Stanley Adams / Maria Grever); Fleetwood Mac: »Go Your Own Way« (Lindsey Buckingham); Georges Delerue: »Contempt-Theme de Camille« (Georges Delerue); Hoagy Carmichael: »Stardust« (Hoagy Carmichael / Mitchell Parish); Jeff Beck: »I Ain't Superstitious« (Willie Dixon); Jimmy Smith: »Walk on the Wild Side« (Elmer Bernstein / Mack David); Lee Dorsey: »Working in a Coalmine« (Alan Toussaint); Les McCann and Eddie Harris: »Compared to What« (Gene McDaniels); Les Paul and Mary Ford: »How High the Moon« (Nancy Hamilton / Morgan Lewis); Little Richard: »Slippin' and Slidin'« (Richard Penniman / Albert Collins / James Smith / Edwin Bocage); Louis Prima and Keely Smith: »I'm Confessing That I Love You«; Louis Prima: »Angelina / Zooma, Zooma Medley« (Allan Roberts / Doris Fisher / Paolo Citarella / Louis Prima), »Basin Street Blues / When It's Sleepy Time Down South Medley« (Clarence Music / Leon Rene / Otis Rene); »Sing Sing Sing«; Mickey and Sylvia: »Love Is Strange« (Sylvia Robinson / Mickey Baker); Muddy Waters: »Hoochie Coochie Man« (Willie Dixon); Nilsson: »Without You« (William Ham / Thomas Evans); Otis Redding: »Fa-Fa-Fa-Fa-

Fa (Sad Song)« (Otis Redding / Steve Cropper); Ramsey Lewis: »The In Crowd« (Billy Page); Roxy Music: »Love Is the Drug« (Bryan Ferry / Andrew MacKay); Wir setzen uns mit Thränen nieder« aus der »Matthäuspassion« (Johann Sebastian Bach); The Moody Blues: »Nights in White Satin« (Justin Hayward); The Rolling Stones: »Heart of Stone«, »Can't You Hear Me Knocking«, »Sweet Virginia«, »Gimme Shelter« (Mick Jagger / Keith Richards); The Staple Singers: »I'll Take You There« (Alvertis Isbell); The Velvetones: »The Glory of Love« (Billy Hill); Timi Yuro: »Hurt« (Jimmie Crane / Al Jacobs); Tony Bennet: »Who Can I Turn to (When Nobody Needs Me)« (Leslie Bricusse / Anthony Newley). *Schnitt:* Thelma Schoonmaker. *Schnitt-Assistenz:* Joel Hirsch, Thomas Foligno. *Sound Mixer:* Charles M. Wilborn. *Supervising Sound Editor:* Skip Lievsay. *Sound Editors:* Eugene Gearty, Glenfield Payne, Lewis Goldstein. *Re-Recording Mixer:* Tom Fleischman. *Production Design:* Dante Ferretti. *Art Direction:* Jack G. Taylor Jr. *Set Design:* Daniel Ross, Steven Schwartz. *Set Decoration:* Rick Simpson. *Costume Design:* John A. Dunn, Rita Ryack. *Key Make-up Artist:* Jo-Anne Smith-Ojeil. *Make-up Artist für Sharon Stone:* Tricia Sawyer. *Special Make-up Effects:* Ken Diaz. *Key Hair Stylist:* Peter Tothpal. *Hair Designer für Sharon Stone:* Paul Le Blanc. *Make-up Artist / Hair Stylist für Robert De Niro:* Ilona Herman. *Make-up Artist / Hair Stylist für Joe Pesci:* James Sarzotti. *Title Design:* Saul und Elaine Bass. *Still Photographer:* Phillip V. Caruso. *Stunt Coordinator:* Daniel W. Barringer, Doug Coleman. *Assistent/innen von Martin Scorsese:* Margaret Bodde, Perry Santos; Kim Sockwell (ungenannt). *Casting:* Ellen Lewis, Sally Lear.

Darsteller/innen: Robert De Niro (Sam »Ace« Rothstein), Sharon Stone (Ginger McKenna-Rothstein), Joe Pesci (Nicholas »Nicky« Santoro Sr.), James Woods (Lester Diamond), Don Rickles (Billy Sherbert), Alan King (Andy Stone), Kevin Pollak (Phillip Green), L.Q. Jones (Commisioner Pat Webb), Dick Smothers (Senator), Frank Vincent (Frank Marino), John Bloom (Don Ward), Pasquale Cajano (Boss Remo Gaggi), Melissa Prophet (Jennifer Santoro), Bill Allison (John Nance), Vinny Vella (Artie Piscano), Oscar Goodman (Sam Rothstein's Attorney), Catherine Scorsese (Mrs. Piscano), Philip Suriano (Dominick Santoro), Erika von Tagen (Older Amy); Frankie Avalon, Steve Allen, Jayne Meadows, Jerry Vale (Themselves); Joseph Rigano (Vincent Borelli), Gene Ruffini (Vinny Forlano), Dominick Grieco (Americo Capelli); Richard Amalfitano, Richard F. Strafella (Casino Executives); Casper Molee, David Leavitt (Counters); Peter Conti (Arthur Capp), Catherine T. Scorsese (Piscano's Daughter), Steve Vignari (Beeper), Rick Crachy (Chastised Dealer), Larry E. Nadler (Lucky Larry), Paul Herman (Gambler in Phone Booth), Salvatore Petrillo (Old Man Capo), Joey DePinto (Stabbed Gambler), Heide Keller (Blonde at Bar), Millicent Sheridan (Senator's Hooker), Nobu Matsuhisa (Ichikawa), Toru Nagai (Ichikawa's Associate), Charlene Hunter (Ticket Agent), Dom Angelo (Craps Dealer), Joe Molinaro (Shift Manager), Ali Pirouzkar (High Roller), Frankie J. Allison (Craps Dealer), Jeff Scott Anderson (Parking Valet), Jennifer M. Abbott (Cashier), Frank Washko Jr. (Parking Valet), Christian A. Azzinaro (Nicholas »Little Nicky« Santoro Jr., 7 Years), Robert C. Tetzlaff (Custom's Agent), Anthony Russell (Bookie), Carol Wilson (Classroom Nun), Joe Lacoco (Detective Bob Johnson), John Manca (Wiseguy Eddy), Ronald Maccone (Wiseguy Jerry), Buck Stephens (Credit Clerk), Joseph Reidy (Winner), Joe La Due (Signaller); Fred Smith, Sonny D'Angelo, Greg Anderson (Security Guards); Stuart Nisbet (LA Banker), Tommy DeVito (Crooked Poker Dealer), Frank Adonis (Rocky), Joseph Bono (Moosh), Craig Vincent (Cowboy), Daniel P. Conte (Doctor Dan). *Ungenannt:* Charles Scorsese.

Format: 35mm (1:2,35), Farbe (Technicolor), DTS-Stereo. *Länge:* 178 Min.; 168 Min. (dt. Fassung). *Drehorte:* Baker, Mojave Desert, Fresno (Nicky's Death Scene), Hanford, Kalifornien, USA; Las Vegas, Nevada, USA. *US-Kinostart:* 22.11.1995. *Dt. Kinostart:* 14.3.1996.

KUNDUN (1997)
Kundun

Produktion: De Fina-Cappa Productions / Refuge / Touchstone Pictures / Walt Disney Pictures. *Produzentin:* Barbara De Fina. *Koproduzentin:* Melissa Mathison. *Ausführende Produzentin:* Laura Fattori. *Associate Producer:* Scott Harris. *Unit Production Manager:* Roberto Malerba.

Regie: **Martin Scorsese**. *Regie-Assistenz:* Scott Harris, Alberto Mangiante, Bernard Bellew; Ahmed Hatimi (Marokko). *2nd Unit Director:* Philip C. Pfeiffer, E.J. Foerster (British Columbia). *Drehbuch:* Melissa Mathison. *Kamera:* Roger Deakins. *Kamera-Assistenz:* Andy Harris, Claudio Zamarion, Derek Walker; Michael Wale (2nd Unit). *Steadicam Operator:* Pete Cavaciuti. *Musik:* Philip Glass. *Schnitt:* Thelma Schoonmaker. *Schnitt-Assistenz:* Tom Foligno, Sara Thorson. *Sound Mixer:* Clive Winter. *Sound Re-Recording Mixer:* Tom Fleischman. *Production Design:* Dante Ferretti. *Supervising Art Director:* Alan R. Tomkins. *Art Direction:* Franco Ceraolo, Massimo Razzi. *Set Decoration:* Francesca LoSchiavo. *Costume Design:* Dante Ferretti. *Make-up Department Head:* Fabrizio Sforza. *Key Hair Stylist:* Mirella Ginnoto. *Visual Effects Supervisor:* Jeff Burks. *Special Effects Coordinator:* Kevin Hannigan. *Technical Advisor (Costume Research):* Namgyal L. Taklha. *Ceremonial Advisor:* Lobsang Lhalungpa. *Religious Technical Advisor:* Lobsang Samten. *Casting:* Ellen Lewis.

Darsteller/innen: Tenzin Thuthob Tsarong (Dalai Lama, Adult), Gyurme Tethong (Dalai Lama, Aged 10), Tulku Jamyang Kunga Tenzin (Dalai Lama, Aged 5), Tenzin Yeshi Paichang (Dalai Lama, Aged 2), Tencho Gyalpo

(Dalai Lama's Mother), Tsewang Migyur Khangsar (Dalai Lama's Father), Geshi Yeshi Gyatso (Lama of Sera), Sonam Phuntsok (Reting Rimpoche), Lobsang Samten (Master of the Kitchen), Gyatso Lukhang (Lord Chamberlain), Jigme Tsarong (Taktra Rimpoche), Tenzin Trinley (Ling Rimpoche), Robert Lin (Chairman Mao), Vyas Ananthakrishnan (Indian Soldier), Kim Chan (Second Chinese General), Ken Leung (Voice), R. Gern Trowbridge (Monk), Ben Wang (General Chang Ching-Wu).
Format: 35mm (1:2,35), Farbe (Technicolor), Dolby Digital / SDDS. *Länge:* 128 Min. *Dreh:* Ab Mai 1996, Atlas-Studios, Ouarzazate, Marokko (Lhasa, Potala-Palast); Casablanca, Marokko (Hauptquartier von Mao Zedong); Imlil, Marrakesch, Marokko (Dungkhar-Kloster); Idaho, USA; British Columbia, Kanada. *US-Kinostart:* 25.12.1997. *Dt. Kinostart:* 19.3.1998.

IL MIO VIAGGIO IN ITALIA / MY VOYAGE TO ITALY (1999)
Meine italienische Reise
Produktion: Cappa Productions / Meditrade / Paso Doble Film. *Produzent/innen:* Barbara De Fina, Giuliana Del Punta, Bruno Restuccia, Giorgio Armani. *Ausführende Produzenten:* Marco Chimenz, Riccardo Tozzi, Giorgio Armani. *Co-executive producer:* Raffaele Donato.
Regie: **Martin Scorsese**. *Drehbuch:* Suso Cecchi d'Amico, Kent Jones, **Martin Scorsese**. *Kamera:* Phil Abraham. *Schnitt:* Thelma Schoonmaker. *Schnitt-Assistenz:* Jeffrey M. Werner.
Mitwirkende: **Martin Scorsese** (Host).
Format: 35mm (1:1,85), sw, Farbe, Dolby Stereo Surround. *Länge:* 246 Min. *Uraufführung:* 11.9.1999, Internationale Filmfestspiele Venedig. *Weitere Aufführungen:* 16.5.2001, Internationale Filmfestspiele Cannes; 12.10.2001, New York Film Festival; 24.10.2001, Los Angeles. *Dt. Erstaufführung:* 10.1.2002, 1. Internationales Filmfestival Frankfurt.

BRINGING OUT THE DEAD (1999)
Bringing out the Dead – Nächte der Erinnerung
Produktion: De Fina-Cappa Productions / Paramount Pictures / Touchstone Pictures. *Produzent/innen:* Barbara De Fina, Scott Rudin. *Koproduzenten:* Eric Steel, Joseph Reidy. *Ausführende Produzenten:* Adam Schroeder, Bruce S. Pustin. *Associate Producers:* Jeff Levine, Mark Roybal. *Production Supervisor:* Shell Hecht.
Regie: **Martin Scorsese**. *Regie-Assistenz:* Joseph Reidy, Christopher J. Surgent. *Drehbuch:* Paul Schrader, nach dem Roman von Joe Connelly. *Kamera:* Robert Richardson. *Kamera-Assistenz:* Gregor Tavenner. *Camera Operator:* Vincent Galindez. *Musik:* Elmer Bernstein. *Songs / Zusätzliche Musik:* Van Morrison: »T.B. Sheets« (Van Morrison); Frank Sinatra: »September of My Years« (Sammy Cahn / Jimmy Van Heusen); Johnny Thunders: »You Can't Put Your Arms Around a Memory« (Johnny Thunders); The Who: »Bell Boy« (Pete Townshend); Marc Anthony: »Llegaste a mi« (Omar Alfanno); R.E.M.: »What's the Frequency Kenneth?« (William Berry / Peter Buck / Mike Mills / Michael Stipe); The Marvelettes: »Too Many Fish in the Sea« (Norman J. Whitfield / Edward Holland Jr.); Stevie Wonder: »Don't You Worry 'bout a Thing« (Stevie Wonder); Jane's Addiction: »So What« (Perry Farrell / David M. Navarro / Stephen Perkins); Martha Reeves & The Vandellas: »Nowhere to Run« (Brian Holland / Lamont Dozier / Edward Holland Jr.); 10.000 Maniacs: »These Are Days« (Natalie Merchant / Robert Buck); Burning Spear: »I and I Survive (Slavery Days)« (Winston Rodney / Philip Fullwood); The Melodians: »Rivers of Babylon« (Frank Farian / George Reyam / Brent Dowe / James A. McNaughton); »Le Sacre du printemps« (Igor Stravinsky); Alvin Williams: »Rang Tang Ding Dong (I Am a Japanese Sandman)«; Big Brothers & The Holding Company: »Combination of the Two« (Sam Andrew); Marc Anthony: »Hasta Ayer« (Manny Delgado); The Clash: »Janie Jones«, »I'm So Bored with the USA« (Joe Strummer / Mick Jones); UB40: »Red Red Wine« (Neil Diamond). *Schnitt:* Thelma Schoonmaker. *Schnitt-Assistenz:* Scott Brock, Tom Foligno. *Supervising Sound Editor:* Philip Stockton. *Sound Re-Recording Mixer:* Tom Fleischman. *Production Design:* Dante Ferretti. *Art Direction:* Robert Guerra. *Set Decoration:* William F. Reynolds. *Costume Design:* Rita Ryack. *Key Make-up Artist:* Linda A. Grimes. *Key Hair Stylists:* William Farley; Neal Martz (ungenannt). *Special Make-up Effects:* Manlio Rocchetti. *Stunt Coordinator:* G.A. Aguilar. *Assistentinnen von Martin Scorsese:* Julie Brennan, Gretchen Campbell. *Still Photographer:* Phillip V. Caruso. *Casting:* Ellen Lewis.
Darsteller/innen: Nicolas Cage (Frank Pierce), Patricia Arquette (Mary Burke), John Goodman (Larry Verber), Ving Rhames (Marcus), Tom Sizemore (Tom Walls), Marc Anthony (Noel), Mary Beth Hurt (Nurse Constance), Cliff Curtis (Cy Coates), Nestor Serrano (Dr. Hazmat), Aida Turturro (Nurse Crupp), Sonja Sohn (Kanita), Cynthia Roman (Rose), Afemo Omilami (Griss, Security Officer at Hospital), Cullen Oliver Johnson (Mr. Burke), Arthur J. Nascarella (Captain Barney), **Martin Scorsese** (Dispatcher [Voice]), Julyana Soelistyo (Sister Fetus); Graciela Lecube, Marylouise Burke (Neighbor Women); Phyllis Somerville (Mrs. Burke), Mary Diveny (Neighbor Woman), Tom Riis Farrell (John Burke); Aleks Shaklin, Leonid Citer (Arguing Russians); Jesus A. Del Rosario Jr. (Man with Bloody Foot), Larry Fessenden (Cokehead), Bernie Friedman (Big Feet); Theo Kogan, Fuschia Walker (Prostitutes); John Heffernan (Mr. Oh); Matthew Maher, Bronson Dudley, Marilyn McDonald (Mr. Oh's Friends); Ed Jupp Jr., J. Stanford Hoffman (Homeless Men in Waiting Room); Rita Norona Schrager (Concerned Hispanic Aunt), Don Berry (Naked

Man), Mtume Gant (Street Punk), Michael A. Noto (Grunt), Omar Sharif Scroggins (Bystander), Michael Kenneth Williams (Drug Dealer), Andrew Davoli (Stanley), Charlene Hunter (Miss Williams), Jesse Malin (Club Doorman), Harper Simon (I.B. Bangin' aka Frederick Smith), Joseph Monroe Webb (Drummer), Jon Abrahams (Club Bystander), Charis Michaelson (I.B.'s Girlfriend), Lia Yang (Dr. Milagros), Antone Pagan (Arrested Man), Melissa Marsala (Bridge & Tunnel Girl), Betty Miller (Weeping Woman), Rosemary Gomez (Pregnant Maria), Luis Rodriguez (Carlos), Sylva Kelegian (Crackhead), Frank Ciornei (Dr. Mishra); Judy Reyes, Joseph Reidy (ICU Nurses); Queen Latifah (Dispatcher Love [Voice]). *Ungenannt:* Carolyn Campbell (Police Officer). *Format:* 35mm (1:2,35), Farbe (Eastman DeLuxe), DTS / Dolby Digital / SDDS. *Länge:* 121 Min. *Drehorte:* 11th Avenue & 54th Street, 8th Avenue & 41st Street, Greenwich Village, Manhattan, Hell's Kitchen, Midtown, New York, USA. *US-Kinostart:* 22.10.1999. *Dt. Kinostart:* 4.5.2000.

GANGS OF NEW YORK (2002)
Gangs of New York
Produktion: Cappa Productions / Incorporated Television Company / Initial Entertainment Group / Miramax Films / P.E.A. Films / Q&Q Medien / Splendid Medien. *Produzenten:* Alberto Grimaldi, Harvey Weinstein. *Koproduzent/innen:* Joe Reidy, Laura Fattori. *Ausführende Produzenten:* Maurizio Grimaldi, Michael Hausman, Michael Ovitz, Bob Weinstein, Rick Yorn. *Associate Producer:* Gerry Robert Byrne. *Production Coordinator:* Catherine Smith.
Regie: **Martin Scorsese**. *Regie-Assistenz:* Joseph Reidy; Luca Lachin (Italien). *2nd Unit Director:* Peter Markham. *Regie-Assistenz (2nd Unit):* Alex Corven Caronia, Filippo Fassetta. *Action Unit Director:* Vic Armstrong. *Drehbuch:* Jay Cocks, Kenneth Lonergan, Steven Zaillian, nach dem Buch von Herbert Asbury. *Story:* Jay Cocks. *Kamera:* Michael Ballhaus. *Kamera-Assistenz:* Emanuele Chiari, Marco Cuzzupoli, Thomas Lappin, Ermanno Lubich. *Kamera (2nd Unit):* Florian Ballhaus. *Camera Operator:* Andrew Rowlands, Stefano Falivene, Daniele Massaccesi. *Musik:* Howard Shore. *Song:* U2: The Hands That Built America (Bono). *Schnitt:* Thelma Schoonmaker. *Schnitt-Assistenz:* Jeffrey M. Werner, Randy Trager. *Executive Music Producer:* Robbie Robertson. *Production Sound Mixer:* Ivan Sharrock. *Supervising Sound Editor:* Philip Stockton. *Sound Re-Recording Mixers:* Tom Fleischman, Eugene Gearty. *Production Design:* Dante Ferretti. *Art Direction:* Alessandro Alberti, Maria-Teresa Barbasso, Dimitri Capuani, Robert Guerra, Nazzareno Piana, Luca Tranchino. *Set Decoration:* Francesca LoSchiavo. *Costume Design:* Sandy Powell. *Head Make-up Artist:* Manlio Rocchetti. *Key Make-up Artists:* Luigi Rocchetti; Mario Michisanti

GANGS OF NEW YORK

(Action Unit). *Special Effects Coordinator:* R. Bruce Steinheimer. *Still Photographer:* Mario Tursi. *Stunt Coordinators:* G.A. Aguilar, Vic Armstrong; Claudio Pacifico (Italien). *Casting:* Ellen Lewis.
Darsteller/innen: Leonardo DiCaprio (Amsterdam Vallon), Daniel Day-Lewis (William »Bill the Butcher« Cutting), Cameron Diaz (Jenny Everdeane), Jim Broadbent (Boss Tweed), John C. Reilly (Happy Jack), Henry Thomas (Johnny Sirocco), Brendan Gleeson (Monk), Roger Ashton-Griffiths (P.T. Barnum), Salvatore Billa (Native), Barbara Bouchet (Mrs. Schermerhorn), Gerry Robert Byrne (Draft Official), Brennan Caitlin (Hot Corn Girl), Liam Carney (Fuzzy), Lucy Davenport (Miss Schermerhorn), Ilaria D'Elia (Jenny's Girl), Andrew Gallagher (Young Johnny Sirocco), Larry Gilliard Jr. (Jimmy Spoils), Robert Goodman (Forty Thieves Gang Leader), Stephen Graham (Shang), David Hemmings (Mr. Schermerhorn), Gary Lewis (Charles McGloin), Gary McCormack (Stick), Liam Neeson (Priest Vallon), Raffaella Ponzo (Johnny's Girlfriend), Cara Seymour (Hellcat Maggie), Donald Stewart (Anatomist), Dominique Vandenberg (Tommy). *Ungenannt:* **Martin Scorsese** (Wealthy Homeowner).
Format: 35mm (1:2,35), Farbe (Technicolor). *Länge:* 166 Min. *Dreh:* Bis 30.3.2001 (127 Drehtage), New York City, New York, USA; Cinecittà, Rom, Italien. *Uraufführung:* 9.12.2002. *US-Kinostart:* 20.12.2002. *Dt. Kinostart:* 20.2.2003.
Anmerkung: Auf dem Filmfestival in Cannes zeigte Martin Scorsese am 20.5.2002 eine 20-minütige Zusammenstellung von Szenen aus dem Film.

THE BLUES (2003) (TV-Serie)
Episode *Feel Like Going Home*
Produktion: Cappa Productions / Jigsaw Productions / Road Movies / Vulcan. *Produzent/innen:* Margaret Bodde, Alex Gibney. *Ausführender Produzent:* **Martin Scorsese**. *Line Producer:* Samson Mücke.
Regie: **Martin Scorsese**. *Drehbuch:* Leslie Harris. *Kamera:* John Ndiaga Demps. *Kamera-Assistenz:* Udo Pfeiffer. *Schnitt:* Mathilde Bonnefoy. *Supervising Sound Editor:* Erik Mischijew. *Production Design:* Liba Daniels. *Costume Design:* Caroline Eselin.

Mitwirkende: Ali Farka Touré, Salif Keita, Habib Koité, Toumani Diabaté, Taj Mahal, Corey Harris, Othar Turner, Pat Thomas, Sam Carr, Dick Waterman.
Format: Farbe. *Drehorte:* Nigerdelta, Mali; Missouri, USA. *US-Erstausstrahlung:* 28.9.2003, PBS. *Dt. Kinostart:* 30.10.2003.
Anmerkungen: Die siebenteilige dokumentarische Fernsehserie schildert die Geschichte des Blues. Martin Scorsese verwendet Originalaufnahmen von Musikern aus dem Nigerdelta und aus dem Missisippidelta sowie Archivmaterial. Weitere Folgen wurden von Charles Burnett, Clint Eastwood, Mike Figgis, Marc Levin, Richard Pearce und Wim Wenders inszeniert. Zur Serie erscheint bei Harper Collins das Begleitbuch »Martin Scorsese Presents the Blues. A Musical Journey«. Die Veröffentlichung einer CD- und DVD-Reihe ist angekündigt.

THE AVIATOR (2004)
Produktion: Initial Entertainment Group / Miramax Films / Warner Brothers / Appian Way / Cappa Productions / Forward Pass Inc. *Produzent/innen:* Sandy Climan, Leonardo DiCaprio, Charles Evans Jr., Graham King, Michael Mann. *Ausführende Produzenten:* Rick Schwartz, **Martin Scorsese**, Colin Vaines, Harvey Weinstein.
Regie: **Martin Scorsese**. *Drehbuch:* John Logan. *Kamera:* Robert Richardson. *Schnitt:* Thelma Schoonmaker. *Schnitt-Assistenz:* Tom Foligno. *Production Design:* Dante Ferretti. *Set Decoration:* Francesca LoSchiavo. *Costume Design:* Sandy Powell. *Special Effects Supervisor:* R. Bruce Steinheimer.
Darsteller/innen: Leonardo DiCaprio (Howard Hughes), Cate Blanchett (Katharine Hepburn), Kate Beckinsale (Ava Gardner), Gwen Stefani (Jean Harlow), Adam Scott (Johnny Meyer), Kelli Garner (Faith Domergue), Alec Baldwin (Juan Trippe), Danny Huston (Jack Frye), John C. Reilly (Noah Dietrich), Matt Ross (Glenn Odekirk), Nellie Sciutto (Nadine Henley), Ian Holm, Vincent Laresca, Justin Shilton, Brent Spiner, Chris Ufland u.a.
Dreh: Ab 12.5.2003, Los Angeles, Kalifornien, USA; Montréal, St-Hubert, Québec, Kanada. *Voraussichtlicher US-Kinostart:* Dezember 2004.
Anmerkungen: Der Film erzählt aus dem Leben des jungen Howard Hughes. Ursprünglich sollte Michael Mann die Regie übernehmen.

BOB DYLAN ANTHOLOGY PROJECT (2005) (TV)
Produktion: BBC / Cappa Productions / Grey Water Park / Public Broadcasting Service / Spitfire Pictures / WNET Channel 13 New York. *Produzent/innen:* Susan Lacy, Jeff Rosen, **Martin Scorsese**, Nigel Sinclair, Anthony Wall. *Regie:* **Martin Scorsese**. *Musik:* Bob Dylan. *Mitwirkender:* Bob Dylan.
Anmerkung: Geplante Fernsehdokumentation über Dylans frühe Jahre.

II. Als Darsteller in Filmen anderer Regisseure

CANNONBALL / CARQUAKE (1976)
Cannonball
Produktion: New World Pictures. *Produzent:* Samuel W. Gelfman. *Regie:* Paul Bartel. *Drehbuch:* Paul Bartel, Donald C. Simpson. *Kamera:* Tak Fujimoto. *Musik:* David A. Axelrod. *Schnitt:* Morton Tubor.
Darsteller/innen: David Carradine (Coy »Cannonball« Buckman), Bill McKinney (Cade Redman), Veronica Hamel (Linda Maxwell), Gerrit Graham (Perman Waters), Robert Carradine (Jim Crandell), Belinda Balaski (Maryann), Judy Canova (Sharma Capri), Carl Gottlieb (Terry McMillan), Mary Woronov (Sandy Harris), Aron Kincaid (David), Archie Hahn (Zippo Friedman), John Herzfeld (Sharpe), James Keach (Wolfe Messer), Dick Miller (Benny Buckman), **Martin Scorsese** (Mafioso) u.a.
Länge: 93 Min. *Dt. Kinostart:* 21.1.1977.

IL PAP'OCCHIO (1981)
Tele Vaticano – Das Auge des Papstes
Produktion: Orsini / Radiotelevisione Italia / Eidoscope. *Produzent:* Mario Orfini. *Regie:* Renzo Arbore. *Drehbuch:* Renzo Arbore, Luciano De Crescenzo. *Story:* Renzo Arbore. *Kamera:* Luciano Tovoli. *Musik:* Renzo Arbore. *Schnitt:* Alfredo Muschietti.
Darsteller/innen: Diego Abatantuono (Padre Gabriele), Silvia Annichiarico (Secretary of the Director), Renzo Arbore (Director), Salvatore Baccaro (Corista), Roberto Benigni (Benigni), Milly Carlucci (TV Announcing Nun), Luciano De Crescenzo (God), Andy Luotto (Andy Luotto), Mariangela Melato (Unchosen Actress), Ruggero Orlando (Ruggero Orlando), Isabella Rossellini (Isabella), **Martin Scorsese** (TV Director) u.a.
Länge: 110 Min. *It. Kinostart:* 16.10.1998 (Re-Release). *Dt. Kino-Start:* 10.12.1987.

ANNA PAVLOVA (1983)
Anna Pawlowa – Ein Leben für den Tanz
Produktion: Mosfilm / Poseidon / Sovinfilm. *Produzenten:* Frixos Constantine, Serafim Karalexis, Erik Waisberg. *Regie:* Emil Loteanu. *Drehbuch:* Emil Loteanu. *Kamera:* Yevgeni Guslinsky, Vladimir Nakhabtsev. *Musik:* Yevgeni Doga. *Schnitt:* Jim Connock, Yelena Galkina, Irina Kolotikova, Michael Powell.
Darsteller/innen: Galina Belyayeva (Anna Pavlova), Lina Buldakova (Pavlova As a Child), Sergei Shakurov (Mikhail Fokine), Vsevolod Larionov (Sergei Diaghilev), James Fox (Victor D'Andre), Jacques Debary (Saint-Saëns), Georgio Dimitriou (Enrico Cecchetti), P. Gusev (Marius Petipa), **Martin Scorsese** (Gatti-Cassaza), Ivan Shykra (Victor Steir), Bruce Forsyth (Alfred Batt), Michael Kradunin (Vaslav Nijinsky) u.a.

Länge: 132 Min. *UK-Uraufführung:* 10.3.1985. *DDR-Kinostart:* 26.10.1984.

AUTOUR DE MINUIT / 'ROUND MIDNIGHT (1986)
Um Mitternacht

Produktion: Little Bear / PECF. *Produzent:* Irwin Winkler. *Regie:* Bertrand Tavernier. *Drehbuch:* David Rayfiel, Bertrand Tavernier. *Kamera:* Bruno de Keyzer. *Musik:* Herbie Hancock. *Schnitt:* Armand Psenny.
Darsteller/innen: Dexter Gordon (Dale Turner), François Cluzet (Francis Borler), Gabrielle Haker (Berangere), Sandra Reaves-Phillips (Buttercup), Lonette McKee (Darcey Leigh), Christine Pascal (Sylvie), Herbie Hancock (Eddie Wayne), Bobby Hutcherson (Ace), Pierre Trabaud (Francis' Father), Frédérique Meininger (Francis' Mother), Hart Leroy Bibbs (Hershell), Liliane Rovère (Madame Queen), Ged Marlon (Beau), Benoît Régent (Psychiatrist), Victoria Gabrielle Platt (Chan Turner), Arthur French (Booker), John Berry (Ben), **Martin Scorsese** (Goodley) u.a.
Länge: 133 Min. *Uraufführung:* 12.9.1986, Toronto Film Festival. *US-Kinostart:* 3.10.1986. *Dt. Kinostart:* 30.10.1986.

YUME (1990)
Akira Kurosawas Träume

Produktion: Akira Kurosawa USA. *Produzenten:* Mike Y. Inoue, Hisao Kurosawa. *Regie:* Akira Kurosawa; Ishirô Honda (ungenannt). *Drehbuch:* Ishirô Honda, Akira Kurosawa. *Kamera:* Kazutami Hara, Takao Saitô, Masaharu Ueda. *Musik:* Shinichirô Ikebe. *Schnitt:* Tome Minami.
Darsteller/innen: Akira Terao (I), Mitsuko Baisho (Mother of I), Toshie Negishi (Mother Carrying Child), Mieko Harada (The Snow Fairy), Mitsunori Isaki (I As a Boy), Toshihiko Nakano (I As Young Child), Yoshitaka Zushi (Pvt. Noguchi), Hisashi Igawa (Nuclear Plant Worker), Chosuke Ikariya (The Crying Demon), Chishu Ryu (Old Man), **Martin Scorsese** (Vincent Van Gogh), Mieko Suzuki (I's Sister) u.a.
Länge: 119 Min. *US-Kinostart.* 24.8.1990. *Dt. Kinostart:* 31.5.1990.

THE GRIFTERS (1990)
Grifters

Produktion: Cineplex Odeon Films. *Produzenten:* Robert A. Harris, Jim Painter, **Martin Scorsese**. *Regie:* Stephen Frears. *Drehbuch:* Donald E. Westlake, nach dem Roman von Jim Thompson. *Kamera:* Oliver Stapleton. *Musik:* Elmer Bernstein. *Schnitt:* Mick Audsley.
Darsteller/innen: Anjelica Huston (Lilly Dillon), John Cusack (Roy Dillon), Annette Bening (Myra Langtry), Jan Munroe (Guy at Bar), Robert Weems (Race Track Announcer), Stephen Tobolowsky (Jeweler), Jimmy Noonan (Bartender), Richard Holden (Cop), Henry Jones (Simms), Michael Laskin (Irv), Eddie Jones (Mintz), Sandy Baron (Doctor), Lou Hancock (Nurse), Gailard Sartain (Joe), Noelle Harling (Nurse Flynn) u.a. *Ungenannt:* **Martin Scorsese** (Opening Voice-over).
Länge: 119 Min. *Uraufführung:* 14.9.1990, Toronto Film Festival. *US-Kinostart:* 5.12.1990 (limitiert), Januar 1991. *Dt. Kinostart:* 18.4.1991.

GUILTY BY SUSPICION (1991)
Schuldig bei Verdacht

Produktion: Warner Brothers / Le Studio Canal+ / Arnon Milchan Productions. *Produzent:* Arnon Milchan. *Regie:* Irwin Winkler. *Drehbuch:* Irwin Winkler. *Kamera:* Michael Ballhaus. *Musik:* James Newton Howard. *Schnitt:* Priscilla Nedd-Friendly.
Darsteller/innen: Robert De Niro (David Merrill), Annette Bening (Ruth Merrill), George Wendt (Bunny Baxter), Patricia Wettig (Dorothy Nolan), Sam Wanamaker (Felix Graff), Luke Edwards (Paulie Merrill), Chris Cooper (Larry Nolan), Ben Piazza (Darryl Zanuck), **Martin Scorsese** (Joe Lesser), Barry Primus (Bert Alan) u.a.
Länge: 105 Min. *US-Kinostart:* 15.3.1991. *Dt. Kinostart:* 15.8.1991.

JONAS IN THE DESERT (1994)

Produktion: Black SUN Flower Film. *Produzent:* Peter Sempel. *Regie:* Peter Sempel. *Drehbuch:* Jonas Mekas, Peter Sempel. *Kamera*: Frank Blasberg, Jonas Mekas, Jonas Scholz, Peter Sempel. *Musik:* Katrin Achinger, Blixa Bargeld, Nick Cave, Kevin Coyne, Nina Hagen, Siouxsie and the Banshees. *Schnitt:* Peter Sempel.
Darsteller/innen: Kenneth Anger, Blixa Bargeld, Nick Cave, Merce Cunningham, Cora Fischer, Henry Geldzahler, Allen Ginsberg, Nina Hagen, Dustin Hoffman, George Maciunas, Jonas Mekas, Paul Morrissey, Yoko Ono, Al Pacino, Nam June Paik, **Martin Scorsese** u.a.
Länge: 130 Min; 123 Min. (dt. Fassung). *Uraufführung:* 14.2.1994, Internationale Filmfestspiele Berlin. *Dt. Kinostart:* 10.11.1994.

QUIZ SHOW (1994)
Quiz Show – Der Skandal

Produktion: Baltimore Pictures / Hollywood Pictures / Wildwood Enterprises. *Produzenten:* Michael Jacobs, Julian Krainin, Michael Nozik, Robert Redford. *Regie:* Robert Redford. *Drehbuch:* Paul Attanasio, nach dem Buch »Remembering America: A Voice from the Sixties« von Richard N. Goodwin. *Kamera:* Michael Ballhaus. *Musik:* Mark Isham. *Schnitt:* Stu Linder.
Darsteller/innen: John Turturro (Herbie Stempel), Rob Morrow (Dick Goodwin), Ralph Fiennes (Charles Van Doren), Paul Scofield (Mark Van Doren), David Paymer (Dan Enright), Hank Azaria (Albert Freedman), Chris-

topher McDonald (Jack Barry), Johann Carlo (Toby Stempel), Elizabeth Wilson (Dorothy Van Doren), Allan Rich (Robert Kintner), Mira Sorvino (Sandra Goodwin), George Martin (Chairman), Paul Guilfoyle (Lishman), Griffin Dunne (Account Guy), Michael Mantell (Pennebaker), **Martin Scorsese** (Martin Rittenhome) u.a.
Länge: 133 Min. *US-Kinostart:* 14.9.1994. *Dt. Kinostart:* 16.2.1995.

SEARCH AND DESTROY (1995)
The Moviemaker
Produktion: Autumn Pictures / Nu Image / October Films. *Produzent/innen:* Ruth Charny, Elie Cohn, Dan Lupovitz. *Ausführende Produzenten:* Danny Dimbort, Avi Lerner, **Martin Scorsese**. *Regie:* David Salle. *Drehbuch:* Michael Almereyda, nach dem Theaterstück von Howard Korder. *Kamera:* Bobby Bukowski, Michael Spiller. *Musik:* Elmer Bernstein. *Schnitt:* Michelle Gorchow.
Darsteller/innen: Dennis Hopper (Dr. Waxling), Jason Ferraro (Daniel Strong As a Child), Robert Knepper (Daniel Strong), Griffin Dunne (Martin Mirkheim), **Martin Scorsese** (The Accountant), Rosanna Arquette (Lauren Mirkheim), David Thornton (Rob), Linda Wahl (Party Guest), Christopher Walken (Kim Ulander), Illeana Douglas (Marie Davenport), Ethan Hawke (Roger), Laurie Godet (Model) u.a.
Länge: 90 Min. *US-Kinostart:* 5.5.1995. *Dt. Video-Veröffentlichung:* 14.11.1995.

WITH FRIENDS LIKE THESE ... (1998)
Produktion: Parkway / Quadrant Films / Robert Greenhut Productions. *Produzent/innen:* Robert Greenhut, Amy Lemisch, Penny Marshall. *Regie:* Philip Frank Messina. *Drehbuch:* Philip Frank Messina. *Kamera:* Brian J. Reynolds. *Musik:* John Powell. *Schnitt:* Claudia Finkle.
Darsteller/innen: Adam Arkin (Steve Hersh), David Strathairn (Armand Minetti), Jon Tenney (Dorian Mastandrea), Robert Costanzo (Johnny DiMartino), Amy Madigan (Hannah DiMartino), Laura San Giacomo (Joanne Hersh), Elle Macpherson (Samantha Mastandrea), Lauren Tom (Yolanda Chin), Beverly D'Angelo (Theresa Carpenter), Ashley Peldon (Marissa DiMartino), Allison Bertolino (Dana Dimartino), Bill Murray (Maurice Melnick), **Martin Scorsese** (Himself), Tracy Reiner (Scorsese's Assistant) u.a.
Länge: 105 Min. *Uraufführung:* 10.9.1998, Boston Film Festival. *US-Kinostart:* 12.3.1999 (limitiert).

SATURDAY NIGHT LIVE: THE BEST OF CHRIS FARLEY (1998) (TV)
Produzent: Robert Smigel. *Drehbuch:* Dennis Miller, Jay Mohr, David Spade.
Darsteller/innen: Chris Farley (Matt Foley / Barney, Chippendales Applicant / Bennett Brauer / Cindy the Gap Girl / Dom Deluise / Schmitt's Gay Housesitter / Superfan, Todd O'Connor / Mr. O'Malley in *The Herlihy Boy* / Norman Schwarzcoff / El Niño / Michael Hoff / Larry, Japanese Gameshow Contestant / Lunch Lady / Johnny Jump Up of the Jazz Dancing Ensemble / Mama Cass / Tad Jones of Eager & Jones / Tobey Adams in *Little Women* / Tom Arnold / Beverly Gelfand / Energy Brother / Sandman / Himself / Various), Christina Applegate (Cher / Stacey the Daughter), Alec Baldwin (Japanese Gameshow Contestant), Dana Carvey (Ross Perot / Johnny Carson), Ellen Cleghorne (Natalie Cole / Chocolate Pudding), Jeff Daniels (Himself), Siobhan Fallon (Superfans Waitress), Janeane Garofalo (Mary in *Little Women* / Japanese Gameshow Contestant), Phil Hartman (Burt Reynolds / Frankenstein / Father / Himself), Jan Hooks (Chippendales Judge), David Hyde Pierce (Schoolboy in *Little Women*), Victoria Jackson (Roseanne Arnold / Marcy, Chippendales Assistant / Herself), Michael Jordan (Himself), Michael Keaton (Joey), **Martin Scorsese** (Himself) u.a.

THE SOPRANOS (seit 1999) (TV-Serie)
Die Sopranos
Episode 5 (1. Staffel): *College* (Reise in die Vergangenheit)
Produktion: Brad Grey Television / Brillstein-Grey Entertainment (1999-2000) / Chase Films / Home Box Office / Sammax Inc. / Soprano Productions. *Produzentin:* Ilene S. Landress. *Regie:* Allen Coulter. *Creator:* David Chase. *Drehbuch:* James Manos Jr., David Chase. *Kamera:* Phil Abraham. *Songs:* Rocket From The Crypt, Michael Hoppe, Basin Brothers, Dropkick Murphys. *Schnitt:* Joanna Cappuccilli.
Darsteller/innen: Lorraine Bracco (Dr. Jennifer Melfi), Dominic Chianese (Junior), Edie Falco (Carmela Soprano), James Gandolfini (Tony Soprano), Robert Iler (Anthony Soprano Jr.), Michael Imperioli (Christopher Moltisanti), Nancy Marchand (Livia Soprano), Drea de Matteo (Adriana La Cerva), Jamie Lynn Sigler (Meadow Soprano), Tony Sirico (Paulie Walnuts), Steven Van Zandt (Silvio Dante), **Martin Scorsese** (Himself).
Länge: 60 Min. *US-Erstausstrahlung:* 7.2.1999. *Dt. Erstausstrahlung:* 9.4.2000.

THE MUSE (1999)
Die Muse
Produktion: October Films. *Produzent:* Herb Nanas. *Regie:* Albert Brooks. *Drehbuch:* Albert Brooks, Monica Johnson. *Kamera:* Thomas E. Ackerman. *Musik:* Elton John. *Schnitt:* Peter Teschner.
Darsteller/innen: Albert Brooks (Steven Phillips), Sharon Stone (Sarah Little), Andie MacDowell (Laura Phillips), Jeff Bridges (Jack Warrick), Cybill Shepherd (Herself), Monica Mikala (Julie Phillips), Jamie Alexis (Mary Phil-

lips), Marnie Shelton (Jennifer), Catherine MacNeal (Anne), Mark Feuerstein (Josh Martin), Lorenzo Lamas (Himself), Jennifer Tilly (Herself), Bradley Whitford (Hal), **Martin Scorsese** (Himself) u.a.
Länge: 97 Min. *US-Kinostart:* 27.8.1999. *Dt. Kinostart:* 2.12.1999.

CURB YOUR ENTHUSIASM (seit 2000) (TV-Serie)
Episoden *The Special Section* und *Crazy-Eyez Killah*
Produktion: Home Box Office. *Produzent/innen:* Tom Bull, Sandy Chanley, Tim Gibbons. *Regie:* Bryan Gordon (*The Special Section*), Robert B. Weide (*Crazy-Eyez Killah*). *Drehbuch:* Larry David. *Kamera:* Bill Sheehy. *Schnitt:* Jon Corn, Steven Rasch.
Darsteller/innen: Larry David (Larry David), Cheryl Hines (Cheryl David), Jeff Garlin (Jeff Greene), Mina Kolb (Jeff Greene's Mother), Louis Nye (Jeff Greene's Father), **Martin Scorsese** (Himself), u.a.
Länge: 30 Min. *US-Erstausstrahlung:* 20.10.2002; 3.11.2002.

SHARKSLAYER (2004)
Sharkslayer
Produktion: DreamWorks SKG / Pacific Data Images. *Regie:* Bibo Bergeron, Vicky Jenson. *Drehbuch:* Michael J. Wilson. *Schnitt:* Nick Fletcher, John Venzon. *Supervising Animator:* Ken Duncan.
Sprecher/innen: Robert De Niro (Don Lino), Jack Black (Lenny), Angelina Jolie (Lola), **Martin Scorsese** (Sykes), Will Smith (Oscar), Renée Zellweger (Angie), Peter Falk, Kevin Pollak u.a.
Voraussichtlicher US-Kinostart: 5.11.2004. *Voraussichtlicher dt. Kinostart:* 2.12.2004.

III. Filme in anderen Funktionen

INESITA (1963) (verschollen)
Regie: Robert J. Siegel. *Photographer:* **Martin Scorsese**.

BEZETEN – HET GAT IN DE MUUR (1969)
Besessen – Das Loch in der Wand
Produktion: Scorpio Film / Dieter Geissler Filmproduktion. *Produzenten:* Wim Verstapen, Jan-Peter Visser. *Regie:* Pim de la Parra. *Drehbuch:* Pim de la Parra, **Martin Scorsese**, Wim Verstappen. *Musik:* Bernard Herrmann. *Kamera:* Frans Bromet, Hubs Hagen. *Schnitt:* Henri Rust.
Darsteller/innen: Alexandra Stewart (Marina), Dieter Geissler (Nils Janssen), Tom van Beek (Petrucci), Fons Rademakers (Raoul), Marijke Boonstra, Vibeke Løkkeberg, Donald Jones, Michael Krebs, Adrian Brine, Ingeborg Uyt den Boogaard, Hasmig Terveen, Elisabeth Versluys, Sara Heyblom, Fred Hecht, Victoria Naelin.
Länge: 100 Min. *Dt. Kinostart:* 15.8.1969. *NL-Filmstart:* 9.10.1969.

THE HONEYMOON KILLERS / THE LONELY HEARTS KILLERS (1970)
The Honeymoon Killers
Produktion: Roxanne. *Produzent:* Warren Steibel. *Production Coordinator:* **Martin Scorsese** (Vorbereitung der Dreharbeiten, ungenannt). *Regie:* Leonard Kastle; Donald Volkman (ungenannt), **Martin Scorsese** (erste Drehwoche, ungenannt). *Drehbuch:* Leonard Kastle. *Kamera:* Oliver Wood. *Musik:* Gustav Mahler. *Schnitt:* Richard Brophy, Stanley Warnow.
Darsteller/innen: Shirley Stoler (Martha Beck), Tony Lo Bianco (Raymond Fernandez), Mary Jane Higby (Janet Fay), Eleanor Adams (Mrs. Hand), Col. William Adams (Justice of the Peace), Diane Asselin (Severns), Mary Breen (Rainelle Downing), Barbara Cason (Evelyn Long), Marilyn Chris (Myrtle Young), Dortha Duckworth (Mother), Mary Engel (Lucy), Mike Haley (Jackson), Ann Harris (Doris), Kip McArdle (Delphine Downing), Elsa Raven (Matron), Doris Roberts (Bunny), Guy Sorel (Mr. Dranoff).
Länge: 115 Min. *US-Kinostart:* 6.2.1970. *Dt. Kinostart:* 17.11.1970.

WOODSTOCK / WOODSTOCK, 3 DAYS OF PEACE AND MUSIC (1970)
Woodstock
Produktion: Wadleigh-Maurice / Warner Brothers. *Regie:* Michael Wadleigh. *Regie-Assistenz:* Thelma Schoonmaker, **Martin Scorsese**. *Kamera:* Don Lenzer, David Myers, Richard Pearce, Michael Wadleigh, Al Wertheimer. *Original Song:* Sly Stone. *Zusätzliche Songs:* Jimi Hendrix, John Lennon, Paul McCartney, Joni Mitchell, Alan Wilson. *Schnitt:* Jere Huggins, Thelma Schoonmaker, **Martin Scorsese**, Michael Wadleigh, Stanley Warnow, Yeu-Bun Yee.
Mitwirkende: Richie Havens, Joan Baez, Roger Daltrey, John Entwistle, Keith Moon, Pete Townshend, Joe Cocker, Country Joe McDonald, Arlo Guthrie, David Crosby, Graham Nash, Stephen Stills, Alvin Lee, John Sebastian, Carlos Santana, Sly Stone, Jimi Hendrix u.a.
Länge: 184 Min.; 169 Min. (dt. Fassung); 228 Min (Director's Cut, USA). *US-Kinostart:* 26.3.1970. *Dt. Kinostart:* 3.9.1970.

MEDICINE BALL CARAVAN / WE HAVE COME FOR YOUR DAUGHTERS (1971)
Die Flower-Power-Karawane
Produktion: France Opera Film / PECF. *Produzenten:* Tom Donahue, François Reichenbach, Fred Weintraub. *Associate Producer:* **Martin Scorsese**. *Regie:* François Reichenbach. *Story Concept:* Christian Haren. *Kamera:* Christian Odasso. *Schnitt:* Gérard Patris, Fred Talmadge; **Martin Scorsese** (ungenannt).

Mitwirkende: Bonnie Bramlett, Alice Cooper, Tom Donahue, Doug Kershaw, B.B. King, David Peel, Sal Valentino, Jesse Colin Young u.a.
Länge: 88 Min. *Dt. Erstausstrahlung:* 7.5.1997.

MINNIE AND MOSKOWITZ (1971)
Minnie und Moskowitz
Produktion: Universal Pictures. *Produzent:* Al Ruban. *Regie:* John Cassavetes. *Drehbuch:* John Cassavetes. *Kamera:* Alric Edens, Michael Margulies, Arthur J. Ornitz. *Musik:* Bo Harwood. *Schnitt:* Fred Knudtson, Robert Heffernan; **Martin Scorsese** (ungenannt).
Darsteller/innen: Gena Rowlands (Minnie Moore), Seymour Cassel (Seymour Moskowitz), Val Avery (Zelmo Swift), Tim Carey (Morgan Morgan), Katherine Cassavetes (Sheba Moskowitz), Elizabeth Deering (Girl), Elsie Ames (Florence), Lady Rowlands (Georgia Moore), Holly Near (Irin), Judith Roberts (Ehefrau), Jack Danskin (Dick Henderson) u.a.
Länge: 114 Min. *US-Kinostart:* 1.1.1971. *Dt. Erstausstrahlung:* 5.5.1976.

UNHOLY ROLLERS / LEADER OF THE PACK (1972)
Produktion: American International Pictures. *Produzenten:* Jack Bohrer, John Prizer. *Regie:* Vernon Zimmerman. *Story:* Vernon Zimmerman, Howard R. Cohen. *Kamera:* Mike Shea, Michael Shea. *Musik:* Kendall Schmidt. *Schnitt:* George Trirogoff, Yeu-Bun Yee. *Supervising Editor:* **Martin Scorsese**.
Darsteller/innen: Claudia Jennings (Karen Walker), Louis Quinn (Mr. Stern), Betty Anne Rees (Mickey), Roberta Collins (Jennifer), Alan Vint (Greg), Candice Roman (Donna), Jay Varela (Nick), Charlene Jones (Beverly Brayton), Joe E. Tata (Marshall), Maxine Gates (Angie Striker), Kathleen Freeman (Karen's Mother), John Harmon (Doctor) u.a.
Länge: 88 Min. *US-Kinostart:* 10.11.1972.

ELVIS ON TOUR (1972)
Elvis on Tour
Produktion: Cinema Associates / Metro-Goldwyn-Mayer. *Produzenten:* Robert Abel, Pierre Adige. *Regie:* Robert Abel, Pierre Adige. *Drehbuch:* Robert Abel, Pierre Adige. *Kamera:* David Myers. *Musikalische Leitung:* Joe Guercio. *Schnitt:* Bert Lovitt, **Martin Scorsese**, Ken Zemke. *Montage Supervisor:* **Martin Scorsese**.
Mitwirkende: Elvis Presley, James Burton, Glen D. Hardin, Charlie Hodge, Jerry Scheff, Ronnie Tutt, John Wilkinson.
Länge: 93 Min. *US-Kinostart:* 1.11.1972. *Dt. Erstausstrahlung:* 23.8.1987.

LAWRENCE OF ARABIA (1962 / 1989)
Lawrence von Arabien
Produktion: Horizon Pictures. *Produzenten:* Sam Spiegel, Robert A. Harris (Rekonstruktion und Restaurierung). *Regie:* David Lean. *Drehbuch:* Robert Bolt, Michael Wilson, nach den Schriften von T.E. Lawrence. *Kamera:* F.A. Young. *Musik:* Maurice Jarre. *Schnitt:* Anne V. Coates. *Präsentation der rekonstruierten und restaurierten Fassung:* **Martin Scorsese**, Steven Spielberg.
Darsteller/innen: Peter O'Toole (T.E. Lawrence), Alec Guinness (Prince Feisal), Anthony Quinn (Auda Abu Tayi), Jack Hawkins (Gen. Allenby), Omar Sharif (Sherif Ali Ibn El Kharish), José Ferrer (Turkish Bey), Anthony Quayle (Col. Harry Brighton), Claude Rains (Mr. Dryden), Arthur Kennedy (Jackson Bentley), Donald Wolfit (Gen. Murray), I.S. Johar (Gasim), Gamil Ratib (Majid), Michel Ray (Farraj), John Dimech (Daud), Zia Mohyeddin (Tafas), Howard Marion Crawford (Medical Officer), Jack Gwillim (Club Secretary), Hugh Miller (R.A.M.C. Colonel) u.a.
Länge: 222 Min. (Uraufführung); 210 Min. (First Cut, UK); 202 Min. (General Release, UK); 216 Min. (Director's Cut, UK). *Uraufführung:* 10.12. 1962. *US-Kinostart der restaurierten Fassung:* 4.2.1989.

ALIEN SPACE AVENGER (1989)
Alien Terror
Produktion: Flick/Manley. *Produzenten:* Richard W. Haines, Robert W. Harris, Ray Sundlin. *Regie:* Richard W. Haines. *Drehbuch:* Leslie Delano, Richard W. Haines, C. Lynwood Sawyer Jr. *Kamera:* Mustapha Barat. *Musik:* Richard Fiolla. *Schnitt:* Richard W. Haines. *Besonderer Dank an:* **Martin Scorsese**.
Darsteller/innen: Robert Prichard (Rex), Mike McClerie (Derek), Charity Staley (Karen), Gina Mastrogiacomo (Ginny), Angela Nicholas (Doris), Kirk Fairbanks Fogg (Matt Brandt / Space Avenger), Jamie Gillis (Businessman), Robert Cicchini (Raoul), Elisa Pensler-Gabrielli (Red Riding Hood), Char (Candy), Ivan Jordain (Drug Dealer), Roger Kabler (Transvestite), Joe Pollaro (Navy Vet), Ray Trail (Bum), Miriam Zucker (Bordello Reporter) u.a.
Länge: 80 Min. *Uraufführung:* 10.9.1989, Toronto Film Festival. *Dt. Video-Veröffentlichung:* 28.3.1990.

THE GRIFTERS (1990)
Siehe unter II. Als Darsteller in Filmen anderer Regisseure. *Funktion:* Produzent.

POV (1990) (Video)
Ausführender Produzent: **Martin Scorsese**. *Musik:* Peter Gabriel. *Schnitt:* Bryan Oates. *Mitwirkende:* Peter Gabriel, Tony Levin. *Länge:* 85 Min.

NAKED IN NEW YORK (1993)
Naked in New York
Produktion: Some Film. *Produzent:* Frederick Zollo. *Ausführender Produzent:* **Martin Scorsese.** *Regie:* Daniel Algrant. *Drehbuch:* Dan [= Daniel] Algrant, John Warren. *Kamera:* Joey Forsyte. *Musik:* Angelo Badalamenti. *Schnitt:* Bill Pankow.
Darsteller/innen: Eric Stoltz (Jake Briggs), Mary-Louise Parker (Joanne White), Ralph Macchio (Chris), Jill Clayburgh (Shirley Briggs), Tony Curtis (Carl Fisher), Timothy Dalton (Elliot Price), Lynne Thigpen (Helen), Kathleen Turner (Dana Coles), Roscoe Lee Browne (Mr. Ried), Whoopi Goldberg (Tragedy Mask on Theater Wall), Paul Guilfoyle (Roman), Calista Flockhart (Acting Student) u.a.
Länge: 95 Min.; 87 Min. (Video). *Uraufführung:* September 1993, Deauville Festival du film américain. *US-Kinostart:* 13.4.1994. *Dt. Kinostart:* 20.10.1994.

THE WAR ROOM (1994)
Die Kommandozentrale
Produktion: McEttinger Films / Pennebaker Associates. *Produzent/innen:* R.J. Cutler, Wendy Ettinger, Frazer Pennebaker. *Regie:* Chris Hegedus, D.A. Pennebaker. *Kamera:* Nick Doob, D.A. Pennebaker, Kevin Rafferty. *Schnitt:* Chris Hegedus, Erez Laufer, D.A. Pennebaker. *Ganz besonderer Dank an:* **Martin Scorsese**.
Mitwirkende: James Carville, George Stephanopoulos, Heather Beckel, Paul Begala, Bob Boorstin, Michael Donnilon, Jeff Eller, Stan Greenberg, Mandy Grunwald, Harold Ickes, Mickey Kantor, Mary Matalin, Mitchell Schwartz, Jerry Brown, George Bush, Bill Clinton u.a.
Länge: 96 Min. *US-Kinostart:* Januar 1994. *Dt. Uraufführung:* 13.2.1994, Internationale Filmfestspiele Berlin.

MAD DOG AND GLORY (1993)
Sein Name ist Mad Dog
Produktion: Universal Pictures. *Produzent/innen:* **Martin Scorsese**, Barbara De Fina. *Regie:* John McNaughton. *Drehbuch:* Richard Price. *Kamera:* Robby Müller. *Musik:* Elmer Bernstein. *Schnitt:* Elena Maganini, Craig McKay.
Darsteller/innen: Robert De Niro (Wayne »Mad Dog« Dobie), Uma Thurman (Glory), Bill Murray (Frank Milo), Kathy Baker (Lee), David Caruso (Mike), Mike Starr (Harold), Tom Towles (Andrew), Derek Annunciation (Shooter), Doug Hara (Driver), Evan Lionel (Dealer in Car) u.a.
Länge: 97 Min. *US-Kinostart:* 5.3.1993. *Dt. Kinostart:* 20.7.1993.

CON GLI OCCHI CHIUSI (1995)
Mit geschlossenen Augen
Produktion: Creativos Asociados de Radio y Televisión S.A. / Canal+ España / MG Italian International Film / MG Sri / Paradis Films / Radiotelevisione Italiana. *Produzenten:* Guido De Laurentiis, Fulvio Lucisano, Leo Pescarolo. *Ausführende Produzent/innen:* Donatella Ibba, **Martin Scorsese**. *Regie:* Francesca Archibugi. *Drehbuch:* Francesca Archibugi, nach dem Roman von Federigo Tozzi. *Kamera:* Giuseppe Lanci. *Musik:* Battista Lena. *Schnitt:* Roberto Perpignani.
Darsteller/innen: Stefania Sandrelli (Anna), Marco Messeri (Domenico), Deborah Caprioglio (Ghisola), Alessia Fugardi (Ghisola As a Child), Fabio Modesti (Pietro), Gabriele Bocciarelli (Pietro As a Child), Silvio Vannucci (Berto), Raffaele Vannoli (Cicciosodo), Sergio Castellitto (Alberto), Ángela Molina (Rebecca), Laura Betti (Beatrice) u.a.
Länge: 113 Min. *Uraufführung:* 14.2.1995. *Fr. Kinostart:* 5.7.1995.

SEARCH AND DESTROY (1995)
Siehe unter II. Als Darsteller in Filmen anderer Regisseure. *Funktion:* Ausführender Produzent.

CLOCKERS (1995)
Clockers
Produktion: 40 Acres & A Mule Filmworks / Universal Pictures. *Produzenten:* Jon Kilik, Spike Lee, **Martin Scorsese**. *Regie:* Spike Lee. *Drehbuch:* Richard Price, Spike Lee, nach dem Buch von Richard Price. *Kamera:* Malik Hassan Sayeed. *Musik:* Terence Blanchard. *Schnitt:* Sam Pollard.
Darsteller/innen: Harvey Keitel (Detective Rocco Klein, NYPD Homicide), John Turturro (Detective Larry Mazilli, NYPD Homicide), Delroy Lindo (Rodney Little), Mekhi Phifer (Strike / Ronald Dunham), Isaiah Washington (Victor Dunham), Keith David (Andre the Giant, Housing Police), Pee Wee Love (Tyrone Jeeter / Shorty), Regina Taylor (Iris Jeeter), Tom Byrd (Errol Barnes), Sticky Fingaz (Scientific) u.a.
Länge: 128 Min. *US-Kinostart:* 13.9.1995. *Dt. Kinostart:* 1.8.1996.

ERIC CLAPTON: NOTHING BUT THE BLUES: AN IN THE SPOTLIGHT SPECIAL (1995) (TV)
Produzenten: Ken Ehrlich, Stephen »Scooter« Weintraub. *Ausführende Produzenten:* John Beug, David Horn, **Martin Scorsese**. *Mitwirkender:* Eric Clapton. *US-Erstausstrahlung:* 19.6.1995.

ROUGH MAGIC (1995)
Wilder Zauber
Produktion: Recorded Picture Company / UGC Images. *Produzent/innen:* Declan Baldwin, Laurie Parker. *Regie:* Clare Peploe. *Drehbuch:* Robert Mundy, William Brookfield, Clare Peploe, nach dem Roman »Miss Shumway Waves a Wand« von James Hadley Chase. *Kamera:* John J. Campbell. *Musik:* Richard Hartley. *Schnitt:* Suzanne Fenn. *Präsentation:* **Martin Scorsese**.

Darsteller/innen: Bridget Fonda (Myra), Russell Crowe (Alec Ross), Jim Broadbent (Doc Ansell), D.W. Moffett (Cliff Wyatt), Kenneth Mars (Zauberer), Paul Rodriguez (Diego), Andy Romano (Clayton), Richard Schiff (Wiggins), Euva Anderson (Tojola, Diego's Wife), Michael Ensign (Powerbroker) u.a.
Länge: 104 Min. (UK); 100 Min. (Spanien). *US-Kinostart:* 30.5.1997. *Dt. Kinostart:* 7.9.1995.

GRACE OF MY HEART (1996)
Grace of My Heart
Produktion: Cappa Productions / Gramercy Pictures / Universal Pictures. *Produzent/innen:* Ruth Charny, Daniel Hassid. *Ausführender Produzent:* **Martin Scorsese**. *Regie:* Allison Anders. *Drehbuch:* Allison Anders. *Kamera:* Jean-Yves Escoffier. *Musik:* David Baerwald, Larry Klein. *Schnitt:* James Y. Kwei, Harvey Rosenstock, Thelma Schoonmaker.
Darsteller/innen: Illeana Douglas (Denise Waverly / Edna Buxton), Sissy Boyd (Dress Saleswoman), Christina Pickles (Mrs. Buxton), Jill Sobule (Contestant in Contest), Jennifer Leigh Warren (Doris Shelley), Tegan West (M.C. at Talent Show), John Turturro (Joel Millner), Eric Stoltz (Howard Cazsatt), Patsy Kensit (Cheryl Steed), Chris Isaak (Matthew Lewis), Bridget Fonda (Kelly Porter), Matt Dillon (Jay Phillips), Peter Fonda (Guru Dave) u.a.
Länge: 116 Min. *Uraufführung:* 8.9.1996, Toronto Film Festival. *US-Kinostart:* 30.9.1996. *Dt. Kinostart:* 30.1.1997.

KICKED IN THE HEAD (1997)
Durchgeknallt in Manhattan
Produktion: De Fina-Cappa Productions. *Produzentin:* Barbara De Fina. *Ausführender Produzent:* **Martin Scorsese**. *Regie:* Matthew Harrison. *Drehbuch:* Kevin Corrigan, Matthew Harrison. *Kamera:* Howard Krupa, John Thomas. *Musik:* Stephen Endelman. *Schnitt:* Michael Berenbaum.
Darsteller/innen: Kevin Corrigan (Redmond), Linda Fiorentino (Megan), Michael Rapaport (Stretch), Lili Taylor (Happy), James Woods (Uncle Sam), Burt Young (Jack), Olek Krupa (Borko), Bianca Bakija (Pearl), Lawton Paseka (Pilot), Gary Perez (Dean), John Ventimiglia (Man at Party) u.a.
Länge: 87 Min. *Uraufführung:* 11.5.1997, Internationale Filmfestspiele Cannes. *US-Kinostart:* 26.9.1997. *Dt. Kinostart:* 26.5.1998.

THE HI-LO COUNTRY (1998)
Hi-Lo Country – Im Land der letzten Cowboys
Produktion: De Fina-Cappa Productions / PolyGram Filmed Entertainment / Working Title Films. *Produzent/innen:* Tim Bevan, Barbara De Fina, Eric Fellner, **Martin Scorsese**. *Regie:* Stephen Frears. *Drehbuch:* Walon Green, nach dem Roman von Max Evans. *Kamera:* Oliver Stapleton. *Musik:* Carter Burwell. *Schnitt:* Masahiro Hirakubo.
Darsteller/innen: Woody Harrelson (Big Boy Matson), Billy Crudup (Pete Calder), Cole Hauser (Little Boy Matson), Enrique Castillo (Levi Gomez), Darren E. Burrows (Billy Harte), Jacob Vargas (Delfino Mondragon), Robert Knott (Jack Couffer), Sam Elliott (Jim Ed Love), Sandy Baron (Henchman), Patricia Arquette (Mona Birk), John Diehl (Les Birk), Craig Carter (Art Logan), Penélope Cruz (Josepha O'Neil) u.a.
Länge: 114 Min. *US-Kinostart:* 30.12.1998 (limitiert), 22.1.1999. *Dt. Uraufführung:* 20.2.1999, Internationale Filmfestspiele Berlin. *Dt. Kinostart:* 15.4.1999.

DOGMA (1999)
Dogma
Produktion: View Askew / STK. *Produzenten:* Scott Mosier; Kevin Smith (ungenannt). *Regie:* Kevin Smith. *Drehbuch:* Kevin Smith. *Kamera:* Robert D. Yeoman. *Musik:* Howard Shore. *Schnitt:* Scott Mosier, Kevin Smith. *Besonderer Dank an:* **Martin Scorsese**.
Darsteller/innen: Linda Fiorentino (Bethany Sloane), Ben Affleck (Bartleby), Matt Damon (Loki), Alan Rickman (Metatron), Salma Hayek (Serendipity), Chris Rock (Rufus), Jason Lee (Azrael), Jason Mewes (Jay), Kevin Smith (Silent Bob), George Carlin (Cardinal Ignatius Glick), Bud Cort (John Doe Jersey), Alanis Morissette (God) u.a.
Länge: 130 Min. *Uraufführung:* 21.5.1999, Internationale Filmfestspiele Cannes. *US-Kinostart:* 12.11.1999. *Dt. Kinostart:* 20.4.2000.

LOVE'S LABOUR'S LOST (2000)
Verlorene Liebesmüh'
Produktion: Arts Council of England / InterMedia Film Equities / Le Studio Canal+ / Miramax Films / Pathé Pictures / Shakespeare Film Company. *Produzenten:* David Barron, Kenneth Branagh. *Regie:* Kenneth Branagh. *Drehbuch:* Kenneth Branagh, nach dem Theaterstück von William Shakespeare. *Kamera:* Alex Thomson. *Musik:* Patrick Doyle. *Schnitt:* Neil Farrell, Daniel Farrell. *Präsentation in den USA:* **Martin Scorsese**.
Darsteller/innen: Kenneth Branagh (Berowne), Alessandro Nivola (The King Ferdinand of Navarre), Alicia Silverstone (The Princess of France), Natascha McElhone (Rosaline), Matthew Lillard (Longaville), Adrian Lester (Dumaine), Timothy Spall (Don Armado), Nathan Lane (Costard), Stefania Rocca (Jacquanetta) u.a.
Länge: 93 Min. *Uraufführung:* 14.2.2000, Internationale Filmfestspiele Berlin. *US-Kinostart:* 9.6.2000. *Dt. Kinostart:* 25.5.2000.

YOU CAN COUNT ON ME (2000)
You Can Count on Me
Produktion: Cappa Productions / Crush Entertainment / Hart-Sharp Entertainment / The Shooting Gallery. *Pro-*

duzent/innen: Barbara De Fina, John N. Hart, Larry Meistrich, Jeffrey Sharp. *Ausführende Produzenten:* Steve Carlis, Donald C. Carter, **Martin Scorsese**, Morton Swinsky. *Regie:* Kenneth Lonergan. *Drehbuch:* Kenneth Lonergan. *Kamera:* Stephen Kazmierski. *Musik:* Lesley Barber. *Schnitt:* Anne McCabe.
Darsteller/innen: Amy Ryan (Mrs. Rachel Louise Prescott), Michael Countryman (Mr. Thomas Gerard Prescott), Adam LeFevre (Sheriff Darryl), Halley Feiffer (Amy), Whitney Vance (Young Sammy Prescott), Peter Kerwin (Young Terry Prescott), Betsy Aidem (Minister), Laura Linney (Samantha »Sammy« Prescott), Matthew Broderick (Brian Everett) u.a.
Länge: 111 Min. *Uraufführung:* 21.1.2000, Sundance Film Festival. *US-Kinostart:* 17.11.2000. *Dt. Kinostart:* 19.4.2001.

RAIN (2002)
Rain
Produktion: Antena 3 Televisión / Cappa Productions / Kinowelt / Lolafilms S.A. / Vía Digital. *Produzent:* Jordi Ros. *Ausführender Produzent:* **Martin Scorsese**. *Regie:* Katherine Lindberg. *Drehbuch:* Katherine Lindberg. *Kamera:* Vanja Cernjul. *Musik:* Clint Mansell. *Schnitt:* Carolyn Dysinger.
Darsteller/innen: Melora Walters (Ellen), Kris Park (Richard), Jamey Sheridan (Tom), Diane Ladd (Audrey), Jo Anderson (Patsy), Adrian Johansson (Eric), Ezra Buzzington (Deputy Ben Patterson), Tahmus Rounds (Paul Biddle) u.a.
Länge: 97 Min. *Uraufführung:* 12.1.2002, Sundance Film Festival.

DEUCES WILD (2002)
Deuces Wild – Wild in den Straßen
Produktion: CineWild / Cinerenta / Eternity Pictures / Presto / The Antonia Company. *Produzenten:* Willi Bär, Fred C. Caruso, Michael Cerenzie, Paul Kimatian. *Ausführender Produzent:* **Martin Scorsese** (ungenannt). *Regie:* Scott Kalvert. *Drehbuch:* Paul Kimatian, Christopher Gambale. *Kamera:* John A. Alonzo. *Musik:* Stewart Copeland. *Schnitt:* Michael R. Miller.
Darsteller/innen: Stephen Dorff (Leon), Brad Renfro (Bobby), Fairuza Balk (Annie), Norman Reedus (Marco), Max Perlich (Freddie), Drea de Matteo (Betsy), Vincent Pastore (Father Aldo), Frankie Muniz (Scooch), Balthazar Getty (Jimmy Pockets), Nancy Cassaro (Esther), Matt Dillon (Fritzy), Deborah Harry (Wendy) u.a.
Länge: 96 Min. *US-Kinostart:* 3.5.2002.

THE SOUL OF A MAN (2003)
The Soul of a Man
Produktion: Cappa Productions / Jigsaw Productions / Road Movies / Vulcan. *Produzent/innen:* Margaret Bodde, Alex Gibney. *Ausführende Produzent/innen:* Paul G. Allen, Ulrich Felsberg, Jody Patton, **Martin Scorsese**. *Associate Producer:* Belind Clasen. *Line Producer:* Samson Mücke. *Regie:* Wim Wenders. *Drehbuch:* Wim Wenders. *Kamera:* Lisa Rinzler. *Schnitt:* Mathilde Bonnefoy.
Mitwirkende: Laurence Fishburne (Narrator); Beck, James Blood Ulmer, T-Bone Burnett, Nick Cave, Eagle Eye Cherry, Shemekia Copeland, Garland Jeffreys, The Jon Spencer Blues Explosion, Los Lobos, Bonnie Raitt, Lou Reed, Vernon Reid, Marc Ribot, Lucinda Williams, Cassandra Wilson, Alvin Youngblood Hart (Featured Performers); Keith B. Brown, Blind Willie Johnson, Chris Thomas King (Themselves).
Uraufführung: 16.5.2003, Internationale Filmfestspiele Cannes. *US-Erstausstrahlung:* 29.9.2003, PBS. *Dt. Kinostart:* 28.08.2003.
Anmerkung: Dies ist die zweite Folge der PBS-Fernsehserie *The Blues*. S.a. unter I. Filme als Regisseur

BRIDES (2004)
Produktion: 4am Films / Alco Films / Alpha TV / Cappa Productions / Cinegram S.A. / Eurimages / Greek Film Center / K.G. Productions. *Produzent/innen:* Barbara De Fina, Terry Dougas. *Ausführender Produzent:* **Martin Scorsese**. *Regie:* Pantelis Voulgaris. *Drehbuch:* Ionna Karystiani. *Kamera:* Yorgos Arvanitis.
Darsteller/innen: Damian Lewis (Norman Harris), Viktoria Charalabidou (Niki Douka), Andréa Ferréol (Emine), Evi Saoulidou (Haro), Steven Berkoff (Karaboulat).

ALEXANDER THE GREAT (2005)
Produktion: Bazmark Films / Dino De Laurentiis Productions / DreamWorks SKG / Little Studio Films / Universal Pictures. *Produzent/innen:* Dino De Laurentiis, Baz Luhrmann, Martha De Laurentiis. *Ausführender Produzent:* **Martin Scorsese**. *Regie:* Baz Luhrmann. *Drehbuch:* Ted Tally, nach den Romanen von Valerio Manfredi.
Darsteller/innen: Leonardo DiCaprio (Alexander), Nicole Kidman (Olympia), Damian Golden u.a.
Voraussichtlicher US-Kinostart: Dezember 2005.

Bibliografie

Von Frank Arnold / Dietmar Kammerer

Abkürzungen:
(dt.:) AZ (München) = Abendzeitung (München); Berliner Morgenpost = Bln Mopo; DAS = Deutsches Allgemeines Sonntagsblatt; FAZ = Frankfurter Allgemeine Zeitung; fd = film-dienst; FR = Frankfurter Rundschau; KStA = Kölner Stadt-Anzeiger; ND = Neues Deutschland; NZZ = Neue Zürcher Zeitung; RM = Rheinischer Merkur / Christ und Welt; StZ = Stuttgarter Zeitung; SZ = Süddeutsche Zeitung; taz = die tageszeitung; TSP = Der Tagesspiegel. **(engl.:)** AC = American Cinematographer; F&F = Films and Filming; FC = Film Comment; FiR = Films in Review; LA Times = Los Angeles Times; MFB = Monthly Film Bulletin; NY Post = New York Post; NYT = The New York Times; S&S = Sight & Sound; VV = The Village Voice; W Post = The Washington Post. **(fr.:)** Cahiers = Cahiers du cinéma; RdC = Revue du Cinéma.

Die folgenden Nachweise beruhen für die Zeit bis 1986 im Wesentlichen auf der Bibliografie von Frank Arnold in: *Martin Scorsese*. Reihe Film 37. München: Hanser 1986. Die Daten wurden ergänzt durch die Angaben aus dem *International Index to Film Periodicals* (FIAF, Brüssel), dem *Film Literature Index* (Film and Television Documentation Center, Albany, New York) und dem *Film Index International* (BFI, London) sowie durch Recherchen in der Bibliothek des Filmmuseums Berlin und im Internet. Redaktionsschluss war der 31. Juli 2003.

Inhalt

Texte von Martin Scorsese

Bücher

(dt.:) M.S. u.a. (Hg.): DIE ZEIT DER UNSCHULD. Ein Porträt des Films nach dem Roman von Edith Wharton. Bergisch Gladbach: Bastei-Lübbe 1993. **(engl.:)** M.S. / Nicholas Pileggi: GOODFELLAS. Based on the Book »Wiseguy« by Nicholas Pileggi. Edited with an Introduction by David Thompson. London, Boston: Faber and Faber 1990. – M.S. u.a. (Hg.): THE AGE OF INNOCENCE. A Portrait of the Motion Picture Based on the Novel by Edith Wharton. New York: Newmarket Press 1993. – Nicholas Pileggi / M.S.: CASINO. May 9, 1994 Draft 12A. London: Hollywood Scripts 1994. – M.S. / Jay Cocks: THE AGE OF INNOCENCE. The Shooting Script. Screenplay and Notes. New York: Newmarket Press 1995. – Nicholas Pileggi / M.S.: CASINO. London: Faber and Faber 1996. – M.S. / Michael Henry Wilson: A PERSONAL JOURNEY WITH MARTIN SCORSESE THROUGH AMERICAN MOVIES. New York: Hyperion 1997. – M.S. / Leonardo DiCaprio / Daniel Day-Lewis / Cameron Diaz / Mario Tursi / Brigitte Lacombe: GANGS OF NEW YORK. Making the Movie. New York: Hyperion / Talk Miramax Books 2003 (enthält das Drehbuch). **(fr.:)** M.S.: Mes plaisirs de cinéphile. Textes, entretiens, filmographie complète. Paris: Petite bibliothèque des Cahiers du cinéma 1998 (gesammelte Texte aus den Cahiers).

Artikel/Einleitungen

(siehe auch Zeitschriften: Scorsese-Themenhefte)
(dt.:) Immer wieder derselbe Film. In: taz, 9.3.1989 (über John Cassavetes. Zuerst als Interview mit Berenice Reynaud in: Cahiers, März 1989). – Den Tränen nah. In: taz, 1.3.1990 (über Michael Powell. Auch in: Libération, 23.2.1990). – Statements: Steven Spielberg and Martin Scorsese. In: Filmfaust, Jan./Feb. 1994 (Spielberg und Scorsese über das geplante GATT-Abkommen). – Die zweite Leinwand. Martin Scorsese erzählt, wie Video sein Leben veränderte. In: Steadycam 30, Okt. 1995, S. 40-41. – Romantischer Realismus. Was das Kino mit Billy Wilder verliert. In: FAZ, 4.4.2002 (Nachruf auf Billy Wilder). **(engl.:)** Martin Scorsese Seminar. In: Dialogue on Film, April 1975, S. 2-25 (Scorsese doziert vor Studenten über seine Filmtechnik sowie MEAN STREETS und ALICE DOESN'T LIVE HERE ANYMORE). – Martin Scorsese's Guilty Pleasures. In: FC, Sept./Okt. 1978 (wieder abgedruckt in: FC, Mai/Juni 1998. Franz. in: Positif, April 1981). – Confessions of a Movie Brat. In: David Pirie (Hg.): Anatomy of the Movies. New York: Macmillan 1981, S. 81-100 (über das Filmemachen). – Internal Metaphors, External Horror. In: Wayne Drew (Hg.): David Cronenberg. London: BFI 1984, S. 54-55 (zuerst erschienen im Katalog des Festival of Festivals, Toronto

1983. Eine deutsche Übersetzung erschien im Presseheft des Neue-Constantin-Filmverleihs zu Cronenbergs THE DEAD ZONE). – Tapping the Intensity of the City. In: NYT Magazine, 9.9.1986, S. 82-85 (über den Einfluss von New York auf seine Arbeit und seinen Charakter). – In the Streets. In: Peter Occhiogrosso (Hg.): Once a Catholic. Prominent Catholics and Ex-Catholics Discuss the Influence of the Church on Their Lives and Works. Boston: Houghton Mifflin 1987, S. 88-101 (über seine Jugend). – The Second Screen. In: Video Review, April 1990. S. 24-25 (kommentiert den Einfluss des Videomarktes auf den Filmstil). – Martin Scorsese Looks Back on His Two Decades as a Director. In: Entertainment Weekly, 6.12.1991 (kurze Kommentare zu seinen Filmen bis GOODFELLAS). – Foreword. In: L. Robert Morris / Lawrence Raskin: LAWRENCE OF ARABIA. The 30th Anniversary Pictorial History. New York: Doubleday 1992. – Foreword. In: Martine Barrat: Do or Die. New York: Viking 1993 (Bildband über Boxer). – Save the Reels. In: Premiere (US), März 1993, S. 42. – Amid Clowns and Brutes, Fellini Found the Divine. In: NYT, 24.10.1993 (Nachruf auf Federico Fellini. Franz. in: Positif, Dez. 1993, S. 4-5). – Federico Fellini. In: S&S, Dez. 1993, S. 3 (Nachruf). – Foreword. In: Ian Christie: Arrows of Desire. The Films of Michael Powell and Emeric Pressburger. London: Faber 1994 (erweiterte Neuaufl.). – Foreword. In: Peter Cowie (Hg.): World Cinema. Diary of a Day. A Celebration of the Centenary of Cinema. London: Beazley 1994. – New Foreword. In: Alan Greenberg: Love in Vain. A Vision of Robert Johnson. New York: Da Capo Press 1994 (unverfilmtes Drehbuch über das Leben des Musikers Robert Johnson. Neuaufl.). – Introduction. In: Michael Powell: Million Dollar Movie. New York: Random House 1995 (zweiter Teil der Autobiografie »A Life in Movies« von Michael Powell). – Preface. In: Jonathan Romney / Adrian Wootton (Hg.): Celluloid Jukebox. Popular Music and the Movies since the 1950s. London: BFI 1995 (Kritiker, Filmemacher und Musiker über Popmusik und Kino). – Truth in Film Labeling. In: Washingon Post, 4.10.1995 (Beiträge von Martin Scorsese, Norman Jewison, Sydney Pollack und Robert Wise). – Scorsese. In: Premiere, Dez. 1995, S. 110-117 (Tagebuchnotizen zu den Dreharbeiten von CASINO). – Foreword. In: David Robinson: From Peep Show to Palace. The Birth of American Film. New York: Columbia UP 1996. – Foreword. In: André de Toth: Fragments. Portraits from the Inside. London: Faber and Faber 1996. – Anatomy of a Synthesist. In: NYT, 29.12.1996 (Nachruf auf Titelsequenz-Designer Saul Bass). – Foreword. In: Jack Cardiff: Magic Hour. Jack Cardiff. London: Faber and Faber 1997 (Autobiografie des Kameramannes). – Introduction. In: Joe Morgenstern: Saul Bass: A Life in Film and Design. Los Angeles: General Pub. Group 1997. – The Men Who Knew Too Much. In: Premiere (US), Sept. 1997 (über Robert Mitchum und James Stewart), S. 70-71. – Foreword. In: Chris Fujiwara: Jacques Tourneur. The Cinema of Nightfall. Jefferson: McFarland 1998. – A Box Filled with Magic. In: Newsweek 131, Sommer 1998. – Foreword. In: Dan Auiler: Vertigo. The Making of a Hitchcock Classic. London: Titan 1999. – Introduction. In: James Agee: Agee on Film: Criticism and Comment on the Movies. New York: Modern Library 2000. – Introduction. In: Vachel Lindsay: The Art of the Moving Picture. New York: The Modern Library 2000 (Neuaufl.). – Introduction. In: Stephanie Schwam (Hg.): The Making of 2001: A SPACE ODYSSEY. New York: Modern Library 2000. – Foreword. In: Paolo Cherchi Usai: The Death of Cinema. History, Cultural Memory, and the Digital Dark Age. London: BFI Pub 2001 (über die Rettung alter Filmkopien). – New York City: Home, Sweet Home. In: The New York Observer, 17.12.2001. – Foreword. In: Samuel Fuller: A Third Face: My Tale of Writing, Fighting, and Filmmaking. New York: Knopf 2002. – Introduction. In: Esquire. The Esquire Film Issue, Sept. 2002. **(fr.:)** Akira Kurosawa, un samourai de cinéma. In: Cahiers, Okt. 1988. – La Règle du jeu dans les rues italiennes de New York. In: Le Monde, 6.9.1990 (über GOODFELLAS). – Vogue par Martin Scorsese. In: Vogue, Dez. 1990 / Jan. 1991, S. 179-233 (Martin Scorsese war Chefredakteur dieser Ausgabe und steuerte einen autobiografischen Foto-Essay bei). – Parmi les clowns et les brutes, Fellini a trouvé le divin. In: Positif, Dez. 1993, S. 4-5 (Nachruf auf Federico Fellini. Engl. in: NYT, 24.10.1993). – Robert Mitchum + James Stewart: Deux hommes qui en savaient trop. In: Cahiers, Sept. 1997, S. 52-54. – Samuel Fuller, ou le mouvement comme émotion. In: Cahiers, Dez. 1997. – Hommage to Stanley Kubrick. In: Cahiers, April 1999.

Über Martin Scorsese

Bücher

(dt.:) Heinz-Dieter Rusche: Über den Zusammenhang von Kultur und Ästhetik am Beispiel des Filmemachers Martin Scorsese. Eine filmografische Analyse. Magisterarbeit Hannover 1984. – Frank Arnold / Peter W. Jansen / Christa Maerker / Hans Günther Pflaum / Heinz-Dieter Rusche: Martin Scorsese. Reihe Film 37. München: Hanser 1986. – David Thompson / Ian Christie (Hg.): Scorsese über Scorsese. Frankfurt/Main: Verlag der Autoren 1996. – Andy Dougan: Nahaufnahme. Martin Scorsese. Reinbek: Rowohlt 1998. – Birgit Berndt: Martin Scorsese. Die Inszenierung der Figur in drei seiner frühen Filme. Aufsätze zu Film und Fernsehen, Bd. 69. Alfeld/ Leine: Coppi-Verlag 1999 (zu TAXI DRIVER, MEAN STREETS, NEW YORK, NEW YORK. Zugleich: Magisterarbeit FU Berlin 1997). – Florian Fehrenbach: Martin Scorsese. Ein amerikanischer »Auteur«. Magisterarbeit Kiel 2001. – Roberto Lasagna: Martin Scorsese. Marburg: Schüren 2002 (aus dem Ital.). **(engl.:)** Mary Pat Kelly: Martin Scorsese. The First Decade. Pleasantville: Redgrave 1980 (zu Scorseses frühen Filmen bis THE LAST WALTZ). – Michael Bliss: Martin Scorsese and Michael Cimino. Filmmakers, No. 8. Metuchen, London: Scarecrow Press 1985. – Marion Weiss: Martin Scorsese. A Guide to References and Resources. Boston: Hall 1987 (ausführliche Bibliografie für alle Filme bis AFTER HOURS). – David Thompson / Ian Christie (Hg.): Scorsese on Scorsese. London: Faber and Faber 1990 (2., erweiterte Aufl. 1996). – Roger Ebert / Gene Siskel: The Future of the Movies. Interviews with Martin Scorsese, Steven Spielberg and George Lucas. Kansas City: Andrews and McMeel 1991 (zugleich auch Interviewfilm, s. Dokumentationen). – Mary Pat Kelly: Martin Scorsese. A Journey. New York: Thunder's Mouth Press 1991 (2. Aufl. 1996). – David Ehrenstein: The Scorsese Picture. The Art and Life of Martin Scorsese. New York: Carol Pub. Group, Birch Lane Press 1992 (mit zahlreichen Fotos aus Scorseses Privatbesitz; über alle Filme bis THE AGE OF INNOCENCE). – Les Keyser: Martin Scorsese. Twayne's Filmmakers. New York: Twayne Publ. 1992 (chronologische Betrachtung und Analyse der Filme bis einschließlich THE AGE OF INNOCENCE). – Marie Katheryn Connelly: Martin Scorsese. An Analysis of His Feature Films with a Filmography of His Entire Directorial Career. Jefferson: McFarland 1993 (Analyse der Filme von MEAN STREETS bis GOODFELLAS). – Leonard A. Ferrante: Redemption in the Narrative Films of Martin Scorsese. Related Critical Essays, with Emphasis on MEAN STREETS, RAGING BULL, and GOODFELLAS. Ann Arbor, Mich.: Univ. Microfilms International 1994. – Michael Bliss: The Word Made Flesh. Catholicism and Conflict in the Films of Martin Scorsese. Filmmakers, No. 45. Lanham: Scarecrow Press 1995. – Lesley Stern: The Scorsese Connection. Bloomington: Indiana Univ. Press 1995 (über Scorseses »inoffizielle« Remakes, z.B. RAGING BULL nach THE RED SHOES, TAXI DRIVER nach THE SEARCHERS. Der zweite Teil untersucht die Rezeption seiner Filme). – David Thompson / Ian Christie (Hg.): Scorsese on Scorsese. London: Faber and Faber 1996 (2., erweiterte Aufl.). – Andy Dougan: Close up. Martin Scorsese. Orion Media: London 1997 (enthält Reviews aus *Variety* bis einschließlich CASINO. Auch dt.). – Lawrence S. Friedman: The Cinema of Martin Scorsese. New York: Continuum 1997. – Peter Brunette (Hg.): Martin Scorsese. Interviews. Jackson: University Press of Mississippi 1999. – James Cole Potter: Martin Scorsese and the Poetics of Post-classical Authorship. Ann Arbor: Northwestern University 1999 (Hochschulschrift). – Leighton Grist: The Films of Martin Scorsese 1963-77. Authorship and Context. Basingstoke: Macmillan 2000. – Paul Duncan: Martin Scorsese. The Pocket Essential Guide. Harpenden: Oldcastle 2002. – Jim Sangster: Scorsese. London: Virgin 2002. **(fr.:)** Michel Cieutat: Martin Scorsese. Paris: Rivages 1986. – Jean-Philippe Domecq: Martin Scorsese. Un Rêve italo-américain. Bibliothèque du cinéma. Les métiers du cinéma. Paris: Hatier 1986. – David Thompson / Ian Christie (Hg.): Scorsese par Scorsese. Paris: Cahiers 1990. **(it.:)** Gian Carlo Bertolina: Martin Scorsese. Il Castoro Cinema, Bd. 88. Florenz: La nuova Italia 1981. – Giancarlo Beltrame: Martin Scorsese. Circuito Cinema, Bd. 16. Venedig: Ufficio attività cinematografiche dell'Assessorato alla Cultura 1982. – Edoardo Bruno: Martin Scorsese. Rom: Gremese 1992. – Guy Borlée / Andrea Morini: Movies Are My Life. Il cinema secondo Martin Scorsese. Mostra internazionale del cinema libero. Bologna: Cineteca comunale 1995. – Anton Giulio Mancino: Angeli selvaggi. Martin Scorsese, Jonathan Demme, c/o Hollywood, USA. Streamers, Bd. 5. Chieti: Métis 1995. – Stefano Boni: Martin Scorsese. Garage, Bd. 8. Turin: Scriptorium 1996. – Roberto Lasagna: Martin Scorsese. I grandi del cinema. Rom: Gremese 1998. – Serafino Murri: Martin Scorsese. Il Castoro Cinema, Bd. 200. Mailand 2000. **(span.:)** Enrique Alberich Grau: Martin Scorsese. Vivir el cine. Madrid: Glenat España 1999. – José Enrique Monterde: Martin Scorsese. Signo e Imagen. Cineastas, Bd. 46. Madrid: Catedra 2000.

Zeitschriften: Scorsese-Themenhefte

(dt.:) Screenshot, Winter 2002: Bernd Kiefer: Warten auf Klopfzeichen in der Hölle – Anmerkungen zum Kino des Martin Scorsese, S. 10-13. – Alexander Jackob: THE AGE OF INNOCENCE. Eine Geschichte über New York vor dem Zeitalter des Films, S. 14-16. – Peter Ruckriegl: IL MIO VIAGGIO IN ITALIA. Martin Scorseses Reise durch die italienische Filmgeschichte, S. 17-19. – Michael Gruteser: TAXI DRIVER. There is no Magic Cure, S. 20-23. – Andreas Rauscher: Dislocated Subject für eine Nacht, S. 24-25 (zu AFTER HOURS). – Oliver Keutzer: The Darker Side of the Christian Message – Vier Versuche zu THE LAST TEMPTATION OF CHRIST, S. 26-29.

fd, 28.1.2003: Bernd Kiefer: Vom Warten auf Erlösung. Martin Scorsese und sein New York, S. 6-10. – Thomas Binotto: Die Schlacht um Five Points. Zur schwierigen Genesis zweier Herzensprojekte, S. 11-16. – Rüdiger Suchsland: Gewalt als Motor des Lebens. Gespräch mit Martin Scorsese über GANGS OF NEW YORK, S. 16-18. – Thomas Binotto: New York von ganz unten. Auf der Premiere von GANGS OF NEW YORK, S. 20. – Thomas Binotto: Filme im Kopf. Gespräch mit Michael Ballhaus über Martin Scorsese, S. 21-23. – Franz Everschor: GANGS OF NEW YORK, S. 26-27 (Rezension). – Jörg Gerle: GANGS OF NEW YORK, S. 44 (Rezension des Soundtracks). – Rüdiger Suchsland: Martin Scorsese, S. 45 (Rezension zu: Georg Seeßlen: Martin Scorsese. f i l m : 6. Berlin:

Bertz 2003). – Andrea Dittgen: Der Mann, der fürs Kino lebt. Martin Scorsese – Filmhistoriker und Filmbewahrer, S. 46-48. – Johannes Binotto: Fatale Kontinuitäten. Martin Scorsese und das Filmzitat, S. 48-51. – Michael Hanisch: Zwei große Stücke Kino. CAPE FEAR von J. Lee Thompson und Martin Scorsese – ein Vergleich, S. 52-53. – Ulrich Kriest: Can You Hear Me Knocking? Notizen zu Scorsese und der Funktion der Popmusik in seinen Filmen, S. 54-56. – Rüdiger Suchsland: Blut, Fleisch und Stein. Geburt einer Nation: Gewalt und Zivilisation bei Scorsese, S. 56-59.

(engl.:) John Boorman / Walter Donohue (Hg.): A Forum for Film-Makers. Projections 7. London: Faber and Faber 1997 (Übersetzung der Texte aus Cahiers 500 ins Engl. bzw. Abdruck der engl. Originale): Martin Scorsese: An Authentic Passion, S. 3f. – The Editors: Scorsese and Us, S.5ff. – Thierry Jousse / Nicolas Saada: CASINO. Martin Scorsese Interviewed, S.8ff. – Nicolas Saada: Thelma Schoonmaker Interviewed, S.22ff. (zu CASINO). – Nicolas Saada: The Abyss of Hallucinations, S. 29ff. (zu CASINO). – Serge Toubiana: Demolition Job, S. 33ff. – Martin Scorsese: De Niro and Me, S. 36ff. – Martin Scorsese: Our Generation, S. 60ff. – Martin Scorsese: Irishamerican. John Ford, Raoul Walsh, John Huston, Leo McCarey, S. 66ff. – Martin Scorsese: About British Cinema, S. 81ff. – Martin Scorsese: Three Portraits in the Form of an Hommage. Ida Lupino, John Cassavetes, Glauber Rocha, S. 87ff. – The Editors: A Passion for Film, S. 93ff. – John Carpenter, Abel Ferrara, Alain Resnais, John Woo, Takeshi Kitano, Wu Nieu-Jen, Olivier Assayas: Five Questions, S. 103ff. (Fragen von Martin Scorsese).

FC, Mai/Juni 1998 (Ausgabe zu Ehren Martin Scorseses, den die Film Society of Lincoln Center am 4. Mai 1998 zum »25. Honoree« ernannte): Michael Wilmington: The Wild Heart, S. 16-22. – Andrew Lewis Conn: The Adolescents of Martin Scorsese, S. 24-27. – Marjorie Rosen: ALICE DOESN'T LIVE HERE ANYMORE, S. 29 (Interviewauszüge, vollständig in: FC, März/April 1975). – Manny Farber / Patricia Patterson: The Power and the Gory, S. 30-44 (zuerst in: FC Mai/Juni 1976) (über die inneren Widersprüche von TAXI DRIVER). – Martin Scorsese: Guilty Pleasures, S. 46-50 (zuerst in: FC Sept./Okt. 1978). – David Thomson: The Director As Raging Bull, S. 52-63 (zuerst in: FC Jan./Feb. 1981). – Martin Scorsese: On Color Preservation, S. 58 (Brief aus FC Jan./Feb. 1980). – Kathleen Murphy: GOODFELLAS, S. 64-67 (zuerst in: FC Sept./Okt. 1990). – Gavin Smith: GOODFELLAS, KUNDUN, AGE OF INNOCENCE, S. 68-77 (Auszüge aus Interviews).

(fr.:) Cahiers 500, März 1996 (Scorsese war Chefredakteur dieser Jubiläumsausgabe): Martin Scorsese: Une Authentique passion, S. 4-5. – Editorial Cahiers: Martin Scorsese et nous, S. 6. – Thierry Jousse / Nicolas Saada: CASINO. Entretien avec Martin Scorsese, S. 8-15. – Nicolas Saada: CASINO. Entretien avec Thelma Schoonmaker, S. 16-19. – Nicolas Saada: Le Gouffre aux chimières, S. 19-22 (zu CASINO). – Serge Toubiana: Un Processus de démolition, S. 22-23. – Martin Scorsese: De Niro et Moi, S. 24-35 (über MEAN STREETS, TAXI DRIVER, NEW YORK, NEW YORK, RAGING BULL, THE KING OF COMEDY, GOODFELLAS, CAPE FEAR, CASINO). – Martin Scorsese: Notre génération, S. 36-39 (zu Francis Ford Coppola, Brian De Palma, Steven Spielberg, George Lucas). – Martin Scorsese: New York, New York, S.40-45 (über Filme in/aus New York). – Martin Scorsese: Ma cinéphilie, S. 46-50. – Martin Scorsese: Discours de réception du BAFTA Britannia Award, 12.10.1993, S. 52-55 (über britisches Kino). – Martin Scorsese: Trois portraits en forme d'hommage. Ida Lupino, John Cassavetes, Glauber Rocha, S. 56-59. – Martin Scorsese: Bertolucci, Hitchcock, Ferrara, Renoir, Welles, Ophüls, S. 60-63. – Antoine de Baecque: Comme sur un lit d'hôpital. Portrait de Martin Scorsese, S. 64-68. – John Carpenter, Abel Ferrara, Alain Resnais, John Woo, Takeshi Kitano, Wu Nieu-Jen, Olivier Assayas. Cinq questions sur le cinéma posées par Martin Scorsese, S. 69-72.

Dokumentationen

(dt.:) WUNDERBARE VISIONEN AUF DEM WEG ZUR HÖLLE. DAS KINO UND DIE KÄMPFE DES MARTIN SCORSESE. Regie: Bodo Fründt, Rolf Thissen. 43 Min. ZDF, 1989 (auch auf der dt. MEAN STREETS-DVD). **(engl.:)** MOVIES ARE MY LIFE. A PROFILE OF MARTIN SCORSESE. Regie: Peter Hayden. 61 Min. 1977. – SOUTH BANK SHOW. MARTIN SCORSESE. Researcher: Nigel Wattis. 57 Min. London Weekend Television / Independent Television 1, 22.2.1981 (enthält u.a. Interview mit Martin Scorsese zur Zeit von RAGING BULL). – HOLLYWOOD MAVERICKS. Regie: Florence Dauman, Dale Ann Stieber. 90 Min. American Film Institute / NHK Enterprises, 1990. Premiere: 18.2.1990, Internationale Filmfestspiele Berlin. US-Kinostart: 7.9.1990 (führende amerikanische Regisseure äußern sich über ihre Arbeit und ihre Ansichten über die Kunst des Filmemachens; mit Martin Scorsese, Paul Schrader, Peter Bogdanovich, Dennis Hopper, Francis Ford Coppola). – AMERICAN MASTERS. MARTIN SCORSESE DIRECTS. ALL THIS FILMING, IS IT HEALTHY? Regie: Joel Sucher, Steven Fischler. 58 Min. Pacific Street Film Projects / WETA, 20.7.1990 (Interviews mit Martin Scorsese und Mitarbeitern). – MARTIN SCORSESE LECTURES ON MICHAEL POWELL. 72 Min. Library of Congress / British Academy of Film and Television Arts, 1991. – EVERYBODY JUST STAY CALM. Regie: Illeana Douglas. 60 Min. Premiere: 26.11.1994 (satirische Dokumentation über Independent-Filme. Mit Peter Gallagher, Martin Scorsese, Mira Sorvino und Whit Stillman). – AMERICAN CINEMA. Moderator: John Lithgow. PBS, ab 23.1.1995 (zehnteilige Serie über Filmgeschichte. Mit Kathryn Bigelow, Joel und Ethan Coen, Brian De Palma, Jim Jarmusch, Spike Lee, George Lucas, Sam Raimi, Martin Scorsese, Steven Spielberg, Quentin Tarantino u.a.). – A SALUTE TO MARTIN SCORSESE. 25TH AMERICAN FILM INSTITUTE LIFE ACHIEVEMENT AWARD. Regie: Louis J. Horvitz. 60 Min. USA Network, 28.5.1997 (Gala zur Verleihung des »Life Achievement Award« der amerikanischen Filmindustrie. Moderation: Sharon Stone. Mit Joe Pesci, Kris Kristofferson, Winona Ryder, James Woods, Kevin Pollak, Jodie Foster, Robert De Niro, Don Rickles, Gregory Peck u.a. Dt. Ausstrahlung im Bayerischen Rundfunk 1999). – THE RACE TO SAVE 100 YEARS. Regie: Scott Benson. 57 Min. Turner Entertainment / Warner Brothers, 17.10.1997 (Dokumentation über die allmähliche Zerstörung von Stummfilmkopien. Mit Martin Scorsese). – TITLE DETAILS. SCENE BY SCENE WITH MARTIN SCORSESE. Interviewer: Mark Cousins. 50 Min. BBC 2, 4.4.1998. – ONE VISION. Regie: Rob Stone. Vienna Productions. US-Kinostart: 28.7.1998 (Dokumentation über das Filmemachen. Mit Martin Scorsese, Oliver Stone u.a.). – MOTHER-TONGUE. ITALIAN AMERICAN SONS & MOTHERS. Regie: Marylou Tibaldo-Bongiorno. 21.8.1999 (Porträts von Martin Scorsese und sechs weiteren Italoamerikanern im Verhältnis zu ihren Müttern). – THE DIRECTORS. MARTIN SCORSESE. Regie: Robert J. Emery. 58 Min. New York: Winstar 2000 (DVD-Dokumentation aus der AFI-Serie »The Directors«. Interviews und Filmausschnitte u.a. zu RAGING BULL und BRINGING OUT THE DEAD). – FOREVER EALING. Regie: Andrew Snell. 50 Min. Channel 4 Television Corporation / Silver Apples Media / Studio Canal, 5.12.2002 (Dokumentation über die Geschichte der englischen Ealing-Filmstudios. Mit Martin Scorsese und Daniel Day-Lewis). – EASY RIDERS, RAGING BULLS. Regie: Kenneth Bowser. 119 Min. BBC / The Fremantle Corporation / Trio Television, 9.3.2003 (dokumentarische Verfilmung des gleichnamigen Buches von Peter Biskind. Porträt der Generation des New Hollywood. Hintergrundgeschichten zur »Malibu Beach Group« um Martin Scorsese, Harvey Keitel, Steven Spielberg und Paul Schrader). **(fr.:)** CINEASTE DE NOTRE TEMPS. THE SCORSESE MACHINE. Regie: André S. Labarthe. 73 Min. La Sept, Mai 1991. – LA MEMOIRE RETROUVEE. Regie: Jacques Meny. La Sept Cinéma / On Line Productions / arte, 2.4.1996 (Dokumentation über Film-Restaurierung. Mit Martin Scorsese, Peter Weir u.a. Dt.: Das wiedergefundene Erbe).

Buchkapitel und Lexikoneinträge

(dt.:) Michael Powell: Martin Scorsese. In: Fritz Göttler / Stefan Braun / Klaus Volkmer / Claus M. Reimer (Red.): Living Cinema. Powell & Pressburger. KinoKonTexte 3. München: Selbstverlag 1982 (Übersetzung des Vorworts aus: Kelly: First Decade, 1980 [s. Bücher über Scorsese]). – Alice Bachner u.a.: Lina Wertmüller / Martin Scorsese. Zürich: Filmstelle VSETH/VSU 1986, S. 58-119. – Ulli Weiss: Die Leidenschaft: Martin Scorsese. In: U.W.: Das neue Hollywood. Francis Ford Coppola, Steven Spielberg, Martin Scorsese. München: Heyne 1986, S. 15-90, 239-246, 261. – Thomas Plöger: Die Struktur der Gewalt. Martin Scorseses Kino-Realismus. In: Werner C. Barg / T.P. (Hg.): Kino der Grausamkeit. Die Filme von Sergio Leone, Stanley Kubrick, David Lynch, Martin Scorsese, Oliver Stone, Quentin Tarantino. Frankfurt/Main: BJF (Bundesverband Jugend und Film e.V.) 1996, S. 87-122. – Uli Jung: Martin Scorsese. In: Thomas Koebner (Hg.): Filmregisseure. Biographien, Werkbeschreibungen, Filmographien. Stuttgart: Reclam 1999, S. 622-628. – Robert Kolker: Die Sprache der Straße. Martin Scorsese. In: R.K.: Allein im Licht. Arthur Penn, Oliver Stone, Stanley Kubrick, Martin Scorsese, Steven Spielberg, Robert Altman. Übers. Bodo Fründt / Rolf Thissen. München/Zürich: Diana 2001, S. 253-349. **(engl.:)** Peter Cowie: Martin Scorsese. In: P.C. (Hg.): International Film Guide 1979. London: Tantivy 1978. – Diane Jacobs: Martin Scorsese. In: D.J.: Hollywood Renaissance. New York: A.S. Barnes 1980, S. 131-163. – James Monaco: Fear and Loathing in Hollywood. In: J.M.: American Film Now. New York: New American Library 1979, S. 150-161 (2., erweiterte Aufl. 1984. Dt.: München: Hanser 1985, S. 112-123). – Michael Pye / Lynda Myles: Martin Scorsese. In: M.P./L.M.: The Movie Brats. How the Film Generation Took Over Hollywood. London: Faber and Faber 1979, S. 188-219. – Bella Taylor: Martin Scorsese. In: Jon Tuska (Hg.): Close-up: The Contemporary Director. Metuchen, London: Scarecrow Press 1981, S. 293-368. – Alain Masson: Martin Scorsese. In: Jean-Pierre Coursodon / Pierre Sauvage (Hg.): American Directors. Bd. 2. New York: McGraw-Hill 1983, S. 326-329. – Dian G. Smith: American Filmmakers Today. Poole: Blandford 1984. – Robin Wood: Martin Scorsese. In: Christopher Lyon (Hg.): The Macmillan Dictionary of Films and Filmmakers. Bd. 2: Directors. London: Macmillan 1984, S. 486-488. – Ellen (Elena) Oumano: Film Forum. Thirty-Five Top Filmmakers Discuss Their Craft. New York: St. Martin's Press 1985 (S. 78-80: Cinematography; S. 171-172: Structure and Rhythm; S. 201-202: Film and Reality; S. 244-248: The Process of Writing, Shooting, and Editing the Film; S. 289-290: Film and Society; S. 299-303: Movie Business Production, Distribution, and Exhibition). – Lee Lourdeaux: Martin Scorsese in Little Italy and Greater Manhattan. In: L.L.: Italian and Irish Filmmakers in America. Ford, Capra, Coppola, and Scorsese. Philadelphia: Temple UP 1990, S. 217-266. – Robert Casillo: Moments in Italian-American Cinema. From LITTLE CAESAR to Coppola and Scorsese. In: Anthony Julian Tamburri u.a. (Hg.): From the Margin. Writings in Italian Americana. West Lafayette: Purdue UP 1991, S. 374-396. – Kenneth von Gunden: Postmodern Auteurs. Coppola, Lucas, De Palma, Spielberg, Scorsese. Jefferson u.a.: McFarland 1991. – Jeanine Basinger: American Cinema. One Hundred Years of Filmmaking. New York: Rizzoli 1994, S. 262-266. – Judy Stone: Martin Scorsese. In: J.S.: Eye on the World. Conversations with International Filmmakers. Los Angeles: Silman-James 1997, S. 776-779. – Paul Giles: The Intertextual Politics of Cultural Catholicism. In: Thomas J. Ferraro (Hg.): Catholic Lives, Contemporary America. Durham: Duke UP 1997 (über Katholizismus bei Scorsese, Madonna, Tiepolo). – Patricia Kruth: The Color of New York. Places and Spaces in the Films of Martin Scorsese and Woody Allen. In: François Penz / Maureen Thomas (Hg.): Cinema & Architecture: Méliès, Mallet-Stevens, Multimedia. London: BFI 1997, S. 70-82. – Peter Biskind: The Gospel According to St. Martin. In: P.B.: Easy Riders and Raging Bulls. How the Sex-Drugs-and-Rock'n'Roll Generation Saved Hollywood. London: Bloomsbury, Simon and Schuster 1998, S. 225-254 (Filmgeschichte der 70er Jahre in Hollywood, enthält zahlreiche weitere Verweise. Dt.: Easy Riders and Raging Bulls. Wie die Sex&Drugs&Rock'n'Roll-Generation Hollywood rettete. Übers. Fritz Schneider. Frankfurt/Main: Rogner und Bernhard 2000. Auch als Film. s. Dokumentationen). – Jon Lewis (Hg.): The New American Cinema. Durham: Duke UP 1998, S. 24-28. – John Orr: American Reveries: Altman, Lynch, Malick, Scorsese. In: J.O.: Contemporary Cinema. Edinburgh: University Press 1998, S. 162-187. – Pasquale Verdicchio: Unholy Manifestations. Cultural Transformations as Hereticism. In: William Boelhower u.a. (Hg.): Adjusting Sites. New Essays in Italian American Studies. New York: Forum Italicum 1999, S. 201-218. – Richard A. Blake: After Image: The Indelible Catholic Imagination of Six American Filmmakers. Chicago: Loyola Press 2000 (katholisch inspirierte Untersuchung der religiösen Dimension in den Filmen von Capra, Coppola, De Palma, Ford, Hitchcock, Scorsese). – Robert Phillip Kolker: Expressions of the Street. Martin Scorsese. In: R.P.K.: A Cinema of Loneliness. Penn, Kubrick, Coppola, Scorsese, Altman. Oxford u.a.: Oxford UP 2000 (3. Aufl.), S. 175-246 (dt.: Allein im Licht. München, Zürich: Diana 2001). – Greg Merritt: Celluloid Mavericks. The History of American Independent Film. New York: Thunder's Mouth 2000, S. 212-215. – Patricia Lombardo: Martin Scorsese and the Rhythm of the Metropolis. In: P.L.: Cities, Words and Images. From Poe to Scorsese. Houndmills: Palgrave Macmillan 2003 (über das Motiv der Stadt in Literatur, Fotografie und Film).

Interviews mit Scorsese
(allgemein und zu einzelnen Filmen)

(siehe auch Zeitschriften: Scorsese-Themenhefte)
(dt.:) Thomas Honickel: »Wir hatten mehr Freiheit, als wir noch weniger Geld hatten.« In: epd Film, 7/1980 (Nachdruck, gekürzt um Passagen zu MEAN STREETS, in: FR, 5.8.1980). – o.A.: Man nennt ihn den Meister des Kinos der Brutalität. In: Cinema, April 1981, S. 33 (Interview). – Silke Haladjian: Filmemachen ist deprimierend. In: Cinema, März 1987, S. 80-82. – Andreas Wrede: Kein Kreuzzug in eigener Sache. In: Cinema, Nov. 1988, S. 58 (zu THE LAST TEMPTATION OF CHRIST). – Wolf Donner: Üble Burschen. In: tip, 11.10.1990, S. 44-45 (zu GOODFELLAS). – o.A.: Keine Erlösung ohne Blut. In: Oberösterreichische Nachrichten, 28.2.1992 (zu CAPE FEAR). – Scott Orlin: Beinahe etwas Apokalyptisches. In: Cinema, März 1992, S. 28-29 (Scorsese und De Niro zu CAPE FEAR). – so/roh: »Ich bin für jedes Genre offen.« In: Cinema, Nov. 1993, S. 96 (zu THE AGE OF INNOCENCE). – Urs Jenny / J. Saltzwedel: Ohne Leiden wird es nichts. In: Der Spiegel, 8.11.1993 (zu THE AGE OF INNOCENCE). – o.A.: Schwimmt nicht mit dem Mainstream. In: Oberösterreichische Nachrichten, 24.11.1995 (zu CASINO). – Roland Huschke: »Gewalt ist ein Teil meines Lebens.« In: Cinema, März 1996, S. 42-43 (zu CASINO). – Ralph Eue: »Geld, Gold und Gier.« In: Focus, 11.3.1996, S. 130-133 (zu CASINO). – Bernd Kuhn: Neid & Missgunst. In: TSP, 14.3.1996 (zu CASINO). – Elisabeth Sereda: Die Jungs von nebenan. Der Club der New Yorker: Scorsese, De Niro und Pesci. In: Die Woche, 15.3.1996 (zu CASINO). – Gunter Göckenjan: »Ich bin kein Regisseur.« In: tip, 21.3.1996, S. 34-35. – Harald Pauli: »Gewalt funktioniert nicht mehr.« In: Focus, 10.11.1997, S. 168 (zu KUNDUN). – Caroline M. Buck: Marty '98. In: Der Schnitt, 2/1998, S. 31 (zu KUNDUN). – Sieglinde Geisel: Die alte Idee von der Kraft des Geistes. In: NZZ, 6.3.1998 (zu KUNDUN). – Dorothée Lackner: Buddhismus als Lebensstil. In: Märkische Allgemeine Zeitung, 11.3.1998 (zu KUNDUN). – Gunter Göckenjan: Gewaltlosigkeit erfordert sehr viel mehr Mut als Gewalt. In: Berliner Zeitung, 14.3.1998 (zu KUNDUN). – Tobias Kniebe: »Wenn es hart wird, können Filme dich nicht mehr retten.« In: SZ, 14.3.1998 (zu KUNDUN). – Gregor Dotzauer: Schönheit, in Arsen getränkt. In: FR, 16.3.1998 (zu KUNDUN). – o.A.: Spiritueller Sog. In: Der Spiegel, 16.3.1998 (zu KUNDUN). – Ludwig Heinrich: Ein echter Revolutionär, kein politischer. In: Oberösterreichische Nachrichten, 17.3.1998 (zu KUNDUN). – Ralph Eue / Michael Schumann: Wie fühlt man sich als Ketzer, Herr Scorsese? In: TSP, 18.3.1998 (zu KUNDUN). – Markus Tschiedert: »Man muss auch die furchtbaren Seiten des Lebens sehen.« In: Bln Mopo, 19.3.1998 (zu KUNDUN). – Caroline M. Buck: Mittelmäßig ist schlimmer als schlecht. In: ND, 26.3.1998 (zu KUNDUN). – Margret Köhler: Die Zeit rennt uns davon! In: Film- & TV-Kameramann, April 1998, S. 154-156 (zu KUNDUN). – Patrick Roth: Dreißig Jahre schlechte Laune. In: SZ, 4.5.2000 (zu BRINGING OUT THE DEAD). – Roland Huschke: Worte des großen

Vorsitzenden. In: tip, 30.1.2003, S. 38-39 (zu GANGS OF NEW YORK). – Hanns-Georg Rodek: Der Herr der Farben. Sieben Fragen an Martin Scorsese. In: Bln Mopo, 2.2.2003 (zu GANGS OF NEW YORK). – Ian Christie: »Und das alles in einem Film?« Martin Scorsese über GANGS OF NEW YORK. In: taz, 6.2.2003 (gekürzt; zuerst in: S&S, Jan. 2003). – mt: »Wir stritten um den Elefanten.« Regisseur Martin Scorsese zu GANGS OF NEW YORK. In: Blickpunkt: Film, 10.2.2003. – Katja Nicodemus: Zum Kampf gehören Steaks. Ein Gespräch mit Martin Scorsese über seinen neuen Film GANGS OF NEW YORK, Knackwurst und Gewalt. In: Die Zeit, 13.2.2003. – Jan Schulz-Ojala: Der Herr der Klinge. Martin Scorsese über Amerika, die Gewaltfrage und seinen Film GANGS OF NEW YORK. In: TSP, 19.2.2003. – Frank Arnold: Sechs Blocks von einer anderen Welt. Martin Scorsese über GANGS OF NEW YORK. In: KStA, 20.2.2003. – Andreas Kilb / Peter Körte: Hundert Millionen Dollar für einen Western auf dem Mars. In: FAZ, 20.2.2003 (zu GANGS OF NEW YORK). – Bert Rebhandl: Marty, brauchst du wirklich den Elefanten? Amerika – ein Werk schmutziger Hände. Martin Scorsese über sein Lebensprojekt GANGS OF NEW YORK. In: Berliner Zeitung, 20.2.2003. – Hanns-Georg Rodek: Gewalt, die man zu sehen glaubt. Eisenstein, Pudowkin, GANGS OF NEW YORK. Ein Gespräch mit dem Regisseur Martin Scorsese. In: Die Welt, 20.2.2003. – Hanns-Georg Rodek: Ohne Berührung. »Geschichte ist immer gewalttätig.« Martin Scorsese über seinen Film GANGS OF NEW YORK. In: Bln Mopo, 20.2.2003. – Markus Tschiedert: Und wer soll den Elefanten bezahlen? Martin Scorsese über die Dreharbeiten, rege Auseinandersetzungen mit seinem Produzenten und Gewaltverherrlichung. In: Hamburger Abendblatt, 20.2.2003 (zu GANGS OF NEW YORK). **(engl.:)** Andrew C. Bobrow: The Filming of MEAN STREETS. In: Filmmakers Monthly/Newsletter, Jan. 1974, S.28-31. – F.A. Macklin: »It's a Personal Thing for Me.« In: Film Heritage, Frühjahr 1975, S. 13-28, 36 (zu ALICE DOESN'T LIVE HERE ANYMORE). – Steve Howard: The Making OF ALICE DOESN'T LIVE HERE ANYMORE. In: Filmmaker's Newsletter, März 1975. – Marjorie Rosen: Martin Scorsese Interview. In: FC, März/April 1975 (zu ALICE DOESN'T LIVE HERE ANYMORE. Teilw. Nachdruck in: FC, Mai/Juni 1998). – Mark Patrick Carducci: Martin Scorsese, Now They're Knocking at His Door! In: Millimeter, Mai 1975. – Diane Jacobs: Martin Scorsese Doesn't Live Here Anymore. In: VIVA, März 1976. – Carmie Amata: Scorsese on TAXI DRIVER and Herrmann. In: Focus on Film, Sommer/Herbst 1976, S. 5-10 (über TAXI DRIVER und die Musik von Bernard Herrmann). – Jonathan Kaplan: Taxi Dancer. In: FC, Juli/Aug. 1977. – David Sterritt: Interview with Martin Scorsese. In: Christian Science Monitor, 1.5.1978. – o.A.: Martin Scorsese. In: Current Biography, Feb. 1979. – Jay Cocks / Martin Scorsese: Mythic Attributes. Rosanna Arquette. In: FC, April 1985 (Gespräch). – Bob Lopez: Bob Lopez Interviews Martin Scorsese. In: City Paper (Washington), 25.10.1985. – Susan Morrison: An Interview with Martin Scorsese. Sirk, Scorsese, and Hysteria. A Double(d) Reading. In: CineAction 1986, S. 3-11, 17-25. – M. Forsberg: THE COLOR OF MONEY. Three Men and a Sequel. NYT, 19.10.1986 (zu THE COLOR OF MONEY). – Peter Biskind / S. Linfield: Chalk Talk. In: American Film, Nov. 1986 (Scorsese und Richard Price zu THE COLOR OF MONEY). – David Ansen: Martin Scorsese. In: Interview, Jan. 1987. – David Thompson: Guardian Lecture at the National Film Theatre January 1987. Martin Scorsese Interviewed by David Thompson. In: Film, Aug./Sept. 1987 (in den Bänden 6 und 7 als Beiheft). – Amy Taubin: Shooting Script: Scorsese. A Biocoastal Story. In: VV, 25.10.1988 (zu NEW YORK STORIES). – C. Hodenfield: »You've Got to Love Something Enough to Kill It.« In: American Film, März 1989, S. 46-51. – Kathleen Murphy / Gavin Smith: Made Men. In: FC, Sept./Okt. 1990, S. 25-30, 69 (zu GOODFELLAS. Nachdruck in: FC, Mai/Juni 1998). – Anthony DeCurtis: Martin Scorsese. In: Rolling Stone, 11.11.1990, S. 59-66. – A.M. Bahiana / Rolando Caputo: Martin Scorsese. Gangster and Priest. In: Cinema Papers, Dez. 1990, S. 18-26 (über GOODFELLAS und die Schwierigkeiten der Finanzierung). – George Hickenlooper: Martin Scorsese. In: G.H.: Reel Conversations. Candid Interviews with Film's Foremost Directors and Critics. New York: Carol Publ. Group 1991, S. 17-33. – D. Rensin: Playboy Interview. In: Playboy, April 1991, S. 58-68. – Graham Fuller: Martin Scorsese. In: Inter/View, Nov. 1991, S. 16ff. (zu CAPE FEAR). – Anthony DeCurtis: What the Streets Mean: An Interview with Martin Scorsese. In: South Atlantic Quarterly, 2/1992, S. 427-458. – N. Scovell: Social Study. In: Vanity Fair, Okt. 1993. – Kenneth M. Chanko u.a.: Martin Scorsese. In: FiR, Nov./Dez. 1993. S. 368-392 (zu THE AGE OF INNOCENCE). – Geoff Andrew: Past Master. In: Time Out, 12.1.1994 (zu THE AGE OF INNOCENCE). – Ian Christie / Pat Kirkham / Pam Cook: The Scorsese Interview. Looking for the Simple Idea. In: S&S, Feb. 1994, S. 10-20, 45-46 (zu THE AGE OF INNOCENCE und CAPE FEAR; wieder abgedruckt in: Ginette Vincendeau [Hg.]: Film, Literature, Heritage. A S&S Reader. London: BFI 2001, S. 66-71). – Gregory Solman: Anamorphobia. In: John Boorman (Hg.): Film-makers on Film-making. Projections 4. London: Faber and Faber 1995, S. 29-39 (zu PERSONAL JOURNEY). – Stephen Pizzello / Ron Magid: Ace in the Hole. Visualizing a Vintage Vegas. In: AC, Nov. 1995, S. 34-46 (Scorsese und Robert Richardson zu CASINO). – Ian Christie / Pat Kirkham: Martin Scorsese's Testament. Bright Lights, Big City. In: S&S, Jan. 1996, S. 6-13 (zu CASINO). – Ted Elrick: Martin Scorsese's Calling. To Protect and Preserve Film Artists' Rights. In: Action / Directors Guild of

America, März/April 1996 (anlässlich der Verleihung des John Huston-Award). – Peter Biskind: The Sweet Hell of Success. In: Premiere (US), Okt. 1997, S. 84ff. – Lynn Hirschberg: The Two Hollywoods: The Directors. Woody Allen, Martin Scorsese. In: NYT, 16.11.1997 (Gespräch zwischen Scorsese und Woody Allen, über Filme, die sie mögen, und das Studiosystem, das sie nicht mögen). – Graham Fuller: The Inner Scorsese. In: Interview, Jan. 1998, S. 46-52 (zu KUNDUN). – Ray Greene: Cover Story: Martin Scorsese. In: Boxoffice, Jan. 1998, S. 16ff (zu KUNDUN). – Gavin Smith: The Art of Vision. In: FC, Jan./Feb. 1998 (zu KUNDUN). – Stephen Pizzello: A Kinder, Gentler Scorsese-Film. In: AC, Feb. 1998, S. 58-66 (zu KUNDUN). – Amy Taubin: The Road Not Taken. Everything is Form. In: S&S, Feb. 1998, S. 6-11 (zu KUNDUN). – G. Kenny: Dialogue: Martin Scorsese and Spike Lee. In: Premiere (US), Okt. 1999, S. 74-77. – Mark Jolly: A Terrible Beauty. In: The Guardian, 11.12.1999 (zu BRINGING OUT THE DEAD). – Troy Patterson: Wide-Screen Cinemaniac. In: Entertainment Weekly, 18.6.2001, S. 69 (zu GANGS OF NEW YORK). – Susan King: Scorsese's Voyage to the Neo World. In: LA Times, 24.10.2001 (zu IL MIO VIAGGIO IN ITALIA). – Kevin Baker: »You Have to Give a Sense of What People Wanted.« In: American Heritage, Nov./Dez. 2001, S. 50-57 (über die Notwendigkeit, die Geschichte zu verfilmen). – Chris Nashawaty: »I Don't Know If Any of My Work Is Good.« Martin Scorsese on His Favorite Scorsese Film. In: Entertainment Weekly, 23.8.2002. – Timothy Rhys: Martin Scorsese's Comfortable State of Anxiety. In: MovieMaker 48, Herbst 2002. – Todd Longwell: Dialogue with Martin Scorsese. In: The Hollywood Reporter, 26.9.2002. – Ian Christie: Manhattan Asylum. In: S&S, Jan. 2003 (zu GANGS OF NEW YORK). – Michael Fleming: Birth of the Mob. In: Playboy (US), Jan. 2003 (zu GANGS OF NEW YORK). – Alex Williams: »Are We Ever Going to Make This Picture?« In: The Guardian, 3.1.2003 (zu GANGS OF NEW YORK). – o.A.: The Man That Built America. In: Empire, Feb. 2003 (zu GANGS OF NEW YORK). **(fr.:)** Claude Beylie: ALICE N'EST PLUS ICI et MEAN STREETS. Entretien avec Martin Scorsese. In: Ecran, Juli/Aug. 1975, S. 50-51. – Henri Béhar: Rencontre avec Martin Scorsese. In: Image et Son, Dez. 1977. – Michael Henry: Une Soirée romaine avec Martin Scorsese. In: Positif, April 1980. – Louis Marcorelles: Entretien avec Martin Scorsese. In: Le Monde, 19.2.1981 (Interview). – Michael Henry: Nuit blanche et chambre noire. RAGING BULL vu par Martin Scorsese. In: Positif, April 1981. – Paul Schrader: Rencontre avec Martin Scorsese. In: Cahiers, April 1982. – Olivier Assayas / Barbara Frank / Bill Krohn: THE KING OF COMEDY de Martin Scorsese. In: Cahiers, Mai 1983, S. 4-18, 78-82 (Dossier über THE KING OF COMEDY mit Scorsese-Interview). – Michael Henry: Entretien avec Martin Scorsese sur LA VALSE DES PANTINS. In: Positif, Mai 1983, S. 14-19. – Aline Bertoni / Max Tessier: Martin Scorsese. In: RdC, Mai 1986, S. 30-32. – Pascal Bonitzer / Michel Chion: Machoirs. Forma dolorosa. In: Cahiers, Mai 1986, S. 42-45. – Michael Henry / Alain Masson: Entretien avec Martin Scorsese (de AFTER HOURS à THE COLOR OF MONEY). In: Positif, Mai 1986. – Bill Krohn: Into the Night. Entretien avec Martin Scorsese. In: Cahiers, Mai 1986 (über AFTER HOURS und die Schwierigkeiten mit dem LAST TEMPTATION-Projekt). – Henry Béhar: Martin Scorsese. In: Starfix, Juni 1986. – Michael Henry, Petr Král: Parties truquées. In: Positif, März 1987. – Henri Béhar: LA COULEUR DE L'ARGENT, toute une histoire. In: Le Monde, 5.3.1987 (Martin Scorsese und Richard Price). – Daniel Sauvaget, Jacques Valot: Martin Scorsese. In: RdC, April 1987 (Artikel und Interview). – Henri Béhar: Sur les pas de Jésus. In: Le Monde, 1.9.1988 (zu THE LAST TEMPTATION OF CHRIST). – Antoine de Baecque u.a.: Portrait de Jésus en héros scorsesien. In: Cahiers, Okt. 1988 (Dossier, Interview). – Jean-Pierre Coursodon / Michael Henry: La Chair et l'esprit. In: Positif, Okt. 1988. – J.-L. Sablon: Dieu est avec moi. In: RdC, Okt. 1988 (zu THE LAST TEMPTATION OF CHRIST). – Frédéric Strauss: A propos de LA DERNIERE TENTATION DU CHRIST. In: Cahiers, Okt. 1988, S.10-12. – P. Rollet / Nicolas Saada / Serge Toubiana: Scorsese sur Scorsese. In: Cahiers, Okt. 1990, S. 80-89 (über die Gewalt in GOODFELLAS). – Yann Tobin / Hubert Niogret: Martin Scorsese. Osmose. Les Affranchis. In: Positif, Okt. 1990, S. 28-37. – Nicolas Saada (Hg.): 15 ans de cinéma américain: 1979-1994. Paris: Cahiers 1995 (Nachdruck von drei Cahiers-Interviews mit Scorsese: April 1982, Mai 1983, Okt. 1990). – Nicolas Saada: Entretien avec Martin Scorsese. In: Cahiers, Juni 1995 (zu PERSONAL JOURNEY). – Jean-Pierre Coursodon / Michael Henry: Martin Scorsese. In: Positif, März 1996, S. 14-31 (Scorsese und Thelma Schoonmaker über CASINO). – Sophie Grassin / Gilles Médioni: Scorsese: Las Vegas, c'est fini! In: L'Express, 7.3.1996 (zu CASINO). – Pascal Mérigeau: »Je déteste ceux qui s'enroulent dans un drapeau la fausse décence des hommes politiques ...« In: Le Monde, 14.3.1996 (zu CASINO). – Samuel Blumenfeld: Scorsese, grand écran. In: Le Monde, 28.11.1997 (zu PERSONAL JOURNEY). – Hubert Niogret, Michael Henry: Martin Scorsese. In: Positif, Mai 1998 (Scorsese und Thelma Schoonmaker zu KUNDUN). – Sophie Grassin / Philippe Coste: Scorsese sur le toit du monde. In: L'Express, 21.5.1998 (zu KUNDUN). – Samuel Blumenfeld: »J'étais arrivé à un traitement limite de la violence.« In: Le Monde, 28.5.1998 (zu KUNDUN). – Yann Tobin / Michael Henry: Martin Scorsese. In: Positif, April 2000 (zu BRINGING OUT THE DEAD). – Philippe Coste: Scorsese: pourquoi je doute. In: L'Express, 6.4.2000 (zu BRINGING OUT THE DEAD). – Samuel Blumenfeld: »J'ai voulu montrer New York comme un champ de bataille.«

In: Le Monde, 12.4.2000 (zu BRINGING OUT THE DEAD). – Samuel Blumenfeld: Entretien avec Martin Scorsese, réalisateur. In: Le Monde, 8.1.2003 (zu GANGS OF NEW YORK). – Michael Henry: Entretien avec Martin Scorsese. Quand déferle la vague de l'histoire, M. Scorsese. In: Positif, Feb. 2003, S. 6-8 (zu GANGS OF NEW YORK).

Artikel/Aufsätze

(siehe auch Zeitschriften: Scorsese-Themenhefte)
(dt.:) Franz Schöler: Helden wie gefallene Heilige. In: Westdeutsche Allgemeine, 22.5.1976 (leicht gekürzt unter dem Titel »Die grelle Nachtwelt« auch in: Nürnberger Nachrichten, 17.6.1976). – Klaus Eder: Rebel Heroes der 70er Jahre: Kontaktlos und gewalttätig. In: Medium, Juli 1976, S. 26-28 (über MEAN STREETS und TAXI DRIVER). – Rupert Huber: Schon mit Acht vom Film besessen. In: Augsburger Allgemeine, 21.8.1976. – Georg Alexander: Inferno in New York. In: Die Zeit, 8.10.1976. – Edgar Wettstein: Martin Scorsese – ein Fall für die christliche Filmkritik? In: fd, 12.10.1976. – Livio Balts: Martin Scorsese – Chaos statt Porträt. In: NZZ, 5./6.8.1979 (zu Peter Haydens Filmporträt von Scorsese; s. Dokumentationen). – Pierre Lachat: Keine Probleme mit Realität und Fiktion. In: Tages-Anzeiger (Zürich), 25.4.1980. – Thomas Honickel: WIE EIN WILDER STIER. In: Medium, März 1981. – Norbert Grob / Norbert Jochum: Die Hölle: Das Paradies: Die Stadt. Annäherung an Martin Scorsese. In: Filme, Juli/Aug. 1981. – Horst Peter Koll: Sich selbst befreit, wer die gesellschaftlichen Konventionen beherrscht. In: fd, 5.4.1983 (Porträt). – Willi Winkler: Der Ausbruch aus dem katholischen Regelsystem. In: Merkur, Juli 1985. – Martin Linz: Die Erscheinungen des Herrn Scorsese. In: Film-Korrespondenz, 4.2.1986. – Diedrich Diederichsen: Godard, Varda, Scorsese. In: Spex, Juni 1986. – fg (Fritz Göttler): Martin Scorsese. In: Steadycam 13, Aug. 1989, S. 32 (Kurzporträt). – Rainer Gansera: Einsamkeit und Gewalt. Scorseses Helden. In: Steadycam 17, Sept. 1990, S. 48-49. – Harald Pauli: Roots and Rituals. Von WHO'S THAT KNOCKING AT MY DOOR? bis GOODFELLAS. In: Steadycam 17, Sept. 1990, S. 50-53. – dlw: »Vielleicht eine Art Exorzismus ...« In: NZZ, 11.10.1990 (Porträt). – Karl-Eugen Hagmann: Die Höllenfahrten Bruder Martins. Themenkreise in den Filmen von Martin Scorsese. In: fd, 30.10.1990. – Franz Everschor: Die Macht der Produzenten. Scorsese streitet für Rechte der Filmemacher. In: fd, 17.3.1992 (über Scorseses Engagement für die Rechte des Künstlers gegenüber den Produzenten). – o.A.: Wir brauchen die Freiheit. Steven Spielberg und Martin Scorsese über die GATT-Verhandlungen. In: Focus, 18.10.1993, S. 128. – Sathyan Ramesh: Martin Scorsese. Killer – Künstler – Katholik. In: Cinema, März 1996, S. 46-54. – Thomas Klingenmaier: Kirche und Mafia. In: StZ, 10.3.1996 (Porträt). – Fritz Göttler: Sehen + Denken + Schreiben / Scorsese überall. 500 Nummern Cahiers du cinéma. In: SZ, 14.3.1996 (über die filmwissenschaftliche Würdigung Scorseses). – Lars-Olav Beier: Das Kino eines Neugeborenen. In: FAZ, 16.3.1996 (Essay). – o.A.: Die besten Filmemacher. In: FAZ, 16.5.1997 (Scorsese kritisiert Zensur in China). – o.A.: Scorsese präsidiert in Cannes. In: FAZ, 15.1.1998. – EvE: Rebellischer Held des amerikanischen Kinos. In: Bln Mopo, 13.3.1998 (Porträt). – sil: Spontaner Sponsor. In: SZ, 21.3.1998 (Scorsese unterstützt LOLA MONTEZ-Restauration). – Margret Köhler: Lola Montez. In: fd, 14.4.1998 (Scorsese unterstützt LOLA MONTEZ-Restauration). – Hans-Günther Dicks: Sein Thema: Gewalt. In: ND, 23.5.1998 (Scorsese als Jury-Chef in Cannes). – göt (Fritz Göttler): Schrott und Reife. In: SZ, 24.7.1999 (über Mercedes-Werbekampagne mit Scorsese). – Thomas Binotto: Alles ist Kino. Das Kino und Martin Scorsese. Augenblicke einer wunderbaren Freundschaft. In: fd, 25.4.2000, S. 6-9. – Thomas Binotto: Yin und Yang – Kino und Scorsese. In: Film (Zoom), 5/2000, S. 28-29. – Josef Schnelle: Der Menschenforscher. Porträt Martin Scorsese. In: DAS, 5.5.2000. – Georg Seeßlen: Der große Verräter. Musik als Zeitraum. In: epd Film, 3/2001 (zum Einsatz von Musik bei Kubrick und Scorsese). – Eva Schweitzer: New York ist ein Gemütszustand. In: FR, 14.5.2002 (über das Tribeca-Filmfestival). – Stefan Dornuf: Der Flieger und der Feldherr. In: SZ, 22.8.2002 (über die Pläne, das Leben von Alexander dem Großen bzw. Howard Hughes zu verfilmen). – o.A.: Filmgenie ohne Oscar-Trophäe. Martin Scorsese wird 60. In: KStA, 15.11.2002. – Andreas Kilb: Gottes einsamster Regisseur. Im Blickdelirium des Kameraauges: Zum sechzigsten Geburtstag von Martin Scorsese, Hollywoods größtem Unabhängigen. In: FAZ, 16.11.2002. – Martin Mund: Kino und Religion. Am Sonntag wird Regisseur Martin Scorsese 60. In: ND, 16.11.2002. **(engl.:)** Guy Flatley: He Has Often Walked Mean Streets. In: NYT, 16.12.1973. – Candice Russell: Scorsese Makes His Break. In: Miami Herald, 16.2.1975. – The American Film Institute (Hg.): Martin Scorsese. Dialogue on Film. April 1975 (Protokoll einer Diskussion). – Paul Gardner: Martin Scorsese. In: Action, Mai/Juni 1975. – Kathleen Carroll: A Director in the Family. In: Sunday News, 17.8.1975. – John Lombardi: Scorsese's Complaint. In: New York Magazine, 8.9.1975. – Guy Flatley: Martin Scorsese's Gamble. In: NYT Magazine, 8.2.1976. – A. Powell: Scorsese and His Saint. In: Millimeter, März 1976. – Richard Goldstein / Mark Jacobson: Martin Scorsese Tells All: »Blood and Guts Turn Me on!« In: VV, 5.4.1976. – M. Goodman: Tripping with Martin Scorsese. In: Penthouse, Mai 1977. – Maureen Orth / Peter S. Greenberg: The Liza and Marty Show. In: Newsweek, 5.9.1977 (über das von Scorsese inszenierte Bühnenmusical »The Act«). – Cliff Jahr: In »The Act« the Drama Backstage is Not an Act. In: NYT, 23.10.1977 (über »The Act«). – Richard Combs / Louise

Sweet: American Boy. In: S&S, Winter 1977/78. – Jake Newman: Personalities. In: W Post, 2.10.1979 (Scorsese heiratet Isabella Rossellini). – Philip C. Rule: The Italian Connection in the American Film: Coppola, Cimino, Scorsese. In: America, 17.11.1979. – Gene Siskel: Breaking Silence. Scorsese on Films and Violence. In: Chicago Tribune, 8.11.1981. – James Hoberman: King of Outsiders. In: VV, 15.2.1983. – Michiko Kakutani: Scorsese. The King of Americana Themes. In: San Francisco Chronicle, 13.3.1983. – Mark Jacobson: Pictures of Marty. In: Rolling Stone, 14.4.1983. – Terrence Rafferty: Martin Scorsese's Still Life. In: S&S, Sommer 1983. – Allan Arkush: I Remember Film School. In: FC, Dez. 1983. – M.W. Weiss: Linguistic Coding in the Films of Martin Scorsese. In: Semiotica 55, 1985. – R. Hoerburger u.a.: Inside Moves. Scorsese on Sale. In: Esquire, April 1985. – o.A.: Scorsese to Helm Par's DICK TRACY. In: Variety, 10.4.1985. – Esther B. Fein: Martin Scorsese: The Film Director As a Local Alien. In: NYT, 29.9.1985. – Paul Attanasio: Film, Faith and Fire. Director Martin Scorsese, with Darkness and Hope. In: W Post, 27.10.1985. – Leo Braudy: The Sacraments of Genre: Coppola, De Palma, Scorsese. In: Film Quarterly, Frühjahr 1986. – Bryan Bruce: Martin Scorsese. Five Films. In: Movie (UK), 31/32, 1986, S. 88-94. – J. Galbraith: Scorsese in 2-year Producing-Directing Deal at Walt Disney. In: Variety, 12.11.1986. – R. Gold: Scorsese, Demme Unite Filmmakers Against Apartheid. In: Variety, 13.5.1987. – C. James: Four Directors in Seminar on Movies. In: NYT, 23.6.1988. – Lorraine Mortimer: Blood Brothers. In: Cinema Papers, Sept. 1989, S. 30-36 (Gender-Diskussion der Filme von Martin Scorsese und Paul Schrader). – o.A.: Martin Scorsese. George Eastman Award. In: Film Journal, Okt. 1989. – E. Williams: Martin Scorsese. In: Boxoffice, Okt. 1989 (Porträt). – G. Lewis: Swimming with the Sharks. In: Movieline, März 1990, S. 20ff. – Amy Taubin: Martin Scorsese's Cinema of Obsessions. In: VV, 18.8.1990, S. 37-39. – Peter Biskind: Slouching toward Hollywood. In: Premiere (US), Nov. 1990, S. 60-73. – L. Van Gelder: At the Movies. In: NYT, 14.12.1990. – J. Lane: Martin Scorsese and the Documentary Impulse. In: Framework (UK), 1/1991, S. 52-59. – C. Eller: Scorsese Signs with U for 6 Years. In: Variety, 8.4.1991, S. 14. – Jay Cocks: Maverick Movie Makers Inspire Their Successors. In: NYT, 12.5.1991. – M. Dowd: The Impact on Scorsese of a British Film Team. In: NYT, 18.5.1991, S. 11f. – C. Eller: U Shells out for CLOCKERS. Scorsese Set. In: Variety, 4.11.1991, S. 16. – o.A.: GOODFELLAS and CAPE FEAR Make it Official: Martin Scorsese is the Greatest American Director. But You Already Knew That. In: Entertainment Weekly, 6.12.1991. – Ty Burr: Martin Scorsese. The Entertainers 1991. In: Entertainment Weekly, 27.12.1991. – Steve Daly: Stuffed Shelves. Scorsese's Video Archives. In: Entertainment Weekly, 6.6.1992. – David Ehrenstein: Not Ready for Crime Time? In: Independent, Mai 1993, S. 26-30. – S. Holden: The Movies that Inspired Martin Scorsese. In: NYT, 21.5.1993. – M. Clements: Martin Scorsese's Mortal Sins. In: Esquire, Nov. 1993, S. 98-103. – Barry McIlheney: The Premiere Gallery: Martin Scorsese. In: Premiere (UK), Feb. 1994, S. 67-83 (Kurzkommentare und Bilder zu allen Scorsese-Filmen bis THE AGE OF INNOCENCE). – Morris Dickstein: Self-Tormentors. In: Partisan Review, Herbst 1994. – D. Wharton: Scorsese Plugs for Artists' Rights on Hill. In: Variety, 20.3.1995. – Chuck Warn: Mr. Scorsese Goes (Back) to Washington. In: Action / Directors Guild of America, April/Mai 1995 (über zwei Eingaben von Scorsese an den US-Kongress, die Rechte von Künstlern betreffend). – Steve Daly: You Talkin' to Moi? Controversial TAXI DRIVER Took Top Honors at Cannes 19 Years Ago. In: Entertainment Weekly, 26.5.1995. – Steve Daly: Bloody Bluffers! In the Ratings Game, Ultraviolence is the Ace in the Hole. In: Entertainment Weekly, 18.8.1995. – Gregory Solman: Studio Auteur. In: Daily Variety, 17.10.1995, S. 31, 52. – o.A.: Martin Scorsese: Cecil B. De Mille Award. In: Film Journal, Nov./Dez. 1995. – Richard A. Blake: Redeemed in Blood. The Sacramental Universe of Martin Scorsese. In: Journal of Popular Film and Television, Frühjahr 1996, S. 2-9. – J. Kaplan: The Outsider. In: New York Magazine, 4.3.1996. – Alona Wartofsky: AFI Honors Director's Work. In: W Post, 10.10.1996 (Scorsese erhält den 25. Life Achievement Award des American Film Institute). – L. Klady: Scorsese Feted with AFI Lifetime Honor. In: Variety, 14.10.1996. – Suzanne Hamlin: Remembering an Italian Mother Just As She Would Like. In: NYT, 19.2.1997 (Scorsese ehrt seine verstorbene Mutter mit einem Festmahl). – Mel Gussow: Movie Fan Who Also Makes Them. In: NYT, 8.3.1997 (Scorsese erhält den Wexner-Preis). – Rick Lyman: In Little Italy with Martin Scorsese. Scene One: A Fire Escape. In: NYT, 13.2.1998 (unterwegs mit Scorsese durch Little Italy). – Janet Maslin: A Tribute to a Master of the Bravura Moment. In: NYT, 4.5.1998 (zur Gala der Film Society of Lincoln Center zu Ehren von Scorsese). – Christopher Deacy: The Christian Concept of Redemption and its Application through the Films of Martin Scorsese. In: Religious Studies and Theology, Juni 1998, S. 17 (1). – Chris Petrikin: Scorsese, Levinson Sign with Ovitz-Headed AMG. In: Variety, 18.1.1999. – D. Young: Scorsese Unspools Italian Tribute. In: Variety, 20.9.1999. – David Elliott: Good Fella. In: San Diego Union Tribune, 22.10.1999 (Porträt). – John Patterson: Of Marty and Martyrdom. In: The Guardian, 29.10.1999 (Porträt). – Michael Fleming: Scorsese Goes under Cover. In: Variety, 6.12.1999. – Mark Jolly: A Terrible Beauty. In: The Guardian, 11.12.1999 (Porträt). – Martyn Palmer: Back on the Streets. In: The Times, 15.1.2000 (Porträt). – Yael Shuv: Director/Historian. In: Total Film,

Feb. 2000, S. 22. – Michael Fleming: GOODFELLAS Meets Japan. In: Variety, 20.3.2000. – Mark Singer: The Man who Forgets Nothing. Martin Scorsese's Crammed Cranium. In: The New Yorker, 27.3.2000. – Jonathan Bing: Series Editor: Martin Scorsese. In: Variety, 17.4.2000. – o.A.: Jagger and Scorsese Collaborate on Film Script. In: Guardian Unlimited, 18.4.2000. – Dana Harris: Scorsese Backs RAIN. Martin Scorsese Will Be the Executive Producer of RAIN, a LolaFilms Movie. In: Variety, 7.8.2000. – Dana Harris: Scorsese Dons »Gucci« as Biopic Gets Dressed. In: Variety, 28.8.2000. – Charles Lyons: Scorsese Dons Miramax Tie. Spielberg and Scorsese Team to Build Train Epic. In: Variety, 25.9.2000. – Geoffrey Macnab: Marty and Me. In: S&S, April 2001 (Scorsese unterstützt GANGS-Drehbuchautor Kenneth Lonergan). – Dana Harris: Miramax, Scorsese Gang up. Five-year Extension Contract. In: Variety, 14.5.2001. – Dalya Alberge: Masters Passed. Martin Scorsese Says Interest in Classic Films is Dying. In: The Times, 7.9.2001. – o.A.: Archive Honor for Scorsese. In: NYT, 3.10.2001 (die »International Federation of Film Archives« ehrt Scorsese für seine Bemühungen zur Rettung alter Filme). – Matthew Ross: Preservationist Scorsese Lauds Healing Power of Pix. In: Variety, 8.10.2001. – o.A.: Scorsese Also Planning Hughes Biopic. In: Guardian Unlimited, 25.1.2002. – o.A.: PBS Sings the Blues. In: Variety, 18.2.2002 (über die TV-Produktion »The Blues«). – o.A.: Martin Scorsese Will Receive Morocco's Highest Honor. In: Variety, 26.8.2002. – V.A. Musetto: Tribute to Martin Scorsese. In: NY Post, 3.11.2002. – o.A: Marty's Gang. In: NY Post, 19.11.2002 (zum 60. Geburtstag). – Joan Anderman: 2003 Will Be the Year to Sing THE BLUES. In: Boston Globe, 17.12.2002 (über die TV-Produktion THE BLUES). **(fr.:)** Michel Ciment / Michael Henry: Entretien avec Martin Scorsese. In: Positif, Juni 1975. – Michael Henry: La Passion de Saint Martin Scorsese. In: Positif, Juni 1975. – Jean Leirens: Le Cinéaste du mois: Martin Scorsese. In: Amis du film et de la télévision (Brüssel), Jan. 1978. – Michel Ciment / Michael Henry: Nouvel entretien avec Martin Scorsese. In: Positif, Dez. 1978. – Olivier Eyquem: Martin Scorsese. In: Cinéma d'aujourd'hui, Herbst 1979 (Actualité du Cinéma Américain). – Maurice Elia: Une Nouvelle vague américaine: Martin Scorsese. In: Séquences, Okt. 1979. – Jacques Valot: L'Image rêvée. In: RdC, Juli/Aug. 1983. – Michel Chion: Forma Dolorosa. In: Cahiers, Mai 1986. – Alain Masson: L'Inquiétude de la représentation. Sur Martin Scorsese. In: Positif, Mai 1986. – o.A.: Martin Scorsese, L'Anxiété. In: Le Monde, 8.5.1986. – Bérénice Reynaud: John Cassavetes, mon mentor. In: Cahiers, März 1989 (Scorsese über die Einflüsse von und die Bekanntschaft mit John Cassavetes). – Jean François Lacan: Les »Aventuriers du négatif perdu«. Martin Scorsese se bat pour sauver la mémoire du cinéma menacée de disparition. In: Le Monde, 16.5.1990. – L. Codelli: Scorsese et la Film Foundation. In: Positif, Juli/Aug. 1990, S. 93. – Serge Toubiana: Parole, parole. In: Cahiers, Okt. 1990, S. 14-15. – Tom Matthews: Entretien avec Skip Lievsay. In: 24 Images, Frühjahr 1992, S. 24-28 (Interview mit Scorseses Tontechniker). – Marie-Claude Loiselle: Martin Scorsese: l'oeuil mouvant. In: 24 Images, Sommer 1992, S. 23-27. – Patricia Kruth: Le New York de Martin Scorsese, le New York de Woody Allen. In: Revue Française d'Etudes Américaines, Mai 1993, S. 135-144. – Georges Privet: »This film should be played loud«: Quelques notes sur la musique dans les films de Martin Scorsese. In: 24 Images, Sommer 1993, S. 36-39 (über den Einfluss der Musik auf das Leben der Figuren in den Filmen von Scorsese). – o.A.: La Controverse sur le GATT. Scorsese et Spielberg se prononcent pour la libre circulation des biens culturels. In: Le Monde, 8.10.1993. – Patricia Kruth: Fenêtre sur la ville. De l'influence du PEEPING TOM de Michael Powell sur le cinéma de Martin Scorsese. In: Caliban 1995 (32), S. 55-64. – Claudine Mulard: Lettre d'Amérique: Martin Scorsese. In: Le Monde, 22.2.1996 (Scorsese erhält John-Huston-Award). – Thierry Jousse: Le Maître et le cinéphile. In: Le Monde, 19.4.1997 (über Martin Scorsese und Akira Kurosawa). – Jean-Michel Frodon: Martin Scorsese, l'Américain francophile, présidera le jury du Festival de Cannes. In: Le Monde, 15.1.1998. – o.A.: Les Projets de Jagged Films. In: Le Monde, 21.1.1999 (über ein Filmprojekt von Martin Scorsese und Mick Jagger). – o.A.: Martin Scorsese prépare un film sur Michele Sindona, le financier du Vatican. In: Le Monde, 8.4.1999. – Olivier Mauraisin: Martin Scorsese, chrétien et humaniste. In: Le Monde, 4.2.2001. – o.A.: Les Gens du Monde. In: Le Monde, 13.10.2002 (Scorsese erklärt sich solidarisch mit dem iranischen Filmemacher Abbas Kiarostami, dem das Visum für die USA verweigert wurde).

Über Scorsese-Mitarbeiter (Auswahl)

Robert De Niro

(dt.:) Wolfgang J. Fuchs: »Sich ausleben, ohne die Folgen tragen zu müssen.« Ein Gespräch mit Robert De Niro. In: Film-Beobachter, Feb. 1981 (zu RAGING BULL). – Robert DeNiro: Immer im Clinch mit Marty. In: Cinema, März 1983, S. 30. – Berndt Schulz: Robert De Niro. Rastatt: Pabel 1992. – Michael Althen: Der Teufel möglicherweise. Über Robert De Niro. In: Steadycam 21, Feb. 1992, S. 44-48. – Meinolf Zurhorst: Robert De Niro: Seine Filme – Sein Leben. München: Heyne 1998 (4. Aufl.). – Hommage Robert De Niro. Redaktion: Rolf Aurich, Wolfgang Jacobsen, Gabriele Jatho. Berlin: jovis 2000. – Sabine Horst (Hg.): Robert De Niro. Berlin: Bertz 2002 (mit ausführlicher Bibliografie). **(engl.:)** J. Klemesrud: »That I Had Never Acted Helped Me to Be Natural.« In: NYT, 15.11.1980 (Interview zu RAGING BULL). – Elfreda Powell: The Unofficial Robert De Niro. Bristol: Parragon

1996 (auch Philadelphia: Chelsea House 1997). – Patrick Agan: Robert De Niro: The Man, the Myth, the Movies. London: Hale 1998 (3. Aufl.). – Jack Hunter (Hg.): Robert De Niro, Movie Top Ten. London: Creation Books 2000. **(fr.:)** Martin Scorsese: De Niro et moi. In: Cahiers, März 1996, S. 24-35 (über MEAN STREETS, TAXI DRIVER, NY NY, RAGING BULL, THE KING OF COMEDY, GOODFELLAS, CAPE FEAR, CASINO. Engl. in: Projections 7, 1997).

Paul Schrader

(dt.:) Maria Ratschewa / Klaus Eder: TAXI DRIVER. Gespräch mit Drehbuchautor Paul Schrader. In: Medium, Juli 1976. – Walt R. Vian / Walter Ruggle: »Im Allgemeinen suchen die Themen ihren Autor, viel eher als umgekehrt.« Gespräch mit Paul Schrader. In: Filmbulletin, 5/1985, S. 45-53. – Sascha Westphal: Zwischen Populismus und Purismus. Kino als Synthese aus ›High‹ und ›Transcendental Style‹. Eine Analyse einiger Filme von Paul Schrader. Magisterarbeit Ruhr-Universität Bochum 1996. – Peter Biskind: Easy Riders, Raging Bulls: Wie die Sex&Drugs&Rock'n'Roll-Generation Hollywood rettete. Frankfurt/Main: Rogner und Bernhard 2000. **(engl.:)** Richard Thompson: Screenwriter: TAXI DRIVER's Paul Schrader. In: FC, März/April 1976, S. 6-19 (Interview; dt. in: Filmkritik, Okt. 1976, S. 478-499). – Paul Schrader: Transcendental Style in Film: Ozu, Bresson, Dreyer. New York: Da Capo Press 1988. – Lorraine Mortimer: Blood Brothers. In: Cinema Papers, Sept. 1989, S. 30-36 (Gender-Diskussion der Arbeiten und Filme von Martin Scorsese und Paul Schrader). – Kevin Jackson: Schrader on Schrader and Other Writings. London: Faber and Faber 1992. – Paul Schrader: Paul Schrader on Martin Scorsese. In: The New Yorker, 21.3.1994. – Peter Biskind: Easy Riders and Raging Bulls. London: Bloomsbury, Simon and Schuster 1999.

Thelma Schoonmaker

(dt.:) Thomas Klein: In nächtlichen Sitzungen ensteht allmählich ein Film. In: Spandauer Volksblatt, 26.2.1992 (Thelma Schoonmaker über ihre Arbeit an CAPE FEAR). – Lars-Olav Beier / Gerhard Midding: Ruckartiger Schnitt. In: taz, 27.2.1992 (Interview zu CAPE FEAR). – Lars-Olav Beier / Gerhard Midding: »Der Plot ist das Erste, was wir rauswerfen.« In: L.-O.B. / G.M.: Teamwork in der Traumfabrik. Berlin: Henschel 1993, S. 334-351. – Claus Philipp: »Die wichtigste Eigenschaft eines Cutters ist Geduld.« In: epd Film, Juli 1994, S. 14-19. **(engl.:)** S. Talty: Invisible Woman. In: American Film, Sept./Okt. 1991, S. 42-47 (Interview über CAPE FEAR und ihr Leben mit Michael Powell). – Stephen Pizzello: Assembling Art with Marty. In: AC, Okt. 1993, S. 34-46ff. (Thelma Schoonmaker über ihre langjährige Zusammenarbeit mit Scorsese). – James Sherlock: Why Thelma Loves Marty ... and Michael. In: Cinema Papers, Dez. 1996, S. 42-46 (über die Arbeit mit Scorsese, ihr Leben mit Michael Powell und ihren Einsatz für die Erhaltung alter Filme). **(fr.:)** Olivier Assayas / Serge Toubiana: Profession: monteuse. Entretien avec Thelma Schoonmaker. In: Cahiers, März 1981. – Nicolas Saada: CASINO. Entretien avec Thelma Schoonmaker. In: Cahiers, März 1996, S. 16-19. – Hubert Niogret, Michael Henry: Martin Scorsese. In: Positif, Mai 1998 (Interview mit Scorsese und Thelma Schoonmaker).

Michael Ballhaus

(dt.:) Ulli Weiss: Filmmaniac Scorsese. Gespräch mit dem Kameramann Michael Ballhaus. In: Zitty, 14/1985. – Lars-Olav Beier / Gerhard Midding: »Wir wußten genau, was hinterher im Film zusammenkommt.« In: L.-O.B./ G.M.: Teamwork in der Traumfabrik. Berlin: Henschel 1993, S. 284-297. – P. Thissen: Ich habe gerne kontrollierte Bewegungen. In: Film- & TV-Kameramann, Jan. 1994 (Interview über THE AGE OF INNOCENCE). – Verena Lueken: In Bildern erzählen, Emotionen wecken. In: epd Film, März 1994, S. 23-27 (Interview über THE AGE OF INNOCENCE, GOODFELLAS und sein geplantes Regie-Projekt *Lenya*). – Susanne Weingarten / Martin Wolf: Eine neue Welt zaubern. In: Der Spiegel, 8.2.1999 (Interview). – Marc Kayser: Mach's noch einmal, Tante Edith. In: Die Zeit, 25.5.2000 (Interview). – Thomas Binotto: Emotionen bewegen die Kamera. Werkstattgespräch mit Michael Ballhaus. In: fd, 6.6.2000, S. 6-14. – Christian Seebaum: Michael Ballhaus (66) ist das Auge Martin Scorseses. In: KStA, 29.11.2001 (Interview). – Katja Nicodemus: »Ich will der Herr der Bilder sein.« In: taz, 13.12.2001 (Interview). – Das fliegende Auge. Michael Ballhaus, Director of Photography. Im Gespräch mit Tom Tykwer. Berlin: Berlin Verlag 2002 (Interviewband). – Hanns-Georg Rodek: »Du wirst einen kriegen, Marty.« In: Die Welt, 16.11.2002 (Interview). – Christiane Peitz / Tanja Stelzer: »Hollywood hat mit Erotik nichts zu tun.« In: TSP, 9.2.2003 (Interview). – Jochen Schütze: Rembrandts Farbenspiel. In: Cinema, März 2003, S. 36-37 (Interview). – Adriano Sack: Rembrandt in Hollywood. In: Welt am Sonntag, 23.3.2003. **(engl.:)** George Turner: Lighting for Drama. In: AC, Nov 1986, S.52-58 (Interview mit Michael Ballhaus). – Michael Buckley: Michael Ballhaus. In: FiR, Nov. 1987, S. 541-542. – Stephen Pizzello: Cinematic Invention Heralds THE AGE OF INNOCENCE. In: AC, Okt. 1993, S. 34-46 (Michael Ballhaus zu Scorsese und Fassbinder). – Michael Goldman: Michael Ballhaus, Cinematographer. In: Millimeter, Okt. 2000.

Über Scorseses Kampagne zur Farberhaltung

(dt.:) o.A.: Scorsese appelliert an Kodak, denn: Die alten Farbfilme schwinden langsam dahin. In: Film- & TV-Kameramann, Sept. 1980. – Margarete von Schwarzkopf: Wenn rosagelbe Nebel Yul Brynner verschlucken. In: Die

Welt, 29.1.1981. – Frank Arnold: Oft nur noch Zerrbilder. Farbenschwund im Kinofilm. In: TSP, 13.2.1981. – Michael Dittmar / Horst E. Wegener: Farbenschwund beim Kinofilm. In: Zitty, 4/1981. – Frank Arnold: Wenn Farbfilme ihre Farben verlieren ... In: Film-Korrespondenz, 10.3.1981. – Christian Bauer: »Das Blut wird immer röter.« Martin Scorseses Kampagne gegen den Verfall von Farbfilmen. In: SZ, 12.3.1981. – o.A.: Scorsese gegen Eastman. In: Film und Fernsehen, Juni 1981. – Walt R. Vian: Farbschwund, Materialzersetzung. Bald nicht mehr anzusehen. In: Film-Bulletin, Aug. 1981 (dort auch Übersetzung des Appells von Scorsese an Eastman-Kodak). **(engl.:)** Bill O'Connell: Fade out. In: FC, Sept./Okt. 1979. – R. M. Wiener: Scorsese Asks Industry Help to Save Films. In: Boxoffice, 12.5.1980. – o.A.: Hollywood Film Directors Petition Kodak for Stable Color Film. In: Alterimage, Sommer 1980. – Harlan Jacobson: Old Pix Don't Die, They Fade. In: Variety, 9.7.1980. – S. Perry: British Archive Woes Echo Scorsese's. In: Variety, 27.8.1980. – Robert Lindsey: Martin Scorsese's Campaign to Save a Film Heritage. In: NYT, 5.10.1980. – o.A.: Scorsese Speaks on Saving Prints, but Fans Get Crude Restoration. In: Variety, 8.10.1980. – o.A.: Penn. Prof on Trail of Fading Color Pix. Cure and Prevention. In: Variety, 5.11.1980. – o.A.: Color Problem. In: S&S, Winter 1980/81. – Rob Edelman: Color Fading: RAGING BULL. In: FiR, Dez.1980. – o.A.: Fade to Pink. In: Stills, Feb. 1981. – o.A.: Hollywood's Old Movies are Fading Fast. In: NYT, 5.4.1981. – W. Schneider: Film Preservation. In: American Film, Aug. 1991, S. 2. – Iván Trujillo Bolio: Martin Scorsese Receives First FIAF Film Preservation Award. In: Journal of Film Preservation, April 2002, S. 2-3. **(fr.:)** Martin Scorsese: Tout ce que nous faisons aujourd'hui est sans signification! In: Positif, Juli/Aug. 1980 (Brief vom 5.4.1980 und Brief an Eastman Kodak). – Serge Le Péron, Serge Toubiana: Scorsese et la couleur. La Campagne de Scorsese contre la détérioration colorimétrique des films. In: Cahiers, Okt. 1980 (Interview mit Jean-Pierre Beauviala vom Conseil scientifique de la Cinémathèque française über Probleme der Farberhaltung). – Ginette Billard: Technicolor: La Croisade de Martin Scorsese. In: Le Film Français, 31.10.1980.

Zu den einzelnen Filmen

WHAT'S A NICE GIRL LIKE YOU DOING IN A PLACE LIKE THIS?

Kritiken: **(engl.:)** Jonathan Romney, S&S, Juni 1992. – S. Knight, Metro Magazine 109, 1997.

IT'S NOT JUST YOU, MURRAY!

Kritiken: **(engl.:)** Molly Haskell, VV, 24.1.1974. – Jill McGreal, S&S, Juni 1992. – S. Knight, Metro Magazine 109, 1997.

Weitere Texte: **(engl.:)** Mary Pat Kelly: IT'S NOT JUST YOU, MURRAY! In: M.P.K.: First Decade, 1980 (s. Bücher über Scorsese), S. 153-158. **(fr.:)** Nicolas Saada: Un Jeune pleine d'avenir. In: Cahiers, Nov. 1991 (zusammen mit WHO'S THAT KNOCKING AT MY DOOR? und THE BIG SHAVE).

THE BIG SHAVE

Kritiken: **(dt.:)** Rainer Hartmann, Frankfurter Neue Presse, 8.4.1968 (Oberhausen). – Urs Jenny, SZ, 8.4.1968 (Oberhausen). – Heinrich Burckhardt, National-Zeitung (Basel), 20.4.1968 (Oberhausen). – Anke Sterneborg, TSP, 12.10.1989. **(engl.:)** Richard Combs, MFB, Mai 1979. – Kim Newman, S&S, Juni 1992. **(fr.:)** Bernhard Cohn, Positif, April 1968. – M. Segura, 24 Images, Winter 1992 (zusammen mit AMERICAN BOY und ITALIANAMERICAN).

Weitere Texte: **(fr.:)** Nicolas Saada: Un Jeune pleine d'avenir. In: Cahiers, Nov. 1991 (zusammen mit WHO'S THAT KNOCKING AT MY DOOR? und IT'S NOT JUST YOU, MURRAY!).

WHO'S THAT KNOCKING AT MY DOOR?

Kritiken: **(dt.:)** Thierry Chervel, taz, 19.1.1989. – Karlheinz Oplustil, epd Film, März 1989. – Gregor Dotzauer, FAZ, 24.5.1989. – Kü, FR, 26.5.1989. **(engl.:)** Robe, Variety, 11.9.1968 (Nachdruck in: Mike Kaplan [Hg.]: Variety Film Reviews. 1968-1970. New York, London: R.R. Bowker 1983; und in: Dougan: Close up, 1997 [s. Bücher über Scorsese], S. 112). – Roger Ebert, Chicago Sun-Times, 17.3.1969 (Nachdruck in: Kelly: First Decade, 1980 [s. Bücher über Scorsese], S. 159-160). – Vincent Canby, NYT, 9.9.1969 (Nachdruck in: The NYT Film Reviews. 1969-1970. New York: Arno Press 1971). – Andrew Sarris, VV, 11.9.1969. – o.A., Time, 19.9.1969 (Nachdruck in: Kelly: First Decade, 1980 [s. Bücher über Scorsese], S. 162-163). – Roger Ebert, Chicago Sun-Times, Nov. 1969 (Rezension der Version von 1967, I CALL FIRST. Nachdruck in: Kelly: First Decade, 1980 [s. Bücher über Scorsese], S. 160-162). – George Lellis, Take One, März/April 1969 (erschienen 30.12.1969). – Filmfacts, Bd. 12, Nr. 19, 1969 (Zusammenstellung von Kritiken). – Stanley Kauffmann: Figures of Light. Film Criticism and Comment. New York: Harper and Row 1971. – William Wolf, Cue, 19.8.1972. – David Robinson, The Times, 20.8.1976 (zusammen mit TAXI DRIVER). – Tom Milne, MFB, Sept. 1976. – Derek Elley, F&F, Okt. 1976. – Lesley Robinson, Film, Dez. 1976.

Weitere Texte: **(dt.:)** Stefan Braun / Fritz Göttler / Claus M. Reimer / Klaus Volkiner (Red.): Keiner über dreißig. Junger Film zwischen 1910 und 1980. München: Kulturreferat der Landeshauptstadt München 1981, S. 68-70 (Dokumentation der Entstehungsgeschichte anhand von übersetzten Auszügen aus Interviews mit Scorsese und

Haig Manoogian). – Dialogauszug. In: Filme, Juli/Aug. 1981 (Gespräch von J.R. und dem Mädchen über THE SEARCHERS, im englischen Original). **(engl.:)** Desiree E. Everts: Martin Scorsese and His Young »Girl«. Female Objectification in WHO'S THAT KNOCKING AT MY DOOR? In: Voices in Italian Americana, Frühjahr 1997. **(fr.:)** Nicolas Saada: Un Jeune pleine d'avenir. In: Cahiers, Nov. 1991 (zusammen mit THE BIG SHAVE und IT'S NOT JUST YOU, MURRAY!).

STREET SCENES

Kritiken: **(engl.:)** Howard Thompson, NYT, 15.9.1970 (Nachdruck in: The NYT Film Reviews. 1969-70. New York: Arno Press 1971; und in: Kelly: First Decade, 1980 [s. Bücher über Scorsese], S. 163). – Robe, Variety, 23.9.1970 (Nachdruck in: Mike Kaplan [Hg.]: Variety Film Reviews. 1968-1970. New York, London: R.R. Bowker 1983). – Stefan Kanfer, Time, 28.9.1970.

BOXCAR BERTHA

Literarische Vorlage: Bertha Thompson: Boxcar Bertha. An Autobiography, as Told to Ben L. Reitman. Introduction by Kathy Acker, Afterword by Roger Bruns. New York: AMOK 1988 (zuerst als: B.T.: Sister of the Road. The Autobiography of Box-Car Bertha. New York: Sheridan 1937. Dt.: Boxcar Bertha. Eine Autobiografie. Aufgezeichnet von Ben L. Reitman. Mit einem Vorwort von Kathy Acker und einer Nachbemerkung von Roger A. Bruns. Übers. Manfred Allié. Reinbek: Rowohlt 1996).
Kritiken: **(dt.:)** Wolf Donner, Die Zeit, 18.1.1974. – Bodo Fründt, KStA, 2./3.2.1974. – Siegfried Schober, Der Spiegel, 4.2.1974. – Michael Lentz, Westdeutsche Allgemeine, 13.2.1974. – Hans Günther Pflaum, SZ, 6./7.4.1974. – Ponkie, AZ (München), 6./7.4.1974. – o.A., StZ, 5.8.1974. – Erika Haala, fd, 20.8.1974. – Georg Herzberg, Filmecho/Filmwoche, 4.9.1974. – Pierre Lachat, Tages-Anzeiger (Zürich), 18.3.1976. – Fritz Göttler, Filme, Juli/Aug. 1981. – Norbert Grob, Die Zeit, 24.7.1981. – Alfred Holighaus, tip, 16.7.1982. – Frank Arnold, Zitty, 16/1982 (Ergänzung/Korrektur: Frank Arnold: BOXCAR BERTHA doch komplett? In: Zitty, 17/1982). – Angelika Kaps, TSP, 4.8.1982. – Karsten Visarius, FR, 15.10.1982. – Helmut W. Banz, KStA, 27.11.1982. – Volker Baer, SZ, 5.1.1989. **(engl.:)** A. D. Murphy, Variety, 31.5.1972 (Nachdruck in: Mike Kaplan [Hg.]: Variety Film Reviews. 1971-1974. New York, London: R.R. Bowker 1973; und in: Dougan: Close up, 1997 [s. Bücher über Scorsese]). – Roger Ebert, Chicago Sun-Times, 19.7.1972. – Dennis Hunt, San Francisco Chronicle, 21.7.1972. – Archer Winsten, NY Post, 17.8.1972. – Howard Thompson, NYT, 18.8.1972 (Nachdruck in: The NYT Film Reviews. 1971-72. New York: Arno Press 1973; und in: Kelly: First Decade, 1980 [s. Bücher über Scorsese], S. 163). – Filmfacts, Bd. 15, Nr. 14, 1972 (Zusammenstellung von Kritiken). – Tom Milne, MFB, Mai 1973. **(fr.:)** Jacques Grant, Cinéma, Sept./Okt. 1973. – Jean de Baroncelli, Le Monde, 9.10.1973. – Henry Moret, Ecran, Nov. 1973. – Michael Henry, Positif, Jan. 1974. – Raymond Lefevre, RdC, Okt. 1974 (La Saison cinématographique '74). – Claude Benoit, Jeune Cinéma, Dez. 1977 / Jan. 1978 (Perpignan). – L. Cugny, Cinématographe, März 1978.
Weitere Texte: **(dt.:)** Hans Günther Pflaum: Die Faust des Verleihers. Zum Fehlstart von Scorseses BOXCAR BERTHA. In: Film-Korrespondenz, 10.4.1974. – Winfried Günther: Die Faust der Branche. In: FR, 30.6.1981. – Uwe Wiedleroither (Hg.): BOXCAR BERTHA. Filmprogramm, Nr. 182. Stuttgart: Wiedleroither April 1988. **(engl.:)** o.A.: N.J. Community Trying to Derail BOXCAR BERTHA. In: Boxoffice, 20.2.1978. – Frances Doel: John William Corrington as a Screenwriter. In: William Mills (Hg.): John William Corrington. Southern Man of Letters. Conway 1994, S. 134-143.

MEAN STREETS

Kritiken: **(dt.:)** Wolf Donner, Die Zeit, 18.1.1974. – Herrmann Eckart, StZ, 14.5.1974. – Wilfried Wiegand, FAZ, 25.5.1974. – Peter W. Jansen, FR, 29.5.1974. – Reinhard Baumgart, SZ, 1.6.1974. – Peter W. Jansen, epd Film, Juni 1976. – Wolfgang Limmer, Der Spiegel, 14.6.1976. – o.A., Vorwärts, 24.6.1976. – Wolf Donner, Die Zeit, 25.6.1976. – Helmut Schmitz, FR, 25.6.1976. – Wilfried Wiegand, FAZ, 25.6.1976. – Sd, Frankfurter Neue Presse, 26.6.1976. – Gottfried Knapp, SZ, 26./27.6.1976. – Ponkie, AZ (München), 26./27.6.1976. – Jörg Ulrich, Münchner Merkur, 26./27.6.1976. – Klaus Eder, Medium, Juli 1976 (zusammen mit TAXI DRIVER). – Inge Bongers, Der Abend, 9.7.1976. – André J. Simonoviescz / Hans-Ulrich Pönack, tip, 9.7.1976. – Hans Jürgen Weber, Filmecho/Filmwoche, 9.7.1976. – Bernd Lubowski, Bln Mopo, 10.7.1976. – Wolfgang Stieler, TSP, 11.7.1976. – Margarete von Schwarzkopf, Die Welt, 13.7.1976. – E. Sch., fd, 20.7.1976. – Günther Kriewitz, StZ, 14.8.1976. – Peter W. Jansen, film- & ton-Magazin, Dez. 1976. – Uta Gote, Hannoversche Allgemeine, 13.12.1976. – Martin Schaub, Tages-Anzeiger (Zürich), 3.9.1977. – Corinne Schelbert, Die Weltwoche, 7.9.1977. – Livio Balts, NZZ, 8.9.1977. – Bernhard Giger, Zoom, 21.9.1977. – Bodo Fründt, Stern TV-Magazin, 9.10.1986. – Frank Arnold, Zitty, 12/1989. – RKo, StZ, 22.7.1989. – vis, FR, 30.9.1989. – Brigitte Desalm, KStA, 14.10.1989. – Sven Berndt, Splatting Image 48, 12/2001 (DVD-Kritik). **(engl.:)** L. Beaupre, Variety, 3.10.1973 (Nachdruck in: Mike Kaplan [Hg.]. Variety Film Reviews. 1971-1974. New York, London: R.R. Bowker 1983; und in: Dougan: Close up, 1997 [s. Bücher über Scorsese]). – Vincent Canby, NYT, 3.10.1973 (Nachdruck in: The NYT Film Reviews. 1973-74. New York: Arno Press 1975; und in: Kelly: First Decade, 1980 [s. Bücher über Scorsese], S.

170-171). – Pauline Kael, The New Yorker, 8.10.1973 (Nachdruck in: P. K.: Reeling. Boston: Little, Brown 1976; und in: Jay Cocks / David Denby [Hg.]: Film '73/'74. New York: Bobbs-Merrill 1974; und in: Kelly: First Decade, 1980 [s. Bücher über Scorsese], S. 165-170). – o.A., New York Magazine, 8.10.1973. – o.A., Variety, 10.10.1973. – Joseph Gelmis, Newsday, 15.10.1973 (Nachdruck in: Jay Cocks / David Denby [Hg.]: Film '73/'74. New York: Bobbs-Merrill 1974). – Paul Zimmerman, Newsweek, 22.10.1973 (Nachdruck in: Kelly: First Decade, 1980 [s. Bücher über Scorsese], S. 177). – Andrew Sarris, VV, 25.10.1973. – Stanley Kauffmann, The New Republic, 27.10.1973. – William Avery, FiR, Nov. 1973. – James Delson, Take One, Nov. 1973 (inkl. Kommentare von Scorsese). – Joanne Ney, Interview, Nov. 1973. – Richard Hatch, The Nation, 5.11.1973. – Richard Schickel, Time, 5.11.1973. – Jon Landau, Rolling Stone, 8.11.1973. – David Denby, S&S, Winter 1973/74. – Joseph Kanon, The Atlantic Monthly, Dez. 1973 (Nachdruck in: Kelly: First Decade, 1980 [s. Bücher über Scorsese], S. 171-173). – Bruce Williamson, Playboy, Dez. 1973. – Guy Flatley, NYT, 16.12.1973. – Martin Knelman, Globe and Mail (Toronto), 28.12.1973. – Foster Hirsch, NYT, 30.12.1973 (Nachdruck in: The NYT Film Reviews. 1973-74. New York: Arno Press 1975). – H. J. Gans, Social Policy, Jan./Feb. 1974. – William S. Pechter, Commentary, Jan. 1974 (Nachdruck in: Jay Cocks / David Denby [Hg.]): Film '73/'74. New York: Bobbs-Merrill 1974). – John Simon, Esquire, Jan. 1974. – Roger Greenspun, Penthouse, Feb. 1974. – Lenny Rubenstein, Cineaste, Feb. 1974. – Robert Mazzocco, The New York Review of Books, 7.2.1974. – Jerry Stein, Film Heritage, Frühjahr 1974. – J. K. Harrison, Today's Filmmaker, März 1974. – A. Paxton, Movietone News, April 1974. – o.A., The Observer, 7.4.1974. – J. Coleman, New Statesman, 12.4.1974. – Gordon Gow, F&F, Mai 1974. – Tom Milne, MFB, Mai 1974. – Colin L.Westerbeck Jr., Commonweal, 10.5.1974. – Richard Gambino, VV, 23.5.1974 (Nachdruck in: Kelly: First Decade, 1980 [s. Bücher über Scorsese], S. 174-176). – James Monaco, Movietone News, Okt. 1974. – David Robinson, The Times, 20.8.1976 (zusammen mit TAXI DRIVER). – Rick Hermann, Cinemonkey, 4/1979. – Leshe Taubman / Frank N. Magill (Hg.): Magill's Survey of Cinema. Second Series. Bd. 4. Englewood Cliffs, New Jersey 1980. – Richard Combs, The Listener, 21.2.1985. – Jill McGreal, S&S, April 1993. – Amy Taubin, VV, 17.3.1998. **(fr.:)** Richard Gay, Cinéma Québec, April/Mai 1974. – o.A., Cinéma 72, Juli/Aug. 1974. – Denis Offroy, Cinématographe, Aug./Sept. 1974. – Claude Beylie, Ecran, Juli/Aug. 1975. – o.A., Paris Match, 8.5.1976. – o.A., Paris Match, 22.5.1976. – Louis Marcorelles, Le Monde, 30./31.5.1976. – Claude Benoît, Jeune Cinéma, Juli/Aug. 1976. – Tristan Renaud, Cinéma, Juli 1976. – Jean-Louis Cros, RdC, Okt. 1976 (La Saison cinématographique '76). – A. W., Le Monde, 4.7.1978. – Jacques Siclier, Le Monde, 5.1.1997.

Weitere Texte: **(engl.:)** Phillip McCandlish: From Little Italy to Big-Time Movies. In: NYT, 18.10.1973. – Harry Haun: You Can Take Him out of Little Italy But ... In: LA Times, 16.12.1973. – Rick Hermann: Rules of the Game: Martin Scorsese's MEAN STREETS. In: Cinemonkey (Portland), 15/1978. – Michael Walsh: Slipping into Darkness. Figures of Waking in Cinema. In: Wide Angle, 4/1983, S. 14-20 (über die Analogie von Filmzuschauer und Träumer, insb. bei MEAN STREETS). – Martin Auty: MEAN STREETS. In: E. Ann Lloyd (Hg.): Movies of the Seventies. London: Orbis 1984 (zuerst erschienen in: The Movie, Chapter 84, 1981). – Christopher Lyon (Hg.): The Macmillan Dictionary of Films and Filmmakers. Bd. 1: Films. London: Macmillan 1984 (Bibliografie, Kurzanalyse von Joseph McElhaney). – Bryan Bruce: Martin Scorsese. Five Films. In: Movie (UK), 31/32/1986, S. 88-94 (über THE KING OF COMEDY, MEAN STREETS, TAXI DRIVER, NEW YORK, NEW YORK und RAGING BULL). – J. Lane: Martin Scorsese and the Documentary Impulse. In: Framework, 1/1991, S. 52-59. – Ronald S. Librach: The Last Temptation in MEAN STREETS and RAGING BULL. In: Literature/Film Quarterly, Jan. 1992, S. 14-24 (mit Bibliografie). – Jim Hosney u.a.: The Passion of St. Charles: Martin Scorsese's MEAN STREETS. In: The South Atlantic Quarterly, 2/1992, S. 409-418 (Nachdruck in: Jody McAucliffe [Hg.]: Plays, Movies and Critics. Durham: Duke UP 1993, S. 179-188). – A. Restivo: Martin Scorsese and Absence. In: Spectator, 2/1993, S. 82-89 (psychoanalytische Deutung). – Ian Penman / Jill McGreal: Juke Box and Johnny Boy. MEAN STREETS. In: S&S, April 1993, S. 10-11, 64 (über die Bedeutung der Filmmusik in MEAN STREETS). – S. Morrison: LA HAINE, FALLEN ANGELS and Some Thoughts on Scorsese's Children. In: CineAction, 1995, S. 44-50. – James Maxfield: »The Worst Part«: Martin Scorsese's MEAN STREETS. In: Literature/Film Quarterly, Okt. 1995, S. 279-286 (über die Charlie-Johnny-Boy-Beziehung). – Howard Hampton: Scorpio Descending. In Search of Rock Cinema. In: FC, März/April 1997, S. 36-42 (über Kino und Rockmusik). – Janet Maslin: The Aftershock Lingers as MEAN STREETS Turns 25. In: NYT, 13.3.1998. – Jack Hunter (Hg.): Harvey Keitel – Movie Top Ten. London: Creation Books 1999. **(fr.:)** Michael Henry: La Passion de Saint Martin Scorsese. In: Positif, Juni 1975, S. 3-7 (Bericht über Scorseses Arbeit, insb. MEAN STREETS und ALICE DOESN'T LIVE HERE ANYMORE). – Antoine de Baecque: De qui s'mook-t-on? In: Cahiers, Sept 1990, S. 38-39 (Analyse der Kampf-Sequenz beim Billard). – D. Racle / P. Bouchara: La Fin d'un rêve americain. In: Vertigo (Paris), 1997, S. 78-85.

ITALIANAMERICAN

Kritiken: **(dt.:)** Anke Sterneborg, TSP, 12.10.1989 (zusammen mit THE BIG SHAVE). **(engl.:)** Janet Maslin, NYT, 20.4.1978 (Nachdruck in: The NYT Film Reviews. 1977-78. New York: Arno Press 1978). – James Hoberman, VV, 24.4.1978. – Tom Milne, MFB, Aug. 1983 (zusammen mit AMERICAN BOY). – Sally Hibbin, F&F, Aug. 1983 (zusammen mit AMERICAN BOY). – Janet Maslin, NYT, 12.1.1990 (zusammen mit AMERICAN BOY). – Amy Taubin, VV, 23.1.1990 (zusammen mit AMERICAN BOY). **(fr.:)** Daniel Sauvaget, RdC (La Saison cinématographique '80), 1980. – François Poiré, Cinématographe, Nr. 57, 1980 (zusammen mit AMERICAN BOY). – Jean de Baroncelli, Le Monde, 19.4.1980 (zusammen mit AMERICAN BOY). – Marcel Martin, Image et Son, Mai 1980 (zusammen mit AMERICAN BOY). – Jean-Pierre Le Pavec, Cinéma, Mai 1980 (zusammen mit AMERICAN BOY). – Serge Le Peron, Cahiers, Mai 1980 (zusammen mit AMERICAN BOY). – M. Segura, 24 Images, Winter 1992 (zusammen mit AMERICAN BOY und THE BIG SHAVE).

Weitere Texte: **(fr.:)** Michael Henry: Un Patrimoine spirituel. In: Positif, April 1980 (auch über AMERICAN BOY).

ALICE DOESN'T LIVE HERE ANYMORE

Kritiken: **(dt.:)** Robert von Berg, DAS, 13.4.1975. – Robert von Berg, SZ, 22.4.1975 (zusammen mit A WOMAN UNDER THE INFLUENCE). – Christa Maerker, Weltwoche, 7.5.1975 (zusammen mit A WOMAN UNDER THE INFLUENCE. Auch in: TSP, 3.8.1975). – Eckart Herrmann, StZ, 16.5.1975. – Michael Lentz, Westdeutsche Allgemeine, 16.5.1975. – Wolfram Schütte, FR, 16.5.1975. – Wolf Donner, Die Zeit, 23.5.1975. – rn, NZZ, 30.5.1975 (Nachdruck in: Der Gildendienst 264). – wab, Die Tat (Zürich), 5.6.1975. – Franz Ulrich, Zoom, 18.6.1975. – Inge Bongers, Der Abend, 26.9.1975. – Arnd F. Schirmer, TSP, 26.9.1975. – Georg Herzberg, Filmecho/Filmwoche, 3.10.1975. – Jochen Schumann, Westdeutsche Allgemeine, 6.10.1975. – Gabriele Wohmann, Der Spiegel, 13.10.1975. – Franz Ulrich, fd, 14.10.1975. – Hans C. Blumenberg, Die Zeit, 17.10.1975. – Eckhart Schmidt, Deutsche Zeitung / Christ und Welt, 24.10.1975. – Peter W. Jansen, epd Film, Nov. 1975. – Michael Krey, Medium, Nov. 1975. – Heiko R. Blum, Deutsche Volkszeitung, 13.11.1975. – André Simonoviescz, tip, 14.11.1975. – Brigitte Jeremias, FAZ, 21.11.1975. – Karsten Witte, FR, 21.11.1975. – Maria Ratschewa, DAS, 30.11.1975. – Frieda Grafe, SZ, 2.12.1975. – Ellen Grebe, Die Welt, 2.12.1975. – Ponkie, AZ (München), 2.12.1975. – Hans C. Blumenberg, KStA, 3./4.1.1976. – Günther Kriewitz, StZ, 30.1.1976. **(engl.:)** A.D. Murphy, Variety, 11.12.1974 (Nachdruck in: Mike Kaplan [Hg.]: Variety Film Reviews 1971-1974. New York, London: R.R. Bowker 1983; und in: Dougan: Close up, 1997 [s. Bücher über Scorsese]). – Peter Cowie, P.C. (Hg.): International Film Guide 1976. London / New York 1975. – Molly Haskell, VV, 13.1.1975. – Pauline Kael, The New Yorker, 13.1.1975 (Nachdruck in: P.K.: Reeling. Boston: Little, Brown 1976). – Hollis Alpert, Saturday Review, 25.1.1975. – Judith Crist, New York Magazine, 27.1.1975. – Paul D. Zimmerman, Newsweek, 27.1.1975 (Nachdruck in: Kelly: First Decade, 1980 [s. Bücher über Scorsese], S. 180). – Joseph Gelmis, Newsday, 30.1.1975. – William Avery, FiR, Feb. 1975. – Vincent Canby, NYT, 2.2.1975. – Richard Schickel, Time, 3.2.1975 (Nachdruck in: Kelly: First Decade, 1980 [s. Bücher über Scorsese], S. 178-179). – Richard Hatch, The Nation, 15.2.1975. – William Johnson, Film Quarterly, Frühjahr 1975. – Stephen Farber, Hudson Review, 3/1975. – David Denby, Take One, Nov./Dez. 1973 (erschienen 27.3.1975). – Stephen Farber, NYT, 30.3.1975 (Nachdruck in: The NYT Film Reviews. 1975-76. New York: Arno Press 1977). – Bruce Williamson, Playboy, April 1975. – Russell E. Davis u.a., Jump Cut 7, Mai-Juli 1975. – Roger Greenspun, Penthouse, Mai 1975. – Andrew Kopkind, Ramparts, Mai/Juni 1975 (zusammen mit A WOMAN UNDER THE INFLUENCE). – William S. Pechter, Commentary, Mai 1975. – John Simon, Esquire, Mai 1975. – Verina Glaessner, Focus on Film, Sommer 1975. – Tom Milne, S&S, Sommer 1975. – Richard Combs, MFB, Juni 1975. – K. Thompson / J. Williams, Films Illustrated, Juni 1975. – Virginia Duigan, Cinema Papers, Juli/Aug. 1975. – Rick Hermann, Movietone News, Juli 1975. – Gordon Gow, F&F, Aug. 1975. – Fred Kaplan, Cineaste, Herbst 1975. – M.Gargiulo, Movietone News, 29.9.1975. – Christine Geraghty, Movie, Frühjahr 1976. – Leshe Taubman, Frank N. Magill (Hg.): Magill's Survey of Cinema. Second Series. Bd. 4. Englewood Cliffs, New Jersey 1980. – Mary Pat Kelly: Where Does Alice Belong? In: M.P.K.: First Decade, 1980 (s. Bücher über Scorsese), S. 178. **(fr.:)** o.A., Cinéma Québec, Mai 1975. – Jean-Louis Bory, Nouvel Observateur, 12.5.1975 (Nachdruck in: J.L.B.: Rectangle multiple. 1975-1976. Paris: Union générale d'éd. 1977). – Jean de Baroncelli, Le Monde, 15.5.1975. – o.A., Télérama, 31.5.1975. – Jean de Baroncelli, Le Monde, 3.6.1975. – Claude Benoit, Jeune Cinéma, Juli/Aug. 1975. – Claude Beylie, Ecran, Juli/Aug. 1975. – C.R. Blouin, Séquences, Juli 1975. – Gerard Frotz-Coutaz, Cinéma, Juli/Aug. 1975. – François Debiesse, Cinématographe, Aug./Sept. 1975. – Henri Béhar, Image et Son, Sept. 1975. – Jacques Zimmer, RdC, Okt. 1975 (La Saison cinématographique '75).

Weitere Texte: **(engl.:)** Arthur Beil: The Soft Core of Ellen Burstyn. In: VV, 3.2.1975. – Molly Haskell: Will Odysseus Stay Home and Do Needlepoint While Penelope Wanders off in Search of Herself and Maybe Gets a Job Singing? In: VV, 17.2.1975. – Ken Kelley: Ellen Burstyn Talks about Scorsese, Films and Women. In: VIVA, März 1976. – Richard Thompson: Americain Grain.

An Interview with Robert Getchell. In: S&S, Sommer 1976 (Interview mit dem Drehbuchautor). – Daniel A. Dervin: Creativity and Collaboration in Three American Movies. In: American Imago, 2/1977 (über ALICE DOESN'T LIVE HERE ANYMORE, HUSTLE und LITTLE BIG MAN). – Paul Starr: The New Masculine Hero. In: NYT, 16.7.1978 (über ALICE DOESN'T LIVE HERE ANYMORE, AN UNMARRIED WOMAN und COMING HOME. Nachdruck in: The NYT Film Reviews. 1977-78. New York: Arno Press 1979). – Ronald S. Librach: Class-consciousness and Self-improvement in THE KING OF COMEDY. In: Film Criticism, Winter 1991, S. 47-62 (über ALICE DOESN'T LIVE HERE ANYMORE und THE KING OF COMEDY).

TAXI DRIVER

Romanfassung des Drehbuchs: Richard Elman: TAXI DRIVER. Based on an Original Screenplay Written by Paul Schrader. Toronto/London: Bantam 1976.

Drehbuch: Paul Schrader: TAXI DRIVER. London, Boston: Faber and Faber 1990.

Bücher: Pete Fraser: TAXI DRIVER. York Film Notes. Harlow: Longman 2000. – Amy Taubin: TAXI DRIVER. BFI Film Classics. London: BFI 2000.

Dokumentation: HOLLYWOOD UNCENSORED. Regie: James Forsher. 87 Min. 1987 (Dokumentation über die selbst auferlegten Sittlichkeitsstandards des Hollywood-Kinos. Martin Scorsese erläutert die Anwendung der neuen Vorschriften von 1960 auf TAXI DRIVER).

Kritiken: **(dt.:)** Sabina Lietzmann, FAZ, 16.3.1976. – Helga Tilon, FR, 9.4.1976. – Peter W. Jansen, epd Film, Mai 1976 (Kino-Notizen XIII). – Franz Schöler, Handelsblatt, 12.5.1976 (Nachdruck in: DAS, 6.6.1976). – Wolf Donner, Die Zeit, 28.5.1976. – Peter Buchka, SZ, 29./30.5.1976. – Wilfried Wiegand, FAZ, 29.5.1976. – Wolfram Knorr, StZ, 31.5.1976. – Hans C. Blumenberg, KStA, 1.6.1976. – Franz Ulrich, Zoom, 12/1976 (Cannes). – Wolfram Knorr, Die Weltwoche, 23.6.1976. – Hugo Leber, Tages-Anzeiger (Zürich), 23.6.1976. – Klaus Eder, Deutsche Volkszeitung, 24.6.1976. – Gerhard Waeger, NZZ, 24.6.1976. – Michael Hangartner, Die Tat (Zürich), 25.6.1976. – Klaus Eder, Medium, Juli 1976 (zusammen mit MEAN STREETS). – Franz Ulrich, Zoom, 13/1976. – os, National-Zeitung (Basel), 6.9.1976. – Klaus Hebecker, Film-Telegramm, 15.9.1976. – o.A., Stadt-Revue Köln, Okt. 1976. – Hans-Ulrich Pönack, tip, 1.10.1976. – Hellmuth Karasek, Der Spiegel, 4.10.1976. – Friedrich Luft, Die Welt, 6.10.1976. – Georg Alexander, Die Zeit, 8.10.1976. – Volker Baer, TSP, 8.10.1976. – Inge Bongers, Der Abend, 8.10.1976. – Hans Peter Kochenrath, Saarbrücker Zeitung, 8.10.1976. – Hans-Dieter Seidel, StZ, 8.10.1976. – Rolf Thissen, KStA, 8.10.1976. – Sebastian Feldmann, Rheinische Post, 9.10.1976. – Uta Gote, Hannoversche Allgemeine, 9.10. 1976. – Edgar Wettstein, fd, 12.10.1976. – Alfred Nemeczek, Stern, 14.10.1976. – Frank Schöler, Westdeutsche Allgemeine, 23.10.1976. – Helmut Müller, Filmecho/Filmwoche, 30.10.1976. – Alfred Schantz, Film-Beobachter, 1.11.1976. – Wolfram Schütte, FR, 3.11.1976. – Sd, Frankfurter Neue Presse, 11.11.1976. – Franz Manola, Die Presse (Wien), 13.11.1976. – Lasse Stiinsor, Filmfaust, Dez. 1976. – Thomas Petz, SZ, 17.12.1976. – Ponkie, AZ (München), 17.12.1976. – Jörg Ulrich, Münchner Merkur, 17.12.1976. – M. Shaternikova, Film und Fernsehen, Feb. 1978. – Frank Arnold, Zitty, 18/1989. **(engl.:)** David Bartholomew, Film Bulletin, Feb. 1976. – S. Klain, Independent Film Journal, 4.2.1976. – A. D. Murphy, Variety, 4.2.1976 (Nachdruck in: Mike Kaplan [Hg.]: Variety Film Reviews. 1975-1977. New York, London: R.R. Bowker 1983; und in: Dougan: Close up, 1997 [s. Bücher über Scorsese]). – Vincent Canby, NYT, 8.2.1976 (Nachdruck in: The NYT Film Reviews. 1975-76. New York: Arno Press 1977). – Pauline Kael, The New Yorker, 9.2.1976 (Nachdruck in: P.K.: When the Lights Go Down. New York: Holt 1980; und in: Kelly: First Decade, 1980 [s. Bücher über Scorsese], S.183-186). – Howard Kissel, Women's Wear Daily, 9.2.1976. – Frank Rich, NY Post, 9.2.1976. – Vincent Canby, NYT, 15.2.1976 (Nachdruck in: The NYT Film Reviews. 1975-76. New York: Arno Press 1977). – Jay Cocks / Richard Schickel, Time, 16.2.1976 (Nachdruck in: Kelly: First Decade, 1980 [s. Bücher über Scorsese], S. 188-189). – Andrew Sarris, VV, 16.2.1976. – David Sterritt, Christian Science Monitor, 19.2.1976. – John Simon, New York, 23.2.1976 (Nachdruck in: J.S.: Reverse Angle. New York Magazine: Crown 1982). – Richard Hatch, The Nation, 28.2.1976. – William Gallo, Film Heritage, Frühjahr 1976. – Marc Patrick Carducci, Millimeter, März 1976. – Marcia Magill, FiR, März 1976. – Charles Mitchener, FC, März/April 1976. – Robert A. Wilson, Audience, März 1976. – Jack Kroll, Newsweek, 1.3.1976 (Nachdruck in: Kelly: First Decade, 1980 [s. Bücher über Scorsese], S. 186-188). – T. Allen, America, 6.3.1976. – Judith Crist, Saturday Review, 6.3.1976. – Stanley Kauffmann, The New Republic, 6.3.1976 (Nachdruck in: S.K.: Before My Eyes. New York: Harper 1980). – Walter Goodman, NYT, 14.3.1976 (zusammen mit Truffauts L'HISTOIRE D'ADELE H. und Rolf Lyssys KONFRONTATION). – Rex Reed, Vogue, April 1976. – o.A., Variety, 28.4.1976. – Roger Greenspun, Penthouse, Mai 1976. – George Morris, Take One, Mai 1976. – Patricia Patterson / Manny Farber, FC, Mai/Juni 1976 (Nachdruck in: FC, Mai/Juni 1998, S. 30-44). – William S. Pechter, Commentary, Mai 1976. – Bruce Williamson, Playboy, Mai 1976. – R.E. Lauder, The Christian Century, 12.5.1976. – Howard E. Phillips, National Review, 14.5.1976. – Peter Cowie, Focus on Film, Sommer/Herbst 1976 (veränderte Fassung in: P.C. [Hg.]: International Film Guide 1977. London/New York 1976). – Michael Dempsey, Film Quarterly, Sommer

1976. – Jonathan Rosenbaum, FC, Juli/Aug. 1976. – J. Coleman, New Statesman, 20.8.1976. – David Robinson, The Times, 20.8.1976 (zusammen mit WHO'S THAT KNOCKING). – Lenny Rubenstein, Cineaste, Herbst 1976. – Peter Cargin, Film, Sept. 1976. – Richard Combs, MFB, Sept. 1976. – Gordon Gow, F&F, Sept. 1976. – John O'Hara, Cinema Papers, Sept./Okt. 1976. – J. Morton, Contemporary Review, Dez. 1976. – Filmfacts, Bd. 19, Nr. 1/1976 (Zusammenstellung von Kritiken). – Robert Mitchell, Frank N. Magill (Hg.): Magill's Survey of Cinema. Second Series. Bd. 4. Englewood Cliffs, New Jersey 1980. – R.D. Larson, Cinemascore, Sommer 1987. – L. Kerrigan, Projections 1-2, 1995. – Roger Ebert, Chicago Sun-Times, 1.3.1996. – J. Bender, Film Score Monthly, Juni 1998 (über die Filmmusik). – S. Woolston, Soundtrack, Sept. 1998 (über die Filmmusik). – Ian Freer, Empire (UK), Jan. 2000 (DVD-Kritik). **(fr.:)** Maurice Elia, Séquences, April 1976. Guy Allombert, RdC, Mai 1976. – o.A., L'Humanité, 21.5.1976. – Jean de Baroncelli, Le Monde, 23.5.1976. – o.A., France-Soir, 24.5.1976. – o.A., Le Quotidien de Paris, 24.5.1976. – J.-J. Bernard, Cinematographe, Juni 1976. – Jean de Baroncelli, Le Monde, 9.6.1976. – o.A., Paris Match, 19.6.1976. – Claude Benoit, Jeune Cinéma, Juli/Aug. 1976. – Claude Beylie / Max Tessier, Ecran, Juli 1976. – Bertrand Chavardês, Téléciné, Juli/Aug. 1976. – Michael Henry, Positif, Juli/Aug. 1976 (wieder abgedruckt als: M.H.: Qui veut faire l'ange ... In: Stéphane Goudet: L'Amour du Cinéma: 50 Ans de la Revue Positif. Paris: Gallimard 2002, S. 285-294). – Pascal Kané, Cahiers, Juli/Aug. 1976 (zusammen mit DOG DAY AFTERNOON). – Tristan Renaud, Cinéma, Juli 1976. – Marcel Doneux, Revue Belge du Cinéma, Sept. 1976. – Hubert Desrues, RdC / Image et Son, Okt. 1976 (La Saison cinématographique '76). – François Cuel, Cinématographe, März 1979. – Yves Alion, RdC, Mai 1990.

Weitere Texte: **(dt.:)** F.R.: »Ich wollte diese Gewalt.« Scorseses TAXI DRIVER. Ein Film, den keiner haben wollte. In: Filmreport, 8.4.1976. – Max Färberböck: Paul Schraders TAXI DRIVER. In: Filmkritik, Jan. 1977. – Dietmar Schmidt: Ein Fall für Theologen. In: epd Film, 1/1977 (Glosse). – M. Shaternikova: Auf der Suche nach einem Ausweg. In: Film und Fernsehen, 2/1978, S. 45-48 (kritischer Artikel über Tendenzen des modernen US-Kinos, 2. Teil). – Jürgen Kramer: Schlüpfte John Hinckley in die Rolle des »Taxi Driver«? In: Hannoversche Allgemeine, 2.4.1981 (über den Reagan-Attentäter Hinckley). – Sabina Lietzmann: Wollte John Hinckley es dem Attentäter aus dem Film gleichtun? In: FAZ, 2.4.1981 (über den Reagan-Attentäter Hinckley). – Fritz J. Raddatz: Die Welt der vergifteten Bilder, und: Michael Naumann: Ein Mordschütze aus bestem Haus. In: Die Zeit, 10.4.1981 (über den Reagan-Attentäter Hinckley). – Rainer Rother: Die Faszination des Massakers. Zum Verhältnis von konventioneller Erzählweise und filmischer Reflexion in Martin Scorseses TAXI DRIVER. In: Ralf Schnell (Hg.): Gewalt im Film. Bielefeld: Aisthesis 1987. S. 41-70. – Karl-Eugen Hagmann: Gottes einsamster Mann. In: Peter Hasenberg u.a. (Hg.): Spuren des Religiösen im Film: Meilensteine aus 100 Jahren Kinogeschichte. Mainz: Matthias-Grünewald 1995, S. 216-219. – Franz Everschor: 20 Jahre nach Travis Bickle. In: fd, 26.3.1996, S. 40-41. – Uwe Wiedleroither (Hg.): TAXI DRIVER. Filmprogramm, Nr. 260. Stuttgart: Wiedleroither Jan. 1997. – R.R. (Rainer Rother): TAXI DRIVER. In: Thomas Koebner (Hg.): Filmklassiker. Beschreibungen und Kommentare. Bd. 3. 1956-1981. Stuttgart: Reclam 2001, S. 389-393. – Michael Sellmann: TAXI DRIVER. In: M.S.: Hollywoods moderner Film Noir. Tendenzen, Motive, Ästhetik. Würzburg: Königshausen und Neumann 2001, S. 125-128. – Jörg Häntzschel: Die Stadt, der Tod und der Dreck. In: SZ, 4.10.2002 (Zensur auf DVD am Beispiel von TAXI DRIVER). – Michael Gruteser: TAXI DRIVER. There is no Magic Cure. In: Screenshot, Winter 2002, S. 20-23. **(engl.:)** o.A.: Again, the Shadow of a Gunman. In: Newsweek, 29.5.72 (über Arthur Bremer). – o.A.: Bremer: Have Gun, Will Travel. In: Newsweek, 5.6.72 (über Arthur Bremer). – o.A.: Guilty and Sane. In: Newsweek, 14.8.72 (über Arthur Bremer). – Arthur Bell: Shooting with Scorsese. »Ready When You Are, Paisan!« In: VV, 18.8.1975. – Julian C. Rice: Transcendental Pornography and TAXI DRIVER. In: Journal of Popular Film and Television, 2/1976, S. 109-123 (Analyse des Charakters von Travis). – Gary Arnold: Scorsese: Igniting the Slow Fuse of Repression. In: W Post, 10.2.1976. – A. Powell: Scorsese and His Saint. In: Millimeter, 3/1976, S. 30-33, 52 (über Scorsese und TAXI DRIVER). – Marjorie Rosen: Critics and the Politics of Superlatives. In: Millimeter, 4/1976, S. 26-28 (über die Schwierigkeit einer Filmkritik zu TAXI DRIVER). – William S. Pecher: Obsessions. In: Commentary 61/5, 1976. – Page Cook: The Sound Track. In: FiR, Mai 1976, S. 308-310. – Colin L. Westerbeck, Jr.: Beauties and the Beast. In: S&S, Sommer 1976, S. 134-139 (über TAXI DRIVER und Lina Wertmüllers PASQUALINO SETTEBELLEZE). – L. Salvato: Interview with Producer Julia Phillips. In: Millimeter, Sept. 1976, S.14-20, 56-57. – David Boyd: Prisoner of the Night. In: Film Heritage, Winter 1976/77, S. 24-30 (über Ähnlichkeiten zwischen TAXI DRIVER und John Fords THE SEARCHERS). – B. H. Fairchild Jr.: On Seeing Martin Scorsese's Film, TAXI DRIVER. In: Journal of Popular Film, 2/1977 (Gedicht). – o.A.: The Screenwriter, Take 2: Paul Schrader. In: FC, Juli/Aug. 1978 (Interview). – Alain Silver / Elizabeth Ward (Hg.): Film Noir. London 1979 (darin: Kurzanalyse von Joan Cohen). – Julian Petley: Rough Justice. In: Focus on Film, Okt. 1980 (über Vigilanten-Filme). – Robin Wood: The Incoherent Text. Narrative in the '70s. In: Movie (UK), Winter/Frühjahr 1980/81, S. 24-42 (Nachdruck in: R.W.: Hollywood from Vietnam to Reagan. New York: Columbia UP 1986, S. 50-55). – David Bartholomew: Altering States. Creating the Impossible with Makeup: Dick Smith's Incredible 35-year Career. In: Cinefantastique, Sommer 1981 (über TAXI DRIVER S. 36-38). – W.J. Douglas: The Criminal Psychopath as Hollywood Hero. In: Journal of Popular Film and Television, Winter 1981, S. 30-39. – Danny Peary: TAXI DRIVER. In: D.P.: Cult Movies 2. New York 1983, S. 150-153. – Christopher Lyon (Hg.): The Macmillan Dictionary of Films and Filmmakers. Bd. 1: Films. London 1984 (Bibliografie, Kurzanalyse von Robin Wood). – Christopher Sharrett: The American Apocalypse: Scorsese's TAXI DRIVER. In: Persistence of Vision, Sommer 1984, S. 56-64 (wieder abgedruckt in: C.S. [Hg.]: Crisis Cinema: The Apocalyptic Idea in Postmodern Narrative Film [Postmodern Position, Vol 6]. Washington, D.C.: Maisonneuve Press, 1993). – Robert B. Ray: THE GODFATHER and TAXI DRIVER. In: R.B.R.: A Certain Tendency of the Hollywood Cinema, 1930-1980. Princeton: Princeton UP 1985. – David Thomson: Suspects. London 1985 (fiktive Biografie von Travis Bickle), S. 252-255. – David Thomson: Postcards from 42nd Street. In: FC, Mai/Juni 1985. – David Weaver: The Narrative of Alienation: Martin Scorsese's TAXI DRIVER. In: Cineaction 6, 1986, S. 12-16. – Bryan Bruce: Martin Scorsese. Five Films. In: Movie (UK), 31/32/1986, S. 88-94 (über THE KING OF COMEDY, MEAN STREETS, TAXI DRIVER, NEW YORK, NEW YORK und RAGING BULL). – Cynthia J. Fuchs: »All the Animals Come out at Night.« Vietnam Meets Noir in TAXI DRIVER. In: Michael Anderegg (Hg.): Inventing Vietnam. The War in Film and Television. Philadelphia 1991, S. 33-55. – Mark Walker: Vietnam Veteran Films. London: Scarecrow Press 1991 (zu TAXI DRIVER S. 132-135). – J. Lane: Martin Scorsese and the Documentary Impulse. In: Framework, 1/1991, S. 52-59. – N.J. Vickers: Lyric in the Video Decade. In: Discourse, Herbst 1993, S. 6-27. – B. Odabashian: Double Vision: Scorsese and Hitchcock. In: Richard Chapple (Hg.): Social and Political Change in Literature and Film. Florida State University Conference on Literature and Film 1991, Bd. 16. Gainesville: University Press of Florida 1994, S. 21-35 (intertextuelle Analyse). – o.A.: Film as Literature: Two Screenplays. In: Literature/Film Quarterly, 1/1995, S. 79-80 (über die Drehbücher zu TAXI DRIVER und GOODFELLAS). – Leonard Quart: A Slice of Delirium: Scorsese's TAXI DRIVER Revisited. In: Film Criticism, Frühjahr 1995, S. 67-71 (über Scorseses Vision von New York City in TAXI DRIVER). – Barry Norman, Radio Times, 26.8.1995, S. 40-41 (Rechtfertigung der Gewalt in TAXI DRIVER). – Janet Maslin: Travis Bickle, Still Asking If Someone's Talking to Him. In: NYT, 16.2.1996. – Amy Taubin: A Checkered Past. In: VV, 20.2.1996, S. 64. – Owen Gleiberman: Watching Marty Watching Bobby Watch Us. TAXI DRIVER Comes Back to the Big Screen. In: Entertainment Weekly, 22.3.1996. – B. Mortimer: Portraits of the Postmodern Person in TAXI DRIVER, RAGING BULL and THE KING OF COMEDY. In: Journal of Film and Video, 1-2/1997, S. 28-38 (psychologische Analyse). – Patricia Patterson / Manny Farber: The Power and the Gory. In: FC, Mai/Juni 1998, S. 30, 35-36, 38, 41-42, 44 (über die inneren Widersprüche von TAXI DRIVER). – D. Adams: Herrmann's Final Dark Curtain. In: Film Score Monthly, Juli 1998, S. 27. – D.C. Kim: Are You Talkin' to Me? In: Film Score Monthly, Juli 1998, S. 24-26. – M. Weinreich: The Urban Inferno. On the Aesthetics of Martin Scorsese's TAXI DRIVER. In: P.O.V., Dez. 1998, S. 91-107. – Richard Martin: Mean Streets and Raging Bulls. The Legacy of Film Noir in Contemporary American Cinema. Lanham: Scarecrow Press 1999 (über den Einfluss des Film Noir auf das aktuelle Kino, u.a. auf TAXI DRIVER, AFTER HOURS, CHINATOWN, RESERVOIR DOGS. Mit besonderer Berücksichtigung des Einflusses auf Martin Scorsese). – Amy Taubin: God's Lonely Man. In: S&S, April 1999, S 16-19 (über den politischen und kulturellen Hintergrund von TAXI DRIVER und die paranoide Figur Travis Bickle). – Andrew Spicer: Neo-Modern Apocalypse: TAXI DRIVER. In: A.S.: Film Noir. Harlow, Essex: Pearson 2002, S. 145-148. **(fr.:)** Frédéric Golchan: Entretien avec Paul Schrader. In: Cinématographe, Juni 1976. – François Cuel: Scorsese, Scorsese. In: Cinématographe, März 1979, S. 38-41 (über TAXI DRIVER als Schlüsselfilm für Scorseses Werk). – Gérard Lenne: Néo-fascisme dans le jeune cinéma américain. In: Ecran, Juni 1979, S. 27-28 (speziell über TAXI DRIVER und THE DEER HUNTER). – D. Leroy: La Dèrniere tentation de Travis Bickle. In: Rectangle, Winter 1991/92, S. 22-24. – A. Caron: La Dèrniere tentation de Travis Bickle. / Le Fantôme de Travis Bickle. In: Séquences, März/April 1996, S. 14-26.

NEW YORK, NEW YORK

Romanfassung des Drehbuchs: Earl Mac Rauch: New York, New York. New York: Simon and Schuster 1977.

Kritiken: **(dt.:)** o.A., Cinema, Sep. 1977, S. 58-59. – Helmut W. Banz, KStA, 3.9.1977. – Heiko R. Blum, Rheinische Post, 3.9.1977. – Harry Graves, Hannoversche Allgemeine, 3.9.1977. – Wolfgang Limmer, Der Spiegel, 5.9.1977. – Hans-Dieter Seidel, StZ, 5.9.1977. – Peter Hans Göpfert, Die Welt, 6.9.1977. – Hans C. Blumenberg, Die Zeit, 9.9.1977. – Carla Rhode, Zitty, 13/1977. – Jörg Altendorf, Filmecho/Filmwoche, 10.9.1977. – hMa, fd, 13.9.1977. – Andre J. Simonoviescz, tip, 16.9.1977. – Franz Manola, Die Presse (Wien), 17.9.1977. – Gottfried Knapp, SZ, 26.9.1977. – Horst Wiedemann, Medium, Okt. 1977. – Günter Knorr, Film-Beobachter, 1.10.1977. – Volker Baer, TSP, 6.10.1977. – Inge Bongers, Der Abend, 10.10.1977. – Wolfram Schütte, FR, 28.11.1977. – Wilfried Wiegand, FAZ, 29.11.1977. – Edgar Wettstein, Zoom, 14.12.1977. – Wolfram Knorr, Weltwoche, 21.12.1977. – rn, NZZ, 22.12.1977. – Pierre Lachat, Tages-Anzeiger (Zürich), 31.12.1977. – Klaus Honnef, Vorwärts, 8.10.1981. – Norbert Grob, Die Zeit, 9.10.1981. – Milan Pavlovic, KStA, 2.1.1999 (über die integrale Fassung). **(engl.:)** D. Munroe, Film Bulletin, Juni 1976. – James Harwood, Variety, 22.6.1977 (Nachdruck in: Mike Kaplan [Hg.]: Variety Film Reviews. 1975-1977. New York, London: R.R. Bowker 1983; und in: Dougan: Close up, 1997 [s. Bücher über Scorsese]). – Vincent Canby, NYT, 23.6. 1977 (Nachdruck in: The NYT Film Reviews. 1977-78. New York: Arno Press 1979). – Kathleen Carroll, New York Daily News, 23.6.1977. – Guy Flatley, NYT, 24.6.1977. – Joseph Gelmis, Newsday, 24.6.1977. – Jack Kroll, Newsweek, 27.6.1977. – o.A., Boxoffice, 27.6.1977. – Christopher Porterfield, Time, 27.6.1977. – Gary Arnold, W Post, 29.6.1977. – Penelope Gilliatt, The New Yorker, 4.7.1977. – Molly Haskell / Andrew Sarris, VV, 4.7.1977. – Colin L. Westerbeck Jr., Commonweal, 6.7.1977 (Nachdruck in: Kelly: First Decade, 1980 [s. Bücher über Scorsese], S. 190-191). – Richard Corliss, NYT, 8.7.1977. – S. Klain, Independent Film Journal, 8.7.1977. – Vincent Canby, NYT, 10.7.1977 (Nachdruck in: The NYT Film Reviews. 1977-78. New York: Arno Press 1979). – John Simon, New York Magazine, 11.7.1977 (Nachdruck in: J.S.: Reverse Angle. New York: Crown 1982). – Joy Gould Boyum, Wall Street Journal, 18.7.1977. – Judith Crist, Saturday Review, 23.7.1977. – Stanley Kauffmann, The New Republic, 23.7.1977 (Nachdruck in: S.K.: Before My Eyes. New York: Harper Collins 1980). – Richard A. Blake, America, 30.7.1977. – Robert Asahina, New Leader, 1.8.1977. – Richard Combs, S&S, Herbst 1977. – Leonard und Barbara Quart, Cineaste, Herbst 1977. – Tom Milne, MFB, Sept. 1977. – o.A., Playboy, Sept. 1977. – J. Teegarden, Audience, Sept. 1977. – J. Coleman, New Statesman, 16.9.1977. – Peter Cargin, Film, Okt. 1977. – David Castell, Films Illustrated, Okt. 1977. – Julian Fox, F&F, Okt. 1977. – Roger Greenspun, Penthouse, Okt. 1977. – Marsha McCreadie, FiR, Okt. 1977. – W. Sternman, Audience, Okt. 1977. – J. Rothbaum, Movietone News, 4.11.1977. – Filmfacts, Bd. 20, Nr. 10, 1977 (Zusammenstellung von Kritiken). – James Monaco, Movietone News, 22.2.1978. – Carrie Rickey, VV, 24.6.1981. – Michael Sragow, Rolling Stone, 26.11.1981. – David Slater, Films Illustrated, Jan. 1982. **(fr.:)** J. MacTrevor, Cine Revue (Brüssel), 25.8.1977. – Patrick Schupp, Séquences, Okt. 1977. – Alain Masson, Positif, Nov. 1977. – Max Tessier, Ecran, 15.11.1977. – Henri Béhar, Image et Son, Dez. 1977. – o.A., Amis du film, Dez. 1977. – Gerard Perron, Lumiere du cinéma, Dez. 1977. – Louis Marcorelles, Le Monde, 17.12.1977. – Lucien Dahan, Cinématographe, Jan. 1978. – Jean Pierre Le Pavec, Cinéma, Jan. 1978. – Bernard Boland, Cahiers, Feb. 1978. – François Guerit, Jeune Cinéma, Feb. 1978. – F. Regnault, Cahiers, März 1978. – Gilles Colpart, RdC, Okt. 1978 (La Saison cinématographique '78). – Jacques Siclier, Le Monde, 12.4.1998.

Weitere Texte: **(dt.:)** Frank Arnold: Ein trauriges Kapitel. Filmgeschichte auf Video. In: epd Film, Mai 1996, S. 14 (über die radikalen Kürzungen). **(engl.:)** Jack Kroll: Martin Scorsese: The Movie Brat. In: Newsweek, 16.5.1977. – Chris Hodenfield: NEW YORK, NEW YORK. Martin Scorsese's Back-Lot Sonata. In: Rolling Stone, 16.6.1977 (mit Statements von Scorsese und De Niro). – Guy Flatley: At the Movies. In: NYT, 24.6.1977. – Tom Shales: And This Was Going to Be Some Movie. In: W Post, 26.6.1977. – Cliff Jahr: Liza, Liza, Where You Been. In: VV, 27.6.1977 (mit Statements von Scorsese und Liza Minnelli). – Robert Lindsey: The Director of TAXI DRIVER Shifts Gears. In: NYT, 8.8.1976 (mit Statements von Scorsese u.a.). – Leonard Feather: Bounce Back with Musician Georgie Auld. In: Herald Tribune, 13.9.1976 (zuerst erschienen in: LA Times). – Div.: NEW YORK, NEW YORK. In: Film, Nov. 1977 (Zitate aus britischen Kritiken). – Lawrence S. Friedman: Vision and Revision in Scorsese's NEW YORK, NEW YORK and Sorrentino's THE MOON IN ITS FLIGHT. In: Literature/Film Quarterly, 2/1981. – David Thomson: Suspects. London 1985 (fiktive Biografien von J. Doyle und F. Evans, S. 119-124). – Bryan Bruce: Martin Scorsese. Five Films. In: Movie (UK), 31/32/1986, S. 88-94 (über THE KING OF COMEDY, MEAN STREETS, TAXI DRIVER, NEW YORK, NEW YORK und RAGING BULL). – Lez Cooke: NEW YORK, NEW YORK: Looking at De Niro. In: Movie (UK) 31/32/1986, S. 101-107. – Richard Lippe: NEW YORK, NEW YORK and the Hollywood Musical. In: Movie (UK) 31/32/1986, S. 95-100. – James M. Jarrett: Drifting on a Read. Jazz as a Model for Literary and Theoretical Writing. Ann Arbor: University of Michigan Press 1989. **(fr.:)** Martin Scorsese: NEW YORK, NEW YORK. In: Positif, Dez. 1977 / Jan. 1978 (Auszug aus dem Storyboard). – Daniel Sauvaget: La Saxophone de Georgie Auld. A propos de NEW YORK, NEW YORK. In: Image et Son, April 1978 (über die Karriere von Georgie Auld und seine Arbeit an dem Film).

THE LAST WALTZ

Dokumentation: REVISITING THE LAST WALTZ. Regie: Stephen Altobello. 22 Min. Automat Pictures, 2002 (auf der LAST WALTZ-DVD enthalten).

Kritiken: **(dt.:)** Teja Schwaner, Sounds, 7/1978. – Jürgen Bevers, Zitty, 15/1978. – Erich Mohn, Medien + Erziehung, Nr. 3, 1978. – Siegfried Schober, Der Spiegel, 10.7.1978. – Vivian Naefe, AZ (München), 14.7.1978. – Eckhart Schmidt, SZ, 14.7.1978. – Christa van Winsen, StZ, 14.7.1978. – Jörg Alisch, Der Abend, 15.7.1978. – Hans-Heinz Schwarz, KStA, 15./16.7.1978. – Arnd F. Schirmer, TSP, 16.7.1978. – Hans Peter Kochenrath, Saarbrücker Zeitung, 17.7.1978. – Sven Hansen, Die

Welt, 18.7.1978. – Wolfgang Vogel, FR, 18.7.1978. – Hans M. Eichenlaub, Zoom, 19.7.1978. – Bernd Leukert, FAZ, 20.7.1978. – Jörg Altendort, Filmecho/Filmwoche, 21.7.1978. – Bodo Fründt, Die Zeit, 21.7.1978. – Uta Gote, Hannoversche Allgemeine, 21.7.1978. – Hans-Jürgen Günther, tip, 21.7.1978. – Andreas Doms, Rheinische Post, 22.7.1978. – shr, NZZ, 26.7.1978. – Jochem Schumann, Westdeutsche Allgemeine, 27.7.1978. – Eckhart Schmidt, Deutsche Zeitung / Christ und Welt, 28.7.1978. – Peter W. Jansen, epd Film, Aug. 1978 (Kino-Notizen XXXIX). – Hans Gerhold, fd, 1.8.1978. – Axel Winterstein, Film-Beobachter, 1.8.1978. – Franz Manola, Die Presse, 11.8.1978. – Felix Hofmann, Filmkritik, Jan. 1980. – Rita Ackermann, ND, 2.1.1982. – Detlef Friedrich, Berliner Zeitung, 14.1.1982. – Fred Gehler, Film und Fernsehen, April 1982. **(engl.:)** Mark Kernis, W Post, 14.12.1977. – Richard Combs. In: MFB, Frühjahr 1978. – David Bartholomew, Film Bulletin, April/Mai 1978. – C. Schreger, Variety, 12.4.1978 (Nachdruck in: Mike Kaplan [Hg.]: Variety Film Reviews. 1978-1980. New York, London: R.R. Bowker 1983; und in: Dougan: Close up, 1997 [s. Bücher über Scorsese]). – Janet Maslin, NYT, 26.4.1978 (Nachdruck in: The NYT Film Reviews. 1977-78. New York: Arno Press 1979). – E. Perchaluk, Independent Film Journal, 28.4.1978. – Janet Maslin, NYT, 30.4.1978 (zusammen mit anderen Musikfilmen. Nachdruck in: The NYT Film Reviews. 1977-78. New York: Arno Press 1979). – Penelope Gilliatt, The New Yorker, 1.5.1978. – Jack Kroll, Newsweek, 1.5.1978 (Nachdruck in: Kelly: First Decade, 1980 [s. Bücher über Scorsese], S. 193-194). – Andrew Sarris, VV, 1.5.1978. – Molly Haskell, New York Magazine, 8.5.1978. – Frank Rich, Time, 8.5.1978 (Nachdruck in: Kelly: First Decade, 1980 [s. Bücher über Scorsese], S. 192). – Richard Corliss, NYT, 15.5.1978. – Richard A. Blake, America, 20.5.1978. – o.A., New West, 22.5.1978. – Chris Hodenfield, Rolling Stone, 1.6.1978. – Dave Marsh, FC, Juli/Aug. 1978. – Tom Milne, MFB, Juli 1978. – Colin L. Westerbeck Jr., Commonweal, 7.7.1978 (Nachdruck in: Kelly: First Decade, 1980 [s. Bücher über Scorsese], S. 194-196). – John Simon, National Review, 21.7.1978. – Thomas M. Disch, New Statesman, 28.7.1978. – David Robinson, The Times, 28.7.1978. – Dorothy Dean, FiR, Aug./Sept. 1978. – Roger Greenspun, Penthouse, Aug. 1978. – o.A., Playboy, Aug. 1978. – Roger Shartzkin, Jump Cut, Aug. 1978. – Jenny Craven, F&F, Sept. 1978. – Tom Ryan, Cinema Papers, Okt./Nov. 1978. – David Bartholomew, Film Quarterly, Winter 1979/80. – Phil Gallo, Variety, 22.4.2002 (DVD-Kritik). – Harold Bloom, FC, Mai/Juni 2002 (DVD-Kritik). **(fr.:)** o.A., Le Nouvel Observateur, 19.6.1978. – Henri Béhar, Image et Son, Juli/Aug. 1978. – Michael Henry, Positif, Juli/Aug. 1978. – Marc Letremble, Séquences, Juli 1978. – Jean-Pierre Le Pavec, Cinéma, Juli 1978. – François Chevassu, RdC, Okt. 1978 (La Saison cinématographique '78). – Bernard Lecourt, Le Monde, 13.6.2002 (DVD-Kritik). – Baptiste Piégay, Cahiers, Juli/Aug. 2002 (DVD-Kritik).
Weitere Texte: **(engl.:)** Leshe Poliak: The Choreography of Camera Movement in Martin Scorsese's THE LAST WALTZ. In: Millimeter, Juni 1976. – Greil Marcus: The Band's Last Waltz. That Train Don't Stop Here Anymore. In: Rolling Stone, 30.12.1976 (über das Konzertereignis). – Terry Curtis Fox: Martin Scorsese's Elegy for a Big-Time Band. In: VV, 29.5.1978. – Dave Marsh: Schlock Around the Rock. In: FC, Juli/Aug. 1978 (über THE LAST WALTZ und andere neue Rockmusikfilme). – Dave Marsh: LAST WALTZ. In: Rolling Stone, 3.5.1979. – J. P. Telotte: Scorsese's THE LAST WALTZ and the Concert Genre. In: Film Criticism, Winter 1979/80. – J. P. Telotte: A Sober Celebration: Song and Dance in the New Musical. In: Journal of Popular Film, Frühjahr 1980. – Barry W. Satchett: »Rockumentary« as Metadocumentary. In: Literature/Film Quarterly 1/1994, S. 28-35. – Charles Lyons: Strike up the WALTZ. In: Variety, 15.4.2002. – Blair Jackson / Chris Michie: THE LAST WALTZ. Recording, Mixing, and Remaking the Music. In: Mix, Sept. 2002 (Artikel zur DVD-Release). – James Bell: And the Band Played on. In: S&S, Nov. 2002, S. 65 (Interview mit Robbie Robertson zur DVD-Release).

AMERICAN BOY. A PROFILE OF STEVEN PRINCE

Kritiken: **(engl.:)** Sally Hibbin, F&F, Aug. 1983 (zusammen mit ITALIANAMERICAN). – Tom Milne, MFB, Aug. 1983. – Janet Maslin, NYT, 12.1.1990. – Amy Taubin, VV, 23.1.1990. **(fr.:)** Michael Henry, Positif, April 1980 (zusammen mit ITALIANAMERICAN). – Jean de Baroncelli, Le Monde, 19.4.1980 (zusammen mit ITALIANAMERICAN). – Marcel Martin, Image et Son, Mai 1980 (zusammen mit ITALIANAMERICAN). – Jean-Pierre Le Pavec, Cinéma, Mai 1980 (zusammen mit ITALIANAMERICAN). – Serge Le Peron, Cahiers, Mai 1980 (zusammen mit ITALIANAMERICAN). – François Poiré, Cinématographe, Nr. 57, 1980 (zusammen mit ITALIANAMERICAN). – Daniel Sauvaget, RdC, 1980 (La Saison cinématographique '80). – M. Segura, 24 Images, Winter 1992 (zusammen mit THE BIG SHAVE und ITALIANAMERICAN).
Weitere Texte: **(fr.:)** Michael Henry: Rencontre avec Steven Prince. AMERICAN BOY vu par son protagoniste. In: Positif, April 1980.

RAGING BULL

Bücher: Jake La Motta / Joseph Carter / Peter Savage: Raging Bull. London: Bantam 1980. – Steven G. Kellman (Hg.): Perspectives on RAGING BULL. New York: Hall 1994 (Aufsatzsammlung).
Kritiken: **(dt.:)** o.A., Der Spiegel, 1.12.1980. – Klaus Geitel, Die Welt, 6.12.1980 (Nachdruck in: Der Gildendienst, Dez. 1980). – Wolfgang J. Fuchs, Film-Beobach-

ter, Feb. 1981 (Nachdruck in: Lothar R. Just [Hg.]: Das Filmjahr '81/'82. München: Filmland Presse 1981). – Hartmann Schmige, Zitty, 4/1981. – Bodo Fründt, Stern, 5.2.1981. – Eckhart Schmidt, RM, 6.2.1981. – Christian Klaist (d.i. Wolf Donner), tip, 13.2.1981. – Karena Niehoff, TSP, 15.2.1981 (Berlinale). – Urs Jenny, Der Spiegel, 16.2.1981. – Michael Lentz, Westdeutsche Allgemeine, 16.2.1981 (Berlinale). – Karena Niehoff, SZ, 16.2.1981 (Berlinale). – Wolfram Schütte, FR, 16.2.1981 (Berlinale). – Michael Schwarze, FAZ, 17.2.1981 (Berlinale). – Beate Schaller, Filmecho/Filmwoche, 18.2.1981. – Norbert Jochum, Die Zeit, 20.2.1981 (Berlinale). – Manfred Delling, DAS, 22.2.1981 (Berlinale). – Wolfram Schütte, NZZ, 26.2.1981 (Berlinale). – Thomas Honickel, Medium, März 1981. – Peter W. Jansen, epd Film, März 1981. – Uta Gote, Hannoversche Allgemeine, 13.3.1981. – Ponkie, AZ (München), 13.3.1981. – Brigitte Desalm, KStA, 14./15.3.1981. – F.F. (Florian Fälbel d.i. Wolfram Schütte), FR, 14.3.1981. – Günther Kriewitz, StZ, 14.3.1981. – Hans Günther Pflaum, SZ, 14./15.3.1981. – Wolfram Knorr, Weltwoche, 18.3.1981. – Volker Baer, TSP, 20.3.1981. – Hans C. Blumenberg, Die Zeit, 20.3.1981 (Nachdruck in: H.C.B.: Gegenschuß. Texte über Filmemacher und Filme. 1980-1983. Frankfurt/Main: Fischer 1984). – Hans Gerhold, fd, 24.3.1981. – rn, NZZ, 27.3.1981. – Heiko R. Blum, Rheinische Post, 28.3.1981. – Diedrich Diederichsen, Sounds, April 1981. – o.A., Cinema, April 1981, S. 32-33. – Peter W. Jansen, Vorwärts, 2.4.1981. – Franz Manola, Die Presse (Wien), 11.4.1981. – Bernhard Giger, Zoom, 15.4.1981. – Bruno Jaeggi, Basler Zeitung, 26.4.1981. – Walt R. Vian, Film-Bulletin, Aug. 1981. – Renate Holy, Frauen und Film, Sept. 1981. **(engl.:)** Joseph McBride, Variety, 12.11.1980 (Nachdruck in: Dougan: Close up, 1997 [s. Bücher über Scorsese]). – Vincent Canby, NYT, 14.11.1980 (Nachdruck in: The NYT Film Reviews. 1979-80. New York: Arno Press 1981). – Red Smith, NYT, 16.11.1980. – Andrew Sarris, VV, 18.11.1980. – Vincent Canby, NYT, 23.11.1980. – Richard Corliss, Time, 24.11.1980. – Jack Kroll, Newsweek, 24.11.1980. – Dan Georgakas, Cineaste, Winter 1980/81. – J. Summers, Boxoffice, Dez. 1980. – J. Tamulis, Film Journal, Dez. 1980. – Richard Asahina, New Leader, 1.12.1980. – David Denby, New York Magazine, 1.12.1980. – o.A., New West, 1.12.1980. – Stanley Kauffmann, New Republic, 6.12.1980. – Pauline Kael, The New Yorker, 8.12.1980 (Nachdruck in: P.K.: Taking It All in. New York: Holt 1984). – Richard Hatch, The Nation, 13.12.1980. – Gary Arnold, W Post, 19.12.1980. – Richard A. Blake, America, 20.12.1980. – Diane Jacobs, in: Peter Cowie (Hg.): International Film Guide 1982. London u.a. 1981. – Nick Roddick, in: Frank N. Magill (Hg.): Magill's Survey of Cinema. Second Series. Bd. 4. Englewood Cliffs, New Jersey: Salem Press 1981. – Judith Crist, Saturday Review, Jan. 1981. – Rob Edelman, FiR, Jan. 1981. – Colin L. Westerbeck Jr., Commonweal, 16.1.1981. – John Simon, National Review, 23.1.1981 (Nachdruck in: J.S.: Reverse Angle. New York: Crown 1982). – Steve Jenkins, MFB, Feb. 1981. – David Quinlan, Films Illustrated, Feb. 1981. – Janet Maslin, NYT, 8.2.1981. – J. Coleman, New Statesman, 20.2.1981. – Richard Combs, S&S, Frühjahr 1981 (zusammen mit GLORIA). – D. Toumarkine, Film Bulletin, Frühjahr 1981. – M.A. Jackson, USA Today, März 1981. – G. Fabrikant, Variety, 4.3.1981. – B. Rothenbuecher, Christian Century, 25.3.1981. – D. Simmons, Film Directions, 15/1981. – James Hoberman, Artforum, April 1981. – H. Hosman, Skoop, April 1981. – Vincent Canby, NYT, 5.4.1981. – J. Morton, Contemporary Review, Juni 1981. – o.A., Guardian, 9.12.1999. – Ian Nathan, Empire (UK), Dez. 2000. **(fr.:)** Guy Gauthier, RdC (La Saison cinématographique '81). – Jean de Baroncelli, Le Monde, 27.2.1981. – Pascal Bonitzer, Cahiers, März 1981. – Gilles Gourdon, Cinématographe, März/April 1981. – Marcel Martin, Image et Son, März 1981. – Jean De Bongnie, Amis du film, cinéma et télévision (Brüssel), April 1981. – André Leroux, Séquences, April 1981. – Alain Masson, Positif, April 1981. – Bernard Nave, Jeune cinéma, April 1981. – Jean-Pierre Le Pavec, Cinéma, April 1981. – Jean-Philippe Domecq, Positif, Mai 1982.

Weitere Texte: **(dt.:)** Hartmann Schmige: RAGING BULL. Eröffnungsfilm der Berlinale. In: Zitty, 4/1981. – Daniel Hermsdorf: Schicksal Sandsack. Anmerkungen zu ROCKY, RAGING BULL und BATTLING BUTLER. In: Der Schnitt, 1/1996, S. 28-29. – R.R. (Rainer Rother): WIE EIN WILDER STIER. In: Thomas Koebner (Hg.): Filmklassiker. Beschreibungen und Kommentare. Bd. 3. 1956-1981. Stuttgart: Reclam 2001, S. 534-537. **(engl.:)** Thomas Wiener: Martin Scorsese Fights Back. In: American Film, Nov. 1980 (dort auch Gespräch mit Cathy Moriarty). – Dan Yakir: Raging Bull. In: After Dark (New York), Nov. 1980. – Vincent Canby: A Bow in the Direction of the Make-up Artists. In: NYT, 23.11.1980. – Fred Ferretti: The Delicate Art of Creating a Brutal Film Hero. In: NYT, 23.11.1980. – David Thomson: The Director as Raging Bull: Why Can't a Woman Be More Like a Photograph? In: FC, Jan./Feb. 1981. – Ric Gentry: Michael Chapman Captures RAGING BULL in Black and White. In: Millimeter, Feb. 1981, S. 108-117 (Interview mit Michael Chapman). – Neu Sinyard: Monsters of Machismo. In: Films Illustrated, Mai 1981, S. 303-305. – A.L. Williams: Kodak Honors Best Cinematography Nominees. The Five Films Nominated for Best Cinematography of 1980. In: AC, Mai 1981 (Interviews mit sechs Kameramännern, die 1981 für den Oscar nominiert waren, u.a. Michael Chapman für RAGING BULL). – Ric Gentry: ROCKY III Production Manager Jim Brubaker: Pre-production Is the Key. In: Millimeter, Juni 1981. – Jean Vallely: Raging Beauty. In: Playboy, Nov. 1981 (über Vickie La Motta). – Pam Cook: Masculinity in Crisis?

Tragedy and Identification in RAGING BULL. In: Screen, Sept./Okt. 1982. – Robin Wood: The Homosexual Subtext: RAGING BULL. In: Australian Journal of Screen Theory, 15-16/1983 (wieder abgedruckt in: Movie, Winter 1986, sowie in: R.W.: Hollywood from Vietnam to Reagan. New York 1986, S. 245-259). – Steven Bach: Final Cut. Dreams and Disaster in the Making of HEAVEN'S GATE. New York 1985 (enthält Material zu den ursprünglichen Bedenken der Produktionsfirma United Artists gegen das Projekt). – Gail Carnicelli Hemmeter: The Word Made Flesh. Language in RAGING BULL. In: Literature/Film Quarterly, 2/1986, S. 101-105. – Bryan Bruce: Martin Scorsese. Five Films. In: Movie (UK), 31/32/1986, S. 88-94 (über THE KING OF COMEDY, MEAN STREETS, TAXI DRIVER, NEW YORK, NEW YORK und RAGING BULL). – Desson Howe: Of Beasts and Men: Film Knockouts. In: W Post, 26.1.1990 (zur Wiederaufführung von RAGING BULL). – Edward J. Recchia: Martin Scorsese's RAGING BULL. In Violence Veritas? In: Aethlon. The Journal of Sport Literature, Frühjahr 1990, S. 21-31. – L. Jones u.a.: Hot Shots. In: VV, 4.12.1990 (über Sexualität im Film). – Lesley Stern: Meditation on Violence. In: Laleen Jayamanne (Hg.): Kiss Me Deadly. Feminism and Cinema for the Moment. Sydney 1995, S. 252-285. – Lizzie Borden: Blood and Redemption. In: S&S, Feb. 1995, S. 61. – B. Mortimer: Portraits of the Postmodern Person in TAXI DRIVER, RAGING BULL and THE KING OF COMEDY. In: Journal of Film and Video, 1-2/1997, S. 28-38 (psychologische Analyse). – Stephen Holden: After 20 Years, It Still Comes out Swinging. In: NYT, 4.10.2000. **(fr.:)** Olivier Assayas / Serge Toubiana: Profession: monteuse. Entretien avec Thelma Schoonmaker, und: Olivier Assayas / Serge Toubiana: Profession: producteur. Entretien avec Irwin Winkler. In: Cahiers, März 1981.

THE KING OF COMEDY

Dokumentation: A SHOT AT THE TOP. THE MAKING OF THE KING OF COMEDY. Regie: Stephen Altobello. 19 Min. Automat Pictures, 2002 (auf der THE KING OF COMEDY-DVD enthalten).

Kritiken: **(dt.:)** Ila von Vipcalm (d.i. Milan Pavlovic), StadtRevue Köln, Feb. 1983. – Frank Arnold, Zitty, 6/1983. – Horst-Peter Koll, fd, 22.2.1983. – Wolf Donner, tip, 25.2.1983. – Rainer Casper, Film-Beobachter, März 1983 (Nachdruck in: Lothar R. Just [Hg.]: Das Filmjahr 1984. München: Heyne 1984). – o.A., Cinema, März 1983, S. 28-29. – Helga Tilton, epd Film, März 1983. – Bodo Fründt, Stern, 3.3.1983. – Günther Kriewitz, StZ, 4.3.1983. – mb, FAZ-Magazin, 4.3.1983. – Peter Müller, Bln Mopo, 4.3.1983. – Brigitte Desalm, KStA, 5./6.3.1983. – Friedrich Luft, Die Welt, 5.3.1983. – Angelika Kaps, TSP, 6.3.1983. – Arnd Schirmer, Der Spiegel, 7.3.1983. – Hans-Christoph Blumenberg, Die Zeit, 11.3.1983 (Nachdruck in: H.C.B.: Gegenschuß. Texte über Filmemacher und Filme. 1980-1983. Frankfurt/Main: Fischer 1984). – Gunar Hochheiden, FR, 15.3.1983. – Hans Günther Pflaum, SZ, 19./20.3.1983. – Ponkie, AZ (München), 21.3.1983. – Hans-Dieter Seidel, FAZ, 24.3.1983. – Uta Gote, Hannoversche Allgemeine, 25.3.1983. – Günther Maschuff, Wahrheit, 31.3.1983. – Helmut Müller, Filmecho/Filmwoche, 20.4.1983. – rn, NZZ, 5.5.1983. – Corinne Schelbert, Tages-Anzeiger (Zürich), 14.5.1983. – Wolfram Knorr, Die Weltwoche, 18.5.1983; und in: RM, 20.5.1983. – Ursula Blättler, Zoom, 1.6.1983. – Bruno Jaeggi, Basler Zeitung, 9.6.1983. – Sebastian Feldmann, Rheinische Post, 11.6.1983. – Franz Manola, Die Presse, 9.9.1983. – Gabriele Kreis, DAS, 2.10.1983. **(engl.:)** David Ehrenstein, in: Al Clark (Hg.): The Film Year Book 1984. New York: Grove Press 1983. – James Harwood, Variety, 9.2.1983 (Nachdruck in: Dougan: Close up, 1997 [s. Bücher über Scorsese]). – Richard Schickel, Time, 14.2.1983. – Andrew Sarris, VV, 15.2.1983. – Vincent Canby, NYT, 18.2.1983. – S. Gould, Film Journal, 18.2.1983. – Janet Maslin, NYT, 20.2.1983. – David Denby, New York Magazine, 21.2.1983. – Jack Kroll, Newsweek, 21.2.1983. – Pauline Kael, The New Yorker, 7.3.1983 (Nachdruck in: P.K.: Taking It All in. New York: Holt 1984). – V. Geng, New York Review of Books, 17.3.1983. – Robert Asahina, New Leader, 21.3.1983. – Richard Combs, Listener, 21.3.1985. – Stanley Kauffmann, The New Republic, 28.3.1983. – Michael Sragow, Rolling Stone, 31.3.1983. – Richard Linnett, Cineaste, April 1983. – M. Moss, Boxoffice, April 1983. – Rita Kempley, W Post, 15.4.1983. – Michael Buckley, FiR, Mai 1983. – Roger Greenspun, Penthouse, Mai 1983. – John Simon, National Review, 13.5.1983. – Terrence Rafferty, S&S, Sommer 1983. – Ed Sikov, Film Quarterly, Sommer 1983. – Steve Jenkins, MFB, Juni 1983. – Arthur Gordon, Stills, Juli/Aug. 1983. – Tim Pulleine, F&F, Juli 1983. – J. Coleman, New Statesman, 8.7.1983. – Tom Hutchinson, Photoplay, Aug. 1983. – J. Hoberman, VV, 14.2.1984. – D. Verhoeven, Metro Magazine, 1998. **(fr.:)** Gilles Colpart, La Saison cinématographique 1983. – Jacques Sicher, Le Monde, 8.3.1983. – Olivier Assayas, Cahiers, Mai 1983. – F. Dhont / J. MacTrevor, Cine Revue, 5.5.1983. – L. Danvers / C. Tatum Jr., Visions, Sommer 1983. – Michel Celemenski, Cinématographe, Juni 1983. – André Leroux, 24 Images, Juni 1983. – Yves Alion, RdC, Juli/Aug. 1983. – Richard Martineau, Séquences, Juli 1983. – Jean-Pierre Le Pavec, Cinéma, Juli/Aug. 1983. – Christian Viviani, Positif, Juli/Aug. 1983. – Philippe Garnier, Libération, 31.3.1984.

Weitere Texte: **(engl.:)** Michiko Kakutani: Scorsese's Past Colors His New Film. In: NYT, 13.2.1981. – Fred Ferretti: On Location with KING OF COMEDY. In: NYT, 23.8.1981. – J. Wells: Robert Greenhut, Producer of KING OF COMEDY and Woody Allen's Latest. In: Film Journal, 24.8.1981.

– o.A.: Paul Zimmerman: Screen-Writing Is Like the Priesthood. In: American Film, Nov. 1982, S. 72 (Interview mit Drehbuchautor Zimmerman). – Carrie Rickey: Marty. In: American Film, Nov. 1982, S. 66-72 (Bericht von den Dreharbeiten). – J. Wadler: Hi, I'm Sandra Bernhard. I'm in a New Film. You Don't Know Me Yet, But You Will. In: New York Magazine, 21.2.1983 (Porträt von Sandra Bernhard). – Chris Chase: At the Movies: Of Fantasy, Responsibility and Obsession. In: NYT, 25.3.1983 (Bericht über eine Pressekonferenz mit Statements von Scorsese und Zimmerman). – Gary Arnold: Unroyal KING. In: W Post, 15.4.1983. – Terrence Rafferty: Martin Scorsese's Still Life. In: S&S, Sommer 1983, S. 186-192 (über THE KING OF COMEDY und seine Bezüge zu früheren Scorsese-Filmen). – L. Dewson: Robert De Niro Gambles for Laughs as KING OF COMEDY. In: Photoplay Movies and Video, Aug. 1983. – Beverle Houston: KING OF COMEDY: A Crisis of Substitution. In: Framework, Frühjahr 1984, S. 74-92 (Filmanalyse). – P. Strick: Goodis Gold: »The Moon in the Gutter.« In: Stills, April/Mai 1984, S. 75. – David Thomson: A Hard Ache: Sandra Bernhard. In: FC, April 1985. – Robin Wood: Father's Shoes: Scorsese's Realism. In: R.W.: Hollywood from Vietnam to Reagan. New York 1986, S. 260-269. – Bryan Bruce: Martin Scorsese. Five Films. In: Movie (UK), 31/32/1986, S. 88-94 (über THE KING OF COMEDY, MEAN STREETS, TAXI DRIVER, NEW YORK, NEW YORK und RAGING BULL). – Robin Wood: Theory vs. Experience: Alice Miller and the Status of Contemporaray Psychoanalytic Theory. In: Cineaction, Winter/Frühjahr 1990, S. 84-102 (psychoanalytische Deutung). – S. Mamber: Parody, Intertextuality, Signature. Kubrick, DePalma, and Scorsese. In: Quarterly Review of Film and Video, Mai 1990, S. 29-35 (über Parodie als Thema in THE SHINING, BODY DOUBLE und THE KING OF COMEDY). – Ronald S. Librach: Class-consciousness and Self-Improvement in THE KING OF COMEDY. In: Film Criticism, Winter 1991, S. 47-62 (über ALICE DOESN'T LIVE HERE ANYMORE und THE KING OF COMEDY). – Mark Conroy: Crashing the Party in Scorsese's THE KING OF COMEDY. In: New Orleans Review, 1/1992, S. 72-80. – J. Potter: Scorsese, De Niro and the Critical Reception of THE KING OF COMEDY. In: Michigan Academician, 3/1993, S. 214-215. – William Ian Miller: »I Can Take a Hint.« Social Ineptitude, Embarrassment, and THE KING OF COMEDY. In: Laurence Goldstein / Ira Konigsberg (Hg.): The Movies. Texts, Receptions, Exposures. Ann Arbor: University of Michigan Press 1996 (auch in: Michigan Quarterly Review, 2/1994, S. 322-344). – B. Mortimer: Portraits of the Postmodern Person in TAXI DRIVER, RAGING BULL and THE KING OF COMEDY. In: Journal of Film and Video, Jan./Feb. 1997, S. 28-38 (psychologische Analyse). – Glen O. Gabbard / Krin Gabbard: Psychiatry and the Cinema. Washington: University of Chicago Press 1999 (zu THE KING OF COMEDY S. 206-215). **(fr.:)** Olivier Assayas / Barbara Frank / Bill Krohn: THE KING OF COMEDY de Martin Scorsese. In: Cahiers, Mai 1983, S. 4-18, 78-82 (Dossier über THE KING OF COMEDY mit Scorsese-Interview). – Bill Krohn: Mythologies du show-business (ou comment le cinéma prend sa revanche sur la télévision). In: Cahiers, Mai 1983.

AFTER HOURS

Kritiken: **(dt.:)** Jörg von Uthmann, FAZ, 28.10.1985. – Susanne Kippenberger, epd Film, Mai 1986. – o.A., Cinema, Mai 1986, S. 58-60. – Norbert Stresau, Spektrum Film, Mai 1986. – Frank Arnold, Zitty, 11/1986. – Horst Peter Koll, fd, 6.5.1986. – Hans Günther Pflaum, SZ, 13.5.1986. – Doris Blum, Die Welt, 15.5.1986. – Wolfgang Brenner, tip, 15.5.1986. – Klaus Nothnagel, taz, 15.5.1986. – Hans-Dieter Seidel, FAZ, 15.5.1986. – Brigitte Desalm, KStA, 17.5.1986. – Wolfram Schütte, FR, 20.5.1986. – Pierre Lachat, Zoom, 21.5.1986. – afn, NZZ, 22.5.1986. – Frieda Grafe, SZ, 22.5.1986. – Carla Rhode, TSP, 23.5.1986. – Brigitte Desalm, KStA, 24./25.5.1986. – Ruprecht Skasa-Weiß, StZ, 24.5.1986. – Peter W. Jansen, TSP, 25.5.1986. – Urs Jenny, Der Spiegel, 26.5.1986. – Franz Manola, Die Presse, 31.5.1986. – Michael Ledel, Filmfaust, Juni/Juli/Aug. 1986. – Milan Pavlovic, Kölner Illustrierte, Juni 1986. – Gertrud Koch, FR, 2.6.1986. – Andreas Kilb, FAZ, 3.6.1986. **(engl.:)** R. Gold, Variety, 14.8.1985 (Nachdruck in: Dougan: Close up, 1997 [s. Bücher über Scorsese]). – David Byrge, The Hollywood Reporter, 9.9.1985. – Todd McCarthy, Variety, 11.9.1985. – Vincent Canby, NYT, 13.9.1985. – Janet Maslin, NYT, 13.9.1985. – David Ansen, Newsweek, 16.9.1985. – R. Schickel, Time, 16.9.1985. – Andrew Sarris, VV, 17.9.1985. – David Denby, NYT, 23.9.1985. – Pauline Kael, The New Yorker, 23.9.1985. – Sheila Benson, LA Times, 27.9.1985. – P. Rainer, Los Angeles Herald, 27.9.1985. – D. Toumarkine, Film Journal, Okt. 1985. – James Hoberman, VV, 1.10.1985. – Roger Ebert, Chicago Sun-Times, 11.10.1985. – Rita Kempley, W Post, 11.10.1985. – Stanley Kauffmann, New Republican, 14.10.1985. – Joel E. Siegel, City Paper (Washington), 25.10.1985. – J. Summers, Boxoffice, Nov. 1985. – A. Kopkind, Nation, 7.12.1985. – F.X. Feeney, LA Weekly, 13.12.1985. – H.M. Geduld, Humanist, Jan./Feb. 1986. – T. Corrigan, Wide Angle, März/April 1986. – Don Minifie, F&F, Mai 1986. – Graham Fuller, Stills, Mai/Juni 1986 (zusammen mit DOWN AND OUT IN BEVERLY HILLS). – A. Mars-Jones, New Statesman, 30.5.1986. – Bryan Bruce, Cineaction, Sommer/Herbst 1986. – Richard Combs, S&S, Sommer 1986. – Pam Cook, MFB, Juni 1986. – M. Gray, Photoplay, Juni 1986. – Adrian Martin, Filmnews, Juni 1986. – C. Sigal, Listener, 5.6.1986. – Nick Roddick, Cinema Papers, Juli 1986. – M. Open, Film Directions, VIII/31, 1986. – B. Van

Daalen, Film Quarterly, Frühjahr 1988. – R. Kelly, Film Directions, IX/34, 1988. **(fr.:)** F. Julien, 24 Images, Herbst 1985. – André Giguère, Séquences, Jan. 1986. – Aline Bertoni / Max Tessier, RdC, Mai 1986. – Pascal Bonitzer, Cahiers, Mai 1986. – Jean-Paul Chaillot, Première, Mai 1986. – Alain Charlot, Travelling, Mai 1986. – Michel Chion, Cahiers, Mai 1986. – Michael Henry, Positif, Mai 1986. – Olivier Seguret, Libération, 13.5.1986. – Alain Carbonnier, Cinéma, 14.5.1986. – Danièle Heymann, Le Monde, 14.5.1986. – Emmanuel Carrere, Télérama, 17.5.1986. – P. Elhem, Visions, Sommer 1986. – Jean-Claude Bonnet / Patrice Lelorain, Cinématographe, Juni 1986. – Nicolas Boukrief, Stanfix, Juni 1986. – P. Noel, Grand Angle, Juni 1986. – Henry Welsh, Jeune Cinéma, Juli 1986. – D. Shipman, Contemporary Review, Dez. 1986.

Weitere Texte: **(dt.:)** Wolfram Knorr: Sehnsucht nach einer exotischen Ausnahmeexistenz. In: Filmbulletin, 3/1986, S. 11-15. – P. Kremski: Kafka in New York. In: Medien+Erziehung, 5/1986. – Andreas Rauscher: Dislocated Subject für eine Nacht. In: Screenshot, Winter 2002, S. 24-25. **(engl.:)** Stephen Farber: Five Horsemen After the Apocalypse. In: FC, Juli/Aug. 1985 (über Robert Altman, Alan Rudolph, Martin Scorsese, Bud Yorkin). – Charles Taylor: Off-Hollywood Producers. In: American Film, Sept. 1985 (Interview mit Griffin Dunne und Amy Robinson). – Patrick Goldstein: After Hours with a Raging Bull in Soho. In: LA Times, 29.9.1985 (dort auch Porträt von/Gespräch mit Griffin Dunne). – Paul Attanasio: Scorsese in a Slide. In: W Post, 11.10.1985. – Bart Mills: The Dunne Thing. In: Stills, Mai/Juni 1986 (Interview mit Griffin Dunne). – S. Reinke: Desire in Scorsese's AFTER HOURS. In: CineAction, Sommer/Herbst 1986. – Cynthia Willett: Baudrillard, AFTER HOURS and the Postmodern Suppression of Socio-Sexual Conflict. In: Cultural Critique, Herbst 1996, S. 143-161. – Richard Martin: Mean Streets and Raging Bulls. The Legacy of Film Noir in Contemporary American Cinema. Lanham: Scarecrow Press 1999 (über den Einfluss des Film Noir auf das aktuelle Kino, u.a. auf TAXI DRIVER, AFTER HOURS, CHINATOWN, RESERVOIR DOGS, mit besonderer Berücksichtigung des Einflusses auf Martin Scorsese). – R. Capp: AFTER HOURS. Metro Magazine 118, 1999. **(fr.:)** Michèle Halberstadt: Entretien avec Griffin Dunne. In: Première, Mai 1986. – Serge Daney: Nouveau départ pour Martin Scorsese. In: Libération, 13.5.1986. – Henry Béhar: Griffin Dunne. In: Starfix, Juni 1986 (Interview).

THE COLOR OF MONEY

Literarische Vorlage: Walter Tevis: The Colour of Money. London: Severn House 1985 (dt.: Die Farbe des Geldes. Bergisch Gladbach: Bastei-Lübbe 1987).

Kritiken: **(dt.:)** W. Ruggle, Filmbulletin, 1/1987. – M. Knop, Film und Fakten, Feb. 1987. – Frank Arnold, Zitty, 5/1987. – Wolf Donner, tip, 19.2.1987. – Hans-Jürgen Fink, RM, 20.2.1987. – Hans-Dieter Seidel, FAZ, 21.2.1987. – Karena Niehoff, SZ, 23.2.1987. – Franz Everschor, fd, 24.2.1987. – Gerhard Dermutz, Die Presse, 26.2.1987. – Rainer Höynck, Handelsblatt, 27.2.1987. – o.A., Cinema, März 1987, S. 76-79. – Burghard Schlicht, epd Film, März 1987. – che, NZZ, 12.3.1987. – Hans Günther Pflaum, SZ, 13.3.1987. – HS, FR, 14.3.1987. – Franz Manola, Die Presse, 14.3.1987. – Hans Schifferle, KStA, 14.3.1987. – Willi Winkler, Die Zeit, 20.3.1987. **(engl.:)** David Denby, New York Magazine, 15.9.1986. – E. Kelleher, Film Journal, Okt./Nov. 1986. – J. Greenberg, Variety, 8.10.1986 (Nachdruck in: Dougan: Close up, 1997 [s. Bücher über Scorsese]). – N. Darnton, NYT, 10.10.1986. – David Ansen, Newsweek, 13.10.1986. – Paul Attanasio, W Post, 17.10.1986. – Vincent Canby, NYT, 17.10.1986. – Roger Ebert, Chicago Sun-Times, 17.10.1986. – Richard Schickel, Time, 20.10.1986. – Terry Rafferty, Nation, 25.10.1986. – Janet Maslin, NYT, 26.10.1986. – David Denby, New York Magazine, 27.10.1986. – James Hoberman, VV, 28.10.1986. – Stanley Kauffmann, New Republican, 17.11.1986. – T. O'Brien, Commonweal, 21.11.1986. – Richard Combs, S&S, Winter 1986/87. – T. Matthews, Boxoffice, Dez. 1986. – J. Simon, National Review, 19.12.1986. – M. Buckley, FiR, Jan. 1987. – B. Baxter, F&F, Feb. 1987. – Steve Jenkins, MFB, Feb. 1987. – K. Bazar, L. Ceplair, Cineaste, März 1987. – Rolando Caputo, Cinema Papers, März 1987. – M. Gray, Photoplay, März 1987. – Margaret Walters, Listener, 5.3.1987. – J. Wiliamson, New Statesman, 6.3.1987. – M. Clinch, Photoplay, April 1987. – J. McDonough, FC, Mai/Juni 1987. – D. Shipman, Contemporary Review, Okt. 1987. – B. C. Steele, Columbia Film View, 1986/1987. **(fr.:)** J. MacTrevor, Cine Revue, 30.10.1986. – André Caron, Séquences, Dez. 1986. – R. Corman, Cine Revue, 29.1.1987. – Michael Henry / Petr Král, Positif, März 1987. – Alain Philippon, Cahiers, März 1987. – Michel Bradeau, Le Monde, 11.3.1987. – Jacqueline Nacache, Cinéma, 11.3.1987. – G. Lebouc, Grand Angle, April 1987. – Daniel Sauvaget, RdC, April 1987. – René Prédal, Jeune Cinéma, Mai/Juni 1987.

Weitere Texte: **(engl.:)** Terry Rafferty: High Stakes. In: S&S, Herbst 1986 (Produktionsnotizen). – Pauline Kael: The Current Cinema. Scorsese's Showmanship. In: The New Yorker, 3.11.1986. – D. Chase: Barbara De Fina and Irving Axelrod. In: Millimeter, Jan. 1987 (Interview mit den Produzenten). – Shelley Kay: The Quest for Ecstasy. In: Filmnews, Okt./Nov. 1988 (über Spieler-Filme; Artikel in zwei Folgen). **(fr.:)** Daniel Sauvaget, Jacques Valot: Martin Scorsese. In: RdC, April 1987 (Artikel und Interview).

BAD

Kritiken: **(engl.:)** Malcolm Gerrie, Television Today, 13.8.1987. – o.A., Black Film Review, Herbst 1987, S. 20. **(fr.:)** Nicolas Saada: Scorsese + Jackson = Clip. In: Cahiers, Nov. 1987.

THE LAST TEMPTATION OF CHRIST

Literarische Vorlage: Nikos Kazantzakis: Die letzte Versuchung. Übers. Werner Kerbs. Berlin: Ullstein 2001 (5. Aufl.).

Drehbuch: Paul Schrader: THE LAST TEMPTATION OF CHRIST. Revised 11/23/83. London: Hollywood Scripts 1983.

Bücher: **(dt.:)** John Ankerberg / John Weldon: Standpunkt. DIE LETZTE VERSUCHUNG CHRISTI. Asslar: Schulte und Gerth 1988. – Wilhelm Roth: Wirbel um Martin Scorseses Film DIE LETZTE VERSUCHUNG CHRISTI. Nachdenken ist angebracht. Kritiken u. theolog. Beurteilungen. Frankfurt/Main: Evangelischer Pressedienst 1989. – Steffen Wolf: Martin Scorseses Film DIE LETZTE VERSUCHUNG CHRISTI: Dokumentation / Analyse von Zuschriften an FBW und FSK. Wiesbaden: Filmbewertungsstelle Wiesbaden (FBW) 1989. – Anja Wißkirchen: Identität gewinnen an Maria Magdalena. Eine Untersuchung der mythologischen Erzählstrukturen in den biblischen Texten und deren Rezeption in JESUS CHRIST SUPERSTAR und DIE LETZTE VERSUCHUNG CHRISTI. Hamburg, London, Münster: Lit 2000. **(engl.:)** John Ankerberg / John Weldon: The Facts on THE LAST TEMPTATION OF CHRIST. Eugene: Harvest House 1988. – Robin Riley: Film, Faith, and Cultural Conflict. The Case of Martin Scorsese's THE LAST TEMPTATION OF CHRIST. Westport Praeger Publishers: 2003 (zuerst als: R.R.: Religion, Popular Film and Cultural Conflict. The Case of Martin Scorsese's THE LAST TEMPTATION OF CHRIST. Ann Arbor: Univ. Microfilm Internat. 1998 [Microfiche. Zugleich Hochschulschrift Logan: University of Utah 1998]).

Kritiken: **(dt.:)** Jürgen Vordemann, Die Welt, 11.8.1988. – Willi Winkler, Die Zeit, 12.8.1988. – Heinz Heimer, Die Welt, 15.8.1988. – Jürgen Vordemann, Der Spiegel, 15.8.1988. – josko, Die Presse, 17.8.1988. – Marcia Pally, taz, 18.8.1988. – Hermann Vinke, DAS, 21.8.1988. – Robert von Berg, SZ, 23.8.1988. – Wolfram Schütte, FR, 30.8.1988. – Gernot W. Zimmermann, Die Presse, 30.8.1988. – Urs Jaeggi, Zoom, 18/1988. – Angela Leifeld, Die Welt, 3.9.1988. – Andreas Lueg, StZ, 5.9.1988 u. 7.9.1988. – dlw, NZZ, 8.9.1988. – Wolfram Schütte, FR, 8.9.1988. – Inge Bongers, Handelsblatt, 9.9.1988. – Hans Günther Pflaum, SZ, 9.9.1988. – Ruprecht Skasa-Weiß, StZ, 9.9.1988. – Angela Leifeld, Die Welt, 10.9.1988. – Wolfram Schütte, FR, 10.9.1988. – Gernot W. Zimmermann, Die Presse, 10.9.1988. – Hans Günther Pflaum, SZ, 12.9.1988. – dlw, NZZ, 15.9.1988. – Andreas Kilb, Die Zeit, 16.9.1988. – Angelika Ohland, DAS, 18.9.1988. – Horst Knietzsch, ND, 20.9.1988. – dlw, NZZ, 22.9.1988. – Klara Obermüller, Weltwoche, 22.9.1988. – dlw, NZZ, 29.9.1988. – HS, FR, 31.10.1988. – Hans-Joachim Neumann, Zitty, 23/1988. – Martin Dressel, StadtRevue Köln, Nov. 1988. – Peter W. Jansen, epd Film, Nov. 1988. – Heiko Rosner, Cinema, Nov. 1988. – Hans Gasper, fd, 3.11.1988. – Paul F. Reitze, Die Welt, 7.11.1988. – Ruprecht Skasa-Weiß, StZ, 9.11.1988. – Volker Baer, TSP, 10.11.1988. – Thierry Chervel, taz, 10.11.1988. – Peter Dehm, Wahrheit, 10.11.1988. – Wolf Donner, tip, 10.11.1988. – Frieda Grafe, SZ, 10.11.1988. – Helmut Schmitz, FR, 10.11.1988. – Ulrich Greiner / Walter Jens, Die Zeit, 11.11.1988. – Michael Althen, KStA, 12.11.1988. – Wilfried Wiegand, FAZ, 12.11.1988. – Gernot W. Zimmermann, Die Presse, 12.11.1988. – Erich Kuby, konkret, Dez. 1988. – o.A., Film und Fernsehen, Jan. 1989. **(engl.:)** Todd McCarthy, Variety, 10.8.1988 (Nachdruck in: Dougan: Close up, 1997 [s. Bücher über Scorsese]). – Hal Hinson, W Post, 12.8.1988. – Desson Howe, W Post, 12.8.1988. – Janet Maslin, NYT, 12.8.1988. – Richard Corliss, Time, 15.8.1988. – J.M. Wall, Christian Century, 17./24.8.1988. – R.A. Blake, America, 20./27.8.1988. – K. Dieckmann, VV, 23.8.1988. – David Denby, New York Magazine, 29.8.1988. – Jonathan Rosenbaum, S&S, Herbst 1988. – E. Kelleker, Film Journal, Sept./Okt. 1988. – T. Rafferty, The New Yorker, 5.9.1988. – Margaret Walters, Listener, 8.9.1988. – T. O'Brien, Commonweal, 9.9.1988. – Stanley Kauffmann, New Republican, 12./19.9.1988. – S. Klawans, Nation, 19.9.1988. – Pam Cook, MFB, Okt. 1988. – Adrian Martin, Filmnews, Okt. 1988. – T. Matthews, Boxoffice, Okt. 1988. – David Thompson, F&F, Okt. 1988. – Kenneth M. Chanko, FiR, Nov. 1988. – H.M. Geduld, Humanist, Nov./Dez. 1988. – Peter Malone, Rolando Caputo, Cinema Papers, Jan. 1989. – Christopher Sharret, Cineaste, Jan. 1989. – Lisa DiCaprio, Jump Cut, April 1990. **(fr.:)** Yves Alion, RdC (La Saison cinématographique '88), 1988. – G. Mérat, Cinéma, Okt. 1988. – J.-L. Sablon, RdC, Okt. 1988. – Georges Marion, Le Monde, 29./30.10.1988. – M. Borgese, Jeune Cinéma, Nov./Dez. 1988. – B. Ouellet, Séquences, Nov. 1988. – Gérard Grugeau, 24 Images, Winter 1988/89.

Weitere Texte: **(dt.:)** Hans Werner Dannowski: Scorsese/Schrader. In: epd Film, Nov. 1987. – Milan Pavlovic: Jesus und ein Verrückter. In: KStA, 23.1.1988. – Fritz Göttler: Love and Passion. In: Steadycam 10, Aug. 1988, S. 54-55. – F. Grunert: Konsequentes Menschsein. Medium, 4/1988. – o.A.: Vom Scorsese-Film enttäuscht. In: fd, 6.9.1988. – dlw: THE LAST TEMPTATION OF CHRIST. In: NZZ, 22.9.1988 (zur Produktionsgeschichte). – Ambros Eichenberger: Jesusbilder – wie gehabt? In: NZZ, 29.9.1988. – R. Jud: Gott ist nicht mittelmäßig. In: Logbuch, Okt. 1988. – Dieter Strunz: Die »größte Geschichte aller Zeiten« als blasse Neuauflage. In: Bln Mopo, 23.10.1988. – HS (Helmut Schmitz): Dreieinfältigkeit.

In: FR, 31.10.1988. – Willehad Paul Eckert: Wie menschlich darf der Gottessohn sein? In: RM, 11.11.1988. – Christian Hellmann: Keine Klarheit im Dunstkreis. In: Vorwärts, 12.11.1988. – pk: Keine Beschimpfung der Religion. In: StZ, 12.11.1988. – Herbert Glossner: Mensch Jesus – Mann Gottes. In: DAS, 13.11.1988. – Jürg von Uthmann: War Jesus ein Feigling? In: FAZ, 15.11.1988. – Matthias Loretan: Jesus als schwarzer Engel. In: Orientierung, 30.11.1988. – Wilhelm Roth / Bettina Thielenhaus (Hg.): Film und Theologie – Diskussionen, Kontroversen, Analysen. Stuttgart: Steinkopf 1989 (u.a. zu LAST TEMPTATION und Godards JE VOUS SALUE, MARIE). – Hans Werner Dannowski: Filme religiöser Provokation. In: epd Film, Mai 1989 (Bericht über Konferenz der Evangelischen Kirche). – Karl-Eugen Hagmann: Ein grausames Marionettenspiel. In: Peter Hasenberg u.a. (Hg.): Spuren des Religiösen im Film: Meilensteine aus 100 Jahren Kinogeschichte. Mainz: Matthias-Grünewald 1995, S. 137-139. – o.A.: Britische Moslems protestieren gegen Jesus-Film. In: Die Welt, 7.6.1995. – Michael Biniok: Das Evangelium auf Zelluloid. Drei Beispiele der verfilmten Heilsgeschichte. In: Der Schnitt, 2/1996, S. 36-37. – Oliver Keutzer: The Darker Side of the Christian Message. In: Screenshot, Winter 2002, S. 26-29. **(engl.:)** Richard Corliss, H. Jacobson u.a.: For Christ's Sake. In: FC, Sept./Okt. 1988 (Dossier). – C. James: Paul Schrader Talks of LAST TEMPTATION and His New Film. In: NYT, 1.9.1988. – G.L. Scheper: The Book behind the Film: Jesus Wrestles with God. In: Commonweal, 9.9.1988. – L. Meredith: The Gospel According to Kazantzakis. How Close Did Scorsese Come? In: Christian Century, 14./21.9.1988. – E. Mitchell: Jesus Christ Movie Star. In: Rolling Stone, 22.9.1988. – E. Lampert: THE LAST TEMPTATION OF CHRIST. In: Theatre Crafts, Okt. 1988. – Meaghan Morris: Of God and Man. In: American Film, Okt. 1988. – Adele Reinhartz: Jesus in Film: Hollywood Perspectives on the Jewishness of Jesus. In: Journal of Religion and Film, Okt. 1998. – G. Wills: Jesus in the Mean Streets. In: New York Review of Books, 13.10.1988. – Steve Jenkins: From the Pit of Hell. In: MFB, Dez. 1988. – S.G. Kellman: THE LAST TEMPTATION OF CHRIST: Blaming the Jews. In: Midstream, Dez. 1988. – Jay Livernois: THE LAST TEMPTATION and the Unknown God. In: Spring: A Journal of Archetype and Culture, 1989, S. 99-104. – R.A. Blake: An Autopsy on TEMPTATION. In: America, 4.3.1989. – T. Williams: THE LAST TEMPTATION OF CHRIST. A Fragmented Oedipal Trajectory. In: Cineaction, Winter/Frühjahr 1990, S. 33-42. – Bart Testa: Theologically Straight. In: Idler, Juli/Aug. 1990, S. 58-60 (über LAST TEMPTATION und Godards JE VOUS SALUE, MARIE). – P. Adams Sitney: Cinematic Election and Theological Vanity. In: Raritan: A Quarterly Review, 2/1991, S. 48-65. – Roy Kinnard / Tim Davis: LAST TEMPTATION OF CHRIST. In: R.K. / T.D.: Divine Images. A History of Jesus on the Screen. New York: Carol Publ. Group 1992, S. 207-212. – M. Faust: Hollywood versus America? The Gospel According to Michael Medved. In: Humanist, Jan./Feb. 1993. – Matthew McEver: The Messianic Figure in Film: Christology Beyond the Biblical Epic. In: The Journal of Religion and Film, Okt. 1998. **(fr.:)** D. You: Le Christ interdit? In: Film Echange, 3/1988. – Y. Rousseau: Coup de Cœur. LA DERNIERE TENTATION DU CHRIST. In: Ciné-Bulles, 8 (24-25) 1988/1989. – Henri Béhar: L'Après-Scorsese. In: Le Monde, 29.9.1988. – Jacques Polier: Probablement célibataire. In: Le Monde, 29.9.1988. – Jean-Louis Schlégel: Les Verités qui font peur. In: Le Monde, 29.9.1988. – Jean-Francois Six: La Tentation du pouvoir. In: Le Monde, 29.9.1988. – Antoine de Baecque u.a.: Portrait de Jésus en héros scorsesien. In: Cahiers, Okt. 1988 (Dossier, Interview) – Jean-Luc Douin: Jésus Superstar. In: CinéAction, Okt. 1988 (über LAST TEMPTATION und JE VOUS SALUE, MARIE). – B. Krohn: La Colère des evangelistes. In: Cahiers, Okt. 1988, S. 20-21. – M. Lequeux: LA DERNIERE TENTATION DU CHRIST. In: Grand Angle, Okt. 1988. – G. Merat: LA DERNIERE TENTATION DU CHRIST. In: Cinéma, 15.10.1988. – S. Toubiana: Drole d'époque, triste époque. In: Cahiers, Nov. 1988. – Andre Muraire: THE LAST TEMPTATION OF CHRIST et l'affaire Scorsese. In: Revue Française d'Etudes Americaines, Mai 1992, S. 187-198. – A. Caron: La Dernière tentation de Travis Bickle. In: Séquences, März/April 1996. – C. Triollet: Dieu, le sexe et le cinéma. In: CinémAction, 3/1996, S. 16-23. – P. Warren: Le Christ n'est pas à son aise au cinéma. In: CinémAction, 3/1996, S. 48-55. – Michel Cieutat: DERNIERE TENTATION DU CHRIST. In: CinémAction, 3/2002, S. 170-173.

Zu den Protesten um THE LAST TEMPTATION OF CHRIST

(dt.:) Gerd Eckard Zehm: Nichts ist aufregender als Oberammergau. In: taz, 17.8.1988. – Felix Müller, RM, 26.8.1988. – o.A.: Scorseses Christus-Film unter Polizeischutz aufgeführt. In: TSP, 9.9.1988. – o.A.: Jesus-Film erregt Bischöfe. In: FR, 24.9.1988. – dlw: Jesus Christ Antistar. In: NZZ, 29.9.1988. – Heiko Rosner: Das Scorsese-Evangelium. In: Cinema, Okt. 1988, S. 7-10. – o.A.: Massive Opposition gegen Jesus-Film in Frankreich. In: NZZ, 14.10.1988. – o.A.: Protest mit Holzkreuzen gegen umstrittenen Jesus-Film in Athen. In: FAZ, 15.10.1988. – o.A.: Brandanschlag nach Christusfilm. In: StZ, 24.10.1988. – o.A.: Brandanschlag gegen Scorseses Film in Frankreich. In: NZZ, 25.10.1988. – Gabriele Böhling: DIE LETZTE VERSUCHUNG erregt auch Berliner Gemüter. In: Volksblatt, 10.11.1988. – Wolf Donner: Krimi unterm Kreuz. In: tip, 10.11.1988, S. 16-21 (Titelstory). – Gabriele Meierding: Der Himmel über Golgatha. In: tip, 10.11.1988,

S. 22 (Interview mit Willem Dafoe). – o.A.: Proteste gegen umstrittenen Jesus-Film in vielen Städten. In: Bln Mopo, 11.11.1988. – pk: Keine Proteste gegen Jesus-Film. In: StZ, 11.11.1988. – jf: Ermittlungen gegen Jesus-Film eingestellt. In: SZ, 17.1.1989. – Robert von Lucius: Kulturelle Schlägertypen mit süßer Zunge. In: FAZ, 3.11.1992. – KNA: Scorsese-Film im TV abgesetzt. In: Bln Mopo, 29.3.1997 (RTL setzt LAST TEMPTATION an Karfreitag ab). – Mathias Brüggmann: Kommunisten als Kreuzritter. In: Die Welt, 26.4.1997 (zur TV-Ausstrahlung von LAST TEMPTATION in Russland). – Thomas Urban: Rest für die Kapelle! In: SZ, 26.4.1997. – o.A.: Okkupationsrecht. Russischer Klerus gegen Scorsese. In: FAZ, 8.11.1997 (zur TV-Ausstrahlung von LAST TEMPTATION in Russland). – o.A.: Scorsese im Duma-Visier. In: Oberösterreichische Nachrichten, 29.12.1997. **(engl.:)** o.A.: Scorsese's CHRIST Pic Mulled as U.S./European Coproduction. In: Variety, 28.11.1984. – o.A.: Lang Says Ministry Won't Fund CHRIST, Postponed until '86. In: Variety, 20.3.1985. – P. Pawlikowski: The Greatest Story Never Made? In: Stills, April 1985. – Paul Attanasio: Film, Faith, And Fire. In: W Post, 27.10.1985 (über die LAST TEMPTATION-Planungen). – A. Harmetz: Ministers Vow Boycott over Scorsese Film on Jesus. In: NYT, 13.7.1988. – A. Harmetz: New Scorsese Film Shown to Religious Leaders. In: NYT, 15.7.1988. – A. Dawes: Christian Groups Blast Universal over CHRIST Pic. In: Variety, 20.7.1988. – A. Harmetz: Film on Christ Brings out Pickets and Archbishop Predicts Censure. In: NYT, 21.7.1988. – A. Harmetz: Top Studios Support CHRIST Film. In: NYT, 25.7.1988. – R. Lacayo u.a.: Religion: Days of Ire and Brimstone. In: Time, 25.7.1988. – o.A.: Scorsese Firm on TEMPTATION. In: Variety, 27.7.1988. – o.A.: Scorsese Pic Center of a Holy War. In: Variety, 27.7.1988. – John Dart: Catholic Bishop Says Boycott Would Give Film Too Much Spotlight. In: W Post, 30.7.1988. – J. Robbins: LAST TEMPTATION War Rages on. Exhibs Pressured, Italy Quakes. In: Variety, 3.8.1988. – A. Harmetz: Scorsese's TEMPTATION Gets Early Release. In: NYT, 5.8.1988. – C. James: Fascination with Faith Fuels Work by Scorsese. In: NYT, 8.8.1988. – A. Dawes: Clergy Nail CHRIST and Universal. In: Variety, 10.8.1988. – A. Harmetz: 7.500 Picket Universal over Movie about Jesus. In: NYT, 12.8.1988. – Hal Hinson: Scorsese's Flawed Epic of an Uncertain Jesus. In: W Post, 12.8.1988. – A. Harmetz: LAST TEMPTATION Opens to Protests but Good Sales. In: NYT, 13.8.1988. – A. Greeley: Blasphemy or Artistry? In: NYT, 14.8.1988. – David Ansen: Wrestling with TEMPTATION. In: Newsweek, 15.8.1988. – A. Harmetz: LAST TEMPTATION Sets a Record as Pickets Decline. In: NYT, 15.8.1988. – J. Leo u.a.: Religion: a Holy Furor. In: Time, 15.8.1988. – Karen DeYoung: Blasphemy Citation Possible for TEMPTATION Distributors. In: W Post, 16.8.1988 (England überlegt rechtliche Schritte gegen LAST TEMPTATION-Verleiher). – o.A.: Jesus Christ! In: VV, 16.8.1988. – A. Harmetz: LAST TEMPTATION to Play in Texas. In: NYT, 17.8.1988. – J. Robbins: Brouhaha Hurls CHRIST to Record Biz. In: Variety, 17.8.1988. – T.M. Pryor: CHRIST Protestors Should Keep Their Ammo until Picture Opens. In: Variety, 20.7.1988. – R.H. Hirsch: The Film and Its Implications. In: America, 20./27.8.1988. – Janet Maslin: Two Directors Put Their Stamp on Their Dreams. In: NYT, 21.8.1988. – A. Dawes: LAST TEMPTATION Touches off Protests among European Groups. In: Variety, 24.8.1988. – A. Harmetz: How Studio Manœuvered TEMPTATION into a Hit. In: NYT, 24.8.1988. – o.A.: Fest Chief Expects Little Commotion over TEMPTATION. In: Variety, 24.8.1988. – P. Anastasi: Athens Rules CHRIST Film May Be Seen. In: NYT, 25.8.1988. – Stephen Fry: Jesus Wept. In: Listener, 25.8.1988. – J. Hopkins: Crisis of Faith. In: New Statesman and Society, 26.8.1988. – o.A.: British Censors Refuse to Cut TEMPTATION. In: NYT, 27.8.1988. – Loren Jenkins: Festival Awaits Ruling on Showing of Film. In: W Post, 30.8.1988 (zum Filmfestival in Venedig). – A. Dawes: Stolen Print is Latest Chapter in the LAST TEMPTATION Saga. In: Variety, 31.8.1988. – M. Thomas: Venice Organizers Try to Overcome TEMPTATION To-Do. In: Variety, 31.8.1988. – K. Lally: Producer De Fina Discusses LAST TEMPTATION Controversy. In: Film Journal, Sept./Okt. 1988. – o.A.: That's Entertainment! In: National Review, 2.9.1988. – A. Dawes: TEMPTATION Protests Continue. In: Variety, 7.9.1988. – M. Thomas: Judge Dismisses Attempt to Stop TEMPTATION Screening at Festival. In: Variety, 7.9.1988. – C. Haberman: Scorsese's LAST TEMPTATION Creates Furor at Venice Festival. In: NYT, 8.9.1988. – o.A.: Italian Critics Pan LAST TEMPTATION. In: W Post, 9.9.1988 (zur Europapremiere auf dem Filmfestival Venedig). – o.A.: London Cool to TEMPTATION. In: Variety, 10.9.1988. – o.A.: LAST TEMPTATION London Opening Attracts Large Crowds. In: Variety, 14.9.1988. – F. Nayeri: TEMPTATION Galls Gallic Groups. In: Variety, 5.10.1988. – J. Pollack: St. Louisans Finally Seeing CHRIST, But Not Sans Incident. In: Variety, 5.10.1988. – J.W. Quinn: K.C. Gets Share of Protestors as Pic Plays on Site. In: Variety, 5.10.1988. – K.H. Chadha: TEMPTATION Hong Kong Release Uncertain. In: Variety, 12.10.1988. – o.A.: No Stones are Cast as CHRIST Debuts in Italian Cinemas. In: Variety, 19.10.1988. – o.A.: Oz Censors Lower Classification on TEMPTATION: Protests Arise. In: Variety, 19.10.1988. – S. Greenhouse: Police Suspects Aarson in Fire at Paris Theater. In: NYT, 25.10.1988. – o.A.: Fire at Paris' TEMPTATION Site Leaves Theater Gutted, 13 Hurt. In: Variety, 26.10.1988. – J. Robbins: NATO Newsletter Resumes with CHRIST. In: Variety, 26.10.1988. – A. Dawes: Family Group Chief Says Battle Dented TEMPTATION Take. In: Variety, 9.11.1988. – o.A.: No Big

Incidents as TEMPTATION Opens at 50 W. German Screens. In: Variety, 16.11.1988. – N. Hoineff: Sao Paulo Release of TEMPTATION is Delayed under Fire. In: Variety, 23.11.1988. – o.A.: HK Censors to Give CHRIST Another Look. In: Variety, 23.11.1988. – B.S. Stenzel: TEMPTATION Banned for Now in Greece. In: Variety, 30.11.1988. – o.A.: CHRIST to Come Again – Video Due in June. In: Variety, 3./9.5.1989 (über die Videopremiere). – C. Kosulek: Christ Comes Home – Quietly. In: American Film, Juli/Aug. 1989 (über die Videopremiere). – o.A.: MCAHV Breaks Silence on LAST TEMPTATION Release. In: Variety, 5./11.7.1989 (über die Videopremiere). – o.A.: TEMPTATION Released sans Pickets. In: Variety, 12./18.7.1989 (über die Videopremiere). – o.A.: Blockbuster Won't Stock LAST TEMPTATION Video. In: Variety, 17./23.7.1989 (über die Videopremiere). – B. Pearson: At Last Minute, S. Africa Bars TEMPTATION Again. In: Variety, 2.11.1992. – David Hoffman: Right to Air Scorsese Film Puts Church, TV at Odds. In: W Post 10.11.1997 (zur TV-Ausstrahlung von LAST TEMPTATION in Russland). – o.A.: Overcoming Opposition by Russian Orthodox Church, NTV Screens Scorsese's LAST TEMPTATION OF CHRIST. In: The Current Digest of the Post-Soviet Press, 10.12.1997, S. 17ff. – o.A.: Patriarch Aleksy Calls NTV's Showing of Scorsese Film »Evil«, and Possibly Illegal. In: The Current Digest of the Post-Soviet Press, 31.12.1997, S. 18ff. **(fr.:)** Jean-Philippe Domecq: La Croix et la Caméra. In: Le Monde, 14.3.1985. – M. Crepu: L'Affaire Scorsese. In: Esprit, Mai 1985. – Michael Henry: En attendant LA DERNIÈRE TENTATION DU CHRIST. In: Positif, Mai 1986. – Henri Béhar: Le Calvaire de Scorsese. In: Le Monde, 21.7.1988. – D. de Belie: Le Film par lequel le scandal arrive! In: Cine Revue, 8.9.1988. – Bruno Frapat, Le Monde, 8.9.1988. – Laurent Schlumberger, Le Monde, 13.9.1988. – H. Chapier: Saint Scorsese ou le Christ nomme désir! In: Cine Revue, 15.9.1988. – Claude Aziza: Jours troublés en Palestine. In: Le Monde, 29.9.1988. – Henri Tincq: L'Evangile selon Scorsese. In: Le Monde, 29.9.1988. – T. McCarthy: La Sortie américaine du film de Scorsese la bonne affaire. In: Cahiers, Okt. 1988. – o.A.: La Police soupçonne des extrémistes de droite à avoir incendié le cinéma »le Saint-Michel«. In: Le Monde, 25.10.1988. – o.A.: Une Manifestation pour la libre projection du film de Martin Scorsese. In: Le Monde, 26.10.1988. – Georges Marion: Six personnes, dont l'une est écrouée, inculpés après l'incendie au cinéma. In: Le Monde, 29.10.1988. – T. Clech: L'Intolérance gagne du terrain. In: Cahiers, Nov. 1988. – O. Mongin: Devenir Dieu. In: Esprit, Nov. 1988.

NEW YORK STORIES: LIFE LESSONS

Kritiken: **(dt.:)** Jörg von Uthmann, FAZ, 11.4.1989. – Klaus Hellwig, FR, 25.4.1989. – Klaus Bucka, SZ, 13.5.1989. – Frauke Hanck, Die Welt, 16.5.1989. – che, NZZ, 18.5.1989. – Irene Genhart, Zoom, 11/1989. – khs, Cinema, Sep. 1989, S. 110-111. – Martin Ripkens, epd Film, Sept. 1989. – H.M., fd, 5.9.1989. – Hedemarie Strauch, Zitty, 19/1989. – V.B., Der Spiegel, 18.9.1989. – Volker Baer, TSP, 21.9.1989. – Thierry Chervel, taz, 21.9.1989. – pem, Bln Mopo, 21.9.1989. – Susanne Weingarten, FAZ, 21.9.1989. – Benjamin Henrichs, Die Zeit, 22.9.1989. – lei, FAZ-Magazin, 22.9.1989 – Rainer Nolden, Die Welt, 22.9.1989. – Christine Wischmann, Wahrheit, 22.9.1989. – Fritz Göttler, KStA, 23.9.1989. – Stefan Grissemann, Die Presse, 23.9.1989. – Thomas Klingenmaier, StZ, 23.9.1989. – Hans Günther Pflaum, SZ, 23.9.1989. – Jürgen Schebera, Film und Fernsehen, Okt. 1989. – oll, FR, 15.8.1995. **(engl.:)** S. Slesin, NYT, 17.11.1988. – Janet Maslin, NYT, 1.3.1989. – Todd McCarthy, Variety, 1.3.1989 (Nachdruck in: Dougan: Close up, 1997 [s. Bücher über Scorsese]). – Joe Brown, W Post, 3.3.1989. – Roger Ebert, Chicago Sun-Times, 3.3.1989. – Hal Hinson, W Post, 3.3.1989. – David Ansen, Newsweek, 6.3.1989. – Richard Schickel, Time, 6.3.1989. – Amy Taubin, VV, 7.3.1989. – David Denby, New York Magazine, 13.3.1989. – Pauline Kael, The New Yorker, 20.3.1989. – Stanley Kauffmann, New Republican, 27.3.1989. – S. Klawans, Nation, 27.3.1989. – K. Lally, Film Journal, April 1989. – T. O'Brien, Commonweal, 7.4.1989. – R.A. Blake, America, 15.4.1989. – Thierry Jousse, Cahiers, Mai 1989. – T. Matthews, Boxoffice, Mai 1989. – E. Grant, FiR, Juni/Juli 1989. – J. Simon, National Review, 16.6.1989. – Richard Combs, S&S, Herbst 1989. – Rolando Caputo, Cinema Papers, Sept. 1989. – A. Hunter, F&F, Nov. 1989. – T. Hutchinson, Film Monthly, Nov. 1989. – Louise Sweet, MFB, Nov. 1989. – Margaret Walters, Listener, 16.11.1989. – S. Moore, New Statesman and Society, 17.11.1989. **(fr.:)** E. Madore, Ciné Bulles, 4/1989. – P. Ross, RdC (La Saison cinématographique '89), 1989. – Jean-Pierre Coursodon, Positif, Mai 1989. – Michel Beauchamp, 24 Images, Sommer 1989. – A.M. Baron, Cinéma, Juni 1989. – Maurice Elia, Séquences, Juni 1989. – J. Noel / T. Fiasse, Grand Angle, Juni 1989. – o.A., Cinéma, Juni 1989. – Max Tessier, RdC, Juni 1989. – Bernard Nave, Jeune Cinéma, Juli/Aug. 1989.

Weitere Texte: **(dt.:)** J. Schebera: NEW YORK STORIES. In: Film und Fernsehen, Okt. 1989, S. 33-35. **(engl.:)** o.A.: Woody Allen, Coppola, Scorsese Will Direct a 3-Part BV Release. In: Variety, 30.3.1988. – C. James: Scorsese's Passion Now: Dostoyevsky. In: NYT, 20.10.1988. – David Heuring / Nora Lee: This is the City. In: AC, März 1989 (Interview mit Kameramann Nestor Almendros). – Vincent Canby: Anthologies Can Be a Bargain. In: NYT, 12.3.1989. – T. Minsky: Martin Scorsese. In: Premiere (US), April 1989, S. 110-112. – R. Smith: The Art World Painted in Films. In: NYT, 5.4.1989. – K. Kirby: New York, New York, New York! In: F&F, Okt.

1989, S. 20-23. – W. Riley: The New York of Coppola, Allen and Scorsese. In: Film Monthly, Nov. 1989, S. 12-13. – Ronald S. Librach: A Nice Little Irony: Life Lessons. In: Literature/Film Quarterly, April 1996. – Susan Felleman: Dirty Pictures, Mud Lust and Abject Desire. Myths of Origin and the Cinematic Object. In: Film Quarterly, Herbst 2001, S. 27-40 (über den Zusammenhang von Sex und Künstlertum in Filmen). **(fr.:)** Nestor Almendros / Thierry Jousse: Life Lessons. Une Leçon de cinéma. In: Cahiers, Mai 1989.

MADE IN MILAN

Kritiken: **(fr.:)** J.A. Gili, Positif, Nov. 1990. – F. Maudente, Rectangle, Winter 1991/92.

GOODFELLAS

Literarische Vorlage: Nicholas Pileggi: Wiseguy: Life in a Mafia Family. New York: Pocket Books 1990 (dt.: Der Mob von innen: Ein Mafioso packt aus. Übers. Bernd Nigbur, Nachw. von Dagobert Lindlau. Frankfurt/Main, Berlin: Ullstein 1989).
Drehbuch: Martin Scorsese / Nicholas Pileggi: GoodFellas. Based on the Book »Wiseguy« by Nicholas Pileggi. Edited with an Introduction by David Thompson. London, Boston: Faber and Faber 1990.
Bücher: Iain Colley: The Ultimate Film Guides: GOODFELLAS. Directed by Martin Scorsese. Harlow: Longman 2001.
Kritiken: **(dt.:)** Heiko R. Blum, StadtRevue Köln, Okt. 1990. – ck, Cinema, Okt. 1990, S. 102-103. – Verena Lueken, epd Film, Okt. 1990. – Hans-Joachim Neumann, Zitty, 21/1990. – Wolfram Knorr, Die Weltwoche, 41/1990. – Karl-Eugen Hartmann, fd, 2.10.1990. – Wolf Donner, tip, 11.10.1990. – Peter Körte, FR, 11.10.1990. – Rainer Nolden, Die Welt, 11.10.1990. – Christiane Peitz, taz, 11.10.1990. – Carla Rhode, TSP, 11.10.1990. – Hubertus von Roenne, Bln Mopo, 11.10.1990. – Daniel Weber, NZZ, 11.10.1990. – Peter Buchka, SZ, 12.10.1990. – Andreas Kilb, Die Zeit, 12.10.1990. – lei, FAZ-Magazin, 12.10.1990. – Ska, StZ, 12.10.1990. – Patrick Bahners, FAZ, 13.10.1990. – Brigitte Desalm, KStA, 13./14.10.1990. – Hans-Günther Dicks, ND, 18.10.1990. **(engl.:)** Roger Ebert, Chicago Sun-Times, 2.9.1990. – David Denby, New York Magazine, 10.9.1990. – Joseph McBride, Variety, 10.9.1990 (Nachdruck in: Dougan: Close up, 1997 [s. Bücher über Scorsese]). – David Ansen, Newsweek, 17.9.1990. – Vincent Canby, NYT, 19.9.1990. – Desson Howe, W Post, 21.9.1990. – Richard Corliss, Time, 24.9.1990. – David Denby, New York Magazine, 24.9.1990. – Pauline Kael, The New Yorker, 24.9.1990 (Nachdruck in: Modern Review, Herbst 1991). – G. Brown, VV, 25.9.1990. – K. Lally, Film Journal, Okt. 1990. – Peter Travers, Rolling Stone, 4.10.1990. – Stanley Kauffmann, New Republic, 22.10.1990. – Margaret Walters, Listener, 25.10.1990. – M. Gray, Film Monthly, Nov. 1990. – M. Moss, Boxoffice, Nov. 1990. – Janet Maslin, NYT, 4.11.1990. – S. Klawans, Nation, 5.11.1990. – R.A. Blake, America, 24.11.1990. – R. Caputo, Cinepapers, Dez. 1990. – Tom Milne, MFB, Dez. 1990. – R. Alleva, Commonweal, 7.12.1990.– Leonard Quart, Cineaste, Feb. 1991. – J. Simon, National Review, 28.2.1991. – Maurizio Viano, Film Quarterly, Frühjahr 1991. – David Hepworth, Empire (UK), Juni 1991. – G. Perez, Yale Review, 3/1996. – Martin Amis, Premiere (US), Okt. 1997. – Mark Morris, Observer, 12.12.1999. **(fr.:)** B. Reynaud, Cahiers, Nov. 1989. – Thierry Jousse, Cahiers, Sept. 1990. – Gérard Lenne, RdC, Sept. 1990. – Daniele Heymann, Le Monde, 12.9.1990. – Francis Donovan, Cinéma, Okt. 1990. – J. Roggemans / J. Noel, Grand Angle, Okt. 1990. – Michel Beauchamp, 24 Images, Nov./Dez. 1990. – F. Chevassu, RdC (La Saison cinématographique '90) 1990. – André Caron, Séquences, Jan. 1991. – o.A., Télérama, 6.1.1993.
Weitere Texte: **(dt.:)** Milan Pavlovic: In Los Angeles. In: Steadycam 16, Mai 1990 (zur Sneak Preview im Grand Cinema in Los Angeles, S. 5-6). – Johannes Bösiger: Von Kumpanen und Kanonen. In: Filmbulletin, 5/1990, S. 36-37. – Daniel Weber: Soundtrack-Kritik. In: NZZ, 15.11.1990. **(engl.:)** S. Linfield: Goodfellas Look at the Banality of Mob Life. In: NYT, 16.9.1990. – Hal Hinson: The Mafia, by the Master. In: W Post, 21.9.1990. – A. Witchel: A Mafia Makes Lorraine Bracco a Princess. In: NYT, 27.9.1990, S. C13. – R. Baker: Observer: Something Draweth Nigh. In: NYT, 29.9.1990, S. 23 (über New York als Schauplatz). – Lesley Stern: GOODFELLAS. In: Filmnews, Okt. 1990, S. 11-12 (über die gewalttätigen Charaktere in GOODFELLAS und anderen Scorsese-Filmen). – Amy Taubin: Blood and Pasta. In: New Statesman and Society, 9.11.1990, S. 12-14. – Henry Hill: Expert Witness: GOODFELLAS. In: Premiere (US), Dez. 1990, S. 148-149 (»Wiseguy« erzählt die Lebensgeschichte von Henry Hill). – o.A.: L.A. Critics Honor GOODFELLAS. In: W Post, 12.12.1990 (Kritikerpreis für Scorsese). – Philip Horne: Henry Hill and Laura Palmer. In: London Review of Books, 20.12.1990. – John Flaus: MILLER'S CROSSING – a Film neither Constructed nor Contained by Fashion. In: Filmnews, April 1991, S. 8-9 (über MILLER'S CROSSING im Vergleich mit GOODFELLAS und THE GODFATHER PART III). – o.A.: Film as Literature: Two Screenplays. In: Literature/Film Quarterly, 1/1995, S. 79-80 (über die Drehbücher von TAXI DRIVER und GOODFELLAS). – Richard Lippe: Style as Attitude: Two Films by Martin Scorsese. In: CineAction 41, 1996, S. 14-21 (über CASINO und GOODFELLAS). – George P. Castellitto: Imagism and Martin Scorsese: Images Suspended and Extended. In: Literature/Film Quarterly, 1/1998, S. 22-29 (vergleicht Scorseses Stil in THE AGE OF INNOCENCE, CAPE FEAR und GOODFELLAS mit der Äs-

thetik der Imagisten). – Lawrie Mifflin: Cleaner Act for Wise Guys. In: NYT, 26.8.1998 (CBS sendet gekürzte Fassung). – D.M. Eipper: CATs and Madmen. In: Metro Education, 1999, S. 12-15 (über CASINO und GOODFELLAS). – David Konow: A Real Good Fella. Interview with Nicholas Pileggi. In: Creative Screenwriting, März/April 2001, S. 38-43 (über GOODFELLAS und CASINO). **(fr.:)** Bérénice Reynaud: Ray Liotta. In: Cahiers, Sept. 1990, S. 18-20. – Martin Scorsese: La Règle du jeu dans les rues italiennes de New York. In: Le Monde, 6.9.1990. – M. Henry: De »Wiseguy« à GOODFELLAS: Entretien avec Nicholas Pileggi, romancier et scénariste. In: Positif, Okt. 1990, S. 31-33 (Interview mit Drehbuchautor Nicholas Pileggi über die Literaturadaption). – B. Perron: »Wiseguy« recherche spectateurs avisés. In: Ciné-Bulles, 3/1991, S. 42-43. – D. Racle / P. Bouchara: La Fin d'un rêve américain. In: Vertigo (Paris), 1997, S. 78-85.

CAPE FEAR

Literarische Vorlage: John D. MacDonald: The Executioners. New York: Simon and Schuster 1958 (Neuaufl. als: J.D.M.: Cape Fear. London: Bloomsbury 1997).
Drehbuch: Wesley Strick: CAPE FEAR. Screenplay. London: Hollywood Scripts 1993.
Bücher: Andrea Brehme: Die Figur des Bösen in KAP DER ANGST. Diplomarbeit TU Berlin 1998.
Kritiken: **(dt.:)** Milan Pavlovic, Steadycam 21, Feb. 1992. – Meinholf Zurhorst, Zitty, 4/1992. – Wolf Donner, tip, 13.2.1992. – Franz Everschor, fd, 18.2.1992. – Thierry Chervel, taz, 21.2.1992. – Marcia Pally, taz, 21.2.1992. – Verena Lueken, FAZ, 27.2.1992. – Ska, StZ, 27.2.1992. – Peter Buchka, SZ, 28.2.1992. – Sabine Horst, FR, 28.2.1992. – Brigitte Desalm, KStA, 29.2.1992. – Peter Körte, epd Film, März 1992. – Bernd Teichmann, Cinema, März 1992. – P.H., NZZ, 5.3.1992. – Carl Andersen, ND, 6.3.1992. – Dieter Bertz, ND, 6.3.1992. – mrt., TSP, 15.3.1992. – R. Kopphold, Medien + Erziehung, 2/1992. **(engl.:)** Todd McCarthy, Variety, 11.11.1991 (Nachdruck in: Dougan: Close up, 1997 [s. Bücher über Scorsese]). – Vincent Canby, NYT, 13.11.1991. – Roger Ebert, Chicago Sun-Times, 13.11.1991. – Hal Hinson, W Post, 15.11.1991. – Desson Howe, W Post, 15.11.1991. – J. Simon, National Review, 16.12.1991. – J. Hoberman, VV, 19.11.1991. – David Denby, New York Magazine, 25.11.1991. – Peter Travers, Rolling Stone, 28.11.1991. – John Conomos, Filmnews, Dez. 1991 / Jan. 1992. – K. Lally, Film Journal, Dez. 1991. – M. Moss, Boxoffice, Dez. 1991. – Stanley Kauffmann, New Republic, 9.12.1991. – David Ansen, Newsweek, 16.12.1991. – R. Alleva, Commonweal, 20.12.1991. – Stanley Klawans, Nation, 23.12.1991. – Maria Garcia, FiR, Jan./Feb. 1992. – G. Brown, VV, 28.1.1992. – Chris Savage King, Modern Review, Frühjahr 1992. – M. Gray, Film Monthly, März 1992. – Angela McRobbie, S&S, März 1992. – A. Billson, New Statesman and Society, 6.3.1992. – R. Meyers, Armchair Detective, Sommer 1992. – Jim Doherty, Soundtrack, Juni 1992. – S. Farrell, Scarlet Street, Winter 1992. – G.J. Svehla, Midnight Marquee, Winter 1992. – Rob White, S&S, Jan. 2002 (DVD-Kritik). **(fr.:)** Maurice Elia, Séquences, Jan. 1992. – L. Degoudenne, Grand Angle, März 1992 (mit Bibliografie). – Thierry Jousse, Cahiers, März 1992. – Jacqueline Nacache, RdC, März 1992. – M. Cloutier, Ciné-Bulletin, 3/1992. – Jean-Claude Marineau, 24 Images, Winter 1992. – o.A., Mensuel du Cinéma, Juni 1993. – Réal La Rochelle, 24 Images, Feb./März 1994 (zur Videodisc-Ausgabe).
Weitere Texte: **(dt.:)** Pierre Lachat: Badfellas. In: Filmbulletin, 1/1992, S. 17-20. – Hans Schifferle: Tagebuch des Kritikers. In: Steadycam 21, Feb. 1992 (zu CAPE FEAR und Tätowierungen, S. 31). – W. Borgfeld: Mit Vorliebe für Cinemascope. In: Film- & TV-Kameramann, März 1992, S. 32ff. (Interview mit Kameramann Freddie Francis). – Thomas Karban: CAPE FEAR. In: fd, 3.3.1992, S. 40 (über die Filmmusik). – Hans Messias: Der Tiger und die Ziegen. In: fd, 31.3.1992, S. 37-39 (über die zwei Film-Adaptionen des Romans »Cape Fear«). – o.A.: Berlinale (I). Die Scorsese-Pressekonferenz. In: Steadycam 22, Aug. 1992, S. 9-14 (Protokoll der Pressekonferenz). – Ulf Erdmann Ziegler: Geständnis am Dinner-Table. In: taz, 11.4.1996 (über Adoleszenz in CAPE FEAR und DEAD MAN WALKING). – Inga Golde: Identitäre Defizite bei Tätern und Nicht-Tätern. CAPE FEAR. In: I.G.: Der Blick in den Psychopathen. Struktur und Wandel im Hollywood-Psychothriller. Kiel: Ludwig 2002, S. 40-50. **(engl.:)** S. Talty: Invisible Woman. In: American Film, Sept./Okt. 1991, S. 42-47 (Thelma Schoonmaker über CAPE FEAR und ihr Leben mit Michael Powell). – David Morgan: A Remake That Can't Miss: CAPE FEAR. In: AC, Okt. 1991, S. 34-38, 40 (Interview mit Kameramann Freddie Francis). – David Morgan: The Thriller in Scorsese. In: Millimeter, Okt. 1991, S. 88-90ff. – o.A.: Premiere's Ultimate Fall Preview: CAPE FEAR. In: Premiere (US), Okt. 1991, S. 79. – Janet Maslin: Martin Scorsese Ventures Back to CAPE FEAR. In: NYT, 10.11.1991. – R. Corliss: Filming at Full Throttle. In: Time, 11.11.1991, S. 84-85. – B. Weinraub: Two Weekend Hits Cheer the Film Industry. In: NYT, 20.11.1991 (über ökonomische Aspekte). – Hal Hinson: New Sense of Calm for Director of CAPE FEAR. In: W Post, 24.11.1991. – T. Rafferty: Mud. In: The New Yorker, 2.12.1991, S. 156-159. – B. Weinraub: What Hollywood Got for Christmas. In: NYT, 19.1.1992. – C. James: Film View: Old Movies Add to the Pleasure of the New. In: NYT, 26.1.1992, S. 11ff. (über Referenzen zu anderen Filmen in CAPE FEAR). – J. Hoberman / Jenny Diski: Sacred and Profane. The Shadow Within. In: S&S, Feb. 1992, S. 8-13 (Vergleich des Remakes mit dem Original). – D. Schweiger: An Interview with Elmer Bernstein. In: Soundtrack, März 1992,

S. 22-24 (Interview mit dem Komponisten). – Geoff Andrew: Food for Thought. In: Time Out, 4.3.1992, S. 56 (über CAPE FEAR als Beginn der kommerziellen Phase von Scorseses Arbeit). – Pam Cook: Scorsese's Masquerade. In: S&S, April 1992, S. 14-15 (wieder abgedruckt als: P.C.: CAPE FEAR and Femininity as Destructive Power. In: P.C. / Philip Dodd [Hg.]: Women and Film. A S&S Reader. Philadelphia 1993). – Pam Cook: Letters: Pam Cook Replies. In: S&S, Juni 1992, S. 63. – D. Locke: Letters: Scorsese's Rape. S&S, Juni 1992, S. 63. – J. Freed: Violence and Southern Films. In: FiR, Sept./Okt. 1992, S. 307-309 (über CAPE FEAR und Barbra Streisands THE PRINCE OF TIDES). – Wheeler Winston Dixon: Shooting of CAPE FEAR. An Interview with Freddie Francis at the National Film Theatre, London. In: Classic Images, Okt. 1992, S. 16ff. (Interview mit Kameramann Freddie Francis). – Kevin Jackson: Gothic Shadows. In: S&S, Nov. 1992, S. 16-19 (Interview mit Kameramann Freddie Francis). – R. Capp: CAPE FEAR: Whose Fantasy Marty? In: Metro Magazine, Winter 1992, S. 4-7 (psychoanalytische Deutung). – G. Helfield: Mirror, Mirror on the Wall: Parent and Psycho as One in the 90's. CineAction, Winter 1992, S. 63-67. – B. McDonnell: Malevolent Obsession. CAPE FEAR Updates the 50's Melodrama. In: Illusions, Winter 1992, S. 2-8 (über CAPE FEAR im Kontext von Genre- und Genderdiskursen). – G. Murray: CAPE FEAR: Punishment and Salvation. In: Metro Magazine, Winter 1992, S. 8-11. – Gregory Solman: The Bs of Summer. In: FC, 4/1993, S. 10-17, 19-22 (über B-Movies der 40er-60er im Vergleich mit neueren wie CAPE FEAR). – G. Bruce: Double Score: Bernhard Hermann's Music for CAPE FEAR 1962 and 1991. In: Metro Magazine, Sommer 1993/1994, S. 10-14. – Robert Casillo: School for Skandalon. Scorsese and Girard at Cape Fear. In: Italian Americana, Sommer 1994, S. 201-225. – Robert R. Wilson: Graffiti Become Terror. The Idea of Resistance. In: Canadian Review of Comparative Literature, Juni 1995, S. 267-285. – Brian McFarlane: Novel to Film. An Introduction to the Theory of Adaptation. Oxford: Clarendon Press 1996 (zu CAPE FEAR S. 171-193, 258-261). – Barry Norman: CAPE FEAR. In: Radio Times, 20.4.1996, S. 48. – Cramer R. Cauthen: The Gift Refused. The Southern Lawyer in TO KILL A MOCKINGBIRD, THE CLIENT and CAPE FEAR. In: Studies in Popular Culture, Okt. 1996. – Robert Philip Kolker: Algebraic Figures. Recalculating the Hitchcock Formula. In: Andrew Horton u.a. (Hg.): Play It Again, Sam. Retakes on Remakes. Berkeley 1998, S. 34-51. – George P. Castellitto: Imagism and Martin Scorsese: Images Suspended and Extended. In: Literature/Film Quarterly, 1/1998, S. 22-29 (vergleicht Scorseses Stil in THE AGE OF INNOCENCE, CAPE FEAR und GOODFELLAS mit der Ästhetik der Imagisten). **(fr.:)** B. Krohn: Histoires de gangsters, histoire d'Amérique. In: Cahiers, Feb. 1992, S. 76-80ff. – Jean-Pierre Coursodon: Menace ou conscience coupable? In: Positif, März 1992, S. 35-39. – Alain Garsault: Portraits de tueurs. In: Positif, März 1992, S. 31-34 (über Mörder in US-Filmen von PSYCHO bis CAPE FEAR). – F. Vallerand, Séquences, März 1992 (über den Soundtrack). – Nicolas Saada: Entretien avec Wesley Strick. In: Cahiers, Dez. 1992, S. 64-69 (Interview mit Drehbuchautor Strick). – R. La Rochelle: Non, pas la réalité, mais celle du cinéma. In: 24 Images, Feb./März 1994, S. 10-11.

THE AGE OF INNOCENCE

Literarische Vorlage: Edith Wharton: The Age of Innocence. Foreword by Louis Auchincloss. New York: Modern Library 1999 (dt.: Die Zeit der Unschuld. München: Piper 1995).

Material: Martin Scorsese u.a. (Hg.): THE AGE OF INNOCENCE. A Portrait of the Motion Picture Based on the Novel by Edith Wharton. New York: Newmarket Press 1993 (dt.: DIE ZEIT DER UNSCHULD. Ein Porträt des Films nach dem Roman von Edith Wharton. Bergisch Gladbach: Bastei-Lübbe 1993). – Martin Scorsese / Jay Cocks: THE AGE OF INNOCENCE: The Shooting Script. Screenplay and Notes. Newmarket Shooting Script. New York: Newmarket Press 1995.

Kritiken: **(dt.:)** Robert Fischer, epd Film, Nov. 1993. – Roland Huschke, Cinema, Nov. 1993. – Stefan Lux, StadtRevue Köln, Nov. 1993. – Hans-Joachim Neumann, Zitty, 23/1993. – Stefan Lux, fd, 9.11.1993. – Pia Horlacher, NZZ, 11.11.1993. – Hella Boschmann, Die Welt, 12.11.1993. – Tobias Kniebe, Focus, 15.11.1993. – Eberhard v. Elterlein, Die Welt, 18.11.1993. – Peter Körte, FR, 18.11.1993. – Verena Lueken, FAZ, 18.11.1993. – mn, taz, 18.11.1993. – Hans Günther Pflaum, SZ, 18.11.1993. – Marion Pietrzok, ND, 18.11.1993. – Gerald Sturz, Die Woche, 18.11.1993. – Peter W. Jansen, TSP, 19.11.1993. – Andreas Kilb, Die Zeit, 19.11.1993. – Gerhard Midding, Freitag, 19.11.1993. – Brigitte Desalm, KStA, 20.11.1993. – Birgit Warnhold, Bln Mopo, 20.11.1993. – Dorothea Heintze, DAS, 26.11.1993. – Ruprecht Skasa-Weiß, StZ, 26.11.1993. **(engl.:)** David Denby, New York Magazine, 13.9.1993. – A. Lane, The New Yorker, 13.9.1993. – Todd McCarthy, Variety, 13.9.1993 (Nachdruck in: Dougan: Close up, 1997 [s. Bücher über Scorsese]). – Peter Travers, Rolling Stone, 16.9.1993. – Vincent Canby, NYT, 17.9.1993. – Roger Ebert, Chicago Sun-Times, 17.9.1993. – Desson Howe, W Post, 17.9.1993. – Rita Kempley, W Post, 17.9.1993. – Richard Corliss, Time, 20.9.1993. – J. Kroll, Newsweek, 20.9.1993. – Georgia Brown, VV, 21.9.1993. – D. Bartholomew, Film Journal, Okt./Nov. 1993. – S. Klawans, Nation, 4.10.1993. – Stanley Kauffmann, New Republican, 18.10.1993. – J. Simon, National Review, 18.10.1993. – S. Farber, Movieline, Nov. 1993. – D. Lyons, FC, Nov./Dez. 1993. – M. Moss, Boxoffice, Nov. 1993. – A. Pawelczak, FiR, Nov./Dez. 1993. – R. Alleva, Commonweal, 5.11.1993. – Amy Taubin, VV, 9.11.1993 – Amy E. Schwartz, W Post, 10.11.1993. – R.A. Blake, America, 23.11.1993. – Geoff Andrew, Time Out, 26.1.1994. – Pam Cook, S&S, Feb. 1994. – Angie Errigo, Empire (UK), Feb. 1994. – Chris Savage King, Modern Review, Feb./ März 1994. **(fr.:)** Henir Béhar, Le Monde, 26.8.1993. – Sophie Grassin, L'Express, 16.9.1993. – Vincent Remy, Télérama, 22.9.1993. – Jean Michel Frodon, Le Monde, 24.9.1993. – o.A., Cinéma, 1.10.1993. – Olivier Kohn, Positif, Okt. 1993. – Jacques Morice, Cahiers, Okt. 1993. – Jacqueline Nacache, Mensuel du Cinéma, Okt. 1993. – Georges Privet, 24 Images, Dez./Jan. 1993/94. – Clélia Cohen, Cahiers (Hors Série), Dez. 2001 (DVD-Release). *Weitere Texte:* **(dt.:)** Gerhard Midding: Mondänes Schauspiel. In: Filmbulletin, 5/1993, S. 7-9. – Heinz-Jürgen Niedenhoff: Soundtrack. In: fd, 15.2.1994. – Cornelia Fleer: Im Zwielicht. In: fd, 27.8.2002, S. 50-51 (über die Farbe Gelb in THE AGE OF INNOCENCE und Stanley Kubricks BARRY LYNDON). – Alexander Jackob: THE AGE OF INNOCENCE. Eine Geschichte über New York vor dem Zeitalter des Films. In: Screenshot, Winter 2002, S. 14-16. **(engl.:)** A. Stanley: Scorsese. From the Mean Streets to Charm School. In: NYT, 28.6.1992. – J.E. Frook: AGE OF INNOCENCE Release Delayed to Fall 1993. In: Variety, 31.8.1992. – Linda C. Cahir: The Perils of Politeness in a New Age. In: Edith Wharton Review, Herbst 1993, S. 12-14. – F. Prose: In AGE OF INNOCENCE, Eternal Questions. In: NYT, 12.9.1993. – J. Koch: Filming Edith Wharton's World. You Were How You Ate. In: NYT, 15.9.1993. – B. Morris: Just Shooting in the Breeze. In: NYT, 19.9.1993 (über die Premiere). – Daphne Merkin: Clean Streets. In: Premiere (US), Okt. 1993, S. 42-48, 122-123 (enthält Auszüge eines Gesprächs zwischen Scorsese und Day-Lewis). – C. Gray: Recreating THE AGE OF INNOCENCE in Brick and Paint. In: NYT, 24.10.1993 (über das Set Design). – Kathleen Murphy / Gavin Smith u.a.: Artist of the Beautiful. Theaters of Cruelty. In: FC, Nov./Dez. 1993, S. 15-19ff. (mehrere Artikel, u.a. Vergleich mit William Wylers THE HEIRESS). – G. Annan: A Night at the Opera. In: New York Review of Books, 4.11.1993 (über die Adaption). – C. James: Just Don't Call It »Unfilmable«. In: NYT, 14.11.1993. – Richard Grenier: Society and Edith Wharton. In: Commentary, Dez. 1993, S. 48-52. – Ray Sawhill / Polly Frost: Loose Talk. In: Modern Review, Dez. 1993 / Jan. 1994 (über die Adaption der Romanvorlage). – Amy Taubin: Dread and Desire. In: S&S, Dez. 1993 (über die Adaption. Nachdruck in: Ginette Vincendeau [Hg.]: Film, Literature, Heritage. A S&S Reader. London: BFI 2001, S. 61-65). – L.E. MacDonald: Elmer Bernstein's AGE OF INNOCENCE. In: Film Score Monthly, Jan.-März 1994. – J. Smith: Soundtrack. In: FiR, Jan./Feb. 1994. – Chris Heath / Jo Berry: Good Fellow. In: Empire (UK), Feb. 1994, S. 56-67 (Dossier mit mehreren Artikeln). – John Naughton: Credit Where Credit's Due ... In: Empire (UK), März 1994, S. 54-55 (über Saul Bass). – J. Thurman: Martin Scorsese's New York Story. An 1860s Town House for the AGE OF INNOCENCE Director. In: Architectural Digest, April 1994, S. 248-255 (Teil einer Sonderausgabe über Architektur und Inneneinrichtung von Hollywoodstars). – I. Hutchinson: Soundtrack. In: Cinema Papers, Juni 1994. – G. Fitzgerald: Scorsese's Constraints of Desire. In: Metro Magazine, Herbst 1994, S. 10-13. – L. Mortimer: AGE OF INNOCENCE. In: Metro Magazine, Herbst 1994, S. 3-9. – S. Hamzai: Poetry of Repression. In: Film International, 2/1995, S. 38-41. – B. MacFarlane: THE AGE OF INNOCENCE. In: Metro Magazine 105, 1996, S. 37-42. – Brigitte Peucker: Rival Arts? In: Edith Wharton Review, Herbst 1996. – M.E. Nowlin: »Where Is That Country?« The Returning Masquerader in AGE OF INNOCENCE. In: Women's Studies, 3/4/1997, S. 285-314. – George P. Castellitto: Imagism and Martin Scorsese: Images Suspended and Extended. In: Literature/Film Quarterly, 1/1998, S. 22-29 (vergleicht Scorseses Stil in THE AGE OF INNOCENCE, CAPE FEAR und GOODFELLAS mit der Ästhetik der Imagisten). – S. Levy: Winona Ryder in AGE OF INNOCENCE. In: Movieline, April 1998. – Charles H. Helmetag: Re-creating Edith Wharton's New York in Martin Scorsese's THE AGE OF INNOCENCE. In: Literature/Film Quarterly, 3/1998 (über die Detailtreue der Wharton-Verfilmung und thematischer Vergleich mit anderen Scorsese-Filmen). – Robert A. Lee: Watching Manners. In: Robert Giddings / Erica Sheen (Hg.): The Classical Novel. From Page to Screen. Manchester 2000. S. 163-178. – Belén Vidal Villasur: Classic Adaptations, Modern Reinventions. Reading the Image in the Contemporary Literary Film. In: Screen 43/1, Frühjahr 2002, S. 5-18 (zu THE AGE OF INNOCENCE und THE HOUSE OF MIRTH). **(fr.:)** M.F. Dupagne: LE TEMPS DE L'INNOCENCE. In: Grand Angle, Nov. 1993, S. 43-44. – Martin Girard, Johanne Larue u.a.: THE AGE OF INNOCENCE. In: Séquences, Nov./Dez. 1993, S. 32-37, 52-53 (Dossier mit mehreren Artikeln, u.a. über Elemente von Proust in der Verfilmung).

A PERSONAL JOURNEY WITH MARTIN SCORSESE THROUGH AMERICAN MOVIES

Material: Martin Scorsese / Michael Henry Wilson: A Personal Journey with Martin Scorsese Through American Movies. New York: Hyperion 1997.
Kritiken: **(dt.:)** Bertram Eisenhauer, FAZ, 31.5.1995. **(engl.:)** Tom Charity, Time Out, 17.5.1995. – Derek Elley, Variety, 22.5.1995. – Janet Maslin, NYT, 23.2.1996. – D. Konow, Filmfax, Aug./Sept. 1999. – Tom Shales, W Post, 14.2.2000. **(fr.:)** Nicolas Saada, Cahiers, Juni 1995. – C. Viviani: Voyage avec Martin Scorsese. In: Positif, Juli/Aug. 1995. – Olivier Mauraisin, Le Monde, 7.12.1997.

Weitere Texte: **(dt.:)** Thomas Koebner: Flickerlteppiche. In: fd, 14.2.1995, S. 38-39 (über die Beiträge von Stephen Frears, Edgar Reitz, Nagisa Oshima und Martin Scorsese zu 100 Jahren Kino). **(engl.:)** Raymond Durgnat: Between God and the Goodfellas. In: S&S, Juni 1995. – T. Elrick: Scorsese on Cinema. In: DGA Magazine, 1/1996. – Amy Taubin: Shooting Parties. In: VV, 10.3.1998. **(fr.:)** Jean-Luc Douin: Premières tentations. In: Télérama, 24.5.1995 (enthält Bemerkungen von Scorsese zu Filmen, die ihn besonders beeindruckt haben). – Hubert Niogret / Christian Viviani: Regards de cinéastes sur le cinéma. In: Positif, Juli/Aug. 1995, S. 143-145 (über Filme von Jean-Luc Godard, Nagisa Oshima, Stephen Frears, Scorsese und über die Kinogeschichte des jeweiligen Landes).

CASINO

Literarische Vorlage: Nicholas Pileggi: Casino. Love and Honor in Las Vegas. New York: Simon and Schuster 1995 (dt.: Casino. Übers. Karin Dufner / Christine Strüh. München: Droemer Knaur 1996).

Drehbuch: Nicholas Pileggi / Martin Scorsese: CASINO. May 9, 1994 Draft 12A. London: Hollywood Scripts 1994. – Nicholas Pileggi / Martin Scorsese: CASINO. London: Faber and Faber 1996.

Kritiken: **(dt.:)** Verena Lueken, FAZ, 29.11.1995. – Daniel Hermsdorf, Der Schnitt, 2/1996. – Franz Everschor, fd, 27.2.1996. – Robert Fischer, epd Film, 3/1996. – Olaf Möller, Splatting Image 25, 3/1996. Nicoläa Grigat, StadtRevue Köln, März 1996. – Roland Huschke, Cinema, März 1996. – Kay Sokolowsky, konkret, März 1996. – Hans-Joachim Neumann, Zitty, 6/1996. – Annette Kilzer, tip, 7.3.1996. – Hellmuth Karasek, Der Spiegel, 11.3.1996. – Harald Pauli, Focus, 11.3.1996. – Simone Mahrenholz, TSP, 13.3.1996. – Michael Althen, SZ, 14.3.1996. – Lars-Olav Beier, FAZ, 14.3.1996. – Boris Erdtmann, Die Welt, 14.3.1996. – Gunter Göckenjan, Berliner Zeitung, 14.3.1996. – Peter Körte, FR, 14.3.1996. – Rupert Koppold, StZ, 14.3.1996. – Ernst O. Mühl, ND, 14.3.1996. – Mariam Niroumand, taz, 14.3.1996. – Markus Tschiedert, Bln Mopo, 14.3.1996. – Dirk Knipphals, Sonntagsblatt, 15.3.1996. – Martin Walder, NZZ, 15.3.1996. – Milan Pavlovic, KStA, 16.3.1996. – Georg Seeßlen, Freitag, 22.3.1996. **(engl.:)** Rebecca Dameron, Premiere (US), Sept. 1995. – Todd McCarthy, Variety, 20.11.1995 (Nachdruck in: Dougan: Close up, 1997 [s. Bücher über Scorsese]). – Roger Ebert, Chicago Sun-Times, 22.11.1995. – Hal Hinson, W Post, 22.11.1995. – Mick LaSalle, San Francisco Chronicle, 22.11.1995. – Susan Stark, Detroit News, 22.11.1995. – Kenneth Turan, LA Times, 22.11.1995. – Desson Howe, W Post, 24.11.1995. – David Ansen, Newsweek, 27.11.1995. – David Denby, New York Magazine, 27.11.1995. – Richard Schickel, Time, 27.11.1995. – J. Hoberman, VV, 28.11.1995. – T. Rafferty, The New Yorker, 4.12.1995. – R.A. Blake, America, 9.12.1995. – Peter Travers, Rolling Stone, 14.12.1995. – S. Klawans, Nation, 18.12.1995. – Stanley Kauffmann, New Republic, 25.12.1995. – J. Simon, National Review, 31.12.1995. – R. Caputo / P. Hall, Metro Magazine, 1996. – K. Lally, Film Journal, Jan. 1996. – Andy Pawelczak, FiR, Jan./Feb. 1996. – Gavin Smith, FC, Jan./Feb. 1996. – K. Williamson, Boxoffice, Jan. 1996. – R. Alleva, Commonweal, 12.1.1996. – R. Wilson, Audience, Feb./März 1996. – Karen Jaehne, Film Quarterly, Frühjahr 1996. – Victoria Alexander, FiR, März/April 1996. – G. Perez, Yale Review, März 1996. – Jonathan Romney, S&S, März 1996. – Philip Thomas, Empire (UK), März 1996. – J. Patterson, Film Threat, April 1996. – o.A., Fatal Visions, Mai 1996. – Neil Jeffries, Empire (UK), Okt. 1996. **(fr.:)** Alain Charbonneau, 24 Images, Frühjahr 1996. – J.-P. Coursodon, Positif, März 1996. – René Prédal, Jeune Cinéma, März/April 1996. – T. van Wayenberg, Grand Angle, März 1996. – o.A., Cinéma 72, 1.3.1996. – Jean-Michel Frodon, Le Monde, 14.3.1996.

Weitere Texte: (siehe auch Zeitschriften: Scorsese-Themenhefte) **(dt.:)** o.A.: Martin Scorsese. In: Die Welt, 12.1.1996 (Schweden zensiert CASINO). – Reinhard Wolff: Feste Schläge, saubere Schnitte. In: taz, 19.1.1996 (Schweden zensiert CASINO). – Milan Pavlovic: Verlust und Verfall. Neue US-Filme. In: Steadycam 31, Feb. 1996 (zu CASINO, S. 89, 92-94). – o.A.: Zensurschnitte genehmigt. In: FR, 8.2.1996 (Schweden zensiert CASINO). – o.A.: Ehrlich. Schwedische Zensur schneidet Scorsese. In: FAZ, 14.2.96. – Andreas Kilb: Götzendämmerung. In: Die Zeit, 8.3.1996 (zusammen mit Oliver Stones NIXON). – Ralph Eue: Jahrelang auf einen Anruf gewartet. In: FR, 15.3.1996 (über Nicholas Pileggi, Autor der Romanvorlage zu CASINO). – Gunter Göckenjan: Mords-Musik. In: Die Woche, 15.3.1996 (über den Soundtrack). – Gunter Göckenjan, Die Woche, 15.3.1996 (zum Soundtrack). – Georg Seeßlen: Gottes einsamster Mann. In: Sonntagsblatt, 15.3.1996 (religiöse Motive bei Scorsese). – Ralph Eue: Schauplatz Las Vegas. In: Filmbulletin, 2/1996, S. 23-34 (Las Vegas als Drehort verschiedener Filme). **(engl.:)** Steve Pond: Scorsese's Computerized Vegas. In: W Post, 23.8.1994 (Ankündigung von CASINO als nächstes Projekt). – o.A.: CASINO Royale. In: Vanity Fair, April 1995, S. 6-11. – M. Williams: Franco TF1 Gambles on CASINO and H'wood. In: Variety, 17.4.1995, S. 9ff. (über die Finanzierung). – Caroline Westbrook: Place Your Bets. In: Empire (UK), Nov. 1995, S. 18-19. – Steve Daly: Scorsese Tips His Hand. A Vegas Epic Previews in Atlantic City. In: Entertainment Weekly, 3.11.1995. – S. Schiff: The CASINO Cut. In: The New Yorker, 27.11.1995, S. 46-50 (über den Schnitt). – Gerald E. Forshey: CASINO. The Uses of Narrative Voice-over. In: Creative Screenwriting, Winter 1995, S. 56-61. – Mark Cotta Vaz: The Lights of Las Vegas. In: Cinefex, Dez. 1995, S. 37-38, 140. – G. Smith: Two Thousand Light Years from Home.

In: FC, Jan./Feb. 1996, S. 59-61ff. – Geoff Andrew: Gamble Ramble. In: Time Out, 21.2.1996, S. 74. – o.A.: Start Me up. In: Empire (UK), März 1996, S. 16 (zur Titelsequenz). – Philip Thomas: »I Really Don't Know How to Make a Movie ...« In: Empire (UK), März 1996, S. 64-70. – Richard Lippe: Style as Attitude: Two Films by Martin Scorsese. In: CineAction 41/1996, S. 14-21 (über CASINO und GOODFELLAS). – Jim Supanick: Saul Bass: »... to Hit the Ground Running ...« In: FC, März/April 1997 (über den Designer der Titelsequenz von CASINO Saul Bass und seine Arbeiten für Martin Scorsese). – R. Gentry: Robert Richardson, Cinematographer. An Interview. In: Post Script 2/1997, S. 64-84 (Interview mit dem Kameramann). – D.M. Eipper: CATs and Madmen. In: Metro Education, 1999, S. 12-15 (über CASINO und GOODFELLAS). – David Konow: A Real Good Fella. Interview with Nicholas Pileggi. In: Creative Screenwriting, März/April 2001, S. 38-43 (über GOODFELLAS und CASINO). **(fr.:)** Bill Krohn: L'Amérique au cœur des ténèbres. In: Cahiers, Feb. 1996, S. 44-47, 49 (über CASINO, NIXON, SE7EN und 12 MONKEYS). – Thierry Jousse / Nicolas Saada / Serge Toubiana: CASINO. In: Cahiers, März 1996, S. 8-23 (Dossier). – R. Prédal: CASINO, violence et cinéma. In: Jeune Cinéma, März/April 1996, S. 48. – P.M., Le Monde, 14.3.1996 (zum Soundtrack).

KUNDUN

Dokumentationen: DREAMS OF TIBET. Regie: Ben Loeterman. Frontline / Ben Loeterman Productions / PBS, 28.10.1997. – A LA RECHERCHE DE KUNDUN AVEC MARTIN SCORSESE. Regie: Michael Henry Wilson. 85 Min. Premiere: August 1998, Filmfestival Locarno. Fr. Kinostart: 7.10.1998 (Dokumentation der Dreharbeiten).

Kritiken: **(dt.:)** Jan Distelmeyer, StadtRevue Köln, März 1998. – Rainer Gansera, epd Film, März 1998. – Marit Hofmann, konkret, März 1998. – Tomasso Schultze, Cinema, März 1998. – Hans-Joachim Neumann, Zitty, 6/1998. – Franz Everschor, fd, 3.3.1998. – Caroline M. Buck, ND, 19.3.1998. – Kerstin Decker, TSP, 19.3.1998. – Christoph Egger, NZZ, 19.3.1998. – Sabine Horst, tip, 19.3.1998. – Jens Jessen, Berliner Zeitung, 19.3.1998. – Andreas Kilb, Die Zeit, 19.3.1998. – Thomas Klein, taz, 19.3.1998. – Thomas Klingenmaier, StZ, 19.3.1998. – Tobias Kniebe, SZ, 19.3.1998. – Heike Kühn, FR, 19.3.1998. – Hanns-Georg Rodek, Die Welt, 19.3.1998. – Caspar Schmitt, Jungle World, 19.3.1998. – Patrick Bahners, FAZ, 20.3.1998. – Dirk Knipphals, Sonntagsblatt, 20.3.1998. – Heike Kühn, Die Woche, 20.3.1998. – Peter Zander, Bln Mopo, 20.3.1998. – Milan Pavlovic, KStA, 21.3.1998. – Wiebke Hüster, FAZ, 26.1.2001. **(engl.:)** Emanuel Levy, Variety, 15.12.1997. – David Ansen, Newsweek, 22.12.1997. – Richard Corliss, Time, 22.12.1997. – Stephen Holden, NYT, 24.12.1997. – Kenneth Turan, LA Times, 24.12.1997. – J. Hoberman, VV, 30.12.1997. – R. Porton, Film Journal, Jan. 1998. – David Denby, New York Magazine, 5.1.1998. – o.A., USA Today, 12.1.1998. – Jeff Millar, Houston Chronicle, 13.1.1998. – Roger Ebert, Chicago Sun-Times, 16.1.1998. – Desson Howe, W Post, 16.1.1998. – Megan Rosenfeld, W Post, 16.1.1998. – Barbara Shulgasser, San Francisco Examiner, 16.1.1998. – Peter Stack, San Francisco Chronicle, 16.1.1998. – Susan Stark, Detroit News, 16.1.1998. – J. Simon, National Review, 26.1.1998. – Jonathan Rosenbaum, Chicago Reader, 30.1.1998. – Joseph McBride, Boxoffice, Feb. 1998. – B. Taves, American Historical Review, 2/1998. – Richard Alleva, Commonweal, 27.2.1998. – Andrew O'Hehir, S&S, April 1998. – J. Stackpole, Audience, April/Mai 1998. – Alexander Walker, Evening Standard, 1.4.1998. – Jonathan Freedland, New Statesman, 3.4.1998. – Ian Freer, Empire (UK), Mai 1998. – o.A., The Bulletin, 23.6.1998. – D. Cannon, Audience, Aug./Sept. 1998. – Karl Quinn, Cinema Papers, Aug. 1998. **(fr.:)** Charles-Stéphane Roy, Ciné-Bulles, 1/1998. – Réal La Rochelle, 24 Images, Frühjahr 1998. – Carlo Mandolini, Séquences, März/April 1998. – François Forestier, Nouvel Observateur, 20.5.1998. – Samuel Blumenfeld, Le Monde, 28.5.1998. – J. Fabre, Jeune Cinéma, Sommer 1998. – Emmanuel Burdeau, Cahiers, Juni 1998. – Jean-Claude Carrière, Positif, Juni 1998. – O. Clinckart, Grand Angle, Juli 1998.

Weitere Texte: **(dt.:)** o.A.: China gegen Scorsese. In: Berliner Zeitung, 29.11.1996. – o.A.: Scorsese-Film gefährdet Disneys Marktchancen. In: FR, 29.11.1996. – p.b.: Mischt euch ruhig ein. In: SZ, 29.11.1996. – Heiko Roloff: Mickey Mouse fordert die Ameisen heraus. In: Die Welt, 29.11.1996. – Ingrid Kölle: Disney will den chinesischen Markt erobern. In: StZ, 3.12.1996. – Franz Everschor: Hollywood spricht über ... KUNDUN. In: fd, 7.1.1997. – Harald Pauli: Zwei aufs Dach der Welt. In: Focus, 10.11.1997, S. 162-166 (über KUNDUN und SEVEN YEARS IN TIBET). – Alexander Horwath: Playland, N.Y. In: Die Zeit, 29.1.1998 (zu KUNDUN, JACKIE BROWN und der Filmstadt New York). – Milan Pavlovic: You Can't Go Home Alone. In: Steadycam 35, Feb. 1998, S. 103-113 (über KUNDUN S. 110). – Franz Everschor: Beschwörung des Ewig Wiederkehrenden. In: fd, 3.3.1998 (über die Filmmusik von Philip Glass). – Ludwig Heinrich: Eine Oscar-Rede hat er nicht einstudiert. In: Oberösterreichische Nachrichten, 20.3.1998 (Interview mit Philip Glass). – mk (Margret Köhler): Scorsese in München. In: fd, 31.3.1998 (Empfang anlässlich von KUNDUN). – Hanns-Georg Rodek: In dieser Welt ist es sicherer, mit dem Rücken zur Wand zu sitzen. In: Die Welt, 21.3.1998 (Porträt). **(engl.:)** R. Turner: Now, Mickey Mao. In: Newsweek, 9.9.1996, S. 42-44. – Bernard Weinraub: Disney Will Defy China on Its Dalai Lama Film. In: NYT, 27.11.1996 (über die Drohungen Chinas gegen Disney). – Garrett Epps: When Disney Meets the Dalai

Lama, Beijing Smells a Rodent. In: W Post, 1.12.1996 (über die Drohungen Chinas gegen Disney). – W. Brent: Disney Tangled in Lama Drama. In: Variety, 2.12.1996. – J. Ressner: Disney's China Policy. In: Time, 9.12.1996. – Bernard Weinraub: Hollywood Feels Chill of Chinese Warning to Disney. In: NYT, 9.12.1996. – Jean Nathan: What China Would Bury in Moroccan Sand. In: NYT, 22.12.1996 (über die Drohungen Chinas gegen Disney). – Glenn Kenny: Leap of Faith. In: Premiere (US), Dez. 1997, S. 85-90. – S.B. Katz: Conversation with ... Melissa Mathison. In: Written by, Dez. 1997 /Jan. 1998, S. 58-64 (Interview mit der Drehbuchautorin). – Pico Iyer: The Long Way Home. In: Time, 22.12.1997, S. 72ff. (Gespräch mit dem Dalai Lama). – Melissa Mathison: KUNDUN: Projecting Tibet. In: Metro Magazine 116, 1998, S. 15-18. – M. Nichols: Martin Scorsese's KUNDUN. In: Metro Magazine 116, 1998, S. 11-14. – o.A.: Between Emptiness and Phenomena. In: Metro Magazine 116, 1998, S. 19-22. – o.A.: Newvision's Frank Cox. In: Metro Magazine 116, 1998, S. 23-25. – o.A.: Masterclass with Martin Scorsese on KUNDUN. In: DGA Magazine, 1/1998. – Douglas Barasch: Holy Wars. In: Elle, Jan. 1998, S. 66-73. – R. Greene: Grace Period. In: Boxoffice, Jan. 1998, S. 16-18. – R. Mead: The Pictures. In: The New Yorker, 5.1.1998. – Pico Iyer: Lost Horizons. In: New York Review of Books, 15.1.1998. – D. Adams: Zen and the Art of Motion Picture Scoring. In: Film Score Monthly, Feb. 1998, S. 24-30. – J. Bond: The Second Greatest Story Ever Told. In: Film Score Monthly, Feb. 1998, S. 27. – o.A.: Honoring the Ceremony of the »Sand Mandala«. In: AC, Feb. 1998, S. 50-51. – Stephen Pizzello: Raising Tibet in the Desert. In: AC, Feb. 1998, S. 38-57 (über die Dreharbeiten in Marokko). – Sallie Seltzer: Cutting KUNDUN. In: AC, Feb. 1998, S. 48 (Ausschnitte eines Interviews mit Thelma Schoonmaker, zuerst in Cinemeditor). – K. Lindberg: A Mentor on Morocco. In: Moviemaker, März/April 1998, S. 54-55 (über die Produktion). – K. McInnis: Scorsese on Top of Two Worlds. In: Moviemaker, März/April 1998, S. 57-58. – Andrew Billen: I Get the Church and the Movies Confused. That's What I Told the Dalai Lama. In: Evening Standard, 27.3.1998. – Marc Abramson: Mountains, Monks and Mandalas. In: Cineaste, April 1998 (über SEVEN YEARS IN TIBET und KUNDUN), S. 8-12. – M. Woods: KUNDUN Cause Down Under. In: Variety, 6.4.1998. – Stephen Pizzello: True Luminaries: Roger Deakins. In: AC, Juni 1998, S. 102-103 (über den Kameramann). – Eve L. Mullen: Orientalist Commercializations. Tibetan Buddhism in American Popular Film. In: Journal of Religion and Film, Okt. 1998. – Debra Kaufmann: Tracing a Filmmaker's Footsteps. Camera Team Goes IN SEARCH OF KUNDUN WITH MARTIN SCORSESE. In: AC, Jan. 1999, S. 68-75 (über den Dokumentarfilm A LA RECHERCHE DE KUNDUN von M.H. Wilson). – Robert Casillo: Scorsese in the Land of Snows. The Splendor of KUNDUN. In: Italian Americana, Winter 1999, S. 14-35.

IL MIO VIAGGIO IN ITALIA / MY VOYAGE TO ITALY

Kritiken: **(dt.:)** Frank Arnold, tip, 10/2002. **(engl.:)** Deborah Young, Variety, 28.5.2001. – Stephen Holden, NYT, 12.10.2001. – Kevin Thomas, LA Times, 24.10.2001. – F.X. Feeney, L.A. Weekly, 25.10.2001. – Andy Klein, L.A. New Times, 25.10.2001. – John Patterson, The Guardian, 2.11.2001. – Edward Guthmann, San Francisco Chronicle, 7.6.2002. **(fr.:)** Samuel Blumenfeld, Le Monde, 18.5.2001.
Weitere Texte: **(dt.:)** Thomas Meder: Scorseses italienische Reise. In: epd Film, Feb. 2002, S. 6-7. – Karin Laub: Cinephile Liebesgabe. In: fd, 21.5.2002, S. 6-8. – Peter Ruckriegl: IL MIO VIAGGIO IN ITALIA. Martin Scorseses Reise durch die italienische Filmgeschichte. In: Screenshot, Winter 2002, S. 17-19. **(engl.:)** Deborah Young: Scorsese Unspools Italian Tribute. In: Variety, 20.9.1999. – David Rooney: A Kiss to Italo Cinema. Martin Scorsese's Film about Classic Italian Films. In: Variety, 24.12.2001 (zur Galapremiere in Rom). – Richard Corliss: That Old Feeling: Two Voyages to Italy. In: Time, 19.6.2002. **(fr.:)** Valerie Cadet: L'Émotion Scorsese. In: Le Monde, 11.5.2002.

BRINGING OUT THE DEAD

Literarische Vorlage: Joe Connelly: Bringing out the Dead. New York: Knopf 1998 (dt.: Bringing out the Dead – Nächte der Erinnerung. Übers. Stefanie Mierswa. München: Ullstein 2000).
Drehbuch: Paul Schrader: BRINGING OUT THE DEAD. London: Faber and Faber 2000.
Kritiken: **(dt.:)** Michael Meyns, Zitty, 10/2000. – Rüdiger Suchsland, Der Schnitt, 2/2000. – Franz Everschor, fd, 25.4.2000. – Anke Sterneborg, Focus, 29.4.2000. – Vinzenz Hediger, Film (Zoom), Mai 2000. – Tom Holert, StadtRevue Köln, Mai 2000. – Oliver Rahayel, Cinema, Mai 2000. – Hans Schifferle, epd Film, Mai 2000. – Urs Jenny, Der Spiegel, 1.5.2000. – Lars-Olav Beier, FAZ, 3.5.2000. – Fritz Göttler, SZ, 3.5.2000. – Katja Nicodemus, taz, 3.5.2000. – Rüdiger Suchsland, FR, 3.5.2000. – Jens Jessen, Die Zeit, 4.5.2000. – Thomas Klingenmaier, StZ, 4.5.2000. – Mariam Lau, Die Welt, 4.5.2000. – Peter E. Müller, Bln Mopo, 4.5.2000. – Bert Rebhandl, Berliner Zeitung, 4.5.2000. – Jan Schulz-Ojala, TSP, 4.5.2000. – Christoph Schneider, NZZ, 12.5.2000. – Andreas Rauscher, Splatting Image 41, 3/2000. – Stefan Grissemann, Die Presse, 26.7.2000. **(engl.:)** Emanuel Levy, Variety, 18.10.1999. – Roger Ebert, Chicago Sun-Times, 22.10.1999. – Bob Graham, San Francisco Chronicle, 22.10.1999. – Desson Howe, W Post, 22.10.1999. – Rita Kempley, W Post 22.10.1999. – Janet Maslin, NYT, 22.10.1999. – Wesley Morris, San Francisco Examiner, 22.10.1999. – Eric D. Snider, Daily Herald, 22.10.1999. – Kenneth

Turan, LA Times, 22.10.1999. – o.A., Time, 25.10.1999. – Rex Reed, New York Observer, 25.10.1999. – Anthony Lane, The New Yorker, Nov. 1999. – Peter Rainer, New York Magazine, Nov. 1999. – Stanley Kauffmann, New Republic, 22.11.1999. – Ed Kelleher, Film Journal International, Dez. 1999. – G. Kenny, Premiere (US), Dez. 1999. – Richard Alleva, Commonweal, 3.12.1999. – Judy Coode, Sojourners, Jan./Feb. 2000. – Kevin Jackson, S&S, Jan. 2000. – Alexander Walker, Evening Standard, 6.1.2000. – Peter Bradshaw, The Guardian, 7.1.2000. – Philip French, The Observer, 9.1.2000. – Ian Freer, Empire (UK), Feb. 2000. – Roald Rynning, Film Review (UK), Feb. 2000. **(fr.:)** Fançois Forestier, Nouvel Observateur, 6.4.2000. – o.A., Le Monde, 12.4.2000. – Didier Péron, Libération, 12.4.2000. – Pascal Merigeau, Nouvel Observateur, 13.4.2000. – Réal La Rochelle, 24 Images, Winter 2000.

Weitere Texte: **(dt.:)** Brigitte Desalm: American Beauties. In: Steadycam 39, Dez. 1999 (zu BRINGING OUT THE DEAD: S. 94-96, 97). – Thomas Klingenmaier: Ein Höllenkundler aus New York. In: Sonntag Aktuell, 30.4.2000 (Porträt). – Joe Connelly: Nicolas Cage äfft mich immer nach. In: SZ-Magazin, 5.5.2000 (Autor Joe Connelly über den Film). **(engl.:)** Jean Nathan: A Film That Raced from Manuscript to a Scorsese Set. In: NYT, 1.11.1998 (über die rasche Umsetzung der Romanvorlage von Connelly durch Scorsese und Schrader). – J. Bernstein: BRINGING OUT THE DEAD. In: Premiere (US), Sept. 1999. – Annie Leibovitz / David Kamp: Three on a Match. In: Vanity Fair, Okt. 1999, S. 274ff. (Review und Artikel). – Roger Ebert: Bringing out Scorsese. In: Chicago Sun-Times, 21.10.1999. – Mark Morris: Ageing Bulls Return. In: Observer, 31.10.1999 (über Scorsese und Paul Schrader). – Joe Connelly: Dreamland. In: Esquire, Nov. 1999, S. 94ff. – A. J. Heightman: BRINGING OUT THE DEAD. In: Journal of Emergency Medical Services, Nov. 1999, S. 46ff. (Interviews mit Nicolas Cage und John Goodman). – Eric Rudolph: Urban Gothic. In: AC, Nov. 1999, S. 30-41 (über die Dreharbeiten). – David Thomson: An Offering to the Ghosts of Wildness Past. In: NYT, 7.11.1999. – Joshua Rothkopf: Critical Condition. In: In these Times, 28.11.1999, S. 33ff. – David Thompson: Death's Cabbie. In: S&S, Dez. 1999 (Thema der Erlösung). – Roger Clarke: Ghosts of Scorcese's Past. In: Evening Standard, 16.12.1999. – Jonathan Romney: Dead Fellas. In: New Statesman, 10.1.2000. **(fr.:)** Antoine de Baecque: L'Art du grand écart. In: Cahiers, Dez. 1998, S. 56-59 (Dreharbeiten). – Emmanuel Burdeau: Entrées en scène et sorties de route. In: Cahiers, April 2000, S. 35-37. – Erwan Higuinen / Clélia Cohen: Scorsese, la tentation de l'oasis. In: Cahiers, April 2000, S. 30-34. – Sabrina Champenois: »J'avais l'impression de remonter dans l'ambulance.« In: Libération, 12.4.2000 (Interview mit Autor Joe Connelly).

GANGS OF NEW YORK

Literarische Vorlage: Herbert Asbury / Luc Sante: The Gangs of New York. An Informal History of the Underworld. New York: Thunder's Mouth 2001 (Erstausg. 1928; dt.: Die Gangs von New York. Eine Geschichte der Unterwelt. Übers. Anja Schünemann. München: Heyne 2001).

Material: Martin Scorsese / Leonardo DiCaprio / Daniel Day-Lewis / Cameron Diaz / Mario Tursi / Brigitte Lacombe: GANGS OF NEW YORK. Making the Movie. New York: Hyperion / Talk Miramax Books 2003 (enthält das Drehbuch).

Dokumentation: KINO AKTUELL. GANGS OF NEW YORK. MARTIN SCORSESES GROSSSTADT-UNIVERSUM. Regie: Gabriele Pankalla. 29 Min. 19.2.2003, WDR.

Kritiken: **(dt.:)** Jörg Häntzschel, SZ, 10.12.2002. – Jordan Mejias, FAZ, 10.12.2002. – Eva Schweitzer, FR, 11.12.2002. – Thomas Binotto, NZZ, 13.12.2002. – Uwe Schmitt, Die Welt, 23.12.2002. – Thomas Binotto, Filmbulletin, 1/2003. – Tiziana Zugaro-Merimi, Märkische Allgemeine Zeitung, 11.1.2003. – Franz Everschor, fd, 28.1.2003. – Gerhard Midding, epd Film, Feb. 2003. – Thomas Hüetlin, Der Spiegel, 3.2.2003. – Hans-Joachim Neumann, Zitty, 4/2003. – Gerhard Midding, tip, 13.2.2003. – Andreas Kilb, FAZ, 15.2.2003. – Holger Kreitling, Bln Mopo, 15.2.2003. – Fritz Göttler, SZ, 19.2.2003. – Jürgen Kiontke, Jungle World, 19.2.2003. – Rupert Koppold, StZ, 19.2.2003. – Bert Rebhandl, Berliner Zeitung, 19.2.2003. – Hanns-Georg Rodek, Die Welt, 19.2.2003. – Jan Distelmeyer, taz, 20.2.2003. – Jens Jessen, Die Zeit, 20.2.2003. – Gerald Koll, Kieler Nachrichten, 20.2.2003. – Andreas Maurer, NZZ, 20.2.2003. – Peter E. Müller, Bln Mopo, 20.2.2003. – Dietmar Kammerer, junge welt, 22.2.2003. – Dietmar Kammerer, Spex, März 2003. – Heiko Rosner, Cinema, März 2003. **(engl.:)** Kirk Honeycutt, Hollywood Reporter, 6.12.2002. – Todd McCarthy, Variety, 6.12.2002. – J. Hoberman, VV, 18.12.2002. – Lisa Schwarzbaum, Entertainment Weekly, 18.12.2002. – Eric Harrison, Houston Chronicle, 19.12.2002. – Ty Burr, Boston Globe, 20.12.2002. – Roger Ebert, Chicago Sun-Times, 20.12.2002. – Stephen Hunter, W Post, 20.12.2002. – Mick LaSalle, San Francisco Chronicle, 20.12.2002. – Terry Lawson, Detroit Free Press, 20.12.2002. – Joe Leydon, San Francisco Examiner, 20.12.2002. – Bill Muller, The Arizona Republic, 20.12.2002. – Michael O'Sullivan, W Post, 20.12.2002. – Geoff Pevere, Toronto Star, 20.12.2002. – Jonathan Rosenbaum, Chicago Reader, 20.12.2002. – A.O. Scott, NYT, 20.12.2002. – Michael Sragow, The Baltimore Sun, 20.12.2002. – Kenneth Turan, LA Times, 20.12.2002. – Michael Wilmington, Chicago Tribune, 20.12.2002. – David Ansen, Newsweek, 23.12.2002. – Richard Corliss, Time, 23.12.2002. – Joe Queenan, The Guardian, 11.1.2003. – Angie Errigo, Empire, Feb. 2003. – Glenn Kenny, Premiere (US), Feb. 2003. – David Thompson, S&S, Feb. 2003. **(fr.:)** Eric Leser, Le Monde, 24.12.2002. – Jean-Sébastien Chauvin, Cahiers, Jan. 2003. – Alain Masson, Positif, Feb. 2003.

Weitere Texte: (siehe auch Zeitschriften: Scorsese-Themenhefte) **(dt.:)** Tom Kimming: Gegrillte Marshmellows für Scorsese, bitte! In: Die Zeit, 19.4.2001 (Dreharbeiten). – Verena Lueken: Die Ruhe des Meisters. Wo bleibt Scorseses neues Werk? In: FAZ, 1.11.2001. – Verena Lueken: Auf der Suche nach der verlorenen Stadt. Blick hinter die Kulissen von Cinecittà. Martin Scorsese und Michael Ballhaus drehen in Rom GANGS OF NEW YORK. In: FAZ, 8.12.2001. – Verena Lueken: Scorsese wartet, Scott schießt schnell. In: FAZ, 3.1.2002 (über Martin Scorsese und Ridley Scott). – Hanns-Georg Rodek: Kinos in Berlin ohne GANGS AUS NEW YORK. In: Die Welt, 26.1.2002. – Hanns-Georg Rodek: Doppelpremiere. Scorseses GANGS OF NEW YORK. In: Die Welt, 28.3.2002. – Verena Lueken: Der lange Gang der Gangster. Scorseses Bredouille. In: FAZ, 9.4.2002. – Andreas Borcholte: Immer Ärger mit dem Bandenkrieg. In: Der Spiegel, 10.4.2002. – Ute Thon: New York, Liberty Street. Kampf der Giganten. In: Basler Zeitung, 11.4.2002. – Thomas Hüetlin: Die Rächer von Manhattan. In: Der Spiegel, 29.4.2002 (zur Produktionsgeschichte). – Brigitte Desalm: Das Epos aus dem Hexenkessel. In: KStA, 22.5.2002 (Cannes-Preview). – Stefan Stosch: »Es geht hier um Filmkunst!« In: Hannoversche Allgemeine Zeitung, 22.5.2002 (Cannes-Preview). – Franz Everschor: Hollywood spricht über ... Studio-Dilemmas. In: fd, 4.6.2002, S. 49 (zu den Produktionsschwierigkeiten bei GANGS OF NEW YORK und THE BOURNE IDENTITY). – Dorothée Lackner: Warten auf ein Meisterwerk. In: TV Spielfilm, 10.8.2002, S.6-8. – Fritz Göttler: Leos japanische Bescherung. In: SZ, 11.10.2002 (zum wiederholten Verschieben des Starttermins). – Michael Ballhaus / Tom Tykwer: Die Krönung. Michael Ballhaus über THE GANGS OF NEW YORK. In: Bln Mopo, 10.11.2002 (Auszüge aus dem Interviewband »Das fliegende Auge«, s. Scorsese-Mitarbeiter). – Stefan Grissemann: Weltbilder und Filmfarben. Der Regisseur Martin Scorsese wird mit seinem neuen Film GANGS OF NEW YORK die Berlinale krönen. In: Berliner Zeitung, 16.11.2002. – Olaf Tarmas: Ohne Grenzen. In: Cinema, Dez. 2002, S. 144-152 (Fotostrecke über die Dreharbeiten). – Jordan Mejias: Den Vätern und Söhnen Amerikas. In: FAZ, 10.12.2002. – hgr (Hanns-Georg Rodek): GANGS OF NEW YORK. Aus L.A. zur Berlinale. In: Die Welt, 11.12.2002. – Thomas Klingenmaier: Wer hat das Sagen im Viertel? In: StZ-Sonntag aktuell, 29.12.2002 (über den Einfluss des Produzenten Harvey Weinstein auf GANGS OF NEW YORK). – Matthias Gebauer: Leo the Kid und sein väterlicher Freund. In: Der Spiegel, 9.1.2003 (Produktionsgeschichte und Porträt anlässlich einer Pressekonferenz). – Andreas Kilb: Bandenkriege. In: FAZ, 9.1.2003 (zum Artikel von Salman Rushdie im *Guardian* über GANGS OF NEW YORK, s.u.). – Andreas Conrad: Teufelskreis der Geschichte. Leonardo DiCaprio und Martin Scorsese präsentierten GANGS OF NEW YORK. In: TSP, 10.1.2003. – Peter Körte: Blutiger Anfang. Über Martin Scorsese, seinen Kampf gegen alle Widerstände – und über seinen Film GANGS OF NEW YORK. In: Frankfurter Allgemeine Sonntagszeitung, 12.1.2003. – Thomas Binotto: Dreißig Jahre Kampf. Von einer Vision zur Kinowirklichkeit. In: Filmbulletin, 1/2003, S. 19-29. – Rudolf Benda (Hg.): GANGS OF NEW YORK. Projekt Filmprogramm, Nr. 144. Remagen, Stuttgart: Benda, Wiedleroither Feb. 2003. – Carsten Volkery / Marianne Wellershoff: »Du löffelst dich aus.« Interview mit Daniel Day-Lewis. In: KulturSpiegel, Feb. 2003. – Marianne Wellershoff: »Das Hässliche unter den Teppich gekehrt.« In: Der Spiegel, 3.2.2003 (Interview mit Leonardo DiCaprio). – Josefine Köhn: Freiheit für 300 Dollar. In: Jungle World, 5.2.2003 (zur historischen Authentizität). – Jan Distelmeyer: Geburtshelfer im Kreißsaal. In: taz, 14.2.2003 (zur Produktionsgeschichte). – Jan Schulz-Ojala: Das Recht des Böseren. In: TSP, 15.2.2003 (Pressekonferenz mit Daniel Day-Lewis [während der Berlinale]). – Eva Schweitzer: Das New York der Gangs. In: Berliner Zeitung, 15.2.2003 (zu den historischen Hintergründe). – Mike Davis: Klassenkampf made in Germany. In: Welt am Sonntag, 16.2.2003 (über historische Ungenauigkeiten von GANGS OF NEW YORK). – Julian Hanich: Bartlos in Berlin. In: TSP, 16.2.2003 (Pressekonferenz mit Daniel Day-Lewis [während der Berlinale]). – Uwe Schmitt: Es war einmal in Amerika. In: Die Welt, 17.2.2003 (über Five Points). – o.A.: Scorsese träumt immer noch von GANGS OF NEW YORK. In: KStA, 18.2.2003. – Caroline M. Buck: Für die Zukunft lernen. In: Kieler Nachrichten, 20.2.2003 (über Martin Scorsese und Five Points). – Jordan Mejias: Moritat aus der Hölle am Paradiesplatz. Das Zuhause der GANGS OF NEW YORK. Ein Rundgang durch einen verschwundenen Stadtteil. In: FAZ, 20.2.2003. – Thomas Willmann: Wir Höhlenmenschen. In: TSP, 20.2.2003. – Peter Stephan Jungk: Im Kino mit Gila Lustiger. In: Die Welt, 22.2.2003 (zur Inszenierung von Gewalt). – Roland Huschke: Es war einmal in N.Y. In: Cinema, März 2003, S. 28-35. – Scott Orlin: »Ich quäle mich nicht.« In: Cinema, März 2003, S. 66 (Interview mit Daniel Day-Lewis). **(engl.:)** Chris Gennusa / Anita M. Busch: Scorsese, Disney Huddle about GANGS Initiation. In: The Hollywood Reporter, 13.7.1999. – Chris Petrikin: With Miramax Green, GANGS Ready to Rumble. In: Variety, 11.10.1999. – Charles Lyons / Chris Petrikin: IEG Bolsters GANGS with International Deals. In: Variety, 29.11.1999. – Jonathan Bing: Scorsese's N.Y. GANGS Take Roman Holiday. Director to Shoot Gangster Film in Italy. In: Variety, 24.4.2000. – Rory Carroll: Marty, Leo and Me. In: The Guardian,

29.11.2000 (Dreharbeiten in Rom). – Edward Lawrenson: Mean Streets. In: S&S, März 2001, S. 4. – Jason Forde: Scorsese's Irish Gang. In: Film Ireland 81, Juni/Juli 2001, S. 42-44 (Bericht und Fotos vom Set). – o.A.: GANGS Busted for Oscar. GANGS OF NEW YORK Will Not Be Released in 2001. In: Variety, 29.10.2001. – Judith Shulevitz: The Close Reader. Barbarians inside the Gates. In: NYT, 4.11.2001 (über die literarische Vorlage von Herbert Asbury). – Adam M. Goldstein: Scorsese in Roma. On the Set. In: Moviemaker 41, Winter 2001 (Dreharbeiten). – Jeffrey R. Sipe: GANGS to Hit Streets in Summer. In: The Hollywood Reporter, 12.12.2001. – John Patterson: The Never-Ending Story. Daggers Drawn over Scorsese's GANGS OF NEW YORK. In: The Guardian, 12.4.2002. – Laura M. Holson: Two Hollywood Titans Brawl over a New York Gang-War Epic. In: NYT, 14.4.2002. – David Thomson: A Big Cheese Starts to Fidget. In: The Independent, 14.4.2002. – Christopher Goodwin: Blood on the Streets. In: The Times, 21.4.2002. – Harvey Weinstein: I'm No Angel. In: The Guardian, 26.4.2002 (der GANGS-Produzent wehrt sich gegen seine Kritiker). – Richard Brooks: Scorsese Stages a Gang Show to Save Jinxed Film. In: The Times, 19.5.2002 (Cannes-Preview). – Dalya Alberge: Scorsese Turns Focus on GANGS. In: The Times, 21.5.2002 (Cannes-Preview). – Harlan Jacobson: Scorsese Finally Unveils GANGS. In: USA Today, 21.5.2002 (Cannes-Preview). – Stuart Jeffries: A-list Turns out for Taste of Scorsese GANG Epic. In: The Guardian, 21.5.2002 (Cannes-Preview). – David Lister: Just 20 Minutes of Scorsese Epic Pulls Crowds. In: The Independent, 21.5.2002 (Cannes-Preview). – Nigel Reynolds: Stars Turn out to Support Troubled Scorsese Epic. In: The Daily Telegraph, 21.5.2002. – Bruce Kirkland: No Gang Warfare. Scorsese. In: Toronto Sun, 22.5.2002 (Cannes-Preview). – Josh Young: Ready to Rumble. In: Entertainment Weekly, 24.5.2002. – David Sterritt: GANGS Preview Full of Clichés. In: The Christian Science Monitor, 31.5.2002 (Cannes-Preview). – NJ (Nick James): GANGS OF NEW YORK. In: S&S, Juli 2002, S. 17 (Cannes-Preview). – Chris Nashawaty: Tough Turf. In: Entertainment Weekly, 23.8.2002 (Titelstory und Interviews mit Daniel Day-Lewis, Cameron Diaz, Leonardo DiCaprio und Martin Scorsese). – Polly Shulman: An Icy Night, an Old Book, and Decades Later a Movie. In: NYT, 7.9.2002. – Michael Wilmington: Scorsese's GANGS, a Story of Excess, Turmoil – and Potential. In: Chicago Tribune, 15.9.2002. – Laura M. Holson: Miramax Blinks, and a Double DiCaprio Vanishes. In: NYT, 10.10.2002. – Kim Masters: Scorsese-Spielberg Match Called Off. In: LA Times, 11.10.2002. – David Konow: Originals Gangsters. In: Creative Screenwriting, Nov./Dez. 2002, S. 62-66 (Interview mit Drehbuchautor Jay Cocks). – Jon Burlingame: Short Ends. In: LA Times, 3.11.2002 (über den Soundtrack). – Robert McCrum: Wanna Be in Our Gang? In: The Observer, 24.11.2002. – Blair Jackson: GANGS OF NEW YORK. In: Mix, Dez. 2002 (ausführlicher Artikel zur Soundproduktion). – Paul Lieberman: A Pair of Ring Masters. To Scorsese, They Were Always Mean Streets. In: LA Times, 8.12.2002. – Carole Watson: At Last, Marty's Gang's all here. In: NY Post, 8.12.2002. – Burhan Wazir: Age of Experience. In: The Guardian, 8.12.2002 (Interview mit Daniel Day-Lewis). – Lawrence Donegan: Gangs of Los Angeles. In: The Observer, 15.12.2002. – Louis B. Hobson: Going Gangs Busters. In: Toronto Sun, 15.12.2002. – Wesley Morris: Battle Acts. In: Boston Globe, 15.12.2002. – Joe Queenan: The Other Gangs of New York. In: NYT, 15.12.2002. – Gene Seymour: Gangs All Here. In: New York Newsday, 15.12.2002. – Susan Stark: Scorsese's GANGS Is Another Film Made from His Heart. In: Detroit News, 15.12.2002. – Ken Auletta: Beauty and the Beast. In: The New Yorker, 16.12.2002 (über Harvey Weinstein). – Kevin Baker: An Immigrant Tale that Scratches off History's Veneer. In: LA Times, 29.12.2002. – Rachael K. Bosley: Native Sons. In: AC, Jan. 2003, S. 36-49 (zur Kameraarbeit von Michael Ballhaus). – Ron Magid: Mean Streets. In: AC, Jan. 2003, S. 50-59 (zum Production Design von Dante Ferretti). – Tom Roston: Street Fighting Men. In: Premiere (US), Jan. 2003, S. 67-71 (zur Produktionsgeschichte). – Amy Taubin: Founding Fathers. Martin Scorsese Exorcises the Demons of a Convulsive Period in American History. In: FC, Jan./Feb. 2003, S. 24-27. – Salman Rushdie: Arms and the Men and Hobbits. In: The Guardian, 4.1.2003 (über GANGS OF NEW YORK und LORD OF THE RINGS). – Simon Hattenstone: In the Name of the Father. In: The Guardian, 28.2.2003 (Interview mit Daniel Day-Lewis). **(fr.:)** Olivier Joyard: Scorsese à Cannes … sans son film. In: Cahiers, Mai 2002, S. 42 (Cannes-Preview). – Samuel Blumenfeld: Martin Scorsese lève un coin de voile sur GANGS OF NEW YORK après des conflits de production. In: Le Monde, 22.5.2002 (Cannes-Preview). – Patrice Blouin: Martin Scorsese. Reliquaire cinéphile. In: Cahiers, Jan. 2003, S. 14-17 (zur religiösen Dimension von Scorseses Filmen). – Charles Tesson: Lames de fond, Cahiers, Jan. 2003, S.21 (*Contrechamps*-Glosse). – Florence Colombani: Daniel Day-Lewis, enrôlé corps et âme. In: Le Monde, 8.1.2003 (Interview mit Daniel Day-Lewis). – Eric Leser: Un Film qui égratigne le mythe tout en prenant des libertés avec l'histoire. In: Le Monde, 8.1.2003. – Thomas Sotinel: GANGS OF NEW YORK. Martin Scorsese réinvente la naissance d'une nation. In: Le Monde, 8.1.2003.

Index

E

F

G

H

I

X

Y

Z